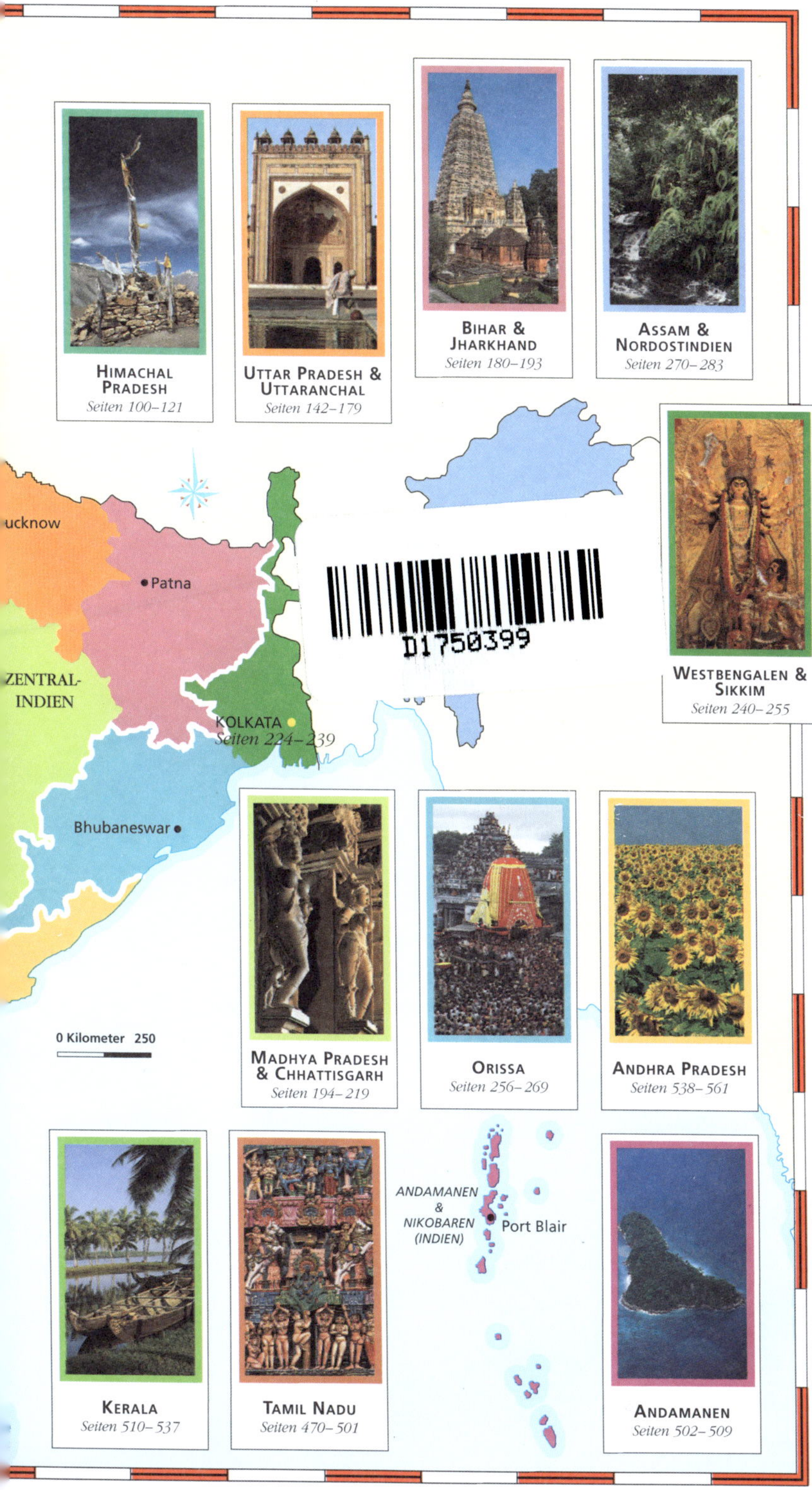

HIMACHAL PRADESH
Seiten 100–121

UTTAR PRADESH & UTTARANCHAL
Seiten 142–179

BIHAR & JHARKHAND
Seiten 180–193

ASSAM & NORDOSTINDIEN
Seiten 270–283

WESTBENGALEN & SIKKIM
Seiten 240–255

KOLKATA
Seiten 224–239

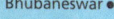
0 Kilometer 250

MADHYA PRADESH & CHHATTISGARH
Seiten 194–219

ORISSA
Seiten 256–269

ANDHRA PRADESH
Seiten 538–561

KERALA
Seiten 510–537

TAMIL NADU
Seiten 470–501

ANDAMANEN & NIKOBAREN (INDIEN) • Port Blair

ANDAMANEN
Seiten 502–509

Vis-à-Vis

INDIEN

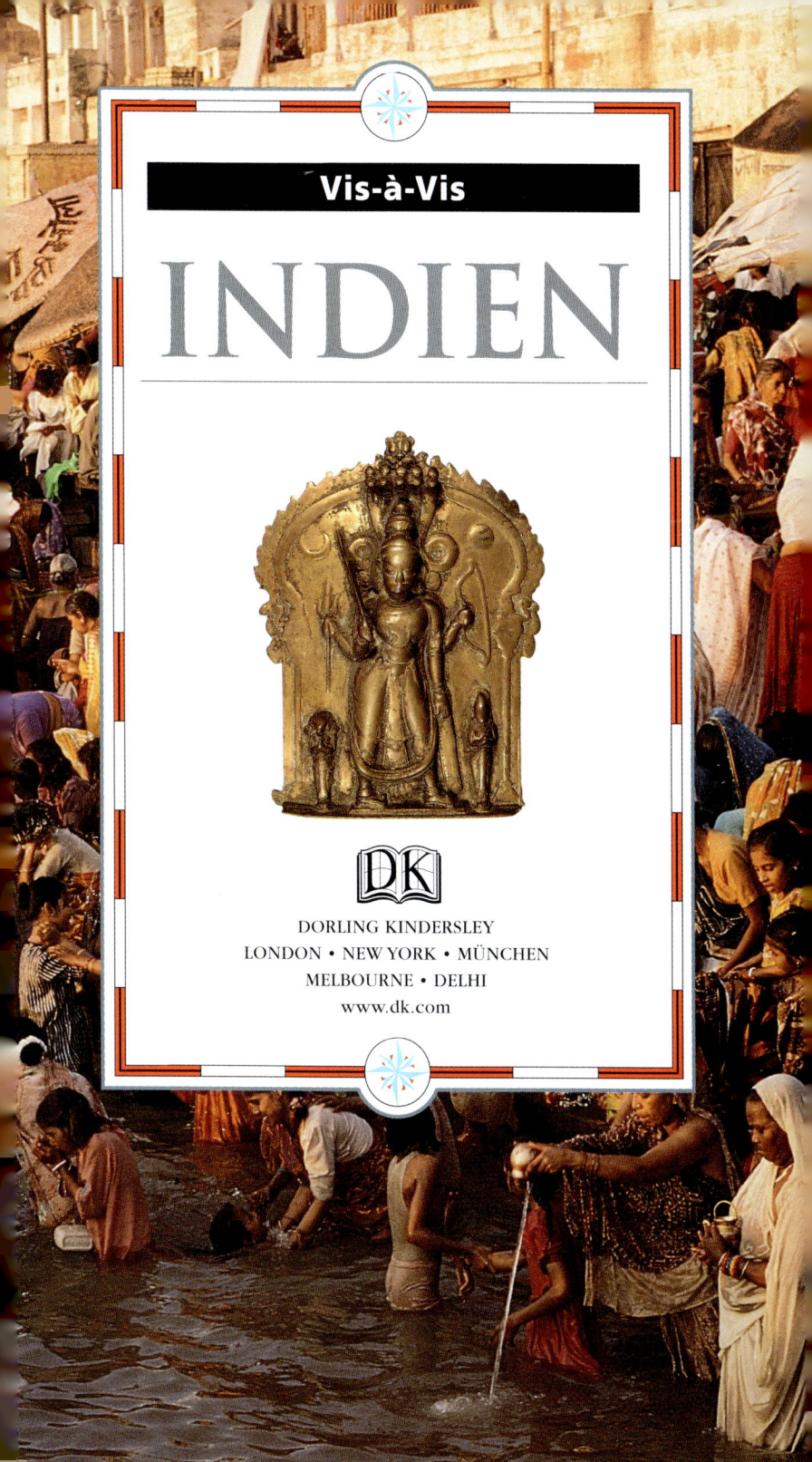

Vis-à-Vis
INDIEN

DK

DORLING KINDERSLEY
LONDON • NEW YORK • MÜNCHEN
MELBOURNE • DELHI
www.dk.com

Ein Dorling Kindersley Buch

www.traveldk.com

Produktion
Dorling Kindersley India, Delhi
Managing Editor Aruna Ghose

Texte
Roshen Dalal, Partho Datta, Divya Gandhi, Premola Ghose,
Ashok Koshy, Abha Narain Lambah, Annabel Lopez, Sumita Mehta,
George Michell, Rudrangshu Mukherji, Meenu Nageshwaran,
Rushad R. Nanavatty, Ira Pande, Usha Raman, Janet Rizvi,
Ranee Sahaney, Deepak Sanan, Darsana Selvakumar,
Sankarshan Thakur, Shikha Trivedi, Lakshmi Vishwanathan

Fotografien
Clare Arni, Fredrik & Laurence Arvidsson, M. Balan, Dinesh Khanna,
Amit Pasricha, Bharath Ramamrutham, Toby Sinclair, B.P.S. Walia

Illustrationen
Avinash Ramsurrun, Dipankar Bhattacharya, Danny Cherian,
R. Kamalahasan, Surat Kumar Mantoo, Arun P, Suman Saha,
Ajay Sethi, Ashok Sukumaran, Gautam Trivedi, Mark Warner

Kartografie Uma Bhattacharya, Kishorchand Naorem

Redaktion und Gestaltung
Dorling Kindersley Delhi: Bindia Thapar, Nandini Mehta, Madhulita
Mohapatra, Vandana Mohindra, Ranjana Saklani, Alissa Sheth,
Benu Joshi, Mugdha Sethi, Priyanka Thakur, Radhika Singh
Dorling Kindersley London: Douglas Amrine, Gillian Allen, Anna Streiffert, Brigitte Arora, Jo Cowen, Fay Franklin, Emily Hatchwell,
Jason Little, Juliet Kenny, Carly Madden, Casper Morris, Dave Pugh,
Vivien Stone, Janis Utton, Dora Whitaker

•

© 2002, 2011 Dorling Kindersley Limited, London
Titel der englischen Originalausgabe:
Eyewitness Travel Guide *India*
Zuerst erschienen 2002 in Großbritannien
bei Dorling Kindersley Ltd., London
A Penguin Company

Für die deutsche Ausgabe:
© 2005, 2011 Dorling Kindersley Verlag GmbH, München

Aktualisierte Neuauflage 2011 / 2012

Alle Rechte vorbehalten, Reproduktionen, Speicherung in Datenverarbeitungsanlagen, Wiedergabe auf elektronischen, fotomechanischen oder ähnlichen Wegen, Funk und Vortrag – auch auszugsweise – nur mit schriftlicher Genehmigung des Copyright-Inhabers.

•

Programmleitung Dr. Jörg Theilacker, Dorling Kindersley Verlag
Projektleitung Stefanie Franz, Dorling Kindersley Verlag
Übersetzung Brigitte Maier, Konzept & Text, München *(bis S. 353)*;
Dr. Ulrike Kretschmer, München *(ab S. 354)*
Redaktion Dr. Gabriele Rupp, München
Schlussredaktion Philip Anton, Köln
Satz und Produktion Dorling Kindersley Verlag, München
Lithografie Colourscan, Singapur
Druck Vivar Printing Sdn Bhd, Malaysia

ISBN 978-3-8310-1985-4
4 5 6 7 8   14 13 12 11

Dieser Reiseführer wird regelmäßig aktualisiert. Angaben wie Telefonnummern, Öffnungszeiten, Adressen, Preise und Fahrpläne können sich jedoch ändern. Der Verlag kann für fehlerhafte oder veraltete Angaben nicht haftbar gemacht werden.
Für Hinweise, Verbesserungsvorschläge und Korrekturen ist der Verlag dankbar. Bitte richten Sie Ihr Schreiben an:
Dorling Kindersley Verlag GmbH
Redaktion Reiseführer
Arnulfstraße 124 • 80636 München
travel@dk-germany.de

◁ Pilger beim rituellen Morgenbad in den Wassern des Ganges, Varanasi *(siehe S. 172f)*
◁◁ **Umschlag:** Taj Mahal in Agra *(siehe S. 148f)*

Ashoka-Kapitell

Inhalt

Indien stellt sich vor

Indien entdecken **8**

Indien auf der Karte **14**

Ein Porträt Indiens **18**

Das Jahr in Indien **34**

Die Geschichte Indiens **40**

Delhi & Nordindien

Delhi & Nordindien im Überblick **60**

Delhi **62**

Haryana & Punjab **90**

Himachal Pradesh **100**

Ladakh, Jammu & Kaschmir **122**

Zentralindien

Zentralindien im Überblick **140**

Uttar Pradesh & Uttarakhand **142**

Bihar & Jharkhand **180**

Madhya Pradesh & Chhattisgarh **194**

Ostindien

Ostindien
im Überblick
222

Kolkata **224**

Westbengalen &
Sikkim
240

Orissa **256**

Assam &
Nordostindien **270**

Westindien

Westindien
im Überblick **286**

Obstverkäuferinnen an einer
Straße in George Town, Chennai

Rajasthan
288

Gujarat **334**

Südwestindien

Südwestindien
im Überblick
356

Mumbai
358

Maharashtra
378

Goa **394**

Karnataka **418**

Das Mehrangarh Fort thront hoch über Jodhpur *(siehe S. 318–320)*

Südindien

Südindien
im Überblick **450**

Chennai
452

Tamil Nadu **470**

Andamanen **502**

Kerala **510**

Andhra Pradesh
538

Zu Gast
in Indien

Hotels **564**

Restaurants **596**

Grund-
informationen

Praktische
Hinweise **624**

Reise-
informationen **638**

Textregister **650**

Eisenbahnkarte
Indien
Hintere Umschlaginnenseiten

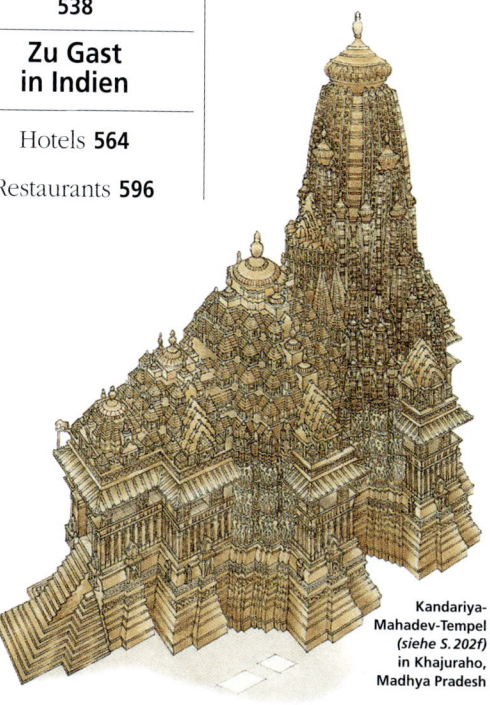
Kandariya-
Mahadev-Tempel
(siehe S. 202f)
in Khajuraho,
Madhya Pradesh

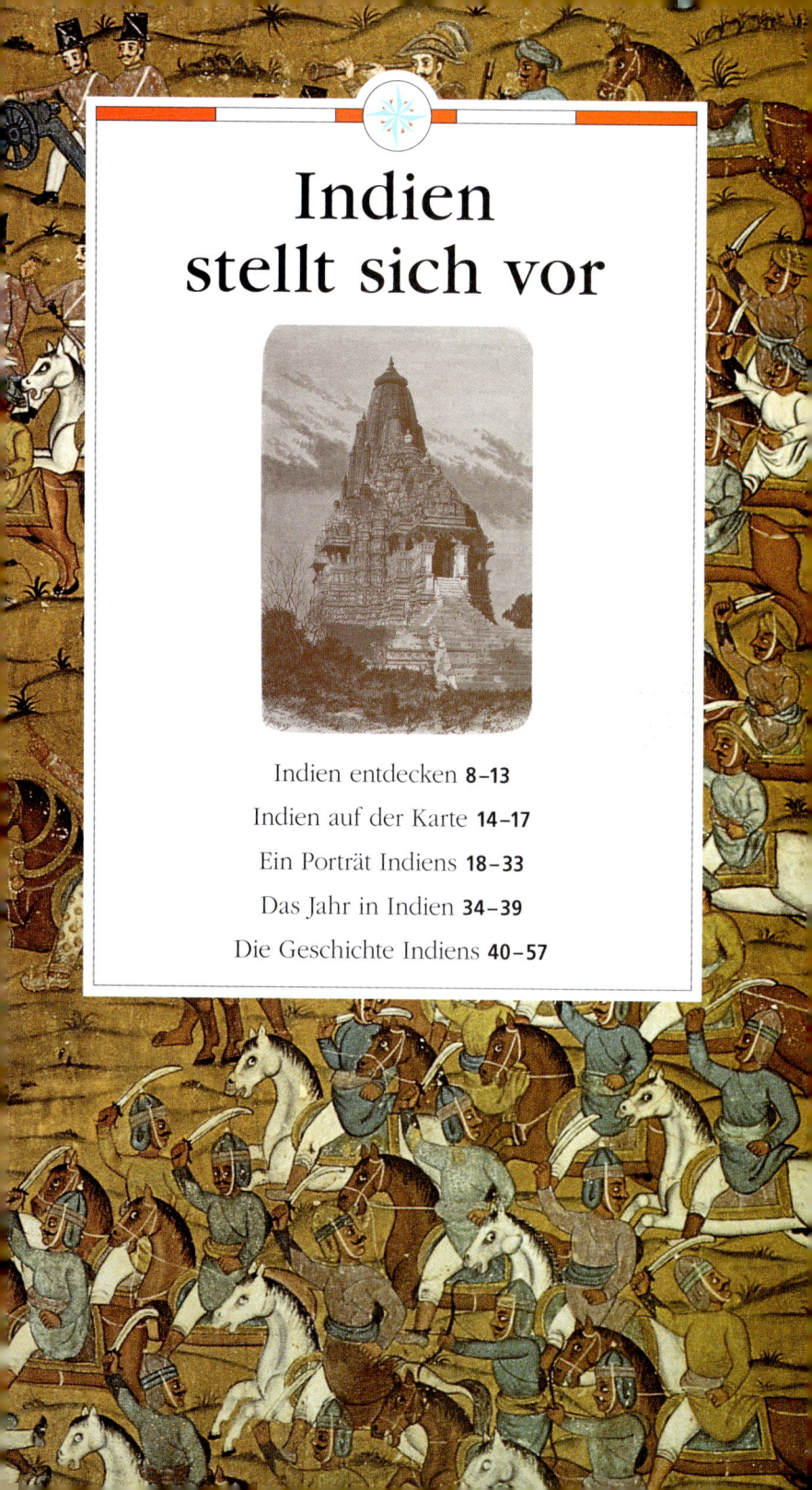

Indien stellt sich vor

Indien entdecken **8–13**

Indien auf der Karte **14–17**

Ein Porträt Indiens **18–33**

Das Jahr in Indien **34–39**

Die Geschichte Indiens **40–57**

Indien entdecken

Das Land in Südasien ist das siebtgrößte der Welt, im Hinblick auf die Einwohnerzahl wird es nur von China übertroffen. Indien erstreckt sich vom gigantisch aufragenden Himalaya bis weit in die Tropen. Wohl nirgendwo sonst auf der Erde findet man ein derart breites Spektrum an Kulturen, Sprachen und Religionen. Die Vielfalt Indiens ist das Ergebnis einer reichen Vergangenheit sowie einer modernen Gegenwart. Jahrhundertealte Forts und Tempel stehen neben modernsten Gebäuden. Auf den folgenden sechs Seiten erhalten Sie einen Kurzüberblick über die einzelnen Regionen.

Aufwendig gestaltetes Wandgemälde

Qutb Minar, Welterbestätte der UNESCO in Delhi

Delhi

- Eindrucksvolle Monumente
- Treiben auf dem Chandni Chowk (Old Delhi)
- Imperiale Pracht New Delhis

Die Hauptstadt des Landes liegt im Zentrum Nordindiens und blickt auf eine lange Historie zurück. Architektonische Zeugnisse finden sich in Old und New Delhi. Zu den bekanntesten Bauwerken gehören der Turm **Qutb Minar** *(siehe S. 88)*. Auch **Humayuns Grabmal** *(siehe S. 77)* – Vorbild für den Taj Mahal – und **Lal Qila** *(siehe S. 80f)* sind UNESCO-Welterbestätten. Die Straßen am **Chandni Chowk** *(siehe S. 78f)* in Old Delhi sind voller Läden und Lokale. Genießen Sie traditionelle Mogulgerichte bei **Karims's** *(siehe S. 598)* nahe der **Jami Masjid** *(siehe S. 80)*. New Delhi ist eine moderne Stadt, die ebenso fasziniert wie Old Delhi. Starten Sie Ihre Tour am **Rashtrapati Bhavan** *(siehe S. 68)*.

Haryana & Punjab

- Verzauberung pur: Golden Temple in Amritsar
- Patialas Paläste und Forts
- Feilschen um Kunsthandwerk auf Basaren

Weite Ebenen und beschauliche Orte prägen diese Region. Dazwischen findet man so manches Juwel wie den **Golden Temple** *(siehe S. 98f)*. Das Heiligtum der Sikhs ist ein Muss für Besucher von **Amritsar** *(siehe S. 96f)*. Kaum weniger spannend ist **Patiala** *(siehe S. 94)* mit seinen Forts (18./19. Jahrhundert), Palästen und Gärten. Auf den Basaren hier werden handgefertigte Lederschuhe *(juttis)* und bunt bestickte Stoffe *(phulkari)* gehandelt. Auch **Surajkund** *(siehe S. 92)* ist für Kunsthandwerk berühmt. **Chandigarh** *(siehe S. 92f)*, die Hauptstadt der beiden Bundesstaaten, wurde nach Plänen Le Corbusiers gebaut.

Himachal Pradesh

- Kolonialzeitlicher Charme der Hauptstadt Shimla
- Tibetisches Flair
- Traumhafte Trekking-Routen

Beim Bummel über The Mall, den zentralen Boulevard in der Hauptstadt **Shimla** *(siehe S. 102f)*, passiert man viele entzückende Bauten aus dem 19. Jahrhundert. Von der Promenade The Ridge sieht man die Bergriesen des Himalaya aufragen. **Dharamsala** *(siehe S. 112f)* ist Sitz des Dalai-Lama und der tibetischen Exilregierung. Die Oberstadt McLeodganj verströmt das Ambiente von Tibet. Klöster, Kunststätten und Bibliotheken sind Zentren des geistigen Lebens der Tibeter. Himachal Pradesh bietet Outdoor-Aktivisten im Distrikt **Lahaul und Spiti** *(siehe S. 119)* und um **Manali** *(siehe S. 118)* grandiose Wandergebiete.

Ladakh, Jammu & Kaschmir

- Srinagars Hausboote
- Klöster am Indus
- Alte Karawanenrouten

Das Gebiet im Himalaya ist Heimat von Hindus, Muslimen und Buddhisten. **Srinagar** *(siehe S. 136f)* im vorwiegend muslimisch geprägten Kaschmir-Tal ist für seine kunstvoll verzierten Hausboote bekannt, auf denen man übernachten kann. Auf den zahllosen Wasserwegen

Buddhistische Klöster in der Bergwelt von Ladakh

Der Taj Mahal früh am Morgen – ein eindrucksvolles Erlebnis

verkehren auch *shikaras* (Ruderboote), auf denen Blumen und Gemüse verkauft werden. Das vom Indus durchflossene Ladakh ist eine Kältewüste, in der vor allem tibetische Buddhisten leben.

Die unglaublich schöne Region birgt alte Klöster wie **Alchi** *(siehe S. 130–132)* und **Hemis** *(siehe S. 128)*. Das **Südöstliche Ladakh** *(siehe S. 129)* an der alten Karawanenroute nach Zentralasien bietet spektakuläre Seen wie Pang-gong Tso. Das abgelegene **Zanskar** *(siehe S. 134f)* lohnt wegen seiner großartigen Landschaft einen Besuch.

Uttar Pradesh & Uttarakhand

- **Weltberühmter Taj Mahal**
- **Nawab-Stadt Lucknow**
- **Varanasi: »Stadt des Lichts«**
- **Wanderparadies Garhwal Hills**

Uttar Pradesh, einer der größten und bevölkerungsreichsten Bundesstaaten, wird von Ganges und Yamuna durchzogen. Auf den Ablagerungen dieser Ströme wurden drei bedeutende Städte errichtet: **Agra** *(siehe S. 144–151)* verfügt neben dem **Taj Mahal** *(siehe S. 148f)* über weitere Bauten aus der Zeit des Mogulreichs. **Lucknow** *(siehe S. 168–170)*, die Stadt der Nawabs, ist bekannt für herrschaftliche Architektur und erstklassige Küche. **Varanasi** *(siehe S. 172–177)* mit seiner rund 3000 Jahre währenden Geschichte ist die heiligste Hindu-Stadt. Die **Garhwal Hills** *(siehe S. 161)* bergen sagenumwobene Gipfel und alte Pilgerorte. Wanderer finden hier ideale Bedingungen. Eine wunderbare Tour führt zur Quelle des Ganges. Der **Corbett National Park** *(siehe S. 164f)* bietet u. a. Tigern und Elefanten einen Lebensraum.

Bihar & Jharkhand

- **Auf den Spuren Buddhas**
- **Dichte Wälder in Jharkhand**
- **Viehmarkt in Sonepur**

Bihar ist für das religiöse Leben in Indien seit je von Bedeutung, nicht umsonst leitet sich der Name des Bundesstaats vom Sanskrit-Wort *vihara* (Kloster) ab. In **Bodh Gaya** *(siehe S. 190f)* erfuhr Buddha seine Erleuchtung. In **Rajgir** *(siehe S. 188)* hielt er einige seiner berühmten Predigten. **Nalanda** *(siehe S. 186f)* ist Sitz einer renommierten buddhistischen Universität. Das dicht bewaldete Chhota Nagpur Plateau bedeckt einen Großteil des Bundesstaats Jharkhand und ist Heimat von Ethnien wie Munda und Oraon. Der **Palamau National Park** *(siehe S. 192)* birgt eine überaus artenreiche Tierwelt, in **Sonepur** *(siehe S. 184)* wird der größte Viehmarkt in ganz Asien abgehalten.

Madhya Pradesh & Chhattisgarh

- **Großer Stupa in Sanchi**
- **Tempelpracht in Khajuraho**
- **Wildnis pur in wichtigen Tierschutzgebieten**

An dem Berg **Sanchi** *(siehe S. 208f)* steht eine der besterhaltenen buddhistischen Klosteranlagen in Indien. Glanzpunkt der UNESCO-Welterbestätte ist der **Große Stupa** *(siehe S. 210f)* mit seinen vier prachtvollen Toren und fein gearbeiteten Statuen.

Auch die prachtvolle Tempelgruppe von **Khajuraho** *(siehe S. 202–204)* wurde von der UNESCO zur Welterbestätte erklärt – wegen ihrer großartigen Architektur und ihres üppigen Skulpturenschmucks, darunter sind die viel gerühmten erotischen Tafeln. Der Kandariya-Mahadev-Tempel, der größte der Anlage, ist Shiva geweiht.

Der **Kanha National Park** *(siehe S. 218f)* ist Schauplatz von Rudyard Kiplings Werk *Dschungelbuch*. Noch heute gilt der Nationalpark als einer der besten Plätze, um Tiger zu beobachten. Ein weiteres Tierschutzgebiet der Region ist der **Bandhavgarh National Park** *(siehe S. 205)*.

Tiger im Bandhavgarh National Park, Madhya Pradesh

Victoria Memorial, ein architektonisches Zeugnis imperialer Macht

Kolkata

- Pulsierender BBD Bagh
- Victoria Memorial
- Indiens ältestes Museum

Kolkata erlebte im 19. Jahrhundert eine kulturelle Blütezeit und war bis 1911 die Hauptstadt von Britisch-Indien. Am lebhaften **BBD Bagh** *(siehe S. 228f)* schlägt der Puls der Metropole. Der Platz wird von Kolonialbauten des 18./19. Jahrhunderts gesäumt. Südlich erstreckt sich der Park **Maidan** *(siehe S. 231)* mit dem **Victoria Memorial** *(siehe S. 232f)*. Dieses Wahrzeichen Kolkatas ist nach Queen Victoria benannt und zeigt eine Ausstellung zur Kolonialzeit. Das im 19. Jahrhundert eingerichtete **Indian Museum** *(siehe S. 234f)* ist das älteste des Landes, es präsentiert Gemälde, Miniaturen sowie Skulpturen aus Stein und Bronze.

Westbengalen & Sikkim

- Verzweigtes Flussdelta
- Terrakotta-Tempel
- Östlicher Himalaya

Das Spektrum an Naturräumen in Westbengalen und Sikkim reicht vom dunstigen Gangesdelta bis zu den vergletscherten Bergriesen des Himalaya an der Grenze zu Tibet. Das Ganges-Brahmaputra-Delta birgt mit den **Sunderbans** *(siehe S. 244f)* den größten Mangrovenwald der Erde. Er bietet dem Bengaltiger geeigneten Lebensraum. Die Terrakotta-Tempel von **Bishnupur** *(siehe S. 246f)*, darunter der berühmte Shyama-Raya-Tempel, bilden ein beeindruckendes Ensemble. **Darjeeling** *(siehe S. 252f)* zeigt einen Mix aus verwegener Raj-Architektur und tibetisch-nepalesischem Flair. **Gangtok** *(siehe S. 254)*, Hauptstadt von Sikkim, bietet tolle Blicke auf den Kanchendzonga. **Pelling** *(siehe S. 255)* ist Ausgangspunkt für Trekking-Touren.

Orchidee aus Sikkim

Orissa

- Konaraks Sun Temple
- Paradies für Vogelliebhaber
- Tempel in Bhubaneshwar

Wälder und Strände prägen den landschaftlich reizvollen Bundesstaat, der auch über ein reiches kulturelles Erbe verfügt. Von hier stammt der Odissi, einer der verbreitetsten klassischen Tänze Indiens. Der Sun Temple in **Konarak** *(siehe S. 262–264)* an der Küste ist ein steinernes Wunderwerk, konzipiert als gigantischer Wagen. Westlich befindet sich der **Chilika Lake** *(siehe S. 265)*. Die Lagune ist Lebensraum für Vögel und Wassertiere (vor allem Delfine). Die Restaurants servieren hervorragende Meeresfrüchte. **Bhubaneshwar** *(siehe S. 258–261)*, Hauptstadt von Orissa, ist berühmt für seine Hindu-Tempel, darunter den prachtvollen Lingaraj- und den reich verzierten Rajarani-Tempel. In der Umgebung des Ortes sind Ausgrabungsstätten zu besichtigen.

Assam & Nordostindien

- Refugium für Nashörner
- Tawang-Kloster
- Farbenpracht in Kohima

Sieben Bundesstaaten bilden diese große und vielfältige Region, die vom wasserreichen Brahmaputra durchflossen wird. An seinem Ufer erstreckt sich der **Kaziranga National Park** *(siehe S. 276f)*, eines der letzten Schutzgebiete für das Indische Panzernashorn. Das **Tawang-Kloster** *(siehe S. 275)* des Gelbmützen-Ordens in Arunachal Pradesh ist das größte buddhistische Kloster in Indien. In der Nähe befindet sich zwischen den schneebedeckten Bergen das Nonnenkloster Bramdungchung Nunnery. **Kohima** *(siehe S. 283)*, die Hauptstadt des Bundesstaates Nagaland, ist ethnisch sehr heterogen. Die Stadt ist bekannt für traditionelle Tänze und ihren Basar, auf dem u. a. Holzschnitzereien und auffallend gemusterte Kleidungsstücke angeboten werden.

Nashornbeobachtung in Assams Kaziranga National Park

Festungsanlage in Jaisalmer, eine der mächtigsten in ganz Indien

Rajasthan

- Jaipur & Amber
- Wüstenforts
- Märchenstadt Udaipur

Die beliebteste Ferienregion Indiens besticht durch ihre Landschaften, ihre Paläste und Forts sowie durch ihre farbenprächtigen Feste und Basare. Das im 17. Jahrhundert gegründete **Jaipur** *(siehe S. 290–301)* ist eine Schatzkammer der Architektur und ein Paradies für Shopper. Um **Badi Chaupar** *(siehe S. 292f)* gibt es lebhafte Basare, der **City Palace** *(siehe S. 294f)* ist noch immer Königsresidenz, der Prachtbau **Hawa Mahal** *(siehe S. 290f)* das Wahrzeichen der Stadt. Auf einem Hügel vor den Toren der Stadt wurde der prunkvolle Festungspalast von **Amber** *(siehe S. 302–304)* errichtet. Das Fort aus dem 16. Jahrhundert war rund 200 Jahre Herrschersitz.

Jaisalmer *(siehe S. 321–323)* am Rand der Wüste Thar fasziniert durch seine aus goldgelbem Sandstein errichteten Gebäude. Zu den wichtigsten Attraktionen gehören Paläste und *havelis*, die überaus reich mit geometrischen Mustern oder Gitterwerk verziert wurden.

Am Ufer des Lake Pichola liegt die märchenhaft anmutende Stadt **Udaipur** *(siehe S. 326–329)*. Traditionelle *havelis*, Paläste, *ghats*, Tempel und Basare machen ihren Charme aus. Auch die Orte der Umgebung lohnen einen Besuch. Das auf einer Insel im See gelegene **Lake Palace** *(siehe S. 583)* gehört zu den romantischsten Hotels Indiens. Den Palast Jag Mandir umrahmen üppige Gärten.

Gujarat

- Faszination Ahmedabad
- Treppenbrunnen in Gujarat
- Modhera Sun Temple

Die einstige Hauptstadt des Bundesstaats, **Ahmedabad** *(siehe S. 336–339)*, ist immer noch wichtiges Wirtschaftszentrum mit reichem kulturellem Erbe. Bei einem Bum-

Skulpturen am Brunnen Rani ni Vav

mel durch das Gassengewirr der Altstadt kommt man zu vielen Toranlagen, Basaren, Moscheen und Tempeln. Das einzigartige **Calico Museum** *(siehe S. 338f)* bietet einen guten Überblick über die Entwicklung des Textilhandwerks in Indien. In **Sabarmati Ashram** außerhalb der Altstadt lebte Mahatma Gandhi und organisierte von hier aus den indischen Freiheitskampf.

Gujarat litt über Jahrhunderte an Wassermangel. Dieses Problem wurde durch die Anlage von Treppenbrunnen erfindungsreich gelöst. Die kunstvoll gestalteten unterirdischen Brunnen dienten nicht nur der Wasserversorgung, sondern auch als beliebte Treffpunkte abseits der großen Hitze. Der schönste Treppenbrunnen, **Adalaj Vav** *(siehe S. 340f)*, wurde 1499 angelegt und mit rund 800 Skulpturen versehen. Weitere Beispiele sind etwa **Dada Harir Vav** in Ahmedabad oder auch **Rani ni Vav** in Patan *(siehe S. 343)*. Der **Modhera Sun Temple** *(siehe S. 344f)* wurde 1026 nach astronomischen Gesichtspunkten erbaut. Die detailreichen bildhauerischen Arbeiten stellen hinduistische Gottheiten dar und sind Meisterwerke der Baukunst jener Zeit. Einige dieser Arbeiten sind an Wänden und Säulen des inneren Heiligtums zu sehen.

Aus dem Fels gemeißelte Höhlen von Ajanta, nahe Aurangabad

Mumbai

- Victoria Terminus
- Elephanta Island
- Magisches Bollywood

Das kosmopolitische Mumbai ist eine Stadt der Kontraste – neben viktorianischen Häusern ragen Wolkenkratzer in den Himmel. Die ganze Vielfalt erlebt man bei einem Bummel durch das Viertel **Kala Ghoda** *(siehe S. 364f)* auf kleinstem Raum. Der Bahnhof **Victoria Terminus** *(siehe S. 370f)* weiter nördlich ist ein Meisterwerk der viktorianischen Architektur.

Vor der Küste liegt **Elephanta Island** *(siehe S. 377)* mit seinen Shiva geweihten Höhlentempeln (6. Jh.). Mumbai ist auch bekannt als Zentrum der indischen Traumfabrik **Bollywood** *(siehe S. 32f)*. Viele Filme, Serien und Seifenopern werden in **Film City** *(siehe S. 376)* produziert.

Maharashtra

- Alte Fresken in Ajanta
- Küstenforts der südlichen Konkan-Küste

Die Westghats trennen die schmale Konkan-Küste vom vulkanischen Dekkan-Hochland. Das Wohnen in Felsenhöhlen war in der Region weitverbreitet. Besucher der Höhlen von **Ajanta** *(siehe S. 391)* sind von den Fresken aus dem 5. Jahrhundert fasziniert, die Szenen aus dem Leben Buddhas darstellen. **Ellora** *(siehe S. 388–390)* birgt neben buddhistischen Höhlen auch Jain- und Hindu-Höhlen; Höhepunkt der UNESCO-Welterbestätte ist der aus einer Klippe gemeißelte **Kailasanatha-Tempel**. Der südliche Teil der Konkan-Küste wird von Stränden, Fischerdörfern und Küstenforts wie etwa in **Murud-Janjira** und Koloba bei **Alibag** *(siehe S. 380)* geprägt.

Goa

- Portugiesisches Flair in Old Goa
- Altstadt von Panaji
- Zauberhafte Strände

Mit seinen atemberaubenden Stränden und prachtvollen Villen wie etwa **Braganza House** *(siehe S. 414f)* sowie seiner indo-portugiesischen Kultur gehört Goa zu den Besuchermagneten Indiens. **Old Goa** *(siehe S. 404–409)*, die alte Hauptstadt von Portugiesisch-Indien, ist ein Schaufenster portugiesischer Kolonialarchitektur mit Klöstern, Kirchen und Kathedralen.

Die Altstadt von **Panaji** *(siehe S. 398f)*, vor allem die Viertel São Tomé und Fontainhas, wirkt mit ihren ziegelgedeckten Häusern und Tavernen südeuropäisch. Die **Strände von Goa** *(siehe S. 401)* erstrecken sich von Norden nach Süden über insgesamt 106 Kilometer Länge.

Karnataka

- Paläste von Mysore
- Welterbestätte Hampi
- Gol Gumbad in Bijapur

Narasimha-Skulptur in Hampi

Der Bundesstaat verfügt über eine große landschaftliche Vielfalt und eine reiche Historie. Das einstige Machtzentrum **Mysore** beherbergt einige schöne Paläste wie etwa den **Amba-Vilas-Palast** *(siehe S. 426f)* aus dem 19. Jahrhundert. In **Srirangapattana** *(siehe S. 424f)* befand sich die Residenz von Tipu Sultan *(siehe S. 425)*.

Am Südufer des Tungabhadra sind zwischen hohen Granitfelsen die Ruinen von **Hampi** *(siehe S. 434–437)* erhalten, der Hauptstadt von Vijayanagara, dem größten Königreich in Südindien. In **Bijapur** *(siehe S. 444f)* kann in der monumentalen Grabstätte **Gol Gumbad** ein großes künstlerisches Vermächtnis bewundert werden.

An einem von Goas idyllischen Stränden

Chennai

- Fort St George
- Government-Museum-Komplex
- Grabstätte des hl. Thomas

Das frühere Madras war die erste britische Siedlung in Indien. Sie entstand um **Fort St George** *(siehe S. 456f)* und nahe **George Town** *(siehe S. 457)* – beides eindrucksvolle Beispiele der Kolonialarchitektur. Der **Government-Museum-Komplex** *(siehe S. 460f)* umfasst das Government Museum mit einer erlesenen Sammlung buddhistischer Skulpturen aus Amaravati, Bronze Gallery und Contemporary Art Gallery.

Der heilige Thomas, einer der zwölf Apostel, fand – tödlich verwundet – in einer Höhle des **Little Mount** *(siehe S. 469)* Zuflucht. Nahe dem Eingang soll immer noch ein Handabdruck des Heiligen zu sehen sein. Er wurde in der gotischen **San-Thomé-Basilika** in **Mylapore** *(siehe S. 466)*, einem Stadtteil von Chennai, begraben.

Tamil Nadu

- Tempelkunst der Chola
- Grandioses Mamallapuram
- Französisches Ambiente in Puducherry

Der Bundesstaat ist für spektakuläre Tempel und Reisfelder bekannt. Zu den Hauptsehenswürdigkeiten gehört **Thanjavur** *(siehe S. 486–489)* im Kaveri-Delta. Hier bauten die Chola-Könige den großartigen **Brihadishvara-Tempel** *(siehe S. 488f)*. Eindrucksvoll sind auch die Tempel von **Chidambaram** *(siehe S. 482)* und **Darasuram** *(siehe S. 483)*.

Die früher bedeutende Hafenstadt **Mamallapuram** *(siehe S. 472f)* am Golf von Bengalen wird vom Shore Temple überragt. Berühmt sind auch die Felsentempel von **Panch Rathas** *(siehe S. 474f)*. **Puducherry** *(siehe S. 478–481)* zeigt das Flair französischer Kolonialzeit.

Schnorcheln in den Gewässern rund um die Andamanen

Andamanen

- Korallenriffe und kristallklares Wasser
- Hauptstadt Port Blair

Die idyllische Inselgruppe umfasst mehrere Ökosysteme wie tropischen Regenwald, Mangroven und Korallenriffe. Beim Schnorcheln oder Tauchen im **Wandoor Marine National Park** *(siehe S. 506f)* erschließt man sich Geheimnisse der tropischen Meereswelt – vor allem im Gebiet um Jolly Buoy Island.

Im 19. Jahrhundert errichteten die Briten hier eine Strafkolonie. Das Cellular Jail in **Port Blair** *(siehe S. 504)* ist Symbol jener düsteren Zeit.

Kerala

- Küstenerlebnis
- Unberührte Regenwälder
- Holzarchitektur

Kerala bietet ein verlockendes Mosaik von Landschaften und Kulturen sowie traumhafte Küstenabschnitte. In den weitgehend unberührten Regenwäldern im **Distrikt Wynad** *(siehe S. 534f)* kann man Elefanten erleben. Die lebhafte Vergangenheit von Kerala spiegelt sich in der Architektur von **Fort Kochi** *(siehe S. 526f)*, dem Hafenviertel von Kochi, wider. Ein Muss für Besucher des Bundesstaats ist der **Padmanabhapuram-Palast** *(siehe S. 516f)* als eines der schönsten Beispiele für Keralas typische Holzarchitektur.

Die Kerala vorgelagerten **Lakkadiven** *(siehe S. 528f)* sind ein beliebtes Tauch- und Schnorchelrevier.

Andhra Pradesh

- Hyderabads Altstadt
- Machtbasis Golconda Fort
- Buddhistische Stätten

Hyderabad *(siehe S. 540–545)* ist eine Stadt großer Paläste, Moscheen und Basare. Wahrzeichen ist der **Charminar** *(siehe S. 542f)*, architektonisches Zeugnis des Reichtums der Nizams. Vor den Toren der Stadt erhebt sich in seinen Ausmaßen Ehrfurcht gebietende **Golconda Fort** *(siehe S. 546f)*, eine Zitadelle aus dem 16. Jahrhundert. Im Tal des Krishna sind noch Reste einiger sehenswerter buddhistischer Siedlungen wie etwa **Amravati** *(siehe S. 554)* und **Nagarjunakonda** *(siehe S. 555)* erhalten.

Ummauerung des Golconda Fort bei Hyderabad

Nordindien auf der Karte

Nordindien erstreckt sich vom Himalaya im Norden bis zum Rand des Dekkan-Hochlands und nimmt 2 331 318 Quadratkilometer ein. Einige der längsten Ströme Asiens durchziehen das Land: Indus, Ganges und Brahmaputra – alle drei entspringen im Himalaya. Im Herzen von Nordindien liegt die weite, dicht besiedelte Ganges-Ebene. Hier leben mehr als 700 Millionen Menschen, die zehn verschiedene Sprachen sprechen. Die beiden größten Städte Nordindiens sind die indische Hauptstadt Delhi und Kolkata (früher Kalkutta). Beide sind auf dem Luftweg gut zu erreichen.

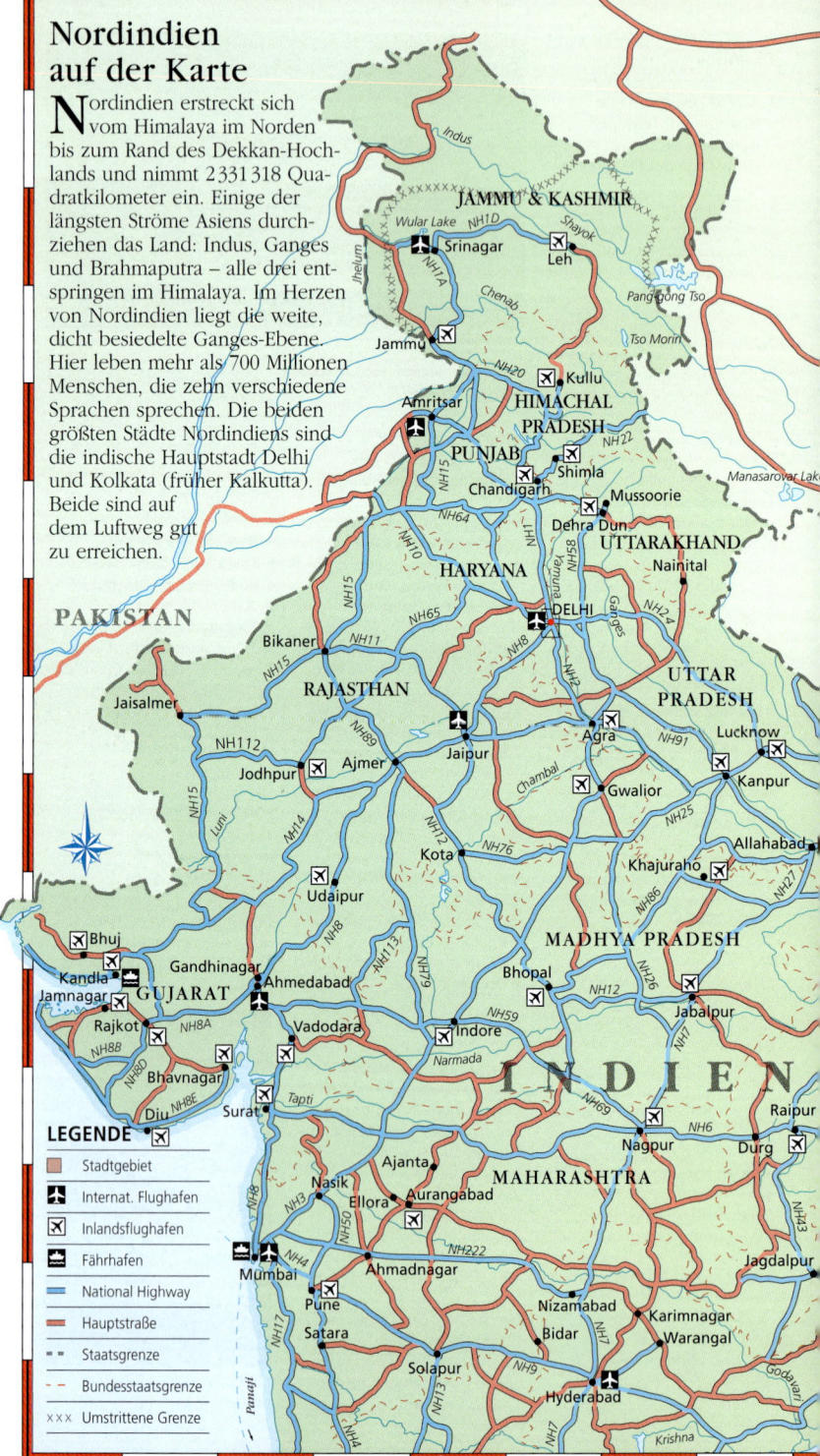

Südindien auf der Karte

Die sechs Bundesstaaten Südindiens nehmen auf der dreieckigen Halbinsel des indischen Subkontinents 955 945 Quadratkilometer ein – eine Fläche, die größer ist als Frankreich und Deutschland zusammen. Die mehr als 320 Millionen Einwohner sprechen sechs verschiedene Sprachen. Im Westen liegt das Arabische Meer, im Osten der Golf von Bengalen, die Südspitze ragt in den Indischen Ozean. Das felsige Dekkan-Hochland bildet das Zentrum von Südindien, in den Küstenregionen erheben sich die bewaldeten West- und Ostghats. Die beiden größten Städte sind Mumbai (früher Bombay) und Chennai (früher Madras).

LEGENDE

- Stadtgebiet
- Internationaler Flughafen
- Inlandsflughafen
- Fährhafen
- Fährlinie
- National Highway
- Hauptstraße
- Bundesstaatsgrenze

Flora und Fauna

Eine einzigartige Vielfalt von Vegetationszonen zeichnet Indien aus, entsprechend reich ist auch die Artenvielfalt. Im Norden wird das Land vom majestätischen Himalaya begrenzt, zu seinen Füßen breitet sich quer durch ganz Indien die fruchtbare, dicht besiedelte Ebene des Ganges aus. Die Wüste Thar bedeckt große Teile Westindiens. Südlich der Ganges-Ebene erstreckt sich das Dekkan-Hochland, flankiert von den West- und Ostghats. Die 7500 Kilometer lange Küste grenzt an das Arabische Meer, den Indischen Ozean und den Golf von Bengalen.

Pflaumenkopfsittich

Der Himalaya *präsentiert sich mit schneebedeckten Gipfeln, Gletscherbächen und Hängen mit Nadelwäldern.*

Trockener Westen
Die Wüste Thar und die angrenzenden semiariden Steppen weisen eine erstaunliche Artenvielfalt auf. Die Dünen von Rajasthan gehen im Westen in die Salzebenen und Marschen des Rann of Kutch über.

Ganges-Ebene
Das fruchtbare Schwemmland dieser Ebene erstreckt sich vom Nordwesten bis zum Osten Indiens. Es wird seit Tausenden von Jahren kultiviert, heute baut man Reis, Weizen, Zuckerrohr und Hülsenfrüchte an.

Hirschziegenantilopen *gehören zu den schnellsten Tieren. Sie können bis zu 80 km/h erreichen.*

Indische Elefanten *gibt es nur noch 45000. Die kleinere Art ist gefährdeter als die Afrikanischen Elefanten, von denen es noch 250000 gibt.*

Indische Löwen *lebten einst in ganz Nordindien, heute nur noch im Löwenschutzgebiet Gir in Gujarat (siehe S. 349).*

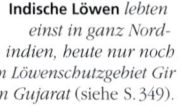

Buntstörche *ziehen für die Brutsaison zwischen Juli und Oktober an viele Seen und Sümpfe in den Ebenen.*

Indische Schlangenweihen *sind große Raubvögel mit einem schwarz-weißen Muster an der Unterseite der Flügel.*

Wildschweine *sind in den natürlichen Wäldern Indiens zu Hause. Die Männchen haben Hauer und sind recht angriffslustig.*

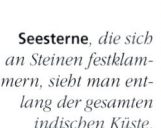

Säbelschnäbler *ziehen im November an die Küsten von Gujarat und Maharashtra.*

Küsten
Zu den verschiedenen Küstenlandschaften zählen palmengesäumte Sandstrände in Goa und Kerala, Korallenriffe vor den Andamanen und Mangrovenwälder in Westbengalen und Orissa. Die Ostküste ist hurrikangefährdet.

Seesterne, *die sich an Steinen festklammern, sieht man entlang der gesamten indischen Küste.*

Dekkan-Hochland
Das Vindhya-Gebirge trennt die Ganges-Ebene vom Dekkan, der mit schwarzer Vulkanerde und alten kristallinen Gesteinen bedeckt ist. Zu den Bodenschätzen des Hochlands zählen auch Gold und Diamanten.

Ghats
Die niedrigen Gebirgszüge der West- und Ostghats sind von Wäldern bedeckt. Hier wachsen Teakholz-, Rosenholz-, Sandelholz- und Sal-Bäume *(Shorea robusta)*. Auch viele Orchideenarten gedeihen in den Ghats.

Der Tiger, *das indische Nationaltier, ist eine bedrohte Art – nur noch 1400 Exemplare leben im Land.*

Nilgiri-Tahrs (Hemitragus hylocrius) *leben in den höheren Bergen der Westghats* (siehe S. 531).

Schmetterlinge *gibt es in allen Farben und Formen.*

Der Ochsenfrosch *bläst während der Paarungszeit seine Schallblase auf, um den Weibchen zu imponieren.*

Hanuman-Languren (Semnopithecus entellus) *leben in großen Gruppen, angeführt von einem Männchen.*

Der Pfau, *Indiens Nationalvogel, vollführt einen spektakulären Tanz, wenn sich Regenwolken nähern.*

Die Brillenkobra *hat eine charakteristische Zeichnung. Auch die Königskobra, die größte Giftschlange der Welt, kommt in Indien vor.*

Sakralarchitektur

Deckenpaneel in einem Jain-Tempel

Indiens 2000 Jahre altes architektonisches Erbe ist eng mit den großen Religionen des Landes verbunden. Zu den klassischen Formen gehören buddhistische Stupas und Klöster sowie Hindu- und Jain-Tempel in verschiedenen Stilen. Das gemeinsame Merkmal vieler alter Tempel sind Steinsäulen und horizontale Blöcke sowie reicher Skulpturenschmuck mit religiösen oder dekorativen Elementen. Der Bogen, die Kuppel und der Gebrauch von Mörtel wurden erst im 12. Jahrhundert durch die muslimischen Eroberer nach Indien gebracht.

Behauene Säule, Narayana-Tempel, Melkote

Buddhistische Architektur

Indiens früheste Sakralbauten sind Stupas, halbrunde Grabhügel, in Stein gehauene Schreine (*chaityas*) und Klosteranlagen (*viharas*). *Chaityas* waren Gebetsstätten, *viharas* die Lebensräume buddhistischer Mönche. Um einen rechteckigen, nicht überdachten Hof wurden kleine Zellen gebaut.

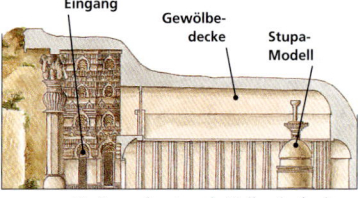

Chaityas dienten als Hallen (*grihas*) zum gemeinsamen Gebet und enthielten oft einen verkleinerten Stupa.

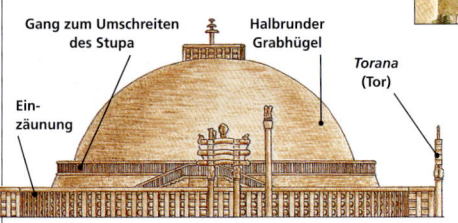

Stupas waren monumentale Reliquienschreine, in denen die Asche Buddhas oder buddhistischer Lehrer ruhte. Der Stupa von Sanchi (siehe S. 210f) ist mit Stein verkleidet und von einem Geländer mit Toren (*toranas*) umgeben.

Gebetshallen (*chaityas*) aus Stein haben ein Tonnengewölbe, dem von außen der hufeisenförmige Bogen entspricht.

Hinduistische Tempel

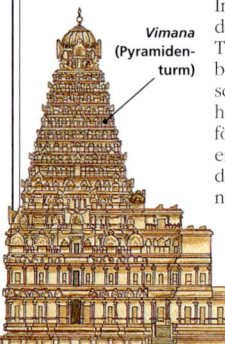

In Nordindien wurde der Turm über dem inneren Heiligtum als gebogener Turm (*shikhara*) gebaut, ganz oben befindet sich ein gerippter runder Abschluss (*amalaka*). Südindische Tempel hatten einen vielstöckigen, pyramidenförmigen Turm (*vimana*), der oben mit einem halbrunden Dach abschloss. In den Tempeln betete man in einem kleinen, dunklen Raum (*garbhagriha*).

Südindische Tempel wie der Brihadishvara-Tempel von Thanjavur (siehe S. 488f) haben geräumige Hallen (*mandapas*) mit vielen skulptierten Säulen und Korridore, die zum *garbhagriha* führen. Darüber erhebt sich ein mehrstöckiger Turm.

Der shikhara der Kandariya-Mahadev-Tempel von Khajuraho (siehe S. 202f) gilt als der schönste Nordindiens.

Islamische Architektur

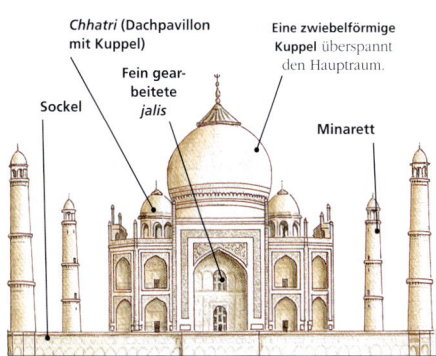

Chhatri (Dachpavillon mit Kuppel)
Eine zwiebelförmige Kuppel überspannt den Hauptraum.
Fein gearbeitete *jalis*
Sockel
Minarett

Taj Mahal *(siehe S. 148f)*, Höhepunkt islamischer Architektur.

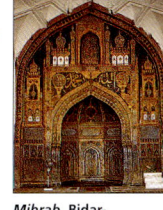

Mihrab, Bidar-Moschee *(siehe S. 447)*

Elemente von Moscheen und Grabmälern wurden in die indische Architektur übernommen. Moscheen haben überkuppelte Gebetshallen am Ende eines Innenhofs, der *mihrab* (Nische mit Bogen) blickt gen Westen nach Mekka. Die Moguln bauten Grabmäler auf hohem Sockel in der Mitte eines *charbagh*, eines umzäunten Geländes. Schmuckelemente wie persische und arabische Kalligrafie sowie geometrische und florale Muster kennzeichnen islamische Baukunst.

Gurdwaras

Der *gurdwara* der Sikhs, ein Gebetsraum, der die Heilige Schrift *Granth Sahib* birgt, ist oft überkuppelt. *Gurdwaras* basieren auf der späten Mogularchitektur, die sich in Nordindien bis ins 18. Jahrhundert erhalten hat, und vermischen islamische und Hindu-Architektur.

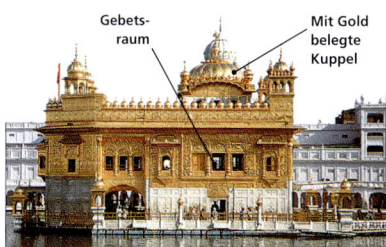

Gebetsraum
Mit Gold belegte Kuppel

Der Golden Temple in Amritsar *(siehe S. 98f)*

Kirchen

Auch wenn die Kirchen in Kerala noch aus vorbritischer Zeit stammen, weisen sie doch – wie die Gotteshäuser in Goa *(siehe S. 404f)* – überwiegend europäische Stilmerkmale auf. Üblich sind klassizistische Portiken und konische Kirchturmspitzen. Auch die Neogotik ist in Indien beliebt, ein typisches Beispiel ist die Afghan Memorial Church *(siehe S. 363)*, die Johannes dem Evangelisten geweiht ist.

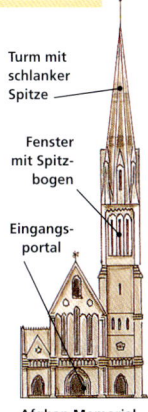

Turm mit schlanker Spitze
Fenster mit Spitzbogen
Eingangsportal

Afghan Memorial Church, Mumbai

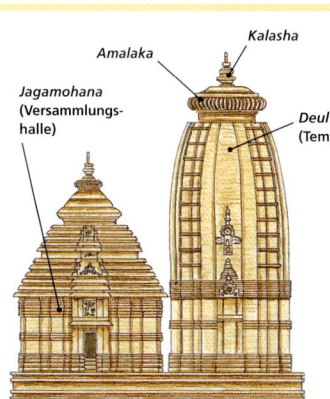

Kalasha
Amalaka
Jagamohana (Versammlungshalle)
Deul (Tempelturm)

Der Mukteshwar-Tempel *(siehe S. 259) ist typisch für Orissas Tempelarchitektur. Neben dem gebogenen Turm (deul) steht die Versammlungshalle (jagamohana).*

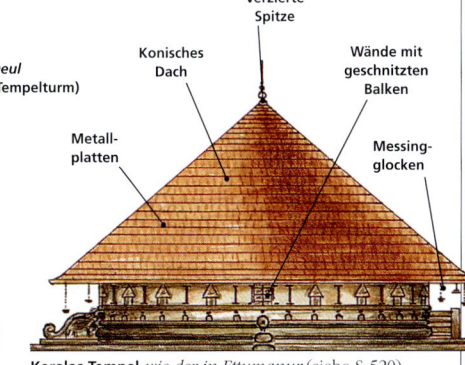

Verzierte Spitze
Konisches Dach
Wände mit geschnitzten Balken
Metallplatten
Messingglocken

Keralas Tempel *wie der in Ettumanur (siehe S. 520) unterscheiden sich von anderen. Sie sind oft rund, die Dächer mit Metallplatten oder Terrakotta gedeckt. Die Holzelemente sind geschnitzt, die Wände ornamentiert.*

Profanarchitektur

Detail aus einem Spiegelraum

Die mächtigen aristokratischen Familien ließen sich prächtige Festungen, Paläste und Herrenhäuser *(havelis)* errichten. Bei vielen dieser Bauten, besonders in Rajasthan und Gujarat, verbinden sich monumentale Größe mit exquisiten dekorativen Elementen. Die Briten drückten Indien ihren eigenen Stempel auf, sie kombinierten östliche und westliche Architektur. Überall auf dem Land sieht man bis heute viele Häuserformen, die sich seit Jahrhunderten nicht verändert haben.

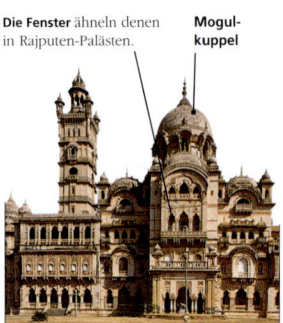

Die Fenster ähneln denen in Rajputen-Palästen.

Mogulkuppel

Laxmi-Vilas-Palast in Vadodara *(siehe S. 344f)*, spätes 19. Jahrhundert

Öffentliche Gebäude

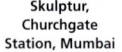

Skulptur, Churchgate Station, Mumbai

Mitte des 19. Jahrhunderts begannen die Briten, indisch-islamische Architektur mit europäischem Neoklassizismus und viktorianischer Gotik zu kombinieren. Heraus kam die typische Kolonialarchitektur im indo-sarazenischen Stil, wie man sie an Victoria Terminus *(siehe S. 370f)*, an der Mumbai University, am High Court und am Egmore-Bahnhof in Chennai sehen kann. Am Ende dieser Phase planten der Architekt Sir Edwin Lutyens *(siehe S. 66)* und seine Partner die neue Kapitale New Delhi – allerdings entwickelten sie dabei eine elegantere Kombination aus indischen und westlichen Traditionen.

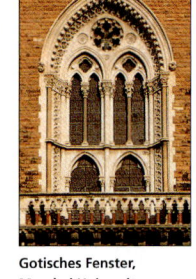

Gotisches Fenster, Mumbai University

Die Ecktürme sind von kleinen Kuppeln gekrönt.

Arkaden ziehen sich über die gesamte Länge des Gebäudes.

Eine große Kuppel markiert das Zentrum.

Über dem Eingang ist ein Balkon.

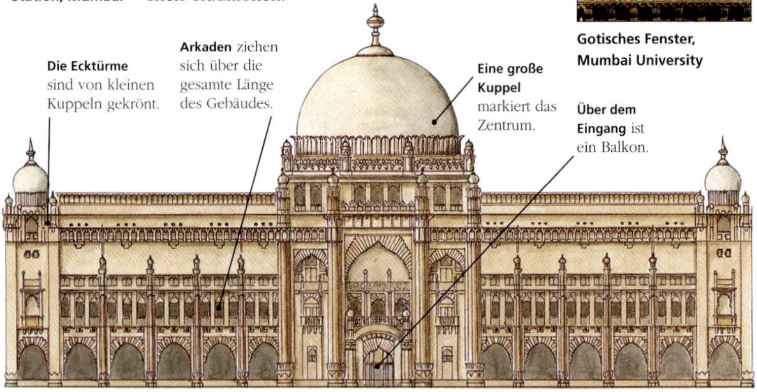

Das Prince of Wales Museum, Mumbai *(siehe S. 366f)*, inspiriert von Bijapurs Gol Gumbad *(siehe S. 445)*

Innenhof

Privatbauten in Indien sind streng in öffentliche und private Bereiche getrennt, eine Tradition, die noch aus der Zeit stammt, als man Frauen vor den Blicken Fremder versteckte. Vorn ist das Haus offen für Besucher, der Innenhof hinter dem Vordergebäude ist der Familie vorbehalten. Größere Anwesen wie die in Shekhawati *(siehe S. 308f)*, Jaisalmer und Chettinad *(siehe S. 498f)* weisen mehrere Innenhöfe auf. Meist sind sie von schönen Kolonnaden umgeben, die den Hof und die Räume schattig und kühl halten.

Innenhof mit Holzsäulen und geschnitzten Türen

Einheimische Architektur

Bemalte Nische

Einfache Häuser auf dem Land entsprechen dem jeweiligen Klima und den Baumaterialien, die zur Verfügung stehen. Trotz aller Verschiedenheiten gibt es allerdings doch gemeinsame Merkmale. Die Eingangstür von der Straße ist oft durch eine Veranda geschützt. Der erste Raum wird meist zum Leben und Schlafen genutzt und ist deshalb größer. Gekocht und gegessen wird in einem Rückgebäude, oft gibt es einen Innenhof mit einem Brunnen. In Hindu-Häusern fällt ein kleiner gemauerter Bereich *(vrindavan)* auf, Standort der heiligen *Tulsi*-Pflanze (Königsbasilikum), an der man die Götter verehrt.

Die Wände sind aus Bambus gebaut.

Holzpfeiler tragen die Konstruktion.

Stammeshäuser *im bewaldeten Nordosten werden schnell aus Holz und Bambus errichtet. Wenn die Familie wächst, baut man an.*

Schieferplatten machen das Dach dicht und stabil.

Holzsäulen tragen die obere Veranda.

Häuser in den Bergen *stehen oft erhöht und haben zwei Stockwerke. Das Erdgeschoss wird im Winter als Stall für die Tiere genutzt.*

Dörfer in Zentralindien *sind eng bebaut, viele Häuser bestehen nur aus einem Raum. Einige Bauten haben Flachdächer, auf denen die Familie im Sommer schläft.*

Häuser an der Küste *haben vorstehende, meist ziegelgedeckte Dächer zum Schutz gegen Sonne und Regen.*

Lehmmauern werden mit Stroh und Kuhdung verstärkt.

Das Dach ist mit Elefantengras gedeckt, das jedes Jahr erneuert wird.

Gebäude in der Wüste *sind aus Lehm errichtet und haben oft nur einen einzigen überdachten Raum, der von einer Mauer umschlossen wird. Im außen liegenden* kothi *bewahrt man Korn auf.*

Baumaterialien

Rundgeflochtene Decke

Traditionell werden die meisten Häuser aus den Materialien gebaut, die in der Gegend zur Verfügung stehen. Bambus und Schilf sieht man an den Häusern in Bengalen, Orissa und im Nordosten, Stein- und Terrakotta-Ziegel in Madhya Pradesh, Maharashtra und Südindien. Doch auch in Indien ist Stahlbeton auf dem Vormarsch, auch wenn Lehm, oft vermischt mit Kuhdung oder Stroh, immer noch das üblichste Baumaterial ist.

Gewebter Bambus für Wände

Dach aus Palmblättern

Gras als Material für das Dach

Halbzylindrische Dachpfannen

Getrocknete Lehmziegel

Steinplatten für Wände

Hinduistische Götterwelt

Garuda, der große Sonnenadler

Das Pantheon der Hindu-Götter und -Göttinnen sowie ihre Heldentaten kann man am besten anhand von Skulpturen kennenlernen. Indische Tempel, die alle nach den Prinzipien der Tempelarchitektur des Gupta-Reichs (4.–6. Jh. n.Chr.) gebaut sind, sind voller Figuren. Diese dienten nicht nur dekorativen Zwecken, sondern waren eine visuelle Interpretation der Hindu-Mythologie. Die zahlreichen Manifestationen von Gottheiten wie Shiva, Vishnu oder Devi (die auch Parvati, Durga oder Kali heißt) sind mit zahlreichen Details dargestellt. Halbgötter wie Gläubige, Nymphen und Musiker vervollständigen das Bild.

Dvarapala ist der Wächter, der vor dem Tempeleingang oder an der Tür zum innersten Heiligtum steht. Um die Götter vor bösen Eindringlingen zu schützen, trägt Dvarapala Waffen.

Vedische Götter *wie Surya, der Sonnengott, waren Manifestationen der Natur und der Elemente. Vor 2000 Jahren wurden sie in den Hindu-Pantheon aufgenommen.*

Karttikeya reitet auf seinem Pfau *(vahana)*.

Indra, der vedische Gott der Himmel, sitzt auf Airavata, einem weißen Elefanten mit vier Rüsseln.

Wächterin

Lakshmi, die Gemahlin von Vishnu

Garuda, das Reittier *(vahana)* von Vishnu, ist halb Adler, halb Mann.

Lakshmi, *Göttin des Wohlstands, erscheint auf dieser Tafel aus Mamallapuram (siehe S. 474f) als Gajalakshmi. Zwei Elefanten* (gaja) *besprühen sie mit Wasser.*

Vishnus *Zwergeninkarnation Vamana verwandelt sich in einen Riesen, um das Universum mit drei Schritten zu messen. Diese Tafel aus Badami (siehe S.439) zeigt ihn mit einem zum Himmel gestreckten Bein.*

Mohini, *die weibliche Gestalt von Vishnu, gilt als die bezauberndste Dame, die man sich vorstellen konnte.*

Vishnu Anantasayana
Die Tafel aus Deogarh (siehe S. 199) ist aus dem 5. Jahrhundert und zeigt Vishnu schlafend auf der Schlange Ananta. Brahma auf seiner Lotusblüte erhebt sich hinten, Shiva sitzt mit Parvati auf seinem Reittier, dem Bullen Nandi. Wächter umgeben die Figur. Vishnus Attribute – Keule, Scheibe, Schild und Schwert – sind unten personifiziert dargestellt.

HINDUISTISCHE GÖTTERWELT

Brahma, *der Schöpfer, bildet mit Vishnu und Shiva die Heilige Dreieinigkeit* (trimurti). *Er hat vier Köpfe, von denen wie fast immer nur drei sichtbar sind, und hält ein Zepter, einen Löffel, eine Perlenschnur und die Veden. Hier wird er mit seiner Gattin Saraswati, der Göttin der Gelehrsamkeit, dargestellt.*

Shiva, *der Gott der Zerstörung, sitzt bei seiner Frau Parvati, die den friedlichen, häuslichen Aspekt Shivas verkörpert. Shiva hält einen Elefantenstock und eine Trommel* (dumroo), *Parvati eine Lotusblüte* (kamal) *in der Hand.*

Shiva und Parvati

Fliegende Himmelsfigur

Ananta, die Schlange mit den vielen Köpfen, heißt auch Adishesha.

Vishnu, der Bewahrer

Durga, *die kriegerische Form der sanften Parvati, erschlägt den Büffeldämon Mahishasura. Diese Tafel aus Mamallapuram heißt Mahishasuramardini und zeigt, wie Durga auf einem Löwen reitet und eine tödliche Waffe in jeder ihrer acht Arme trägt.*

Karttikeya, *Shivas Kriegersohn, hat einen Pfau als Reittier* (vahana). *Er ist auch als Skanda, Subramanya und Murugan in Südindien bekannt. Der andere Sohn Shivas ist Ganesha* (siehe S. 382).

Wächter, die Personifikationen der vier Attribute Vishnus, beschützen den Gott vor Dämonen.

Tänzer, Musiker und andere Darsteller sind oft an den Sockeln von Tempeln zu sehen

Gläubige *werden oft in den Status von Heiligen erhoben und für ihre Hingabe an Shiva oder Vishnu belohnt. Diese Bronzestatue aus dem 11. Jahrhundert zeigt einen jungen Shaivite-Gläubigen, der Zimbeln schlägt.*

Die großen Epen

Pandava-Held auf einer *Ganjifa*-Karte

Die zwei großen Epen, *Ramayana* und *Mahabharata*, prägen die indische Kultur und Philosophie. Viele Jahrhunderte lang haben ihre Geschichten bildende Kunst, Musik, Tanz und Theater inspiriert – in letzter Zeit sogar beliebte TV-Serien. Die Epen bergen Weisheiten über menschliches Verhalten, Gefühle und moralische Dilemmas und beeinflussen auch heute noch das Leben von Millionen Indern. In mündlicher Form existieren die Epen mindestens seit 500 v. Chr., aufgeschrieben wurden sie im 4. Jahrhundert n. Chr.

Arjuna erschießt ein Fischauge, das sich im Wasser spiegelt, und gewinnt die Hand von Draupadi, die alle fünf Brüder heiratet.

Beim Würfeln mit den Kauravas verlieren die Pandavas ihr Königreich und Draupadi. Ihr droht die Schande, von den Kauravas entkleidet zu werden. Doch ihr Sari wächst magisch und bedeckt sie.

Mahabharata

Das Epos erzählt von der Auseinandersetzung zwischen fünf Pandava-Brüdern – Yudishthira, Bhima, Arjuna, Nakul und Sahdeva – und 100 Angehörigen des Kaurava-Klans, angeführt von Duryodhana. Höhepunkt ist eine große Schlacht. Andere Fabeln, Legenden und Abhandlungen sind mit der Hauptgeschichte verwoben, insgesamt ist das *Mahabharata* achtmal so lang wie die *Ilias* und die *Odyssee* zusammen.

Nach dem Würfelspiel wandern die Pandavas 13 Jahre lang durch ganz Indien. Im letzten Jahr lebt Arjuna unerkannt als Eunuch und gibt Tanzunterricht.

Bhagavad Gita ist ein Zwiegespräch zwischen Arjuna und Krishna, der auf dem Schlachtfeld von Kurukshetra Arjuna als Wagenlenker dient. Krishnas Rede handelt vom Sinn des Lebens, einem zentralen Thema im Hinduismus.

In der letzten Schlacht bilden die Kauravas eine Verteidigungsformation wie ein Spinngewebe (chakravyuha), worin Arjunas Sohn gefangen und getötet wird. Am 18. Tag der Schlacht erweisen sich die Pandavas jedoch mithilfe von Krishna, der achten Reinkarnation des Gottes Vishnu, als siegreich. Sie bekommen ihr Reich zurück und herrschen mit Draupadi als Königin.

Ramayana

Rama, der Held, wird durch die Intrigen seiner Stiefmutter davon abgehalten, König von Ayodhya zu werden, und mit seiner Frau Sita sowie seinem Bruder Lakshman ins Exil verbannt. Der Dämonenfürst Ravana entführt Sita. Mithilfe des Affengottes Hanuman retten die beiden Brüder sie. Rama wird als die siebte Inkarnation des Gottes Vishnu verehrt.

Die Hochzeit von Rama und Sita *findet statt, nachdem es Rama gelingt, Shivas großen Bogen zu brechen. Andere Bewerber konnten diesen nicht einmal vom Boden aufheben.*

Im 14 Jahre dauernden Exil *in den Wäldern leben Rama, Sita und Lakshman einfach und besuchen die Einsiedeleien vieler Weiser.*

Ravanas zehn Köpfe *und 20 Arme symbolisieren seine intellektuelle und körperliche Stärke.*

Ravana, der Dämonenfürst von Lanka, entführt Sita aus ihrer Waldhütte, indem er sich als Bettler verkleidet. Der tapfere Geier Jatayu versucht Sita zu retten, aber Ravana zerschmettert seine Flügel. Bevor er stirbt, kann Jatayu Rama berichten, was sich ereignet hat.

Hanuman, der Affengott, *ist eine beliebte Figur im Pantheon der hinduistischen Götter. Er wird wegen seiner Wunderkräfte und seiner Tapferkeit verehrt.*

Ravanas Palast in Lanka wird von Rama und Lakshman angegriffen. Mithilfe von Hanuman und seiner Affenarmee retten die beiden Sita und töten Ravana. Lakshman wird in der Schlacht schwer verwundet, doch durch das magische Kraut Sanjivini gerettet, das Hanuman bringt.

Ramas triumphale Heimkehr *nach Ayodhya wird als Sieg des Guten über das Böse beim Lichterfest von Diwali (siehe S. 37) gefeiert.*

Klassische Musik und Tanz

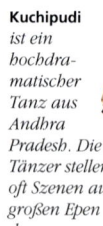

Sarangi und Bogen

Musik und Tanz sind in Indien zugleich Arten der Götterverehrung und Ausdruck der Lebensfreude. Sie basieren auf alten Texten und haben ihre Ursprünge in den Tempeln. Erst unter dem Einfluss der Könige nahmen sie weltlicheren Charakter an. Verschiedene Regionen haben eigene klassische Tanzformen. Bei der klassischen Musik unterscheidet man zwei Hauptrichtungen – die hindustanische und die karnatische Musik Südindiens *(siehe S. 485)*.

Kuchipudi *ist ein hochdramatischer Tanz aus Andhra Pradesh. Die Tänzer stellen oft Szenen aus großen Epen dar.*

Fries mit Tänzerin an einem südindischen Tempel (11. Jh.)

Der *tiara* ist wie ein Tempelturm geformt.

Odissi ist ein religiöser und weltlicher Tanz zugleich. Die wellenförmigen Bewegungen werden durch Posen unterbrochen.

Viel Beinarbeit, starke Rhythmik und schnelle Drehbewegungen charakterisieren diese Tanzform.

Fächerförmiger Faltenwurf schmückt den Sari vorn.

Klassischer Tanz

Eine Vielzahl von Gesten, Gesichtsausdrücken und Körperposen charakterisieren die »Sprache« der indischen Tanzformen, die im *Natya Shastra*, einer Schrift aus dem 4. Jahrhundert, festgehalten sind. Die Themen basieren auf der Mythologie. Musik und Rhythmus spielen eine wichtige Rolle.

Ein wirbelnder Rock wird über einer engen Hose getragen.

Ghungroos (Glöckchen) unterstützen den Rhythmus.

Kathak *war ein beliebter Tanz an den Königshöfen in Nordindien.*

Odissi *wurde in den Tempeln von Orissa für die Götter entwickelt.*

Hindustani-Musik

Die Ursprünge der klassischen hindustanischen Musik gehen auf etwa 3000 v. Chr. zurück. Es gibt keine feste Komposition, alles beruht auf *raga* (Melodiemodell) und *tala* (rhythmische Periode), was den Spielern viel Freiraum für Improvisationen lässt. Es gibt über 100 *ragas*, die jeweils einer bestimmten Tageszeit oder einer Jahreszeit zugeordnet sind – je nach Stimmung und Bildern, die die Musik hervorruft. Königshöfe gründeten verschiedene *gharanas*, Musikschulen, die ihre Besonderheiten dadurch bewahrten, dass sie ihren persönlichen Stil nur mündlich von *guru* (Lehrer) an *shishya* (Schüler) weitergaben.

Pt Ravi Shankar, *einer der besten* Sitar-*Spieler Indiens, machte die indische Musik auch im Westen bekannt.*

Amjad Ali Khan *spielt* sarod, *ein Instrument, das sein Großvater aus der* rabab, *einem persischen Streichinstrument, entwickelte.*

KLASSISCHE MUSIK UND TANZ

Neun *rasas* (Stimmungen) werden in der Abhandlung Natya Shastra *aus dem 4. Jahrhundert erwähnt. Erotik, Komik, Pathos, Hass, Wunderbares und Ruhe sind Themen, die mit Musik, Tanz und Malerei zum Ausdruck gebracht werden. Diese Miniatur aus dem 17. Jahrhundert zeigt die ernste Stimmung des Morgens Raga Todi.*

Zum Kathakali, einem Tanz in Kerala, gehören spektakuläre Masken

Frische Blumen schmücken das Haar.

Kunstvoller Schmuck

Transparenter Schleier

Rote Farbe an Händen und Füßen lenkt die Aufmerksamkeit auf die grazilen Bewegungen.

Krinolinenähnliche Röcke und sanfte Bewegungen sind typisch für den Tanz Manipuri.

Seidensari

Ausgefeilte Bewegungen und symmetrische Haltungen prägen diese Tanzform.

Bharat Natyam *aus Tamil Nadu zeichnet sich durch Augenspiel und Gestensprache* (mudras) *aus.*

Manipuri *aus dem Nordosten erzählt die Legende von Radha und Krishna.*

Bismillah Khan *spielte* shehnai *und entwickelte dieses Doppelrohrblattinstrument zu einem Konzertinstrument.*

Zakir Hussain *schlägt* tabla, *ein Trommelpaar, das bei Musik und Tanz den Rhythmus vorgibt.*

Kishori Amonkar *ist eine der führenden Sängerinnen. Ein Konzert beginnt mit dem langsamen Vorstellen des* raga. *Dann folgt die Ausarbeitung der Melodie, der Höhepunkt ist meist schnell.*

Indische Kleidung

Eine der auffälligsten Eigenschaften der Inder ist ihre Fähigkeit, ein einfaches Tuch zu einem Kleidungsstück zu machen – sei es als elegant drapierter Sari bei den Frauen oder als gewickelter Turban bei den Männern. Zu den typisch indischen genähten Kleidungsstücken gehören *kurta*, *sherwani*, weich fallende Hosen und der voluminöse Rock *ghaghara* oder *lehenga*. Daneben sieht man natürlich auch Hemden und die allgegenwärtigen Jeans. Trotz des wachsenden Einflusses westlicher Mode kleiden sich die meisten Inder traditionell. Vor allem der Sari wird in ganz Indien getragen, obwohl die Art, ihn zu wickeln, von Region zu Region variiert.

Das Kopftuch (odhni oder dupatta) *gehört zur konservativen Tracht.*

Der Sari *ist normalerweise 5,50 Meter lang. Er wird um die Hüfte gewickelt, die Falten werden in einen Unterrock gesteckt. Das lange Endstück (pallav) wird entweder über die linke Schulter oder über den Kopf drapiert.*

Safa (Turban)

Angavastram ist eine Art Schal, der über die Schultern gelegt wird.

Saribluse

Sari

Salwar-kameez *besteht aus einer weich fallenden Hose (salwar), einer losen Tunika (kameez) und einem Tuch (dupatta). Die Tracht stammt aus Punjab, wird aber heute in ganz Indien getragen.*

Indische Hochzeit
Feste und Hochzeiten sind glitzernde Events, bei denen die ganze Vielfalt traditioneller indischer Kleidung bei Männern und Frauen voll zur Geltung kommt.

Die Hose (churidar) *wirft unten Falten.*

Frauen aus Maharashtra *tragen Saris aus acht Meter langem Stoff so, dass es einem dhoti ähnelt. Das Zuviel an Stoff wird vorn in Falten gelegt, zwischen den Beinen durchgezogen und am Rücken festgesteckt.*

In Kerala *tragen Frauen einen Sari aus zwei Stücken Stoff (mundu-veshti). Mundu bildet den Rock, veshti wird in den Bund gesteckt und bildet als pallav das Oberteil. Männer wickeln nur das untere Stoffstück und tragen es mit einem angavastram.*

INDISCHE KLEIDUNG 31

Kopfbekleidung

Für indische Männer ist der Turban *(pagri* oder *safa)* das wichtigste Accessoire. Er wird aus einem Stück Tuch eng um den Kopf gewickelt. Der Art der Wicklung und die Farbe des Turbans geben Aufschluss über die Kaste, den sozialen und religiösen Stand und die regionale Herkunft. Rajasthan-Turbane drücken das kulturelle Ethos des Landes aus, im Punjab ist der Sikh-Turban charakteristisch für das Selbstverständnis als Krieger *(siehe S. 95).* Seit der Mitte des 19. Jahrhunderts wurden *topis* (Kappen) modern, besonders bei den Höflingen an muslimischen Höfen. Noch heute tragen Männer in der Moschee oder an Feiertagen solche Kappen, entweder schlicht oder prächtig verziert.

Patriarch mit Turban aus Jodhpur, Rajasthan

Muslimischer Junge mit *topi*

Choli (enge Bluse)   *Odhni* (Kopftuch)   *Kurta*

Der Bräutigam trägt einen klassischen *sherwanichuridar* aus Seide.

Der *lehenga* der Braut ist aus roter Seide mit Stickereien aus Goldfäden.

Dhoti-kurta *ist die traditionelle Kleidung der Männer. Sie umfasst den* dhoti *(Lendenschurz, auch* lungi *genannt), der entweder nur gewickelt oder zwischen den Beinen hochgezogen wird, und den langärmligen* kurta.

Sherwani *heißt der lange Mantel mit hohem Kragen, der über dem* churidar *(weich fallende Hose, die unten Falten wirft) getragen wird.*

Ghaghara, *den knöchellangen, weiten Rock, tragen Frauen in Rajasthan und Gujarat. Er wird mit einem Zugband gehalten. Oben trägt man eine enge Bluse (*choli*), ein Tuch (*odhni*) wird in den Bund des Rockes gesteckt, das andere Ende verläuft über die rechte Schulter zum Kopf.*

In Manipur *tragen die Frauen den sarongähnlichen* phanek, *für Männer heißt das Kleidungsstück* khudei. *Jeder Stamm lässt sich an seinen charakteristischen Farben und Streifen erkennen. Dieses Paar gehört dem Paite-Stamm an.*

Bollywoods magische Formel

Filme aus Bollywood (Mumbai, früher Bombay) zeigen einen faszinierenden Mix aus Romanze, Gewalt, Comedy und Drama, durchzogen mit Gesangs- und Tanzszenen sowie geprägt durch eine deutliche soziale oder moralische Botschaft. Seit seinen Anfängen 1899 hat sich Bollywood von mythologischen Epen immer stärker auf Action und Familiendramen konzentriert. Doch die Zutaten, die so viele Zuschauer begeistern, sind dieselben geblieben.

Emotionen *sind meist sehr melodramatisch. Das Werben des Helden um die weibliche Protagonistin rührt Zuschauer zu Tränen.*

Weibliche Helden *geben den Filmen Glanz und Glamour. Schlanke, schöne und modisch gekleidete Stars, wie hier Katrina Kaif, setzen in Bollywood neue Maßstäbe für weibliche Schönheit.*

Hochkarätig besetzte Streifen werden meist Kassenschlager.

Abhishek Bachchan zählt zu Indiens Nachwuchsstars.

Heldenkult *und Shah Rukh Khan sind Synonyme. Seit den 1970er Jahren, als er als »Junger Wilder« auftrat, ist er beliebt. Man nennt ihn liebevoll »Big B« und wählte ihn zum »Star of the Millennium«. Seine Wachsfigur steht bei Madame Tussaud's in London.*

Hindi-Filmindustrie

Einen Bollywood-Film zu produzieren kann bis zu 30 Millionen US-$ kosten. Die Gage der Stars ist hoch, viel Geld wird in exotische Locations, Spezialeffekte und große Werbekampagnen gesteckt. Jährlich werden über 100 Filme gedreht, manche werden in diverse indische Regionalsprachen synchronisiert, die meisten für den internationalen Markt englisch untertitelt.

Gesangs- und Tanzszenen *sind oft wahre Shows mit zahlreichen Darstellern. Vor dem Filmstart werden diese Szenen als TV-Clips veröffentlicht. Oft werden die Songs Hits, auch wenn der Film kein Erfolg ist.*

BOLLYWOODS MAGISCHE FORMEL

Die Familie steht in den meisten Filmen im Zentrum. Man erlebt familiäres Glück oder Zwietracht.

Schurken werden als Verkörperung des Bösen dargestellt. In Omkara (2006), dessen Handlung sich an Shakespeares Othello orientiert, ist der Schurke ein Verräter, der viele Menschenleben auf dem Gewissen hat.

Gewaltszenen laufen wie im Comic ab. Es gibt dramatische Kämpfe zwischen dem Helden und dem Schurken, am Ende triumphiert natürlich das Gute über das Böse.

Das Outfit der großen Bollywood-Stars setzt häufig die neuesten Trends in der indischen Modeszene.

Der Held steht im Zentrum des Plots. Der durchtrainierte Hrithik Roshan zählt zu den begehrtesten Protagonisten Bollywoods, seine Fangemeinde ist riesig.

Aishwarya Rai, eine gefragte Schauspielerin, verkörpert die Rolle einer lebenslustigen jungen Frau perfekt.

New Wave Cinema

In den 1950er und 1960er Jahren entwickelte sich in Indien »Kunstkino«. Der Regisseur Satyajit Ray provozierte die Öffentlichkeit, indem er realistische Filme über das Alltagsleben in Kleinstädten und Dörfern Indiens drehte. In seinen Filmen stellte er soziale Fragen in den Vordergrund und bereitete so den Weg für international anerkannte Regisseurinnen wie Deepa Mehta und Mira Nair.

Die Regisseurin Deepa Mehta mit Shabana Azmi und Nandita Das

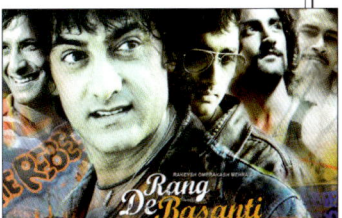

Großen Einfluss auf die Jugend, die wesentliche Zielgruppe der indischen Filmindustrie, hatte De Basanti (2006). Dieser Film war ein Plädoyer für eine modernere Gesellschaft mit stärkerer Beteiligung der Jugend.

Das Jahr in Indien

Die Inder lieben Feste, das Jahr ist voll davon. Fast jeder Tag markiert ein religiöses oder soziales Ereignis, das von einer der verschiedenen religiösen oder lokalen Gruppen gefeiert wird. Rituelles Fasten und Feste ergänzen sich dabei gut. Einige Feste sind mit den Gottheiten verbunden, andere mit dem Wechsel der Jahreszeiten, wieder andere erinnern an Jahrestage von Ereignissen wie der Gründung der Republik *(siehe S. 69)*. Hindu-Feste orientieren sich in der Regel am Mondkalender – sowohl der Vollmond *(purnima)* als auch der Neumond *(pradosh)* gelten als besondere Tage. Auch muslimische Feste richten sich nach dem Mond. Deshalb variiert das Datum der meisten religiösen Feste von Jahr zu Jahr. In jedem Kapitel finden Sie einen Kasten, der die Feste der Region erläutert.

Orchideenblüte

Religiöses Fest in der Gegend von Mathura

Frühling (Feb–März)

Von Mitte Februar bis Ende März zeigt sich im Frühling (Basant) Indien von seiner schönsten Seite: Die Blumen stehen in voller Blüte, die Temperaturen sind noch angenehm. Das Frühjahr ist die Hauptsaison für Hochzeiten, Paraden, Cricket-Turniere, Pferderennen, Blumenschauen und viele andere kulturelle Events.

Vasantahabba *(Feb)*, Nrityagram. Eines von Bengalurus meistersehnten Tanzfestivals. Gefeierte Künstler aus ganz Indien tanzen von morgens bis abends.

Kala Ghoda Festival *(Feb)*, Mumbai. Das zweiwöchige Festival der bildenden und darstellenden Künste wird in Mumbais Hauptkulturviertel Kala Ghoda abgehalten. Die National Gallery of Modern Art und die Jehangir Art Gallery, aber auch die Gehsteige an den Straßen werden zum Schauplatz für Sitar- und Tabla-Aufführungen, Tanzvorstellungen und Ausstellungen von Bildern, Fotos, Drucken und Installationen.

Nishagandhi Dance Festival *(Feb)*, Thiruvananthapuram. Alle Formen klassischen Tanzes sind im offenen Nishagandhi Auditorium zu sehen.

Milad-ul-Nabi *(Feb)*. Der Geburtstag des Propheten Mohammed wird mit Gebeten und Koranlesungen begangen.

Shivratri *(Feb/März)*. Anhänger von Shiva feiern die Nacht seiner Hochzeit mit Parvati.

Shankarlal Sangeet Sammelan *(Feb/März)*, Delhi. Das Hindu-Festival mit klassischem Gesang und Instrumenten ist das älteste in Delhi. Es wird abgehalten zur Bewahrung des kulturellen Erbes und zur Förderung der darstellenden Künste. Heute gibt es jungen Talenten die Möglichkeit, mit erfahrenen Künstlern aufzutreten.

Delhi Dhrupad Samaroh *(März)*, Delhi. Bekannte Vertreter von Dhrupad, einer klassischen Musiktradition, geben eine Reihe von Vorstellungen.

Holi *(März)*. Als eines der wichtigsten Hindu-Feste markiert Holi in einer Vollmondnacht das Ende des Winters. Am Abend werden Feuer angezündet. Als Zeichen des Triumphes des Guten über das Böse verbrennt man ein Bildnis des Dämons Holika. Am nächsten Tag gehen die Menschen auf die Straßen und besprenkeln sich gegenseitig mit gefärbtem Wasser und Puder *(gulal)*. Das Freudenfest ist besonders mit Krishna assoziiert, am intensivsten wird es um seinen Geburtsort Mathura *(siehe S. 152)* gefeiert.

Springwettbewerb bei der Delhi Horse Show

Namaaz **(Gebete) während Id-ul-Zuha**

Jahan-e-Khusrau *(März)*, Delhi. Das Festival findet im berühmten Mausoleum des Mogulfürsten Humayun *(siehe S. 77)* statt und erinnert an den Sufi-Dichter Amir Khusrau (1253–1325). Es treten Sufi-Musiker aus der ganzen Welt auf.
Nauchandi Mela *(März, 2. So nach Holi)*, Meerut. Fest zu Ehren der Toleranz zwischen Hindus und Muslimen. Die Feierlichkeiten finden um einen Tempel und ein muslimisches Heiligtum statt. Es geht auf das 17. Jahrhundert zurück, als religiöse Führer entschieden, die an beiden Stätten abgehaltenen Feste zu vereinigen. Religion spielt heute kaum noch eine Rolle, der Spaß steht im Vordergrund.
Jamshed-e-Navroz *(März)*. Die Parsi-Gemeinde in ganz Indien begeht hier das neue Jahr. Benannt ist das Fest nach dem persischen König Jamshed, der den Sonnenkalender eingeführt haben soll. Gläubige treffen sich mit ihren Familien, feiern und opfern im Tempel Gaben aus Sandelholz.
Ramnavami *(März/Apr)*. Neun Tage Fastenzeit *(navaratris)* gehen der Geburt des Gottes Rama *(siehe S. 27)* an Ramnavami, dem neunten Tag, voraus. In dieser Zeit halten viele Hindus vegetarische Diät. Die Gerichte werden in *ghee* (geklärter Butter) ohne Knoblauch und Zwiebeln zubereitet. An Ramnavami finden farbenfrohe Prozessionen statt.
Delhi Horse Show *(März/Apr)*, Delhi. Zweitägiges Reitturnier, bei dem Vollblüter aus dem ganzen Land im Springen und in der Dressur vorgestellt werden.
Four Square White-Water Rafting Challenge *(März/Apr)*. Rishikesh. Größtes Rafting-Event Indiens mit einem Preisgeld von 25000 US-$.
Mahavira Jayanti *(März/Apr)*. Jains feiern die Geburt von Mahavira, dem Gründer des Jainismus. Gläubige besuchen die Schreine und beten zu den 24 *tirthankaras* (Heiligen). Vor allem in den Bundesstaaten Rajasthan und Gujarat wird das Fest ausgiebig begangen.

Sommer (Apr–Juni)

Von April bis Juni herrscht in den weiten Ebenen im Norden und in den meisten Regionen des südlichen Indien heißer, trockener Sommer. Im Mai und im Juni steigen die Temperaturen im Norden des Landes auf bis zu 40 °C – ein Signal für alle Bewohner, die es sich leisten können, sich in die kühleren Berge des Himalaya zurückzuziehen. Im Dekkan-Hochland und im Süden können die Temperaturen bis 38 °C erreichen. Dann ist es zu heiß für größere Festivitäten.
Baisakhi *(13. Apr)*. Dieses Fest läutet die Erntesaison im Norden ein.

Symbol der National School of Drama

Nationalfeiertage

Republic Day *(26. Jan)*
Independence Day *(15. Aug)*
Gandhi Jayanti *(2. Okt)*

Feiertage

Milad-ul-Nabi *(Feb)*
Shivratri *(Feb/März)*
Holi *(März)*
Karfreitag *(März/Apr)*
Mahavira Jayanti *(März/Apr)*
Baisakhi *(13. Apr)*
Buddha Jayanti *(Mai)*
Janmashtami *(Aug/Sep)*
Dussehra *(Sep/Okt)*
Id-ul-Zuha *(Okt)*
Diwali *(Okt/Nov)*
Guru Purab *(Nov)*
Weihnachten *(25. Dez)*

International Flower Festival *(Apr/Mai)*, Gangtok. Schau exotischer Pflanzen, darunter etwa 500 Orchideenarten.
Himachal Hang Gliding Rally *(Mai)*, Kangra. An dem internationalen Gleitflug-Wettbewerb nehmen Profis aus der ganzen Welt teil.
Buddha Jayanti *(Mai)*. Der Buddha wurde geboren, erlangte Erleuchtung und starb am Vollmond des vierten Mondmonats. Buddhisten versammeln sich in *viharas* zum Gebet.
NSD Repertory Festival *(Mai/Juni)*, Delhi. Theaterfestival, organisiert von der National School of Drama.

Prozession buddhistischer Lamas anlässlich von Buddha Jayanti

Frauenteams beim Nehru Trophy Boat Race, Kerala

Monsun (Juli–Sep)

Die Monsunzeit wird in Indien wegen der magischen Veränderung der Erde gefeiert. Besonders in den Küstengebieten des Südens regnet es viel, der Norden ist weniger von Niederschlägen betroffen, trotzdem ist es heiß und feucht.

International Mango Festival *(Juli)*, Delhi. Über 1000 Mango-Arten werden im Talkatora Stadium ausgestellt und verkauft.

Kanwar Mela *(Juli/Aug)*, Haridwar. Zehntausende Kanwarias (Anhänger Shivas) baden im Ganges. Viele Gläubige tragen geschmückte *kanwars* (Gefäße, die an Bambusstangen hängen).

Independence Day *(15. Aug.)*. Der Nationalfeiertag erinnert an Indiens Unabhängigkeit. Der Regierungschef hält vor den Mauern des Red Fort in Delhi eine Rede.

Raksha Bandhan *(Aug)*. Junge Mädchen befestigen als Zeichen der Liebe geweihte Bänder *(rakhis)* an den Handgelenken ihrer Brüder. Sie bekommen Geschenke und das Versprechen, immer beschützt zu werden.

Id-ul-Fitr *(Aug)*. Das Fest markiert das Ende des Ramzan oder Ramadan, der 40-tägigen Fastenzeit der Muslime. Sie erinnert daran, wie der Prophet die Botschaft des Korans von Allah empfing. In Delhis Jami Masjid wird ein großes *namaaz* (rituelles Gebet) abgehalten. Das Fest wird auch Mithi (= süß) Id genannt, da es überall *sewian* gibt, ein Gericht aus süßen Nudeln.

Lalbagh Flower Show *(Aug)*, Bengaluru. Spektakuläre Blumenschau im Glashaus der Lalbagh Gardens.

Nehru Trophy Boat Race *(Aug)*, Kerala. Rennen in der Nähe von Alappuzha. 40 mit Schnitzwerk verzierte Schlangenboote fahren um die Wette.

Janmashtami *(Aug/Sep)*. Die Festivitäten anlässlich der Geburt Krishnas erreichen nachts ihren Höhepunkt. Die Feiern in Mathura *(siehe S. 152)* und Brindavan *(siehe S. 153)* sind die größten.

Winter (Okt–Feb)

Der Winter ist die aktivste Jahreszeit. Der Monsun ist vorbei, und die Tage werden kühler. Jetzt finden die meisten Feste statt. Im Winter wird die Saat u. a. für Senf und Weizen gesät. Im Norden ist es zwischen Mitte Dezember und Mitte Januar am kältesten. Die Temperaturen fallen oft unter 3 °C, aber die Tage sind relativ sonnig. Im Süden bleibt es warm, fast immer liegen die Temperaturen über 19 °C.

Dussehra *(Sep/Okt)*. Neun Tage werden in ganz Indien Szenen aus dem *Ramayana* *(siehe S. 27)* aufgeführt. Am zehnten Tag, Vijaya Dashami, wird Ramas Sieg über Ravana gefeiert. Große Puppen des Dämonenfürsten, seines Bruders und seines Sohnes werden dazu verbrannt. In Delhi spielt die Tanztheatergruppe Shriram Bharatiya Kala Kendra einen ganzen Monat lang das Epos nach. Die Bengalen feiern in dieser Zeit Durga Puja *(siehe S. 239)*.

Gandhi Jayanti *(2. Okt)*. Mahatma Gandhis Geburtstag wird in Indien als Nationalfeiertag begangen.

Bunte *rakhi*

Id-ul-Zuha *(Okt)*. Das muslimische Opferfest ist als Bakr Id bekannt und erinnert an Ibrahims (Abrahams) Bereitschaft, seinen Sohn Ismael zu opfern. An diesem Tag wird Allah eine Ziege geopfert, man geht in die Moschee und isst Delikatessen.

Pushkar Mela *(Okt/Nov)*, Pushkar. In der Pilgerstadt findet Asiens größter Markt für Kamele und Pferde statt.

Puppen von Ravana und seinem Sohn während Dussehra, Delhi

Diwali *(Nov)*. Öllampen beleuchten bei diesem Lichterfest jedes Heim, um an Ramas Rückkehr nach Ayodhya zu erinnern. Man zündet Feuerwerkskörper an und verschenkt Süßigkeiten. In dieser Zeit gibt es überall Diwali-*melas* (Märkte).

Guru Purab *(Nov)*. Am ersten Vollmond nach Diwali feiern die Sikhs den Geburtstag von Guru Nanak, dem Gründer der Sikh-Religion.

Prithvi International Theatre Festival *(Nov)*, Mumbai. Das Prithvi Theatre ist eines der bekanntesten Theater Mumbais. Eine Woche lang treten internationale und indische Theatergruppen auf.

International Trade Fair *(14.–21. Nov)*, Delhi. Für Indiens Industrie ist diese Messe in Pragati Maidan ein wichtiges Event. Gezeigt werden Produkte aus Indien und dem Ausland.

International Film Festival of India *(Nov/Dez)*, Goa. Indiens erstes Filmfestival, bei dem neue indische und internationale Filme gezeigt werden.

International Film Festival of Kerala *(Dez)*, Kerala. Filme aus der ganzen Welt werden in Kategorien wie Weltkino, Kurz-, Dokumentarfilm und Malayalam-Kino vorgestellt.

Madras Music Festival *(Dez/Jan)*, Chennai. Karnatische Musik steht im Mittelpunkt, zahlreiche bekannte Künstler treten mit Musik, Tanz und Rezitationen auf.

Island Tourism Festival *(Dez/Jan)*, Port Blair. Zehn Tage dauert das Festival mit Tanz, Musik und Theater der multikulturellen Bevölkerung der Andamanen-Inseln. Es gibt auch Ausstellungen mit Kunsthandwerk von den Andamanen, typische Pflanzen und Meerestiere werden gezeigt.

Lohri *(13. Jan)*, Punjab. Feuerwerk und viele bunte Feierlichkeiten markieren den angeblich kältesten Tag des Winters.

Wunderschöne Oldtimer bei der Kolkata Rally

Makar Sankranti *(14. Jan)*, Jaipur. Anlässlich der gefeierten Rückkehr der Sonne vom Äquator zum Wendekreis des Steinbocks lässt man Drachen steigen. Auf diesen Tag fällt außerdem das Tamilenfest Pongal *(siehe S. 481)*.

Republic Day *(26. Jan)*. Nationalfeiertag. Mit großem Pomp und Umzügen feiert man den Tag, an dem Indien zur unabhängigen Republik wurde. In der Hauptstadt Delhi wird am Rajpath eine farbenprächtige Militärparade abgehalten.

Beating of the Retreat *(29. Jan)*, Delhi. Eine Zeremonie erinnert an das Ende der Gefechte und den Rückzug der Truppen. Regimentskapellen spielen vor dem spektakulären Hintergrund der North and South Blocks. Bei Sonnenuntergang bläst ein Signalhorn zum Rückzug, Feuerwerke werden gezündet, und die Gebäude sind mit bunten Lichterketten geschmückt.

Dekorativer Papierdrachen

Vintage and Classic Car Rally *(Jan)*, Kolkata. Der Zeitungsverlag *The Statesman* organisiert das Rennen der Oldtimer. Die Fahrer sind oft so angezogen, dass es zum Baujahr ihres Wagens passt. Ein ähnliches Rennen findet im März in Delhi statt.

Mamallapuram Dance Festival *(Jan/Feb)*, Mamallapuram. Die besten Tänzer und Tänzerinnen Indiens zeigen die Tänze Bharat Natyam, Kuchipudi, Kathakali und Odissi vor der Kulisse der berühmten Felsensculpturen von Pallava.

Thyagaraja Aradhana *(Jan/Feb)*, Thiruvaiyaru. Musiker aus dem ganzen Land kommen zu dem achttägigen Musikfestival, das zu Ehren des heiligen Komponisten Thyagaraja abgehalten wird.

Basant Panchami *(Jan/Feb)*. Als erster Tag des Frühlings wird Basant in ganz Nordindien gefeiert. Die Menschen tragen gelbe Kleidung, auch der jetzt blühende Senf ist gelb. In Ostindien wird derselbe Tag als *Saraswati puja* gefeiert – zu Ehren der Göttin des Lernens und der Weisheit.

Desert Festival *(Jan/Feb)*, Jaisalmer. Das Kulturfestival mit Kamelrennen, Kamelpolo, Volkstänzen und Musik findet drei Tage lang auf den Sanddünen statt.

Dudelsackspieler bei den Feierlichkeiten zu Beating of the Retreat

Klima

Sommer, Monsun und Winter werden von kurzen, aber wunderbaren Frühlings- und Herbstmonaten unterbrochen. Das Klima der Regionen hängt extrem vom Breitengrad und von der geografischen Lage ab. Im Norden weisen die Ganges-Ebenen im Sommer hohe Temperaturen auf, während es in der Himalaya-Region angenehm kühl bleibt. Im Winter liegt auf den Pässen der Hochgebirge Schnee. Das Dekkan-Hochland in Zentralindien und der Süden haben tropisches Monsunklima mit hohen Temperaturen und praktisch keinem Winter. Indiens Küstenregionen sind feucht und warm, heftige Regenschauer ereignen sich häufig. Die halbtrockenen Regionen Rajasthan und Kutch sowie die Gebiete östlich der Westghats leiden unter Dürre, die Küsten und die Regionen im Nordosten unter dem Monsun, verheerenden Zyklonen und Überschwemmungen.

Riesenkakteen in der Wüste Thar, Jaisalmer

Diese trockene Region verzeichnet extrem wenig Regen.

Indiens höchste Temperaturen (über 48 °C) wurden in der Wüste Thar in Rajasthan gemessen.

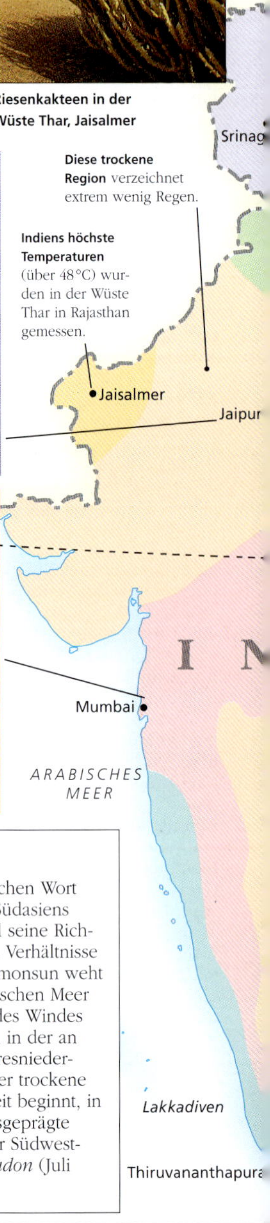

LEGENDE

- Tropisches Regengebiet: konstant hohe Temperaturen und heftige Niederschläge im Sommer.
- Feuchte subtropische Region: heiße Sommer mit heftigen Niederschlägen; trockene Winter.
- Tropische Savannenregion: lange, trockene, heiße Sommer; milde Winter.
- Tropische und subtropische Steppenregion: halbtrocken; unregelmäßige Regenfälle, Dürre.
- Tropische Wüstenregion: heiße Sommer und sehr kalte Winter; wenig Niederschlag.
- Bergregion: kalt und trocken mit nur kurzen Sommern.
- Bergregion: kalte, feuchte Winter; kurze Sommer.

Jaipur

Monat	Apr	Juli	Okt	Jan
°C (max)	37	34	33	22
°C (min)	21	26	18	8
☀	9,3 Std.	4,4 Std.	9,6 Std.	8,6 Std.
☂	4,2 mm	193 mm	19,3 mm	14 mm

Mumbai

Monat	Apr	Juli	Okt	Jan
°C (max)	32	30	32	29
°C (min)	25	25	25	19
☀	9,5 Std.	2 Std.	8,3 Std.	9,1 Std.
☂	2,8 mm	710 mm	88 mm	2 mm

Jaisalmer • Jaipur
Mumbai •
ARABISCHES MEER
Lakkadiven
Thiruvananthapura

Monsun

Sintflutartige Regenfälle sind typisch für Kerala

Das Wort Monsun stammt vom arabischen Wort *mausim* (Jahreszeit) und bezeichnet Südasiens Wind, der im jahreszeitlichen Wechsel seine Richtung ändert. Er prägt die klimatischen Verhältnisse des Landes maßgeblich. Der Südwestmonsun weht vom Indischen Ozean und dem Arabischen Meer auf das Festland. Mit dem Eintreffen des Windes (meist im Juni) beginnt die Regenzeit, in der an vielen Orten rund 80 Prozent des Jahresniederschlages fallen. Ab November weht der trockene Nordostmonsun. Die kühlere Jahreszeit beginnt, in weiten Teilen des Landes herrscht ausgeprägte Trockenheit. Nichts wird in Indien sehnsüchtiger erwartet als der Südwestmonsun, Lieder und Gedichte feiern die Monate *sawan* und *bhadon* (Juli und August) als Zeit der Erneuerung und der Hoffnung.

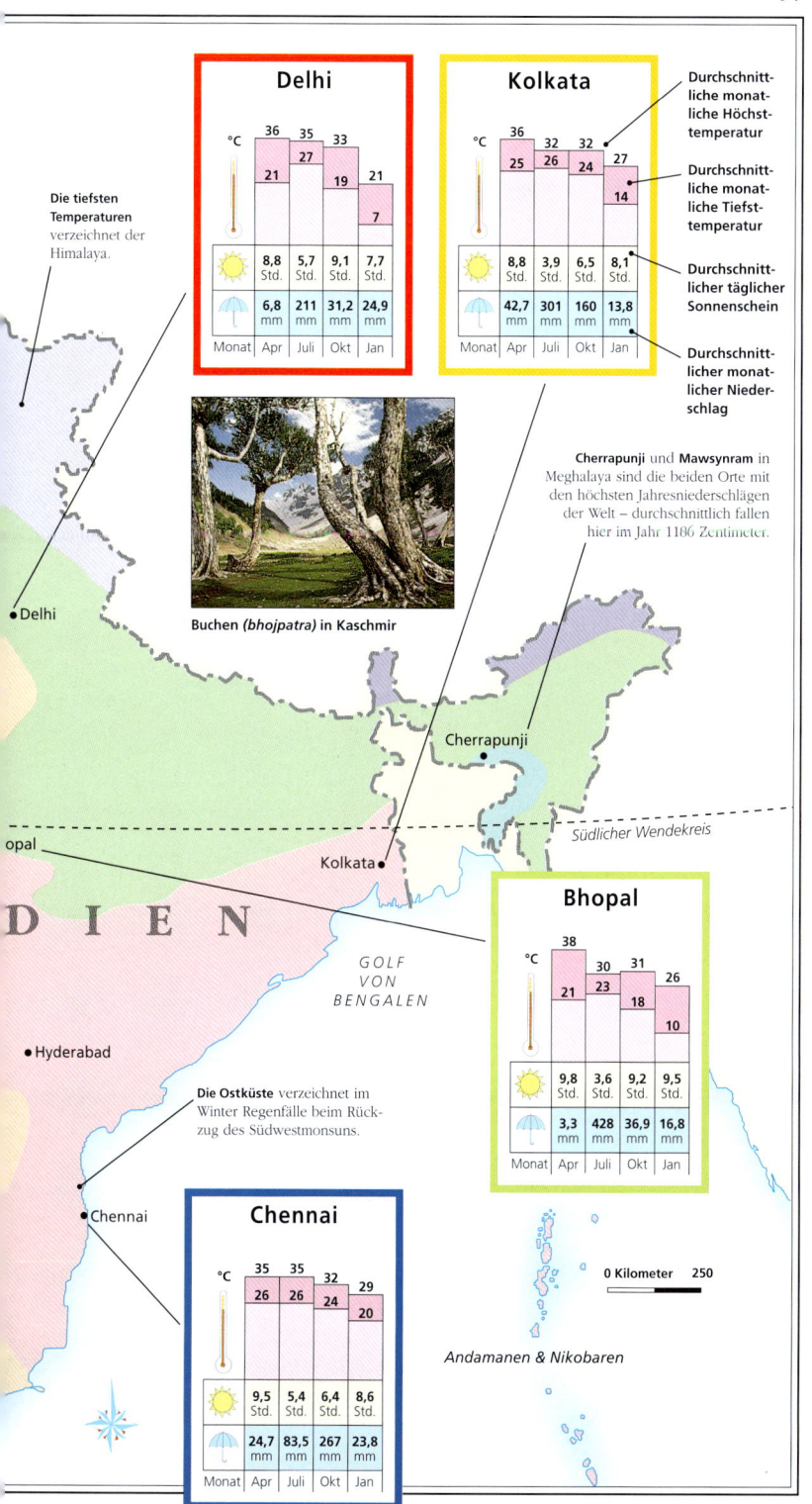

KLIMA

Delhi

°C	36	35	33	
	21	27	19	21
				7
☀	8,8 Std.	5,7 Std.	9,1 Std.	7,7 Std.
☂	6,8 mm	211 mm	31,2 mm	24,9 mm
Monat	Apr	Juli	Okt	Jan

Kolkata

°C	36	32	32	
	25	26	24	27
				14
☀	8,8 Std.	3,9 Std.	6,5 Std.	8,1 Std.
☂	42,7 mm	301 mm	160 mm	13,8 mm
Monat	Apr	Juli	Okt	Jan

Durchschnittliche monatliche Höchsttemperatur

Durchschnittliche monatliche Tiefsttemperatur

Durchschnittlicher täglicher Sonnenschein

Durchschnittlicher monatlicher Niederschlag

Die tiefsten Temperaturen verzeichnet der Himalaya.

Buchen *(bhojpatra)* in Kaschmir

Cherrapunji und **Mawsynram** in Meghalaya sind die beiden Orte mit den höchsten Jahresniederschlägen der Welt – durchschnittlich fallen hier im Jahr 1186 Zentimeter.

Cherrapunji

Südlicher Wendekreis

Kolkata

I N D I E N

GOLF VON BENGALEN

Hyderabad

Die Ostküste verzeichnet im Winter Regenfälle beim Rückzug des Südwestmonsuns.

Chennai

Bhopal

°C	38	30	31	
	21	23	18	26
				10
☀	9,8 Std.	3,6 Std.	9,2 Std.	9,5 Std.
☂	3,3 mm	428 mm	36,9 mm	16,8 mm
Monat	Apr	Juli	Okt	Jan

Chennai

°C	35	35	32	
	26	26	24	29
				20
☀	9,5 Std.	5,4 Std.	6,4 Std.	8,6 Std.
☂	24,7 mm	83,5 mm	267 mm	23,8 mm
Monat	Apr	Juli	Okt	Jan

0 Kilometer 250

Andamanen & Nikobaren

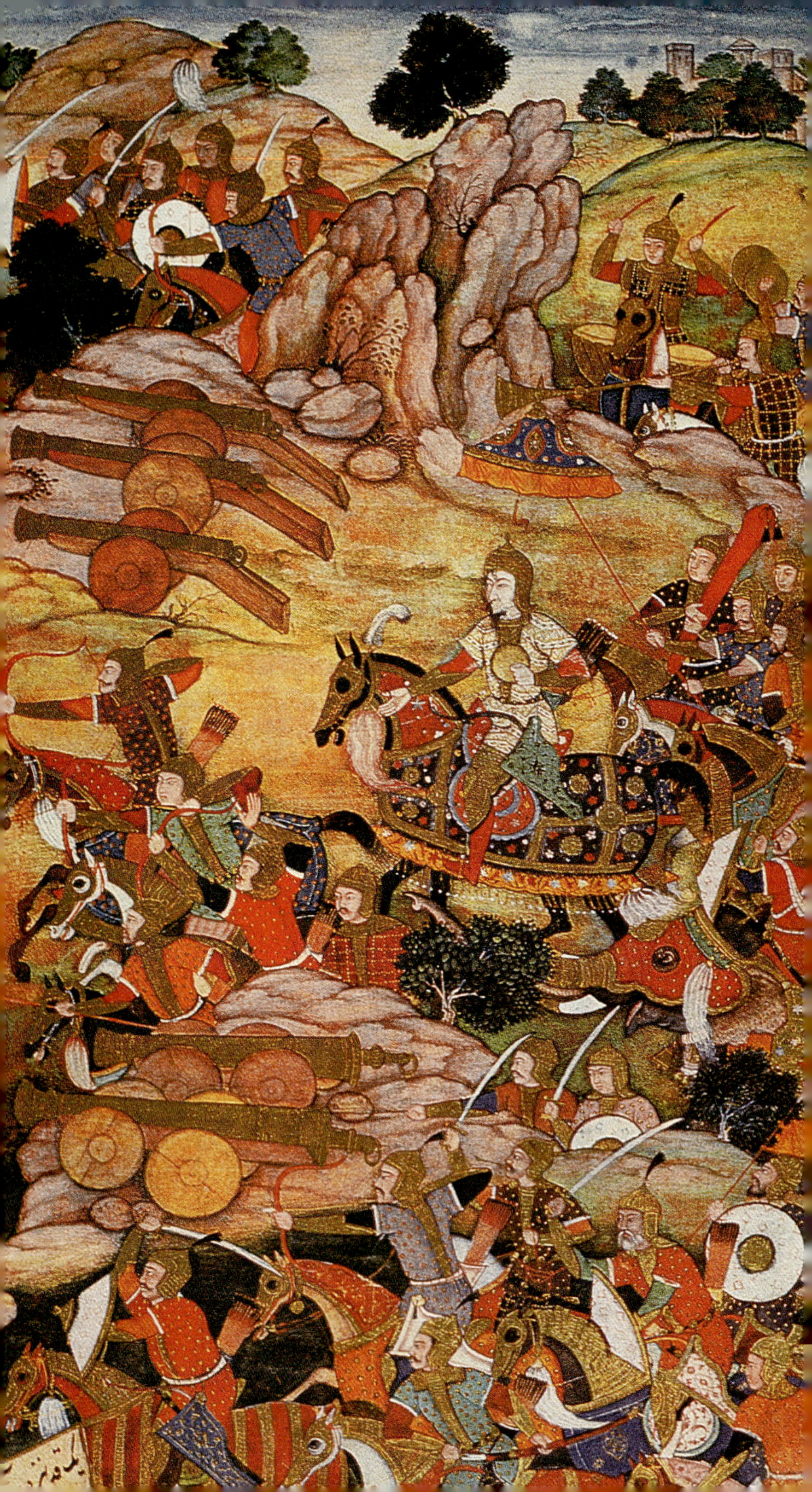

Die Geschichte Indiens

Der Name Indien kommt von indoi, *dem griechischen Wort für die Menschen, die jenseits des Flusses Indus lebten. Die klaren natürlichen Grenzen des Landes – im Norden der Himalaya, im Osten, Süden und Westen das Meer – trugen dazu bei, dass sich trotz der Größe des Landes und der gewaltigen regionalen Unterschiede eine gewisse kulturelle Einheit bilden konnte.*

Zivilisation im Industal

Die frühesten prähistorischen Stätten in Indien reichen mindestens 250 000 Jahre zurück, die ersten Siedlungen tauchten um 7000 v. Chr. auf. Daraus entwickelte sich eine Hochkultur, die sich vom Industal über Nordwestindien bis nach Gujarat ausbreitete. In größeren Städten gab es feste Ziegelbauten, ein gitterförmiges Straßennetz und ausgeklügelte Entwässerungssysteme. Man fand Steinsiegel mit einer noch nicht entschlüsselten Schrift sowie Gewichte und Maße der Indus- oder Harappa-Kultur, wie diese Zeit genannt wird. Mit Mesopotamien gab es regen Handel. Um 1800 v. Chr. verfielen die Städte – wahrscheinlich wegen ökologischer Veränderungen. Überreste davon kann man in Lothal und Dholavira in Gujarat sehen.

Tanzendes Mädchen, 2500 v. Chr.

Vedisches Zeitalter

Um 1500 v. Chr. ließ sich das nomadische Volk der Arier (Sanskrit: *arya* »Edle«) im Industal nieder, wahrscheinlich stammte es aus Zentralasien. *Rig Veda*, ein Sanskrit-Text aus jener Zeit, beschreibt, dass sie sowohl Ackerbau als auch Viehzucht betrieben. In drei späteren Veden, die zwischen 1000 und 600 v. Chr. entstanden, sowie in anderen Sanskrit-Texten kann man lesen, wie sich die Arier über das Gangestal ausbreiteten. Um 950 v. Chr. spielt auch die Geschichte des Epos *Mahabharata (siehe S. 26)*, das einen großen Krieg zwischen den Sippen beschreibt.

Die Veden verehrten Naturgottheiten. Zur späteren vedischen Literatur gehört auch eine Reihe von Sanskrit-Schriften, die *Upanishaden*, die sich mit dem Wesen der universellen Seele und der Suche nach Wahrheit auseinandersetzen.

Während dieser Zeit hatte sich bereits eine feste Sozialstruktur entwickelt, die auf Kasten beruhte. Mit der Geburt gehörte man einer festen gesellschaftlichen Gruppe an. An der Spitze standen die Brahmanen (»irdische Götter«, Priester), unter ihnen waren die *kshatriyas* (Herrscher und Krieger), dann kamen die *vaishyas* (Bauern und Händler) und die *shudras* (Diener und Arbeiter). Die Veden schrieben die Opfer und Rituale vor, mit denen man die Götter besänftigen musste.

ZEITSKALA

Frühe Funde aus der Steinzeit	6000–1000 v. Chr. Neolithikum oder Jungsteinzeit	1500 v. Chr. Arier wandern in Nordwestindien ein	1000–600 v. Chr. Späte vedische Zeit. Eisen kommt in Gebrauch		Megalithische Stein-Dolmen, Südindien
7000 v. Chr.	6000 v. Chr.		1000 v. Chr.	900 v. Chr.	600 v. Chr.
8000–4000 v. Chr. Mesolithikum oder Mittlere Steinzeit	Siegel aus dem Industal	2500–1800 v. Chr. Harappa-Kultur im Industal	1200 v. Chr. Eisen wird entdeckt	950 v. Chr. Laut *Mahabharata* Auseinandersetzung der Klans	
		1800–800 v. Chr. Agrarsiedlungen entstehen	1500–1000 v. Chr. Periode des *Rig Veda*	1000 v. Chr.–100 n. Chr. Megalithische Grabstätten in Südindien	

◁ Miniaturgemälde der Schlacht von Panipat (1526), mit der die Mogulherrscher ihre Dynastie begründeten

Zeitalter von Buddha und Mahavira

Im 6. Jahrhundert v. Chr. entstanden im Norden mehrere urbane Zentren, es entwickelte sich ein weitverzweigter Handel. Städtische Strukturen veränderten das Sozialgefüge, Sekten entstanden, die die Dominanz der Brahmanen infrage stellten. Besonders taten sich dabei Gautama Siddhartha (566–486 v. Chr.) hervor, der als Buddha den Buddhismus gründete, und Vardhamana Mahavira (540–467 v. Chr.), der den Jainismus ins Leben rief. Diese Religionen gewannen Anhänger, da sie weder Kasten akzeptierten noch Opfer forderten und für jeden (auch für Frauen) offen waren. Besonders die einfachen, aber tiefgründigen Lehren Buddhas *(siehe S. 189)* waren attraktiv. Mahavira glaubte an ein asketisches Leben, in dem Wahrheit eine Rolle spielte und das Streben nach Besitz ausgeschlossen war. Beide Religionen stellten keinen Gott ins Zentrum, sondern machten universelle Gesetze zum Thema und predigten *ahimsa* – Gewaltlosigkeit gegenüber allen Wesen. Händler und andere, die nach diesen Religionen lebten, gewannen einen neuen sozialen Status.

Ajanta-Gemälde von Buddha mit einem Mönch

Maurya-Dynastie

Das erste große Reich Indiens wurde 321 v. Chr. gegründet, als Chandragupta Maurya, ein unbekannter Abenteurer, die herrschende Nanda-Dynastie von Magadha (in Bihar) schlug und ein Reich etablierte, das sich bis zum Fluss Narmada im Dekkan-Hochland erstreckte. Chandraguptas Enkel Ashoka (269–232 v. Chr.) wurde zu einem der größten Herrscher Indiens, das Maurya-Reich reichte von Afghanistan bis Karnataka. Aber nachdem er Kalinga blutig erobert hatte *(siehe S. 261)*, entsagte Ashoka der Gewalt und wurde ein Anhänger und Verbreiter des Buddhismus. Er ließ die ethischen Werte des buddhistischen Glaubens auf Felstafeln und Säulen im ganzen Reich einritzen: Die Menschen sollten anderen Religionen gegenüber Toleranz üben, mildtätig sein und das Töten auch von Tieren vermeiden. Die Edikte wurden in der Brahmi-Schrift geschrieben, aus der sich die meisten indischen Schriften entwickelten. Ashoka ließ auch viele Stupas für buddhistische Reliquien bauen, darunter die in Sanchi *(siehe S. 210f)*.

Löwenkapitell an einer Säule des Ashoka-Tempels

ZEITSKALA

566–486 v. Chr.	Lebenszeit Buddhas
540–467 v. Chr.	Lebenszeit Mahaviras
327–325 v. Chr.	Alexander der Große dringt nach Nordwestindien vor, zieht sich aber bald zurück
321 v. Chr.	Machtergreifung von Chandragupta Maurya, dem Gründer der Maurya-Dynastie
315 v. Chr.	Megasthenes, der griechische Schreiber, reist nach Indien
269–232 v. Chr.	Herrschaft Ashokas
260 v. Chr.	Ashoka erobert Kalinga (heute Orissa)
189–75 v. Chr.	Shunga-Dynastie
165 v. Chr.	Menander, der indo-griechische König, herrscht über Nordwestindien
100 v. Chr.–220 n. Chr.	Herrschaft von Satavahanas im Dekkan

Jain-Votivtafel aus Mathura

Invasion aus Zentralasien

Nach Ashoka brach das Maurya-Reich auseinander. In Nordindien entstanden lokale Reiche, auch Eindringlinge aus Zentralasien etablierten vom Nordwesten her eine Reihe von Dynastien. Darunter waren Indo-Griechen aus Baktria (200–80 v. Chr.), Skyther oder Shaka (ab 80 v. Chr.), Parther (1. Jahrhundert n. Chr.) und die Kushana (50–300 n. Chr.). Das Reich des größten Kushana-Herrschers Kanishka umfasste den Nordwesten, Kaschmir und einen Großteil des Gangestals. Auch Kanishka war Anhänger und Verbreiter des Buddhismus, der Mahayana-Buddhismus entwickelte sich in seiner Zeit, aus zwei Kunstschulen in Gandhara und Mathura stammen viele buddhistische Skulpturen.

Buddha-Kopf, Gupta-Periode

Nach den Kushana etablierte die Gupta-Dynastie in Nordindien ein weiteres großes Reich, das von 320 bis 500 n. Chr. bestand. In dieser Periode blühte die Kultur auf, zahlreiche Skulpturen zeugen davon. Gedichte und Theaterstücke im klassischen Sanskrit entstanden unter den Gupta, auch Abhandlungen über Mathematik und Astronomie. Die buddhistische Universität von Nalanda (siehe S. 186f) wurde gegründet, die beiden hinduistischen Sekten des Vaishnavismus und des Shaivismus (Anhänger von Vishnu bzw. Shiva) bildeten sich heraus. Das Vordringen der Hunnen, marodierender Stämme aus Zentralasien, führte nach 450 zum Ende des Gupta-Reichs.

Das nächste große Reich etablierte Harsha (606–647) in Kanauj. Seine Herrschaft beschreibt der chinesische Reisende Hiuen Tsang (siehe S. 187).

Herrscher im Süden

Im Dekkan-Hochland herrschten nach dem Verfall des Maurya-Reiches zahlreiche Dynastien, darunter die Satavahana (100 v. Chr.–220 n. Chr.) und die Ikshvaku (225–310 n. Chr.), unter denen die Stupas von Amravati (siehe S. 554) und Nagarjunakonda (siehe S. 555) gebaut wurden. Unter den Vakataka (250–550) entstanden die Skulpturen und Malereien von Ajanta (siehe S. 391), im westlichen Dekkan bauten die Chalukya die großen Tempel von Badami (siehe S. 439), Pattadakal (siehe S. 440f) und Aihole (siehe S. 442f). Ihr Herrscher Pulakeshin II. (608–642) stoppte den Vormarsch Harshas nach Süden.

Die drei Reiche der Chera (heute Kerala), Chola und Pandya prägten den Süden Indiens zwischen 400 v. Chr. und 400 n. Chr. Die Menschen dort stammten nicht von den Ariern ab und wurden Draviden genannt. Auch die frühen Pallava herrschten 275–550 n. Chr. von ihrer Hauptstadt Kanchipuram aus.

In diesen Jahrhunderten blühten Städte, Handwerkszünfte und der Handel in Indien auf. Die südindischen Reiche trieben bis 300 n. Chr. Handel mit Rom und exportierten Gewürze, Seidenstoffe, Edelsteine sowie exotische Tiere wie Pfauen und Affen.

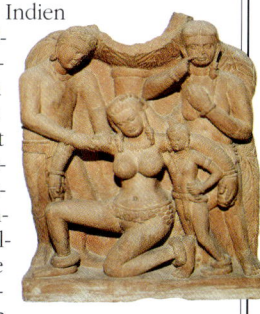

Betrunkene Kurtisane, Kushana-Paneel (2. Jh.)

Pfeiler aus Eisen (4. Jh.), Delhi

- 52 n. Chr. Hl. Thomas in Indien
- 78–110 n. Chr. Herrschaft des Kushana-Königs Kanishka
- 100 n. Chr.
- 200 — *Statue von Kanishka*
- 250–300 n. Chr. Buddhistische Stupas von Nagarjunakonda und Amravati
- 300–399 *Ramayana* und *Mahabharata* werden aufgeschrieben
- 320–500 Gupta-Dynastie
- 335–375 Herrschaft von Samudra Gupta
- 300
- *Goldmünze von Samudra Gupta*
- 400
- 450 Beginn der Hunneninvasion
- 476 Geburt des Astronomen und Mathematikers Aryabhata
- 500
- 608–642 Herrschaft des Chalukya-Königs Pulakeshin II.
- 606–647 Herrschaft von Harsha
- 630–644 Hiuen Tsang in Indien
- 600

Prozession eines Rajputen-Prinzen

Nördliche Reiche (750–1200)

Kanauj, einst die Hauptstadt von Harshas Reich, lag zentral in der Ganges-Ebene und wurde um 750 zum Brennpunkt eines Konflikts zwischen drei großen Dynastien, den Pratihara, den Rashtrakuta und den Pala. Die Pratihara waren ein Rajputen-Klan, der in Rajasthan und Malwa herrschte, die Rashtrakuta (740–973) beherrschten den nördlichen Dekkan, und die buddhistische Dynastie der Pala (750–1150) waren die Herrscher über Bengalen. Jeder der drei Klans nahm Kanauj für eine kurze Zeit ein, schließlich erlangten 836 die Pratihara die Kontrolle, die sie zwei Jahrhunderte lang behielten. Bald etablierten andere Rajputen-Klans unabhängige Reiche.

Die Ursprünge der Rajputen liegen im Dunkeln, man weiß nur, dass sie im 7. Jahrhundert in Westindien auftauchten. Einige mögen Nachfahren zentralasiatischer Stämme sein, die sich im Gefolge der Invasionen der Hunnen (*siehe S. 43*) in Indien niederließen. Um ihren politischen und sozialen Status zu festigen, nannten sich die 36 Klans der Rajputen selbst *rajaputra* (»Söhne von Königen«) und nahmen für sich in Anspruch, von Sonne und Mond abzustammen, vom Feuer oder von mythischen Vorfahren. Zu den frühen Rajputen-Dynastien gehörten die Paramara in Malwa, die Solanki in Gujarat, die Tomara in Delhi, die Chandela in Zentralindien und die Chauhan in Rajasthan. Deren bekanntester König, Prithviraj, wird in vielen Rajasthani-Balladen wegen seines legendären Mutes und seiner Ritterlichkeit gerühmt. Während dieser Zeit entstanden unabhängige Königreiche in Kaschmir, im Nordwesten, im Nordosten und in Orissa, wo sich die Östliche Ganga-Dynastie als Erbauer der großen Tempel von Konarak (*siehe S. 262f*) und Puri (*siehe S. 264*) hervortat.

Alle diese Dynastien fochten untereinander häufig Kriege um strategisch wichtige Gebiete aus. Zwischen den Kriegen lebten die Herrscher und Prinzen jedoch mit viel Luxus in den großen Forts und reich geschmückten Palästen. Der Ackerbau war gut entwickelt, über 100 Sorten Getreide wurden kultiviert. Viele Siedlungen und Städte entstanden. Der Handel mit arabischen Ländern brachte neuen Reichtum in die Städte. Auch Literatur, Bildhauerkunst und Tempelarchitektur blühten auf. Beispiele für Bauten aus jener Zeit findet man in Orissa, auch die Tempel der Chandela in Khajuraho (*siehe S. 202f*), der Modhera Sun Temple (*siehe S. 344f*) und die Dilwara-Jain-Tempel (*siehe S. 324*), die unter den Solanki von Gujarat entstanden, sind großartige Relikte und Zeugnisse der damaligen Kunstfertigkeit.

Briefschreibende Frau, Khajuraho

ZEITSKALA

Rajputen-Schild mit Sonnenemblem

- **700** Arabische Händler kommen nach Westindien
- **736** Dhillika (Delhi) von Tomara gegründet
- **740–973** Herrschaft der Rashtrakuta über den Dekkan
- **750–1150** Pala beherrschen Bengalen und Bihar
- **783–1036** Pratihara beherrschen Rajasthan und Kanauj
- **800** Adi Shankaracharya predigt seine Philosophie
- **871–1216** Herrschaft der Chola von Thanjavur
- **900–1192** Herrschaft der Westlichen Ganga, der Erbauer von Sravana Belagola
- **916–1203** Herrschaft der Chandela, Erbauer von Khajuraho

NÖRDLICHE REICHE UND SÜDLICHE DYNASTIEN

Südliche Dynastien (600–1200)

Im Dekkan und im Süden herrschten zwischen 600 und 1200 ebenfalls mehrere Dynastien. Im 6. Jahrhundert war in Kanchipuram die Pallava-Dynastie an die Macht gekommen, 642 tötete der Pallava-Herrscher Narasimha Varman I. den Chalukya-Herrscher Pulakeshin II., woraufhin das große Chalukya-Reich zerfiel.

Im späten 9. Jahrhundert kamen die Chola *(siehe S. 46f)*, deren Niedergang bereits im 4. Jahrhundert begonnen hatte, erneut an die Macht. Sie schlugen die Pallava, die Westliche Ganga-Dynastie von Mysore und die Pandya von Madurai und brachten damit den Süden unter ihre Herrschaft. Später mussten sie ihre Vormachtstellung gegen die Hoysalas von Karnataka *(siehe S. 430)* verteidigen, die im 12. Jahrhundert an die Macht kamen.

Trotz der ständigen Kriege blühte in dieser Zeit der Handel. Die Schiffe der Pallava fuhren bis Kambodscha, Annam, Java, Sumatra, Malaysia und China.

Für die Religion war es eine unruhige Zeit. Ab dem 2. Jahrhundert predigten wandernde Tamilen-Dichter, die sich Alvaras und Nayannars nannten und Anhänger von Vishnu bzw. Shiva waren, gegen das Kastensystem und die Praktiken der Brahmanen. Ihre populären Lehren betonten das Eins-Sein mit Gott durch Liebe und Hingabe *(bhakti)*. Zu anderen einflussreichen Weisen zählten Adi Shankaracharya *(siehe S. 530)*, der im gesamten Land gegen Buddhismus, Jainismus und den *Bhakti*-Kult predigte und stattdessen die Ideen der *Upanishaden (siehe S. 41)* verbreitete, sowie der Philosoph Ramanuja, der während des 11. Jahrhunderts Shankaracharyas Lehren weiter verbreitete. Im 12. Jahrhundert hatte sich der Hinduismus weitgehend durchgesetzt, nur noch in Ostindien konnte sich der Buddhismus halten.

Zu den großen Monumenten aus dieser Zeit gehören die prächtigen Tempel der Pallava in Mamallapuram *(siehe S. 472–475)* und Kanchipuram *(siehe S. 476)* sowie die monolithische Skulptur des Jain-Heiligen Bahubali in Sravana Belagola *(siehe S. 429)*. Im Südwesten entstand unter den Rashtrakuta der großartige aus den Felsen gehauene Kailasanatha-Tempel *(siehe S. 388f)* bei Ellora.

Bronze-Statuette eines Nayannar-Heiligen (13. Jh.)

Der Shore-Tempel der Pallava, Mamallapuram

Statue des Surya aus Konark

- **974–1233** Herrschaft der Paramara von Malwa
- **998–1030** Invasion des Mahmud von Ghazni
- **1032** Adinatha-Tempel, Mount Abu, unter den Solanki erbaut
- **1110–1342** Herrschaft der Hoysala
- **1192** Prithviraj Chauhan wird von Muhammad von Ghur geschlagen
- **973–1192** Herrschaft der Chauhan von Ajmer
- **974–1238** Herrschaft der Solanki von Gujarat
- **1050** Ramanuja predigt seine Vaishnava-Philosophie
- **1076–1438** Östliche Ganga von Orissa errichten Konarak und Puri
- *Prithviraj Chauhan*

Chola-Dynastie

Zwischen dem 9. und 13. Jahrhundert beherrschte die Chola-Dynastie Südindien, ihr Reich dehnte sich über weite Teile des Subkontinents aus. Die zwei mächtigsten Herrscher waren Rajaraja I. (985–1014) und Rajendra I. (1014–44), unter dem Literatur, Architektur und Bildhauerei neue Höhen erreichten. Prächtige Tempel entstanden, zu ihnen gehörte viel Land, was Reichtum einbrachte. Bald entwickelten sich die Tempel zum Zentrum der Wirtschaft sowie des kulturellen Lebens. 1216 wurden die Chola von den Pandya geschlagen, die fortan die herrschende Macht Südindiens waren.

Chola-Königin

König Rajaraja I.
Der erste große Chola-Herrscher Rajaraja I. (links) unterwarf andere südliche Reiche und eroberte Sri Lanka.

Infrastruktur
Am Fluss Kaveri (siehe S. 490) entstanden unter den Chola Dämme und Bewässerungskanäle, die den Ackerbau ermöglichten. Die Verwaltung des Landes war straff organisiert – von zivilen Beamten und Kriegern über Provinzgouverneure bis hin zu gewählten Dorfräten.

Ringer gehörten zur Chola-Armee.

Chola-Krieger
Diese Tafel am Tempel von Darasuram *(siehe S. 483)* zeigt die Kriegskünste der Chola. Rajaraja I. hatte eine Armee mit 31 Regimentern, darunter waren Kavallerie-Einheiten mit Elefanten und Pferden sowie Fußsoldaten.

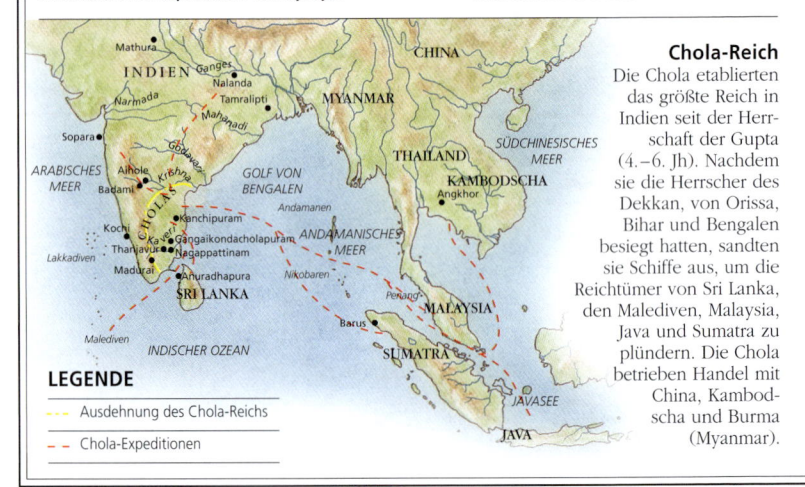

Zwei Seiten einer Kupfermünze von Rajaraja I.

Chola-Reich
Die Chola etablierten das größte Reich in Indien seit der Herrschaft der Gupta (4.–6. Jh). Nachdem sie die Herrscher des Dekkan, von Orissa, Bihar und Bengalen besiegt hatten, sandten sie Schiffe aus, um die Reichtümer von Sri Lanka, den Malediven, Malaysia, Java und Sumatra zu plündern. Die Chola betrieben Handel mit China, Kambodscha und Burma (Myanmar).

LEGENDE
--- Ausdehnung des Chola-Reichs
--- Chola-Expeditionen

CHOLA-DYNASTIE

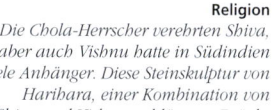

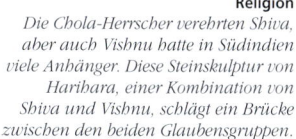

Architektur
Der Brihadishvara-Tempel (siehe S. 488f) in Thanjavur, der Hauptstadt von König Rajaraja I., zeigt den Höhepunkt der Tempelarchitektur, für die Monumentalität und riesige behauene Türme typisch sind.

Statuen
Dieser Ardhanarishvara *(halb Mann, halb Frau), eine Darstellungsform von Shiva, symbolisiert die Einheit des Männlichen und Weiblichen. Chola-Statuen (siehe S. 462) sind grazil, sie zeigen Königinnen, Prinzen, Szenen aus Shaivismus-Texten oder Shiva als Nataraja, den Gott des Tanzes.*

Viele Soldaten
trugen Schwert und Schild.

Religion
Die Chola-Herrscher verehrten Shiva, aber auch Vishnu hatte in Südindien viele Anhänger. Diese Steinskulptur von Harihara, einer Kombination von Shiva und Vishnu, schlägt ein Brücke zwischen den beiden Glaubensgruppen.

Sitz der Macht
Rajendra I. ließ 1035 nach seinem Vorstoß ins Gangestal Gangaikondacholapuram (siehe S. 482) als neue Hauptstadt bauen. Der Tempel hier wird von Shivas Bullen Nandi bewacht. Der heilige Ort war auch Schatzkammer sowie Zentrum von Kultur und Lehre.

Tanz und Musik
Hunderte Musiker und Tänzer traten unter königlichem Patronat jeden Abend im Tempel auf.

Vormarsch des Islam (1206–1555)

Andauernde Kriege zwischen den verschiedenen Reichen im Norden wie im Süden schwächten das Land nach außen. Ab dem 11. Jahrhundert lockte der sagenhafte Reichtum Indiens muslimische Herrscher aus dem Nordwesten an, mehrere Eroberungswellen erfolgten. Mit den neuen Dynastien, die hier eindrangen und blieben, kamen Soldaten und Gelehrte, Händler, Künstler und Sufi-Prediger, die aus der islamischen Welt neue Ideen in Kunst, Architektur, Theologie und Kriegsführung mitbrachten und weitreichenden Einfluss auf Religion, Kunst und Kultur des indischen Subkontinents hatten.

Der erste große Eroberer war Mahmud von Ghazni, der Indien zwischen 998 und 1030 wiederholt überfiel und die Tempel plündern ließ. Ihm folgte Muhammad von Ghur, der Punjab und Delhi eroberte und die Gebiete kontrollierte, die in früheren Zeiten in der Hand der Rajputen waren. Sein Sklave Qutbuddin Aibak (1206–10) gründete die erste von zahlreichen muslimischen Dynastien, die als Sultanat von Delhi in die Geschichte eingingen. Qutbuddin ließ den hohen Qutb Minar in Delhi bauen. Unter seinen Nachfolgern waren Iltutmish und Balban *(siehe S. 87)*.

Alauddin, der nächste Herrscher aus der Familie der Khilji (1290–1320), eroberte Gujarat, Rajasthan und Bengalen. Er machte sich die Herrscher des Dekkan und Südindiens tributpflichtig. Nach den Khilji kamen die Tughluq (1320–1414). Ihr zweiter Herrscher, Muhammad bin Tughluq, annektierte den Dekkan und Südindien komplett, konnte aber die Kontrolle über diese weit entfernten Gebiete nicht lange behalten. Bald wurde der Süden wieder unabhängig, zudem fielen 1398 die Truppen von Timur aus Samarkand in Nordindien ein, was die Kraft der Sultane von Delhi weiter schwächte. Die letzten beiden Sultan-Dynastien, die Sayyid (1413–1451) und die Lodi (1451–1526), rieben sich durch interne Machtkämpfe auf.

Unabhängige Reiche

Während der frühen Jahre der Delhi-Sultane wurden eine Reihe unabhängiger Reiche vom Sultanat geschluckt, so etwa die der Solanki in Gujarat, der Östlichen Ganga in Orissa sowie der Kakatiya, der Pandya und der Hoysala im Dekkan und in Südindien. Mit dem Niedergang der Tughluq entstanden dort jedoch erneut unabhängige Reiche. 1336 wurde das hinduistische Vijayanagar-Reich *(siehe S. 434f)* in Südindien unabhängig, 1347 wurde das muslimische Reich der Bahmani-Sultane im Dekkan gegründet, das erst zu Beginn des 16. Jahrhunderts wieder in die fünf muslimischen Reiche Bijapur,

Keramikfliese, Lodi-Periode

Der Qutb Minar, Delhi, 13. Jahrhundert

ZEITSKALA

Tughluq-Münze

1206–1290 Erste fünf Dynastien des Sultanats von Delhi	1288–1293 Der Venezianer Marco Polo kommt nach Südindien		1336–1565 Vijayanagar-Reich	1451–1526 Herrschaft der Lodi-Sultane von Delhi
1228 Ahom herrschen in Assam		1320–1414 Herrschaft der Tughluq	1347–1518 Bahmani-Reich	

1250	1300	1350	1400	1450

1206–1210 Qutbuddin Aibak baut den Qutb Minar	1296–1316 Herrschaft von Alauddin Khilji	1327 Statt Delhi wird Daulatabad Hauptadt	1398 Invasion Timurs	1440–1518 Kabir, Heiligen-Dichter der Bhakti-Bewegung
	Waffen der Sultane	1345–1538 Ilyas Shahi von Bengalen	1394–1505 Sharqi von Jaunpur	

Der Sufi Nizamuddin Auliya (14. Jh.)

Ahmadnagar, Golconda, Berar und Bidar zerfiel. Im Jahr 1565 wehrten die vereinigten Truppen von dreien dieser Reiche den Angriff Vijayanagars ab, worauf dessen mächtiges Hindu-Reich zerfiel.

Während die Delhi-Sultane an Macht verloren, rebellierten der Adel und die Gouverneure, einige gründeten eigene Reiche in Bengalen (1388), Gujarat (1407), Mandu (1401) und Jaunpur (1408). In Nordostindien etablierten die Ahom, die 1228 aus Burma eingewandert waren, ihr Reich in Assam *(siehe S. 278)*. In Rajasthan gewannen mehrere Rajputen-Reiche ihre Unabhängigkeit zurück, so etwa die Reiche von Mewar *(siehe S. 326)* und Marwar *(siehe S. 316)*.

Neue kulturelle Einflüsse

Trotz all dieser Turbulenzen, die ganz Indien vom 13. bis ins 15. Jahrhundert erschütterten, entwickelten sich Ackerbau und Handwerk weiter. Es gab Neuerungen bei der Bewässerung und Verwaltung sowie in der Kunst. Viele Veränderungen gingen von den islamischen Höfen aus. Der Handel mit dem Iran und den arabischen Ländern florierte, aber auch mit Südostasien, China und Europa wurde Handel betrieben. Ein Historiker des 14. Jahrhunderts berichtet, dass Delhi die größte Stadt der östlichen islamischen Welt sei. Die Moscheen, Grabmäler und Forts, die unter den Delhi-Sultanen errichtet wurden, brachten Impulse auch für die hinduistische Architektur. In den einzelnen Regionen entstanden Mischformen mehrerer Stile, so z. B. in Ahmedabad, Mandu und den muslimischen Reichen des Dekkan.

In der Religion lehnten sich Sufi-Sekten gegen die Kasten-Hierarchie auf und verbreiteten die Hingabe an Gott. Auch die Heiligen-Dichter der Bhakti-Bewegung wie Meerabai und Kabir verkündeten diesen Gedanken. Guru Nanak (1494–1530) gründete die Sikh-Religion *(siehe S. 95)*, die Elemente aus der Bhakti-Bewegung und dem Islam übernahm.

Aufstieg der Moguln

1526 marschierte Prinz Babur, ein Nachkomme von Timur und brillanter Militärstratege, in Indien ein, besiegte die Lodi in der historischen Schlacht von Panipat und schuf damit die Grundlage für das Mogulreich. Nur kurz wurde die Herrschaft der Moguln unterbrochen, als der afghanische Herrscher Sher Shah Suri 1540 Baburs Sohn Humayun besiegte. Humayun eroberte seinen Thron 1555 zurück und ermöglichte seinem Sohn Akbar, das Mogulreich zu konsolidieren. Die nächsten zwei Moguln, Jahangir und Shah Jahan, hinterließen wunderbare Architektur und Kunstwerke. Aurangzeb, der letzte große Mogul, vergrößerte das Reich bis in den Süden.

Fries einer Elefantenjagd in Hampi, Vijayanagar

Bara Gumbad, ein Lodi-Grabmal (15. Jh.)

1469–1539 Guru Nanak, Gründer der Sikh-Religion		1555 Humayun erobert Delhi zurück	1643 Shah Jahan beginnt Taj Mahal	1674 Shivaji von Chhatrapati gekrönt	
		1571–85 Akbar baut Fatehpur Sikri		1690 Job Charnock gründet Kalkutta	
1500	**1550**	**1600**	**1650**	**1700**	
1498 Vasco da Gama erreicht Calicut	1540 Sher Shah Suri schlägt Humayun und nimmt Delhi ein	1600 Queen Elizabeth I. erteilt der East India Company das Handelsprivileg	1661 Bombay geht von Portugal an England		
1526 Babur schlägt Ibrahim Lodi bei Panipat	1530 Humayun folgt auf Babur	1556 Akbar wird Mogul			

Großmogul

Die Moguln waren, wie zur gleichen Zeit die Osmanen in der Türkei, die Safaviden im Iran und die Tudors in England, eine mächtige und einflussreiche Dynastie. Sie beherrschten Indien über 300 Jahre lang. Ihr Reich erstreckte sich von den Höhen Kandahars im Nordwesten bis nach Bengalen im Osten, von Kaschmir im Norden bis zum Dekkan im Süden. Die Moguln förderten Literatur, Architektur, Kunst und Handwerk, sie ermöglichten eine reiche pluralistische Kultur, in der sich die Traditionen des Islam und des Hinduismus vermischten.

Mogulhelm

Kunsthandwerk
In den Werkstätten der Moguln entstanden prachtvolle Objekte wie dieses blaue Hookah-Glasgefäß, das vergoldet ist.

Mogul Akbar
Der größte Mogulherrscher Akbar (reg. 1556–1605) war ein brillanter Verwalter. Er ließ die Stadt Fatehpur Sikri (siehe S. 154–157) errichten.

Ein Adliger übergibt dem Herrscher ein Geschenk.

Waffen
Kriegselefanten spielten in der Armee der Moguln eine wichtige Rolle. Sie wurden mit spitzen, aber schön gearbeiteten Stöcken geführt.

Mogul-Münzen
Die goldenen mohurs, die während der Zeit von Akbar und seinem Sohn Jahangir gefertigt wurden, weisen Kalligrafien auf.

Kleidung und Turbane zeigen Status und Religion an.

Rajputen-Prinzen waren loyale Verbündete.

Diwan-i-Khas war die Audienzhalle.

Die Neun Juwele
Akbar versammelte an seinem Hof brillante Männer aus verschiedenen Bereichen, seine »Neun Juwelen«. Einer war der Sänger Tansen (Mitte), der mit seiner Stimme angeblich eine Lampe entzünden konnte.

Verbündete
Raja Man Singh I. von Amber verheiratete seine Tochter mit Akbar – der Beginn eines Bündnisses zwischen den Moguln und den Rajputen-Herrschern, das Frieden und Wohlstand brachte.

GROSSMOGULN

Nur Jahan
Jahangirs 1577 in Persien geborene Königin war schön, intelligent und die wirkliche Macht hinter dem Thron.

Architektur
Shah Jahan ließ den Taj Mahal (siehe S. 148f) als Grabmal für seine Frau bauen. Das Monument markiert den Höhepunkt der Mogularchitektur.

Schmuck
Der legendäre Reichtum der Moguln zeigt sich auch am Geschmeide. Dieser Anhänger ist mit großen, lupenreinen Diamanten besetzt.

Handschriften
Literarische und historische Werke wurden auf vergoldetes Papier geschrieben und mit Kalligrafien und Illustrationen geschmückt.

Shah Jahan auf seinem Thron.

Shah Jahans Hof
Die Pracht des Mogulhofs entfaltet sich auf diesem Gemälde aus dem 17. Jahrhundert. Es zeigt Shah Jahan und den Adel in strenger hierarchischer Ordnung um den Thron. Mogulherrscher saßen erhöht und hielten prunkvolle Hofrituale ab, um ihre überlegene Position bei Staatsgeschäften zu unterstreichen. Hauptstadt der Moguln war zunächst Agra, später Delhi.

Thronfolgestreit
Aurangzeb, der letzte große Mogul, kam an die Macht, indem er seinen Vater Shah Jahan ins Gefängnis sperrte und seine Brüder tötete. Skrupellos und unerbittlich zu seinen Untertanen vergrößerte er das Reich.

Mogul-Dynastie
Das 1526 begründete Mogulreich war bis zu Aurangzebs Tod 1707 mächtig. Dann verfiel die Dynastie unter schwächeren Herrschern, 1857 endete die Herrschaft. Die ersten sechs Mogul waren:
Babur (reg. 1526–30)
Humayun (reg. 1530–56)
Akbar (reg. 1556–1605)
Jahangir (reg. 1605–27)
Shah Jahan (reg. 1627–58)
Aurangzeb (reg. 1658–1707)

Verfall der Mogulherrschaft

Der Tod des Herrschers Aurangzeb 1707 läutete den Abstieg des Mogulreichs ein. Er hinterließ seinen schwächeren Nachfolgern ein sich langsam auflösendes Land. Bald gründeten einzelne Familien unabhängige Staaten – Rajasthan, Avadh, Bengalen, Hyderabad und Mysore. Zwei neue Mächte waren die Marathen im Dekkan und die Sikhs im Norden. Die Marathen vergrößerten nach 1647 unter Shivaji ihr Reich. Die Sikhs, ursprünglich eine Religionsgruppe, erwarben Gebiete in den nördlichen Berggebieten Jammu und Punjab und gründeten unter Ranjit Singh *(siehe S. 96)* Anfang des 19. Jahrhunderts einen eigenen Staat.

Sahib und *mahout* auf einem Elefanten

Streitobjekt der Europäer

Vor allem die Kontrolle der wichtigen Handelswege zwischen dem Mittelmeer und Indien durch die Muslime hatte europäische Mächte dazu bewogen, einen Seeweg nach Fernost zu suchen. 1497/98 hatte Vasco da Gama im Auftrag der portugiesischen Krone um das Kap der Guten Hoffnung und über den Indischen Ozean Calicut (Kozhikode) an der indischen Westküste erreicht. Damit sicherte er Portugal für den Seehandel mit Indien das Monopol, das ein Jahrhundert bestand. Konkurrenten waren die niederländische Vereenigde Oost-Indische Compagnie und die englische East India Company, die 1600 von der englischen Königin Elizabeth I. Handelsprivilegien zugesichert bekam. Wo immer Handelsschiffe landeten, erwarben die Europäer Land und weiteten ihre Einflusssphäre aus – auch mit Gewalt. Im 17. Jahrhundert fanden zahlreiche Schlachten zwischen europäischen Mächten statt. Portugal verlor seine Stellungen und behielt nur Goa, die Niederlande waren England unterlegen: Die englische East India Company errichtete Stützpunkte in Orissa (1633), gründete Madras (1639) und Kalkutta (1690). Im 18. Jahrhundert kämpften Briten und Franzosen gegeneinander, drei Karnataka-Kriege (1740–1763) beendeten die Ambitionen Frankreichs in Indien, nur Puducherry blieb in französischer Hand.

Vormarsch der Briten

Seit dem 17. Jahrhundert hatte die englische East India Company von den Moguln Handelsstationen erworben, jetzt verteidigten die Briten ihre Stellungen militärisch. Sie schlugen die Nawabs von Bengalen in den Schlachten von Plassey (1757) und Buxar (1764). Zu dieser Zeit war das Mogulreich bereits stark geschwächt: 1739 war der Perser Nadir Shah in Indien eingefallen und hatte Delhi geplündert (wobei ihm der riesige Koh-i-noor-Diamant und der Pfauenthron zugefallen waren). Im Jahr 1761 eroberte Ahmed Shah Abdali von Afghanistan Delhi.

Rachol Church im portugiesischen Goa

ZEITSKALA

1707 Tod des Mogulherrschers Aurangzeb

Nadir Shahs Streitaxt

1727 Sawai Jai Singh II. gründet die Stadt Jaipur

1739 Nadir Shah von Persien überfällt Delhi

1750

1757 Schlacht von Plassey, die Briten schlagen Siraj-ud-Daulah, den Nawab von Bengalen

1761 Ahmed Shah Abdali von Afghanistan besiegt die Marathen in der 3. Schlacht von Panipat

1764 Schlacht von Buxar, die Company übernimmt die Verwaltung von Bengalen

1774–85 Warren Hastings Generalgouverneur von Bengalen

1775

1789 Marathen besetzen Delhi

1799 Tipu Sultan geschlagen

Marathen-Soldat

DIE BRITEN IN INDIEN

Sepoys (indische Infanteristen der East India Company) beim Indischen Aufstand 1857 in Fatehpur

Die Briten dehnten ihren Einflussbereich immer weiter aus. Robert Clive *(siehe S. 457)* wurde 1757 Gouverneur von Bengalen. Ab 1773 kontrollierte das englische Parlament die East India Company. Warren Hastings hatte das Recht, alle Territorien der East India Company zu überwachen, und bekam den Titel Generalgouverneur von Bengalen (1774–85).

Bei der Verfolgung ihrer Ziele in Indien stützten sich die Briten vorwiegend auf ihr militärisches Potenzial (sie kämpften gegen die Marathen, den Punjab sowie gegen Haider Ali und Tipu Sultan in Mysore). Daneben setzten sie aber auch Erpressung und politische Manipulation ein. So schrieb die »Subsidiary Alliance« vor, dass indische Bundesstaaten britische Truppen unterhalten mussten. Eine folgenreiche Strategie war die »Doctrine of Lapse«, die besagte, dass Staaten durch die East India Company verwaltet wurden, sobald ein Herrscher ohne einen direkten männlichen Nachfolger starb. Auf diese Weise kontrollierte die Company 1857 weite Teile Indiens und schlug daraus enormen Profit. Nach der industriellen Revolution wurden Rohstoffe von Indien nach Großbritannien transportiert und kamen als industriell gefertigte Waren zurück. Die indischen Handwerker verarmten, Städte verfielen.

Der Unmut der Bevölkerung eskalierte im Mai 1857 im Indischen Aufstand (Sepoy-Aufstand), bei dem Tausende gegen Delhi marschierten und den nominellen Herrscher des Mogulreichs, Bahadur Shah Zafar, zum Herrscher von Indien ausriefen. Im September hatten die Briten Delhi wieder unter Kontrolle, dem Aufstand folgte eine Periode brutaler Unterdrückung durch britische Truppen, besonders in Delhi, wo man Tausende ohne Prozess hinrichtete. Bahadur Shah Zafar wurde in lebenslange Exilhaft nach Rangun (Burma) geschickt, seine Söhne wurden hingerichtet.

Der Tiger von Tipu frisst einen britischen Soldaten

1800

- **1799–1839** Herrschaft von Ranjit Singh
- **1803** Briten besetzen Delhi
- *Königin Victorias Bild auf einer Company-Münze*
- **1818** Rajasthani-Reiche akzeptieren britische Kontrolle

1825

- **1829** Generalgouverneur Bentinck verbietet *sati*, die hinduistische Witwenverbrennung
- **1853** Erste Eisenbahn von Bombay nach Thana

1850

- **1856** Annexion von Avadh
- *Nawab Wajid Ali Shah von Avadh*
- **1857** Indischer Aufstand
- **1858** Nach Auflösung der East India Company wird Indien britische Kronkolonie, Lord Canning erster Vizekönig
- **1863** Simla wird Sommersitz des Raj

Pax Britannica

Der Grundstein der als »Raj« bezeichneten britischen Herrschaft in Indien wurde nach dem Indischen Aufstand gelegt, der die Unbeliebtheit der East India Company offenkundig gemacht hatte. Ein Gesetz von 1858 beendete die Herrschaft der Company. Indien wurde nun als Britisch-Indien Kronkolonie und durch einen Vizekönig regiert. Ziel der Briten war wirtschaftlicher Profit und politische Kontrolle. Doch zugleich führte der Raj zur politischen Einigung des Subkontinents, brachte Indien ein westliches Bildungs-, Verwaltungs- und Rechtssystem sowie ein Eisenbahnnetz und ein Postsystem.

Victoria-Kreuz

BRITISCH-INDIEN
Britisches Gebiet, 1858

Indische Diener in Livree stellen eine Mogulprozession nach.

Herausgeputzte Elefanten tragen Raj-Beamte.

Verwaltung
Gut 2000 britische Beamte, Mitglieder des prestigeträchtigen »Indian Civil Service«, kontrollierten mehr als 300 Millionen Inder. Indiens »Stahlgerüst« sicherte Recht und Ordnung auch in den entlegensten Gegenden des Reiches.

Ein Sahib auf Reisen
Die Briten bauten ein Eisenbahnnetz aus, das Handel und Reisen erleichterte. Die Lithografie aus dem 19. Jahrhundert zeigt eine Reise erster Klasse – »nur für Weiße«. Die Sahibs reisten mit Stil und immer mit einigen Dienern.

Lord Curzon
Curzon, von 1899 bis 1905 Vizekönig, glaubte, dass britische Herrschaft nötig sei, um das »rückständige« Indien zu zivilisieren. Paradoxerweise waren es die von den Briten gegründeten Bildungseinrichtungen, die den Indern die Ungerechtigkeit der Kolonialherrschaft vor Augen führten.

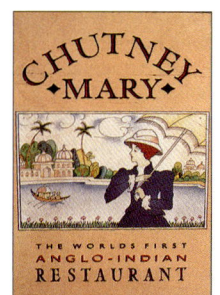

Raj-Küche

Kebabs, indisches Curry (in weniger scharfer Form) und Reis mochten auch die Briten. Restaurants wie das Londoner Chutney Mary *sind in Großbritannien seit dieser Zeit beliebt.*

Memsahib und Schneider

Die Briten behielten ihren Kleidungs- und Lebensstil bei. Kinder wurden auf die Universität »nach Hause« geschickt. Viel indisches Personal vereinfachte das Leben.

Der Vizekönig Lord Curzon und seine Frau führen den Festzug an.

Schaulustige an den Straßen waren willkommen.

Raj-Friedhof

Das ungewohnte Klima setzte vor allem den britischen Frauen und Kindern zu, von denen viele starben. Ihre Gräber füllen die Raj-Friedhöfe.

Delhi Durbar, 1903

Das Gemälde zeigt Lord Curzons Festzug durch Delhis historische Straßen, den Delhi Durbar. Er hielt ihn 1903 ab, um die Londoner Krönung von Edward VII. zu feiern. Pompöse Feiern wurden regelmäßig veranstaltet, um Größe und Macht der Briten öffentlich zu demonstrieren.

Kolonialarchitektur

Das eindrucksvollste Gebäude in New Delhi, das 1911–31 als Hauptstadt angelegt wurde, war der Palast des Vizekönigs.

»Kunstförderung« der Briten

Für den britischen Markt wurden Gemälde bei indischen Künstlern in Auftrag gegeben. Dieses kuriose Werk zeigt König Edward VII. und Königin Alexandra als indisches Herrscherpaar.

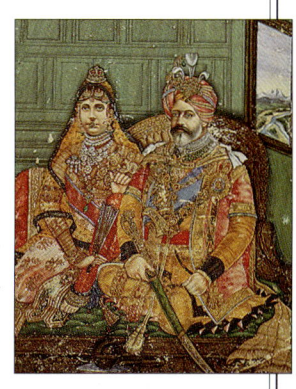

Anhängerscharen um Mahatma Gandhi

Nationalbewegung

Nach 1857 erstarkten nationalistische Strömungen in Indien. Der 1885 gegründete Indian National Congress (INC) war eine Plattform, die Selbstverwaltung forderte. 1919 erfolgte ein wesentlicher Einschnitt: Im Punjab schossen General Reginald Dyers Truppen auf eine unbewaffnete Menge von 20 000 Menschen, die sich am Jallianwala Bagh in Amritsar versammelt hatten, um friedlich gegen die Unterdrückung der Bürgerrechte zu demonstrieren. 379 Menschen wurden getötet, 1200 verwundet.

Menschen aller Kasten, Klassen und Religionen verbanden sich daraufhin gegen die Kolonialherren. Mohandas Karamchand Gandhi, ein Gujarati-Anwalt, übernahm 1920 die Führung der Nationalbewegung. Gandhi hatte Charisma, die Menschen nannten ihn Mahatma (»große Seele«). Er führte in der politischen Auseinandersetzung neue, gewaltfreie Mittel ein: den Boykott britischer Waren, der britischen Rechtsprechung und Bildungseinrichtungen. *Satyagraha*

Beliebtes Plakat mit politischen Helden

(»Ergreifen der Wahrheit«) nannte man den gewaltlosen Widerstand mit zivilem Ungehorsam und Verweigerung der Zusammenarbeit mit den Briten. Gandhis engster Vertrauter und ab 1929 Präsident des INC war Pandit Jawaharlal Nehru.

Zunächst unterdrückten die Briten die Nationalbewegung mit harter Hand, doch im Zweiten Weltkrieg sicherte die britische Regierung Indien die Entlassung in die Unabhängigkeit nach Kriegsende zu. Inzwischen hatte sich die Bewegung in hinduistische und islamische Kräfte gespalten. Die 1906 gegründete Muslim-Liga forderte ab 1940 unter der Führung von Mohammad Ali Jinnah einen Muslimstaat (Pakistan).

Um Mitternacht vom 14. auf 15. August 1947 war es so weit: Die britische Herrschaft endete, Indien und Pakistan wurden unabhängig. Über die Feierlichkeiten legte sich jedoch ein Schatten: Der Subkontinent war in zwei Staaten gespalten. Acht Millionen Hindus und Muslime siedelten um, bei Vertreibungen und Grenzstreitigkeiten kamen eine halbe Million Menschen ums Leben.

In die Indische Union wurden 550 bislang halbunabhängige Fürstentümer integriert. Eines davon war Kaschmir, um das sofort ein Krieg entbrannte. Im Juli 1949 einigten sich Indien und Pakistan auf eine Grenzlinie zwischen ihren Besatzungszonen und eine Volksabstimmung über die Zukunft Kaschmirs. Doch der Konflikt eskalierte immer wieder und ist bis heute nicht geklärt.

ZEITSKALA

- **1885** Gründung des Indian National Congress
- **1905** Teilung Bengalens
- **1911** Delhi soll Hauptstadt von Britisch-Indien werden
- **1913** Rabindranath Tagore bekommt den Nobelpreis
- **1919** Amritsar-Massaker
- **1920** Gandhi propagiert die Verweigerung der Zusammenarbeit
- **1930–32** Bewegung des Zivilen Ungehorsams
- **1940** Die Muslim-Liga erlässt die Pakistan-Resolution
- **1942** »Quit India«-Bewegung
- **1947** Indien wird unabhängig, Pakistan wird gegründet
- **1948** Mahatma Gandhi wird ermordet
- **1952** Erste allgemeine Wahlen mit Wahlrecht für alle
- **1961** Goa von portugiesischer Herrschaft befreit
- **1962** Indisch-Chinesischer Krieg

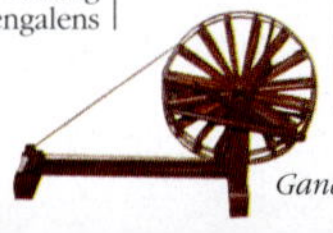

Gandhis Spinnrad

Indische Flagge

Unabhängiges Indien

Im Jahr 1948 wurde Mahatma Gandhi von einem Hindu-Fanatiker getötet. 1950 trat die republikanische Verfassung für die Indische Union in Kraft. Der erste Premierminister, Jawaharlal Nehru, etablierte Grundlagen für einen modernen Staat mit einer demokratisch-sozialistischen Orientierung. Er verstaatlichte große Teile der Wirtschaft und legte Fünfjahrespläne fest. Größtes Problem war die Überwindung der ethnischen und kulturellen Unterschiede. Die eigentlich außerhalb des Kastensystems stehende Großkaste der Unberührbaren wurde abgeschafft. Außenpolitisch galt der Grundsatz der Blockfreiheit. 1962 fiel China in den nordostindischen Bundesstaat Assam ein. Indien verlor Territorium, der Grenzstreit ist bis heute nicht geklärt.

Nehru starb im Mai 1964, seine Tochter Indira Gandhi wurde 1966 Premierministerin. Sie setzte die sozialistische Politik ihres Vaters fort, 1971 entzog sie den Prinzen die Titel und verstaatlichte deren Vermögen. Im selben Jahr engagierte sich Indien im pakistanischen Bürgerkrieg, was letztlich zur Gründung von Bangladesch führte. 1975 kam Indira Gandhi ihrer drohenden Amtsenthebung zuvor, indem sie den Ausnahmezustand verhängte und die Opposition unterdrückte. Bei den Parlamentswahlen 1977 unterlag ihre Kongresspartei, die seit der Unabhängigkeit 1950 regiert hatte. 1980 erzielte sie unter Indira Gandhi wieder eine Zweidrittelmehrheit. Die Politikerin starb 1984 bei einem Anschlag.

Ihr Sohn Rajiv Gandhi begann, die Wirtschaft zu liberalisieren, wurde jedoch 1991 von einem tamilischen Separatisten getötet. In den folgenden Jahren konsolidierte sich die Wirtschaft. Man rückte von der staatlichen Planwirtschaft ab, privatisierte Großbetriebe und öffnete den Markt für ausländische Investoren. Seit 1996 regiert eine Reihe von Koalitionen, die starke nationalistisch-hinduistische Bharatiya Janata Party (BJP) musste 2004 die Regierungsverantwortung an die Kongresspartei abgeben.

In den rund 60 Jahren seit der Unabhängigkeit hat Indien große Fortschritte erzielt. Die Lebensmittelknappheit der 1950er Jahre ist längst Geschichte, der Alphabetisierungsgrad stieg von 18 Prozent (1951) auf mittlerweile über 60 Prozent. In den städtischen Gebieten arbeiten Frauen in allen Berufen. Indien hat eine funktionierende Industrie. Die wirkliche ökonomische Revolution aber erfolgte auf dem Gebiet der Informationstechnologie: Indien zählt in der Software-Entwicklung zur Weltspitze.

Nehru mit Tochter Indira und Enkel Rajiv

Info-tech-Park in Hyderabad

Alphabetisierung: Frauen auf dem Land lernen lesen

1971 Unabhängige Republik Bangladesch

1998 BJP kommt an die Macht. Vajpayee wird Premierminister

1982 Indische Wissenschaftler in der Antarktis

1999 In Kargil Konflikt Indien–Pakistan

2004 Tsunami zerstört Teile der Küste

2010 Indien ist Gastgeber der 19. Commonwealth Games in Delhi

1970	1980	1990	2000	2010	2020

1975 Indira Gandhi erklärt den Notstand

1991 Rajiv Gandhi ermordet

1992 Zerstörung der Moschee Babri Masjid führt zu Aufständen

2001 Erdeben in Gujarat

2000 Indien hat eine Milliarde Einwohner

1998 Amartya Sen erhält den Nobelpreis für Wirtschaft

2007 Mit Pratibha Patil wird erstmals eine Frau Staatspräsident von Indien

1971 Prinzen verlieren Titel und Vermögen

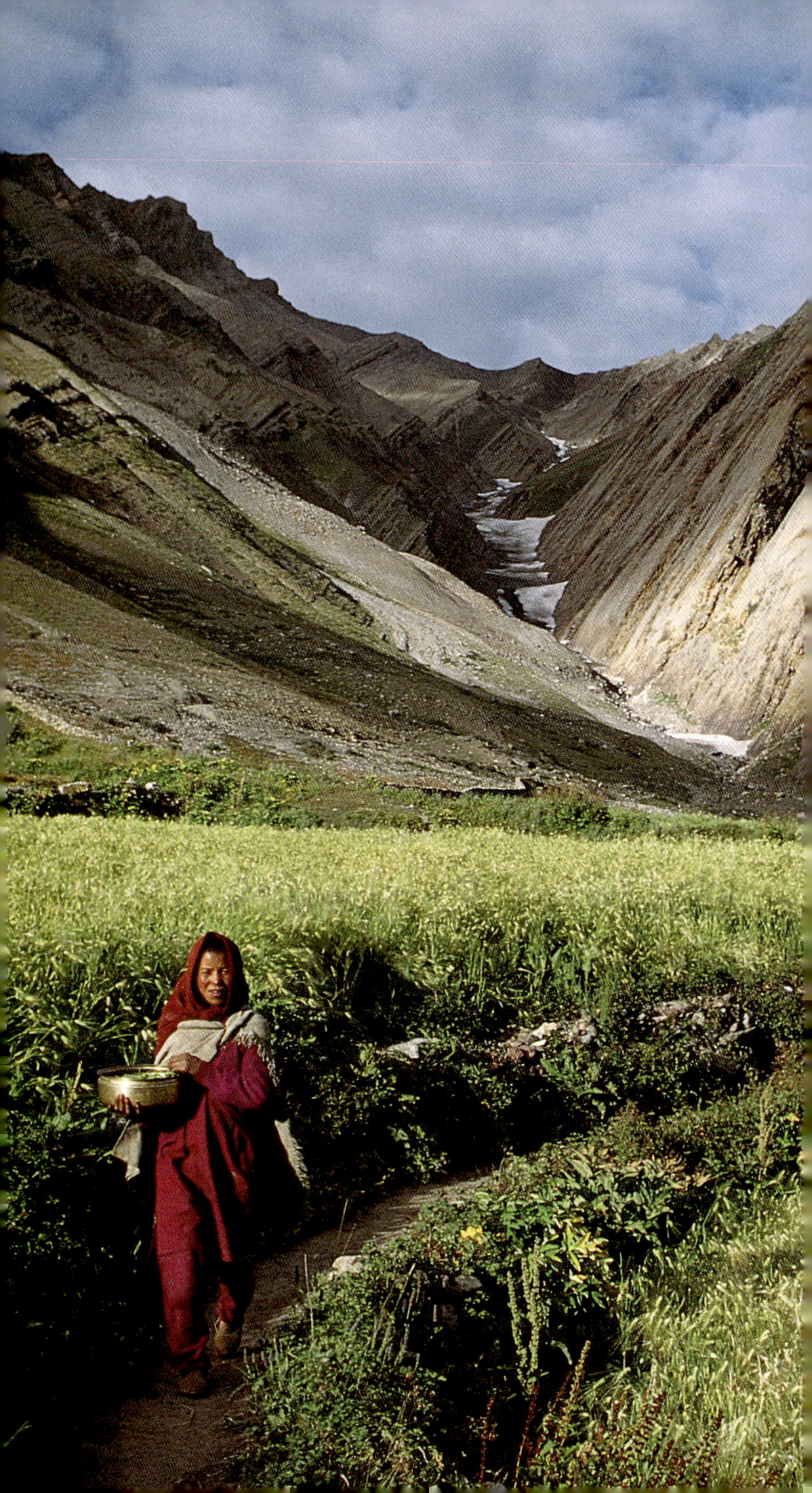

Delhi & Nordindien

Delhi & Nordindien
im Überblick **60–61**

Delhi **62–89**

Haryana & Punjab **90–99**

Himachal Pradesh **100–121**

Ladakh, Jammu & Kaschmir **122–137**

Delhi & Nordindien im Überblick

Landschaftliche Schönheit und historische Stätten machen Nordindien zu einer viel besuchten Region. Die schneebedeckten Gipfel, die Täler und Nadelwälder in Ladakh und Himachal Pradesh setzen sich ab gegen die Ebenen von Haryana und Punjab, in denen die Senf- und Weizenfelder golden schimmern. Einen reizvollen Kontrast dazu bildet die gigantische Metropole Delhi. Anziehungspunkte ganz anderer Art sind Ladakhs auf Felsen gebaute Klöster und seine idyllischen Wanderwege, aber auch der koloniale Charme von Shimla oder Dharamsalas tibetisches Ambiente. Amritsars großes Sikh-Heiligtum, der Golden Temple, und Delhis prächtige Mogulmonumente sind weitere beliebte Attraktionen.

Die üppig grüne Landschaft von Srinagar in Kaschmir

Punjabi-Bauern beim Ausflug im Traktorenanhänger

In Delhi und in Nordindien unterwegs

Delhi hat eine gute Anbindung mit Flugzeug, Eisenbahn und Straßen – es gibt täglich Flüge nach Leh, Srinagar, Amritsar und Chandigarh. Nach Amritsar und Chandigarh fahren von Delhi Schnellzüge, die Städte liegen an einem National Highway. Von Chandigarh gibt es Flüge nach Shimla und Manali, regelmäßig fahren auch Busse dorthin. Eine sehr schöne Fahrt bietet einer der drei Luxuszüge der Kalka–Shimla Railways *(siehe S. 643)*. Spektakuläre Gebirgslandschaften kann man auf einer Autofahrt von Manali nach Leh erleben, aber auch bei einer Fahrt auf dem National Highway 22, der alten Hindustan-Tibet-Straße, die von Shimla an die chinesische Grenze bei Shipkila führt.

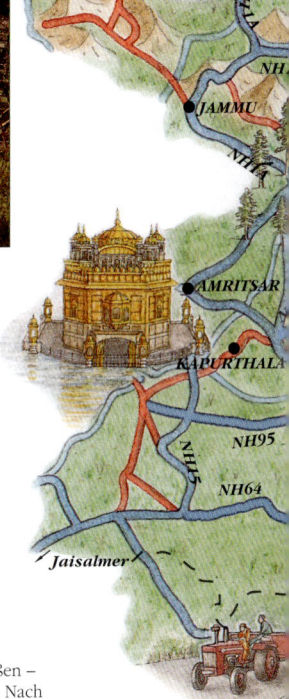

◁ Einheimische im Gerstenfeld zwischen den kahlen Hügeln von Spiti *(siehe S. 120f)*, Himachal Pradesh

DELHI & NORDINDIEN IM ÜBERBLICK

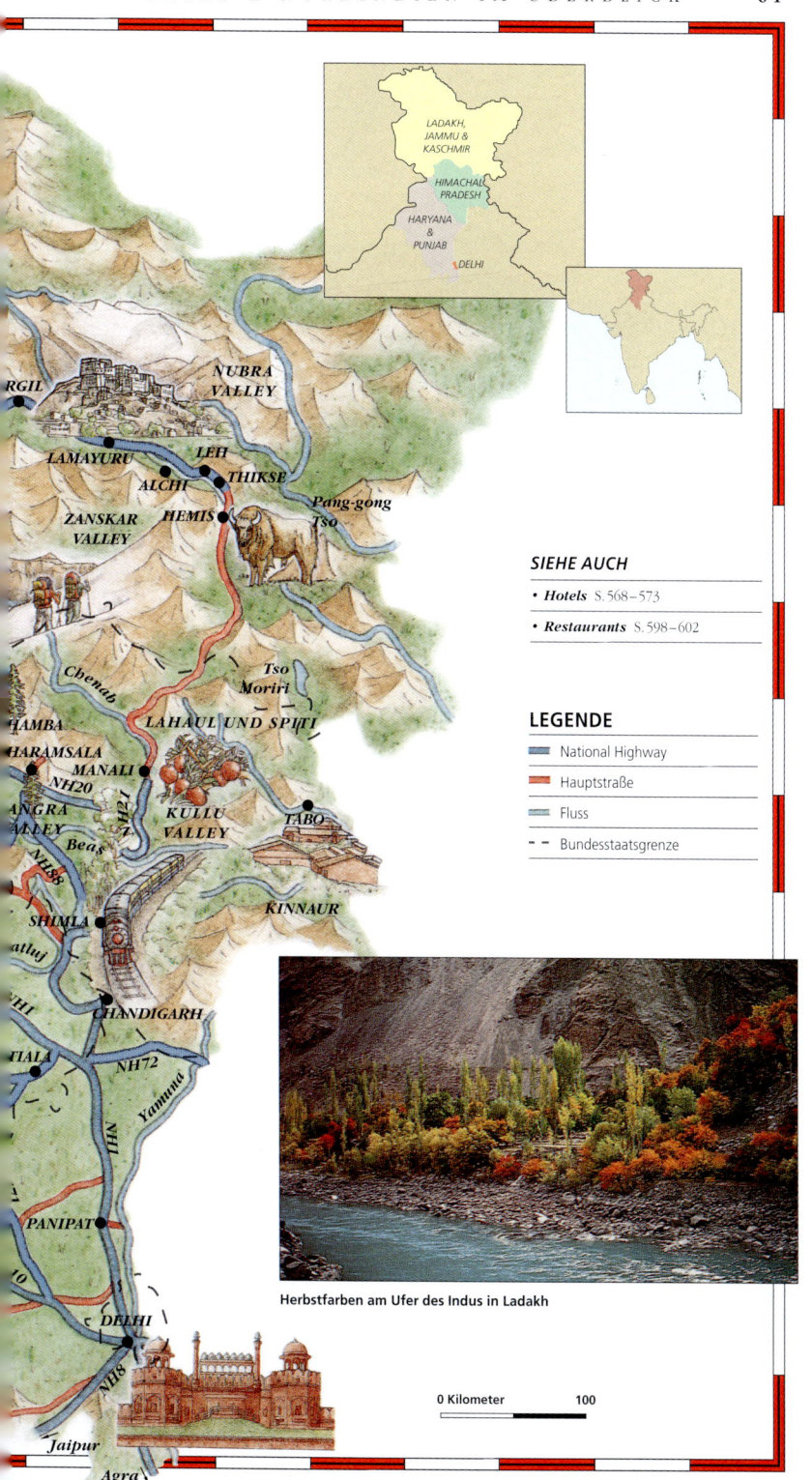

LADAKH, JAMMU & KASCHMIR

HIMACHAL PRADESH

HARYANA & PUNJAB

DELHI

- KARGIL
- NUBRA VALLEY
- LAMAYURU
- LEH
- ALCHI
- THIKSE
- HEMIS
- Pang-gong Tso
- ZANSKAR VALLEY
- Chenab
- Tso Moriri
- LAHAUL UND SPITI
- CHAMBA
- DHARAMSALA
- MANALI
- NH20
- NH21
- KANGRA VALLEY
- Beas
- KULLU VALLEY
- TABO
- NH88
- SHIMLA
- KINNAUR
- Satluj
- CHANDIGARH
- PATIALA
- NH72
- Yamuna
- NH1
- PANIPAT
- NH10
- DELHI
- NH8
- Jaipur
- Agra

SIEHE AUCH

- **Hotels** S. 568–573
- **Restaurants** S. 598–602

LEGENDE

▬▬	National Highway
▬▬	Hauptstraße
▬▬	Fluss
- - -	Bundesstaatsgrenze

Herbstfarben am Ufer des Indus in Ladakh

0 Kilometer 100

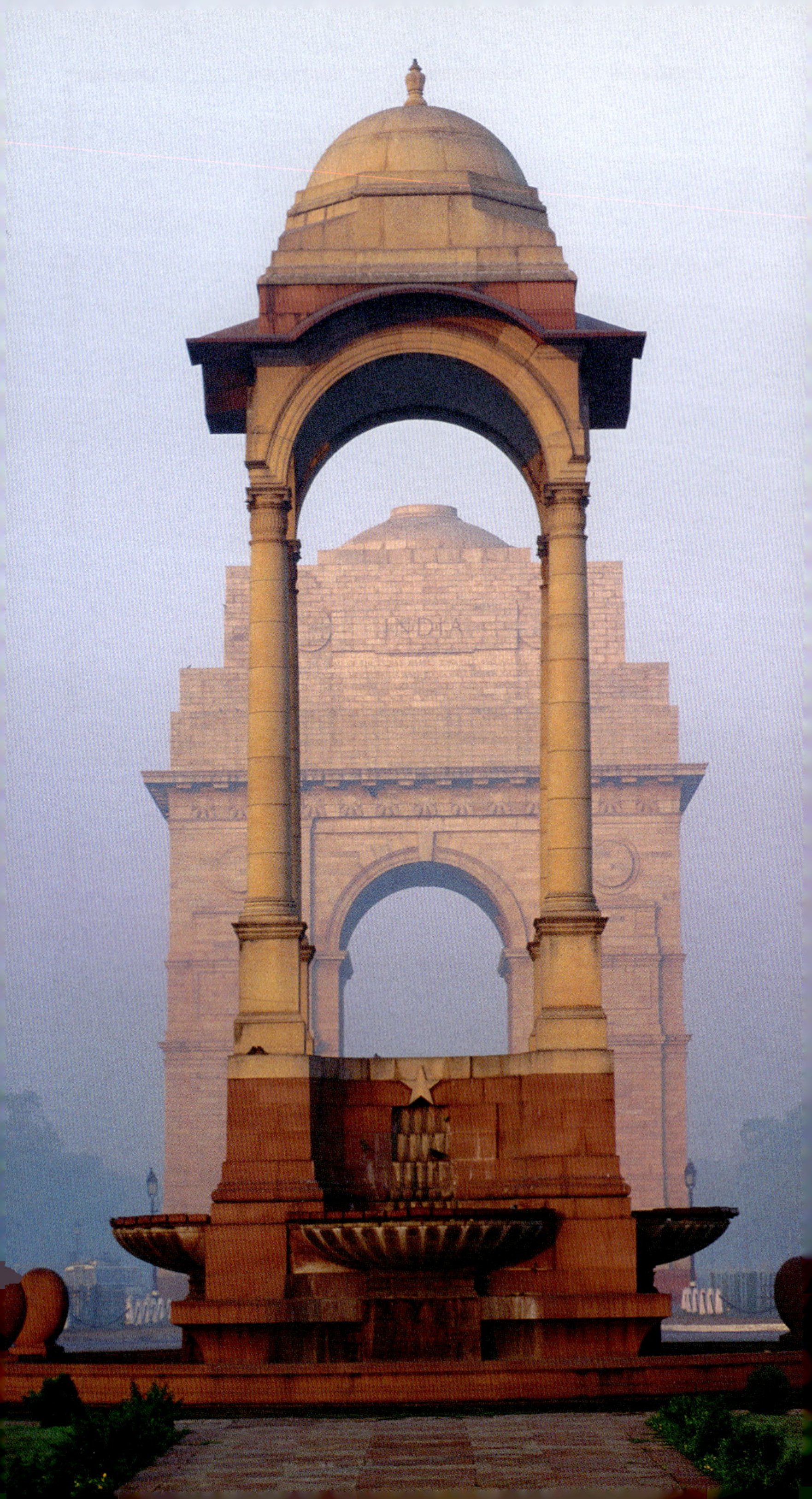
INDIA

Delhi

Delhi, die Hauptstadt Indiens, ist mit 13 Millionen Einwohnern die drittgrößte Stadt. Hier kreuzten sich schon früh wichtige Handelswege. Wegen der strategisch günstigen Lage der Stadt wurden viele große Reiche Indiens von Delhi aus regiert. Architektonische Zeugnisse der Vergangenheit findet man in der ganzen Stadt, oft stehen sie direkt neben Hochhäusern.

Die gewaltig erscheinende Metropole Delhi ist geradezu ein Konglomerat von einzelnen Städten. Die interessantesten Bereiche Delhis sind Old Delhi mit seinen Basaren und den Mogulmonumenten aus dem 16. und 17. Jahrhundert sowie New Delhi mit seinen breiten Boulevards, großen Sichtachsen und Kolonialbauten, die die Briten in den 1930er Jahren errichteten. In New Delhi stehen die Regierungsgebäude und alle Botschaften. Die Ruinen der Zitadelle, die die ersten islamischen Herrscher im 12. Jahrhundert bauten, findet man im Qutb-Mehrauli-Viertel, ganz in der Nähe erstrecken sich Süd-Delhis Vorstädte, in denen die wohlhabende neue Mittelschicht lebt. Der äußere Stadtrand ist von Slums und Barackensiedlungen geprägt.

Alle Kontraste und Wiedersprüche Indiens werden in der Hauptstadt besonders deutlich: In Jeans gekleidete Jugendliche laufen direkt neben *sadhus* (hinduistischen Mönchen) in Roben, Ochsenkarren rollen neben Luxuskarossen. Delhi ist vor allem eine Stadt der Migranten. Als 1947 der Subkontinent in Indien und Pakistan geteilt wurde, suchten Millionen von Flüchtlingen, hauptsächlich aus dem westlichen Punjab, hier ein neues Zuhause. Seit damals ziehen Menschen aus ganz Indien in die Hauptstadt. Doch jede Gemeinde hat ein Stück ihrer kulturellen Identität bewahrt – Delhi ist weniger ein Schmelztiegel als ein *thali*, eine Platte, auf der die Speisen in interessanten Kombinationen serviert werden.

Die dicht bebaute Altstadt vor der Moschee Jami Masjid

◁ **India Gate** *(siehe S. 68)* **und der elegante Steinbaldachin, beide von Sir Edwin Landseer Lutyens 1931 errichtet**

Im Überblick: Delhi

Einige der eindrucksvollsten Bauten Delhis sind in dem auf der Karte abgebildeten Gebiet zu sehen. Vijay Chowk ist Ausgangspunkt für eine Besichtigung der Raj-Gebäude um Raisina Hill. Im Norden bildet Jami Masjid mit seinem Gassengewirr das Zentrum von Old Delhi. Vom südöstlichen mittelalterlichen Viertel um das Grabmal des Sufi-Heiligen Nizamuddin Auliya führt die Mathura Road zu den Ruinen des Forts Purana Qila. Das südliche Mehrauli-Viertel *(siehe Karte Großraum Delhi)* zeigt eine Ansammlung von Monumenten aus dem 12. und 13. Jahrhundert.

Vijay Chowk *(siehe S. 66f)* liegt inmitten von Regierungsgebäuden unterhalb von Raisina Hill

Sehenswürdigkeiten auf einen Blick

Historische Gebäude, Straßen und Viertel
Chandni Chowk S. 78f ⓱
Coronation Memorial ㉓
Feroze Shah Kotla ㉑
Hauz Khas ㉘
Humayuns Grabmal S. 77 ⓰
Jahanpanah ㉚
Jantar Mantar ⓽
Khirkee ㉙
Lal Qila ⓲
Mehrauli Archaeological Park S. 86–88 ㉛
Nizamuddin Complex ⓯
Purana Qila ⓭
Raisina Hill ❸
Rajghat ⓴
Rajpath ❹
Rashtrapati Bhavan ❷
Safdarjungs Grabmal ㉖
Tughluqabad ㉝
Um das Kashmiri Gate ㉒
Um Vijay Chowk S. 66f ❶

Kirchen, Tempel und Moscheen
Baha'i House of Worship ㉞
Jami Masjid ⓲
Lakshmi Narayan Mandir ❿

Museen und Sammlungen
Crafts Museum S. 74f ⓮
National Gallery of Modern Art ❻
National Museum S. 70f ❺
National Rail Museum ㉕
Nehru Memorial Museum and Library ⓫
Sanskriti Museum ㉜

Läden und Märkte
Connaught Place ❽
INA Market ㉗

Parks und Gärten
Lodi Gardens ⓬
The Ridge ㉔

Theater
Mandi House Complex ❼

DELHI

Zur Orientierung

LEGENDE

■	Um Vijay Chowk: *siehe S. 66f*
■	Chandni Chowk: *siehe S. 78f*
🚉	Bahnhof
Ⓜ	Metro-Station
🚌	Busbahnhof
ℹ	Information
🅿	Parken
✚	Krankenhaus
👮	Polizei
🛕	Tempel
C	Moschee
⛪	Gurdwara
✝	Kirche
⚰	Grabmal
⊠	Post
═	National Highway
═	Hauptstraße

In Delhi unterwegs

In die Viertel fährt man am besten mit U-Bahn, Taxi, Auto-Rikscha oder Mietwagen mit Fahrer. Delhi Tourism *(siehe S. 627)* bietet Bus-Stadtrundfahrten an, die viele Sehenswürdigkeiten abdecken. Vermeiden Sie die überfüllten Stadtbusse.

Großraum Delhi

SIEHE AUCH

- *Hotels* S. 568f
- *Restaurants* S. 598f

Im Detail: Um Vijay Chowk ❶

Vijay Chowk (Victory Square), ein großer Platz am Fuß des Raisina Hill, wurde geplant als Auffahrt zur Residenz des Vizekönigs, die heute vom indischen Präsidenten genutzt wird. Hier findet am 29. Januar die Zeremonie »Beating of the Retreat« *(siehe S. 37)* statt. Rechts und links von Vijay Chowk stehen zwei große neoklassizistische Gebäude (North Block und South Block), in denen Ministerien und das Büro des Premierministers untergebracht sind. Minister und Regierungsbeamte wohnen in großzügigen Bungalows an baumbestandenen Straßen. Vom Vijay Chowk geht Lutyens' zentrale Sichtachse aus: Bäume und Brunnen säumen die Rasenflächen des Rajpath bis zum India Gate, in der Ferne sieht man das National Stadium.

★ Vijay Chowk
Zwei große Sandsteinbrunnen mit Obelisken flankieren den Platz mit seiner schönen Aussicht.

Den North Block entwarf Herbert Baker mit einer imposanten zentralen Halle.

Sansad Bhavan ist das Parlamentsgebäude.

Iron Gates
Die Eisentore zwischen zwei großen verzierten Pfosten aus rotem Sandstein sind Kopien eines Tores, das Lutyens im englischen Chiswick auffiel. Rashtrapati Bhavan (siehe S.68) liegt westlich davon.

LEGENDE
– – – Routenempfehlung

Sir Edwin Landseer Lutyens

Das Nationalarchiv aus rotem Sandstein entwarf Lutyens

Der Architekt Edwin Landseer Lutyens (1869–1944), von 1938 bis 1944 Präsident der Royal Academy, wurde 1911 mit der Planung der neuen Hauptstadt Indiens beauftragt. Er und sein Partner Herbert Baker bauten 20 Jahre lang an einer Stadt, in der sich westlicher Neoklassizismus mit indischem Ornamentalstil verband. Hier findet man Neo-Mogulgärten, große Sichtachsen und begrünte Verkehrsinseln vor. Der Erste Weltkrieg und Streitigkeiten zwischen Baker und Lutyens verzögerten den Bau, die in die Höhe schnellenden Kosten ließen Mahatma Gandhi über den »weißen Elefanten« seufzen. Ironischerweise residierten die Briten hier nur 16 Jahre.

★ South Block
Das Büro des Premierministers und das Verteidigungsministerium liegen in diesem Block.

Hotels und Restaurants in Delhi *siehe Seiten 568f und 598f*

UM VIJAY CHOWK 67

Sunehri-Bagh-Moschee
Die schlichte Moschee wurde im 18. Jahrhundert von einem Heiligen namens Sayyid Sahib gebaut. An der Sunehri Bagh Road stehen – wie an allen von Lutyens konzipierten Straßen – Schatten spendende Bäume.

Zur Orientierung
Siehe Zentrumskarte Delhi S. 64f

Verkehrsinseln
Auf den schön gestalteten Verkehrsinseln verbringen viele Arbeiter ihre Mittagspause.

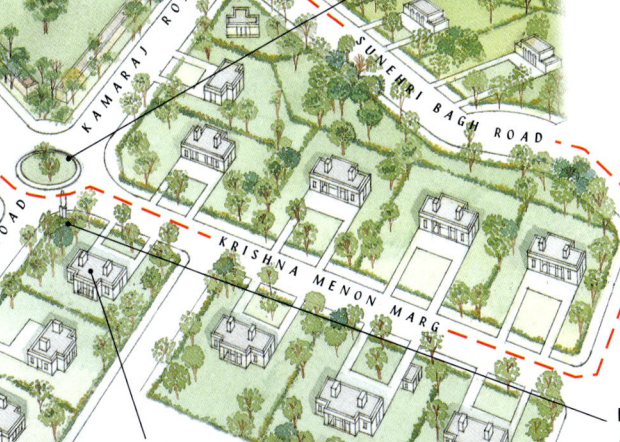

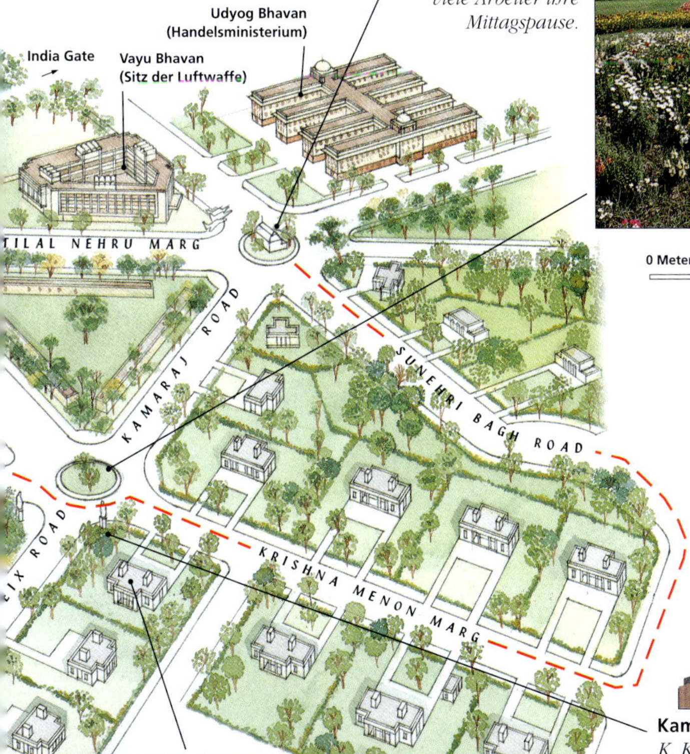

Udyog Bhavan (Handelsministerium)

India Gate

Vayu Bhavan (Sitz der Luftwaffe)

TILAL NEHRU MARG

KAMARAJ ROAD

SUNEHRI BAGH ROAD

KRISHNA MENON MARG

0 Meter 25

Kamaraj-Statue
K. Kamaraj war 1963–66 Präsident der Kongresspartei.

★ Boulevards mit Bungalows
Strenge Bauvorschriften schützen die ursprüngliche Kolonialarchitektur an den baumbestandenen Straßen des Viertels.

NICHT VERSÄUMEN

★ Boulevards mit Bungalows

★ South Block

★ Vijay Chowk

Schmiedeeisentore führen zu Rashtrapati Bhavan, den Lutyens entwarf

Rashtrapati Bhavan ❷

☎ (011) 2301 5321. 📅 Mo, Mi, Fr, Sa 9.30–13, 14–16.30 Uhr. ● für Besucher. **Mughal Gardens** ○ Feb–März.

Sir Edwin Lutyens *(siehe S. 66)* entwarf Rashtrapati Bhavan als Palast für den britischen Vizekönig. Heute ist das Gebäude auf dem Raisina Hill der Amtssitz des Präsidenten von Indien. Eine Kupferkuppel wölbt sich 55 Meter hoch über dem eleganten Bau aus beigefarbenem und rotem Sandstein, der mit Innenhöfen und verschiedenen Trakten insgesamt eine Fläche von zwei Hektar bedeckt. Im Zentrum unter der Kuppel befindet sich die runde Durbar Hall, in der alle Staatsfeierlichkeiten und -veranstaltungen stattfinden.

Im Westen erstrecken sich die reizvoll gestalteten **Mughal Gardens** (Mogulgärten). Sie sind auf drei Terrassenebenen mit Wasserläufen und Brunnen angelegt.

Raisina Hill ❸

Cathedral Church of the Redemption ☎ (011) 2309 2396. ○ tägl. 8–12, 16–18 Uhr.

Die öde, baumlose Gegend um Raisina Hill wählten die Briten für die neue Hauptstadt. Heute ist es ein schwer bewachtes grünes Viertel, beherrscht von **Secretariat**-Bauten mit dem North Block und dem South Block *(siehe S. 66)*.

Die zwei fast identischen Gebäude auf dem Raisina Hill sind ein Entwurf von Sir Herbert Baker, der auch das große runde **Sansad Bhavan** (Parlamentsgebäude) nördlich des Vijay Chowk baute. Rajya Sabha (Oberhaus) und Lok Sabha (Unterhaus) tagen hier, die oft hitzigen Debatten des Lok Sabha finden in der Central Hall statt. Nach den Terroranschlägen im Dezember 2001 ist Sansad Bhavan für Besucher geschlossen.

Hinter Sansad Bhavan steht die **Cathedral Church of the Redemption**, zu der sich der Architekt Henry Alexander Medd von Palladios Kirche Il Redentore in Venedig inspirieren ließ. Das 1931 geweihte anglikanische Gotteshaus war für die höheren britischen Beamten gedacht, heute gehört es zur Diözese des Bischofs der Church of North India.

Rajpath ❹

National Archives Janpath. ☎ (011) 2338 3436. ○ Mo–Fr 9.30–18 Uhr. ● Feiertage. **Indira Gandhi National Centre for the Arts** Janpath. ☎ (011) 2338 4901. ○ für Ausstellungen. ○ Mo–Fr 9.30–17.30 Uhr.

Östlich von Vijay Chowk verläuft der Rajpath, eine über drei Kilometer lange Straße, die an beiden Seiten von Kanälen, Brunnen und Rasenflächen gesäumt ist. Hier finden große Paraden statt. An der Kreuzung zum Janpath steht das Gebäude der **National Archives**, wo Staatsdokumente aufbewahrt werden. Gegenüber beherbergt das **Indira Gandhi National Centre for the Arts** seltene Handschriften.

Am Ostende des Rajpath erinnert das **India Gate** aus rotem Sandstein an die indischen und britischen Soldaten, die im Ersten Weltkrieg, im dritten Afghanisch-Britischen Krieg und bei Kämpfen in den nordwestlichen Provinzen ums Leben kamen. Eine ewige Flamme brennt für die Soldaten, die 1971 im Indisch-Pakistanischen Krieg fielen. Gegenüber ist ein Baldachin aus Sandstein. Hier wurde 1936 die Statue von König George V. enthüllt, sie steht jetzt im Coronation Park *(siehe S. 82)*.

India Gate

National Museum ❺

Siehe Seiten 70f.

Im Sansad Bhavan wurde die Verfassung Indiens verabschiedet

Hotels und Restaurants in Delhi *siehe Seiten 568f und 598f*

National Gallery of Modern Art

Jaipur House, beim India Gate.
(011) 2338 6208. Di–So 10–17 Uhr. Feiertage.

Jaipur House, einstige Residenz der Maharajas von Jaipur, ist eines der größten Museen für moderne Kunst in Indien. Die Sammlungen umfassen Werke von der Mitte des 19. Jahrhunderts bis heute, darunter sind Arbeiten großer indischer Maler wie Jamini Roy, Rabindranath Tagore, Raja Ravi Varma und Amrita Shergill sowie zeitgenössischer Künstler wie Ram Kumar und Anjolie Ela Menon. Gleichfalls ausgestellt sind britische Maler wie Thomas Daniell und sein Neffe William Daniell sowie eine interessante Gruppe von »Company Paintings« – Gemälde, die im 18. und 19. Jahrhundert bei indischen Künstlern speziell für den britischen Markt in Auftrag gegeben wurden.

Mandi House Complex

Triveni Kala Sangam Tansen Marg.
(011) 2371 8833. Mo–Sa 9.30–17 Uhr. Feiertage.
Rabindra Bhavan Ferozeshah Rd.
(011) 2338 1833.
Kamani Auditorium Copernicus Marg. (011) 4350 3351.
Shri Ram Centre Safdar Hashmi Marg. (011) 2371 4307.
National School of Drama Bhagwan Das Rd. (011) 2338 9402.

Mandi House beherbergt die Büros des staatlichen Fernsehzentrums. Der Name steht jedoch für den gesamten Kulturkomplex um den Platz.
Im **Triveni Kala Sangam** sind verschiedene Galerien für zeitgenössische Kunst zu Hause, dazu ein Open-Air-Amphitheater für Theater und Konzerte, ein beliebtes Café sowie ein Buchladen mit indischer Kunstliteratur. Das staatliche Kunstzentrum **Rabindra Bhavan** umfasst in verschiedenen Flügeln die drei nationalen Akademien für Literatur (Sahitya Akademi), Malerei und Bildhauerei (Lalit Kala Akademi) und Darstellende Kunst (Sangeet Natak Akademi). Alle verfügen über Bibliotheken, hier werden zudem Reproduktionen und Postkarten verkauft sowie Ausstellungen mit Fotografien, Grafiken und Keramik abgehalten. Das **Kamani Auditorium**, das **Shri Ram Centre** und die **National School of Drama** zeigen Theater, Konzerte und Tanzvorführungen.

Connaught Place, ein Einkaufskomplex in New Delhi

Röcke mit Spiegelplättchen am Janpath

Connaught Place

Läden Mo–Sa 10.30–20 Uhr. Feiertage.

Robert Tor Russell legte den nach dem Herzog von Connaught benannten Platz 1931 an. Die palladianischen Bogengänge und stuckverzierten Kolonnaden bilden einen beabsichtigten Kontrast zum Lärm und Chaos der Läden, die sich hier befinden. Der innere Zirkel des Connaught Place wurde in Rajiv Chowk umbenannt, der äußere in Indira Chowk. Die Arkaden und Gehsteige sind voller *Paan*-Kioske, Bücherstände und Schuhputzer. Zwischen den Läden befinden sich kleine Restaurants und Kinos. Zwar ist der Connaught Place nicht mehr Delhis erste Einkaufsgegend, doch die Arkaden laden immer noch zum Herumstöbern ein. Der Central Park umfasst ein Freilufttheater und 21 Brunnen.
Andere beliebte Einkaufsgegenden in der Nähe sind der State-Emporia-Laden am **Baba Kharak Singh Marg** und die Stände am **Janpath**.

Parade am Republic Day

Seit Gründung der Republik 1950 zieht die Parade am 26. Januar trotz des oft kühlen Wetters Tausende von Zuschauern an. Soldaten aus Armee, Marine und Luftwaffe, Kriegsveteranen, Schulkinder und sogar Elefanten und Kamele marschieren den Rajpath entlang. Eine besondere Attraktion sind die Volkstänzer und die fantasievollen Wagen, die jeweils einen Bundesstaat repräsentieren. Eine Flugparade der Indian Air Force signalisiert das Ende des Spektakels.

Republic Day Parade am Rajpath

National Museum ❺

Fünf Jahrtausende indischer Geschichte kann man im National Museum mit seiner Sammlung von über 200 000 indischen Kunstobjekten durchstreifen. Rund 1000 Stücke, der Kern der Sammlung, wurden im Winter 1948/49 für eine Ausstellung der Royal Academy nach London gebracht und nach ihrer Rückführung in der Durbar Hall des Rashtrapati Bhavan *(siehe S. 68)* gezeigt. 1960 war dann das neue Museum fertig. Das Gebäude wurde aus demselben beige- und rosafarbenen Stein errichtet, der die gesamte neue Hauptstadt prägt. Die wertvolle Sammlung der Relikte aus Harappa im Industal und die Schätze der Seidenstraße gehören zu den schönsten der Welt.

Statuette (2500 v. Chr.)

★ Dara Shikohs Hochzeitsprozession
Eine Mogulminiatur (18. Jh.) mit Gold und Farben aus Naturpigmenten.

★ Nataraja
Die Chola-Statue (12. Jh.) des kosmischen Tanzes von Shiva ist das wertvollste Stück unter den südindischen Bronzearbeiten.

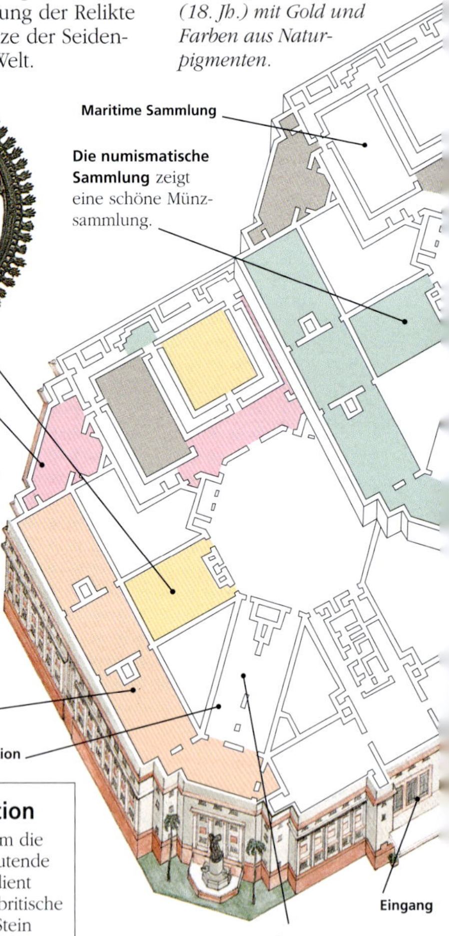

Maritime Sammlung

Die numismatische Sammlung zeigt eine schöne Münzsammlung.

Erdgeschoss

★ Kubera
Der Hindu-Gott des Wohlstands wird hier als Kushana-Fürst des 2. Jahrhunderts (siehe S. 43) *mit deutlichen zentralasiatischen Zügen dargestellt – ein Exemplar in der großen Sammlung der Mathura-Kunst.*

Harappa-Zivilisation

Eingang

Serindian Collection

Fast 700 Jahre nachdem die Seidenstraße als bedeutende Transportroute ausgedient hatte, unternahm der britische Archäologe Sir Aurel Stein eine Reihe von Expeditionen (1900–16), um Schätze auszugraben. Steins Fundstücke aus der Wüste Takla Makan sind in der zentralasiatischen Antikensammlung ausgestellt: Seidenmalereien, buddhistische Handschriften und Zeugnisse des Lebens an der Handelsroute.

Seidenmalerei, 7./8. Jahrhundert

Terrakotta-Maske
Diese Darstellung eines menschlichen Kopfes (um 2700 v. Chr.) wurde im 20. Jahrhundert in Mohenjodaro ausgegraben.

Hotels und Restaurants in Delhi *siehe Seiten 568f und 598f*

NATIONAL MUSEUM 71

Das Leben der Stämme

Aurangzebs Schwert
Das Schwert des Mogulherrschers Aurangzeb wurde 1675 im indo-persischen Stil gefertigt. Eingraviert sind Zitate aus dem Koran.

Folkloristische Kunst

Goldbrokat
Der seidene Hochzeitssari entstand im 19. Jahrhundert in Varanasi und ist mit Motiven aus Goldfäden überzogen.

Kupferplatten

Zweiter Stock

INFOBOX
Janpath. (011) 2301 9272.
Di–So 10–17 Uhr.
Feiertage. Extragebühr.
11.30, 14.30, 16 Uhr.
Filme, Vorträge, Vorführungen und Sonderausstellungen.

★ Gold-Koran
Ein herausragendes Beispiel für islamische Kalligrafie ist dieser vergoldete Koran aus dem 18. Jahrhundert. Aus konservatorischen Gründen ist er nicht ausgestellt. Zur Sammlung gehört auch ein Koran in alter kufischer Schrift aus dem 8. Jahrhundert, eine der weltweit ältesten Koran-Handschriften.

Kurzführer
Die Sammlungen werden auf drei Stockwerken präsentiert, geordnet nach Themen, Epochen und Stilen. In der Eingangshalle sind Skulpturen aus verschiedenen Landesteilen zu sehen. Das Museum hat auch einen Saal, in dem Filme und Vorträge angeboten werden (Informationen dazu in den Tageszeitungen). Am Kartenschalter im Foyer können Besucher neben Katalogen auch Souvenirs erwerben. Die Exponate werden von Zeit zu Zeit neu angeordnet, außerdem finden im Museum regelmäßig Sonderausstellungen statt.

Erster Stock

LEGENDE
- Antike und Mittelalter-Skulpturen
- Chola-Bronzekunst, Schmuck, Holzschnitzereien
- Buddhistische & dekorative Kunst
- Zentralasiatische Antiquitäten, Indische Handschriften, Münzen und Wandbilder
- Early Man
- Präkolumbische & westliche Kunst
- Ajanta-Gemälde, Thanjavur-Gemälde und indische Miniaturgemälde
- Textilien, Waffen, Rüstungen und Musikinstrumente

NICHT VERSÄUMEN
- ★ Dara Shikohs Hochzeitsprozession
- ★ Gold-Koran
- ★ Kubera
- ★ Nataraja

Die astronomischen Geräte aus Ziegel und Gips in Jantar Mantar

Jantar Mantar ❾

Sansad Marg. ◯ *tägl.*

Sawai Jai Singh II. von Jaipur, ein begeisterter Astronom, baute dieses Observatorium (als eines von insgesamt fünf, *siehe auch S. 296f*) im Jahr 1724. Er wollte die Planetenkonstellationen beobachten, um den richtigen Zeitpunkt für heilige Rituale und *pujas* zu berechnen. Die Instrumente sind massiv gebaut und somit gegen Vibrationen geschützt, damit sie exakte Daten liefern. Samrat Yantra, ein gleichschenkliges Dreieck, dessen Hypotenuse parallel zur Erdachse ausgerichtet ist, funktioniert wie eine riesige Sonnenuhr: Zwei Quadranten auf jeder Seite messen den Schatten. Ram Yantra bestimmt die Höhe der Sonne, Jai Prakash Yantra (eine Erfindung von Jai Singh II.) den Zeitpunkt der Frühjahrs-Tagundnachtgleiche. Das Observatorium liegt heute verlassen in einem Park.

Lakshmi Narayan Mandir ❿

Mandir Marg. ◯ *tägl.*

Der Industrielle B. D. Birla ließ diesen Tempel 1938 errichten – es war einer der ersten in Indien, in dem keine Kastenbeschränkung galt. Mahatma Gandhi war beim ersten *puja* persönlich anwesend. Die Anlage, auch Birla Mandir genannt, ist ein typischer moderner Tempelbau mit Marmoreingang sowie ockerfarbenen und braunen *shikharas* (Türmen). Im Hauptraum sieht man Darstellungen von Vishnu und seiner Hauptfrau Lakshmi. Die Nebengebäude um den Hof zeigen Inschriften heiliger Hindu-Texte und Wandmalereien mit Szenen aus den Epen *Mahabharata* und *Ramayana*.

Nehru Memorial Museum and Library ⓫

Teen Murti Marg. ☏ *(011) 2301 4475.* ◯ *Di–So.* ● *Feiertage.* **Nehru Planetarium** ☏ *(011) 2301 6734.* 🎬 **Shows** *11.30, 15 Uhr.*

Teen Murti Bhavan, die Residenz von Jawaharlal Nehru, Indiens erstem Premierminister (1947–64), wurde nach Nehrus Tod in ein Museum mit Bibliothek umgewandelt. Das Haus hat auch deshalb einen besonderen Stellenwert in der indischen Geschichte, da hier zwei spätere Premierminister zu Hause waren: Nehrus Tochter Indira Gandhi und sein Enkel Rajiv Gandhi, die beide Attentaten zum Opfer fielen *(siehe S. 57)*. Nehrus Schlaf- und Arbeitszimmer sind noch exakt so, wie er sie hinterließ. Die Räume zeugen von seiner ernsten Persönlichkeit, die Bücherregale bergen seine Lieblingslektüre.

Auf dem Gelände befinden sich das **Nehru Planetarium** und das **Kushak Mahal**, ein Jagdhaus, das Sultan Feroze Shah Tughluq *(siehe S. 81)* im 14. Jahrhundert erbauen ließ. Auf dem Platz vor dem Haus steht das **Teen Murti** (»Drei Statuen«) **Memorial**, ein Mahnmal für die im Ersten Weltkrieg gefallenen indischen Soldaten.

Teen Murti Memorial

Teen Murti Bhavan, Nehrus Residenz, heute Nehru Memorial Museum and Library

Hotels und Restaurants in Delhi *siehe Seiten 568f und 598f*

Athpula, eine Brücke aus dem 17. Jahrhundert, beim Eingang zu den Lodi Gardens an der South End Road

Lodi Gardens ⓬

Eingang Lodi Rd & South End Rd.
◯ tägl. ⓫

Der Park mitten in einem Wohnviertel ist einer der schönsten Delhis. Hierher kommen Jogger und Yoga-Fans, Politiker mit Bodyguards sowie Familien am Wochenende zum Picknicken. Lady Willingdon (1875–1960), die Gattin des Vizekönigs, ließ die Lodi Gardens 1936 anlegen. Inmitten der baumbestandenen Wege, der grünen Rasenflächen und Blumenbeete stehen imposante Grabmäler der Sayyid- und Lodi-Dynastien aus dem 15. Jahrhundert. An vielen der Bauten sieht man noch Reste der originalen türkisfarbenen Fliesen und Kalligrafien.

Das elegant proportionierte, achteckige **Grabmal von Muhammad Shah** (reg. 1434–44), dem dritten Herrscher der Sayyid-Dynastie, soll das älteste Bauwerk der Anlage sein. Das größte ist **Bara Gumbad** (»Große Kuppel«) mit einer Moschee aus dem Jahr 1494 und einem Gästehaus.

Am Eingang von der South End Road stößt man auf die Steinbrücke **Athpula** (wörtlich »acht Pfeiler«), die vermutlich im 17. Jahrhundert errichtet wurde. An der Westseite umrahmen Mauern das **Grabmal von Sikander Lodi** (reg. 1489–1517).

Purana Qila ⓭

Mathura Rd. ☎ (011) 2435 4260.
◯ tägl. Sonnenauf- bis -untergang.
Museum ☎ (011) 2435 5387.
◯ Sa–Do 10–17 Uhr. 🎫 **Tickets** Abendkasse und Tourismusbüro Delhi.
☎ (011) 233 2005.

Purana Qila heißt wörtlich »altes Fort«. Die Anlage steht an einem Ort, der seit 1000 v. Chr. ununterbrochen bebaut war, wie zahlreiche Ausgrabungen zweifelsfrei belegen.

Die Mauern des Forts umschließen die Überreste von Dinpanah, der sechsten Stadt Delhis *(siehe S. 85)*, die unter dem zweiten Mogul Humayun begonnen wurde. Seine Herrschaft währte jedoch nicht lange, 1540 eroberte der Afghanenführer Sher Shah Suri *(siehe S. 49)* das Reich. Er benannte die Zitadelle in Shergarh (»Löwenfort«) um. Nach Sher Shahs Tod nahm Humayun sein Reich 1555 wieder in Besitz. Von den zahlreichen Palästen, Quartieren und Häusern der beiden Herrscher stehen nur noch die Moschee von Sher Shah sowie ein Gebäude, das wahrscheinlich Humayuns umfangreiche Bibliothek beherbergte.

Die **Qila-i-Kuhna-Moschee** von 1541 beeindruckt durch ihre Proportionen und die Einlegearbeiten aus rotem und weißem Marmor. Im Süden der Moschee steht **Sher Mandal**, Humayuns Bibliothek. Ein zweistöckiger, achteckiger Turm aus rotem Sandstein wird von einem *chhatri* (offener Pavillon) auf acht Säulen gekrönt. An dieser Stelle kam der fromme Humayun im Januar 1556 ums Leben, als er sich zum Gebet eilig auf die Stufen kniete, strauchelte und zu Tode stürzte.

In die Mauern von Purana Qila sind drei Tore integriert; **Bara Darwaza**, das große Tor aus rotem Sandstein an der Westseite, ist der Haupteingang zur Anlage. Vom Südtor sieht man Humayuns Grabmal *(siehe S. 77)*.

Chhatri mit farbigen Fliesen

Bara Darwaza, Purana Qila

Crafts Museum ⑭

Seit Jahrhunderten stellen indische Kunsthandwerker praktische und zugleich ästhetische Gebrauchsgegenstände her: Getöpfertes, Gewebtes, Bemaltes, in Stein Gehauenes und aus Holz Geschnitztes. Um die Stücke der Handwerker mit einer umfangreichen Ausstellung zu fördern, wurde das Museumsprojekt 1956 gestartet. Zu Beginn der 1980er Jahre gehörten bereits über 20 000 Objekte zur Sammlung.

Holzpuppe auf Schaukel

Sarota, ein Betelnussknacker (19. Jh.) aus Südindien

★ Bandhini Odhni
Den zarten Schleier fertigten Bhansali in Kutch, Gujarat. Bei diesem Batikdruck (bandhini) entsteht das Muster durch Körner, die vor dem Färben mit Fäden abgebunden werden.

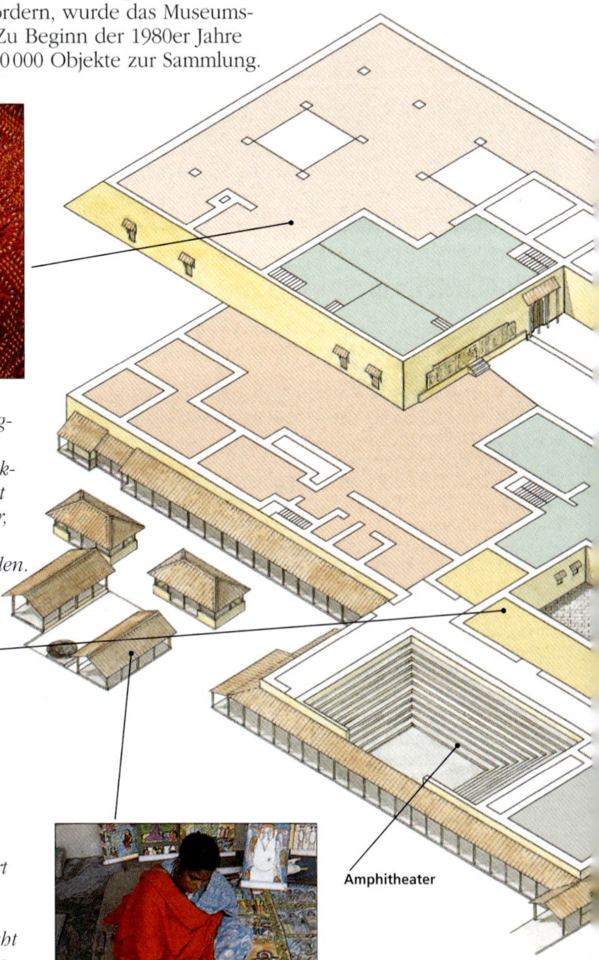

Mukhalinga
Aus dem 19. Jahrhundert stammt die Phallusfigur (linga) aus Messing mit dem menschlichen Gesicht (mukha). Das dritte Auge sowie die kleinen Schlangen sind Symbole von Shiva.

Amphitheater

Handwerksvorführungen
Kunsthandwerker aus ganz Indien zeigen hier regelmäßig (außer in der Monsunzeit) ihre Fertigkeiten.

NICHT VERSÄUMEN
- ★ Bandhini Odhni
- ★ Bhuta-Figur
- ★ Charraku

LEGENDE
- Kunst des Adels
- Ritualkunst
- Volks- und Stammeskulturen
- Textilien
- Keine Ausstellungsfläche
- Wechselausstellungen
- Museumsladen
- Bhuta-Skulpturen

Hotels und Restaurants in Delhi *siehe Seiten 568f und 598f*

CRAFTS MUSEUM

Yashoda und Krishna
Die kleine Gipsstatuette (Mitte 20. Jh.) aus Südindien ist ein interessantes Beispiel für die so beliebten Kitschfiguren von Göttern und mythologischen Motiven. Sie werden bis heute für den Hausaltar gefertigt.

INFOBOX
Bhairon Marg. (011) 2337 1641. Di–So. Feiertage.
Handwerksvorführungen
Okt–Juni: tägl.

★ Charraku
Die riesigen, runden Schüsseln sind aus einer Metalllegierung («Glockenmetall») gegossen. In Kerala benutzt man sie noch heute für Hochzeits- und Tempelfeste, um payasam *(eine Art Reispudding) zu kochen.*

Madhubani-Malerei
Das Wandbild ist aus Naturfarben und zeigt eine Hochzeitsszene. Die Künstlerin Ganga Devi aus Bihar (siehe S. 185) wurde mit dieser traditionellen Kunstform berühmt.

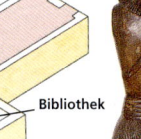

★ Bhuta-Figur
Die lebensgroßen Holzfiguren entstanden vor rund 200 Jahren für den Bhuta-Kult der Geisterverehrung im südlichen Bundesstaat Karnataka (siehe S. 432).

Bibliothek

Eingang

Kurzführer
Die Ausstellungen sind auf zwei Stockwerke des Komplexes verteilt. Auch die Innenhöfe sind Ausstellungsbereiche. Im Freien finden ebenfalls Handwerksvorführungen statt (nicht in der Monsunzeit). Jeden Monat zeigen andere Gäste aus allen Teilen Indiens ihr Können.

Crafts Museum Shop
Der Museumsladen hat eine schöne Auswahl handgearbeiteter Artikel – von Volkskunst über Haushaltswaren bis Textilien.

Nizamuddin Complex ⓯

Westlich der Mathura Rd. **Dargah**
◯ tägl. **Qawwali-Vorführung**
Do 19 Uhr. Urs (Juli und Dez).

Die mittelalterliche Siedlung *(basti)* ist nach Sheikh Hazrat Nizamuddin Auliya benannt, dessen Grabmal und Hospiz hier zu finden sind. Nizamuddin gehörte einer Bruderschaft von Sufi-Mystikern an, den Chishtis, die wegen ihrer Demut und der Abkehr von materiellem Besitz verehrt wurden. Er verstand sich als geistiger Nachfolger von Moinuddin Chishti *(siehe S. 312).* Seine täglichen Versammlungen zogen Reiche und Arme an, die glaubten, er wäre ein »Freund Gottes« und würde am Tag des Jüngsten Gerichts für sie Fürsprache leisten. Nizamuddin starb 1325, aber für seine Anhänger

Versammlungsplatz, Nizamuddin

ist er ein *zinda pir* (»lebender Geist«), der ihre Bitten erhört. Ein dreitägiges Urs-Fest wird am Jahrestag von Nizamuddins Todestag mit *qawwalis* (Gesängen) gefeiert, ein zweites am Todestag seines Schülers Amir Khusrau.

Eine Gasse führt zum Grabmal des Heiligen. Zwischen den Verkaufsständen mit Blumen, *chadors,* vielfarbigen Uhren und Drucken mit Mekka-Motiven drängen sich die Bettler. Der Hauptversammlungsplatz ist ein Marmorpavillon von 1562, an dem am Donnerstagabend Gläubige Lieder des persischen Dichters Amir Khusrau (1253–1325) singen. Frauen haben zum Grabmal keinen Zutritt, sie dürfen nur durch die *jalis* in die kleine, dunkle Kammer schauen, in der Nizamuddins Sarkophag unter einem mit Rosen bestreuten Tuch steht. Imams rezitieren dort Verse aus dem Koran. Amir Khusrau ist ebenfalls in dem Komplex bestattet, auch andere Schüler wie Jahanara Begum.

An der Westseite des Hofes steht die Moschee Jama't Khana von 1325. Der *baoli* (Stufenbrunnen) nördlich davon wurde während des Baues von Tughluqabad *(siehe S. 89)* heimlich angelegt, weil Ghiyasuddin Tughluq alle anderen Bauaktivitäten verboten hatte. Eine Legende erzählt, dass die Arbeiten nachts im Lampenschein erfolgten. Die Lampen brannten nicht mit Öl, sondern mit Wasser, das Nasiruddin, Nizamuddins Nachfolger, gesegnet hatte.

Atgah Khans Grabmal (16. Jh.) befindet sich im Norden. Er war Minister an Akbars Hof, sein Rivale Adham Khan ermordete ihn *(siehe S. 87).*

Grabmal des Dichters Mirza Ghalib

Chaunsath Khamba (»64 Säulen«), ein offener Marmorpavillon, befindet sich ganz in der Nähe. Davor ist in einer Einfriedung das schlichte Grab von Mirza Ghalib (1786–1869). Er war einer der bedeutendsten Dichter seiner Zeit und schrieb in Urdu und in Persisch. Die nahe **Ghalib Academy** ist ein Archiv für Handschriften.

Die *basti* ist stets voller Menschen, bewahrt mit erstaunlicher Würde die Legende von Nizamuddin, dem »König ohne Thron«.

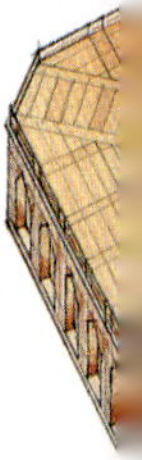

Verkaufsstände säumen die Gasse zu Nizamuddins Grabmal

Nizamuddin Complex

In dem historischen Friedhofskomplex sind viele Jünger Nizamuddins bestattet, so Amir Khusrau und Jahanara Begum, Shah Jahans Lieblingstochter. Jahanaras Grabinschrift spiegelt die Lehre ihres Meisters wider: »Lasst nichts auf meinem Grabe wachsen als das grüne Gras, denn Gras ist wohl genug, um das Grab einer Niedrigen zu bedecken.«

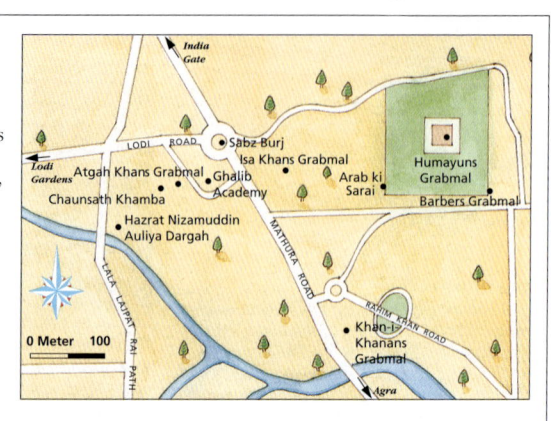

Hotels und Restaurants in Delhi siehe Seiten 568f und 598f

Humayuns Grabmal ⑯

INFOBOX

Nahe der Mathura Rd, Bharat Scout Guide Marg. (011) 2435 5275. tägl.

Marmorintarsie an der Wand

Humayun, der zweite Mogulherrscher *(siehe S. 49)*, ist in dem Mausoleum bestattet. Es ist das erste prächtige Grabmal und diente als Vorbild für spätere, so den unvergleichlichen Taj Mahal *(siehe S. 148f)*. Das Monument wurde 1565 vom persischen Baumeister Mirak Mirza Ghiyas gestaltet, Auftraggeberin war Humayuns Hauptwitwe Haji Begum. Der Komplex wird »Schlafsaal des Hauses Timur« genannt, da in den Grabkammern auch Humayuns Frauen und Shah Jahans gelehrter Sohn Dara Shikoh ruhen. Dazu umfasst die Anlage das achteckige Grab und die Moschee von Isa Khan, einem Adligen an Sher Shahs Hof, sowie das Grab von Humayuns Lieblingsbarbier. Die persischen Maurer wohnten im Arab ki Sarai.

Vom Eingang zeigt sich das Grabmal in perfekter Symmetrie

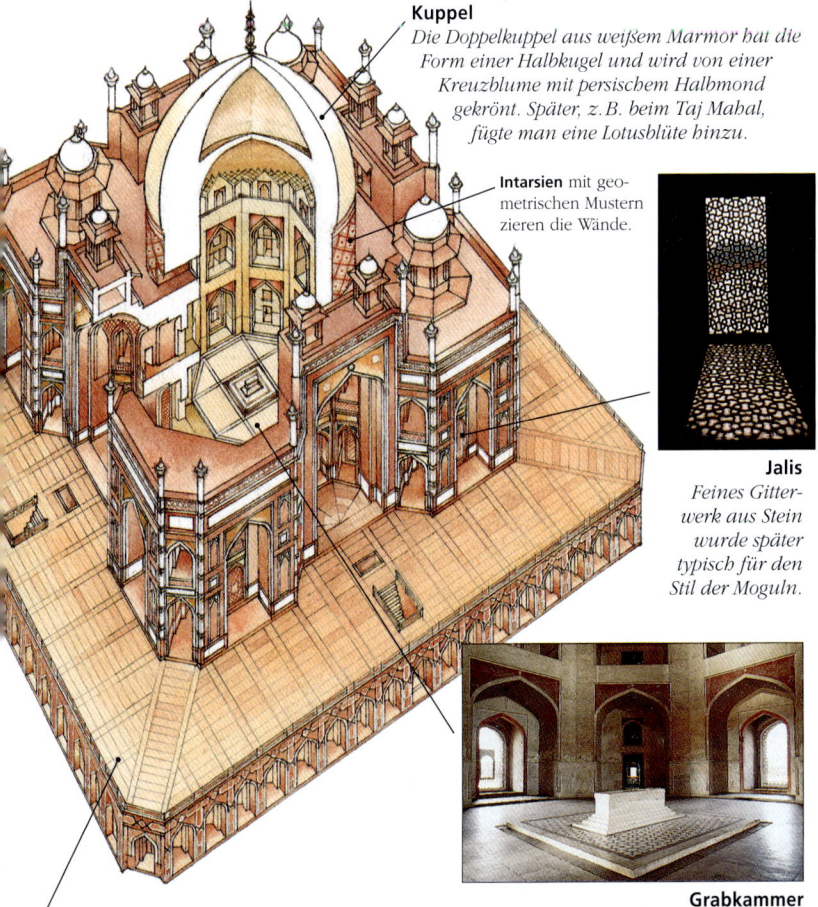

Kuppel
Die Doppelkuppel aus weißem Marmor hat die Form einer Halbkugel und wird von einer Kreuzblume mit persischem Halbmond gekrönt. Später, z. B. beim Taj Mahal, fügte man eine Lotusblüte hinzu.

Intarsien mit geometrischen Mustern zieren die Wände.

Jalis
Feines Gitterwerk aus Stein wurde später typisch für den Stil der Moguln.

Grabkammer
Der weiße Marmorsarkophag ruht auf einer schwarz-weißen Marmorplatte. Das Grab selbst liegt darunter, in einer dunklen, von Fledermäusen bewohnten Kammer.

Der Sockel weist Bogen aus rotem Sandstein auf und besteht aus mehreren Grabkammern, eine Neuerung gegenüber früheren Grabanlagen.

Im Detail: Chandni Chowk ⓱

Chandni Chowk (»Silbriger, mondbeschienener Platz«) wurde 1648 angelegt und war die Prachtstraße von Shahjahanabad *(siehe S. 85)*. In der Mitte verlief ein Kanal, am Rand standen große Läden und prächtige Residenzen. Heute ist Chandni Chowk immer noch das Zentrum von Old Delhi. Religion und Geschäftsleben mischen sich hier problemlos. Der Digambar-Jain-Tempel von 1656 ist die erste von vielen heiligen Stätten an dem Boulevard.

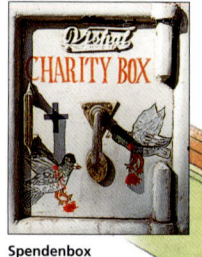

Spendenbox am Bird Hospital

Sisganj Gurdwara
Guru Tegh Bahadur, der 9. Sikh-Guru, wurde hier 1675 enthauptet.

Fatehpuri Masjid (1650)

CHANDNI CHOWK

KINARI BAZAAR

Nai Sarak

DARIBA KALA

Sunehri Masjid
Die »Goldene Moschee« mit drei vergoldeten Kuppeln wurde 1722 gebaut. Vom Dach aus verfolgte der persische Eroberer Nadir Shah am 22. März 1739 das Massaker an Delhis Bürgern.

CHEL PURI

BAZAAR GULIYAN

Shiva-Tempel

NICHT VERSÄUMEN
- ★ Dariba Kalan
- ★ Jami Masjid
- ★ Kinari Bazar
- ★ Lahore Gate

★ Kinari Bazar
Dicht an dicht stehen die Stände, die alle Arten von billigem Schmuck, Glittergirlanden sowie Hochzeits- und Festturbane anbieten.

CHANDNI CHOWK

★ Lahore Gate
Das imposante Tor aus rotem Sandstein ist der Haupteingang zum Lal Qila (siehe S. 80). *Am Independence Day kann man hier die Rede des Premierministers hören.*

Zur Orientierung
Siehe Zentrumskarte Delhi S. 64f

★ Dariba Kalan
In dieser Gasse wird Gold- und Silberzierrat angeboten. Auch Gulab Singhs Parfümladen ist hier zu finden.

★ Jami Masjid
Indiens größte Moschee (siehe S. 80) *erhebt sich mit Minaretten und großen Marmorkuppeln auf einem Hügel.*

Government Girls Senior Secondary School

Karim's

Karim's
In einer engen Gasse südlich der Jami Masjid ist Delhis bestes Mughlai-Restaurant (siehe S. 598). *Es ist nach einem legendären Koch des 19. Jahrhunderts benannt und wird von seinen Nachkommen geführt.*

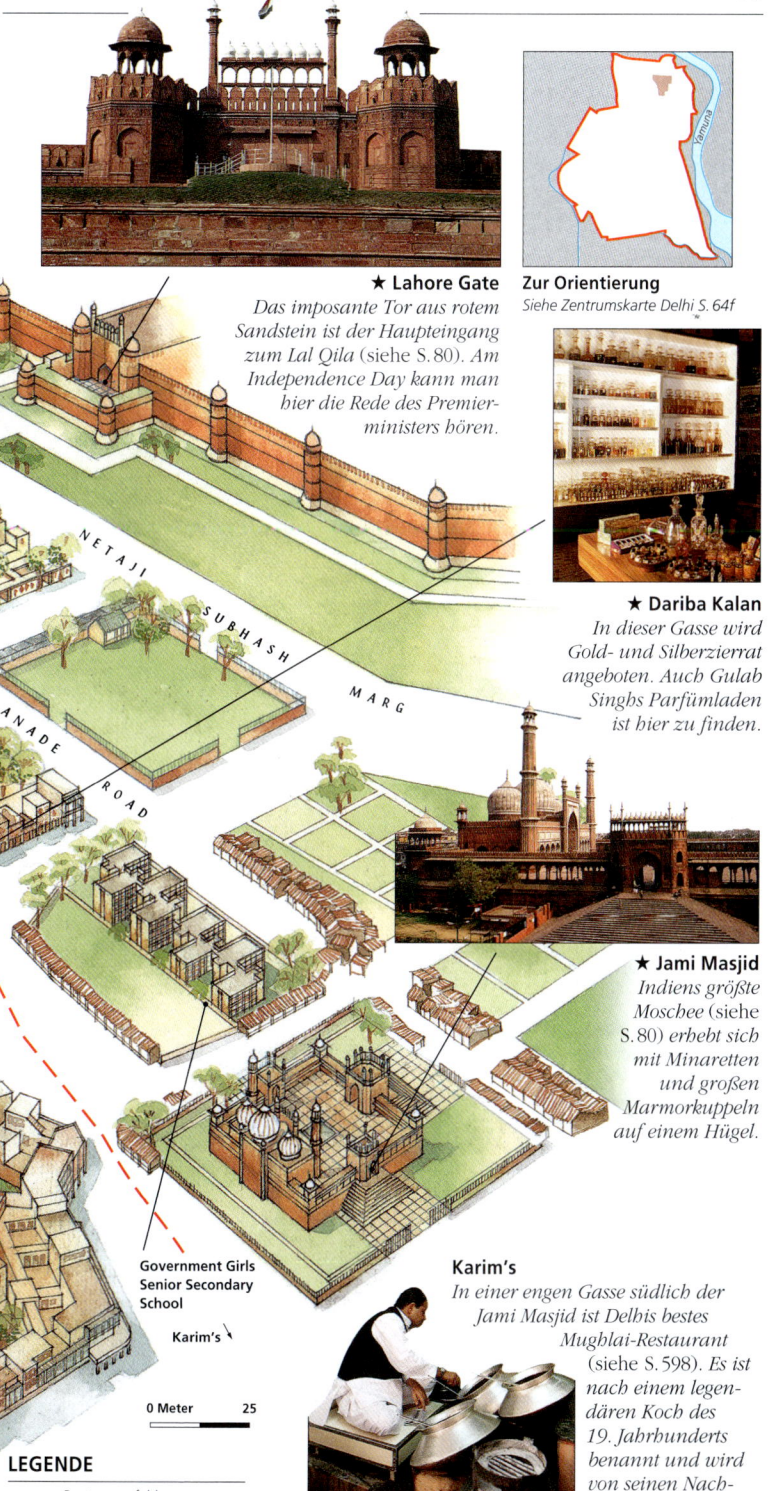

0 Meter 25

LEGENDE
--- Routenempfehlung

Jami Masjid, Indiens größte Moschee

Jami Masjid ⓲

Netaji Subhash Marg. ○ tägl. ● für Nichtmuslime während der Gebetszeiten und nach 17 Uhr. ◉ Extragebühr.

Der Herrscher Shah Jahan gab 1656 die riesige Moschee in Auftrag. Der Bau erforderte sechs Jahre, 5000 Arbeiter und fast eine Million Rupien. Von außen fallen die drei schwarz-weißen Marmorkuppeln ins Auge und die beiden Minarette rechts und links vom Eingangsbogen, zu dem eine Sandsteintreppe führt. Früher sah man hier Pferdehändler und Jongleure, heute eher Schuhputzer und Bettler.

Der quadratische Hof hat eine Seitenlänge von 28 Metern. Hier drängen sich bis zu 20000 Gläubige zum Freitagsgebet. Zum Id-Fest gleicht der Hof einem Menschenmeer.

Vom südlichen Minarett hat man einen fantastischen Blick auf Old Delhi. Die enge Treppe mit ihren 120 Stufen, die zur Aussichtsplattform führt, ist oft überfüllt, die Mühe des Aufstiegs lohnt sich aber.

Lal Qila ⓳

Chandni Chowk. ✆ (011) 2327 7705. ○ Di–So. ● Feiertage. 🎭 **Ton- und Lichtshow (englisch)** Feb–Apr, Sep, Okt: tägl. 20.30–21.30 Uhr; Mai–Aug: tägl. 21–22 Uhr; Nov–Jan: tägl. 19.30–20.30 Uhr. ♿ **Museum** ○ Di–So. 📷

Rote Sandsteinzinnen geben dem »Red Fort« seinen Namen. Unter Shah Jahan wurde der Bau 1639 begonnen, bis zur Fertigstellung dauerte es neun Jahre. Bis 1857 war Lal Qila Sitz der Moguln, dann wurde der letzte Herrscher, Bahadur Shah Zafar, entthront und ins Exil geschickt. Bis heute bleibt Lal Qila ein Symbol indischer Identität. Hier wurde am 15. August 1947 zum ersten Mal die Nationalflagge gehisst.

Man betritt den Komplex durch das **Lahore Gate**, eines von sechs Toren. Im Basar **Chatta Chowk** werden Gemälde und Schmuck verkauft. Im Pavillon **Naqqar Khana** spielten früher Musiker dreimal täglich.

Ein Weg führt von hier zur **Diwan-i-Aam**, einer Halle mit 60 roten Sandsteinsäulen, in der der Herrscher täglich seine Audienzen abhielt. Er saß unter dem Steinbaldachin mit aufwendigen Verzierungen, die niedrige Bank davor war für den obersten Minister (*wazir*) gedacht. Dahinter folgt der **Rang Mahal**. In den einst Frauen vorbehaltenen goldverzierten Gemächern steht ein Marmorbrunnen in Form einer Lotusblüte.

Der nahe **Khas Mahal** enthält die Gemächer des Herrschers mit Gebetsraum und Schlafzimmer. Im Ankleideraum, Tosh Khana, sieht man auf einem ausnehmend fein gearbeiteten *jali* aus Marmor die Waage der Gerechtigkeit, ein Motiv, das man auch auf vielen Miniaturen entdeckt.

Nördlich des Khas Mahal erreicht man **Diwan-i-Khas**, einen Pavillon aus hellem Marmor. Hier stand der legendäre, mit Edelsteinen besetzte Pfauenthron, bevor er 1739 als Kriegsbeute vom Perser Nadir Shah entwendet

Thronbaldachin von Diwan-i-Aam

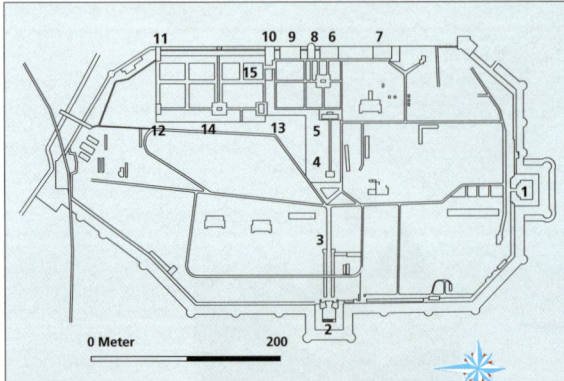

Lal Qila

1. Delhi Gate
2. Lahore Gate
3. Naqqar Khana
4. Diwan-i-Aam
5. Rang Mahal
6. Moti Mahal
7. Khas Mahal
8. Diwan-i-Khas
9. Hamams
10. Shah Burj (Turm)
11. Sawan (Pavillon)
12. Bhadon (Pavillon)
13. Zafar Mahal
14. Moti Masjid

Hotels und Restaurants in Delhi *siehe Seiten 568f und 598f*

DELHI

wurde. Die Wände und Säulen des Pavillons, in dem sich der Mogul mit seinen Vertrauten beriet, waren ebenfalls mit Edelsteinen besetzt, die Decke war aus Silber mit wertvollen Steinen.

Ein Stück weiter kommt man zu den **Hamams** (Bäder). Hier fallen besonders die Marmorarbeiten des Fußbodens ins Auge. Die Anlage bestand aus drei Kammern: In der ersten Kammer war ein heißes Dampfbad, in der zweiten wurde Rosenwasser versprüht, die dritte enthielt ein Kaltwasserbecken.

Westlich der Bäder liegt die elegante kleine **Moti Masjid** (Perlenmoschee), die nach dem Perlenglanz ihres Marmors benannt ist. Der Herrscher Aurangzeb ließ sie im Jahr 1659 errichten.

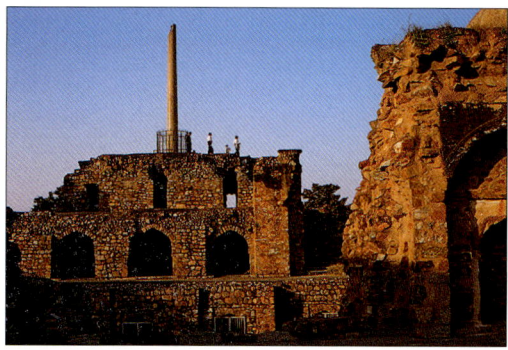

Die Ashoka-Säule ragt über den Ruinen von Feroze Shah Kotla auf

Gandhis samadhi im Rajghat

Rajghat ⑳

Mahatma Gandhi Rd. ⓞ tägl.
Gebet Fr 17 Uhr. **Gandhi National Museum** (011) 2331 0168/1798. ⓞ Di–So. ⬤ Feiertage. **Filmvorführungen** Sa, So 16–17 Uhr.

Indiens bedeutendstes Nationalmonument ist die Stätte, in der der Leichnam von Mahatma Gandhi eingeäschert wurde. Alle Staatsgäste werden zu diesem *samadhi* (Mahnmal) geführt, um dem »Vater der Nation« ihre Ehre zu erweisen. Zum Geburtstag (2. Okt) und Todestag (30. Jan) Gandhis versammeln sich hier die Regierungsmitglieder zum Gebet.

Auf einer schwarzen Granitplatte sind Gandhis letzte Worte eingraviert: »*He Ram!*« (Oh Gott). Farbtupfer in dem dunklen Ambiente sind die Girlanden aus orangefarbenen Ringelblumen, die auf der Platte liegen.

Auf der anderen Straßenseite birgt das **Gandhi National Museum** Erinnerungsstücke aus Gandhis Leben, darunter seine Briefe und Tagebücher. Eine Gedenktafel zitiert seine Philosophie: »Gewaltlosigkeit bedeutet, sich mit ganzer Seele mit dem Willen des Tyrannen zu messen ... So kann ein Einzelner die Macht eines ungerechten Reiches brechen.«

Feroze Shah Kotla ㉑

Bahadur Shah Zafar Marg.
ⓞ tägl.

Nur einige Mauern sind von Feroze Shah Kotla geblieben, dem Palast von Ferozabad. Dies war Delhis fünfte Stadt *(siehe S. 85)*, die Feroze Shah Tughluq erbauen ließ. Das Eingangstor befindet sich neben dem Indian Express Building. An einem Ende des Geländes erheben sich die Ruinen einer Moschee, nur die rückwärtige Mauer ist von der einst größten Moschee Delhis übrig geblieben. Der mongolische Eroberer Timur, der Delhi 1398 plünderte, soll hier seine Freitagsgebete gehalten haben.

Neben der Moschee steht ein pyramidenförmiges Gebäude mit einer polierten Steinsäule des Maurya-Herrschers Ashoka *(siehe S. 42)* an der Spitze. Diese Säule stammt aus dem Punjab, Feroze Shah ließ sie 1356 aufstellen. Aus den Inschriften darauf konnte der Sprachforscher James Prinsep 1837 die Brahmi-Schrift entziffern, die eine Vorform der modernen Devanagari-Schrift war.

Khuni Darwaza (das »Blutbefleckte Tor«) gegenüber dem Indian Express Building wurde unter Sher Shah Suri als eines der Tore zu seiner Stadt *(siehe S. 73)* gebaut. Hier erschoss Lieutenant Hodson die Söhne des Herrschers Bahadur Shah Zafar, nachdem der Aufstand von 1857 *(siehe S. 53)* niedergeschlagen worden war.

Basare in Old Delhi

Old Delhis Basare sind legendär. Ein englischer Reisender schwärmte schon vor 100 Jahren von den »Kaschmirschals, Gold- und Silberstickereien, Schmuckstücken und Teppichen«. Bis heute erinnert der Basar von Chandni Chowk an einen arabischen Souk. Laden an Laden reiht sich in den Gassen, die Waren quellen auf den Gehsteig hinaus. Jede Gasse hat ihr besonderes Angebot. Dariba Kalan ist die Straße der Juweliere und Silberschmiede, im Kinari Bazar *(siehe S. 78)* gibt es eine glitzernde Mischung von Flitter und Zierrat.

Duftende Pracht am Khari Baoli, Asiens größtem Gewürzmarkt

Um das Kashmiri Gate ㉒

Zwischen Nicholson Rd, Ramlal Chandok Marg und Church Rd.
St James's Church Lothian Rd.
📞 (011) 2386 0873. 🕐 tägl.
⛪ So 9 Uhr auf Englisch.

Am Kashmiri Gate starteten die Moguln ihre Sommerreise nach Kaschmir, aber auch die Erinnerung an den Indischen Aufstand von 1857 *(siehe S. 53)* ist mit diesem Tor verbunden. Auf dem kurzen Abschnitt zwischen Kashmiri Gate und dem Old Delhi General Post Office (GPO) wurde heftig gekämpft. Heute erinnert eine Tafel an der Westseite des Tores an die »Ingenieure und Arbeiter, die ihr Leben ließen, als sie das Tor am 14. September 1857 freikämpften«. In den 1920er Jahren waren die Straßen um das Kashmiri Gate ein beliebtes Ausgehviertel der Briten, die in den nahen Civil Lines lebten.

St James's Church, Delhis älteste Kirche, ist ein beeindruckender Bau in der Nähe. Colonel James Skinner veranlasste und finanzierte ihre Entstehung, 1836 wurde sie geweiht. Skinner war ein Abenteurer, der, als er von der britischen Armee zurückgewiesen wurde, sein eigenes Kavallerieregiment aushob. Während eines Gefechts leistete er das Gelübde, eine Kirche zu bauen. St James's Church hat den Grundriss eines griechischen Kreuzes, eine achteckige Kuppel überragt sie. Die beiden Buntglasfenster wurden in den 1860er Jahren hinzugefügt. Eine Marmortafel vor dem Altar kennzeichnet Skinners Grabstätte.

Statuen der ehemaligen Vizekönige um das Coronation Memorial

Coronation Memorial ㉓

Südlich der Umgehungsstraße NH1.
🕐 tägl.

Hier fand 1911 der Royal Durbar statt, bei dem die Thronbesteigung von George V. als Kaiser von Indien verkündet wurde. Ein Sandsteinobelisk erinnert an die Krönung. Mehr als 100 000 Menschen strömten damals zusammen, um das Kaiserpaar zu sehen.

Heute steht auf dem etwas öde wirkenden Platz ein Halbkreis aus Statuen der Vizekönige, darunter auch Lord Hardinge und Lord Willingdon, die beide eine wichtige Rolle beim Bau von New Delhi spielten. Über ihnen thront die 22 Meter hohe Statue des Kaisers, die sich einst unter dem Steinbaldachin beim India Gate befand *(siehe S. 68)* und in den 1960er Jahren hier aufgestellt wurde.

Rund drei Kilometer südöstlich erstreckt sich das bewaldete Parkgebiet **Northern Ridge**, durch das die Ridge Road und die Rani Jhansi Road führen. An seinem südlichen Ende steht das **Mutiny Memorial** (auch Ajitgarh genannt). Der viktorianisch-neogotische Turm erinnert an die britischen und indischen Soldaten, die 1857 beim Indischen Aufstand ums Leben kamen. Der Ausblick von hier über Old Delhi ist lohnenswert.

Parallel zum Northern Ridge verläuft das Areal der **Delhi University**. St Stephen's College, der schönste Bau am Campus, wurde 1938 von Walter George entworfen. Das Büro des Vizekanzlers war früher Gästehaus für britische Staatsgäste. Auf einer Tafel steht, dass hier der junge Lord Louis Mountbatten 1922 Edwina Ashley die Ehe versprach. Die beiden waren das letzte Vizekönigspaar Indiens.

Coronation Memorial

The Ridge ㉔

Upper Ridge Rd. 🕐 tägl.
Buddha Jayanti Park 🕐 tägl.

Delhis Ridge, der letzte Ausläufer der Aravalli Hills, beginnt nördlich von Rajasthan und verläuft vom Südwesten zum Nordosten diagonal durch die Stadt. Im späten 14. Jahrhundert hatte Feroze Shah Tughluq hier sein Jagdgebiet, die Ruinen seiner Jagdhütten sind heute noch zu sehen. Das felsige Terrain ist von dichtem

Gelb und Weiß sind die Farben von St James's Church

Hotels und Restaurants in Delhi *siehe Seiten 568f und 598f*

Buschwerk bedeckt, vor allem Indischer Goldregen (Cassia fistula), Akazien (Acacia arabica), Palasabäume (Butea monosperma) und Bougainvilleen wachsen hier.

Einen Großteil des Gebiets nimmt der **Buddha Jayanti Park** ein, ein ruhiger, gepflegter Bereich mit Gehwegen. Überall spenden Pappelfeigen (Ficus religiosa) Schatten, auf einer Insel steht ein Sandsteinpavillon mit einer großen vergoldeten Buddhastatue, die der 14. Dalai-Lama 1993 aufstellen ließ. Eine Inschrift zitiert den Dalai-Lama: »Menschen haben die Fähigkeit, kommenden Generationen eine wirklich menschliche Welt zu hinterlassen.« Jedes Jahr im Mai feiern Buddhisten hier das Fest Buddha Jayanti (siehe S. 35).

National Rail Museum ㉕

Chanakyapuri. (011) 2688 1827. Di–So. Feiertage. Extragebühr für Zugfahrten.

Indiens Eisenbahn kann erstaunliche Zahlen aufweisen: Das Streckennetz hat eine Länge von insgesamt 63 360 Kilometern. Es gibt 7150 Bahnhöfe, 12 600 Passagierzüge und 1350 Güterzüge. Die indische Eisenbahn beschäftigt 1,6 Millionen Menschen. 13 Millionen Passagiere fahren jeden Tag mit dem Zug, auf der Fahrt werden sechs Millionen Mahlzeiten verzehrt.

Das Museum geht auf die Geschichte der indischen Eisenbahn ein. Dampflok-Fans werden begeistert sein: Die Sammlung zeigt die technische Entwicklung seit 1853, als die ersten 34 Kilometer der Strecke zwischen Bombay (heute Mumbai) und Thane eröffnet wurden.

Unter den Ausstellungsstücken befindet sich auch der Schädel eines Elefanten, der 1894 bei Golkara mit einem Postzug zusammenstieß, sowie das Modell eines Erste-Klasse-Passagierwaggons aus dem Jahr 1868 mit Extra-Abteilen für die mitreisenden Diener. Auf dem Freigelände stehen mehrere alte Dampflokomotiven, die im späten 19. Jahrhundert in Manchester und Glasgow gebaut wurden, sowie der Salonwagen, mit dem der Prince of Wales (der spätere König Edward VII.) während des Royal Durbar 1876 reiste. Ein Miniaturzug fährt durch das Gelände. Im Museumsladen kann man Modelleisenbahnen erstehen.

Safdarjungs Grabmal ㉖

Aurobindo Marg. tägl. Extragebühr für Videoaufnahmen.

Das letzte Gartengrabmal Delhis wurde 1754 für Safdarjung gebaut. Er war einflussreicher Erster Minister von Muhammad Shah, Mogulherrscher zwischen 1719 und 1748. Für den reich mit floralen Mustern verzierten Bau im Stil der späten Mogularchitektur verwendete man angeblich Marmor vom Grabmal von Abdur Rahim Khan-i-Khanan in Nizamuddin.

Zum Grabmal führt ein verziertes Tor, im Obergeschoss des Gebäudes ist die Bibliothek der Gesellschaft Archaeological Survey of India (ASI) untergebracht. Die von einer auffälligen Kuppel gekrönte Grabstätte steht in einem charbagh, einem Garten, den Wasserkanäle in vier Teile trennen. Die Fassade ist mit gut erhaltenem Stuck verziert. In der zentralen Grabkammer verschönern steinerne Einlegearbeiten den Fußboden.

Lebensmittelladen im INA Market

INA Market ㉗

Aurobindo Marg. **Läden** Di–So.

Der lebhafte Basar hat alles im Angebot, was man von einem traditionellen indischen Markt erwartet. Dazu gehört einiges an importierten Lebensmitteln wie Käse oder Pasta, was vor allem Ausländer und Diplomaten schätzen. Hier bekommt man einfach alles, und das zu günstigen Preisen – von Küchengeräten über Gewürze und Pickles aus Punjab bis hin zu preiswerter Kleidung und lebenden Hühnern. Die Stände drängen sich dicht unter einem wackligen Planendach. In zahlreichen kleinen Restaurants dazwischen bekommt man indisches Fast Food.

Der Name des Markts bezieht sich auf Indian National Airports, da viele Angestellte des Safdarjung Aerodrome in der Siedlung gegenüber lebten. Der Flugplatz wurde in den 1930er Jahren gebaut und diente im Zweiten Weltkrieg als Hauptquartier des South Eastern Command Air Wing. Heute haben dort das Ministerium für Zivile Luftfahrt und der Delhi Gliding Club ihren Sitz. Air India unterhält ein 24-Stunden-Buchungsbüro (siehe S. 639).

Dampflokomotive (spätes 19. Jh.) im National Rail Museum

Die zweistöckige *madrasa* (Schule) bei Hauz Khas

Hauz Khas ㉘

Westlich von Aurobindo Marg.
Monumente ▢ *tägl.*

Hinter den Läden, Kunstgalerien und Restaurants, die das Dorf Hauz Khas heute prägen, verstecken sich mittelalterliche Monumente aus der Regierungszeit von Feroze Shah Tughluq. 1352 ließ der Sultan eine Reihe von Gebäuden am Ufer des Hauz Khas errichten, dem großen Wasserbecken, das unter Alauddin Khilji für seine Stadt Siri gegraben wurde. Das Becken, das genauso heißt wie das Dorf, wurde 2004 wieder mit Wasser gefüllt.

Zeitgenössische Rechnungsbücher belegen, dass Feroze Shah während seiner 37 Jahre dauernden Herrschaft rund 200 Städte, 40 Moscheen, 100 öffentliche Bäder und 30 Stauseen anlegen ließ. Unter den Gebäuden in Hauz Khas sind die *madrasa*, das Grabmal von Feroze Shah und die Ruinen einer kleinen Moschee. Die *madrasa* steht in der Nähe des Wasserbeckens. Innen sieht man noch Gipsverzierungen und Nischen für Bücher. Die *chhatris* (offene Pavillons) im Eingangsvorhof sollen die Gräber der Lehrer bedecken. An einem Ende der *madrasa* steht das strenge Grabmal von Feroze Shah. Weinrot gemalte Gipskalligrafien zieren das Innere.

Der Komplex ist am besten am Nachmittag zu besichtigen, wenn das Sonnenlicht durch die *jalis* fällt und auf den Gräbern des Sultans, seiner Söhne und Enkel schöne sternförmige Muster zeichnet.

Östlich von Hauz Khas, von Aurobindo Marg abgehend, befindet sich der kleine **Chor Minar** (Turm der Diebe) aus der Khilji-Periode (14. Jh.). In den Wänden sind Löcher, in die man früher zur Abschreckung die abgeschlagenen Köpfe von Dieben steckte. Im Nordwesten steht **Nili Masjid** (Blaue Moschee), erbaut wurde sie 1505 von Kasumbhil, der Amme des Sohnes des Gouverneurs von Delhi.

Khirkee ㉙

Nördlich von Press Enclave Marg.
Monumente ▢ *tägl.*

Feroze Shah Tughluqs Minister, Khan-i-Jahan Junan Shah, ließ Mitte des 14. Jahrhunderts die ungewöhnliche zweistöckige Khirkee-(»Fens-

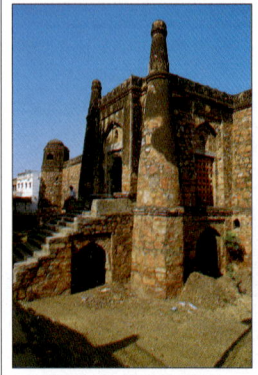

Burgähnlich: die Khirkee-Moschee

ter«-)Moschee erbauen, nach der das kleine Dorf im Süden von Delhi benannt wurde. Der Bau wirkt wie eine Festung, die Bogenfenster gaben der Moschee ihren Namen. Die Teilung der Räume durch viele Säulen erwies sich als ungeeignet für größere Menschenmengen, das Modell wurde nicht wieder gebaut.

An der Straße steht auch **Satpula**, eine siebenbogige Steinwehr, die unter Muhammad bin Tughluq 1326 errichtet wurde. Sie war zugleich Teil des Bewässerungssystems und der Festungsmauern von Jahanpanah.

Bogenfenster mit *jali* in der Khirkee-Moschee

Jahanpanah ㉚

Südlich vom Panchsheel Park.
Monumente ▢ *tägl.*

Mitten in Jahanpanah, der Hauptstadt von Muhammad bin Tughluq, steht die **Begumpuri-Moschee**, die Khan-i-Jahan Junan Shah erbauen ließ. (Fragen Sie nach der »alten« Moschee, es gibt eine neue in der Nähe.) Bemerkenswert ist der Bau wegen seiner 44 Kuppeln, die die Kreuzgänge um den Innenhof überragen. Man sagt, in Notzeiten habe die Moschee als Schatzkammer, als Kornspeicher und als Versammlungsort gedient.

Nördlich davon steht der Palast **Bijay Mandal**. Der arabische Reisende Ibn Battuta berichtet im 14. Jahrhundert, Muhammad bin Tughluq habe hier seine Truppen inspiziert. Von der obersten Plattform hat man einen grandiosen Blick über Delhi, von Qutb Minar bis Humayuns Grabmal.

Hotels und Restaurants in Delhi *siehe Seiten 568f und 598f*

Die sieben Städte Delhis

Die Reste von sieben alten Stadtanlagen Delhis sind noch zu sehen. Die erste, Qila Rai Pithora, wurde im 12. Jahrhundert unter Prithviraj Chauhan gebaut, die letzte, Shahjahanabad, unter den Moguln im 17. Jahrhundert. Um die Forts und Paläste der Herrscher entstanden jeweils Siedlungen. Als sich das Sultanat von Delhi konsolidiert hatte, verlegten die Herrscher ihre Hauptstädte von den geschützten Berghängen des Aravalli nach Nordosten in die Ebenen am Ufer des Yamuna. Das heutige Delhi umfasst mittelalterliche Zitadellen, Paläste, Grabanlagen und Moscheen – aber auch einen immer weiter auswuchernden Dschungel von Betonbauten.

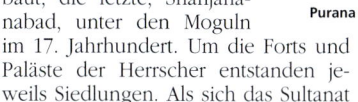

Purana Qila

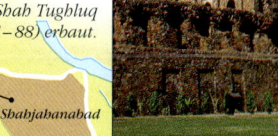

Ferozabad (siehe S. 81) liegt nördlich von Hauz Khas am Ufer des Yamuna. Delhis fünfte Stadt wurde unter Feroze Shah Tughluq (reg. 1351–88) erbaut.

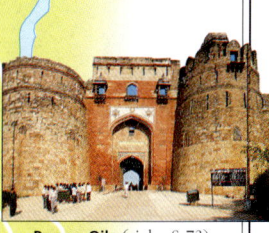

Shahjahanabad, Delhis siebte Stadt, wurde zwischen 1638 und 1649 unter Shah Jahan erbaut, der die Mogulhauptstadt von Agra (siehe S. 144–151) hierher verlegte.

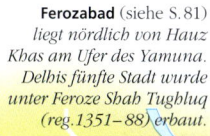

Siri, Delhis zweite Stadt, kann man in der Nähe des Siri Fort Auditorium und der Siedlung Shahpur Jat sehen. Die damals wohlhabende Stadt ließ Alauddin Khilji 1303 erbauen.

Purana Qila (siehe S. 73), die Zitadelle von Delhis sechster Stadt Dinpanah, wurde unter Humayun erbaut. Der afghanische Führer Sher Shah Suri (reg. 1540–45) eroberte sie und nannte sie Shergarh.

Jahanpanah entstand unter Muhammad bin Tughluq (reg. 1325–51) als befestigte Anlage, die Qila Rai Pithora und Siri verband. Die Ruinen der Befestigungsanlagen von Delhis vierter Stadt kann man heute in der Nähe von Chiragh sehen.

Qila Rai Pithora war die erste von Delhis sieben Städten. Sie wurde um 1180 von Chauhan gegründet. 1192 wurde sie von Qutbuddin Aibak erobert, der sie zu seiner Hauptstadt machte (siehe S. 86f).

Tughluqabad (siehe S. 89), ein Fort in den Ausläufern des Aravalli-Gebirges, war Delhis dritte Stadt. Sie entstand 1320–24 während Ghiyasuddin Tughluqs vierjähriger Herrschaft.

Mehrauli Archaeological Park ③①

Mehrauli, berühmt wegen des Qutb-Minar-Komplexes, der zum Welterbe der UNESCO zählt, entstand auf den Rajputen-Territorien Lal Kot und Qila Rai Pithora. 1193 machte Qutbuddin Aibak, ein Sklaven-General von Muhammad von Ghur *(siehe S. 48)*, diese Gebiete zum Zentrum des Sultanats von Delhi. Im 13. Jahrhundert war um den Schrein des Sufi-Heiligen Qutb Sahib das Dorf Mehrauli gewachsen. Später kamen Mogulprinzen zur Jagd. Wegen der Obstgärten und Teiche Mehraulis bauten im 19. Jahrhundert britische Beamte hier ihre Wochenendsitze. Viele Häuser sind heute im Besitz von Delhis Oberschicht.

Chhatri vor Jamali-Kamali

Dargah Qutb Sahib
Viele Pilger besuchen den dargah *des Sufi-Heiligen Qutbuddin Bakhtiyar und die nahe Moschee Moti Masjid.*

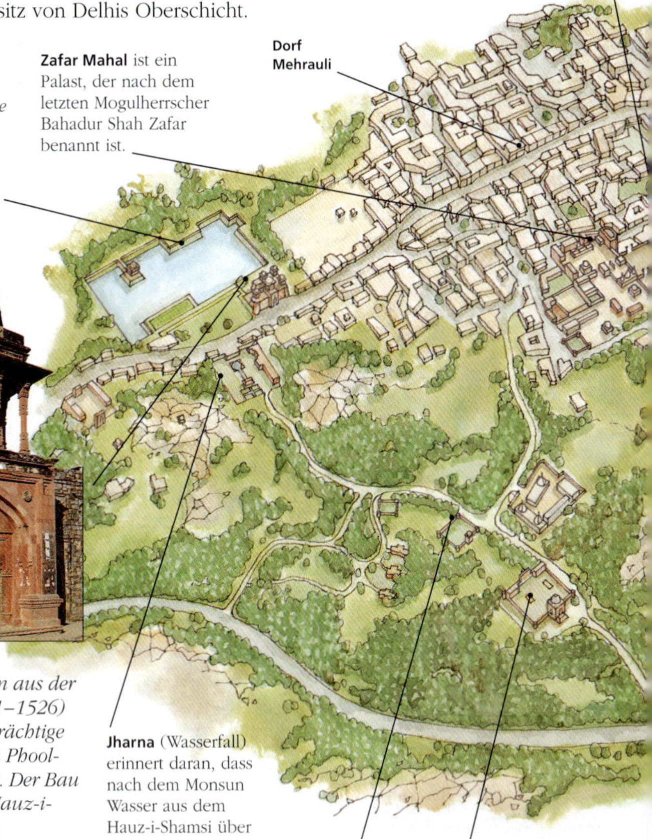

Hauz-i-Shamsi, den Wasserspeicher, ließ Sultan Iltutmish *(siehe S. 48)* 1230 erbauen. Der Prophet soll ihn im Traum zu der Stelle geführt haben.

Zafar Mahal ist ein Palast, der nach dem letzten Mogulherrscher Bahadur Shah Zafar benannt ist.

Dorf Mehrauli

★ **Jahaz Mahal**
Um diesen Pavillon aus der Lodi-Epoche (1451–1526) findet die farbenprächtige Blumenprozession Phoolwalon ki Sair statt. Der Bau scheint auf dem Hauz-i-Shamsi zu gleiten.

Jharna (Wasserfall) erinnert daran, dass nach dem Monsun Wasser aus dem Hauz-i-Shamsi über den Damm in den Garten strömte.

Bagichi-Moschee

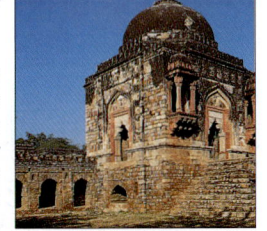

Madhi Masjid
Die um 1200 erbaute Moschee gleicht einem Fort mit Bastionen und hoher Mauer. Vom Innenhof betritt man die mit Ornamenten geschmückte Gebetshalle.

NICHT VERSÄUMEN

★ Jahaz Mahal

★ Jamali-Kamali-Moschee und Grabmal

★ Qutb Minar

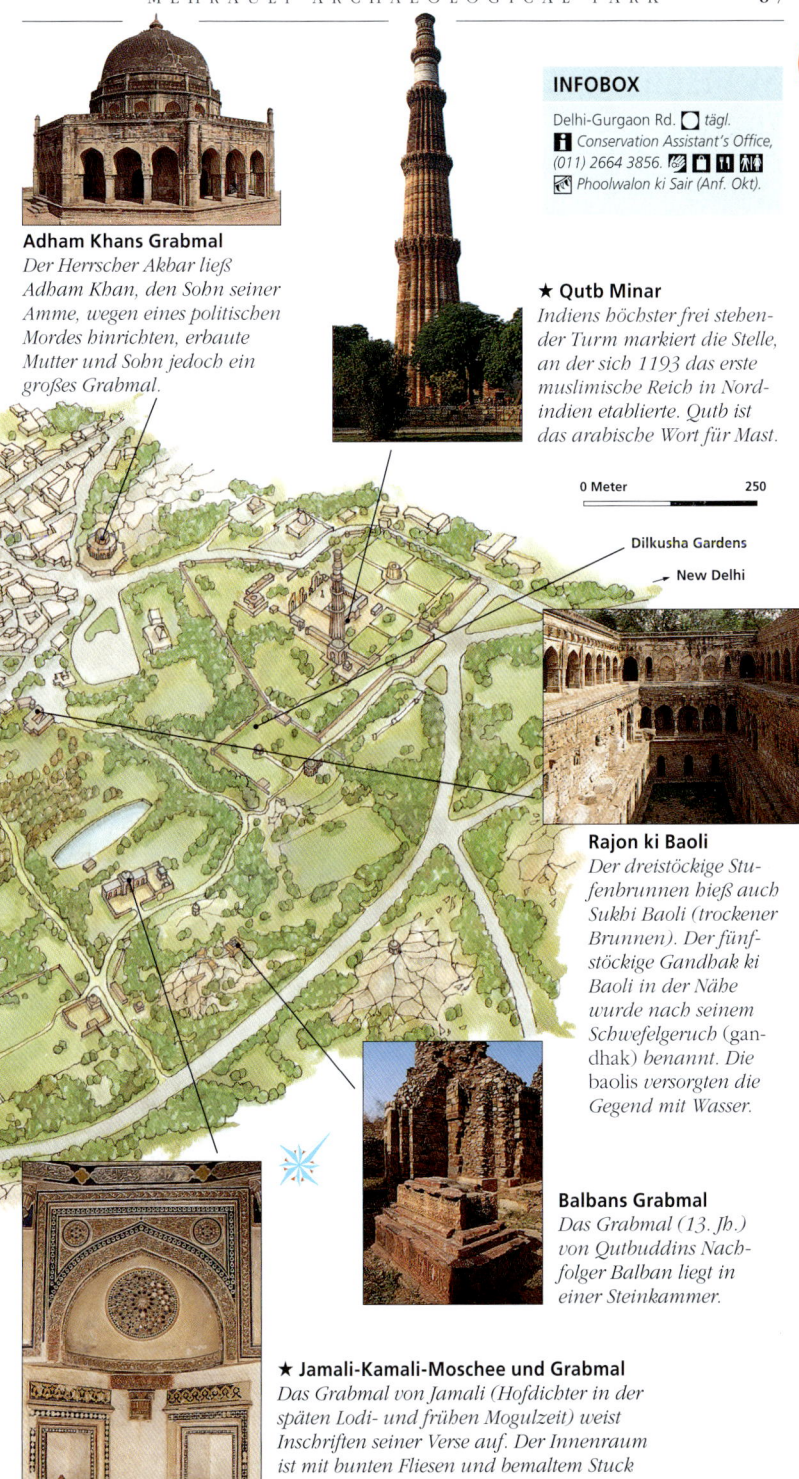

MEHRAULI ARCHAEOLOGICAL PARK

Adham Khans Grabmal
Der Herrscher Akbar ließ Adham Khan, den Sohn seiner Amme, wegen eines politischen Mordes hinrichten, erbaute Mutter und Sohn jedoch ein großes Grabmal.

INFOBOX
Delhi-Gurgaon Rd. tägl.
Conservation Assistant's Office, (011) 2664 3856.
Phoolwalon ki Sair (Anf. Okt).

★ Qutb Minar
Indiens höchster frei stehender Turm markiert die Stelle, an der sich 1193 das erste muslimische Reich in Nordindien etablierte. Qutb ist das arabische Wort für Mast.

0 Meter — 250

Dilkusha Gardens
New Delhi

Rajon ki Baoli
Der dreistöckige Stufenbrunnen hieß auch Sukhi Baoli (trockener Brunnen). Der fünfstöckige Gandhak ki Baoli in der Nähe wurde nach seinem Schwefelgeruch (gandhak) benannt. Die baolis versorgten die Gegend mit Wasser.

Balbans Grabmal
Das Grabmal (13. Jh.) von Qutbuddins Nachfolger Balban liegt in einer Steinkammer.

★ Jamali-Kamali-Moschee und Grabmal
Das Grabmal von Jamali (Hofdichter in der späten Lodi- und frühen Mogulzeit) weist Inschriften seiner Verse auf. Der Innenraum ist mit bunten Fliesen und bemaltem Stuck verziert. Im zweiten Grab soll Jamalis Bruder Kamali bestattet sein.

Mehrauli: Qutb-Komplex

Florales Motiv

Qutb Minar erhebt sich über dem alten Viertel, in dem Qutbuddin Aibak den Grundstein für das Sultanat von Delhi *(siehe S. 48)* legte. 1192 erbaute er die Quwwat-ul-Islam-(»Macht des Islam«-)Moschee und den Qutb Minar als Symbole für die Macht der Sultane. Die Moschee wird vom Nebeneinander von Hindu-Reliefs und islamischen Kuppeln und Bogen geprägt. Später fügten Iltutmish, Alauddin Khilji und Feroze Shah Tughluq weitere Gebäude in einem neuen Architekturstil hinzu.

INFOBOX
Mehrauli, Delhi-Gurgaon Rd.
tägl. 7–18, 19–21.30 Uhr.
Phoolwalon ki Sair (Anf. Okt).

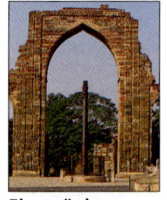

Qutb Minar
Qutbuddin Aibak begann den Bau des fünfstöckigen Siegesturms, sein Nachfolger Iltutmish vollendete ihn.

Eisensäule
Die Säule aus dem 4. Jahrhundert, ein Fahnenmast zu Ehren Vishnus, zeugt von der Kunst indischer Metallverarbeitung.

Reliefs
Tafeln mit in Stein gehauenen Koraninschriften schmücken das Tor.

Eingang

Alai Darwaza
Das Eingangstor, 1311 von Alauddin Khilji erbaut, ist eines der ältesten Bauwerke Indiens mit islamischer Bogenarchitektur.

Quwwat-ul-Islam-Moschee
An den Säulen sieht man deutlich Hindu-Motive wie Glocken und Girlanden.

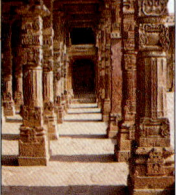

DELHI

Sanskriti Museum

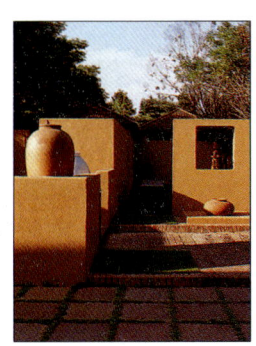

Sanskriti Museum ㉜

Anandgram, Mehrauli-Gurgaon Rd.
◯ *Di–So 10–17 Uhr.* ● *Feiertage.*

Das ungewöhnliche Museum liegt mitten in einem schön gestalteten Park, die Exponate werden im Freien und in eigens dafür gebauten ländlichen Hütten präsentiert. Die Sammlung besteht aus vielen Gebrauchsgegenständen, die von unbekannten Kunsthandwerkern vom Land fein gearbeitet wurden und sichtbar machen, wie schön auch ganz alltägliche Objekte sein können.

O. P. Jains persönliche Sammlung bildete den Grundstock für das Museum, u. a. spendete er Kämme, Nussknacker, Lampen, Spielzeug und Küchenutensilien. Ebenfalls zu sehen sind Terrakotta-Objekte aus ganz Indien – in jeder Form und Größe. Darunter sind Gefäße, deren Herstellungsweise seit Jahrhunderten unverändert blieb, und große Figuren südindischer Gottheiten.

Tughluqabad ㉝

Nahe der Mehrauli-Badarpur Rd.
Monumente ◯ *tägl.*

Die dritte frühe Hauptstadt Delhis, Tughluqabad (siehe S. 85), wird beherrscht von einem Fort, das Ghiyasuddin Tughluq im frühen 14. Jahrhundert errichtete. Der Bau ist so stabil, dass selbst die Bruchsteinmauern an den Hügeln auf der gesamten Länge von sieben Kilometern intakt sind. Rechts vom Eingang befindet sich die Zitadelle, hier erheben sich die Ruinen von Vijay Mandal («Siegesturm»). Links stehen auf einer rechteckigen Fläche Bogen, die einzigen Überreste der Paläste und Hallen.

Der Legende nach soll Ghiyasuddin versucht haben, den Bau des *baoli* in Hazrat Nizamuddin Auliyas *dargah (siehe S. 76)* zu verhindern. Daraufhin verfluchte ihn der Heilige und prophezeite ihm, dass eines Tages nur Schakale und Angehörige der Gujjar in seiner Hauptstadt leben würden.

Von den Mauern hat man einen guten Blick über die Festung und das angrenzende kleinere Adilabad Fort. Es wurde von Muhammad bin Tughluq erbaut, der seinen Vater Ghiyasuddin getötet haben soll, indem er das Tor über ihm einstürzen ließ. Beide sind in **Ghiyasuddins Grabmal** bestattet, das man vom Tughluqabad Fort über einen Damm erreicht. Der Bau aus rotem Sandstein mit weißem Marmor war der erste mit schrägen Wänden – alle folgenden Tughluq-Bauten imitierten ihn.

Baha'i House of Worship ㉞

Bahapur, Kalkaji. ☏ (011) 2644 4029. ◯ *Di–So.* ● *Feiertage.*
Gottesdienste *10, 12, 15, 17 Uhr.*

Ein Besuch dieses modernen Gebäudes eröffnet eine Welt der Stille und Einkehr. Der Iraner Fariburz Sahba entwarf das Baha'i House of Worship, 1986 wurde es fertiggestellt. Nach der Form der sich entfaltenden 27 Lotusblütenblätter aus weißem Marmor wird der Bau auch Lotustempel genannt. Neun Wasserbecken und 92 Hektar Grünfläche umgeben ihn.

Die Baha'i-Sekte stammt ursprünglich aus Persien und beruht auf der Einheit von Gott, Religion und Menschheit. In der für 1300 Besucher ausgerichteten Halle können Menschen jeder Glaubensrichtung meditieren und an den 15-minütigen Gottesdiensten teilnehmen.

Ghiyasuddin Tughluqs Grabmal

Das Baha'i House of Worship ist mit seiner Lotuskuppel eine der bekanntesten Sehenswürdigkeiten Delhis

Hotels und Restaurants in Delhi *siehe Seiten 568f und 598f*

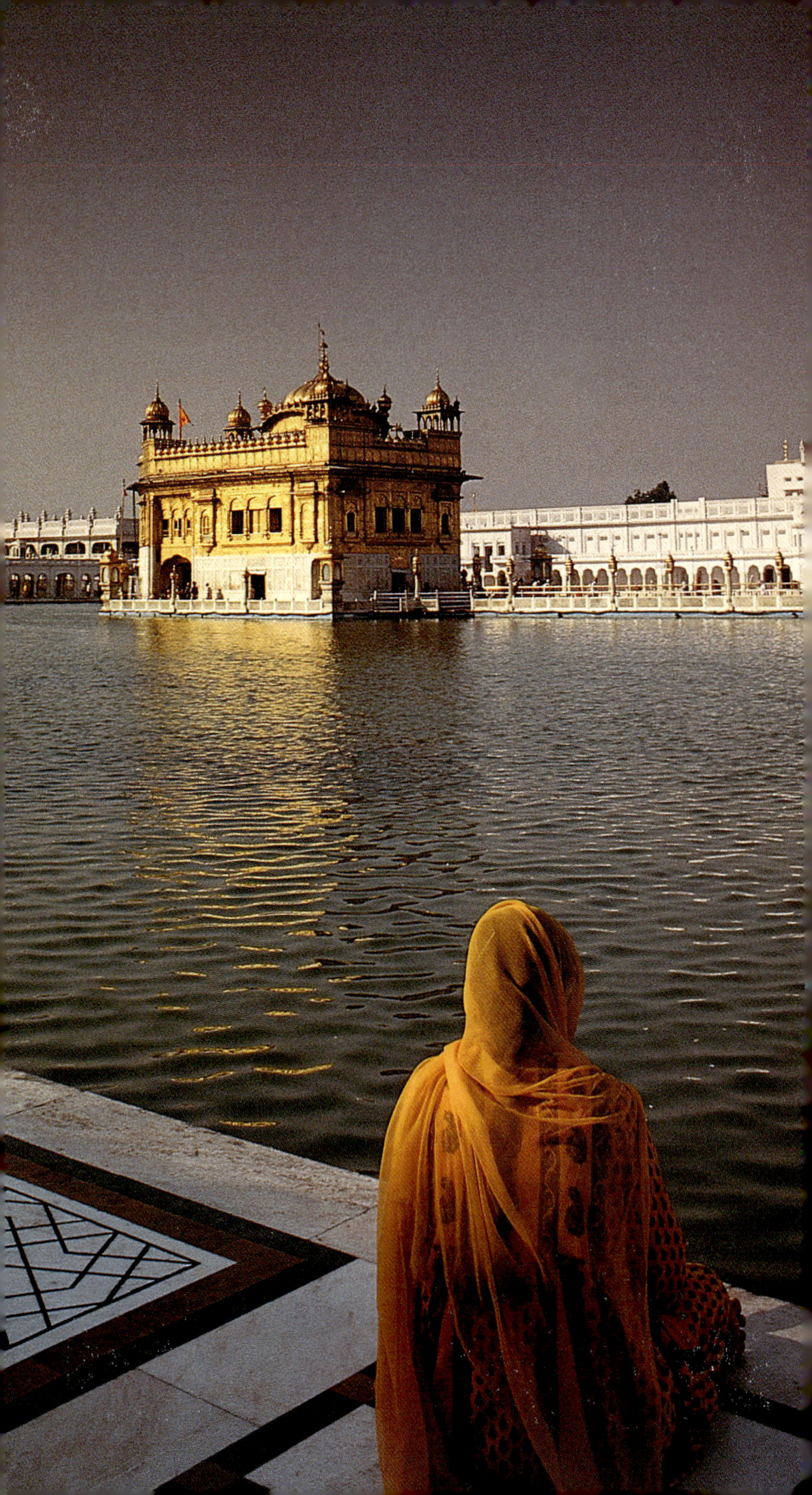

Haryana & Punjab

Die beiden Bundesstaaten Haryana und Punjab liegen in der fruchtbaren Region zwischen Indus und Ganges. Von hier kommt mehr als die Hälfte aller in Indien angebauten Vorräte an Weizen, Reis und Hirse. Nach der »Grünen Revolution« der 1960er Jahre folgte die industrielle Entwicklung. Heute gibt es hier viele Betriebe, die Milch und Wolle verarbeiten. Die meisten Besucher fahren durch Haryana und Punjab auf dem Weg nach Himachal Pradesh und besichtigen nur die zwei bekanntesten Sehenswürdigkeiten: Chandigarh, die gemeinsame Hauptstadt der beiden Bundesstaaten, die unter der Leitung des Architekten Le Corbusier in den 1950er Jahren angelegt wurde, und den Golden Temple in Amritsar, das wichtigste Heiligtum der Sikhs. Wer hier länger verweilt, findet in den ehemaligen Königsstädten Patiala und Kapurthala eine ganz charakteristische Architektur vor. In Panipat und Sirhind stehen heilige *dargahs* (Grabmäler). Die meisten Besucher sind vor allem von der Gastfreundschaft der Menschen in dieser Region begeistert.

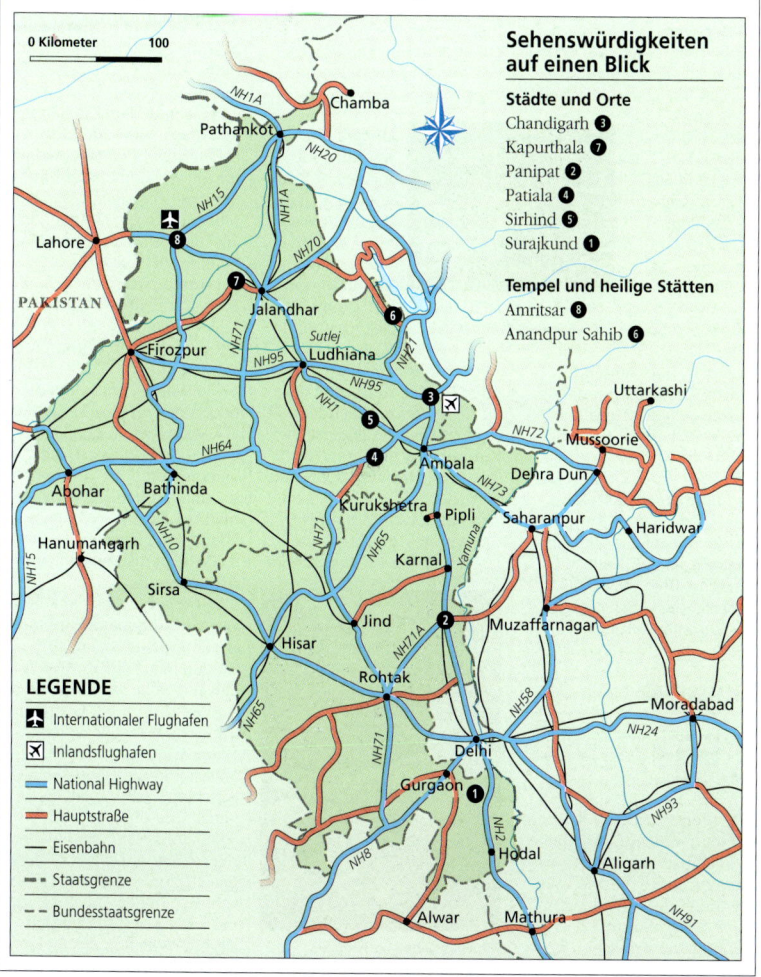

Sehenswürdigkeiten auf einen Blick

Städte und Orte
Chandigarh ❸
Kapurthala ❼
Panipat ❷
Patiala ❹
Sirhind ❺
Surajkund ❶

Tempel und heilige Stätten
Amritsar ❽
Anandpur Sahib ❻

LEGENDE
- ✈ Internationaler Flughafen
- ⊠ Inlandsflughafen
- National Highway
- Hauptstraße
- Eisenbahn
- Staatsgrenze
- Bundesstaatsgrenze

◁ Im heiligen Wasser Amrit Sarovar erhebt sich Hari Mandir, der Golden Temple in Amritsar (*siehe S. 98f*)

Dargah des Sufi-Heiligen Qalandar Shah bei Panipat, 14. Jahrhundert

Surajkund ❶

Distrikt Faridabad. 20 km südlich von Delhi. 🚉 ℹ️ *Haryana Tourism, Chanderlok Building, 36, Janpath, New Delhi, (011) 2332 4910.* 🎭 *Surajkund Crafts Mela (Feb).*

Der historische Wasserspeicher, den König Surajpal aus der Tomara-Dynastie der Rajputen im späten 10. oder frühen 11. Jahrhundert anlegen ließ, ist heute ein beliebter Picknickplatz. Die ursprüngliche Einfassung aus Steinterrassen, die das Regenwasser einfangen sollten, ist noch vorhanden. Auf dem künstlichen See in der Nähe kann man Boot fahren.

Zwei Wochen lang Anfang Februar prägt die größte indische Kunsthandwerksmesse *(mela)* die Region. In einem eigens gebauten Dorf findet man Puppen aus Rajasthan, Metallglocken in Tierform aus Orissa, Spiegel aus Gujarat und vieles mehr. Die Atmosphäre ist fröhlich, es gibt Essensstände, viele Straßenmusiker und Volkstänze.

Volkstümliche Musik beim Surajkund Crafts Mela

Panipat ❷

Distrikt Panipat. 89 km nördlich von Delhi. 🚉 🚌 🎭 *Urs des Qalandar Shahs (Juli/Aug).*

Drei entscheidende Schlachten wurden in der Ebene von Panipat ausgetragen, darunter auch die, die 1526 zur Gründung des Mogulreichs *(siehe S. 50f)* führte. Die trockene Ebene war schon in frühester Zeit bewohnt. Heute kann man in der Altstadt einige interessante *havelis* entdecken und die Grabanlage des Sufi-Heiligen Qalandar Shah (14. Jh.) besichtigen. Der neuere, sehr geschäftige Teil der Stadt erstreckt sich am National Highway 1, der dem Verlauf der historischen Grand Trunk Road *(siehe S. 153)* folgt. Panipat ist überregional berühmt für die Produktion von Wohntextilien und Teppichen.

Umgebung:
Karnal, 35 Kilometer nördlich von Panipat, liegt im Herzen einer wohlhabenden Agrarregion und ist ein Zentrum für Ackerbau und Viehzucht. Das National Dairy Research Institute ist hier zu finden. Etwa 90 Kilometer nördlich von Panipat liegt die Pilgerstadt **Kurukshetra** mit ihren vielen Tempeln. Hier war der Schauplatz der Schlacht zwischen den Pandava und Kaurava, die im Epos *Mahabharata (siehe S. 26)* beschrieben wird.

Rituelles Gebet am Tempel-Wasserbecken in Kurukshetra

Chandigarh ❸

Distrikt Chandigarh. 248 km nördlich von Delhi. 👥 *900 500.* ✈️ *8 km südlich des Stadtzentrums.* 🚉 🚌 ℹ️ *Interstate Bus Terminal, SCO 1064–65, Sector 22-B, (0172) 278 1138.* 🎭 *Rosenfest (Feb).*

Die Hauptstadt der Bundesstaaten Haryana und Punjab wurde Anfang der 1950er Jahre vom französisch-schweizerischen Architekten Le Corbusier angelegt. Chandigarh gilt als erste moderne Stadt im unabhängigen Indien, ist am Reißbrett entworfen und in 57 Blöcke oder Sektoren unterteilt.

Le Corbusier legte die Stadt in Modulen nach dem Muster eines Menschen an: Den »Kopf« bildet der **Capitol Complex** mit Regierungs-, Verwaltungs- und Gerichtsgebäuden. **Sector 17** ist das »Herz«: Um eine zentrale Plaza mit Brunnen liegen alle Läden (ob Lebensmittel oder Kleidung) für die wohlhabenden Bürger von Chandigarh. Daran schließt sich ein Grünbereich an. In dieser »Lunge« der Stadt befindet sich auch ein riesiger **Rosengarten**, der sich im Februar mit über 1000 verschiedenen blühenden Rosenarten von seiner schönsten Seite zeigt.

Die Wohnbereiche der Stadt bilden den »Torso«. Hübsche Häuser stehen in gepflegten Gärten. Jede Straße ist mit einer anderen Art von farbenprächtig blühenden Bäumen bepflanzt: Goldregen, Jakaranda, *gulmohar*.

Chandigarhs **Museum and Art Gallery** im Sektor 10 zeigt eine der schönsten Sammlungen von Gandhara-Skulpturen *(siehe S. 43)* und Miniaturen. Zu den beachtenswertesten Stücken zählen ein stehender Bodhisattva (6. Jh., Gandhara-Schule) sowie eine seltene Statue von Vishnu mit einer Muschel in der Hand (11. Jh., Kaschmir). Die Abteilung für Miniaturen umfasst eine Sammlung von Pahari-Malereien *(siehe S. 111)* der Kangra-, Basohli- und Guler-Schulen. In der Abteilung für moderne Kunst finden sich Berglandschaften des Malers Nikolai Roerich *(siehe S. 118)*.

Hotels und Restaurants in Haryana & Punjab siehe Seiten 570 und 600

HARYANA & PUNJAB

Der Capitol Complex, typisch für den funktionellen Stil Le Corbusiers

Der **Rock Garden** gegenüber dem Capitol Complex ist eine der Hauptattraktionen für Besucher. Der ehemalige Straßeninspektor Nek Chand schuf das Landschaftskunstprojekt in den 1970er Jahren auf 1,6 Hektar im Sektor 1 – eine Art Gegenwelt zu Le Corbusiers streng symmetrischer Planstadt. Auf dem Areal befindet sich das sogenannte »Kingdom«, ein Labyrinth mit Hügeln, Wasserfällen und Höhlen. Dazu entdeckt man eine Reihe von Figuren, die u. a. aus so ungewöhnlichen Materialien wie Neonröhren, Sicherungsschaltern, Tongefäßen und Glas gestaltet sind.

Ganz in der Nähe liegt der künstlich angelegte **Sukhna Lake**, an dem hübsche Wege zum Spazierengehen und Joggen einladen. Hier ist eines der angenehmsten Areale von Chandigarh – besonders am Abend, wenn man die dramatischen Sonnenuntergänge und dann die funkelnden Lichter des nahen Bergorts Kasauli (siehe S. 104) beobachten kann.

🏛 Museum and Art Gallery
📞 (0172) 274 2501. ⊙ Di–So.

Umgebung: Die **Pinjore Gardens** 20 Kilometer nördlich von Chandigarh wurden im 17. Jahrhundert von Fidai Khan angelegt, dem Stiefbruder des Mogulherrschers Aurangzeb. In der terrassierten Anlage sieht man Pavillons, Brunnen und Wasserläufe.

Keramikfiguren im Rock Garden

In **Sanghol**, 40 Kilometer westlich von Chandigarh, wurde ein buddhistischer Stupa aus dem 2. Jahrhundert ausgegraben. Zudem gibt es ein interessantes Museum mit Kushana-Skulpturen.

Le Corbusiers Stadt

Die »Offene Hand«, Chandigarhs Emblem

1950 beauftragte Indiens erster Premierminister Jawaharlal Nehru den französisch-schweizerischen Architekten Charles Édouard Jeanneret (»Le Corbusier«) mit dem Bau einer neuen Hauptstadt von Punjab. Die alte Kapitale Lahore war mit der Unabhängigkeit 1947 Pakistan zugefallen. Le Corbusier entwarf eine Stadt aus Beton, mit geraden Straßen und – gemäß seiner Philosophie der Funktionalität – ohne unnötige Ornamentik wie Kuppeln oder Bogen. Chandigarh hat keine Basare und lässt insgesamt das Chaos und die typische Vitalität indischer Städte vermissen. Zudem zeigen einige Betonbauten heute bereits Verwitterungserscheinungen. Doch ohne Zweifel ist Chandigarh eine der ordentlichsten Städte Indiens.

Feste in Haryana und Punjab

Surajkund Crafts Mela (1.–15. Feb), Surajkund. Handwerker aus dem ganzen Land bieten ihre Produkte an – von handgewebten Stoffen bis zu traditionellem Spielzeug.

Rosenfest (1 Wochenende im Feb), Chandigarh. Der große Rosengarten der Stadt steht in voller Blüte. Blumenschau und Feiern mit Tanz und Musik.

Hola Mohalla (März/Apr), Anandpur Sahib. Als Höhepunkt des Festes, das am Tag nach Holi begangen wird, zeigen die Nihang Sikhs ihre legendären Kriegs- und Reitkünste.

Schaugefechte mit Schwertern bei den Hola-Mohalla-Feiern

Baisakhi (13. Apr). Im Punjab werden Festumzüge, Tanzaufführungen und andere Festivitäten abgehalten. Gefeiert werden Frühlings-Tagundnachtgleiche und der Beginn des neuen Erntejahrs. In den größeren *gurdwaras* finden *melas* statt.

Qalandar Shahs Urs (Juli/Aug), Panipat. Das Fest ehrt den Sufi-Heiligen Qalandar Shah mit *Qawwali*-Gesängen und einem bunten Markt an seinem Heiligtum.

Guru Purab (Nov). In der ersten Vollmondnacht nach Diwali (siehe S. 37) feiert man im Punjab den Geburtstag von Guru Nanak, dem Gründer der Sikh-Religion. Spektakulär ist das Fest im Golden Temple von Amritsar. Ab Diwali beleuchten jede Nacht Tausende Lampen den Tempel.

Die prächtige Durbar Hall im Qila Mubarak, Patiala

Patiala ❹

Distrikt Patiala. 63 km südwestlich von Chandigarh. 303 000. Basant (Feb.). Mo – Sa.

Patiala liegt zwischen den Flüssen Satluj und Ghaggar. Früher war es ein Fürstentum, das im 19. Jahrhundert von einer Reihe mächtiger Herrscher regiert wurde. Sie waren der Grund, dass das Beiwort »Patiala« zum Synonym für etwas besonders Großes wurde: Ein »Patiala Peg« ist ein doppelter Whisky, ein »Patiala *salwar*« ist mindestens dreimal so groß wie ein normaler, und der Palast von Patiala ließ, wie ein englischer Besucher sagte, »Versailles wie eine Hütte aussehen«. Die Herrscher waren begeisterte Förderer von Kunst, Architektur und Sport. Sehr viel vom schönen Ambiente und der reichen Volkskunst des heutigen Patiala ist ihnen zu verdanken.

Die Stadt hat sich um **Qila Mubarak** entwickelt, ein Fort von 1763. Sein ältester Teil, Qila Androon, ist zwar nicht mehr intakt, doch sieht man Spuren von schönen Wandgemälden. Die später errichtete **Durbar Hall** steht rechts vom Eingang und ist heute ein Museum mit schön gestalteter Decke und gut erhaltenen Wandbildern. Innen sieht man Kanonen und Waffen, darunter das Schwert des persischen Herrschers Nadir Shah (siehe S. 52), der Indien 1739 besetzte. In den geschäftigen Basaren um das Fort findet man die berühmten handgefertigten Lederschuhe (*jutties*), Seidenborten mit Quasten (*pirandis*) und leuchtend bestickte *Phulkari*-Stoffe.

Der riesige **Old Moti Bagh Palace**, der erst Anfang des 20. Jahrhunderts im indosarazenischen Stil fertiggestellt wurde, besitzt 15 Speisesäle. Er gilt als einer der größten Paläste in Asien, terrassierte Gärten mit Wasserläufen umgeben ihn. Über die Terrassen kommt man zum Sheesh Mahal, wo die **Art Gallery** Miniaturmalereien, seltene Handschriften, Kunstobjekte und Jagdtrophäen der ehemaligen königlichen Sammlung zeigt. Im Zentrum steht eine Sammlung von Medaillen der früheren Herrscher. Vor der Art Gallery befindet sich ein großes Wasserbecken, das von zwei durch eine Hängebrücke verbundene Türme flankiert wird.

Ein typisches Phulkari-Motiv

Handbestickte jutties in einem Basar von Patiala

Der Hauptpalast ist heute in der Hand des National Institute of Sports. Der große Pool, an dem der Maharaja einst den Tänzerinnen zusah, wurde in eine Ringkampfarena umgewandelt.

Die **Baradari Gardens** im Norden der Stadt ließ Prinz Rajinder Singh im 19. Jahrhundert anlegen. Er war ein Blumenfreund und entwarf auch den Felsengarten und das Farnhaus im Park. Der **Kali-Tempel** innerhalb der Stadtmauern besitzt eine große Marmorstatue von Kali, die aus Makrana in Rajasthan hierher gebracht wurde.

🏛 **Durbar Hall Museum**
◯ Di – So. 📷 mit Genehmigung.

🏛 **Old Moti Bagh Palace**
◯ Di – So.

Sirhind ❺

Distrikt Fatehgarh Sahib. 55 km westlich von Chandigarh. 30 000. Punjab Tourism, (01763) 22 9170. Urs von Rauza Sharif (Aug), Shaheedi Jor Mela (Dez).

Zwischen dem 16. und dem 18. Jahrhundert war Sirhind einer der wichtigsten Orte in Nordindien. Es war die Hauptstadt der Sultane von Pathan Sur – die Ruinen ihres mächtigen Forts kann man noch sehen. Sirhind war auch der Lieblingsrastplatz der Moguln auf ihrer alljährlichen Reise nach Kaschmir. Im 11. Jahrhundert dehnte sich das Reich von Mahmud von Ghazni (siehe S. 48) bis hierher aus. Darauf bezieht sich der Name Sirhind, auf Persisch »Grenze Indiens«.

Die Moguln errichteten hier einige schöne Gebäude. Das Areal, in dem sie stehen, ist heute als **Aam Khas Bagh** eine beliebte, vom Staat verwaltete Sehenswürdigkeit. Besonders interessant ist **Royal Hamam**, ein Bereich für heiße und kalte Bäder. Das Wasser dafür wurde über ein ausgeklügeltes System von Flaschenzügen aus den nahen Brunnen hiergeleitet. In der Nähe der Bäder erheben sich die Ruinen von Shah Jahans zweistöckigem Palast, dem **Daulat Mahal**, und der besser erhal-

Hotels und Restaurants in Haryana & Punjab siehe Seiten 570 und 600

Rauza Sharif, Shaikh Ahmad Faruqi Sirhindis *dargah* in Sirhind

tene **Sheesh Mahal**, der noch immer einige Reste der originalen Fliesen und Stuckarbeiten aufweist.

Nördlich von Aam Khas Bagh steht die weiße **Fatehgarh Sahib Gurdwara** mitten in einem Senffeld, dessen Blüten im Januar gelb leuchten. Der Bau wurde im Gedenken an die Söhne des 10. Sikh-Gurus, Gobind Singh, errichtet – sie sind Märtyrer, die der Mogulherrscher Aurangzeb 1705 lebendig einmauern ließ, weil sie sich weigerten, zum Islam überzutreten.

Neben der *gurdwara* ist eine wichtige Pilgerstätte der Muslime der Grabschrein des Sufi-Heiligen und Gelehrten Shaikh Ahmad Faruqi Sirhindi, der auch Mujaddad-al-Saini («Reformer des Jahrtausends») genannt wird. Über das achteckige Gebäude aus dem 16. Jahrhundert wölbt sich eine blau-weiß gefliese Kuppel. Dieser *dargah* trägt den Namen **Rauza Sharif** und ist ebenso heilig wie der Dargah Sharif in Ajmer (siehe S. 312). In der Nähe befindet sich ein Grabmal aus derselben Zeit, das **Mausoleum des Mir Miran**, Schwiegersohn eines der Lodi-Könige. Interessant ist auch **Salavat Beg Haveli**, ein auffallend gut erhaltenes Beispiel für ein großes Haus aus der Mogulzeit.

🏛 **Aam Khas Bagh**
○ *Di–So.*

Anandpur Sahib ❻

Distrikt Roopnagar. 73 km nördlich von Chandigarh. 👥 31 000. 🚉 🚌
🎉 *Hola Mohalla (März/Apr).*

Die Shivalik Hills und ein Ring imposanter Forts umgeben Anandpur Sahib, den Komplex historischer Sikh-*gurdwaras*. An der Stelle, wo der abgetrennte Kopf des 9. Gurus, Tegh Bahadur, bestattet wurde, steht die **Sisganj Sahib Gurdwara**.

An derselben Stelle gründete 1699 der 10. und letzte Guru, Gobind Singh, zusammen mit fünf Freiwilligen die Khalsa («Armee der Reinen»), die den rechten Glauben verteidigen sollte. Die **Kesgarh Sahib Gurdwara** wurde gebaut, um an dieses Ereignis zu erinnern. Sie gilt als einer der vier *takhts*, der Hauptsitze der Sikh-Religion – die anderen sind in Amritsar (siehe S. 96f), Nanded in Maharashtra und Patna (siehe S. 182f) in Bihar. Im April 1999 wurde hier eine Woche lang der 300. Gründungstag der Khalsa-Armee gefeiert.

Mehrere Forts umgeben Anandpur Sahib von allen Seiten – das **Lohagarh Fort** beherbergte das Waffenlager der Khalsa-Armee, das **Fatehgarh Fort** bewachte die Route zwischen Delhi und Lahore, das **Taragarh Fort** sollte vor Angriffen der Bergvölker im Norden schützen.

Während des Festes *Hola Mohalla* (siehe S. 93) versammeln sich jedes Jahr im März oder April Tausende Sikh-Anhänger. Sie beobachten, wie die blau gekleideten Nihang Sikhs, die Nachkommen der Leibwache der Gurus, ihre Fertigkeiten in Kriegs- und Reiterspielen demonstrieren.

Nihang Sikh in vollem Ornat

Sikh-Religion

Mit ihren charakteristischen Turbanen sind die Sikhs leicht zu erkennen. Der Sikhismus ist eine reformistische Religion, die von Guru Nanak im 15. Jahrhundert gegründet wurde. Die Sikhs lehnen Götterverehrung, Rituale und das Kastensystem ab und glauben an eine gestaltlose Gottheit. Die Religion heißt auch Gurmat («Lehre des Guru»), Sikh-Tempel heißen Gurdwaras («Türen zum Guru»). Nanak, der erste in einer Reihe von zehn Gurus, wählte seinen Nachfolger aus seinen ergebensten Schülern. Gobind Singh (1666–1708), der 10. und letzte Guru, organisierte die Gemeinschaft 1699 als militärischen Orden, die Khalsa-Armee sollte gegen religiöse Unterdrückung durch die Moguln kämpfen. Als äußeres Zeichen tragen Sikhs seither die fünf Symbole der Khalsa: *kesh* (langes Haar), *kachha* (Unterhosen), *kirpan* (Kurzschwert), *kangha* (Kamm) und *kara* (Armreif). Das heilige Buch, *Guru Granth Sahib*, wird im Golden Temple (siehe S. 98f) bewahrt.

Der Guru Nanak mit seinen Schülern, Gemälde (19. Jh.)

HARYANA & PUNJAB

Detail einer Marmorskulptur im Jagatjit-Palast, Kapurthala

Kapurthala ❼

Distrikt Kapurthala. 165 km nordwestlich von Chandigarh.

Der ehemalige Fürstenstaat verdankt sein außergewöhnliches Architekturerbe dem exzentrischen Maharaja Jagatjit Singh. Er schuf mitten in den Feldern des Punjab ein Areal, das durch und durch französisch wirkt. 1906 beauftragte der frankophile Maharaja einen französischen Architekten, ihm einen Palast nach dem Vorbild von Versailles zu schaffen und dabei Elemente aus Fontainebleau und dem Louvre einzufügen. Der Bau, den er recht großspurig Elysée Palace nannte, heißt heute **Jagatjit-Palast**. Die Anlage ist wie ein französischer Park mit Statuen und Brunnen verschönt. Die Villen für die Beamten wurden so gebaut, wie sie in Pariser Vorstädten des späten 19. Jahrhunderts *en vogue* waren. In der Anlage ist heute eine Schule, aber den Palast mit seinen prächtigen Sälen und den Renaissance-Deckenfresken kann man besichtigen.

Nach dem Palast durchlief der Maharaja seine spanische Phase, was sich in der **Buena Vista Hunting Lodge** am Ortsrand niederschlug. Sie wird von den Nachfahren des Maharajas bewohnt. Ein weiteres beeindruckendes Gebäude ist die **Maurische Moschee**, die ein ebenfalls von Jagatjit Singh beauftragter Architekt nach dem Vorbild der Qutubiya-Moschee in Marrakesch entwarf. Die Kuppel wurde von Künstlern aus dem Punjab ausgemalt.

Jagatjit-Palast
Di–So.

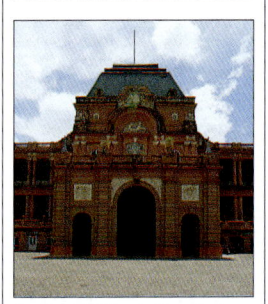

Der Jagatjit-Palast in Kapurthala, entworfen nach Schloss Versailles

Maharaja Ranjit Singh

Maharaja Ranjit Singh (reg.1790–1839)

Der Maharaja Ranjit Singh, einer der bemerkenswertesten Herrscher Nordindiens, überzeugte rivalisierende Sikh-Führer, sich zusammenzuschließen, und gründete so das erste Sikh-Reich des Punjab. Seine starke Armee hielt die britischen und die afghanischen Truppen in Schach und ließ den Punjab zu einem wohlhabenden Zentrum von Handwerk und Handel werden. Als frommer Sikh trug Ranjit Singh viel zur Ausschmückung des Golden Temple bei. Zehn Jahre nach seinem Tod gliederten die Briten den Punjab ein und nahmen Ranjit Singhs Schätze in ihren Besitz, darunter auch den berühmten Koh-i-noor-Diamanten.

Amritsar ❽

Distrikt Amritsar. 227 km nordwestlich von Chandigarh. 1 500 000. 12 km nordwestlich des Stadtzentrums. Palace Hotel gegenüber dem Bahnhof, (0183) 240 2452. Guru Purab (Nov).

Amritsar wurde 1577 vom 4. Sikh-Guru, Ram Das, gegründet. Im Zentrum steht der **Golden Temple** (siehe S. 98f), das Haupteiligtum der Sikhs. Um ihn herum verläuft ein Gewirr von Gassen, 18 befestigte Tore schützen die Anlage. 1984 wurden Teile des Golden Temple schwer beschädigt, als die indische Armee gegen Extremisten vorging, die einen eigenen Sikh-Staat forderten. Er ist heute restauriert und erstrahlt im alten Glanz.

Der Tempelkomplex ist eine Stadt in der Stadt. Man betritt das Areal durch das nördliche Tor **Darshani Deorhi**, in dem sich auch das **Central Sikh Museum** befindet. Hier vermitteln Gemälde, Münzen, Handschriften und Waffen ein lebendiges Bild von der Geschichte der Sikhs. Stufen führen hinunter zum **Parikrama** (Marmorweg), der um den **Amrit Sarovar** (»Nektarteich«) verläuft, nach dem die Stadt benannt ist. Mitten im Wasserbecken erhebt sich das Haupteiligtum **Harmandir Sahib** (»Tempel Gottes«) mit seiner goldenen Kuppel. Mehrere heilige und historische Stätten liegen am Parikrama, darunter auch der heilige Baum **Gurudwara Dukh Bhanjani Beri**, der mit Wunderkräften Krankheiten heilen soll, und **Ath-Sath Tirath**, der für 68 der heiligsten Hindu-Pilgerstätten steht.

Der Parikrama führt weiter zum **Sri Akal Takhat Sahib**, dem Sitz der höchsten religiösen Autorität der Sikhs. Der Bau des Akal Takht wurde 1589 begonnen. Der 6. Sikh-Guru Hargobind vollendete das Werk 1601, zu einer Zeit, als sich die Sikh-Gemeinde als politische Einheit zu formieren begann. Die oberen Stockwerke ließ Maharaja Ranjit Singh ausbauen.

Als Teil des täglichen Rituals wird das Heilige Buch der

Hotels und Restaurants in Haryana & Punjab *siehe Seiten 570 und 600*

Der Golden Temple mit dem Hauptheiligtum und dem Eingangstor

Sikhs, *Guru Granth Sahib*, bei Tagesanbruch aus dem Sri Akal Takhat Sahib zum Harmandir Sahib getragen. Der Oberpriester öffnet es dann für den *vaq*, die Botschaft des Tages. Von Morgengrauen bis spätnachts hallt der Tempel von der Musik der *ragis* wider, die Verse aus dem Heiligen Buch singen. Jeder Besucher (auch Nicht-Sikhs), der den Harmandir Sahib betritt, bekommt ein Stück süßen *prasad* (eine Opfergabe). Außerdem gehört zu einem Tempelbesuch dazu, im **Guru ka Langar**, der Garküche, mit den Pilgern das kostenlose *dal-roti* (Linseneintopf und Brot) zu essen. Die Küche wird von Freiwilligen betrieben und kann am Tag bis zu 10 000 Menschen verköstigen. In der großen Halle ist Platz für 3000 Personen. Das gemeinsame Essen ist ein Symbol der Gleichheit in einer kastenlosen Gesellschaft, für die die Sikhs eintreten. Der Begriff *kar-seva* (freiwillige Arbeit für eine Sache) spielt eine wichtige Rolle in der Sikh-Religion. Mit Hingabe kümmern sich Freiwillige um das Reinigen des Tempelkomplexes, sie kochen im *langar* oder bewachen die Schuhe der Pilger – all diese Aufgaben sind Teil der Buße oder der Gottesverehrung.

Das Abendgebet ist gegen 21.45 Uhr zu Ende, dann wird das Heilige Buch geschlossen und in einem silbernen Palankin (Sänfte) zum Sri Akal Takhat Sahib zurückgetragen. Der Tempelboden wird anschließend mit Milch und Wasser gewaschen, das Tor Darshani Deorhi geschlossen.

Auch außerhalb des Tempelkomplexes befinden sich einige Heiligtümer, eines ist Guru Hargobind Singh gewidmet. Der neunstöckige Turm **Baba Atal** markiert die Stelle, an der Atal Rai, der Sohn von Hargobind, den Märtyrertod erlitt. Der **Durgiana-Tempel** (16. Jh.) ist Durga gewidmet, er steht etwa zwei Kilometer nordöstlich des Golden Temple.

Jallianwala Bagh ist der Ort, an dem am 13. April 1919 ein schreckliches Massaker stattfand *(siehe S. 56)*. Truppen des britischen Brigadegenerals Reginald Dyer feuerten über zehn Minuten lang auf rund 20 000 unbewaffnete Menschen, die auf dem Platz für die Unabhängigkeit Indiens demonstrierten. Bei diesem Einsatz wurden 379 Menschen erschossen und rund 1200 verwundet. Ein Gedenkstein befindet sich am Ostende des Platzes.

Umgebung: Die letzte Station auf der indischen Seite vor der Grenze zu Pakistan ist **Wagah**, 29 Kilometer von Amritsar entfernt. Jeden Abend ertönt ein Signalhorn, zwei prächtig uniformierte Wachsoldaten auf jeder Seite der Grenze treten zu einem Fahnenmast und holen die jeweilige Nationalflagge ein. Ihre Schritte sind so perfekt aufeinander abgestimmt, dass eine Aktion wie das Spiegelbild der anderen wirkt. Die Zeremonie zieht auf beiden Seiten Zuschauer an und ist eine stete Erinnerung daran, dass der Punjab 1947 auf zwei Staaten aufgeteilt wurde.

Gedenkstein am Jallianwala Bagh

Wachen begleiten das Heilige Buch außerhalb von Sri Akal Takhat Sahib

98 HARYANA & PUNJAB

Amritsar: Golden Temple

Pietra dura (Detail)

Das spirituelle Zentrum der Sikh-Religion wurde zwischen 1589 und 1601 errichtet und zeigt eine perfekte Synthese von islamischen und hinduistischen Architekturelementen. Den Grundstein legte ein muslimischer Heiliger, Mian Mir, als Zeichen der religiösen Toleranz. Der Tempel wurde 1761 vom afghanischen Invasoren Ahmed Shah Abdali fast vollständig zerstört, aber der Maharaja Ranjit Singh ließ ihn wenige Jahre später wieder aufbauen. Dabei wurde die Kuppel mit Gold verkleidet und das Innere prächtig gestaltet.

Obergeschoss
An den Marmorwänden sind Pietra-dura-Einlegearbeiten und Stuck mit blattgoldverzierten Tier- und Blumenmotiven zu sehen.

★ Sheesh Mahal
Der Spiegelsaal im obersten Stockwerk hat eine Bangaldar-Decke, der Boden wird mit einer Bürste aus Pfauenfedern gereinigt.

Harimandir Sahib
Das höchste Heiligtum der Sikhs ist mit feinsten Pietra-dura-Arbeiten verziert. Das Heilige Buch wird hier tagsüber verwahrt.

Die Kuppel mit der Form einer umgekehrten Lotusblüte ist mit 100 Kilogramm Gold belegt – Ranjit Singh spendete es 1830.

Die untere Wand des Tempels ist aus weißem Marmor.

NICHT VERSÄUMEN

★ Guru Granth Sahib

★ Sheesh Mahal

★ Guru Granth Sahib
Ein Baldachin mit Edelsteinen überdacht das Heilige Buch im Durbar Sahib (»Hof des Herrn«).

AMRITSAR: GOLDEN TEMPLE

Darshani Deorhi
Das Tor, das den Blick auf den Tempel Harimandir Sahib freigibt, hat zwei prächtige Silbertüren. An den Wänden sind heilige Verse eingraviert.

INFOBOX

Circular Rd. **i** *Information Bureau, (0183) 255 3954.* ⬜ *tägl.* 📷 *nur im Freien. Besucher müssen am Eingang die Schuhe ausziehen, die Füße waschen und den Kopf mit einem Schal bedecken. Alkohol und Tabak sind in der Anlage verboten.*

Sri Akal Takhat Sahib

Sri Akal Takhat Sahib
Der Sitz der obersten religiösen und politischen Autorität der Sikhs birgt die Schwerter und Flaggen der Gurus sowie nachts das Heilige Buch.

Amrit Sarovar, das Becken, in dem Sikhs getauft werden, ließ der 4. Sikh-Guru Ram Das 1577 bauen.

Damm
Der 60 Meter lange Damm aus Marmor führt über Amrit Sarovar zum Tempel. Rechts und links stehen je neun vergoldete Lampen.

Golden-Temple-Komplex

1 Tempelbüro
2 Toiletten
3 Darshani Darwaza und Uhrenturm
4 Harimandir Sahib
5 Ath-Sath Tirath (68 Schreine)
6 Guru ka Langar (Garküche)
7 Baba Karak Singhs Residenz
8 Versammlungshalle
9 Baba Deep Singhs Schrein
10 Darshani Deorhi
11 Arjun Devs Baum
12 Sri Akal Takhat Sahib
13 Nishan Sahibs (Flaggen)
14 Gobind Singhs Schrein
15 Beri Baba Baddhati (Heiliger Baum)

LEGENDE

0 Meter — 50   ⬛ Illustration oben

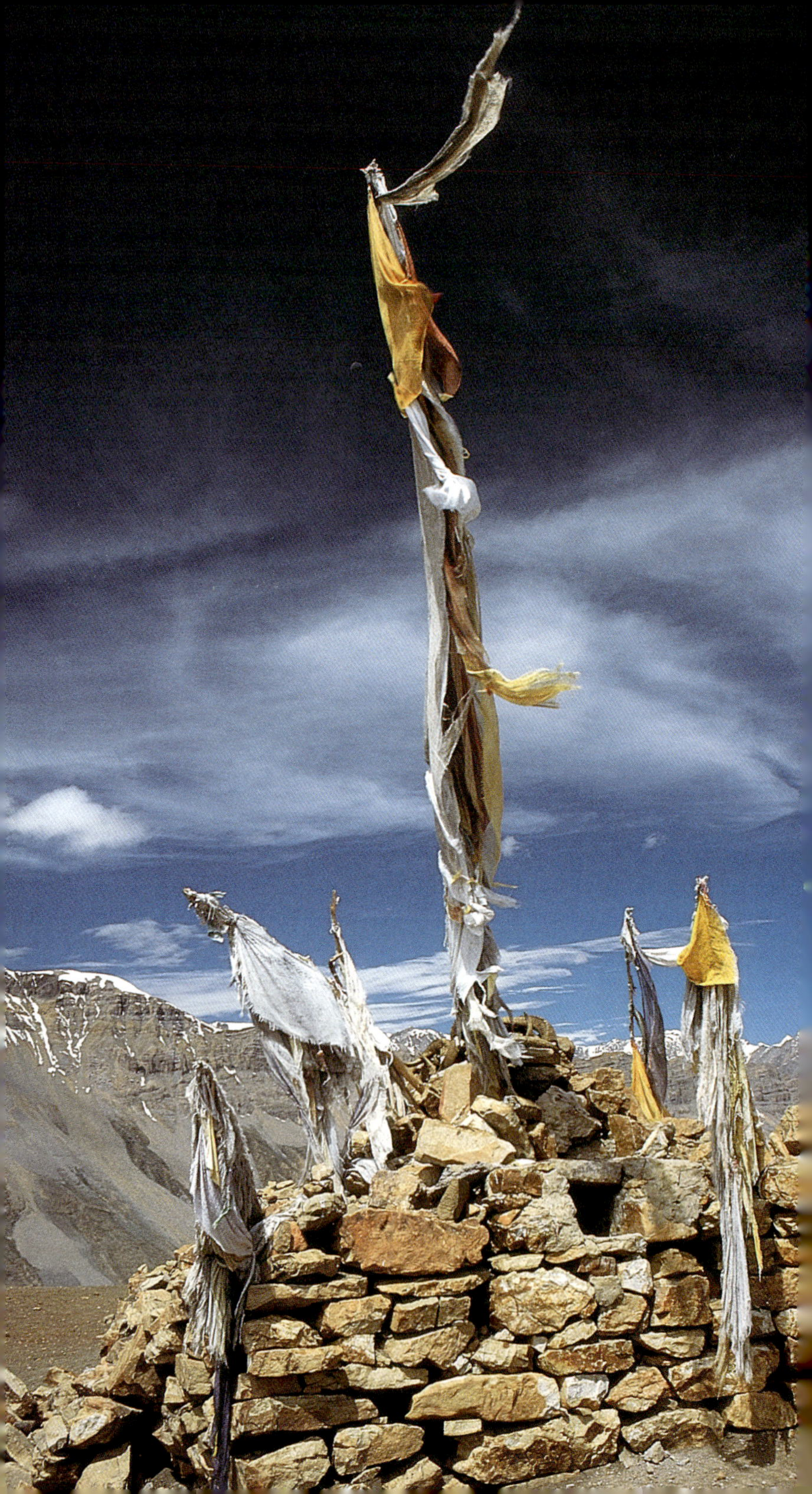

Himachal Pradesh

Himachal Pradesh, die »Heimat des Schnees«, liegt im westlichen Himalaya, der hier Höhen zwischen 4600 und 6700 Meter erreicht. Der Bundesstaat erstreckt sich über 56 000 Quadratkilometer von den Shivalik Hills an der Grenze zum Punjab bis zur Zanskar Range, die auf der anderen Seite des Himalaya an Ladakh und Tibet grenzt. Himachals Hauptstadt Shimla war Sommerresidenz der britischen Regierungsbeamten und ist noch heute bei Besuchern beliebt. Der Ort Manali liegt im Herzen des idyllischen Kullu Valley und ist ein guter Ausgangspunkt für Bergtouren. Im Kangra Valley westlich von Kullu, das vor der Dhauladhar Range liegt, blühen im Frühling die Apfelbäume. Hier liegt Dharamsala, nach 1959 Heimat des Dalai-Lama und einer größeren tibetischen Gemeinde sowie Sitz der tibetischen Exilregierung. Im Osten von Himachal birgt Kinnaur hübsche Dörfer inmitten von grünen Wiesen, im Norden befinden sich in Lahaul und Spiti buddhistische Klöster direkt an Felsen.

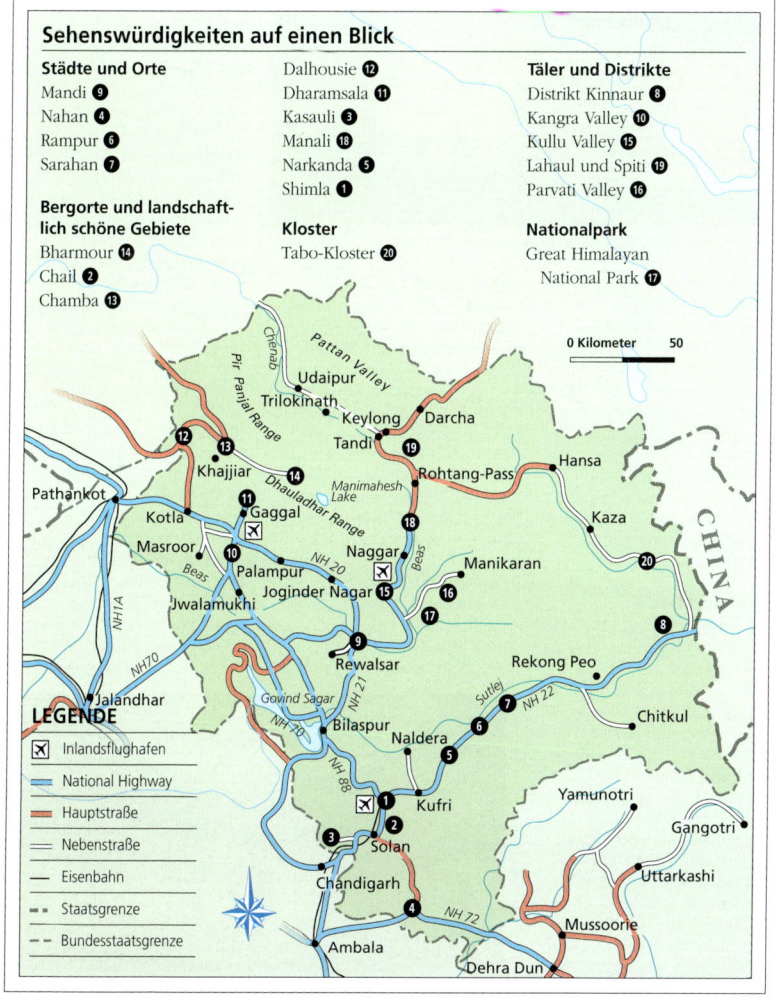

Sehenswürdigkeiten auf einen Blick

Städte und Orte
- Mandi ❾
- Nahan ❹
- Rampur ❻
- Sarahan ❼

Bergorte und landschaftlich schöne Gebiete
- Bharmour ⓮
- Chail ❷
- Chamba ⓭

- Dalhousie ⓬
- Dharamsala ⓫
- Kasauli ❸
- Manali ⓲
- Narkanda ❺
- Shimla ❶

Kloster
- Tabo-Kloster ⓴

Täler und Distrikte
- Distrikt Kinnaur ❽
- Kangra Valley ❿
- Kullu Valley ⓯
- Lahaul und Spiti ⓳
- Parvati Valley ⓰

Nationalpark
- Great Himalayan National Park ⓱

◁ Buddhistische Gebetsfahnen im Wind der zerklüfteten Spiti-Berge *(siehe S. 119)*

Shimla

Buntglasfenster, Christ Church

Seit das kleine Dorf mit seiner spektakulären Lage inmitten dicht bewaldeter Berghänge im frühen 19. Jahrhundert von Captain Charles Kennedy entdeckt wurde, hat sich die »Hill Station« Shimla (auch Simla) zu einem stark frequentierten Ferienort entwickelt. 1864 wählten die Briten Shimla wegen des belebenden Klimas als Sommersitz der Regierung. Heute ist es die Hauptstadt von Himachal Pradesh. Auch wenn mittlerweile viele neue Betonbauten emporgewachsen sind, hat sich Shimla seinen kolonialen Charme bewahrt.

Christ Church und die Städtische Bibliothek am The Ridge

The Ridge
Nördlich der Mall.

The Ridge ist eine beliebte Promenade und das Zentrum von Shimlas sozialem und kulturellem Leben. Auch Paraden und politische Veranstaltungen finden hier statt. The Ridge liegt 2230 Meter hoch am Westrand des Jakhu Hill. Wer von hier nach Norden blickt, hat eine ganze Kette schneebedeckter Himalaya-Gipfel vor Augen.

Christ Church
tägl. 8 Uhr, So 11 Uhr. Kontaktieren Sie den Mesner, falls die Kirche geschlossen ist.

Am Ostende des Ridge steht mit der neogotischen Christ Church ein auffallendes Wahrzeichen. Sie wurde 1846 als eine der ersten christlichen Kirchen in Nordindien gebaut, etwas später kamen die Buntglasfenster und die Orgel hinzu. Das Fresko um das Kanzelfenster stammt von Lockwood Kipling, Rudyard Kiplings Vater. Im Neo-Tudor-Stil präsentiert sich die danebenliegende **Municipal Library**, die Städtische Bibliothek.

The Mall
Läden Mo–Sa. Eingeschränkter Autoverkehr.

Über sieben Kilometer erstreckt sich die Durchgangsstraße von Boileauganj im Westen bis nach Chhota Shimla im Südosten. Hier verlief einst die Ortsgrenze. Am mittleren Abschnitt der Mall stehen zu beiden Seiten Fachwerkhäuser. Dieser Bereich war schon immer die vornehmste Gegend mit Restaurants, Bars und edlen Läden. Der höchste Punkt der Mall heißt **Scandal Point**. Hier steht eine Statue von Lala Lajpat Rai, dem berühmten Freiheitskämpfer. Der »Skandal« bezieht sich darauf, dass eine angesehene englische Lady hier vom Maharaja Bhupinder Singh von Patiala *(siehe S. 94)* entführt wurde.

In der Nähe sind das Postamt in einem Fachwerkbau, das **Rathaus** und das 1887 eröffnete **Gaiety Theatre**, in dem beliebte Laientheater-Aufführungen stattfinden. Einheimische und Besucher schlendern gern die Mall entlang, vom Scandal Point zur Combermere Bridge. Etwas weiter findet man das Clarkes Hotel in einem nachgeahmten Tudorbau.

Lower Bazar
Läden Mo–Sa.

Unterhalb des mittleren Abschnitts der Mall erstreckt sich der Lower Bazar. Kipling beschrieb ihn einst arrogant als »übervolles Kaninchengehege, das die einheimische Bevölkerung von Shimla versorgt«. Hier gibt es billigere Waren, weniger schicke Hotels und einfachere Restaurants. Noch weiter unten befindet sich **Ganj**, ein stets übervoller Markt, auf dem Berge von Lebensmitteln verkauft werden. Hier zeigt sich die Stadt am authentischsten, nicht zuletzt wegen der vielen angebotenen Gewürze.

State Museum
Chaura Maidan. (0177) 280 5044. Di–So. Feiertage.

Das State Museum wurde 1974 in einem rekonstruierten Gebäude der Briten namens Inverarm eröffnet. Seither hat es eine recht gute Sammlung von beinahe 10 000 Kunstobjekten aus Himachal Pradesh zusammengestellt. In

Das Gaiety Theatre – ein Zentrum des Kulturlebens von Shimla

Hotels und Restaurants in Himachal Pradesh *siehe Seiten 570–572 und 600f*

15 Sälen sieht man u. a. Steinskulpturen der Gupta- und Pratihara-Perioden (6. bis 11. Jh.), Kangra-Miniaturen (siehe S. 111) zu verschiedenen Themen wie Jahreszeiten (Baramasa), Melodien (Ragamala) und Episoden aus dem Gita Govinda, einem frommen Gedicht. Am beeindruckendsten ist eine Serie von Wandgemälden aus Chamba, die Mitte des 19. Jahrhunderts entstand und im Erdgeschoss zu sehen ist.

Jakhu-Hill-Tempel
Jakhu Hill. tägl.
Die bewaldete Bergkuppe des Jakhu Hill ist mit 2450 Metern der höchste Punkt von Shimla. Ganz oben steht ein Tempel, der dem Affengott Hanuman gewidmet ist. Das Epos Ramayana (siehe S. 27) erzählt, Hanuman habe hier auf seinem Weg zum Himalaya gerastet, bevor er Sanjivini-Kraut holte, das den verwundeten Lakshman das Leben retten sollte. Vom Ridge führt ein zwei Kilometer langer, steiler Aufstieg zum Gipfel. Zwischen Zedern und Eichen eröffnet sich immer wieder ein schöner Blick auf Shimla und seine Vororte. Affen sind in Shimla kein ungewöhnlicher Anblick, aber Jakhu Hill ist ihr Reich. Sie sollten aufpassen: Die Affen durchstöbern gern die Taschen von Besuchern.

Viceregal Lodge
The Mall. (0177) 283 1375.
tägl. Nur die Eingangshalle und der Park sind zu besichtigen.
Die ehemalige Sommerresidenz des Vizekönigs ist das imposanteste Gebäude der Briten in Shimla. Der graue Steinbau im Stil der englischen Renaissance steht auf dem Observatory Hill, Lord Dufferin überwachte die Bauarbeiten im Jahr 1888. Gepflegte Grünanlagen umgeben das Herrenhaus auf drei Seiten. Auch das Innere ist beeindruckend, die mit Teakholz ausgekleidete Eingangshalle hat zwei Galerien. Eine Bronzetafel hinter dem Gebäude verzeichnet die Himalaya-Gipfel, die man in der Ferne sieht. Das Haus heißt heute Rashtrapati Niwas und beherbergt das Indian Institute of Advanced Studies.

INFOBOX
Distrikt Shimla. 375 km nördl. von Delhi. 392 500. 21 km westlich von Shimla. HP Tourism, The Mall, (0177) 265 8302. Sipi-Fest (Mai). **Reisegenehmigungen** sind für einige Gebiete von Himachal erforderlich. Kontakt: Deputy Commissioner, (0177) 265 3535.

Die stattliche Viceregal Lodge inmitten gepflegter Rasenflächen

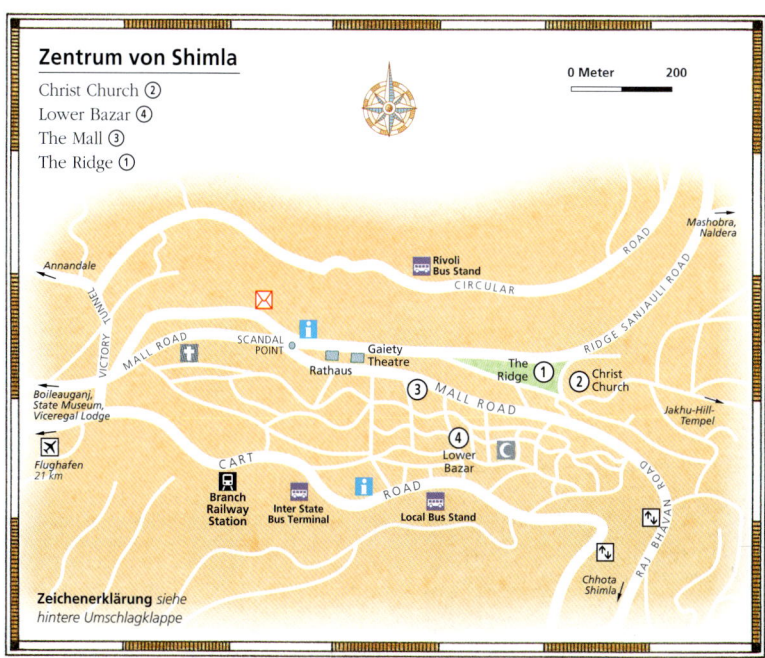

Zentrum von Shimla
Christ Church ②
Lower Bazar ④
The Mall ③
The Ridge ①

Der Campingplatz von Kufri liegt im Winter unter einer dicken Schneedecke

Umgebung von Shimla

Eine vier Kilometer lange Forststraße beginnt an der Christ Church und führt durch die Wälder des Jakhu Hill nach Südosten zu einer der ältesten Bildungseinrichtungen Shimlas, dem St Bede's College for Women. Unterwegs kann man einen Blick auf den Markt von Chhota Shimla werfen.

Bei Charabra, 13 Kilometer nördlich von Shimla, ist **Wildflower Hall**. Das ehemalige Haus des britischen Oberbefehlshabers Lord Kitchner ist heute ein Hotel *(siehe S. 572)*. Rund zehn Kilometer nördlich an der alten Hindustan-Tibet-Straße, kurz nachdem die Abzweigung links zum Dorf **Mashobra** führt, liegt der Eingang zum **Seog Wildlife Sanctuary**. In Mashobra führt ein steiler Waldweg zu einem kleinen Tempel, in dem jährlich das Sipi-Fest gefeiert wird. Nördlich von Mashobra hat **Naldera** einen Neun-Loch-Golfplatz zu bieten. Er wurde im 19. Jahrhundert vom britischen Vizekönig Lord Curzon entworfen.

Rund 16 Kilometer östlich von Shimla liegt das Dorf **Kufri** auf einer Höhe von 2650 Metern. In letzter Zeit entwickelt es sich zu einem Wintersportort. In Kufris kleinem Zoo, dem **Himalayan Nature Park**, leben u. a. Kragenbären und Moschusochsen.

Himalayan Nature Park
Kufri. tägl.

Chail

Distrikt Solan. 45 km südöstlich von Shimla. Hotel Chail Palace, (01792) 248 141.

Die kleine »Hill Station« liegt an einem bewaldeten Berghang in ähnlicher Höhe wie Shimla. Chail war in den 1920er Jahren die Sommerhauptstadt der Maharajas von Patiala *(siehe S. 94)*. **Chail Palace**, ein großzügiges, aus Stein gebautes Herrenhaus auf einer flachen Bergkuppe zwischen Gärten und Obstbäumen, ist heute ein Luxushotel *(siehe S. 570)*. Der Cricket-Platz soll der höchstgelegene der Welt sein. Die Herrscher von Patiala spielten selbst gern Cricket und luden den Marylebone Cricket Club (MCC) 1933 zu einem Turnier ein. Chails landschaftliche Schönheiten kann man auf den Wegen des Chail Wildlife Sanctuary erleben, wo man zwischen Zedern auch Rothirsche entdeckt, die aus Schottland eingeführt wurden. Der Basar von Chail ist einen Besuch wert.

Briefkasten, Kasauli

Kasauli

Distrikt Solan. 77 km südlich von Shimla. 5000.

Kasauli ist die »Hill Station«, die am weitesten südlich und damit den Ebenen am nächsten liegt. Hier kann man auf über 2000 Metern unter Schatten spendenden *Chir*-Kiefern, Eichen und Edelkastanien spazieren gehen. Am schönsten ist der Ort gleich nach dem Monsun, wenn farbenprächtige Dahlien die Berghänge überziehen. Die Gegend wird vor allem vom Militär genutzt, Auflagen haben verhindert, dass der alte Ort von neuen Gebäuden überschwemmt wurde. Als Folge davon sieht man noch viele Häuser mit Giebeldächern und Holzbalkonen an der **Upper Mall** und der **Lower Mall**, den zwei Hauptstraßen, die durch den Ort führen. Der höchste Punkt heißt **Monkey Point** und liegt vier Kilometer vom Busbahnhof entfernt. Von hier hat man einen guten Blick auf Shimla, Satluj und Chandigarh. Eine besonders schöne Wanderung führt auf einer Strecke von fünf Kilometern durch die Berge zur **Lawrence School** in Sanawar. Diese Privatschule wurde 1847 von Sir Henry Lawrence *(siehe S. 169)* gegründet.

Umgebung: Rund 60 Kilometer nordöstlich von Kasauli befindet sich **Nalagarh**, der Hauptsitz des früheren Fürstentums Hindur. Der dortige Palast wurde in ein Hotel namens Nalagarh Fort Resort *(siehe S. 571)* umgebaut.

Nalderas schön gelegener Golfplatz

Hotels und Restaurants in Himachal Pradesh *siehe Seiten 570–572 und 600f*

Hill Stations

»Hill Stations« nannten die Briten die über 80 Bergorte, die sie im späten 19. Jahrhundert ausbauten. Vor allem für die Familien der britischen Beamten, die ihren Männern und Vätern nach Indien gefolgt waren, war das Leben in den glühend heißen Ebenen im Sommer unerträglich. Und so versuchte man, sich in den Ausläufern des Himalaya ein Ambiente wie in der Heimat zu schaffen – mit Fachwerkhäusern, Clubs, Kirchen, Hospitälern, Parks mit Musikpavillons und einer Hauptstraße, die man unweigerlich The Mall nannte. Für Kinder, die man nicht zur Ausbildung nach England schicken konnte oder wollte, richtete man ausgezeichnete »Boarding Schools« ein.

Kennedy's Cottage von Captain J. Luard, Shimla, 1822

Nahan ❹

Distrikt Sirmaur. 100 km südlich von Shimla. *Renuka-Fest (Nov)*.

An den Ausläufern der landschaftlich schönen Shivalik Hills liegt Nahan auf einem bewaldeten Bergkamm auf 930 Meter Höhe. Der alte Ort hat gepflasterte Straßen, der interessante Basar geht auf das 17. Jahrhundert zurück. Raja Mahal, der Palast, ist für Besucher nicht zugänglich, doch der Ort hat einige andere Sehenswürdigkeiten zu bieten: den Ranzore-Palast gegenüber von Chaugan, dem alten Polofeld, und den lebhaften Jagannath-Tempel mitten im Basar. Außerdem kann man hier ruhige Spaziergänge durch die *Chir*-Kiefernwälder an der Villa Round unternehmen. Auch auf der Fahrt zum beliebten Renuka Lake bietet sich Nahan als Haltepunkt an.

Umgebung: 42 Kilometer östlich von Nahan liegt der heilige **Renuka Lake** – die Linien seines Ufers erinnern an die Figur einer schlafenden Frau. In der Hindu-Mythologie war Renuka die Frau des Weisen Jamdagni und die Mutter von Parasurama, der sechsten Inkarnation von Vishnu. Ihr Sohn tötete sie auf Befehl seines Vaters. Sie kam ins Leben zurück und verschwand wieder, ließ aber die Form ihres Körpers zurück.

Am See leben viele Vögel, an seinem Ende gibt es einen kleinen Wildpark mit einigen Löwen, Himalaya-Schwarzbären und Antilopen sowie den unvermeidlichen Affen. In der Nähe erstreckt sich ein kleinerer See, das als Parasurama Tal bekannt ist. Unter ihm ist das Gelände, in dem jedes Jahr im November das Renuka-Fest als eine Art Erntedankfest gefeiert wird.

Renuka Lake, Schauplatz des Renuka-Festes im November

Feste in Himachal Pradesh

Shivratri *(Feb/März)*, Mandi. Statuen lokaler Gottheiten werden in geschmückten Palankins (Sänften) von den Hügeln heruntergetragen, um Shiva im Bhootnath-Tempel zu ehren.

Sommerfestival *(Mai/Juni)*, Shimla und Dharamsala. Das Festival fällt in die Tourismussaison und zieht Sänger, Musiker und Tänzer an.

Minjar *(Juli/Aug)*, Chamba. Zum Auftakt des eine Woche dauernden Festes werden mit Seidenfäden verflochtene Maissprossen *(minjars)* in den Fluss Ravi gestreut, um Segen für die Ernte zu erbitten.

Manimahesh Yatra *(Aug/Sep)*, Bharmour. Tausende Hindus machen die Pilgerreise zum heiligen Manimahesh Lake. Seine Wasser sollen von den Sünden eines ganzen Lebens reinwaschen.

Dussehra *(Sep/Okt)*, Kullu (siehe S. 116).

Lavi Mela *(Nov)*, Rampur. Produkte aus Tibet und Ladakh wurden früher gegen solche aus tiefer gelegenen Regionen getauscht. Heute handelt man mit Woll- und Pashmina-Artikeln aus Tibet, Schals aus Kinnaur, *Chilgoza*-Nüssen und Changmurti-Pferden aus Spiti.

Renuka-Fest *(Nov)*, Nahan. Die Menschen aus den Dörfern der Umgebung kommen in der Nähe des Renuka Lake zusammen, um gemeinsam das Erntedankfest zu feiern.

Schals aus Kinnaur an einem Stand beim Lavi Mela, Rampur

Tempel auf dem Hatu Peak, ein Tagesmarsch von Narkanda

Narkanda ❺

Distrikt Shimla. 64 km nördlich von Shimla.

Narkanda liegt 2750 Meter hoch an der HT Road. Von hier sind die Gipfel des Himalaya sehr nah, auf Wanderungen durch die dichten Wälder sieht man Tannen, Fichten und Gebirgseichen, Zedern und Kiefern. Der beste Wanderweg führt über eine Länge von sechs Kilometern zum 3300 Meter hohen Hatu Peak, wo die Gurkhas 1815 einen ihrer letzten Kämpfe gegen die Briten fochten. In der Gegend um Narkanda wachsen viele Apfelbäume. Im Winter kann man auf den Hängen gut Ski fahren.

Rampur ❻

Distrikt Shimla. 130 km nordöstlich von Shimla. *tägl.* *Lavi Mela (Nov).*

Einst lag Rampur an der Haupthandelsroute zwischen Indien und Tibet, heute ist es ein großes Handelszentrum. Jedes Jahr im November brodelt während des Lavi Mela *(siehe S. 105)* das Leben in Rampur. Der im frühen 20. Jahrhundert erbaute Palast der Bushahr-Herrscher von Rampur ist immer noch der Wohnsitz der Familie. Besucher können jedoch durch den Garten spazieren, in dessen Mitte ein Hindu-Tempel und ein kleiner Pavillon stehen. Interessant sind auch die Tempel Narsingh und Raghunath sowie der buddhistische Dumgir-Tempel.

Sarahan ❼

Distrikt Shimla. 200 km nordöstlich von Shimla. *tägl.* *Dussehra (Sep/Okt).*

Das hoch über dem linken Ufer des Satluj gelegene Sarahan war einst Sommerresidenz der Bushahr-Herrscher von Rampur. Das Klima ist hier auf 2165 Metern Höhe angenehm, wunderschön ist der Blick auf die Srikhand Range mit den Gipfeln des Gushu-Pishu und des heiligen Bergs Srikhand Mahadev.

Sarahans interessanteste Sehenswürdigkeit ist der Tempelturm **Bhimakali** *(siehe S. 108f)*. Ebenso lohnend ist ein Besuch des Basars, der vor allem von Pilgern besucht wird. Ein kurzer, angenehmer Weg führt von Sarahan zu einem Fasanenhaus, in dem man unter den vielen Arten auch den Königsglanzfasan und den fast ausgestorbenen Schwarzkopftragopan *(Tragopan melanocephalus)* entdeckt. Die Fasanerie ist seit einiger Zeit an einem Projekt beteiligt, bei dem diese Vögel in Gefangenschaft gezüchtet werden.

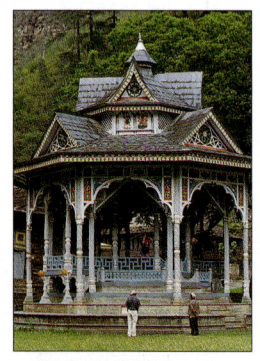

Pavillon im weitläufigen Park des Palasts von Rampur

Distrikt Kinnaur ❽

Distrikt Kinnaur. 240 km nordöstlich von Shimla Richtung Rekong Peo. *19000.* *tägl.* *Sazi (Jan).* **Reisegenehmigung** erforderlich für Teile von Kinnaur. Kontakt: Büro des Subdivisional Magistrate in Rekong Peo, (01786) 222 253.

Kinnaur erstreckt sich in der äußersten nordöstlichen Ecke von Himachal Pradesh am Rand der Tibetischen Hochebene. Früher kamen nur unerschrockene Reisende in die abgelegene, wunderschöne Region, in den 1950er Jahren führte die Nähe zu Tibet zu Reiseeinschränkungen, die jedoch 1992 aufgehoben bzw. wesentlich erleichtert wurden.

Landschaft, Vegetation, Klima und Tierwelt sind in den einzelnen Teilen von Kinnaur ganz unterschiedlich. Lower Kinnaur erstreckt sich um den schluchtähnlichen Fluss Satluj. Die baumbewachsenen Hänge links vom Fluss gehen in terrassierte Reisfelder und Ansiedlungen über, die rechte Seite ist steiler und weniger besiedelt. Middle Kinnaur ist rauer, hier ragen die majestätischen Berge der Kinner Kailash Range auf. Im Süden verläuft das weniger schroffe Tal des Baspa, eines der größten Nebenflüsse des Satluj. Upper Kinnaur wird beherrscht von der Zanskar Range, einer klimatisch sehr rauen Bergkette, deren Felsenwelt nur von wenigen Siedlungen und bewässerten Feldern unterbrochen wird.

Satluj-Schlucht bei Tranda im Sangla Valley, Distrikt Kinnaur

Hotels und Restaurants in Himachal Pradesh *siehe Seiten 570–572 und 600f*

HIMACHAL PRADESH

Blick auf den Kinner Kailash an einem klaren Wintertag

Rekong Peo, der Hauptort des neuen Distrikts, liegt am rechten Ufer des Satluj. Hier gibt es Läden und auch Transportmittel. Rund 13 Kilometer weiter den Berg hinauf erreicht man **Kalpa**, den alten Hauptort. Den Panoramablick von hier auf die Kinner Kailash Range sollte man sich nicht entgehen lassen. Einer der Wanderwege führt zu den Hochweiden durch Wälder aus Zedern und *Chilgoza*-Kiefern (*Pinus gerardiana*). Im nahen Dorf Chini stehen einige alte Tempel.

In rund 20 Kilometer Entfernung von Rekong Peo fließt der Baspa von links in den Satluj. Kurz vor seiner Mündung ist er reißend, doch davor fließt er sanft durch ein bewaldetes Tal, vorbei an kleinen Dörfern. Nach dem größten Ort in Kinnaur wird das Baspa-Tal **Sangla Valley** genannt. Spektakuläre Gneisformationen und Wälder mit Zedern, Pinien und Birken gehen rechts und links des Flusses in Wiesen und dann in schneebedeckte Gipfel über. Die Schönheit des Tales ist legendär. Sie wird in lokalen Legenden beschrieben, aber auch von Besuchern. Einer von ihnen war der Forschungsreisende Marco Pallis, der die Gegend 1933 bereiste und seine Bewunderung für den blauen Mohn des Tales in Worte fasste.

Die 90 Kilometer lange Autotour durch das Sangla Valley, die man wegen der teils steilen und schlechten Straßen am besten mit Allradantrieb unternimmt, dauert hin und zurück zwei bis drei Tage. Man durchquert dabei eine interessante Landschaft, die sich oft dramatisch verändert – von Mischwäldern mit Rhododendren und Eichen bis zu hübschen Bergdörfern, die mit ihren schiefergedeckten Dächern zwischen Obstbäumen und Feldern liegen. Und immer wieder bieten sich atemberaubende Ausblicke.

Holzschnitzerei im Tempel von Sapni

Die Tour beginnt im Dorf **Kafour**, das ein wenig unterhalb der Straße liegt. Sein Hirma-Tempel, einer lokalen Muttergöttin geweiht, ragt zwischen den Häusern auf. Beim zehn Kilometer entfernten Tandra bietet sich von der Straße ein atemberaubender Blick auf Felswände, die auf beiden Seiten 500 Meter fast senkrecht zum Satluj abfallen. Ein Stück weiter flussaufwärts führt eine kleine Seitenstraße zum Tempel von **Sungra Maheshwar**. Er hat ein pagodenähnliches Dach und Schnitzereien an Türen und Wänden.

Zurück auf der Straße erreicht man das nächste Dorf, **Sapni**. Der Turmtempel hier weist einige der schönsten Schnitzereien von ganz Kinnaur auf.

Der **Kamroo-Narayan-Tempel** ist der nächste interessante Halt. Von seinem Turm bietet sich ein wunderbarer Blick über das Baspa-Tal mit Feldern und Obstbäumen auf der einen, Wäldern auf der anderen Seite.

Ganz in der Nähe des Tempels liegt **Sangla**, der größte Ort im Baspa-Tal. Die Tour endet im Dorf **Chitkul**, wo die Wiesen des oberen Baspa-Tals beginnen. Sowohl in Sangla als auch in Chitkul findet man einfache Unterkünfte und einige Läden. Von jedem Dorf an der Strecke zwischen Sangla und Chitkul kann man schöne Wanderungen unternehmen. Besonders auf Dorffesten kommt man mit den Menschen hier gut in Kontakt.

Der Buddhismus ist die vorherrschende Religion in ganz Upper Kinnaur. Flatternde Gebetsfahnen und Tempel mit Lehmmauern, Tonstatuen und Wandmalereien zeugen von der Nähe zu Tibet. Viele Tempel und Klöster soll der Gelehrte Rinchen Zangpo im 11. Jahrhundert gegründet haben. Er wird im tibetischen Buddhismus als Lotsawa («Übersetzer») verehrt, weil er sich an die Mammutaufgabe machte, die indischen Schriften ins Tibetische zu übersetzen. Auch schreibt man ihm zu, in einer einzigen Nacht 108 Klöster erbaut zu haben.

Nako, 100 Kilometer von Rekong Peo entfernt, liegt an einem schönen See nahe dem Reo Purgyal, mit 6816 Metern der höchste Gipfel in Himachal Pradesh. Während der Regenzeit (Juni bis September) ist Upper Kinnaur ein ideales Gebiet für Bergtouren, da es vor den Monsunniederschlägen geschützt liegt.

Buddhistische Mönche in einem Kloster

Sarahan: Bhimakali-Tempel

Der Komplex aus Palast und Tempel war der Sitz der Bushahr-Herrscher von Rampur und entstand aus der Tradition, dass die Familiengottheit im obersten Stock des Hauses des Herrschers aufbewahrt wurde. Die Anlage hat eine Reihe von Höfen, die durch schöne Tore miteinander verbunden sind. Die Hauptgottheit Bhimakali ist eine der tausend Erscheinungsformen von Kali. Ihr Bildnis wird im ersten Stock des pagodenähnlichen Tempels bewahrt. Das genaue Alter des Tempels ist unklar. Er wird mit historischen Ereignissen des 7. Jahrhunderts in Zusammenhang gebracht, Teile des Komplexes sind 800 Jahre alt.

Holztiger

Holzkegel
Geschnitzte Kegel hängen von den Balken der Tempeldächer.

Blick auf den Bhimakali-Tempelkomplex
Die Dächer des Bhimakali-Tempels geben vor dem Hintergrund der Srikhand Range im Winter wie im Sommer einen seltsamen Anblick ab.

Ram Mandir liegt im zweiten Hof.

Schieferdächer

Haupteingang
Eine prächtig verzierte Metalltür führt in den ersten Hof.

Narasimha-Tempel

Dussehra-Fest
Dussehra ist die einzige Zeit des Jahres, an der Pilger die 200 Jahre alte Bhimakali-Statue verehren.

NICHT VERSÄUMEN

★ Balkone

★ Silbertüren

★ Turmtempel

SARAHAN: BHIMAKALI-TEMPEL

★ Balkone
Um den obersten Stock der restaurierten Tempel führen vorstehende Balkone mit geschnitzten Paneelen.

INFOBOX
tägl. Janmashtami (Juli/Aug), Dussehra (Sep/Okt). Man muss eine Kappe tragen, die man vor dem Tempel bekommt. Schuhe und Leder sind verboten.

Goldene Fialen
Den Tempel krönen Symbole der Sonne und des Mondes, eine Referenz an die Göttin und die Herrscher.

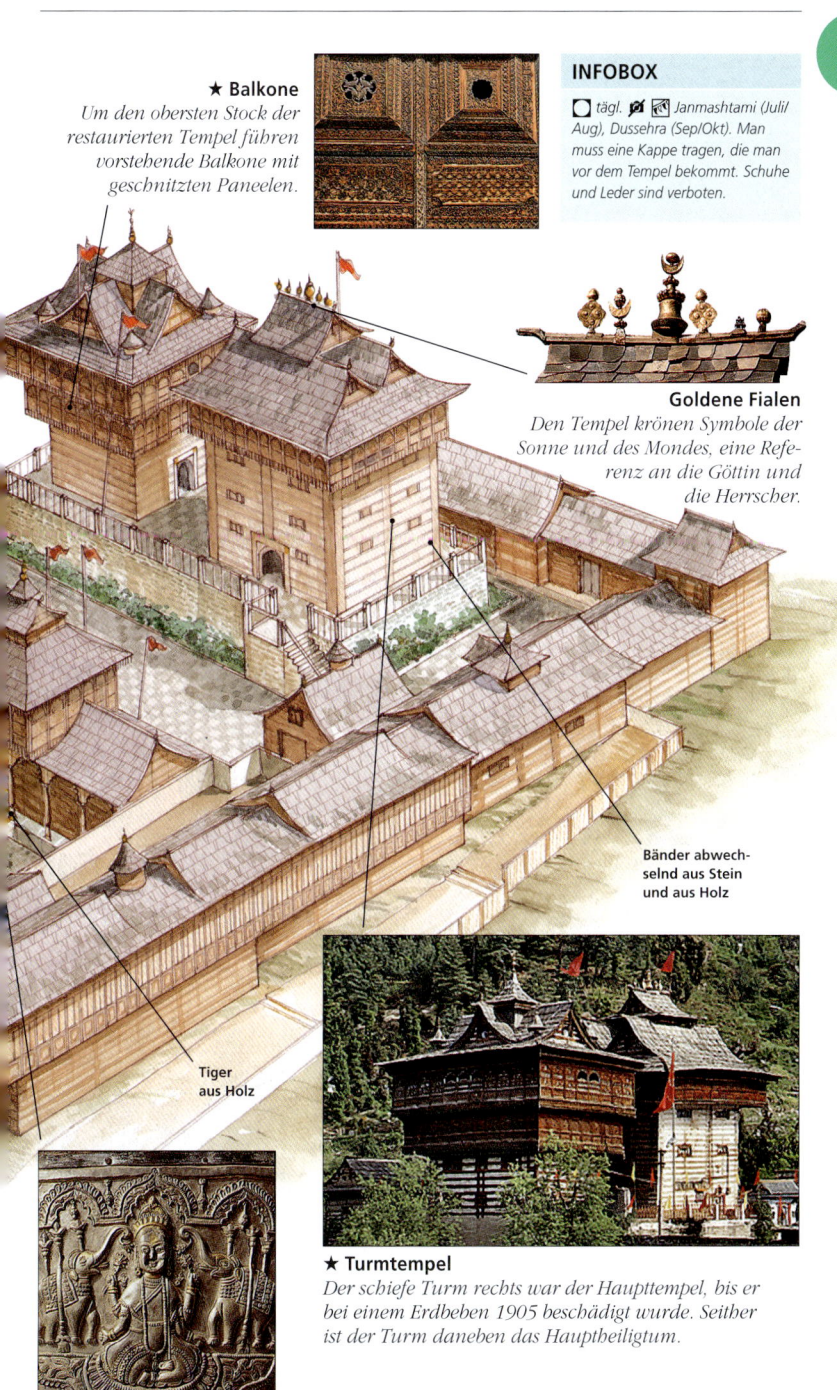

Bänder abwechselnd aus Stein und aus Holz

Tiger aus Holz

★ Turmtempel
Der schiefe Turm rechts war der Haupttempel, bis er bei einem Erdbeben 1905 beschädigt wurde. Seither ist der Turm daneben das Hauptheiligtum.

★ Silbertüren
Die Silbertüren, die zum zweiten Hof führen, zeigen verschiedene Hindu-Gottheiten. Eingebaut wurden die Türen unter Padam Singh (1914–47), einem Bushahr-Herrscher von Rampur.

Dorfhäuser mit Schieferdächern in Mandi

Mandi ❾

Distrikt Mandi. 156 km nördlich von Shimla. 27 000. Joginder Nagar, 53 km nordwestlich von Mandi, dann Taxi oder Bus. Shivratri (Feb/März).

Mandi, das Tor zum Kullu Valley (siehe S. 116), liegt am Zusammenfluss des Beas mit einem kleineren Nebenfluss, der nur in der Regenzeit viel Wasser führt. Die Hauptstadt des ehemaligen Fürstentums Mandi war früher ein wichtiges Zentrum für die kleinen Gemeinden in den Bergen, heute ist es eher ein ruhiger Marktflecken. Auf dem Markt im Stadtzentrum werden alle möglichen Waren angeboten. Ebenfalls im Zentrum liegt die ehemalige Residenz der Mandi-Herrscher. In dem Gebäude im Kolonialstil ist heute das Rajmahal Palace Hotel. Über die Stadt verteilt stehen einige Tempel aus dem 16./17. Jahrhundert mit Steinverzierungen. Bekannt sind vor allem der Madho-Rai-Tempel, der Tarna-Devi-Tempel und der Bhootnath-Tempel, in dem das Shivratri-Fest gefeiert wird.

Umgebung: Rewalsar, ein ruhiges Dorf 24 Kilometer südöstlich von Mandi, liegt an den Ufern des Rewalsar Lake. Am Seeufer stehen ein buddhistisches Kloster, drei Tempel und ein Gurdwara, der an den monatelangen Aufenthalt des 10. Sikh-Gurus Gobind Singh im Jahr 1738 erinnert. Padmasambhava, dem 8. indischen Schüler, der den Buddhismus nach Tibet gebracht haben soll, wird zugeschrieben, von hier nach Tibet geflogen zu sein. Man glaubt, sein Geist verweile immer noch auf den kleinen schwimmenden Schilfinseln auf dem See.

Mandis Hinterland ist landschaftlich schön. Richtung Osten liegen **Jhanjheli** und **Karsog**, beide rund 100 Kilometer entfernt, im Land der Apfelbäume. Von dort kann man schöne Wanderungen zu den Bergtempeln Shikari Devi und Mahunag unternehmen.

Äpfel im Distrikt Mandi

Kangra Valley ❿

Distrikt Kangra. 220 km nordwestlich von Shimla. 9000. Gaggal, 10 km nördlich von Kangra-Stadt. Joginder Nagar und Una.

Im Westteil von Himachal Pradesh, zwischen den Ausläufern der Shivalik Hills und der Dhauladhar Range, erstreckt sich das Kangra Valley mit seiner sanften Schönheit. So weit das Auge reicht, sieht man hier Teeplantagen und terrassierte Reisfelder, durchzogen von Flüsschen, die während der Schneeschmelze viel Wasser führen. Kangra ist der am dichtesten besiedelte Distrikt von Himachal Pradesh, an der Grenze zum Punjab ist er gut mit den Ebenen verbunden.

Auch wenn Dharamsala (siehe S. 112) heute Hauptstadt des Distrikts ist, hat das Tal seinen Namen von der alten Stadt Kangra. Ihre Geschichte reicht 3500 Jahre zurück, als sie unter dem Namen Nagarkot die Hauptstadt des Reiches Trigartha war. 1620 wurden Kangra und sein Fort vom Herrscher Jahangir erobert, danach war es eine Provinz der Moguln.

Prägend für die Stadt sind die Ruinen des einst prächtigen Kangra Fort auf einer steilen Klippe über den Flüssen Banganga und Majhi.

Der rechteckige Rewalsar Lake am Fuß eines Berges

Hotels und Restaurants in Himachal Pradesh siehe Seiten 570–572 und 600f

HIMACHAL PRADESH

Turm des Brajeshwari-Devi-Tempels in Kangra-Stadt

Innerhalb der Befestigung stehen zwei Ambika Devi geweihte Hindu-Tempel sowie der Jain-Tempel Lakshmi Narayan mit einer Skulptur von Adinath. Hinter dem lebhaften Basar erhebt sich der Brajeshwari-Devi-Tempel, dessen fabelhafte Schätze 1009 von Mahmud von Ghazni *(siehe S. 48)* geplündert wurden. Nachdem 1905 ein Erdbeben den Originalbau zerstört hatte, wurde der Tempel 1920 neu errichtet.

40 Kilometer südwestlich von Kangra-Stadt stehen die 15 Tempel von **Masroor**. Sie wurden im 10. Jahrhundert aus Monolithen gehauen und gleichen denen von Ellora *(siehe S. 388–390)*. Der pittoreske **Jwalamukhi-Tempel**, 35 Kilometer südwestlich von Kangra, zählt zu den wichtigsten Pilgerstätten Nordindiens.

Im Osten von Kangra entfaltet sich die Schönheit der Teeplantagen-Landschaft um das 45 Kilometer entfernte **Palampur**. Hinter Palampur kommt man zum Shiva geweihten Baijnath-Tempel aus dem 9. Jahrhundert, nach Bir mit einem tibetisch-buddhistischen Kloster und nach Billing, einem Ausgangspunkt zum Paragliden über das Tal.

Rund 40 Kilometer südöstlich von Palampur erhebt sich die Festung **Sujanpur-Tira** am rechten Ufer des Beas. Die Kangra-Herrscher ließen das Fort im frühen 18. Jahrhundert errichten. Es war die Lieblingsresidenz von Raja Sansar Chand, dem Förderer der Kangra-Miniaturgemälde. In der Festung sind schöne Wandmalereien erhalten.

Am Ende des Kangra Valley liegt **Joginder Nagar**, 55 Kilometer südlich von Palampur. Es ist Endstation einer Schmalspureisenbahn, die sich das Tal von Pathankot im Westen hinaufwindet. Der **Maharana Pratap Sagar Lake** entstand 1979 durch den Bau des Pong-Damms im Südwesten des Distrikts Kangra. Das große Feuchtgebiet, das etwa 45 000 Hektar einnimmt, ist ein Zwischenstopp für Zugvögel aus Zentralasien.

Terrassierte Reisfelder im Kangra Valley

Pahari-Miniaturmalerei

Pahari-(»Hügel«-)Malerei ist der Oberbegriff für die verschiedenen Schulen der Miniaturmalerei wie Kangra, Basohli, Mankot und Guler. Sie blühte zwischen Mitte des 17. und Ende des 19. Jahrhunderts in den Rajputen-Reichen in den Ausläufern des Himalayas. Zwar entstanden schon 1552 Miniaturgemälde in der Region, die ersten Bilder im typischen Pahari-Stil wurden jedoch um 1650 im kleinen Staat Basohli geschaffen. Die Bilder waren querformatig, die bevorzugten Farben waren Rot und Gelb. Charakteristisch für diese Gemälde sind die stilisierte Architektur und die Figuren mit großen Augen und geraden Profilen, die prächtige Kostüme und Schmuck tragen. Miniaturen dieser Art illustrieren das *Rasamanjari*, ein Sanskrit-Gedicht über das Verhalten von Liebenden. Im 18. Jahrhundert entwickelte sich im benachbarten Staat Mankot ein ebenso kraftvoller Stil – eine Reihe von Porträts adliger Hofgranden zeugt davon. Bis zum späten 18. Jahrhundert hatte sich der klare Stil unter dem Einfluss der Moguln abgemildert. Jetzt malte man lyrischer, mit ruhigeren Farben und naturalistischeren Formen, wie man an den Miniaturen aus Guler und Kangra sieht. Die Maltradition in Guler wurde von einer Künstlerfamilie geprägt, der begabteste Maler war Nainsukh. In Kangra florierte die Malerei unter Raja Sansar Chand (reg. 1775–1823). Der raffinierte Stil, der sich in dieser Periode entwickelte, wählte idyllische Landschaften als Hintergrund für romantische Szenen. Andere Zentren der Pahari-Malerei sind Mandi, Jammu, Nurpur, Chamba und Kullu.

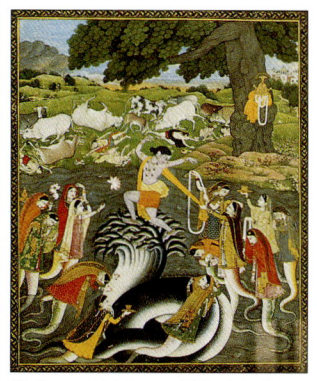

Die Kangra-Miniatur von 1788 zeigt, wie Krishna den Schlangendämon Kaliya tötet

Dharamsala ⑪

Distrikt Kangra. 240 km nordwestlich von Shimla. 🏠 19000. ✈ Gaggal, 11 km südlich des Stadtzentrums. 🚂 Pathankot, 80 km nordwestlich von Dharamsala, dann Bus oder Taxi. ℹ HP Tourism, McLeodganj, (01892) 221 205. 🕒 tägl. 🎭 Sommerfestival (Mai), Bodh-Fest (Okt/Nov).

Die »Hill Station«, die die Briten Mitte des 19. Jahrhunderts errichteten, ist heute der Sitz des Dalai-Lama und der tibetischen Exilregierung. Die Stadt in den Ausläufern der Dhauladhar Range hat zwei Teile: die Unterstadt mit Busbahnhof und Basar sowie neun Kilometer weiter nördlich die Oberstadt **McLeodganj**, das eigentliche Ziel der meisten Besucher. In der Unterstadt kann man den lebhaften **Kotwali Bazar** und das **Museum of Kangra Art** besuchen. Dieses besitzt eine Sammlung von Kangra-Miniaturen (siehe S. 111). Ihm angeschlossen ist eine Schule, in der die Kunst der Miniaturmalerei gelehrt wird.

Die Oberstadt ist nach David McLeod benannt, 1848 Militärgouverneur des Punjab. Sie wirkt wie eine tibetische Siedlung, Zentrum ist der **Tsuglagkhang-Komplex** am Südrand der Stadt. Hier findet man die Residenz des Dalai-Lama (für Besucher nicht zugänglich), das **Namgyal-Kloster**, in dem man nachmittags den Mönchen bei der Debatte lauschen kann, und den **Tsuglagkhang-Tempel**. Er ist kaum mehr als eine schlichte, gelb gestrichene Halle mit einem erhöhten Podium, von dem der Dalai-Lama die Diskussionen leitet. Drei schöne Bildnisse aus der buddhistischen Götterwelt – Sakyamuni (der historische Buddha), Avalokitesvara und Padmasambhava (siehe S. 110 und S. 127) – schmücken den Tempel. Den Dalai-Lama halten Gläubige für eine Inkarnation von Avalokitesvara. In einem weiteren Tempel sieht man ein fein gemaltes Wandbild des Kalachakra (»Rad der Zeit«) und Mandalas aus Sand, die die Mönche über eine gewissen Zeitspanne schaffen und dann in einem Ritual zerstören.

Am Nordrand der Stadt befinden sich das **Tibetan Institute of Performing Arts** und das schöne **Norbulingka Institute**, in dem die traditionellen Künste und Handwerke lebendig gehalten werden.

Gangchen Kyishong, das administrative Zentrum der tibetischen Exilregierung, liegt auf halber Strecke zwischen Ober- und Unterstadt. Der Komplex beherbergt die interessante **Library of Tibetan Works and Archives** mit einem Museum im ersten Stock, das Bronzen und *thangkas* zeigt, und das **Institute of Tibetan Medicine**. Das nahe **Nechung-Kloster** ist der Sitz des Tibetan State Oracle, dessen Vorhersagen über die Ereignisse im kommenden Jahr für die tibetische Gemeinde großes Gewicht besitzen. Ebenfalls an der Straße zum Kotwali Bazar, gleich unterhalb von McLeodganj, steht die **Church of St John in the Wilderness**. Der graue Steinbau von 1852 weist in seinem Inneren Messingtafeln und schöne belgische Buntglasfenster auf. Die Grabstätte von Lord Elgin, dem britischen Vizekönig, der hier 1863 während seines Urlaubsaufenthalts starb, befindet sich im Innenhof der Kirche.

🏛 **Museum of Kangra Art**
Main Rd, Dharamsala. ☎ (01892) 224 214. 🕒 Di–So.

🏛 **Library of Tibetan Works and Archives**
Gangchen Kyishong, McLeodganj Rd. 🕒 Mo–Fr.

⛪ **St John in the Wilderness**
🕒 tägl. ⛪ So 11 Uhr.

Umgebung: Zum hübschen Dorf **Dharamkot**, drei Kilometer nördlich von McLeodganj, führt eine Straße, die von Eichen gesäumt ist. Vom Dorf bietet sich ein schönes Panorama über das Kangra Valley.

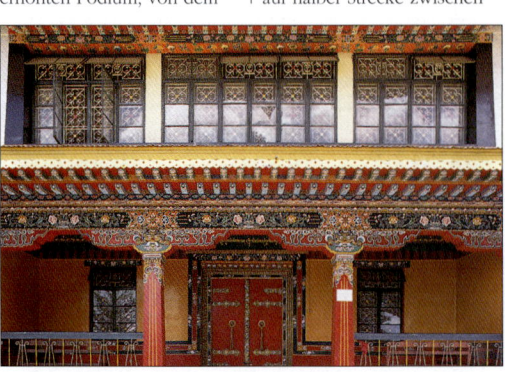

Tibetische Nonnen in ihren roten Gewändern in Dharamsala

Buntglasfenster, St John in the Wilderness

Die bunte Fassade des Namgyal-Klosters, McLeodganj

Hotels und Restaurants in Himachal Pradesh *siehe Seiten 570–572 und 600f*

Little Tibet

Als der 14. Dalai-Lama, Tenzin Gyatso, nach der chinesischen Okkupation 1959 aus Tibet fliehen musste, wurde Dharamsala sein neues Zuhause und Sitz der tibetischen Exilregierung. Die Stadt nennt man seitdem häufig Little Tibet. Hier wird Tibets religiöses und kulturelles Erbe lebendig gehalten, hier fokussiert sich das internationale Interesse an der Region. Dharamsala ist das Zentrum für rund 100 000 Tibeter, deren Siedlungen über ganz Indien verstreut sind, und für Buddhisten aus der ganzen Welt.

Butterlampe

Die Flagge Tibets *zeigt einen schneebedeckten Berg, Symbol für Tibet. Die sechs roten Streifen symbolisieren die sechs tibetischen Ethnien.*

Religion und Kultur

Dharamsalas viele Klöster, die Handwerkszentren und die Musik- und Theaterschule sorgen dafür, dass Tibets Religion und Kultur erhalten bleiben.

Die tibetische Oper, lhamo *genannt, hat traditionelle Volksgeschichten, Legenden und Mythen zum Thema.*

Der Dalai-Lama, *der 1990 den Friedensnobelpreis bekam, ist Oberhaupt des Gelugpa- oder Gelbmützenordens (siehe S. 127).*

Metallvajra

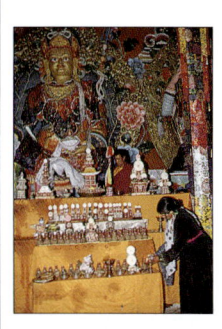

Auf dem Altar *in einem tibetischen Kloster befinden sich – neben Bildnissen von Gottheiten – sieben Wasserschalen, Butterlampen, Butterskulpturen sowie eine Glocke und ein vajra (Donnerkeil oder Diamant) für Gebete und Rituale.*

Butterskulptur   **Gebetsglocke**

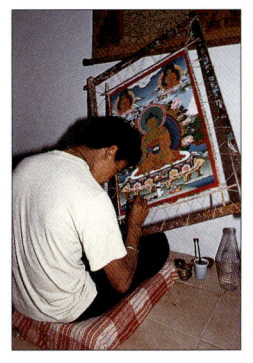

Thangkas *sind auf Seide gemalte Bildrollen, die buddhistische Gottheiten abbilden. Vor allem die Tibeter im Exil halten diese Kunst lebendig.*

Sand-Mandalas *symbolisieren das Universum. Sie werden mit Mühe und Ausdauer geschaffen und dann zeremoniell zerstört.*

Siehe auch den Kasten *Auf den Spuren Buddhas* auf Seite 189

Sylverton, eines der vielen Kolonialhäuser in Dalhousie

Dalhousie ⓬

Distrikt Chamba. 335 km nordwestlich von Shimla. 7400. ℹ️ *Geetanjali Hotel, beim Busbahnhof, (01899) 242 136.* tägl. Sommerfestival (Juni).

Dalhousie erstreckt sich über fünf Berge zwischen 1525 und 2378 Metern Höhe, der 1853 gegründete Ort mit den grünen Straßen, großzügigen Bungalows und Kirchen ist britisch-kolonial geprägt. Ursprünglich war er weniger als schicker Sommerferienort, sondern als Sanatorium für Briten fern der Heimat geplant. Benannt wurde er nach Lord Dalhousie, der 1854–56 Generalgouverneur von Britisch-Indien war.

Die beliebtesten Spazierwege heißen **Garam Sarak** (»Warme Straße«) und **Thandi Sarak** (»Kalte Straße«), so genannt, weil ein Weg sonniger ist als der andere. Ein kürzerer Spaziergang vom Circuit House zu Gandhi Chowk – dem Stadtzentrum mit Schule, Kirche und Postamt – bietet spektakuläre Blicke auf die Pir Panjal Range. Vom Gandhi Chowk führt ein weiterer, rund drei Kilometer langer Weg zu dem gemütlichen Picknickplatz Panjpula (»Fünf Brücken«).

Wer der britischen Vergangenheit auf der Spur bleiben will, kann den Pfad nehmen, der rechts vom Busbahnhof abgeht. Er führt an einem alten britischen Friedhof im Wald vorbei zu einem kleinen Ort. Eine der beiden Kirchen hier hat hübsche Buntglasfenster und Sandsteinbögen.

Umgebung: Eine landschaftlich reizvolle Straße führt durch dichten Wald mit Fichten, Zedern, Eichen, Kastanien und Rhododendren zum **Kalatope Wildlife Sanctuary** rund acht Kilometer östlich von Dalhousie. Mit einer Genehmigung, die man von der Parkverwaltung in Chamba bekommt, kann man in Bakrota abbiegen und zu einem Gasthof mitten im Schutzgebiet fahren.

26 Kilometer östlich von Dalhousie liegt **Khajjiar** auf einer Höhe von 2000 Metern. Das ausgedehnte grüne Gelände hier, das von hohen Zedern gesäumt wird, präsentiert sich als Postkartenidylle. In der Mitte befindet sich ein kleiner See. Der Devi-Tempel auf einer schwimmenden Insel hat eine goldene Kuppel.

🍴 **Kalatope Wildlife Sanctuary**
Genehmigung: Forest Department, Chamba. 📞 (01899) 222 639.

Chamba ⓭

Distrikt Chamba. 380 km nordwestlich von Shimla. 20 000. tägl. Sui (Apr), Minjar (Juli/Aug). **Reisegenehmigung** Kontakt: Deputy Commissioner, (01899) 225 371. Details siehe S. 624.

Chamba wurde im 10. Jahrhundert, als Raja Sahil Varman von Bharmour hierher zog, Hauptstadt des Fürstentums Chamba. Der Name wurde wegen seiner Lieblingstochter Champavati gewählt, die sich nach einer Legende selbst geopfert haben soll, um Wasser für die dürstende Stadt zu bekommen. Während des Sui-Festes singen Frauen und Kinder in den vielen Tempeln der Stadt ein Loblied.

Eine Brücke über den Ravi führt in die Stadt hinauf, die über dem rechten Flussufer auf einem Bergrücken liegt. Im Zentrum erstreckt sich der **Chaugan**, eine große Wiese, auf der sich ein Großteil des kulturellen und sozialen Lebens abspielt. Sie wird von imposanten Gebäuden gesäumt, eines ist der alte **Akhand-Chandi-Palast**, der heute teilweise ein College ist. Der Chaugan ist auch der Marktplatz. Hier bekommt man viele hübsche und praktische Dinge – von traditionellem Silberschmuck bis zu den für Chamba typischen bestickten *chappals* (Sandalen), mit denen man auch im Gelände gut laufen kann.

Chambas hoch aufragende Steintempel gehören zu den

Silbermaske von Parvati, Chamba

Bildnisse von Gottheiten am Lakshmi-Narayan-Tempel, Chamba

Hotels und Restaurants in Himachal Pradesh siehe Seiten 570–572 und 600f

HIMACHAL PRADESH

Im Herbst zeigen sich die Berge um Chamba in leuchtenden Farben

schönsten der Region. Die bedeutendsten sind die sechs Tempel im nordindischen *Shikhara*-Stil *(siehe S. 20)*, die zum **Lakshmi-Narayan-Tempelkomplex** westlich des Chaugan gehören. Drei davon sind Vishnu, drei Shiva geweiht. Das weiße Marmorbildnis von Lakshmi Narayan im Haupttempel wurde im 10. Jahrhundert aus Zentralindien hierhergebracht. Der Wandschmuck zeigt mythologische Szenen sowie Tier- und Blumenmotive.

Der **Madho-Rai-Tempel** in der Nähe des Palasts birgt eine Bronzestatue von Krishna, den **Chamunda-Tempel** findet man weiter bergauf.

Einen Blick in Chambas Vergangenheit kann man im 1908 eingerichteten **Bhuri Singh Museum** werfen. Im Zentrum stehen die Miniaturgemälde der Herrscher von Chamba, weiterhin gibt es Pahari-Malereien *(siehe S. 111)*, Wandmalereien, Steinpaneele, *rumals (siehe Kasten)*, Metallmasken, Kupferplatten und Silberschmuck zu sehen.

🏛 **Bhuri Singh Museum**
Südlich vom Chaughan.
📞 (01899) 222 590. 🕒 Di–So.

Bharmour ⑭

Distrikt Chamba. 64 km südöstlich von Chamba. 🚌 🎪 *Manimahesh Yatra (Aug/Sep)*.

Die Region um Bharmour ist die Heimat des halbnomadischen Hirtenvolks der Gaddi. Der Ort war die erste Hauptstadt der Herrscher von Chamba. Er liegt an einem steilen Hang über dem Budhil, einem Nebenfluss des Ravi. Bharmours wichtigste Sehenswürdigkeit ist der faszinierende **Chaurasi-Tempel** (»84-Tempel«), der im 10. Jahrhundert unter Raja Sahil Varman errichtet wurde, um die 84 Heiligen zu ehren, die Bharmour besuchten. Die Haupteiligtümer sind Narasimha, Ganesha sowie den lokalen Gottheiten Larkana Devi und Manimahesh geweiht. Die feinen Holzschnitzereien über den Türen und die Bildnisse der Hauptgottheiten sind herausragend. Es heißt, man habe dem Bildhauer die Hände abgehackt, damit er solch schöne Werke nicht noch einmal schaffen könnte.

Umgebung: Auf 3950 Metern Höhe liegt der **Manimahesh Lake**, 35 Kilometer von Bharmour entfernt. Es ist der heiligste See der Gegend, seine Wasser sollen von allen Sünden reinwaschen. Im August/September kommen Tausende Pilger hierher zum Manimahesh Yatra. Die Hauptstraße führt bis nach Hadsar, 16 Kilometer von Bharmour entfernt. Dort beginnt die *yatra* (Prozession), ein Aufstieg in zwei Phasen über Dhanchho zum See am Fuß des Manimahesh Kailasa.

Von Bharmour kann man auch eine sehr anstrengende fünftägige Tour über den 5040 Meter hohen Kugti-Pass nach Lahaul *(siehe S. 119)* unternehmen. Holi, 26 Kilometer entfernt im Ravi Valley, ist Ausgangspunkt zahlreicher Wege über die Dhauladhar Range ins Kangra Valley. Von hier kann man auch bis ins Kullu Valley wandern.

Der **Chatrari-Tempel** in der Ravi-Schlucht an der Straße nach Chamba birgt ein Bronzebildnis von Shakti Devi.

Gut erhaltene Tempel aus dem 10. Jahrhundert in Bharmour

Rumals aus Chamba

Rumals aus Chamba, fein bestickte Taschentücher oder Kissenbezüge, sind normalerweise quadratisch und wurden ursprünglich dazu benutzt, Geschenke einzuschlagen – sei es für die Opfergaben im Tempel oder für den zeremoniellen Geschenkaustausch bei Hochzeiten. Teilweise dienten sie auch als Baldachine über Götterstatuen im Tempel. Die Stickereien aus Seidenfäden in zarten Farben auf ungebleichtem Musselin weisen feinste Muster auf, die von den Pahari-Miniaturmalereien inspiriert wurden. Ursprünglich fertigten die Damen am Hof die *rumals*. Die Symbole waren religiöser Art, abstrakte Tier- und Pflanzendarstellungen kamen als Motive dazu.

Handbestickter rumal aus Chamba

HIMACHAL PRADESH

Ein Tiger bewacht den Jagannathi-Devi-Tempel in Kullu

Kullu Valley ⓕ

Distrikt Kullu. 240 km nördlich von Shimla. 18 000. Bhuntar, 10 km südlich von Kullu-Stadt. HP Tourism, bei Maidan, (01902) 222 349. Dussehra (Sep/Okt).
Reisegenehmigung Kontakt: Deputy Commissioner, (01902) 222 727.

Durch das 80 Kilometer lange Kullu Valley im zentralen Himachal Pradesh fließt der Beas. Das Tal ist schon sehr lange besiedelt. In alten Sanskrit-Schriften wird es Kulantapith genannt, das »Ende der bewohnbaren Welt« – eine treffende Beschreibung, wenn man die sanften Felder und die Apfelbäume mit der rauen Landschaft von Lahaul (siehe S. 119) vergleicht, das sich hinter der Pir Panjal Range erstreckt. Der lokale Name für Kullu bedeutet »Tal der Götter« – hier werden zum Dussehra-Fest die Bildnisse der 360 Götter aus den verschiedenen Tempeln der Region zusammengetragen und aufgestellt.

Anders als die von den Briten erbauten »Hill Stations« im Himalaya blieb Kullu außerhalb Indiens unbekannt, bis die Blumenkinder der 1960er Jahre das Tal »entdeckten« und von den Marihuana-Pflanzen, die an den Hängen wuchsen, ebenso entzückt waren wie von der landschaftlichen Schönheit und der liebenswerten Bevölkerung.

Die Männer im Kullu Valley tragen die charakteristische *topi*, eine Wollkappe mit farbigem hochgeschlagenem Schild. Die Frauen weben Wollschals mit auffallenden geometrischen Mustern am Rand. Wenige Besucher können der Versuchung widerstehen, einen dieser hübschen Artikel zu kaufen, sodass aus der Herstellung fast schon ein Industriezweig geworden ist. Ebenso hübsch sind die Dorfhäuser, die sich mit ihren Schieferdächern von den grünen Wiesen abheben.

Typisches Muster am Rand eines Kullu-Schals

Kullu, Distrikthauptstadt und größte Siedlung im Tal, liegt am rechten Ufer des Beas. Die größte Attraktion ist der **Raghunath-Tempel** (17. Jh.). Er ist Rama und Sita geweiht, und seine Bildnisse führen die Prozessionen beim Dussehra-Fest an. Lohnenswert ist ein Besuch des Akhara Bazar am Nordrand der Stadt. Hier entdeckt man viele Schals und traditionellen Silberschmuck. Am Südrand der Stadt finden auf dem großen grünen **Dhalpur Maidan** die Feiern des farbenfrohen Dussehra-Festes *(siehe Kasten)* statt.

Eine Reihe von Tempeln mit schönen Steinarbeiten und Bildnissen liegen in der Nachbarschaft von Kullu-Stadt – der **Vaishno Devi Cave Shrine** vier Kilometer im Nordosten, der **Jagannathi-Devi-Tempel** in Bekhli, fünf Kilometer im Norden, der **Vishnu-Tempel** in Dayar, zwölf Kilometer im Westen. Der große, pyramidenförmige **Basheshwar-Mahadev-Tempel** in Bajaura, 15 Kilometer südlich von Kullu, besitzt schöne Bildnisse von Vishnu, Ganesha und Durga.

Am bekanntesten ist jedoch der dem »Gott des Blitzes« geweihte **Bijli-Mahadev-Tempel** 14 Kilometer südöstlich von Kullu. Der Tempel liegt hoch am linken Ufer des Flusses und hat eine 18 Meter hohe Stange, die besonders während der Monsungewitter Blitze anzieht. Dies gilt als göttlicher Segen, auch wenn es den Shivalinga im innersten Heiligtum des Tempels zerbricht. Die Steinfragmente werden dann vom Oberpriester gewissenhaft wieder mit Mörtel oder Butter zusammengefügt.

Umgebung: Der **Jalori-Pass**, rund 70 Kilometer südlich von Kullu, ist die Wasserscheide zwischen den Flüssen Beas und Satluj. Hier beginnen zwei Wege, die durch dichte Wälder mit Bergeichen und über grüne Wiesen verlaufen. Die erste Wanderung hat sanfte Steigungen und führt zum fünf Kilometer entfernten Bergsee Saryolsar. Auf dem anderen Weg kommt man zu den pittoresken Ruinen eines Forts, das die Gurkhas im 19. Jahrhundert besetzten.

Wasserfall im Kullu Valley

Hotels und Restaurants in Himachal Pradesh *siehe Seiten 570–572 und 600f*

HIMACHAL PRADESH 117

Heiße Quellen im Wallfahrtsort Manikaran

Parvati Valley ⓰

Distrikt Kullu. 180 km nordöstlich von Shimla (über den Jalori-Pass). HP Tourism, bei Maidan, Kullu, (01902) 222 349.

Das reizvolle Parvati Valley mit seinen terrassierten Reisfeldern und Apfelbäumen zieht immer mehr Reisende an. Wegen des illegalen Marihuana-Anbaus in der Region ist das Tal jedoch in den letzten Jahren als Umschlagplatz für Rauschmittel bekannt geworden, was viele Besucher abschreckt. Wer in dieser Region Touren unternehmen möchte, sollte sich einen Führer oder Träger aus Naggar *(siehe S. 118)* oder **Manikaran** nehmen.

Manikaran, die größte Siedlung im Parvati Valley, ist der Ausgangspunkt von Wanderungen und bekannt für seine heißen Quellen. Eine Legende erklärt deren Entstehung: Eine Schlange stahl die Ohrringe von Parvati, der Gemahlin von Shiva, und verschwand damit in einem tiefen Loch. Shiva tobte, und aus Angst vor seinem Zorn wagte sich die Schlange nicht mehr hervor. Stattdessen schnaubte sie die Ohrringe durch die Erde, wodurch die Öffnungen für die heißen Quellen entstanden. Ein Bad hier soll für Körper und Seele wohltuend sein. Die Einheimischen kochen manchmal Reis im geothermalen Dampf.

Im Rama-Tempel und im Shiva-Tempel neben einem Sikh-Gurdwara trifft man immer auf *sadhus* (hinduistische Heilige, teils auch nur selbst ernannte).

Glanzfasan

Great Himalayan National Park ⓱

Distrikt Kullu. 205 km nördlich von Shimla (über den Jalori-Pass). **Zugang:** Saing, Gushani. Shamchi, 15 km südlich von Kullu, dann Jeep. Buchung und Genehmigung: Director, GHNP, Shamchi, (01902) 265 320.

Der Nationalpark nimmt eine Fläche von 754 Quadratkilometern ein, er erstreckt sich zwischen 1300 und 6100 Metern Höhe und grenzt an die Kältewüste des Pin Valley National Park. Die Vielfalt von Flora und Fauna ist repräsentativ für den ganzen westlichen Teil des Himalayas. Hier sieht man subtropische Pflanzen ebenso wie Wiesen mit Edelweiß oder Eichenwälder. Unter den Säugetieren sind Tahrs (eine Art Wildziege), Moschustiere (eine primitive Hirschart) und Schneeleoparden. Es gibt über 300 Vogelarten, darunter mindestens sechs Fasanenarten.

Eine Anzahl von Trekking-Routen mit Hütten erleichtert es, den Park zu erkunden.

Zusammenkunft der Götter

Kullu feiert das Fest Dussehra in einzigartiger Weise. In ganz Indien erinnert Dussehra an den Sieg des Gottes Rama über den Dämonenkönig Ravana, eine Geschichte, die das hinduistische Epos *Ramayana (siehe S. 27)* erzählt. In Kullu kommen zu diesem Mythos lokale Traditionen hinzu: Sie haben ihren Ursprung im 17. Jahrhundert, als der Herrscher Jagat Singh versehentlich den Tod eines Brahmanenpriesters verursachte. Um diese Sünde zu sühnen, überließ er dem Gott Raghunath (einer Inkarnation von Rama) seinen Thron und schwor, dass er und seine Nachkommen über Kullu nur stellvertretend regieren würden. Das Bildnis des Gottes wurde den weiten Weg von der heiligen Stadt Ayodhya *(siehe S. 171)* nach Kullu, dem Geburtsort Ramas, getragen. Seit damals »lädt« Raghunath jedes Jahr im September/Oktober alle lokalen Gottheiten in »sein« Tal, um in Kullu Dussehra zu feiern. Unter den 360 »Gästen« sind Hadimba, der Schutzgott der Kullu-Rajas von Manali *(siehe S. 118)*, und Jamlu, der Gott von Malana, der durch den Dorfpriester auch für Gerechtigkeit sorgt. Die Statuen der Götter werden in *palanquins* (Sänften) aus ihren Tempeln zum Dhalpur Maidan in Kullu getragen, wo sie in einer fröhlichen Prozession mit frenetischen Trommelklängen zusammenkommen. Neun Tage dauert das Fest. Es gibt einen Markt, verschiedene Gruppen führen *Natti*-Tänze im Wettbewerb auf.

Statue der Göttin Vashishtha Devta

Vorbereitung für das Dussehra-Fest

Manali ⓲

Distrikt Kullu. 280 km nördlich von Shimla. 6300. *The Mall, (01902) 253 531.* tägl. *Winter Carnival (Jan), Dhungri Mela (Mai).*

Manali liegt am Westufer des Flusses Beas. Der Bergort ist ein beliebtes Ziel für Besucher und Ausgangspunkt für Wanderungen durch dicht bewaldetes Gebiet. In Manali selbst gibt es mittlerweile viele Hotels und Läden, aber die Umgebung hat sich ihre ursprüngliche Schönheit bewahrt. Besonders reizvoll ist das ursprüngliche Dorf drei Kilometer nördlich des Hauptmarkts. Der dortige Tempel ist Manu geweiht, dem Hindu-Weisen, nach dem Manali benannt ist.

Eineinhalb Kilometer nördlich des Hauptmarkts befindet sich der **Hadimba-Tempel** inmitten eines Wäldchens mit stattlichen Himalaya-Zedern. Das vierstöckige Gebäude im Pagodenstil wurde 1553 um eine kleine Höhle gebaut. Diese birgt die Fußspuren von Hadimba, der Frau von Bhima, einem der Pandava-Brüder *(siehe S. 26).*

Am linken Ufer des Beas, rund drei Kilometer nördlich des Hauptmarkts, liegt das Dorf **Vashisht** mit heißen Schwefelquellen, die in türkische Bäder geleitet werden. Weiter flussaufwärts, 14 Kilometer von Manali entfernt, ist das **Solang Valley** der Ort für viele sportliche Aktivitäten. Wanderwege führen hinauf zu den Wiesen von Dhumti und zum kleinen, eisigen See Beas

Der hölzerne Hadimba-Tempel in Manali, 16. Jahrhundert

Kund. An den Hängen wird Paragliding betrieben, im Winter kann man hier auch Ski fahren.

Umgebung: Der **Rohtang-Pass**, 52 Kilometer nördlich von Manali, führt auf 3980 Metern Höhe nach Lahaul. Der Tagesausflug ist nur im Sommer möglich, am Weg stürzen die spektakulären Rahalla Falls in die Tiefe. **Jagatsukh**, die erste Hauptstadt der Kullu-Herrscher, liegt sechs Kilometer südlich von Manali am linken Ufer des Beas. Die zwei Steintempel im *Shikhara*-Stil *(siehe S. 20)* stammen vermutlich aus dem 6. Jahrhundert. **Naggar**, an derselben Uferseite weiter südlich, war die zweite Hauptstadt, im 17. Jahrhundert wurde dann Kullu zur Hauptstadt *(siehe S. 116).* In der Burg von Naggar aus dem 15. Jahrhundert befindet sich heute ein Hotel. Hier kann man noch die lokale Bauwei-

Schnitzerei an einer Tür in Malana

se erkennen: Die Wände wurden aus Schichten von Holzbalken und glatt gehauenen Steinen errichtet. Außerdem bietet sich von hier ein schöner Blick über das Beas-Tal. In der Nähe stellt die **Roerich Art Gallery** Werke des Russen Nikolaj Roerich aus. Auf der anderen Flussseite von Naggar befindet sich **Katrain** inmitten von Obstbäumen. Im Fluss kann man Forellen angeln.

Das Dorf **Malana** liegt abgelegen hinter dem Chanderkhani-Pass, 25 Kilometer südöstlich von Naggar. Die Dorfbewohner von Malana haben ihre eigene Kultur, Sprache und Regierungsform und sind Fremden gegenüber nicht unbedingt aufgeschlossen. Das Dorf sollte man nur betreten, wenn man ausdrücklich eingeladen wird.

🏛 **Roerich Art Gallery**
Naggar. ☐ tägl.

Kleine Bäche durchziehen die grüne Landschaft um Manali

Nikolaj Roerich (1874–1947)

Der vielseitige russische Künstler malte, schrieb Gedichte und schuf eine universalistische Philosophie aus vielen Religionen. Er reiste viel in Tibet und im Himalaya, am bekanntesten wurde er jedoch durch seine farbintensiven Landschaftsbilder. 1936 ließ sich Roerich in Naggar nieder, wo er 1947 auch starb. Sein Haus wurde zum Roerich-Museum umgestaltet. Auch sein Sohn Svyatoslav, ebenfalls Maler, wählte Indien als seinen Wohnsitz.

Berglandschaft von Nikolaj Roerich

Hotels und Restaurants in Himachal Pradesh siehe Seiten 570–572 und 600f

Lahaul und Spiti

Distrikt Lahaul und Spiti. 610 km nördlich von Shimla nach Keylong über den Kunjam-Pass. 33.200.
Ladarcha-Fest, Spiti (Aug).

Der Distrikt Lahaul und Spiti grenzt an Tibet und das Zanskar Valley von Ladakh. Er umfasst auf einer mittleren Höhe von rund 2750 Metern im Westen von Himachal Pradesh einen Teil des Transhimalaya. Im Gegensatz zum grünen Kullu Valley beherrschen hier Felsmassive und Gletscher die Szenerie, die im Norden vom Himalaya, im Süden vom Pir Panjal begrenzt wird. Regen ist hier selten, die Bauern nutzen das Schmelzwasser zum Anbau von Getreide und Kartoffeln.

Das schwierige Terrain hält viele Reisende davon ab, Spiti *(siehe S. 120f)* zu besuchen. Lahaul dagegen ist leichter zugänglich. In Upper Lahaul durchschneiden die Täler der Flüsse Chandra und Bhaga die Berglandschaft. In Lower Lahaul unterhalb von Tandi vereinen sich die Flüsse zum Chandrabhaga oder Chenab.

Lahauls Gesellschaft ist geprägt von einer interessanten Mischung aus Buddhismus und Hinduismus. Hier spiegeln sich die engen Verbindungen der Region zu Tibet, Ladakh und Kullu wider.

Keylong am Fluss Bhaga ist der größte Ort der Region.

Der Fluss Chenab in der Nähe des Dorfes Gondhla

Hier bekommt man neben Übernachtungsmöglichkeiten alles Lebensnotwendige. Reisende auf dem Weg nach Leh *(siehe S. 124f)* machen hier halt, der Ort ist auch Ausgangspunkt für Wanderungen. Am Flussufer gegenüber von Keylong führt ein steiler Weg zum **Drugpa Kardang Gompa**, dem größten Kloster *(gompa)* Lahauls. Es besitzt schöne *thangkas (siehe S. 113)*, Musikinstrumente und alte Waffen. Das nahe gelegene **Shashur Gompa** (16. Jh.) ist bekannt wegen des 4,5 Meter langen *thangka*.

An der Straße nach Manali, 16 Kilometer südlich von Keylong, ragt der achtstöckige Turm eines Gondhla-Führers auf. Das älteste Kloster in Lahaul, das 800 Jahre alte **Guru Ghantal Gompa** in Tandi, elf Kilometer südwestlich von Keylong, soll von Guru Padmasambhava, dem Gründer des tibetischen Buddhismus, angelegt worden sein. Sehenswert ist auch der mit Holzschnitzereien verzierte Mrikula-Devi-Tempel in **Udaipur** im Pattan Valley, 44 Kilometer westlich von Tandi. **Trilokinath** besitzt eine Marmorstatue von Avalokitesvara *(siehe S. 130)*.

Hinter Keylong führt die Straße nach Leh durch das letzte Lahaul-Dorf **Darcha**. Von hier führt eine Trekking-Route über Shingo-la nach Zanskar *(siehe S. 134f)*.

Detail einer Gebetsmühle in Keylong

Der Gletschersee Suraj Tal ist die Quelle des Flusses Bhaga, eines der Hauptflüsse von Lahaul

Spiti: Heiliges Tal

Das Zentrum von Himachals Kältewüste Spiti ist eine Region voller faszinierender Kontraste. An den Ufern der eisigen Flüsse stehen Klöster, Gebetsfahnen flattern im Wind. Blauschafe und Steinböcke grasen die kargen Weideflächen ab, auf denen man viele Meeresfossilien findet. Spiti war einst Teil des Westtibetischen Reiches, unterstand im 17. Jahrhundert den Ladakhi-Herrschern und wurde erst im 19. Jahrhundert Teil von Britisch-Indien. Trotzdem war das abgeschiedene Tal zwischen den hohen Bergketten und den nahen Grenzen bis 1992 für Fremde nicht zugänglich. Heute gehört Spiti zu Himachal Pradesh, hat aber seinen tibetischen Charakter und das alte buddhistische Erbe bewahrt.

Kahle Felsen aus verschiedenen Gesteinen sind typisch für Spiti

Chandra Tal, *der ovale »Mondsee«, liegt auf einer Höhe von 4270 Metern am Beginn der Spiti-Region, wenn man von Lahaul kommt. Über seinen tiefblauen Wassern ragen zerklüftete Berge und Gletscher auf.*

Das Key-Kloster *ist das größte in Spiti und wurde vermutlich im 13. Jahrhundert gegründet. Es besitzt eine schöne Sammlung von thangkas und ist der Sitz von Lochen Tulku, einer Reinkarnation von Rinchen Zangpo (siehe S. 107).*

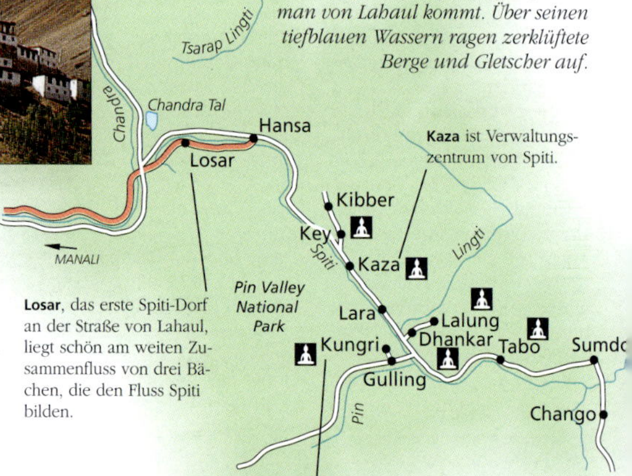

Kaza ist Verwaltungszentrum von Spiti.

Losar, das erste Spiti-Dorf an der Straße von Lahaul, liegt schön am weiten Zusammenfluss von drei Bächen, die den Fluss Spiti bilden.

LEGENDE

- Dargestelltes Gebiet
- Kloster
- Hauptstraße
- Nebenstraße

0 Kilometer 50

Das Kungri-Kloster im Pin Valley gehört der Nyingmapa-Sekte *(siehe S. 127)*. In der obersten Halle des Haupttempels sind alte Wandgemälde und Holzskulpturen zu sehen.

Der Pin Valley National Park *erstreckt sich unterhalb schneebedeckter Gipfel am oberen Lauf des Flusses Pin und seines Nebenflusses Paraiho. Es ist das Gebiet der Steinböcke, Füchse und Schneewölfe, aber auch der recht scheue Schneeleopard lebt hier. Bergsportler können sich hier in Höhen zwischen 3700 und 6600 Metern bewegen.*

Chorten eines Dorfes im Pin Valley

SPITI: HEILIGES TAL

Das Wandgemälde im Tabo-Kloster zeigt eine mythologische Szene

Dhankar, *als ehemaliger Herrschersitz die alte Hauptstadt von Spiti, befindet sich auf einem zerklüfteten Felskamm und gleicht einer Festung. Das alte Kloster besitzt neben sehr schönen Fresken auch eine Bronzestatue von Avalokitesvara.*

Kinder in Spiti

Die Statue des Guru Padmasambhava *ist mit Blattgold überzogen und der Schatz des Klosters Lalung. Es ist eines der 108 Klöster, die Rinchen Zangpo »in einer Nacht« errichtet haben soll.*

Tabo-Kloster [20]

Distrikt Lahaul und Spiti. 460 km nordöstlich von Shimla. *Apr–Sep.* Klosterfest (Okt/Nov). Eine **Reisegenehmigung** ist für Reisen zwischen Tabo und Jangi (in Kinnaur) erforderlich. Kontakt: Deputy Commissioner, Shimla (siehe S. 103) oder SDM-Büro in Rekong Peo (siehe S. 106f).

Das Kloster Tabo, Spitis Stolz, ist mit einer wichtigen Epoche in der Entwicklung des Buddhismus in Tibet verbunden. Zur Zeit der Herrschaft von König Langdarma im 9. Jahrhundert wurde die buddhistische Religion in Tibet so stark unterdrückt, dass sie ein ganzes Jahrhundert brauchte, um sich zu erholen. Die »zweite Verbreitung des Buddhismus« wurde von Yeshe-od, dem Lama von Guge in Westtibet, vorangetrieben. Unter seinem Schutz verbreitete der Gelehrte Rinchen Zangpo den Glauben, indem er buddhistische Texte übersetzte und unglaublich viele Tempelbauten initiierte.

Der *gompa* von Tabo ist eines der Ergebnisse dieser Bewegung, die Rinchen Zangpo im 11. Jahrhundert auslöste. Damals wurden Tempel in der Nähe von Dörfern errichtet, der *gompa* ist eine der größten Anlagen. Das rechteckige Gelände ist auf 84 Metern Länge und 75 Metern Breite von einer Erdmauer umgeben und wirkt von außen nicht sehr beeindruckend. Mit den Wandmalereien im Inneren hat Tabo allerdings einen der bedeutendsten Schätze in der Welt des tibetischen Buddhismus. Die frühesten Wandbilder im *dukhang* (Versammlungshalle) stammen aus dem 10. und 11. Jahrhundert. Sie zeigen Szenen aus dem Leben Buddhas. In der Halle befinden sich auch Tonfiguren von Hauptgottheiten der buddhistischen Welt.

Sieben Nebenhallen enthalten Malereien aus dem 15. und 16. Jahrhundert. Eine von ihnen birgt eine große Tonstatue eines sitzenden Maitreya (Buddha der Zukunft). Tabo ist einer der bevorzugten Rückzugsorte des Dalai-Lama.

Das Spiti Valley hinter Tabo zu bereisen ist schwierig. Wegen der Nähe zur Grenze von Tibet (China) gelten hier Reiseeinschränkungen.

Mönche beim Gebet im Tabo-Kloster

Hotels und Restaurants in Himachal Pradesh *siehe Seiten 570–572 und 600f*

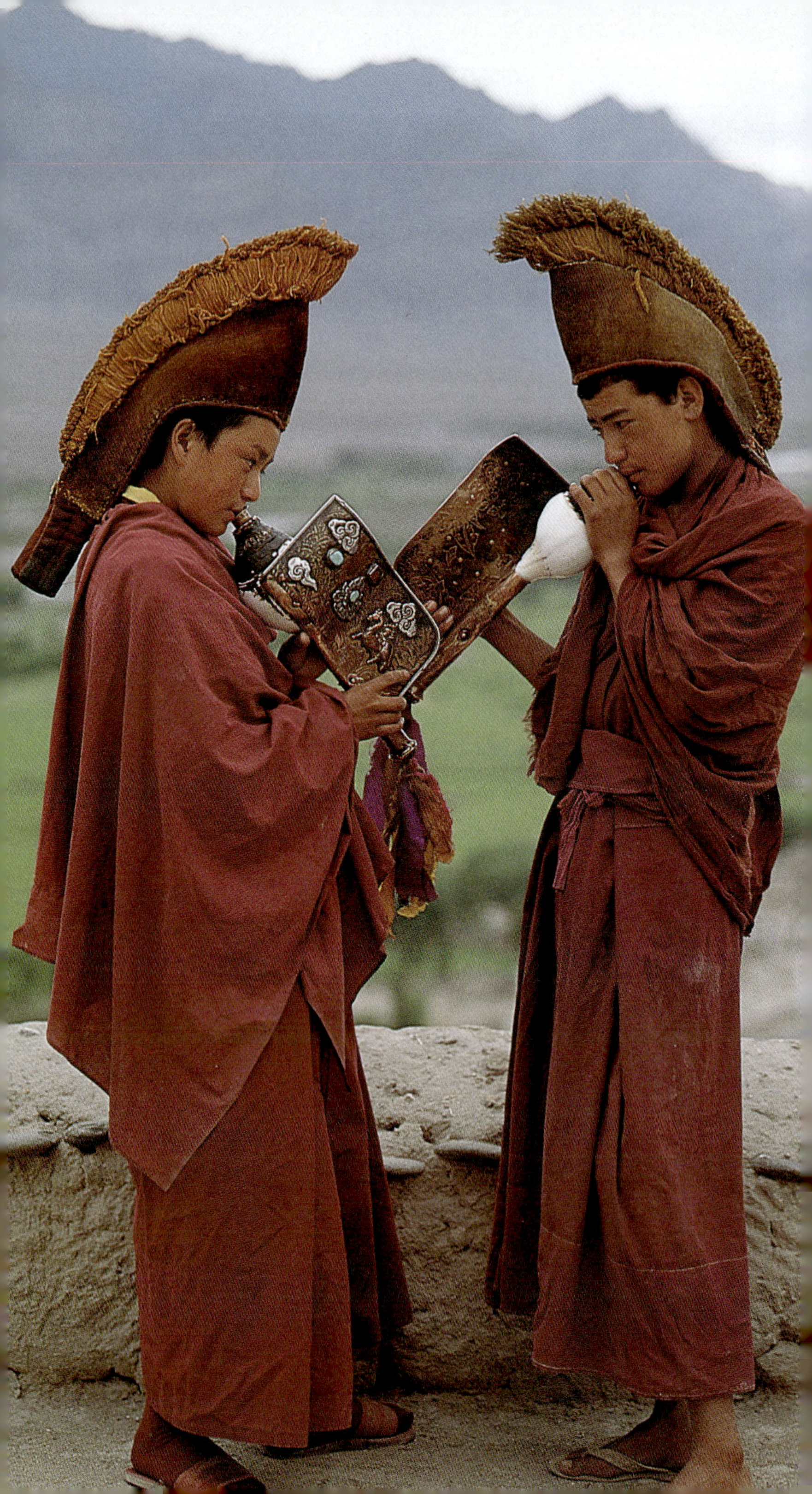

Ladakh, Jammu & Kaschmir

Sechs Gebirgszüge durchziehen den 140 000 Quadratkilometer großen Bundesstaat Jammu und Kaschmir. Der nördlichste Staat Indiens grenzt an Pakistan und das zu China gehörende Tibetische Hochland. In drei völlig verschiedenen Regionen – Ladakh, Jammu und dem Kaschmir-Tal – begegnet man einer Vielfalt von Landschaften, Religionen und Menschen. Das Kaschmir-Tal mit überwiegend muslimischer Bevölkerung präsentiert sich als Mosaik aus Wäldern, Reisfeldern und Seen. Seine Schönheit wird durch bewaffnete Aufstände *(siehe S. 136)* überschattet. Jammus Einwohner sind überwiegend hinduistisch. Die Region umfasst Ebenen, Berge und Hügel, das bekannteste Heiligtum, Vaishno Devi, ist ein Pilgerort der Hindus.

Der dünn besiedelte Distrikt Ladakh ist eine Kältewüste mit nur wenigen Oasendörfern. Hier ziehen die vielen alten buddhistischen Klöster unter strahlend blauem Himmel zahlreiche Besucher an.

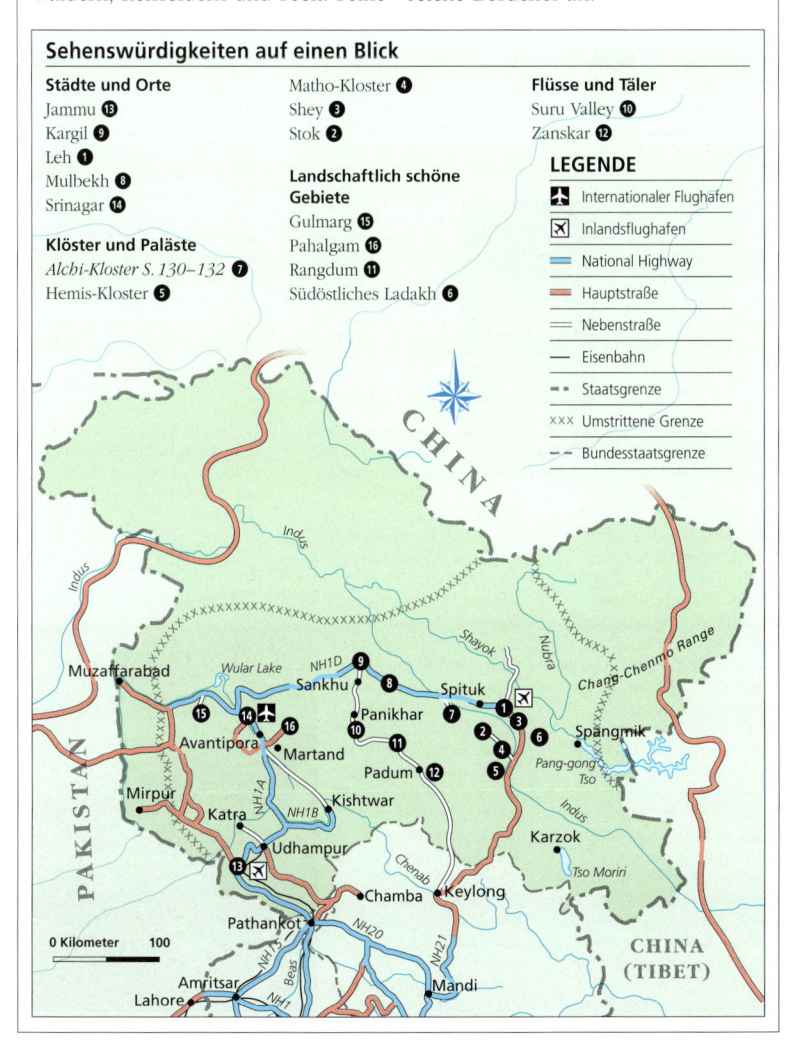

Sehenswürdigkeiten auf einen Blick

Städte und Orte
Jammu ⓭
Kargil ⓽
Leh ➊
Mulbekh ⓼
Srinagar ⓮

Klöster und Paläste
Alchi-Kloster S. 130–132 ➐
Hemis-Kloster ➎

Matho-Kloster ➍
Shey ➌
Stok ➋

Landschaftlich schöne Gebiete
Gulmarg ⓯
Pahalgam ⓰
Rangdum ⓫
Südöstliches Ladakh ➏

Flüsse und Täler
Suru Valley ⓾
Zanskar ⓬

LEGENDE
- ✈ Internationaler Flughafen
- ✈ Inlandsflughafen
- ▬ National Highway
- ▬ Hauptstraße
- ═ Nebenstraße
- — Eisenbahn
- - - Staatsgrenze
- ××× Umstrittene Grenze
- – – Bundesstaatsgrenze

◁ **Junge buddhistische Mönche in Ladakh rufen zum Gebet** *(siehe S. 129)*

Leh-Palast, einst der Sitz der königlichen Familie

Leh ❶

Distrikt Leh. 1100 km nördlich von Delhi. 15.000. 11 km südlich des Stadtzentrums. (01982) 252 297. Muharram (März/Apr), Buddha Jayanti (Mai), Losar (Dez). **Reisegenehmigung** erforderlich für einige Gebiete in Ladakh (siehe S. 129).

Vom 17. Jahrhundert bis 1949 war Ladakhs Hauptstadt Leh eine wichtige Station auf den Handelsstraßen der Karawanen zwischen dem Punjab und Zentralasien sowie zwischen Kaschmir und Tibet (siehe S. 129). Der große **Hauptbasar** mit seinen breiten Wegen war so angelegt, dass sich auch Pferde, Esel und Kamele zwischen den Händlern mit ihren Waren bewegen konnten.

Leh wird vom neun Stockwerke hohen **Leh-Palast** überragt, den Sengge Namgyal in den 1630er Jahren errichten ließ. Er war Ladakhs bekanntester König, zahlreiche Klosterbauten und Forts gehen auf ihn zurück, viele Eroberungen wurden unter ihm gemacht. Die Mauern des Palasts neigen sich schräg nach innen wie beim Potala-Palast in Lhasa, der einige Jahrzehnte später gebaut wurde. Von außen wirkt der Palast intakt, innen ist er verfallen, doch Restaurierungsarbeiten haben begonnen. Die Besucher können eine offene kleine Terrasse ein Stockwerk über dem Haupteingang erreichen.

Buddha im Leh-Palast

Lehs Charme besteht nicht zuletzt darin, dass man hier schöne Spaziergänge und Wanderungen unternehmen kann. Im Herzen der Stadt um den Hauptbasar und **Chang Gali** findet man Restaurants und Läden, die u. a. Schmucksteine und Ritualobjekte wie Gebetsmühlen verkaufen. Auf den breiten Gehwegen des Basars sitzen Frauen aus den Dörfern der Umgebung und bieten frisches Gemüse an. Dabei spinnen sie Wolle und tauschen die Neuigkeiten des Tages aus.

Der buddhistische moderne **Jokhang** und die Moschee aus dem späten 17. Jahrhundert liegen nahe beieinander am Hauptbasar. Zwischen hier und dem Polofeld am östlichen Ortsrand erstreckt sich die faszinierende **Altstadt**. Im Gassengewirr sieht man viele *chorten* (Pagoden) und *Mani*-Mauern, die Häuser haben Flachdächer und sind aus Lehmziegeln erbaut.

Auf dem Hügel über der Stadt befinden sich ein kleines Fort und der Klosterkomplex **Namgyal Tsemo** (Mitte 16. Jh.), in dem sich der früheste Königssitz von Leh befunden haben soll. Neben den Ruinen seines Forts stehen ein *gonkhang* (Tempel der Wächtergottheiten) und ein Tempel des Maitreya (Buddha der Zukunft). Beide haben farbenfrohe Wandbilder. Die im *gonkhang* zeigen u. a. eine Hofszene, auf der auch König Tashi Namgyal (Mitte 16. Jh.), der Gründer des Komplexes, abgebildet sein soll.

Am Westrand von Leh liegt das **Ecological Centre**, das in mehreren Dörfern der Umgebung landwirtschaftliche Projekte betreibt und sich auch für Sonnenenergie, Gesundheit und Umwelt einsetzt. In dem Zentrum gibt es eine Bibliothek und einen Laden, der Kunsthandwerk aus der Gegend verkauft.

Der strahlend weiße **Shanti Stupa** («Friedenspagode»), der in den 1980er Jahren mit Geldern japanischer Buddhisten erbaut wurde, befindet sich auf einem Hügel im Westen der Stadt.

Höhenanpassung

Wer in das 3500 Meter hoch gelegene Leh fliegt, sollte seinem Körper Zeit geben, sich in der Höhe zu akklimatisieren. Mindestens 24 Stunden lang sollten Sie alle körperlich anstrengenden Aktivitäten vermeiden. Symptome wie Schlaflosigkeit, Kopfschmerzen, Atemnot und Appetitlosigkeit sind während der ersten Tage nicht ungewöhnlich.

Gerstenfeld um Leh

Hotels und Restaurants in Ladakh, Jammu & Kaschmir siehe Seiten 572f und 601f

Ein Bogenwettbewerb bei Leh

In weniger als zehn Gehminuten erreicht man vom Zentrum die Gerstenfelder, die – je nach Jahreszeit – grün oder golden leuchten. Bergab kommt man in das Dorf **Skara**, wo die massiven Lehmmauern des **Zorawar Fort** aus dem 19. Jahrhundert ins Auge fallen. Ein Spaziergang bergauf führt an der **Moravian Church** vorbei in das Dorf **Changspa** mit seinem alten *chorten*. Von hier führt eine Straße zum gut erhaltenen **Sankar-Kloster** (19. Jh.). Es beherbergt eindrucksvolle Statuen von Avalokitesvara und Vajra-Bhairav, der Wächtergottheit des Gelugpa-Ordens *(siehe S. 127)*.

Umgebung: Sieben Kilometer südlich von Leh liegt **Choglamsar**, die größte Siedlung tibetischer Flüchtlinge in Ladakh. Hier befinden sich eine kleine Residenz des Dalai-Lama, ein SOS-Kinderdorf, das Central Institute of Buddhist Studies, ein Krankenhaus mit Solaranlage sowie viele Werkstätten, die farbenfrohes tibetisches Kunsthandwerk herstellen.

Auf einem Berggipfel in der Nähe des Flughafens steht das **Spituk-Kloster** (15. Jh.), die älteste Einrichtung des Gelugpa-Ordens in Ladakh. Es beherbergt die Bibliothek des Ordensgründers Tsongkapa und ein der Göttin Tara geweihtes Heiligtum mit Statuen ihrer vielen Manifestationen. Das **Phiyang-Kloster** in einem anderen Dorf ist eine der zwei Einrichtungen des Drigungpa-Ordens. Er wurde im 16. Jahrhundert von Ladakhs Herrscher Tashi Namgyal gegründet, wohl als Wiedergutmachung für die Gewalt, durch die er auf den Thron kam. Unter den Klosterschätzen ist eine Sammlung von Bronzefiguren buddhistischer Gottheiten, einige stammen aus dem 13. Jahrhundert.

Leh-Palast
○ tägl. ○ vorher buchen. ○

Jokhang
○ tägl.

Namgyal Tsemo
○ tägl. ○ vorher buchen.

Ecological Centre
○ Mo–Fr. ○ (01982) 253 221.

Sankar-Kloster
○ tägl. ○

Spituk-Kloster
○ tägl. ○ ○ mit Genehmigung des diensthabenden Lama.

Phiyang-Kloster
○ tägl. ○ ○ mit Genehmigung des diensthabenden Lama.

Feste in Ladakh, Jammu und Kaschmir

Milad-ul-Nabi *(Apr/Mai)*, Srinagar. Der Geburtstag des Propheten wird in der Hazratbal-Moschee mit besonderer Intensität gefeiert. Als Höhepunkt wird den gläubigen Muslimen die heiligste Reliquie, eine Locke des Propheten, gezeigt.

Maskierte Tänzer beim Hemis-Fest

Sindhu Darshan *(variabel)*, Leh. Das Indusfest wird alljährlich veranstaltet. Am Flussufer finden Ausstellungen, Poloturniere und Bogenwettbewerbe statt.
Hemis-Fest *(Juni/Juli)*, Hemis. Von allen Klosterfesten Ladakhs *(siehe S. 128)* ist das in Hemis das bekannteste. Spektakuläre Aufführungen mit Tanz, Masken und farbenprächtigen Kostümen geben Einblicke in die Kultur von Ladakh.
Ladakh Festival *(1.–15. Sep)*, Leh und Kargil. Das Fest wird von der Tourismus-Behörde gefördert. Auf Lehs Polofeldern sowie in Kargil und in einigen Dörfern finden zwei Wochen lang Tänze mit Masken, Poloturniere und Bogenwettbewerbe statt. Auch eine Kunsthandwerksausstellung wird abgehalten.
Thikse-Fest *(Okt/Nov)*, Thikse. Das jährlich veranstaltete Fest des Gelugpa-Ordens findet in einer schönen Umgebung statt. Das genaue Datum der Klosterfeste richtet sich nach dem tibetischen Mondkalender und variiert von Jahr zu Jahr.

Das Spituk-Kloster ist ein Labyrinth von Heiligtümern an engen Gassen

Klöster am Indus

Maitreya in Thikse

Mehrere der weltberühmten Klöster von Ladakh liegen im Industal, dem historischen und kulturellen Herzland der Region. Ein Ladakh-Kloster *(gompa)* steht meist auf einem Hügel oder am Berg oberhalb des dazugehörigen Dorfes. Im oberen Bereich befinden sich die Tempel *(lhakhang)* und die Versammlungshalle *(dukhang)* sowie der *gonkhang*, der Tempel der Wächtergottheiten. Die Behausungen der Mönche ziehen sich den Berg hinunter. Die Klöster sind Zentren der Gottesverehrung; verhalten Sie sich respektvoll.

Mönche beim Tanz im Hof des Lamayuru-Klosters

Likir *wurde im 12. Jahrhundert gegründet und besitzt eine Sammlung von* thangkas, *Statuen und Gemälden in schön geschnitzten Holzrahmen.*

Basgo *war im 14. und 15. Jahrhundert Hauptstadt des Unteren Ladakh. Im Tempel, der Maitreya, dem Buddha der Zukunft, geweiht ist, kann man schöne Wandbilder aus dem 16. Jahrhundert sehen.*

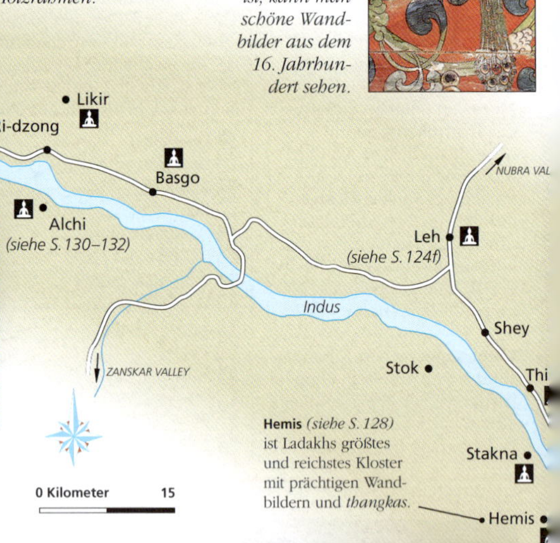

Ri-dzong *steht auf einem Hügel von Schutt, den ein Gletscher in der Schlucht abgelagert hat. Das Kloster wurde in den 1840er Jahren vom Gelugpa-Orden gegründet, die Mönche leben nach strengen Ordensregeln.*

Hemis *(siehe S. 128) ist Ladakhs größtes und reichstes Kloster mit prächtigen Wandbildern und* thangkas.

Lamayuru *hat eine ganz besondere Lage auf einem Felsen inmitten einer zerklüfteten Landschaft. Das Kloster soll im 11. Jahrhundert gegründet worden sein, der älteste Tempel besitzt eine Statue von Vairocana, einem Buddha der Meditation (siehe S. 132), und* thangkas.

Stakna *wurde im frühen 17. Jahrhundert gebaut. Im dukhang gibt es einen schönen silbernen* chorten, *der von Wandbildern umgeben ist.*

Siehe auch die Kästen *Little Tibet* auf Seite 113 und *Auf den Spuren Buddhas* auf Seite 189

LADAKH, JAMMU & KASCHMIR

Der Stok-Palast, die ehemalige Residenz des Königshauses von Ladakh

Thikse, *ein architektonisches Juwel aus dem 15. Jahrhundert, ist ein Gelugpa-Kloster mit einem modernen Maitreya-Tempel, der vom Dalai-Lama geweiht wurde.*

Chemrey *wurde in den 1640er Jahren auf einem Berg gebaut. Das Kloster beherbergt buddhistische Schriften mit Goldbuchstaben und silbernen Einbänden.*

Das Thak-thok-Kloster gehört dem Nyingmapa-Orden. Es wurde um eine Höhle gebaut, in der Guru Padmasambhava, ein Heiliger des 8. Jahrhunderts, meditiert haben soll.

DARHUK
Thak-thok
Chemrey

MANALI

LEGENDE
- Kloster
= Straße

Stok ❷

Distrikt Ladakh. 14 km südlich von Leh. *Leh Tourist Office, (01982) 242 010. Stok Monastic Festival (Feb/März).* **Stok-Palast** *Mai–Okt.*

Der Palast von Stok war die Residenz der Namgyals, die über das seit 1843 unabhängige Ladakh herrschten. Teile des Palastes wurden in ein Museum umgebaut, das sich der Dynastie und ihrer Geschichte widmet. Zu der Sammlung gehören 35 *thangkas (siehe S. 113)* mit Szenen aus dem Leben Buddhas, die König Tashi Namgyal im 16. Jahrhundert in Auftrag gab. Zu sehen sind auch meisterhaft gearbeitete religiöse Statuen, Gemälde und Ritualobjekte wie Glocken und *dorje*. Unter den weltlichen Exponaten stechen Jadebecher, Schmuck der Königin, die Königskrone in Form eines Turbans und zeremonielle Roben hervor. Kurios ist das Schwert, dessen Scheide zu einem Knoten geformt ist. Man erzählt sich, der König Tashi Namgyal habe es mit ungeheurer Kraft verknotet.

Shey ❸

Distrikt Ladakh. 15 km südöstlich von Leh. *Leh Tourist Office, (01982) 252 297. Shey Shrubla (1. Woche im Sep).* **Shey-Palast** *tägl.*

Shey war die alte Hauptstadt von Ladakh. Im Palast befindet sich ein Tempel mit einem Buddha-Bild (spätes 17. Jh.), umgeben von Wandgemälden von Gottheiten in Gold und vielen Farben. Ein weiterer Tempel in der Nähe beherbergt ebenfalls ein Buddha-Bild. Unterhalb des Palastes wurden im 11. Jahrhundert riesige Fünf Buddhas der Meditation *(siehe S. 132)* in Stein gehauen.

Ein Paar aus Ladakh bringt sein Baby zum Segnen nach Shey

Buddhistische Orden in Ladakh

Fünf Orden des tibetischen Buddhismus sind in Ladakh vertreten. Das Thak-thok-Kloster gehört den Nyingmapa, deren Glauben auf den Lehren des im 8. Jahrhundert lebenden Heiligen Padmasambhava *(siehe S. 110)* basiert. Matho *(siehe S. 128)* gehört zum Sakyapa-Orden. Der Drugpa- und der Drigungpa-Orden basieren auf den Lehren indischer Meister aus dem 11. Jahrhundert. Die Lamas dieser Orden tragen bei den Zeremonien rote Mützen. Lamas, die gelbe Mützen tragen, gehören zum reformistischen Gelugpa-Orden (auch Gelbmützen-Orden). Ihr Oberhaupt ist der Dalai-Lama *(siehe S. 113)*, der bis 1959 auch das politische Oberhaupt von Tibet war. Außer Thak-thok, Matho sowie den zwei Drigungpa-Klöstern Phiyang *(siehe S. 125)* und Lamayuru gehören alle Klöster Ladakhs dem Drugpa- oder dem Gelugpa-Orden an.

Mönche des Gelugpa-Ordens beim Beten

Hotels und Restaurants in Ladakh, Jammu & Kaschmir *siehe Seiten 572f und 601f*

Orakeltanz im Matho-Kloster

Matho-Kloster ❹

Distrikt Leh. 30 km südöstlich von Leh. 🚌 ⓘ tägl. 📷 🎭 *Matho-Fest (Feb/März)*.

Das einzige Kloster des Sakyapa-Ordens *(siehe S. 127)* in Ladakh wurde im frühen 16. Jahrhundert gebaut und zieht immer noch viele Novizen an. Bekannt ist es wegen seiner Orakel, die im Februar oder März während des jährlichen Festes stattfinden. Zwei Mönche, die monatelang gefastet und meditiert haben, werden zum Sprachrohr einer Gottheit. Das Ereignis ist recht dramatisch, da die Orakel-Mönche dabei mit verbundenen Augen die oberste Brüstung des Klosters überqueren, von der man 30 Meter tief auf Felsen hinabfallen kann. Durch den Mund der beiden Mönche beantworten die Gottheiten Fragen zu öffentlichen und privaten Angelegenheiten. In diese Voraussagen setzt man großen Glauben. Matho hat auch ein kleines Museum mit einer seltenen Sammlung von *thangkas* aus dem 16. Jahrhundert.

Hemis-Kloster ❺

Distrikt Leh. 43 km südöstlich von Leh. 🚌 ⓘ tägl. 📷 🎭 *Hemis-Fest (Juni)*.

In einer Schlucht südlich des Indus liegt Hemis, das größte und reichste Kloster in Ladakhs Zentrum. Es wurde in den 1630er Jahren von König Sengge Namgyal als Einrichtung des Drugpa-Ordens gegründet und blieb das Lieblingskloster der Namgyal-Dynastie. Hier gibt es mehrere Tempel, das interessanteste Gebäude ist *tshog-khang*, eine Versammlungshalle mit einem Buddha vor einem großen silbernen *chorten*, der mit Türkisen besetzt ist.

Hemis ist auch bekannt wegen seines spektakulären jährlichen Festes, das Guru Padmasambhava gewidmet ist. Er brachte im 8. Jahrhundert den Buddhismus nach Tibet. Alle zwölf Jahre wird im Rahmen dieses Festes der heiligste Schatz des Klosters enthüllt: ein riesiges, drei Stockwerke hohes *thangka* des Padmasambhava, das mit Perlen bestickt und mit Schmucksteinen besetzt ist. Das traditionsreiche Ereignis zieht unweigerlich viele Pilger und Besucher an. Die nächste Enthüllung dieses *thangka* soll im Sommer des Jahres 2016 erfolgen.

Ein riesiges *thangka* wird beim Fest im Hemis-Kloster entrollt

Tanzaufführungen in den Klöstern von Ladakh

Teil der jährlichen Klosterfeste von Ladakh sind Tanzaufführungen, die sich großer Beliebtheit erfreuen. Anwesend sind dabei hochgestellte Lamas («Lehrer», religiöse Führer) und Mönchsnovizen in ihren zeremoniellen Roben und Hüten. Auch die einheimischen Zuschauer haben sich zu diesem Anlass traditionell feierlich gekleidet. Die Aufführungen finden im Klosterhof statt, sie verbinden ein uraltes kulturelles Erbe mit Religion. Die Tänzer stellen göttliche oder mythologische Figuren dar, sie tragen bunte Brokatroben und schwere geschnitzte Masken. Das Pathos der Tänze wird durch komische Zwischenspiele aufgelockert, bei denen als Skelett verkleidete Tänzer außerhalb der Bühne artistische Einlagen geben und – zum Vergnügen der Zuschauer – die dargestellte zeremonielle Handlung karikieren. Als Höhepunkt zerlegen die maskierten Tänzer eine aus Gerstenteig geformte Puppe (die wohl so etwas wie die menschliche Seele darstellt) und zerstreuen die Teile in alle Richtungen. Die Tempelfeste ziehen viele Besucher von außerhalb an, aber auch für die Bewohner der weit auseinanderliegenden Dörfer Ladakhs sind sie eine lange herbeigesehnte Gelegenheit, einander zu treffen und Neuigkeiten auszutauschen.

Maskierte Tänzer bei einem Klosterfest

Hotels und Restaurants in Ladakh, Jammu & Kaschmir *siehe Seiten 572f und 601f*

LADAKH, JAMMU & KASCHMIR

Berge umgeben den tiefblauen See Pang-gong Tso

Südöstliches Ladakh ❻

Pang-gong Tso Distrikt Leh. 150 km östlich von Leh. **Tso Moriri** Distrikt Leh. 220 km südöstlich von Leh. *Leh Tourist Office, (01982) 252 297.* **Reisegenehmigung** *erforderlich. Kontakt: Deputy Commissioner, Leh, (01982) 252 010. Genehmigungen werden für Gruppen von mindestens vier Personen erteilt, die Tour muss von einem registrierten Reiseveranstalter auf festgelegten Strecken organisiert werden.*

Der Südosten von Ladakh grenzt an Tibet, bis heute ist die Grenzlinie umstritten. In dem Gebiet liegt eine Reihe wunderschöner Seen. Zu den zwei größten, **Pang-gong Tso** und **Tso Moriri**, führt eine Straße, allerdings gibt es keinen regelmäßigen Busverkehr.

Pang-gong Tso ist schmal und 130 Kilometer lang. Er liegt auf einer Höhe von 4420 Metern und dehnt sich bis Westtibet aus. Besucher haben bis **Spangmik** an der Südküste Zutritt. Von hier bietet sich ein spektakulärer Blick nach Norden auf die Gebirgsketten der Chang-Chenmo Range, die sich im Wasser spiegelt. Über Spangmik erheben sich die schneebedeckten Gipfel der Pang-gong Range.

Tso Moriri, 30 Kilometer südlich des Pang-gong Tso, ist 140 Quadratkilometer groß und intensiv blau. Der See liegt 4600 Meter hoch zwischen sanfteren Bergen, hinter denen sich die Riesen des Himalaya zeigen. Der einzige ständig bewohnte Ort der Region ist **Karzok** am Westufer des Sees – eine Handvoll Häuser und ein Kloster, dessen Gerstenfelder sicher zu den höchstgelegenen der Welt zählen.

Am See und seinen kleinen Buchten brüten viele Arten von Zugvögeln, darunter sind der seltene Schwarzhals-Kranich und der Haubentaucher.

In der Region kann man auch Wildesel, Murmeltiere und Füchse sehen.

Die Menschen im Südosten Ladakhs, Chang-pa genannt, leben als nomadische Hirten in Zelten aus Yak-Haaren. Im Winter fallen die Temperaturen auf unter −40 °C, und auch im Sommer herrscht nachts meist Frost. Die Hirten haben Yaks und Schafe. Am wertvollsten aber sind ihre Chyangra-Ziegen, die in der Eiseskälte ein ungewöhnlich dichtes Unterhaar entwickeln. Es wird vor dem Sommer sorgfältig von Hand ausgekämmt, das Haar von Brust und Bauch wird als wertvolles Paschmina zu Luxusartikeln, meist Schals, verarbeitet, auch das andere Haar ist als Kaschmirwolle ein begehrtes Edelprodukt. Die Ziegen, die in den Höhenlagen von Ladakh (und auch in Westtibet) leben, waren auch der Grund, warum der Maharaja von Kaschmir 1834 Ladakh besetzte.

Chyangra-Ziege

Umgebung: Die zwei Seen **Tso Kar** und **Startsapuk Tso** liegen 80 Kilometer nördlich von Tso Moriri an der Straße nach Leh. Startsapuk Tso hat reines Wasser. Das Wasser von Tso Kar ist allerdings so salzhaltig, dass die Chang-pa-Hirten aus den Ablagerungen am Ufer Salz gewinnen.

Am See Tso Moriri brüten viele Haubentaucher

Handelskarawanen

Bis 1949 führten durch Ladakh jahrhundertelang die Routen, auf denen Waren zwischen Punjab und Zentralasien transportiert wurden. Die Karawanen hielten in Leh *(siehe S. 124f).* Hier fand viel Handel statt, bevor man sich zum 5578 Meter hohen Karakorum-Pass vorwagte, einem der weltweit höchsten Punkte für Handelsstraßen. Im Sommer zogen die Karawanen durch Nubra, im Winter überquerten sie das obere Tal des Shayok. Jedes Jahr durchquerten 10 000 Packtiere – Pferde, Yaks, Trampeltiere und kräftig gezüchtete Schafe – die Nubra-Region mit Brokatstoffen aus Varanasi, chinesischer Seide, Perlen, Gewürzen, indischem Tee, Paschmina-Wolle, Salz, Indigo, Opium, Teppichen und Gold.

Ein Ladakhi ist vom Pferd gestiegen, um zu beten

Alchi-Kloster ❼

Die religiöse Enklave Alchi wurde im 12. Jahrhundert gegründet, aber schon im 16. Jahrhundert aus unbekannten Gründen als Stätte der Götterverehrung aufgegeben. Ohne den Ruß der Butterlampen und Räucherstäbchen haben sich in den Tempeln die Gemälde aus dem 12. und 13. Jahrhundert wunderbar erhalten – Alchi ist heute das Juwel unter den Klöstern Ladakhs. Es gibt fünf Tempel, die schönsten Wandbilder sind in den zwei ältesten zu finden, dem Dukhang und dem Sumtsek. Die fein gearbeiteten Kunstwerke wurden wahrscheinlich von Meistern aus Kaschmir ausgeführt.

Tanzende Gottheit in Sumtsek

Lhakhang Soma
Das Bild eines Wächtergotts und seines weiblichen Pendants stellt die Verschmelzung der Gegensätze dar.

Avalokitesvara
Die Beine der riesigen Statue im Sumtsek sind mit feinen Miniaturmalereien bedeckt, die Paläste und buddhistische Pilgerstätten darstellen.

★ Sumtsek
Die geschnitzte Holzfassade ist typisch für die in Kaschmir übliche Tempelarchitektur.

Prajnaparamita

Es gibt mehrere Darstellungen dieser weiblichen Bodhisattva. Im Sumtsek heißt sie Prajnaparamita und ist Sinnbild der Vollendung höchster Weisheit. Manchmal wird sie auch »Grüne Tara« (Erlöserin) genannt. Fünf Bilder sind links von der riesigen Avalokitesvara-Statue zu sehen, was die Vermutung nahelegt, dass ihr in Alchi besondere Bedeutung beigemessen wurde.

Prajnaparamita, eine weibliche Bodhisattva

NICHT VERSÄUMEN

★ Dukhang

★ Sumtsek

ALCHI-KLOSTER

Alchis Lage
Alchi liegt in einer Biegung des Indus. Die weißen Gebäude mit den roten Einfassungen heben sich eindrucksvoll von der kahlen Gebirgslandschaft ab.

INFOBOX
Distrikt Leh. 70 km westlich von Leh am Leh-Kargil Highway. Leh Tourist Office, (01982) 252 297. tägl. Führungen sind im Voraus in Leh zu buchen. Das Dorf Alchi hat auch Unterkünfte sowie Restaurants mit Toiletten.

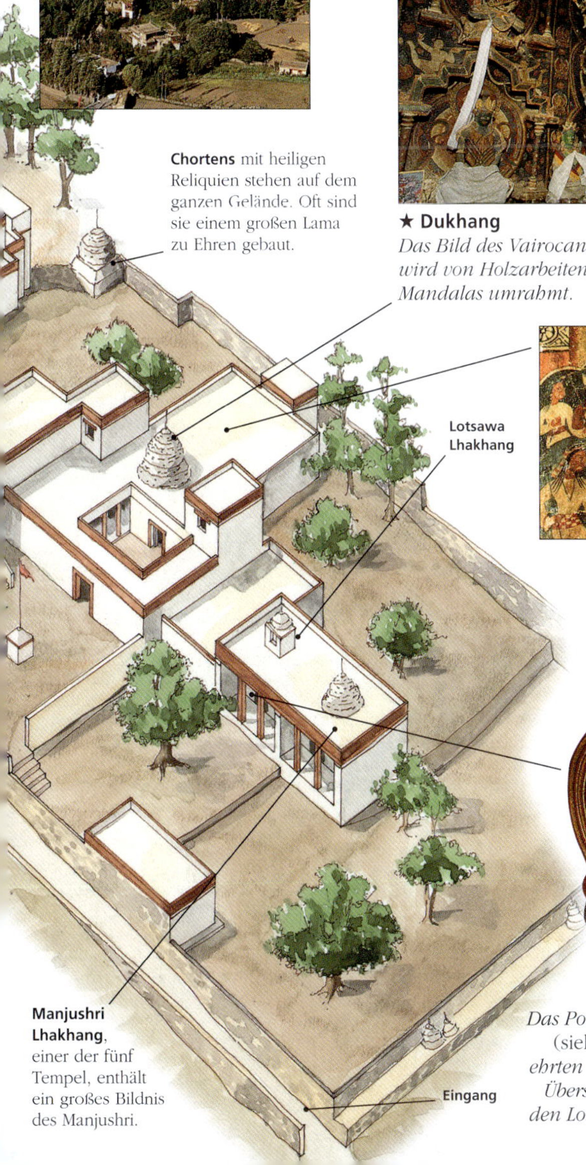

Chortens mit heiligen Reliquien stehen auf dem ganzen Gelände. Oft sind sie einem großen Lama zu Ehren gebaut.

★ Dukhang
Das Bild des Vairocana Buddha (siehe S. 132) wird von Holzarbeiten, Schmuckfriesen und Mandalas umrahmt.

Lotsawa Lhakhang

König und Königin
Auf dem Wandbild im Dukhang sieht man Details königlicher Mode.

Rinchen Zangpo
Das Porträt von Rinchen Zangpo (siehe S. 107), einem hochverehrten Weisen, der auch »Großer Übersetzer« genannt wird, ziert den Lotsawa Lhakhang (12. Jh.).

Manjushri Lhakhang, einer der fünf Tempel, enthält ein großes Bildnis des Manjushri.

Eingang

Alchi-Kloster: Tempel

Bis 1974 war Ladakh für Besucher nicht zugänglich. Erst seither kennt man das Kloster, das als Zentrum buddhistischer Kunst zu einer der Hauptattraktionen in der Region geworden ist. Erbaut wurde es im Rahmen der »Zweiten Verbreitung«, dem Wiederaufleben des Buddhismus, das in Tibet im 11. Jahrhundert einsetzte und auf religiösen Schriften aus Kaschmir basierte. In den fünf Tempeln ist die gesamte Götterwelt des Mahayana-Buddhismus repräsentiert. Dazu entdeckt man Malereien über Hofleben, Schlachten und Pilgerreisen, sieht man die Kleidung und Architektur jener Zeit.

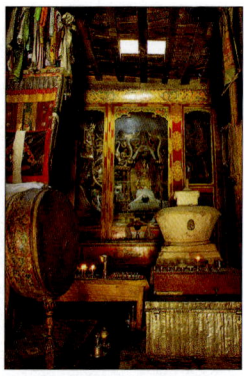

Dukhang, die Versammlungshalle, ist der älteste Tempel und enthält einen der größten Schätze von Alchi: Das zentrale Bildnis von Vairocana, dem Hauptbuddha der Meditation, ist in einen prachtvoll geschnitzten Holzrahmen eingepasst, auf dem Tänzer, Musiker, Elefanten und Fabelwesen dargestellt sind. Daneben sieht man vier weitere Buddhas der Meditation. Noch eindrucksvoller sind die sechs fein gemalten Mandalas an der Wand sowie einige Szenen, die das Leben jener Zeit darstellen. Der Raum zwischen den Mandalas ist mit Schmuckelementen gefüllt, die fast wie aus dem Rokoko wirken.

Auch im dreistöckigen **Sumtsek**, dem zweitältesten Tempel, sieht man interessante Malereien. Besonders ins Auge fallen die drei riesigen Figuren von Avalokitesvara, Manjushri und Maitreya,

Einer der vielen Gebetsräume im Alchi-Kloster

Aus Zentralasien stammende Reiter an der Avalokitesvara-Figur

die in Nischen an der Wand stehen. Im Erdgeschoss sind nur ihre Beine und Torsos zu sehen, die Köpfe befinden sich im oberen Stockwerk. Von der Hüfte zum Knie sind sie in *dhoti*-ähnliche Lendenschurze gehüllt und mit Miniaturen bemalt. Um die Details zu sehen, ist es ratsam, eine Taschenlampe mitzunehmen.

Die Figur des Avalokitesvara ist mit der Darstellung von Schreinen, Palästen und Szenen aus dem Alltagsleben bedeckt, während auf die Maitreya-Figur Szenen aus dem Leben Buddhas gemalt sind und die Manjushri-Figur die 84 Tantra-Meister zeigt.

Die drei anderen Tempel stammen wahrscheinlich aus dem späten 12. und frühen 13. Jahrhundert. Überall sonst würden sie mit ihren Schätzen prächtig wirken, hier fallen sie im Vergleich zu Dukhang und Sumtsek ab. Im **Manjushri Lhakhang** sind Wandbilder der Tausend Buddhas und ein großes, vor kurzer Zeit restauriertes Bildnis von Manjushri zu sehen. **Lotsawa Lhakhang** weist einige düsterere Malereien und Bildnisse auf. Er ist dem Weisen Rinchen Zangpo gewidmet, der auch mit den Klöstern Thikse *(siehe S. 127)* und Tabo *(siehe S. 121)* in Zusammenhang gebracht wird. **Lhakhang Soma**, der letzte Tempel, der in Alchi gebaut wurde, zeigt an den Wänden Gemälde von vielen recht grimmig blickenden Gottheiten. Dazu sieht man Szenen, die Buddha beim Lehren darstellen.

Fünf Buddhas der Meditation

Im 12. Jahrhundert waren die Fünf Dhyani-Buddhas, die Buddhas der Meditation, wichtig, wie man an den Mandalas in Alchi sieht. Jeder dieser Buddhas wird mit einer anderen Himmelsrichtung und Farbe in Zusammenhang gebracht: Vairocana (»Strahlendes Licht«) mit der Mitte und Weiß, Amitabha (»Unendlicher Glanz«) mit Westen und Rot, Akshobhya (»der Gelassene«) mit Osten und Blau, Amoghasiddhi (»Unfehlbarer Erfolg«) mit Norden und Grün, Ratnasambhava (»der Juwelengeborene«) mit Süden und Gelb. Die Fünf Buddhas der Meditation symbolisieren die verschiedenen Aspekte Buddhas. Die Mandalas helfen den Gläubigen, in den Zustand der Meditation zu kommen.

Mandala mit den Fünf Dhyani-Buddhas

Hotels und Restaurants in Ladakh, Jammu & Kaschmir *siehe Seiten 572f und 601f*

Mulbekh ⑧

Distrikt Kargil. 190 km nordwestlich von Leh. 🚌 🛈 *Kargil Tourist Office, (01985) 232 721.*

Das hübsche Dorf im Distrikt Kargil liegt im weiten, grünen Tal des Wakha und ist der letzte Punkt, den der Islam bei seiner Ausbreitung in Zentral-Ladakh erreichte. Die Bevölkerung von Mulbekh ist folglich gemischt buddhistisch und muslimisch. Es gibt eine Moschee und ein Kloster, das sich auf einem Felsen über dem Dorf befindet. Hauptattraktion ist die große Statue von Maitreya, dem Buddha der Zukunft, die aus einem frei stehenden Felsen an der Straße gehauen wurde und aus dem 8. Jahrhundert stammen soll.

Blick vom Suru Valley auf das Nun-kun-Massiv

Der acht Meter hohe Maitreya-Buddha bei Mulbekh

Kargil ⑨

Distrikt Kargil. 230 km nordwestlich von Leh und nordöstlich von Srinagar. 🚌 🛈 *Kargil Tourist Office, (01985) 232 721.* 🎭 Muharram (März/Apr), Ladakh Festival (Sep). Eine **Reisegenehmigung** ist für die Region Dha-Hanu erforderlich, man bekommt sie in Leh (siehe S. 129).

Für Reisende zwischen Leh und Srinagar bietet sich Kargil als Zwischenstopp für eine Übernachtung an. Die zweitgrößte städtische Ansiedlung in Ladakh war vor der Teilung des Subkontinents in Indien und Pakistan, als die Straße nach Skardu in Baltistan (Pakistan) noch geöffnet war, ein wichtiges Handelszentrum. Die Mehrheit der Bevölkerung von Kargil gehört zu den Shia-Muslimen, die Mohammeds Vetter Ali und dessen Nachfolger als wahre Propheten sehen.

Kargils Aprikosen sind berühmt, die Obstbäume auf den Hügeln blühen im Mai wunderschön, im Juli sind die Früchte reif. Die Stadt ist Ausgangspunkt für Fahrten ins Suru Valley, nach Zanskar und Nun-kun. Beim Konflikt zwischen Indien und Pakistan 1999 wurde in Kargil geschossen. Klären Sie vorher, ob die Gegend sicher ist.

Suru Valley ⑩

Distrikt Kargil. 19 km südlich von Kargil. 🚌 nach Sankhu.

Das Suru-Tal beginnt bei Kargil und erstreckt sich 100 Kilometer in südöstliche Richtung. Es gehört zu den schönsten und fruchtbarsten Regionen von Ladakh – grüne Wiesen und Dörfer mit Lehmhäusern liegen vor schneebedeckten Berggipfeln. Das Schmelzwasser versorgt die Gerstenfelder und die Weiden- und Pappelhaine, die man vor allem um das Dorf **Sankhu** sieht. In der Nähe von Sankhu stößt man auf die Ruinen eines alten Forts sowie auf in Felsen gehauene Figuren von Maitreya und Avalokitesvara aus vorislamischer Zeit. Im oberen Tal ragen die Gipfel des Nun-kun-Massivs bis in 7135 Meter Höhe auf. Bergexpeditionen beginnen im Dorf **Panikhar**, dessen Wiesen im Juni und Juli von Blumen übersät sind.

Prähistorische Felsenmalereien im Suru Valley

Darden

Ein auffälliger Anblick in den Basaren von Kargil und Leh sind die Darden mit ihren bunten, mit Blumen geschmückten Mützen. Sie sind hellhäutiger als die anderen Ladakhis und haben eine auffällig geformte Adlernase, aber auch andere Sitten und Traditionen. Es gibt mehrere Theorien über die Ursprünge der kleinen Gemeinde, u.a. sagt man, sie stammen von Soldaten Alexanders des Großen ab. Anthropologen haben jedoch herausgefunden, dass die Vorfahren der Darden aus Gilgit in Pakistan einwanderten, bevor diese Region unter den Einfluss des Islam kam. Darden-Dörfer finden sich bei Dha-Hanu am Indus, östlich von Kargil, kurz vor der pakistanischen Grenze.

Ein Darde mit seiner typischen Mütze

Rangdum

Distrikt Kargil. 110 km südöstlich von Kargil. 🚌 🛈 *Kargil Tourist Office, (01985) 232 721.*

Das Dorf Rangdum ist eine Möglichkeit, um zwischen Kargil *(siehe S. 133)* und Zanskar zu übernachten. Geografisch gehört es zum Suru Valley. Die Bevölkerung ist aber überwiegend buddhistisch, und das Kloster orientiert sich mehr nach Zanskar. Rangdum liegt auf 3800 Metern Höhe auf einem weiten Hochplateau, das von Wasserläufen durchzogen wird. Merkwürdig zerfurchte Felsen machen die raue Schönheit der Umgebung aus. Das festungsgleiche **Gelugpa-Kloster** wurde im 18. Jahrhundert auf eine Erhebung gebaut. Im kleinen Tempel gibt es ein Bild, das eine Schlachtszene mit mongolisch aussehenden Kämpfern zeigt.

Zanskar

Distrikt Kargil. 230 km südöstlich von Kargil Richtung Padum. 🚌 *nach Padum.* 🛈 *Padum Tourist Office, (01983) 254 017.* 🎭 *Karsha-Klosterfest (Juli/Aug).*

Zanskar hat etwas Mythisches an sich. Ohne Zweifel liegt das an seiner Hochlage zwischen etwa 3350 und 4400 Metern und seiner Abgeschiedenheit – die einzige befahrbare Straße in das Tal ist nur zwischen Anfang Juni und Mitte Oktober geöffnet. Aber zu Zanskars besonderem Flair tragen auch die großartige Landschaft sowie das einfache Leben in den Dörfern und die streng wirkenden *gompas* bei, die häufig um alte Meditationshöhlen gebaut wurden.

Durch Zanskar fließen zwei Flüsse, der Stod und der Lungnak. Sie vereinen sich an der Nordflanke des Hochgebirges zum Zanskar. Dieser durchquert die Zanskar Range und fließt nach Norden in den Indus.

Das Stod Valley und die Hochebene im Westen sind fruchtbar und haben viel Wasser – die Dörfer bilden grüne Oasen im Felsen. Da es keinerlei Bäume gibt, empfindet man das Gelände als licht und weit. Die Einwohner der Region sind Bauern. Gerste, Weizen und Bohnen werden in den tiefer liegenden Dörfern kultiviert, in höheren Lagen züchtet man Vieh – Yaks, Schafe und *dzos*, eine Kreuzung zwischen Kuh und Yak. Im Winter machen sich viele Bauern auf den sechs Tage langen, bitteren Marsch über den gefrorenen Fluss Zanskar nach Leh, um ihre berühmte Yak-Butter zu verkaufen.

Im Gegensatz zum fruchtbaren Westen der Region ist der östliche Bereich des Zanskar, das Lungnak Valley, eine eher abweisende, steinige Schlucht mit nur wenigen Siedlungen.

Der Hauptzugang nach Zanskar ist der 4400 Meter hohe Pass **Pensi-la**, rund 130 Kilometer südöstlich von Kargil. Von dort bietet sich ein grandioser Blick, besonders auf den **Drang-drung Glacier**, einen Gletscher, dem der Stod entfließt. Die Straße führt dann hinunter nach **Padum**, das 230 Kilometer südöstlich von Kargil auf etwa 3500 Metern Höhe liegt. Padum ist das Hauptdorf von Zanskar, der Sitz der Verwaltung und der einzige Ort, an dem man Unterkünfte und Fahrgelegenheiten bekommt und einfache Läden vorfindet. Hier beginnen die meisten Trekking-Touren in die Region. Padum besitzt als einzige Sehenswürdigkeit die in die Felsen gehauenen Figuren der Fünf Dhyani-Buddhas *(siehe S. 132)* in der Ortsmitte. Eine Moschee steht für die kleine muslimische Gemeinde zur Verfügung.

In der Umgebung von Padum gibt es aber einiges zu entdecken. Leicht zu Fuß zu erreichen ist das Dorf **Pipiting**, das auf einer Erhebung aus Gletscherschutt einen Tempel und einen *chorten*

Der Fluss Zanskar durchfließt eine Schlucht

Perak, die Kopfbedeckung der Frauen

Stuckverzierungen und Basreliefs der Sani Gompa, Zanskar

Hotels und Restaurants in Ladakh, Jammu & Kaschmir *siehe Seiten 572f und 601f*

LADAKH, JAMMU & KASCHMIR

besitzt. Ein Pavillon wurde für die Gebetszusammenkünfte des Dalai-Lama gebaut.

Acht Kilometer nordwestlich von Padum liegt **Sani**, eine der ältesten heiligen Stätten im Westlichen Himalaya. Innerhalb der Klostermauer steht der Kanika Chorten, dessen Name möglicherweise auf den Kushana-Herrscher Kanishka *(siehe S. 43)* zurückgeht, dessen Reich sich im 1. und 2. Jahrhundert n. Chr. von Afghanistan bis Varanasi erstreckte. Das Kloster selbst soll von Padmasambhava *(siehe S. 110)* im 8. Jahrhundert gegründet worden sein. In seinem Haupttempel gibt es Wandbilder. Interessanter ist jedoch ein kleinerer Tempel in dem Komplex, der einzigartige, schön bemalte Stuckdekorationen aufweist. Sani ist von einigen Pappeln umgeben, die in der ansonsten baumlosen Landschaft besonders ins Auge fallen.

Das zehn Kilometer nordöstlich von Padum gelegene Gelugpa-Kloster **Karsha** sieht man von Weitem. Es zieht sich am Berghang westlich von Padum hin und wird von den Häusern und Feldern des Dorfes umrahmt. Interessant sind hier die alten Felsgravuren und die Wandbilder im Avalokitesvara-Tempel außerhalb des Hauptkomplexes. Sie scheinen aus derselben Periode zu stammen wie die von Alchi *(siehe S. 130–132)*, auch wenn es heißt, das Kloster solle vom überall anzutreffenden Padmasambhava gegründet worden sein. Karsha hat ein große Gemeinschaft von Mönchen, das überaus farbenprächtige Klosterfest wird jedes Jahr zwischen Juli und August gefeiert.

Stongde liegt auf der anderen Seite des Tales zwölf Kilometer von Padum entfernt. Es erhebt sich auf einer Bergkante hoch über dem Mosaik der Felder des Dorfes. Das Kloster soll im 11. Jahrhundert gegründet worden sein. Es besitzt sieben gut erhaltene Tempel, in einigen davon sind schöne Wandbilder.

Zwischen den Dörfern Sani, Karsha und Stongde kann man mit Autos fahren, die Klöster im **Lungnak Valley** sind weniger leicht zugänglich. Ein Fußweg führt das Tal hinauf über instabile Geröllfelder hoch über dem Fluss, der Marsch ist sehr anstrengend. Um die Klöster **Bardhan** und **Phugtal** zu erreichen, muss man einen steilen Fußmarsch auf sich nehmen oder reiten.

Neun Kilometer südöstlich von Padum liegt Bardhan spektakulär auf einem Felsvorsprung, der einige Hundert Meter über den Fluss aufragt. Die eindrucksvollen Wandbilder stammen aus der Zeit der Klostergründung im frühen 17. Jahrhundert.

Keines der vielen Klöster von Ladakh kann sich jedoch mit Phugtal messen, das 60 Kilometer südöstlich von Padum eine einzigartig spektakuläre Lage hat. Die Haupttempel sind in eine riesige offene Höhle gebaut, die sich am Steilhang hoch über dem Fluss Tsarap befindet. Vor den Tempeln geht es fast senkrecht hinunter, doch die Mönche haben es irgendwie geschafft, auf und in den Klippen Unterkünfte zu bauen. Der gesamte Komplex ist durch ein kompliziertes System von Leitern und steilen Wegen miteinander verbunden.

Es gibt keine Aufzeichnungen, wann das Kloster gegründet worden ist. Am Stil der Malereien kann man aber gut erkennen, dass die Gründung mit den Klostergründungen von Tabo in Spiti *(siehe S. 121)* und den Traditionen des tibetischen Weisen Rinchen Zangpo *(siehe S. 107)* im 11. Jahrhundert in Zusammenhang stehen muss. Die Mönche hier gehören dem Gelugpa-Orden an.

Getreideanbau im Stod Valley bei Zanskar

Mandala, Bardhan-Kloster

Das Phugtal-Kloster ist in die Felsen gebaut

Klöster Sani, Karsha, Stongde, Bardhan und Phugtal
○ tägl.

Srinagars Shah-Hamadan-Moschee (14. Jh.) besteht ganz aus Holz

Jammu ⓭

Distrikt Jammu. 500 km nordwestlich von Delhi. 380 000. 8 km südwestlich vom Stadtzentrum. J&K Tourism, Vir Marg, (0191) 254 8172. Lohri (13. Jan), Jammu Festival (Apr), Navratra (Sep/Okt).

Die Winterhauptstadt des Bundesstaats Jammu und Kaschmir liegt auf einem Felshang der Shivalik Hills am Rand der nördlichen Ebenen. Hauptsehenswürdigkeit ist der **Amar Mahal**, einst die Residenz der Maharajas und heute ein Museum mit Artefakten zur Kultur und Geschichte der Region.

Jammu ist auch Ausgangspunkt für eine Pilgerreise, die pro Jahr vier Millionen Hindus zum Höhlenheiligtum der Göttin **Vaishno Devi** in den 50 Kilometer entfernten Trikuta-Bergen unternehmen.

🏛 **Amar Mahal Museum**
Nahe Srinagar Rd. Di–So.

Srinagar ⓮

Distrikt Srinagar. 700 km nordwestlich von Delhi. 900 000. 8 km südlich des Stadtzentrums. J&K Tourism, (0194) 245 2690. Milad-ul-Nabi (Mai).

Srinagar, die Sommerhauptstadt des Bundesstaats Jammu und Kaschmir, ist eine Stadt der Seen und Wasserläufe, mit Gärten und pittoresker Holzarchitektur. Die alten Viertel erstrecken sich zu beiden Seiten des Flusses Jhelum. Sieben Brücken spannen sich über den Fluss. Auch wenn sie Namen haben (z. B. Amira Kadal oder Zaina Kadal), kennt man sie doch unter ihrer Nummer: Mit dem Witz der Kaschmiri wird die achte Brücke, die im 20. Jahrhundert über der ersten Brücke erbaut wurde, Zero Bridge genannt. Diese »Nullbrücke« führt zum modernen Teil der Stadt, der gegen Ende des 19. Jahrhunderts errichtet wurde.

Am Stadtrand liegen die idyllischen Seen **Dal** und **Nagin**, die durch ein Netzwerk von Wasserläufen miteinander verbunden sind. Srinagars Moscheen gehören zu den interessantesten Sehenswürdigkeiten der Stadt. Die meisten sind aus Holz gebaut, haben Schnitzereien mit geometrischen Mustern und statt einer Kuppel einen pagodenähnlichen Giebel. Die schönsten Beispiele hierfür sind die **Shah-Hamadan-Moschee** in der Altstadt und der **Shah Makhdum Sahib Shrine** an den Hängen des Hari Parbat. Zwei konventionelle Steinmoscheen, die **Patthar-Moschee** und die **Moschee des Akhund Mulla Shah**, stammen aus dem 17. Jahrhundert und weisen schöne Proportionen auf. Vollkommen anders ist die **Hazratbal-Moschee** mit ihrer weißen Kuppel und dem Minarett. Sie wurde in den 1960er Jahren nach einem Brand wieder aufgebaut und enthält die heiligste Reliquie von Kaschmir – ein Haar vom Bart des Propheten Mohammed. Die Mogulherrscher liebten Kaschmirs Schönheit und förderten sie, indem sie *Chinar*-Bäume (*Platanus orientalis*, Asiatische Platane) ins Kaschmir-Tal brachten. Sie ließen auch einige terrassierte Gärten um Brunnen und Wasserläufe anlegen, die ihr Wasser aus Quellen und Bächen bezogen. Doch von den insgesamt 777 Mogulgärten, die einst das Kaschmir-Tal verschönt haben sollen, sind nicht mehr viele übrig. Drei davon liegen

Chinar-Blätter in Herbstfarben

Warnung

Derzeit ist es wegen der anhaltenden Unruhen nicht ratsam, Jammu und Kaschmir zu bereisen. In den letzten Jahren gingen von terroristischen Gruppen Bombenattentate, Kidnapping und Schießereien aus – Ziel waren z. T. auch ausländische Besucher.

Die Ruinen des Sun Temple aus dem 8. Jahrhundert in Martand

Hotels und Restaurants in Ladakh, Jammu & Kaschmir *siehe Seiten 572f und 601f*

LADAKH, JAMMU & KASCHMIR

Ein Haus in Gulmarg, einem der wenigen Skigebiete Indiens

jedoch ganz in der Nähe von Srinagar am Ostufer des Dal Lake: **Chashmashahi**, **Nishat** und **Shalimar Garden**. Über den hübschen Chashmashahi Garden ziehen sich Ruinen einer Religionsschule aus dem 17. Jahrhundert auf Terrassen den Berg hinauf. Ein Mogulprinz baute sie für seinen Lehrer, die Anlage heißt **Pari Mahal** (»Palast der Feen«). Von hier hat man einen wunderschönen Blick auf den See und die Schneeberge der Pir Panjal Range.

Umgebung: Es gibt auch Spuren der vorislamischen Vergangenheit Kaschmirs. Bekannt sind die Hindu-Tempel **Avantipora** (9. Jh.), 28 Kilometer südöstlich von Srinagar, und **Martand** (Sun Temple, vermutlich 8. Jh.), 60 Kilometer südöstlich von Srinagar. Die Tempel wurden aus Kalksteinblöcken ohne Mörtel aufgerichtet und zeugen von den erstaunlichen technischen Fertigkeiten der Menschen in dieser frühmittelalterlichen Zeit.

♣ **Chashmashahi Garden**
☐ tägl.

♣ **Nishat Garden und Shalimar Garden**
☐ tägl.

Gulmarg

Distrikt Srinagar. 58 km westlich von Srinagar. *J & K Tourism, Gulmarg Tourist Office, (01954) 254 439.*

Gulmarg (die »Blumenwiese«) liegt auf einer Höhe von 2730 Metern und wurde von den Briten um ein grünes Areal an der nördlichen Flanke der Pir Panjal Range errichtet. In der Mitte ist ein Golfplatz angelegt, sicher einer der höchstgelegenen der Welt. Um ihn herum gruppieren sich kleine Häuser, dahinter stehen Pinienwälder. Zusammen mit dem 300 Meter höher gelegenen **Khilanmarg** ist Gulmarg eines der wenigen Skigebiete Indiens. Die Abfahrten weisen alle Schwierigkeitsstufen auf, auch Kurse für Anfänger werden angeboten.

Pahalgam

Distrikt Srinagar. 96 km östlich von Srinagar. *J & K Tourism, Pahalgam Tourist Office, (01936) 234 224.*

Im Tal des Lidder liegt Pahalgam an der Südseite des Hohen Himalaya. Es ist der Ausgangspunkt für eine Reihe von Trekking-Routen nach Kishtwar und ins Suru Valley *(siehe S. 133)* sowie für die Pilgerreise zur heiligen Höhle von **Amarnath**, die einige Tausend Hindus jedes Jahr im August unternehmen.

Die Landschaft um Pahalgam ist von Senffeldern überzogen. Man kann Forellen fischen, Golf spielen und Ausflüge in die nahen Berge machen. Die Straße von Srinagar nach Pahalgam führt an **Pampore** vorbei, das für seine Safranfelder berühmt ist. Safran wird in Kaschmir seit dem 10. Jahrhundert angebaut. Er blüht im späten Herbst.

Senffeld bei einem Bauernhaus in Pahalgam

Hausboote und Shikaras

Im 19. Jahrhundert bauten einige Menschen, die in Srinagar auf Hausbooten lebten, Luxusversionen ihrer Behausungen, um Besucher zu beherbergen. Diese vertäuten Hausboote sind bis heute die beliebtesten Hotelunterkünfte. In der Luxusklasse bieten sie eine erstaunliche Ausstattung, die Wohn- und Schlafräume sind voller Kunsthandwerk aus Kaschmir: Schnitzereien, Stickereien und Teppiche. Zwischen Hausboot und Ufer bewegt man sich mit einem *shikara*, einem kleinen Ruderboot, das von einem Bootsführer mit einem herzförmigen Paddel fortbewegt wird. Ob man nun romantisch auf einem Hausboot übernachtet oder prosaischer in einem Hotel an Land – es gibt nichts Idyllischeres, als einen Tag in Srinagar zurückgelehnt in den Kissen eines *shikara* zu verbringen und sich sanft durch die Gewässer der Stadt schaukeln zu lassen.

Hausboote und *shikaras* am Dal Lake

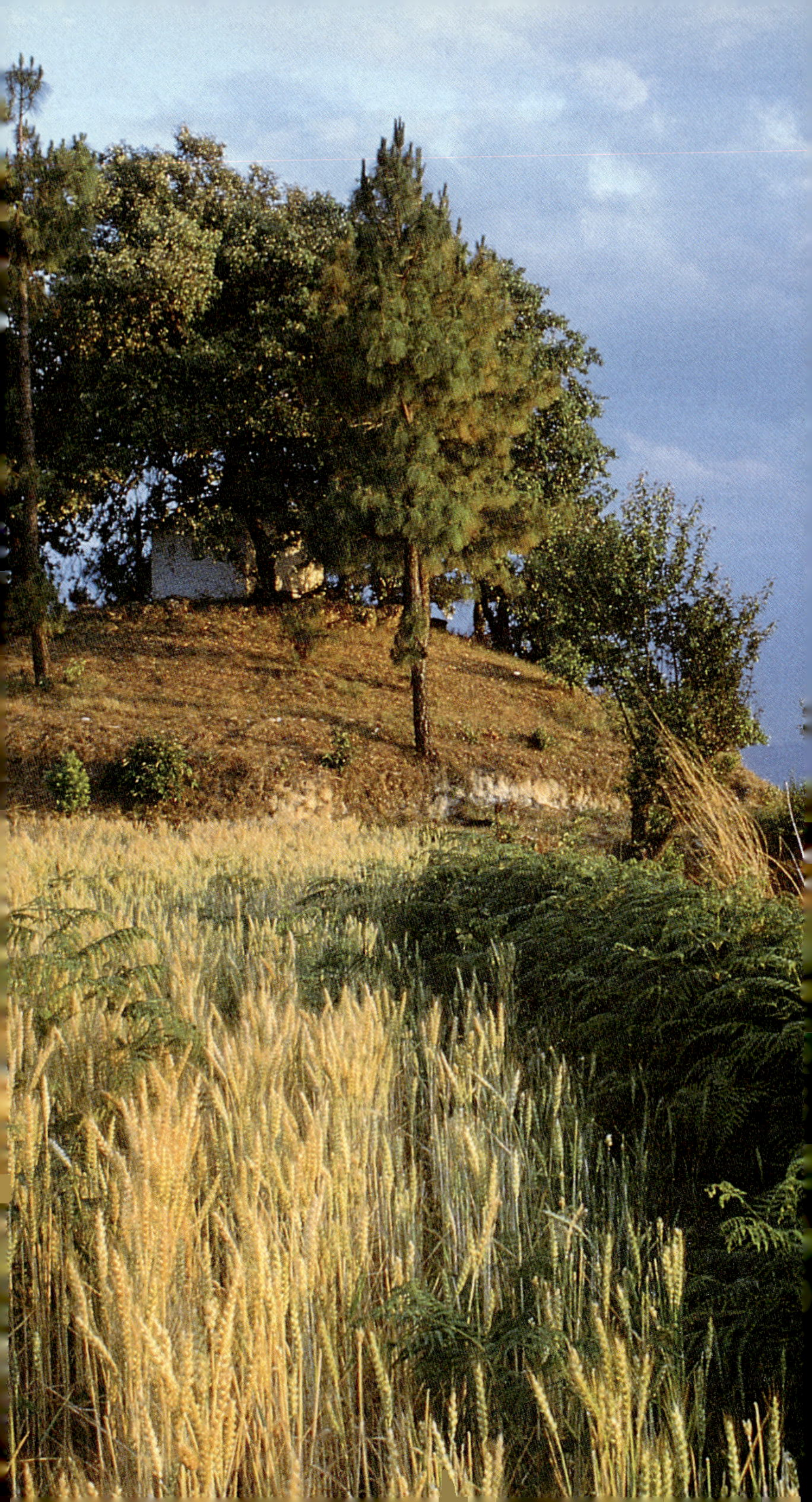

Zentralindien

Zentralindien im Überblick **140–141**
Uttar Pradesh & Uttarakhand **142–179**
Bihar & Jharkhand **180–193**
Madhya Pradesh & Chhattisgarh **194–219**

Zentralindien im Überblick

Die ausgedehnte Region umfasst die Ganges-Ebene, einige Gebirgszüge und die üppigen Wälder des indischen Kernlandes. Ein paar der meistbesuchten Ziele des Landes liegen in Zentralindien, so der Taj Mahal in Agra, die heilige Stadt Varanasi, die exquisit skulptierten Tempel von Khajuraho sowie die großen buddhistischen Stätten Sanchi und Bodh Gaya. Weitere attraktive Ziele in Zentralindien sind auch die Wildschutzgebiete Kanha und Corbett, die mittelalterlichen Forts und Paläste in Gwalior und Orchha sowie die Bergorte Mussoorie, Ranikhet und Nainital als beliebte Ausgangspunkte für Trekking-Touren.

SIEHE AUCH
- *Hotels* S. 573–577
- *Restaurants* S. 602–605

Bergwald mit *Chir*-Kiefern in Uttarakhand

Die Kenotaphe der Orchha-Herrscher am Fluss Betwa

LEGENDE
- National Highway
- Hauptstraße
- Fluss
- -- Bundesstaatsgrenze

◁ Landschaft in leuchtenden Farben bei Mukteshwar *(siehe S. 162)*, Westlicher Himalaya

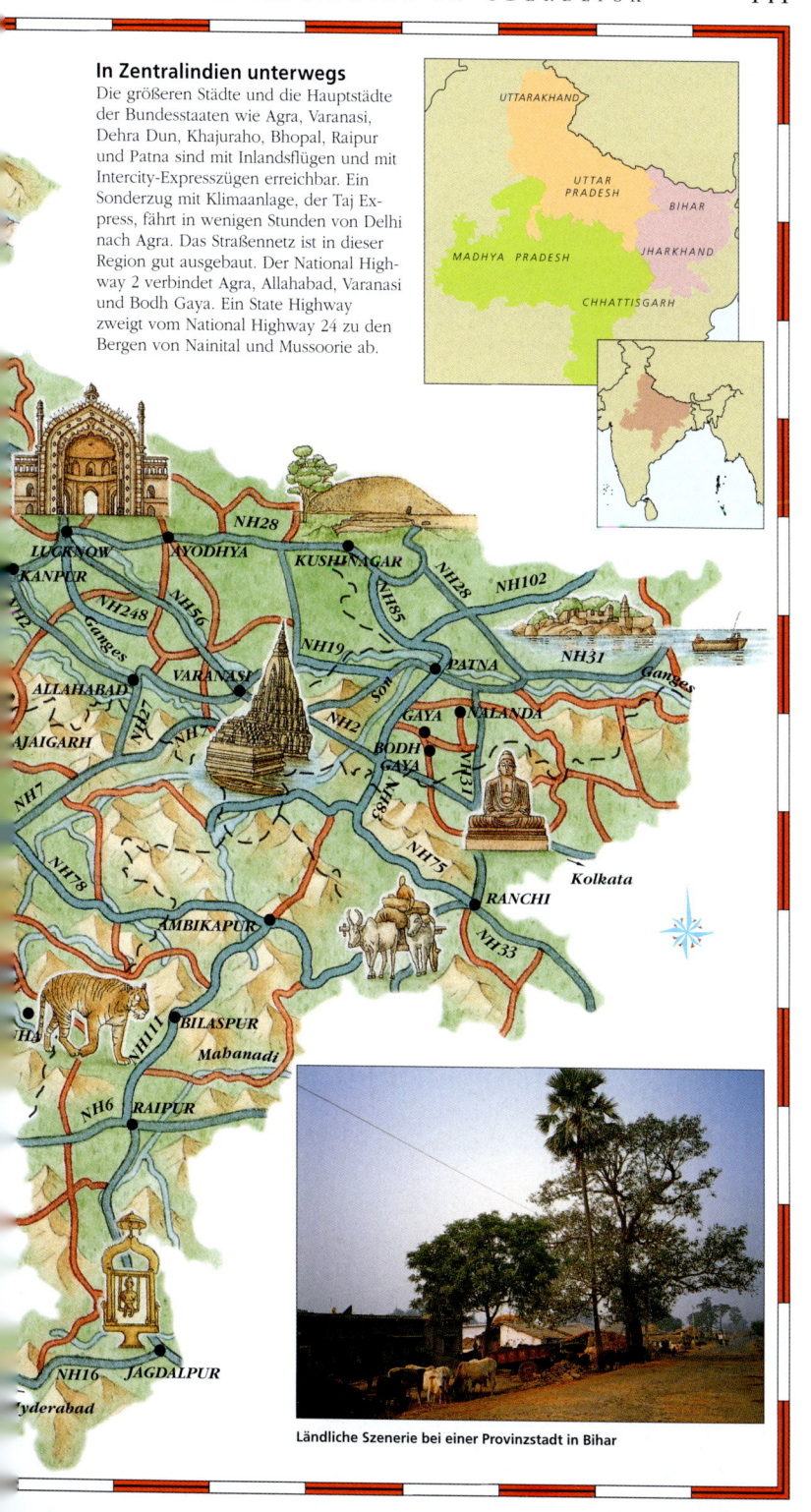

In Zentralindien unterwegs

Die größeren Städte und die Hauptstädte der Bundesstaaten wie Agra, Varanasi, Dehra Dun, Khajuraho, Bhopal, Raipur und Patna sind mit Inlandsflügen und mit Intercity-Expresszügen erreichbar. Ein Sonderzug mit Klimaanlage, der Taj Express, fährt in wenigen Stunden von Delhi nach Agra. Das Straßennetz ist in dieser Region gut ausgebaut. Der National Highway 2 verbindet Agra, Allahabad, Varanasi und Bodh Gaya. Ein State Highway zweigt vom National Highway 24 zu den Bergen von Nainital und Mussoorie ab.

Ländliche Szenerie bei einer Provinzstadt in Bihar

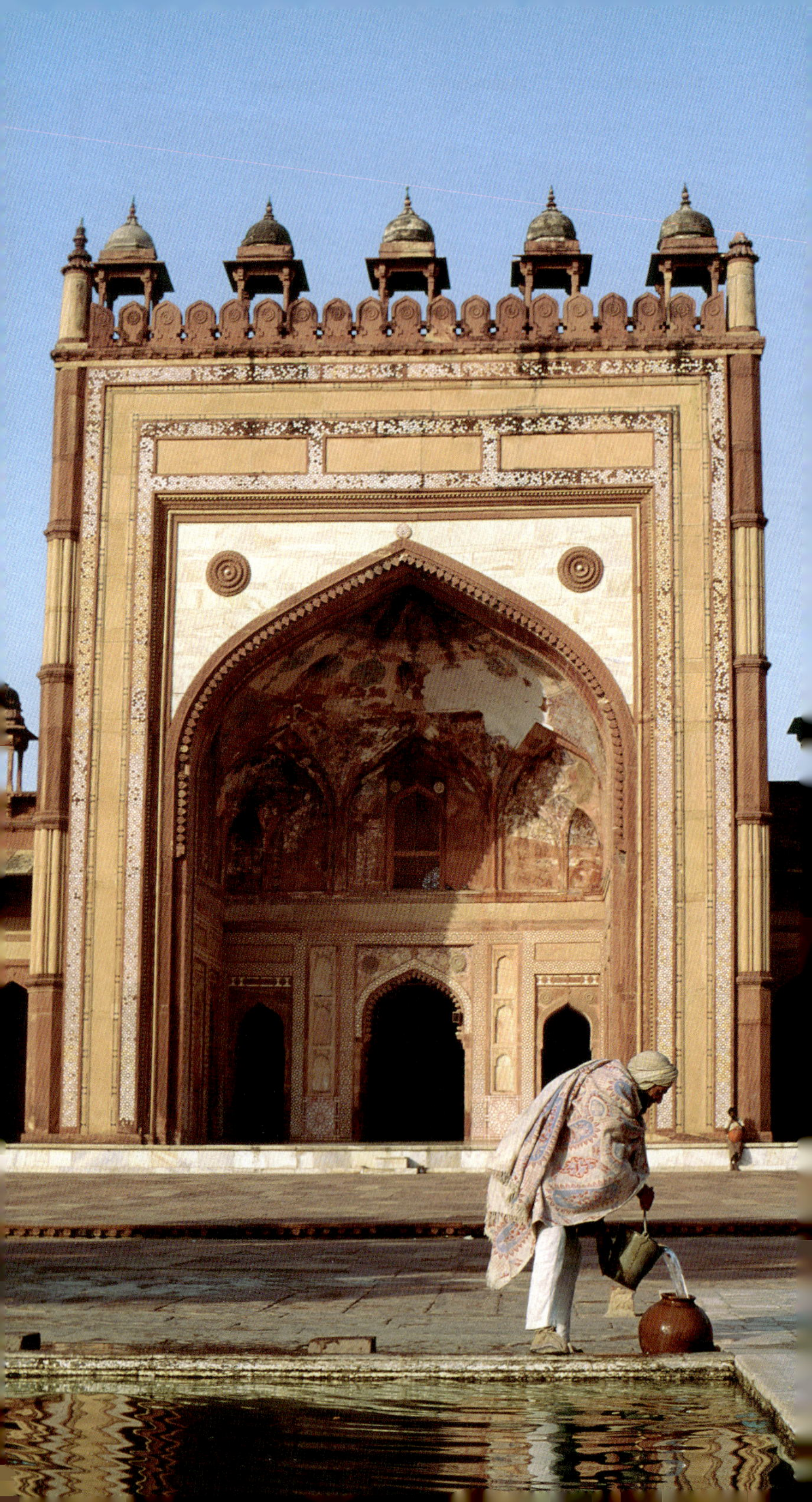

Uttar Pradesh & Uttarakhand

Uttar Pradesh und Uttarakhand erstrecken sich über 294 000 Quadratkilometer vom Himalaya bis zu den Ebenen von Indus und Ganges. Rund 175 Millionen Menschen leben in den beiden Bundesstaaten, die Hauptsprache ist Hindi. Der Taj Mahal und zahlreiche große islamische Monumente erheben sich in den Ebenen von Uttar Pradesh, hier sind auch die heilige Hindu-Stadt Varanasi und die buddhistischen Stupas von Sarnath. Die große Kumbh Mela findet alle zwölf Jahre in Allahabad und Haridwar statt. 2000 wurde der nördliche Teil von Uttar Pradesh zum eigenen Bundesstaat Uttarakhand erklärt. Zu seinen zahlreichen Anziehungspunkten zählen attraktive Trekking-Routen und Gebirgsflüsse zum Raften, die Bergorte Mussoorie und Nainital, die Yoga-Ashrams um Rishikesh sowie die Tiger im Corbett National Park.

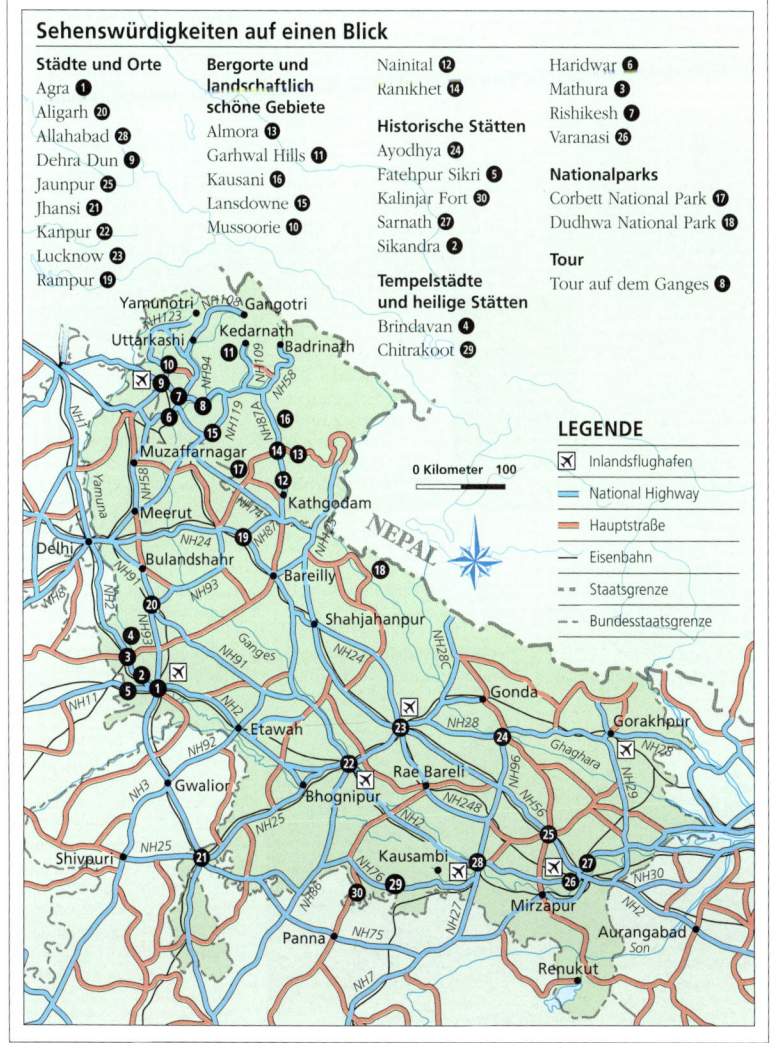

Sehenswürdigkeiten auf einen Blick

Städte und Orte
- Agra ❶
- Aligarh ❷⓿
- Allahabad ❷❽
- Dehra Dun ❾
- Jaunpur ❷❺
- Jhansi ❷❶
- Kanpur ❷❷
- Lucknow ❷❸
- Rampur ❶❾

Bergorte und landschaftlich schöne Gebiete
- Almora ❶❸
- Garhwal Hills ❶❶
- Kausani ❶❻
- Lansdowne ❶❺
- Mussoorie ❿

- Nainital ❶❷
- Ranikhet ❶❹

Historische Stätten
- Ayodhya ❷❹
- Fatehpur Sikri ❺
- Kalinjar Fort ❸⓿
- Sarnath ❷❼
- Sikandra ❷

Tempelstädte und heilige Stätten
- Brindavan ❹
- Chitrakoot ❷❾

- Haridwar ❻
- Mathura ❸
- Rishikesh ❼
- Varanasi ❷❻

Nationalparks
- Corbett National Park ❶❼
- Dudhwa National Park ❶❽

Tour
- Tour auf dem Ganges ❽

LEGENDE
- ✈ Inlandsflughafen
- — National Highway
- — Hauptstraße
- — Eisenbahn
- - - Staatsgrenze
- - - Bundesstaatsgrenze

◁ Fatehpur Sikris Jami Masjid *(siehe S. 154f)*, im 16. Jahrhundert vom Mogulherrscher Akbar erbaut

Agra ❶

Pietra-dura-Motiv

Agra war im 16. und 17. Jahrhundert der Sitz der Moguln, bevor der Hof nach Delhi umzog. Die Stadt mit ihrer günstigen Lage am Ufer des Yamuna und an der Grand Trunk Road blühte unter dem Patronat der Herrscher Akbar, Jahangir und Shah Jahan. Aus anderen Teilen Indiens, aus Persien und Zentralasien zogen Handwerker her, um Paläste, Gärten und Mausoleen zu bauen. Einige davon, der Taj Mahal, das Agra Fort und Akbars aufgegebene Hauptstadt Fatehpur Sikri, wurden von der UNESCO in die Liste des Welterbes aufgenommen. Nach dem Abstieg der Moguln wurde Agra von den Jats, den Marathen und schließlich im 19. Jahrhundert von den Briten eingenommen.

Das St John's College, von Sir Samuel Swinton Jacob entworfen

🏛 Agra Fort
Siehe Seiten 146f.

🅒 Jami Masjid
⬜ *tägl.* ⬛ *für Nichtmuslime während der Gebetszeiten.*
Shah Jahans Lieblingstochter Jahanara Begum veranlasste 1648 den Bau der »Freitagsmoschee« im Herzen der Altstadt. Sie war auch die Auftraggeberin für eine Reihe anderer Gebäude und Gärten sowie für den Bau des Kanals, der einst in der Mitte von Delhis Chandni Chowk *(siehe S. 78f)* verlief.
Die Moschee hat Sandstein- und Marmorkuppeln, deren auffallende Zickzackmuster weithin sichtbar sind. Der östliche Innenhofflügel wurde 1857 von den Briten beschädigt *(siehe S. 53)*. Interessant ist auch ein Becken mit einem *shahi chirag* (»königlicher Ofen«), der einst Wasser im Hof erhitzte, und der separate Gebetsraum für Frauen.
Die Gegend um Jami Masjid war einst für ihre Kebab-Häuser und Basare berühmt. Bei einem Bummel oder einer Rikscha-Fahrt durch das Labyrinth der Gassen bekommt man Einblicke in den Alltag der Menschen hier, der teils an die Zeit der Moguln erinnert. Das Viertel ist auch das Kunsthandwerks- und Handelszentrum der Stadt. Hier kann man alles Mögliche kaufen – von Schmuck und *Zari*-Stickereien über Marmorobjekte, *dhurries*, Trockenobst und Schuhe bis hin zu Drachen. Die größten Märkte sind Johri Bazar, Kinari Bazar, Kaserat Bazar und Kashmiri Bazar. In den ruhigeren Straßen wie der Panni Gali entdeckt man eine ganze Reihe schöner Gebäude mit imposanten Toren.

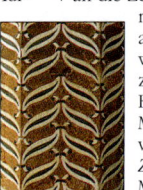

Detail des Minaretts, Jami Masjid

In den Innenhöfen arbeiten auch heute noch hervorragende Kunsthandwerker.

🏛 St John's College
Mahatma Gandhi Rd. 🅒 *(0562) 252 0123.* ⬜ *Mo–Sa.* ⬛ *Feiertage.*
Die ungewöhnliche Architektur des St John's College wurde einmal als »erstaunliche Mischung aus Historie, Wissenschaft und Symbolik« bezeichnet. Zum Komplex aus rotem Sandstein gehören eine Halle und eine Bibliothek an einem rechteckigen Platz. Sir Samuel Swinton Jacob *(siehe S. 291)* entwarf das Ensemble im Pseudo-Fatehpur-Sikri-Stil, der den indo-sarazenischen Stil fortsetzte. Der Bau der Church Missionary Society wurde 1914 vom Vizekönig Lord Hardinge eingeweiht. Bis heute ist das College eine der renommiertesten Hochschulen Indiens.

🏛 Römisch-katholischer Friedhof
Gegenüber den Civil Courts.
⬜ *tägl.*
Am nördlichen Stadtrand erstreckt sich der Roman Catholic Cemetery. Der älteste europäische Friedhof Nordindiens wurde im 17. Jahrhundert von dem armenischen Kaufmann Khoja Mortenepus angelegt. Einige islamisch geprägte Grabsteine mit armenischen Inschriften stehen heute noch, darunter sind das Grabmal des Artillerie-Experten Shah Nazar Khan und das von Khoja Mortenepus selbst. Auf dem Friedhof sind auch Mis-

Jami Masjid, ein Projekt von Shah Jahans Lieblingstochter Jahanara

Hotels und Restaurants in Uttar Pradesh & Uttarakhand *siehe Seiten 573–575 und 602–604*

John Hessings Grabmal auf dem Römisch-katholischen Friedhof

sionare und Händler bestattet oder Abenteurer wie der im Dienste der französischen Indien-Armee stehende Deutsche Walter Reinhardt (gest. 1787), der zum Fürsten von Sardhana aufstieg.

Die größte von allen Grabstätten erinnert an John Hessing, einen Briten in der Armee der Scindias von Gwalior (siehe S. 196). Das Monument wurde 1803 erbaut und ahmt den Taj Mahal nach. Eines der ältesten Gräber ist das des englischen Kaufmanns John Mildenhall (1560–1614), des Gesandten von Elizabeth I., der 1603 am Mogulhof um Handelserlaubnis ersuchte. Interessant sind auch die Gräber des venezianischen Arztes Bernardino Maffi und von Gernonimo Veroneo, den man fälschlich für den Architekten des Taj Mahal hielt. In der Nähe der Kapelle kennzeichnet ein hoch aufragender Obelisk das Grab der vier Kinder von General Perron, dem französischen Befehlshaber der Scindia-Armee.

Fort Railway Station
(0562) 236 4131.

Das auffallende Gebäude entstand 1891 als Haltestelle für Besucher auf dem Weg zu Agras Monumenten. Der achteckige Basar-*chowk*, der hier ursprünglich Delhi Gate und Agra Fort mit der Altstadt und Jami Masjid verband, wurde abgerissen und durch den Bahnhof ersetzt. Er erinnert ein wenig an ein französisches Schloss und ist immer noch in Betrieb. Die anderen beiden Bahnhöfe Agras liegen im Cantonment und in Raja ki Mandi.

INFOBOX

Distrikt Agra. 201 km südöstlich von Delhi. 1 700 000.
Kheria, 8 km südwestlich der Stadt. Agra Cantonment, (0562) 242 1039; Raja ki Mandi, (0562) 285 4477; Fort. Idgah, (0562) 236 5439, 242 0324.
UPTDC, 64 Taj Rd, (0562) 222 6431; ITDC, 191 Mall Rd, (0562) 222 6368.
Kailash Fair (Aug/Sep).

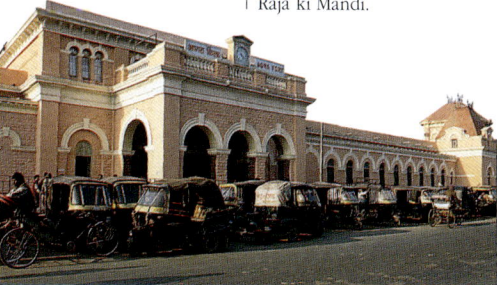

Motorisierte Rikschas warten vor der Fort Railway Station auf Fahrgäste

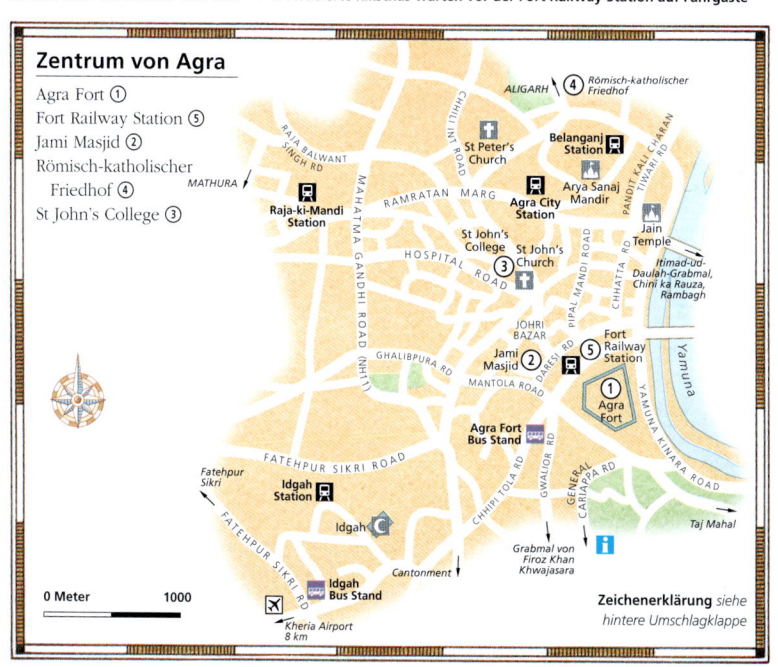

Zentrum von Agra

Agra Fort ①
Fort Railway Station ⑤
Jami Masjid ②
Römisch-katholischer Friedhof ④
St John's College ③

Mehr über Agra? Vis-à-Vis Delhi, Agra & Jaipur ISBN 978-3-8310-0620-5

In den Kolonnaden im Diwan-i-Aam hielt der Herrscher Hof

Agra Fort
tägl. Ton- und Lichtshow tägl. 19.30 Uhr.

Die Festung am Westufer des Yamuna wurde 1565–73 auf Veranlassung des Herrschers Akbar errichtet. Seine mächtigen roten Sandsteinwälle bilden an der Flussseite einen Halbmond, der einen ausgedehnten Palastkomplex umfasst. Die Stile reichen vom eklektischen Stil Akbars bis zur feinen Eleganz von Shah Jahan. Die Armeeunterkünfte im Norden sind britische Anbauten aus dem 19. Jahrhundert. Fort Agra ist von einem früher gefluteten Burggraben umgeben.

Man betritt den Komplex durch das **Amar Singh Gate** im Süden. Rechts davon liegt der **Jahangir Mahal**, der einzige Palast im Fort aus der Zeit Akbars. Der verwirrende Bau mit seinen Hallen, Höfen, Galerien und unterirdischen Verliesen diente als *zenana* (Hauptharem). Davor liegt ein Marmorbecken, das zur Zeit von Nur Jahan mit Tausenden Rosenblättern gefüllt wurde, damit die Kaiserin in duftendem Wasser baden konnte.

Direkt am Fluss sieht man den **Khas Mahal**, eine elegante Marmorhalle mit bemalter Decke, die als typisch für den Stil Shah Jahans gilt, und zwei goldene Pavillons mit *Bangaldar*-Dächern (Runddach nach dem Vorbild bengalischer Hütten). Sie waren den Prinzessinnen Jahanara und Roshanara vorbehalten und

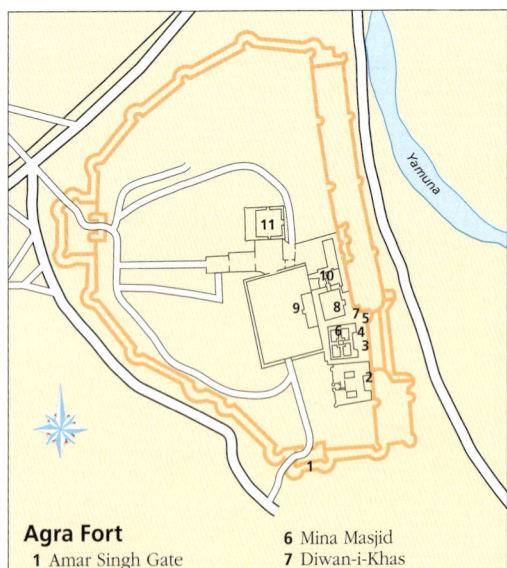

Jahangir Mahal, der Hauptharem des Herrschers, vom Fluss aus

Agra Fort
1. Amar Singh Gate
2. Jahangir Mahal
3. Khas Mahal und Anguri Bagh
4. Sheesh Mahal
5. Musamman Burj
6. Mina Masjid
7. Diwan-i-Khas
8. Machchhi Bhavan
9. Innenhof von Diwan-i-Aam
10. Nagina Masjid
11. Moti Masjid

Hotels und Restaurants in Uttar Pradesh & Uttarakhand siehe Seiten 573–575 und 602–604

AGRA

St George's Church (1826) im Cantonment von Agra

weisen kleine Nischen zum Verstecken von Schmuck auf. Gegenüber liegt **Anguri Bagh** (»Weingarten«) mit bewachsenen Teichen und Nischen für Kerzen. Der **Sheesh Mahal** und die Bäder findet man im Nordosten beim **Musamman Burj**, einem zweistöckigen, achteckigen Turm mit Aussicht auf den Taj. Hier verbrachte der von seinem Sohn Aurangzeb eingekerkerte Shah Jahan die letzten Jahre seines Lebens. **Mina Masjid** (»Edelsteinmoschee«), die wohl kleinste Moschee der Welt, diente als Privatmoschee des Herrschers. Neben dem Musamman Burj liegt der **Diwan-i-Khas**, eine reich verzierte offene Halle mit schönen *Pietra-dura*-Arbeiten an den Säulen, wo der Herrscher Hof hielt. Zwei Throne aus weißem Marmor und schwarzem Schiefer standen hier, damit der Herrscher die Elefantenkämpfe verfolgen konnte. Gegenüber befindet sich der **Machchhi Bhavan** (»Fischpalast«), früher ein bezauberndes Wasserschloss. Etwas westlich davon schließt sich der **Diwan-i-Aam** an, eine von Bogengängen umgebene Halle in einem Hof. Die Thronnische mit Marmorintarsien bot einen prächtigen Rahmen für den Pfauenthron. Nordwestlich befinden sich die **Nagina Masjid** (»Juwelenmoschee«), die Shah Jahan für seinen Harem erbauen ließ, und die **Moti Masjid** (»Perlenmoschee«).

Musamman Burj

⛪ Cantonment
Zwischen Mahatma Gandhi Rd, Grand Parade Rd und Mall Rd.
In dem reizvollen, baumbestandenen Militärviertel mit einem eigenen Bahnhof und schnurgeraden Straßen befinden sich viele interessante öffentliche Gebäude, Kirchen, Friedhöfe und Bungalows verschiedener Stile aus der Kolonialzeit. **St George's Church** (1826) wurde von Colonel J. T. Boileau, dem Architekten der Christ Church von Shimla *(siehe S. 102)*, entworfen. Die **Havelock Memorial Church** von 1873 im klassizistischen Stil erinnert an einen britischen General, der beim Indischen Aufstand von 1857 eine wichtige Rolle spielte. Sehenswert sind auch **Queen Mary's Library**, das **Central Post Office** und das **Circuit House**, in dem während des Raj britische Beamte wohnten.

🛈 Firoz Khan Khwajasaras Grabmal
Südlich von Agra an der Gwalior Rd.
○ tägl.

Ein Straßenschild an der Gwalior Road weist auf das ungewöhnliche achteckige Grabmal aus dem 17. Jahrhundert hin. Das Monument für Firoz Khan Khwajasara, den angeblich schon als Eunuch geborenen Wächter des Harems von Shah Jahan, steht an einem See auf einem hohen Sockel. Ein Torweg führt zu dem roten Sandsteinbau, über Stufen erreicht man die obere Ebene mit dem Hauptpavillon, in dem sich das Grab befindet. Stilisierte Steinverzierungen schmücken die Außenwände. Im Gegensatz zu anderen Bauten aus jener Zeit gibt es keine kalligrafischen Inschriften. Ist der Bau geschlossen, kann man den *chowkidar* (Wächter) im Dorf bitten aufzuschließen.

Der Hauptpavillon des Grabmals von Firoz Khan Khwajasara

Zardozi: Gold- und Perlenstickerei

Agras florierende Kunsthandwerkstradition feiner Stickereien mit Goldfäden *(zari)* und Perlen heißt *zardozi*. Die Technik stammt aus Zentralasien und wurde von Moguln nach Indien gebracht. Die Handwerker von Agra perfektionierten das Verfahren bei der Herstellung von Kleidung für den Hof. Mit dem Ende der höfischen Auftraggeber starb diese Stickkunst fast aus. Dank der Aufträge moderner Modedesigner, die vor allem Kleider, Tücher, Taschen und Schuhe besticken lassen, erlebt sie ein Comeback.

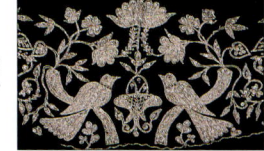

Mit Goldfaden *(zari)* bestickter Stoff

Agra: Taj Mahal

Der Taj Mahal ist eines der berühmtesten Gebäude der Welt, Shah Jahan ließ das Grabmal für seine 1631 verstorbene Lieblingsfrau Mumtaz Mahal errichten. Die vollkommenen Proportionen und die erlesene Ausführung wurden schon als »Vision, Traum, Gedicht und Wunder« beschrieben. Das Gartenmausoleum, ein Abbild des islamischen Paradieses, kostete fast 41 Millionen Rupien und 500 Kilogramm Gold. 20 000 Arbeiter brauchten zwölf Jahre für den Bau.

Verzierung in den Außennischen

Kuppel
44 Meter hoch ist die Doppelkuppel mit Spitze.

★ Marmorgitter
Das filigrane, aus einem einzigen Marmorblock gearbeitete Gitterwerk sollte die königlichen Gräber abschirmen.

Vier Minarette, jedes 40 Meter hoch und von einem *chhatri* (achteckiger Pavillon) gekrönt, umrahmen das Grabmal und betonen die Symmetrie.

Sockelplattform

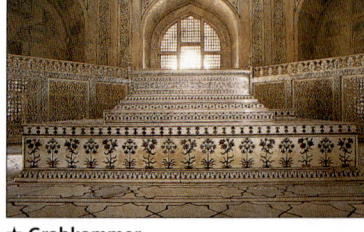

Yamuna

★ Grabkammer
Mumtaz Mahals Sarkophag liegt erhöht neben dem Grab von Shah Jahan. Die Gräber befinden sich in der Krypta und sind nicht zugänglich.

NICHT VERSÄUMEN

★ Grabkammer

★ Marmorgitter

★ Pietra dura

Hotels und Restaurants in Uttar Pradesh & Uttarakhand siehe Seiten 573–575 und 602–604

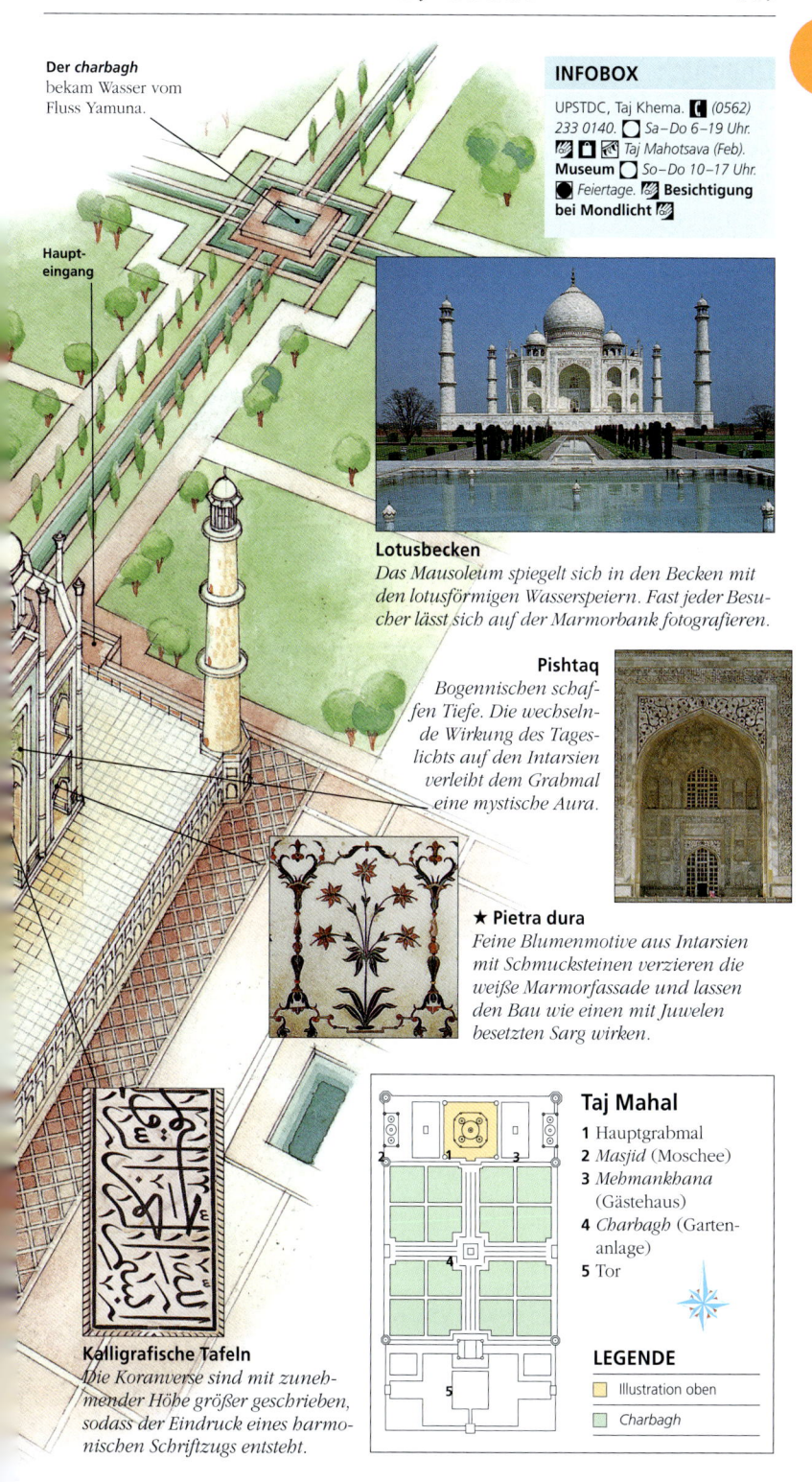

AGRA: TAJ MAHAL

Der *charbagh*
bekam Wasser vom Fluss Yamuna.

Haupteingang

INFOBOX

UPSTDC, Taj Khema. *(0562) 233 0140.* Sa–Do 6–19 Uhr. *Taj Mahotsava (Feb).*
Museum So–Do 10–17 Uhr. Feiertage. **Besichtigung bei Mondlicht**

Lotusbecken
Das Mausoleum spiegelt sich in den Becken mit den lotusförmigen Wasserspeiern. Fast jeder Besucher lässt sich auf der Marmorbank fotografieren.

Pishtaq
Bogennischen schaffen Tiefe. Die wechselnde Wirkung des Tageslichts auf den Intarsien verleiht dem Grabmal eine mystische Aura.

★ Pietra dura
Feine Blumenmotive aus Intarsien mit Schmucksteinen verzieren die weiße Marmorfassade und lassen den Bau wie einen mit Juwelen besetzten Sarg wirken.

Kalligrafische Tafeln
Die Koranverse sind mit zunehmender Höhe größer geschrieben, sodass der Eindruck eines harmonischen Schriftzugs entsteht.

Taj Mahal
1 Hauptgrabmal
2 *Masjid* (Moschee)
3 *Mehmankhana* (Gästehaus)
4 *Charbagh* (Gartenanlage)
5 Tor

LEGENDE
☐ Illustration oben
☐ Charbagh

Überblick: Agras Ostufer

Am pittoresken Ostufer des Yamuna liegen zahlreiche historische Gärten, Paläste, Pavillons und das Grabmal von **Itimad-ud-Daulah**. Nördlich davon ließ Afzal Khan, Dichter und Gelehrter aus Shiraz (Persien) und Shah Jahans Finanzminister, den **Chini ka Rauza** (wörtlich »Chinagrab«, wegen der gefliesten Fassade) errichten. Die Fassade des große, rechteckige Baus im persischen Stil war einst mit glasierten Fliesen aus Lahore und Multan verkleidet, dazwischen befanden sich Tafeln mit Kalligrafien. Die Grabkammer weist bemalten Stuck auf, der gut mit der gefliesten Fassade harmoniert haben muss.

Weiter flussaufwärts kommt man zum schattigen **Rambagh** oder Aram Bagh («Garten der Ruhe»). Er gilt als der älteste Mogulgarten. Babur, der erste Mogulherrscher, ließ ihn im Jahr 1526 anlegen. Der ummauerte Garten diente ihm auch als Grabstätte, bis sein Leichnam nach Kabul überführt wurde. Auf geometrisch angelegten Wegen gelangt man zu einer erhöhten Terrasse mit Pavillons und schönem Flussblick. Kaiserin Nur Jahan ließ den Garten weiter ausbauen.

Chini ka Rauza
1 km nördlich von Itimad-ud-Daulahs Grabmal. tägl.

Rambagh
3 km nördlich von Itimad-ud-Daulahs Grabmal. tägl. Fr frei.

Flusspavillon in Rambagh

Agra: Itimad-ud-Daulahs Grabmal

Stilisiertes Blumenmotiv

Das kleine, elegante Gartenmausoleum für Itimad-ud-Daulah, Schatzkanzler des Mogulreichs, wird als »Schmuckkästchen in Marmor« bezeichnet. Nur Jahan, Itimad-ud-Daulahs Tochter und Jahangirs Lieblingsfrau, ließ das Grabmal ab 1622 in sechsjähriger Bauzeit errichten. Die innovative Kombination aus weißem Marmor, bunten Mosaiken, Steinintarsien und Gitterwerk markiert den Übergang von der massiven roten Sandsteinarchitektur unter Akbar hin zur eleganten Verfeinerung von Shah Jahans Taj Mahal.

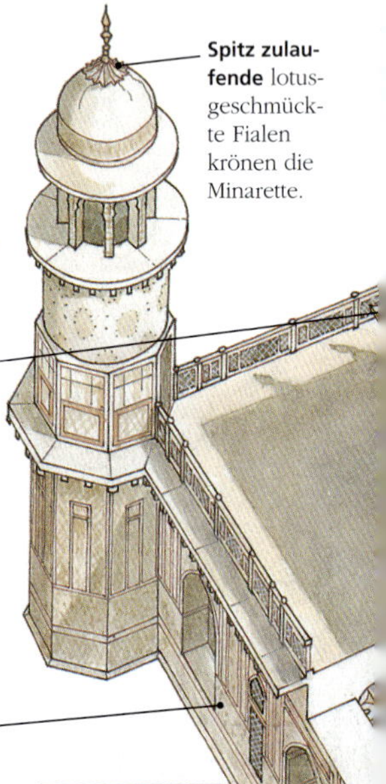

Spitz zulaufende lotusgeschmückte Fialen krönen die Minarette.

Oberer Pavillon
Die Grabnachbauten für Itimad-ud-Daulah und seine Frau stehen im marmorverkleideten Oberen Pavillon.

Mosaikmuster
Der untere Bereich des Mausoleums ist mit Tafeln aus eingelegten bunten Steinen in geometrischen Mustern verziert.

NICHT VERSÄUMEN

★ Grabkammer

★ Marmorgitter

★ Pietra dura

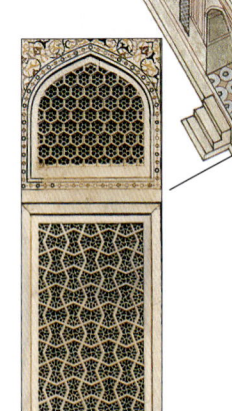

★ Marmorgitter
Durchbrochene, ornamentierte Fensterschirme sind aus einem einzigen Marmorblock gefertigt.

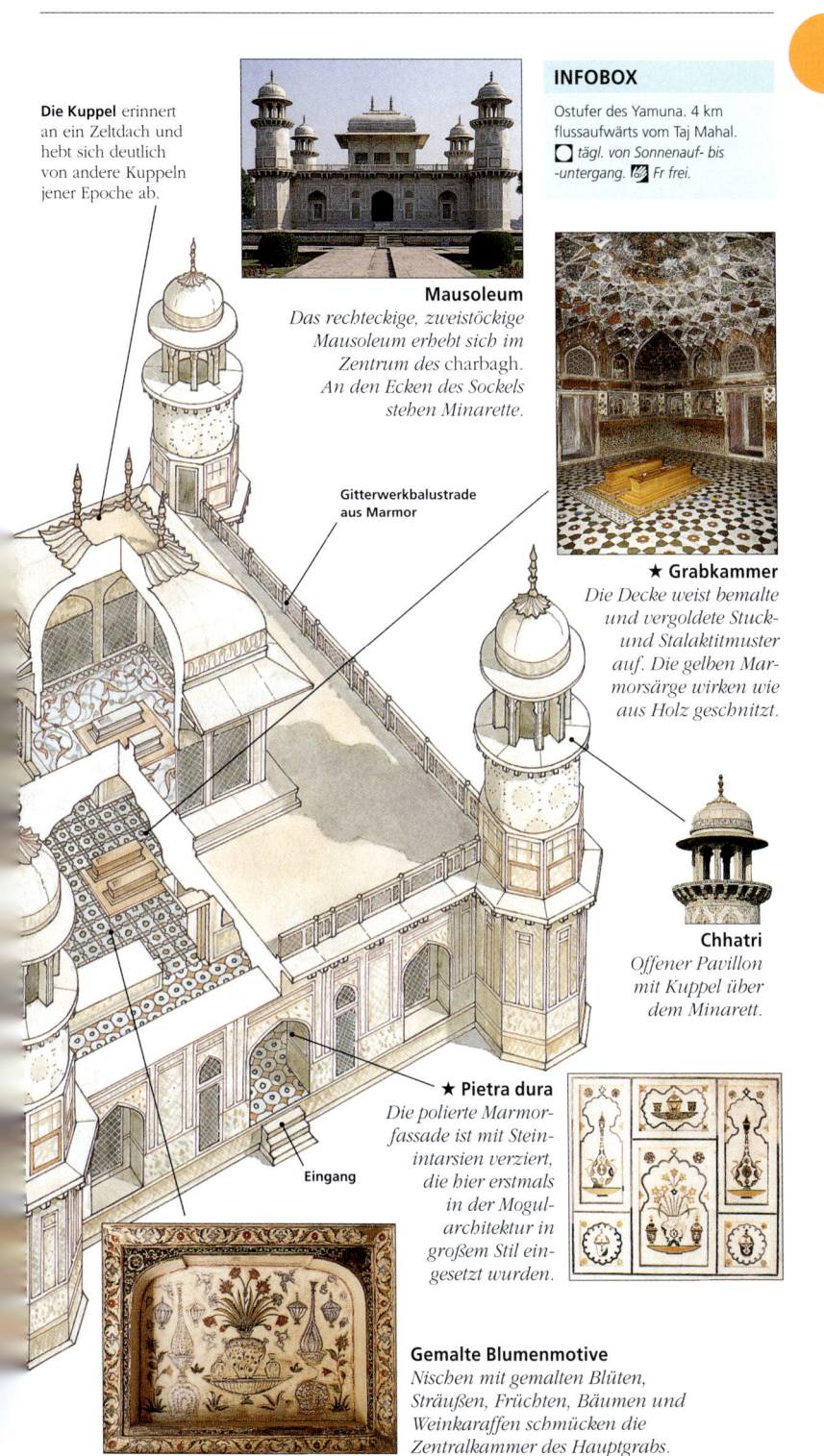

AGRA: ITIMAD-UD-DAULAHS GRABMAL 151

INFOBOX
Ostufer des Yamuna. 4 km flussaufwärts vom Taj Mahal.
◯ tägl. von Sonnenauf- bis -untergang. 🎫 Fr frei.

Die Kuppel erinnert an ein Zeltdach und hebt sich deutlich von andere Kuppeln jener Epoche ab.

Mausoleum
Das rechteckige, zweistöckige Mausoleum erhebt sich im Zentrum des charbagh. An den Ecken des Sockels stehen Minarette.

Gitterwerkbalustrade aus Marmor

★ Grabkammer
Die Decke weist bemalte und vergoldete Stuck- und Stalaktitmuster auf. Die gelben Marmorsärge wirken wie aus Holz geschnitzt.

Chhatri
Offener Pavillon mit Kuppel über dem Minarett.

★ Pietra dura
Die polierte Marmorfassade ist mit Steinintarsien verziert, die hier erstmals in der Mogularchitektur in großem Stil eingesetzt wurden.

Eingang

Gemalte Blumenmotive
Nischen mit gemalten Blüten, Sträußen, Früchten, Bäumen und Weinkaraffen schmücken die Zentralkammer des Hauptgrabs.

Eingang zu Akbars Mausoleum in Sikandra

Sikandra ❷

Distrikt Agra. 8 km nordwestlich von Agra. **Akbars Mausoleum** (0562) 264 1230 (telefonische Voranmeldung für Besuch der Grabterrasse). tägl. Fr frei. Urs an Akbars Mausoleum (Mitte Okt).

Mogulkaiser Akbar fand in diesem kleinen Dorf am Rand von Agra seine letzte Ruhestätte. Man nimmt an, dass Akbar sein Mausoleum selbst entwarf und anfangs die Bauarbeiten überwachte, sein Sohn Jahangir vollendete die beeindruckende Anlage. Sie ist perfekt symmetrisch, das Grab steht in der Mitte eines großen Gartens mit Mauer. Das Haupttor im Süden ist eine wunderschöne rote Sandsteinkonstruktion mit gewaltigem Mittelbogen und einem vielfarbigen Mosaik aus eingelegtem weißem Marmor, schwarzem Schiefer und bunten Steinen. An den Ecken der Toranlage stehen elegante Marmorminarette, sie gelten als Vorläufer der Minarette am Taj Mahal in Agra (siehe S. 148f).

Im Garten, einem typischen *charbagh*, leben Affen und Antilopen. Steinwege teilen die Anlage in vier Flächen (die Viertel des Lebens), jede wird von Wasserbecken und -kanälen geprägt.

Das Hauptgrabmal hebt sich von üblichen Kuppelgräbern ab, wie z. B. Akbars Vater Humayun in Delhi (siehe S. 77) eines bekam: Drei der vier Stockwerke bestehen aus Pavillons aus rotem Sandstein. Auf der Terrasse über ihnen umschließt Marmorgitterwerk den Grabnachbau, der sehr aufwendig mit Blumen- und Arabeskenmotiven sowie den 99 Namen Allahs verziert ist. Das eigentliche Grab im Herzen des Baus bekommt Licht durch ein Bogenfenster. Die früher zugänglichen oberen Bereiche sind nun aus Sicherheitsgründen geschlossen.

Religiöses Bild aus Mathura

Mathura ❸

Distrikt Mathura. 62 km nordwestlich von Agra. 300 000. Old Bus Stand, (0565) 240 6468. Holi (März), Hariyali Teej (Juli), Janmashtami (Juli/Aug), Kansa Vadha (Sep), Annakut (Sep/Okt).

Mathura am Westufer des Yamuna gilt als Geburtsort eines der beliebtesten Götter Indiens: Krishna. Eine dunkle Zelle im ansonsten eher modernen **Sri-Krishna-Janmabhoomi-Tempel** am Stadtrand wird als eigentliche Geburtsstätte verehrt. Etwas entfernt am Flussufer bilden 25 Ghats einen prächtigen Komplex aus Tempeln, Pavillons und Steinstufen zum Wasser. **Jami Masjid** erhebt sich mit ihren recht auffallend gefliesten Außenwänden hinter dem Uferstreifen. Etwas fremd mutet die katholische **Church of the Sacred Heart** an, die 1860 im Armeeviertel gebaut wurde. Sie verbindet westlichen Baustil mit Elementen der regionalen Tempelarchitektur.

Das **Government Museum** zeigt eine außergewöhnliche Sammlung von Skulpturen aus dem weiß gefleckten roten Sandstein der Gegend. Sie wurden zwischen dem 5. Jahrhundert v. Chr. und dem 4. Jahrhundert n. Chr. gefertigt, als Mathura zum Kushana-Reich (siehe S. 43) gehörte und als wichtiges

Am Vishram Ghat in Mathura werden abends kleine Öllampen auf den Fluss gesetzt

Hotels und Restaurants in Uttar Pradesh & Uttarakhand *siehe Seiten 573–575 und 602–604*

UTTAR PRADESH & UTTARAKHAND

Zentrum des Buddhismus aufblühte. Besondere Kunstwerke sind ein großer stehender Buddha und die berühmte kopflose Statue des Kushana-Königs Kanishka.

🏛 Government Museum
Dampier Nagar. 📞 (0565) 250 0847. 🕐 Di–So. ⬤ Feiertage und jeden zweiten Sa. 📷 Extragebühr.

Brindavan ❹

Distrikt Mathura. 68 km nördlich von Agra. 🚌 🚉 tägl. 🎉 *Holi (März), Rath ka Mela (März), Hariyali Teej (Juli), Janmashtami (Aug/Sep).*

Brindavan heißt wörtlich »Wald des duftenden Basilikums«. Der Ort am Yamuna ist ein wichtiges Pilgerzentrum. Fromme Hindus glauben, der junge Krishna habe hier als Kuhhirte gelebt und die schöne Radha angebetet – eine Liebe, die in der Literatur, in Kunstwerken und Tänzen thematisiert wird. Kühe beherrschen bis heute die Straßen, an Ständen werden Süßigkeiten mit Milch *(pedas)* angeboten.

Brindavans zahlreiche Tempel, *ashrams* und *ghats* wurden von Hindu-Königen und reichen Kaufleuten erbaut. Hindu-Witwen in weißer Kleidung und mit rasierten Köpfen leben hier in *ashrams* und widmen ihr Leben Krishna. Am Rand der Altstadt steht

Gopura im südindischen Stil am Sri-Ranganathji-Tempel

der historische **Govindeoji-Tempel** (siehe S. 290), den Raja Man Singh I. von Amber 1590 errichten ließ. Gegenüber erhebt sich der **Sri-Ranganathji-Tempel** (19. Jh.) mit einer goldüberzogenen Säule und einem Tempelmuseum.

In den engen Gassen der Altstadt findet man die heiligen ummauerten Haine von **Seva Kunj**, die eng mit dem traditionellen Raslila-Tanz verbunden sind. Sehenswert sind außerdem die Tempel **Madan Mohan**, 1580 aus rotem Sandstein auf einem Hügel direkt am Flussufer erbaut, **Banke Bihari** am Hauptbasar und **Jugal Kishore** (16. Jh.). Der **ISKCON-Tempel** am Stadtrand ist jüngeren Datums.

Feste in Uttar Pradesh und Uttarakhand

International Yoga Week *(Feb)*, Rishikesh. Am Ufer des Ganges wird eine ganze Woche lang Yoga gelehrt.
Taj Mahotsava *(Feb)*, Agra. Zehntägiges Musik- und Tanzfestival in der Umgebung des Taj Mahal.
Jhansi Festival *(Feb)*, Jhansi. Fünf Tage lang gibt es Kunst und Kunsthandwerk vor Jhansis historischem Fort zu sehen und zu kaufen.
Rang Gulal *(Feb/März)*. Das Fest der Farben heißt auch Holi und wird in allen Teilen von Uttar Pradesh mit großer Begeisterung, Tänzen und Musik gefeiert.

Rang-Gulal-Feiern

Buddha Mahotsava *(Dez)*, Sarnath und Kushinagar. Religiöse Feiern zu Buddhas Geburtstag, seiner Erleuchtung und seinem Tod. In Sarnath hielt Buddha seine erste Predigt, in Kushinagar erreichte er den Zustand des Nirvana.
Janmashtami *(Aug/Sep)*, Brindavan und Mathura. Zum Geburtstag Krishnas findet eine Pilgerprozession *(parikrama)* zu den heiligen Stätten statt. Die Feiern erreichen um Mitternacht ihren Höhepunkt.
Ganga-Fest *(Okt/Nov)*, Varanasi. Gläubige kommen zusammen, um den alten Ruhm des heiligen Flusses Ganges würdig zu feiern.
Lucknow Mahotsava *(Nov/Dez)*, Lucknow. Lucknows Vergangenheit und Traditionen werden mit Essen, Musik und Tanz lebendig.

Grand Trunk Road

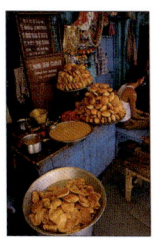

Dhaba an der Straße

Die Grand Trunk Road, Rudyard Kiplings »herrschaftlicher Korridor«, der Kalkutta (heute Kolkata) im Osten mit Kabul im Nordwesten verband, wurde unter Sher Shah Suri *(siehe S. 73)* im 16. Jahrhundert angelegt. Damals diente die Route den Armeen auf ihren Feldzügen, in Friedenszeiten zog der Hof der Mogulherrscher mit Pomp und Gefolge von Agra nach Delhi. Auch heute noch ist die Grand Trunk Road eine der großen Straßen Asiens und der wichtigste Highway Nordindiens. Einige alte, Schatten spendende Bäume stehen noch, aber die alten Karawansereien sind verfallen. Stattdessen findet man immer wieder *dhabas* am Straßenrand, an denen sich vor allem Lastwagenfahrer billig mit *dal* und *roti* versorgen und dazu ein Glas heißen Tee oder kühles *lassi* trinken. Auf einem der *charpoys* (Feldbett), die die Standbesitzer aufgestellt haben, kann man sogar ein Nickerchen machen.

Fatehpur Sikri

Jali-Arbeit

Der Mogulherrscher Akbar ließ Fatehpur Sikri 1571–85 zu Ehren von Shaik Salim Chisti, einem berühmten Sufi-Heiligen des Chishti-Ordens *(siehe S. 312)*, errichten. 14 Jahre lang war es die Hauptstadt des Reichs, eine typische befestigte Stadt der Moguln mit getrennten privaten und öffentlichen Bereichen sowie mächtigen Toranlagen. Die hinduistisch-islamische Stilmischung verrät Akbars säkulare Vision und politische Toleranz. Die Stadt wurde wohl aus Wassermangel aufgegeben, viele ihrer Schätze fielen Plünderungen zum Opfer. Dem Vizekönig und Denkmalschützer Lord Curzon ist der heutige recht gute Zustand zu verdanken.

Pfeiler im Diwan-i-Khas
Die zentral auf den Thron ausgerichtete Audienzhalle erinnert an Gebäude in Gujarat.

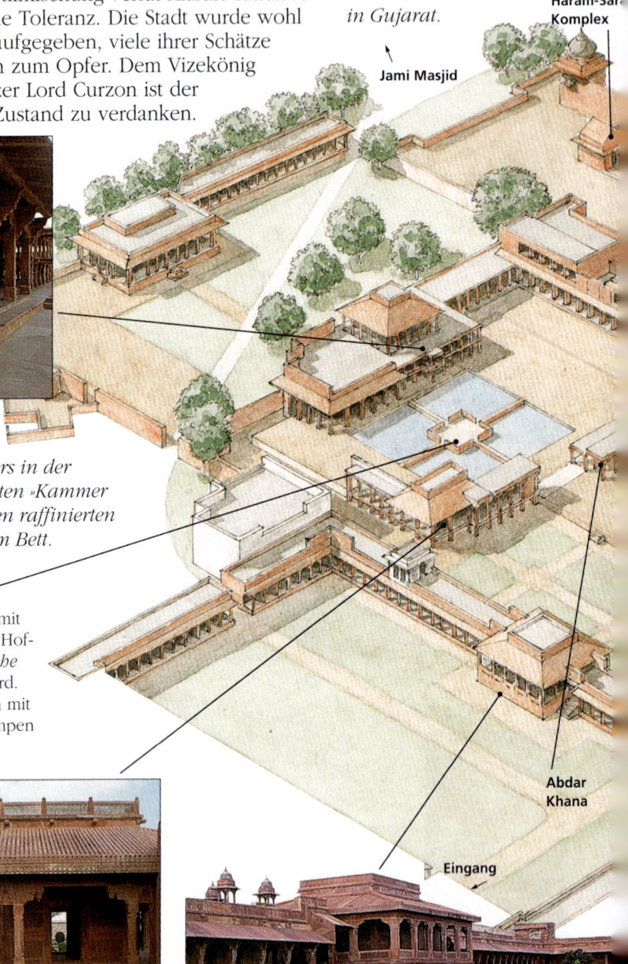

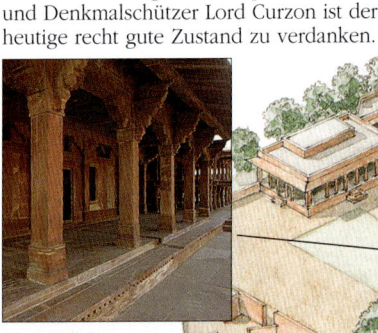

Haram-Sara Komplex

Jami Masjid

Khwabgah
Das private Schlafzimmer des Herrschers in der üppig ausgeschmückten »Kammer der Träume« hat einen raffinierten Belüftungsschacht am Bett.

Anoop Talao
ist ein Becken, das mit Akbars legendärem Hofmusiker Tansen *(siehe S. 196)* assoziiert wird. Er konnte angeblich mit seiner Stimme Öllampen entzünden.

Abdar Khana

Eingang

★ Haus der türkischen Sultanin
Die fein skulptierten Täfelungen und Wände lassen den Palast aus rotem Sandstein wie einen Holzbau aussehen. Ungewöhnlich ist auch das Steindach, das Lehmziegel imitiert.

Diwan-i-Aam
Der große Innenhof bei der Halle war mit edlen Wandteppichen geschmückt und diente für öffentliche Anhörungen und Audienzen.

Hotels und Restaurants in Uttar Pradesh & Uttarakhand *siehe Seiten 573–575 und 602–604*

FATEHPUR SIKRI

★ Panch Mahal
Im fünfstöckigen offenen Sandsteinpavillon mit Blick auf das Pachisi-Spielfeld genossen Akbars Frauen und ihre Dienerinnen den Abendwind. Das Schmuckgitterwerk wurde nach der Aufgabe der Stadt wohl gestohlen.

INFOBOX

Distrikt Agra. 37 km westlich von Agra. *UPTDC, 64 Taj Rd, Agra, (0562) 222 6431.* tägl. Extragebühr für Videoaufnahmen.

Jodha Bais Palast **Sunehra Makan** **Birbals Haus**

★ Diwan-i-Khas
Der Bau mit seinem einzigartigen Stilmix diente vermutlich als Rats- und Audienzhalle des großen Akbar.

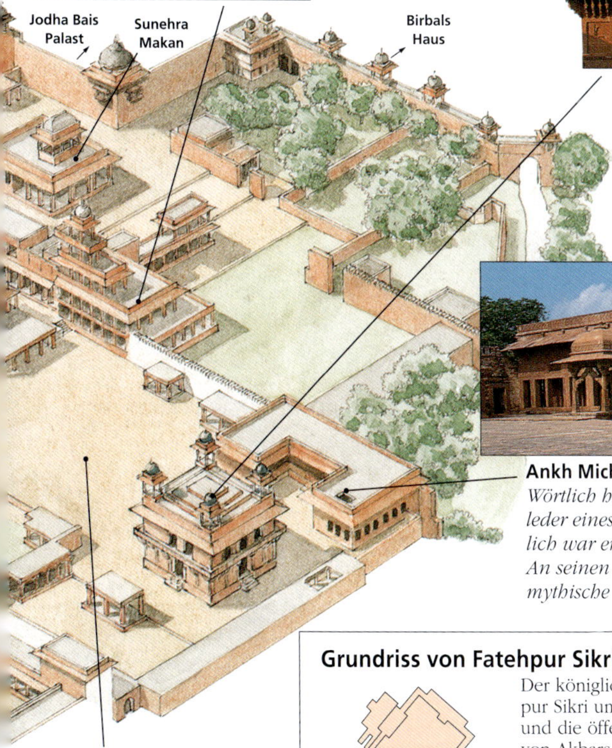

Ankh Michauli
Wörtlich heißt der Bau »Ochsenleder eines Blinden«, wahrscheinlich war er die Schatzkammer. An seinen Steinstreben halten mythische Ungeheuer Wache.

Pachisi Court gleicht dem Feld für ein Spiel, das die Damen des Hofes gern spielten.

Grundriss von Fatehpur Sikri

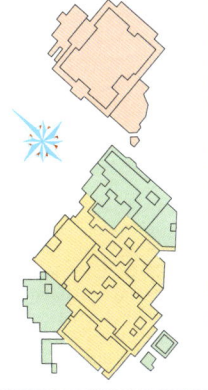

Der königliche Bezirk von Fatehpur Sikri umfasst die privaten und die öffentlichen Gebäude von Akbars Hof, u.a. auch den Harem und die Schatzkammer. Im benachbarten heiligen Bezirk stehen Jami Masjid, Salim Chishtis Mausoleum und Buland Darwaza *(siehe S. 157)* zu beiden Seiten des Badshahi Darwaza, eines Eingangstors für den Hof.

LEGENDE

- Illustration oben
- Andere Gebäude
- Heiliger Bezirk (Jami Masjid)

NICHT VERSÄUMEN

- ★ Diwan-i-Khas
- ★ Haus der türkischen Sultanin
- ★ Panch Mahal

Überblick: Fatehpur Sikri

Die Hauptgebäude des Palastbezirks, einst das Zentrum der Stadt, gruppieren sich terrassenförmig auf einer Sandsteinanhöhe. Ihr Stil markiert die Übernahme der Gujarat-Architektur in die Bauten der Moguln – eine Synthese von präislamischer, hinduistischer und Jain-Architektur (beispielsweise in den skulptierten Stützpfeilern) mit den eleganten Kuppeln und Bogen islamischer Bauten. Die konzentrisch angelegten Terrassen trennten öffentliche Bereiche von den Privatgemächern. Die Bauten entstanden aus dem roten Sandstein eines Steinbruchs auf der Anhöhe.

Detail eines Wandpaneels

Steinerne Haken am Hiran Minar

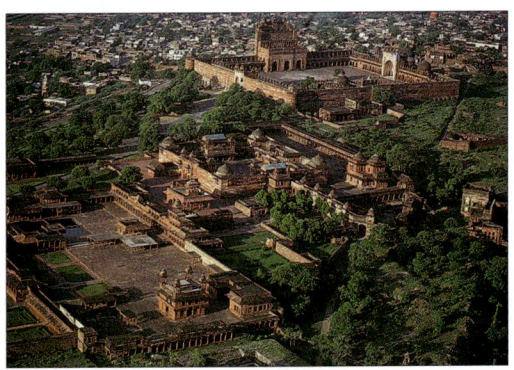

Blick auf Fatehpur Sikri, Akbars Hauptstadt

Noch heute führt die von Akbar angelegte, schnurgerade Hauptstraße in die Stadt. Damals war sie von exotischen Basaren gesäumt, heute geht man auf ihr durch das Agra Gate zu dem dreibogigen **Naubat Khana**, wo Trommelwirbel einst den Einzug des Herrschers ankündigten. Von Naubat Khana öffnet sich ein Eingang nach Westen zum Palastkomplex. Zunächst betritt man den weitläufigen, von Arkaden umgebenen Hof **Diwan-i-Aam**, wo Akbar öffentliche Audienzen abhielt. Ein Durchgang dahinter führt in die »innere Zitadelle« mit **Diwan-i-Khas**, **Khwabgah**, **Anoop Talao**, den Schatzkammern und **Abdar Khana**, wo man Wasser und Obst für den Hof lagerte. Innerhalb der Festung stößt man auch auf das **Haus der türkischen Sultanin**, das wahrscheinlich für eine der Frauen Akbars gebaut wurde, deren Identität ungeklärt ist.

Der große Hof vor Diwan-i-Khas wird **Pachisi Court** genannt, weil er dem Brett eines Spieles names *pachisi* (einer Art »Mensch ärgere dich nicht«) gleicht.

Haram Sara, der Haremkomplex, war eine Ansammlung miteinander verbundener Gebäude hinter Maryams Haus, das nach seinen prachtvollen vergoldeten Fresken auch **Sunehra Makan** (»Goldenes Haus«) heißt. Die strenge Fassade des Harems führt zu **Jodha Bais Palast**, einem Innenhof mit Pavillons, die mit azurblauen, glasierten Ziegeln gedeckt sind. Ein Viadukt mit Gitterwerk verband den Palast mit dem **Hawa Mahal**, der an einem kleinen Garten liegt. Die angrenzende **Nagina Masjid** diente als Privatmoschee der Hofdamen. Ein zweistöckiger Bau, **Birbals Haus** genannt, steht östlich von Jodha Bais Palast. Er weist außen und innen wunderschöne Verzierungen auf. Dahinter erstreckt sich ein von Kolonnaden und Kammern umgebener Hofkomplex. Die Anlage diente wahrscheinlich für die Bediensteten des Harems und die Stallungen.

Hathi Pol und **Sangin Burj**, die ursprünglichen Zugänge in den Harem, führen zu den Randbereichen des Palastkomplexes. In konzentrischen Kreisen waren um die Zitadelle Nebenbauten wie Karawansereien und überkuppelte *hamams* (Bäder) angelegt. **Hiran Minar** soll ein Denkmal für Akbars Lieblingselefanten sein und diente als *akash deep* (»himmlisches Licht«): An steinernen Haken hingen Lampen, die Besucher benutzen konnten.

Eingang zu Birbals Haus

Jami Masjid

Intarsien

Die Moschee von Fatehpur Sikri war Vorbild für andere Mogulmoscheen. Die weitläufige *namazgah* (Versammlungshalle) wird von Bogengängen umgeben, im Süden und Osten befinden sich mächtige Toranlagen. Das heilige Zentrum bilden das Mausoleum und das Haus des Sufi-Mystikers Salim Chishti, der heute noch ebenso verehrt wird wie zur Zeit der Moguln.

Mausoleum des Sheikh Salim Chishti
Verschlungene Marmorstreben und fast durchsichtiges Gitterwerk umgeben die Grabkammer mit dem Sandelholzbaldachin, der mit Perlmuttintarsien verziert ist.

Hujra
Zwei identische Gebetsräume flankieren die Hauptmoschee. Säulengänge mit Flachdächern umgeben den ganzen Komplex.

Badshahi Darwaza
Beim Betreten des Komplexes über die steile Treppe des Königstores fiel Akbars Blick zuerst auf die Moschee gegenüber.

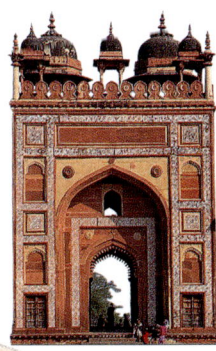

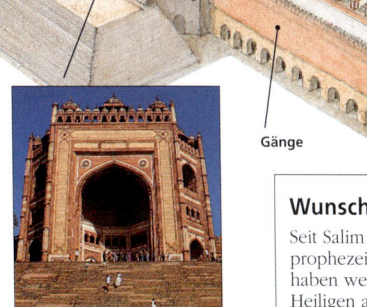

Gänge

Buland Darwaza
Das 54 Meter hohe »Siegestor« ließ Akbar anlässlich seiner Eroberung von Gujarat (1573) erbauen. Das Tor war Vorbild für viele spätere Bauwerke.

Wunscherfüllung in Chishtis Grabmal

Seit Salim Chishti dem Mogul Akbar 1568 wahrheitsgemäß prophezeite, dass dessen Kinderlosigkeit bald ein Ende haben werde, gilt das Grab des Heiligen als ein Ort der Wunscherfüllung. Akbar und sein Sohn ließen den *dargah* aufwendig gestalten. Bis heute zieht das Grabmal Hilfesuchende (vor allem kinderlose Frauen) an, die Bindfäden an das Gitterwerk knüpfen, auf dass ihr Wunsch erfüllt werde.

Faden am Gitterwerk von Chishtis Grabmal

Pilger waschen sich im heiligen Wasser des Ganges bei Haridwar

Haridwar ❻

Distrikt Haridwar. 215 km nördlich von Delhi. 🚉 🚌 ℹ️ *GMVN Tourist Office, Rahi Motel, (01334) 265 304.* 🎪 *Kumbh Mela (alle 12 Jahre; Feb/März), Ardh Kumbha Mela (alle 6 Jahre; Feb/März), Haridwar-Fest (Okt), Dussehra (Sep/Okt).*

Der Ganges, Indiens heiliger Fluss, entspringt im Himalaya und beginnt bei Haridwar seinen Weg durch die Ebenen. Dieser Lage verdankt die Stadt ihren Status – eine Pilgerreise nach Haridwar ist für jeden gläubigen Hindu ein Traum.

Die Stadt selbst hat nur wenige historische Monumente, bekannteste Sehenswürdigkeit ist der Ganges mit zahlreichen Ghats, Becken und Tempeln. Hier herrscht immer Betrieb. Die Zeremonien, die die Hindus für die Erlösung ihrer Vorfahren und zur eigenen Buße durchführen, zeigen die aufrichtige Verehrung für den Fluss. Das wichtigste Ghat, **Har-ki-Pauri**, ist nach einem angeblichen Fußabdruck Vishnus benannt. Hunderte strömen allabendlich zum *aarti* hierher. Dabei werden kleine Boote aus Blättern mit Blumen und einem Öllicht gefüllt und auf dem Ganges ausgesetzt. Weiter südlich erreicht man per Seilbahn den **Mansa-Devi-Tempel** auf einem Hügel mit schöner Aussicht am anderen Flussufer. Ebenfalls südlich der Stadt befindet sich die **Gurukul Kangri University**, ein renommiertes Zentrum vedischer Lehren, die von Gurus mündlich weitergegeben werden. Hier kann man archäologische Funde besichtigen.

Schild des Restaurants Chotiwala

Um das Flair von Haridwar zu erleben, schlendert man am besten über den Basar am Flussufer, vorbei an unzähligen Ständen mit Essen, Ritualzubehör und Devotionalien: zinnoberroter Puder, in rote und goldene Stoffe eingewickelte Kokosnüsse sowie kleine Götterstatuen aus Messing. Am gefragtesten sind alle Arten von Behältnissen, in denen die Pilger das heilige Wasser des Ganges *(Gangajal)* mit nach Hause nehmen können.

Rishikesh ❼

Distrikt Dehra Dun. 228 km nördlich von Delhi. 🚌 ℹ️ *GMVN Office Shail Vihar, (0135) 243 1793; Uttarakhand Tourism Office, (0135) 243 0209.* 🎪 *International Yoga Week (Feb).*

Die Zwillingsstadt von Dehra Dun liegt am Zusammenfluss von Ganges und Chandrabhaga. Hier beginnt die heilige Char-Dham-Pilgerroute in den Himalaya (siehe S. 161). Muni-ki-Reti («Sand der Weisen») liegt stromaufwärts vom Triveni Ghat und gilt als heilige Stätte, seit hier einmal weise Männer meditierten.

In der Gegend haben sich mehrere *ashrams* angesiedelt, darunter Sivanand, Purnanand und Shanti Kunj, die Kurse über das alte indische Wissen anbieten.

Nördlich von Muni-ki-Reti führen zwei Hängebrücken über den Ganges – Rama oder Sivananda Jhula sowie Lakshman Jhula.

Yoga – Der alte Weg zur ganzheitlichen Gesundheit

Vor über 2000 Jahren legte der Weise Patanjali eine Reihe von Körperhaltungen *(asanas)* fest, die – zusammen mit kontrollierter Atmung und Meditation *(pranayama)* – den Weg zum Selbst und zur Erkenntnis öffnen sollten. Seit damals wird Yoga nicht nur von Asketen und gläubigen Hindus praktiziert, sondern von vielen, die einerseits Entspannung für Nerven und Muskeln suchen und zugleich ihre Konzentrationsfähigkeit verbessern wollen. Mit Yoga-Übungen kann man überall und ohne besondere Ausrüstung dem Stress des Alltags begegnen. Ab den späten 1960er Jahren, als die Beatles den Ashram von Maharishi Mahesh Yogi in Rishikesh besuchten, wurde Yoga immer populärer. Mittlerweile gibt es sowohl in Indien als auch in Europa und Nordamerika zahlreiche Yoga-Zentren. Rishikesh gilt als Yoga-Hauptstadt der Welt. Im Februar wird hier jedes Jahr die International Yoga Week *(siehe S. 153)* abgehalten.

Frau bei einer Yoga-*asana*

Hotels und Restaurants in Uttar Pradesh & Uttarakhand *siehe Seiten 573–575 und 602–604*

Tour auf dem Ganges

Zwischen September und April lassen die in höheren Lagen heftigen Niederschläge den Ganges zu einem reißenden Strom anschwellen, der sich durch steile Felsenlandschaften von den Bergen in die Ebene hinabbewegt. Während dieser Zeit werden einige Stromabschnitte zum Wildwasser-Rafting genutzt, was nur im Rahmen von organisierten Touren mit zugelassenem Führer möglich ist. Wer es ruhiger mag, kann auf einer Fahrt durch das Tal der Weisen die *ashrams* kennenlernen, die inmitten von Wäldern am heiligen Fluss liegen.

Der Ganges fließt durch ein waldreiches Tal

Kaudiyala ①
Das Camp, ein bevorzugter Startpunkt der Flusstour, liegt direkt am Ufer.

Marine Drive ②
Das Camp ist nach einer für ihre Aussicht berühmten Promenade in Mumbai *(siehe S. 374)* benannt.

Shivpuri ③
Das schöne Glass House *(siehe S. 574)* des Camps bietet eine wunderbare Aussicht auf den Fluss.

Brahmapuri ④
Einer der zahlreichen *ashrams* am Ganges liegt bei diesem Lager.

Lakshman Jhula ⑤
Die alte Seilbrücke wurde 1929 durch eine moderne Hängebrücke (*jhula*) ersetzt. Sie führt zum ruhigeren Ostufer von Rishikesh, wo die meisten *ashrams* liegen.

Rishikesh ⑥
Das einstige spirituelle Zentrum liegt majestätisch am Ganges-Ufer inmitten grüner, bewaldeter Hügel.

LEGENDE

- Routenempfehlung
- Straße
- Fluss
- Aussichtspunkt
- Stromschnellen
- Campingplatz

ROUTENINFOS

Länge: 36 km.
Rafting-Touren: Raften kann man im Rahmen von Zwei- oder Drei-Tages-Touren. Übernachtet wird in Camps bei Kaudiyala, Marine Drive, Shivpuri und Brahmapuri. Auch Ein-Tages-Touren über eine kürzere Strecke werden angeboten.

0 Kilometer 10

Das Gebäude des Forest Research Institute, Dehra Dun, wurde 1914 gebaut

Dehra Dun ❾

Distrikt Dehra Dun. 255 km nordöstlich von Delhi. 448 000. Jolly Grant, 24 km südöstlich des Stadtzentrums. GMVN, 74/1, Rajpur Road, (0135) 274 7898; Uttarakhand Tourism Office, Patel Nagar, (0135) 265 3217.

Die Shivalik Hills umgeben Dehra Dun, die Hauptstadt von Uttarakhand im hübschen Doon-Tal. Im Westen fließt der Ganges, im Osten der Yamuna. Die Stadt ist auch ein guter Ausgangspunkt für die Garhwal Hills. Eine Reihe angesehener Institutionen hat hier ihren Sitz, so Survey of India und das Forest Research Institute mit seinen botanischen Gärten. Auch Indiens berühmte Eliteschule, die Doon School, sowie die Indian Military Academy befinden sich hier. Wegen des erfrischenden Klimas leben viele Inder im Ruhestand in Dehra Dun.

An der Rajpur Road, der Hauptverbindungsstraße zu den Bergen, gibt es viele Bäckereien und Restaurants. Am Ende der Straße erhebt sich der alte Uhrenturm, das Wahrzeichen von Dehra Dun. Das Doon Valley ist berühmt für den Basmati-Reis, der hier wächst, sowie für seine Mango- und Litchi-Anlagen.

Umgebung: Der **Rajaji National Park**, fünf Kilometer südöstlich von Dehra Dun, erstreckt sich als Wildschutzgebiet über 800 Quadratkilometer. Berühmt ist er wegen der vielen Vögel und seiner Elefantenherden.

Mussoorie ❿

Distrikt Uttarkashi. 35 km nördlich von Dehra Dun. 26 000. Uttarakhand Tourist Bureau, The Mall, (0135) 263 2663.

Mussoorie war einer der beliebtesten Sommerferienorte der Briten, heute verbringen viele Inder ihren Sommerurlaub hier. Der Ort liegt in 1920 Metern Höhe auf einem hufeisenförmigen Felsen über dem Doon Valley.

Das Leben spielt sich um The Mall ab, die Hauptstraße, an der sich Läden und Restaurants reihen. Die alte Bibliothek liegt am westlichen Ortsrand. Rund sieben Kilometer weiter westlich steht das **Everest House**, einst das Heim von Sir George Everest. Er leitete von 1830 bis 1843 die Vermessung Indiens, bei der Lage und Höhe des Everest erstmals festgelegt wurden. Die kleine tibetische Gemeinde von Mussoorie lebt im **Happy Valley** in der Nähe des Convent Hill. Auf dem **Tibetan Market** unterhalb der Mall kann man Wollsachen erwerben. Eine Seilbahn führt von der Mall zum **Gun Hill** hinauf, von dort hat man an klaren Tagen eine schöne Sicht auf die Himalaya-Gipfel Nanda Devi, Kedarnath und Badrinath. Auf der **Camel's Back Road**, nach der Form eines Felsens benannt, kann man schön an der oberen Felskante entlangspazieren. **Kempty Falls**, zwölf Kilometer nordwestlich des Ortes, ist ein beliebter Picknickplatz.

Im ruhigen **Landour** hat sich der alte Charakter des Ortes am besten erhalten. Das Viertel erstreckt sich östlich des Kulri-Basars. Früher standen hier zuerst Militärgebäude, später wurden viele koloniale Bungalows erbaut.

Türkisfischer

Punditen

Bis Mitte des 19. Jahrhunderts waren Tibet und Zentralasien weiße Flecken auf der Landkarte. Die Briten hatten jedoch Interesse daran, dass diese strategisch wichtigen Regionen kartiert wurden. Ausländern waren viele Gebiete nicht zugänglich. So bildete Survey of India zwischen 1865 und 1885 Inder aus, die das Land vermessen sollten. Verkleidet als buddhistische Pilger machten sich diese Punditen oder Panditen genannten Inder mit dem Kompass auf den Weg. Ihre Aufzeichnungen versteckten sie in Gebetsmühlen. Mithilfe der Perlen eines Rosenkranzes maßen sie die Strecke, die sie jeden Tag zurücklegten. Einer der bedeutendsten Punditen war Nain Singh, der für die damalige Zeit sehr genaue topografische Informationen über weite Teile Tibets lieferte und auch den nördlichen Quellfluss des Indus entdeckte.

Porträt von Nain Singh (1830–1895)

Hotels und Restaurants in Uttar Pradesh & Uttarakhand *siehe Seiten 573–575 und 602–604*

Garhwal Hills ⓫

Distrikte Uttarkashi und Chamoli.
150 km nördlich von Rishikesh
Richtung Uttarkashi.
*Uttarakhand Tourist Bureau,
Uttarkashi, (01374) 274 667.*

Die nördlichen Höhenzüge der Garhwal Hills, dem Bergland im Westen des Bundesstaates Uttarakhand, sind geprägt von Pilgerorten, alten Heiligtümern und sagenumwobenen Gipfeln.

Uttarkashi, der Hauptort, liegt 150 Kilometer nördlich von Rishikesh *(siehe S. 158)* und ist ein bedeutender Ausgangspunkt für Treks in höhere Regionen von Garhwal. Hier befindet sich auch eine Ausbildungsstätte für Kletterer, das **Nehru Institute of Mountaineering**, in dem Bachendri Pal trainierte. Sie war 1984 die erste Inderin, die den Mount Everest bestieg.

Die Region umfasst auch ein Gebiet, das Dev Bhoomi (»Sitz der Götter«) genannt wurde. Char Dham, die vier Hauptpilgerstätten, **Gangotri**, **Yamunotri**, **Kedarnath** und **Badrinath**, liegen alle auf über 3100 Metern Höhe. Man erreicht sie von Uttarkashi, Haridwar und Rishikesh aus. Die Pilgersaison dauert von April bis Anfang November, danach machen die Schneemengen ein Vorwärtskommen unmöglich.

Badrinath, Garhwals abgelegenster *dham* und Quelle des Alaknanda

In Yamunotri, 210 Kilometer nördlich von Rishikesh, entspringt der Yamuna, von Hanuman Chatti führt eine 13 Kilometer lange Wanderung zur Quelle. Der Tempel hier wurde im 20. Jahrhundert neu gebaut, Überschwemmungen zerstörten das frühere Heiligtum. Das kleine Dorf Gangotri, benannt nach dem Ganges, der hier durchfließt, liegt 100 Kilometer nordöstlich von Uttarkashi. Der Tempel aus dem 18. Jahrhundert besitzt u.a. Bildnisse von Hindu-Gottheiten. **Gaumukh**, die Quelle des Ganges, liegt 18 Kilometer weiter oben, unterhalb der Bhagirathi-Gipfel. Ein Weg führt durch ein liebliches Tal hinauf. Hier wird der Fluss noch Bhagirathi genannt, zum Ganges wird er erst nach dem Zusammenfluss mit dem Alaknanda nahe **Devprayag**.

Hoch erheben sich die mächtigen Kedarnath-Gipfel über dem Shiva geweihten Pilgerort Kedarnath, 225 Kilometer nordöstlich von Rishikesh. Ein schön skulptierter Steintempel, der 800 Jahre alt sein soll, steht vier Kilometer nördlich der Straße, die nach Gaurikund führt.

Bettelmönch im Safrangewand

Von allen Char-Dham-Heiligtümern hat Badrinath, das 300 Kilometer nordöstlich von Rishikesh liegt, die meisten Besucher. Der bunt ausgemalte Tempel ist Vishnu geweiht und immer voller Pilger. Der Ort liegt malerisch zwischen den Gebirgszügen Nar und Narayan. Der Neelkanth (»Gipfel der Blauen Kehle«) ist nach Shiva benannt und ragt 6957 Meter über Badrinath auf.

Joshimath liegt 250 Kilometer nordöstlich von Rishikesh am Zusammenfluss von Dhauli Ganga und Alaknanda bei Vishnuprayag. Es ist eine der vier *mathas* (Lehrstätten), die der Weise Adi Shankaracharya *(siehe S. 530)* im 9. Jahrhundert gründete. Hier befindet sich auch die Kreuzung von zwei alten Handelsrouten über den Himalaya. Der Ort war auch das Tor zum Nanda Devi Sanctuary, bis das Schutzgebiet 1983 für die Öffentlichkeit geschlossen wurde. Heute wollen Besucher vor allem zum Skigebiet **Auli**, das man auf der Straße oder mit einer Seilbahn von Joshimath aus erreicht. Die beliebte Trekking-Route zum Sikh-Heiligtum **Hemkund Sahib** und dem **Valley of Flowers National Park** beginnt 20 Kilometer nördlich von Joshimath in Ghangaria. Das Valley of Flowers ist von Juni bis September von einem Teppich aus Anemonen, Rosen und Primeln bedeckt.

Gaumukh, die Quelle des Ganges, dahinter die Bhagirathi-Gipfel

Nainital ⑫

Distrikt Nainital. 320 km nordöstlich von Delhi. Kathgodam, 35 km südlich von Nainital, dann Taxi oder Bus. KMVN, Om Park, (05942) 231 436.

Die alte Sommerhauptstadt der britischen United Provinces gehört heute zu dem neu gegründeten Bundesstaat Uttarakhand. Der hübsche Bergort in den Kumaon Hills ist nach den smaragdgrünen Augen *(naina)* von Parvati, Shivas Gefährtin, benannt. Ein der Göttin geweihter Tempel erhebt sich am Nordufer des großen Sees *(tal)*. Um den See verläuft die Mall Road. Auch die »Flats«, ein großes Areal mit Promenade und Erholungszentrum, befinden sich hier. Der 1890 am Ufer gegründete **Boat House Club** ist das Zentrum, hier kann man auch Segelboote und Schlauchboote mieten.

Zu den vielen attraktiven Kolonialbauten gehören die 1899 erbaute Sommerresidenz des Gouverneurs, St Joseph's School, das alte »Secretariat« (heute der Uttarakhand High Court) sowie die Municipal Library. Die treffend benannte neogotische Kirche **St John in the Wilderness** hat Buntglasfenster und dunkles Holzgestühl.

Um Nainital gibt es schöne Wanderwege. Einer führt von den »Flats« durch den dicht bewaldeten Ayarpata Hill zu **Tiffin Top** und **Dorothy's Seat**, zwei Aussichtspunkten mit Panoramablick über den See. In der Nähe befindet sich in einem Wald das alte britische **Sherwood College**. Auf der Upper Cheena Mall gelangt man zum Naina Peak, der Blick auf die Himalaya-Gipfel ist atemberaubend. Eine Seilbahn führt auf den **Snow View**, von dem man ebenfalls die Aussicht genießen kann.

Umgebung: Die Umgebung von Nainital gilt als Indiens »Lake District«, zahlreiche Seen liegen hier in den Wäldern. Angeboten werden Ausflüge zum **Bhim Tal**, 22 Kilometer östlich von Nainital, und zum buchtenreichen **Naukuchiya Tal**, der vier Kilometer dahinter vielen Vögeln Lebensraum bietet. **Sat Tal** ist eine Ansammlung von sieben Seen 20 Kilometer nordöstlich von Nainital. **Mukteshwar**, 30 Kilometer nordöstlich von Nainital, gehört zu den schönsten Flecken des Gebiets, ganz nah davon ist **Ramgarh** mit seinen vielen Obstbäumen.

Almora ⑬

Distrikt Almora. 285 km nordöstlich von Delhi. Kathgodam, 90 km südlich von Almora, dann Taxi oder Bus. KMVN, Holiday Home, (05962) 230 250.

Die Steintempel von Jageshwar bei Almora, 11. Jahrhundert

Skulptur, Jageshwar

Almora ist Marktstadt und Distrikthauptstadt. Von hier bietet sich ein exzellenter Blick auf die Gebirgskette des Himalaya, u.a. auf Gipfel wie Trishul und Nanda Devi. Die gepflasterten Straßen von Almora Basar verlaufen oberhalb der Mall. Dort kann man die für die Gegend typischen *Tamta*-Produkte (Kupfer- und Messingobjekte mit Silberbeschlägen) erwerben. Auch *bal mithai*, die berühmten Süßigkeiten der Stadt, gibt es hier.

Interessant anzusehen sind die schmalen Häuser mit den fein geschnitzten Holzfassaden – charakteristisch für die Architektur der Gegend. Im historischen **Almora Jail** – wahrscheinlich eines der landschaftlich am schönsten gelegenen Gefängnisse Indiens – waren einst wichtige politische Gefangene inhaftiert, so Mahatma Gandhi und Jawaharlal Nehru.

Eine Reihe von Tempeln durchzieht die Landschaft, die bekanntesten sind der **Chitai-Tempel** und der **Udyotchandeshwar-Tempel**. Am westlichen Rand des Ortes bietet **Brighton End Corner** eine Aussicht auf die Berge.

Umgebung: Nach **Binsar**, 34 Kilometer nordöstlich von Almora auf 2412 Meter Höhe gelegen, führt eine steile Straße durch Nadelwald. Neben dem Blick auf die Berge zieht ein Shiva-Tempel aus dem 13. Jahrhundert im Wald kurz vor dem Gipfel Besucher an.

In **Jageshwar**, 34 Kilometer östlich von Almora, stößt man auf einen beeindruckenden Komplex von mehr als hundert schön skulptierten kleinen Steintempeln aus dem 11. Jahrhundert.

Den See von Nainital kann man mit kleinen Booten befahren

UTTAR PRADESH & UTTARAKHAND

Vom Neun-Loch-Golfplatz bei Ranikhet blickt man auf den Himalaya

Ranikhet ⑭

Distrikt Almora. 370 km nordöstlich von Delhi. Tourist Reception Centre, Mall Rd, (05966) 220 893.

Ursprünglich war Ranikhet ein militärisches Ausbildungslager. Bis heute ist die Stadt Stützpunkt des berühmten Kumaon Regiment der indischen Armee und damit militärisch geprägt. Viele rot gedeckte Bungalows stehen auf dem großen »Queen's Field«, wie Ranikhet in wörtlicher Übersetzung heißt.

Vom geschäftigen Hauptmarkt, **Sadar Bazar**, führt die **Upper Mall** in die ruhigeren Viertel. **Chaubatia** liegt etwas weiter entfernt an The Mall. In dem ehemaligen britischen Sanatorium befindet sich jetzt der Government Fruit Garden, in dem über 200 verschiedene Obstsorten gezogen werden.

Den wesentlichen Reiz von Ranikhet macht aber die überwältigende Aussicht auf den Himalaya (Sanskrit: »Wohnsitz des Schnees«) aus. Bis rund 350 Kilometer weit kann man an klaren Tagen in die »Greater Himalayan Range«, die Kette der höchsten Berge der Welt, blicken. Der **Army Golf Course** bei Uphat, sechs Kilometer die Almora Road hinunter und ursprünglich eine Rennbahn, zählt zu den am höchsten gelegenen Golfplätzen Indiens. Gäste, die eine Greenfee zahlen, sind willkommen – ignorieren Sie also die Schilder, die den Zutritt verwehren.

Lansdowne ⑮

Distrikt Almora. 215 km nordöstlich von Delhi. Kotdwar, 37 km südwestlich des Stadtzentrums, dann Taxi oder Bus.

Die ehemalige Militärstadt Lansdowne ist eine der wenigen »Hill Stations«, die sich das Flair des 19. Jahrhunderts bewahren konnten. Lansdowne liegt abseits der Touristenrouten und ist dadurch dem Bauboom und der Modernisierung entgangen. Eine lockere Ansammlung von Bungalows und Läden erstreckt sich an Hängen, auf denen Kiefern, Himalayazedern und Silbereichen stehen.

Das Armeeregiment Garhwal Rifles hat hier sein Zentrum, die schön erhaltene Regimentsmesse kann man besichtigen. Ein Spaziergang führt zum **Tip-n-Top**, einem drei Kilometer vom Zentrum entfernten Aussichtspunkt auf den Himalaya.

Smaragdspint mit seiner Beute

Kausani ⑯

Distrikt Almora. 385 km nordöstlich von Delhi. Tourist Reception Centre, (05962) 258 006.

Kausani war Mahatma Gandhis Lieblingsort in den Bergen. 1929 hielt er sich längere Zeit im **Anashakti Yoga Ashram** auf und merkte, wie gesund das Klima hier ist. Vom alten **Circuit House** bietet sich ein 400 Kilometer weiter Panoramablick auf die Nanda Devi Range.

Umgebung: In **Baijnath**, 20 Kilometer nördlich von Kausani, gibt es eine sehenswerte Ansammlung von Tempelruinen aus dem 11. Jahrhundert. Der **Parvati-Tempel** beherbergt ein zwei Meter hohes Bildnis der Gottheit aus dem 12. Jahrhundert.

Bageshwar, 40 Kilometer östlich von Kausani, liegt am Zusammenfluss von Gomti und Saryu. Einst war es ein wichtiger Handelsposten auf der Route zwischen Tibet und Kumaon. Auch wenn die Verbindung zu Tibet abgeschnitten ist, bringen die örtlichen Händler immer noch Wolle und Tierhäute zum jährlichen Uttaryani Fair. Bageshwar hat einige Steintempel, die Shiva geweiht sind, und ist ein bedeutendes Pilgerzentrum in Kumaon. Nila Parvat, der »Blaue Berg«, erhebt sich hoch zwischen den zwei Flüssen. Den Einheimischen gilt er als Heimat der rund 330 Millionen Gottheiten des indischen Pantheons. Viele Besucher nutzen Bageshwar als Zwischenstopp auf dem Weg zum Pindari-Gletscher.

Kürbisse auf einem Schieferdach vor den Gipfeln von Kausani

Corbett National Park ⑰

Corbett gilt als eines der schönsten Schutzgebiete Indiens. Der 1318 Quadratkilometer große Park erstreckt sich um das Ramganga-Tal und wird im Norden von den Ausläufern des Himalaya begrenzt. Während des britischen Raj war das Gebiet ein Paradies für Jäger. 1936 wurde es Indiens erster Nationalpark – hauptsächlich durch den Einsatz von Jim Corbett, der sich vom Großwildjäger zum Artenschützer entwickelt hatte. Der Park umfasst verschiedene Vegetations- und Landschaftsformen, von Savannen bis hin zu dichten Laubwäldern mit vereinzelten Pinien und Sal-Bäumen (Shorea robusta). Corbett ist berühmt für sein vielfältiges Tierleben, u. a. leben hier Tiger, Elefanten, Vierhornantilopen (chausingha) und 600 Vogelarten.

Paradiesschnäpper
Das Männchen hat ein prächtiges Gefieder und misst 50 Zentimeter bis zur Schwanzspitze.

Spornkuckuck
Der schwarzbraune Vogel kommt in ganz Nordindien vor. Seine lauten Rufe tönen durch die Täler und Wälder in und um Corbett.

Grasland
In der weiten Savanne (chaur) um Dhikala, das Parkzentrum am Ramganga Reservoir, sieht man Hirsche und andere Wildtiere.

Machaans (Hochstände) *stehen an vielen Stellen im Park. Von ihnen kann man die Tiere gut beobachten.*

Krokodile
Ganges-Gavial (gharial) heißt die Krokodilart, die am Ufer des Ramganga Reservoir lebt, bis zu 6,50 Meter lang wird und sich von Fischen ernährt. Der Stausee zieht auch viele Wasservögel wie Gänse, Enten und Störche an.

Hotels und Restaurants in Uttar Pradesh & Uttarakhand *siehe Seiten 573–575 und 602–604*

CORBETT NATIONAL PARK

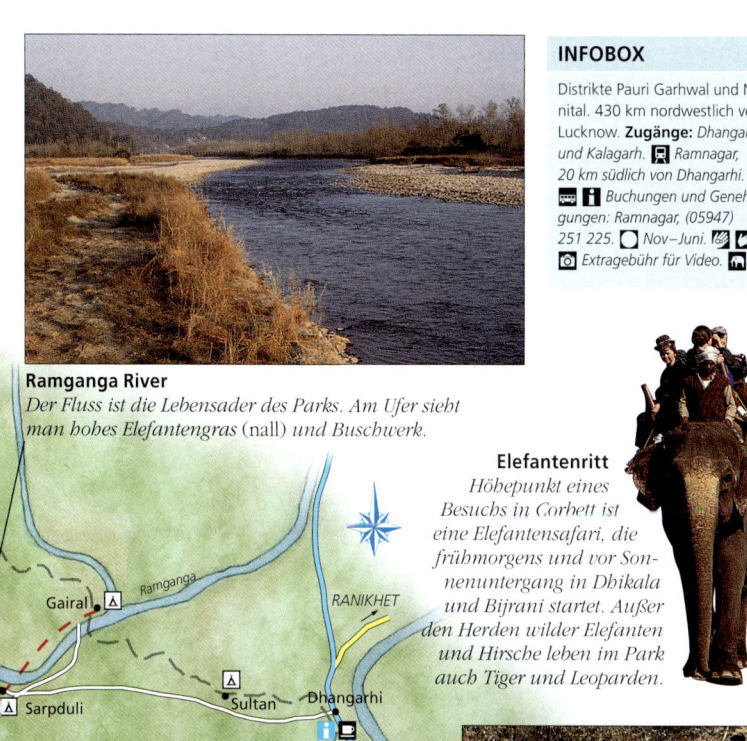

INFOBOX
Distrikte Pauri Garhwal und Nainital. 430 km nordwestlich von Lucknow. **Zugänge:** Dhangarhi und Kalagarh. Ramnagar, 20 km südlich von Dhangarhi. Buchungen und Genehmigungen: Ramnagar, (05947) 251 225. Nov–Juni. Extragebühr für Video.

Ramganga River
Der Fluss ist die Lebensader des Parks. Am Ufer sieht man hohes Elefantengras (nall) und Buschwerk.

Elefantenritt
Höhepunkt eines Besuchs in Corbett ist eine Elefantensafari, die frühmorgens und vor Sonnenuntergang in Dhikala und Bijrani startet. Außer den Herden wilder Elefanten und Hirsche leben im Park auch Tiger und Leoparden.

Tiger
In Corbett leben rund 140 Tiger. Der Park wurde 1973 als erstes Schutzgebiet des Project Tiger (siehe S. 245) eingerichtet.

LEGENDE
- – Parkgrenze
- - - Fußweg
- National Highway
- Hauptstraße
- Nebenstraße
- Bahnhof
- Information
- Aussichtspunkt
- Café
- Unterkunft

Jim Corbett (1875–1955)

Jim Corbett wurde in Nainital geboren und entwickelte großes Interesse für den Dschungel von Kumaon. In seiner Jugend war er begeisterter Großwildjäger (den ersten Leoparden schoss er mit acht Jahren). Dann kam der Punkt, da ihn während einer Entenjagd das Gemetzel an 300 Vögeln abstieß. Corbett entschied sich, seine Flinte nur noch einzusetzen, um Menschen fressende Leoparden und Tiger abzuschießen. In dem Buch *Man-eaters of Kumaon* beschrieb Corbett seine Jagd auf das gefürchtete Tigerweibchen, das 434 Menschen getötet hatte. Nach Corbetts Tod erhielt der Park 1956 seinen Namen – Würdigung seines Einsatzes für den Artenschutz.

Büste von Corbett, Dhikala

Dudhwa National Park ⑱

Distrikt Lakhimpur-Kheri. 220 km nördlich von Lucknow. **Zugang:** *Palia.* 🚌 🚂 🛈 *Buchung: Field Director, Dudhwa, (05872) 252 106.* 📅 *15. Nov.–15. Juni.* 💰 *Extragebühr. Jeeps zu mieten.*

Der Nationalpark nahe der Grenze zu Nepal nimmt 490 Quadratkilometer ein. In den dichten Wäldern findet man wertvolle Bestände von *Sal*-Bäumen. 1988 wurde Dudhwa zum Tigerschutzgebiet erklärt, hauptsächlich auf Betreiben des Umweltschützers Billy Arjan Singh. Er machte von sich reden, als er 1978 das zahme Tigerweibchen Tara auswilderte und so zur Regeneration der Tigerpopulation in Dudhwa beitrug: Tara zog in 15 Jahren in Freiheit neun Junge groß.

Heute leben in dem Park über 30 Tiger, aber auch seltene *Barasingha*-Hirsche, die im feuchten Grasland in den südlichen Ausläufern des Schutzgebiets ein ideales Habitat finden. Zu den anderen Arten gehören Leoparden, Panther, Lippenbären und Nashörner, die aus Assam und Nepal hierhergebracht und dann in Dudhwa wieder angesiedelt wurden. Unter den nahezu 400 Vogelarten sind Sumpf-Frankoline, Bart- und Flaggentrappen sowie Hornvögel. An den Seen leben Fischadler und Ibisse. An mehreren Stellen im Park gibt es Hochstände, von denen man die Tiere sehr gut beobachten kann.

Barasingha-Hirsche im Grasland von Dudhwa

Rampur ⑲

Distrikt Rampur. 310 km nordwestlich von Lucknow. 👥 *280 000.* 🚂 🚌

Ursprünglich war Rampur ein Stützpunkt der afghanischen Rohilla-Anführer aus dem Hochland von Peshawar. Unter den Briten wurde es ein Fürstentum. Die muslimischen Nawabs, die hier herrschten, waren Kunstkenner und Mäzene. Sie holten Hunderte von Gelehrten und Künstlern an ihren Hof. Deren Bücher und Bilder wurden Teil der Staatssammlung. Unter den Nawabs wurde auch eine berühmte *gharana* (Schule) für klassische Musik gegründet.

Der ab 1896 regierende Nawab Hamid Ali Khan Bahadur ließ den Hamid Manzil erbauen, der heute die **Raza Library** beherbergt. Sie besitzt fast 1000 Mogul-Miniaturen, mehr als 10 000 Bücher, zahlreiche seltene Handschriften und Porträts vom 16. bis 18. Jahrhundert. Die Bibliothek ist der Öffentlichkeit zugänglich, allerdings muss man vom Kurator eine Genehmigung einholen. Hamid Ali Khan ließ in Rampur auch eine ganze Reihe von Bauwerken restaurieren, darunter den Palast- und Fortkomplex im Nordwesten der Stadt.

Rampur ist ein Labyrinth von Basaren, einst waren die feinen Baumwoll-*khes* (Damaststoffe) von hier berühmt. Auf die Rohilla-Krieger gehen die Dolche zurück, die hier gefertigt werden. Reste von Pashto, der Sprache in Peshawar, haben sich in hier gesprochenen Urdu erhalten.

Rampur-Dolche – ein Mitbringsel für Kenner und Liebhaber

Raza Library
Genehmigung beim Kurator.
📞 *(0592) 232 5045, 232 5346.*

Nawab Hamid Ali Khan von Rampur

Umgebung: 26 Kilometer westlich von Rampur befindet sich **Moradabad**. Die Siedlung entstand im 17. Jahrhundert und ist für ihre traditionsreiche Metallindustrie überregional bekannt. Mitten zwischen Wohnblöcken und Basaren stehen ein Fort und eine Moschee.

Aligarh ⑳

Distrikt Aligarh. 370 km nordwestlich von Lucknow. 👥 *670 000.* 🚂 🚌 🎉 *Numaish (Feb).*

Historisch war das in einer wohlhabenden Agrarregion gelegene Aligarh seit Ende des 12. Jahrhunderts wichtig als Stützpunkt der Rajputen, bis es von den Moguln eingenommen wurde. Das 1524 erbaute Fort fiel 1803 unter Lord Lake an die Briten. Deren Anwesenheit beeinflusste viele wichtige Bürger der Stadt, z. B. Sir Sayyid Ahmed Khan. Er gründete 1875 die **Aligarh Muslim University**, die heute noch einen guten Ruf genießt. Auf dem weitläufigen Campus stehen große Gebäude, z. B. eine Moschee, die als exakte Kopie von Jami Masjid *(siehe S. 80)* in Delhi gebaut wurde – allerdings verkleinert im Maßstab 1 : 3.

Jhansi ㉑

Distrikt Jhansi. 300 km südwestlich von Lucknow. 383 000.
UP Tourism, Shivpuri Rd, (0517) 244 1267. *Jhansi Festival (Feb).*

Berühmt ist die Stadt wegen der Rani Lakshmibai, heute nutzen viele Besucher Jhansi als Zwischenaufenthalt auf der Fahrt von Delhi zu den Tempeln von Khajuraho *(siehe S. 202f)*. Hauptsehenswürdigkeit ist das 1613 von Raja Bir Singh Deo erbaute **Shankar Fort**. In konzentrischen Kreisen umschließen die neun Meter hohen Mauern das Zentrum, von ihnen bietet sich eine gute Aussicht.

Das **Archäologische Museum** zwischen Fort und Stadt zeigt Hindu-Skulpturen, Objekte der Herrscher und prähistorische Werkzeuge.

Archäologisches Museum
Di–So. 2. Sa.
Extragebühr für Video.

Kanpur ㉒

Distrikt Kanpur. 80 km südwestlich von Lucknow. 2 530 000.

Kanpur oder Cawnpore, wie es damals genannt wurde, war eine der größten Garnisonsstädte der Briten in Indien und erlebte während des Aufstands von 1857 einige der blutigsten Kämpfe. Über 1000 Briten wurden getötet, als der Marathen-Herrscher Nana Sahib im Juni 1857 die britische Belagerung von General Sir Hugh Wheeler durchbrach. Als die Verstärkung der Briten anrückte, waren die Verluste auf indischer Seite nicht geringer.

Heute ist Kanpur eine Industriestadt, Leder und Öl sind die Hauptprodukte. Die alte Garnison ist heute Militärgebiet, einige Bauten aus der britischen Raj-Zeit haben sich erhalten: Die **All Souls' Memorial Church** ist ein großer neogotischer Bau mit schönen Buntglasfenstern über dem Westportal. Die Kirche wurde nach 1857 als Mahnmal an die Toten der Belagerung erbaut. Östlich der Kirche liegt der hübsche **Memorial Garden** mit einer Engelstatue. Sie stand ursprünglich im Stadtzentrum, an der Stätte des Massakers, bei dem britische Frauen und Kinder getötet und in einen Brunnen geworfen wurden.

Am **Sati Chaura Ghat**, nordöstlich der Kirche am Ganges, töteten indische Truppen 500 britische Soldaten und Zivilisten.

Der **Military Cemetery** am Rand des Cantonment hat viele interessante Grabsteine, in der Stadt kann man die **King Edward VII Memorial Hall** und die **Christ Church** von 1840 besichtigen.

Umgebung: In **Bithur**, 25 Kilometer westlich von Kanpur, steht ein Fort der Peshwas. Hier ist, der Legende zufolge, auch der Geburtsort von Lav und Kush, den Zwillingssöhnen von Rama und Sita *(siehe S. 27)*. Rund 60 Kilometer südlich von Kanpur steht der gemauerte Tempel **Bhitargaon**, den Gupta-Könige im 5. Jahrhundert errichteten. Er ist der einzige erhaltene Tempel dieser Art. Die meisten Reliefs sind verschwunden, aber die Terrakotta-Skulpturen blieben.

Die Mauern des Shankar Fort bei Jhansi, 1958 von den Briten erobert

Buntglasfenster in der All Souls' Memorial Church, Kanpur

Lakshmibai, die Rani von Jhansi

Indiens Jeanne d'Arc, Rani Lakshmibai, wollte das Reich regieren, nachdem ihr Gatte Raja Gangadhar Rao 1853 ohne direkten männlichen Nachkommen gestorben war. Doch die Briten machten die »Doctrine of Lapse« *(siehe S. 53)* geltend. Sie annektierten Jhansi und beraubten die Rani ihres Reiches. Während des Indischen Aufstands von 1857 eroberten die Rani und ihr General Tantia Tope das Gwalior Fort. Sie kam 1858 bei der Verteidigungsschlacht bei Kotah-Sarai in der Nähe von Gwalior ums Leben. Laut dem Historiker Christopher Hibbert starb sie »wie ein Mann, das Schwert in beiden Händen und die Zügel zwischen den Zähnen«.

Rani Lakshmibai auf ihrem Pferd

Lucknow

Fisch-Emblem der Nawabs

Als das Mogulreich zerbrach, entstanden viele neue unabhängige Reiche wie Avadh. Dessen Hauptstadt Lucknow bekam Bedeutung, als der vierte Nawab Asaf-ud-Daula 1775 seinen Hof von Faizabad *(siehe S. 171)* hierher verlegte. Die Stadt war schon zuvor ein kulturelles Zentrum, und die für ihren extravaganten Lebensstil bekannten Nawabs wurden zu Kunstmäzenen. Unter ihnen blühten Musik und Tanz auf, viele neue Bauten entstanden. 1856 annektierten die Briten Lucknow und setzten den letzten Nawab, Wajid Ali Shah, ab. Dieses Vorgehen schürte den Indischen Aufstand von 1857, während dessen die Stadt eine der blutigsten Phasen der Kolonialgeschichte erlebte.

Das mit dem Fisch-Emblem verzierte Tor am Sikandar Bagh

Grabmal von Khurshid Zadi, Qaiser Bagh

Qaiser-Bagh-Palast
Qaiser Bagh. tägl.
Der letzte Nawab Wajid Ali Shah (reg. 1847–56) ließ Qaiser Bagh als den prächtigsten Palast in Lucknow erbauen. Als die Briten die Stadt 1858 einnahmen, zerstörten sie einen großen Teil des Komplexes, vor allem die schönsten Teile mit den Meerjungfrauen- und Cherubim-Skulpturen. Was überblieb, lässt auf den ehemaligen Glanz schließen: **Lal Baradari** beherbergt heute die Akademie der schönen Künste und die archäologische Abteilung des State Museum. **Pathar Wali Baradari** ist eine Schule für Hindustani-Musik. **Safaid Baradari**, einst die Stätte, an der Nawab Hof hielt, ist heute ein Bürogebäude. Nur zwei Flügel der Wohngebäude, in denen sich der große Harem des Nawab befand, blieben übrig. Sie sind mit skulptierten Fisch-Verzierungen (Emblem der Nawabs) versehen.

In der Nähe stehen das **Grabmal von Saadat Ali Khan** (dem fünften Nawab) und das **Grabmal von Khurshid Zadi**, seiner Frau.

Unter Nawab Wajid Ali Shah erlebte Lucknow eine künstlerische Blütezeit. Der Nawab war ein Ästhet, der sich nicht für das Regieren interessierte, sondern sich der Lyrik und der Musik widmete. Es heißt, er habe *thumri*, eine Form der leichten klassischen Musik, erfunden. Auch die Tanzformen konnten sich weiterentwickeln, Wajid Ali Shah förderte die *gharana* (Schule) des Kathak *(siehe S. 28)* zu neuen Höhen, bis die Briten ihn 1856 absetzten und ins Exil nach Kalkutta schickten.

Sikandar Bagh
Sikandar Bagh. tägl.
Der Lustgarten der Nawabs wurde nach Wajid Ali Shahs Lieblingsfrau Sikandar Bagh benannt. 1857 hoben die britischen Truppen unter Sir Colin Campbell die Belagerung der Residenz an dieser Stätte auf. Heute befinden sich hier die **National Botanical Gardens and Research Centre**. Im Westen steht im **Shah Najaf Imambara** das Grabmal von Ghazi-ud-din Haidar, dem sechsten Nawab.

Chattar Manzil
Nordwestlich von Qaiser Bagh. tägl.
Unter Saadat Ali Khan (reg. 1798–1814) entstand dieser »Schirmpalast«, so benannt nach der Form der Kuppel *(chattar)*. Ein Kellergeschoss *(tehkhana)* unterhalb des Niveaus des Flusses Gomti bewirkte, dass der Palast auch im Sommer kühl blieb. Der Bau ist heute Sitz des Central Drug Research Institute.

Residency
Nordwestlich von Qaiser Bagh. tägl.
Lucknows meistbesuchte Monumente sind die Ruinen der Residency. Der Gebäudekomplex um den Sitz des »Resident« war eine exklusive britische, durch Befestigungen geschützte Enklave. 1857 verschanzten sich während der fünfmonatigen Belagerung

Die britische Residency vor der Zerstörung 1857

Hotels und Restaurants in Uttar Pradesh & Uttarakhand siehe Seiten 573–575 und 602–604

alle Briten hier. Sir Henry Lawrence, der Truppenbefehlshaber, erwartete Unterstützung innerhalb von zwei Wochen. Es dauerte jedoch 87 Tage, bis sich eine Einheit unter Sir Henry Havelock durch die Sepoys kämpfen konnte – nur um sich ebenfalls in der Residency gefangen zu finden. Während der nächsten sieben Wochen erlebten sie ununterbrochenen Beschuss, bis Sir Colin Campbell die Residency am 17. November befreite. Bis dahin waren fast 2000 Menschen gestorben – entweder im Kugelhagel oder an Cholera und Typhus.

Heute sieht die Residency noch genauso aus wie 1857. In einem kleinen Museum sieht man die Löcher, die die Kanonenkugeln geschlagen haben. Der **Model Room** im Erdgeschoss zeigt das Modell der britischen Verteidigungsstrategie. Darunter sind die Keller, in denen Frauen und Kinder Zuflucht suchten. Auf dem Friedhof stehen die Gräber der Opfer, darunter auch das von Sir Henry Lawrence. Das **Indian Martyrs' Memorial** steht gegenüber am Ufer des Gomti.

Bara Imambara

Husainabad. ◯ tägl. ◯ während Muharram (März/Apr.).

Sehr auffällige Bauten sind auch die *imambaras*, die man während Muharram *(siehe S. 549)* für die Zeremonien nutzte. Der Bara (»Große«) Imambara, der 1784 unter Asaf-ud-Daula entstand, war ein Projekt, um den Menschen Arbeit zu geben. Man sagt, eine Gruppe von Arbeitern habe in der Nacht abgerissen, was die andere am Tag gebaut hatte.

Schmucktore führen in das weitläufige, niedrige Gebäude. Die größte Halle ist etwa 50 Meter lang und 15 Meter hoch, freitragend ohne Säulen. Der *bhulbhulaiya* darüber ist ein Labyrinth von Balkonen. Auf dem Areal befinden sich auch die **Asafi-Moschee** (Shahi Masjid) und ein Treppenbrunnen.

Asaf-ud-Daula ließ außerdem das 18 Meter hohe **Rumi Darwaza** errichten. Das prachtvoll verzierte Portal war früher der Westeingang zum Bara Imambara.

INFOBOX

Distrikt Lucknow. 520 km östlich von Delhi. 1 920 000.
Amausi, 15 km südwestlich von Lucknow.
Regional Tourist Office, 10 Station Road, (0522) 263 8105.
Muharram (März/Apr.).

Der Bara-Imambara-Komplex aus dem späten 18. Jahrhundert

Zentrum von Lucknow

Bara Imambara ⑤
Chattar Manzil ③
Qaiser-Bagh-Palast ①
Residency ④
Sikandar Bagh ②

Zeichenerklärung
siehe hintere Umschlagklappe

Lucknow: Außerhalb des Zentrums

Einige der interessantesten Bauwerke von Lucknow findet man außerhalb des Zentrums. Sakralbauten wie die *imambaras* und Moscheen zeigen deutliche persische Einflüsse, die weltlichen Bauten wie die Paläste der Nawabs und die Gebäude der Kolonialzeit orientieren sich eher nach Europa. Ein besonders extravaganter Bau ist La Martinière, Wohnhaus und Mausoleum eines französischen Abenteurers. Später wurde es als Schule das Vorbild für die St Xavier's School, die in Rudyard Kiplings Roman *Kim* verewigt wurde.

Porträt des Nawab Wajid Ali Shah in der Picture Gallery

Nicht weit vom Rumi Darwaza *(siehe S. 169)* erhebt sich **Aurangzebs Moschee** auf einem höher gelegenen, Lakshman Tila genannten Areal, wo Lucknow ursprünglich lag. Östlich davon befindet sich der im Jahr 1887 zu Ehren der Ankunft von Sir George Cooper, dem ersten Militärgouverneur von Avadh, erbaute **Husainabad Clocktower**, ein 67 Meter hoher neogotischer Turm. Westlich davon liegt die von Muhammed Ali Shah, dem achten Nawab, im 19. Jahrhundert erbaute Baradari, heute Sitz der **Picture Gallery**. Hier kann man prächtige lebensgroße Porträts der zehn Nawabs sehen, die zwischen 1882 und 1885 gemalt wurden.

Westlich der Picture Gallery steht der Husainabad Imambara, besser bekannt als **Chhota Imambara**. Das Bauwerk wird von einer Goldkuppel gekrönt, die Außenmauern sind mit kalligrafischen Schriftzeichen verziert. Zur Pracht im Inneren tragen Spiegel mit Goldrahmen, Lüster, Silberkanzeln und farbige Stuckarbeiten bei. Die *tazias* (Modelle von Grabmälern) und *alams* (Standarten) für Muharram (März/April) werden hier aufbewahrt.

Jami Masjid im Südwesten ist ein weiteres auffallendes Bauwerk, die Moschee wurde von Muhammed Ali Shah im frühen 19. Jahrhundert erbaut. Ihre Wände weisen zahlreiche Ornamente auf, die Bogen sind mit schönen Stuckarbeiten verziert.

Daulat Khana nordwestlich von Jami Masjid war der Palast von Asaf-ud-Daula. Der Komplex entstand in den späten 1780er Jahren und enthält zahlreiche indo-europäisch geprägte Bauwerke. Das auffallendste darunter ist **Asafi Kothi** mit einer eleganten Fassade mit halbrunden Fensternischen.

Lucknows Hauptmarkt liegt im **Chowk**, dem Altstadtviertel der Stadt, das sich zwischen Gol Darwaza und Akbari Darwaza erstreckt. Im Gewirr der *galis* (Gassen) bieten viele Läden Kunsthandwerk an. *Chikankari*, der feine, bestickte Musselin aus Lucknow, ist berühmt. Die Blumenmärkte quellen über von Rosen und Jasmin, *Attar*-Läden verkaufen kleine Flaschen mit Parfüm. Der Chowk ist auch das beste Viertel, um die regionale Küche und besonders die vielen Arten von Kebab kennenzulernen, deren Zubereitung eine Kunst der Köche am Nawab-Hof war.

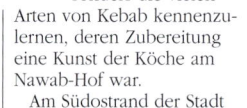

Alam, Chhota Imambara

Am Südostrand der Stadt findet man auf dem Gelände der Zoological Gardens Lucknows **State Museum**. Die Sammlungen umfassen seltene Silber- und Goldmünzen, Gemälde aus dem 16. Jahrhundert und Steinskulpturen aus dem 2. Jahrhundert v. Chr.

La Martinière, ein ungewöhnliches Bauwerk, steht weiter südlich. Major General Claude Martin, ein französischer Glücksritter und 1793 der reichste Europäer in Lucknow, ließ es als fantasievolles neogotisches *château* bauen. La Martinière umfasst vier achteckige Türme. Das Äußere ist mit Tieren und Fantasiegestalten verziert, man sieht Löwen, Ungeheuer und eine Sphinx. Eine der beiden Kanonen auf der Terrasse wurde von Martin selbst gegossen, ebenso die Bronzeglocke. Martin starb im Jahr 1800, sein Grab befindet sich im Untergeschoss. 1840 eröffnete man im Gebäude gemäß Martins Testament ein College für Jungen. Während der Belagerung von Lucknow wurde die Schule evakuiert.

🏛 Picture Gallery
◯ *Mo–Sa.*

🏛 State Museum
📞 (0522) 220 6158. ◯ *Di–So.* 🎟

🏛 La Martinière College
Genehmigung vom Direktor der Schule.
📞 (0522) 222 3863.

Die Fassade von La Martinière, heute ein College für Jungen

Hotels und Restaurants in Uttar Pradesh & Uttarakhand *siehe Seiten 573–575 und 602–604*

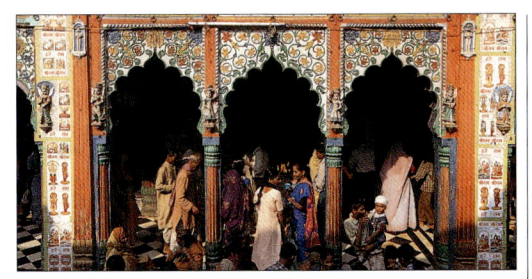

UTTAR PRADESH & UTTARAKHAND

Der farbenfrohe Hanuman-Garhi-Tempel in Ayodhya

Ayodhya

Distrikt Faizabad. 139 km östlich von Lucknow. *Kartik Purnima (Okt/Nov).*

In Ayodhya am Ufer des Sarayu soll Rama, göttlicher Held des Epos *Ramayana (siehe S. 27)*, geboren worden sein. Dutzende Tempel in der Hindu-Pilgerstadt erinnern an Ramas Geburt – ob sie nun historische Tatsache oder Teil einer fiktiven Geschichte ist.

Als der Mogulherrscher Babur 1526 eine Moschee an der angenommenen Geburtsstätte Ramas bauen ließ, legte er damit den Grundstein für einen lange schwelenden Konflikt zwischen Hindus und Muslimen. 1990 forderte ein führendes Mitglied der Indischen Volkspartei, **Babri Masjid**, die »Mosche des Babur« abzureißen und dafür einen Rama-Tempel zu errichten. Dies führte dazu, dass fanatische hindu-nationalistische Massen die Moschee 1992 zerstörten. Ausschreitungen zwischen Muslimen und Hindus im ganzen Land folgten. Die Ruinen von Babri Masjid werden heute mit Militär bewacht. Ein provisorisch erbauter Hindu-Tempel außerhalb des Sicherheitsrings blieb hinduistisches Pilgerziel, besonders in der Vollmondnacht von Kartik Purnima. Im Juli 2005 wurde ein Angriff bewaffneter Muslime auf den Tempel vereitelt.

Ein weiteres bekanntes Heiligtum am Flussufer, der Tempel **Hanuman Garhi**, ist dem Affengott geweiht.

Umgebung: Sechs Kilometer westlich von Ayodhya war **Faizabad** bis 1775 Avadhs erste Hauptstadt. Im Zentrum der muslimisch geprägten Stadt steht Jami Masjid. Das Grab von Bahu Begum, der Frau von Shuja-ud-Daula, Avadhs drittem Nawab, ist ein strenger Marmorbau.

Jaunpur

Distrikt Jaunpur. 250 km südöstlich von Lucknow. 160 000.

Wenige Besucher kommen nach Jaunpur – trotz seines Reichtums an mittelalterlicher islamischer Architektur. Die Stadt am Fluss Gomti wurde im späten 14. Jahrhundert von Feroze Shah Tughluq *(siehe S. 85)* gegründet und entwickelte sich schnell zu einem wichtigen Handelsposten. Bald war sie in der Hand unabhängiger muslimischer Herrscher der Sharqi-Dynastie, bis Ibrahim Lodi die Stadt 1479 eroberte. Im frühen 16. Jahrhundert wurde Jaunpur in das Mogulreich integriert.

Jeder der vielen Herrscher hinterließ in Jaunpur seine architektonischen Spuren. Der Mogulherrscher Akbar baute die große **Akbari Bridge** über den Fluss. Nördlich davon steht das **Old Shahi Fort** aus der Tughluq-Ära. Seine Mauern umschließen eine Moschee aus gelb und blau glasierten Ziegeln sowie eine Kopie eines traditionellen türkischen *hamam*. Die auffallendste Moschee, **Atala Masjid** vor dem Fort, stammt aus der Zeit der Sharqi. Hier sieht man viele Bogen und Ornamentschmuck, Höfe umgeben das Zentralgebäude. **Jami Masjid** wurde im 15. Jahrhundert zwar größer erbaut, griff aber im Wesentlichen architektonische Ideen von Atala Masjid auf.

Mango, die Königin der Früchte

Langra-Mangos sind im Sommer reif

Die Mangofrucht *(aam)* wird in Indien besonders hoch geschätzt, schon der Mogulherrscher Babur nannte sie »die feinste Frucht von Hindustan«. Das beliebte Motiv auf den Paisley-Tüchern lehnt sich an die Form der Frucht an, Mangoblätter werden bei allen Festen als Schmuck benutzt. Auf dem Subkontinent wachsen Hunderte verschiedener Sorten, keine ist jedoch so aromatisch und saftig wie die Mangos aus Jaunpur. Ohne Zweifel ist *langra* die beste Sorte – fleischig, saftig und süß mit einem ganz besonderen, leicht scharfen Aroma. Sie liefert die besten Erträge und wird vor allem in den Mittleren Osten und nach Europa exportiert. Auch die *dussehri* aus Lucknow und die *chausa* aus der Region um Rampur sind sehr beliebte Sorten. Die rohe *chausa* gilt als ideal für würzige Chutneys und Pickles, ohne die keine Mahlzeit vollständig wäre.

Die beeindruckende Fassade von Jami Masjid in Jaunpur

Varanasi ㉖

Varanasi am Westufer des Ganges wird von den Indern auch Kashi (»Stadt des Lichts«), von den Briten Benares genannt und ist Indiens heiligste Hindu-Stadt. Sein spirituelles Vermächtnis reicht fast 3000 Jahre zurück: Es ist der erste der zwölf heiligen Orte, an dem sich Shiva von der Schuld des Brahmanenmords reingewaschen haben und in einer Lichtsäule *(jyotirlinga)* in den Himmel aufgefahren sein soll. Rund 90 Ghats, Tempel und andere Heiligtümer säumen den heiligen Fluss Ganges auf sechs Kilometer Länge vom südlichen Asi Ghat zum nördlichen Adi Keshava Ghat bei der Malviya Bridge. Scharen von Pilgern aus ganz Indien kommen das ganze Jahr über hierher, um sich von Sünden reinzuwaschen. Wer das Glück hat, hier zu sterben und verbrannt zu werden, dem gilt Erlösung als sicher.

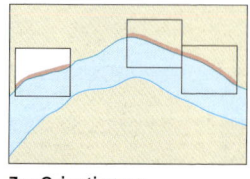

Zur Orientierung
Vom Asi Ghat zum Shivala Ghat

Tulsi Ghat
Dieses Ghat, früher Lolarka Ghat genannt, ist einer der ältesten Orte von Varanasi. Benannt ist es nach dem Dichter-Heiligen Tulsidas, der hier im 16. Jahrhundert lebte. Sein Haus und sein Tempel stehen in der Nähe.

Wandbild einer Göttin am Ganga Mahal Ghat

Bhadaini Ghat

0 Meter 50

Asi Ghat
Ein Linga steht unter einem Pipal-Baum an Varanasis südlichstem Ghat, das den Zusammenfluss von Asi und Ganges markiert.

Rewa Ghat

Ganga Mahal Ghat

Janki Ghat
Ziegelrote Treppen kennzeichnen Janki Ghat. Jedes Ghat in Varanasi hat seine eigene charakteristische Farbe.

Hotels und Restaurants in Uttar Pradesh & Uttarakhand *siehe Seiten 573–575 und 602–604*

VARANASI: FLUSSPANORAMA 1

INFOBOX

Distrikt Varanasi. 290 km südöstlich von Lucknow. 2 000 000. 22 km nordwestlich der Stadt. Parade Kothi, (0542) 220 8162, Varanasi Junction Station, (0542) 234 6370. tägl. Shivratri (Feb/März), Ramlila (Sep/Okt), Ganga-Fest (Okt/Nov).

Chet Singh Ghat
Das Fort markiert die Stelle, wo Maharaja Chet Singh von den Briten Mitte des 18. Jahrhunderts geschlagen wurde.

Anandamayi Ghat
Der Ashram, den die Bengali-Heilige Anandamayi Ma gründete, zieht Tausende Anhänger an.

Niranjani Ghat

Prabhu Ghat

Jain Ghat

Mahanirvani Ghat

Panchkot Ghat

Vaccharaj Ghat

Shivala Ghat
Dieses Ghat ließ Balwant Singh, der Maharaja von Varanasi, 1770 erbauen.

Ramlila

Ramlila ist ein gespielter Dramenzyklus, der die Geschiche des *Ramayana* (siehe S. 27) erzählt, in dem Rama 14 Jahre lang aus seinem Reich verbannt ist. Die Tradition der Ramlilas begann in Varanasi mit Tulsidas, dem Autor des *Ramcharitmanas*, einer populären Version des Epos. Aufführungen finden an den Abenden im September/Oktober an verschiedenen Orten im Freien vor Tausenden von Zuschauern statt. Die Vorstellung in der Residenz des ehemaligen Maharaja im Ramnagar Fort ist die spektakulärste in Varanasi.

Bootsbau
Planken für den Bootsbau liegen am Ufer – Boote sind hier das wichtigste Transportmittel für Menschen und Waren am Fluss.

Knaben im Kostüm für die Ramlila-Aufführung

Varanasi: Digpatiya Ghat bis Mir Ghat

Die Ghats im Zentrum sind die heiligsten, viele wurden in der Zeit der Fürstentümer Darbhanga, Jaipur und Indore gebaut. Eines der zwei Ghats Varanasis für Feuerbestattungen, das Harishchandra Ghat, liegt unmittelbar südlich davon. Hinter dem Dasashvamedha Ghat schlängelt sich die Gasse Vishwanath Gali mit einer großen Zahl an Läden, die alle nur denkbaren Arten von Sakralobjekten verkaufen. Die Gasse führt zum Haupttheiligtum der Stadt, dem Vishwanath-Tempel, der über 1000 Jahre alt sein soll.

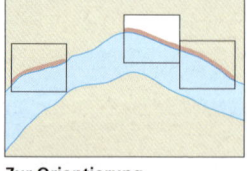

Zur Orientierung
Vom Digpatiya Ghat zum Mir Ghat

Digpatiya Ghat

Chausatthi Ghat
Hier werden Lehrstunden in den heiligen Schriften gegeben. Das Ghat ist nach dem Tempel Chausath Yoginis (»64 Göttinnen«) benannt.

Harishchandra Ghat

Rana Mahal Ghat

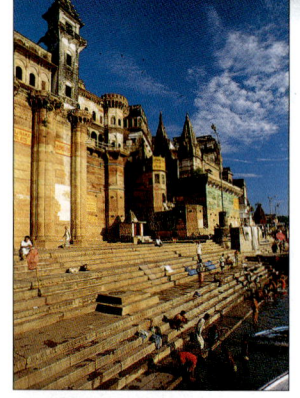

Munsi Ghat

Ahilyabai Ghat

Prayag Ghat

Darbhanga Ghat
Die Türme und Türmchen der Anfang des 20. Jahrhunderts von zwei Prinzen aus Bihar erbauten havelis ragen über dem Ghat auf. Zwei der Säulen in den havelis sehen eindeutig griechisch aus.

Dasashvamedha Ghat
Dieses Ghat im Zentrum, Varanasis heiligster Ort, ist benannt nach den zehn Pferdeopfern (dasashvamedh), die Brahma der Schöpfer machte. Reihen von Priestern sitzen unter Bambusschirmen und bieten den Gläubigen an, rituelle Gebete für sie zu lesen.

Hotels und Restaurants in Uttar Pradesh & Uttarakhand *siehe Seiten 573–575 und 602–604*

VARANASI: FLUSSPANORAMA 2

Vishwanath Gali
Lackierte Dosen, Zinnoberpuder, abgefülltes Ganges-Wasser, Armreife, Brokatstoffe und viele andere Dinge werden in der Gasse angeboten, die zum Vishwanath-Tempel führt.

Vishwanath-Tempel
Der Shiva geweihte Tempel wird von 750 Kilogramm Gold gekrönt. Erbaut wurde der Tempel 1777 von Ahilyabai von Indore.

Vishwanath-Tempel

Man Mandir Ghat
Jai Singh II. von Jaipur baute 1710 eines seiner fünf Observatorien (siehe S. 296f) oberhalb von Raja Man Singhs Palast. Die Sonnenuhr sieht man vom Ghat aus.

Palast des Dom Raja (»König der Doms«)
Doms haben die Exklusivrechte an den Bestattungs-Ghats. Sie verkaufen Holz und sammeln die Asche ein. Der Reichtum des Dom Raja stammt von den Bestattungsgebühren, die seine Familie seit Jahrhunderten erhebt.

Tripura Bhairavi Ghat

Mir Ghat

0 Meter 50

Bootsfahrten
Eine Bootsfahrt bei Sonnenaufgang, wenn die Tempel am Ufer im sanften Licht erglimmen, ist das Highlight eines Varanasi-Besuchs. Die Einheimischen strömen dann hierher, um Kleidung zu waschen, Yoga-Übungen zu machen, Blumen und Weihrauch zu opfern oder ein rituelles Bad zu nehmen. Die schönste Fahrt führt vom Dasashvamedha zum Manikarnika Ghat *(siehe S. 176)*. Dutzende von Ruderbooten fahren den Fluss auf und ab und können stundenweise gemietet werden. Den Preis handelt man am besten vor der Fahrt aus.

Dasashvamedha Ghat

Varanasi: Nepali Ghat bis Panchaganga Ghat

An diesem Abschnitt liegt das berühmte Manikarnika Ghat, eines der zwei Bestattungs-Ghats in Varanasi. Der Legende nach fielen Shivas *mani* (Kopfschmuck) und Parvatis *karnika* (Ohrring) in den nahen Brunnen, während sie badeten. In Varanasi zu sterben ist für Hindus das höchste Ziel, da dies Erlösung vom Zyklus von Geburt und Tod *(moksha)* verspricht. Es heißt, Shiva flüstere den Sterbenden ins Ohr – aus diesem Grund kommen Alte und Kranke, Weise und viele andere Menschen nach Varanasi, um hier ihr Leben auszuhauchen.

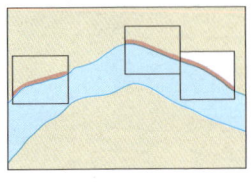

Zur Orientierung
Vom Nepali Ghat zum Panchaganga Ghat

0 Meter 50

Jalasen Ghat

Nepali Ghat
Ein Löwe steht vor einem pagodenähnlichen Tempel, den die Königsfamilie von Nepal bauen ließ.

Manikarnika Ghat
Scheiterhaufen brennen Tag und Nacht an diesem Bestattungs-Ghat, in Tücher gehüllte Leichname liegen auf Bahren neben den Holzstößen. In der Mitte des Ghat ist der Brunnen (kund)*, den Vishnu mit seiner Scheibe grub, bevor der Ganges hier floss.*

Scindia Ghat
Die Bauten über diesem Ghat waren derart schwer, dass sie zusammenbrachen. Daulat Rao Scindia von Gwalior ließ sie 1937 neu errichten. Ein Tempel steht halb im Fluss, das Sanktum kniet im Wasser.

Hotels und Restaurants in Uttar Pradesh & Uttarakhand *siehe Seiten 573 – 575 und 602 – 604*

Rituale am heiligen Fluss Ganges

Gefäß für heiliges Wasser

Obwohl es über 700 Tempel in Varanasi gibt, ist das eigentliche Heiligtum der Fluss selbst. Der Ganges wird als eine Göttin verehrt. Sie kann von allen irdischen Sünden reinwaschen. Hinduistische Schriften empfehlen das tägliche Bad in den Wassern als Vorbereitung für die Reise der Seele in die Erlösung. Blumen und *diyas* treiben als Opfergaben den Fluss hinunter.

Rituelles Bad
Tausende Pilger kommen jeden Tag, um im Ganges ein Bad zu nehmen und ihm zu huldigen.

Abend-aarti
Bei den Gebeten (aarti) während der Morgen- und Abenddämmerung werden Öllampen entzündet, Glöckchen geläutet und heilige Mantras gesungen.

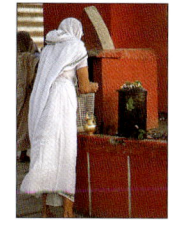

Straßenaltäre
Eine weiß gekleidete Witwe gibt an einem Altar an der Straße Blumen, Weihrauch und Ganges-Wasser in ein kleines Metallgefäß.

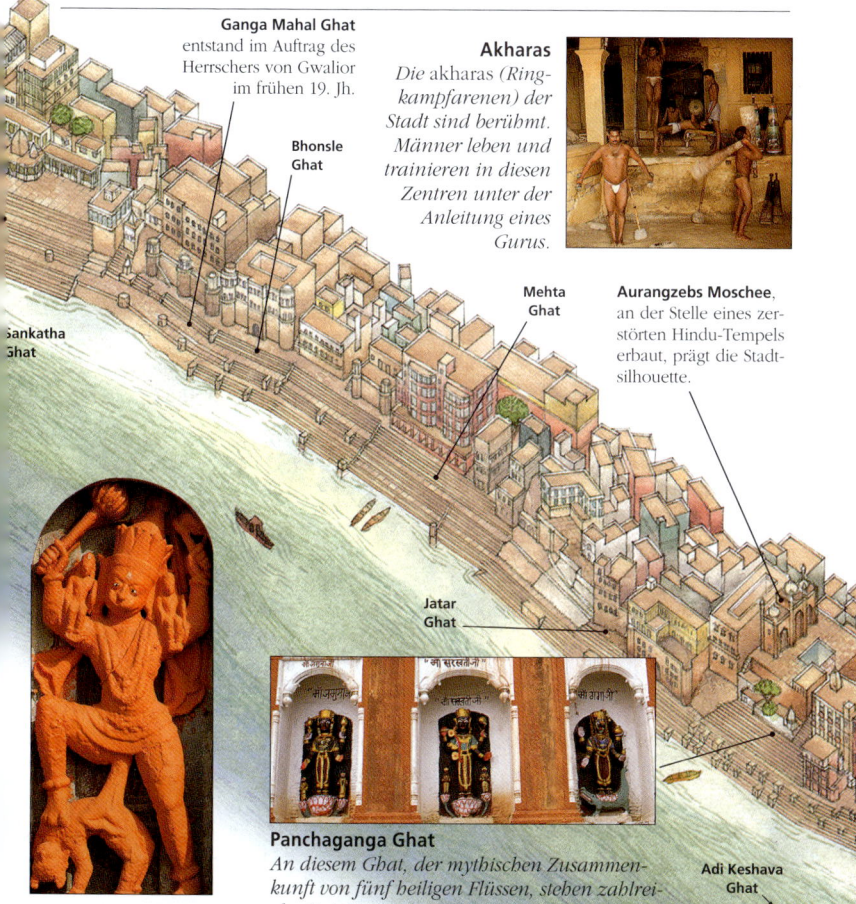

Ganga Mahal Ghat entstand im Auftrag des Herrschers von Gwalior im frühen 19. Jh.

Bhonsle Ghat

Akharas
Die akharas (Ringkampfarenen) der Stadt sind berühmt. Männer leben und trainieren in diesen Zentren unter der Anleitung eines Gurus.

Mehta Ghat

Aurangzebs Moschee, an der Stelle eines zerstörten Hindu-Tempels erbaut, prägt die Stadtsilhouette.

Sankatha Ghat

Jatar Ghat

Panchaganga Ghat
An diesem Ghat, der mythischen Zusammenkunft von fünf heiligen Flüssen, stehen zahlreiche Statuen der fünf Flussgöttinnen – Ganga, Yamuna, Saraswati, Dhutpapa und Kirana.

Adi Keshava Ghat

Hanuman, der Affengott, am Ganga Mahal Ghat

Die überwucherten Mauern des Allahabad Fort, vom Mogulherrscher Akbar erbaut

Sarnath ❷

Distrikt Varanasi. 10 km nordöstlich von Varanasi.
🚩 *Buddha Mahotsava (Mai).*

Für Buddhisten ist Sarnath ebenso heilig wie Varanasi für Hindus. 528 v. Chr. soll Buddha hier seine erste große Predigt nach der Erleuchtung *(siehe S. 189)* gehalten und so das Rad der Lehre in Bewegung gesetzt haben. Sarnath entwickelte sich zu einem der bedeutendsten Zentren der buddhistischen Lehre, die chinesischen Reisenden Fa-Hsien und Hiuen Tsang *(siehe S. 187)* berichteten über seine blühenden Klöster.

Das Hauptmonument des erhaltenen Klosterkomplexes ist **Dhamekh Stupa**, der im 5. Jahrhundert an der Stelle gebaut wurde, an der Buddha seine Predigt gehalten haben soll. Westlich davon sieht man die Überreste des Dharmarajika Stupa, den Maurya-Herrscher Ashoka *(siehe S. 42)* für die Reliquien Buddhas bauen ließ. Im Komplex stehen mehrere kleine Klöster und Tempel sowie ein 1931 gepflanzter Bodhi-Baum und die Statue von Anagarika Dharmapala, dem Gründer der Gesellschaft, die Sarnath und Bodh Gaya *(siehe S. 190f)* erhielt.

Das **Archäologische Museum** besitzt eine hervorragende Sammlung buddhistischer Artefakte, darunter das Ashoka-Löwenkapitell aus poliertem Sandstein *(siehe S. 42)*.

🏛 Archäologisches Museum
📞 (0542) 259 5095. 🕒 Sa–Do.

Allahabad ❷

Distrikt Allahabad. 225 km südöstlich von Lucknow. ✈ *4950000.*
🚉 🚌 ℹ *Tourist Bungalow, 35 MG Marg, Civil Lines, (0532) 240 7440/ 8374.* 🚩 *Kumbh Mela (alle 12 Jahre, das nächste Mal 2013).*

Seine heilige Lage am Zusammenfluss *(sangam)* von Ganges, Yamuna und dem unsichtbaren, mythischen Saraswati verleiht Allahabad seit fast 3000 Jahren politische und religiöse Bedeutung. Hiuen Tsang, der buddhistische Mönch und Gelehrte *(siehe S. 187)*, besuchte die Stadt, die damals Prayag hieß, im Jahr 643 und beschrieb mit vielen Details ihren Wohlstand und Ruhm. Im 16. Jahrhundert eroberten die Moguln die Stadt und benannten sie in Allahabad um. Später machten die Briten sie zu einem Militärstützpunkt, etablierten die Gerichtshöfe und gründeten die Universität. Jawaharlal Nehru *(siehe S. 57)*, Indiens erster Premierminister, wurde 1889 hier geboren. Die Stadt war eines der Zentren der Unabhängigkeitsbewegung. Heute ist Allahabad eine ruhige, wohlhabende Distrikthauptstadt. Die breiten Boulevards des Civil-Lines-Viertels kontrastieren mit dem Gewimmel in den Gassen der Altstadt.

Das **Allahabad Fort** wurde 1583 von Akbar gegründet, der eine Ashoka-Säule aus dem 3. Jahrhundert v. Chr. aus Kausambi hierherbringen ließ. Leider ist das Fort nur von außen zu sehen, die Säule ist nicht zugänglich. An der Ostseite erhebt sich ein großer Tempelkomplex mit einem ewigen Banyanbaum, dem **Akshaivata**. Der Legende nach wird jeder, der von seinen Ästen springt, vom Zyklus der Wiedergeburten erlöst. Nach zu vielen Versuchen wurde der Baum eingezäunt, man braucht eine Genehmigung vom lokalen Tourismusbüro, um ihn zu sehen.

Khusrau Bagh, ein ruhiger Mogulgarten am Westrand der Stadt, ist nach dem ältesten Sohn des Herrschers Jahangir benannt. Der hatte ohne Erfolg einen Aufstand gegen seinen Vater angeführt und wurde 1622 ermordet, als er mit seinem Bruder Shah

Grabmal von Prinz Khusrau und seiner Schwester, Khusrau Bagh

Hotels und Restaurants in Uttar Pradesh & Uttarakhand siehe Seiten 573–575 und 602–604

Jahan um die Thronfolge stritt. Sein Grab liegt neben dem seiner Schwester und seiner Mutter. Letztere, eine Rajputen-Prinzessin aus Jaipur, hatte, zerrissen zwischen Gatten und Sohn, eine Überdosis Opium genommen. Der *chhatris* auf ihrem Grabmal zeigt Rajputen-Einflüsse.

Anand Bhavan, das Wohnhaus der Nehru-Gandhi-Familie, beherbergt heute ein Museum mit Nehru-Memorabilien und Chroniken zur Unabhängigkeitsbewegung. Ganz in der Nähe, im Civil-Lines-Viertel, steht das 1870 erbaute **Muir College**, mit seinen fantastischen Bogen und Türmchen ein schönes Beispiel indo-sarazenischer Architektur. Reste der glasierten blauen und weißen Fliesen sind noch an der Kuppel zu sehen, ein einzeln stehender Turm ragt 60 Meter hoch auf. Gegenüber zeigt das **Allahabad Museum** eine interessante Sammlung von Terrakotten aus Kausambi und Skulpturen aus der Chandela-Ära (10.–13. Jh.). Etwas weiter westlich befindet sich die **All Saints Cathedral**. Sie wurde 1877 von William Emmerson, dem Architekten des Victoria Memorial in Kolkata (siehe S. 232f) entworfen. Sie hat innen Verkleidungen aus Jaipur-Marmor.

Allahabad Fort
für die Öffentlichkeit.

Anand Bhavan
Di–So.

Allahabad Museum
Di–So.

Umgebung: Kausambi liegt 63 Kilometer (rund eine Stunde Autofahrt) entfernt von Allahabad am Ostufer des Yamuna. Innerhalb eines Areals mit zwei Kilometern Radius befinden sich die freigelegten Ruinen von Befestigungsmauern, eines Stupa und eines Palasts.

Zwar sagt die Legende, die Stadt sei von den Pandavas, den Helden des *Mahabharata* (siehe S. 26), erbaut worden. Ausgrabungen brachten jedoch zutage, dass hier zwischen 600 v.Chr. und 600 n.Chr. eine Siedlung war, in

Mauerreste in Kausambi

die Buddha kam, um zu predigen. Zu besichtigen sind die Reste einer gepflasterten Straße, einige kleine Häuser und der Stumpf einer Ashoka-Säule (3. Jh. v.Chr.). Die hier gefundenen Terrakotta-Objekte und Siegel (um 200 v.Chr.) befinden sich im Allahabad Museum. Grüne Felder und kleine Dörfer umgeben Kausambi, das eine Aura von Fröhlichkeit ausstrahlt.

Chitrakoot ㉙

Distrikt Chitrakoot. 125 km südwestlich von Allahabad. *Karwi, 8 km nordöstlich des Stadtzentrums, dann Taxi oder Bus.* UPSTDC Tourism Bungalow, (05198) 224 219. tägl.

Die Pilgerstadt am Ufer des Mandakini liegt zwar in Madhya Pradesh, ist aber einfacher von Allahabad aus zu erreichen. Chitrakoot, wörtlich »Berg der vielen Wunder«, bezieht sich auf den bewaldeten **Kamadgiri Hill**, wo laut *Ramayana* Rama, Sita und Lakshman einen Großteil des 14 Jahre dauernden Exils verbrachten. Unterhalb des Bergs liegt **Hanuman Dhara**, eine Quelle, die über das schöne Bildnis des Affengottes Hanuman in einer Nische fließt. Die Stadt mit den zahlreichen Tempeln ist voller *sadhus* und hat eine einzigartige Atmosphäre. Auf einer Bootsfahrt vom schönen **Ramghat** kann man den Blick auf die Tempel am Flussufer genießen.

Kalinjar Fort ㉚

Distrikt Banda. 205 km westlich von Allahabad. *Banda, 62 km nördlich des Kalinjar Fort, dann Taxi oder Bus.* tägl.

Schon Ptolemäus, der griechische Astronom (um 85 bis 165 n.Chr.), kannte das damals Kanagora genannte Fort, das zu den ältesten Indiens zählt. Seine strategisch wichtige Lage an der Hauptroute zwischen Nord- und Südindien machte es zum begehrten Ziel vieler Herrscher. Kalinjar Fort war in der Hand verschiedener mittelalterlicher Dynastien, bevor es im Jahr 1545 vom afghanischen Herrscher Sher Shah Suri (siehe S. 73) erobert wurde.

Ins Fort führen sieben nach Planeten benannte Tore mit Ornamenten und Skulpturen, darunter sind auch ein riesiger Shiva mit 18 Armen und ein tanzender Ganesha. Der **Neelkanth-Tempel** im Fort ist Shiva geweiht und noch in Betrieb, das Sanktum enthält ein altes Linga.

Ramghat mit Tempeln in Chitrakoot am Ufer des Mandakini

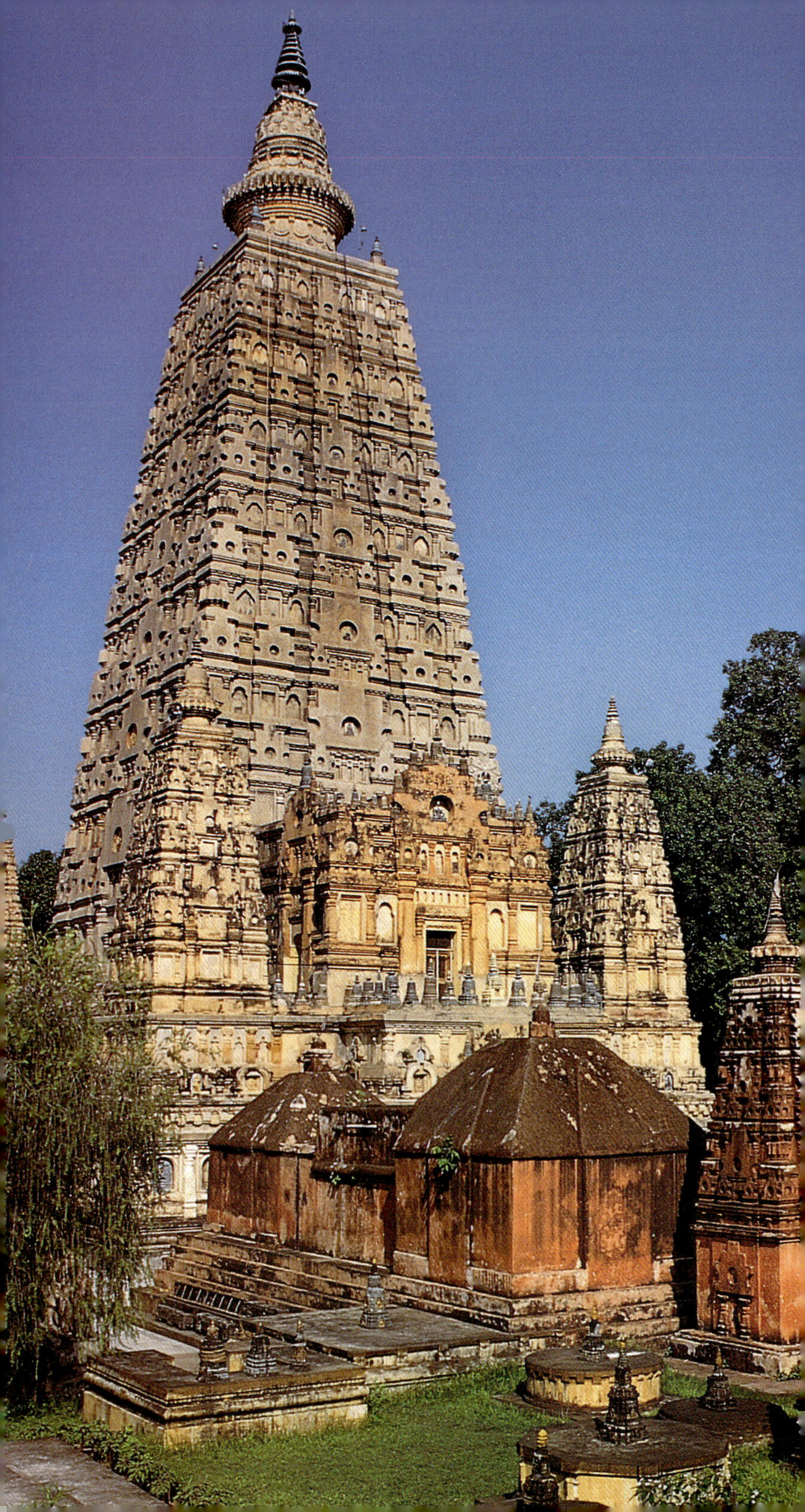

Bihar & Jharkhand

Der Name Bihar leitet sich von dem Sanskrit-Wort *vihara* (Kloster) ab – eine treffende Bezeichnung für einen Bundesstaat, in dem der Buddhismus seinen Ursprung hat. Viele Sehenswürdigkeiten in den trockenen Ebenen des Zentrums sind dem Leben und der Lehre Buddhas verbunden, so Bodh Gaya, Nalanda und Rajgir. Der Norden Bihars ist fruchtbares Agrarland, der Ganges und seine Nebenflüsse sorgen dafür, dass hier der berühmte Patna-Reis wächst. Im Jahr 2000 wurde der südliche Teil Bihars zum Bundesstaat Jharkhand erklärt. Hier erstreckt sich das Chhota Nagpur Plateau, ein landschaftlich schönes, dicht bewaldetes Hochland, in dem die Wildschutzgebiete Palamau und Hazaribagh liegen. Jharkhand hat reiche Vorkommen an Rohstoffen. Von den Menschen, die hier leben, gehören einige Ethnien an, die zu den ältesten auf dem Subkontinent zählen sollen.

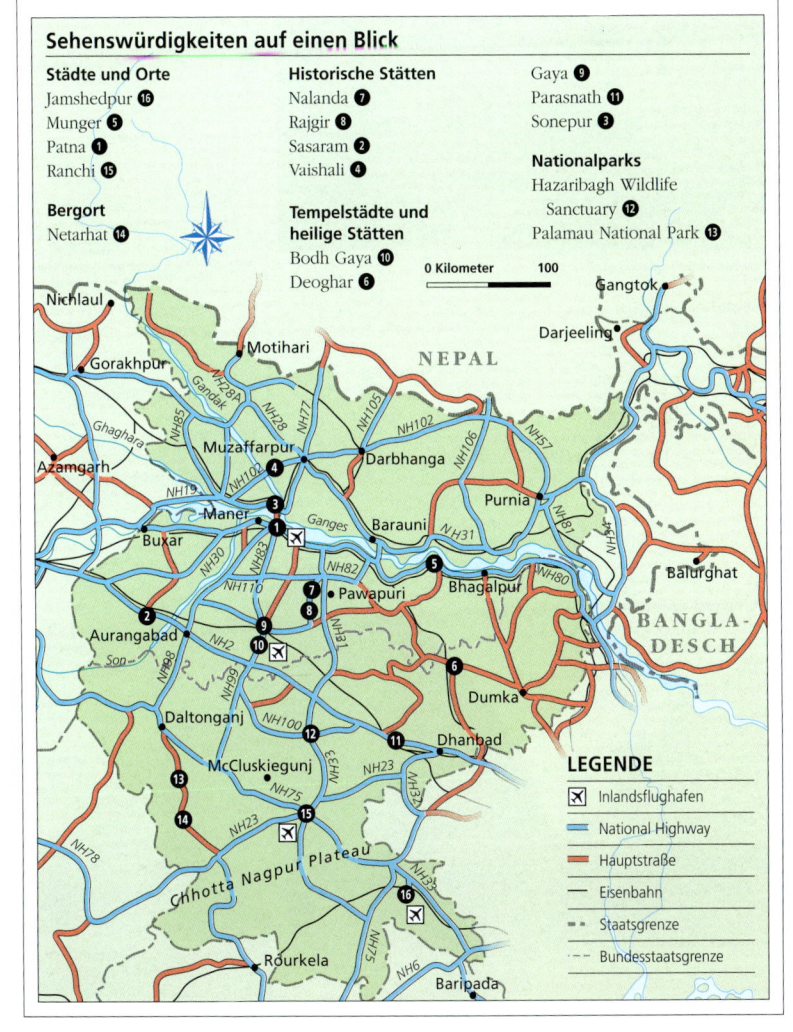

Sehenswürdigkeiten auf einen Blick

Städte und Orte
Jamshedpur ⓰
Munger ❺
Patna ❶
Ranchi ⓯

Bergort
Netarhat ⓮

Historische Stätten
Nalanda ❼
Rajgir ❽
Sasaram ❷
Vaishali ❹

Tempelstädte und heilige Stätten
Bodh Gaya ❿
Deoghar ❻

Gaya ❾
Parasnath ⓫
Sonepur ❸

Nationalparks
Hazaribagh Wildlife Sanctuary ⓬
Palamau National Park ⓭

◁ Der Mahabodhi-Tempel in Bodh Gaya, dem wichtigsten buddhistischen Wallfahrtsort *(siehe S. 191)*

Patna ●

Die Hauptstadt von Bihar ist eine moderne Stadt, deren Wurzeln 2500 Jahre zurückreichen. Während der Maurya- und Gupta-Reiche (*siehe S. 42f*) war Pataliputra, wie Patna zu jener Zeit hieß, eine bedeutende asiatische Stadt. Heute ist es ein ausufernder Ballungsraum am Ganges. West-Patna wurde von den Briten angelegt. Hier befinden sich die prächtigeren Häuser und die großen Verwaltungsgebäude. Der Ostteil umfasst auch die Altstadt, an deren Straßen alte Monumente und quirlige Basare zu finden sind.

Didarganj Yakshi

Patna am Südufer des Ganges

🏛 Patna Museum
☎ (0612) 223 5731. ◯ Di–So.
Das Museum zeigt eine Reihe beachtlicher Schätze, darunter eine Statue von Didarganj Yakshi, einer weiblichen Wächtergottheit. Die Figur aus poliertem Stein stammt aus der Maurya-Ära (3. Jh. v. Chr.). Zu den Highlights gehören Statuen von Bodhisattvas im Gandhara-Stil, Terrakotta-Figurinen, Buddhas aus Bronze und schwarzem Stein aus der Pala-Periode (8.–12. Jh.) sowie buddhistische Schriften und tibetische *thangkas*. Das Museum besitzt einen 15 Meter langen versteinerten Baumstamm, der mehr als 200 Millionen Jahre alt sein soll.

🏛 Khudabaksh Library
☎ (0612) 230 0209. ◯ Sa–Do.
www.kblibrary.bih.nic.in
Die Bibliothek wurde 1900 gegründet und besitzt eine berühmte Sammlung seltener persischer und arabischer Handschriften, darunter alte, schön illustrierte Koranschriften und Miniaturmalereien aus der Mogulzeit. Ausgestellt sind auch Bände der Maurischen Universität von Cordoba, die aus dem 11. Jahrhundert stammen.

🏛 Harmandir Sahib
◯ tägl.
Die historische Sikh-Gurdwara markiert den Geburtsort des 10. Guru Gobind Singh (*siehe S. 95*), der hier 1666 zur Welt kam. Der Marmortempel, den Maharaja Ranjit Singh (*siehe S. 96*) im 19. Jahrhundert bauen ließ, zählt zu den vier heiligsten Stätten der Sikhs. Auf der Etage über dem Haupttheilig-

🏛 Golghar
◯ tägl.
Patnas charakteristisches Wahrzeichen, der Golghar (wörtlich »rundes Haus«), ist eine ungewöhnlich geformte Kuppel, die einem riesigen Bienenstock ähnelt. Captain John Garstin ließ den Bau 1786 als Getreidespeicher errichten, da zu jener Zeit Hungersnöte nicht selten waren. Die Kuppel hat an ihrer Basis einen Durchmesser von 125 Metern und ist 29 Meter hoch. Zwei Treppen führen außen nach oben, in regelmäßigen Abständen gibt es Plattformen. Das Korn sollte oben durch ein Loch in das Innere des Golghar gefüllt werden. 124 285 Tonnen würde der Bau fassen, er wurde jedoch nie als Speicher genutzt. Im leeren Inneren gibt es ein beachtliches Echo. Besonders während des Monsuns ist der Blick auf den Ganges sensationell – dann schwillt der Strom auf bis zu acht Kilometer Breite an.

Der bienenstockförmige Golghar wurde im 18. Jahrhundert als Kornspeicher erbaut

Hotels und Restaurants in Bihar & Jharkhand *siehe Seiten 575 und 604*

PATNA

Die bunt zusammengewürfelte Privatsammlung im Jalan Museum

INFOBOX

Distrikt Patna. 1000 km östlich von Delhi. 1 380 000.
6 km westlich des Stadtzentrums. Bihar Tourism, JP Loknayak Bhavan, Fraser Rd, (0612) 222 5411. Mo–Sa.
Pataliputra Mahotsava (März).
www.bstdc.bih.nic.in

tum befindet sich ein Museum mit den Hinterlassenschaften des Guru.

🏛 Jalan Museum
(0612) 264 1121.
nach Vereinbarung.
Die Sammlung des Museums, das auch Qila (»Fort«) House genannt wird, trug ein Mitglied der Jalan-Familie im 19. Jahrhundert zusammen. Zu sehen sind chinesische Malereien, Jade- und Silberobjekte der Moguln, Napoléons Bett sowie Marie Antoinettes Sèvres-Porzellan. Qila House selbst ist auf den Ruinen eines Forts errichtet, das der afghanische Herrscher Sher Shah Suri *(siehe S. 73)* im 16. Jahrhundert baute.

🏛 Kumrahar
Di–So.
Hier sind die Ruinen der alten Stadt Pataliputra zu sehen. Bei Ausgrabungen fand man geschnitzte Holzwände, polierte Sandsteinsäulen und die Reste einer großen Versammlungshalle aus der Maurya-Zeit (2. Jh. v. Chr.). Ein Museum zeigt einige dieser Funde. Der Grieche Megasthenes, Gesandter am Maurya-Hof, beschrieb Pataliputra damals als »eine Stadt des Lichts, in der sogar Holzwände wie Glas schimmern«.

🏛 Old Opium Warehouse
Gulzarbagh. Mo–Fr.
Auf einem ummauerten Gelände am Flussufer steht das Lagerhaus der East India Company, heute Sitz der Government Printing Press. Besucher können die drei langen Gebäude besichtigen, in denen man Opium zum Verschiffen nach Kolkata verpackte.

Umgebung: Maner, 30 Kilometer westlich von Patna, ist ein Zentrum islamischer Wissenschaften. Das Grabmal des Sufi-Heiligen Hazrat Makhdum Yahya Maneri (16. Jh.) steht in einem Park. Maner ist auch berühmt für *laddoos*, ein rundes Konfekt aus Kichererbsenmehl und Sirup.

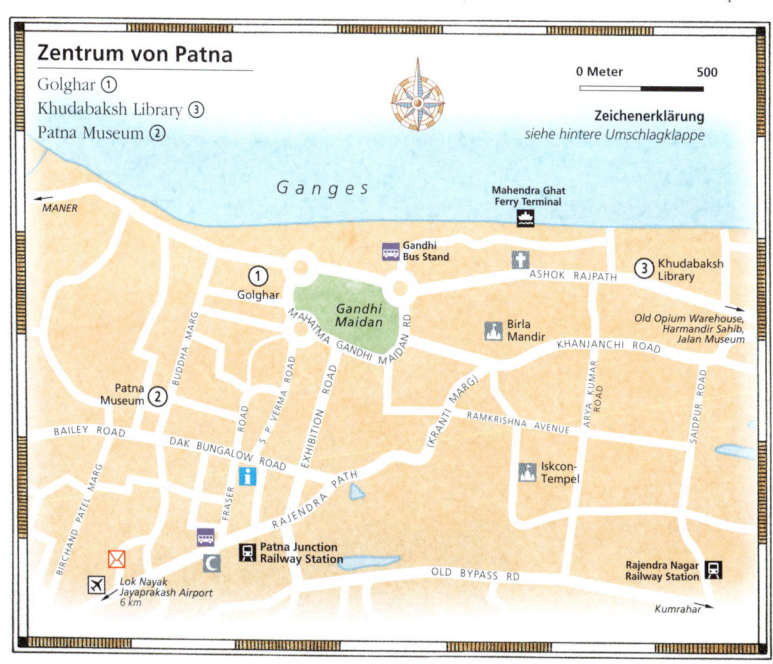

Zentrum von Patna

Golghar ①
Khudabaksh Library ③
Patna Museum ②

0 Meter 500

Zeichenerklärung
siehe hintere Umschlagklappe

Das prächtige Mausoleum (16. Jh.) des afghanischen Herrschers Sher Shah Suri in Sasaram

Sasaram ❷

Distrikt Rohtas. 160 km südwestlich von Patna.

Staubig wirkt die Stadt Sasaram, die man nach dreistündiger Fahrt von Patna auf der historischen Grand Trunk Road *(siehe S. 153)* erreicht. Berühmt ist der Ort wegen des **Mausoleums von Sher Shah Suri**, dem berühmten afghanischen Herrscher *(siehe S. 73)*. Das Meisterwerk aus der Mitte des 16. Jahrhunderts ist laut Architekturhistoriker Percy Brown ein Zeugnis »für die Blütezeit der ästhetischen Fähigkeiten indischer Baumeister«.

In spektakulärer Lage inmitten eines künstlichen Sees ragt das pyramidenförmige Sandsteingebäude mit fünf Ebenen 45 Meter empor. Ein Pavillon begrenzt die ersten beiden Ebenen mit Fundament und Terrasse an jeder Ecke. Das achteckige Mausoleum verjüngt sich in drei Ebenen bis zur Kuppel, Bogen, Brüstungen mit Zinnen und kleine Pavillons mit Säulen prägen die Fassade. Die weite Kuppel schließt mit einer vergoldeten Lotus-Fiale ab. Der ganz Bau scheint über dem Wasser zu schweben.

Teilweise sind Reste der leuchtenden gelben und blauen Fliesen zu sehen. Interessant ist, dass die Anlage acht Grad von der Hauptachse abweicht – ein Fehler, den der Baumeister Aliwal Khan geschickt zu verbergen wusste. Er schuf auch das Grabmal von Sher Shahs Vater, Hasan Suri, in der Nähe.

Sonepur ❸

Distrikt Saran. 25 km nördlich von Patna. *Bihar Tourism, Patna, (0612) 222 5411. Sonepur Mela (Okt/Nov).*

Nördlich von Patna, auf der anderen Seite des Ganges und über die 7,5 Kilometer lange Brücke zu erreichen, liegt der Ort Sonepur. Er ist für seinen jährlichen *mela* überregional bekannt – dies ist der größte Viehmarkt in ganz Asien. Einen Monat dauert der Markt, Beginn ist am Vollmond von Kartik Purnima, der in den Oktober oder November fällt.

Der *mela* findet am sandigen Ufer am Zusammenfluss von Ganges und Gandak statt. Millionen von *sadhus*, Pilgern und Familien vom Land kommen zu diesem Anlass in den Ort, dazu Viehhändler aus ganz Indien. Zum Verkauf stehen Elefanten, Kamele, Pferde und Kühe, aber auch exotische Vögel. Neben dem lautstark betriebenen Kaufen und Verkaufen von Vieh und Viehfutter kann man hier auch volkstümliche Musik- und Tanzgruppen, Akrobaten, Ringer, Magier und *Nautanki*-Theatergruppen sehen. Dazwischen nimmt jeder gläubige Hindu während dieser wichtigen Zeit im hinduistischen Kalender ein rituelles Bad im Fluss.

Wanderzoo während des Viehmarkts von Sonepur

Die staatliche Tourismusorganisation eröffnet eine Woche vor dem *mela* ein »Tourist Village«, Hütten und Zelte kann man im Büro in Patna buchen. Selbst wenn man keinen Elefanten kaufen möchte (die Preise beginnen bei 200 US-$), ist das Ganze ein Erlebnis.

Elefanten werden während des Sonepur Mela gebadet

Hotels und Restaurants in Bihar & Jharkhand *siehe Seiten 575 und 604*

Vaishali

Distrikt Vaishali. 55 km nördlich von Patna. *Tourist Information Centre, Vaishali, (06225) 285 425.*

Vaishali ist eine wichtige religiöse Stätte in der üppig grünen Landschaft von Nord-Bihar, die von Bananenhainen und Litschi-Bäumen durchzogen ist. Mahavira, der Gründer des Jainismus, soll hier 599 v. Chr. geboren worden sein. Angeblich soll Buddha hier seine letzte Predigt *(siehe S. 189)* gehalten haben.

Im 6. Jahrhundert v. Chr. war Vaishali eine florierende Stadt unter den Lichhavi-Herrschern, die hier eine der weltweit ersten Republiken gründeten. Eine gut erhaltene **Maurya-Steinsäule** aus dem 3. Jahrhundert v. Chr. mit einem Löwen steht vier Kilometer westlich der Tourist Lodge.

In der Nähe der Säule befindet sich der **Abishek Pushkarni Tank**, heute eher ein Teich. Der Legende nach sollen Affen das Loch gegraben haben, die dem hungrigen Buddha hier Honig angeboten haben sollen – eine Szene, die in buddhistischen Skulpturen und Bildern wiederholt dargestellt wird.

Ebenfalls nicht weit von der Säule stößt man auf die Ruinen eines gemauerten Stupa (5. Jh. v. Chr.). Lichhavi-Herrscher sollen ihn für die Asche des Buddha gebaut haben.

Bei Ausgrabungen, die noch andauern, kamen die Ziegelfundamente anderer Stupas zutage. 1996 bauten japanische Buddhisten einen Tempel und den weißen **Vishwa Shanti Stupa** («Weltfriedens-Stupa»).

Die renommierte Bihar School of Yoga im Munger Fort

Löwe auf einer Säule, 3. Jahrhundert v. Chr., Vaishali

Madhubani-Malereien

Die kraftvollen, volkstümlichen Madhubani-Malereien *(siehe S. 75)* von Nord-Bihar haben internationale Beachtung gefunden. Frauen bemalen die Mauern der Dörfer, die Motive stammen aus der hinduistischen Mythologie und aus der Natur, die Malereien stellen Feste und Alltagsszenen dar. Besonders komplexe Kompositionen werden für den *kohbar*, das Zimmer der Hochzeitsnacht, geschaffen. Darauf sind Gott und Göttin von kleinen Vögeln und anderen Tieren umgeben, Sonne, Mond und Sterne halten Wache. Seit Madhubani-Frauen in den letzten Jahren auch an internationalen Kunstausstellungen im Ausland teilgenommen haben, tauchen neue Motive in ihren Bildern auf: Hochhäuser, Flugzeuge und Frauen in hochhackigen Schuhen. Die kräftigen Farben werden aus Pflanzen und Mineralien gewonnen und mit Bambusstäbchen aufgetragen. Madhubani-Malereien werden jetzt auch auf Papier und Stoff aufgetragen, man kann sie in vielen indischen Städten kaufen.

Madhubani-Malerei mit klaren Linien und Farben

Munger

Distrikt Munger. 180 km östlich von Patna. *Tourist Information Centre, Fort Area, Munger, (06344) 222 392.*

Die am Ufer des Ganges liegende Stadt ist Heimat der berühmten **Bihar School of Yoga**, die Swami Satyanand gründete und die heute von seinem Schüler Swami Niranjananand betrieben wird. Die Schule befindet sich im Munger Fort (15. Jh.) und heißt Besucher willkommen. Das Fort war in der Hand der Moguln, verschiedener regionaler Herrscher und der Briten. In der Nähe des Nordtors ist ein britischer Friedhof.

Bihar School of Yoga
(06344) 222 430. tägl.
www.biharyoga.net

Deoghar

Distrikt Deoghar. 180 km östlich von Patna. *Tourist Information Centre, (06432) 222 422. Mela (Juli/Aug).*

Deoghars **Baidyanath Dham** ist ein wichtiger Shiva-Tempel. Er steht angeblich an der Stelle, an der das Herz von Shivas Gefährtin Parvati herabfiel, als der trauernde Shiva ihren Leichnam über die Erde trug *(siehe S. 237)*. Ein Objekt besonderer Verehrung ist das *linga* (Phallus) im Tempel, einer von zwölf *jyotirlingas* *(siehe S. 172)*, die sich aus Licht materialisiert haben sollen. Der einen Monat dauernde jährliche *mela* zieht pro Tag über 100 000 Pilger an.

Nalanda ❼

Die buddhistische Universität von Nalanda wurde im 5. Jahrhundert n. Chr. gegründet und war eines der renommiertesten Wissenszentren mit 5000 Studenten und Lehrern aus der ganzen Welt sowie einer Bibliothek mit neun Millionen Handschriften. Erbaut war Nalanda auf einem als heilig verehrten Platz, an dem sich Buddha oft aufgehalten hatte. Es bestand bis 1199, als der türkische Eroberer Bakhtiar Khalji es niederriss. Die Ruinen der Klöster und Tempel vermitteln immer noch einen anschaulichen Eindruck vom Leben mit Studium und Kontemplation.

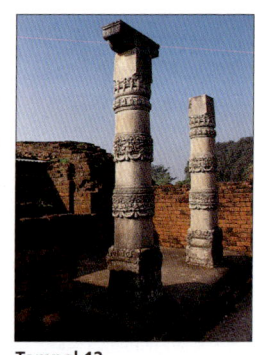

Bodhisattva in Tempel 3

Tempel 12
Die Reste eines torana *stehen vor einem Tempel (7. Jh.) gegenüber der Reihe von Klostergebäuden.*

★ **Tempel 3**
Nalandas 31 Meter hoher Haupttempel stammt aus dem 6. Jahrhundert. Ganz oben befindet sich eine Grabkammer, an den Ecken stehen kleine Stupas.

Kloster 1A wurde wahrscheinlich von einem König aus Sumatra im 9. Jahrhundert erbaut.

0 Meter 50

★ **Votiv-Stupas**
Im Innenhof um Tempel 3 weisen die Stupas Figuren stehender Bodhisattvas und sitzender Buddhas auf.

NICHT VERSÄUMEN

★ Paneele am Postament von Tempel 2

★ Tempel 3

★ Votiv-Stupas

NALANDA

Blick auf die Klostergebäude
In jedem der elf Klöster stehen Mönchszellen um einen Hof. An den Ruinen sieht man, dass sie kunstvoll gemauert waren.

INFOBOX

Distrikt Nalanda. 90 km südlich von Patna. 🚌 von Patna.
🛈 *Bihar Tourism, Nav Nalanda, beim Busbahnhof.* ⬜ tägl. 📷
Museum ⬜ *Sa–Do.* 📷

Tempel 13 besitzt einen Ofen, um Ziegel zu brennen.

Tempel 14
Reste von Malereien kann man hier in einer Nische mit Sockel sehen, in der einst eine große Buddha-Figur stand.

Kloster 8 hat im Innenhof ein großes Heiligengrab. Alle Klöster stehen auf Terrassen.

Museum

★ **Paneele am Postament von Tempel 2**
Postamentwürfel sind das Einzige, was von einem Tempel aus dem 7. Jahrhundert übrig blieb. Auf über 200 Paneelen sieht man Gottheiten, Tiere und Blumenmotive.

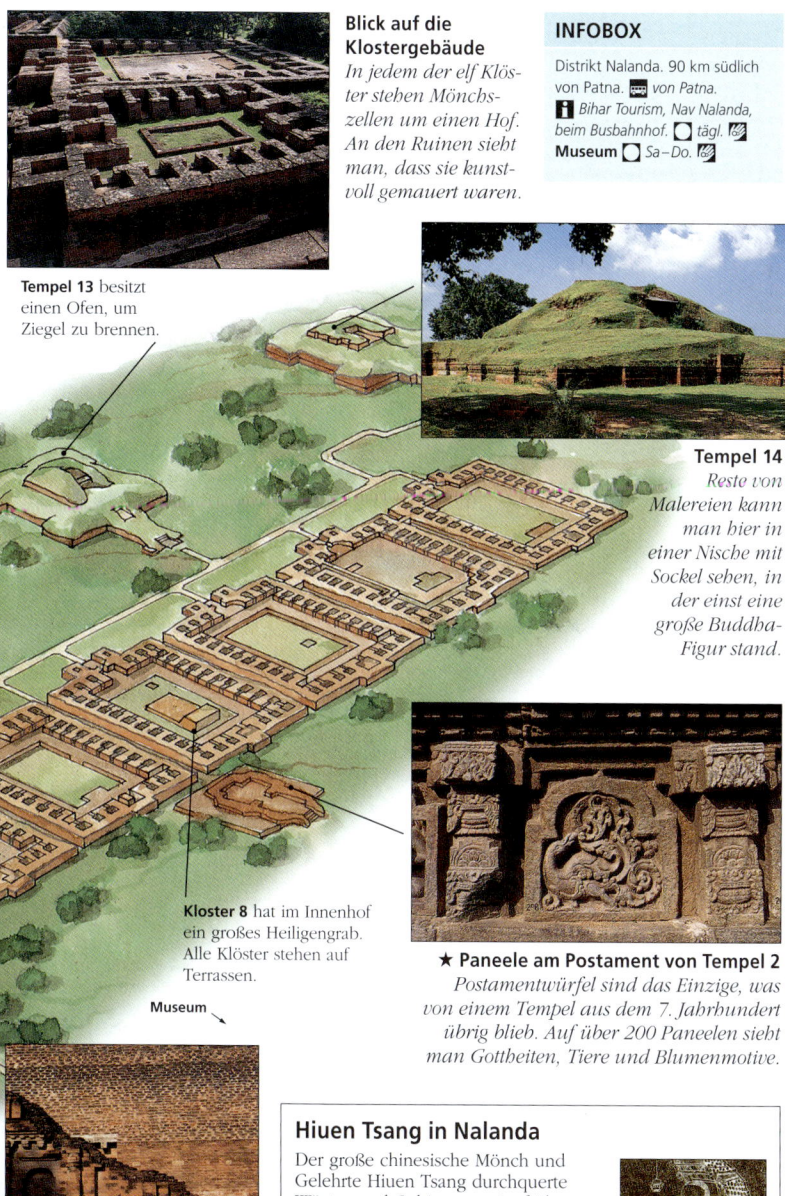

Ältere Mauern
Reste von älteren Bauwerken finden sich schichtweise im Mauerwerk, manche stammen aus dem 3. Jahrhundert v. Chr.

Hiuen Tsang in Nalanda

Der große chinesische Mönch und Gelehrte Hiuen Tsang durchquerte Wüsten und Gebirge, um im frühen 7. Jahrhundert Nalanda zu erreichen. Zwölf Jahre lernte und lehrte er hier, fasziniert von den »hohen Kuppeln und Türmen, den perlroten skulptierten Säulen und den reich verzierten Balustraden«. Hiuen Tsang kehrte nach China zurück, ließ sich an der Pagode der Großen Wildgans in Xian nieder und übersetzte dort die buddhistischen Schriften, die er aus Nalanda mitgebracht hatte, ins Chinesische.

Chinesischer Schnitt von Hiuen Tsang

Heiße Schwefelquellen bei Rajgir, umgeben von Tempeln und Badeanlagen

Rajgir ⑧

Distrikt Nalanda. 115 km südöstlich von Patna. 34 000.
Bihar Tourism, Kund Market, (06112) 25 273.

Fünf heilige Berge umgeben die hübsche Kleinstadt Rajgir, die für Buddhisten ebenso von Bedeutung ist wie für Jains. Sowohl Buddha als auch Mahavira, der Gründer des Jainismus, verbrachten hier viele Monate bei Meditation und Predigten. In der Umgebung findet man viele Jain-Tempel, Klosterruinen und Meditationshöhlen.

Auffallend ist der große, von Japanern erbaute **Vishwa Shanti Stupa**, der sich aus Marmor und Sandstein auf dem (mit einem Sessellift erreichbaren) Ratnagiri Hill erhebt und vier vergoldete Buddha-Statuen besitzt. Von hier führt ein Weg zum **Griddhakuta Hill** (»Geiergipfel«), einem von Buddhisten verehrten Ort. Zwei Höhlen waren Buddhas Lieblingsrückzugsort, auf dem Hügel hielt er zwei seiner berühmtesten Predigten. Die Szene, wie Buddha einen wilden Elefanten bändigt, die oft in der buddhistischen Kunst dargestellt wird, ereignete sich ebenfalls in Rajgir.

Westlich des Griddhakuta Hill erhebt sich der **Vaibhava Hill**. An seinem Fuß sind heiße Schwefelquellen, in denen viele Menschen medizinische Heilung suchen. Auf dem Berggipfel findet man die sieben **Saptaparni-Höhlen**, in denen kurz nach Buddhas Tod die erste Versammlung seiner Anhänger stattfand, um seine Lehren aufzuzeichnen. Unterhalb der Höhlen steht der **Pippala Watchtower**, ein Turm aus dem 5. Jahrhundert v. Chr., dessen Kammern für Wächter erbaut und später von Mönchen genutzt wurden. Zu jener Zeit war Rajgir Hauptstadt des Magadha-Reichs (siehe S. 42), König Bimbisara wurde Anhänger Buddhas. Die Reste der riesigen Steinmauer, die Bimbisara um Rajgir bauen ließ, sind auf den Hügeln zu sehen.

Umgebung: Pawapuri, etwa 40 Kilometer östlich von Rajgir, ist den Jains heilig als Ort, an dem 500 v. Chr. Mahavira starb. Der Jalmandir-Tempel in einem Becken mit Lotus markiert die Grabstätte.

Gaya ⑨

Distrikt Gaya. 100 km südlich von Patna. 385 000. Bihar State Tourist Office, Railway Station, (0631) 23 2155.

Am Ufer des Phalgu gilt Gaya (neben Varanasi und Allahabad) als eine der drei heiligsten Stätten für hinduistische Bestattungen. Vishnu selbst soll Gaya gesegnet und entschieden haben, dass hier gesprochene Gebete die Verstorbenen von all ihren irdischen Sünden erlösen. Religiöses Zentrum der Stadt ist der **Vishnupad-Tempel**, der nur Hindus zugänglich ist – eine Einschränkung, die nicht für all die anderen Heiligtümer und Ghats am Fluss gilt.

Umgebung: Die **Barabar Caves**, 45 Kilometer nördlich von Gaya, erreicht man nur mit dem Jeep. Die tief in einen Granitberg gehauenen Höhlen aus dem 3. Jahrhundert v. Chr. sind die ältesten bekannten von Menschenhand geschaffenen Höhlen in Indien. Sie waren das Vorbild für die Marabar Caves in E. M. Forsters Roman *A Passage to India* (1924). Eine der vier Höhlen entstand unter dem Maurya-Herrscher Ashoka, die beiden eindrucksvollsten sind **Lomas Rishi** und **Sudama**. Besonders fällt hier der glänzend polierte Stein ins Auge, aber auch der gelungene Versuch, die gerundeten Holz- und Bambusbehausungen nachzuahmen, die zu jener Zeit üblich waren. In den Innenwänden wurden sogar die senkrechten Furchen von Bambus imitiert. Die Fassade der Lomas Rishi Cave weist feines, in den Stein geschnittenes Gitterwerk auf sowie eine hübsche Reihe von Elefanten.

Es ist nicht ratsam, die wilde, zerklüftete Gegend ohne einen Führer zu erkunden. Das Büro von Bihar Tourism am Bahnhof empfiehlt und vermittelt verlässliche Führer.

Reinigungsrituale am Phalgu Ghat in Gaya

Hotels und Restaurants in Bihar & Jharkhand *siehe Seiten 575 und 604*

Auf den Spuren Buddhas

Buddha (der Erleuchtete, Erwachte) wurde 566 v. Chr. als Siddhartha Gautama, Prinz des Königreichs Kapilavastu, geboren. Obwohl Lumbini in Nepal als sein Geburtsort gilt, liegen alle Stätten, die mit seinem Leben und seiner Lehre verbunden werden, in Bihar und Uttar Pradesh. Viele buddhistische Pilger folgen seinen Spuren von Bodh Gaya, der Stätte der Erleuchtung, über Sarnath, wo Buddha das erste Mal predigte, und andere Stätten, an denen er sich häufig aufhielt, bis Kushinagar, wo er 486 v. Chr. starb.

Buddhas Fußabdrücke

Prinz Siddhartha gab sein höfisches Leben auf (hier durch ein reiterloses Pferd dargestellt). Mit 30 Jahren verließ er den Palast, um nach Antworten auf die Fragen menschlichen Leidens zu suchen.

Sechs Jahre verbrachte Prinz Siddhartha als Asket mit Fasten und Buße. Er wanderte als Bettler umher, doch er erkannte, dass ihn dies auf der Suche nach Antworten nicht weiterbrachte.

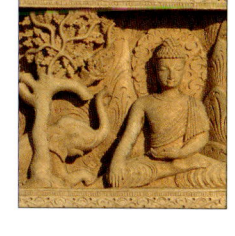

Die Erleuchtung erfuhr Buddha in Bodh Gaya. Nachdem er 49 Tage unter einem Bodhi-Baum meditiert hatte, erkannte er die Ursachen des Leidens und den Edlen Achtfachen Pfad als Weg zur Aufhebung des Leidens.

Die erste Predigt hielt Buddha in Sarnath (siehe S. 178). Sie enthielt die Essenz aller seiner Lehren: Ablehnung von Askese, Kasten und Klassenunterschieden. Der Achtfache Pfad umfasst die rechte Ansicht, Gesinnung, Rede, Handlung, Lebensführung, Anstrengung, Achtsamkeit und Sammlung.

Buddha starb 486 v. Chr. im Alter von 80 Jahren, nachdem er wilde Pilze gegessen hatte. Der Tod ereilte ihn in einem Wäldchen mit Sal-Bäumen bei Kushinagar. Ein Stupa markiert die Stelle, an der er bestattet wurde.

Buddhistische Pilgerstätten

Der Buddhistische Pilgerweg ist das Ziel von Buddhisten aus der ganzen Welt. Viele Stupas und Tempel wurden von Anhängern und Gläubigen auf Buddhas Spuren errichtet. Die abgebildete große Statue gaben japanische Buddhisten in Auftrag.

Siehe auch den Kasten *Little Tibet* auf Seite 113

Thai-Kloster in Bodh Gaya, das wie ein traditioneller wat (Tempel) gebaut ist

Bodh Gaya ❿

Distrikt Gaya. 115 km südöstlich von Patna. 30000. Gaya, 13 km nördlich des Stadtzentrums, dann Taxi oder Bus. Bihar Tourism, 34 Mahabodhi Market Complex, (0631) 240 0672. Monlam Chenmo Prayers (Jan/Feb), Buddha Jayanti (Mai).

Der heiligste Ort für Buddhisten ist Bodh Gaya, die Stelle, an der Buddha Erleuchtung erfuhr. Im Zentrum der Stadt steht der **Mahabodhi-Tempel**, dessen pyramidischer Turm weithin sichtbar ist. An drei Seiten war der Tempel im 1. Jahrhundert v. Chr. von einer Brüstung umgeben, die reich mit Lotusmedaillons und Szenen aus Buddhas Leben skulptiert ist. Der heilige **Bodhi-Baum**, unter dem Buddha vor seiner Erleuchtung meditierte, ist ebenfalls abgebildet.

Der ursprüngliche Tempel an dieser Stelle war ein runder Stupa, den der Maurya-Herrscher Ashoka im 3. Jahrhundert v. Chr. errichten ließ. Doch erst im 7. Jahrhundert n. Chr. bekam der Tempel seine heutige Form. Im 12. Jahrhundert wurde er von islamischen Eroberern schwer beschädigt, doch burmesische Könige ließen die Anlage im 14. Jahrhundert wieder originalgetreu aufbauen und fügten an jeder Ecke ein verkleinertes Modell des Hauptturms hinzu. Als der Buddhismus danach in Nordindien fast auszusterben drohte, wurde das gesamte Tempelgelände überflutet. Schlamm bedeckte den Tempel, der einige Jahrhunderte »verloren« war. Buddhisten aus Burma entdeckten ihn im späten 19. Jahrhundert, die Ruinen wurden restauriert. Heute blüht Bodh Gaya als internationales Zentrum des Buddhismus. Verschiedene Länder ließen in der Stadt Tempel erbauen, darunter China, Japan, Sri Lanka, Vietnam, Thailand, Taiwan, Korea, Bhutan und Nepal. Der **Thai-Tempel** ist optisch am ansprechendsten. Vor dem ebenfalls sehenswerten, modernen **Japanischen Tempel** steht eine 25 Meter hohe Buddha-Statue. Das **Bhutan-** und das **Tibet-Kloster** sind voller farbenfroher Wandbilder und Gebetsmühlen, in beiden halten sich immer viele rot gekleidete Mönche auf.

Im Hof um den Mahabodhi-Tempel meditieren Mönche an den Stupas, Novizen bekommen den Kopf geschoren, Pilger beten vor dem Bodhi-Baum. Drei Wochen im Winter entsteht um den Tempel eine Zeltstadt. Tausende Mönche und Pilger versammeln sich dann zu den Monlam-Chenmo-Gebeten, die oft vom Dalai-Lama oder anderen hohen Würdenträgern geleitet werden.

Die 25 Meter hohe Buddha-Statue ließen Japaner errichten

Gegenüber vom Tempel zeigt das **Archäologische Museum** Fragmente der ursprünglichen Brüstung (3. Jh. v. Chr.) sowie Bronze- und Steinstatuen (8. bis 12. Jh.), die man bei der Restaurierung fand.

🏛 **Archäologisches Museum**
 Sa–Do.

Schöne Stupas schmücken den Tempelhof

Der heilige Bodhi-Baum

Eine Legende erzählt, die Frau des Herrschers Ashoka habe den ursprünglichen Bodhi-Baum *(Ficus religiosa)* gefällt, da sie eifersüchtig auf die Zeit war, die ihr Mann dort mit Buddhas Verehrung verbrachte. Der Herrscher erweckte den Baum wieder zum Leben, indem er viele Liter Milch auf die Wurzeln goss und um den Baum eine Brüstung zum Schutz baute. Der heutige Baum soll noch aus demselben Wurzelstock stammen. Ashokas Sohn Mahinda brachte einen Schössling des Originalbaums nach Sri Lanka, der dort zum Baum wuchs. Später wurde ein Schössling dieses Baums wieder in Bodh Gaya gepflanzt.

Pilger versammeln sich um den Bodhi-Baum

Hotels und Restaurants in Bihar & Jharkhand *siehe Seiten 575 und 604*

Bodh Gaya: Mahabodhi-Tempel

INFOBOX

Mahabodhi-Tempelkomplex. *Temple Office, (0631) 240 0445.* tägl. *Extragebühr.* Buddha Jayanti (Mai).

Lotus-Motiv am Chakramana

Der Mahabodhi-Tempelkomplex zählt zum UNESCO-Welterbe. An dieser Stelle meditierte vor über 2500 Jahren Prinz Siddhartha über die Ursache des menschlichen Leidens, fand unter einem Bodhi-Baum die Antworten und wurde Buddha, der Erleuchtete.

Die beste Zeit für einen Besuch ist die Zeit der Abenddämmerung, wenn Tausende Öllampen den Tempel in goldenes Licht tauchen und das Gewirr der in vielen Sprachen gesungenen buddhistischen Gebete erklingt.

Der Turm ist 54 Meter hoch. Eine schirmförmige Fiale krönt die in Schichten angeordneten Ornamente.

Buddha
Die vergoldete Steinstatue (spätes 10. Jh.) im Hauptraum strömt heitere Ruhe aus. In das Podest sind abwechselnd Löwen und Elefanten geschnitzt.

Torana
Das Tor zum Tempel ist aus Granit, in den Worte Buddhas eingraviert sind. Es stammt aus dem 8. Jahrhundert.

Bodhi-Baum, unter dem Buddha 49 Tage meditierte.

Der Eingang führt direkt zum Hauptraum mit der Buddha-Statue.

Chakramana
Der heilige Weg, auf dem Buddha wandelte und nachdachte, ob er seine Botschaft in die Welt verbreiten solle, ist mit Lotusblüten verziert.

Vajrashila
Ein Podest aus rotem Sandstein (wahrscheinlich 3. Jh. v. Chr.) markiert den Platz unter dem Bodhi-Baum, an dem Buddha saß.

Parasnath ⓫

Distrikt Giridih. 180 km nordöstlich von Ranchi. 🚂 🚌 *Madhuban*.

Parasnath ist nach Parsvanatha, dem 23. *tirthankara* der Jains, benannt. Er soll hier das Nirvana, die höchste Erleuchtung, erreicht haben. Am Gipfel des Sikayi Hill, des mit 1400 Metern höchsten Berges in Jharkhand, drängen sich 24 Jain-Tempel. Jeder davon ist einem der *tirthankaras* geweiht, der höchstgelegene Parsvanatha. Pilger beginnen den Aufstieg von Madhuban am Fuß des Berges. Mehr als drei Stunden wandert man durch Bergwälder. Oben genießt man eine herrliche Aussicht. Wer nicht zu Fuß gehen will, kann sich auch mit einer Sänfte hochtragen lassen.

Hazaribagh Wildlife Sanctuary ⓬

Distrikt Hazaribagh. 107 km nördlich von Ranchi. 🚂 *Hazaribagh Rd Station, 67 km südlich von Pokharia, dem Hauptzugang, dann Bus.* 🚌 ℹ️ *Tourist Office, bei der Bushaltestelle, Hazaribagh Town, 16 km südlich von Pokharia. Genehmigung: Divisional Forest Officer, Hazaribagh, (06546) 223 340.*

Auf dem Chhota Nagpur Plateau, das von teils dichten tropischen Laubwäldern überzogen ist, beginnt 16 Kilometer von Hazaribagh entfernt das Wildschutzgebiet. Hazaribagh bedeutet »Tausend Tiger« – die Umgebung der ruhigen Kleinstadt war einst für ihre Tigerpopulation berühmt. Nach intensiven Rodungen sind die meisten Tiger heute verschwunden,

Typische Szenerie auf dem Chhota Nagpur Plateau

nur selten kann man einen von einem der zehn Aussichtspunkte entdecken. Mitten durch das 190 Quadratkilometer große, 1954 gegründete Schutzgebiet führt der Highway Ranchi–Kolkata, der Verkehr hat viele Tiere vertrieben. Zahlreich sind hier Wildschweine, Leoparden und Nilgau-Antilopen. In den dichten Wäldern leben viele Vogelarten.

Leopard im Palamau Park

Palamau National Park ⓭

Distrikt Palamau. 170 km westlich von Ranchi. 🚂 *Daltonganj, 24 km nordwestlich von Betla, dem Hauptzugang.* 🚌 ℹ️ *Tourist Office, Betla, (06562) 256 513. Genehmigung: Deputy Director, Palamau National Park, Daltonganj. Jeeps kann man in Betla mieten.* 🚗

Das Areal am Nordostrand des Chhota Nagpur Plateau wird vom Betla National Park eingenommen, durch das hügelige Land fließen der Koel und der Burha. Neben Grasebenen sieht man viel Bambus, Wäldchen aus Sal-Bäumen (*Shorea robusta*) und hohen Mahua-Bäumen (*Madhuca indica*). Aus deren hellgelben Blüten brennen die hier lebenden Stämme (Oraon und Munda) einen starken Likör. Im Schutzgebiet leben wilde Elefanten, Leoparden, Tiger (bei der letzten Zählung im Jahr 1997 wurden 44 erfasst) und verschiedene Vogelarten. Es gibt Aussichtstürme und Unterstände, die an günstigen Plätzen um die Wasserhöhlen gebaut wurden. Im Park liegen die pittoresken Ruinen von zwei Forts aus dem 16. Jahrhundert, heiße Quellen sowie einige Stammesdörfer.

Netarhat ⓮

Distrikt Palamau. 156 km westlich von Ranchi. 🚌

Die einzige einstmals britische »Hill Station« in Bihar und Jharkhand liegt auf 1140 Metern Höhe tief in den bewaldeten Chhota Nagpur Hills, jedoch nicht weit vom Highway Ranchi–Hazaribagh entfernt. In den Hügeln um den Ort kann man schöne Wanderungen unternehmen, vom **Magnolia Point** eine gute Aussicht genießen. Die **Burhaga Falls** sind ein bezaubernder Picknickplatz. Etwas befremdlich wirkt das große Holz-Chalet im Schweizer Stil. Es war einst das Landhaus des britischen Gouverneurs von Bihar und jetzt ein Knabeninternat, das auch besichtigt werden kann.

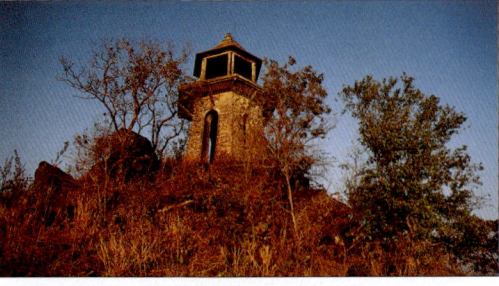

Aussichtsturm im Hazaribagh Wildlife Sanctuary

Hotels und Restaurants in Bihar & Jharkhand *siehe Seiten 575 und 604*

Felder am Rand von Ranchi

Ranchi

Distrikt Ranchi. 289 km östlich von Patna. 850000. 5 km südlich des Stadtzentrums. Birsa Vihar Tourist Complex, Main Rd, (0651) 230 1230. tägl. Rath Yatra (Juni/Juli).

Die Hauptstadt des neu gegründeten Bundesstaats Jharkhand ist ein guter Ausgangspunkt, um die Schönheit des Chhota Nagpur Plateau zu erfahren. Während der britischen Herrschaft war Ranchi die Sommerhauptstadt von Bihar. Auch heute ist es ein Ferienort für all jene, die der Hitze und dem Staub der Ebene entkommen wollen.

Hauptsehenswürdigkeit der Stadt ist der **Jagannath-Tempel** (17. Jh.), der auf einem Hügel am südwestlichen Stadtrand steht. Wie im Jagannath-Tempel in Puri *(siehe S. 264)* wird hier jedes Jahr ein Wagen-Fest gefeiert.

Das Chhota Nagpur Plateau ist die Heimat der im Wald lebenden Stämme Munda und Oraon. Ein recht umfassendes Bild vom Stammesleben vermitteln die Sammlungen im **Ranchi Museum**.

🏛 **Ranchi Museum**
Mo–Sa. Feiertage.

Umgebung: Die **Hundru Falls**, 45 Kilometer östlich von Ranchi, bieten sich als hübscher Platz für einen Picknickausflug an. An dieser Stelle stürzt der Subarnarekha vom Chhota Nagpur Plateau etwa 100 Meter hinab. Der verschlafene Ort **McCluskiegunj**, 40 Kilometer nordwestlich von Ranchi, ist ein merkwürdiges Überbleibsel der britischen Herrschaft. Gegründet wurde er als Siedlung für Eurasier, die sich weder den Briten noch den Indern zugehörig fühlten. Heute leben hier nur noch wenige Menschen aus der Gründungszeit des Ortes, viele sind nach Australien ausgewandert. Die Menschen, die hierblieben, wohnen oft in Häuschen, die vollgestopft sind mit englischen Nippessammlungen und Fotos der königlichen Familie.

Jamshedpur

Distrikt East Singbhum. 130 km südöstlich von Ranchi. 570000. Tourist Information Centre, Bistupur, (0657) 243 2892. tägl. Founder's Day (März).

Jamshedpur ist zwar eines der bedeutendsten Industriezentren der Region, jedoch eine seltene Oase von Reinlichkeit und Effizienz. Die Stadt ist von Seen, Flüssen und den schönen Dolma Hills umgeben. Gegründet wurde sie 1908 von dem Parsi-Industriemagnaten Sir Jamshedji Tata *(siehe S. 362)*. Er gilt als der Vater der industriellen Entwicklung in Indien. Die Tata Iron and Steel Company (TISCO) wurde wegen der reichen Eisenerz- und Kohlevorkommen der Region gegründet. Mehrere Einrichtungen aus den Bereichen Forschung, Bildung und Kultur sind zu besichtigen.

Mädchen aus dem Stamm der Oraon

Feste in Bihar und Jharkhand

Maner Urs *(Feb)*, Maner. Das Fest ehrt den Sufi-Heiligen Sheikh Yahya Maneri. An seinem Mausoleum ertönen *Qawwali*-Gesänge, in der Stadt ist Markt.

Sarhool *(März/Apr)*, Jharkhand. Die Munda-Stammesangehörigen vollziehen Zeremonien der Baumverehrung, damit verbunden ist viel Tanz.

Jatra *(März/Apr)*, Jharkhand. Angehörige der Oraon vollführen Tänze. Bei dem Fest erwählen sich die jungen Menschen ihre Partner.

Buddha Jayanti *(Mai)*, Bodh Gaya. Mit einem Jahrmarkt und Gebeten feiert man die Geburt Buddhas und dessen Erleuchtung.

Pilger mit Opfergaben für den Sonnengott beim Fest Chhat

Batsavitri *(Mai/Juni)*. Das Fest erinnert an die Legende von Savitri, die durch die Intensität ihrer Gebete ihren Gatten Satyavan von den Toten erweckte. Die verheirateten Frauen fasten und beten, schlingen Schnüre um Banyanbäume und opfern Savitri Süßspeisen und Früchte.

Sonepur Mela *(Okt/Nov)*, Sonepur *(siehe S. 184)*.

Chhat *(Okt/Nov)*. Während des drei Tage dauernden Erntedankfestes für den Sonnengott wird in jedem Haus *thekua*, ein Gebäck in Blumenform, gebacken. Chhat wird in ganz Bihar gefeiert.

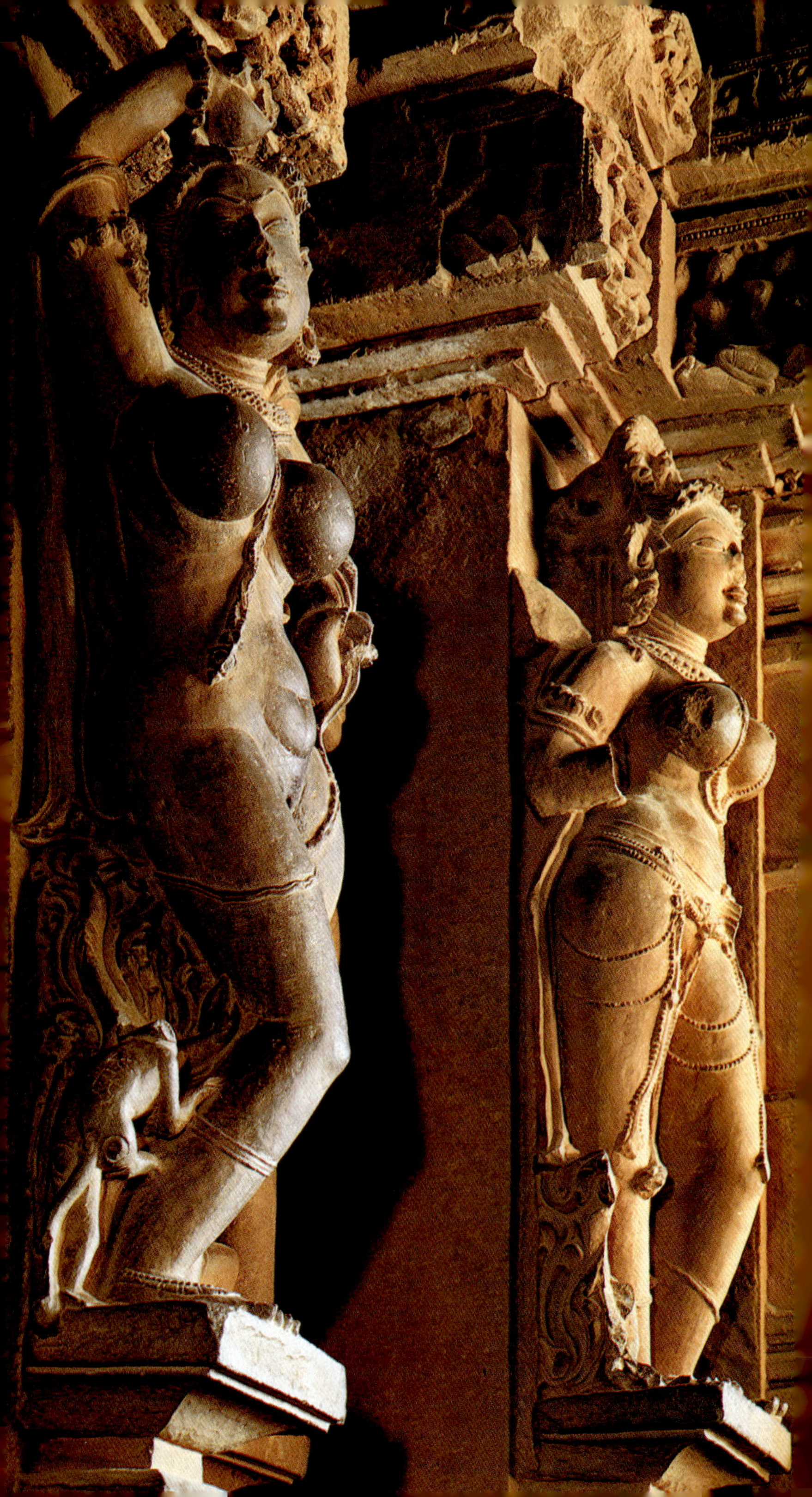

Madhya Pradesh & Chhattisgarh

Die Bundesstaaten Madhya Pradesh und Chhattisgarh haben zusammen eine Fläche von 443 406 Quadratkilometern und bilden das geografische Zentrum von Indien. Das Gebiet grenzt an sieben andere Bundesstaaten, besitzt ein Drittel aller Waldflächen des Landes und ist Heimat vieler kleiner Ethnien. In Madhya Pradesh erheben sich die Gebirge Vindhya und Satpura, Hauptfluss ist der Narmada. Im Norden liegen die berühmten Khajuraho-Tempel, im Osten mit Bandhavgarh und Kanha zwei schöne Wildschutzgebiete. Auf dem Malwa Plateau im Südwesten findet man einen der großen buddhistischen Stupas der Sanchi sowie die Zitadelle von Mandu (15./16. Jh.). Das dicht bewaldete, von vielen Stämmen bewohnte Chhattisgarh im Südosten ist erst seit November 2000 ein eigener Bundesstaat.

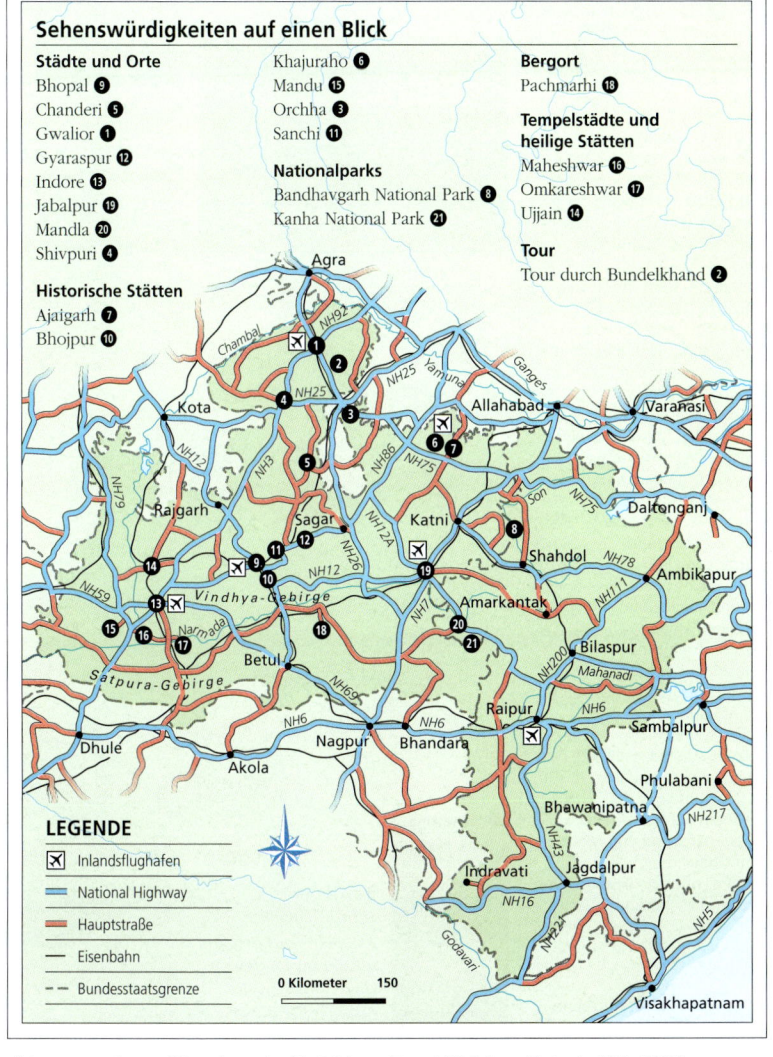

Sehenswürdigkeiten auf einen Blick

Städte und Orte
Bhopal ❾
Chanderi ❺
Gwalior ❶
Gyaraspur ⓬
Indore ⓭
Jabalpur ⓲
Mandla ⓴
Shivpuri ❹

Historische Stätten
Ajaigarh ❼
Bhojpur ❿

Khajuraho ❻
Mandu ⓯
Orchha ❸
Sanchi ⓫

Nationalparks
Bandhavgarh National Park ❽
Kanha National Park ㉑

Bergort
Pachmarhi ⓰

Tempelstädte und heilige Stätten
Maheshwar ⓰
Omkareshwar ⓱
Ujjain ⓮

Tour
Tour durch Bundelkhand ❷

LEGENDE
- Inlandsflughafen
- National Highway
- Hauptstraße
- Eisenbahn
- Bundesstaatsgrenze

0 Kilometer 150

◁ Statuen von Apsaras (Himmelsnymphen) im Lakshman-Tempel (10. Jh.) von Khajuraho *(siehe S. 204)*

Die Durbar Hall im Jai-Vilas-Palast mit ihren beiden Kronleuchtern

Gwalior ❶

Distrikt Gwalior. 320 km südlich von Delhi. 827 000. 14 km nördlich des Stadtzentrums. TO Hotel Tansen, MG Rd, (0751) 324 9000. Tansen Musikfestival (Nov/Dez).

Neben **Gwalior Fort** ist der opulente **Jai-Vilas-Palast** südlich des Forts eine Sehenswürdigkeit von Gwalior. Der Maharaja von Gwalior beauftragte seinen Architekten Colonel Sir Michael Filose im späten 19. Jahrhundert mit dem Bau. Der Palast ist bis heute Wohnsitz der ehemaligen Scindia-Herrscher, ein Teil der Anlage kann jedoch besichtigt werden.

Der prächtigste Raum ist die Durbar Hall. An der Decke hängen zwei riesige Kronleuchter – jeder von beiden 13 Meter hoch und drei Tonnen schwer. Bevor man sie befestigte, wurde das Dach getestet, indem man Elefanten daraufstellte. Zu sehen ist außerdem eine silberne Spielzeugeisenbahn. Auf ihr kreiste auf der Tafel des Maharaja der Likör.

Nördlich des Forts erstreckt sich die Altstadt mit zwei islamischen Monumenten: das im 16. Jahrhundert erbaute, mit schönem Steingitterwerk versehene **Grabmal von Mohammed Ghaus**, einem Moguladligen, und das **Grabmal von Tansen**. Der berühmte Hofmusiker war einer der »Neun Juwele« am Hof von Mogul Akbar (siehe S. 154).

🏛 **Jai-Vilas-Palast-Museum**
Do–Di. (0751) 232 2390.

Gwalior Fort: Man-Mandir-Palast

Das gewaltige Gwalior Fort erstreckt sich auf dem 100 Meter hohen Hügel aus Sandstein und Basalt über nahezu drei Kilometer. Die Mauern mit den Bastionen sind zehn Meter hoch. Sie umschließen Tempel und Paläste, der spektakulärste ist der Man-Mandir-Palast. Raja Man Singh aus der Tomara-Dynastie ließ den zweistöckigen Palast zwischen 1486 und 1516 erbauen, er gilt mit seinen exquisiten Steinarbeiten und Gittern als das schönste Beispiel der Rajputen-Architektur. Auf den glänzend blauen, gelben und grünen Fliesen, die die Fassade zieren, entdeckt man u. a. Papageien und Pfauen, Enten und Elefanten, Bananenpflanzen und mit Lotusknospen verzierte Krokodile.

Fliese mit Papageien

Innenhof
Säulen umgeben den Hof, dahinter liegen Räume. Die zwei unterirdischen Ebenen mit Brunnen und Bädern wurden später als Gefängnis genutzt.

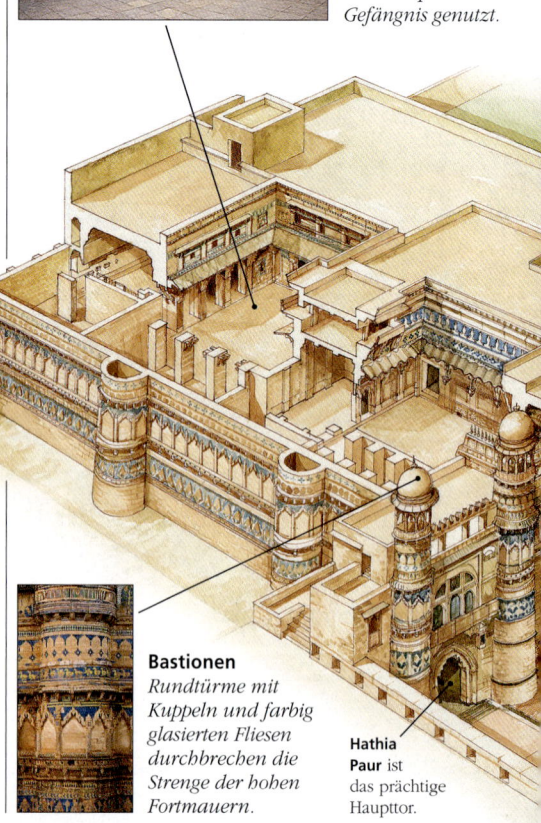

Bastionen
Rundtürme mit Kuppeln und farbig glasierten Fliesen durchbrechen die Strenge der hohen Fortmauern.

Hathia Paur ist das prächtige Haupttor.

Hotels und Restaurants in Madhya Pradesh & Chhattisgarh siehe Seiten 575–577 und 604f

GWALIOR FORT

Die mit üppigem Zierrat versehene Südfassade von Man Mandir

Steinarbeiten

Das Erkerfenster des Harems hebt sich von den besonders fein skulptierten Schmuckzinnen ab. Zu beiden Seiten wird das Fenster von einem herausgeputzten Elefanten geschmückt.

Überblick: Gwalior Fort

Ein persischer Chronist des 16. Jahrhunderts beschreibt Gwalior Fort als »Perle am Halsband der Burgen von Hind«. Die Anlage wurde im 8. Jahrhundert gegründet. Zunächst kamen die Herrscher aus lokalen Hindu-Dynastien, später wurde Gwalior Fort der Sitz der Sultane von Delhi, dann der Moguln und schließlich der Maratha Scindias, die im 18. Jahrhundert die Maharajas von Gwalior wurden. Im 19. Jahrhundert war das Fort kurz in britischer Hand.

Am besten betritt man es vom **Urwahi-Tor** an der Westseite, wo 21 riesige **Jain-Skulpturen** aus dem 7. bis 15. Jahrhundert die *tirthankaras* darstellen. Links davon ist der reich skulptierte 25 Meter hohe Tempel **Teli ka Mandir**. Er wurde im 9. Jahrhundert gebaut und Vishnu geweiht, seine *shikhara* ist an der Spitze abgerundet. Nach dem Indischen Aufstand von 1857 *(siehe S. 53)* besetzten britische Soldaten den Tempel und missbrauchten ihn als Sodafabrik.

Im Norden befinden sich zwei Vishnu geweihte Tempel, die **Saas-Bahu** (»Mutter und Schwiegertochter«) genannt werden. Sie weisen feine Skulpturen von Tänzerinnen und Gottheiten auf, ihre *shikharas* wurden aber im 12. Jahrhundert bei einem Angriff von Sultan Qutbuddin Aibak *(siehe S. 48)* zerstört.

Weiter nördlich erhebt sich **Hathia Paur**, das Eingangstor zum Palast **Man Mandir**. Seine Säulen tragen eine Kuppel mit vorragendem Bogen.

An der Nordostecke steht der **Gujari Mahal**, den Raja Man Singh im 15. Jahrhundert für seine Gujar-(Stammes-)Königin errichten ließ. Das Gebäude beherbergt heute das **Archäologische Museum**. Zu den Jain- und Hindu-Skulpturen zählt auch die Statue der *salabhanjika* (Waldnymphe) aus dem Tempel von Gyaraspur *(siehe S. 209).*

Jain-Skulptur im Felsen

Teli ka Mandir (9. Jh.), der höchste Tempel im Fort

INFOBOX

Nördlich des Stadtzentrums.
⬜ tägl. 🎟 **Ton- und Lichtshow** *Apr–Sep:* tägl. 20.30 Uhr; *Okt–März:* tägl. 19.30 Uhr. **Archäologisches Museum** ⬜ *So–Do* 10–17 Uhr. ⬛ *Feiertage.* 🎟

Gwalior Fort
1 Urwahi-Tor
2 Jain-Skulpturen
3 Teli ka Mandir
4 Saas-Bahu-Tempel
5 Hathia-Paur-Tor
6 Man-Mandir-Palast
7 Gujari Mahal

0 Meter 700

Tour durch Bundelkhand ❷

Gwalior und die angrenzende Region Bundelkhand, benannt nach den Bundela-Rajputen, bilden ein kulturell eigenständiges Gebiet in Zentralindien. Zahllose Forts und Monumente in der felsigen, atemberaubend schönen Landschaft zeugen von der Pracht der Rajputen-Höfe Bundelas und von Kriegerinnen wie der Rani von Jhansi *(siehe S. 167)*. Die glorreiche Geschichte der Region und ihre besondere künstlerische Tradition spiegelt sich in den architektonischen Meisterwerken von Gwalior wider, aber auch in der alten Stadt Orchha und den Hügeltempeln von Sonagiri.

Gwalior ①
Gwalior *(siehe S. 196)*, seit dem 8. Jahrhundert die Hauptstadt vieler Dynastien, ist das prachtvolle Tor zur Region Bundelkhand.

Pawaya ②
Die Ruinen eines alten Forts der Nag-Herrscher (3. Jh.) liegen bei Dabra direkt am Highway.

Sonagiri ③
Der Weg zum tadellos erhaltenen Komplex von 77 Jain-Tempeln führt durch eine umtriebige Pilgersiedlung.

Jhansi ⑤
Attraktionen sind das Fort und eine Statue der Rani Lakshmibai, die ihre Truppen 1858 gegen die Briten anführte und dabei starb.

Datia ④
Die erste Hauptstadt von Bundela ist von zahlreichen kleinen Seen umgeben. Die Paläste liegen malerisch auf Anhöhen.

LEGENDE

- Routenempfehlung
- Andere Straße
- Fluss

0 Kilometer 20

Orchha ⑥
Die Tempel, Kenotaphe und Paläste von Orchha zeigen typische Bundelkhand-Architektur.

ROUTENINFOS

Länge: 120 km.
Rasten: *Gwalior, Sonagiri, Datia, Jhansi, Orchha und Taragram sind angenehme Orte für Pausen. Eine Tankstelle gibt es in Dabra hinter Gwalior. Staatliche Hotels und Gästehäuser findet man in Gwalior, Datia, Jhansi und Orchha. Lokale Busse verkehren zwischen den größeren Orten.*

Taragram ⑦
In einem interessanten Handwerkszentrum wird u. a. handgeschöpftes Papier hergestellt.

MADHYA PRADESH & CHHATTISGARH

Der Marmorkenotaph von Madhavrao Scindia in Shivpuri

Orchha ❸

Siehe Seiten 200f.

Shivpuri ❹

Distrikt Shivpuri. 117 km südwestlich von Gwalior. 147 000. MP Tourism, Railway Station, (0751) 254 0777.

Wo heute die Sommerhauptstadt der Scindia-Herrscher von Gwalior liegt, war früher ein dichter Wald und ein bevorzugtes Jagdgebiet der Moguln. Die meisten Elefanten der Armee von Akbar wurden in diesen Wäldern gefangen.

Die größte Sehenswürdigkeit sind die beiden weißen Marmorkenotaphe (19. Jh.) von Madhavrao Scindia und seiner Mutter, die sich in einem typischen Mogulgarten genau gegenüberstehen. Die *shikharas*, *chhatris* und Kuppeln sind charakteristisch für die indo-islamische Architektur. Madhavraos Kenotaph weist viel *Pietra-dura*-Verzierungen mit Lapislazuli und Onyx auf. Den lebensgroßen Statuen des Herrschers und seiner Mutter werden gemäß der Familientradition täglich die Lieblingsspeisen gereicht.

Der **Madhav-Vilas-Palast** mit seinen Terrassen überragt die Stadt. Im 156 Quadratkilometer großen **Madhav National Park** findet man einen Laubwald mit einem künstlichen See. Jiyajirao Scindia erbaute **George Castle**, ein Jagdhaus, zu Ehren des englischen Königs George V., der sich 1911 hier aufhielt.

Chanderi ❺

Distrikt Guna. 227 km südlich von Gwalior. 28 000. MP Tourism, Tanabana, (07547) 252 222.

Auffallend in der alten Stadt Chanderi ist **Kirtidurga Fort**, das 200 Meter über dem Fluss Betwa und dem künstlich angelegten See Kirtisagar aufragt. Die Pratihara-Könige ließen das Fort im 10. Jahrhundert bauen, danach war es in der Hand der Sultane von Delhi und Malwa, des Mogulherrschers Babur und schließlich der Marathen, als Chanderi ein Teil des Scindia-Reichs von Gwalior wurde.

Man betritt das Fort durch Khuni Darwaza («Blutiges Tor»), die Stelle, an der Mogulherrscher Babur 1528 die sechs Kilometer lange Granitmauer durchbrach, um das Fort zu erobern. In die Felsen daneben wurden einige imposante Jain-Skulpturen gehauen. Die meisten Gebäude im Inneren stammen von Sultan Mahmud von Malwa. Sie zeigen den eleganten afghanischen Stil, der auch die Bauten von Mandu *(siehe S. 213–215)* auszeichnet. Auffallendstes Gebäude ist der **Koshak Mahal** von 1445. Der Sultan plante ihn als siebenstöckigen Palast, doch nur zwei Etagen wurden fertig, jede mit Balkonen, Fensterreihen und schönen Gewölbedecken. Ebenfalls sehr interessant sind **Jami Masjid** mit Kuppeln und Arkaden sowie **Badal Mahal** mit seinem eleganten Tor.

Chanderi war früher ein blühendes Handelszentrum. In der Stadt sieht man große *havelis* aus Sandstein. Viele Läden sind auf den Sockeln und Grundmauern alter Karawansereien erbaut. Bekannt ist Chanderi auch dafür, dass hier zarte Saris aus Musselin und Brokatstoffe hergestellt werden.

Minarettdetail, Kirtidurga Fort

Umgebung: Deogarh Fort, die «Festung der Götter», liegt 25 Kilometer südöstlich von Chanderi. Im Inneren sieht man Skulpturen aus Jain-Tempeln des 9. und 10. Jahrhunderts. Unterhalb des Forts befindet sich der Vishnu-Dasavatara-Tempel aus dem 5. Jahrhundert mit feinen Skulpturen und behauenen Säulen, auf denen Himmelsmusiker stehen. An der Außenwand ist eine Statue von Vishnu zu sehen, der auf Ananta, der kosmischen Schlange, schläft *(siehe S. 24f)*.

Chanderis Fort war Schauplatz vieler Schlachten

Hotels und Restaurants in Madhya Pradesh & Chhattisgarh *siehe Seiten 575–577 und 604f*

Orchha: Jahangir Mahal

Der Bundela-Herrscher Bir Singh Deo ließ dieses schöne Beispiel der Rajputen-Architektur errichten. Benannt wurde es nach dem Mogulherrscher Jahangir, der hier eine Nacht verbrachte. Der vielstöckige, quadratische Palast aus Sandstein hat 132 Säle um einen zentralen Innenhof und fast dieselbe Anzahl unterirdischer Räume. Fliesen aus Lapislazuli, elegante *chhatris* und feinstes *Jali*-Gitterwerk bilden extravagante Verzierungen. Ein kleines Museum zeigt die wertvollsten Stücke.

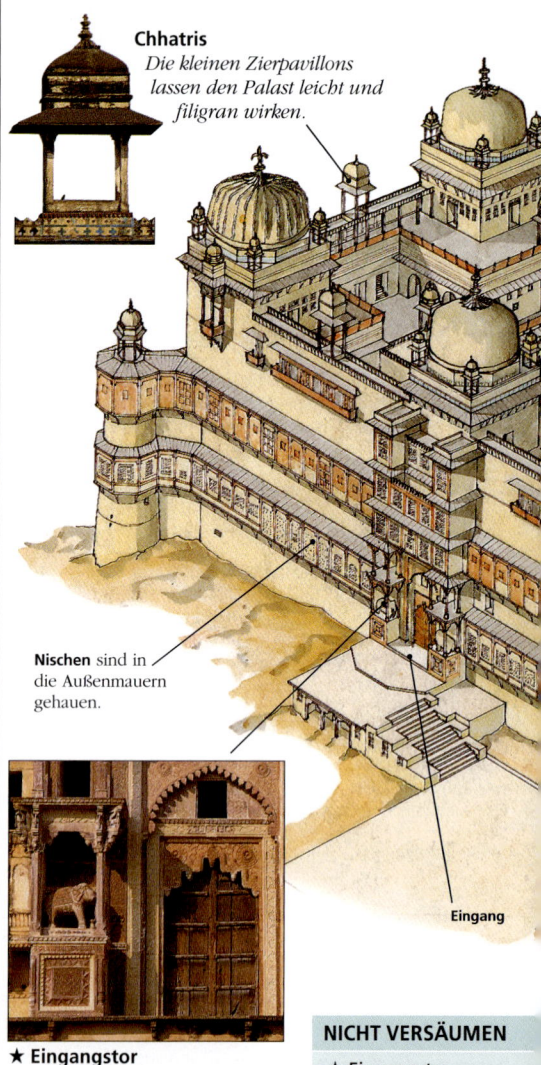

Blumenmotiv aus Türkisen

Einer der Kenotaphe der Bundela-Herrscher in Orchha

Orchha ❸

Distrikt Tikamgarh. 120 km südöstlich von Gwalior. Jhansi, 19 km nordwestlich von Orchha, dann Taxi oder Bus. MP Tourism, Sheesh Mahal, (07680) 252 624. Ramnavami (Apr), Dussehra (Sep/Okt).

Orchha liegt auf einer Felseninsel in einer Flussschleife des Betwa. Von der Gründung 1531 war es bis 1738 die Hauptstadt der Bundela-Herrscher, dann zog der Hof nach Tikamgarh und gab Orchha auf.

Übrig blieben bröckelnde Paläste, Pavillons, *hamams*, Mauern und Tore, die mit der Stadt durch einen 14-bogigen Damm verbunden sind. Die drei Hauptpaläste sind als Ensemble angeordnet: **Raja Mahal** (1560), **Jahangir Mahal** (1626) und **Rai Praveen Mahal** (um 1675).

In der Altstadt ragen drei schöne Tempel auf: **Ram Raja**, **Lakshmi Narayan** und **Chaturbhuj**. Letzterer ist eine Kombination aus Fort und Tempel. Er ist Vishnu geweiht und wird von ausgedehnten Versammlungshallen mit Arkaden und einem hoch aufragenden Turm geprägt.

Am Flussufer beim Kanchana Ghat stehen 14 schöne Kenotaphe der Orchha-Herrscher. Zusammen mit den vielen *Sati*-Säulen im Museum des Jahangir Mahal erinnern sie an die feudale Größe von Orchha und an die Zeiten, als Königinnen *sati* begingen, indem sie – angeblich freiwillig – in die brennenden Scheiterhaufen ihrer verstorbenen Ehemänner sprangen.

Chhatris
Die kleinen Zierpavillons lassen den Palast leicht und filigran wirken.

Nischen sind in die Außenmauern gehauen.

Eingang

★ **Eingangstor**
Steinelefanten flankieren das imposante Tor, das in den Innenhof führt.

NICHT VERSÄUMEN

★ Eingangstor

★ Pavillons

Hotels und Restaurants in Madhya Pradesh & Chhattisgarh siehe Seiten 575–577 und 604f

ORCHHA: JAHANGIR MAHAL 201

★ Pavillons
Ein Pavillon mit Kuppel und Wohnräumen steht an jeder Ecke und in den Seitenmauern des Palastes.

INFOBOX
Palastkomplex. ⊙ tägl. ⊙ Feiertage. MP Tourism, Sheesh Mahal, (07680) 252 624.
Museum ⊙ tägl. ⊙ Feiertage.

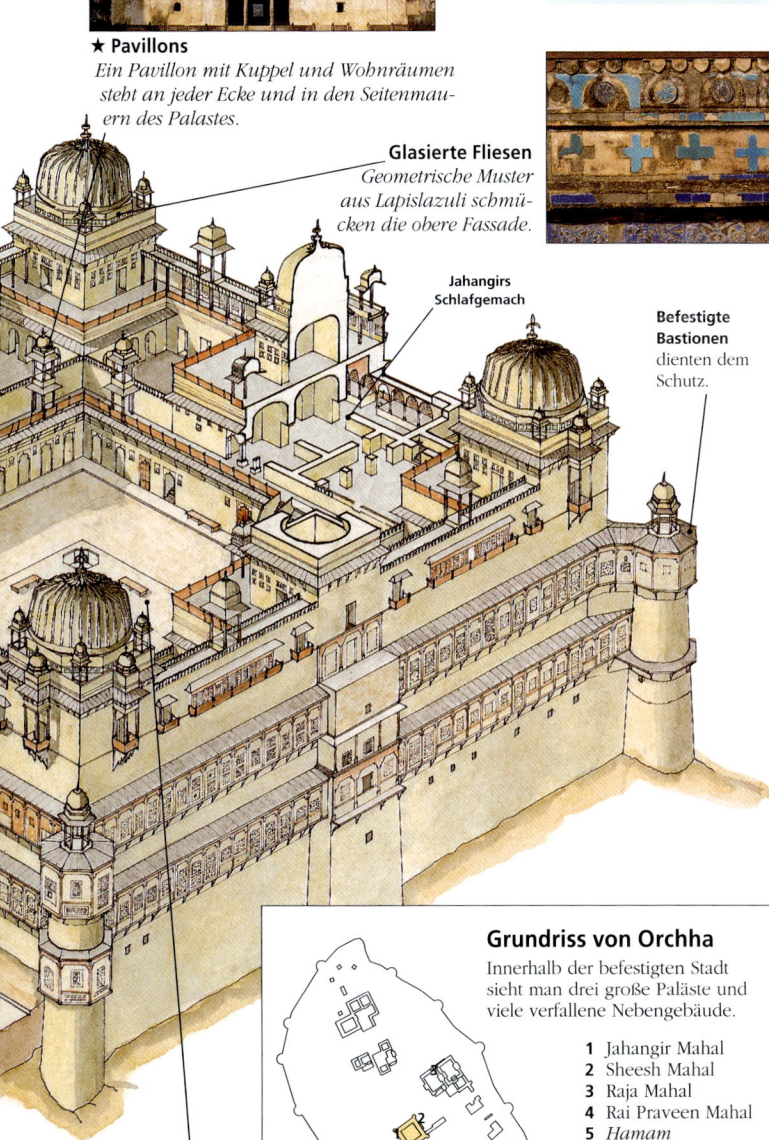

Glasierte Fliesen
Geometrische Muster aus Lapislazuli schmücken die obere Fassade.

Jahangirs Schlafgemach

Befestigte Bastionen dienten dem Schutz.

Der Innenhof kann von jedem Gebäudeteil des Palastes eingesehen werden. Hier ist ein kleines Museum mit einigen Räumen.

Grundriss von Orchha
Innerhalb der befestigten Stadt sieht man drei große Paläste und viele verfallene Nebengebäude.

1 Jahangir Mahal
2 Sheesh Mahal
3 Raja Mahal
4 Rai Praveen Mahal
5 *Hamam*
6 Stallungen

LEGENDE
☐ Illustration oben

Khajuraho: Kandariya-Mahadev-Tempel ❻

Die prachtvolle Tempelgruppe von Khajuraho, eine Welterbestätte der UNESCO, entstand zwischen dem 9. und 10. Jahrhundert zur Zeit der Chandela-Dynastie, die damals ganz Zentralindien beherrschte. Faszinierendstes Bauwerk ist der Kandariya-Mahadev-Tempel, der den Höhepunkt nordindischer Tempelkunst repräsentiert. Beeindruckend sind nicht nur seine gigantischen Ausmaße, sondern auch seine komplizierte und dennoch harmonische Komposition sowie der Skulpturenschmuck. Über 800 Götter und Göttinnen, Tiere und Fabelwesen, Krieger, Jungfrauen, Tänzerinnen, Musiker und – nicht zuletzt – die erotischen Szenen haben die Khajuraho-Tempel weltweit berühmt gemacht.

Liebespaar

Blick auf den 1025–50 erbauten Kandariya-Mahadev-Tempel

★ Apsaras
Die Himmelsnymphen haben oft die Funktion architektonischer Stützen und zeugen von der Meisterschaft der Bildhauer im Umgang mit weiblichen Formen. Voller Grazie sind diese Figuren meist als Tänzerinnen oder Dienerinnen von Gottheiten dargestellt, manche aber auch bei Alltagstätigkeiten.

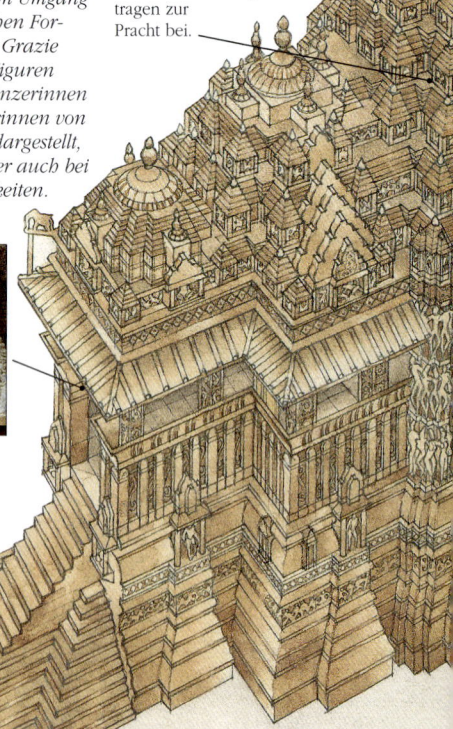

Maha Mandapa
Das Innere der zentralen Halle ist voll mit skulptierten Säulen und Apsaras, viele Fenster mit Balkonbrüstungen tragen zur Pracht bei.

Ardha Mandapa
Das nach Osten zeigende Schmucktor weist einen exquisit gearbeiteten makara torana (Zeremoniebogen) auf, der links und rechts von einem Krokodilkopf getragen wird.

NICHT VERSÄUMEN

★ Apsaras

★ Erotische Tafeln

★ Haupt-Shikhara

KHAJURAHO: KANDARIYA-MAHADEV-TEMPEL

INFOBOX

Distrikt Chhatarpur. 275 km südöstl. von Gwalior. 5 km südl. der Tempel. MP Tourism, Chandela Cultural Centre, (07686) 274 051. Aug–Sep. Tanzfestival (Feb–März). **Ton- und Lichtshow** tägl. 19.30 Uhr.

★ Haupt-Shikhara
Der Hauptturm ragt 30 Meter hoch auf, 84 kleinere Türme lehnen sich pyramidisch an ihn und bilden so einen Bergkegel nach – Mount Kailasa, den Wohnsitz des Gottes Shiva.

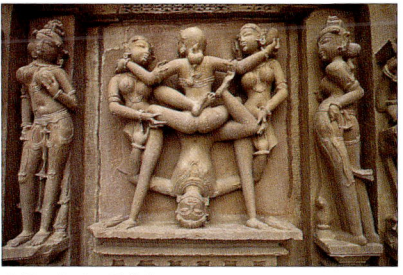

★ Erotische Tafeln
Die größten Paneele mit erotischen Motiven befinden sich an der Nord- und an der Südfassade zwischen den Balkonen. Gerätselt wird, ob die Skulpturen die Verbindung zwischen Shiva und Parvati ehren, als Liebeshandbuch dienen oder Ausdruck überschäumender Lebens- und Schöpfungsfreude sind.

Garbhagriha
Das innerste Heiligtum (garbhagriha) hinter dem verzierten Portal ist dunkel und schlicht – man sagt, es symbolisiere eine Gebärmutter. Darin steht das linga, ein Kultstein mit phallischer Erhebung, das Hauptsymbol Shivas.

Die erste Ebene über der Terrasse ist mit umlaufenden Friesen und Gottheiten geschmückt.

Überblick: Khajuraho

Die 25 Tempel von Khajuraho zeigen, welche Höhen die Kunst unter dem Patronat der mächtigen Chandela-Herrscher erreichte, die Khajuraho zu ihrer Hauptstadt in Friedenszeiten machten. Die Abgeschiedenheit der Tempel bewirkte, dass sie von islamischen Invasoren und Plünderern verschont blieben, führte aber auch dazu, dass sie nach dem Zerfall des Chandela-Reichs im 13. Jahrhundert aufgegeben wurden. 700 Jahre lang blieben die Tempel im dichten Dschungel versteckt, erst 1838 »entdeckte« sie Captain T. S. Burt von den Bengal Engineers. Ursprünglich waren es – der Tradition gemäß – 85 Tempel. Die Ausgrabungsarbeiten dauern an.

Die Tempel von Khajuraho kann man in drei Gruppen teilen: Die wichtigste ist die **Westgruppe**, zu der neben Kandariya Mahadev (siehe S. 202f) auch die Tempel **Lakshman** und **Vishwanath** gehören. Beide ähneln Kandariya Mahadev in Komposition und Skulpturenschmuck.

Große Beachtung am Lakshman-Tempel von 930 verdienen die schöne Decke in der Portalvorhalle und die weiblichen Stützfiguren im Inneren. Ebenfalls faszinierend ist das Paar vollkommen versunkener Straßensänger an der Südfassade. Den Baumeister und seine Lehrlinge sieht man als meisterhaft gearbeitete Skulpturen am Nebenheiligtum in der Ostecke des Tempels.

Gegenüber vom Lakshman-Tempel steht ein Pavillon mit einer Varaha-Skulptur, der Inkarnation Vishnus als Eber. Eingeritzt sind Figuren anderer Gottheiten.

Im Vishwanath-Tempel von 1002 sollte man an der Südfassade die Apsara beachten, die sich einen Dorn aus dem Fuß zieht. Im inneren Heiligtum ist eine Apsara zu sehen, die Flöte spielt.

Der **Matangeshwar-Tempel** von 900, innen rund und schlicht, ist der einzige Tempel, der heute noch in Benutzung ist (siehe S. 209).

Das **Archäologische Museum** beim Eingang zur Westgruppe zeigt Skulpturen, die bei Ausgrabungen in der Nähe gefunden wurden, darunter einen tanzenden Ganesha. Ein Fries zeigt, wie für den Bau der Khajuraho-Tempel Steine geschnitten und transportiert wurden.

Nicht weit entfernt steht die **Ostgruppe**. Der jainistische **Parsvanatha-Tempel** von 950 ist wegen der fein gearbeiteten Deckenschlusssteine in der Eingangsvorhalle bemerkenswert. Interessant sind auch seine drei Apsara-Skulpturen: eine schminkt sich die Augen mit Kajal, eine bemalt ihre Füße (beide an der Südfassade), die dritte hängt sich Glöckchen um die Knöchel (Nordfassade).

Eine Apsara trägt Kajal auf

Die letzte Phase des Tempelbaus sieht man an der **Südgruppe**. Der **Chaturbhuj-Tempel** von 1090 birgt im inneren Heiligtum einen schönen vierarmigen Shiva. Es ist der einzige größere Tempel in Khajuraho ohne erotische Skulpturen.

Statue des Vishnu im Lakshman-Tempel

Polierte Steinskulptur von Varaha, Vishnus Inkarnation als Eber

🏛 Archäologisches Museum
📞 (07686) 272 320.
🕒 Sa–Do 8–17 Uhr.

Umgebung: Die Wasserfälle **Raneh Falls**, 17 Kilometer südlich von Khajuraho Town, sind ein angenehm kühler Ort. Der **Rajagarh-Palast** (19. Jh.), 25 Kilometer südöstlich von Khajuraho, zeigt denselben Bundela-Stil wie die Paläste von Datia und Orchha (siehe S. 200f). 32 Kilometer südöstlich von Khajuraho erstreckt sich der **Panna National Park**. Hier leben Hirsche, Leoparden und Krokodile. Auch die Pandav Falls sind eine Attraktion. Sehr beliebt ist Gille's Tree House Restaurant 20 Meter über der Erde.

Ajaigarh ❼

Distrikt Panna. 75 km östlich von Khajuraho. 🚌 ⬜ tägl.

Die große Zitadelle der Chandelas wurde im 9. Jahrhundert 500 Meter über der Ebene gebaut. Heute sind nur noch die spektakulären Ruinen übrig. Der steile Pfad zum Gipfel führt an gigantischen Skulpturen vorbei, die in die Felswand gehauen wurden. Eine besonders hübsche Darstellung ist eine Kuh mit Kalb. Innerhalb der Festung entdeckt man die Ruinen eines einst prächtigen Palastes, Fragmente von Statuen und einige markante *Sati*-Säulen, die an die selbstlosen Rajputen-Witwen erinnern.

Hotels und Restaurants in Madhya Pradesh & Chhattisgarh siehe Seiten 575–577 und 604f

Bandhavgarh National Park

Königstiger

Der Nationalpark zählt zu den wichtigsten Tigerschutzgebieten Indiens. Er nimmt ein Gebiet von 625 Quadratkilometern ein. Neben 50 Tigern leben hier 250 Vogelarten sowie Leoparden, Hirsche, Rohrkatzen und *Dhole*-Rudel (indischer Wildhund). Hohe Felsen, üppige Laubwälder, Feuchtgebiete und Wiesen machen Bandhavgarh zu einer der reizvollsten Landschaften Indiens. Auf einer Anhöhe im Park steht ein Fort mit Skulpturen.

INFOBOX

Distrikt Shahdol. 240 km südöstlich von Khajuraho. Umaria, 33 km südwestlich von Tala, dem Hauptzugang. MP Tourism, White Tiger Lodge, Tala, (07653) 265 308. Okt–Juni. Extragebühr. Jeepsafaris werden angeboten.

Sheshasaya-Statue
Eine elf Meter lange Statue des ruhenden Vishnu, bewacht von einer siebenköpfigen Schlange, steht am Fort.

Fort
Die Fundamente von Bandhavgarhs Fort sind aus dem 1. Jahrhundert n. Chr. Von den Mauern kann man Vögel beobachten.

Dhole
Die roten indischen Wildhunde mit den großen Ohren und dem buschigen Schwanz geben einen pfeifenden Ruf von sich.

Schlangenweihe
Dieser große Greifvogel fängt Schlangen und Eidechsen.

Der Weiße Tiger von Rewa

1951 fing der Maharaja von Rewa in diesen Wäldern einen Weißen Tiger. Er nannte ihn Mohan und ließ sich in Gefangenschaft mit mehreren Tierweibchen paaren – alle Weißen Tiger in den Zoos der Welt sind Nachkommen von Mohan. Ein Paar ist im Zoo von Bhopal *(siehe S. 207)* zu sehen. Seit 1951 wurde kein Weißer Tiger in der Bandhavgarh-Region gesichtet. Weiße Tiger sind keine Albinos und keine eigene Unterart, sondern eine »Laune der Evolution«.

Frei lebende Weiße Tiger sind extrem selten

LEGENDE
- Parkgrenze
- Hauptstraße
- Nebenstraße
- Tempel
- Information
- Aussichtspunkt
- Fort

Bhopal 9

Bogendetail, Moti Masjid

Die Hauptstadt von Madhya Pradesh wurde im 11. Jahrhundert von Raja Bhoj aus der Paramara-Dynastie gegründet und war von 1723 bis 1956 Hauptstadt des islamischen Fürstentums Bhopal. Zwischen 1844 und 1926 regierten hier Begumen (Fürstinnen). Umgeben von Bergen erstreckt sich die Stadt an den Ufern zweier künstlich angelegter Seen, Upper Lake und Lower Lake. Die Altstadt nördlich der Seen ist ein Gewirr von Gassen, Basaren und Moscheen. Im Süden liegt der neuere Teil Bhopals mit grünen Vorstädten und Industriegebieten. 1984 entwich hier giftiges Methylisocyanat aus einer chemischen Fabrik, 15 000 Menschen starben. Inzwischen ist Bhopal wieder eine gute Ausgangsbasis, um einige der faszinierendsten Stätten Indiens zu besichtigen.

Brunnen und Wasserbecken in Moti Masjid, 19. Jahrhundert

Taj-ul-Masjid

Hamidia Rd. tägl. Fr und an islamischen Feiertagen für Nichtmuslime.
Das beeindruckendste Gebäude Bhopals ist die große rosafarbene Moschee, deren Bau Sultan Jehan Begum 1878 begann, die aber erst 1971 vollendet wurde. Die Begum war eine fortschrittliche Herrscherin, unter ihr entstanden Krankenhäuser und das Postsystem der Stadt. Doch ihre Pläne brachten das Herrscherhaus an den Rand des Bankrotts.
Der große Innenhof der Moschee besitzt ein *dukka* (Wasserbecken) für rituelle Waschungen. Die riesige Gebetshalle beeindruckt mit ihren Säulenreihen. Drei weiße Kuppeln überspannen den Bau, zwei 18-stöckige Minarette ragen auf. Faszinierend ist weniger die Ästhetik als die Größe der Moschee.

Chowk

Basar Di–So. Jami Masjid tägl. Fr und an islamischen Feiertagen für Nichtmuslime.
Im Zentrum der Altstadt liegt der Chowk (»Hauptplatz«). An den Straßen, die von ihm wegführen, haben sich die Läden jeweils auf eine Art von Waren spezialisiert. Bekannt ist Bhopal für *batuas* (fein gearbeitete Geldsäckchen), aber auch Tussah-Seide, Kappen, Trommeln und Gewürze werden hier angeboten. *Havelis* säumen die Straßen, sie haben unten Läden mit Holzfronten und oben Balkone aus Gusseisen. Über dem Viertel ragen die goldenen Spitzen von **Jami Masjid** auf. Diese Moschee wurde 1837 unter Qudsia Begum, einer weiteren Herrscherin Bhopals, gebaut. Um die Moschee herum bieten Silberschmiede ihre Waren an.

Batua aus Bhopal

Moti Masjid (»Perlmoschee«) südlich des Chowk entstand 1860 unter Qudsia Begums Tochter und Nachfolgerin. Mit ihrer gestreiften Kuppel und den Sandsteinminaretten wirkt die Moschee wie eine kleinere Version der Jami Masjid in Delhi *(siehe S. 80)*.
Sehenswert ist der **Shaukat Mahal**, ein indo-sarazenischer Palast aus dem 19. Jahrhundert mit Rokoko-Einschlag. Bauherr war ein französischer Kaufmann, der behauptete, Nachkomme der Bourbonen zu sein. Heute sind hier Regierungsbüros, doch in der Regel bekommt man Zutritt.

Bharat Bhavan

Shamla Hills. (0755) 266 0353. Di–So.
Das Kulturzentrum wurde 1982 eröffnet als ein Ort für Indiens Volkskunsttraditionen. Rechts vom Eingang zeigt die Tribal Art Gallery eine schöne Sammlung von Votivobjekten, Terrakotta-Figuren, Masken, Wandmalereien sowie die charakteristischen Metallfiguren aus Bastar. Eine Galerie auf der anderen Seite des Hofes präsentiert zeitgenössische indische Kunst. In Bharat Bhavan finden abends regelmäßig Theater-, Musik- und Tanzvorstellungen statt.

State Archeological Museum

Shamla Hills. (0755) 266 1856. Di–So.
Highlight des Museums ist die Sammlung von Jain-Bronzen aus dem 12. Jahrhundert, die im Distrikt Dhar im westlichen Madhya Pradesh gefun-

Taj-ul-Masjid, Bhopals riesige Moschee

Nachbau einer Stammeshütte, Indira Gandhi Rashtriya Manav Sangrahalaya

INFOBOX

Distrikt Bhopal. 740 km südlich von Delhi. 1 430 000. 11 km westlich des Stadtzentrums. MP Tourism, Paryatan Bhavan, Bhadabhada Rd, (0755) 277 4340. Di–So.

den wurden. Sehenswert sind auch die Steinskulpturen aus dem 6. bis 10. Jahrhundert sowie die *yakshis* (weibliche Dienerinnen) aus dem 2. Jahrhundert v. Chr. und der stehende Buddha aus schwarzem Granit. Der Museumsladen verkauft schöne Nachbildungen der Figuren.

Indira Gandhi Rashtriya Manav Sangrahalaya (Museum of Man)

Shamla Hills. Di–So. Feiertage. In dem Hügelland über dem Upper Lake zeigt das Open-Air-Museum Nachbauten alter Stammesbehausungen. Hier kann man sich mit der Kultur der Ethnien aus allen Teilen Indiens vertraut machen. Ein Highlight sind die 32 Höhlen mit prähistorischen Malereien. In einem Gebäude sind Alltagsgegenstände und Ritualobjekte, Musikinstrumente, Werkzeuge, Schmuck und Kleidung ausgestellt.

Van Vihar National Park

Mi–Mo 6–10.30, 15–17.30 Uhr.

Die berühmtesten Bewohner des großen Zoos in der Nähe des Upper Lake sind die Weißen Tiger (siehe S. 205). Eine günstige Zeit für einen Besuch ist gegen 16 Uhr, wenn die Tiere gefüttert werden und deshalb an den Rand ihrer Einfriedung kommen. Im Zoo leben auch Löwen, Leoparden und Himalaya-Bären.

Birla Museum

Beim Lakshmi-Narayan-Tempel. (0755) 255 1388. Do–Di.

Das gut arrangierte Museum präsentiert Steinskulpturen aus dem 7. bis 12. Jahrhundert. Man sieht Shiva, Vishnu und andere Gottheiten in ihren verschiedenen Inkarnationen. Sehr eindrucksvoll sind die Statuen von Vishnu als Eber (Varaha), von Durga als kriegerische Chamunda-Inkarnation sowie von Shiva und seiner Gefährtin Parvati in ihrem Heim auf dem Mount Kailasa. In der Umgebung des Museums ragt der große, neu erbaute, hell bemalte Lakshmi-Narayan-Tempel am Lower Lake auf.

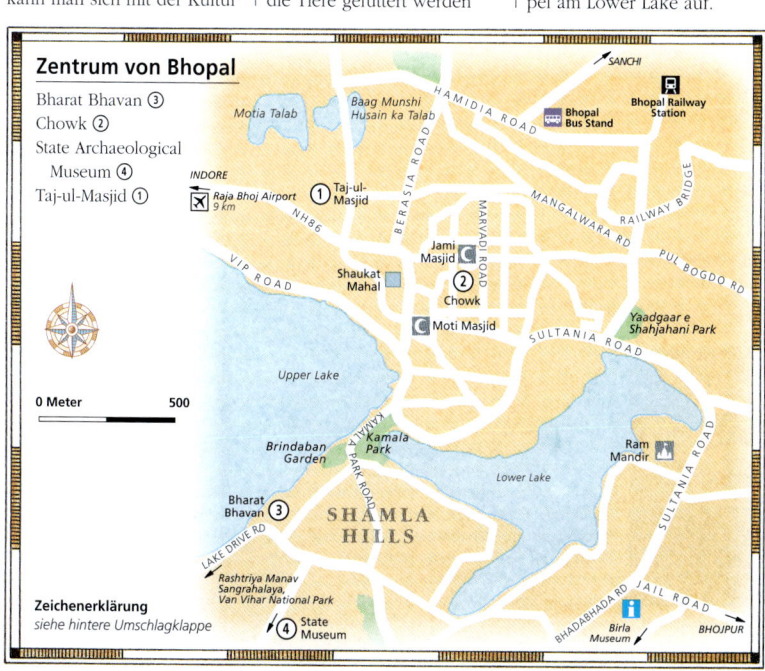

Zentrum von Bhopal

Bharat Bhavan ③
Chowk ②
State Archaeological Museum ④
Taj-ul-Masjid ①

Zeichenerklärung
siehe hintere Umschlagklappe

Skulptur aus dem unvollendeten Bhojeshwar-Tempel, Bhojpur

Bhojpur

Distrikt Bhopal. 28 km südöstlich von Bhopal. *MP Tourism, Bhopal, (0755) 277 4340.*

Unter dem Paramara-König Raja Bhoj, der auch Bhopal *(siehe S. 206f)* gründete, entstand im 11. Jahrhundert Bhojpur, das von dem unvollendeten riesigen **Bhojeshwar-Tempel** beherrscht wird. Eindrucksvolle Skulpturen zieren Teile der Decke und das Eingangstor.

Auf einer Plattform innen steht eine 2,30 Meter hohe Stein-Shivalinga mit einem Umfang von 5,30 Metern. Auf dem Boden und auf Felsen im Vorhof sind die detaillierten Pläne des Baumeisters eingeritzt. An der Nordostseite sieht man die Reste einer großen Erdrampe, auf der man die Steine für das Dach nach oben beförderte.

Umgebung: Die **Höhlen von Bhimbetka** mit prähistorischen, teils 12 000 Jahre alten Malereien liegen rund 17 Kilometer südlich von Bhojpur.

Sanchi

Distrikt Raisen. 46 km nordöstlich von Bhopal. *Traveller's Lodge, (07482) 26 6723.* Chaityagiri Vihara Festival (Nov).

Am Berg Sanchi findet man eine der besterhaltenen und größten Klosteranlagen Indiens. Vom 3. Jahrhundert v. Chr. bis zum 7. Jahrhundert n. Chr. entstanden hier eine der lebhaftesten buddhistischen Stätten eine Reihe von Stupas, Tempeln und Klöstern. In Sanchi kann man die Entwicklung buddhistischer Kunst über mehr als 1000 Jahre hinweg verfolgen.

Gegründet wurde Sanchi vom Maurya-Herrscher Ashoka *(siehe S. 42)*, dessen Frau aus dem nahen Vidisha stammte. Unter den nachfolgenden Dynastien wuchs Sanchi, vor allem wegen des großzügigen Patronats der reichen Kaufleute von Vidisha. Im 14. Jahrhundert ging die Bedeutung des Buddhismus in Indien zurück. Sanchi wurde verlassen und fast vergessen, bis es 1818 von General Taylor von der Bengalischen Kavallerie wiederentdeckt wurde. Zwischen 1912 und 1919 erfolgten umfangreiche Restaurierungsarbeiten durch das Archaeological Survey of India (ASI) unter Sir John Marshall. 1989 wurde Sanchi von der UNESCO zur Welterbestätte erklärt.

Die meisten Gebäude stehen auf einem eingezäunten Bereich auf dem Gipfel des 91 Meter hohen Hügels. Der **Große Stupa** mit seinen vier prachtvollen Toren *(siehe S. 210f)* überragt alles. Etwas nördlich davon steht **Stupa 3** (2. Jh. v. Chr.), der die Reliquien der beiden engsten Schüler Buddhas, Sariputra und Maudgalayana, enthielt.

Einige Klöster befinden sich an der Ost-, West- und Südseite der Anlage. Am interessantesten ist **Kloster 51** (10. Jh.), sein Hof ist von Kolonnaden umgeben, hinter denen 22 Mönchszellen liegen. **Tempel 17** auf der Ostseite stammt aus dem 5. Jahrhundert n. Chr. und ist der älteste gut erhaltene Steintempel Indiens. Mit seinem Flachdach und den Säulen, auf denen zweiköpfige Löwen stehen, war er Vorbild für eine ganze Reihe späterer Tempelbauten.

Unterhalb des Großen Stupa und außerhalb der Umzäunung steht **Stupa 2** (2. Jh. v. Chr.), dessen Brüstungen mit Lotus-Medaillons und Fabeltieren skulptiert sind. Hier ist auch ein Pferd mit Steigbügeln zu sehen, vermutlich waren zu der Zeit gerade erfunden worden.

Beim Südtor des Großen Stupa liegt der abgebrochene Schaft einer Ashoka-Säule aus

Votiv-Stupa mit Buddha-Statue

Höhlenmalereien von Bhimbetka

1957 entdeckte der indische Archäologe V. S. Wakanker am Fuß einer Sandstein-Bergkette beim Dorf Bhimbetka über 1000 Höhlen. Mehr als 500 Höhlen, die 2003 zur UNESCO-Welterbestätte erklärt wurden, sind mit Malereien bedeckt, die ähnlich kraftvolle Linien aufweisen wie die Höhlenzeichnungen im französischen Lascaux oder die in der afrikanischen Kalahari. Die ältesten Malereien aus dem Paläolithikum (Altsteinzeit) zeigen Tiere wie Bison und Nashorn aus roter Farbe, die Menschen sind grün. Die meisten Malereien stammen aus dem Mesolithikum (Mittlere Steinzeit, 8000–5000 v. Chr.) und zeigen Alltags- und Jagdszenen sowie verschiedene Tiere, darunter eine Giraffe. In den Höhlen aus dem 1. Jahrtausend v. Chr. sind Schlachtszenen und Hindu-Gottheiten zu sehen.

Schutzhöhle bei Bhimbetka

Höhlenmalereien aus dem Mesolithikum

Hotels und Restaurants in Madhya Pradesh & Chhattisgarh siehe Seiten 575–577 und 604f

Stupa 3 barg ursprünglich die Reliquien der Buddha-Schüler

hochpoliertem Stein, ein Landbesitzer nutzte sie im 19. Jahrhundert als Zuckerrohrpresse. Das Kapitell mit dem vierköpfigen Löwen ähnelt dem in Sarnath *(siehe S. 178)*, man kann es im **Archäologischen Museum** von Sanchi sehen. Dort sind auch ein Paar geflügelter Löwen, skulptierte Friese sowie Buddha- und Bodhisattva-Statuen ausgestellt.

Umgebung: Besnagar, zehn Kilometer nordöstlich von Sanchi am Zusammenfluss von Beas und Betwa gelegen, war einst ein wohlhabendes Handelszentrum. Das einzige Relikt aus dieser Vergangenheit ist die **Heliodorus-Säule** aus dem Jahr 113 v. Chr., die ein kanneliertes glockenförmiges Kapitell aufweist und dem Gott Vasudeva gewidmet ist. Der griechische König von Taxila (heute in Pakistan) ließ sie errichten, als er zum Hinduismus übertrat.

In **Udayagiri**, 20 Kilometer nördlich von Sanchi, wurden im 5. Jahrhundert n. Chr. Höhlen in den Berg gehauen. Die bedeutendste ist **Höhle 5** mit einer beeindruckenden Skulptur von Varaha, der Inkarnation Vishnus als Eber, der die Erdgöttin aus dem Meer rettet.

Raisen Fort befindet sich auf einem Gipfel 23 Kilometer südlich von Sanchi. Die im 13. Jahrhundert erbauten Tore, Paläste, Tempel und Pavillons liegen seit der Zerstörung durch den Sultan von Gujarat im 16. Jahrhundert als Ruinen da. Die Stätte hat aber dennoch viel Atmosphäre bewahrt.

In **Udayapur**, 70 Kilometer nordöstlich von Sanchi, steht der **Nilkanteshwar-Tempel**, im 11. Jahrhundert aus rotem Sandstein erbaut und Shiva geweiht. Seine Größe und seine Schönheit halten einem Vergleich mit den Khajuraho-Tempeln *(siehe S. 202f)* stand. Die Symmetrie des eleganten, pyramidenförmigen *shikhara* wird durch eine kuriose Figur gestört. Man erzählt sich, sie stelle den Baumeister dar, der versuche, den Himmel zu erklimmen.

Gyaraspur ⑫

Distrikt Vidisha. 64 km nordöstlich von Bhopal. MP Tourism, Bhopal, (0755) 277 4340.

Der **Maladevi-Tempel** bei Gyaraspur wurde im 9. Jahrhundert auf einer Anhöhe errichtet und teilweise aus dem Felsen gehauen. Heute sind nur noch Ruinen erhalten, viele Skulpturen verschwanden bei Plünderungen. Eine *Salabhanjika*-Statue im Archäologischen Museum von Gwalior Fort *(siehe S. 197)* wurde von hier geborgen.

Varaha-Skulptur, Vishnus Eber-Inkarnation, Höhle 5, Udayagiri

---

Feste in Madhya Pradesh und Chhattisgarh

Shivratri *(Feb/März)*, Khajuraho. Man feiert die himmlische Vermählung von Shiva und Parvati mit farbenprächtigen Umzügen und einer die ganze Nacht dauernden Aufführung der Hochzeit im Matangeshwar-Tempel.

Tanzfestival *(Feb/März)*, Khajuraho. Eine Woche dauert das Festival, bei dem Indiens beste klassische Tänzer und Tänzerinnen vor dem Kandariya-Mahadev-Tempel auftreten. Ihre Grazie spiegelt die eleganten Haltungen der Apsara-Figuren im Tempel wider.

Klassischer Tanz beim Tanzfestival in Khajuraho

Dussehra *(Sep/Okt)*, Chhattisgarh. Das zehntägige Fest zu Ehren von Rama wird im Stammesland Bastar in Chhattisgarh ausgelassen gefeiert. Man spielt Episoden aus dem Epos *Ramayana* *(siehe S. 27)*. Auf den Stammesfesten finden Tänze, Hahnenkämpfe und ein reger Warenaustausch statt.

Chaityagiri-Vihara-Fest *(Nov)*, Sanchi. Buddhisten aus dem ganzen Subkontinent kommen in Sanchi zusammen, um die Reliquien der zwei engsten Schüler Buddhas zu sehen.

Tansen Musikfestival *(Nov/Dez)*, Gwalior. Der Musiker Tansen, einer der »neun Juwele« am Hof des Mogulherrschers Akbar, ist Pate für das Festival, zu dem die besten klassischen Musiker und Sänger aus dem ganzen Land zusammenkommen.

Sanchi: Großer Stupa

Indiens schönstes buddhistisches Monument und Welterbestätte, der Große Stupa von Sanchi, wurde im 2. Jahrhundert v. Chr. errichtet. Die halbrunde Kuppel wird von manchen als umgedrehte Almosenschale eines Mönches gedeutet, von anderen als Schirm, der die Anhänger des buddhistischen Dharma beschützen soll. Am prächtigsten sind die vier Stein-*toranas* (Torbauten), die im 1. Jahrhundert v. Chr. angefügt wurden. Die feinen Skulpturen wirken, als seien sie aus Holz oder Elfenbein geschnitzt.

Tiere am *torana*

Westtor
Die Szene aus den Jataka-Geschichten zeigt Affen, die über eine Brücke klettern, um den Soldaten zu entkommen.

Wandelgänge
Die Balustraden entlang der Korridore haben Medaillons mit Blumen und Tieren – sowie den Namen der Spender.

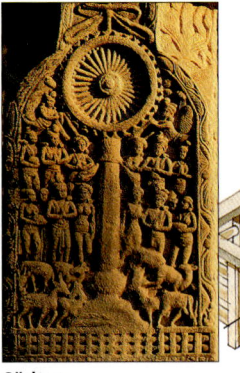

Südtor
Gläubige verehren das Dharma Chakra (»Rad des Gesetzes«), ein Symbol Buddhas.

Die vier Tore zeigen Szenen aus dem Leben Buddhas und Episoden aus den Jataka-Geschichten. Buddha wird dabei nicht als Mensch dargestellt, sondern durch Symbole wie Bodhi-Baum, Fußspuren oder Rad.

Detail eines Architravs
Die Verzierungen der Architrave wurden wahrscheinlich von Elfenbeinschnitzern ausgeführt.

SANCHI: GROSSER STUPA

★ Nordtor
Sujata, Tochter des Dorfältesten, bietet Buddha (dargestellt durch einen Bodhi-Baum) kheer (Reisbrei) an, während der Dämon Mara eine Verführerin schickt.

INFOBOX

tägl. Archäologisches Museum (07482) 266 611.
Fr. Gemäß buddhistischer Tradition sollten Sie den Stupa im Uhrzeigersinn besichtigen.

Die Brüstung *(vedika)* ist aus Stein gearbeitet, sieht aber wie eine typische Holzschnitzerei aus. Holzbrüstungen lieferten auch die Vorlage für die Steinbrüstungen um Sansad Bhavan oder das Parliament House *(siehe S. 68)* in New Delhi.

Der Große Stupa mit dem Westtor
Der Stupa ist über einem kleineren gemauerten Stupa (3. Jh. v. Chr.) errichtet. Ein dreiteiliger schirmähnlicher Aufsatz, als Symbol des Himmels gedeutet, schließt oben ab.

Statuen des meditierenden Buddha wurden im 5. Jahrhundert jedem Tor angefügt.

Osttor
Die Szene zeigt den Hofstaat im Palast von Kapilavastu, Buddhas Heimat, bevor er sein Prinzenleben aufgab.

★ Salabhanjika
Der unterste Architrav des Osttors wird von einer sinnlich-verlockenden Baumnymphe getragen, die mit viel Grazie unter einem Mangobaum posiert.

NICHT VERSÄUMEN

★ Nordtor

★ Salabhanjika

Indore

Distrikt Indore. 190 km westlich von Bhopal. 1 600 000. 10 km westlich des Stadtzentrums. MP Tourism, hinter Ravindra Natyagriha, (0731) 249 8653. Mo–Sa. Ganesha Chaturthi (Aug/Sep).

Bis 1947 war Indore ein von der Maratha-Holkar-Dynastie regiertes Fürstentum, heute ist es ein bedeutendes Handelszentrum.

Ein lebhafter Basar umgibt den **Rajwada-Palast** im Herzen der Stadt, der allerdings nach einem Brand 1984 nur noch eine imposante Fassade ist. Ein wenig weiter westlich steht **Kanch Mandir** (»Glastempel«), ein prächtiger Jain-Tempel aus dem 19. Jahrhundert, der mit Spiegeln, glitzernden Kronleuchtern und Glasmalereien geschmückt ist.

Am südwestlichen Stadtrand steht der Lalbagh-Palast, den sich die Herrscher von Indore im frühen 20. Jahrhundert erbauen ließen. Heute beherbergt er das **Nehru Centre**. Im vergoldeten Rokoko-Interieur werden Miniaturmalereien, Münzen und Stammesobjekte ausgestellt. Im Garten steht eine Statue von Queen Victoria.

Nehru Centre
Lalbagh Palace. (0731) 247 3264. Di–So.

Umgebung: Dewas, 35 Kilometer nordöstlich von Indore, ist der Schauplatz von E.M. Forsters Buch *The Hill of Devi* (1953).

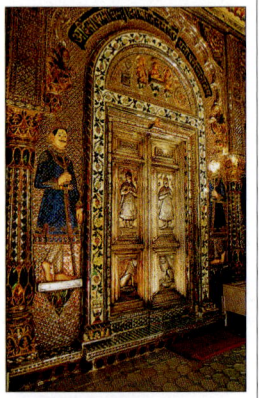

Das glitzernde Interieur des Kanch Mandir in Indore

Heilige Ghats am Ufer des Shipra in Ujjain

Ujjain

Distrikt Ujjain. 56 km nordwestlich von Indore. 430 000. MP Tourism, Railway Station, (0734) 255 9000. Kumbh Mela (alle 12 Jahre), Shivratri (Feb/März).

Am Ufer des Shipra ist Ujjain eine der sieben heiligen Städte Indiens und eine der vier Stätten des Kumbh Mela. Im 4./5. Jahrhundert n. Chr. war Ujjain die zweite Hauptstadt des Gupta-Reichs (siehe S. 43), der große Sanskrit-Dichter Kalidasa stammt von hier. Erst mit der Machtübernahme durch die Sultane von Delhi (siehe S. 48) im 13. Jahrhundert ging der Stern Ujjains unter.

Die größte Attraktion ist der **Mahakaleshwar-Tempel** (eine Rekonstruktion aus dem 18. Jahrhundert an der Stelle des alten Tempels) mit seiner stark verehrten Shivalinga. Am Hauptplatz befindet sich der **Gopal-Tempel**. Dessen Silbertüren stammen vom Somnath-Tempel in Gujarat, den Mahmud von Ghazni im 11. Jahrhundert plünderte. Ein ähnliches Türpaar befindet sich am Golden Temple von Amritsar (siehe S. 96f). **Ram Ghat**, das größte der heiligen Ghats am Ufer des Shipra, ist die Stätte für das Kumbh Mela (das nächste wird erst 2022 stattfinden). Am gegenüberliegenden Ufer befinden sich die einzigen Reste des **Chintaman-Ganesha-Tempels** – skulptierte Säulen aus dem 11. Jahrhundert. Am Südwestrand der Stadt steht das **Vedh Shala Observatory**, 1730 von Sawai Jai Singh II. von Jaipur gebaut. Es ist eine kleine Version des Observatoriums in Jaipur (siehe S. 296f).

Umgebung: Der schöne **Kaliadeh-Palast** (15. Jh.), auf einer Insel im Shipra acht Kilometer nördlich von Ujjain, wurde von den Sultanen von Malwa gebaut. Die Wasserläufe im Untergeschoss weisen fantastische Formen auf.

The Hill of Devi

Der britische Schriftsteller Edward Morgan Forster (1879–1970) verbrachte einige Monate im Fürstentum Dewas als Privatsekretär des exzentrischen und charmanten Maharaja. *The Hill of Devi* basiert auf den Briefen, die Forster nach Hause schrieb. Sie geben amüsante Einblicke in das Leben am Provinzhof, beschreiben Feste, Intrigen und das komplizierte Hofprotokoll. Der Titel des Buches bezieht sich auf den Berg Devi, der über Dewas aufragt. Der kleine Ort wurde kuriouserweise von zwei Brüdern regiert. Jeder hatte seinen eigenen Palast, seine Armee und seinen Hofstaat. Forster sammelte am Hof des älteren Bruders Eindrücke, die Material für seinen Roman *A Passage to India* (1924) lieferten.

Devi-Bildnis im Tempel von Dewas

Hotels und Restaurants in Madhya Pradesh & Chhattisgarh siehe Seiten 575–577 und 604f

Mandu ⑮

Distrikt Dhar. 105 km westlich von Indore. 🚌 ℹ️ *Tourist Cottages, (07292) 26 3235.*

Die verlassene Zitadelle Mandu liegt auf einem Kamm der Vindhya Mountains. Es ist eine der romantischsten und malerischsten Stätten Indiens. Inmitten von steilen, bewaldeten Schluchten erheben sich Mauern mit Brustwehren. Sie ziehen sich um die Paläste, Moscheen, Seen und Lustpavillons, die zwischen 1401 und 1529 unter den Sultanen von Malwa *(siehe S. 49)* erbaut wurden. Sie nannten ihr Werk Shadiabad, »Stadt der Freude«. Mandu erstreckte sich damals über ein 23 Quadratkilometer großes Areal. Die Hauptgebäude stehen in zwei Gruppen, die »Royal Enclave« und die »Village Group«.

Bogengang im Hindola Mahal, dem »Schwingenden Palast« von Mandu

🛖 Royal Enclave
◯ *tägl.* 📷

Detail an Hoshang Shahs Grab

Hauptgebäude sind **Jahaz Mahal** *(siehe S. 214f)* und der T-förmige **Hindola Mahal** (»Schwingender Palast«), dessen Mauern sich nach innen neigen. Er wurde im späten 15. Jahrhundert als Audienzhalle erbaut, die eher düstere Fassade wird von Bogenfenstern mit fein gearbeitetem Zierrat durchbrochen. **Champa Baoli** ist eine Brunnenanlage, die eine Reihe von unterirdischen Räumen mit fließendem Wasser durchzieht. Hier verbrachten die Haremsdamen die heißen Sommertage. **Gada Shah's House and Shop** östlich davon gehörte einst einem ehrgeizigen Rajput-Herrschers am Hof von Mandu. Der »Shop« war einst die Audienzhalle, in dem zweistöckigen »House« mit Wasserläufen und Brunnen sind immer noch zwei Gemälde des Besitzers und seiner Frau. Das älteste Gebäude in der Royal Enclave ist Dilawar Khans Moschee, die der erste Sultan von Malwa 1405 mit den Steinen und Säulen früherer Hindu- und Jain-Tempel errichten ließ.

🛖 Village Group
◯ *tägl.*

Das erste Marmorgrabmal Indiens, **Hoshang Shahs Grab** (1440), ist ein perfekt proportioniertes Bauwerk, an der Stelle, wo Malwas mächtigster Sultan bestattet ist. Eine Inschrift an der Tür berichtet vom Besuch von vier Architekten des Herrschers Shah Jahan 1659. Gegenüber steht die prächtige **Jami Masjid** (1454), deren Vorbild die Große Moschee von Damaskus gewesen sein soll. Drei große Kuppeln und 58 kleinere wölben sich über den Kolonnaden, der *mihrab* ist mit schönen Kalligrafien verziert. Zur Medrese **Ashrafi Mahal** gehören die Ruinen des siebenstöckigen »Victory Tower«, der laut zeitgenössischen Berichten der schönste Bau Mandus gewesen sein soll. Sultan Mahmud ließ ihn 1443 errichten anlässlich seiner Schlacht gegen den Maharana von Mewar. Kurioserweise ließ diese nach eben dieser Schlacht ebenfalls einen »Victory Tower« bei Chittorgarh *(siehe S. 331)* anlässlich ihres Sieges bauen.

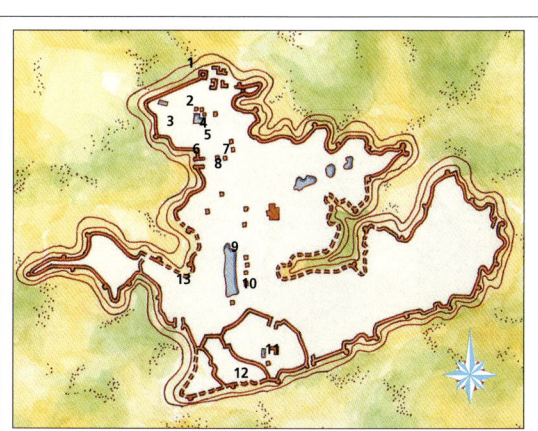

Grundriss von Mandu

1. Delhi Gate
2. Hindola Mahal
3. Champa Baoli
4. Gada Shah's House
5. Jahaz Mahal
6. Hoshang Shahs Grab
7. Ashrafi Mahal
8. Jami Masjid
9. Malik Mugiths Moschee
10. Dai ka Mahal
11. Baz Bahadurs Palast
12. Rupmatis Pavillon
13. Neelkanth Mahal

0 Meter 800

Mandu: Jahaz Mahal

Der 5. Sultan von Malwa, Ghiyasuddin (reg. 1469–1500), ließ Jahaz Mahal, den »Schiffspalast«, erbauen. Er erhebt sich auf einem langen, schmalen Landstreifen zwischen zwei künstlich angelegten Seen, Munja Talao und Kapur Talao. Vor allem in der Monsunzeit, wenn die Seen voller Wasser sind, vermittelt er den Eindruck eines Schiffes. 15000 Frauen, der Harem des Sultans, wohnten einst hier. Sie waren zugleich des Sultans Leibgarde.

Pavillon-Fenster

Pavillons
Konische und kuppelförmige Dächer verleihen der Silhouette des Jahaz Mahal einen ganz eigenen Reiz.

Fliesen
Blaue und gelbe Fliesen zieren die Pavillons.

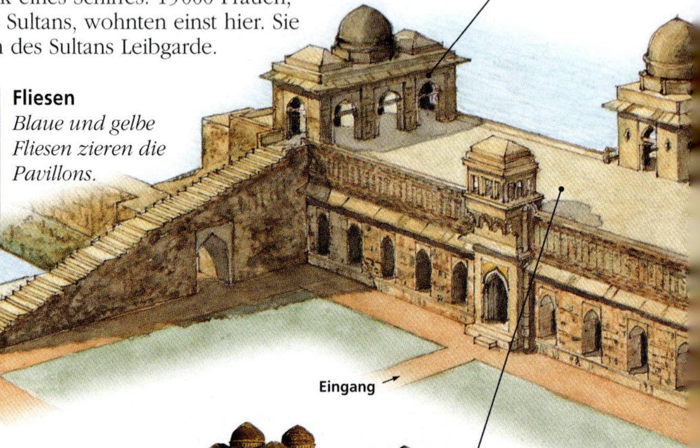

Eingang

Terrasse
Auf dieser offenen Fläche war man von Pavillons und Kiosken umgeben und konnte auf alle Seen blicken.

NICHT VERSÄUMEN

★ Badeanlage

★ Wasserläufe

Überblick: Mandu

Zwischen der Village Group und Sagar Talao, Mandus größtem See, lohnen einige Bauten einen Besuch: **Malik Mugiths Moschee** von 1432 besitzt skulptierte Säulen aus ehemaligen Hindu-Tempeln. Südlich davon stehen in einem bewaldeten Areal **Dai ki Chhoti Bahen ka Mahal** (»Palast der jüngeren Schwester der Amme«) und **Dai ka Mahal** (»Palast der Amme«). Die beiden Frauen gehörten ohne Zweifel zu den Lieblingsfrauen des Herrschers. An den achteckigen Bauten sieht man Reste von blauen und gelben Fliesen.

Shivalinga im Neelkanth Mahal

Südöstlich von Sagar Talao führt eine Straße hinunter zum Rand einer Klippe. Dort befindet sich die Rewa Kund Group of Monuments, die mit der legendären Romanze von Sultan Baz Bahadur mit der schönen Sängerin Rupmati in Zusammenhang steht. Der Rewa-Kund-Stufenbrunnen wird von Wasser gespeist, das als heilig gilt. Daneben erhebt sich **Baz Bahadurs Palast** von 1508/09. Sein recht hübscher achteckiger Pavillon überblickt einen Garten, in dem mittlerweile nur noch Unkraut wächst.

Südlich des Palastes hat man von **Rupmatis Pavillon** mit seinen schön geformten Kuppeln einen spektakulären Blick über das Land.

Baz Bahadur, der letzte Sultan von Malwa, wurde 1561 in einer Schlacht von den Moguln geschlagen. Danach verfiel Mandu, die Mogulherrscher benutzten es nur als Rastpunkt auf ihren Reisen zum Dekkan. 1616 allerdings verbrachte der Mogul Jahangir sieben Monate hier. Er ließ die Paläste renovieren und veranstaltete prächtige Feste im Jahaz Mahal. Bei ihm war Sir Thomas Roe, der von Königin Elizabeth I. geschickte Botschafter. Von ihm stammen faszinierende Berichte über die Festlichkeiten und die aufregenden Löwen- und Tigerjagden bei Mandu.

Nur wenig westlich von Sagar Talao führt eine Trep-

Hotels und Restaurants in Madhya Pradesh & Chhattisgarh siehe Seiten 575–577 und 604f

MANDU 215

INFOBOX

Royal Enclave. ◯ tägl.
*Tourist Cottages, Mandu,
(07292) 263 235.*

★ Wasserläufe
Die Spiralformen der Wasserläufe sind ein hübsches Beispiel für die schlichte Eleganz, die Mandus Architektur auszeichnet.

Der Terrassenpool
ähnelt dem unten; er wird über Kanäle mit Wasser versorgt.

★ Badeanlage
Der schön geformte Pool am Nordende ist an drei Seiten von Kolonnaden umgeben.

Kleine Kammern
liegen an jedem Ende des Erdgeschosses mit seinen drei großen Hallen.

penflucht durch eine Schlucht zum **Neelkanth Mahal**. Der Palast mit seinen vielen Wasserläufen und Kaskaden entstand 1574 an der Stelle eines alten Shiva-Heiligtums für die Hindu-Frau des Moguls Akbar. Der Hauptraum, der über das Tal blickt, wird heute wieder als Shiva-Tempel genutzt, auch wenn die Wände mit arabischen Kalligrafien bedeckt sind.

Umgebung: Die **Bagh Caves**, 50 Kilometer westlich von Mandu, wurden von buddhistischen Mönchen zwischen 400 und 700 n. Chr. in den Berg gehauen. Die Wandgemälde ähneln im Stil denen von Ajanta *(siehe S. 391)*, sind aber leider sehr schlecht erhalten.

Baz Bahadur und Rupmati

Auf der Jagd erspähte Sultan Baz Bahadur (reg. 1554–61) das Hindu-Mädchen Rupmati, das im Fluss Narmada ein Bad nahm und dabei sang. Von ihrer Schönheit und Stimme verzaubert, überredete Baz Bahadur Rupmati, mit ihm in Mandu zu leben. Da der Sultan hinfort seine Zeit mit Liebe und Musik verbrachte, wurde sein vernachlässigtes Reich angreifbar. Adham Khan, der General des Mogulherrschers Akbar, griff Mandu 1561 an und errang dabei einen leichten Sieg. Baz Bahadur floh vom Schlachtfeld und ließ Rupmati, die gefangen genommen wurde, im Stich. Sie aber war konsequenter als der feige Sultan: Während der Mogulgeneral vor ihrer Tür wartete, beging sie mit Gift Selbstmord.

Miniatur (18. Jh.) von Rupmati und Baz Bahadur

Maheshwars Fort, Schreine und Ghats am Fluss Narmada

Maheshwar ⓰

Distrikt West Nimar. 90 km südwestlich von Indore. 20 000. Barwaha, 39 km östlich des Stadtzentrums, dann Taxi oder Bus. MP Tourism, Narmada Cottages, (07283) 273 455. Panchkosi Yatra (März).

Maheshwar am Ufer des Narmada ist ein wichtiges Pilgerzentrum der Hindus. Hier lag einst die alte Stadt Mahishmati, die in klassischen Sanskrit-Texten eine Rolle spielt. Die schönen Tempel und Ghats entstanden Mitte des 18. Jahrhunderts unter der Herrscherin Ahilyabai aus der Holkar-Dynastie *(siehe S. 212).*

Statue der Herrscherin Ahilyabai

Auf 1,5 Kilometer ist das Ufer mit Schreinen, Ghats und Kenotaphen der Holkar-Herrscher übersät. Meist sieht man hier viele Pilger, die ein Bad nehmen. Eine prachtvolle fächerförmige Treppe führt vom Fluss zum Maheshwari Fort und zum **Ahilyeshwar-Tempel** von 1798. Im reich skulptierten Hof, durch den man den Palast erreicht, steht eine Statue von Ahilyabai. Die Herrscherin, die auch den Vishwanath-Tempel *(siehe S. 175)* in Varanasi errichten ließ, wurde von dem britischen Kolonialbeamten Sir John Malcolm beschrieben als »eine der reinsten und beispielhaftesten Herrscherinnen, die je gelebt haben«. Im Fort hat auch die Rehwa Weavers' Society ihren Sitz, an der feine Maheshwari-Baumwoll- und -Seidenstoffe gewoben werden.

Omkareshwar ⓱

Distrikt East Nimar. 77 km südlich von Indore. MP Tourism, Tourist Bungalow, (07280) 271 455. Shivratri (Feb/März).

Die Insel Omkareshwar am Zusammenfluss von Narmada und Kaveri gehört zu den reizvollsten Pilgerorten Indiens. Von oben gesehen hat sie die Form des heiligen Zeichens *Om.* Die Insel ist zwei Kilometer lang und einen Kilometer breit, jähe Klippen fallen im Süden und Osten ab. Man sieht hier überall Tempel, *Sadhu-*Höhlen und Ghats, die Luft ist von Chant-Gesängen erfüllt. Der Fußweg, der um die Insel führt, ist auch der Pilgerpfad. Omkareshwar ist mit dem Festland durch einen Damm verbunden. Man kann sich aber auch mit einer flachen Barke auf die Insel fahren lassen. Als Erstes fällt der hohe weiße *shikhara* des Tempels **Sri Omkar Mandhata** (»Wunscherfüller«) ins Auge. Darin befindet sich ein besonders verehrter Shivalinga, einer der zwölf *jyotirlingas* (Natursteinlinga, das sich wunderbarerweise aus dem Licht manifestiert hat) Indiens.

Am Ostende der Insel steht der **Siddhnath-Tempel** aus dem 10. Jahrhundert mit schönen Apsara-Skulpturen, am Nordende von Omkareshwar eine Ansammlung von Hindu- und Jain-Tempeln. Über ihnen ragen die Ruinen eines Palastes auf, der zu einer befestigten Stadt gehörte, die islamische Invasoren im 11. Jahrhundert schleiften.

Pilger beim Gebet am Ufer des Narmada bei Omkareshwar

Kontroverse um den Narmada-Staudamm

Seit Mitte der 1980er Jahre entzündet sich am Projekt des Staudamm-Komplexes im Narmada-Tal ein heftiger Streit. Die Narmada Valley Authority behauptet, allein der Sardar-Sarovar-Damm, das größte Projekt, bringe Millionen Menschen Strom, Trinkwasser und die Möglichkeit, ihre Felder zu bewässern. Umweltschützer, allen voran die Umweltaktivistin Medha Patkar, führen dagegen an, der Staudamm vernichte 37 000 Hektar Regenwald und beraube rund 200 000 bitterarme Dorfbewohner ihres Lebensraums. Die Kultur und Lebensweise der Ethnien würden mit ihrem Land untergehen. Der Oberste Gerichtshof Indiens entschied, dass die Bauarbeiten fortgesetzt werden dürfen. Nach Fertigstellung wird der Staudamm nach Chinas Drei-Schluchten-Staudamm der zweitgrößte der Welt sein.

Protestkundgebung von Damm-Gegnern

Hotels und Restaurants in Madhya Pradesh & Chhattisgarh siehe Seiten 575–577 und 604f

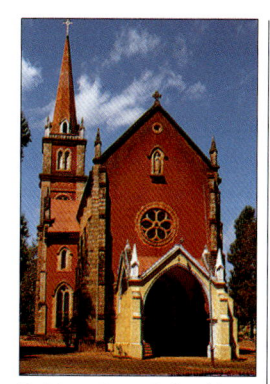

Die Briten erbauten Pachmarhis Christ Church 1875

Pachmarhi ⓲

Distrikt Hoshangabad. 210 km südöstlich von Bhopal. 11400.
Piparia, 47 km nördlich von Pachmarhi, dann Taxi oder Bus. Piparia, (07576) 22 3499. MP Tourism, Amaltas Complex Station, (07578) 252 100. Shivratri (Feb/März).

Die hübsche »Hill Station« liegt 1067 Meter hoch in den Bergen des Satpura-Gebirges. Zu den Attraktionen zählen Wasserfälle und Höhlen mit prähistorischer Kunst. 1857 entdeckte Captain James Forsyth von den Bengal Lancers das flache Hochplateau, bald danach gab es hier ein Sanatorium und einen Armeestützpunkt der Briten.

Der Ort hat sich bis heute das Flair der Raj-Ära bewahrt, zu den kolonialen Hinterlassenschaften zählen die **Christ Church** von 1875 mit ihren schönen Buntglasfenstern und die **Army Music School**, an der auch heute noch vormittags englische Militärmusik wie der »Colonel Bogey March« erklingt.

Pachmarhi bedeutet »Fünf Häuser«, der Ort hat seinen Namen von den fünf alten **Pandava Caves**, die sich in einer Gartenanlage südlich der Bushaltestelle befinden. Von den Höhlen führt ein Fußweg zum landschaftlich schönen **Apsara Vihar** (»Feenteich«) und zu den **Rajat Prapat Waterfalls**.

In den bewaldeten Bergen um Pachmarhi leben Angehörige der Gond und der Korku. Hier gibt es viele Höhlen. Einige weisen Malereien auf, die über 10 000 Jahre alt sind. Am leichtesten zugänglich ist die **Mahadeo Cave**, sechs Kilometer vom Jai Stambh (»Siegessäule«) im Ortszentrum entfernt. Der Shiva geweihte **Jatashankar Cave Temple** steht nur zwei Kilometer von der Hauptbushaltestelle. Zum Shivratri-Fest versammeln sich Pilger und *sadhus*. Unterwegs kommt man an **Harper's Cave** vorbei. Eine Höhlenmalerei zeigt einen Mann, der ein harfenähnliches Instrument spielt.

Jabalpur ⓳

Distrikt Jabalpur. 330 km östlich von Bhopal. 950 000. 14 km westlich des Stadtzentrums.
MP Tourism, Railway Station, (0761) 267 7690.

Die Stadt ist das Tor zu Bandhavgarh *(siehe S. 205)* und Kanha *(siehe S. 218f)*, den zwei schönsten Nationalparks Indiens. Jabalpur war vom 12. bis 16. Jahrhundert Hauptstadt des Reiches der Gond, dessen bekannteste Herrscherin Rani Durgavati war.

1817 machten die Briten Jabalpur zum Armeestützpunkt und Verwaltungszentrum, um der wachsenden Bedrohung durch Highway-Räuber *(thuggees)*, die Reisende überfielen, zu begegnen. In den 1830er Jahren startete Colonel William Sleeman seine berühmte Kampagne gegen die *thuggees*, ein paar Jahre später waren sie verschwunden.

Mitten im Basar liegt das **Rani Durgavati Museum**, das einige Steinskulpturen und Artefakte der Gond zeigt. Die Ruinen des **Madan Mahal Fort**, das ein Gond-Herrscher 1116 bauen ließ, ragen auf einem Hügel westlich der Stadt auf.

🏛 **Rani Durgavati Museum**
◯ Mo–Sa.

Umgebung: Die **Marble Rocks**, der **Chausath-Yogini-Tempel** und die **Dhuandhar Falls** liegen 22 Kilometer südwestlich von Jabalpur.

Mandla ⓴

Distrikt Mandla. 95 km südlich von Jabalpur. tägl.

Der ruhige Ort liegt an einer Schleife des Narmada, der einen natürlichen Burggraben für das Gond Fort (17. Jh., heute nur Ruinen) bildet. Mandla ist den Gond ein heiliger Ort, da die Gond-Herrscherin Durgavati hier 1564 Selbstmord beging, nachdem sie eine Niederlage gegen die Armee des Mogulherrschers Akbar erlitten hatte. Tempel und Ghats säumen das Flussufer, an dem die Gonds ihre Bestattungsrituale vollziehen. Im Basar bei der Bushaltestelle werden Silberschmuck und Glocken angeboten.

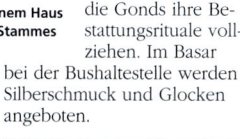

Detail an einem Haus des Gond-Stammes

Der Fluss Narmada ist bei Mandla von Tempeln und Ghats gesäumt

Kanha National Park ㉑

Kanha gilt als Indiens schönstes Wildschutzgebiet und als Modell für den Artenschutz. Zwischen Wiesen und flachen Hügeln mäandrieren Flüsse, dichte Regenwälder bieten vielen Tieren Lebensraum. Kanha ist der Schauplatz von Rudyard Kiplings berühmtem *Dschungelbuch* und ein wichtiges Reservat des »Project Tiger« (siehe S. 245). Neben Bandhavgarh (siehe S. 205) gehört der Park zu den Orten, an denen man am wahrscheinlichsten eines dieser Tiere zu Gesicht bekommen kann. Der 1954 Quadratkilometer große Park war einst das Jagdgebiet der britischen Vizekönige, heute leben hier Hirsche, Leoparden, Hyänen, Lippenbären, Pythons und fast 300 Vogelarten.

Indischer Mungo
Das frettchenähnliche Tier ist ein richtiger Kämpfer, der es vor allem mit Schlangen aufnimmt.

Hirsche in den *dadars*
Wiesen, die hier dadars *heißen, sind typisch für Kanha und ein idealer Lebensraum für Pflanzenfresser.*

Schwarzhalsibis
Den eleganten Vogel sieht man oft am Rand der Wasserstellen, wo er nach kleinen Fischen, Fröschen und Erdwürmern sucht.

Kipling Camp
In dem von Briten betriebenen Komplex (siehe S. 576) nahe am Parkeingang Kisli findet man angenehme Chalets im Wald vor. Das Camp organisiert Safaris mit Führern.

Sogenannte Interpretation Centres in Khatia, Mukki und Kanha halten ausgezeichnete Filme, Modelle und Bücher bereit.

KANHA NATIONAL PARK

Shravantal
Die ruhige Wasserstelle zieht vor allem Wasservögel an, darunter Javapfeifgänse und Löffelenten. Ganz in der Nähe befinden sich Aussichtsplattformen.

INFOBOX

Distrikt Mandla. 200 km südöstlich von Jabalpur. nach Khatia und Kisli, den zwei Hauptzugängen. MP Tourism, Kisli, (07649) 277 227; Bhopal, (07649) 277 242. **Weiterer Zugang:** Mukki. Okt–Juni. Extragebühr. Führer obligatorisch. von Kisli. Jeepsafaris. Wanderungen im Park sind nicht erlaubt. **www**.kanhanationalpark.com

Tiger
In Kanha leben rund 100 Tiger. Spuren im Lehm und die Alarmrufe von Hirschen und Languren verraten den Rangern, wo die Tiger gerade sind.

Barasingha
Der Zackenhirsch (Cervus duvaucelii) war vor 30 Jahren kurz vor dem Aussterben, heute gibt es durch Artenschutz wieder mehr Exemplare.

Kiplings Dschungelbuch

Der englische Schriftsteller Rudyard Kipling (1865–1936) wurde in Bombay (Mumbai) geboren. Obwohl er nur kurze Zeit in Indien lebte, spielte das Land in vielen seiner Bücher eine wichtige Rolle. Am bekanntesten ist Kiplings *Dschungelbuch* (1894), eine Sammlung von Tiergeschichten, die in den Seonee-Wäldern von Kanha spielen. Neben dem Wolfsjungen Mowgli lernt der Leser viele liebenswerte Tiercharaktere kennen, so den Mungo Rikki-tikki-tavi, den Tiger Shere Khan, die Schlange Kaa und den Bären Baloo.

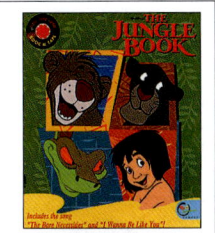

Disneys Version des *Dschungelbuchs*

LEGENDE
- Parkgrenze
- Hauptstraße
- Nebenstraße
- Information
- Aussichtspunkt
- Unterkunft

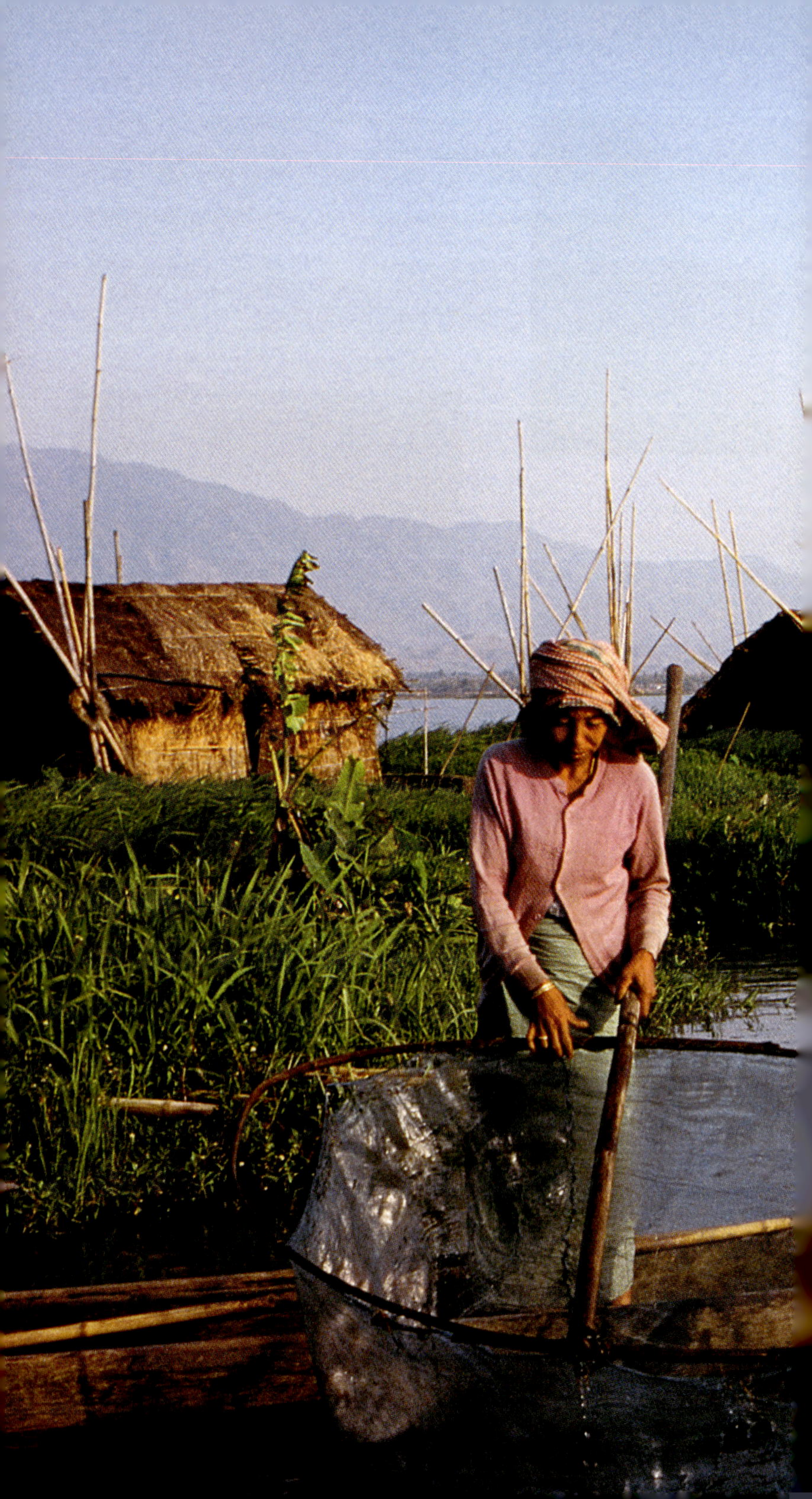

Ostindien

Ostindien im Überblick **222–223**

Kolkata **224–239**

Westbengalen & Sikkim **240–255**

Orissa **256–269**

Assam & Nordostindien **270–283**

Ostindien im Überblick

Kolkata (Kalkutta), Indiens zweitgrößte Stadt, ist eines der Hauptziele für Besucher Ostindiens. Doch neben der riesigen, faszinierenden Metropole hat die Region eine erstaunliche Vielfalt von Landschaften und Kulturen zu bieten. Die Mangrovenwälder am Golf von Bengalen sind der Lebensraum des Bengaltigers. Spektakulär präsentieren sich die faszinierenden Berggebiete von Darjeeling und Sikkim, prachtvoll Orissas Tempel und wunderschön die Strände. Weiter im Osten sind Assam und die nordöstlichen Staaten die Heimat vieler verschiedener Ethnien, die in unverbrauchten Landschaften leben.

Ein Stammesangehöriger der Nishi in Arunachal Pradesh beim Überqueren des Siang, eines Nebenflusses des Brahmaputra

SIEHE AUCH

- *Hotels* S. 577–580
- *Restaurants* S. 605–609

Der Mukteshwar-Tempelkomplex in Bhubaneswar, 10. Jahrhundert

◁ Eine Frau beim Fischen am Loktak Lake *(siehe S. 282f)*, Manipur

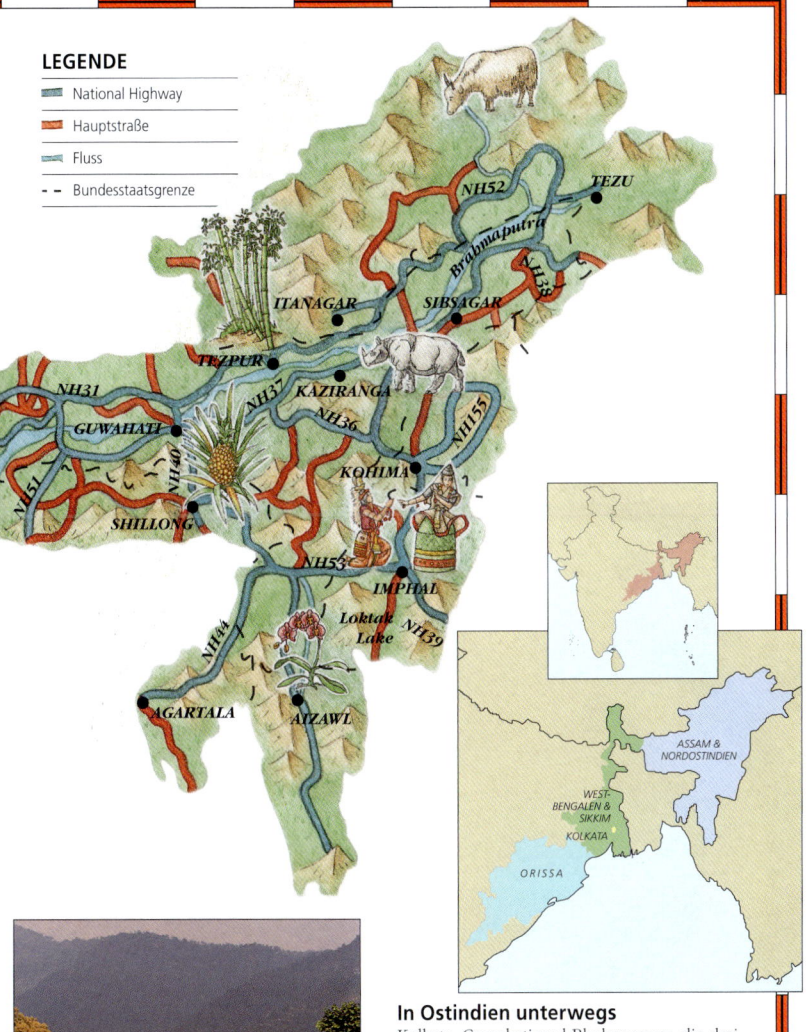

OSTINDIEN IM ÜBERBLICK

LEGENDE
- National Highway
- Hauptstraße
- Fluss
- Bundesstaatsgrenze

Teeplantage in Darjeeling an den östlichen Ausläufern des Himalaya

In Ostindien unterwegs

Kolkata, Guwahati und Bhubaneswar, die drei großen Städte, bieten gute Flug- und Bahnverbindungen in andere Landesteile. Von Kolkata und Guwahati gibt es regelmäßig Flüge in alle nordöstlichen Bundesstaaten. Den Bergkurort Darjeeling und Sikkims Hauptstadt Gangtok erreicht man mit dem Flugzeug oder der Bahn bis Bagdogra-Siliguri. Von dort fährt man mit Bus oder Taxi auf dem National Highway 31 in die Berge. Der Himalayan Toy Train *(siehe S. 250)* verkehrt zwischen Siliguri und Darjeeling, teils durch spektakuläre Landschaft. Von Kolkata erreicht man die meisten Ziele in Westbengalen auf dem National Highway 34. In Orissa liegen die großen Sehenswürdigkeiten am National Highway 5. Das Tor zum Nordosten, Guwahati in Assam, ist mit den anderen Bundesstaaten der Region über die National Highways 37, 40 und 52 verbunden. Für manche Ziele im Nordosten ist eine Reisegenehmigung *(siehe S. 624)* erforderlich.

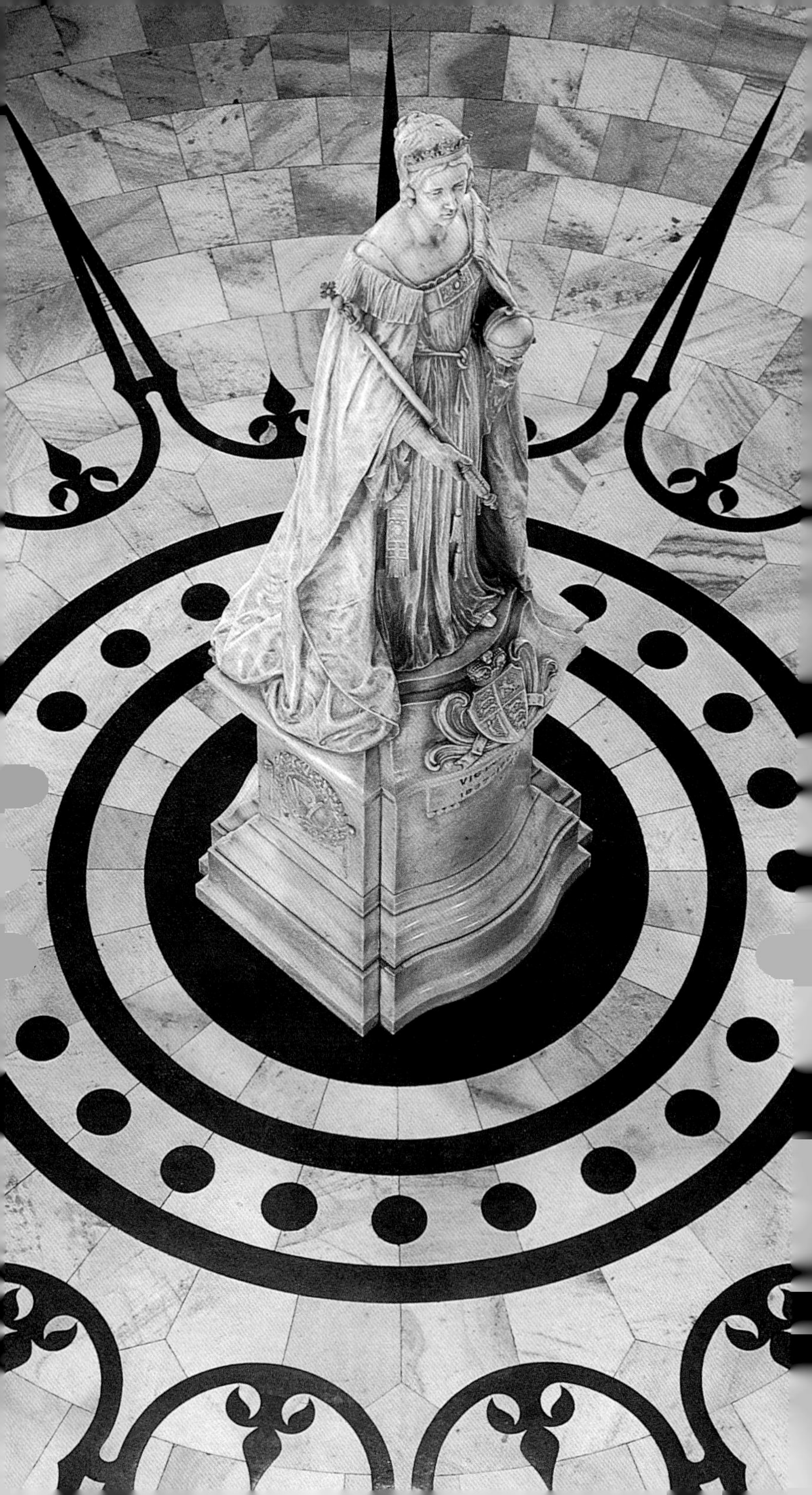

Kolkata

Kolkata (Kalkutta) hat eine große Vergangenheit. Aus einem unbedeutenden Dorf am Hooghly (Hugli) wurde die Hauptstadt von Britisch-Indien. Heute ist die Stadt, die sich das Flair der Kolonialzeit bewahren konnte, mit mehr als 13 Millionen Einwohnern eine der größten Metropolen der Welt, wichtige Hafenstadt und Hauptstadt des indischen Bundesstaates Westbengalen.

Der englische Händler Job Charnock gründete 1690 einen Handelsposten im Flussdorf Sutanuti, der mit den Nachbarorten Govindapur und Kolikata zur Stadt Kalkutta zusammenwuchs. In den folgenden 200 Jahren entwickelte sich das Handelszentrum immer weiter. Gebäude im Stil der viktorianischen Neogotik, Kirchen und Boulevards wurden gebaut. Gleichzeitig erlebte das geistige und kulturelle Leben eine Blütezeit, bengalische Kunst und Literatur erfuhren eine Renaissance. Eine starke national ausgerichtete Reformbewegung führte zur Gründung des Brahmo Samaj, eines Ablegers des Hinduismus, und zur Etablierung des Presidency College, damals das führende Zentrum der englischen Bildungseinrichtungen.

Doch die Hauptstadt Indiens wurde 1911 nach New Delhi verlegt, und so ging die Bedeutung Kalkuttas zurück.

2001 wurde die offizielle Bezeichnung der Stadt in Kolkata geändert, wie der Name auf Bengalisch ausgesprochen wird.

Die Stadt ist überbevölkert und stellenweise schmutzig, doch immer zeigt sie ein besonderes Flair. Das Leben an der Strand Road, das Gewimmel in den Basaren und um die Straßenstände, die Viertel mit ihren einst herrschaftlichen Wohnhäusern – all das ergibt eine elektrisierende, kosmopolitische Atmosphäre wie in kaum einer anderen indischen Stadt. Kolkatas Charme findet man zwischen verfallender Größe und den schicken Restaurants und Boutiquen der Park Street. Die traditionell-bengalische Welt von Rabindranath Tagores Haus in Jorasanko, der Kalighat-Tempel und das Töpferdorf Kumartuli gehören ebenso dazu wie das Coffee House und der Maidan-Park mit dem Victoria Memorial.

Blick über den Fluss Hooghly und die Howrah Bridge

◁ **Statue der jungen Queen Victoria in der Halle des Victoria Memorial** *(siehe S. 232f)*

Überblick: Kolkata

Die Stadt Kolkata erstreckt sich zwischen dem Fluss Hooghly im Westen und den Sumpfgebieten im Osten. Am Flussufer bzw. an der Strand Road liegt das Zentrum mit dem Maidan, einem 400 Hektar großen Park, in dem die Einheimischen Fußball spielen, politische Versammlungen abhalten oder kühlere Abende genießen. Östlich vom Park verläuft die Hauptstraße Chowringhee Road bzw. Jawaharlal Nehru Road mit vielen Läden, Hotels, Bürogebäuden und Wohnblocks. Im Süden der Stadt befinden sich die Wohngebiete der Mittelklasse. Im Norden bietet die Altstadt ein Gewirr von Gassen, in denen sich Wohnhäuser, Läden und Betriebe mischen.

Zur Orientierung

Straßenszene mit Taxis am New Market von Kolkata

Sehenswürdigkeiten auf einen Blick

Historische Gebäude und Viertel
Alipore ⑬
Um BBD Bagh S. 228f ❶
Chowringhee ❾
College Street ❹
Jorasanko ⑱
Kumartuli ⑲
Maidan ❼
Marble Palace ⑰
Mother House ⑪
Nilhat House ❸
Nirmal Hridaya ⑮
Park Street Cemetery ⑫
Tangra ⑯

Museen
Indian Museum S. 234f ❿
Victoria Memorial S. 232f ❽

Kirchen, Tempel und Moscheen
Armenian Church of St Nazareth ❻
Kalighat ⑭
Nakhoda-Moschee ❺
St John's Church ❷

Park
Botanical Gardens ⑳

In Kolkata unterwegs

Das Zentrum von Kolkata ist kompakt, man kann sich leicht zu Fuß bewegen. Für kurze Strecken bieten sich Taxis an, Busse und Minibusse sind oft überfüllt. Trams und die Metro verbinden den Süden der Stadt mit dem Norden, von Tollygunge bis Dum Dum. Rikschas sind ein gutes Transportmittel in den engen Nebenstraßen, sollen aber bald abgeschafft werden.

Stand auf einem Blumenmarkt von Kolkata

LEGENDE

- Detailkarte: siehe S. 228f
- Bahnhof
- Metro-Station
- Busbahnhof
- Fährhafen
- Information
- Krankenhaus
- Polizei
- Tempel
- Moschee
- Gurdwara
- Kirche
- Post
- National Highway
- Hauptstraße
- Nebenstraße

SIEHE AUCH

- *Hotels* S. 577f
- *Restaurants* S. 605f

Großraum Kolkata

0 Kilometer 2

Im Detail: Um BBD Bagh ❶

Hier schlägt das Herz von Kolkata, denn hier befand sich das ursprüngliche Kolikata, eines der Dörfer, aus dem die Metropole entstand. Benannt ist der Platz nach Binay, Badal und Dinesh, drei jungen indischen Freiheitskämpfern, die 1930 an dem kleinen See in der Mitte den britischen Polizei-Generalinspekteur erschossen. Einige Kolonialbauten aus dem 18. und 19. Jahrhundert umgeben BBD Bagh. Sie waren einst die Zentren der britischen Verwaltung und des Handels.

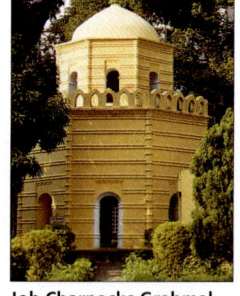

Tafel des Royal Insurance Building

Job Charnocks Grabmal
Job Charnock gilt als Gründer der ersten englischen Siedlung von Kolkata.

★ St John's Church
Vorbild für die Kirche (siehe S. 230) ist St Martin-in-the-Fields in London. Eigentlich sollte der Turm höher werden, doch wegen des sumpfigen Untergrundes rieten Statiker ab.

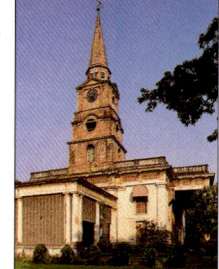

Oberstes Zivilgericht

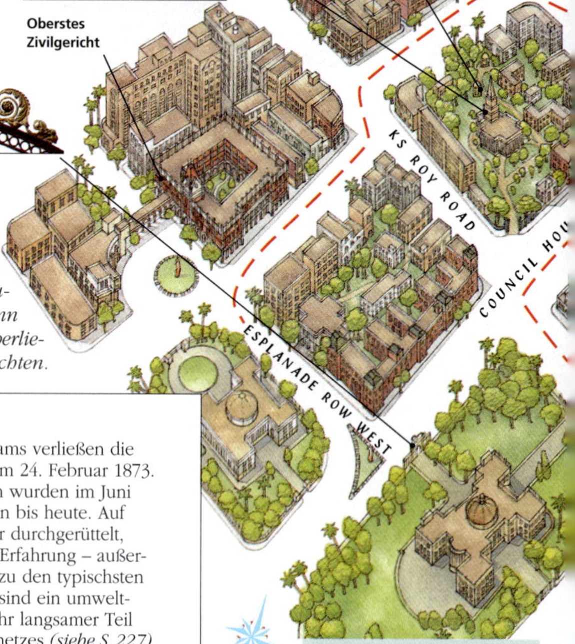

Tore des Raj Bhavan
Prunkvolle neoklassizistische Tore führen zum alten Government House (Mitte 18. Jh.). Heute ist hier der Wohnsitz des Gouverneurs, das Gebäude kann man nur von der gegenüberliegenden Straßenseite betrachten.

Trams in Kolkata

Von Pferden gezogene Trams verließen die Sealdah Station erstmals am 24. Februar 1873. Elektrische Straßenbahnen wurden im Juni 1905 eingeführt und fahren bis heute. Auf einer Fahrt wird man zwar durchgerüttelt, trotzdem ist es eine nette Erfahrung – außerdem zählt das Gebimmel zu den typischsten Klängen der Stadt. Trams sind ein umweltfreundlicher, allerdings sehr langsamer Teil des öffentlichen Verkehrsnetzes *(siehe S. 227).*

Elektrische Tram in den Straßen von Kolkata

STRAND ROAD
HARE STREET
KS ROY ROAD
COUNCIL HOU...
ESPLANADE ROW WEST

NICHT VERSÄUMEN

★ GPO

★ St John's Church

★ Writers' Building

Hotels und Restaurants in Kolkata *siehe Seiten 577f und 605f*

★ GPO

Kolkatas Hauptpost, das General Post Office, hat eine große Rotunde. Der von Walter Granville entworfene Bau wurde in den 1860er Jahren an der Stelle eines alten Forts errichtet.

Zur Orientierung
Zentrumskarte Kolkata s. S. 226f

St Andrew's Kirk
Die 1818 geweihte Kirche hat einen hohen Turm, eine prächtige Orgel und eine Kanzel mit schönen Schnitzereien.

Old Currency House

LEGENDE
--- Routenempfehlung

★ Writers' Building

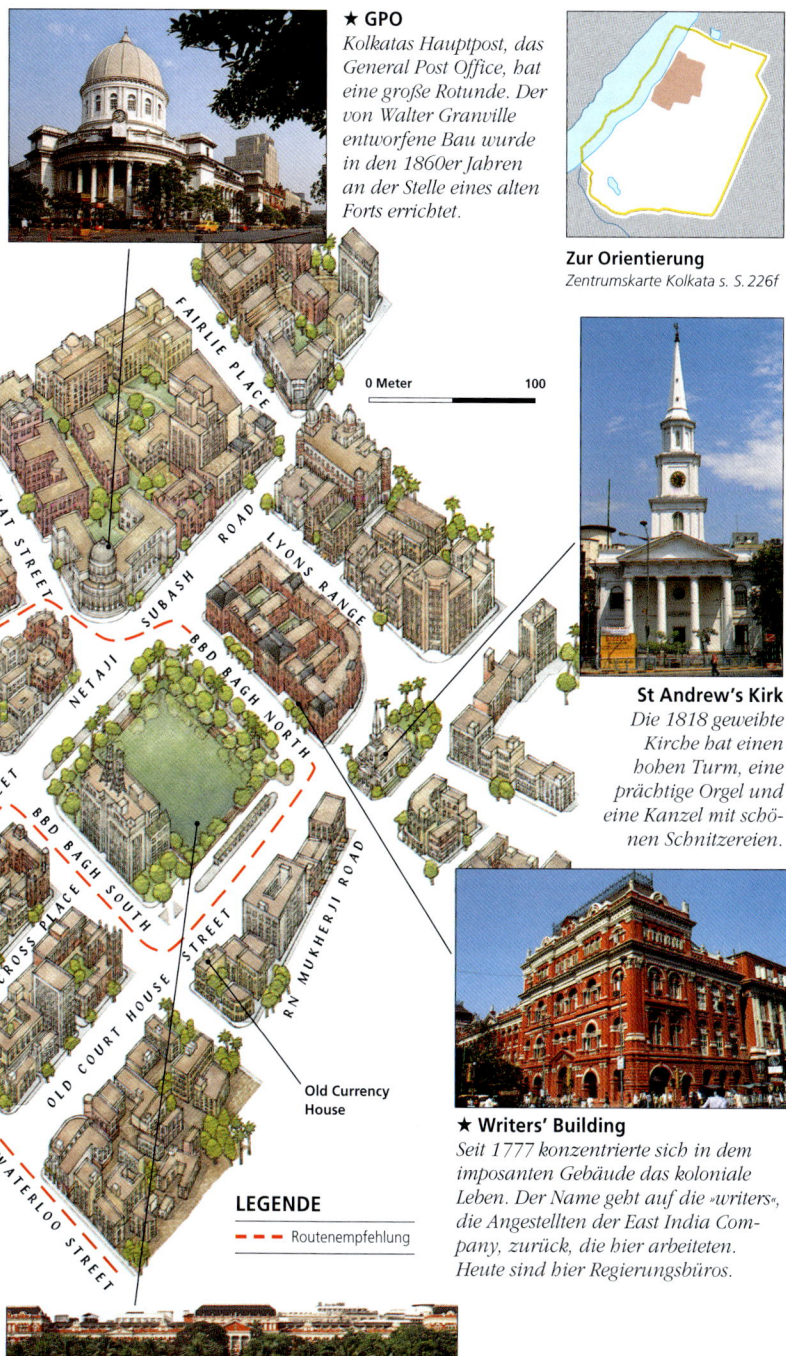

Seit 1777 konzentrierte sich in dem imposanten Gebäude das koloniale Leben. Der Name geht auf die »writers«, die Angestellten der East India Company, zurück, die hier arbeiteten. Heute sind hier Regierungsbüros.

Blick über Lal Dighi
Um den kleinen künstlich angelegten See baute die East India Company ihre Verwaltungsgebäude, Gerichtshöfe und Kirchen.

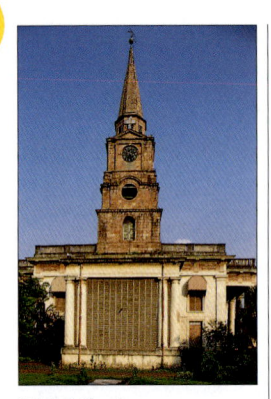

St John's Church

St John's Church ❷

2/2 Council House St. ((033) 2243 6098. tägl. So 8 Uhr.

Die erste Gemeindekirche in Kolkata, St John's Church, wurde 1787 geweiht. Auf dem eindrucksvollen Buntglasfenster ist *Das Letzte Abendmahl* zu sehen, der Künstler versah die zwölf Jünger mit den Gesichtern bekannter Persönlichkeiten der Stadt.

St John's ist eng verknüpft mit der Geschichte der East India Company. Warren Hastings, der Gouverneur von Bengalen, heiratete hier. Auf dem Kirchhof steht ein Mahnmal für Lady Canning, die 1861 verstorbene Vizekönigin. Ihr Name blieb dem Volk in Erinnerung, weil ein klebriges Konfekt, das sie sehr mochte, nach ihr benannt ist (Bengalen sprechen es »leddy-kenny« aus). Das Mausoleum von Job Charnock *(siehe S. 228)* befindet sich ebenfalls hier.

Nicht weit entfernt steht ein Mahnmal für die Opfer der »Black Hole Tragedy«, ein Vorfall, der zu den grausamsten der Zeit der britischen Herrschaft zählte. Als Siraj-ud-Daula, der Nawab von Bengalen, 1756 das alte britische Fort eroberte, das an der Stelle des heutigen General Post Office *(siehe S. 229)* stand, nahm er über 100 Briten gefangen und sperrte sie in kleine Zellen ohne Fensteröffnungen. Am nächsten Morgen lebten nur noch 23 von ihnen, alle anderen waren erstickt und verdurstet.

Nilhat House ❸

Hinter der Old Mission Church. Auktionen Mo und Di um 8.30 Uhr. Eintrittskarten vom Auktionshaus J. Thomas ((033) 2248 6201.

Das Wort *nil* bedeutet Indigo, *hat* heißt Markt. Allerdings wird im Nilhat House von 1881 heute kein Indigo mehr versteigert, sondern Tee. Für Indiens und besonders Ostindiens Wirtschaft spielte Tee schon immer eine wichtige Rolle, vor allem während der Kolonialzeit. Auch heute läuft das Geschäft mit den Tees aus Darjeeling, aus der Region Dooars im nördlichen Bengalen und aus Assam rege. Die Gebote hängen von der Bewertung der Teetester ab, deren Gaumen sofort Sorte, Plantage und das Jahr des jeweiligen Aufgusses identifizieren können. Besucher können bei den Versteigerungen zusehen, sie müssen sich jedoch vorher eine Eintrittsgenehmigung holen.

College Street ❹

Bidhan Sarani, North Kolkata. Ashutosh Museum ((033) 2241 0071. Mo–Fr 10.30–17.30 Uhr.

In der College Street befinden sich Kolkatas Bildungsinstitutionen für die Elite. Die Gehwege sind voller Bücherstände, angeboten werden neben Universitätstexten und Fachliteratur auch antiquarische Bücher – manche behaupten, sie hätten hier wertvolle Erstausgaben gefunden. Auch die meisten Buchläden Kolkatas sind in der Gegend.

Das **Presidency College** wurde 1817 als Hindu College gegründet. Hier studierten die Söhne der Reichen, die wollten, dass ihre Kinder eine Ausbildung nach westlicher Art erhielten. Unter den vielen bekannten Studenten des College sind der Filmregisseur Satyajit Ray (1922–1992) und der Wirtschaftswissenschaftler Amartya Sen, der 1998 den Nobelpreis erhielt.

Auf der gegenüberliegenden Straßenseite ist das düstere **Indian Coffee House** seit seiner Eröffnung 1942 ein bevorzugter Treffpunkt der Intellektuellen. Hier tragen die Ober bis heute sogenannte Kummerbünde und servieren Professoren, Studenten und Schriftstellern sehr starken Kaffee.

Eine Gasse gegenüber dem Presidency College führt zum **Sanskrit College**, das 1824 gegründet wurde, um das Studium der alten indischen Sprachen, der Geschichte und Kultur zu fördern. Im Erdgeschoss findet man eine kleine Ausstellung mit alten Hindu-Skulpturen und Handschriften auf Palmblättern.

Neben dem Presidency College sind die Gebäude der 1857 gegründeten **Calcutta University**. Heute ragen neben dem alten Hauptgebäude mit seinen ionischen Säulen und ausgewogenen Proportionen Hochhäuser auf. Im Erdgeschoss widmet sich hier das **Ashutosh Museum** der Kunst Ostindiens. Unter den Exponaten sind Terrakotten, Bronzen, Münzen, alte Manuskripte, einige *kantha* (Textilarbeiten) und Kalighat-Malereien *(pats; siehe S. 237)*.

Antiquarische Bücher an der College Street

Hotels und Restaurants in Kolkata siehe Seiten 577f und 605f

KOLKATA

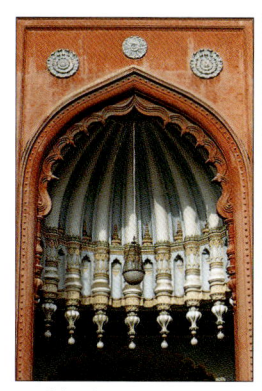

Detail des Eingangstors zur Nakhoda-Moschee

Nakhoda-Moschee ❺

1 Zakaria St. (033) 2235 4183. tägl. mit Erlaubnis.

Die größte Moschee der Stadt wurde 1926 nach dem Vorbild des Grabmals von Akbar in Sikandra *(siehe S. 152)* gebaut. Eine Kuppel überspannt den Bau, die Minarette ragen 46 Meter hoch auf. Über 10 000 Menschen finden in der Moschee Platz, an wichtigen Feiertagen knien Gläubige bis hinaus auf die Straße.

Das **Hotel Royal** in der Nähe ist bekannt für seine *biryani* und *chaanp* (Ziegenrippchen in würziger Sauce). In dem faszinierenden Viertel sieht man viele schöne Häuser aus dem 19. Jahrhundert sowie alte Basare und Tempel.

Armenian Church of St Nazareth ❻

Armenian St, bei der Brabourne Rd. tägl.

Armenische Händler bauten die Kirche 1724 an der Stelle, an der 1707 eine alte Holzkirche abgebrannt war. Die Armenier waren von Isfahan in Persien als erste ausländische Händler eingewandert, heute leben nur noch wenige in Kolkata.

Die Kirche hat einen ungewöhnlichen runden Turm, auf dem Gelände sieht man Gräber mit verzierten Grabsteinen.

Maidan ❼

Zwischen Strand Rd, AJC Bose Rd, Cathedral Rd und Eden Gardens Rd. **St Paul's Cathedral** tägl. So 7.30, 8.30, 18 Uhr.

Im Herzen der Stadt nimmt der Park 400 Hektar zwischen dem Fluss Hooghly im Westen und der Chowringhee Road im Osten ein. Im frühen 18. Jahrhundert wuchs hier dichter Dschungel, der gerodet wurde, um 1773 **Fort William** zu bauen, das ein 1756 zerstörtes Fort ersetzen sollte. Der unregelmäßige achteckige Bau ist heute der Hauptsitz des Indian Army's Eastern Command und für Besucher nicht zugänglich.

Im Norden des Forts liegen die **Eden Gardens**, in denen internationale Cricket-Turniere ausgetragen werden. Emily und Fanny Eden, die Schwestern des Generalgouverneurs Lord Auckland, planten und entwarfen das Stadion 1841.

An der Nordecke des Maidan steht in einem kleinen See der **Burmese Pavilion**, den Lord Dalhousie 1854 aus Prome in Myanmar hierher transportieren ließ. Östlich davon sieht man **Shahid Minar** (»Denkmal der Märtyrer«), das ursprünglich Ochterlony Monument genannt wurde – nach Sir David Ochterlony, einem der wagemutigen britischen Soldaten, die Großbritannien im Krieg gegen Nepal 1816 zum Sieg verhalfen. Das Monument umfasst eine 48 Meter hohe dorische Säule mit Kuppelpavillon. Südlich davon steht das bekannteste Gebäude im Maidan, das **Victoria Memorial** *(siehe S. 232f)*.

Nicht weit vom Memorial erhebt sich die 1847 von Major W.N. Forbes entworfene **St Paul's Cathedral**. Den Turm nach dem Vorbild der englischen Canterbury Cathedral fügte man 1938 hinzu. Auf dem Gelände stehen einige Bäume. Auffallend im Inneren ist das Buntglasfenster, das Edward Burne-Jones in Gedenken an den Vizekönig Lord Mayo entwarf.

Auf dem **Race Course** in der südwestlichen Ecke des Maidan finden das ganze Jahr über viel besuchte Pferderennen statt, einige Wochen im Winter wird hier auch Polo gespielt. Die zwei Fußballclubs von Kolkata, Mohun Bagan und East Bengal, haben ihr Trainingsgelände im Maidan. Ferner findet man hier Golf- und Bowling-Clubs.

Das Nordende des Maidan gleicht am Sonntagnachmittag einem Jahrmarkt: Hier treten Akrobaten, Magier und Jongleure auf, fliegende Händler bieten alles Mögliche an. Auch die großen politischen Kundgebungen finden in dem Park statt.

Buntglasfenster, St Paul's Cathedral

Eden Gardens, das Stadion für Cricket- und Fußballspiele

Victoria Memorial ❽

Ein Löwe bewacht den Eingang

Das Wahrzeichen Kolkatas, Monument imperialen Selbstbewusstseins, war die Idee von Lord Curzon (1859–1925), einem der eifrigsten Vizekönige von Britisch-Indien. Das neoklassizistische Gebäude von 1921 wirkt wie eine Mischung aus Taj Mahal und Washingtoner Capitol, der Marmor stammt – wie der für den Taj Mahal – aus Makrana. Finanziert wurde der Bau durch Spenden von Prinzen und Bürgern. Heute ist er ein Museum, 25 Galerien im Erdgeschoss und im ersten Stock präsentieren vor allem Stücke aus der Kolonialzeit. Ölgemälde und Aquarelle in der Calcutta Gallery zeigen die Geschichte Kolkatas.

★ **Angel of Victory**
Über der Kuppel dreht sich der sechs Meter hohe Siegesengel aus Bronze. Die Trompete wurde in Italien gefertigt.

Lord Cornwallis
Der Generalgouverneur etablierte im 18. Jahrhundert die Raj-Verwaltung.

Durbar Hall

★ **Statue der jungen Queen Victoria**
Thomas Brock schuf die Königin mit Weltkugel und Zepter 1921 aus Marmor.

Eingang

Außenansicht
Stolz präsentiert sich das mit Marmor verkleidete Victoria Memorial.

NICHT VERSÄUMEN

★ Angel of Victory

★ Statue der jungen Queen Victoria

VICTORIA MEMORIAL   233

Bronzepaneele
Die zwei Tafeln an der Brücke des nördlichen Eingangs zeigen eine Prozession des Vizekönigs.

Kuppel
Licht fällt durch die Öffnungen in der Marmorrotunde ins Foyer.

Calcutta Gallery
In der Galerie hängen Landschaftsbilder, die britische Künstler im 18. Jahrhundert schufen.

Bildergalerie

INFOBOX

1 Queen's Way. (033) 2223 5142. Di–So. Feiertage. Ton- und Lichtshow 19.15 Uhr (März–Juni: 19.45 Uhr).
www.victoriamemorial-cal.org

Überblick: Victoria Memorial

Den Grundstein für den Bau legte bei seinem Indien-Besuch 1906 der Prince of Wales, der spätere König George V. Der Präsident des British Institute of Architects, William Emerson, entwarf das von Palmen, Teichen und Statuen umgebene Gebäude.

Das Museum zeigt über 10 000 Objekte aus der Zeit des britischen Raj, darunter auch Queen Victorias Schreibtisch, der mit Bildern indischer Vögel verziert ist. Unter den Gemälden sind Werke des Landschaftsmalers Thomas Daniell und seines Neffen William Daniell, die viel dazu beitrugen, wie die Briten Indien im 19. Jahrhundert wahrnahmen. Zu sehen sind auch Gemälde von Johann Zoffany (1733–1810), Porträts verschiedener Persönlichkeiten, Aufzeichnungen der East India Company, persische Handschriften sowie einige Bilder zur Geschichte Kolkatas.

Auch wenn Queen Victoria, die Kaiserin von Indien, den Subkontinent nie betreten wollte, sitzt sie jetzt aus Bronze vor dem Victoria Memorial.

Majestätisch: Sir George Framptons Bronzestatue von Queen Victoria

Chowringhee ⓽

JL Nehru Rd. **Asiatic Society** Park St. **☎** (033) 2229 0779.
Bibliothek ☐ Mo–Sa 10–17 Uhr.
Museum ☐ Mo–Fr 10–18 Uhr.
www.asiaticsocietycal.com

Heute heißt sie Jawaharlal Nehru Road, in der Raj-Zeit war sie als Chowringhee die Prachtpromenade. Die verkehrsreiche Durchfahrtsstraße wurde nach dem Fakir Jungle Giri Chowringhee benannt, der einst hier lebte. Am Nordende der Straße steht das **Oberoi Grand** (siehe S. 577), das in den 1870er Jahren als Grandhotel eröffnet wurde und als das »modernste und attraktivste Hotel Indiens« galt.

Hinter dem Oberoi Grand steht der 1874 gebaute **New Market** mit dem Uhrenturm. Die Läden sind an vielen Gassen angeordnet, einer der ältesten ist die jüdische Bäckerei und Konditorei Nahoum's mit einer Vielfalt von Gebäck und Konfekt.

Von der Chowringhee geht die Park Street ab. Hier ist der Sitz der **Asiatic Society**, die 1784 von Sir William Jones gegründet wurde. Er war ein Gelehrter der Orientalistik, der erste, der die gemeinsamen Ursprünge von Latein und Sanskrit fand und Sanskrit die »Mutter aller Sprachen« nannte. Das **Museum** und die **Bibliothek** der Asiatic Society besitzen mehr als 60 000 alte Manuskripte auf Sanskrit, Arabisch und Persisch. Darunter sind eine Steintafel mit einem Edikt aus dem 3. Jahrhundert v. Chr. und Bände des *Padshahnama* (17. Jh.), Abdul Hamid Lahoris Geschichte des Mogulherrschers Shah Jahan.

Häuser aus der Kolonialzeit säumen die Chowringhee Road

Indian Museum ⓾

Goldmünze der Gupta

Das älteste und größte Museum Indiens wurde 1814 gegründet. Walter Granville, der auch das General Post Office (siehe S. 229) entwarf, war Architekt des 1878 errichteten imposanten Gebäudes. Zu den Sammlungen gehören auch 2500 Jahre alte Artefakte aus den Zivilisationen im Industal, Skulpturen aus Gandhara, Balustraden aus der 2000 Jahre alten Bharhut Stupa und seltene Gupta-Münzen aus dem 5. Jahrhundert.

Pala-Bronze
Die Bodhisattva-Figur (12. Jh.) zeugt von der Grazie und Schönheit der Pala-Bildhauerei.

Chandela-Skulptur
Im 10. oder 11. Jahrhundert entstand diese Figur aus Khajuraho. Im Arm hält sie ein Baby, zwei kleinere Kinder umfassen ihre Knie.

NICHT VERSÄUMEN

★ Bharhut-Balustrade

★ Gandhara-Skulptur

Hotels und Restaurants in Kolkata siehe Seiten 577f und 605f

INDIAN MUSEUM 235

Nautch-Party
Das Gemälde aus dem 19. Jahrhundert zeigt Tänzerinnen (nautch) und vereint europäische und indische Stilmuster.

INFOBOX
27 JL Nehru Rd. (033) 2249 9902/9979. Di–So. Feiertage. Extragebühr. **Täglich Filmvorführungen, regelmäßig Sonderausstellungen.**

Kurzführer
Das Museum ist um einen Innenhof herum angelegt. Die Archaeology Gallery rechts vom Haupteingang zeigt Balustraden aus dem Bharhut Stupa sowie Skulpturen aus vielen Jahrhunderten. Die Numismatics Gallery besitzt Münzen von 500 v. Chr. bis zum 17. Jahrhundert. In der Zoologischen Abteilung sind ausgestopfte Vögel von britischen Expeditionen zu sehen. Die Kunstgalerie zeigt Gemälde und Miniaturen.

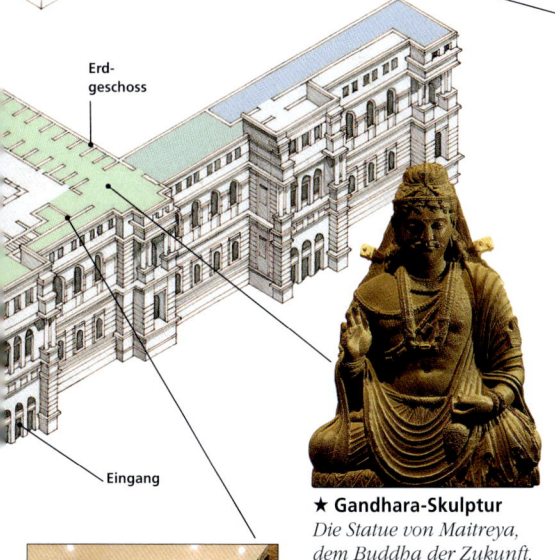

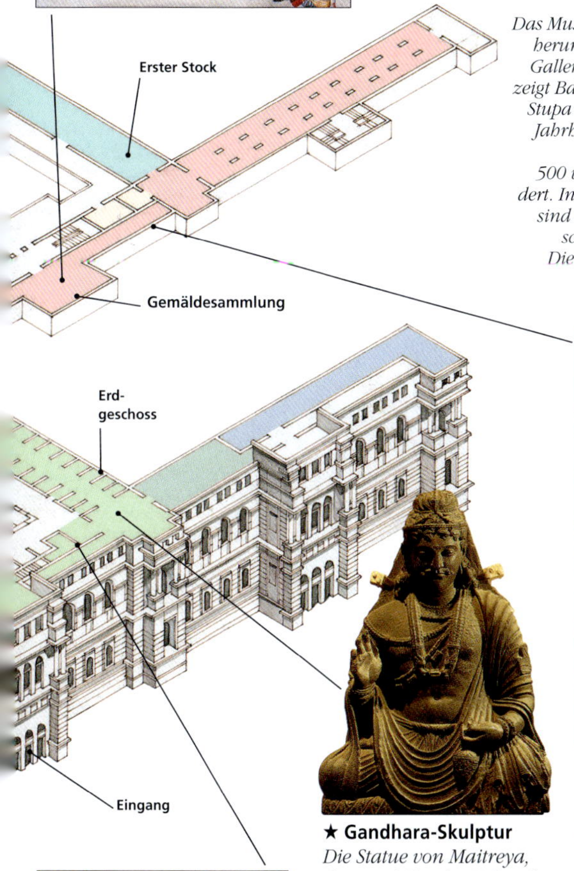

Erster Stock

Gemäldesammlung

Erdgeschoss

Eingang

Kalighat-Malerei
Der Vaishnava-Heilige Chaitanya ist hier im Stil der volkstümlichen Kalighat-Schule (19. Jh.) gemalt.

★ Gandhara-Skulptur
Die Statue von Maitreya, dem Buddha der Zukunft, stammt aus dem 3. Jahrhundert. Deutlich sieht man den Einfluss der Griechen, z.B. an der Art des Faltenwurfs des Gewandes.

★ Bharhut-Balustrade
Die 2000 Jahre alte Steinbalustrade zeigt Episoden aus buddhistischen Schriften, Ereignisse im Leben Buddhas und Alltagsszenen.

LEGENDE
- Kunst und Textilien
- Geologie
- Botanik
- Zoologie
- Anthropologie
- Archäologie
- Ägyptische Kunst
- Numismatik
- Bibliothek

Eine Schwester der Missionaries of Charity vor dem Mother House

Mother House ⓫

54A, AJC Bose Rd. (033) 2249 7115. ⬜ Fr–Mi. Spenden willkommen. www.motherteresa.org

Kolkata ist für immer mit dem Namen Mutter Teresa verbunden. Zunächst war die Nonne Lehrerin am Loreto Convent. Doch all das Elend während der Hungersnot von 1943 und der Teilung Indiens 1947 veranlassten sie, ihr Leben ganz den Armen zu widmen. 1950 gründete Mutter Teresa den Orden Missionaries of Charity (Missionarinnen der Nächstenliebe) mit dem Mother House als Hauptsitz. Das unauffällige Gebäude ist auch der Ort ihrer letzten Ruhestätte. Das Grab in der Halle ist schlicht. Es trägt keinen Schmuck, nur eine Bibel liegt darauf. Auf einer Tafel an der Wand stehen die Worte »Ich dürste«.

Park Street Cemetery ⓬

Zwischen Rawdon St und Park St. ⬜ Mo–Fr.

Mitten in der Stadt findet sich eine romantische Oase aus der britischen Raj-Zeit. Der Friedhof wurde 1767 eröffnet. Der erste hier bestattete Tote war John Wood, der im Zollhaus der East India Company tätig war. Später fanden viele Europäer, die in Kolkata starben, hier ihre letzte Ruhestätte. Die Park Street hieß ursprünglich Burial Ground Road. Umbenannt wurde sie, nachdem Elijah Impey, der Oberste Richter des Supreme Court, der ebenfalls hier bestattet ist, in der Nähe einen Park anlegen ließ. Ein pyramidenförmiges Monument ragt über dem Grab von William Jones auf, dem Gelehrten und Gründer der Asiatic Society. Auf diesem Friedhof findet man auch die Gräber von Henry Vansittart, dem ersten Gouverneur von Bengalen, sowie von Henry Louis Vivian Derozio (1809–1831), einem eurasischen Lehrer am Hindu College. Derozio regte seine Studenten an, alle etablierten Traditionen infrage zu stellen. Er war einer der Pioniere der sogenannten bengalischen Renaissance.

Das bekannteste Grab auf dem Friedhof ist das von Rose Aylmer, einer frühen Liebe des Dichters Walter Savage Landor. Im Grabmal, einem schlichten gedrehten Obelisken, sind Verse von ihm eingraviert. Ein weiterer berühmter Toter ist Colonel Kyd, der Gründer der Botanical Gardens *(siehe S. 239)*.

Alipore ⓭

Zwischen AJC Bose Rd, Belvedere Rd und Alipore Rd. **Alipore Zoological Gardens** ⬜ Fr–Mi 9–17 Uhr. ⬛ Tage nach nationalen Feiertagen. **National Library** (033) 2479 1384. ⬜ tägl. ⬛ Feiertage. **Agri Horticultural Society** (033) 2479 0834. ⬜ Mo–Sa 7–10, 14–18 Uhr (nur für Mitglieder und deren Gäste). Blumenschau (Jan, Feb, Nov).
www.agrihorticultureindia.com

Der Vorort Alipore im Süden Kolkatas ist die feinste Adresse der Stadt. Hier säumen breite Bäume die breiten Straßen, Rasenflächen umgeben die prächtigen Häuser.

Die **Alipore Zoological Gardens** wurden hier 1875 gegründet. Der Zoo ist die Heimat vieler Vögel und Säugetiere. In der Nähe beherbergt das Belvedere Estate die **National Library**, die als größte Bibliothek Indiens mehr als zwei Millionen Handschriften und Bücher besitzt. Inzwischen wurde sie in das Gebäude Bhasha Bhawan verlegt, das sich auch auf dem Gelände befindet. Ursprüng-

Verwitterte Grabmäler im baumbestandenen Park Street Cemetery

Hotels und Restaurants in Kolkata *siehe Seiten 577f und 605f*

Die National Library in Alipore mit ihren Kolonnaden

lich diente das Anwesen als Wohnsitz des Militärgouverneurs von Bengalen.

Die üppig blühenden Gärten der **Agri Horticultural Society** gehen auf den Missionar William Carey *(siehe S. 243)* zurück, der 1820 begann, Blumenzucht und Gartenbau in Indien zu fördern. In den ersten 40 Jahren wurden Samen, Sprösslinge und Zierpflanzen aus England, Südafrika und Südostasien importiert. Danach züchtete die Society selbst eine Reihe von blühenden Bäumen und Sträuchern, Farne und medizinische Pflanzen, die man hier auch kaufen kann.

Kalighat ⓮

Ashutosh Mukherjee Rd. ◯ *tägl.*

Kolkatas älteste Pilgerstätte, Kalighat, wird in mittelalterlichen Versen und Balladen erwähnt. Eine Legende erzählt, der Gott Shiva habe in tiefer Trauer um seine verstorbene Frau Sati (eine Inkarnation von Parvati) deren Körper auf den Schultern getragen und so den *tandava nritya* (Todestanz) getanzt. Dabei habe er alles, was ihm in den Weg geriet, zerstört. Um das Gemetzel zu beenden, habe Vishnu sein magisches *chakra* (Rad, Diskus) auf Satis Körper geschleudert und die so abgetrennten Körperteile im ganzen Land verstreut. An der Stelle, an der die kleine Zehe niederfiel, entstand Kalighat, aus dem sich später der Name Kolkata abgeleitet haben soll.

Der Kali-Tempel wurde im frühen 19. Jahrhundert erbaut, doch der Platz gilt schon viel länger als heilig. Die Statue der Göttin im inneren Heiligtum zeigt eine wilde Figur mit wirrem Haar und großen, wütenden Augen. Die herausgestreckte Zunge wird jeden Tag neu mit Gold belegt. Im Tempel ist an allen Tagen viel Betrieb, besonders an Dienstagen und Samstagen.

Als Kalighat werden auch die Kalighat-*pats* bezeichnet. Der ganz eigene Malstil aus Bengalen wurde ursprünglich für religiöse Schriftrollen verwendet. Dabei trägt man statt Tempera-Farben rein wasserlösliche Farben auf Papier auf. Eine interessante Sammlung von Kalighat-*pats* ist im Indian Museum *(siehe S. 234 f)* zu sehen.

Nirmal Hriday ⓯

251 Kalighat Rd. ☎ (033) 2464 4223. ◯ *tägl. 8–11, 15–17 Uhr.*

Mutter Teresas Heim für Arme, Nirmal Hriday (»Reines Herz«), befindet sich in der Nähe des Kali-Tempels. Der Ort wurde wahrscheinlich gewählt, weil zu dieser heiligen Stätte besonders viele mittellose, alte Menschen kommen, um zu sterben und *moksha* (Erlösung) zu erlangen. In einer großen Halle reihen sich die Betten mit Todkranken, Nonnen in weißblauen Saris kümmern sich um sie.

Der gemauerte Turm des Kali-Tempels von Kalighat

Kalighat-Malerei von zwei Wanderbettelmönchen

Mutter Teresa (1910–1997)

Mutter Teresa wurde als Agnes Gonxa Bojaxhiu im albanischen Skopje (heute Makedonien) geboren und kam 1929 als Lehrerin an einer Missionsschule nach Kalkutta. Die Armut und das Leiden, das sie sah, ließen sie 1950 den Orden Missionaries of Charity gründen. Ihr unermüdlicher Einsatz für die Kranken, Sterbenden und Waisen brachte ihr auf der ganzen Welt Anerkennung ein. Für die Menschen in Kalkutta war sie die »Mutter«. Unabhängig von Religion und Klasse wurde Mutter Teresa von allen geliebt. 1979 erhielt sie den Friedensnobelpreis.

Mutter Teresa auf einer Briefmarke

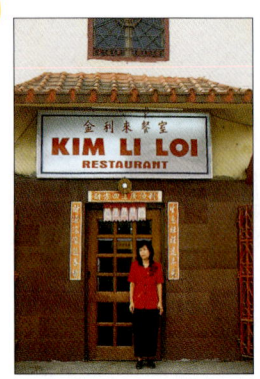

Kim Li Loi, ein chinesisches Restaurant in Tangra

Tangra ⓰

Am Eastern Metropolitan Bypass.
Chinesisches Neujahr (Feb.).

Der Vorort im Osten ist zur neuen Chinatown Kolkatas geworden. Die Einwanderung aus China begann im 18. Jahrhundert, heute hat sich in Tangra eine recht große chinesische Gemeinde gebildet, die ihre eigene Kultur bewahrt. Eine chinesische Tageszeitung und ein Journal werden hier herausgegeben. Viele kleine Restaurants, meist nur erweiterte Familienküchen, kochen nach Rezepten aus China. Dabei entstand eine eigene, indisch orientierte Küche, »Tangra Chinese«. Alle Lederfabriken von Kolkata stehen in Tangra, denn die Chinesen betätigen sich traditionell als Schuhmacher.

Marble Palace ⓱

46 Muktaram Babu St. Mo, Do, Sa 10–16 Uhr. Eintrittskarte über Tourism Centre, 3/2 BBD Bagh, (033) 2248 8271.

Das prächtige Wohnhaus wurde 1835 für Raja Rajendra Mullick gebaut, einen reichen *zamindar* (Landbesitzer). Seine Nachkommen leben noch hier, der Großteil des Hauses steht jedoch für Besichtigungen offen und gewährt so einen Einblick in den Lebensstil der reichen Bengalen im 19. Jahrhundert.
Rajendra Mullick reiste viel durch Europa. Er brachte venezianische Lüster, Ming-Vasen und ägyptische Statuen mit. Die Sammlung fand Platz in seinem Haus mit der neoklassizistischen Fassade und dem Innenhof mit Kolonnaden. Fast 100 verschiedene Marmorarten sind in den Böden verarbeitet, an den Wänden hängen Gemälde europäischer Künstler. Im Hof steht der Familientempel, auf dem Gelände befinden sich ein Felsengarten und eine Voliere mit Beos und Aras.

Jorasanko ⓲

6/4 Dwarkanath Tagore Lane.
Rabindra Bharati Museum
(033) 2269 6610. Mo–Fr 10–17, Sa, So 10–14 Uhr. **Ton- und Lichtshow** (englisch) 19 Uhr.
 Mo, Do. *Rabindranath Tagores Geburtstag (Mai).*

Jorasanko ist der Familiensitz des berühmtesten Sohnes Bengalens, Rabindranath Tagore *(siehe S. 248)*. Das 1785 erbaute Gebäude war im 19. Jahrhundert ein Zentrum für bengalische Kunst und Kultur, denn in dem schlichten dreistöckigen Haus lebte die große Tagore-Familie. Ihre Angehörigen waren meist führende Intellektuelle und Sozialreformer. Die Gasse, in der das Haus steht, ist nach Dwarkanath Tagore (1784–1846) benannt, einem wohlhabenden Unternehmer, dem Vater des Dichters Rabindranath Tagore.

Inzwischen wurde das alte Haus erweitert und zum Sitz der **Rabindra Bharati University**, die sich dem Studium bengalischer Kulturformen widmet. Hier befindet sich auch das **Rabindra Bharati Museum**. Ausgehend von dem Zimmer, in dem Rabindranath Tagore 1941 starb, kann man hier die Geschichte der Familie Tagore anhand von Kunstwerken und Memorabilien verfolgen. Eine Abteilung ist den von Rabindranath gemalten Bildern gewidmet.

Die Rabindra Bharati University in Jorasanko

Hotels und Restaurants in Kolkata siehe Seiten 577f und 605f

Ein Durga-Bild bekommt den letzten Schliff

Kumartuli [19]

North Chitpur Rd.

Wörtlich heißt Kumartuli »Viertel der Töpfer«. Und so sieht man in dem Gassengewirr viele Werkstätten, die Statuen und Bildnisse verschiedener Hindu-Gottheiten herstellen. Besonders interessant ist ein Besuch Ende August oder Anfang September, denn dann fertigen die Töpfer die Figuren für den zehntägigen Durga Puja. Man kann zusehen, wie der Ton geformt und mit Stroh verstärkt wird, damit die weithin bekannten Figuren der fischäugigen Göttin Durga entstehen. Ihre langen Haare umrahmen ein Gesicht, das oft populären Schauspielerinnen aus Hindi-Filmen gleicht.

In der Nähe steht der alte Shiva-Tempel **Buro Shiva**, wahrscheinlich der einzige Terrakotta-Tempel der Stadt.

Ein kurzes Stück weiter sieht man Kolkatas Wahrzeichen: Die **Howrah Bridge**, die heute offiziell Rabindra Setu heißt, ist eine elegante Stahlkonstruktion, die den breiten Hooghly *(siehe S. 225)* überspannt. Der Sonnenuntergang hinter der Brücke ist ein beliebtes Fotomotiv.

Die Howrah Bridge ersetzte im Jahr 1943 eine alte Pontonbrücke. Die mit 457 Metern Hauptspannweite sechstlängste Auslegerbrücke der Welt ist immer verstopft. Sie verbindet Kolkata mit Howrah (Haora), wo sich der Hauptbahnhof Kolkatas befindet. Südlich davon erstreckt sich Vidyasagar Setu, eine sehr beeindruckende Hängebrücke, die seit 1993 Süd-Kolkata mit Shibpur und dem Bahnhof Howrah verbindet.

Botanical Gardens [20]

Westufer des Hooghly, Shibpur. von Babu Ghat. (033) 2668 9970. tägl. **Palm House** Mo–Fr. **National Herbarium** Mo–Fr. Feiertage.

Der botanische Garten im Vorort Shibpur wurde 1786 auf Veranlassung von Colonel Kyd von der East India Company angelegt. Zur beeindruckenden Pflanzenvielfalt gehören Farne, Kakteen und Palmen, angeblich sind Pflanzen aus allen Kontinenten vertreten. Hauptattraktion ist der mächtige Banyanbaum *(Ficus bengalensis)* – angeblich der größte der Welt. Er ist über 200 Jahre alt, von seinen Ästen haben sich nahezu 300 Luftwurzeln ausgebildet, die sich über 60 Meter erstrecken. Der zentrale Stamm wurde 1919 vom Blitz getroffen und anschließend entfernt. Allein der Anblick des Baumes entschädigt für die lange Fahrt nach Shibpur.

Die Riesenblätter der Lilienart Victoria amazonica*, Botanical Gardens*

Durga Puja – Westbengalens großes Fest

Die zehnarmige Durga ersticht Mahisha

Durga Puja ist das beliebteste hinduistische Fest in Westbengalen, an dem einfach jeder teilnimmt. Das zehntägige Fest findet Ende September/Anfang Oktober statt und kündigt den Herbst und die neue Ernte an. Jede Gemeinde richtet ihren eigenen *puja* aus, lokale Clubs organisieren das durch Spenden finanzierte Fest. Hell erleuchtete *pandals* (Bambusbauten), oft berühmten Monumenten wie dem Taj Mahal nachempfunden, werden an den Straßen und in Parks aufgestellt. In jedem steht ein Bildnis der Göttin Durga *(siehe S. 25)*. Die Figuren werden prächtig geschmückt, bei vielen bengalischen Familien, die teilweise ihren eigenen *puja* feiern, kommt dabei auch echter Schmuck zum Einsatz. Man tauscht Geschenke aus und feiert. Am letzten Tag des *puja* lässt man die Statuen im Hooghly versinken, dazu ertönen laute Trommeln und die Rufe »Jai Ma Durga« (Heil der Mutter Durga).

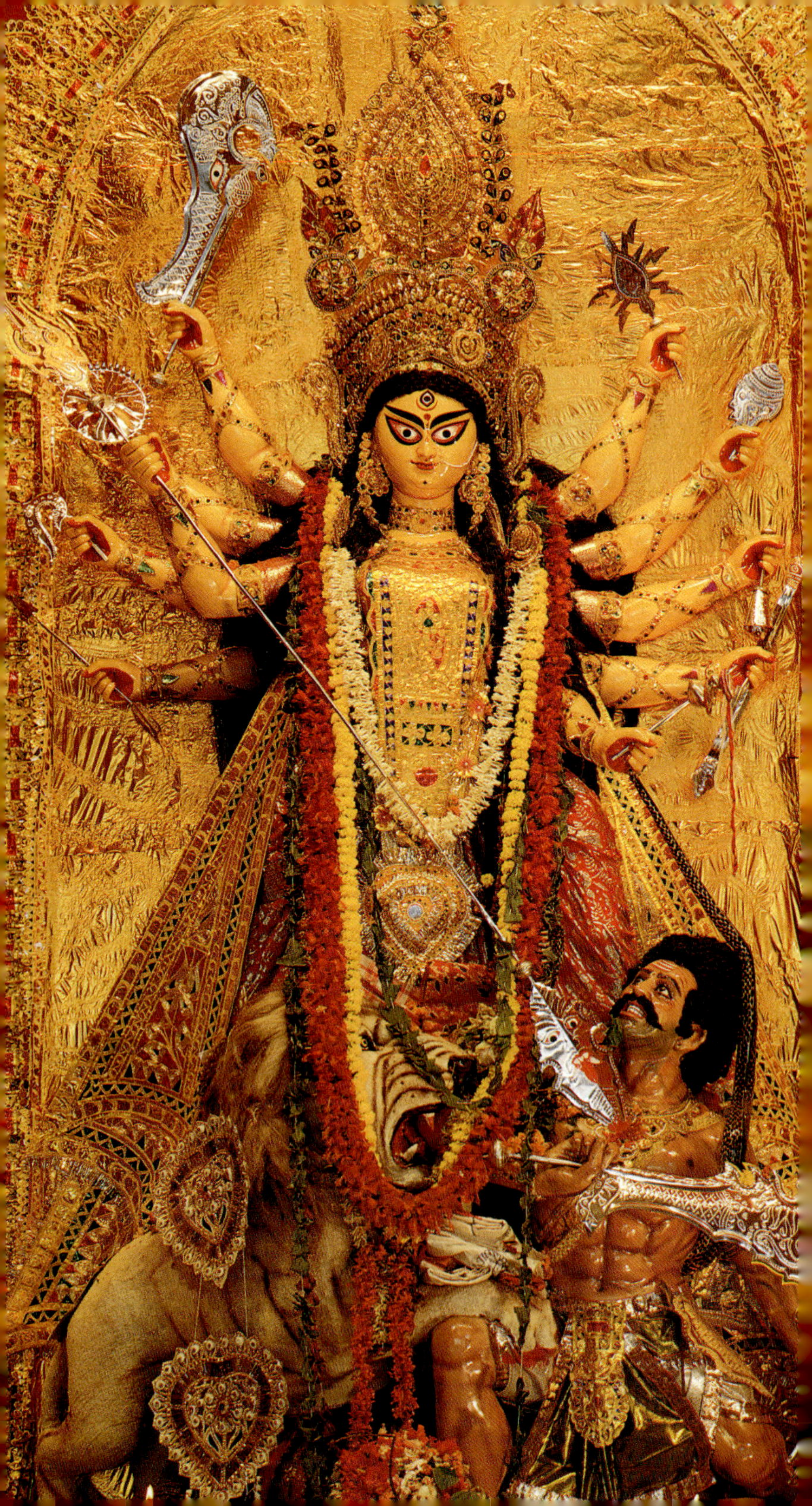

Westbengalen & Sikkim

Westbengalen wird von drei unterschiedlichen Landschaftsformen geprägt: Im Westen korrespondiert die rote Erde mit den Terrakotta-Tempeln von Bishnupur, die dichten Mangrovensümpfe des Gangesdeltas sind Lebensraum von Königstigern, im Norden sind die von den Briten geprägten Gebirgsorte Darjeeling und Kalimpong besondere Attraktionen. Auch der benachbarte Bundesstaat Sikkim, der an Bhutan, Nepal und China grenzt, ist von Bergen umgeben. In den stillen, abgeschiedenen Tälern stehen reich geschmückte buddhistische Klöster zwischen terrassierten Teefeldern. Kanchendzonga, mit 8586 Metern der dritthöchste Berg der Welt, ragt hoch über Sikkim auf. Zusammen haben die beiden Bundesstaaten eine Einwohnerzahl von 81 Millionen.

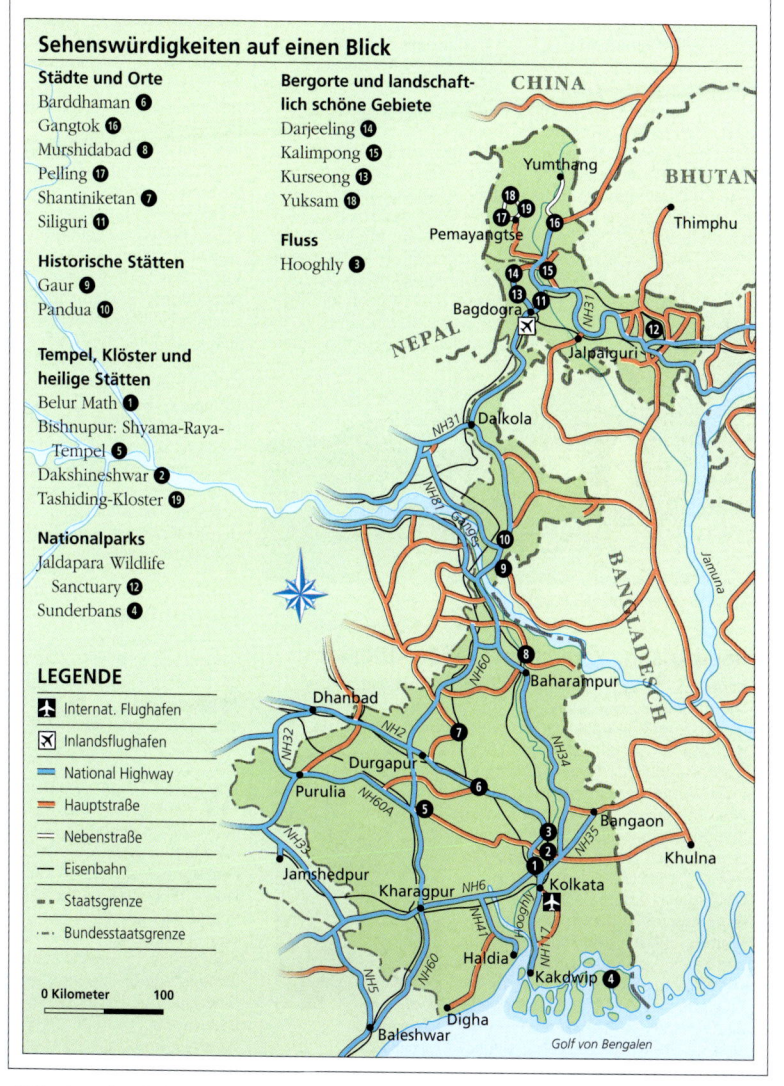

Sehenswürdigkeiten auf einen Blick

Städte und Orte
Barddhaman ❻
Gangtok ⓰
Murshidabad ❽
Pelling ⓱
Shantiniketan ❼
Siliguri ⓫

Historische Stätten
Gaur ❾
Pandua ❿

Tempel, Klöster und heilige Stätten
Belur Math ❶
Bishnupur: Shyama-Raya-Tempel ❺
Dakshineshwar ❷
Tashiding-Kloster ⓳

Nationalparks
Jaldapara Wildlife Sanctuary ⓬
Sunderbans ❹

Bergorte und landschaftlich schöne Gebiete
Darjeeling ⓮
Kalimpong ⓯
Kurseong ⓭
Yuksam ⓲

Fluss
Hooghly ❸

LEGENDE

- Internat. Flughafen
- Inlandsflughafen
- National Highway
- Hauptstraße
- Nebenstraße
- Eisenbahn
- Staatsgrenze
- Bundesstaatsgrenze

0 Kilometer 100

◁ **Die zehnarmige Göttin Durga, herausgeputzt für das Fest Durga Puja** *(siehe S. 239)*

Belur Math ●

Distrikt Howrah. 10 km nördlich von Kolkata. 🚆 🚌 oder Taxi von Kolkata. ⏰ tägl.; korrekte Kleidung erwünscht.

Außerhalb von Kolkata liegt am Westufer des Hooghly Belur Math, der Hauptsitz der Ramakrishna Mission. Gegründet wurde der Orden 1897 von dem dynamischen, reformorientierten Hindu Swami Vivekananda *(siehe S. 501)*, Ramakrishna Paramhansas Hauptschüler. Der moderne Tempel in dem großen Komplex entstand 1938. Er verkörpert Ramakrishnas Philosophie, die alle Religionen gleichstellt. Der Grundriss ist in Form eines Kreuzes gestaltet, die Fenster erinnern mit ihren Bogen an Mogulbauten, das Tor zeigt buddhistische Einflüsse, hinduistische Architekturelemente schmücken die Fassade.

Kleinere Tempel und Schlafsäle für die Mönche umgeben den Haupttempel. Der ganze Ort ist makellos sauber, überall herrscht kontemplative Ruhe. Die Mission hat heute Zentren in der ganzen Welt.

Dakshineshwar ●

Distrikt 24 Parganas. 12 km nördlich von Kolkata. 🚆 🚌 oder Taxi von Kolkata. ⏰ tägl.; korrekte Kleidung erwünscht.

Nördlich von Belur Math, am Ostufer des Hooghly, erhebt sich der Tempel von Dakshineshwar, einer der beliebtesten Pilgerorte Bengalens. Die reiche, fromme Witwe Rani Rashmoni ließ den Tempel 1855 bauen. Da sie aber nicht Brahmanin war, also nicht zur höchsten Kaste gehörte, missbilligten orthodoxe Gläubige den Bau. So fand sich kein Brahmane, der hier Tempelpriester sein wollte. Nur Ramakrishna Paramhansa, damals noch ein Knabe, willigte ein und verbrachte hier viele Jahre mit Predigten und der Ausarbeitung seiner Philosophie. Der von ihm bewohnte Raum im Tempel wird immer noch im Originalzustand bewahrt.

Der weiße Tempel steht auf einem hohen Sockel und wird von neun Kuppelbauten gekrönt. Das Dach weist geschwungene Kanten auf, im inneren Heiligtum befindet sich ein Bildnis von Bhabatarini, einer Inkarnation der Göttin Kali. Auf dem großen Komplex, der sich am Flussufer erstreckt, stehen zwölf kleinere Tempel, alle sind Shiva geweiht. Täglich kommen viele Pilger nach Dakshineshwar. Die Atmosphäre auf dem Gelände ist immer lebhaft und voller Freude.

Das geschwungene *Bangaldar*-Dach des Kali-Tempels, Dakshineshwar

Belur Math am Westufer des Hooghly

Ramakrishna Paramhansa (1836–1886)

Ramakrishna, einer der führenden geistlichen Lehrer der Hindu-Renaissance, kam als Sohn eines mittellosen Brahmanen zur Welt. Ramakrishna wurde Priester in Dakshineshwar, wo er ein Leben mit Gebeten und Meditation begann. Seine Philosophie war einleuchtend: Es gibt eine inhärente Wahrheit in allen Religionen, nur ein einfaches Leben ist ein reines Leben. Der Mystiker, der in Trancezuständen direkt zu Gott sprach, konnte auch komplexe theologische Fragen in einfachen Worten erklären und sprach so Arme wie Reiche an. Seine Lehren wurden von seinem Hauptschüler Swami Vivekananda (1863–1902), der viele Ramakrishna Missionszentren gründete, in die westliche Welt getragen.

Ramakrishna Paramhansa

Hooghly ●

Distrikt Hooghly. 24 km nördlich von Kolkata nach Shrirampur. 🚆 🚌 *Ausflugsfahrten.* ℹ️ *Babu Ghat (bei den Eden Gardens) oder Tourist Office, (033) 2248 7302.*

Wo der Ganges die tieferen Ebenen von Westbengalen erreicht, teilt sich der Fluss in viele Arme auf. Der Hauptarm Hooghly (auch Hugli) fließt 260 Kilometer von Murshidabad in die Bucht von Bengalen.

Zwischen 15. und 19. Jahrhundert zog dieser gut schiffbare Fluss niederländische, französische, portugiesische, dänische und britische Händler an. Ihre Siedlungen ver-

Hotels und Restaurants in Westbengalen & Sikkim siehe Seiten 578f und 606f

WESTBENGALEN & SIKKIM

Besucher beim Gebet vor der Church of Our Lady of Bandel

Am Fluss Hooghly

LEGENDE

- 🚆 Bahnhof
- 🚌 Busbahnhof
- Tempel
- Kirche
- Bootsanlegestelle

0 Kilometer 10

Bansberia
Bandel
Hooghly
Chinsurah
Chandannagar
Barakpur
Shrirampur
↓ KOLKATA

wandelten das Flussufer in ein Klein-Europa, das man bis heute am besten im Rahmen einer Bootsfahrt besichtigt.

Von Kolkata flussaufwärts erreicht man **Shrirampur** (Serampore), bis 1845 eine dänische Kolonie. Dr. William Carey, der erste baptistische Missionar in Indien *(siehe S. 237)*, nahm hier 1799 die erste Druckerpresse in Betrieb. Er übersetzte die Bibel in einige indische Sprachen, darunter Bengali, und markierte so die Anfänge bengalischer Prosaliteratur. 1818 gründete er das erste theologische College, heute Shrirampur College. Seine Bibliothek beherbergt eine Sammlung von Büchern aus dem 18. und 19. Jahrhundert.

Am Ostufer erreicht man **Barakpur** (Barrackpore) mit dem Landsitz des britischen Vizekönigs. Das Haus, das die Einheimischen Lat Bagan («Garten des Herrn») nennen, entstand unter Lord Wellesley, einem Generalgouverneur des frühen 19. Jahrhunderts.

Chandannagar (Chandernagore), von 1673 bis 1952 eine französische Siedlung, hat immer noch Flair. Am früheren Quai Dupleix stehen die gleichen Bänke wie in den Pariser Parks. Die im 18. Jahrhundert erbaute Residenz des Verwalters ist heute das Institut de Chandernagore mit Museum und Bibliothek,

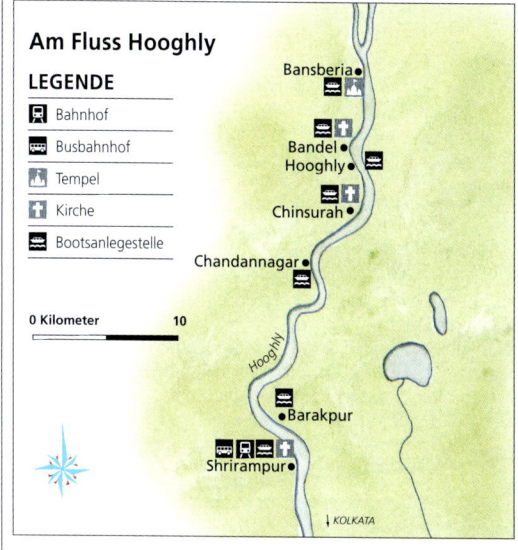

Armenische Kirche, Chinsurah

in denen man Dokumente und Artefakte aus der französischen Zeit sehen kann. In der Église du Sacré Cœur stößt man auf eine Statue der Jeanne d'Arc und auf eine Lourdes-Grotte.

Nördlich von Chandannagar ist **Chinsurah** (Chunchura), eine armenische Siedlung, die die Niederländer 1625 übernahmen und später den Briten überließen. Die armenische Kirche stammt von 1697, der Turm wurde ein Jahrhundert später angefügt.

Der Ort **Hooghly** weiter im Norden hat eine eindrucksvolle *imambara* (Moschee) von 1836. Weiter flussaufwärts wurde **Bandel** 1580 von den Portugiesen gegründet. Die 1599 geweihte Church of Our Lady of Bandel zählt zu den ältesten in Ostindien, hat aber durch eine später angebrachte Granitfassade einiges an Charme verloren. Menschen aller Glaubensrichtungen beten zu Our Lady of Happy Voyages, deren Statue eine besondere Geschichte hat. Sie wurde 1632 beim Angriff des Mogulherrschers Shah Jahan geraubt, ging im Fluss verloren und tauchte später am Ufer vor der Kirche auf.

Im weiter nördlich gelegenen **Bansberia** stehen Terrakotta-Tempel. Am Ananta-Vasudeva-Tempel (1679) ist über dem Portal ein Paneel mit Kriegern. Der Hanseshwari-Tempel (1814) hat Zwiebelkuppeln und eine skulptierte Fassade.

Die Residenz des französischen Verwalters in Chandannagar

Sunderbans ❹

Das Delta von Ganges und Brahmaputra umfasst 105 000 Quadratkilometer und besitzt den größten tropischen Mangrovenwald der Welt. Das 2585 Quadratkilometer große Sunderbans Reserve wurde 1973 zum Schutzgebiet für Tiger erklärt, um den Lebensraum des bedrohten Königs- oder Bengaltigers zu erhalten. Der Sunderbans National Park (1330 km²), Teil des Reserve, ist seit 1987 UNESCO-Welterbestätte. In dem Netz von Wasserwegen, Sümpfen und Inseln leben viele Arten von Meerestieren, Krustentiere ebenso wie Delfine, aber auch bedrohte Reptilien wie die Oliv-Bastardschildkröte. Die Sümpfe ziehen viele Wasservögel an. Mit Booten kann man sich durch die Mangrovenwälder fahren lassen.

Der Braunliest, ein Eisvogel

Fiedlerkrabben
Männliche Krabben besitzen große Scheren. Sie schrecken damit Feinde ab und locken Weibchen an.

Mangrovenwälder
Einst wuchsen in den Sunderbans vor allem Sundari-Bäume (Heritiera fomes), heute sind diese fast alle abgeholzt. Mangroven sind an Überschwemmung und Salzwasser perfekt angepasst. Sie besitzen Pneumatophoren (Luftwurzeln), die zusätzlichen Sauerstoff zuführen.

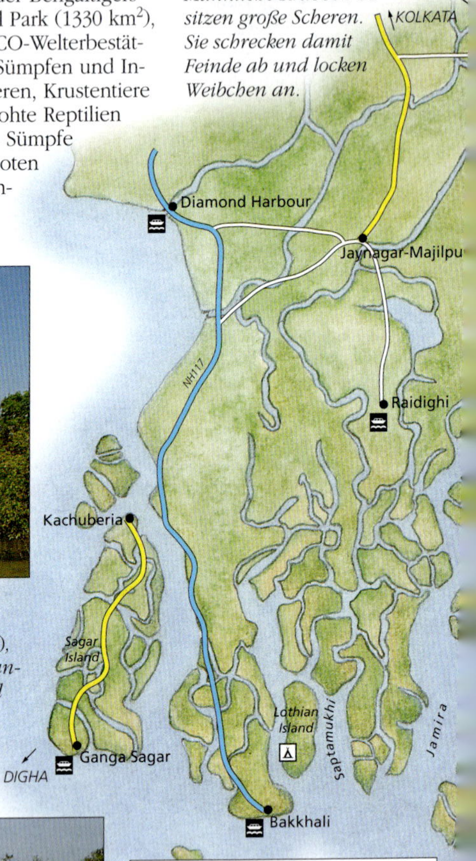

Bootstouren
Kleine Ruderboote mit Führer kann man in Sajnakhali mieten, um sich damit durch die Wasserwege fahren zu lassen. Ruderboote sind besser als laute Motorboote, die in der Regel die Tiere, vor allem die Wasservögel, aufscheuchen.

Sehenswerte Orte

An der Westgrenze der Sunderbans gibt es beliebte Strände und Reservate, die man auf der Straße und mit dem Boot erreicht. In **Ganga Sagar** auf Sagar Island versammeln sich Millionen von Pilgern zum jährlichen Ganga Sagar Mela *(siehe S. 251)* während Makar Sankranti im Januar. **Diamond Harbour** ist ein beliebter Picknickplatz, **Bakkhali** und **Digha** sind Ferienorte mit schönen Stränden. Bakkhali ist auch für seine reiche Vogelwelt bekannt.

Hotels und Restaurants in Westbengalen & Sikkim *siehe Seiten 578f und 606f*

SUNDERBANS

Leisten- oder Salzwasserkrokodil
Auch wenn sie verniedlichend »Salties« genannt werden – Leistenkrokodile werden bis zu acht Meter lang, fressen kleine Säugetiere, können aber auch Menschen angreifen.

INFOBOX

Distrikt 24 Parganas. 170 km südöstlich von Kolkata.
🚉 Canning, 45 km nordwestlich von Sajnakhali, dem Zugang zum Tigerschutzgebiet. 🚌 Basanti, 30 km nordwestlich von Sajnakhali. 🚤 von Canning oder Basanti über Gosaba nach Sajnakhali.
ℹ️ Buchungen über Field Director, (03218) 255 280. Genehmigungen bekommt man beim Tourist Dept, Kolkata, (033) 2248 8271.
🌙 Nov–März. 📷 obligatorisch. 🚣 Ruderboote mit Führer in Sajnakhali.

Königs- oder Bengaltiger
Auf der indischen Seite der Sunderbans leben nach einer Zählung aus den Jahren 2001/2002 245 Königstiger. Es sind die einzigen Tiger, die sich dem Leben in den Mangrovenwäldern angepasst haben: Sie können schwimmen und ernähren sich von Fischen.

0 Kilometer 10

LEGENDE

- 🚉 Bahnhof
- 🚌 Busbahnhof
- 🚤 Bootsanlegestelle
- ℹ️ Information
- 🏠 Unterkunft
- 🌿 Aussichtspunkt
- ━━ National Highway
- ━━ Hauptstraße
- ══ Nebenstraße
- ▪▪▪ Parkgrenze
- ▫▫▫ Staatsgrenze

Geschichte des Indischen Tigers

In Indiens Kulturgeschichte spielt der Tiger eine wichtige Rolle als Symbol der Macht und der Herrschaft. In der hinduistischen Ikonografie trägt Shiva ein Tigerfell, die Göttin Durga wird oft auf einem Tiger reitend dargestellt. Diese Raubkatzen sieht man auf Wandbildern buddhistischer Klöster in Sikkim, Arunachal Pradesh und Ladakh. In den Sunderbans opfert man der Waldgottheit Banbibi, die vor Tigerangriffen schützt. Doch die Realität straft den mythischen Status Lügen: Um 1900 lebten in Indien rund 40 000 Tiger, 1972 waren es noch 1800. Die Regierung rief das »Project Tiger« ins Leben. Seither scheint die Population wieder zu wachsen. Etwa 60 Prozent der Welt-Tigerpopulation leben in den über das ganze Land verteilten 28 Reservaten des »Project Tiger«.

Im Theaterstück schützt Banbibi eine Mutter mit Kind vor dem Tiger

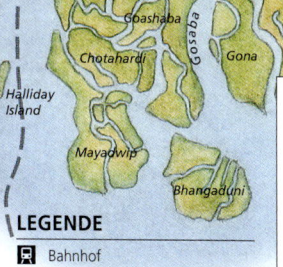

Bishnupur: Shyama-Raya-Tempel ❺

Bishnupur, zwischen 17. und Mitte des 18. Jahrhunderts die Hauptstadt des Mallabhumi-Reichs, ist berühmt für seine fein verzierten Terrakotta-Tempel aus dem roten Lehm der Gegend. Der beeindruckendste Bau ist der Shyama-Raya-Tempel von 1643. An ihm sieht man Szenen aus Krishnas Leben und Episoden aus dem Epos *Ramayana* (siehe S. 27), aber auch profane Jagdszenen, Kompositionen mit Booten und Militärumzüge.

Rankenmotiv

Fassade des Shyama-Raya-Tempels

Shikharas
Die fünf Türme entsprechen der Tempeltradition des nahen Orissa (siehe S. 258).

Die Wölbung ahmt die Umrisse einer strohgedeckten Hütte nach.

Bogengang
Die Bogen werden von dicken Säulen getragen, der Korridor dahinter hat ein Gewölbe.

Im Innenraum, *thakurbari* (Gotteshaus) genannt, steht an einem Ende ein schön verzierter Altar.

Hotels und Restaurants in Westbengalen & Sikkim *siehe Seiten 578f und 606f*

BISHNUPUR: SHYAMA-RAYA-TEMPEL

INFOBOX
Distrikt Bankura. 152 km nordwestlich von Kolkata.
129 000. tägl.
Jhapan (Aug).

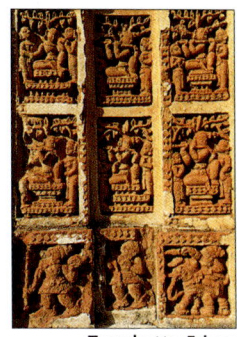

Die Zwillingsdächer des Keshta-Raya-Tempels, Bishnupur

Terrakotta-Friese
Szenen aus den Epen wechseln sich ab mit Szenen aus dem Alltagsleben. Hier spielt Krishna Flöte.

Gebogene Simse leiten das Regenwasser ab.

Innenbogen
Das Tor hat Schnitzwerk mit Ranken, Blättern und Blüten.

Überblick: Bishnupurs Tempel

Die Terrakotta-Tempel von Bishnupur stehen im Umkreis von drei Kilometern verstreut, der rote Ton hebt sich deutlich von der grünen und ockerfarbenen Landschaft ab.

Den **Rasa-Mancha-Tempel** ließ der Herrscher Bir Hambir Ende des 16. Jahrhunderts erbauen. Er hat 108 Säulen und ein pyramidenförmiges Dach. Bildnisse von Krishna und Radha werden hier während des Rasa-Festes gezeigt.

Nördlich des Rasa-Mancha-Tempels steht der große Tempel **Keshta Raya (Jor Bangla)** von 1655. Die beiden miteinander verbundenen Dächer heißen *jor bangla*. Blumenmotive und Szenen aus *Ramayana* und *Mahabharata* zieren die Wände.

Die Friese im 1694 erbauten **Madan-Mohan-Tempel** weiter nördlich zeigen Ereignisse im Leben Krishnas.

Im Nordwesten steht der **Shridhara-Tempel** (19. Jh.) mit neun Türmen *(nav ratna)*. Der Fries am Eingang zeigt einen tanzenden Shiva.

Barddhaman

Distrikt Barddhaman. 125 km nordwestlich von Kolkata.
Barddhaman-Fest (Jan).

Die Rajas von Barddhaman (Burdwan) waren mächtige Fürsten und große Kunstförderer. Heute ist die kleine unbedeutende Stadt das Tor zu interessanten Stätten. Im 18. und 19. Jahrhundert ließen die Rajas Tempel in **Kalna**, 50 Kilometer östlich von Barddhaman, errichten. Der Shiva-Tempel mit 108 kleineren Schreinen ist der eindrucksvollste. **Nabadwip**, 20 Kilometer nördlich von Kalna, ist der Geburtsort von Sri Chaitanya (1486–1533), der die Krishna-Verehrung *(siehe S. 153)* wiederbelebte. In dem hübschen Ort gibt es ein paar alte Häuser aus kleinen roten Ziegeln, Pilger singen *bhajans* im Gauranga-Tempel. Nicht weit entfernt ist **Mayapur** mit dem großen, modernen Chandrodaya-Tempel, dem Verwaltungssitz der ISKCON (International Society for Krishna Consciousness).

Bankura-Pferde

Der Distrikt Bankura hat eine lebendige Tradition der Volkskunst, u. a. findet man hier eine Vielzahl von Objekten aus Ton. Am bekanntesten ist das Bankura-Pferd, eine stilisierte Figur mit langem Hals und großen Ohren aus Terrakotta. Seit vielen Generationen formen und brennen die Künstler die Hohlfiguren auf dieselbe Art. Die Pferde gibt es von ganz klein bis zu einem Meter Größe, es sind Votivfiguren, die man häufig vor den Altären und Bildnissen lokaler Gottheiten sieht.

Bankura-Tonpferd

Gelehrt wird an der Visva Bharati University auch im Freien

Shantiniketan ❼

Distrikt Birbhum. 210 km nordwestlich von Kolkata. 🚆 *Bolpur, 3 km südlich von Shantiniketan, dann Rikscha.* 🚌 *Bolpur.* 🎭 *Kendulimela (Jan), Paush Mela (Dez).*

Die Siedlung wurde 1863 von Debendranath Tagore gegründet. Sein Sohn Rabindranath eröffnete hier 1901 eine Schule, die 1921 in eine Universität umgewandelt wurde. Sein Ziel war es, eine Institution zu schaffen, die dem traditionellen indischen *Gurukul*-System entsprach, bei dem Gurus lehren, während sie mit den Schülern im Freien unter Schatten spendenden Bäumen sitzen. Die Universität betonte den Wert gemeinsamen Wohnens und widmete sich allen Aspekten der Kunst und der Kulturwissenschaften unter besonderer Berücksichtigung bengalischer Kultur.

Heute ist die **Visva Bharati University** in ihrer Struktur konventioneller, aber manche Traditionen wie die Seminare an der frischen Luft werden beibehalten. Für Tagores Bewunderer ist der Ort immer noch quasi geheiligter Boden.

Auf dem Campus steht der Uttarayan-Komplex, wo der Dichter viele Jahre lebte und arbeitete. Andere Fakultäten sind **Kala Bhavan** (Bildende Kunst), **Sangeet Bhavan** (Musik) und **China Bhavan** (Sinologie). Shantiniketans Verbindung mit zeitgenössischer indischer Kunst zeigt sich an den ausgestellten Werken zahlreicher führender Künstler, darunter auch Binode Bihari Mukherjee (1904–1980), Nandalal Bose (1882–1966) und Ram Kinkar Baij (1910–1980). Das **Vichitra Museum** präsentiert u.a. Memorabilien des Dichters, darunter Skizzen am Rand seiner Schriften. Jeden Abend kann man auf dem Campus Aufführungen von Rabindra Sangeet hören, die Songs wurden von Tagore getextet und vertont.

Das Dorf **Kenduli** in der Nähe ist der Geburtsort des mittelalterlichen Dichters Jayadeva, der *Gita Govinda* schrieb, einen Lobgesang auf Krishna. Jeden Januar versammeln sich hier reisende Sänger zum Kendulimela, einem Festival, bei dem sie ohne Pause drei Tage lang singen.

🏛 **Visva Bharati University**
📞 *(03463) 262 626, 262 531.*
🕒 *Do–Di.* 📷 **Vichitra Museum** 🕒 *tägl.* 📷

Murshidabad ❽

Distrikt Murshidabad. 200 km nördlich von Kolkata. 🚆 🚌

Die ehemalige Hauptstadt der Nawabs von Bengalen liegt inmitten einer grüngoldenen Landschaft. Die Stadt am Ufer des Bhagirathi wurde 1704 von Nawab Murshid Quli Khan gegründet, dem Gouverneur des Mogulherrschers Aurangzeb. Sein Grab ist unter den Treppen der beeindruckenden **Katra-Moschee**, die 1724 nach dem Vorbild von Kartalab Khans Moschee in Dhaka gebaut wurde. Der Nawab bestimmte diesen Platz für sein Grab, weil er wollte, dass die Schritte der Gläubigen über ihn hinwegführen sollten.

Hazarduari (»Tausend Türen«), der Palast des Nawab, wurde in den 1830er Jahren

Die Fassade des Hazarduari-Palastes in Murshidabad

Rabindranath Tagore (1861–1941)

Tagore war einer der bedeutendsten Vertreter der bengalischen Renaissance, sein Einfluss ist bis heute in Kunst und Kultur zu spüren. 1861 kam er als Sohn der Brahmanenfamilie Tagore *(siehe S. 238)* in Kalkutta zur Welt. Er schrieb Gedichte, Prosa und Essays, betätigte sich als Maler, Choreograf, Schauspieler und Sänger – auch die indische Nationalhymne stammt von ihm. Nachdem William Butler Yeats das Gedicht *Gitanjali* ins Englische übersetzt hatte, bekam Tagore 1913 den Nobelpreis. Er wurde in England geadelt, wies diese Ehre aber zurück aus Protest gegen das Massaker in Amritsar *(siehe S. 56)*. Mahatma Gandhi nannte ihn Gurudev (»Großer Lehrer«). Tagore starb 1941 in Shantiniketan, bis heute wird er von den Bengalen tief verehrt. Seine Bücher stehen in zahlreichen Wohnungen der Mittelklasse, viele liegen auf Deutsch vor.

Nobelpreisträger Tagore 1930

Hotels und Restaurants in Westbengalen & Sikkim *siehe Seiten 578f und 606f*

von General Duncan McLeod von den Bengal Engineers gebaut. Inspiriert vom italienischen Barock versah er den Palast mit einem Bankettsaal mit Spiegeln und einer runden Durbar Hall. Heute ist der Bau ein Museum, z. B. entdeckt man hier einen riesigen Kronleuchter, ein Geschenk Queen Victorias, das direkt über den massiven Silberthron des Nawab gehängt wurde. Die Bibliothek besitzt über 10 000 Bücher, darunter auch einige schön illustrierte Koranausgaben. Des Weiteren sieht man Rüstungen und Waffen, auch eine Kanone, die 1757 bei der entscheidenden Schlacht von Plassey (siehe S. 52) abgefeuert wurde. Damals schlug Robert Clive den Nawab Siraj-ud-Daulah und ebnete damit der britischen Herrschaft den Weg.

🏛 **Hazarduari Museum**
◻ Sa–Do. 📷 🚫

Gaur ❾

Distrikt Malda. 325 km nördlich von Kolkata. 🚆 Malda, 16 km nördlich von Gaur, dann Taxi oder Bus. 🚌
Monumente ◻ tägl.

Die beeindruckenden Ruinen von Gaur zeugen vom ehemaligen Ruhm der Stadt, die der zweite Mogulherrscher Humayun Jinnatabad (»Sitz des Paradieses«) nannte. Die verlassene Stadt nimmt mehr als 52 Quadratkilometer ein. Schon seit dem 8. Jahrhundert herrschten hier die buddhistischen Pala-Könige, bis sie von den Senas, der letzten Hindu-Dynastie Bengalens, im 12. Jahrhundert vertrieben wurden.

Die Terrakotta-Fassade des Eklakhi-Mausoleums, Pandua

Danach war Gaur in der Hand muslimischer Sultane, 1539 wurde es von Sher Shah Suri (siehe S. 73) eingenommen, nach 1575 kam es zum Mogulreich. Die meisten Ruinen sind Bauten aus dem 15. und 16. Jahrhundert.

Das älteste Bauwerk ist das **Sagar Dighi**, ein großes, im 12. Jahrhundert geschaffenes Becken. Am Ostufer des Bhagirathi umschließen die Wälle eines Forts eine Ziegelmauer, die einst einen Palast umgab. Das Nordtor **Dakhil Darwaza** von 1459 hat einen hohen Bogen, an den Ecken kann man noch die Verzierungen erkennen. Nördlich davon war die **Sona-Moschee** von 1526 Gaurs größte Moschee. Viele Bogen zeichnen die **Qadam-Rasul-Moschee** von 1530 aus. Sie wurde um einen angeblichen Fußabdruck des Propheten Mohammed errichtet. Sehr interessant sind auch die **Tantipara-Moschee** und die **Lattan-Moschee**, die noch Reste von blauen, grünen, gelben und weißen Fliesen aufweist. **Gumti Darwaza**, der östliche Eingang zur Stadt Gaur, ist teilweise noch gut erhalten.

Detail des Gumti Darwaza in Gaur

Pandua ❿

Distrikt Malda. 360 km nördlich von Kolkata. 🚆 Malda, 18 km südlich von Pandua, dann Taxi oder Bus. 🚌

Die überwucherten Ruinen von Pandua befinden sich rechts und links einer zehn Kilometer langen, alten gepflasterten Straße. Im 14. Jahrhundert wurde Pandua statt Gaur die Hauptstadt der bengalischen Muslimherrscher.

Am Nordrand ließ Sultan Sikandar Shah im 14. Jahrhundert die **Adina-Moschee** errichten. Sie war zu jener Zeit die größte Moschee Indiens, als Vorbild diente die Große Moschee von Damaskus. Sikandar Shahs Grabmal befindet sich hier. Weiter südlich markiert das **Eklakhi-Mausoleum** aus dem 15. Jahrhundert das Grab von Sultan Jalal-ud-din. Der aufwendige Bau war damals das größte Backsteingrab in Bengalen. Die achteckige innere Kammer weist unüblicherweise ein Bildnis von Ganesha, dem hinduistischen Elefantengott, über dem Eingangsbogen auf. Die **Qutb-Shahi-Moschee** im Süden wird auch »Goldene Moschee« genannt, da ihre Minarette früher mit gelben Ziegeln gedeckt waren. Der Sultan Makhdum Shah ließ sie 1582 errichten, sein Grab befindet sich neben der Moschee.

Das Tor Dakhil Darwaza in Gaur, erbaut aus kleinen roten Ziegeln

Teeplantagen säumen die Straße zwischen Bagdogra und Siliguri

Siliguri ⓫

Distrikt Darjeeling. 80 km südöstlich von Darjeeling. 470 000. Bagdogra, 12 km westlich von Siliguri, dann Taxi oder Bus. New Jalpaiguri, 60 km südöstlich von Siliguri, dann Taxi oder Bus. Tourist Office, Siliguri, (0353) 251 1974.

Siliguri am Fuß des östlichen Himalaya war früher eine stille Provinzstadt mit ruhigen Straßen und Läden, die das anboten, was die Teepflanzer zum Leben brauchten. Heute wirken große Teile der Stadt wie ein riesiger Lkw-Parkplatz. Dennoch gibt es immer noch lebhafte Märkte, z. B. den an der **Tenzing Norgay Road**. Besonders günstig kann man hier tibetische Wollsachen kaufen. Auch Rohrmöbel, für die die Region bekannt ist, werden überall angeboten. Im Winter finden in Siliguri internationale buddhistische Konferenzen statt. Die Stadt ist ein guter Zwischenstopp auf dem Weg zum Jaldapara Wildlife Sanctuary.

Umgebung: New Jalpaiguri, der zentrale Endbahnhof für die Region, und **Bagdogra** mit seinem Flughafen dienen wie Siliguri als Tore zu den Bergorten Darjeeling, Kurseong und Kalimpong sowie nach Bhutan und Sikkim. Auf der Fahrt zwischen den Orten kommt man an großen, grünen Teeplantagen vorbei.

Jaldapara Wildlife Sanctuary ⓬

Distrikt Jalpaiguri. 200 km östlich von Siliguri. Madarihat, dem Zugangsort, dann Taxi. Madarihat. Informationen und Reservierung für die Hollong Forest Lodge über Tourist Office, Siliguri, (0353) 251 1974. Mitte Sep–Mitte Juni. Extragebühr. Hollong.

Das Gebiet um das Jaldapara Wildlife Sanctuary im waldreichen Dooars Valley war einst das Jagdrevier der Könige von Bhutan. 1943 wurde mit dem 216 Quadratkilometer großen Reservat mit dichten Laubwäldern und grünem Buschland eines der

---

Darjeeling Himalayan Railway (DHR)

Die schönste Art, von Siliguri nach Darjeeling zu reisen, bietet der Darjeeling Himalayan Railway (DHR), auch »Toy Train« genannt. Der Schmalspurzug kämpft sich neun Stunden lang von New Jalpaiguri (NJP) in das 2128 Meter hoch gelegene Darjeeling. Auf der 80 Kilometer langen Strecke überwindet er 2088 Meter Höhenunterschied. Die 1879–81 gebaute Strecke galt damals als Meisterwerk der Ingenieure und gehört heute zum UNESCO-Welterbe. Die Gleise verlaufen in Serpentinen den Berg hinauf, auf manchen Streckenabschnitten muss der Zug rückwärtsfahren. Jede der beiden Dampfloks zieht drei Waggons. Wer die lange Fahrt scheut, kann auch mit dem Zug nach Kurseong fahren und dort den Bus nach Darjeeling nehmen oder nur den letzten Streckenabschnitt (Ghoom–Darjeeling) mit dem »Toy Train« fahren. Tickets gibt es an den Bahnhöfen von NJP und Darjeeling. Der Zug NJP–Darjeeling fährt um 9 Uhr, der von Darjeeling nach NJP um 9.15 Uhr. Jeweils um 8.30 Uhr fahren Züge zwischen NJP und Kurseong *(siehe auch S. 643)*.

Der »Toy Train« wird von Dampfloks gezogen

Hotels und Restaurants in Westbengalen & Sikkim *siehe Seiten 578f und 606f*

ausgedehntesten Westbengalens eingerichtet. Das vom Torsa durchflossene Schutzgebiet ist einer der wenigen Orte, an dem man das Indische Panzernashorn beobachten kann *(siehe S. 276)*. Rund 50 dieser wunderbaren Tiere leben in Jaldapara, geschützt vor Wilderern, die ihnen wegen des kostbaren Horns nachstellen. Das Gebiet ist auch Heimat für andere seltene und gefährdete Tiere wie Leopard, Tiger, Borstenkaninchen, Schweins- oder Riesendachs und Lippenbär.

In Jaldapara sieht man auch viele Hirscharten und den Gaur, die größte Wildrindart. Unter den Vögeln sind Hornvögel und die Barttrappen besonders erwähnenswert, außerdem leben in den Gewässern acht Arten von Wasserschildkröten.

Der nördliche Teil des Schutzgebiets, Totopara genannt, erstreckt sich entlang dem Fluss Torsa. Dies ist die Heimat der Toto-Ethnie, zu der nur noch etwa 1300 Menschen gehören, die fast alle Bequemlichkeiten der Zivilisation ablehnen.

Eine besonders hübsche Art, das Jaldapara-Schutzgebiet kennenzulernen, bietet sich über eine Elefantensafari, die frühmorgens durch den Park führt. Die Elefanten verbringen ihr ganzes Leben im Schutzgebiet, sie sind Eigentum der Parkverwaltung. Oft werden die Elefantenkühe auch während der Safaris von ihren Kälbern begleitet, die sich immer nahe der Mutter aufhalten. Die vielen Wasserstellen im Park, an denen sich zahlreiche Tiere gegen Abend versammeln, bieten ausgezeichnete Möglichkeiten zur Beobachtung.

Recht elegant im Kolonialstil ist die **Hollong Forest Lodge** erbaut. Dort bekommt man Essen und findet eine Unterkunft.

Kurseong ⑬

Distrikt Darjeeling. 30 km nördlich von Siliguri.

Kurseong liegt auf halber Strecke zwischen Siliguri und Darjeeling an der Darjeeling Himalayan Railway und zeigt ruhigen Charme. Es ist kleiner als Darjeeling, liegt tiefer, und das Klima ist milder. Die Lage von Kurseong zwischen Teeplantagen, üppiger Vegetation und einem See ist perfekt. Man sagt, der Name des Ortes käme von *kurson-rip*, einer wilden Orchidee, die man in der Gegend findet.

Kurseong ist ein Paradies für Wanderer. Für den Weg von **Mirik** nach Kurseong braucht man acht Stunden. Er führt durch Tee-Anlagen, Orangenhaine, Kardamomplantagen und kleine Dörfer. Unterwegs bietet sich ein wunderbarer Blick auf das Tal. Die ebenfalls schöne fünfstündige Wanderung nach **Ghoom** führt an einer Bergkette entlang durch dichten Wald.

Bankivahühner sieht man in Jaldapara in großer Zahl

Der Gaur ist die größte Wildrindart, man sieht die Tiere in Jaldapara

---

Feste in Westbengalen und Sikkim

Gebet an Saraswati Puja

Ganga Sagar Mela *(Mitte Jan)*, Sagar Island. Tausende Pilger kommen zu dem Fest und nehmen bei Morgengrauen ein Bad an der Mündung des Ganges in das Meer.
Saraswati Puja *(Jan/Feb)*. Saraswati ist die Göttin der Gelehrsamkeit, die Farbe ihrer Kleidung ist hellgelb. Während des Festes, das in ganz Bengalen gefeiert wird, legen gelb gekleidete Schulmädchen und Studentinnen ihre Bücher der Göttin zu Füßen.
International Flower Festival *(Apr/Mai)*, Gangtok. Am Höhepunkt der Blütensaison kann man Sikkims seltene Orchideen, Rhododendren und andere Blüten bewundern.
Saga Dawa *(Mai)*, Gangtok. Dieses Fest ehrt Buddhas Geburt, Erleuchtung und Erlangen des Nirvanas. In mehreren Lama-Prozessionen werden heilige Schriften aus den Klöstern durch die Straßen getragen.
Durga Puja *(Sep/Okt) (siehe S. 239).*
Burra Din *(25. Dez)*, Kolkata. Der Weihnachtstag heißt hier Burra Din und wird von Christen und Nichtchristen gleichermaßen gefeiert. Kolkatas Einkaufsstraßen sind hell beleuchtet und mit Plastiktannen geschmückt. Auf jedem Markt werden Früchtekuchen angeboten.

Blick auf Darjeeling mit dem Mount Kanchendzonga im Hintergrund

Darjeeling ⓴

Distrikt Darjeeling. 80 km nordwestlich von Siliguri. 🚂 107 000. ✈ Bagdogra, 90 km südlich des Stadtzentrums, dann Bus oder Taxi. 🚌 🚕
ℹ Government Tourist Office, 1 Nehru Rd, Chowrasta, (0354) 225 4050.

Der Name Darjeeling wurde abgeleitet von dem Kloster Dorje Ling («Ort des Donners»), das einst auf dem Observatory Hill stand. Mitte des 19. Jahrhunderts wählten die Briten den sonnigen Westhang an den Ausläufern des Himalaya als Standort für ein Sanatorium. In der Folge wurde Darjeeling Bengalens Sommerhauptstadt. Die Regierung zog hierher, wenn es im Tiefland zu heiß wurde. Der Glanz der Bauten aus der Raj-Zeit ist immer noch zu erkennen. Sie bilden einen interessanten Kontrast zum sonst eher tibetisch, nepalesisch oder bengalisch geprägten Charakter des Ortes.

Die Stadt liegt direkt am Hang, die drei großen Durchfahrtsstraßen sind **Hill Cart Road**, **Laden Road** und **The Mall**. An der Mall, die zum geschäftigen **Chowrasta** führt, konzentriert sich das städtische Leben, hier findet man viele Buchhandlungen, darunter **Oxford Book and Stationery**, das eine große Auswahl an Büchern über Indien hat. Zahlreiche andere Läden verkaufen Tee und Souvenirs. Straßenverkäufer bieten Postkarten und Führungen an. Man kann auch auf einem Pony zehn Minuten lang um den Chowrasta reiten.

In der Nähe steht das **Bhutia-Busty-Kloster** von 1879. In seiner Bibliothek fand man den Text des *Tibetanischen Totenbuchs*, der 1927 ins Englische übersetzt und im Westen zum Kultbuch wurde. Die Wandbilder im Tempel sind ansprechend – als Besucher sollten Sie um Erlaubnis bitten, bevor Sie eintreten.

Der 8586 Meter hohe **Kanchendzonga** (Kangchenjunga), der höchste Berg Indiens und der dritthöchste Berg der Welt, ragt unübersehbar nicht allzu weit von der Stadt auf. Den besten Blick auf die schneebedeckten Gipfel des Massivs im östlichen Himalaya hat man vom **Observatory Hill**, auf dem Gebetsfahnen im Wind flattern.

Am **North Point** in der Nordwestecke von Darjeeling findet man Indiens erste Seilbahn für Passagiere. Sie verbindet Darjeeling mit **Singla Bazar** im Little Rangeet Valley. Die Fahrt dauert eine Stunde. Von der Gondel bietet sich ein guter Blick auf die Berge und die Teegärten an den Hängen und im Tal.

Südlich des North Point auf dem Birch Hill steht das **Himalayan Mountaineering Institute**. In seinem Mountaineering Museum gibt es ein Modell des Himalaya, im Everest Museum (⬜ Fr–Mi) kann man die Geschichte der verschiedenen Besteigungen des Everest und der anderen Gipfel verfolgen. Der **Himalayan Zoo** daneben ist berühmt wegen seiner Hochgebirgsfauna, hier leben Schneeleoparden, Sibirische Tiger und

Die bunt verspielte Fassade des Yiga-Choeling-Klosters

Hotels und Restaurants in Westbengalen & Sikkim siehe Seiten 578f und 606f

Rote Pandas. **Lloyds Botanical Gardens** vermitteln interessante Einblicke in die Flora des Himalaya, besonders anziehend sind die vielen Orchideen im Orchid House.

In der Stadt stehen gut erhaltene Kirchen aus der Kolonialzeit. **St Andrew's Church** westlich des Observatory Hill wurde 1843 gebaut, der Uhrenturm kam später hinzu. **St Columba's Kirk** am Bahnhof stammt von 1894 und hat prächtige Buntglasfenster.

Einige der hübschesten Gebäude aus der Raj-Zeit beherbergen Hotels und Clubs. Das **Windamere Hotel** *(siehe S. 578)* über dem Observatory hat viel Rattan und Chintz-Mobiliar, im Foyer flackert das Feuer im Kamin, ein Streichquartett sorgt für Stimmung, während Bedienstete mit weißen Schürzen Sandwiches und Darjeeling-Tee servieren.

Im **Planters' Club** ist der Geist der Kolonialzeit noch lebendig. An der Wand hängen alte Jagddrucke, man sitzt vor Kohlefeuern. Ober, die 1947 wahrscheinlich junge Männer waren, servieren Drinks in Zeitlupe.

🛕 **Bhutia-Busty-Kloster**
Chowrasta. ⭕ *tägl.*

🏛 **Himalayan Mountaineering Institute**
Birch Hill Park, Eingang Jawahar Rd West. ☎ (0354) 225 4083.
⭕ Mo–Fr. 💰 📷 *Extragebühr.*

🦒 **Himalayan Zoo**
⭕ Fr–Mi. 💰

Umgebung: Das **Yiga-Choeling-Kloster**, das zehn Kilometer südlich von Darjeeling 1875 vom Gelugpa-(Gelbmützen-)Orden gegründet wurde, hat Wandgemälde mit buddhistischen Gottheiten und schöne, wenn auch verblasste Fresken in der Gebetshalle. Fragen Sie um eine Erlaubnis, bevor Sie das innere Heiligtum betreten. Vom **Tiger Hill**, elf Kilometer südlich von Darjeeling, hat man einen spektakulären Blick auf den 8848 Meter hohen **Everest** und andere Gipfel des östlichen Himalaya, darunter der **Makalu** (8475 m) und den **Janu** (7710 m). Frühaufsteher können morgens ca. 45 Minuten mit dem Jeep zum Tiger Hill fahren und beobachten, wie auf diese Berge die ersten Sonnenstrahlen fallen.

Senchal Lake, fünf Kilometer westlich des Tiger Hill, ist ein bei den Einheimischen beliebter Bergsee. Während der Erntesaison (April bis November) kann man das **Happy Valley Tea Estate** besuchen.

Teepflückerinnen in den Anlagen um Darjeeling

🛕 **Yiga-Choeling-Kloster**
⭕ *tägl.; Spende erbeten.*

Kalimpong ⓯

Distrikt Darjeeling. 50 km östlich von Darjeeling. 🚶 *43 000.* 🚌

Kalimpong gehörte einst zu Bhutan, im 19. Jahrhundert kam es zu Britisch-Indien. Hier war die letzte Station der alten Handelsroute nach Tibet, bis heute ist die Atmosphäre einer Grenzstadt lebendig. Auf den Märkten wird ein Mix aus Exotischem und Praktischem angeboten, von Farnsprösslingen bis zu Plastikeimern. An die Raj-Zeit erinnern hübsche Steinhäuschen und die besondere Atmosphäre des **Himalayan Hotel** *(siehe S. 578)*.

Wandbild, Zangdopelri-Fo-Brang-Kloster

Das **Thongsa-Kloster** von 1692 erreicht man in einer einstündigen Wanderung bergauf. Das **Zangdopelri-Fo-Brang-Kloster** südlich der Stadt hat interessante dreidimensionale Mandalas. Der Dalai-Lama segnete das Kloster 1976.

In den Gärtnereien der Stadt werden Orchideen, Gladiolen, Amaryllis und Kakteen gezogen. Schön zu besuchen ist die **Udai Mani Pradhan Nursery**.

Tenzing Norgay (1914–1986)

Tenzing Norgay und Sir Edmund Hillary waren die Ersten, die auf dem Gipfel des Mount Everest standen. Tenzing Norgay wurde in Tsa-chu, Nepal, in einer Sherpa-Gemeinde geboren und zog später nach Darjeeling. 1935 war er bei einer britischen Bergexpedition das erste Mal Träger. Mindestens sechs Versuche unternahm er, den Mount Everest zu bezwingen, bevor ihm die Erstbesteigung 1953 als *sherpa sirdar* (Chef-Sherpa) mit Hillary glückte. Tenzing wurde der Leiter des Himalaya Mountaineering Institute in Darjeeling. Nicht zuletzt Tenzings Erfolg führte dazu, dass die Leistungen der Sherpas bei Himalaya-Expeditionen international Anerkennung fanden.

Statue von Tenzing, Himalayan Mountaineering Institute

Stupa am Namgyal Institute of Tibetology, Gangtok

Gangtok ⓰

Distrikt East Sikkim. 110 km nördlich von Siliguri. 29.000. Bagdogra, 117 km südlich des Stadtzentrums, dann Taxi oder Bus. Siliguri, 107 km südlich des Stadtzentrums, dann Taxi oder Bus. Sikkim Tourism, MG Marg, (03592) 221 634. Losar-Fest (Feb/März), Enchey-Kloster-Fest (Aug und Dez). **Reisegenehmigung** erforderlich, (011) 2611 5346.

Die Hauptstadt von Sikkim spiegelt die ethnische Vielfalt des kleinen Bundesstaats wider. Die Häuser von Gangtok kleben an einem Berghang, hier leben Lepcha (die ursprünglichen Einwohner der Region), Tibeter, Bhotia, Nepalesen und Inder. Sehr viele Bauwerke in Gangtok sind modern gestaltet, im Zentrum der Stadt sieht man jedoch immer wieder alte Gebäude.

Bis 1975 war Sikkim ein Königreich mit dem Status eines indischen Protektorats. Hier regierten Chogyals, Buddhisten tibetischen Ursprungs, deren Dynastie ins 17. Jahrhundert zurückreichte. Doch als die Briten billige Arbeitskräfte aus dem benachbarten Nepal nach Sikkim holten, um Reis, Kardamom und Tee zu ernten, veränderte sich Sikkims Bevölkerungsstruktur nachhaltig. Bald machten nepalesische Hindus 75 Prozent der Einwohner aus. 1975 stimmte die Bevölkerung dafür, Indien beizutreten, damit wurde die Monarchie abgeschafft. Der letzte Chogyal war Palden Thondup.

Am Nordrand der Stadt befindet sich das **Enchey-Kloster**, das Anfang des 20. Jahrhunderts erbaut wurde. Seine große Gebetshalle ist voller Wandbilder und Statuen der Gottheiten des Mahayana-Buddhismus. Beim Klosterfest finden hier Tänze mit Masken statt. Das **Namgyal Institute of Tibetology** am Südende der Stadt wurde 1958 gegründet. Es besitzt eine Sammlung seltener buddhistischer Schriften, Bronzen und bestickter *thangkas*.

Enchey-Kloster
tägl. nur außerhalb der Klosteranlage.

Namgyal Institute of Tibetology
Mo–Sa. 2. Sa, Feiertage. www.tibelology.com

Umgebung: Im **Saramsa Orchidarium**, 14 Kilometer südlich von Gangtok, kann man sich der 450 Orchideenarten Sikkims sehen. Sie blühen von April bis Mai und wieder im Oktober.

Das **Rumtek-Kloster**, 24 Kilometer südwestlich von Gangtok, ist der Sitz des Kagyupa-(Schwarzmützen-)Ordens, der vom Gyalwa Karmapa geleitet wird. Der 16. Karmapa floh 1959 aus Tibet, nachdem China es besetzt hatte. Er errichtete hier einen Nachbau seines Klosters Tsurphu in Tibet. Rumtek ist ein beeindruckender Komplex, die Flachdächer werden von goldenen Fialen gekrönt, die Gebäude bergen Schätze aus dem tibetischen Kloster. Prächtig ist der Reliquiar-*chorten* des 16. Karmapa hinter der Hauptgebetshalle. Er ist aus Silber und Gold gefertigt und mit Korallen, Bernstein und Türkisen verziert. Seit dem Tod des 16. Karmapa gibt es zwei Nachfolger, die Anspruch auf den Titel (und damit auf die Klosterschätze) erheben, darunter einer, der im Jahr 2000 auf dramatische Weise von Tibet nach Indien floh. Bis zur Klärung des Streits wird das Kloster von bewaffneten Wachen umgeben. Die Hauptfeste von Rumtek finden im Februar/März und im Mai/Juni statt.

Der Wächter des Ostens in Rumtek

Tsomgo Lake, 40 Kilometer nordöstlich von Gangtok, liegt auf 3780 Metern Höhe nahe der Grenze zu China. Besucher brauchen für das Gebiet eine Sondergenehmigung des Sikkim Tourism Office in Gangtok. Die Fahrt ist spektakulär, im Frühling und Sommer blühen die Wiesen um den See, der im Winter gefroren ist. Man kann auf schwarzen Yaks am Ufer entlangreiten.

Rumtek-Kloster
(03592) 252 329. tägl. nur außerhalb der Klosteranlage. www.rumtek.org

Gebetsraum im Rumtek-Kloster

Hotels und Restaurants in Westbengalen & Sikkim siehe Seiten 578f und 606f

Pelling ⓱

Distrikt West Sikkim. 120 km westlich von Gangtok. 🚌 Gezing, 9 km südlich des Stadtzentrums, dann Bus oder Taxi. 🛈 Pelling Information Centre, 943 463 0876 (Handy); Gangtok Information Centre, (03592) 221 634. 🎭 Pemayangtse-Fest (Feb/März). **Reisegenehmigung** erforderlich, (011) 2611 5346.

Auf 2085 Metern Höhe mit wunderbarem Blick auf die Gipfel und Gletscher der Kanchendzonga Range entwickelte sich Pelling schnell als Ausgangsort für das westliche Sikkim und für Trecks. Es gibt genügend Unterkünfte. Die schöne Region wird von Wäldern, grünen Flusstälern, ausgezeichneten Trekking-Wegen und Sikkims ältesten Klöstern geprägt. Pelling erreicht man in einem Tag von Gangtok aus. Auch von Darjeeling, 72 Kilometer weiter südlich, gelangt man hierher.

Zur wichtigsten Attraktion, dem Klosterkomplex **Pemayangtse** (1705), kann man in einer halben Stunde wandern. Pittoreske Mönchsquartiere und Nebengebäude umgeben das dreistöckige Hauptkloster, das wahre Schätze birgt: schöne *thangkas*, Wandbilder, Statuen und ein äußerst fein gearbeitetes Modell von Zangdopelri, dem siebenstöckigen Himmelssitz von Guru Padmasambhava *(siehe S. 127)* im obersten Stock. Beim jährlichen Klosterfest werden Tänze mit Masken aufgeführt.

Sikkims zweitältestes Kloster, das 1697 erbaute **Sangachoeling**, erreicht man nach einer 40-minütigen Wanderung bergauf durch dichte Wälder. **Rabdentse**, drei Kilometer südlich von Pelling, wurde im 17. Jahrhundert als Hauptstadt des zweiten Chogyal von Sikkim *(siehe S. 254)* errichtet und liegt heute in Ruinen.

Umgebung: 33 Kilometer nördlich liegt der **Khecheopalri Lake**, ein für Buddhisten und Hindus heiliger Ort. Von oben sieht der See wie der Fußabdruck Buddhas aus. Obwohl er von dichtem Wald umgeben ist, treibt kein einziges Blatt auf dem See. Einer Legende nach soll ein heiliger Vogel jedes herabfallende Blatt einsammeln.

Detail an einer Tür, Pemayangtse

Yuksam ⓲

Distrikt West Sikkim. 160 km westlich von Gangtok. 🛈 Pelling Information Centre, 943 463 0876 (Handy); Gangtok Information Centre, (03592) 221 634. **Reisegenehmigung** erforderlich, (011) 2611 5346.

Yuksam war die erste Hauptstadt von Sikkim, in der der erste Chogyal 1641 von drei gelehrten Lamas gekrönt wurde. Ein steinerner Thron und einige *chorten* markieren die Stelle. Unterhalb erstreckt sich der **Kathok Lake**. Zum 1701 erbauten **Dubdi-Kloster** mit buddhistischen Bildnissen und einer Meditationshöhle muss man eine halbe Stunde aufsteigen. Yuksam ist Ausgangspunkt für die Wanderung nach Dzongri.

Gebetsfahnen bei Yuksam, der ersten Hauptstadt von Sikkim

Mani-Steine werden im Tashiding-Kloster bearbeitet

Tashiding-Kloster ⓳

Distrikt West Sikkim. 145 km westlich von Gangtok. 🚌 🛈 tägl. 🎭 Bumchu-Fest (Feb/März). **Reisegenehmigung** erforderlich, (011) 2611 5346.

Das im Jahr 1716 erbaute Kloster steht auf dem Gipfel eines herzförmigen Berges. Guru Padmasambhava soll hier einen Pfeil abgeschossen und dann an der Stelle, die er traf, meditiert haben. In der Umgebung sieht man *chorten*, *Mani*-Steine und von Wasser angetriebene Gebetsmühlen. Die Flüsse Ratong und Rangeet fließen hier, hoch ragt der Kanchendzonga hinter diesem magischen Ort auf.

Während des jährlichen Bumchu-Festes kommen viele Menschen aus ganz Sikkim hier zusammen. Dann wird das heilige Wasser, das ein buddhistischer Heiliger im 17. Jahrhundert in ein versiegeltes Gefäß gefüllt haben soll, mit Flusswasser gemischt und als mächtiger Segen an die Gläubigen verteilt. Wunderbarerweise geht das Wasser nie aus. Jedes Jahr, wenn das versiegelte Gefäß geöffnet wird, lesen Orakelpriester die Zukunft Sikkims aus dem Wasserstand – zu viel oder zu wenig ist ungünstig für Frieden und Wohlstand. In Tashiding steht auch der **Thongwa Rangdol Chorten**, dessen Anblick Gläubige von ihren Sünden befreit. Der Haupttempel mit seinen großen Buddhas und Bodhisattvas wurde 1987 umgebaut.

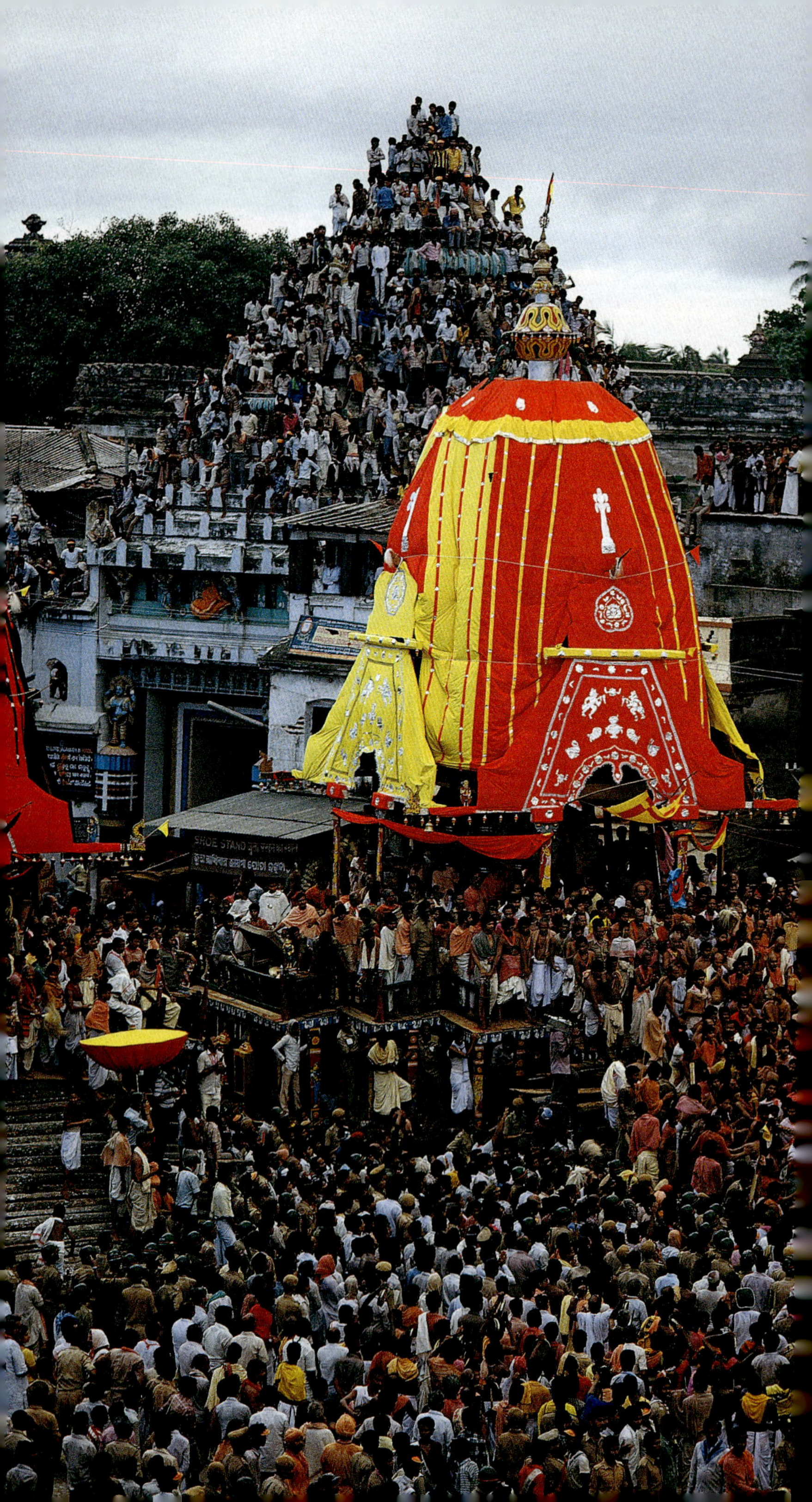
SHOE STAND

Orissa

Die dicht bewaldeten Berge der Ostghats begrenzen den 156 000 Quadratkilometer großen Bundesstaat Orissa (auch als Odisha bekannt) im Westen, die Küstenlinie im Osten am Golf von Bengalen ist fast 500 Kilometer lang. Die berühmtesten Sehenswürdigkeiten liegen an der Ostküste, im fruchtbaren Delta des Hauptflusses Mahanadi.

Aus dem 13. Jahrhundert stammt der Sun Temple von Konarak, der von der UNESCO zum Welterbe erklärt wurde. Die beiden anderen sehenswerten Tempel stehen in Bhubaneswar und Puri. Zum Erholen bieten sich die Strände in der Nähe von Puri, Konarak sowie Gopalpur-on-Sea an, die teilweise von kleinen Fischerdörfern gesäumt werden. An der Küste erstreckt sich der Chilika Lake, Asiens größte Lagune und ein Paradies für Vogelliebhaber. Das Hinterland ist grün, zwischen Reisfeldern sieht man buddhistische Ruinen und Dörfer, in denen traditionelles Handwerk gepflegt wird. Im Norden befindet sich der Simlipal National Park. In einigen kleinen Siedlungen leben Angehörige von Ethnien, die ein Viertel der rund 35 Millionen Einwohner Orissas ausmachen.

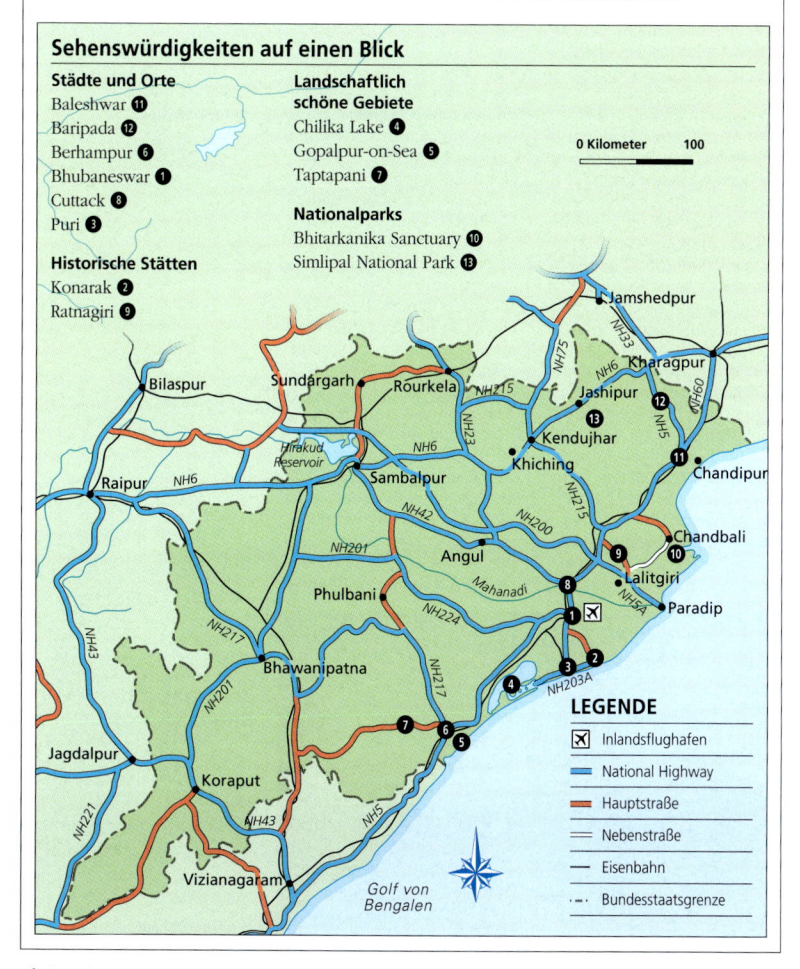

Sehenswürdigkeiten auf einen Blick

Städte und Orte
Baleshwar ⓫
Baripada ⓬
Berhampur ❻
Bhubaneswar ❶
Cuttack ❽
Puri ❸

Historische Stätten
Konarak ❷
Ratnagiri ❾

Landschaftlich schöne Gebiete
Chilika Lake ❹
Gopalpur-on-Sea ❺
Taptapani ❼

Nationalparks
Bhitarkanika Sanctuary ❿
Simlipal National Park ⓭

LEGENDE
- ✈ Inlandsflughafen
- National Highway
- Hauptstraße
- Nebenstraße
- Eisenbahn
- Bundesstaatsgrenze

◁ Pilger drängen sich um den riesigen Wagen beim Rath-Yatra-Fest in Puri *(siehe S. 261 und 264)*

Bhubaneswar ❶

Bemalte Box aus Orissa

Die Hauptstadt von Orissa ist berühmt wegen ihrer schönen Hindu-Tempel. Die meisten stehen im älteren südlichen Teil von Bhubaneswar, im Norden erstreckt sich die neuere Stadt mit modernen Verwaltungsgebäuden und breiten Alleen. Die Tempel stammen aus dem 7. bis 13. Jahrhundert, einer Periode, in der der Buddhismus zurückging und der Hinduismus auflebte. Eine Reihe von Dynastien herrschte in Orissa: die Shailodbhava und Bhauma Kara (7./8. Jh.), die Somavamshi (9.–11. Jh.) und die Östlichen Ganga (12./13. Jh.).

Gläubige baden in den heiligen Wassern von Bindusagar

Überblick: Die Tempel

Rund 400 Tempel sind von den 7000 noch übrig, die einst in Bhubaneswar, der »Stadt der Tempel«, gestanden haben sollen. Über die Jahrhunderte entwickelte sich in Orissa unter den verschiedenen Dynastien eine eigene Version der nordindischen Tempelarchitektur *(siehe S. 21)* – mit zunehmendem Wohlstand wurden die Bauten größer und komplexer. Die meisten Tempel haben zwei Hauptkomponenten: Ein konvex gekrümmter Turm, den man lokal *deul* und anderswo *shikhara* nannte, ragt über dem inneren Heiligtum auf, in dem das Bildnis der Gottheit bewahrt wurde. Der *jagamohan* war Eingangstor und zugleich Versammlungshalle, er hat ein gestuftes Pyramidendach. Einige der größeren Tempel besitzen zwei oder drei dieser Toranlagen. Mehrere kleinere Schreine und Wasserbecken für die rituellen Waschungen umgeben den Haupttempel, der auf einem ummauerten Areal steht.

Der prächtige **Lingaraj-Tempel** aus dem 11. Jahrhundert markiert den Höhepunkt des Orissa-Stils, in dem sich die Skulpturen und die Architektur in perfekter Harmonie ergänzen. Der *deul* ragt 55 Meter hoch auf, an seinen vertikalen Rippen sieht man die überall üppigen Ornamentierungen und prachtvolle Skulpturen: Tänzerinnen, Tiere und Friese mit Prozessionen. Im Hof des Komplexes stehen mehr als 100 kleinere Heiligtümer. Die Hauptgottheit ist Shiva als Tribhuvaneswar (»Herr der drei Welten«). Diese Inkarnation Shivas gab der Stadt den Namen. Das Bildnis eines Löwen, der auf einen hockenden Elefanten springt, entdeckt man als Motiv in diesem wie in vielen anderen Tempeln Orissas.

Den Lingaraj-Tempel dürfen nur Hindus betreten, aber eine Plattform nahe dem Nordtor gewährt einen guten Überblick. Die anderen Tempel sind für Besucher offen. Nördlich des Lingaraj-Tempels befindet sich der große **Bindusagar Tank** mit einem Pavillon in der Mitte. Angeblich enthält er Wasser von jedem heiligen Fluss Indiens. Das Hauptbildnis Shivas aus dem Lingaraj-Tempel wird jedes Jahr für ein rituelles Bad an das Becken gebracht *(siehe S. 261)*.

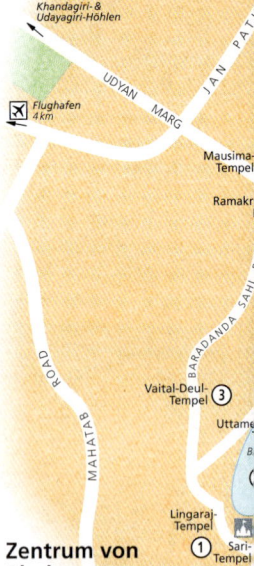

Zentrum von Bhubaneswar

Bindusagar Tank ❷
Lingaraj-Tempel ❶
Mukteshwar-Tempel ❺
Orissa State Museum ❼
Parasurameshwar-Tempel ❹
Rajarani-Tempel ❻
Vaital-Deul-Tempel ❸

Zeichenerklärung
siehe hintere Umschlagklappe

Der Turm des Lingaraj-Tempels aus dem 11. Jahrhundert

Hotels und Restaurants in Orissa *siehe Seiten 579 und 607f*

BHUBANESWAR

Der **Vaital-Deul-Tempel** im Westen von Bindusagar stammt aus dem 8. Jahrhundert. Er weist im Inneren merkwürdige Skulpturen auf, aus denen man schließen kann, dass hier besondere Tantra-Riten und wohl auch Menschenopfer stattfanden. Hauptgottheit ist der schreckenerregende achtarmige Chamunda. Diese Erscheinungsform Durgas sitzt, flankiert von Schakal und Eule, mit einer Girlande aus Schädeln auf einem Leichnam.

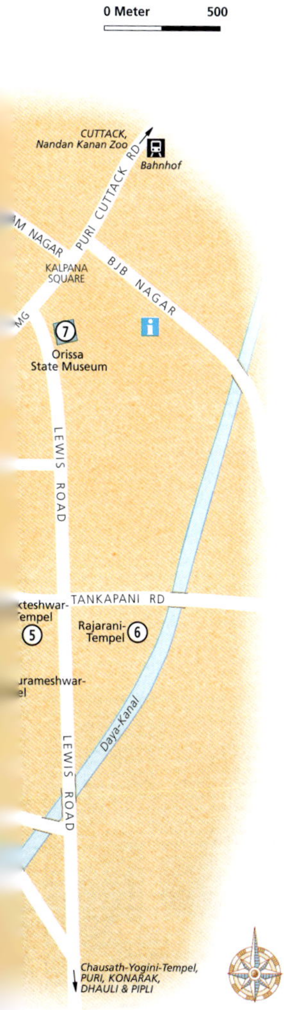

0 Meter 500

Im 7. Jahrhundert wurde der **Parasurameshwar-Tempel** erbaut. Er steht an der Straße nach Puri und ist der besterhaltene der frühen Tempel. Vor dem nur knapp 13 Meter hohen Tempelturm über dem Schrein steht ein rechtwinkliger *jagamohan*, der am Westfenster einen Fries aus Musikern und Tänzerinnen in wunderschönen Bewegungen zeigt. Am Eingang zum *jagamohan* sieht man links eine Skulptierung mit wilden und gezähmten Elefanten. Die Außenwände des Tempels sind voller Abbildungen von Gottheiten. Darunter ist eine Figur des Ganesha, sein Bruder Karttikeya daneben sitzt auf einem Pfau.

Der **Mukteshwar-Tempel** aus dem 10. Jahrhundert ist eines der Juwele der Tempelarchitektur von Orissa – mit wunderschönen Skulptierungen und eleganten Proportionen. Am *torana* (Torbogen) sind melancholisch zurückgelehnte weibliche Figuren. In den *jagamohan* fällt Tageslicht durch Gitterwerk in Diamantschliff-Form an der Nord- und Südseite, die Fensterumrandungen sind mit entzückenden hüpfenden Affen verziert. Ein besonderes Merkmal des *jagamohan* ist die Decke mit einer achtblättrigen Lotusblüte. Die weiblichen Skulpturen haben alle ausdrucksstarke Gesichter, Haartracht und

Wächterfiguren, Rajarani-Tempel

Der schön sculptierte torana des Mukteshwar-Tempels

INFOBOX

Distrikt Bhubaneswar. 480 km südlich von Kolkata. 647 000.
4 km nordwestlich des Stadtzentrums. Orissa Tourism, BJB Nagar, (0674) 243 2177. Tribal Mela (Jan), Ashokashtami (März/Apr).

Schmuck sieht man bis in kleinste Details. In der achteckigen Mauer um den Tempel befinden sich Nischen. Jede enthält ein Rad, eine Lotusblüte oder eine Rolle.

Mitten in den Reisfeldern neben der Straße steht der **Rajarani-Tempel** aus dem 11. Jahrhundert. Auf seinem Turm sind Miniaturnachbildungen seiner selbst zu sehen. Berühmt ist der Tempel wegen seiner feinen *dikpals*, der Wächter der acht Himmelsrichtungen. Besonders beeindruckend sind Agni, der Gott des Feuers auf einem Widder, und Varuna, der Gott des Meeres auf einem Krokodil. Auffallend sind darüber hinaus die Hochreliefs weiblicher Figuren an den Tempelmauern.

🏛 Orissa State Museum
BJB Nagar. Di–So. Feiertage.
Das Museum zeigt buddhistische und jainistische Skulpturen, Münzen und bemalte Handschriften auf Palmblättern. Den Traditionen der Stämme kann man anhand von Kunstobjekten, traditionellem Schmuck und Musikinstrumenten näherkommen.

Umgebung: Der **Nandan Kanan Zoo** mit botanischem Garten, 16 Kilometer nördlich von Bhubaneswar, ist für die Weißen Tiger *(siehe S. 205)* berühmt. Die Tiere leben in natürlicher Umgebung. Hier wurden Panther und Ganges-Gaviale (eine hochgradig gefährdete Krokodilart) in Gefangenschaft gezüchtet.

Nandan Kanan Zoo
Di–So.

Umgebung von Bhubaneswar

Terrakotta-Ziegel

Zahlreiche historisch und architektonisch interessante Stätten liegen in der näheren Umgebung von Bhubaneswar. Jain-Klosterhöhlen, Hindu-Tempel, buddhistische Stupas und alte Felsinschriften zeugen von der langen Bedeutung der Stadt und der Region. Die ältesten Bauwerke stammen aus dem 3. Jahrhundert v. Chr., als das Gebiet zum Kalinga-Reich gehörte. Die jüngsten Zeugen ehemaliger Größe wurden im 13. Jahrhundert erbaut.

Bagh Gumpha in Udayagiri sieht wie das offene Maul eines Tigers aus

Udayagiri- und Khandagiri-Höhlen

7 km westlich von Bhubaneswar.

tägl. Sadhu Convention (Jan).

Die einzeln in der Ebene stehenden Zwillingshügel Udayagiri (»Hügel des Sonnenaufgangs«) und Khandagiri (»Zerbrochener Hügel«) sind voller Höhlen, die im 1. Jahrhundert v. Chr. Rückzugsorte für Jain-Mönche waren. Der Highway von Bhubaneswar nach Kolkata führt zwischen den beiden Hügeln hindurch.

Von Bhubaneswar kommend, ist **Udayagiri** der rechte Hügel, seine 18 Höhlen sind die interessanteren. Am beeindruckendsten ist die zweigeschossige »Königinnenhöhle« **Rani Gumpha** (Cave 1) mit ihren vielen Friesen mit Tänzerinnen und Musikerinnen, Königen und Königinnen, Elefanten und Affen. Die Darstellungen haben viel expressive Kraft, sie wurden mit den berühmten Torskulpturen in Sanchi (siehe S. 210f) verglichen.

Reliefs in den Udayagiri-Höhlen

In der »Kleinen Elefantenhöhle« **Chhota Hathi Gumpha** (Cave 3) flankieren sechs Elefanten den Eingang. In **Ganesh Gumpha** (Cave 10) sieht man Skulpturen einer Kampfszene, in der eine Frau auf einem Elefanten reitet und von Soldaten in Kilts verfolgt wird. **Bagh Gumpha**, die »Tigerhöhle« (Cave 12), ist vorn wie ein Tigerkopf mit offenem Maul geformt.

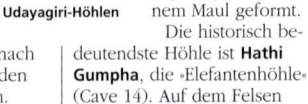

Die historisch bedeutendste Höhle ist **Hathi Gumpha**, die »Elefantenhöhle« (Cave 14). Auf dem Felsen über dem Eingang sieht man eine Inschrift aus dem 1. Jahrhundert v. Chr. Sie besagt, dass die Höhle erbaut wurde von Kharavela, dem dritten König der mächtigen Chedi-Dynastie. Er eroberte große Teile von Bihar, den Dekkan und Südindien und baute seine Hauptstadt Kalinganagar wieder auf, nachdem ein Zyklon sie zerstört hatte. (Immer wieder wüten Zyklone im Bundesstaat Orissa, der letzte große Sturm richtete im Oktober 1999 Verwüstungen an.) Am Gipfel von Udayagiri befinden sich die Ruinen eines Baus, den die Mönche vermutlich als Altar nutzten.

Khandagiri auf der anderen Seite des Highway umfasst 15 Höhlen mit heiligen Jain-Symbolen. Die **Ananta-Höhle** (Cave 3) ist die bedeutendste. Die Bogen über den Toren sind mit Doppelschlangen verziert, überall erblickt man Ornamente und Friese. Ein Relief zeigt Knaben, die Löwen und Bullen jagen, ein anderes die Göttin Lakshmi beim Bad in einem Lotusbecken, zwei Elefanten gießen aus Krügen Wasser über sie (siehe S. 24). In drei Höhlen – Nummer 5, 8 und 9 – befinden sich Hochreliefs mit Jain-*tirthankaras*.

Im Gegensatz zu den buddhistischen Höhlen von Ajanta (siehe S. 391) und Ellora (siehe S. 390) sind die meisten Höhlen von Udayagiri und Khandagiri so niedrig, dass man in ihnen nicht aufrecht stehen kann – eine Eigenschaft, die mit der Selbstkasteiung und Askese der Jain-Mönche zu tun hat. Auch heute noch kommen *sadhus* hierher. Jedes Jahr im Januar

Das Jain-Kloster von Khandagiri ist teils aus den Felsen gehauen

Hotels und Restaurants in Orissa siehe Seiten 579 und 607f

Der Chausath-Yogini-Tempel von Hirapur

versammeln sie sich, um in den Höhlen zu meditieren. Viele Menschen nutzen diese Gelegenheit, um den Segen der *sadhus* zu empfangen, am Fuß der Hügel findet dann ein Jahrmarkt statt.

Dhauli
8 km südlich von Bhubaneswar. Ein weißer buddhistischer Stupa inmitten von Reisfeldern am Ufer des Flusses Daya markiert die Stätte der Schlacht von Kalinga, die der Maurya-Herrscher Ashoka (siehe S. 42) 260 v. Chr. ausgefochten hat. Zwar gewann er den Krieg, doch all das Gemetzel und das Elend, das die Kämpfe mit sich brachten, erfüllten den Herrscher mit Reue: Danach gab er seine militärischen Feldzüge *(digvijaya)* auf, wurde Buddhist und widmete sich mit friedlichen Mitteln der Ausbreitung des Buddhismus *(dharmavijaya)*. Seine Maximen ließ er auf Felsen in verschiedenen Teilen seines Reiches niederschreiben. Eines dieser Edikte befindet sich am Fuß des Dhauli Hill. Diese Inschrift besagt »Alle Menschen sind meine Kinder« und fordert die Beamten des Herrschers auf, im Geiste der Unparteilichkeit, Gewaltlosigkeit, Gerechtigkeit und des Mitgefühls zu agieren. Aus dem Felsen ist oben ein großer Elefantenkopf geschlagen, ein Symbol für den buddhistischen Dharma und eine der ältesten Skulpturen, die man auf dem indischen Subkontinent gefunden hat.

Den großen weißen **Shanti Stupa** (»Friedenspagode«) auf dem Hügel ließen japanische Buddhisten zu Beginn der 1970er Jahre errichten.

Chausath-Yogini-Tempel
15 km südöstlich von Bhubaneswar. In dem hübschen Dorf Hirapur befindet sich ein runder Tempel aus dem 9. Jahrhundert. In den Mauernischen der inneren Einfriedung sieht man *chausath yoginis*, die 64 Manifestationen der Göttin Shakti, die für die weibliche Schöpfungskraft steht. Die Figuren sind rund 60 Zentimeter hoch und aus schwarzem Chlorit skulptiert. Die Hauptgottheit, eine grazile zehnarmige *yogini*, steht in der 31. Nische.

Sonnenschirm aus Pipli mit Applikationen

Umgebung: Pipli, 15 km südlich von Bhubaneswar am Highway nach Puri, ist ein Dorf voller Kunsthandwerker, die farbenprächtige Textilien mit Applikationen herstellen. Ursprünglich waren die Stücke für Tempel bestimmt, die fein gearbeiteten Stoffe dienten als Baldachine und Mäntel für Gottheiten, besonders an Festtagen. Heute werden mit denselben Techniken Schirme, Kissenbezüge, Wandbehänge und Taschen gefertigt. Beliebte Motive sind Vögel, Blumen und Tiere, aber auch Ornamente aller Art werden in kontrastierenden Farben aufgenäht. Läden säumen die Durchgangsstraße und tauchen sie mit ihren Produkten in ein Farbenmeer.

Feste in Orissa

Mela der Stämme *(Jan)*, Bhubaneswar. Orissas verschiedene Ethnien kann man eine Woche lang durch ihre Tänze, Musik, Kunst- und Handwerksobjekte kennenlernen.

Makar Mela *(14. Jan)*, Chilika Lake. Auf der Felseninsel Kalijai im Chilika Lake bringen Pilger in einer der Göttin Kali geweihten Höhle und einem Tempel Opfer dar.

Magha Saptami Chandrabhaga Mela *(Jan/Feb)*, Konarak. Zu Ehren des Sonnengotts Surya nehmen Pilger im See ein rituelles Bad, bevor sie den Tempel besuchen. Es gibt einen bunten Jahrmarkt mit Ständen, die Essen und Geschenke anbieten.

Ashokashtami *(März/Apr)*, Bhubaneswar. Das Bildnis von Shiva, dem Hauptgott des Lingaraj-Tempels, wird in einer Prozession auf einem Wagen zum rituellen Bad im heiligen Bindusagar-Becken gefahren.

Chaitra Parba *(Apr)*, Baripada. Am Frühlingsfest wird der spektakuläre Kriegstanz Mayurbhanj Chhau getanzt.

Rath Yatra *(Juni/Juli)*, Puri.

Konarak-Tanzfestival *(1.– 5. Dez)*, Konarak. Klassische Tänze sind fünf Tage lang auf einer Freiluftbühne beim Sun Temple zu sehen.

Ausdrucksstarke Tänze finden bei den Rath-Yatra-Feiern statt

Konarak: Sun Temple

Kolossale Elefanten im Tempelkomplex

Dem Sonnengott Surya ist dieses architektonische Wunderwerk, eine UNESCO-Welterbestätte, geweiht. Der Tempel wurde als gigantischer Wagen mit zwölf Räderpaaren konzipiert – er sollte den Sonnengott auf seiner täglichen Reise über den Himmel fahren. König Narasimhadeva aus der Östlichen Ganga-Dynastie *(siehe S. 44)* ließ den Bau im 13. Jahrhundert errichten. Außergewöhnlich schöne Skulpturen bedecken die Mauern: Götter und Dämonen, Könige und Bauern, Elefanten und Pferde sowie Liebespaare.

Mädchen mit Vogel
Statuen graziler Frauen in verschiedensten Posen zieren die Tempelfassade.

Amalaka

Hofszene
Auf diesem bezaubernden Relief ist der König mit einer Giraffe zu sehen – ein Beleg für den Seehandel zwischen Orissas Östlicher Ganga-Dynastie und Afrika.

★ Surya
Majestätisch steht der Sonnengott auf seinem Wagen, flankiert von seinen Frauen und anderen Gottheiten.

★ Räder des Sonnenwagens
Die zwölf Wagenräder an jeder Seite stehen für die Monate. Jeweils acht große Speichen, als Sonnenuhren zu nutzen, teilen den Tag in Abschnitte von je drei Stunden. Sieben Pferde ziehen den Wagen – die Tage der Woche.

KONARAK: SUN TEMPLE

Der Sun Temple von Konarak am Ufer des Golfs von Bengalen

INFOBOX

Distrikt Puri. 65 km südöstl. von Bhubaneswar. 🚌 ℹ️ *Orissa Tourism, Sunvilla, (06758) 236 8202.* ⏰ *tägl.* 🎭 *Magha Saptami (Jan/Feb), Konarak-Tanzfestival (Dez).* **Archäologisches Museum** ⏰ *Fr–Mi.* 📷 🛒

Das Dach
mit den drei Ebenen sieht wie eine Stufenpyramide aus. Ein runder Stein, *amalaka* genannt, krönt die Konstruktion. Die Terrassen zwischen den Ebenen sind voller Skulpturen.

Becken-Spieler
Diese Skulptur steht in einer Reihe lebendig dargestellter Tänzerinnen, Musiker und Trommler auf der oberen Dachterrasse.

Medaillons
Gottheiten und Tänzerinnen schmücken die Medaillons an den Wagenrädern.

Erotische Skulpturen
Als Ausdruck der Lebensfreude steht dieses Liebespaar in reizvollem Kontrast zu der ernsten, verhaltenen Schlangengottheit unmittelbar daneben.

Bhogmandir

Haupteingang

Bhogmandir
An den Ruinen der »Opferhalle« sieht man riesige Löwen über geduckten Elefanten.

NICHT VERSÄUMEN

★ Räder des Sonnenwagens

★ Surya

Überblick: Konarak

Der Sun Temple von Konarak hatte ursprünglich einen 70 Meter hohen *deul* (Turm). Er war von weithin sichtbar – eine gute Navigationshilfe für europäische Seefahrer. Sie nannten den Sonnentempel »Schwarze Pagode«. Im Lauf der Zeit fiel das leicht erodierende Khondalit-Gestein dem Seeklima und dem Sand zum Opfer. Im 19. Jahrhundert war der Turm eingefallen, nur seine Basis blieb erhalten.

Die »Opferhalle« (*bhogmandir*) des Tempels hat kein Dach mehr, aber ihr Sockel und die Säulen stehen noch – voller Skulpturen von Tänzerinnen in Posen, die man heute noch beim klassischen Odissi-Tanz (siehe S. 28) sieht.

Die wagenförmige Versammlungshalle (*jagamohan*) war fast zwei Jahrhunderte lang unter Treibsand verborgen und wurde erst Anfang des 20. Jahrhunderts von der Archaeological Survey of India (ASI) ausgegraben und restauriert. Unter den vielen Skulpturen sind 1700 Elefanten am Sockel sowie einige entzückende *alasa kanyas*, Konkubinen, die mit einem Vogel spielen, einen Spiegel halten oder sich aufreizend an eine Tür lehnen.

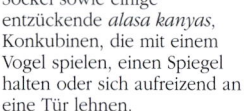

Drei lebensgroße Bildnisse des Sonnengottes Surya aus andersfarbenem Chlorit sind so positioniert, dass die Sonnenstrahlen bei Sonnenaufgang, mittags und bei Sonnenuntergang jeweils auf eines der Gesichter fallen.

In der Nordostecke der Anlage steht der **Shrine of the Nine Planets**, eine Steinplatte mit den Gottheiten der neun Planeten. Im Norden und Süden sieht man Kolossalstatuen von Kriegspferden und -elefanten.

Das **Archäologische Museum** zeigt Skulpturen, die man in Konarak fand. Der Strand ist drei Kilometer vom Tempel entfernt. Wegen der starken Unterströmungen ist Schwimmen hier nicht ratsam.

Der Jagannath-Tempel in Puri mit dem Rad und der Fahne Vishnus

Puri ❸

Distrikt Puri. 62 km südlich von Bhubaneswar. 158 000. Orissa Tourism, Station Rd, (06752) 222 740, 222 562. tägl. Rath Yatra (Juni/Juli). **Jagannath-Tempel** tägl. für Nicht-Hindus.

Handbemalte Ganjifa-Spielkarte aus Puri

Die Stadt am Meer ist eines der wichtigsten Pilgerzentren Indiens, ihr Haupheiligtum ist der Jagannath-Tempel. Dessen 65 Meter hoch aufragender Turm diente einst den Seefahrern aus Europa zur Orientierung, sie nannten ihn »Weiße Pagode«, um ihn von der »Schwarzen Pagode« (Konaraks Sun Temple) zu unterscheiden.

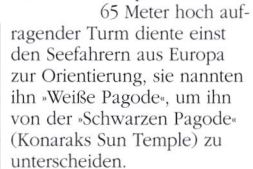

Der **Jagannath-Tempel** entstand im 12. Jahrhundert unter Anantavarman aus der Östlichen Ganga-Dynastie (siehe S. 44). Er ist von einer sechs Meter hohen Mauer umgeben, das Haupttor wird von zwei bunt angemalten Steinlöwen bewacht. Der Eintritt ist nur Hindus erlaubt, Besucher können vom Dach der Raghunandan Library gegenüber dem Haupttor einen guten Überblick über den Komplex mit seinen vielen kleinen Heiligtümern und Höfen bekommen.

Die Tempelanlage ähnelt dem Lingaraj-Tempel in Bhubaneswar (siehe S. 258). Drei kleinere Tempel stehen vor dem Hauptheiligtum mit seinem hohen Turm. Auf der Steinsäule beim Eingang ist Arun zu sehen, der Wagenlenker des Sonnengottes. Die Säule wurde im 18. Jahrhundert vom Sun Temple in Konarak hierher gebracht.

Puris Hauptstraße, **Bada Danda**, verläuft vom Tempel durch die Stadt. Hier reihen sich Unterkünfte für Pilger und Läden, die Essen, religiöse Objekte und Kunsthandwerk verkaufen. Lokale Besonderheiten sind die bunten *Pattachitra*-Malereien und die runden *Ganjifa*-Spielkarten, auf denen religiöse Motive abgebildet sind.

Puris langer Sandstrand ist attraktiv, aber wegen der starken Unterströmungen nicht sicher zum Schwimmen. Die Strandpromenade »Marine Parade« ist voller Verkaufsstände und Pilgergruppen, ruhiger geht es am östlichen Ende zu. Fischer mit konischen Hüten fungieren als Rettungsschwimmer. Sie bieten auch an, Besucher zum Sonnenuntergang aufs Meer hinauszufahren.

Familienpicknick am Puri Beach

Hotels und Restaurants in Orissa *siehe Seiten 579 und 607f*

Chilika Lake – ein Paradies für Wasservögel und Delfine

Chilika Lake ❹

Distrikte Puri, Ganjam und Khordha. 50 km südwestlich von Puri. 🚉 *Balugaon, dann Taxi oder Bus.* 🚌 *Balugaon und Satpada.* 🛈 *Orissa Tourism, Barkul, (06756) 211 078.* 🎭 *Makar Mela (Jan).* **Satpada und Nalabana Islands** 🚤 *von Barkul, Balugaon, Satpada und Rambha.*

Die große flache Lagune nimmt 1100 Quadratkilometer ein und gilt als größter Brackwassersee Asiens. Er ist vom Golf von Bengalen nur durch eine schmale Landzunge getrennt und durch einen schmalen Kanal mit dem Meer verbunden. Chilika Lake mit seinen Schilfinseln ist Lebensraum für viele Tiere. Von November bis Februar brüten hier unzählige Vogelarten, darunter Goldregenpfeifer, Flamingos, Teichhühner und Fischadler. Eine besondere Attraktion sind die Delfine, die man häufig vor **Satpada Island** am Kanal zwischen See und Meer entdecken kann. **Nalabana Island** im Zentrum des Sees ist der beste Ort, um Wasservögel zu beobachten. Orissa Tourism arrangiert Bootsausflüge zu beiden Inseln.

Für die einheimische Bevölkerung ist der See eine wichtige Erwerbsquelle. Zahlreiche Menschen leben vom Fang von Fischen, Garnelen und Krabben.

Der **Kalijai-Tempel** steht auf einer kleinen Felsinsel, besonders während des Makar Mela im Januar zieht er viele Pilger und Besucher an.

Gopalpur-on-Sea ❺

Distrikt Ganjam. 170 km südwestlich von Bhubaneswar. 🚉 *Berhampur, 18 km östlich des Stadtzentrums, dann Taxi oder Bus.* 🚌 🛈 *Orissa Tourism, Berhampur Railway Station, (0680) 224 3931.*

Der ruhige Ferienort am Meer war früher ein wichtiger Hafen für den Seehandel mit Indonesien *(siehe S. 266)*. Die Briten bauten Gopalpur-on-Sea als »Seaside Resort« aus. Heute zeigt sich der Ort charmant verschlafen, außer während der Durga-Puja-Feiern *(siehe S. 239)* im September/Oktober, wenn Besucher aus ganz Westbengalen kommen. Wegen der Unterströmungen ist Schwimmen hier nicht sicher, aber der von Bungalows und Kasuarinen-Wäldchen gesäumte Strand ist attraktiv.

Berhampur ❻

Distrikt Ganjam. 170 km südwestlich von Bhubaneswar. 🚉 🚌 🛈 *Orissa Tourism, Railway Station, (0680) 228 0226.*

Im südlichen Orissa liegt Berhampur. Das Handelszentrum ist berühmt für seine handgewebten Ikat-Seidenstoffe, die in den Basaren hergestellt und verkauft werden. Berhampur ist nicht nur die Eisenbahnhaltestelle für Gopalpur-on-Sea, sondern auch ein angenehmer Ausgangspunkt, um das 35 Kilometer nördlich der Stadt gelegene **Jaugarh** zu besichtigen. Hier steht eine der Felstafeln, die Ashoka im 3. Jahrhundert v. Chr. aufstellen ließ. Sie ähnelt der Tafel in Dhauli *(siehe S. 261)*.

Bemaltes Wandpaneel im Tempel von Buguda

Blumenopfer für eine Göttin der Fruchtbarkeit in Taptapani

Nicht weit entfernt steht in **Buguda** der Biramchinarayan-Tempel aus dem 17. Jahrhundert, in dem man sehr schöne Wandbilder mit Szenen aus dem *Ramayana* sehen kann.

Taptapani ❼

Distrikt Ganjam. 50 km westlich von Berhampur. 🚌 🛈 *Orissa Tourism, Taptapani, (06814) 211 631.*

An einem bewaldeten Berghang der Ostghats befindet sich der für seine heißen Quellen bekannte Ort Taptapani. Fast kochend kommt das schwefelhaltige Wasser aus einer Felsspalte und wird in einen Teich in einer Waldlichtung geleitet. In der Nähe des Teiches steht ein kleines Heiligtum, das einer lokalen Fruchtbarkeitsgöttin geweiht ist. Denn neben verschiedenen chronischen Leiden sollen die heißen Quellen auch Unfruchtbarkeit heilen können. Ein Baum mit Samenschoten steht am Teichufer. Frauen, die ein Kind bekommen wollen, müssen die Samen vom schlammigen Grund des Teiches heraufholen – eine schwierige Aufgabe, zumal das heiße Wasser nur ganz kurzes Untertauchen erlaubt. Vor allem Frauen vom Saora-Stamm *(siehe S. 269)*, dessen Dörfer nicht weit entfernt liegen, kann man hier oft sehen.

Besucher nutzen die Heilkraft des Wassers am besten, wenn sie sich im Gästehaus von Orissa Tourism einmieten. Hier wird das Wasser direkt aus der Quelle in die Badewannen geleitet.

Cuttack ❽

Distrikt Cuttack. 35 km nördlich von Bhubaneswar. 540 000. Orissa Tourism, Arunodaya Market Building, Link Rd, (0671) 231 2225. Bali Yatra (Okt/Nov).

Vom 10. Jahrhundert bis zum Jahr 1956 war die größte Stadt Orissas auch seine Hauptstadt, doch heute sieht man wenig von der großen Vergangenheit Cuttacks. Die einzigen Überreste sind im Nordwesten der Stadt das Tor und der Graben des **Barabati Fort**, das im 13. Jahrhundert mit einem neunstöckigen Palast erbaut wurde.

Für Besucher interessanter präsentiert sich der Ostteil der Stadt, wo im **Balu Bazar** und im **Nayasarak Bazar** Silberschmiede filigranen Schmuck herstellen. In den Läden an der nahe gelegenen **Jail Road** wird Orissas schönes Kunsthandwerk angeboten, vor allem Ikat-Seidenstoffe, Artikel aus geschnitztem Horn und Malereien sind begehrte Souvenirs.

Im selben Viertel steht die im 18. Jahrhundert erbaute **Kadam-Rasul-Moschee** mit ihren grünen Kuppeln. Hier kann man die in Stein skulptierten Fußabdrücke des Propheten Mohammed sehen.

Die Kadam-Rasul-Moschee in Cuttack

Verbindung nach Indonesien

Zwischen dem 4. Jahrhundert v. Chr. und dem 14. Jahrhundert n. Chr. erlangten die aufeinanderfolgenden Reiche von Orissa Macht und Wohlstand durch den Seehandel, besonders mit Bali, Java und Sumatra. Mindestens seit dem 10. Jahrhundert bezeichnet in Indonesien das Wort *kling*, das sich aus Kalinga, dem alten Namen Orissas, ableitet, Indien und die Inder. Mit den Handelsverbindungen entstand auch kultureller Austausch, diese Einflüsse sind heute noch in Orissas Kunsthandwerkstradition zu erkennen. Weber erlernten die feine Kunst der Ikat-Webens aus Indonesien, später bekamen sie Aufträge vom indonesischen Hof. Eine andere Kunst, die aus Indonesien übernommen wurde, zeigt sich in den filigranen Silberschmiedarbeiten, die man in Cuttack fertigt. Heute erinnert ein Jahrmarkt an die alten Seeverbindungen Orissas mit Bali, Java und Sumatra: Bali Yatra (»Bali-Reise«) wird in Cuttack während des Vollmonds von Kartik (Oktober/November) abgehalten. Das überaus farbenprächtige Fest findet am Ufer des Flusses Mahanadi statt. Dabei setzt man Lampen auf kleine Boote aus Bananenblättern und lässt sie auf dem Fluss treiben.

Das Eingangstor zum Jahrmarkt Bali Yatra in Cuttack

Ratnagiri ❾

Distrikt Cuttack. 70 km nordöstlich von Cuttack. Orissa Tourism, Link Rd, Cuttack, (0671) 231 2225.

Die drei buddhistischen Stätten Ratnagiri, Udayagiri und Lalitgiri liegen nahe beieinander. Man kann sie im Rahmen einer durch reizvolle Landschaften führenden Tagestour von Cuttack oder Bhubaneswar aus besichtigen.

Ratnagiri (»Juwelenhügel«) hat am meisten zu bieten. Zwischen dem 7. und dem 11. Jahrhundert waren hier eine große buddhistische Lehrstätte und ein Kloster – religiöse Einrichtungen, die schon der chinesische Reisende Hiuen Tsang *(siehe S. 187)* im 7. Jahrhundert beschrieb. Der am besten erhaltene Bau ist das Kloster mit großem Stupa, zentralem Hof und Kolonnaden um die Mönchszellen. Innen ist die vier Meter hohe Figur eines sitzenden Buddha zu sehen, viele andere buddhistische Skulpturen und das reich ornamentierte Eingangstor ergänzen den Eindruck. Ein kleines **Archäologisches Museum** präsentiert Skulpturen, die um das Kloster gefunden wurden.

In **Udayagiri** (»Hügel des Sonnenaufgangs«), zehn Kilometer südlich von Ratnagiri, sind die Ausgrabungen noch im Gange. Die Skulpturen sind hier besser erhalten. An dem westlichen Höhenzug sieht man eine Reihe von

Figur eines meditierenden Buddhas (7. Jh.) in Ratnagiri

Hotels und Restaurants in Orissa *siehe Seiten 579 und 607f*

Watvögel zwischen Mangroven im Bhitarkanika Sanctuary

Felsskulpturen, am östlichen die Ruinen vieler gemauerter Stupas. Die Inschrift auf der großen Buddha-Statue stammt aus dem 8. Jahrhundert.

Lalitgiri (»Hügel der Anmut«), zehn Kilometer südlich von Udayagiri und mit dem Bus direkt mit Cuttack verbunden, gilt als die älteste der heiligen Stätten. Die Ruinen liegen über zwei aneinandergrenzende Hügel verstreut. Man entdeckt eine Terrassenplattform aus Stein, eine Galerie mit lebensgroßen Bodhisattva-Figuren und Tempelteile. Einige besser erhaltene Skulpturen und ein Steintor wurden in einen modernen Hindu-Tempel integriert. Ein Steinmetzdorf am Fuß eines Hügels hält die reiche Bildhauertradition Orissas lebendig.

🏛 **Ratnagiri Archaeological Museum**
⏱ Sa–Do.

Bhitarkanika Sanctuary ❿

Distrikt Kendrapara. 106 km nordöstlich von Cuttack. *Zugang: Chandbali, Rajnagar.* 🚆 *Bhadrakh, 50 km nordwestlich von Chandbali, dann Bus.* 🚌 *nach Rajnagar.* 🚤 *von Rajnagar oder Chandbali nach Dangmal, Ekakula und Habalikhati.* 📞 *Genehmigung und Buchung: Bhubaneswar, (06786) 220 397, oder Rajnagar, (06729) 272 460.* ⏱ *Mitte Okt–Mitte Apr.*

Das 170 Quadratkilometer große Schutzgebiet im Mündungsdelta von Brahmani und Baitarani in den Golf von Bengalen ist weltberühmt, weil hier die Oliv-Bastardschildkröte ihre Eier ablegt. Außerdem kann man hier den – nach den Sunderbans in Westbengalen *(siehe S. 244f)* – zweitgrößten Mangrovenwald Indiens, in dem 63 der 72 bekannten Mangrovenarten gedeihen, besuchen. Mit seinen zwölf Inseln, langen Sandstränden, zahllosen Buchten und Flussmündungen ist Bhitarkanika der Lebensraum für viele Fischarten sowie für 170 Vogelarten, darunter Störche, Reiher, Ibisse und Enten. Zudem leben hier die meisten Leistenkrokodile Indiens.

Übernachten kann man in einem Gästehaus beim Eingang Chandbali oder mitten im Schutzgebiet in Dangmal, Habalikhati und Ekakula (alle drei Orte sind mit dem Boot zu erreichen). Orissa Tourism in Bhubaneswar und Cuttack organisiert Touren und beschafft die notwendigen Genehmigungen beim Forest Department Bhitarkanika.

Oliv-Bastardschildkröte

Alljährlich im Februar oder März ereignet sich das bewegende Schauspiel der größten *arribada* (spanisch für »Ankunft«) der Welt im Bhitarkanika Sanctuary. Dann treffen 200 000 Oliv-Bastardschildkröten auf dem Gebiet des Bhitarkanika Sanctuary ein, um bei Gahirmatha, einem zehn Kilometer langen Sandstrand in der Nähe der Brahmani-Mündung, ihre Eier abzulegen. Jedes Weibchen legt zwischen 50 und 200 Eier in ein tiefes Loch, das es in den Sand gräbt. Zwei Monate lang brütet die Sonne die Eier aus, dann tauchen eines Nachts Millionen winziger Schildkröten auf und rennen zum Meer. Nur 0,1 Prozent von ihnen überleben, bis sie ausgewachsen sind. Neben Möwen und Haien sind vor allem Menschen die größten Feinde. 1997 und 1998 blieben die *arribadas* aus. Tierschützer auf der ganzen Welt waren alarmiert, bis im März 2000 eine Rekordzahl von 700 000 Oliv-Bastardschildkröten in Gahirmatha eintraf. Seit damals kehren die bedrohten Tiere wieder jedes Jahr an den Ort ihrer Geburt zurück.

Oliv-Bastardschildkröte bei der Eiablage

Winzige Schildkrötenbabys rennen zum Meer

Baleshwar ⓫

Distrikt Baleshwar. 215 km nordöstlich von Bhubaneswar. 🚂 🚌
🛈 Orissa Tourism, SPA Complex, Station Square, (06782) 262 048.

Die Briten gründeten den Seehafen Baleshwar 1642, später war er in der Hand der Franzosen und Niederländer. Im 18. Jahrhundert hatte der versandete Hafen seine Bedeutung verloren. Von der kolonialen Vergangenheit sind nur noch die Ruinen einiger niederländischer Grabmäler zu sehen sowie Kanäle, die zum Meer verlaufen. Baleshwar ist eine verschlafene Stadt, umgeben von Reisfeldern und kleinen Dörfern. Beliebte Mitbringsel sind die hübschen Lackschachteln und die Messingfische, die hier hergestellt werden.

Umgebung: Den ruhigen Ferienort **Chandipur**, 16 Kilometer östlich von Baleshwar, erreicht man mit dem Taxi. Hier zieht sich das Meer bei Ebbe bis zu fünf Kilometer zurück und hinterlässt sauberen, weißen Sand. Unterkünfte bietet Orissa Tourism in einem hübschen alten Bungalow direkt am Strand. Am Abend kann man hier den allerfrischesten Fisch genießen. Das einzig Störende in dieser Idylle ist das ganz in der Nähe gelegene Raketenabschuss-Testgelände der indischen Armee, gegen das Umweltschützer und Einheimische bereits seit vielen Jahren protestieren.

Messingfisch, Baleshwar

Baripada ⓬

Distrikt Mayurbhanj. 295 km nordöstlich von Bhubaneswar. 🛈 (06792) 252 710. 🚂 🚌 tägl. 🎭 Chaitra Parba (Apr), Rath Yatra (Juni/Juli).

Wichtigster Marktort im Nordosten Orissas ist das Verwaltungszentrum des Distrikts Mayurbhanj. Bekannt ist es für seine ausgedehnten Wälder und seine vielen hier ansässigen Ethnien. Baripada ist auch das Tor zum Simlipal National Park. Im Juni/Juli findet um den **Jagannath-Tempel** das Fest Rath Yatra statt, eine kleinere Version des Wagenlenker-Festes in Puri *(siehe S. 264)*, aber ebenso lebendig und aufregend, da die ganze Stadt an dem Umzug teilnimmt. Das Besondere in Baripada ist die Tatsache, dass der Wagen der Göttin Subhadra nur von Frauen gezogen wird.

Ein weiteres buntes Fest hier ist Chaitra Parba im April, bei dem ethnische Gruppen in fantastischen Kostümen den kraftvollen Chhau-Tanz aufführen. Dieser wurde ursprünglich von Kriegern unmittelbar vor einem Kampf getanzt. Im Ostteil der Kleinstadt zeigt das **Baripada Museum** Skulpturen, Tonwaren und Münzen, die in der Gegend gefunden wurden.

🏛 **Baripada Museum**
⭕ Di–So. 📷

Umgebung: In **Haripur**, 16 Kilometer südöstlich von Baripada, erheben sich die Ruinen von einigen Palästen und Tempeln, die die Herrscher der Bhanja-Dynastie im 15. Jahrhundert in ihrer Hauptstadt errichteten. Die eindrucksvollsten Ruinen sind die des aus Ziegeln erbauten Rasikaraya-Tempels und die Durbar Hall der Bhanjas.

Simlipal National Park ⓭

Distrikt Mayurbhanj. 320 km nördlich von Bhubaneswar. **Zugang:** *Lulung und Jashipur.* 🚂 *Baripada, 50 km östlich des Parks, dann Bus oder Taxi.* 🚙 *nach Lulung (über Baripada) und Jashipur.* 🛈 *Genehmigung und Buchung: Field Director, Simlipal Tiger Reserve, Baripada, (06792) 255 939.* ⭕ *Nov–Mitte Juni.* 📷 ⊕ *Extragebühr.* 🚙 *Jeeps zu mieten.*

Der außergewöhnlich reizvolle Park liegt mitten in den urtümlichen Berggebieten im Nordosten von Orissa. Auf 2750 Quadratkilometern wachsen dichte Wälder mit *Sal-(Shorea-robusta-)* und Rosenholz-Bäumen, unterbrochen von üppigem Grasland. Zahlreiche Flüsse durchziehen das Gebiet, immer wieder sieht man schmale Wasser-

Frauen bei der Arbeit in den Reisfeldern bei Baleshwar

Hotels und Restaurants in Orissa *siehe Seiten 579 und 607f*

ORISSA

Wasserfall bei Barehipani, Simlipal National Park

kaskaden oder spektakuläre Wasserfälle wie die bei Joranda (150 m) und Barehipani (400 m).

Ursprünglich war das Gebiet der private Jagdgrund des Maharaja von Mayurbhanj, 1957 wurde Simlipal zum Wildschutzgebiet erklärt. Es war eines der ersten Tigerschutzgebiete Indiens. Rund 100 Tiger leben heute hier, aber auch Elefanten, Leoparden, Hirsche, Gaurs (die größten lebenden Wildrinder) und Schuppentiere. Charakteristisch für diese seltsam aussehenden Tiere sind die Schuppen, die ihnen eine gewisse Ähnlichkeit mit Tannenzapfen verleihen. Sie ernähren sich ausschließlich von Termiten und Ameisen, deren Bauten sie mit ihren Krallen aufreißen. Dann sammeln sie mit ihrer langen Zunge die Beute ein. Werden sie angegriffen, rollen sie sich zu einer Kugel zusammen, die, von Schuppen umgeben, nicht leicht aufzubrechen ist.

In Simlipal leben außerdem über 230 Vogelarten. Die seltenen *muggers* (Sumpfkrokodile) entdeckt man in und an den Flüssen.

Schuppentier in Simlipal

In Jashipur, dem westlichen Zugang zum Park, ist im **Crocodile Sanctuary**, in dem man die Reptilien aus der Nähe betrachten kann. Eine der besten Stellen, um Wildtiere zu Gesicht zu bekommen, liegt im Grasland bei **Bacchuri Chara**, wo sich gern Elefanten aufhalten. Eine weitere gute Stelle ist der 1158 Meter hohe **Manghasani Peak**. Essen und einfache Unterkünfte bekommt man in Gästehäusern in Lulung, Barehipani, Chahala, Joranda und Nawana.

Umgebung: Einige der schönsten Skulpturen Orissas kann man in **Khiching**, im 10. und 11. Jahrhundert Hauptstadt der Bhanja-Könige, sehen. Das Dorf liegt 20 Kilometer westlich von Jashipur, dem Westzugang zum Simlipal National Park, und 115 Kilometer westlich von Baripada. Hauptsehenswürdigkeit ist der hoch aufragende Khichakeshwari-Tempel, der im frühen 20. Jahrhundert ganz aus den Ruinen des Originaltempels rekonstruiert wurde. Unter den vielen Bildnissen von Gottheiten ist auch ein tanzender Ganesha. Es gibt einige andere Tempel und die Ruinen von zwei Forts der Bhanja-Herrscher.

Das kleine **Archäologische Museum** besitzt ein paar lebensgroße Statuen von Shiva und seiner Gemahlin Parvati sowie exquisite Skulpturenpaneele.

🏛 **Archäologisches Museum**
○ *Di–So.* ● *Feiertage.*

Skulptur (11. Jh.) von Shiva und Parvati, Khiching

Ethnien in Orissa

Mehr als 60 verschiedene Ethnien leben in Orissa, Nachkommen der ursprünglichen, vorarischen Einwohner. Viele Stammesdörfer im waldreichen Hochland des Landesinneren sind bis heute wenigen Einflüssen von außen ausgesetzt. Die Saora, die in der Nähe von Taptapani *(siehe S. 265)* leben, betreiben Landwirtschaft, ihre Lehmhäuser sind schön bemalt, die Türen mit Schnitzwerk verziert. Bei den weiter westlich lebenden Koya verlangt es die Sitte, dass die Frauen nur beträchtlich jüngere Männer heiraten dürfen. Die größte Ethnie in Orissa sind die Kondh. Sie brachten für die Fruchtbarkeit ihres Landes Menschenopfer dar, bis die Briten Mitte des 19. Jahrhunderts diese Rituale beendeten. Heute kennt man die Kondh wegen ihres Wissens um Heilkräuter und ihres schönen, aus Metall gefertigten Schmucks. Die Regierung von Orissa fördert Touren in diverse Stammesgebiete. Informationen über erforderliche Reisegenehmigungen und Unterkünfte in wenig erschlossenen Gebieten bekommt man von Orissa Tourism in Bhubaneswar, Tel. (0674) 243 2177.

Kondh-Mädchen mit Stammesschmuck

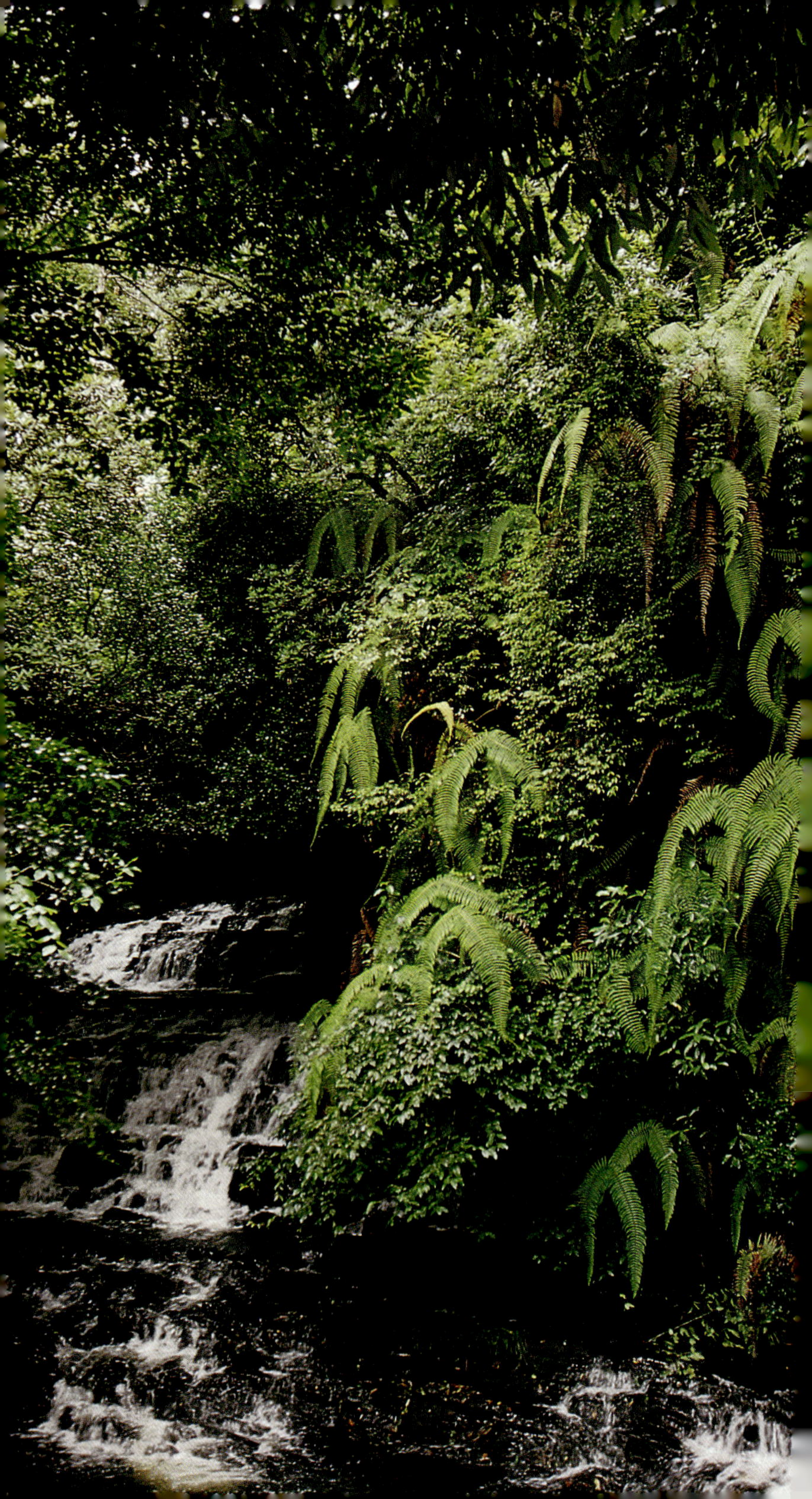

Assam & Nordostindien

Assam und die sechs nordöstlichen Bundesstaaten, oft die »Seven Sisters« genannt, liegen geografisch isoliert – die Region grenzt an Bangladesch, Bhutan, China und Myanmar (Burma). Hierher kommen nur wenige Indien-Besucher, obwohl die Region eine ungewöhnliche Vielfalt an ethnischen Gruppen, Sprachen, Religionen, Klima- und Vegetationszonen, Landschaften sowie seltenen Tieren bietet. Die größte der »Seven Sisters« ist Assam, das sich entlang dem Brahmaputra erstreckt. Berühmt ist der Bundesstaat für seinen Tee und das seltene Indische Panzernashorn, das hier lebt. In den Hügeln von Meghalaya liegen Shillong und Cherrapunji, einer der Orte mit den weltweit höchsten Niederschlägen. Arunachal Pradesh, Nagaland, Manipur, Mizoram und Tripura sind die Heimat von mehr als 100 Ethnien mit unterschiedlichen Kulturen.

Sehenswürdigkeiten auf einen Blick

Städte und Orte
- Agartala ⓬
- Aizawl ⓭
- Bomdila ❸
- Dimapur ⓱
- Guwahati ❶
- Imphal ⓮
- Itanagar ❽
- Kohima ⓰
- Sibsagar ❻
- Tezpur ❷
- Ziro ❾

Nationalparks
- Kaziranga National Park ❺
- Namdapha National Park ❿

Kloster
- Tawang-Kloster ❹

Bergorte und landschaftlich schöne Gebiete
- Loktak Lake ⓯
- Majuli River Island ❼
- Shillong ⓫

LEGENDE
- Internationaler Flughafen
- Inlandsflughafen
- National Highway
- Hauptstraße
- Nebenstraße
- Eisenbahn
- Staatsgrenze
- Bundesstaatsgrenze

◁ **Ein kleiner Wasserfall im dichten Regenwald von Meghalaya bei Shillong** (siehe S. 280)

Gläubige am Kamakhya-Tempel bei Guwahati, einem der wichtigsten hinduistischen Pilgerzentren

Guwahati ❶

Distrikt Kamrup. 1100 km nordöstlich von Kolkata. 810 000.
Borjhar, 25 km westlich des Stadtzentrums, dann Bus oder Taxi.
Assam Tourism, Station Rd, (0361) 254 7102. Rongali Bihu (Apr), Ambubachi (Juni), Assam Tea Festival (Jan).

Assams Hauptstadt ist das Tor zum Nordosten Indiens. Von den Neelachal Hills umgeben erstreckt sich Guwahati zu beiden Seiten des breiten Brahmaputra. Die Stadt war früher ein wichtiges Zentrum des Tantra-Hinduismus, zahlreiche interessante Tempel befinden sich in der Umgebung. Heute ist Guwahati ein geschäftiges Handelszentrum für Assams Tee- und Ölindustrie. Am Stadtrand sieht man die hohen Betelnusspalmen, denen Guwahati (wörtlich »Betelnuss-Markt«) seinen Namen verdankt.

Messingbehälter, in dem man Betelblätter serviert

Kamakhya-Tempel
Der Tempel auf dem Nilachal Hill, acht Kilometer nordwestlich von Guwahati, zählt zu den wichtigsten hinduistischen Pilgerzentren Indiens. Der Bau aus dem 17. Jahrhundert weist die für Assam typischen *shikhara* in Form eines Bienenstocks auf. Als Shiva – wie die Legende erzählt – voller Wut und Trauer den Leichnam seiner Frau Sati (auch Parvati) durch den Himmel trug, fielen Teile ihres Körpers auf die Erde (*siehe S. 237*).

An allen diesen Stätten wurden größere Tempel gebaut. Kamakhya soll der Ort sein, an dem Satis Vagina abfiel, deshalb besitzt er besondere Energien und Schöpfungskraft. Entsprechend der tantrischen Rituale wird hier der Göttin täglich eine Ziege geopfert. Die Riesenschildkröten im Tempelbecken warten darauf, von Besuchern gefüttert zu werden. Das farbenfrohe Ambubachi-Fest markiert das Ende des Menstruationszyklus der Erde. Zu diesem Anlass kommen Pilger aus ganz Indien hierher, um den Segen der Göttin zu erhalten.

Navagraha-Tempel
Auf dem Chitranchal Hill im Nordosten von Guwahati steht der Navagraha-Tempel (»Tempel der Neun Planeten«), der den Ort der alten Stadt Pragjyotishpur (Guwahatis alter Name) markieren soll. Pragjyotishpur war berühmt als Zentrum der Astronomie. Die dunkle Kammer unter dem roten Bienenstock-*shikhara* birgt neun Lingas, die neun Planeten repräsentieren.

Umananda-Tempel
Peacock Island. *Umananda Ghat, 1 km nördlich des Bahnhofs.*
Auf der grünen Peacock Island im Brahmaputra steht der Shivas Frau gewidmete Tempel (16. Jh.). Die Insel ist von zutraulichen Languren bevölkert. Hier ist ein idealer Platz, um auf den Fluss zu blicken, der trügerisch ruhig fließt, aber voller schneller Unterströmungen ist.

🏛 State Museum
GN Bordoloi Rd. (0361) 254 0651. Di–So 10–17 Uhr.
Das interessante Museum östlich des Bahnhofs zeigt Rekonstruktionen von Stammesdörfern, eine Sammlung lokaler Kunsthandwerkspro-

Der Umananda-Tempel steht auf einer Insel im Brahmaputra

Hotels und Restaurants in Assam & Nordostindien siehe Seiten 579f und 608f

dukte sowie alte Stein- und Bronzeskulpturen, die man bei Ausgrabungen am Ambari mitten in der Stadt fand.

✈ Zoo & Botanical Gardens
RG Baruah Rd. ☐ Sa–Do. 📷 Extragebühr.
Im gepflegten Zoo im Ostteil der Stadt leben Nebelparder (eine Katzenart), Nashornvögel und Panzernashörner in geräumigen Anlagen. Der Botanische Garten grenzt an den Zoo.

Umgebung: Der **Vashishtha-Tempel**, zwölf Kilometer südöstlich von Guwahati, steht an einer hübschen Stelle, an der drei Flüsse zusammenfließen. Ein Wasserfall und Wäldchen umgeben ihn. Hier soll der *ashram* des weisen Vashishtha gewesen sein, einer Figur im *Ramayana* (siehe S. 27).
Sualkuchi, 32 Kilometer westlich von Guwahati, ist ein Webzentrum, in dem Assams berühmte goldfarbene *Muga*- und *Paat*-Seiden hergestellt werden. In mehreren Häusern, in denen Frauen an

Der Vashishtha-Tempel ist von Flüssen umgeben

Webstühlen sitzen, sind Besucher willkommen.
Hajo, 32 Kilometer nordwestlich von Guwahati, ist eine Pilgerstätte für Buddhisten, Hindus und Muslime. Der Hayagriva-Madhava-Tempel (16. Jh.) auf dem Manikuta Hill ist Hindus und Buddhisten heilig, hier soll Buddha gestorben sein. Schöne Basreliefs mit Szenen aus dem *Ramayana* zieren die Wände.

Unterhalb des Tempels ist ein Teich, in dem eine Riesenschildkröte zu Hause ist. Auf einem anderen Hügel in Hajo steht die Poa-Mecca-(»Viertel-von-Mekka«-)Moschee, gegründet von einem irakischen Prinzen, der im 12. Jahrhundert Assam besuchte. Eine Pilgerreise hierher soll einem Viertel der Frömmigkeit entsprechen, die ein Haj-Pilger in Mekka erreicht.

Die spektakulären Tempelruinen von **Madan Kamdev** liegen 50 Kilometer nordwestlich von Guwahati. Skulpturen von Gottheiten und Himmelsnymphen liegen verstreut auf einem Hügel. Sie stammen aus dem 10.–12. Jahrhundert, als die Pala-Dynastie (siehe S. 44) in der Region herrschte.

Gewaltiger Brahmaputra

Der majestätische Strom, der das Leben in Assam und in weiten Teilen von Arunachal Pradesh bestimmt, trägt den Namen ›Sohn des Brahma‹, des Schöpfers des Universums. Es ist der einzige indische Fluss, der einen männlichen Namensgeber hat. Der rund 2900 Kilometer lange Brahmaputra entspringt in ungefähr 5200 Meter Höhe in der Nähe des heiligen Berges Kailasa in Tibet, wo er Tsang Po heißt. Dann durchzieht der Fluss die Tibetische Hochebene über eine Strecke von etwa 1100 Kilometer in geradem Verlauf. Danach macht er einen großen Bogen um die östlichen Ausläufer des Himalaya, bevor er im oberen Arunachal Pradesh, wo er Siang genannt wird, durch tiefe Schluchten hinabstürzt. Hier überspannen furchterregend instabil aussehende Brücken aus Seilen den Fluss, die 367 Meter lange Hängebrücke bei Kamsing zählt zu den längsten der Welt. Die Tiefebene erreicht der Brahmaputra nahe der Grenze zwischen Arunachal und Assam, ab hier fließt er über 720 Kilometer nach Westen. Nur in der Monsunzeit schwillt der Strom gewaltig an, überflutet Felder und Wälder und reißt Häuser und Tiere mit sich fort. Kurz vor der Mündung ins Meer vereint sich der Brahmaputra mit dem Ganges zu einem 44 000 Quadratkilometer großen Delta, bevor das Wasser in Bangladesch in den Golf von Bengalen strömt.

Der Brahmaputra im Morgenlicht

Skulptur in den Tempelruinen von Madan Kamdev

Die Ruinen des Da-Parbatia-Tempels von Tezpur aus dem 5./6. Jahrhundert

Tezpur ❷

Distrikt Sonitpur. 180 km nordöstlich von Guwahati. 80 500. *Saloni, 10 km nördlich des Stadtzentrums, dann Bus oder Taxi. Tourist Office, Zenkins Rd, (03712) 221 016.*

Tezpur am Nordufer des Brahmaputra ist umgeben von grünen Tälern mit Teegärten. Die Berge des nördlichen Arunachal bilden eine prachtvolle Kulisse. Für Besucher ist Tezpur ein angenehmer Zwischenstopp auf dem Weg in andere Teile von Arunachal Pradesh.

Tezpur bedeutet »Stadt des Blutes« – der Name leitet sich von der Legende ab, in der die Stadt als Sitz der Asuras, der hinduistischen Dämonenkönige, von Krishna in einer blutigen Schlacht bezwungen worden sein soll. Im Jahr 1962 drohte Tezpur ein ganz reales Blutbad: Die chinesische Armee hatte schon die Vororte erreicht, als überraschend ein Waffenstillstand vereinbart wurde (siehe S. 57).

Die Ruinen des **Da-Parbatia-Tempels**, fünf Kilometer westlich der Stadt, stammen aus dem 5./6. Jahrhundert. Die Skulpturen hier sind die ältesten in Assam. Außer ihnen ist noch ein skulptierter Türrahmen erhalten, auf dem rechts und links die Flussgöttinnen Ganges und Yamuna zu sehen sind.

Der **Cole Park** in der Nähe der Tourist Lodge ist Tezpurs hübschester Ort mit einem Landschaftsgarten und einem See. Hier sind Skulpturen aus dem 9. und 10. Jahrhundert zu sehen, die man in der Stadt gefunden hat. Eine Kirche aus der Kolonialzeit steht hinter der Tourist Lodge.

Umgebung: Bhalukpong, 58 Kilometer nordwestlich von Tezpur, liegt reizvoll am Fluss Kameng in den grünen Bergen, die die Grenze zwischen Assam und Arunachal Pradesh bilden. Attraktionen sind die heißen Quellen und in sieben Kilometer Entfernung in **Tipi** ein Orchideenzentrum mit über 500 Orchideenarten.

Nameri Sanctuary, 35 Kilometer nördlich von Tezpur, nimmt eine Fläche von 200 Quadratkilometern ein. Der Jia Bhoroli fließt durch Laubwälder, in denen Nebelparder (eine Katzenart), *mithuns* (ein indisches Rind) und die seltene Malaienente leben. Nameri kann man auch auf einem Elefanten erkunden. Das Potasali Eco-Camp am Fluss organisiert für Besucher Wildwasser-Rafting und Ausflüge für Angler.

Das **Orang Wildlife Sanctuary**, 65 Kilometer nordwestlich von Tezpur, wird oft als Mini-Kaziranga *(siehe S. 276f)* beschrieben, da sich beide Landschaften mit den Sumpfgebieten, Flüssen und Grasflächen ähneln. Hier leben Panzernashörner, aber auch indische Wildbüffel sowie Hulock-Gibbons.

Nameri Sanctuary
Genehmigung *Divisional Forest Officer, Koloabhomora, (03712) 268 054.* Sep–Apr. Extragebühr. *Potasali Eco-Camp, (09859) 547 605.*

Orang Wildlife Sanctuary
Genehmigung *Divisional Forest Officer, Mangaldoi, (03713) 230 022.* Okt–Apr.

Orchideenblüte

Bomdila ❸

Distrikt West Kameng. 140 km nordwestlich von Tezpur. *Losar (Feb/März).* **Reisegenehmigung** *erforderlich (siehe S. 624).*

Die landschaftlich reizvolle Strecke von Tezpur führt durch dichte Wälder steil aufwärts zu dem Ort in 2530 Meter Höhe. Bomdila, der Verwaltungssitz des Distrikts West Kameng in Arunachal, besitzt buddhistische Klöster. Man sieht Apfelbäume, terrassierte Felder und Wasserfälle und blickt auf schneebedeckte Gipfel. Im **Crafts Centre** werden Webteppiche hergestellt. Die Einwohner der Stadt gehören zum großen Teil den Ethnien Monpa und Sherdukpen an. Sie verbinden den tibetischen Buddhismus mit animistischen Ritualen und tragen eine seltsame schwarze Kappe mit fünf »Zipfeln« am Rand, die das Regenwasser ableiten.

Monpa feiern ihr Neujahr mit einem Yak-Tanz bei Bomdila

Hotels und Restaurants in Assam & Nordostindien siehe Seiten 579f und 608f

Gebetsmühlen im Tawang-Kloster aus dem 17. Jahrhundert

Tawang-Kloster ❹

Distrikt Tawang. 325 km nordwestlich von Tezpur. 🚍 🛬 *Losar (Feb/März)*. **Reisegenehmigung** erforderlich (siehe S. 624).

Das größte buddhistische Kloster Indiens befindet sich in Arunachal Pradesh auf 3050 Metern Höhe. Die Straße führt von Bomdila allmählich nach oben. Man sieht Fichten-, Eichen- und Rhododendron-Wälder und eine kurze, in Höhenlagen wachsende Bambusart, von der sich der Rote Panda ernährt. Nach dem Dirang Valley mit dem alten *dzong* (Fort) geht es steil zum **Sela-Pass** hinauf. Mit 4249 Metern ist er der zweithöchste mit Autos befahrbare Pass der Welt (der höchste liegt in Ladakh). Mitten in der kargen Landschaft liegt unterhalb des Sela-Passes ein See.

Hinter einem Denkmal für einen heldenhaften indischen Soldaten, der die 1962 vorrückende chinesische Armee aufhielt, führt die Straße hinunter in ein schönes, weites Tal. Hier fällt das am Hang erbaute Kloster ins Auge, ringsum sieht man schneebedeckte Berge. Als der Dalai-Lama 1959 aus Tibet floh, führte ihn sein Weg durch Tawang, bis heute besucht er die Gegend regelmäßig und hält Gebete ab.

Gegründet wurde das Gelugpa-(Gelbmützen-)Kloster 1645 von einem Lama aus Merak im benachbarten Bhutan. Im Kloster wurde der 6. Dalai-Lama geboren, heute leben über 500 Mönche hier. Im dreistöckigen *dukhang*, der Versammlungshalle, steht eine acht Meter hohe Buddha-Statue. Die alte Bibliothek besitzt eine ausgezeichnete Sammlung von *thangkas* sowie wertvolle buddhistische Handschriften.

Die zum Tawang-Kloster gehörende **Bramdungchung Nunnery** liegt zwölf Kilometer nordwestlich. Die Straße zu dem Nonnenkloster ist mit dem Jeep befahrbar, sie führt durch eine erstaunlich alpin wirkende Landschaft mit Wacholder- und Rhododendron-Büschen, Schneebergen und Monpa-Dörfern. Im Wind flatternde Gebetsfahnen und eine lange Gebetsmauer sind die ersten Anzeichen dafür, dass man sich dem Nonnenkloster nähert. Wie die meisten Klöster in dieser Region wird auch dieses Kloster von großen Tibetdoggen bewacht.

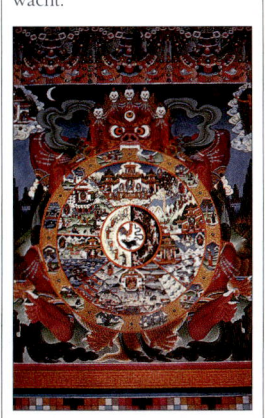

Ein mit vielen Details bemaltes Lebensrad im Tawang-Kloster

Feste in Assam und Nordostindien

Losar *(Feb/März)*, Bomdila und Tawang. Die Angehörigen der Stämme Monpa und Sherdukpen von Arunachal Pradesh feiern ihr Neujahr mit aufwendig gestalteten Maskentänzen auf den Straßen und Gebeten in den Klöstern.

Tänzer beim Fest Rongali Bihu, Assam

Rongali Bihu *(Apr)*, Guwahati. Assams Neujahrsfest wird im ganzen Bundesstaat mit viel Gesang, Trommeln und Tanz gefeiert. Der Tanz der Frauen ist fließend und grazil, die Männer liefern die Musik mit Hörnern und Trommeln. Die lebhaftesten Feiern finden in Guwahati statt.

Weiking Dance *(Apr/Mai)*, Shillong. Das dreitägige Frühlingsfest ist geprägt von Prozessionen, Gebeten und Tänzen. Die jungen Frauen der Khasi tragen Kronen und den Schmuck des Klans. Sie tanzen im Kreis, während die als Krieger gekleideten Männer mit Schilden, Pfeil und Bogen einen Ring um sie bilden.

Lai Haraoba *(Apr/Mai)*, Imphal und Moirang. Das Manipuri-Frühlingsfest ehrt die prähinduistischen Naturgottheiten der Region. Gebetszeremonien, kriegerische Schauspiele und graziöse Tänze sollen die Gottheiten besänftigen. Die schönsten Feierlichkeiten finden in Moirang statt.

Kaziranga National Park ❺

Streifengans im Flug

Assams Kaziranga National Park steht auf der Liste des UNESCO-Welterbes und ist Lebensraum des Indischen Panzernashorns. Der rund 430 Quadratkilometer große Park liegt am Ufer des Brahmaputra. Die Landschaft ist von weitem Grasland und Sümpfen geprägt, einige immergrüne Wälder erstrecken sich über das Gebiet. Im Süden wird der Park von den Mikir Hills begrenzt, einige Tierarten ziehen während der Monsunzeit hierher. Kaziranga verfügt über eine artenreiche Tierwelt. Sie umfasst rund 1500 Panzernashörner, fast 100 Tiger, viele Wasserbüffel, wilde Elefanten, Hulock-Gibbons, Pythons und 300 Vogelarten, darunter die seltene Barttrappe.

Kaziranga »von oben«
Auf dem Elefantenrücken ist man sicher vor wilden Büffeln.

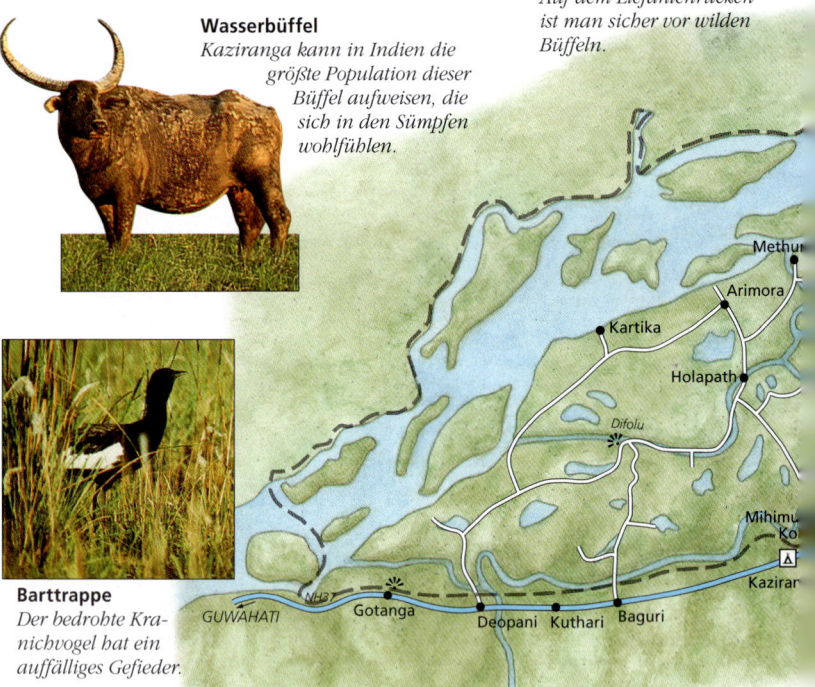

Wasserbüffel
Kaziranga kann in Indien die größte Population dieser Büffel aufweisen, die sich in den Sümpfen wohlfühlen.

Barttrappe
Der bedrohte Kranichvogel hat ein auffälliges Gefieder.

Indisches Panzernashorn

Kaziranga ist eines der letzten Schutzgebiete, in denen das Indische Panzernashorn (*Rhinoceros unicornis*) lebt. Diese extrem gefährdete Art war zu Beginn des 20. Jahrhunderts kurz vor dem Aussterben. Maßnahmen des Artenschutzes haben den Bestand von damals gut 100 Tieren wieder auf 2500 Exemplare in Assam und Nepal anwachsen lassen, 1500 Panzernashörner sind in Kaziranga zu Hause. Lange wurden die Tiere wegen ihres Horns gewildert, das in der chinesischen Medizin Verwendung findet, aphrodisierende Wirkung haben soll und auf den Märkten Südostasiens horrende Preise erzielt. Ihren Namen verdanken die Tiere ihrer Haut, die zwar in große »Platten« aufgeteilt ist, aber gar nicht so dick ist, wie sie erscheint.

Nashornmutter mit ihrem Jungen im Grasland von Kaziranga

KAZIRANGA NATIONAL PARK

277

INFOBOX

Distrikt Golaghat. 215 km nordöstlich von Guwahati. ✈ *Jorhat, 96 km nordöstlich vom Zugang Kohora, dann Taxi.* 🚆 *Furkating, 75 km östlich von Kohora, dann Taxi.* 🛏 ℹ *Bonani Tourist Lodge, Kohora, (03776) 26 2423.* ⭕ *Nov–Apr.* 📷 *Extragebühr.* 🚙 *Jeeps zu mieten.* 🐘

Beel (flacher See)
In der Monsunzeit wird der Park überschwemmt, wenn das Wasser abläuft bleiben beels *und Sumpfland zurück. Außer den Wasservögeln ziehen die Seen auch wilde Elefanten an.*

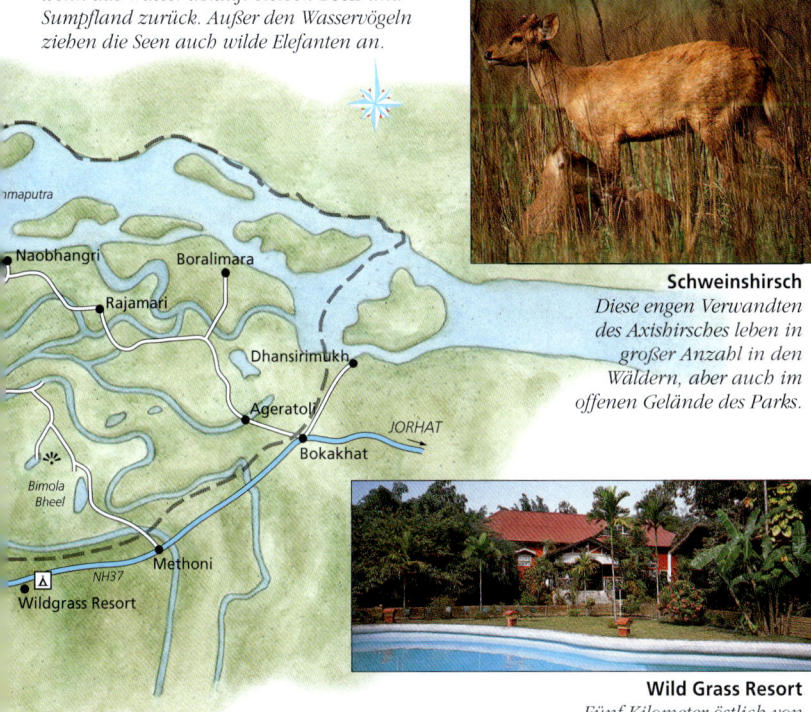

Schweinshirsch
Diese engen Verwandten des Axishirsches leben in großer Anzahl in den Wäldern, aber auch im offenen Gelände des Parks.

Wild Grass Resort
Fünf Kilometer östlich von Kohora organisiert dieses ökologisch orientierte Resort außerhalb der Parkgrenzen Elefantenritte und Ausflüge zu nahen Teeplantagen (siehe S. 580).

Hulock-Gibbon
Bis zu einen Meter groß wird diese Primatenart, die man an dem silbernen Stirnband oberhalb der Augen und an den lauten Rufen («uluk«) erkennen kann.

---

0 Kilometer   10

LEGENDE
— Parkgrenze
═ National Highway
═ Nebenstraße
ℹ Information
✷ Aussichtspunkt
🅰 Unterkunft

Sibsagar ❻

Distrikt Sibsagar. 370 km nordöstlich von Guwahati. 62 500.
Jorhat, 60 km südlich des Stadtzentrums, dann Taxi oder Bus.
Assam Tourism, beim Shivadol-Tempel, (03772) 222 394.
Shivratri (Feb/März).

Sibsagar im Herzen der Tee und Erdöl produzierenden Region Assams ist die historisch bedeutendste Stadt des Bundesstaats, da die Ahom-Dynastie *(siehe S. 48)* von hier aus 600 Jahre lang Assam regierte. Die Ahom stammten ursprünglich aus Burma (heute Myanmar), konvertierten zum Hinduismus und eroberten Assam 1228. Im Jahr 1817 erlitten sie eine Niederlage gegen Burma, 1826 wurde ihr Reich Teil von Britisch-Indien.

Wie man in und um Sibsagar sieht, entstanden unter den Ahom viele Bauwerke. An dem 103 Hektar großen, künstlich angelegten **Sibsagar Lake** mitten in der Stadt stehen drei Tempel. Besonders eindrucksvoll ist der **Shivadol-Tempel**, dessen 1734 erbauter, vergoldeter Turm 33 Meter hoch aufragt.

Rund vier Kilometer südlich der Stadt liegen die Ruinen von zwei aus Ziegeln erbauten Palästen, **Kareng Ghar** und **Talatal Ghar**. Beide sind sieben Stockwerke hoch, Talatal Ghar hat zudem drei Ebenen unter der Erde und Geheimgänge. **Rang Ghar**, der ovale doppelstöckige Pavillon, wurde 1746 erbaut.

Majuli River Island ❼

Distrikt Jorhat. 315 km nordöstlich von Guwahati. Neamati Ghat, 13 km nördlich von Jorhat. von Neamati Ghat nach Majuli, dann Bus nach Garamur. *Bei der Ankunft müssen sich Ausländer beim Sub-Divisional Officer, Majuli, registrieren lassen. Hier werden auch Buchungen vorgenommen.*

Majuli nimmt eine Fläche von 929 Quadratkilometern ein und ist damit wohl die weltweit größte bewohnte Flussinsel. Angesichts der Hügel, Flüsschen und Inselchen vergisst man leicht, dass Majuli eine Insel ist, der Brahmaputra gibt der Landmasse jedoch immer wieder neue Umrisse. Jedes Jahr werden in der Monsunzeit große Teile Land weggespült. Die Einwohner sind dann gezwungen, auf höher gelegene Areale umzuziehen. Wenn sich die Flut zurückzieht, hinterlässt sie fruchtbares, neu angeschwemmtes Land, und die Menschen kehren zurück, um es zu bebauen.

Interessant sind Majulis *satras*, einzigartige Klöster, die im 15. Jahrhundert von dem Vaishnavite-Reformer und Philosophen Shankardeva gegründet wurden. In den *satras* sieht man viel traditionelle Kunst, regelmäßig finden hier Tänze und Theateraufführungen zu Ehren Vishnus statt. Majulis Hauptsiedlung **Garamur** hat zwei *satras*, rund 20 andere sind über die Insel verstreut. Man kann in einem *satra* übernachten, bezahlen sollte man Unterkunft und Essen mit einer Spende.

Itanagar ❽

Distrikt Papum Pare. 420 km nördlich von Guwahati. 150 000.
Lakhimpur, 60 km nordöstlich des Stadtzentrums, dann Taxi oder Bus.
Directorate of Tourism, Itanagar, (0360) 221 4745. **Reisegenehmigung** erforderlich (siehe S. 624).

Bevor Itanagar 1971 die Hauptstadt von Arunachal Pradesh wurde, war es eine Siedlung des Nishi-Stamms. Er zählt zu den zahlenmäßig

Vaishnavite-Maske, Majuli

Bambuswald in der Nähe von Itanagar in Arunachal Pradesh

Hotels und Restaurants in Assam & Nordostindien *siehe Seiten 579f und 608f*

ASSAM & NORDOSTINDIEN

Apatani-Frau im Reisfeld bei Ziro

stärksten der 26 Hauptethnien des Bundesstaats. Einige alte Langhäuser der Nishi stehen noch, ansonsten sieht man hauptsächlich neue Regierungsgebäude. Nishi erkennt man an den schwarzen und weißen Nashornvogel-Federn auf den Kopfbedeckungen und dem Haarknoten vorn.

Das **Nehru Museum** gewährt einen eindrucksvollen Überblick über Kunst und Handwerk aller Stämme in Arunachal Pradesh. Artefakte aus Rohr und Bambus, Stoffe, Schmuck und Totemobjekte sind hier zu sehen. Eine sechs Kilometer lange Fahrt nach Norden führt über zahlreiche Schlaglöcher zu dem schönen, smaragdgrünen **Gyakar Sinyi Lake**. Der See ist von dichtem Wald umgeben, an vielen Bäumen wachsen Orchideen.

Adi-Langhaus bei Along

einzigartiges System von Reisanbau mit Fischzucht betrieben: Auf den überfluteten Reisfeldern werden kleine Fische ausgesetzt, die dort heranwachsen. Wie die Nishi tragen auch die Apatani ihr Haar in einem mit einem Metallstab zusammengehaltenen Knoten auf der Stirn. Sowohl die Männer als auch Frauen sind tätowiert, die Frauen tragen gern große Nasenringe aus Bambus.

Nordöstlich von Ziro gibt es drei Gebiete, die erst seit Kurzem für ausländische Besucher (mit Reisegenehmigung) offen sind: **Daporijo**, **Along** und **Pasighat**. Die letzten beiden liegen am Brahmaputra und werden vom Stamm der Adi *(siehe S. 281)* bewohnt. Die 300 Kilometer lange Fahrt von Ziro nach Pasighat führt durch dichten Wald und Dörfer mit strohgedeckten Langhäusern.

🏛 Nehru Museum
Siddharth Vihar. (0360) 221 2276. So–Do. Extragebühr.

Ziro ❾

Distrikt Lower Subansiri. 150 km nordöstlich von Itanagar. 50 000. *Deputy Commissioner's Office, (03788) 224 255.* **Reisegenehmigung** erforderlich (siehe S. 624).

Die pittoreske Kleinstadt Ziro liegt mitten in Arunachal Pradesh in einem weiten Tal, das von Hügeln mit Nadelbaumwäldern umgeben ist. Das Gebiet heißt Apatani Plateau und ist die Heimat des Apatani-Stamms, der ein

Namdapha National Park ❿

Distrikt Changlang. 380 km nordöstlich von Itanagar. *Margherita, 64 km südwestlich von Miao, dem Zugang.* Director, Project Tiger, Miao, (03807) 222 249. Okt–März. **Reisegenehmigung** erforderlich (siehe S. 624).

Der Nationalpark im abgelegenen östlichen Arunachal Pradesh grenzt an Myanmar. Auf 1985 Quadratkilometern erstreckt er sich von den Ebenen bis auf 4500 Meter Höhe im Himalaya, umfasst verschiedene Habitate und ist das einzige Schutzgebiet Indiens, in dem alle vier großen Raubkatzen des Himalaya leben: Tiger, Leopard, Nebelparder und Schneeleopard. Im Park gibt es auch Doppelhornvögel, Rote Pandas und Hulock-Gibbons *(siehe S. 277)*.

Umgebung: Die legendäre Burma Road (Stilwell Road) beginnt in **Ledo**, 60 Kilometer südwestlich von Miao. Sie ist 1700 Kilometer lang und war im Zweiten Weltkrieg von großer strategischer Bedeutung, da sie Ledo durch den Dschungel und über die Gebirge von Arunachal Pradesh und Nord-Myanmar mit Kunming in Chinas Provinz Yunnan verband. Ihr zwei Jahre dauernder Bau unter dem amerikanischen General Joseph Stilwell kostete viele Menschenleben. Heute ist sie verfallen und wird nur noch von Einheimischen genutzt.

Stammesangehörige aus Arunachal Pradesh an der Burma Road

Bambuskörbe werden im Bara Bazar von Shillong angeboten

Shillong ⓫

Distrikt East Khasi Hills. 127 km südlich von Guwahati. 260 000. Meghalaya Tourism, 3rd Secretariat, Lower Lachumiere, (0364) 250 0736. Weiking Dance (Apr/Mai).

Die Hauptstadt des kleinen Bundesstaats Meghalaya, einer Region, die wegen ihrer nebelverhüllten Berge, den Nadelwäldern und Seen als das »Schottland des Ostens« beschrieben wurde, liegt auf 1496 Metern Höhe. Ab 1874 war sie Sitz der britischen Verwaltung in Assam. Shillong entwickelte sich schnell zu einer beliebten »Hill Station«, in der man der Hitze der Ebenen entkommen konnte.

Die Stadt hat ihre Kolonialatmosphäre bewahrt mit Bungalows im imitierten Tudor-Stil, Kirchen, Polofeld und einem schönen 18-Loch-Golfplatz. Shillong ist auch die Heimat der matrilinear organisierten Khasi-Ethnie. Die Umgebung ist idyllisch, auf Ausflügen und kurzen Touren kann man sie leicht erkunden.

🛍 Bara Bazar
Bara Bazar Rd. Mo–Sa.
Auf dem lebhaften Markt bekommt man einen Eindruck von der Stammesgesellschaft der Khasi. Angeboten werden vor allem Produkte aus den umliegenden Dörfern, darunter Honig, Ananas, Spanferkel, getrockneter Fisch, Wildpilze und Bambuskörbe. Khasi-Frauen in traditionellen, tunikaähnlichen *jainsems* und karierten Schals betreiben die meisten Stände.

🏛 Museum of Entomology
Umsohsun Rd.
Mo–Sa 10–17 Uhr.
Dieses kleine Privatmuseum nördlich des Bara Bazar wurde in den 1930er Jahren von der Familie Wankhar gegründet und besitzt eine Sammlung seltener Schmetterlinge und Insekten der Region. Darunter sind auch Gespenstheuschrecken, schillernde Käfer sowie der große gelb-schwarze Vogelfalter, der sich selbst in Gift hüllt, um sich zu schützen. Die Familie betreibt auch ein Zuchtzentrum.

🌿 Ward Lake und Lady Hydari Park
Park tägl. Extragebühr.
Um den hufeisenförmigen Ward Lake im Zentrum der Stadt führen Promenadenwege, dort gibt ein Café, und man kann Ruderboote mieten. Nicht weit weg bietet der Lady Hydari Park einen hübschen Japanischen Garten und einen kleinen Zoo mit Tieren, die in den Wäldern Meghalayas leben: Hornvogel, Bengalkatze und Plumplori, ein Halbaffe, der sich langsam bewegt, als sei er betrunken.

Umgebung: Die **Bishop** und die **Beadon Falls** liegen drei Kilometer nördlich von Shillong nahe dem Highway Guwahati–Shillong. An derselben Straße kommt man 17 Kilometer nördlich von Shillong zum Stausee **Umiam Lake**. Die Straße nach **Mawphlang**, 24 Kilometer südwestlich von Shillong, führt durch dichten Wald. Hier kann man einige der seltenen Orchideenarten Meghalayas wild wachsen sehen.

Die Elephant Falls fließen über Felsen und Farne

Ethnien des Nordostens

Nordostindien ist die Heimat von überaus vielen Ethnien – allein in Arunachal Pradesh gibt es 26 größere Stämme, in Nagaland 16, Dutzende zählt man in Assam, Manipur, Mizoram, Meghalaya und Tripura. Auch wenn sie in derselben Region leben, sind die Ethnien doch meist geografisch isoliert und haben sich so ihre eigene kulturelle Identität und ihre eigene Sprache bewahrt.

Die Thankul von **Manipur** *pflegen die Webtradition. Sie stellen einen rot-weiß karierten Stoff mit seidenem Glanz her.*

Beim Cheraw-Tanz *trippeln die Frauen zwischen sich schnell bewegenden Bambusstäben. Getanzt wird bei Stammesfesten in Mizoram.*

Der Ujjayanta-Palast in Agartala wurde 1901 erbaut

Agartala ⓬

Distrikt West Tripura. 600 km südlich von Guwahati. 367800. *12 km nördlich des Stadtzentrums, dann Bus oder Taxi.* Tripura Tourism, Swet Mahal, Palace Compound, (0381) 222 3893.

Die Hauptstadt des Bundesstaats Tripura, einem ehemaligen Fürstentum an der Grenze zu Bangladesch, präsentiert sich mit roten Backsteingebäuden in üppiger tropischer Umgebung. Eine bekannte Sehenswürdigkeit ist der große weiße **Ujjayanta-Palast**, der 1901 im indo-sarazenischen Stil erbaut wurde und heute Regierungsinstitutionen beherbergt. Im prächtigen Inneren gibt es einen gefliesten chinesischen Raum mit schöner, von chinesischen Kunsthandwerkern gefertigter Decke. Der Palast kann besichtigt werden, wenn keine Regierungssitzung stattfindet (17–19 Uhr). Bekannt ist Tripura wegen seiner Produkte aus Rohr oder Bambus. Körbe aller Größen, Matten und vieles mehr findet man am Markt.

Korb aus Rohr, Tripura

Umgebung: Der **Neermahal Water Palace**, 55 Kilometer südlich von Agartala auf einer Insel im Rudrasagar Lake, war Sommerresidenz der Maharajas von Tripura. Der Märchenpalast ist aus weißem Marmor und rotem Sandstein erbaut, hat viele Pavillons, Balkone, Türmchen und Brücken. Ein Teil kann besichtigt werden.

Udaipur, 58 Kilometer südlich von Agartala, war ursprünglich die Hauptstadt der Könige von Tripura. Der **Tripurasundari-Tempel** vor der Stadt stammt aus dem 16. Jahrhundert und hat ein geschwungenes Dach, das für den bengalischen Stil typisch ist.

Aizawl ⓭

Distrikt Aizawl. 480 km südöstlich von Guwahati. 228300. *35 km westlich des Stadtzentrums, dann Bus oder Taxi.* Mizoram Tourism, Bungkawn, (0389) 233 3475. **Reisegenehmigung** erforderl. (siehe S. 624).

Aizawl ist die Hauptstadt des Bundesstaats Mizoram, an einem Bergkamm heben sich die Häuser und Kirchen vor dem grünen Hintergrund ab. Hier ist die Heimat der Ethnie Mizo, die vor 300 Jahren aus den Chin Hills in Myanmar hierhergekommen sein soll. Am **Hauptmarkt** im Zentrum der Stadt kommen die Bauern zusammen. Die meisten Einwohner von Mizoram sind (wie die von Nagaland und Meghalaya) Christen. Missionare kamen 1891 hierher und gründeten Schulen, Meghalaya hat nunmehr die zweitniedrigste Analphabetenrate Indiens. Jeans sind heute üblicher als traditionelle Kleidung, aber die Frauen tragen noch *puans* (lange, enge Röcke). Im **Weaving Centre** in Luangmual kann man zusehen, wie diese gewoben werden.

Aizawl liegt an einem Bergkamm

Die Konyak von Nagaland *tragen bei ihren »Kriegstänzen« farbenprächtige Kleidung mit Hornvogelfedern, Wildschweinhauern und Kopfbedeckungen aus bemaltem Rohr.*

Die Adi von Arunachal Pradesh *sind für ihr handwerkliches Geschick bekannt. Sie bauen Brücken wie diese Konstruktion aus Rohr über den Brahmaputra.*

Khasi *haben eine matrilineare Kultur. Abstammung und Erbfolge werden über die Mütter festgelegt. Die jüngste Tochter ist die Bewahrerin des Familiensitzes und der Klan-Rituale.*

Fischverkäuferinnen am Ima Keithel, Imphal

Imphal

Distrikt Imphal. 484 km südöstlich von Guwahati. 217 000. 6 km südlich des Stadtzentrums. Manipur Tourism, neben dem Hotel Imphal, (0385) 224 603, 220 802. Yaosang (Feb/März), Lai Haraoba (Apr/Mai). **Reisegenehmigung** erforderlich (siehe S. 624).

Die Hauptstadt des Bundesstaats Manipur (»Juwelenland«) liegt in einem weiten Tal, umgeben von bewaldeten Bergen. Die meisten Bewohner gehören dem Stamm der Meitei an. Der lebhafteste Teil von Imphal ist **Ima Keithel** (»Mutters Markt«), an den täglich mehr als 3000 Frauen kommen, um frische Agrarprodukte, Fische und Kunsthandwerksartikel zu verkaufen. Schön sind die gestreiften Stoffe, die Meitei-Frauen tragen. Furchterregend sehen die Ima aus mit ihren *tikas* aus Sandelholzpaste auf der Nase. Sie haben sich zu einer Art Kooperative zusammengeschlossen und rühmen sich, dass sie für ihre Waren faire Preise verlangen.

Imphals Haupttempel, der **Govindaji-Tempel** östlich des Basars, ist Krishna geweiht. An Festtagen wird hier der grazile Manipuri-Tanz *(siehe S. 29)* aufgeführt.

Sagol Kangjei heißt das Polospiel in Manipur. Man sagt, das Spiel sei hier erfunden worden. Eine Gelegenheit, ein Spiel dieser beliebten Sportart zu sehen, sollten Sie nicht verpassen – das Polofeld liegt im Zentrum von Imphal. Die Spieler tragen *dhotis* und sitzen oft ohne Sattel auf den agilen Manipuri-Pferden.

Manipur-Tänzer

Auf den zwei gepflegten **Commonwealth War Graves Cemeteries** am Nord- und Ostrand der Stadt liegen die Männer, die im Kampf gegen die japanischen Truppen, die im Zweiten Weltkrieg nach Manipur eingedrungen waren, fielen. Das **Orchidarium** zwölf Kilometer nördlich der Stadt zeigt einheimische Arten.

Umgebung: In **Moirang**, 45 Kilometer südlich von Imphal, steht ein der prähinduistischen Gottheit Thangjing geweihter Tempel. Hier feiern die Meitei Lai Haraoba *(siehe S. 275)*. Im Zweiten Weltkrieg war Moirang das Hauptquartier der Indian National Army (INA) unter Subhash Chandra Bose.

Loktak Lake

Distrikt Bishnupur. 48 km südlich von Imphal. *Buchungen für Sendra Island: Manipur Tourism, (0385) 224 603, 220 802.* **Reisegenehmigung** erforderlich (siehe S. 624).

Loktak Lake ist einer der bezauberndsten Plätze im Nordosten. Fast zwei Drittel dieses großen Sees sind von schwimmenden Inseln bedeckt. Auf den Eilanden aus Schilf und Erde, hier *phumdi* genannt, leben Fischer. Den südlichen Teil des Sees nimmt der **Keibul Lamjao National Park** ein, hier leben auf aneinandergrenzenden *phumdi* die gefährdeten Manipur-Leierhirsche, die hier *sangai* heißen. Nur noch etwa 100 Exemplare gibt es von dieser Art, die sich mit ihren gespreizten Hufen an die schwimmende Umgebung angepasst hat. Die Tiere leben auf einem sechs Quadratkilometer großen Areal im Park.

Von **Sendra Island** im Herzen des Parks hat man einen traumhaften Blick über den See und die Inseln. Man findet Übernachtungsmöglich-

Schwimmende Inseln mit Fischerhütten und Booten auf dem Loktak Lake

Hotels und Restaurants in Assam & Nordostindien *siehe Seiten 579f und 608f*

ASSAM & NORDOSTINDIEN

Die Baptist Church in Kohima, eine von vielen Kirchen in der Gegend

keiten und kann sich im Rahmen eines Tagesausflugs auf Booten über den Loktak Lake fahren lassen.

Kohima ⓰

Distrikt Kohima. 340 km östlich von Guwahati. 🚶 92 100. 🚉 Dimapur, 74 km nordwestlich von Kohima, dann Taxi oder Bus. 🚌 🛈 Nagaland Tourism, (0370) 227 0107. **Reisegenehmigung** erforderlich (siehe S. 624).

Die Hauptstadt des Bundesstaats Nagaland liegt 1500 Meter hoch, umgeben von Bergen mit vielen kleinen Dörfern. Im Zweiten Weltkrieg fand im April 1944 hier, auf dem Tennisplatz des Hauses des British Deputy Commissioner, die entscheidende Schlacht statt, die den Vormarsch der Japaner stoppte.

Die Opfer der Schlacht sind auf dem **War Cemetery** bestattet, der sich auf einem terrassierten Hügel erstreckt. Die bewegende Inschrift am Sockel eines der beiden großen Kreuze lautet: »Wenn du heimkehrst, erzähle von uns und sage, für dein Morgen haben wir unser Heute gegeben.« Die **Cathedral of Reconciliation**, die den Friedhof überragt, wurde im Jahr 1995 zum Teil mit finanzieller Unterstützung der japanischen Regierung gebaut.

Auf Kohimas Hauptbasar sieht man Angehörige der Naga (siehe S. 281), die hier ihre farbenprächtigen Webschals zum Kauf anbieten. Hier kann man auch die Nahrung der Naga kennenlernen – Bienenlarven und Hundefleisch gehören zu den Delikatessen.

Das **State Museum** zwei Kilometer nördlich des Basars besitzt eine ausgezeichnete Sammlung von Masken, Textilien, Schmuck und Totempfählen aller 16 Naga-Ethnien. Interessant ist auch die große Zeremonientrommel vor dem Museum – sie sieht aus wie ein geschnitztes Kanu und ist mit stilisierten Wellen beschnitzt. Die Trommelschlägel erinnern an ein Paddel. Dies hat zusammen mit anderen Faktoren (so benutzen die Naga Muscheln als Schmuck der Kleidung) einige Anthropologen zu dem Schluss gebracht, die Naga seien ursprünglich ein Seefahrervolk, das möglicherweise aus Sumatra stammt. Heute sind viele Naga Christen, Kirchen sieht man im Bundesstaat Nagaland überall.

Das ursprüngliche Dorf Kohima liegt auf einem Hügel über der Stadt. Es wird **Bara Basti** genannt und ist eine Siedlung der Angami, die zu den Naga gehören. Vieles hier ist zwar modern gebaut, aber es gibt noch ein Zeremonientor und ein großes Gemeinschaftshaus *(morung)* mit gekreuzten Hörnern über dem Giebel. Ein weniger modernes

War Cemetery, Kohima

Dorf ist **Khonoma**, 20 Kilometer südwestlich von Kohima. Hier sieht man Holzhäuser, Tore mit Schnitzereien und eine Steinmauer, die das Dorf umgibt. Die Bewohner sind Bauern, Reisterrassen überziehen den Berg. 20 Reissorten werden hier angebaut, ein ausgeklügeltes System aus Bambusrohren bewässert die Felder.

🏛 **State Museum**
◯ Mo – Sa. ● Feiertage. 📷

Dimapur ⓱

Distrikt Kohima. 74 km nordwestlich von Kohima. 🚶 135 900. 🚉 🚌 🛈 Tourist Office, beim Nagaland State Transport Office. **Reisegenehmigung** erforderlich (siehe S. 624).

Die lebhafte Stadt in der Ebene ist das Tor für Reisen ins Nagaland. Dimapur wurde von den Kachari-Herrschern gegründet, tibeto-burmesischen Klans, die im Lauf des 13. Jahrhunderts von den Ahom (siehe S. 278) aus Assam vertrieben wurden. Im Zentrum sieht man noch einige Ruinen der alten Kapitale. Sehr bemerkenswert sind die 30 skulptierten Monolithen, vermutlich Fruchtbarkeitssymbole. Rund fünf Kilometer außerhalb des Zentrums an der Straße nach Kohima wird auf dem **Ruzaphema Bazar** Handwerkskunst der Naga angeboten.

Ornamentierter Monolith der Kachari-Herrscher, Dimapur

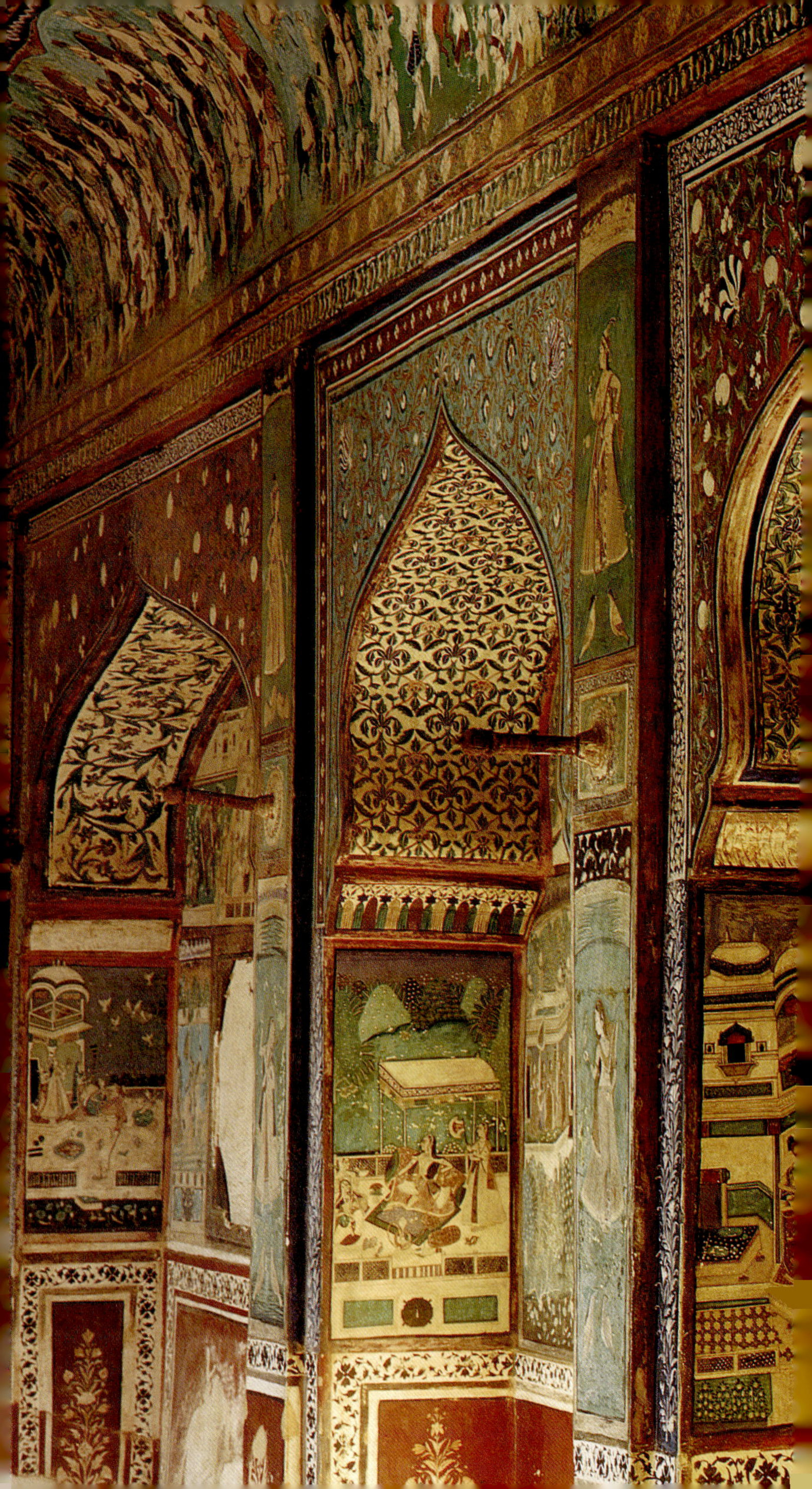

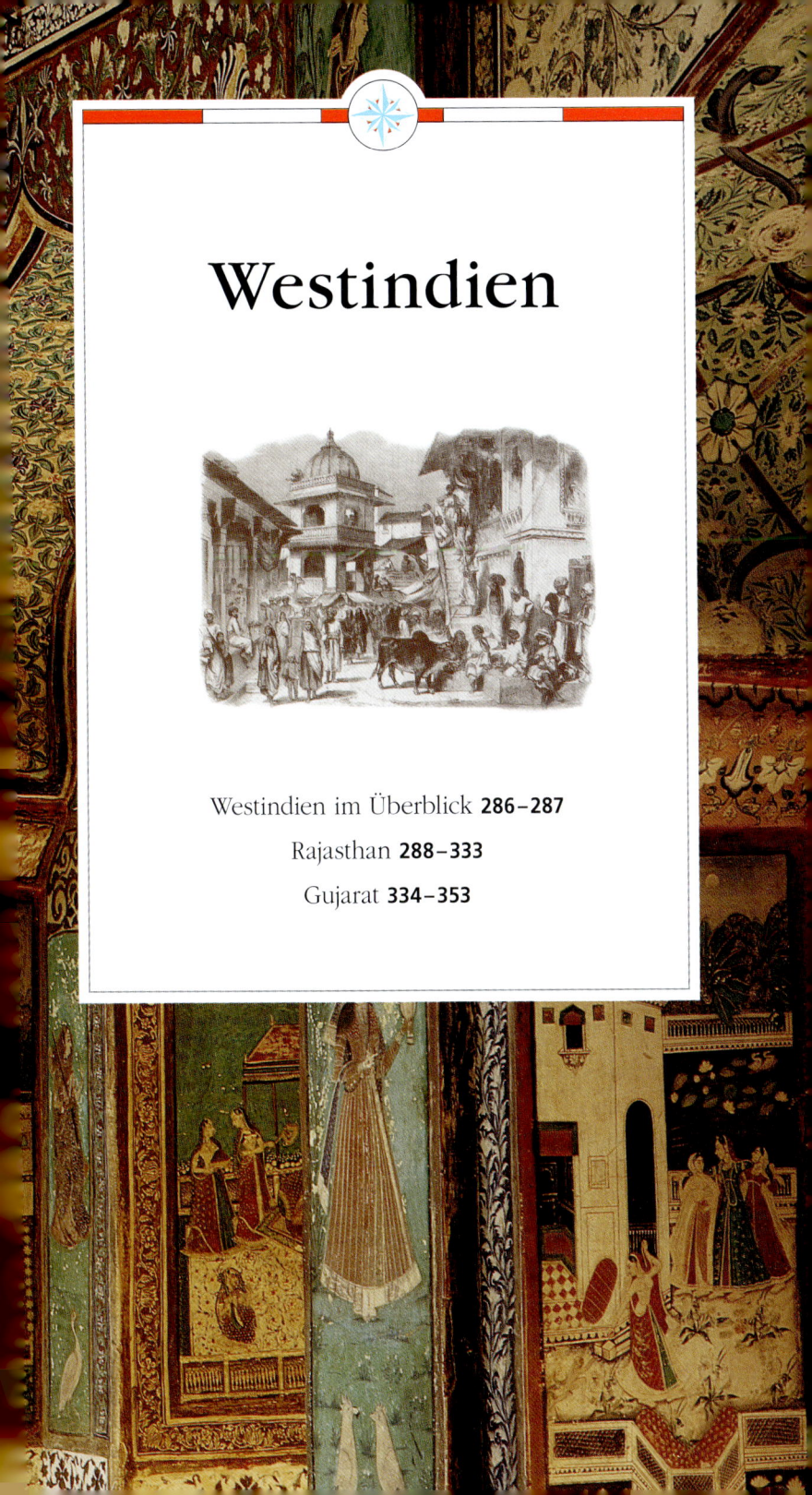

Westindien

Westindien im Überblick **286–287**

Rajasthan **288–333**

Gujarat **334–353**

Westindien im Überblick

Einige der beliebtesten Ziele Indiens liegen in dieser Region. In Rajasthan zeugen die Wüstenforts von Jaisalmer und Jodhpur, die Paläste und Seen von Udaipur und der Ranthambhore National Park vom Glanz der alten Reiche. Gujarats Jain-Tempel und die klug gebauten Treppenbrunnen sind architektonische Meisterwerke, Naturparadiese findet man an den Stränden von Diu und im Löwenschutzgebiet Gir. Die Landschaftsformen variieren von den Sanddünen Rajasthans bis zu den riesigen Salzebenen von Kutch. Urbanes Flair zeigen die beiden Hauptstädte Jaipur und Ahmedabad.

Rajasthani-Frauen in Festtagskleidung beim Pushkar Mela

Chilis trocknen in der Wüstensonne bei Osian, Rajasthan

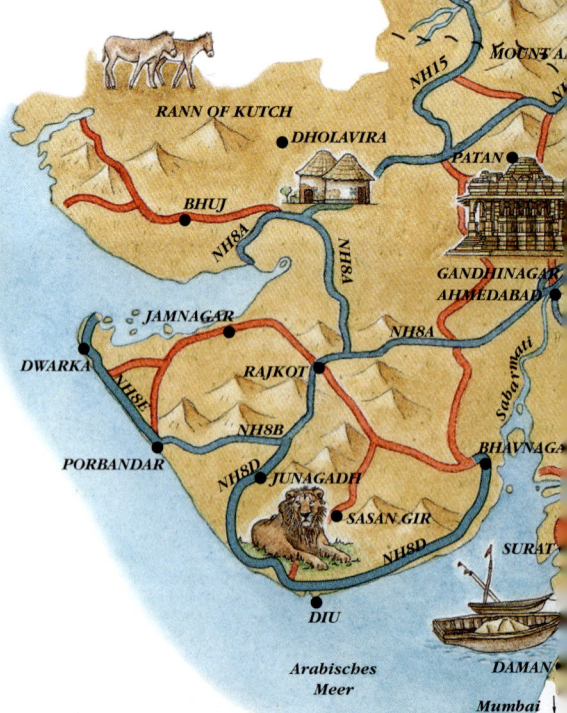

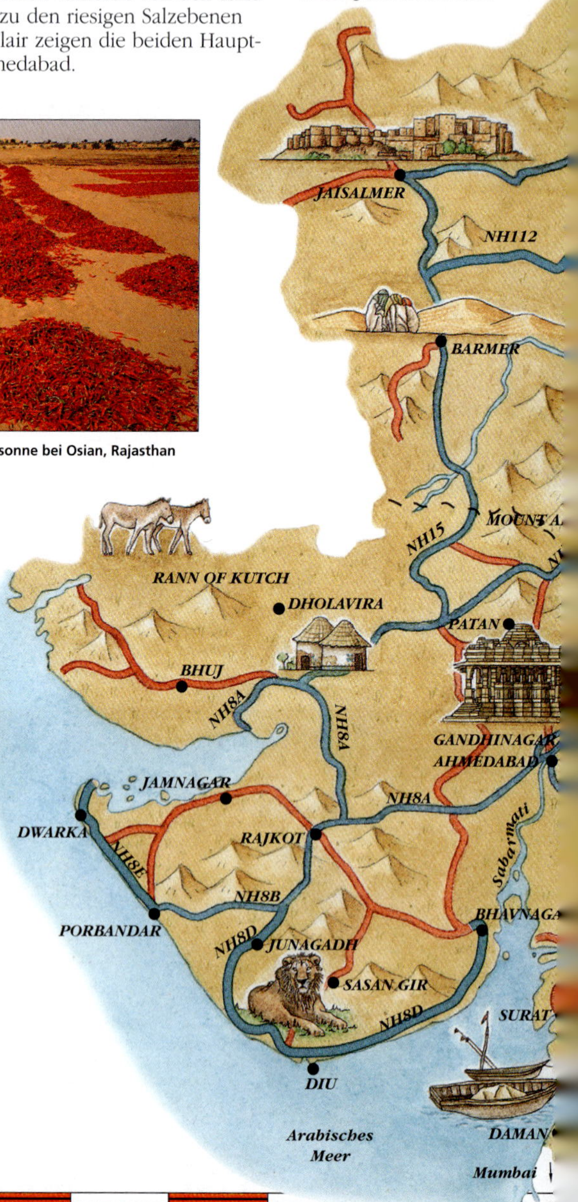

In Westindien unterwegs

Jaipur, Jodhpur, Udaipur und Ahmedabad haben gute Flugverbindungen untereinander sowie u. a. nach Delhi und Mumbai. Züge fahren zwischen allen größeren Städten, es gibt Schnellzüge zwischen Delhi und Jaipur. Zwei Luxuszüge, der Palace on Wheels und der Royal Rajasthan on Wheels (siehe S. 643), bieten eine romantische Gelegenheit, Rajasthan und Gujarat zu bereisen. In Rajasthan führt das Netz der National Highways zu allen wichtigen Orten, die National Highways 8, 14 und 15 binden Gujarat an.

◁ Wandbilder in leuchtenden Farben im Garh-Palast von Bundi (siehe S. 332), Rajasthan

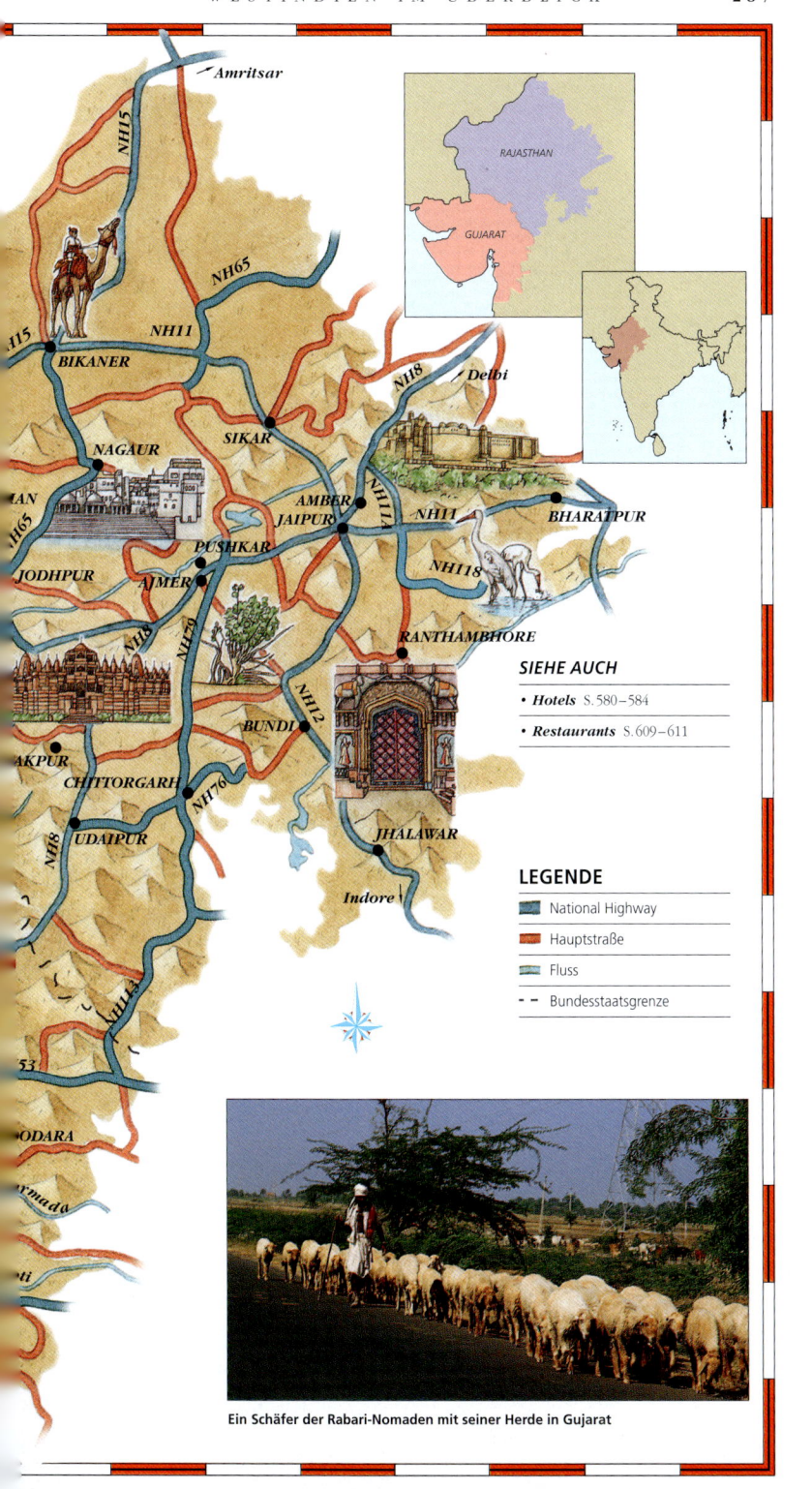

WESTINDIEN IM ÜBERBLICK

287

SIEHE AUCH

- *Hotels* S. 580–584
- *Restaurants* S. 609–611

LEGENDE

- National Highway
- Hauptstraße
- Fluss
- - - Bundesstaatsgrenze

Ein Schäfer der Rabari-Nomaden mit seiner Herde in Gujarat

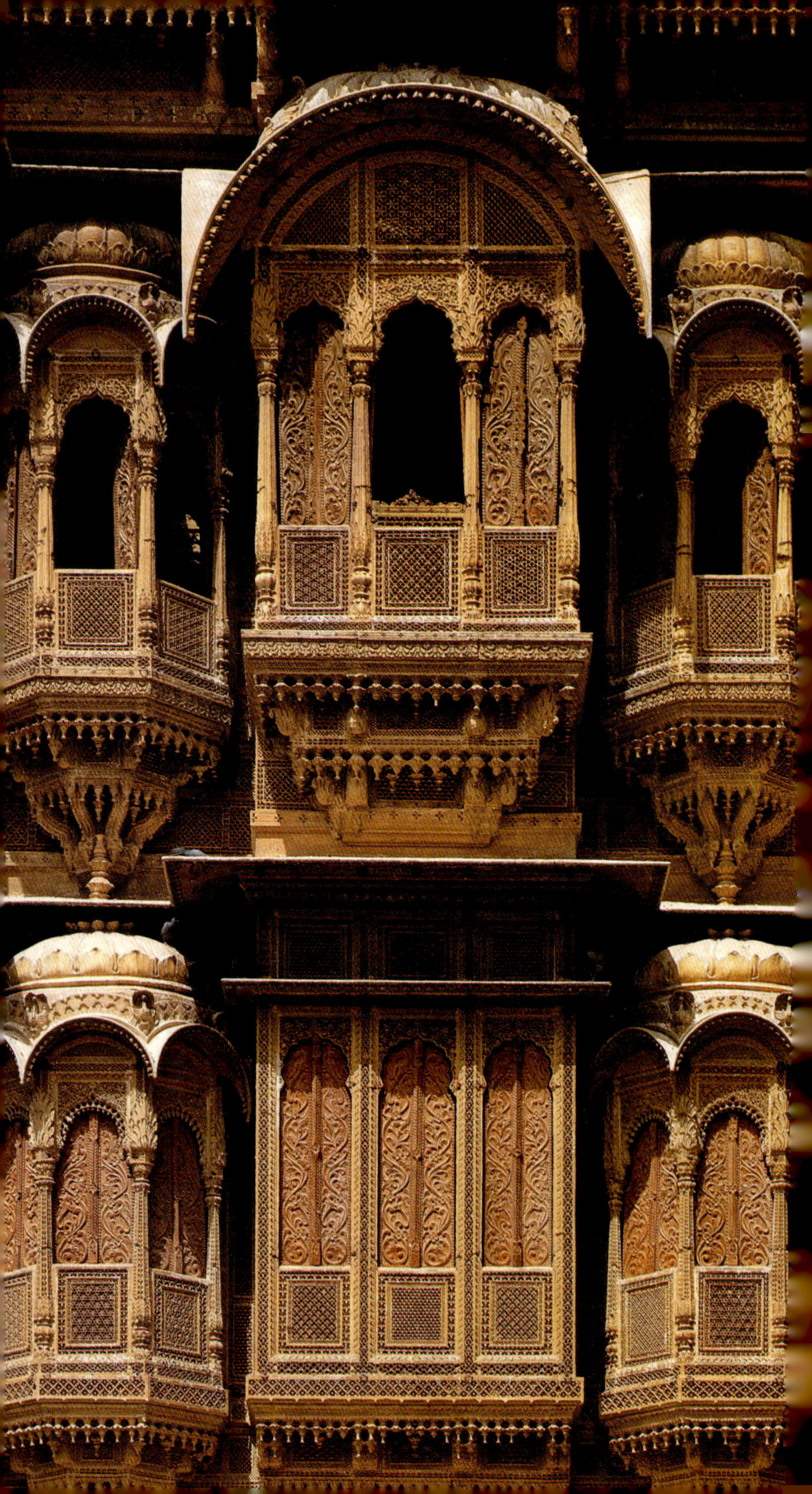

… W E S T I N D I E N …

Rajasthan

Keine andere Region kann so viele prächtige Paläste und Forts, so viele bunte Feste und Basare aufweisen wie Rajasthan. Die Aravalli-Bergkette verläuft von Nordosten nach Südwesten durch den 342 000 Quadratkilometer großen Bundesstaat, Hauptfluss ist der Chambal. Die Wüste Thar bedeckt den westlichen Teil Rajasthans, hier gab es einst drei große Reiche: Jaisalmer, Jodhpur und Bikaner. Im trockenen Norden liegt Shekhawati mit seinen bemalten *havelis*, in den östlichen Ebenen befinden sich die Hauptstadt Jaipur und der für seine Tiger berühmte Ranthambhore National Park. Im hügeligen, bewaldeten Süden findet man die Märchenpaläste, Seen und Forts von Udaipur sowie die Jain-Tempel Ranakpur und Dilwara in Mount Abu.

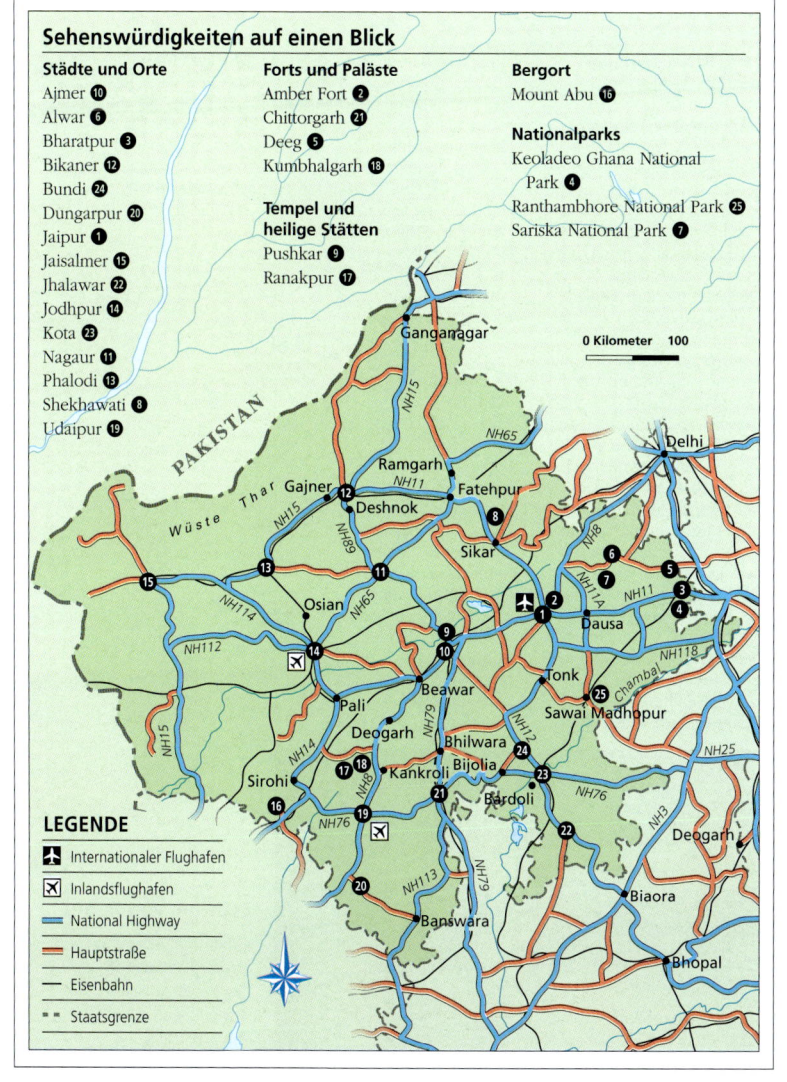

Sehenswürdigkeiten auf einen Blick

Städte und Orte
Ajmer ❿
Alwar ❻
Bharatpur ❸
Bikaner ⓬
Bundi ㉔
Dungarpur ⓴
Jaipur ❶
Jaisalmer ⓯
Jhalawar ㉒
Jodhpur ⓮
Kota ㉓
Nagaur ⓫
Phalodi ⓭
Shekhawati ❽
Udaipur ⓳

Forts und Paläste
Amber Fort ❷
Chittorgarh ㉑
Deeg ❺
Kumbhalgarh ⓲

Tempel und heilige Stätten
Pushkar ❾
Ranakpur ⓱

Bergort
Mount Abu ⓰

Nationalparks
Keoladeo Ghana National Park ❹
Ranthambhore National Park ㉕
Sariska National Park ❼

LEGENDE
✈ Internationaler Flughafen
⊠ Inlandsflughafen
— National Highway
— Hauptstraße
— Eisenbahn
-- Staatsgrenze

◁ **Die meisterhaft gestaltete Steinfassade des Patwon ki Haveli (19. Jh.), Jaisalmer** *(siehe S. 321)*

Jaipur ❶

Ein Labyrinth faszinierender Basare, prächtiger Paläste und historischer Sehenswürdigkeiten kennzeichnet die »Pink City«, wie Jaipur wegen der rosa Farbe seiner Gebäude genannt wird. Tradition und Moderne existieren hier nebeneinander: Auf den Straßen drängen sich Kamele neben Motorrädern, Dorfälteste mit Turbanen gehen Seite an Seite mit jungen Leuten, die Jeans tragen. In der befestigten Altstadt findet man den City Palace, ein astronomisches Observatorium und Basare. Zu den Neubauten zählt ein Kunstzentrum, doch das Herz der Stadt bleibt der Hawa Mahal.

Wächterfigur am Hawa Mahal

Der Govind-Dev-Tempel ist Krishna geweiht

🏛 City Palace Museum
Siehe Seiten 294f.

🛕 Govind-Dev-Tempel
Jaleb Chowk (hinter dem City Palace). ☐ tägl. 🎉 Holi (März), Janmashtami (Aug/Sep), Annakut (Okt/Nov).
Die Hauptgottheit dieses ungewöhnlichen Tempels ist der Flöte spielende Krishna, auch Govind Dev genannt. Seine Statue stammt ursprünglich aus dem Govindeoji-Tempel in Brindavan *(siehe S. 153)*. Sie wurde im späten 17. Jahrhundert nach Amber *(siehe S. 302f)*, der Hauptstadt von Jaipurs Herrscherfamilie, gebracht, um sie vor dem Bildersturm des Mogulherrschers Aurangzeb zu retten.

Man nimmt an, dass der Tempel einst ein Suraj Mahal genannter Gartenpavillon von Sawai Jai Singh II. war, der hier den Bau seiner Traumstadt Jaipur verfolgte. Einer Legende nach erwachte er eines Nachts vor Krishna, der verlangte, dass seine *devasthan* (»göttliche Wohnstatt«) zurückgegeben werde. Jai Singh zog daraufhin in den Chandra Mahal am anderen Ende des Gartens und ließ die Statue als Wächtergottheit von Jaipur aufstellen.

Gleich hinter dem Tempel liegt der im 18. Jahrhundert angelegte **Jai Niwas Bagh**, ein Garten im Mogulstil mit Fontänen und Wasserkanälen. Im Norden befindet sich der Badal Mahal, ein bezaubernder Jagdpavillon.

🏟 Chaugan Stadium
Brahmpuri. ☐ tägl.
Der weite Platz neben dem City Palace hat seinen Namen von *chaugan*, einer alten persischen Form des Polospiels, das man mit einem gebogenen Schläger spielte. Hier fanden früher Festtagsprozessionen, Ringkämpfe, aber auch Elefanten- und Löwenkämpfe statt. Heute ist das Stadion mit den Aussichtspavillons Schauplatz des Elefantenfests *(siehe S. 309)* während Holi.

🏛 Hawa Mahal
Sireh Deori Bazar. 📞 (0141) 261 8862. ☐ tägl. ● Feiertage. 📷 Extragebühr.
Den fantasievollen, architektonisch sehr eigenwilligen Hawa Mahal (»Palast der Winde«)

Blick auf die befestigte Altstadt von Jaipur

Hotels und Restaurants in Rajasthan *siehe Seiten 580–583 und 609f*

Zentrum von Jaipur

Arlbert Hall Museum ⑤
Chaugan Stadium ③
City Palace Museum ①
Govind-Dev-Tempel ②
Hawa Mahal ④
Jantar Mantar ⑥

JAIPUR

ließ Sawai Pratap Singh (reg. 1778–1803) 1799 errichten. Die rosafarbene, reich verzierte Fassade ist zum Wahrzeichen von Jaipur geworden, ein barockähnlicher Prachtbau mit vorspringenden Fenstern, Balkonen und viel Gitterwerk. Obwohl der Palast fünf Stockwerke umfasst, geht er nur einen Raum in die Tiefe. Keine einzige Wand ist dicker als 20 Zentimeter, als Baumaterial verwendete man Kalk und Mörtel. Von hier konnten die verschleierten Haremsdamen unbemerkt das Straßengeschehen unter sich beobachten. Von Weitem sieht der Krishna gewidmete Bau aus wie die *mukut* (Krone), mit der Krishna oft dargestellt wird. Besucher können auf einer Wendelrampe bis ganz oben hinaufgehen, ein Tor im Westen führt in den Komplex. Im Inneren sind Verwaltungsbüros und das **Archäologische Museum** untergebracht, das eine kleine Sammlung von Skulpturen und Handwerkskunst zeigt. Die ältesten Objekte stammen aus dem 2. Jahrhundert v. Chr.

INFOBOX

Distrikt Jaipur. 260 km südwestlich von Delhi. 2 300 000. 15 km südlich des Stadtzentrums. Paryatan Bhavan, Mirza Ismail Rd, (0141) 511 0596. Mo–Sa. Drachenfest (14. Jan), Elefantenfest (März), Gangaur (März/Apr), Teej (Juli/Aug).

Albert Hall Museum

Ram Niwas Bagh. (0141) 256 5124. Sa–Do. Feiertage. Mo frei.

Sir Samuel Swinton Jacob, ein Meister der indo-sarazenischen Architektur *(siehe S. 22)*, entwarf das große Museum. Das Erdgeschoss zeigt Wappenschilder, Metallarbeiten aus Jaipur und Tonwaren aus der Umgebung. Ein neun Meter langer *phad* (bemalte Stoffrolle) zeigt das Leben von Pabuji, Volksheld des 14. Jahrhunderts *(siehe S. 317)*. Der erste Stock enthält eine Sammlung von Miniaturgemälden der Moguln und der Rajputen. Glanzstück des Museums ist einer der größten persischen Gartenteppiche (1632), den man auf Anfrage in der Durbar Hall ansehen kann. Das Museum verfügt auch über eine große Gemäldesammlung, die bis ins 16. Jahrhundert zurückreicht.

Für ein Fest geschmückter Elefant

Jantar Mantar

Siehe Seiten 296f.

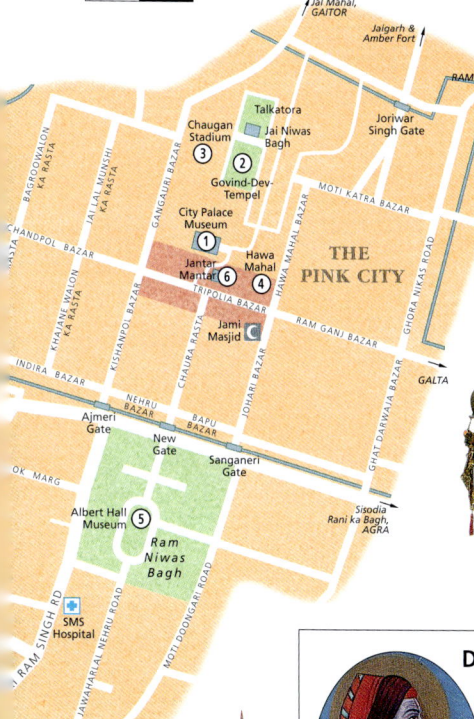

LEGENDE

Detailkarte *siehe S. 292f*

Zeichenerklärung *siehe hintere Umschlagklappe*

Der Bau von Jaipur

Sawai Jai Singh II. (reg. 1700–43)

Sawai Jai Singh II., ein brillanter Staatsmann, Gelehrter und Kunstmäzen, regierte 43 Jahre lang und erhielt schon mit elf Jahren vom Mogulherrscher Aurangzeb den Titel »Sawai« (»Einer und ein Viertel«), ein Ehrenname für außergewöhnliche Menschen. Mit dem bengalischen Ingenieur Vidyadhar Chakravarty plante er den Bau einer neuen Hauptstadt südlich von Amber und nannte sie Jaipur (»Stadt des Sieges«). Die sechs Jahre dauernden Arbeiten begannen 1727. Mit zinnenbewehrten Mauern und sieben Toren ist Jaipur in einem Raster aus neun rechteckigen Sektoren angelegt.

Im Detail: Um Badi Chaupar

Badi Chaupar, der »Große Platz«, liegt an einem Ende des farbenprächtigen Tripolia Bazar. Die Straßen und Plätze sind wie auf den Originalplänen aus dem 18. Jahrhundert erhalten. Von den Hauptstraßen gehen enge Gassen ab, in denen Kunsthandwerker in kleinen Werkstätten Puppen, Silberschmuck und andere Waren verkaufen. Dahinter sind die *havelis* der wohlhabenden Bürger, einige werden als Schulen, Läden oder Büros genutzt. Das quirlige Viertel beeindruckt mit aufregenden Düften, Farben und den Klängen der Tempelglocken inmitten des Straßenlärms.

★ Jantar Mantar
Das Observatorium von Jai Singh II. wirkt mit seinen astronomischen Instrumenten wie eine Sammlung futuristischer Skulpturen (siehe S. 296f).

Ishwar Lat
Ishwari Singh erinnerte mit diesem Turm von 1749 an den Sieg über seinen Stiefbruder Madho Singh I.

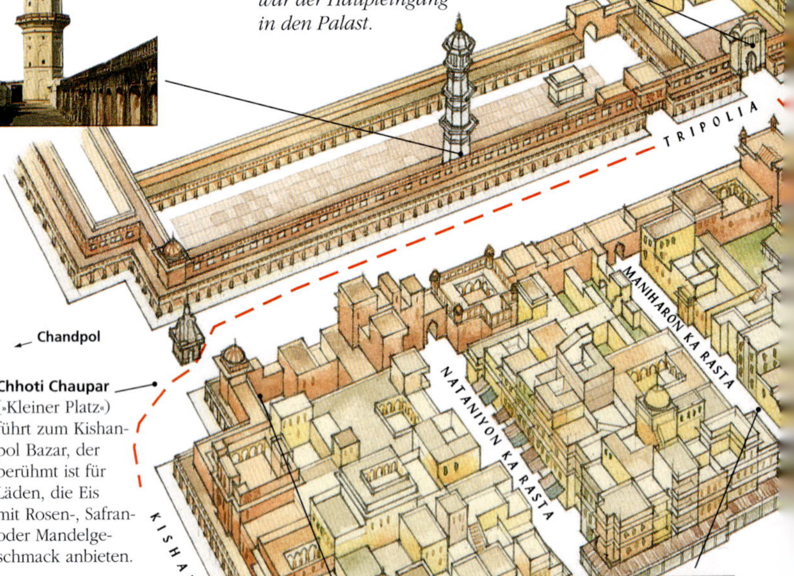

Tripolia Gate
Das 1734 erbaute Tor war der Haupteingang in den Palast.

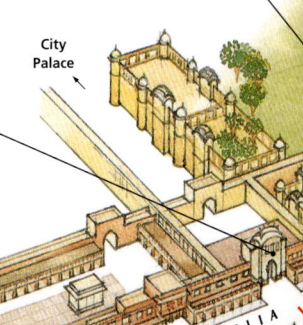

City Palace

← Chandpol

Chhoti Chaupar
(»Kleiner Platz«) führt zum Kishanpol Bazar, der berühmt ist für Läden, die Eis mit Rosen-, Safran- oder Mandelgeschmack anbieten.

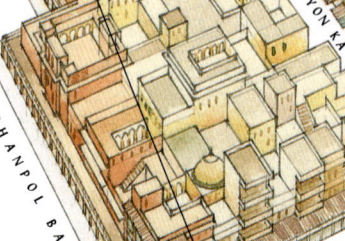

Maharaja Arts College

Blumenverkäufer
Hier kauft man Girlanden, z. B. aus Ringelblumen, als Opfergaben für die Gottheiten in den Tempeln und Straßenschreinen.

Lackarmreife
In der Maniharon ka Rasta stellen Werkstätten den Schmuck her.

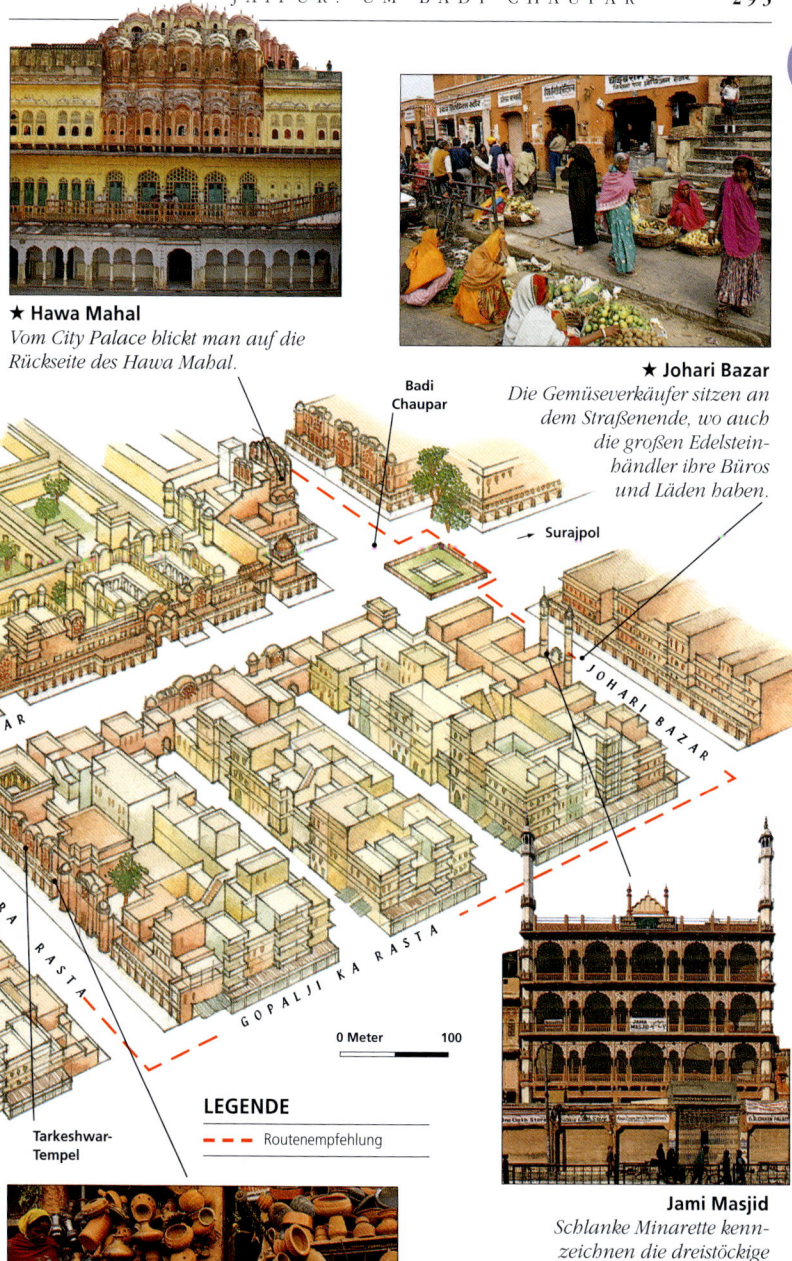

JAIPUR: UM BADI CHAUPAR

★ Hawa Mahal
Vom City Palace blickt man auf die Rückseite des Hawa Mahal.

★ Johari Bazar
Die Gemüseverkäufer sitzen an dem Straßenende, wo auch die großen Edelsteinhändler ihre Büros und Läden haben.

Badi Chaupar

→ Surajpol

JOHARI BAZAR

GOPALJI KA RASTA

AURA RASTA

0 Meter 100

LEGENDE
- - - - Routenempfehlung

Tarkeshwar-Tempel

Jami Masjid
Schlanke Minarette kennzeichnen die dreistöckige »Freitagsmoschee« hinter der Rundbogenfassade.

Keramikwaren
Große Terrakotta-Urnen, Gefäße aller Größen, Glocken, Statuen, Fußkratzer und Öllampen werden in den Läden angeboten.

NICHT VERSÄUMEN
★ Hawa Mahal
★ Jantar Mantar
★ Johari Bazar

Jaipur: City Palace Museum

Jaipurs Wappen

Der Stadtpalast liegt im Herzen von Jaipur, hier war seit dem frühen 18. Jahrhundert der Wohnsitz der Herrscher. Der Komplex weist eine gelungene Mischung aus Rajputen- und Mogularchitektur auf, weitläufige öffentliche Gebäude führen zu den Privatgemächern. Heute kann man einen Teil der Anlagen, das Maharaja Sawai Man Singh II Museum, allgemein City Palace Museum genannt, besichtigen. Zu seinen Schätzen gehören u. a. Miniaturen, Handschriften, Mogulteppiche, Musikinstrumente sowie Kleidung und Waffen der Herrscher – eine prächtige Einführung in die Vergangenheit Jaipurs, den Reichtum der Maharajas und die Handwerkskunst.

★ **Pritam Chowk**
Der »Hof der Geliebten« hat vier Zugänge, die mit Bildern der vier Jahreszeiten versehen sind.

Sileh Khana
In der früheren Waffenkammer ist heute die Waffensammlung des Museums zu sehen. Einige Stücke wie dieser Schild sind prächtig verziert.

Vorführungen von Kunsthandwerk

★ **Mubarak Mahal**
Der »Willkommenspalast« aus Sandstein wurde 1900 von Madho Singh II. als Gästehaus errichtet. Heute befindet sich im ersten Stock ein Textilmuseum.

★ **Rajendra Pol**
Zwei große Elefanten bewachen das Tor, jeder wurde aus einem einzigen Marmorblock gehauen.

NICHT VERSÄUMEN
★ Mubarak Mahal
★ Pritam Chowk
★ Rajendra Pol
★ Silberurnen

JAIPUR: CITY PALACE MUSEUM

Chandra Mahal
Alle sieben Stockwerke sind herrlich ausgestattet und nach ihrer jeweiligen Funktion benannt. Dieser Palast ist für Besucher nicht zugänglich.

INFOBOX

City Palace Complex. (0141) 260 8055. tägl. Feiertage. für Museum und Jaigarh Palace. nur Fassaden, Extragebühr für Video. **Vorführungen von Kunsthandwerk** tägl. (außer an Feiertagen).

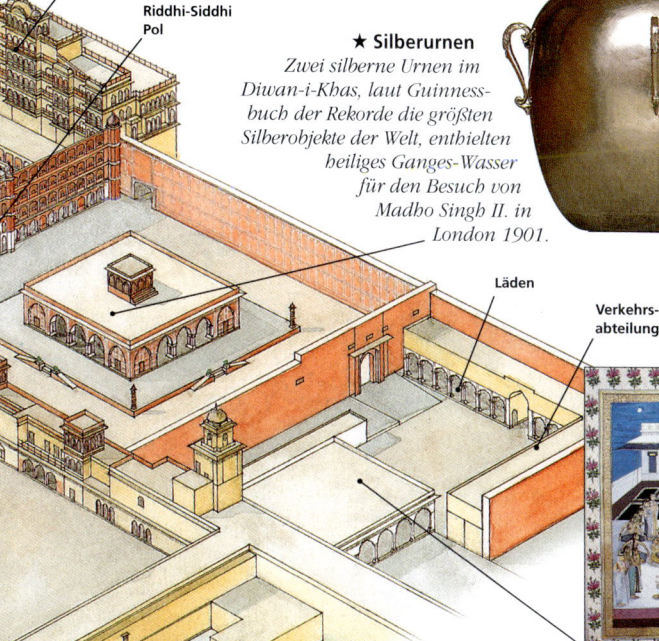

Riddhi-Siddhi Pol

★ Silberurnen
Zwei silberne Urnen im Diwan-i-Khas, laut Guinnessbuch der Rekorde die größten Silberobjekte der Welt, enthielten heiliges Ganges-Wasser für den Besuch von Madho Singh II. in London 1901.

Läden

Verkehrsabteilung

Diwan-i-Aam
In der früheren Zeremonienhalle werden seltene Miniaturen aus der Moguln- und Rajputen-Zeit gezeigt, dazu Teppiche, Handschriften, ein Silberthron und ein Elefantensitz (howdah) *aus Elfenbein.*

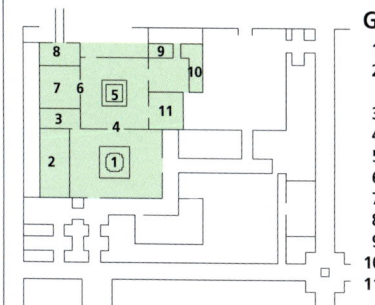

Eingang Kassenschalter

Grundriss City Palace

1. Mubarak Mahal
2. Vorführungen von Kunsthandwerk
3. Sileh Khana
4. Rajendra Pol
5. Diwan-i-Khas
6. Riddhi-Siddhi Pol
7. Pritam Chowk
8. Chandra Mahal
9. Läden
10. Verkehrsabteilung
11. Diwan-i-Aam

LEGENDE
Illustration oben

0 Meter — 200

Jaipur: Jantar Mantar

Kantivrita Yantra

Von den fünf Observatorien, die Sawai Jai Singh II. bauen ließ, ist die Anlage in Jaipur die größte und am besten erhaltene. Die anderen befinden sich in Delhi (siehe S. 72), Ujjain, Mathura und Varanasi. Jai Singh war ein begeisterter Astronom, der die neuesten Studien seiner Zeit kannte und sich durch die Forschungen von Mirza Ulugh Beg, dem bekannten Astronomen und König von Samarkand, anregen ließ. Das Observatorium entstand 1728–34 und wirkt mit seinen 16 Instrumenten wie eine riesige Skulpturengruppe. Einige der Instrumente werden noch heute für Prognosen zu Sommerhitze, Beginn, Dauer und Intensität des Monsuns sowie Wahrscheinlichkeit von Überflutungen und Dürreperioden eingesetzt.

Narivalaya Yantra
Die mit 27 Grad Neigung aufgehängten Halbkugeln repräsentieren die Hemisphären und dienen als Sonnenuhr.

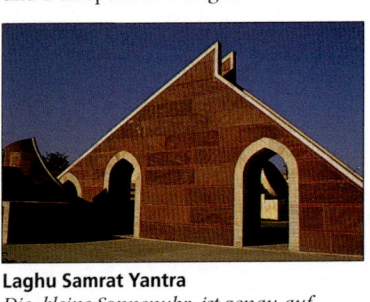

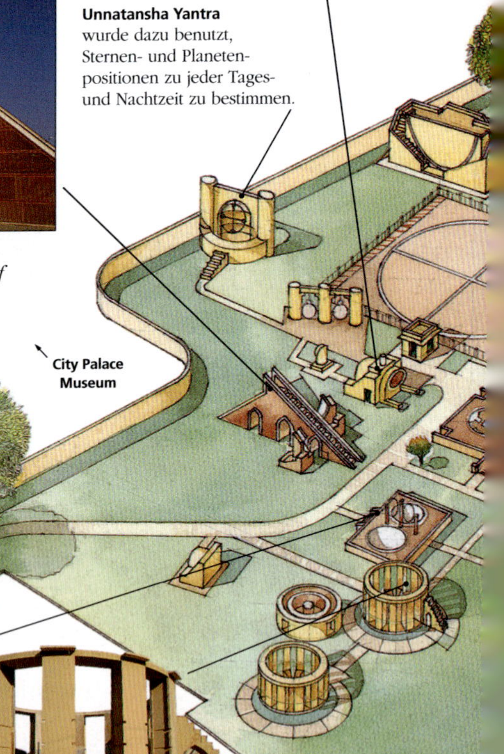

Unnatansha Yantra
wurde dazu benutzt, Sternen- und Planetenpositionen zu jeder Tages- und Nachtzeit zu bestimmen.

Laghu Samrat Yantra
Die »kleine Sonnenuhr« ist genau auf dem 27. Breitengrad errichtet und zeigt die wahre Ortszeit mit nur maximal 20 Sekunden Abweichung an.

City Palace Museum

Eingang

Chakra Yantra
Ein Messingrohr in der Mitte zweier runder Metallinstrumente ermöglichte die Messung der relativen Neigungswinkel von Sternen und Planeten zum Äquator.

★ Ram Yantra
Die zwei identischen Steinbauten bestehen aus Säulen, die horizontale Platten tragen. Mit diesem Instrument konnte man den Tag-und-Nacht-Kreis vom Horizont bis zum Zenit sowie den jeweiligen Sonnenstand messen.

JAIPUR: JANTAR MANTAR

INFOBOX

Chandni Chowk, außerhalb des City Palace. (0141) 261 0494. ○ tägl. ● Feiertage. Mo frei. Extragebühr.

Blick auf Jantar Mantar
Madho Singh II. ließ die Stein- und Metallinstrumente 1901 reparieren und mit zusätzlichen Marmorintarsien versehen.

★ Samrat Yantra
Jai Singh war der Meinung, dass große Instrumente genauere Ergebnisse liefern. Die 23 Meter hohe Sonnenuhr sollte die zu erwartenden Ernteerträge anzeigen.

Hawa Mahal

Rashivalaya Yantra
Die zwölf Teilstücke repräsentieren die Tierkreiszeichen und deuten in Ausrichtung und Lage jeweils auf »ihr« Zeichen. Dieses einzigartige yantra nutzten Astrologen zur Berechnung von Horoskopen.

★ Jai Prakash Yantra
Zwei in den Boden eingelassene Halbkugeln zeigen das Himmelsgewölbe. Sie sollen von Jai Singh selbst erfunden worden sein, um die Genauigkeit der anderen Instrumente des Observatoriums zu überprüfen.

NICHT VERSÄUMEN

★ Jai Prakash Yantra

★ Ram Yantra

★ Samrat Yantra

Jaipur: Südlich der Stadtmauern

Bis zum Ende des 19. Jahrhunderts hatte sich Jaipur weit über die Grenzen der von Sawai Jai Singh II. angelegten Stadt ausgedehnt. Dadurch liegen heute die Vergnügungspaläste und Jagdhäuser im Stadtgebiet, das sich als Mischung aus Altem und Neuem präsentiert.

Der Lakshmi-Narayan-Tempel – weißer Fleck in der rosafarbenen Stadt

Moti-Doongri-Palast
Jawaharlal Nehru Marg.
für Besucher.
Der Palast auf dem Hügel verdankt sein überladenes Äußeres Sawai Man Singh II., der das alte Fort von Shankargarh umbauen und Türme im Stil eines schottischen Schlosses anfügen ließ. 1940 heiratete er die schöne Prinzessin Gayatri Devi von Cooch Behar, im frisch renovierten Palast gab das glamouröse Paar rauschende Feste.

Am Fuß des Moti Doongri steht der **Lakshmi-Narayan-Tempel** aus weißem Marmor, ein sehr beliebter Andachtsort mit eindrucksvollen Reliefs.

Rambagh Palace
Bhawani Singh Marg. (0141) 221 1919. *auch für Nicht-Hotelgäste.*
Rambagh Palace, heute ein elegantes Hotel *(siehe S. 581)*, blickt auf eine bewegte Vergangenheit zurück. 1835 wurde für die Amme von Ram Singh II. ein bescheidener Gartenpavillon gebaut, den man nach ihrem Tod 1856 als Jagdhaus nutzte. Als Madho Singh II., der Sohn von Ram Singh II., aus England zurückkehrte, ließ er das Gebäude in einen Vergnügungspark mit Squash- und Tennisplätzen, Polofeld und Hallenbad umbauen. 1933 wurde der Palast die offizielle Residenz von Madho Singhs Adoptivsohn und Erben, Man Singh II., der das Innere neu gestalten ließ. Hinzu kamen ein chinesischer Raum in Rot und Gold, Bäder aus schwarzem Marmor, Lalique-Kristalllleuchter und ein beleuchteter Esstisch. Märchengärten umgaben den Palast, der 1957 zum Hotel wurde, als Man Singh II. in den kleineren Raj-Mahal-Palast umzog.

Raj-Mahal-Palast
Sardar Patel Marg. (0141) 510 5665. *auch für Nicht-Hotelgäste.*
Der hübsche Palast aus dem 18. Jahrhundert ist heute ein Grandhotel, zwar nicht ganz so prächtig wie der Rambagh-Palast, dafür aber mit einer besonderen Rolle in der Geschichte Jaipurs. Er wurde 1739 für Chandra Kumari Ranawatji, die Lieblingsfrau von Sawai Jai Singh II., erbaut und als Sommerpalast von den Damen des Hofes genutzt. 1821 diente er als offizieller Wohnsitz des britischen Residenten in Jaipur. Bei Weitem am meisten Glanz brachten jedoch Man Singh II. und Gayatri Devi, nachdem sie 1956 aus dem Rambagh-Palast hierher zogen. Zu den berühmten Gästen zählten u.a. Prince Philip – wie Man Singh II. passionierter Polospieler – und Jackie Kennedy.

Jawahar Kala Kendra
Jawaharlal Nehru Marg. (0141) 270 5879. *tägl.*
Das 1993 erbaute, bemerkenswerte Gebäude des indischen Architekten Charles Correa orientiert sich am zeitgenössischen indischen Stil mit fantasievollen Mustern. Nach dem berühmten Gittersystem der Stadt hat jeder der neun Höfe einen kleinen *mahal* (Palast), der nach einem Planeten benannt ist. Jedes dieser Gebäude stellt Textilien, Kunsthandwerk und Waffen aus. Auf dem schön gestalteten großen Platz im Zentrum finden Aufführungen mit traditioneller Rajasthani-Musik und Tanz statt.

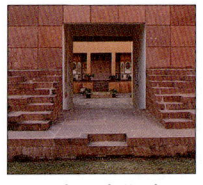

Jawahar Kala Kendra

Das luxuriöse Interieur des Rambagh Palace, seit 1957 ein Hotel

Hotels und Restaurants in Rajasthan *siehe Seiten 580–583 und 609f*

Schmuck aus Jaipur

Ob es sich um berühmte Smaragde und Rubine handelt, die früher von den Maharajas und ihren Frauen getragen wurden, oder um den silbernen Zierrat der Bauern – die Bewohner von Rajasthan sind vernarrt in Schmuck. Selbst Kamele, Pferde und Elefanten werden mit Fußketten und Halsbändern geschmückt. Jaipur gehört zu den größten Zentren der Schmuckherstellung in Indien. *Meenakari* (Emailarbeiten) und *kundankari* (Einlegearbeiten mit Edelsteinen) sind die beiden Techniken, für die Jaipur berühmt ist. Im 16. Jahrhundert brachte Man Singh I. *(siehe S. 302)*, beeinflusst durch die Mode am Hof der Moguln, die ersten fünf Emailarbeiter aus Lahore mit. Seither arbeiten Generationen von Gold- und Silberschmieden in der Stadt. Hier findet sich für jeden Geschmack etwas – von schweren Silberarbeiten bis zu elegantem Goldschmuck, der oft mit Edelsteinen kombiniert wird.

Kundankari-Anhänger

Edelsteinverzierte Schmuckdose *mit Kundankari-Deckel; das Unterteil ist in feinem meenakari ausgeführt, mit Blumenmustern in Rot, Blau, Grün und Weiß.*

Sarpech, *ein Turbanschmuck in Zypressenform, war ein von den Moguln im 17. Jahrhundert eingeführtes Accessoire, mit dem sie ihre schönsten Edelsteine zeigen konnten. Die Rajputen-Herrscher, die von der Pracht der Moguln sehr beeindruckt waren, trugen Schmuck wie diesen aus Gold mit Smaragden, Rubinen, Diamanten und Saphiren.*

Die Kunst des Edelsteinfassens *kann man in den Gassen Haldiyon ka Rasta, Jadiyon ka Rasta und Gopalji ka Rasta bewundern. Traditionell ist der Schmuckhandel in der Hand von Handwerksgilden.*

Meenakari *verziert auch die Rückseite von Kundan-Geschmeide. Nach Ansicht der Bewohner von Rajasthan muss die innen getragene Seite eines Schmuckstücks (links) ebenso schön sein wie seine Vorderseite (rechts).*

Kundankari *verarbeitet hochwertiges Gold, in das Lackharz sowie Edelsteine und Schmucksteine eingelegt werden, die Farbe und Form ausmachen. Golddraht umgibt das Schmuckstück und kaschiert so den Lackharzgrund.*

Jaipur *ist ein Zentrum der Steinschneider, die auf Smaragde und Diamanten aus Afrika, Südamerika und Teilen Indiens spezialisiert sind. Sie lernen ihre Kunst mit Granatsteinen.*

Überblick: Umgebung von Jaipur

An Jaipurs Ostgrenze umrahmen zwei parallele Bergketten ein schmales Tal – von Sanganer im Süden bis über Amber im Norden hinaus. Das felsige Gelände und die dicht bewaldeten Hänge waren so anziehend für die Adligen, dass sie hier Tempel, Gärten, Pavillons und Paläste errichteten. Hoch über Jaipur bewachen die zwei Festungen Nahargarh und Jaigarh den Zugang zu Amber und Jaipur. Mitten in der Felslandschaft stößt man auf Überreste von Fortmauern, Tempeln und *havelis* sowie die Marmorgrabmäler der Kachhawaha-Herrscher von Amber und Jaipur.

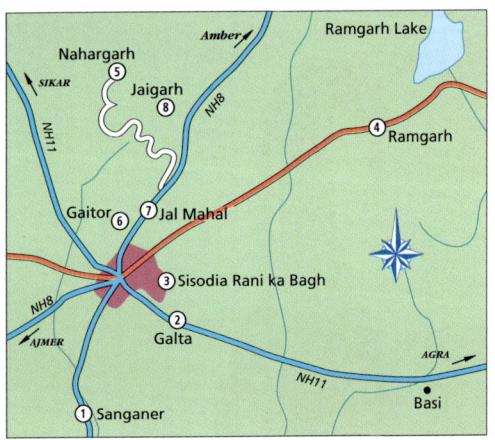

Sehenswürdigkeiten auf einen Blick

Gaitor ⑥
Galta ②
Jaigarh ⑧
Jal Mahal ⑦
Nahargarh ⑤
Ramgarh ④
Sanganer ①
Sisodia Rani ka Bagh ③

LEGENDE

- Zentrum von Jaipur
- National Highway
- Hauptstraße
- Nebenstraße

Marmorstatue eines Jain-*tirthankara* in Sanganers Sanghiji-Tempel

Hotels und Restaurants in Rajasthan *siehe Seiten 580–583 und 609f*

Sanganer
Distrikt Jaipur. 15 km südlich von Jaipur.

Die farbenfrohe Stadt ist berühmt für handbedruckte Baumwollstoffe. Heute gehören die meisten Drucker und Färber einer Gilde an, deren Geschäfte günstig Stoffe anbieten. Sanganer verdankt seinen Erfolg als Druckzentrum einem kleinen Fluss, dessen mineralhaltiges Wasser die Farbe im Stoff fixiert. Die Stadt gilt auch als Zentrum für handgefertigtes Papier und blaue, handbemalte Jaipur-Keramik, aus der Vasen und Fliesen mit persischen, türkischen und indischen Mustern gemacht werden.

Mitten in der Altstadt steht der beeindruckende **Sanghiji-Tempel** (11. Jh.) mit reichen Reliefs. Sanganer ist eine betriebsame Vorstadt von Jaipur und Standort des Flughafens.

Heiliges Wasserbecken in Galta

Galta
Distrikt Jaipur. 10 km südöstlich von Jaipur.

In der malerischen Schlucht liegt Galta Kund, eine religiöse Stätte (18. Jh.) mit zwei Haupttempeln und einigen kleineren Schreinen. Die sieben heiligen Wasserbecken werden von Quellen gespeist, die Heilkräfte haben sollen. In den zwei Pavillons auf jeder Seite des Komplexes sieht man gut erhaltene Fresken. Vom Surya-Tempel hoch auf dem Berg bietet sich ein fantastischer Blick auf Jaipur.

Sisodia Rani ka Bagh
Distrikt Jaipur. Purana Ghat. 6 km östlich von Jaipur.
(0141) 264 0594. tägl.

Der Terrassengarten wurde im 18. Jahrhundert für die zweite

Der Jal Mahal wirkt während der Monsunflut, als ob er schwimmt

Frau von Sawai Jai Singh II. angelegt. Sie heiratete ihn unter der Bedingung, dass ihr Sohn Thronfolger würde. Um den unvermeidlichen Palastintrigen zu entgehen, bezog die Königin einen Wohnsitz außerhalb der Stadtmauern. Ihr kleiner zweistöckiger Palast wird von einem hübschen Garten umgeben, innen sieht man Wandbilder. Kein Wunder, dass in diesem Ambiente Bollywood (siehe S. 32f) oft Filme dreht.

Ramgarh
Distrikt Jaipur. 40 km nordöstlich von Jaipur.
In Ramgarh steht eine der ältesten Kachhawaha-Festungen. Das Fort wurde vom Gründer der Dynastie, Duleh Rai (reg. 1093–1135), errichtet. Er war auch verantwortlich für den Bau eines der Göttin Jamvai Mata geweihten Tempels, der heute von Tausenden Gläubigen besucht wird. Ramgarh Lodge am Nordufer eines künstlich angelegten Sees ist ein 1931 erbautes elegantes Jagdschlösschen, das heute als »Heritage Hotel« dient. Es hat einen der besten Poloclubs des Landes.

Nahargarh
Distrikt Jaipur. 9 km nordwestlich von Jaipur. (0141) 518 2957. tägl. Feiertage.
Das bedrohlich wirkende Hügelfort Nahargarh (»Tigerfort«) steht in einem früher dichten Waldgebiet. Die kriegerische Meena-Ethnie beherrschte die Region, bis sie von den Kachhawahas besiegt wurde. Sawai Jai Singh II. ließ das Fort verstärken, nachfolgende Herrscher bauten es weiter aus, Madho Singh II. fügte den Palast Madhavendra Bhavan für seine neun Königinnen an. Das Labyrinth von Terrassen und Innenhöfen besitzt ein luftiges, kühles Gemach im Obergeschoss, von hier konnten die Damen auf die Stadt blicken. Wände und Säulen zeigen *Arayish*-Stuck, der, mit Achatstein poliert, wie Marmor schimmert.

Gaitor
Distrikt Jaipur. 8 km nördlich von Jaipur. tägl. Feiertage.
Die Marmorgrabmäler der Kachhawaha-Könige liegen in einem ummauerten Garten nahe der Straße nach Amber. Sawai Jai Singh II. wählte diesen Ort als neue Verbrennungsstätte, nachdem man die in Amber (siehe S. 302f) aufgegeben hatte. Verzierte Säulen tragen die marmornen *chhatris* über den Plattformen, auf denen man die Maharajas verbrannte. Eines der beeindruckendsten Grabmäler ist das von Jai Singh II. Es weist 20 Marmorsäulen mit mythologischen Szenen auf und wird von einer Marmorkuppel gekrönt. Das jüngste Kenotaph wurde 1997 für Jagat Singh errichtet, den einzigen Sohn von Sawai Man Singh II. und Gayatri Devi.

Jal Mahal
Distrikt Jaipur. 8 km nördlich von Jaipur. tägl.
Zur Monsunzeit, wenn der Wasserspiegel im Man Sagar Lake steigt, scheint der Jal Mahal (»Wasserpalast«) auf den Fluten zu treiben. Madho Singh I. ließ den Palast im 18. Jahrhundert errichten, Vorbild war der Lake Palace von Udaipur, wo der König seine Kindheit verbrachte. Später nutzte man den Bau zu Festen nach der Entenjagd – auch heute noch leben hier viele Wasservögel. Der terrassierte Garten wird von einem Bogengang umschlossen, in jeder Ecke steht ein eleganter achteckiger Turm mit Kuppel.

Jaigarh
Distrikt Jaipur. 12 km nordöstlich von Jaipur. (0141) 267 1848. tägl. 9–16.30 Uhr. Feiertage.
Das legendäre »Siegesfort« wacht über die alte Hauptstadt Amber, Standort einer früheren Kanonengießerei. Kostbarster Besitz ist die 50 Tonnen schwere Jai Van von 1726. Sie gilt als weltweit größte Kanone auf Rädern, aus ihr wurde nie geschossen.

Auf dem Diva Burj, einem siebenstöckigen Turm, brannte zum Geburtstag des Königs eine riesige Öllampe. Zwei Tempel und ein Palast sind über 200 Jahre alt.

Die berühmte Jai Van

Die Mauern des Jaigarh Fort, ein Meisterwerk der Militärarchitektur

Amber Fort ❷

Türdetail am Shila Devi

Der Festungspalast von Amber war bis 1727 Sitz der Kachhawaha-Herrscher, dann wurde die Hauptstadt nach Jaipur verlegt. Spätere Herrscher kehrten jedoch immer wieder zurück, um für wichtige Ereignisse den Segen der Familiengottheit Shila Devi zu erbitten. Die Zitadelle wurde 1592 von Man Singh I. auf den Überresten eines Forts aus dem 11. Jahrhundert erbaut, Jai Singh I. (reg. 1621–67) errichtete den Prachtbau im Zentrum.

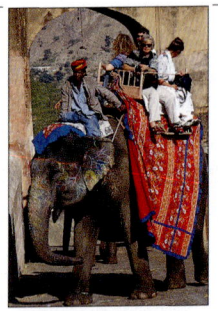

Auf Elefanten kann man ins Fort reiten

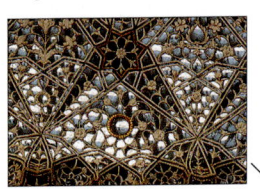

Aram Bagh, der Lustgarten.

★ **Sheesh Mahal**
Der Lichtschein einer einzigen Kerze verwandelt die Kammer mit den vielen kleinen Spiegeln in ein funkelndes Sternenzelt.

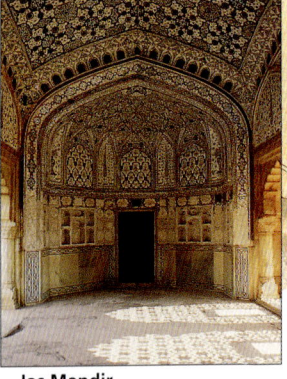

Jas Mandir
Die Halle für Privataudienzen hat Fenster mit Gitterwerk, eine elegante Decke mit Blumenreliefs aus Alabaster und Glasintarsien. Marmorgitterwerk über dem Maota Lake sorgte für kühle Luft.

Jai Mandir

Blick auf das Amber Fort
Jaigarh Fort thront über Amber Fort, dessen Mauern entlang dem Bergrücken verlaufen.

NICHT VERSÄUMEN

★ Ganesh Pol

★ Sheesh Mahal

★ Shila-Devi-Tempel

AMBER FORT 303

INFOBOX

Distrikt Jaipur. 11 km nördlich von Jaipur. *(0141) 253 0293.* tägl. 8–17.30 Uhr. Feiertage.

★ Ganesh Pol
Das dreistöckige Tor von 1640 führt in die Privatgemächer und den hinter Gitterwerk versteckten obersten Stock, in dem die Frauen im purdah *wohnten.*

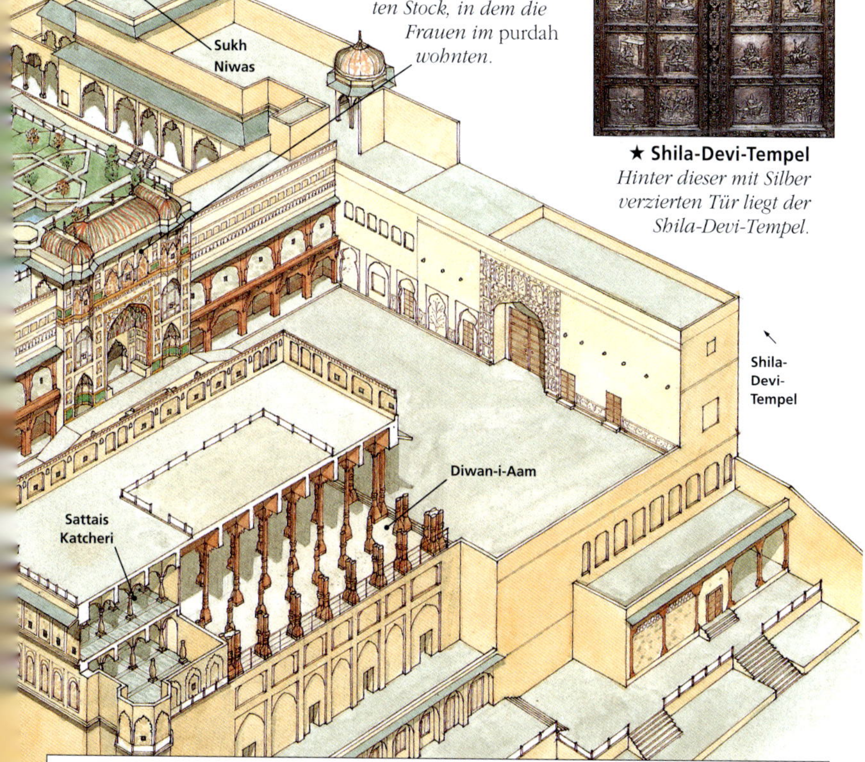

Sukh Niwas

★ Shila-Devi-Tempel
Hinter dieser mit Silber verzierten Tür liegt der Shila-Devi-Tempel.

Shila-Devi-Tempel

Diwan-i-Aam

Sattais Katcheri

Grundriss Amber Fort

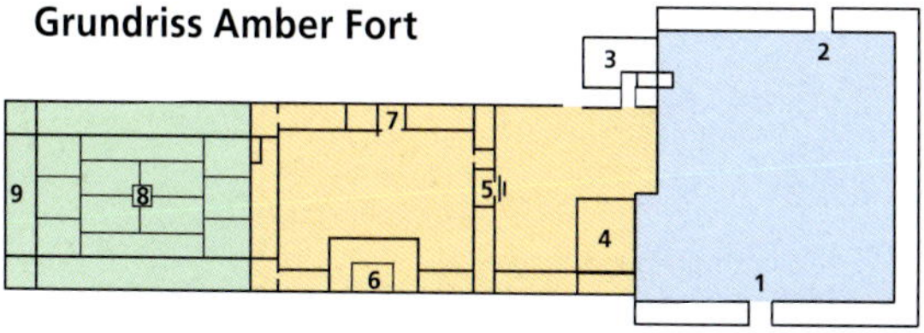

LEGENDE
- Illustration oben
- Man Singhs Palast
- Jaleb Chowk

1 Suraj Pol
2 Chand Pol
3 Shila-Devi-Tempel
4 Diwan-i-Aam
5 Ganesh Pol
6 Jai Mandir
6 Jas Mandir
6 Sheesh Mahal
7 Sukh Niwas
8 Baradari
9 Zenana

0 Meter 100

Überblick: Amber (Alte Hauptstadt)

Malerei, Ganesh Pol

Vom hoch gelegenen Amber Fort bietet sich ein Panoramablick über den Maota Lake und die historische Altstadt am Fuß des Hügels. Hier war der Sitz der Könige von Amber, bevor sie in das Fort zogen. Zu entdecken sind *havelis*, Tempel und Treppenbrunnen. Sie erinnern daran, dass die Stadt sich selbst versorgte. Im stolzen Amber machte selbst Mogulherrscher Akbar auf seiner jährlichen Pilgerreise nach Ajmer *(siehe S. 312)* halt.

In Sattais Katcheri wurden die Einkünfte des Staates erfasst

Fortkomplex

Der Weg ins Amber Fort führt durch das imposante **Suraj Pol** (»Sonnentor«), das der aufgehenden Sonne, dem Familienemblem der Kachhawahas, zugewandt ist. Hinter dem Tor liegt ein weiter Hof, **Jaleb Chowk**, der heute an drei Seiten von Souvenir- und Imbissständen umgeben ist. Eine Treppe führt zum **Shila-Devi-Tempel** mit seinen silberverzierten Portalen, silbernen Öllampen, großen Marmorsäulen in Form von Bananenpflanzen und einer Felsen- (*shila-*)Skulptur von Kali, der Familiengottheit der Kachhawahas.

Im nächsten Hof, **Diwan-i-Aam**, wurden öffentliche Audienzen abgehalten. In **Sattais Katcheri**, einem Kolonnadengang mit 27 Säulen, saßen Hofschreiber.

Ganesh Pol war das Tor zu den Lustpalästen, die um **Aram Bagh**, einen Garten im Mogulstil, errichtet wurden.

Auch der Maota Lake, der das Fort mit Wasser versorgte, ist von zwei Gärten umgeben: **Kesar Kyari Bagh** hat einige sternförmige Beete, in denen Safranblumen (*kesar*) blühten. **Dilaram Bagh** wurde 1568 als Ruheplatz für Akbar auf seinem Weg nach Ajmer angelegt. Der Name ist eine Anspielung auf den Baumeister Dilaram (»Ruhe des Herzens«). Hier findet man ein kleines archäologisches Museum.

Der älteste Bereich des Forts am anderen Ende wurde für die Frauen als *zenana* (Frauenquartier) gebaut. Gitterwerk und überdachte Balkone sorgen dafür, dass die Damen abgeschirmt blieben. An den Wänden sieht man noch verblasste Spuren von Fresken. In der Mittes des Hofes steht der **Baradari**, ein Pavillon mit zwölf Säulen.

Stadt

Chand Pol, das »Mondtor« gegenüber von Suraj Pol, führt in die Altstadt außerhalb des Forts. Der schöne **Jagat-Shiromani-Tempel** mit seinem außergewöhnlichen *torana* (Torbau) ist nur einer der vielen Tempel am Weg, der auch am Wasserbecken **Panna Mian ka Kund** vorbeiführt.

Im Osten liegt **Sagar**, ein beliebter Picknickplatz mit zwei terrassierten Seen. Der Highway Jaipur–Delhi verläuft durch die Stadt, Ambers Hauptmarkt und Busbahnhof sind an der Straße zu finden. Im Norden steht die **Akbari-Moschee**, die Akbar 1569 erbauen ließ.

Marmorbildnis einer Hindu-Gottheit

Im Osten erreicht man **Bharmal ki Chhatri**, ein ummauertes Anwesen mit Denkmälern. Hier wurden die verstorbenen Herrscher von Amber verbrannt, bevor man dafür Gaitor *(siehe S. 301)* errichtete.

Kesar Kyari Bagh heißt nach den seltenen Safranblumen, die einst in den sternförmigen Beeten blühten

Hotels und Restaurants in Rajasthan *siehe Seiten 580–583 und 609f*

Bharatpur ❸

Distrikt Bharatpur. 180 km östlich von Jaipur. 🚗 205 000. 🏨 *RTDC Hotel Saras*, (05644) 223 790. 🎭 *Jaswant Mela (Okt).*

Heute ist Bharatpur wegen seines Vogelschutzgebiets bekannt, doch die historische Stadt hat einiges zu bieten. Das Reich Bharatpur wurde von den Jats gegründet, einer Gruppe von Landbesitzern. Deren bedeutendster Kopf, Raja Suraj Mal (reg. 1724–63), befestigte die Stadt 1733 und nutzte die Beute aus eroberten Mogulgebäuden, um seine Forts und Paläste auszuschmücken.

Lohagarh, das »Eisenfort« im Zentrum der Stadt, hat doppelte Mauern aus Lehm und Bruchstein hinter tiefen Burggräben. Es widerstand wiederholt Angriffen der Marathen und der Briten, erst 1805 konnte es von Lord Lake erobert werden. Drei Paläste im Fort zeigen eine elegante Kombination aus Mogul- und Rajputen-Stil. Einer ist heute Sitz der Hochschule für Pharmazie, die anderen beiden um Katcheri Bagh beherbergen das **State Museum** mit seltenen Steinarbeiten aus dem 1. und 2. Jahrhundert. Ein abgesunkener *hamam* ist in der Nähe. 1818 war Bharatpur das erste Fürstentum, das einen Vertrag mit der East India Company abschloss.

Burggraben und Mauern von Lohagarh

🏛 **State Museum**
📞 (05644) 228 185. ⬤ Fr–Mi.
⬤ Feiertag. 🎭 Mo frei.
📷 Extragebühr.

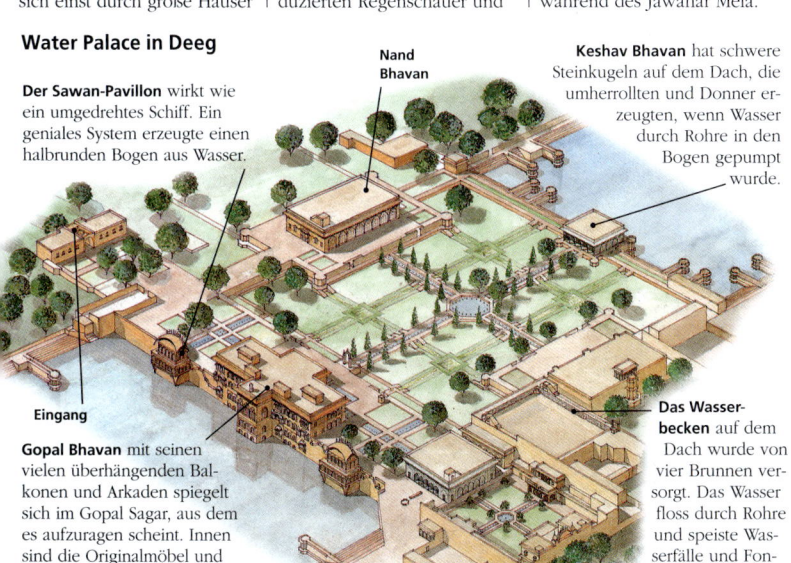

Keoladeo Ghana National Park ❹

Siehe Seite 306.

Deeg ❺

Distrikt Bharatpur. 36 km nördlich von Bharatpur. 🏨 *RTDC Hotel Saras, Bharatpur*, (05644) 223 700. 🎭 *Holi (März), Jawahar Mela (Aug).* **Water Palace** 🕐 *tägl.* ⬤ *Tag nach Holi.* 🎭

Deeg war Hauptstadt der Jat-Herrscher von Bharatpur und gewann mit dem Niedergang des Mogulreichs im 18. Jahrhundert an Bedeutung. Das rechteckige Fort und die befestigte Stadt, die sich einst durch große Häuser und Gartenanlagen auszeichnete, sind heute verlassen. Raja Suraj Mal und sein Sohn Jawahar Singh liebten prächtige Paläste. Der bemerkenswerteste ist der **Water Palace**, eine romantische Sommerresidenz der Herrscher. Die Wiederkehr der Monsunregen inspirierte die Baumeister zu einer Komposition von Sandstein- und Marmorpavillons mit Wasserbecken und Gärten. Ein geniales Kühlungssystem bezog Wasser aus einem riesigen Reservoir, Anlagen produzierten Regenschauer und sogar Regenbogen. Die gefärbten Fontänen sieht man noch während des Jawahar Mela.

Sawan-Pavillon, Water Palace

Water Palace in Deeg

Der Sawan-Pavillon wirkt wie ein umgedrehtes Schiff. Ein geniales System erzeugte einen halbrunden Bogen aus Wasser.

Nand Bhavan

Keshav Bhavan hat schwere Steinkugeln auf dem Dach, die umherrollten und Donner erzeugten, wenn Wasser durch Rohre in den Bogen gepumpt wurde.

Eingang

Gopal Bhavan mit seinen vielen überhängenden Balkonen und Arkaden spiegelt sich im Gopal Sagar, aus dem es aufzuragen scheint. Innen sind die Originalmöbel und Kunstobjekte zu sehen.

Das Wasserbecken auf dem Dach wurde von vier Brunnen versorgt. Das Wasser floss durch Rohre und speiste Wasserfälle und Fontänen.

Keoladeo Ghana National Park ❹

Der Nationalpark ist UNESCO-Welterbestätte und eines der weltweit wichtigsten Vogelschutzgebiete. Der Name Keoladeo Ghana geht auf den Shiva-Tempel (Keoladeo) zurück, der in einem dichten Wald *(ghana)* steht. Bharatpurs Herrscher machten Mitte des 18. Jahrhunderts aus dem einst öden Buschland ein Gebiet für ihre Entenjagd, indem sie Wasser aus einem nahen Bewässerungskanal umleiteten. Heute erstreckt sich der Park über 29 Quadratkilometer Feuchtgebiet. Eine Vielzahl von Vögeln ziehen im Winter hierher, teils sogar aus Sibirien. Der Laub- und Buschwald ist Lebensraum für viele andere Tierarten wie die Nilgau-Antilope.

INFOBOX

Distrikt Bharatpur. 185 km östlich von Jaipur. 🚉 *Bharatpur*, 5 km nördlich des Zugangs, dann Taxi. 🚌 *Bharatpur*. ℹ️ *RTDC Hotel Saras, Bharatpur, (05644) 223 790. Deputy Chief Wildlife Warden, (05644) 222 777.* 📷 *Extragebühr.* 🚲 *Fahrräder und Fahrrad-Rikschas.*

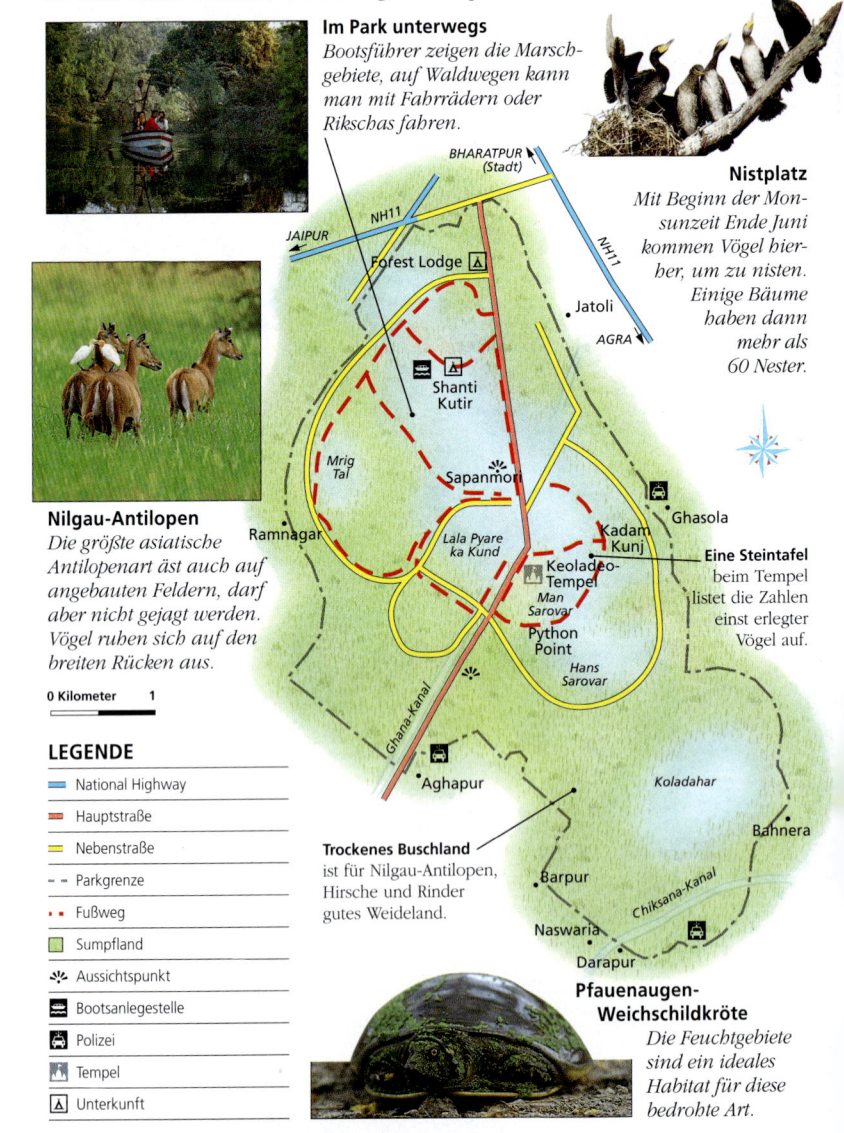

Im Park unterwegs
Bootsführer zeigen die Marschgebiete, auf Waldwegen kann man mit Fahrrädern oder Rikschas fahren.

Nistplatz
Mit Beginn der Monsunzeit Ende Juni kommen Vögel hierher, um zu nisten. Einige Bäume haben dann mehr als 60 Nester.

Nilgau-Antilopen
Die größte asiatische Antilopenart äst auch auf angebauten Feldern, darf aber nicht gejagt werden. Vögel ruhen sich auf den breiten Rücken aus.

Eine Steintafel
beim Tempel listet die Zahlen einst erlegter Vögel auf.

Trockenes Buschland
ist für Nilgau-Antilopen, Hirsche und Rinder gutes Weideland.

Pfauenaugen-Weichschildkröte
Die Feuchtgebiete sind ein ideales Habitat für diese bedrohte Art.

LEGENDE
- National Highway
- Hauptstraße
- Nebenstraße
- Parkgrenze
- Fußweg
- Sumpfland
- Aussichtspunkt
- Bootsanlegestelle
- Polizei
- Tempel
- Unterkunft

Hotels und Restaurants in Rajasthan siehe Seiten 580–583 und 609f

Alwar ❻

Distrikt Alwar. 150 km nordöstlich von Jaipur. 260 000.
RTDC, Nehru Marg, gegenüber dem Bahnhof, (0144) 234 7348.
Jagannathji (März/Apr).

Das ehemalige Fürstentum Alwar ist heute eine staubige Provinzstadt, Zwischenstopp für Reisende auf dem Weg zum Sariska National Park. Trotzdem gibt es einige bemerkenswerte Monumente, die im 18. Jahrhundert von den wohlhabenden Herrschern erbaut wurden. Das wichtigste ist der **City Palace** von 1793, dessen ungewöhnliche Architektur eine Kombination von geschwungenen *Bangaldar*-Dachsimsen und

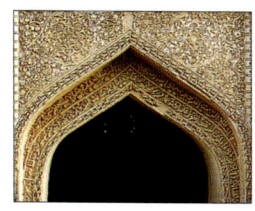

Tor zum Grabmal von Fateh Jang

chhatris (Pavillons) sowie feine Mogulverzierungen und *jalis* aufweist. Der Palast ist heute Sitz des District Collectorate und Polizeihauptrevier, man kann ihn nur mit großen Innenhof mit den Marmorpavillons ansehen. Mit Sondergenehmigung darf man aber auch die prachtvoll verzierte Durbar Hall und den Sheesh Mahal besichtigen.

Eine Tür rechts vom Hof führt in das über drei Säle im ersten Stock verteilte **City Palace Museum**. Es zeigt Schätze der früheren Maharajas von Alwar, darunter seltene Handschriften wie den 1258 verfassten *Gulistan* des persischen Dichters Sa'adi und den *Babur Nama* von 1530, Mogul- und Rajputen-Miniaturen sowie Waffen. Makaber ist die *nagphas* genannte Schlinge, mit der man seine Feinde erdrosseln konnte, eher amüsant der silberne Esstisch mit eingelegter Scheibe, unter der man Fischschwärme aus Metall beobachten kann.

Das Grabmal des Maharaja Bakhtawar Singh (reg. 1790–1815) steht hinter dem Palast auf der anderen Seite eines Wasserbeckens. Den Namen **Moosi Maharani ki Chhatri** trägt es nach der Witwe, die hier Selbstmord *(sati)* beging. Der Bau aus braunem Sandstein und weißem Marmor hat im Inneren blattgoldüberzogene Malereien.

Auf einem steilen Hügel über der Stadt thront das verfallene **Bala Qila**, ein Fort mit Mauern und großen Toren, das einen schönen Ausblick bietet. Die ursprüngliche Lehmfestung (10. Jh.) wurde von den Moguln und den Jats ausgebaut und 1775 von Pratap Singh von Alwar erobert. Innerhalb der Mauern steht Nikumbh Mahal, ein Palast mit Fresken. In seinem Hof hat man ein Sendemast der Polizei postiert. Sehenswert sind auch die Ruinen des Salim Mahal, der nach Jahangir (Salim) benannt ist. Der

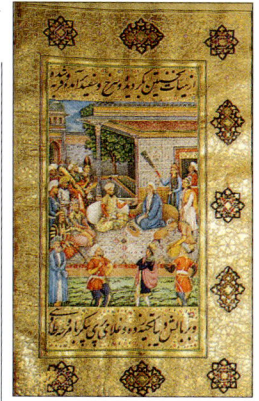

Eine Seite aus dem *Gulistan*

Erbe des Mogulherrschers Akbar musste hier im Exil leben, nachdem er versucht hatte, den Hofgeschichtsschreiber Abu'l Fazl zu ermorden.

Beim Bahnhof befindet sich das 1647 errichtete **Grabmal von Fateh Jang**, einem Minister von Shah Jahan. Eine riesige Kuppel überspannt den fünfstöckigen Bau. An den Wänden und Decken sieht man Stuckreliefs, im ersten Stock sind Inschriften zu bewundern.

Alwars grüne Lunge, **Company Bagh**, ist ein hübscher Garten mit Gewächshaus.

City Palace
Beim Collectorate. tägl.

City Palace Museum
Sa–Do. Feiertage.

Moosi Maharani ki Chhatri
Sa–Do. Feiertage.

Bala Qila
tägl.; schriftliche Registrierung der Besucher erfolgt beim Superintendent of Police, City Palace.

Grabmal von Fateh Jang
Beim Bahnhof. tägl.

Der elegante Marmorpavillon des Moosi Maharani ki Chhatri

Sariska Palace, ein Luxushotel außerhalb des Tigerreservats

Sariska National Park ❼

Distrikt Alwar. 37 km nordöstlich von Alwar. 🚌 🛈 *Field Director, Project Tiger Sanctuary, Sariska, (0144) 284 1333.* ⏲ Sep–Juni. 💰 *Extragebühr für Fahrzeuge/Jeeps.* 📷 🍴

Der 800 Quadratkilometer große, ehemals private Park und Jagdgrund des Fürstentums Alwar wurde im Jahr 1979 im Rahmen des »Project Tiger« *(siehe S. 245)* zum Schutzgebiet mit einer Kernzone von 480 Quadratkilometern erklärt. Die Aravalli Range fällt bei Sariska steil ab und bildet flache Hochebenen mit Tälern. Die trockenen Dschungelgebiete sind ein geeignetes Habitat für ein vielfältiges Tierleben.

Die Tigerpopulation von Sariska wird heute auf 20 bis 30 Exemplare geschätzt. Parkwächter wissen, wo die Tiere gesichtet wurden, und können Besucher manchmal zu Stellen führen, wo man eine der Raubtiere entdeckt.

Es gibt eine Reihe von Wasserstellen in Sariska, bei Pandupol, Bandipol, Slopka, Kalighati und Talvriksha kann man besonders bei Sonnenuntergang Tiere beobachten, die hierherkommen, um zu trinken. An vielen Wasserstellen sieht man den sanften Axishirsch *(chital)*, die nur in Sariska vorkommende Vierhornantilope *(chausingha)* bekommt man bei Pandupol zu Gesicht. Entdecken kann man Panther, Schlankaffen (Languren), Schakale und Hyänen, Nilgau-Antilopen, Wildschweine und Stachelschweine. Besonders von den Unterständen bei Kalighati und Slopka sieht man Schlangenweihen, Uhus, Spechte, Eisvögel und Rebhühner.

Sariskas trockene Laubwälder sind besonders schön im kurzen Frühling und Frühsommer, wenn Palasabäume *(Butea monosperma,* Hindi *dhak)* und Goldregen blühen. Die Dattelpalmen tragen zu dieser Zeit Früchte, die ersten *kair (Capparis decidua),* eine Beerenart, reifen auf den Sträuchern.

Ebenfalls im Park stehen das **Kankwari Fort** (17. Jh.) und einige Tempelruinen. **Sariska Palace**, Ende des 19. Jahrhunderts für Alwars Herrscher als Jagdpalast erbaut, ist heute ein Luxushotel *(siehe S. 583)* mit historischen *Shikar-*Fotografien.

Shekhawati ❽

Distrikte Sikar und Jhunjhunu. 115 km nordwestlich von Jaipur Richtung Sikar. 🚌 🎉 *Gangaur (März/Apr), Dussehra (Sep/Okt).*

In dieser nach dem Herrscher Rao Shekha (15. Jh.) benannten Region gibt es eine Reihe von faszinierenden Kleinstädten, in denen mit

---

Bemalte Havelis von Shekhawati

In den vielen kleinen Orten in Shekhawati liegen die historischen Paläste führender indischer Industriellenfamilien wie der Birlas, Dalmias und Goenkas. Diese weitläufigen alten *havelis* mit den aufwendigen Wandbildern wurden zwischen dem späten 18. und dem frühen 20. Jahrhundert von den Marwari-Kaufleuten der Region erbaut, die in den Hafenstädten Bombay (Mumbai) und Kalkutta (Kolkata) ein Vermögen gemacht hatten. Ihr Kontakt mit den Briten und der modernen, städtisch-industriellen Welt hatte ihren Lebensstil verändert. Ihre Häuser spiegeln diese neuen Ideen ebenso wider wie ihren Wohlstand und Status.

Eine folkloristische Ansicht der Rajputen-Herrscher

Stil und Inhalte der Wandbilder sind eine sehr aufschlussreiche Quelle für die Übernahme moderner Themen in die traditionelle Kunst: Die lokalen Künstler folgten zwar noch dem eindimensionalen Realismus der traditionellen Rajputen-Malerei, doch zwischen den Göttern, Göttinnen und Kriegshelden tauchen volkstümliche Motive einer neuen Epoche auf: elegante britische Ladys, Herren mit Hüten, Blaskapellen und Soldaten, Eisenbahnen, Autos, Flugzeuge, Grammophone und Telefone – klassische Symbole der neuen Industriegesellschaft, die sich ab dem späten 19. Jahrhundert entwickelte.

Der Eingang zum Biyani Haveli in Sikar

Hotels und Restaurants in Rajasthan *siehe Seiten 580–583 und 609f*

Blick auf den beeindruckenden Char-Chowk Haveli, Lachhmangarh

Malereien verzierte *havelis*, Tempel und Forts stehen. **Dundlod** besitzt ein restauriertes Fort und zwei prächtige Goenka-*havelis*, der Festungspalast in **Mandawa** ist heute ein »Heritage Hotel« (siehe S. 583). Zu den interessantesten *havelis* zählen der Char-Chowk («Vier Höfe«) Haveli in **Lachhmangarh**, Singhania in **Fatehpur**, die Jalan- und Goenka-*havelis* sowie die Aath-(Acht-)*havelis* der Poddars in **Nawalgarh**.

Besonders lohnenswert ist der Besuch von **Ramgarh**, 20 Kilometer nördlich von Fatehpur. Berühmt ist die Stadt wegen des Shani-Tempels mit seinem Zierrat aus Spiegeln und Blattgold, aber auch der mit über 400 Malereien bedeckte Ram Gopal Poddar Chhatri ist sehenswert. Am Hauptbasar wimmelt es von »Antique«-Händlern, die mit Schnitzwerk versehene Türen und Fenster aus abgerissenen *havelis* anbieten. Viele davon sind sehr kunstfertige Kopien der Originale.

In **Mahansar**, 15 Kilometer nordöstlich von Ramgarh, steht der Sone ki Dukan Haveli, der aufwendig mit Blattgold verziert ist. Die besonders schönen Malereien an der Gewölbedecke zeigen die Inkarnationen von Vishnu.

In **Bissau**, zehn Kilometer nordwestlich von Mahansar, bietet das Keshargarh Fort (18. Jh.) einen Blick auf Sanddünen im Norden und Westen, außerdem gibt es hier zehn reich bemalte *havelis*. Während Dussehra finden hier jeden Abend Ramlila-Aufführungen statt. Die Darsteller tragen Masken und Kostüme, die von den *sadhvis* (weibliche Askenten) der Region gefertigt werden.

Churu, zwölf Kilometer nordwestlich von Bissau, liegt in der Wüste. Es gehört zwar nicht zur Shekhawati-Region, besitzt aber bemalte *havelis*, da hier viele Kaufleute lebten. Der große Surana Double Haveli mit 1111 Fenstern ist die Hauptattraktion. Banthia Haveli östlich des Gemüsemarkts hat ungewöhnliche Fresken, eines zeigt Jesus, der eine Zigarre raucht.

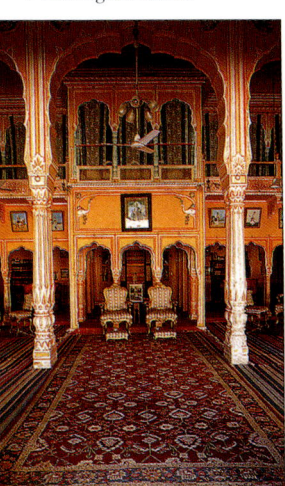

Das Innere von Dundlod Fort

Feste in Rajasthan

Nagaur-Viehmarkt *(Jan/Feb)*, Nagaur. Kamelrennen, Puppentheater, Volksmusik und -tanz begleiten den einwöchigen Viehmarkt (siehe S. 312).
Gangaur *(März/Apr)*. 18 Tage dauert das Fest, das das Eheglück von Shiva und Parvati feiert. Es wird in ganz Rajasthan begangen, besonders aber in Udaipur. Frauen tanzen den wirbelnden *ghoomar* und tragen in farbenfrohen Umzügen Bilder der Göttin durch die Straßen, wobei sie für das Wohlergehen ihrer Gatten beten.

Gangaur-Feiern, Udaipur

Elefantenfest *(März)*, Jaipur. Umzüge mit prächtig herausgeputzten Elefanten und ein Elefanten-Poloturnier sind die Highlights dieses Festes.
Mewar Festival *(März)*, Udaipur. Mewars kulturelles Erbe wird mit Shows und Feuerwerk gefeiert.
Teej *(Aug/Sep)*. Mädchen in ganz Rajasthan tragen neue Kleider, singen und tanzen, um Parvati, die Göttin der ehelichen Harmonie, zu feiern. Teej kündigt auch den Beginn des Monsuns an.
Urs *(Okt)*, Ajmer. Hypnotisierende Gesänge der Qawwali-Sänger erklingen während der 13-tägigen Feiern zum Todestag des Sufi-Heiligen Khwaja Moinuddin Chishti.
Pushkar Mela *(Okt/Nov)*, Pushkar *(siehe S. 311)*.

Im Detail: Pushkar ❾

Schildkröten-schrein

Der Name der Pilgerstadt mit Seen und 400 Tempeln leitet sich von *pushpa* (Blume) und *kar* (Hand) ab: Der Legende nach sollen die Seen aus den Blütenblättern entstanden sein, die aus Brahmas göttlicher Schöpferhand fielen. Heute spielt sich das Leben um die Ghats am See, die Tempel und lebhaften Basare ab – es ist die harmonische Mischung aus Religion und Kommerz, die Besucher an Pushkar lieben.

Wohngebiet

Dhanna-Bhagat-Tempel

Viehmarkt
Hunderttausende Menschen kommen zum jährlichen Viehmarkt (Kamele und Rinder). Er soll der größte in ganz Asien sein.

0 Meter 100

SADAR BAZAAR

Fairground

Savitri-Tempel

PARIKRAMA MARG

★ **Brahma-Tempel**
Dies ist einer der wenigen Tempel Indiens, die Brahma geweiht sind. Im Mythos verflucht ihn seine Gattin Savitri, weil er sie in ihrer Abwesenheit bei einem Ritual durch Gayatri, ein Bauernmädchen, ersetzt hatte.

Badi-Ganeshji-Tempel

Parasurama-Tempel

LEGENDE

- - - Routenempfehlung

Pushkar Lake
Auf zwei Hügeln an gegenüberliegenden Ufern des heiligen Sees von Pushkar stehen der Savitri-Tempel und der Gayatri-Tempel.

NICHT VERSÄUMEN

★ Brahma-Tempel

★ Ghats

Hotels und Restaurants in Rajasthan siehe Seiten 580–583 und 609f

PUSHKAR 311

INFOBOX

Distrikt Ajmer. 144 km südwestlich von Jaipur. 15 000.
RTDC Hotel Sarovar, (0145) 277 2040. tägl.
Pushkar Mela (Okt/Nov).
Eier, Fleisch und Alkohol sind in Pushkar nicht erlaubt.

Rangji-Tempel
Der Tempel fällt durch die für Südindien typische Architektur (siehe S. 20) *auf. Der* gopura *(Torbau) ist mit mehr als 360 Götterskulpturen verziert.*

Frauen auf dem Sadar Bazar

Digambar Jain Dharamshala
Moschee
Fairground
Rangji-Tempel
ADAR BAZAAR
Busbahnhof Ajmer
PUSHKAR LAKE
Chhatri

Kamelritt beim Pushkar Mela

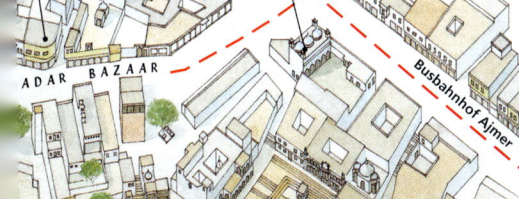

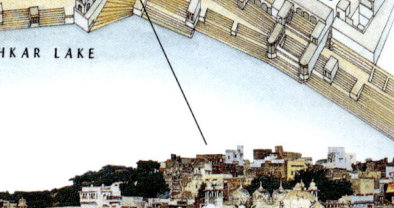

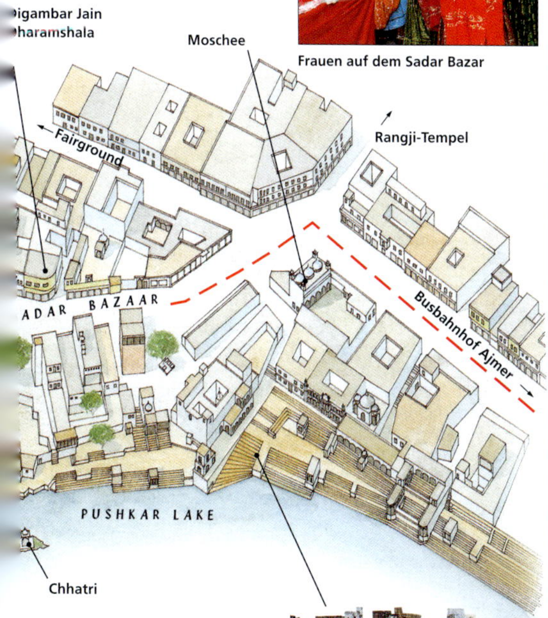

Pushkar Mela
Im Hindu-Monat Kartik (Oktober/November), zehn Tage nach Diwali, verwandelt sich die sonst eher beschaulich-verschlafene Stadt in einen lebhaften und lauten Kamel- und Viehmarkt. Lager und ganze Zeltstädte entstehen wie aus dem Nichts für die vielen Tausende von Pilgern, Touristen und Dorfbewohner, die mit ihren Kamelen, Rindern, Pferden und Eseln zu dem lange erwarteten Markt strömen.

Pushkar war schon immer der wichtigste Viehmarkt der Region, einheimische Bauern und Viehzüchter kauften und verkauften hier. Im Lauf der Jahre ist der Markt gewachsen, heute zählt er zu den größten Viehmärkten Asiens.

Im riesigen, eigens zu diesem Zweck erbauten Freilufttheater am Stadtrand von Pushkar finden unter den anfeuernden Rufen der Zuschauer Kamel-, Pferde- und Eselrennen statt. Eine festliche, ausgelassene Atmosphäre erfasst während der zwei Marktwochen die ganze Stadt: Riesenräder und Straßenmärkte sorgen für Unterhaltung, Imbiss- und Souvenirstände machen ein gutes Geschäft. Abends lauschen die Menschen an großen Lagerfeuern den Klängen der Rajasthani-Lieder.

Der Mela erreicht seinen Höhepunkt in der Vollmondnacht *(purnima)*, wenn die Pilger ein Bad im heiligen See nehmen. Bei Dämmerung werden in der *Deepdan*-Zeremonie Hunderte brennende Tonlampen in Blätterschiffchen ausgesetzt und treiben in einem magischen Tableau auf dem See.

★ Ghats
Pushkar hat 52 Ghats. Fromme Hindus pilgern wenigstens einmal im Leben nach Pushkar und nehmen ein Bad an den heiligen Ghats, um ihre Seele von Sünden reinzuwaschen und zu erlösen.

Ajmer ❿

Distrikt Ajmer. 135 km südwestlich von Jaipur. 485 000.
Rajasthan Tourism, beim Khadim Hotel, (0145) 262 7426. Urs (Okt).

Jeder Inder kennt Ajmer, die Stadt ist das heiligste islamische Pilgerzentrum auf dem ganzen Subkontinent. Ziel der Gläubigen ist **Dargah Sharif**, das Grabmal des großen Sufi-Heiligen Khwaja Moinuddin Chishti (1143–1235). Der Dargah-Komplex liegt in der südwestlichen Ecke der Stadt, er ist praktisch eine Stadt für sich. Es gibt dort einen Basar und zwei Marmormoscheen, in der Mitte erhebt sich das Grabmal mit der Marmorkuppel. Erbaut wurde der Komplex von den Mogulkaisern Akbar und Shah Jahan im 16. und 17. Jahrhundert. Akbar war Chishtis berühmtester Anhänger und ging einst barfuß die 363 Kilometer von Agra nach Ajmer – als Dank nach der Geburt seines Sohnes Salim, dem späteren Herrscher Jahangir.

Millionen von Pilgern kommen jedes Jahr im Oktober zum Urs, dem Todestag des Heiligen, nach Ajmer. Sufi-Musiker singen dann vor dem Grab, ein besonderes Reisgericht wird im Hof des Dargah in riesigen Kesseln gekocht und den Gläubigen angeboten.

Westlich des Dargah Sharif steht Ajmers architektonischer Schatz, **Adhai-Din-ka-Jhonpra** (»Hütte in zweieinhalb Tagen«). Der seltsame Name bezieht sich wohl nicht auf die Bauzeit, sondern auf die Dauer der damaligen Urs-Feiern. Obwohl nur Ruinen erhalten sind, beeindruckt der Moschee-Komplex aus dem frühen 13. Jahrhundert noch immer. Besonders die siebenbogige Fassade vor der Säulenhalle fällt ins Auge. Jeder Bogen ist individuell gestaltet, jede Säule trägt Inschriften.

Das **Mayo College** im Südosten von Ajmer zählt zu den besten Hochschulen Indiens. Der Vizekönig Lord Mayo ließ das Schmuckstück indo-sarazenischer Architektur 1875 als »Eton des Ostens« für die Rajputen-Prinzen erbauen. Die ersten Studenten zogen hier mit Dienern und Privatlehrern ein, der Prinz von Alwar brachte seine eigenen Elefanten mit.

Die Svarna Nagari Hall hinter dem **Nasiyan-Tempel** (19. Jh.) im Herzen der Altstadt besitzt farbige Glasmosaiken und große vergoldete Holzfiguren aus der Jain-Mythologie.

Das **Rajputana Museum** liegt ebenfalls in der Altstadt, untergebracht ist es in Akbars Fort und Palast.

Pilger an Ajmers Dargah Sharif, der heiligen islamischen Stätte

Inschrift, Adhai-Din-ka-Jhonpra

Hier kann man Skulpturen aus dem 4. bis 12. Jahrhundert sehen.

Um den **Anasagar Lake** im Nordwesten der Stadt stehen elegante Marmorpavillons, die Shah Jahan im 17. Jahrhundert errichten ließ. Sie sind von einem hübschen Garten, dem Daulat Bagh, umgeben. Nördlich der Stadt, auf dem Gipfel des Beetli Hill, erheben sich die Ruinen des **Taragarh Fort** aus dem 12. Jahrhundert.

Nasiyan-Tempel
SM Soni Marg. tägl.

Rajputana Museum
Am Busbahnhof. tägl.

Nagaur ⓫

Distrikt Nagaur. 137 km nordöstlich von Jodhpur. 83 000.
Viehmarkt (Jan/Feb).

Die kleine Wüstenstadt auf halbem Weg zwischen Jodhpur und Bikaner wird überragt vom **Ahichhatragarh Fort** (12. Jh.). Mitte des 18. Jahrhunderts bekam der Herrscher von Jodhpur das Fort von den Mogulen geschenkt und verschönerte es mit einem Vergnügungspalast. In einigen Räumen sind sehr hübsche restaurierte Fresken. Im Palast gibt es Wasserkanäle mit Fischschuppenmustern und verzierten Wasserspeiern. Ein ausgeklügeltes Belüftungssystem sorgte für Kühle in den Räumen.

Der Viehmarkt von Nagaur konkurriert mit dem Pushkar Mela *(siehe S. 311)*. Tiere und Menschen wuseln hier durcheinander. Man kann Handwerkskunst bewundern und den berühmten Puppenspielern von Nagaur zusehen, die in dramatischen Aufführungen Rajasthani-Legenden zum Leben erwecken.

Die reich verzierte Fassade des Adhai-Din-ka-Jhonpra in Ajmer

Hotels und Restaurants in Rajasthan siehe Seiten 580–583 und 609f

»Wüstenschiffe« der Thar

Die Wüstenbewohner von Rajasthan könnten ohne ihre Kamele nicht überleben. In den lebensfeindlichen Weiten der Sandwüste Thar sind die Tiere ihr einziges Transportmittel. Kamele tragen Lasten, sind aber auch eine Nahrungsquelle. (Kamelmilch, die in allen Wüstengebieten Rajasthans getrunken wird, schmeckt ein wenig salzig.) Die ausdauernden Tiere sind nicht sehr anspruchsvoll. Sie können im Winter bis zu einem Monat, im Sommer eine Woche lang ohne Nahrung und Wasser auskommen und dann bis zu 70 Liter auf einmal trinken. Die Liebe der Rajasthani zu ihren Kamelen zeigt sich auf den Märkten, bei denen die Tiere hübsch herausgeputzt im Mittelpunkt stehen.

Wandbild mit Kamelen

Verschiedene Kamele

Drei Arten kommen in Rajasthan vor. Alle drei haben zwei Reihen Wimpern, um die Augen vor Sand zu schützen. Die Höcker bestehen aus Fettgewebe, sie sind Energiespeicher und schützen zugleich vor der sengenden Sonne.

Bikaneri-Kamele *haben dicht behaarte Ohren und können schwere Lasten tragen.*

Jaisalmeri-Kamele *erreichen mit ihren längeren Beinen bis zu 22 km/h.*

Gujarati-Kamele *sind dunkler und können wie im Rann of Kutch auch Sumpfgebiete durchqueren.*

Kamelwagen, *erfindungsreich mit alten Flugzeugreifen ausgestattet, sieht man in Rajasthans Städten recht häufig.*

Dhola und Maru, *die Liebenden der Rajasthani-Folklore, die auf ihrem treuen Kamel entkamen, werden oft auf Bildern dargestellt.*

Objekte aus Kamelleder *sind oft besonders fein gearbeitet. Es gibt bossierte Wassergefäße, Taschen, Slipper und mit Lack bemalte Lampenschirme.*

Kamelrennen *testen auch den gleichmäßigen Gang: Man beobachtet, ob Milch aus einem Gefäß vergossen wird.*

Die Kamel-Kavallerie-Regimenter *der indischen Armee haben ihren Ursprung in den berittenen Truppen des Maharaja von Bikaner. Heute kontrollieren sie die Wüstengrenzen.*

Bikaner

Distrikt Bikaner. 360 km nordwestlich von Jaipur. 530.000.
Dhola Maru Hotel, Pooran Singh Circle, (0151) 252 9621. Kamelfest (Jan), Jambeshwar (Feb/März), Kolayat (Nov).

Neben Jodhpur und Jaisalmer war Bikaner eines der drei großen Wüstenreiche von Rajasthan und kam wie die anderen Städte zu Wohlstand, weil es an der Karawanenstraße nach Zentralasien und China lag. Gegründet wurde Bikaner 1486 von Rao Bika, dem jüngeren Sohn von Rao Jodha, dem Herrscher von Jodhpur *(siehe S. 316f)*, der verärgert seine Heimat verließ und sich neues Land suchte.

Auch wenn Jodhpur und Jaisalmer mehr Glanz zu bieten haben, ist auch Bikaner ein lohnendes Reiseziel. In der ummauerten Altstadt ziehen Kamele an farbenfrohen Ständen vorbei. Es gibt viele Tempel und Paläste sowie das prächtige Junagarh Fort, vielleicht das am besten erhaltene und am schönsten verzierte Fort in ganz Rajasthan.

Junagarh Fort

Sa–Do. Extragebühr. Museum tägl.

Rai Singh, der dritte Herrscher von Bikaner, ließ das Fort 1587–93 erbauen. Schutz gewährten eine 986 Meter lange Sandsteinmauer mit 37 Bastionen, ein Burggraben und – vielleicht am effektivsten – die abschreckende Weite der Wüste Thar. Kein Wunder, dass das Fort nie erobert wurde und deshalb ausgezeichnet erhalten ist. Innerhalb der Mauern stehen 37 üppig verzierte Paläste, Tempel und Pavillons. Die Bauten wurden von aufeinanderfolgenden Herrschern in verschiedenen Jahrhunderten errichtet, bilden aber doch ein harmonisches Ganzes.

Beeindruckend ragen die Mauern des Junagarh Fort (16. Jh.) auf

Schaukel des Maharaja im Junagarh Fort

Am auffallendsten ist der **Anup Mahal**, den Maharaja Anup Singh 1690 für seine Privataudienzen errichten ließ. Für den üppigen Zierrat sorgte Maharaja Surat Singh zwischen 1787 und 1800. Man wollte die *Pietra-dura*-Arbeiten der Moguln imitieren und polierte den Kalkstuck an den Wänden des Anup Mahal auf Hochglanz. Rote und goldene Lackmuster überziehen die Wände, Spiegel und Blattgold steigern die Pracht.

Der 1631–69 erbaute **Karan Mahal** ist die Halle für öffentliche Audienzen und auf dieselbe Art, jedoch etwas weniger aufwendig, verziert.

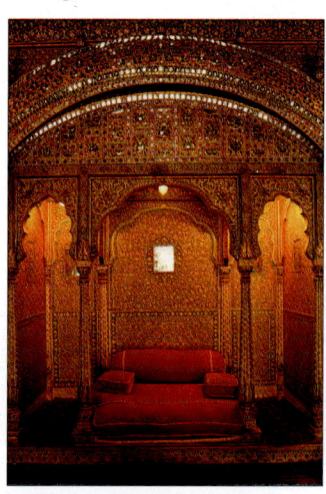

Zwei weitere üppig ausgestattete Paläste aus dem 17. Jahrhundert sind **Chandra Mahal** (»Mondpalast«) und **Phool Mahal** (»Blumenpalast«). In Letzterem steht Rao Bikas kleines, niedriges Bett mit Silberbeinen. Wenn er darauf schlief, berührten Rao Bikas Füße den Boden, damit er schnell aufspringen und Eindringlinge mit mörderischen Absichten abwehren konnte. Im Chandra Mahal, dem Frauenpalast, sieht man skulptierte Marmorpaneele mit der Legende von Radha-Krishna und prächtige *jalis*.

Die Malereien im blau-goldenen **Badal Mahal** (»Wolkenpalast«) zeigen Wolken, gelbe Blitze und Regen – sicher eine Lieblingsfantasie in diesem trockenen Gebiet.

Im **Hawa Mahal** (»Palast der Winde«) hängt ein großer Spiegel über dem Bett des Maharaja. So konnte der Herrscher den Hof unten im Auge behalten und bei Gefahr reagieren.

Der älteste Palast im Fort ist **Lal Niwas** von 1595. Er ist mit floralen Motiven in Rot und Gold verziert. Der neueste Palast, **Durbar Niwas** (»Krönungspalast«), wurde zu Beginn des 20. Jahrhunderts von Sir Ganga Singh (reg. 1887–1943), Bikaners fortschrittlichstem Herrscher, erbaut. Er sorgte dafür, dass Bikaner einen Eisenbahnanschluss bekam, ließ zur Bewässerung den Ganga-Kanal bauen und veranstaltete *shikars* (Jagdexpeditionen), wenn britische Würdenträger zu Gast waren.

Das luxuriöse Interieur des Anup Mahal mit aufwendigen Lackarbeiten

Hotels und Restaurants in Rajasthan siehe Seiten 580–583 und 609f

RAJASTHAN

Durbar Niwas beherbergt heute das Museum des Forts. In der faszinierenden Waffensammlung sieht man u.a. eine 56 Kilogramm schwere Rüstung, einen Dolch mit eingebauter Pistole und Schwerter mit Löwengriffen. Andere Abteilungen zeigen u.a. einen duftenden Sandelholzthron, der von den Vorfahren im 5. Jahrhundert stammen soll, den Königen von Kannauj (Uttar Pradesh), und einen merkwürdigen Halblöffel, mit dem der Maharaja seine Suppe löffeln konnte, ohne seinen Bart zu beschmutzen.

Wappen der Herrscher von Bikaner

Innerhalb der Stadtmauern
Westende der MG Rd.
Läden *tägl.*

In der Altstadt, die man durch das Kote Gate betritt, werden auf dem Basar ausgezeichnete Kunsthandwerksprodukte angeboten, z.B. Teppiche, bemalte Lampenschirme aus Kamelleder oder Miniaturen im Bikaneri-Stil. Würzige Snacks *(bhujias)* sind eine weitere lokale Spezialität, *bhujias* aus Bikaner kennt man in ganz Indien, ebenso die Süßigkeiten aus Kamelmilch.

Große *havelis*, die Bikaners Kaufleute im 17. und 18. Jahrhundert errichten ließen, säumen die engen Gassen um die Rampuria Street. Zwei der prachtvollsten Häuser sind **Rampuria Haveli** (heute ein »Heritage Hotel«) und **Kothari Haveli**. Im Südwesten der Altstadt stehen die zwei Jain-Tempel **Bhandeshwar** und **Sandeshwar**. Beide haben skulptierten Zierrat und Fresken, Wandschmuck mit Spiegeln und Blattgold. Sie wurden im frühen 16. Jahrhundert von zwei Brüdern in Auftrag gegeben, die keine Kinder hatten und die Tempel für die Nachwelt errichten ließen.

Lallgarh-Palast
Nördlich des Stadtzentrums.
(0151) 254 0201. **Museum**
Do-Di.

Außerhalb der Stadtmauern steht der Palast als weitläufige Komposition aus behauenen Friesen, *jalis*, Säulen und Bogen im typischen rötlich-rosa Sandstein, der Bikaner den Beinamen »Red City« einbrachte. Lallgarh wurde zwischen 1902 und 1926 gebaut, Sir Samuel Swinton Jacob *(siehe S. 291)* entwarf den Palast und kombinierte dabei traditionelle Rajputen-Elemente und europäische Neorenaissance außen mit Jugendstildekor innen. Teile der Anlage sind heute ein Hotel *(siehe S. 581)*, andere Teile sind Museum mit Fotografien und Jagdtrophäen. Das Palastmuseum und die Gärten kann man besichtigen.

Umgebung: Die **Kamelzuchtfarm** neun Kilometer südöstlich von Bikaner besucht man am besten am späten Nachmittag, wenn die Kamele von Weiden zurückkommen. Das Gestüt wurde 1975 gegründet, fast die Hälfte aller Kamele Indiens kommen von hier, auch die des Kamelregiments der indischen Armee. In **Gajner**, 30 Kilometer nordwestlich von Bikaner, steht der aus rotem Sandstein erbaute Sommerpalast der Maharajas. Heute beherbergt er ein Luxushotel. Im Gajner National Park leben neben Hirschziegenantilopen auch Wildschweine, Wüstenfüchse und zahlreiche Zugvögel.

Der im 17. Jahrhundert erbaute **Karni-Mata-Tempel** in Deshnok, 30 Kilometer südöstlich von Bikaner, heißt auch »Rattentempel«, da auf dem Tempelgelände Hunderte von Ratten leben. Sie gelten als heilig, als Reinkarnationen heiliger Männer, und werden von den Priestern und den Besuchern mit Süßigkeiten und Milch gefüttert. Der Tempel ist Karni Mata geweiht, einer Inkarnation von Durga. Man betritt ihn durch sehr fein gearbeitete Silbertüren, eine Spende von Sir Ganga Singh.

Kamelzuchtfarm
Mo-Sa.
Karni-Mata-Tempel
tägl. Karni-Mata-Fest (März/Apr und Sep/Okt).

Gläubige füttern die Ratten im Karni-Mata-Tempel, Deshnok

Phalodi ⓭
Distrikt Jodhpur. 150 km südwestlich von Bikaner.

Die große Stadt zieht Besucher hauptsächlich wegen des Dorfes Khichan an, das vier Kilometer östlich von Phalodi an der Straße Jodhpur–Jaisalmer liegt. Khichan ist berühmt wegen der Jungfernkraniche, die sich zwischen September und März um Khichans See niederlassen. Die Zugvögel kommen aus den mongolischen Steppen und werden von den Dorfbewohnern mit Körnern gefüttert. So kamen mit der Zeit immer mehr Vögel. Bei der letzten Zählung waren es 7000 Jungfernkraniche, die hier den Winter verbrachten.

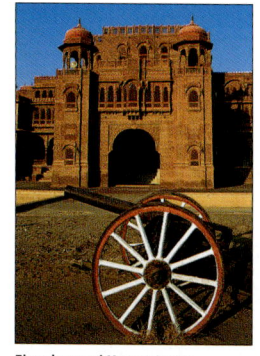

Eine der zwei Kanonen am Eingang zum Lallgarh-Palast

Jodhpur

Das mächtige Mehrangarh Fort ragt über opulenten Palästen, farbenfrohen Basaren und den Sanddünen der Wüste Thar auf. Jodhpur verkörpert die Romantik und den feudalen Glanz von Rajasthan. Die heute zweitgrößte Stadt des Bundesstaats wurde 1459 von Rao Jodha gegründet, dem Rathore-König von Marwar. Die einstige Hauptstadt lag an der Karawanenroute und wurde bald ein blühendes Handelszentrum. Die Familien der hier ansässigen Händler, Marwaris genannt *(siehe S. 308)*, besitzen auch heute noch viele der führenden Handelshäuser Indiens. Die Reithosen, die man in der ganzen Welt als Jodhpurs kennt, wurden hier entworfen.

Uhr, Umaid-Bhavan-Palast

Blau angestrichene Häuser um Jodhpurs Mehrangarh Fort

🏛 Mehrangarh Fort
Siehe Seiten 318f.

🏛 Sardar Bazar
☐ tägl.

Jodhpurs Basar erstreckt sich um den Clock Tower von 1912 im Herzen der Altstadt, die von einer zehn Kilometer langen Mauer mit acht Toren umgeben ist. Wer über den Basar schlendert, entdeckt in den kleinen Läden Silberschmuck, Lackarmreife, Batikstoffe, Schuhe aus weichem Kamelleder, Puppen, Tonfiguren und bunte Haufen von Süßigkeiten und Gewürzen. Auf den Gehsteigen können sich Frauen die Hände mit Henna-Malereien schmücken lassen.

Ein interessantes Gebäude in dem Areal ist der **Taleti Mahal**, seine verzierten Balkone werden von Tempelsäulen getragen. Der Palast wurde im 17. Jahrhundert für eine Konkubine des Herrschers erbaut und beherbergt heute eine Schule. Einige andere alte Häuser im Basarviertel sind aus üppig verziertem rotem Sandstein gebaut.

🏛 Jaswant Thada
☐ tägl. 📷

Das elegante Denkmal mit den Marmorsäulen und dem feinen Gitterwerk aus Stein ist der *chhatri* (Grabmal) von Maharaja Jaswant Singh II. (reg. 1878–95), dessen innovatives Bewässerungssystem der Umgebung von Jodhpur

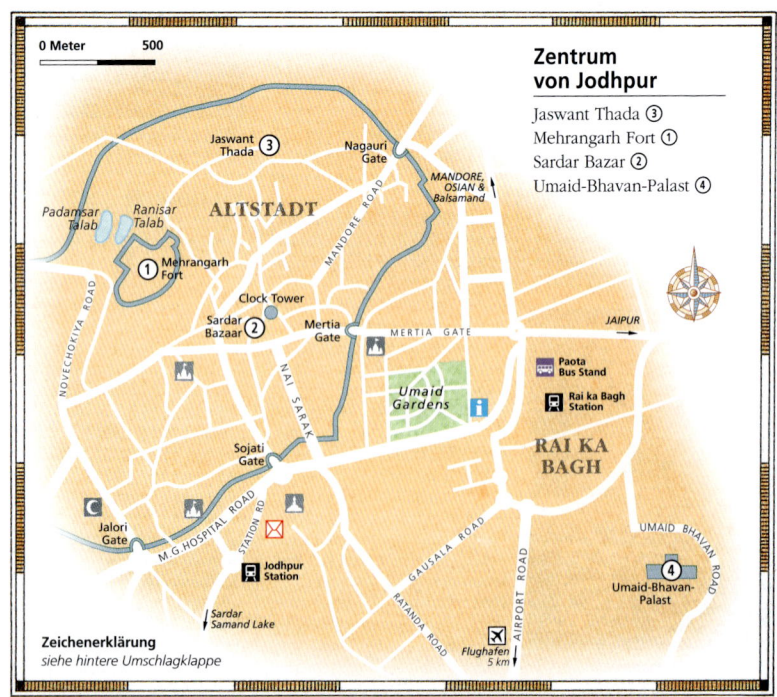

Zentrum von Jodhpur

Jaswant Thada ③
Mehrangarh Fort ①
Sardar Bazar ②
Umaid-Bhavan-Palast ④

Hotels und Restaurants in Rajasthan *siehe Seiten 580–583 und 609f*

JODHPUR

Der Umaid-Bhavan-Palast, ein Mix aus Rajputen-, Jain- und Art-déco-Stil

INFOBOX
Distrikt Jodhpur. 330 km westlich von Jaipur. 850 000. 5 km südlich des Stadtzentrums. High Court Rd, (0291) 254 5083. Mo–Sa. Jodhpur-Rajasthan International Folk Festival (Okt), Marwar-Fest (Okt).

Wasser und Wohlstand brachte. Dem Maharaja werden immer noch heilende Kräfte zugesprochen, Einheimische legen regelmäßig Blumen an seinen Schrein und beten. Die Grabmäler der nachfolgenden Herrscher und ihrer Familienmitglieder sind ebenfalls hier, frühere Herrscher hatten ihre Grabstätten in Mandore.

🏛 Umaid-Bhavan-Palast
◯ tägl.

Der riesige Palast aus hellrotem Sandstein und Marmor zeugt von der ausufernden Pracht der Fürstentümer Indiens. Er hat 347 Räume, darunter acht Speisesäle, zwei Theater, einen Ballsaal, mehrere Empfangshallen und einen riesigen unterirdischen Swimmingpool. Eine 60 Meter weite Kuppel überspannt die Haupthalle, in der bei der Einweihungsfeier 1000 Menschen dinierten.

Der Maharaja Umaid Singh ließ den Palast bauen, vor allem, um seinen von Hungersnöten geplagten Untertanen Arbeit zu verschaffen. 1929 begannen die Bauarbeiten, 3000 Männer arbeiteten 15 Jahre lang daran. 19 Kilometer Eisenbahngleise wurden verlegt, um den Sandstein aus den Steinbrüchen hierher zu transportieren. H. V. Lanchester, der Architekt der Central Hall im Londoner Westminster, kreierte eine Mischung aus Rajputen-, Jainund Art-déco-Elementen.

Umaid Singhs Enkel Gaj Singh lebt heute in einem Teil des Palastes. Zu besichtigen ist das Palastmuseum mit Waffen, Uhren, Gemälden, französischen Möbeln und Porzellan. Die Straße zum kleineren Ajit-Bhavan-Palast (siehe S. 582), heute ein Luxushotel, ist von Antiquitätenläden gesäumt.

Umgebung: Mandore, neun Kilometer nördlich von Jodhpur, war bis zum 15. Jahrhundert Hauptstadt der Rathore-Könige von Marwar. Um einen terrassierten Garten am Hügel sind die *chhatris* der früheren Herrscher von Jodhpur angeordnet. Das imposanteste Grabmal ist das von Ajit Singh mit seinem tempelähnlichen hohen Turm. Als Ajit Singh 1724 starb, begingen seine sechs Ehefrauen und 58 Konkubinen an seinem Scheiterhaufen *sati*. In der nahen Hall of Heroes stehen 15 lebensgroße, aus Felsen gehauene Statuen von Gottheiten und Volkshelden. Weiter hügelaufwärts erreicht man die Grabmäler der Königinnen (Raniyon ki Chhatri) und den hohen Ek-Thamba-Mahal-Palast (17. Jh.).

In **Balsamand**, sechs Kilometer nördlich von Jodhpur, steht der Wasserpalast (19. Jh.) des Maharajas an einem künstlichen See. Am **Sardar Samand Lake**, 55 Kilometer südlich von Jodhpur, sieht man Reiher, Ibisse und Pelikane sowie das Jagdhaus des Maharajas im Art-déco-Stil. Auf der Fahrt kommt man durch interessante Bishnoi-Dörfer.

Jaswant Thada, das Grabmal (19. Jh.) des Maharaja Jaswant Singh II.

Balladensänger der Bhopa

Der nomadische Stamm der Bhopa im westlichen Rajasthan hat eine heute noch lebendige Tradition, mit Lied und Tanz Geschichten zum Leben zu erwecken. Eine lange bemalte Rolle *(phad)* erzählt mit Bildern (wie ein Comic oder wie Bänkelsänger) die dramatischen Ereignisse im Leben eines Marwar-Helden, des tapferen Kriegers Pabuji. Während der Bhopa das Lied singt, beleuchtet er die entsprechenden Szenen auf der Rolle mit einer Laterne. Seine Frau stellt tänzerisch die Situationen nach. Bei Märkten, Jahrmärkten und Festen in der Region Marwar ziehen diese Aufführungen immer eine begeisterte Zuschauermenge an.

Bemalte Rollen der Bhopa

Jodhpur: Mehrangarh Fort

Von allen Forts Rajasthans ist das auf einem 125 Meter hohen Felsen erbaute Mehrangarh wohl das majestätischste. Rudyard Kipling beschrieb es als »Schöpfung von Engeln, Feen und Riesen«. In Wirklichkeit wurde das Fort 1459 von Rao Jodha gegründet und hauptsächlich zwischen dem 17. und 19. Jahrhundert erweitert und ausgebaut. Die abweisenden Außenmauern bilden einen deutlichen Kontrast zu den prachtvoll verzierten Palästen. Die Privatgemächer sind heute Teil eines außergewöhnlichen Museums.

Sati-Handabdrücke am Loha Pol

Chamunda Devi Mandir ist der wütenden Erscheinungsform der Göttin Durga gewidmet.

Mauern
Die Mauern sind teils aus den Felsen gehauen, an manchen Stellen 24 Meter dick und 40 Meter hoch. Bastionen sorgten für Schutz, alte Kanonen stehen immer noch dort.

Nagnechiaji Mandir hat eine Statue (14. Jh.) der Göttin Kuldevi, der Familiengottheit der Herrscher.

Zenana Chowk

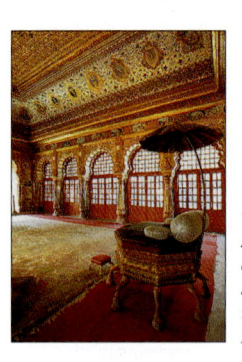

★ Phool Mahal
Zwischen 1730 und 1750 entstand der prächtigste Saal. Reich vergoldet und bemalt, wurde er für Feierlichkeiten genutzt.

Suraj Pol ist der Eingang zum Museum.

Palki Khana

Shringar Chowk

Die Balkone der Bastionen sind ebenfalls skulptiert.

Shringar Chowk
Im Hof steht der Krönungsthron der Herrscher von Jodhpur. Auf dem Sitz aus weißem Marmor wurde nach Rao Jodha jeder Herrscher gekrönt.

NICHT VERSÄUMEN
★ Moti Mahal

★ Phool Mahal

JODHPUR: MEHRANGARH FORT

Viele der Häuser des Dorfes Brahmapuri am Fuß des Mehrangarh Fort sind blau gestrichen

INFOBOX

Mehrangarh Fort und Museum ☐ tägl. ℹ️ *Museum Trust, (0291) 254 8790.* 📷 Extragebühr.

Der Chokelao-Palast, um einen Garten gebaut, wird derzeit restauriert.

★ Moti Mahal
Die 1581–95 erbaute, wunderschöne Halle wurde für Privataudienzen genutzt. Die Decke glänzt mit Spiegeln und Blattgold, unter den Putz wurden zermahlene Muscheln gemischt, damit die Wände glänzten.

Takhat Mahal
Der Maharaja Takhat Singh (reg.1843–73) hatte 30 Ehefrauen und zahllose Konkubinen. Er zog sich am liebsten in diesen Raum mit den vielen Wandgemälden und der Holzdecke zurück.

Jhanki Mahal ist eine lange Galerie mit feinstem Gitterwerk.

Phool Mahal

Sileh Khanas außergewöhnliche Waffensammlung enthält Damaszener Mogul-dolche, mit Edelsteinen verzierte Schilde und Rüstungen für Kriegselefanten.

Jai Pol
Eine der sieben befestigten Toranlagen ist heute der Haupteingang zum Fort. Der Maharaja Man Singh ließ Jai Pol 1806 anlässlich eines Sieges errichten.

Überblick: Mehrangarh Fort Museum

Das Mehrangarh Fort Museum gilt zu Recht als das beste der vielen Palastmuseen Rajasthans. Zu den abwechslungsreichen Sammlungen gehören ein goldener Thron, feinste Miniaturmalereien, traditionelle Gewänder und faszinierende Waffen. Besonders prachtvoll sind die restaurierten Privatgemächer, die ein lebendiges Bild vom Leben eines Fürsten in Rajasthan vermitteln.

Die Wiege des Maharajas im Jhanki Mahal wurde mechanisch geschaukelt

Man betritt das Museum durch das Suraj Pol an der Südostseite des Forts. Gleich rechts sind im **Palki Khana** reich vergoldete Prunksänften *(palanquins)* ausgestellt. Zusammen mit den verzierten Elefantensitzen *(howdahs)*, die man in der **Howdah Gallery** daneben sieht, vermitteln sie, welche Rolle Umzüge im Hofleben spielten. Besonders beeindruckend ist ein *howdah* aus purem Silber, ein Geschenk des Mogulherrschers Shah Jahan. Ebenso wertvoll ist die spektakuläre, mit Blattgold überzogene Sänfte von 1730, die man in **Daulat Khana** (Schatzhalle) sieht. **Sileh Khana** dahinter präsentiert eine prächtige Waffensammlung.

Von hier führen Treppen zum **Umaid Mahal**, in dem Miniaturen der Jodhpur-Schule ausgestellt werden. Die Bilder sind stark vom Mogulstil beeinflusst und stellen das Leben am Hof dar: Herrscher reiten mit ihren Kurtisanen auf Kamelen, sie spielen Polo und führen Festumzüge an. Hier sieht man auch den großen seidenen Baldachin, der im Freien Schatten spendete.

Der nächste Saal in der Etage darüber ist der **Phool Mahal** (»Blumenpalast«), im 18. Jahrhundert die Halle für öffentliche Audienzen. Auch hier sind feine Miniaturen zu sehen; 36 *Ragamala*-Malereien stellten die Stimmungen der verschiedenen musikalischen *ragas* dar.

Takhat Mahal, der Raum eines lustbetonten Maharajas, ist über und über mit Wandbildern von Radha und Krishna sowie tanzenden Dienerinnen bemalt. Die Weihnachtskugeln aus Glas, die von der Decke hängen, wurden in den 1930er Jahren aufgehängt. In **Sardar Vilas** unterhalb von Takhat Mahal sieht man Holzarbeiten aus Jodhpur. Besonders ins Auge fällt eine Tür mit Elfenbeinintarsien.

Mit Edelsteinen besetzter Schild

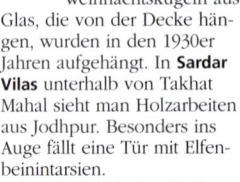

Jhanki Mahal, der »Guckpalast« daneben, heißt so, weil die Damen des Harems *(zenana)* hier durch das Gitterwerk die Feste im Hof unten beobachten konnten. Heute steht hier eine Sammlung von herrschaftlichen Wiegen, darunter ist eine mit einem mechanischen Schaukelsystem, die von Schutzengeln bewacht wird.

Von hier führt ein Hof zum **Moti Mahal** (»Perlenpalast«) aus dem 16. Jahrhundert. Im Hof können sich Besucher die Zukunft aus der Hand lesen lassen.

Das Museum besitzt auch eine Sammlung von Rajasthani-Turbanen und Volksmusikinstrumenten. In Vorbereitung sind Säle mit herrschaftlichen Kleidern, prunkvollen Zelten und anderen Schätzen.

Umgebung: In **Osian**, 64 Kilometer nordwestlich von Jodhpur, stehen 16 ganz besondere Jain- und Hindu-Tempel. Es sind die ältesten gut erhaltenen Tempel in Rajasthan. Erbaut wurden sie von wohlhabenden Kaufleuten zwischen dem 8. und 12. Jahrhundert, als Osian ein wichtiger Rastort der Karawanen nach Zentralasien war.

Berühmt wegen ihrer Vielfalt und üppigen Skulptierungen sind die elf Tempel am Süd- und Westrand von Osian. Am stärksten beeindruckt der **Mahavira-Tempel** (8. Jh.) mit seiner schönen Decke und 20 verzierten Säulen, die den Hauptportikus tragen. Ebenso schön sind der elegante **Sun Temple** (10. Jh.) sowie die über und über verzierten **Vishnu-** und **Harihara-Tempel** (8./9. Jh.).

Auf einem Hügel im Osten des Dorfes ragt unter anderen der **Sachiya-Mata-Tempel** (12. Jh.) auf, dem man sich durch eine Reihe von Bogen nähert. Frauen, die keine Kinder bekommen, opfern hier Sachiya Mata. Diese Inkarnation von Durga soll zur Empfängnis verhelfen.

Sachiya-Mata-Tempel, Osian

Hotels und Restaurants in Rajasthan *siehe Seiten 580–583 und 609f*

Jaisalmer ⓯

Heute ist die Stadt abgelegen am Rand der Wüste Thar, doch einst war das vom Maharawal Jaisal aus dem Bhatti-Rajputen-Klan im 12. Jahrhundert gegründete Jaisalmer ein blühendes Handelszentrum. Die ersten Herrscher wurden reich durch Überfälle auf die Edelsteine, Seide und Opium transportierenden Karawanen an der Handelsstraße nach Afghanistan und Zentralasien. Im 16. Jahrhundert war Jaisalmer eine friedliche Stadt. Die wohlhabenden Händler und Herrscher versuchten, sich gegenseitig darin zu übertreffen, wer der harten Wüstenumgebung mehr Pracht in seinen Palästen und *havelis* entgegensetzen konnte. Gebaut wurde mit dem goldgelben Sandstein der Umgebung. Erst mit dem Ausbau der Hafenstädte Surat und Bombay (Mumbai) im 18. Jahrhundert schwand Jaisalmers Bedeutung, doch die Bauten haben überlebt.

INFOBOX
Distrikt Jaisalmer. 285 km westlich von Jodhpur. 58.000. Tourist Reception Centre, Station Rd, (02992) 252 406. Desert Festival (Feb), Gangaur (März/Apr).

Manik Chowk
Am Eingang zum Fort machten einst die Karawanen halt, heute ist hier der Hauptmarktplatz. Die kleinen Läden verkaufen Decken aus Kamelhaar, Silberschmuck und wunderschön bestickte Textilien.

Badal Vilas
Beim Amar Sagar Gate. tägl.
Der Palast aus dem späten 19. Jahrhundert sticht durch seinen vielstöckigen Turm in Form eines *tazia* hervor – die verzierten Türme aus Holz, Metall und farbigem Papier kamen durch die Shia-Muslime von Muharram (siehe S. 549) in die Region. Der Tazia-Turm im Badal Vilas stammt aus der Mitte des 20. Jahrhunderts und war ein Abschiedsgeschenk der Shia-Steinschneider an den Maharawal, als die meisten nach der Unabhängigkeitserklärung nach Pakistan zogen.

Gadisagar Lake
Südöstlich der Stadtmauern.
Dieses 1367 erbaute Regenwasser-Reservoir war früher die einzige Wasserquelle der Stadt. Ghats und Tempel stehen an seinem Rand. Viel Betrieb ist hier während des Gangaur-Festes im März/April, wenn der Maharawal eine Prozession anführt. Das schöne Tor, das zum Becken führt, wurde im Auftrag der Kurtisane Telia gebaut – eine Kühnheit, die die offiziellen Ehefrauen so erzürnte, dass sie forderten, es müsse abgerissen werden. Telia reagierte darauf, indem sie eine Statue von Krishna oben aufstellen ließ. So blieb das Tor nicht nur erhalten, sondern jeder musste sich davor verbeugen.

Salim Singh's Haveli
Beim Eingang zum Fort. Gegen Gebühr arrangieren lokale Führer einen Besuch.
Der Regierungschef von Jaisalmer ließ den *haveli* 1815 erbauen. Das Haus ist unten schmal und wird auf jedem der sechs Stockwerke breiter. Alle 38 Balkone haben unterschiedliche Muster, auf dem obersten tanzen Pfauen zwischen den Bogen. Blaue Kuppelbauten zieren das Dach. Der hintere Teil des *haveli* wurde während des Erdbebens von Gujarat im Januar 2001 beschädigt, aber Besucher haben dennoch Zutritt.

Nathmalji's Haveli
Bei Gandhi Chowk. Gegen Gebühr arrangieren lokale Führer einen Besuch.
1855 ließ ein anderer Regierungschef von Jaisalmer dieses fünfstöckige Haus erbauen. Sein besonderer Charme liegt darin, dass die zwei Fassadenseiten von zwei Brüdern, Hathu und Lallu, gestaltet wurden. Sie sehen auf den ersten Blick identisch aus, die Details jeder Seite unterscheiden sich jedoch deutlich. Neben den üblichen floralen und geometrischen Mustern sieht man gezäumte Pferde und Wagen, Fahrräder und Dampfmaschinen.

Patwon ki Haveli
Östlich des Nathmalji's Haveli. tägl.
Dieser große *haveli* entstand 1805–55 im Auftrag von Guman Chand Patwa, einem der reichsten Kaufleute Jaisalmers, der mit Seide, Brokat und Opium handelte und eine Kette von Handelsstationen von Afghanistan bis China besaß. Das sechsstöckige Gebäude hat 66 Balkone. Deren geschwungene Überdachungen sehen aus wie eine Flotte von Segelschiffen, das Gitterwerk an den zahlreichen Fenstern ist außergewöhnlich fein gearbeitet.

Jaisalmeri beim Rauchen einer hookah

Der Gadisagar Lake ist von Ghats gesäumt

Jaisalmer Fort

Detail am Jaisalmer Fort

Die Festungsanlage wirkt aus der Ferne wie eine Fata Morgana über dem Sand der Wüste Thar, der goldene Sandstein nimmt den Konturen der 99 Türme die Strenge. 1156 begann der Maharawal Jaisal den Bau auf dem 80 Meter hohen Trikuta Hill, seine Nachfolger erweiterten die Anlage. Früher lebten alle Bewohner von Jaisalmer innerhalb des Forts, auch heute noch wohnen Tausende Menschen in der Zitadelle – es ist das einzige bewohnte Fort Indiens. Innerhalb der Mauern sieht man Paläste, Jain-Tempel, große Häuser und Läden.

Die südlichen Mauern sind ohne Mörtel aus Stein errichtet

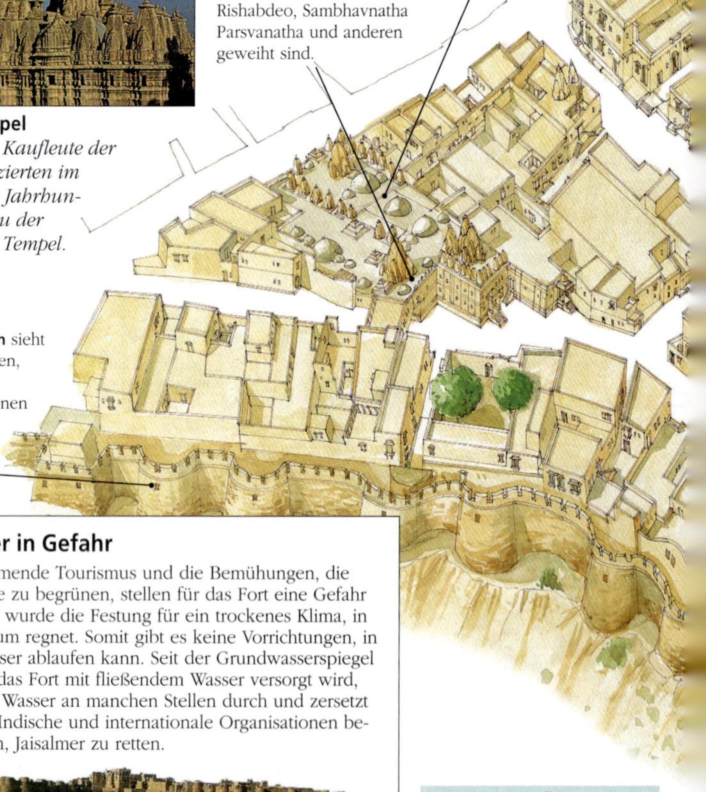

Gyan Bhandar im Untergeschoss des Sambhavnatha-Tempels ist eine Bibliothek, die alte illustrierte Jain-Handschriften aus Palmblättern bewahrt.

Feine Verzierungen kennzeichnen den Stein der sieben Tempel, die den Jain-*tirthankaras* Rishabdeo, Sambhavnatha Parsvanatha und anderen geweiht sind.

★ Jain-Tempel
Die reichen Kaufleute der Stadt finanzierten im 15. und 16. Jahrhundert den Bau der skulptierten Tempel.

In den Mauern sieht man Öffnungen, durch die aus riesigen Kanonen geschossen werden konnte.

Jaisalmer in Gefahr

Der zunehmende Tourismus und die Bemühungen, die nahe Wüste zu begrünen, stellen für das Fort eine Gefahr dar. Erbaut wurde die Festung für ein trockenes Klima, in dem es kaum regnet. Somit gibt es keine Vorrichtungen, in denen Wasser ablaufen kann. Seit der Grundwasserspiegel steigt und das Fort mit fließendem Wasser versorgt wird, sickert das Wasser an manchen Stellen durch und zersetzt den Stein. Indische und internationale Organisationen bemühen sich, Jaisalmer zu retten.

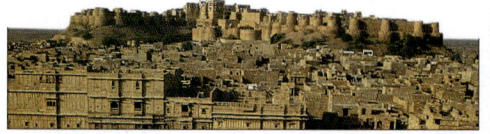

Jaisalmer Fort ist durch aufsteigende Feuchtigkeit bedroht

NICHT VERSÄUMEN

★ Dussehra Chowk

★ Jain-Tempel

★ Moti Mahal

JAISALMER FORT

Palast-Komplex
Der siebenstöckige Komplex besteht aus mehreren Palästen, die miteinander verbunden sind. Sie entstanden zwischen dem 16. und 19. Jahrhundert.

INFOBOX
Jaisalmer Fort Rajasthan Tourism, Station Rd, (02992) 252 406. ◯ tägl. Extragebühr. **Jain-Tempel** ◯ tägl. Extragebühr. **Gyan Bhandar** ◯ tägl.

Annapurna Bhandar war der Getreidespeicher des Forts. Im Erdgeschoss steht ein Tempel.

Moti Mahal

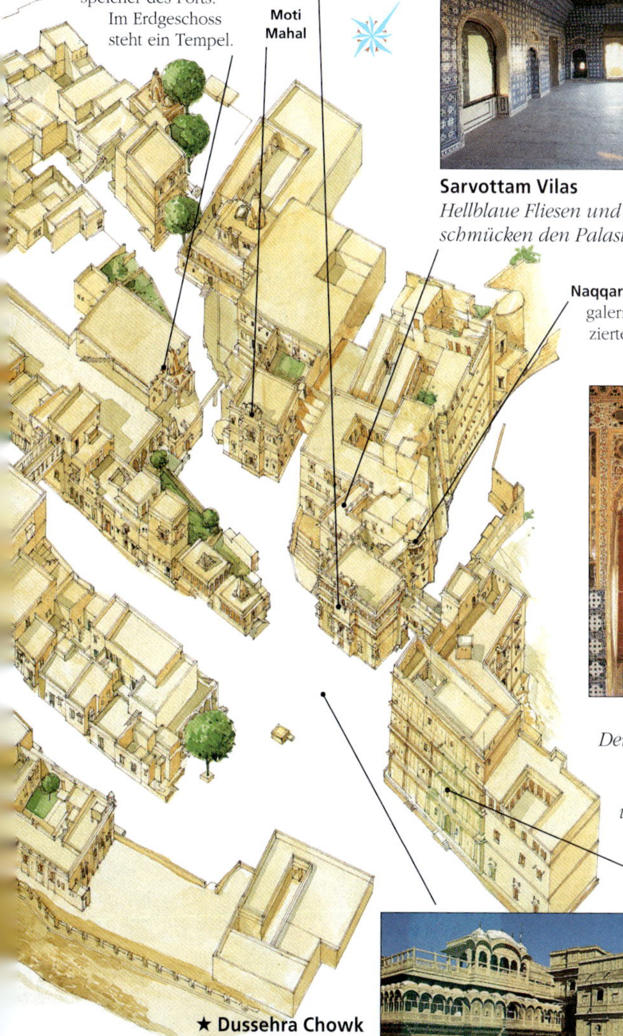

Sarvottam Vilas
Hellblaue Fliesen und Glasmosaiken schmücken den Palast (Mitte 18. Jh.).

Naqqar Khana, die »Trommlergalerie«, hat einen reich verzierten achteckigen Balkon.

★ Moti Mahal
Der Palast (18. Jh.) hat viele Malereien mit floralen Motiven und verzierte Türen.

Rani Mahal

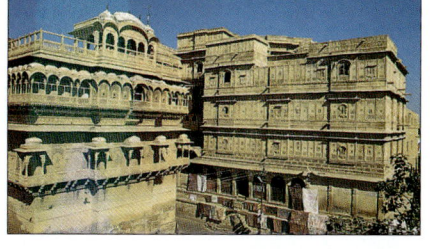

★ Dussehra Chowk
Festaufführungen und Paraden fanden auf dem Platz statt, der vom Palastkomplex umrahmt wird. Der Herrscher konnte von seinem Marmorthron den Platz überblicken.

Der üppig skulptierte Vimala-Vasahi-Tempel

Mount Abu ⓰

Distrikt Sirohi. 185 km westlich von Udaipur. 22 000. Abu Rd, 20 km südöstlich des Stadtzentrums, dann Bus. gegenüber dem Busbahnhof, (02974) 235 151. Sommer-Festival (Juni).

Die einzige »Hill Station« Rajasthans hat eine der spektakulärsten Sehenswürdigkeiten Indiens – die **Dilwara-Jain-Tempel**. Fünf Tempel stehen auf einem Hügel drei Kilometer nordöstlich, die zwei schönsten sind der **Vimala-Vasahi-Tempel** und der **Luna-Vasahi-Tempel** mit unglaublich feinen Steinverzierungen. Die Steinmetzarbeiten an Türen, Bogen, Säulen, Nischen und Decken sind grandios. Der Marmor ist teils so fein bearbeitet, dass er fast durchscheinend wirkt.

Der Vimala-Vasahi-Tempel ist Adinath, dem ersten Jain-*tirthankara*, geweiht. Der Bau wurde 1031 von Vimala Shah, einem wohlhabenden Minister der Solanki-Könige von Gujarat, in Auftrag gegeben. Eine Statue im Pavillon rechts vom Eingang zeigt ihn auf seinem Elefanten. Im Inneren zieren grazile Nymphen, Musiker, feurige Pferde und Elefanten die Bogen, Säulen und die in elf Ebenen geteilte Kuppeldecke der Haupthalle. Im inneren Schrein steht eine Statue des Adinath in stiller Meditation, 52 Nischen enthalten Bildnisse der anderen *tirthankaras*.

Der 1231 erbaute, noch üppiger skulptierte Luna-Vasahi-Tempel ist Neminath, dem 22. Jain-*tirthankara* geweiht. In der Haupthalle sieht man einen prächtigen, aus einem einzigen Marmorblock gehauenen lotusförmigen Schlussstein von der Kuppeldecke hängen. Hinter dem Hauptheiligtum ist die Hall of Donors mit einer Reihe von Figuren auf Elefanten, manche sind aus schwarzem Marmor. Lebensgroße Statuen der Spender und ihrer Frauen weisen jedes Detail von Kleidung und Schmuck auf – alles aus Stein.

Zentrum von Mount Abu ist der **Nakki Lake**, der von Kolonialgebäuden aus dem späten 19. Jahrhundert und den Sommerpalästen der Rajputen-Herrscher umgeben ist. Über dem See ragt der seltsam geformte **Toad's Rock** auf. Vom **Sunset Point** südwestlich des Sees kann man den Sonnenuntergang genießen.

Rund vier Kilometer unterhalb von Mount Abu nahe der Hauptstraße steht der **Gaumukh**-(»Kuhmaul«-)**Tempel**, in dem Quellwasser aus dem Maul einer Marmorkuh fließt.

Dilwara-Jain-Tempel
tägl. für Frauen während der Menstruation. Lederartikel sind im Inneren nicht erlaubt.

Umgebung: In **Achalgarh**, acht Kilometer hinter Dilwara, erheben sich die Ruinen eines Forts aus dem 15. Jahrhundert und ein Shiva-Tempel mit einer Nandi-Statue aus über 4000 Kilogramm Gold, Silber, Messing und Kupfer. Fünf Gehminuten entfernt steht auf **Guru Shikhar**, Rajasthans höchstem Punkt (1721 m), ein sehenswerter Vishnu-Tempel.

Ranakpur ⓱

Distrikt Rajsamand. 90 km nordwestlich von Udaipur. Tempelkomplex tägl. für Frauen während der Menstruation. Lederartikel sind im Inneren nicht erlaubt.

In einem abgeschiedenen bewaldeten Tal der Aravalli Hills befindet sich eine der fünf heiligsten Stätten des Jainismus, der Tempelkomplex von Ranakpur mit dem riesigen **Adinath-Tempel**. Die Größe und Komplexität dieses weißen Marmortempels, aber auch die feinen skulptierten Verzierungen machen ihn zum vielleicht beeindruckendsten Beispiel der westindischen Tempelarchitektur.

Tänzerin, Luna-Vasahi-Tempel

Abweichend vom üblichen Schema ist die Anlage quadratisch. Vier separate Eingänge führen durch einen Säulenwald und durch eine Reihe von schön verzierten Hallen und Kapellen zum zentralen Hauptheiligtum, das ein Bildnis von Adinath enthält. Jede der 1444 Säulen weist ein anderes florales Muster auf, das Spiel von Licht und Schatten auf den

Blick auf den Jain-Tempelkomplex von Ranakpur

Hotels und Restaurants in Rajasthan *siehe Seiten 580–583 und 609f*

RAJASTHAN

Die Mauern des unbezwingbaren Kumbhalgarh Forts winden sich am Hügel entlang

Säulen verändert sich mit dem Sonnenstand auf faszinierende Art. Erstaunlich sind die filigranen Verzierungen der hängenden Decken-Schlusssteine und die Grazie der Göttinnen, die die Konstruktion tragen. Auf einer Säule gegenüber dem Heiligtum sieht man auf einer Tafel mit zwei Figuren Dharna Shah, den Financier des Tempels und Minister des Maharana von Mewar, sowie seinen Baumeister Depa.

Eine Mauer mit Türmchen umgibt den heiteren Tempelkomplex, in dem sich auch ein hinduistischer Sonnentempel und zwei weitere Jain-Tempel befinden. Einer davon, der Parsvanatha-Tempel aus dem 15. Jahrhundert, ist wegen seines feinen Gitterwerks an den Fenstern besonders sehenswert.

Kumbhalgarh ⓲

Distrikt Rajsamand. 63 km nördlich von Udaipur. Kankroli, 35 km südöstlich von Kumbhalgarh, dann Bus.

Wie eine gigantische braune Schlange winden sich die Mauern des Kumbhalgarh Forts über 36 Kilometer entlang den Abhängen der Aravalli Hills. Das Fort (15. Jh.) liegt auf 1050 Metern Höhe an der Grenze zwischen Marwar (Jodhpur) und Mewar (Udaipur). Man nannte es »Das Auge von Mewar«, weil man von hier meilenweit die Umgebung im Auge behalten konnte. Kumbhalgarh galt als das am schwierigsten einzunehmende Fort in Rajasthan. Bauherr war Maharana Kumbha (reg. 1433–68), der auch das große Fort von Chittorgarh *(siehe S. 330)* errichten ließ.

Auf den Mauern konnten sechs Reiter nebeneinander reiten, sieben befestigte Tore mit gefährlichen Dornen führen zum Eingang. Die zinnenbewehrten Mauern umrahmen die kleinere Burganlage von Kartargarh, die Ruinen von einigen Palästen und Tempeln, Felder, Wasserreservoirs und Ställe.

Badal Mahal am höchsten Punkt des Forts ist ein Bau aus dem 19. Jahrhundert, dessen Ambiente luftige Räume und schöne Wandbilder prägen. Noch in Betrieb ist der **Neelkantha-Tempel** im

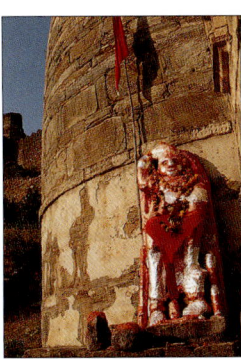

Die Gottheit an den Fortmauern soll Unheil abwenden

Fort, der einen großen Shivalinga besitzt.

Interessant ist auch der **Navachoki-Mamdeva-Tempel** in einer Schlucht östlich von Kartargarh. Er hat mehrere Tafeln aus schwarzem Granit mit Inschriften, die die Geschichte von Mewar beschreiben. Die älteste Tafel stammt von 1491. Daneben erhebt sich das Grabmal des Maharana Kumbha.

Kumbhalgarh ist auch der Geburtsort von Maharana Pratap (1540–1597), der zum Helden wurde, weil er sich den Armeen des Mogulherrschers Akbar widersetzte.

Umgebung: Das **Kumbhalgarh Wildlife Sanctuary** westlich des Forts erstreckt sich über 578 Quadratkilometer in den Aravalli Hills. Panther, Flugeichhörnchen, Wölfe und Vögel leben hier.

In **Kankroli**, 35 Kilometer südöstlich von Kumbhalgarh, steht der Dwarkadhish-Tempel (17. Jh.) am Südufer des Rajsamand Lake. Sein Westufer wird von Marmorpavillons und Ghats gesäumt.

Die hübsche kleine Stadt **Deogarh**, 55 Kilometer nördlich von Kumbhalgarh, liegt zwischen Seen und Hügeln. Hier stehen der Rajmahal-Palast mit Wandbildern sowie in einer Berghöhle der Anjaneshwar-Mahadev-Tempel. Deogarh ist auch eine beliebte Basis für Ausritte und Touren auf dem Pferderücken in diesem Teil von Mewar.

Udaipur ⓴

Ein Hügelring umgibt die Märchenstadt mit ihren Marmorpalästen und Seen. Maharana Udai Singh gründete Udaipur 1559, nach dem Fall von Chittorgarh 1567 *(siehe S. 330)* wurde es Hauptstadt von Mewar. Die Herrscher von Mewar gehörten dem Sisodia-Klan der Rajputen an und konnten ihre Dynastie bis zum Jahr 566 zurückverfolgen. Sie verteidigten ihre Unabhängigkeit vehement, weigerten sich, Eheallianzen mit den Moguln einzugehen, und waren stolz darauf, als Erste die Ehre der Rajputen gegen die angreifenden Mogulherrscher zu verteidigen. Hauptattraktion ist der City Palace am Lake Pichola mit seinen Inselpalästen. Pittoreske *havelis*, Ghats und Tempel säumen das Ufer, Basare prägen die ummauerte Altstadt.

Lake Pichola mit dem Palast Jag Mandir auf einer Insel

Jag Niwas, der »Seepalast«, am Lake Pichola

City Palace
Siehe Seiten 328f.

Jag Mandir
Lake Pichola. ⬜ tägl. 🚤 Bootsanleger City Palace. 🏨 **Jag Niwas** 📞 (0294) 252 8016. 🍽 auch für Nicht-Hotelgäste.
Jag Mandir mit seinen üppigen Gärten und den Marmorräumen mit den Steinintarsien wurde 1620 erbaut. Acht Steinelefanten stehen am Eingang Wache. In dem Inselpalast fand 1623/24 Prince Khurram (der spätere Mogulherrscher Shah Jahan) Zuflucht, als er sich nach einer missglückten Revolte vor seinem Vater verstecken musste. Man sagt, Jag Mandir hätte viele Ideen zum Taj Mahal geliefert.
Jag Niwas, der »Seepalast« (1734–51), war die Sommerresidenz der Herrscher. Mittlerweile ist er ein großes Hotel *(siehe S. 583)* und auch als Film-Location beliebt (James Bonds *Octopussy* wurde hier gedreht). Beide Paläste sieht man bei der Bootsfahrt auf dem Lake Pichola.

Jagdish Mandir
Moti Chhohta Rd. ⬜ tägl.
Bagore ki Haveli Gangaur Ghat. 📞 (0294) 252 2567, 241 0539.
Nördlich vom Haupttor des City Palace steht der Tempel (17. Jh.) mit der riesigen Vishnu-Skulptur aus schwarzem Stein. Den Eingang flankieren Steinelefanten. Vor dem Tempel sieht man eine Bronzestatue von Garuda, dem mythologischen Vogel Vishnus.
Am nahen Gangaur Ghat beherbergt der **Bagore ki Haveli** (18. Jh.) ein Museum, in dem traditionelle Kunsthandwerksobjekte, Gewänder und Musikinstrumente ausgestellt werden. Jeden Abend um 19 Uhr gibt es hier Aufführungen mit Volksmusik und Tanz. Die von Mauern umgebene Altstadt, ein Gewirr aus Läden und Wohnhäusern, von denen viele bemalte Fassaden besitzen, erstreckt sich östlich von Jagdish Mandir. Auf dem **Bapu** und dem **Bara Bazar** findet man Holzspielzeug, Puppen, Schmuck, Textilien und *pichwais*.

Pichhwai-Malerei

Fateh Sagar Lake
Fateh Sagar Rd.
Nördlich vom Lake Pichola gibt es im Fateh Sagar Lake ein Gartencafé auf einer Insel. Dahinter ragt der Moti Magri Hill auf. Hier steht eine Statue von Udaipurs großem Krieger des 16. Jahrhunderts, Maharana Pratap, und seinem treuen Streitross Chetak.

Saheliyon ki Bari
Saheli Marg. ⬜ tägl.
Der »Garten der Ehrenjungfern« im Norden der Stadt wurde im 18. Jahrhundert angelegt – mit Brunnen, Lotusteich und Rosengarten für eine Königin, zu deren Mitgift 48 Ehrenjungfern gehörten.

Ahar
Ashok Nagar Rd. **Museum** ⬜ Sa–Do. ⬛ Feiertage.
Drei Kilometer östlich von Udaipur stehen in Ahar die beeindruckenden Grabmäler von 19 Mewar-Herrschern und ein kleines archäologisches Museum.

Umgebung: **Shilpgram**, acht Kilometer nordwestlich von Udaipur, ist ein Kunsthandwerksdorf mit Künstlern, Aufführungen und Nachbauten traditioneller Häuser. Hier sind auch Kamelritte möglich.

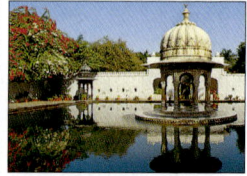

Pavillon im Saheliyon ki Bari, dem Garten der Königin (18. Jh.)

Hotels und Restaurants in Rajasthan siehe Seiten 580–583 und 609f

Die Saas-Bahu-Tempel von Nagda, durch den *torana* gesehen

INFOBOX

Distrikt Udaipur. 270 km südlich von Jodhpur. 390 000. 25 km östlich des Stadtzentrums. Rajasthan Tourism, Suraj Pol, (0294) 241 1535. Gangaur-Fest (März/Apr), Mewar-Fest (Apr).

In **Eklingji**, 22 Kilometer nordöstlich von Udaipur, steht ein Komplex aus 108 Tempeln und Schreinen, die Shiva geweiht sind. An diesem Ort empfing Bappa Rawal, der Gründer der herrschenden Dynastie von Mewar, den Segen eines Weisen, der hier lebte. Der Haupttempel wurde im 16. Jahrhundert aus Marmor und Granit errichtet, er besitzt eine große Säulenhalle und eine schwarze Marmorskulptur des vierköpfigen Shiva gegenüber einem Nandi aus Silber.

Nagda liegt nicht weit von Eklingji und lohnt einen Besuch wegen der Saas-Bahu-Tempel («Mutter-und-Schwiegertochter-Tempel»), Zwillingsbauten aus dem 11. Jahrhundert, die Vishnu geweiht sind. Man betritt die Stätte durch einen verzierten *torana*. Die berühmten Skulpturen an den Tempeln zeigen Liebespaare und Szenen aus dem Epos *Ramayana*.

Eine der Hauptpilgerstätten Rajasthans ist der Shrinathji-Tempel (18. Jh.) in **Nathdwara**, 48 Kilometer nordöstlich von Udaipur. Der Hauptgott Krishna heißt hier Shrinathji, seine schwarze Steinstatue wurde im 17. Jahrhundert von Mathura *(siehe S. 152)* hierher gebracht, um sie vor der Zerstörung durch den Mogulherrscher Aurangzeb zu schützen. Schön bemalte Tücher *(pichhwais)* hängen hinter der Statue. Wer nicht Hindu ist, darf den Tempel nicht betreten. Auf dem Basar von Nathdwara kann man den *Pichhwai*-Malern bei der Arbeit zusehen. *Pichhwais* gehören zu den kraftvollsten Formen indischer Malerei. Sie werden mit mineralischen und pflanzlichen Farben auf eine Art Leinwand gemalt und stellen 24 Szenen aus der Krishna-Legende dar, von denen jede mit einem Festtag verbunden ist. Im Zentrum steht ein Bild von Krishna mit dunkler Haut und schrägen Augen vor einem Hintergrund aus Blättern, Tieren und Wolken, um ihn sind Kühe und Melkerinnen.

Zentrum von Udaipur

- City Palace ①
- Fateh Sagar Lake ④
- Jag Mandir ②
- Jagdish Mandir ③
- Saheliyon ki Bari ⑤

0 Meter 800

Zeichenerklärung
siehe hintere Umschlagklappe

Udaipur: City Palace

Sonnensymbol des Herrschers

Am Ostufer des Lake Pichola sieht man am City Palace von Udaipur eine faszinierende Mischung aus der Militärarchitektur der Rajputen und den Schmucktechniken der Moguln. Die festungsgleiche Fassade wird von grazilen Balkonen, Kuppeln und Türmchen gekrönt. Ein Schriftsteller beschrieb sie treffend als einfachen Kuchen mit fantastischem Zuckerguss. Der größte Palast in Rajasthan nimmt eine Fläche von zwei Hektar ein und ist ein Komplex aus Palästen, an dem 22 Maharanas zwischen dem 16. und 20. Jahrhundert bauten. Teile des Komplexes sind heute ein Museum, andere beherbergen Luxushotels.

Fateh Prakash
Der Palast aus dem frühen 20. Jahrhundert, heute Hotel, hat eine Durbar Hall und eine Galerie mit Kristallobjekten.

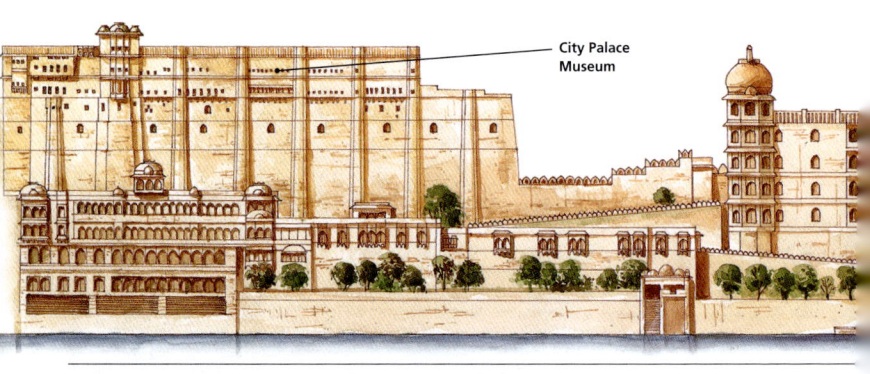

City Palace Museum

Rajya Angan Chowk mit einem Tempel der Göttin Dhuni Mata

Überblick: City Palace

Der ältere Teil des City Palace stammt von 1568. Hinter den Befestigungsmauern präsentiert sich der Palast als Labyrinth aus Gemächern, Empfangshallen und Höfen. Enge Gänge und steile Treppen verbinden die Räume – dieses typische Merkmal der Rajputen-Paläste aus jener Zeit sollte Eindringlinge verwirren.

Das **City Palace Museum** nimmt in diesem Teil des Komplexes mehrere Paläste ein. Man betritt es durch das imposante **Tripolia Gate** von 1713. Über dem Eingang sieht man das Wappen des Herrschers von Mewar, das große Gesicht einer Sonne (der Sisodia-Klan nahm für sich in Anspruch, von der Sonne abzustammen), flankiert von Kriegern der Rajputen und Bhils (dieser Stammesklan hatte die besten Bogenschützen und spielte in den Schlachten von Mewar eine heldenhafte Rolle). Am **Ganesh Deorhi Gate** werden die Eintrittskarten für das Museum verkauft. Danach betritt man einen Hof, in dem man Fresken mit Pferden und Elefanten sieht sowie ein Marmorrelief des Gottes Ganesha, das von Spiegel- und Glasintarsien umgeben ist.

Im nächsten Hof steht **Rajya Angan Chowk**, von dort führen Treppen zum **Chandra Mahal** von 1620. Dies ist einer der hübschesten Paläste, er hat schöne Säulen, Fenster mit Gitterwerk und Marmorreliefs von Rajputen-Frauen – eine von ihnen trägt ein Schild bei sich. Die Aussicht auf den Lake Pichola und seine Inselpaläste ist einfach fantastisch.

Eine andere Treppenflucht führt zum **Bari Mahal** von 1699. Er steht 27 Meter hoch

Hotels und Restaurants in Rajasthan siehe Seiten 580–583 und 609f

UDAIPUR: CITY PALACE

Blick auf den City Palace am Ostufer des Lake Pichola

INFOBOX

City Palace Complex
(0294) 252 8016. tägl. eingeschränkt. **Museum** Extragebühr. **Fateh Prakash** auch für Nicht-Hotelgäste. **Shiv Niwas** auch für Nicht-Hotelgäste.

Shambhu Niwas ist der Wohnsitz der Nachkommen des Maharana.

Shiv Niwas
Der reich verzierte, wie ein Halbmond angelegte Palast war das Gästehaus und ist heute ein Luxushotel (siehe S. 583).

Fateh Prakash

Shiv Niwas

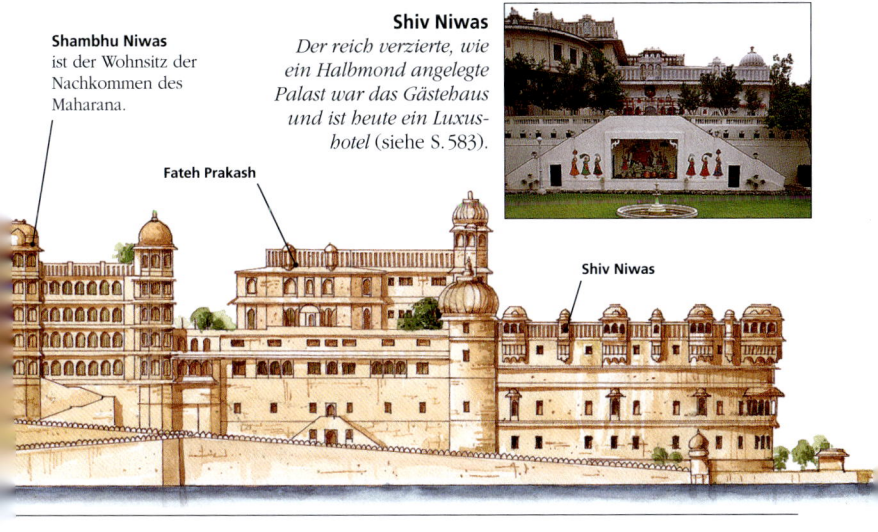

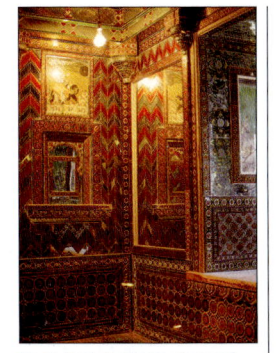

Kanch Burj mit seinem roten und silbernen Glasschmuck

Pfauenmosaik im Mor Chowk

auf einem terrassierten Hügel, Hallen mit Bogenreihen öffnen sich zu einem bezaubernden Innenhof mit Marmorbecken, wo *Neem*-Bäume für Halbschatten sorgen.

Vom Bari Mahal kommt man zum **Dilkhushal Mahal** von 1620. Er besitzt zwei bemerkenswerte Räume, Kanch Burj (»Glastürmchen«) hat viel rotes und silbernes Glas, im Krishna Niwas sind außergewöhnliche Miniaturmalereien aus Mewar. Dies war das Zimmer der 16-jährigen Prinzessin Krishna Kumari, die 1807 Selbstmord beging, als rivalisierende Bewerber um ihre Hand aus Jodhpur und Jaipur beinahe ihretwegen einen Krieg begannen.

Links vom Palast steht **Moti Mahal**, den der zu Ausschweifungen neigende Maharana Jawan Singh (reg. 1828–38) bewohnte. Er versprach einer Tänzerin die Hälfte seines Reiches, wenn sie auf einem Seil über den Lake Pichola gehen könnte. Das Mädchen hatte das gegenüberliegende Ufer beinahe erreicht, als die alarmierten Höflinge des Maharana das Seil durchschnitten und die Tänzerin ertrinken ließen.

Links davon befindet sich **Mor Chowk**, der »Pfauenhof«, in dem Mosaiken mit drei tanzenden Pfauen in leuchtenden Farben erstrahlen.

Am Südrand des Komplexes stehen drei weitere prächtige Paläste, die zwischen dem späten 19. und frühen 20. Jahrhundert erbaut wurden: In **Shambhu Niwas** leben die Nachfolger der Herrscher. **Fateh Prakash** mit der prächtigen Durbar Hall und das halbrunde **Shiv Niwas**, das Gästehaus (Queen Elizabeth II. übernachtete einmal hier), sind heute Hotels. Aber auch wer nicht hier wohnt, kann die Restaurants besuchen und an Führungen teilnehmen.

Intensive Farben prägen die Räume im Juna Mahal, Dungarpur

Dungarpur [20]

Distrikt Dungarpur. 110 km südlich von Udaipur. 43 000. Vagad-Fest (Jan/Feb), Baneshwar-Fest (Feb).

Die abgeschiedene, relativ unbekannte Stadt besitzt einige überraschende Kunstschätze. Über Dungarpur ragt der siebenstöckige **Juna Mahal** auf, der im 13. Jahrhundert auf einem Felsen erbaut wurde. Von außen wirkt der Festungspalast sehr abweisend, innen prunkt er mit üppigster Ornamentierung und enthält einige der schönsten Fresken in Rajasthan. Sie sind bemerkenswert gut erhalten, im Schlafgemach des einstigen Herrschers auf der obersten Etage sieht man eine Reihe erotischer Malereien aus dem *Kamasutra*.

Der **Udai-Vilas-Palast** wurde im 19. Jahrhundert aus dem lokalen graugrünen Granit in einer Mischung aus Rajputen- und Mogulstilen errichtet. Im Zentrum des Innenhofs ragt ein fantastischer vierstöckiger Pavillon auf. Er hat Spitzbogen, Friese, Baldachine und Balkone, der große Raum ganz oben zeigt Intarsien aus Schmucksteinen.

Chittorgarh [21]

Distrikt Chittorgarh. 115 km nordöstlich von Udaipur. Janta Avas Graha, Station Rd, (01472) 241 089. Meera Utsav (Okt).

Das große, hart umkämpfte Chittorgarh Fort ist mit seiner tragischen Geschichte ein Sinnbild für alles, was in den Mythen und Legenden der Rajputen an Mut, Ritterlichkeit, Romantik und Ehre beschrieben wird. 280 Hektar nimmt die Festung auf dem steilen, 180 Meter hohen Felsen ein. Die Ruinen der Paläste, Tempel und Türme zeugen von der großen Vergangenheit, als Chittorgarh zwischen dem 12. und 16. Jahrhundert die Hauptstadt der Sisodia-Herrscher von Mewar war.

Rajasthans mächtigstes Fort war das Angriffsziel vieler Invasoren. Die erste Belagerung erfolgte 1303 durch Sultan Alauddin Khilji (*siehe S. 48*), der nicht nur das Fort, sondern auch die Herrscherin Rani Padmini erobern wollte. Deren legendäre Schönheit hatte der Sultan in einem Spiegel gesehen. Als die Niederlage unausweichlich war, beging Rani Padmini zusammen mit 13 000 Frauen *jauhar*, eine rituelle Form der Selbstopferung. Rajputen-Frauen praktizierten sie, um der Schande in der Hand der Feinde zu entgehen. 50 000 Rajputen-Krieger sollen in der folgenden Schlacht ums Leben gekommen sein. Truppen Alauddins nahmen das Fort ein und zerstörten viele Gebäude. Innerhalb weniger Jahre aber gewann der Enkel des Herrschers die Festung wieder für die Sisodia-Dynastie zurück.

Die nächste große Schlacht fand 1535 gegen Sultan Bahadur Shah von Gujarat statt. Dabei kam die Königinmutter Rani Jawaharbai ums Leben, als sie eine Einheit der Kavallerie anführte. Mit ihr starben die edelsten jungen Rajputen, wieder begingen Tausende Frauen im Fort *jauhar*.

Beim dritten und letzten Angriff auf Chittorgarh nahm der Mogulherrscher Akbar das Fort 1567 ein. Chittorgarh wurde aufgegeben, die Sisodia wählten Udaipur (*siehe S. 326f*) als Hauptstadt.

Sieben mächtige Tore führen zum Fort. Besucher betreten es durch das Ram Pol. Der erste Bau auf der rechten Seite ist **Rana Kumbhas Palast**, 1433–68 erbaut und wahrscheinlich

Blick auf das beeindruckende Chittorgarh Fort auf einem Felshügel
Hotels und Restaurants in Rajasthan *siehe Seiten 580–583 und 609f*

der älteste erhaltene Rajputen-Palast. An seiner Nordseite sieht man reich verzierte Balkone und eine einzigartige Stufenmauer. Elefantenställe und eine Audienzhalle gehören zum öffentlichen Bereich, die Privatgemächer bilden ein Labyrinth aus kleineren Räumen mit einem Haremsbereich *(zenana)*. Das **Fateh Prakash Museum** (im 20. Jh. erbaut) zeigt Skulpturen, die hier gefunden wurden.

Im **Kumbha-Shyam-Tempel** (15. Jh.) steht eine schöne Skulptur von Vishnu in der Inkarnation des Varaha (Eber). Der **Meerabai-Tempel** wurde 1440 von Meerabai *(siehe S. 49)*, einer bemerkenswerten Mewar-Herrscherin, erbaut. Sie war Mystikerin und Dichterin, lehnte alle Rajputen-Konventionen ab und widmete ihr Leben Krishna.

Die Hauptstraße im Fort verläuft südlich des Meerabai-Tempels zum neunstöckigen **Vijay Stambh** (»Siegesturm«), den Maharana Kumbha 1458–68 erbauen ließ, um an seinen Sieg über Sultan Mahmud von Malwa *(siehe S. 213)* zu erinnern. Der 36 Meter hohe Sandsteinturm ist reich mit Gottheiten skulptiert, der Blick von oben ist wunderbar. Weiter südlich führt die Hauptstraße vorbei an Wohnhäusern zum **Gaumukh Reservoir**, das von einer Quelle gespeist wird, und zum **Kalika-Mata-Tempel** (16. Jh.). Gegenüber befindet sich der im 19. Jahrhundert rekonstruierte **Padmini-Palast** mit einem Pavillon am See. Im Palast befindet sich der Spiegel, in dem Alauddin Khilji das Bildnis Padminis gesehen haben soll. Der Weg führt im Süden an Jain-Tempeln vorbei zum **Kirti Stambh**, einem siebenstöckigen Turm für den ersten Jain-*tirthankara*, Adinath.

Vijay Stambh

🏛 **Fateh Prakash Museum**
⭕ Sa–Do. 📷 Mo frei.

Der Tempel des Sonnengottes (11. Jh.) in Jhalrapatan

Jhalawar ㉒

Distrikt Jhalawar. 320 km südlich von Jaipur. 👥 *48 000.* 🚌 ℹ *Hotel Chandrawati, (07432) 230 081.* 📷 *Chandrabhaga Viehmarkt (Okt/Nov).*

Die angenehme Kleinstadt ist von Orangenhainen und Mohnfeldern umgeben. Ein Fort aus dem 19. Jahrhundert war der Sitz der Fürsten von Jhalawar und beherbergt heute Regierungsgebäude. Ein nicht ganz dazu passender, aber hübscher Teil des Forts ist das **Bhavani Natya Shala Theatre**, das der Maharaja 1921 nach dem Vorbild der großen Opernhäuser, die er in Europa gesehen hatte, erbauen ließ. In der alten befestigten Stadt **Jhalrapatan** (»Stadt der Glocken«), sechs Kilometer südlich des Forts, steht eine Gruppe von Tempeln aus dem 11. Jahrhundert. Am eindrucksvollsten ist der **Surya-Tempel** mit einem Bildnis des Sonnengotts. 1,5 Kilometer weiter südlich erhebt sich am Ufer des Flusses Chandrabhaga der verzierte **Chandra-Mauleshwar-Tempel** aus dem 7. Jahrhundert.

Umgebung: Zehn Kilometer westlich von Jhalawar befindet sich inmitten von Hügeln, Wäldern und Feldern das an drei Seiten von den Flüssen Kali, Sindh und Ahu umgebene **Ghagron Fort**.

Die Berge, dichten Wälder und Grasflächen des **Darrah Wildlife Sanctuary**, 70 Kilometer westlich von Jhalawar, sehen genauso aus, wie man es auf den berühmten Kota-Gemälden mit den Jagdszenen sieht – nur die Tiger und die Prinzen fehlen.

Kota ㉓

Distrikt Kota. 260 km südlich von Jaipur. 👥 *696 000.* 🚌 🚉 ℹ *Hotel Chambal, (0744) 232 6527.* 📷 *Dussehra Mela (Sep/Okt).*

Die imposante Fassade des im Jahr 1625 erbauten **City Palace** von Kota am Ufer des Flusses Chambal erinnert an die fürstliche Vergangenheit der heute von Industrie geprägten Stadt. Kotas Kunsterbe kann man in den Palastgemächern besichtigen – jedes Stück Oberfläche ist mit Miniaturmalereien, Spiegelarbeiten, Wandgemälden und Mosaiken bedeckt. Besonders prachtvoll ist die Durbar Hall, hier sind die Türen aus Ebenholz und Elfenbein, auf Malereien ist die Geschichte von Kota abgebildet. Viele Privaträume des Palastes gehören heute zum **Rao Madho Singh Museum**, das Waffen, Gemälde und Herrscherinsignien ausstellt.

Im Kishorsagar Lake im Stadtzentrum erhebt sich der bezaubernde **Jag Mandir**, den eine Kota-Herrscherin, die sich nach ihrer Kindheit in Udaipur *(siehe S. 326f)* sehnte, im 18. Jahrhundert erbauen ließ.

🏛 **Rao Madho Singh Museum**
⭕ Sa–Do. 📷

Umgebung: In **Bardoli**, 55 Kilometer südwestlich von Kota, steht einer der schönsten Tempelkomplexe Rajasthans. Am Ghateshwar-Mahadev-Tempel (9. Jh.) sieht man an der Tür zum Heiligtum eine außergewöhnliche Skulptur von Nataraja, dem tanzenden Gott Shiva.

Tür aus Ebenholz und Elfenbein im City Palace (17. Jh.) von Kota

Blick auf Bundi in einem engen Tal der Aravalli Hills

Bundi ㉔

Distrikt Bundi. 215 km südlich von Jaipur. 88 000. Rajasthan Tourism, Tourist Reception Centre, (0747) 244 3697. tägl. Gangaur (März/Apr).

Bundi gilt als Rajasthans unentdecktes Juwel. Von drei Seiten ist die Stadt von den bewaldeten Aravalli Hills umgeben, innerhalb der Stadtmauern hat sich viel vom historischen Charakter Bundis erhalten.

Taragarh Fort ragt auf einem steilen Gipfel über der Stadt auf, der **Garh-Palast**, Rajasthans schönster Palast, erstreckt sich unterhalb am Hang. Lieutenant Colonel James Tod (1782–1835), der britische Sonderbeauftragte und Autor des Buches *Annals and Antiquities of Rajasthan*, schrieb, der Anblick des Palastes von Bundi sei – gleich von welcher Seite man sich ihm nähere – der faszinierendste in ganz Indien.

Das Reich Bundi wurde 1341 von Rao Deva aus dem Rajputen-Klan der ‹feuergeborenen› Hada Chauhan gegründet, Taragarh Fort wurde unter seiner Herrschaft gebaut. Mit dem Bau des Palastes begann man im 16. Jahrhundert, rund 200 Jahre lang wurde die Anlage auf verschiedenen Ebenen am Berg erweitert. Im Gegensatz zu den meisten anderen Palästen in Rajasthan weist der Garh-Palast wenig Einflüsse der Mogularchitektur auf, sondern ist vielmehr ein seltenes Beispiel reinen Rajputen-Stils – mit geschwungenen Dächern auf Pavillons und Kiosken, Tempelsäulen und ornamentierten Pfeilern sowie typischen Rajputen-Motiven wie Elefanten und Lotusblumen. Ungewöhnlich ist, dass dieser Palast nicht aus Sandstein, sondern aus dem hier abgebauten grünlichen, harten Serpentinit gebaut ist, der sich nicht für Ornamente eignet, sondern stattdessen wunderschön bemalt wurde.

Malerei im Chitrashala

Man betritt den Palast durch das imposante **Hathia Pol** («Elefantentor»), das von zwei Türmen gekrönt wird. Die spektakulärsten Teile des Palastes sind der 1660 errichtete **Chattar Mahal** und **Chitrashala**, eine 1748–70 erbaute Arkadengalerie über einem hängenden Garten. Die Wandgemälde gelten als die schönsten Beispiele der Rajputen-Malerei. Unter den Darstellungen sind Szenen aus der Radha-Krishna-Legende, religiöse Rituale, Jagdszenen und andere Vergnügungen der Fürsten. Die vorherrschenden Farben sind Blau und Grün, Akzente setzen das tiefe Rot und Gelb.

Mitten in der Stadt erstreckt sich der **Naval Sagar Lake**. Im Zentrum dieses Sees befindet sich eine Insel mit einem kleinen Tempel. Das Fort und der Palast spiegeln sich in dem See – ein bezaubernder Anblick.

Bundi besitzt über 50 Treppenbrunnen, der schönste ist der 46 Meter tiefe **Rani-ki-Baori**, ebenfalls im Zentrum der Stadt gelegen. Er wurde im 17. Jahrhundert errichtet und ähnelt dem Adalaj Vav in Gujarat *(siehe S. 340f)* verblüffend mit seinen reich skulptierten Bogen und den Skulpturen der zehn Avataras (Inkarnationen) von Vishnu.

Am Nordrand der Stadt erhebt sich der **Sukh Niwas Mahal** aus dem 18. Jahrhundert, ein sehr romantischer Sommerpalast am **Jait Sagar Lake**. Am Ufer gegenüber stehen die Grabmäler der Herrscher, am Westrand sieht man einen eleganten Jagdturm, **Shikar Burj**.

Umgebung: In Bijolia, 50 Kilometer südwestlich von Bundi an der Straße nach Chittorgarh, befindet sich eine Gruppe von drei schönen Tempeln aus dem 13. Jahrhundert, die Shiva geweiht sind. **Menal** erreicht man 20 Kilometer weiter auf derselben Straße, hier befinden sich mitten im Wald Tempel aus dem 11. Jahrhundert.

Tonk, 113 Kilometer nördlich von Bundi, war einst die Hauptstadt des einzigen muslimischen Fürstentums in Rajasthan. Hauptattraktion hier ist der prächtige Sunehri Kothi («Goldenes Haus») im Palastkomplex, im Inneren ist jeder Quadratzentimeter vergoldet und/oder mit Lackverzierungen, Stuck und Spiegelarbeiten belegt. Das Arabic and Persian Research Institute in Tonk besitzt eine Sammlung von seltenen, illuminierten islamischen Schriften aus dem Mittelalter.

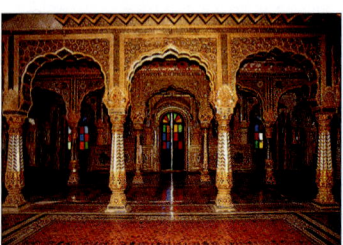

Vergoldetes Interieur von Sunehri Kothi, Tonk

Hotels und Restaurants in Rajasthan *siehe Seiten 580–583 und 609f*

Ranthambhore National Park ㉕

Indische Blauracke

Der Park erstreckt sich im Schatten der Aravalli- und Vindhya-Berge auf einer Fläche von 275 Quadratkilometern. Die zerklüfteten Bergrücken, tiefen Schluchten, Seen und Dschungel sind der Lebensraum für Tiere wie Wüstenluchs, Panther, Schakal und Hyäne, aber auch für zahlreiche Hirscharten sowie einheimische und Zugvögel. Ranthambhores berühmtester Bewohner ist jedoch der vom Aussterben bedrohte Tiger. Wie andere Parks in der Region war auch dieser ein Jagdgebiet der Maharajas von Jaipur. Er wurde 1973 zum Schutzgebiet des »Project Tiger« erklärt.

INFOBOX
Distrikt Sawai Madhopur. 180 km südöstlich von Jaipur. Sawai Madhopur, 10 km östlich vom Eingang, dann Taxi. Sawai Madhopur. RTDC Hotel Vinayak, Sawai Madhopur, (07462) 221 333. Okt–Juni. Extragebühr. obligatorisch. Sich im Park zu Fuß zu bewegen ist streng verboten. Jeeps gibt es im Project Tiger Office, (07462) 220 479, beim Bahnhof. The Dastkari Kendra, (07462) 222 892, gegenüber dem Dorf Kutalpura am Weg nach Kundera.

Rajbagh Talao
Pavillonruinen säumen das Ufer von Rajbagh Talao, einem der drei Seen im Park.

Tiger
Die großen Raubkatzen bekommt man nur mit Glück zu Gesicht, ihre Spuren sieht man häufiger.

Lippenbär
Die struppigen Bären haben kurze Hinterbeine und eine lange Schnauze.

Sumpfkrokodile (Indische Mugger) sieht man oft halb untergetaucht im Wasser oder sich räkelnd am Ufer.

Sambar-Herden
(Cervus unicolor) sieht man an den Seen, wo sie sich im Wasser wälzen und Seepflanzen fressen – unbeeindruckt von Jeeps und Besuchern.

Ranthambhore Fort
Der Parkname geht auf das tausend Jahre alte Dschungelfort der Rajputen zurück. Es steht auf einem 215 Meter hohen Berg.

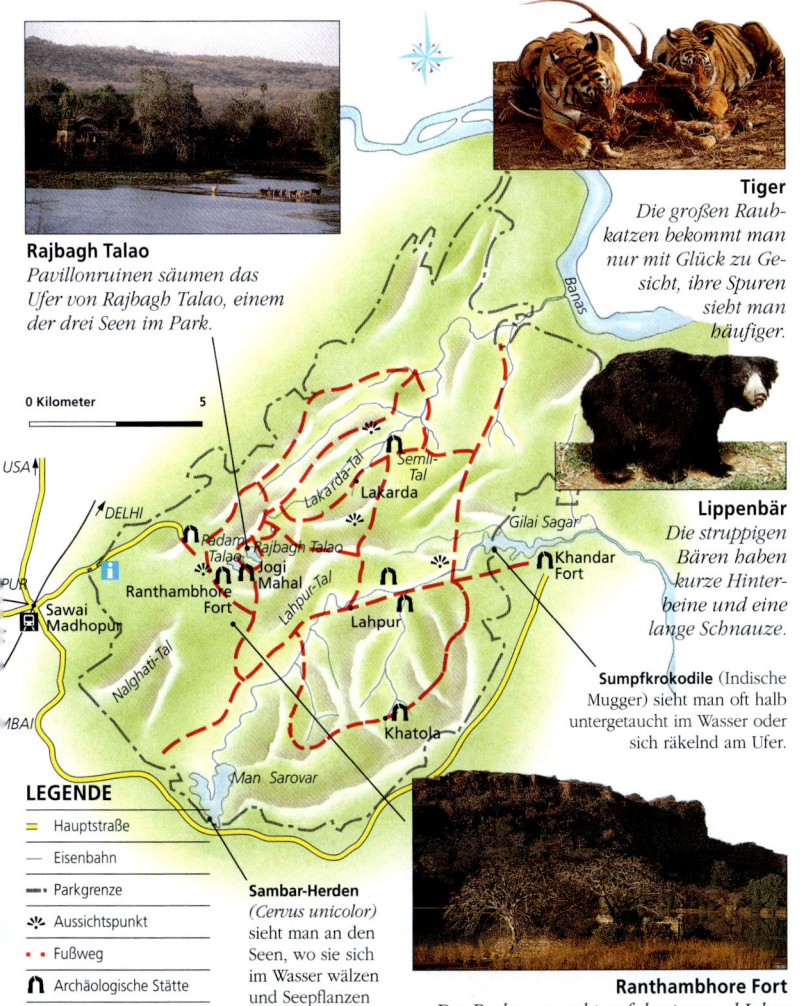

LEGENDE
- Hauptstraße
- Eisenbahn
- Parkgrenze
- Aussichtspunkt
- Fußweg
- Archäologische Stätte
- Information
- Bahnhof

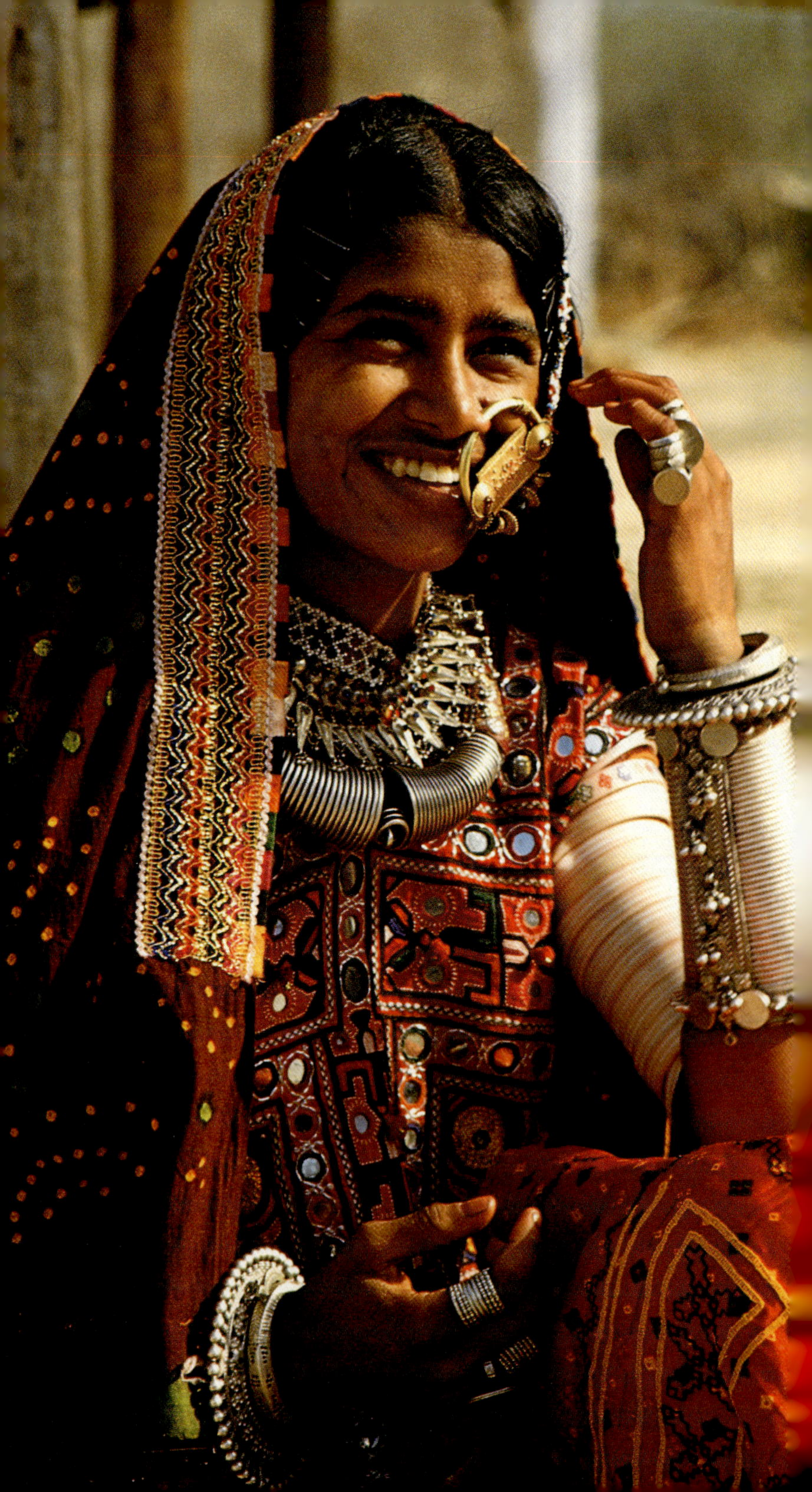

Gujarat

Der Bundesstaat Gujarat lässt sich in drei Regionen einteilen: den in Nord-Süd-Richtung verlaufenden, stark industriell geprägten Bereich, die Halbinsel Saurashtra und Kutch, das teils Wüste, teils Sumpfgebiet ist. Gujarat besitzt eine 1666 Kilometer lange Küstenlinie, die von jeher Seefahrer und Händler anzog. Aus Persien geflohene Parsen, Araber, Moguln, Portugiesen, Niederländer und Briten – sie alle hatten maßgeblichen Einfluss auf Gujarats Kultur. Faszinierende archäologische Stätten, feinste Jain-, Hindu- und Islam-Architektur, Kunsthandwerkstradition und so seltene Tiere wie der Indische Löwe prägen den Bundesstaat. Im Januar 2001 verwüstete ein Erdbeben den Distrikt Kutch. Aber die Einwohner von Gujarat sind bekannt für Fleiß, Unternehmergeist und die Fähigkeit, Katastrophen zu meistern. In kurzer Zeit gelang es ihnen vorbildlich, die Schäden zu beseitigen.

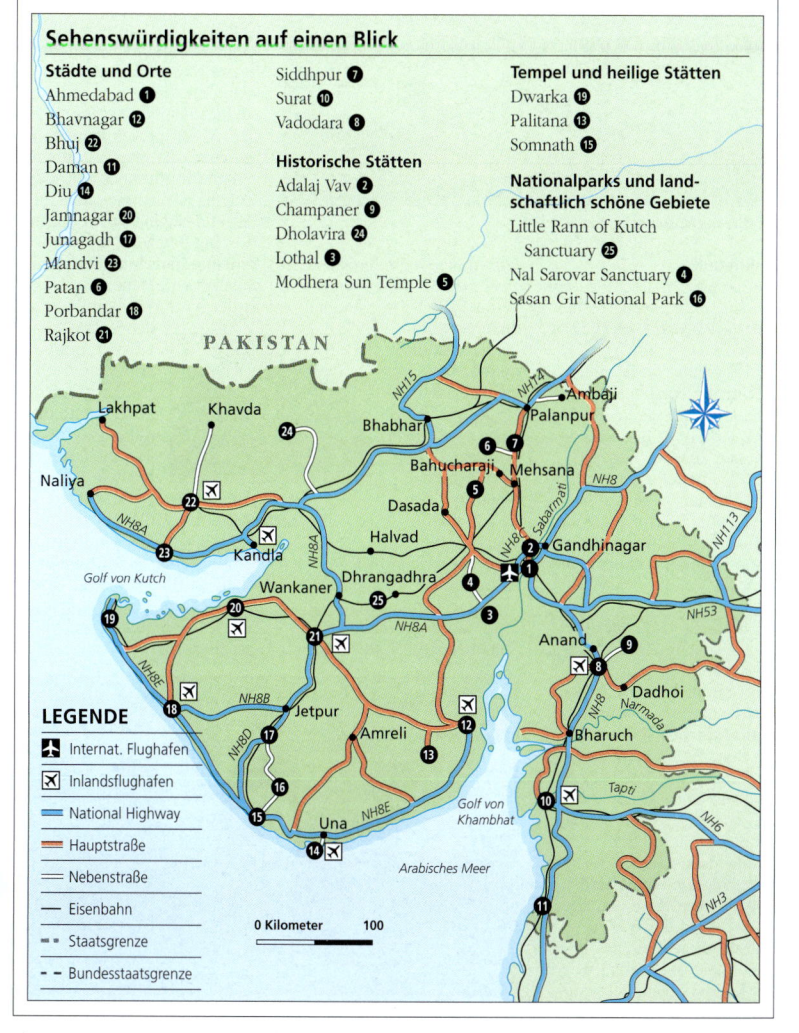

Sehenswürdigkeiten auf einen Blick

Städte und Orte
- Ahmedabad ❶
- Bhavnagar ⓬
- Bhuj ㉒
- Daman ⓫
- Diu ⓮
- Jamnagar ⓴
- Junagadh ⓱
- Mandvi ㉓
- Patan ❻
- Porbandar ⓲
- Rajkot ㉑
- Siddhpur ❼
- Surat ❿
- Vadodara ❽

Historische Stätten
- Adalaj Vav ❷
- Champaner ❾
- Dholavira ㉔
- Lothal ❸
- Modhera Sun Temple ❺

Tempel und heilige Stätten
- Dwarka ⓳
- Palitana ⓭
- Somnath ⓯

Nationalparks und landschaftlich schöne Gebiete
- Little Rann of Kutch Sanctuary ㉕
- Nal Sarovar Sanctuary ❹
- Sasan Gir National Park ⓰

◁ Die Kutchi-Frau vom Stamm der Meghwal trägt Kleidung mit vielen Spiegelplättchen und Silberschmuck

Ahmedabad ❶

Bis 1970 war Ahmedabad die Hauptstadt des Bundesstaats Gujarat. Das Industrie- und Handelszentrum hat eine faszinierende Altstadt, in der Gujarats traditionelle Kultur und Geschichte noch lebendig sind. Einer Legende nach soll die Stadt eine Gründung von Sultan Ahmed Shah (reg. 1411–42) sein, der auf der Jagd Kaninchen am Ufer des Flusses Sabarmati sah. Erstaunlicherweise griffen die Kaninchen seine Hunde an und verteidigten ihr Territorium. Der Sultan sah dies als besonderes Omen, baute hier seine neue Hauptstadt und benannte sie nach sich selbst – Ahmedabad.

Das Ufer des Flusses Sabarmati

🏛 Altstadt
Zwischen Lady Vidyagauri Rd, Sardar Patel Rd und Kasturba Gandhi Rd.
Heritage Walking Tours 📞 *(079) 2657 4335.*

Ein Labyrinth von Basaren, *pols* (große Toranlagen), fein behauenen Fassaden, Tempeln, Moscheen und Treppenbrunnen kennzeichnet die drei Quadratkilometer große Altstadt. Man erkundet die Viertel am besten zu Fuß, die Ahmedabad Municipal Corporation organisiert täglich eine Heritage Walking Tour durch das Gassengewirr.

Das Dach des **Bhadra Fort**, des ältesten Teiles der Stadt, kann man besteigen, um einen Überblick über das Viertel zu bekommen. **Ahmed Shahs Moschee** südwestlich des Forts ist ein recht schlichter Andachtsort, der 1414 an der Stelle eines Hindu-Tempels aus dem frühen 13. Jahrhundert erbaut wurde.

Ahmedabads meistfotografiertes Monument ist **Siddi Saiyads Moschee** (auch bekannt als Siddi Saiyad Ni Jaali) im Nordosten des Bhadra Fort. Sie ist berühmt wegen des kunstvollen Gitterwerks aus gelbem Stein. Ein Sklave von Ahmed Shah fertigte die zwei *jalis* an der westlichen Wand 1572. Sie zeigen einen außergewöhnlich fein skulptierten, verzweigten Baum.

Südöstlich des Forts trennt **Teen Darwaza** (»Dreifachtor«) die Straße mit den Läden, die bedruckte Stoffe, Silberobjekte und allerlei Krimskrams verkaufen. In der Nähe, an der Mahatma Gandhi Road, steht **Jami Masjid**. Sultan Ahmed Shah erbaute sie 1423, um den Gläubigen einen Ort für das Freitagsgebet zu geben. Beim Bau der Moschee aus gelbem Sandstein nutzte man Teile aus abgerissenen Hindu- und Jain-Tempeln – der schwarze Sockel beim Hauptbogen soll die Basis einer Jain-Statue gewesen sein. 260 ornamentierte Säulen tragen die 15 Kuppeln der Moschee. Ins Innere fällt das Licht durch feines Gitterwerk an den Fenstern.

Vor dem Osteingang der Moschee, nahe dem Schmuckbasar in der Manek Chowk, steht das **Grabmal von Ahmed Shah**, in dem der Sultan und sein Enkel bestattet sind. Im Herzen des Markts gibt es ein Gegenstück zu diesem auffälligen Monument: **Rani-ka-Hazira** ist das Mausoleum der vielen Ehefrauen des Sultans.

Südöstlich von Manek Chowk erhebt sich **Rani Sipris Moschee**, die wegen ihrer eleganten Proportionen und der schlanken Minarette auch als Masjid-e-Nagina (»Juwel einer Moschee«) bezeichnet wird. **Rani Rupmatis Moschee** nordwestlich von Manek Chowk ist der hinduistischen Ehefrau des Sultans gewidmet. Beim Bau Mitte des 15. Jahrhunderts kombinierte man hinduistische mit islamischen Elementen. Gitterwerk schützte die Frauen vor unerwünschten Blicken. Die berühmten »Shaking Minarets« nahe dem Bahnhof sind seit dem Erdbeben von 2001 für Besucher geschlossen.

Jali in Siddi Saiyads Moschee

Viel Verkehr fließt durch Teen Darwaza

Hotels und Restaurants in Gujarat siehe Seiten 583f und 611

AHMEDABAD

Außerhalb der Altstadt
Nördlich der Altstadt.
Den **Hatheesing-Tempel** außerhalb des Delhi Gate ließ der Jain-Kaufmann Huthising Kesarising 1850 erbauen. Der fein ornamentierte Marmortempel ist dem 15. Jain-*tirthankara* Dharmanath geweiht. In dem gepflasterten Hof stehen 52 Schreine verschiedener *tirthankaras*.

Ein schönes Beispiel für Gujarats Treppenbrunnen ist **Dada Harir Vav** nordöstlich der Altstadt. Er wurde 1500 für Bai Harir Sultani, eine Dame aus dem Harem des Sultans, gebaut. Seine Wände und Säulen weisen viele Verzierungen auf.

New Ahmedabad
Westlich des Sabarmati.
Auf der anderen Seite des Sabarmati stehen im modernen Teil von Ahmedabad einige Bauten von Le Corbusier *(siehe S. 93)* und des amerikanischen Architekten Louis Kahn. **Sanskar Kendra**, von Le Corbusier entworfen, besitzt eine seltene Sammlung von Miniaturen. Den Campus des Indian Institute of Management (IIM), Indiens Top-Wirtschaftsuniversität, entwarf Louis Kahn. In der Nähe beherbergt das **LD Institute of Indology** eine Vielzahl alter Schriften und Malereien, das **Calico Museum** *(siehe S. 338f)* zeigt Textilien. Das renommierte National Institute of Design liegt am Südufer des Flusses.

Sabarmati Ashram
tägl. 8.30–19 Uhr. Mitte Juni–Mitte Okt. **Ton- und Lichtshow** Mo–Mi, Fr 18.30 Uhr.
Eine Siedlung aus einfachen Häusern, der **Sabarmati Ashram**, war das zweite Zuhause von Mahatma Gandhi. Von hier organisierte er die letzten Schritte des Kampfs um Indiens Freiheit. Sein Haus, Hriday Kunj, wurde so erhalten, wie Gandhi es verließ. Man sieht u. a. seine runde Brille, Bücher und Briefe.

Gandhis Zimmer mit Spinnrad im Sabarmati Ashram

INFOBOX
Distrikt Ahmedabad. 545 km nordwestlich von Mumbai.
3 520 000. 10 km nördlich des Stadtzentrums.
HK House, Ashram Rd, (079) 2658 9172, 2657 6434.
Mo–Sa. Uttarayan (14. Jan), Navratri (Sep/Okt).

Umgebung: Rund vier Kilometer südlich der Stadt beherbergt der **Vishalla Complex** ein Museum für traditionelle Gebrauchsgegenstände. Hier gibt es auch ein ausgezeichnetes Restaurant *(siehe S. 611)*, wo man im Freien in schöner Umgebung Gujarat-Küche genießen kann. Nicht weit im Südwesten liegt **Sarkhej Roja**, ein schöner Komplex aus Grabmälern und Pavillons um einen künstlichen See, 1445–61 der Rückzugsort der Herrscher von Gujarat. Ein mit Metallgitterwerk verziertes Grabmal wurde für Ahmed Shahs geistlichen Berater, Sheikh Ahmed Khattu, gebaut.

In den späten 1960er Jahren wurde 25 Kilometer nördlich von Ahmedabad auf einer Fläche von 60 Quadratkilometern **Gandhinagar** angelegt, die neue Hauptstadt des Bundesstaats. Im Zentrum steht der Verwaltungskomplex.

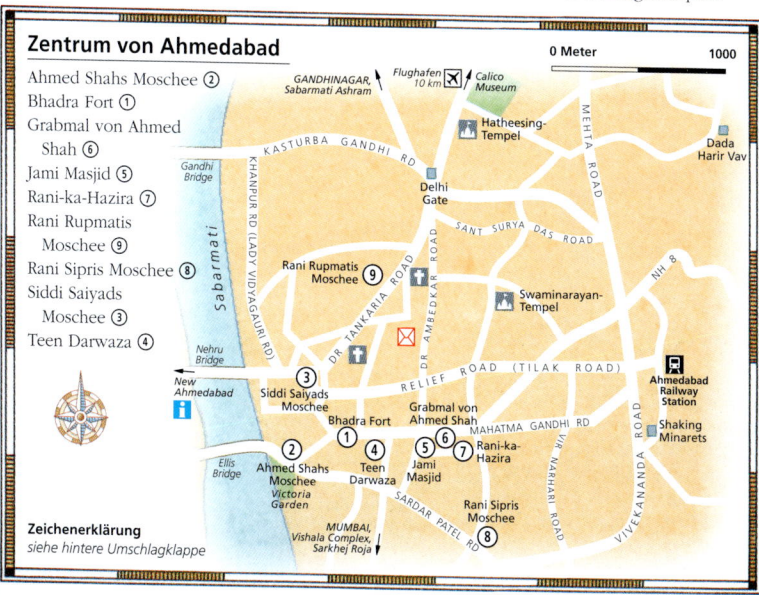

Zentrum von Ahmedabad

- Ahmed Shahs Moschee ②
- Bhadra Fort ①
- Grabmal von Ahmed Shah ⑥
- Jami Masjid ⑤
- Rani-ka-Hazira ⑦
- Rani Rupmatis Moschee ⑨
- Rani Sipris Moschee ⑧
- Siddi Saiyads Moschee ③
- Teen Darwaza ④

Zeichenerklärung siehe hintere Umschlagklappe

Ahmedabad: Calico Museum

Seit dem 15. Jahrhundert ist Ahmedabad ein Zentrum der Herstellung und des Handels mit Textilien. Das außergewöhnliche Museum präsentiert seltene Textilien – dazu gehören Zelte, Teppiche und Gewänder der Herrscher, sakrale Malereien auf Tuch, Stickereien, Brokate, Seidengewebe und Kaschmirschals. Die meisten Stücke stammen aus dem 17. und 18. Jahrhundert, zu sehen sind sie in einem schönen alten *haveli*. Gegründet wurde das Museum 1949 von der Sarabhai-Familie, Webereibesitzer und Mäzene.

Detail auf einem *Kalamkari*-Stoff

Brokat-Patka
Das Gürtelband (18. Jh.) aus Goldbrokat ist mit Mohnblüten bestickt und war Teil eines Herrschergewands.

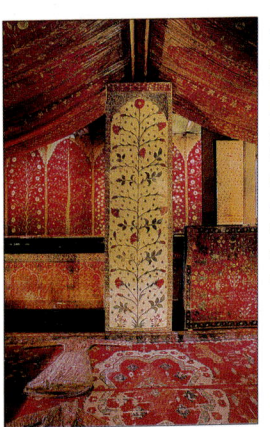

★ Mogulzelt
Das prächtige Zelt wurde im 17. Jahrhundert aus Baumwollbahnen gefertigt, die mit Kalamkari-*Technik (siehe S. 558) handbemalt waren. Mogulherrscher benutzten solche Zelte im Krieg, bei Jagdausflügen und auf Reisen.*

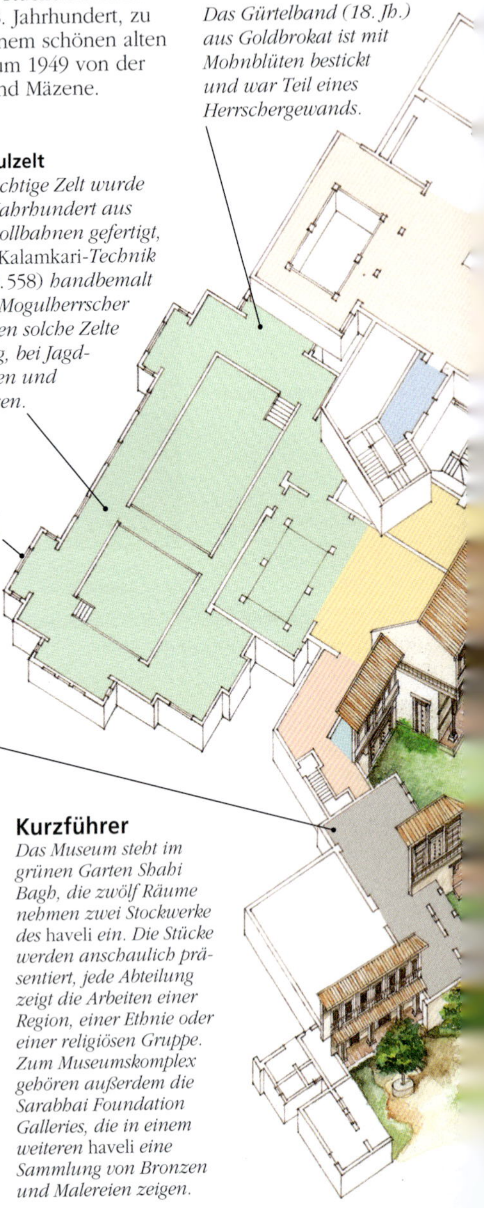

Erdgeschoss

★ Sharad Utsav Pichhwai
Auf diesem kostbaren pichwai *(18. Jh.) aus Nathdwara (siehe S. 327) spielt Krishna Flöte, eine Kuh leckt an seinen Füßen. Das Tuch wurde bei Herbstvollmond, wenn der Nektar vom Himmel fällt, im Tempel aufgehängt.*

Kurzführer
Das Museum steht im grünen Garten Shahi Bagh, die zwölf Räume nehmen zwei Stockwerke des haveli ein. Die Stücke werden anschaulich präsentiert, jede Abteilung zeigt die Arbeiten einer Region, einer Ethnie oder einer religiösen Gruppe. Zum Museumskomplex gehören außerdem die Sarabhai Foundation Galleries, die in einem weiteren haveli eine Sammlung von Bronzen und Malereien zeigen.

AHMEDABAD: CALICO MUSEUM

Ein altes *haveli* beherbergt das Calico Museum, die Holzfassade ist reich mit feinem Schnitzwerk verziert

INFOBOX

Sarabhai Foundation, Shahi Bagh, nördlich des Delhi Gate.
(079) 2286 5995.
Do–Di. Feiertage.
tägl. 10.30–12.30, 15–17 Uhr.
Gartentour nach Vereinbarung.

Sarabhai Foundation Galleries
Do–Di. Feiertage.
www.calicomuseum.com

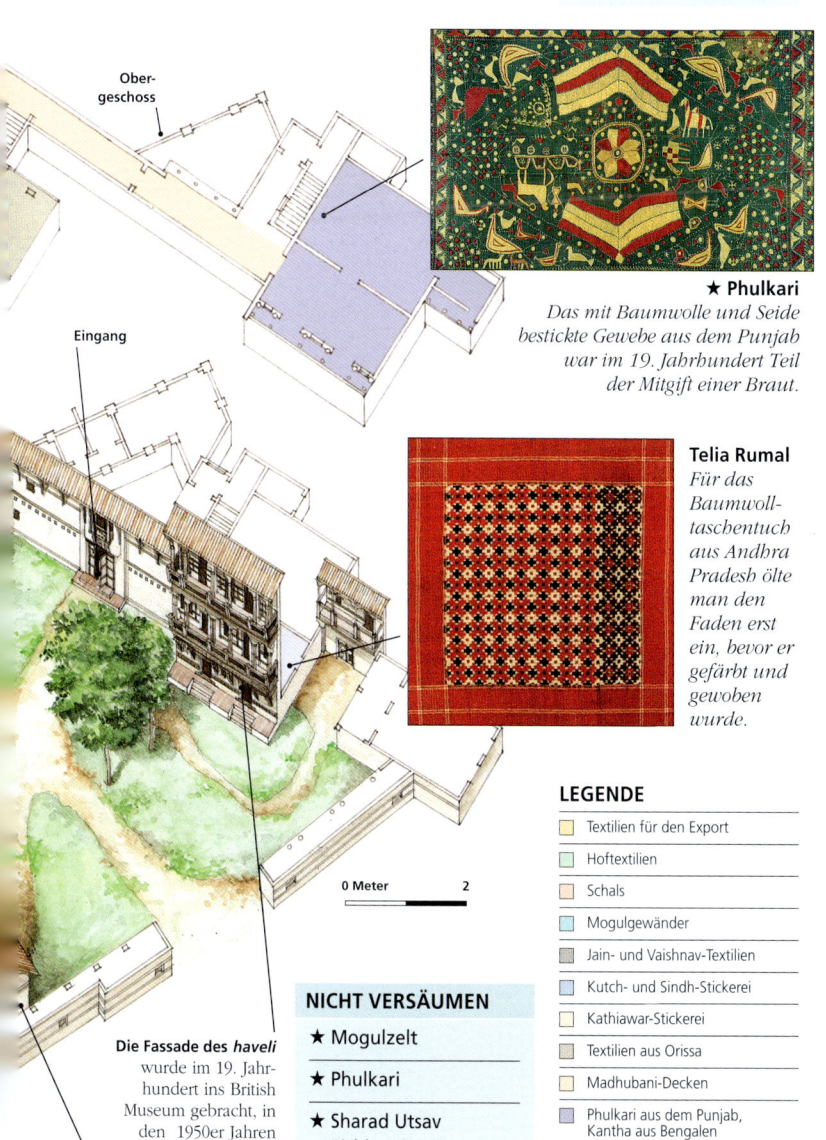

Obergeschoss

Eingang

★ **Phulkari**
Das mit Baumwolle und Seide bestickte Gewebe aus dem Punjab war im 19. Jahrhundert Teil der Mitgift einer Braut.

Telia Rumal
Für das Baumwolltaschentuch aus Andhra Pradesh ölte man den Faden erst ein, bevor er gefärbt und gewoben wurde.

0 Meter 2

Äußeres Tor

Die Fassade des *haveli* wurde im 19. Jahrhundert ins British Museum gebracht, in den 1950er Jahren jedoch zurückgegeben und sorgsam restauriert.

NICHT VERSÄUMEN

★ Mogulzelt

★ Phulkari

★ Sharad Utsav Pichhwai

LEGENDE

- Textilien für den Export
- Hoftextilien
- Schals
- Mogulgewänder
- Jain- und Vaishnav-Textilien
- Kutch- und Sindh-Stickerei
- Kathiawar-Stickerei
- Textilien aus Orissa
- Madhubani-Decken
- Phulkari aus dem Punjab, Kantha aus Bengalen
- Batiken

Adalaj Vav ❷

Detail an einer Wandnische

Die Treppenbrunnen *(vavs)* von Gujarat sind die erfindungsreiche Antwort auf die Wasserknappheit in dieser trockenen Region. Viele von ihnen sind aufwendig verziert. Sie sind Gottheiten geweiht, da Götter bei der Versorgung mit lebenswichtigem Nass eine nicht unerhebliche Rolle spielen. Adalaj Vav, Gujarats schönster Treppenbrunnen, wurde 1499 von Rudabai, der Frau eines lokalen Herrschers, in Auftrag gegeben. Sie wollte nicht nur Wasser speichern, sondern auch einen kühlen, angenehmen Treffpunkt schaffen. Die Stufen nach unten führen an Plattformen und Galerien vorbei.

Treppenbrunnen werden bis heute als Rast- und Treffpunkte genutzt

Treppenhaus
Die Haupttreppe führt fünf Stockwerke hinunter in eine Tiefe von 30 Metern, vorbei an Pavillons, die reich verziert sind.

★ Erster Brunnen
Vor dem Hauptbrunnen hat Adalaj Vav ein Becken mit sieben Meter Durchmesser. In die achteckigen Wände wurden viele Ornamente gemeißelt.

Rampe, um Wasser hochzupumpen

Unterteilter Brunnenschacht

Der Hauptbrunnen ist nicht mehr in Betrieb. Aber die Stelle, an der man oben Wasser holte, gibt es noch.

Die Stufen um den ersten Brunnen dienten rituellen Bädern.

NICHT VERSÄUMEN

★ Erste Ebene

★ Erster Brunnen

★ Wandnischen

ADALAJ VAV

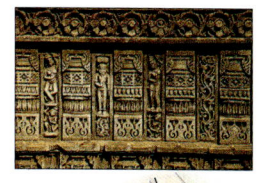

Schmuckdetails
Die Brunnenwände sind mit feinen floralen und geometrischen Motiven sowie mit Figuren verziert.

INFOBOX
Distrikt Gandhinagar. 17 km nördlich von Ahmedabad.
🚙 am besten mit Taxi oder Mietwagen von Ahmedabad.
⭕ tägl. 📷 kein Blitz.

Einer der drei Haupteingänge

Horizontal verlaufende Schmuckreliefs gliedern die Wände.

★ Erste Ebene
Balkone, Fenster, Türen und kleine Altäre säumen die erste Plattform unter der Erde. Adalaj sieht mittags am schönsten aus, wenn das Sonnenlicht einfällt.

Pavillons
In die Pavillons mit den gemeißelten Säulen fällt die Sonne nie direkt ein, in dem diffusen Licht kann man sich angenehm ausruhen.

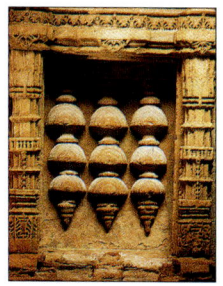

★ Wandnischen
In den Nischen der Pavillons entdeckt man Gefäße, Pferde, Blumen und Blätter.

Weitere Treppenbrunnen

Rani ni Vav in Patan *(siehe S. 343)* wurde im 11. Jahrhundert mit über 800 Skulpturen verziert. **Dada Harir Vav** *(siehe S. 337)* in Ahmedabad stammt von 1499 und ist einer der schönsten *vavs* aus der muslimischen Periode in Gujarat. Der 18 Kilometer von Ahmedabad entfernte **Ambarpur Vav** (15. Jh.) ist einer der wenigen Treppenbrunnen, die heute noch in Betrieb sind.

Rani ni Vav in Patan, einer der größten *vavs*

Diese steinernen Fundamente wurden 2500 v. Chr. in Lothal gebaut

Lothal ❸

Distrikt Ahmedabad. 75 km südwestlich von Ahmedabad. 🚉 *Haltestelle Lothal–Burkhi, 6 km südwestlich von Lothal, dann lokale Transportmittel.* 🚌 *nach Burkhi.* ⏱ *Sa–Do.* 📷 🚫

Ausgrabungen in Lothal brachten eine bemerkenswerte Stadt der Indus- oder Harappa-Kultur *(siehe S. 41)*, die vor etwa 4500 Jahren begann, zutage. Sechs Kilometer nordwestlich des Zusammenflusses von Sabarmati und Bhogavo hatte Lothal (wörtlich »Damm der Toten«) einen mit Schiffen befahrbaren Zugang zum Meer, in den Golf von Cambay (heute Golf von Khambhat). Von diesem Hafen trieb man Handel mit Ägypten, Persien und Mesopotamien.

Die Ausgrabungsstätte zeigt die Fundamente einer geplant angelegten Stadt mit Häuserblöcken, gepflasterten Kanälen und Brunnen sowie zwölf Bädern. Unter den Funden waren mit Tiermotiven verzierte Tongefäße, Siegel mit einer (immer noch nicht entschlüsselten) Bilderschrift, Gewichte und Maße. Die Stadt wurde aus Lehmziegeln gemauerten Damm umgeben, der vor dem jährlichen Hochwasser schützte. Überflutungen führten so 1900 v. Chr. wahrscheinlich zum Untergang der Kultur.

Unter den kostbaren Objekten im **Archäologischen Museum** sind eine Kupferfigurine und ein Goldhalsband.

2001 machten indische Ozeanografen, die gerade einen Test zur Wasserverschmutzung durchführten, eine erstaunliche Entdeckung: Im Golf von Cambay fanden sie die Fundamente zweier Städte mit Straßen, Häusern, Treppen und Tempeln. Vom Meeresgrund wurde u. a. eine steinerne Platte mit mysteriösen Zeichen geborgen – vielleicht die erste Form der Schrift, die man je entdeckte. Außerdem fand man Versteinerungen beschnitzter Holzblöcke, die auf ca. 7500 v. Chr. datiert werden. Die Entdeckung des »Asiatischen Atlantis« elektrisierte Historiker und Archäologen: Vielleicht hatte Zivilisation hier 5000 Jahre eher begonnen als gedacht. Die Stadt könnte untergegangen sein, als der Meeresspiegel sich nach der Eiszeit vor etwa 10 000 Jahren hob.

🏛 **Archäologisches Museum**
⏱ Sa–Do. 📷 🚫

Nal Sarovar Sanctuary ❹

Distrikt Ahmedabad. 60 km südwestlich von Ahmedabad. 🚉 *Viramgam, 35 km nördlich des Zugangs, dann Taxi.* 🚌 *Viramgam.* ℹ *Conservator of Forests (Wildlife), Gandhinagar, (079) 952717–223 500.* *Zutritt nur mit Genehmigung vom Forest Department, (079) 372 3500.*

Nal Sarovar ist eines der größten Vogelschutzgebiete Indiens. Den 115 Quadratkilometer großen Nal Lake und die ihn umgebenden Sumpfwälder besichtigt man am besten zwischen November und Februar, wenn sich hier über 250 Arten von Wasservögeln versammeln, darunter Flamingos, Gänse, Kraniche, Pelikane, Störche, Kormorane, Ibisse und Löffelreiher. Zugvögel kommen sogar bis von Sibirien hierher. Hunderte der eleganten blaugrauen Jungfernkraniche kann man von Booten aus relativer Nähe beobachten. Ein Dauerbewohner hier ist der Saruskranich, der zu den größten Kranichen der Welt zählt. Als Balztanz vollführt er Verbeugungen mit ausgestreckten Flügeln.

Schilfgebiet am Nal Lake

Leider haben sowohl die Überfischung als auch die kontinuierlich zunehmende Zahl von Besuchern dazu geführt, dass sich das reiche Vogelleben am Nal Lake allmählich reduziert.

Flamingoschwärme sieht man regelmäßig im Nal Sarovar Sanctuary

Hotels und Restaurants in Gujarat *siehe Seiten 583f und 611*

Detailliert ausgearbeitete Hindu-Gottheiten am Rani ni Vav, Patan

Modhera
Sun Temple ❺

Siehe Seiten 344f.

Patan ❻

Distrikt Mehsana. 125 km nördlich von Ahmedabad. 112 000.
Jatar-Markt (Sep/Okt).

Vom 8. bis zum 15. Jahrhundert war Patan die Hauptstadt der Region, 1411 verlegte Sultan Ahmed Shah seinen Sitz nach Ahmedabad *(siehe S. 336f)*. Die Ruinen der alten Kapitale Anhilwada liegen zwei Kilometer nordwestlich von Patan, am eindrucksvollsten ist der Treppenbrunnen **Rani ni Vav**. Diese siebengeschossige Anlage aus der Solanki-Periode (10.–14. Jh.) gehört neben Adalaj Vav *(siehe S. 340f)* zu den schönsten in Gujarat. Sie ist restauriert und besitzt über 800 verschiedene aus Steinen gemeißelte Skulpturen. Königin Udaymati ließ die Anlage im 11. Jahrhundert zum Gedenken an ihren Mann Bhimdeva bauen. Sowohl direkte als auch seitliche Stufen führen hinunter, am Grund sind 37 Nischen mit dem Elefantengott Ganesha. **Sahastralinga Talav**, ein Wasserbecken mit 1000 dem Gott Shiva geweihten Schreinen, befindet sich ganz in der Nähe am Ufer des Saraswati.

Patan verfügt über mehr als 100 schön verzierte Jain-Tempel, der **Panchasara-Parsvanatha-Tempel** ist der eindrucksvollste. Auch die zahlreichen *havelis* der Stadt besitzen detailliert gestaltete Fassaden.

Eine andere Besonderheit von Patan sind die prächtigen *Patola*-Saris. Der Stoff wird von einer einzigen Familie hergestellt. Die Kunst, ihn zu weben, wurde von einer Generation zur nächsten weitergegeben. Die Saris kann man hier kaufen, bekommt sie aber auch in größeren Städten.

Siddhpur ❼

Distrikt Mehsana. 128 km nördlich von Ahmedabad. 54 000.

Am Fluss Anjuni war im 10. Jahrhundert der Rudra-Mala-Komplex mit Shiva-Tempeln bekannt. Laut historischen Aufzeichnungen soll er drei Stockwerke, 1600 Säulen, elf kleinere Schreine und drei 40 Meter hohe Toranlagen umfasst haben, wurde jedoch im 13. Jahrhundert von islamischen Invasoren zerstört. Heute sind in Siddhpur nur noch zwei Portale und vier Säulen des Haupttheiligtums zu sehen, dazu eine gut erhaltene Toranlage mit zwei hohen Säulen. Beim Schlendern durch die Stadt entdeckt man interessante *havelis* aus Holz und große Häuser mit Säulen, die muslimische Kaufleute im 19. Jahrhundert errichten ließen.

Umgebung: In der Region liegen die bekannten Tempelstädte **Ambaji**, 88 Kilometer nördlich von Siddhpur, und **Bahucharaji**, 55 Kilometer südwestlich von Siddhpur. Die beiden Tempel sind der Göttin Amba geweiht, einer Reinkarnation von Parvati, Shivas Gemahlin. Besonders während der vier Feste am Vollmond im März, Juni, September und Dezember kommen zahlreiche Pilger zu beiden Tempeln. Viele von ihnen lassen sich am Ziel ihrer Pilgerreise die Haare abrasieren.

Traditionelle Häuser in Siddhpur mit verzierten Fassaden

Patola-Webtechnik

Detail eines typischen *Patola*-Saris

Patola ist eine Seidenwebtechnik, die man fast nur in Patan beherrscht. Die Kett- und Schussfäden werden, zu Bündeln zusammengefasst, abschnittsweise in verschiedenen Tönen gefärbt, erst danach verwebt man sie zu den klaren Mustern der so genannten *Ikat*-Textilien *(siehe S. 548)*. Typische Motive sind neben geometrischen Formen auch Tiere und Tänzerinnen. Die Herstellung ist sehr aufwendig – einen Monat braucht man für einen Sari von 5,50 Metern Länge. Dementsprechend teuer sind die Produkte, die bis an den indonesischen Hof exportiert wurden.

Modhera Sun Temple ❺

König Bhima I. aus der Solanki-Dynastie ließ den Sonnentempel 1026 errichten. Die Anlage ist so präzise in West-Ost-Richtung gebaut, dass die Sonnenstrahlen jeden Tag zu Mittag durch alle Kammern auf das innere Heiligtum fallen. Die bildhauerischen Arbeiten innen und außen sind überaus detailreich. Man sieht eine Vielzahl hinduistischer Gottheiten, aber auch Szenen aus dem Alltagsleben. Ein großes Wasserbecken nimmt den Vorhof ein und setzt den Gedanken der vedischen Schriften um, nach denen die Sonne aus den Tiefen eines Urmeeres geboren wurde.

Surya, der Sonnengott

Eingangshalle
Hier sieht man zwölf Darstellungen des Sonnengotts Surya – die Phasen der Sonne in jedem Monat des Jahres.

Schreine
Das Becken ist von kleinen Schreinen mit shikharas umgeben.

Kund
Treppen führen bis zum Grund des Beckens (kund) hinunter und schaffen den Eindruck einer umgekehrten Pyramide.

Vadodara ❽

Distrikt Vadodara. 113 km südöstlich von Ahmedabad. 🚶 *1 300 000.* ✈ *8 km nordöstlich des Stadtzentrums.* 🚆 🚌 ℹ *Gujarat Tourism, (0265) 242 7489.* 🏛 *Vadodara Municipal Corporation, (0265) 243 3116.*

Die Stadt am Ufer des Vishwamitri verdankt viel von ihrem Glanz Sayajirao Gaekwad (1875–1939), einem Herrscher, der sein Fürstentum in ein fortschrittliches Zentrum der Kultur, Bildung und Industrie ausbaute. Heute ist Vadodara, das auch Baroda genannt wird, eine pulsierende Stadt mit interessanten Gebäuden, Museen und Parks. Der **Laxmi-Vilas-Palast** wurde im indo-sarazenischen Stil vom englischen Architekten Major Charles Mant *(siehe S. 381)* entworfen und 1890 fertiggestellt. Die Familie des einstigen Herrschers wohnt noch hier, doch es gibt Pläne, Teile der Anlage zu einem Luxushotel umzubauen. Auf dem Gelände gibt es bereits einen Golfclub. Ebenfalls auf dem Palastgelände befindet

Fassade des prächtigen Laxmi-Vilas-Palastes

Hotels und Restaurants in Gujarat *siehe Seiten 583f und 611*

MODHERA SUN TEMPLE

Torana
Vom torana, *dem Torbogen, stehen nur noch zwei prächtig verzierte Säulen, die in den Tempel führen.*

INFOBOX
Distrikt Mehsana. 120 km nordwestlich von Ahmedabad. Mehsana, 25 km entfernt, dann Taxi oder Bus. (02734) 284 334. tägl. Modhera Tanzfestival (Jan).

Garbhagriha
An den Wänden und Säulen des inneren Heiligtums sieht man die Gottheiten in ihrer himmlischen Hierarchie.

Sabha Mandapa, die Versammlungshalle, diente religiösen Gesprächen und Feierlichkeiten.

Nritya Mandapa
In der Halle zwischen Versammlungshalle und innerem Heiligtum wurden Tänze aufgeführt.

sich das **Maharaja Fateh Singh Museum** mit einer Sammlung von Gemälden des indischen Malers Raja Ravi Varma (1848–1906).

Im Park **Sayaji Bagh** befinden sich u. a. ein Zoo, ein Planetarium und das **Vadodara Museum and Picture Gallery** mit Mogulminiaturen, Ölgemälden aus Europa, Textilien und geschnitzten Türen von *havelis*. Stolz des Museums sind 68 Bronzen aus Akota, im 5. Jahrhundert ein Zentrum der Jain-Kultur.

Radha und Madhava von Raja Ravi Varma

Weitere Sehenswürdigkeiten sind **Kirti Mandir**, das *samadhi* (Denkmal) der Herrscherfamilie, **Nyaya Mandir**, ein indo-sarazenischer Bau, der heute das Gericht beherbergt, und bemalte *havelis*. Das **College of Fine Art** der Maharaja Sayajirao University hat landesweit Bedeutung.

Laxmi-Vilas-Palast
(0265) 243 1819. Di–So nach Vereinbarung.
Golfclub (0265) 655 5999.

Maharaja Fateh Singh Museum
(0265) 242 6372. Di–So.

Vadodara Museum and Picture Gallery
(0265) 79 359.
Di–So 10.30–17 Uhr.

Umgebung: Die Amul Dairy (Molkerei) liegt 38 Kilometer nordwestlich von Vadodara in **Anand**. »White Revolution« nannte man das Projekt, für Indien genug Milch zu produzieren, Amul Dairy war eine der ersten von heute rund 1000 Kooperativen, die täglich rund eine Million Liter Milch produzieren. Besichtigung von 15–17 Uhr möglich.

Jain-Tempel im Pavagadh Fort bei Champaner

Champaner ❾

Distrikt Vadodara. 52 km nordöstlich von Vadodara.
Mahakali-Fest (März/Apr.)

Die verlassene Stadt Champaner, eine UNESCO-Welterbestätte am Fuß des Pavagadh Hill, war Sitz der Rajputen-Dynastie Chauhan und wurde 1484 vom muslimischen Herrscher Mahmud Begada erobert. 23 Jahre lang ließ er die Zitadelle umbauen, fügte Moscheen, Paläste und Grabmäler innerhalb der Mauern mit den großen Toren an. Champaner blieb bis 1535 die Hauptstadt von Gujarat, dann wurde es vom Mogulherrscher Humayun erobert und verfiel allmählich.

Große Teile der Stadt sind heute Ruinen, doch einige Moscheen und Paläste in einer Mischung aus Islam- und Jain-Elementen sind noch erhalten. **Jami Masjid** (1523) ist eine symmetrisch gebaute Moschee, die Kuppel hat perfekte Proportionen. Außen sieht man 172 Säulen und 30 Meter hohe Minarette, mit ihrem Ornamentenschmuck zählt die Moschee zu den schönsten islamischen Monumenten in Westindien. Auch **Nagina Masjid** (16. Jh.) ist ein eleganter Bau.

Pavagadh Fort auf dem 820 Meter hohen Pavagadh Hill liegt vier Kilometer südwestlich von Champaner. Innerhalb der verfallenen Befestigungsmauern ballen sich muslimische, hinduistische und Jain-Heiligtümer.

Beim Weg bergauf kommt man an den Ruinen des **Sat Mahal** vorbei, des siebenstöckigen Palastes der Chauhan-Herrscher. Sie wurden erschlagen, als sie sich weigerten, nach der muslimischen Eroberung zum Islam überzutreten, ihre Frauen und Kinder begingen *jauhar*. Zu sehen sind außerdem Makai Kothar und Naulakha Kothar, zwei Kornspeicher mit Kuppeln.

Umgebung: Dabhoi Fort, 75 Kilometer südlich von Champaner, wurde im 13. Jahrhundert von den Solanki-Rajputen erbaut. Es hat vier Tore, ein Wasserbecken mit einem Aquädukt und Felder innerhalb des Forts, um bei einer Belagerung autark zu sein.

Detail an der Jami Masjid

Ruinen der im 16. Jahrhundert erbauten Jami Masjid in Champaner

Surat ❿

Distrikt Surat. 234 km südlich von Ahmedabad. 5374400.
1/847 Athugar St, Nanpura, (0261) 247 6586. Mo–Sa.

Seine Lage an der Küste machte Surat wohlhabend, zwischen 16. und 18. Jahrhundert kämpften viele Mächte um die Kontrolle der Hafenstadt. Portugiesen, Niederländer, Marathen und Briten hatten hier die Macht, aber die Bedeutung Surats nahm ab, nachdem Hochwasser und Feuer 1837 die Stadt verwüsteten. Viele Hindu- und Parsi-Kaufleute *(siehe S. 363)* zogen nach Bombay (Mumbai), das nach und nach die wichtigste Hafenstadt der Westküste wurde. Surat ist heute ein größeres Industriezentrum.

Surat Castle (16. Jh.) neben der Tapti Bridge ist die älteste Anlage der Stadt, erbaut von Khudawan Khan, einem albanischen Christen, der Muslim wurde. Die Brustwehre sind zwölf Meter hoch, die Mauern vier Meter dick. Eisenklammern halten die Bauelemente zusammen, in die Fugen wurde geschmolzenes Blei gegossen. Besondere Beachtung verdient das Tor am Ostflügel, das außen bedrohlich mit Stacheln gespickt und innen fein skulptiert ist. In der Burg sind heute Büros eingerichtet, das historische Ambiente leidet darunter.

Nordöstlich der Burg, gleich hinter dem Kataragama Gate, zeugen die Friedhöfe der Briten, Niederländer und Armenier von der kosmopolitischen Vergangenheit der Stadt. Die Grabsteine sind zwar überwuchert, erzählen aber mit ihren Inschriften viele persönliche Geschichten. Beeindruckend auf dem britischen Friedhof ist das Mausoleum von Sir George Oxinden, einem Gouverneur von Surat Port, und seinem Bruder. Das Grabmal von Baron Adriaan van Reede wurde mit einer enormen Doppelkuppel im 17. Jahrhundert auf dem niederländischen Friedhof errichtet.

Hotels und Restaurants in Gujarat *siehe Seiten 583f und 611*

Das moderne Surat hat eine florierende Textilindustrie. Die berühmten *Tanchoi-*(Brokat-) Seiden werden hier gestellt. Weltweit bekannt ist Surat als Zentrum des Diamantschnitts. In den 1980er Jahren sprach man in Zusammenhang mit Surat viel von urbaner Verwahrlosung, 1994 traten hier Fälle von Lungenpest auf. Das alarmierte die Stadtverwaltung, man bemühte sich intensiv um hygienische Maßnahmen. Heute ist Surat wieder ein prosperierendes Handelszentrum.

Das Tor von St Jerome's Fort in Nani Daman

Daman ⓫

Daman Union Territory. 390 km südlich von Ahmedabad. 36 000.
Vapi, 10 km südöstlich von Daman, dann Taxi oder Bus.
Nani Daman, (0260) 225 5104.
www.damantourism.com

An der Südspitze von Gujarat, neben Maharashtra, war die kleine Enklave Daman bis 1961 eine portugiesische Kolonie. Der Damanganga teilt vor seiner Mündung in das Arabische Meer die Stadt in zwei Teile – Nani Daman (Klein-Daman) mit seinen Hotels und Bars und Moti Daman (Groß-Daman), die alte portugiesische Stadt.

Moti Daman wird von dem großen **Daman Fort** umgrenzt. Seine zehn Bastionen und zwei Toranlagen stammen von 1559, ein Burggraben, der mit dem Fluss verbunden ist, umgibt das Ganze. Zu den gut erhaltenen Kirchen Damans gehört die **Kathedrale Bom Jesus** von 1603, das Portal zeigt üppige Schnitzereien, auch der Altar weist zahlreiche Verzierungen auf. In der kleineren **Rosario-Kapelle** außerhalb des Forts sieht man auf Holztafeln Szenen aus dem Leben Jesu. Vom Leuchtturm im Norden des Forts hat man eine wunderbare Aussicht auf den Golf von Cambay.

St Jerome's Fort in Nani Daman ist kleiner als Daman Fort, umgibt aber die Kapelle Our Lady of the Sea. Die klassizistische Fassade hat zwölf Säulen, die von einem Kreuz gekrönt werden.

In Nani Damans schäbigen Bars wird sehr viel Alkohol getrunken. Da der in vielen Teilen Gujarats verboten ist, kommen eine Menge zwielichtiger Gestalten hierher, um zu trinken. Lokalkolorit der weniger üblen Art kann man auf dem Bauernmarkt oder auf dem Fischmarkt am Fluss erleben.

Die Strände Devka und Jampore, fünf Kilometer nördlich bzw. südlich von Daman, sind nicht gerade spektakulär, aber dennoch ruhige Rückzugsmöglichkeiten, um sich zu entspannen.

Feste in Gujarat

Uttarayan *(14. Jan).* Das Fest fällt mit Makar Sankranti zusammen, dem Höhepunkt des Winters. In allen Teilen von Gujarat sieht man an diesem Tag Tausende von schön gearbeiteten, farbenprächtigen Drachen am Himmel tanzen.

Modhera Tanzfestival *(Jan),* Modhera Sun Temple. Während des dreitägigen Festivals bietet sich die einmalige Gelegenheit, klassische indische Tänze in der Umgebung zu sehen, in der sie früher getanzt wurden.

Stand mit Armreifen, Tarnetar

Tarnetar Mela *(Aug/Sep),* Tarnetar, acht Kilometer von Thangadh entfernt. Bei diesem Marktfest sieht man die künftigen Bräutigame mit bunten Schirmen auf dem Marktplatz promenieren, während junge Frauen mit gefalteten Röcken sie tanzend umkreisen. Ein Mädchen drückt seine Sympathie aus, indem es mit dem jungen Mann seiner Wahl ein Gespräch beginnt. Die Eltern regeln dann die Details der Hochzeit.

Navratri *(Sep/Okt).* Die »Neun Nächte« von Navratri werden in ganz Gujarat mit Tänzen zu Ehren der Muttergöttin gefeiert. Frauen tanzen den *garba* in einem Kreis und klatschen dabei in die Hände. Höhepunkt ist der *dandia ras,* dabei schlagen Männer und Frauen den Takt mit kleinen Stöcken immer schneller, bis er zum frenetischen Crescendo wird.

Der Hafen unterhalb von St Jerome's Fort in Nani Daman

Bhavnagar ⓬

Distrikt Bhavnagar. 200 km südwestlich von Ahmedabad.
510000. 8 km südöstlich des Stadtzentrums.

Für die meisten Besucher ist Bhavnagar nur eine angenehme Basis, um die Tempelstadt Palitana zu besichtigen. Doch die Stadt ist nicht ohne Charme, am alten Basar stehen viele *havelis* der Kaufleute, in den Läden werden Batiktextilien und Schmuck angeboten. Im Südosten der Stadt, an der Straße zum Flughafen, steht das 1895 erbaute **Barton Museum**. Zu sehen ist die private Sammlung des britischen Offiziers Colonel Barton, der im 19. Jahrhundert hier stationiert war. Gezeigt werden Münzen, Waffen und *objets d'art*.
Nilambagh Palace wurde 1859 als Residenz des Herrschers errichtet und ist heute ein Luxushotel (siehe S. 584) mit großem Speisesaal und Pfauen im Park.

🏛 **Barton Museum**
📞 (0278) 242 4516. Mo–Sa 10–18.30 Uhr. Feiertage.
🏨 **Nilambagh Palace** Ahmedabad Rd. 📞 (0278) 242 4241.

Umgebung: Das flache Grasland des 36 Quadratkilometer großen **Velavadar National Park**, 65 Kilometer nördlich von Bhavnagar, ist die Heimat von über 1000 geschützten Hirschziegenantilopen. Bei Dämmerung kann man hier Wölfe sehen, die auf Indische Antilopen Jagd machen. Wildschweine und Nilgau-Antilopen versammeln sich gegen Abend an den Wasserstellen des Parks.

✈ **Velavadar National Park**
ℹ Forest Dept, Bhavnagar, (0278) 288 0222. Mitte Okt–Mai.
📷 Extragebühr.

Palitana ⓭

Distrikt Bhavnagar. 52 km südwestlich von Bhavnagar. ℹ (02848) 252 327. Falgun Suth Tera (Feb/März).

Ganze 1008 Jain-Tempel drängen sich auf den zwei Gipfeln des Shatrunjaya Hill und auf dem Sattel dazwischen. Adinath, der erste Jain-*tirthankara*, soll sich hier aufgehalten, sein Schüler Pundarika hier Erleuchtung erfahren haben. Die meisten Tempel stammen aus dem 16. Jahrhundert, die früheren Tempel wurden von islamischen Invasoren im 14. und 15. Jahrhundert zerstört. Die Tempel gruppieren sich zu neun befestigten *tuks*, die nach den wohlhabenden Gläubigen, die sie finanzierten, benannt sind. In jedem *tuk* steht ein Hauptschrein, der von kleineren Heiligtümern umgeben ist.
Am beeindruckendsten ist der **Adinath-Tempel** (17. Jh.) am Nordkamm des Berges. Auf Decken, Wänden und Pfeilern sind hier Heilige, Tänzer, Musiker und Lotusblüten zu sehen, im Inneren Bildnisse von Adinath. Am Südkamm steht der **Adishvara-Tempel** (16. Jh.) mit seinem reich verzierten Turm. Das Hauptbildnis stellt Rishabhnath dar. Seine Augen sind aus Kristallen, er ist mit Halsketten geschmückt und hat eine Goldkrone auf.
Der vier Kilometer lange Aufstieg zum Gipfel dauert etwa zwei Stunden. Dabei hat man immer die spektakuläre Silhouette Hunderter Tempeltürme und Kuppeln vor Augen. Vom Gipfel kann man den Panoramablick über den Golf von Cambay und das Land genießen.

Türdetail eines Tempels in Palitana

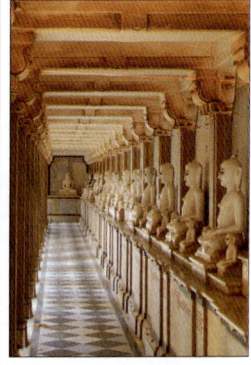

Skulpturen von Jain-tirthankaras an einem Tempelkorridor, Palitana

Diu ⓮

Diu Union Territory. 495 km südlich von Ahmedabad. 22000.
Delwada, 8 km nördlich des Stadtzentrums. ℹ Diu Jetty, (02875) 252 653.

Die kleine Insel Diu nimmt nur 39 Quadratkilometer ein und wurde einst »Gibraltar des Ostens« genannt. Seit dem 16. Jahrhundert war es eine

Der Nilambagh Palace (19. Jh.) von Bhavnagar steht in einem Park

Hotels und Restaurants in Gujarat siehe Seiten 583f und 611

GUJARAT

Das Fort von Diu bauten die Portugiesen 1535

wohlhabende portugiesische Kolonie, die 1961 an Indien zurückgegeben wurde und heute ein von der Zentralregierung verwaltetes Unionsterritorium ist.

Diu Fort ragt am östlichen Ende der Insel über der Stadt auf. Es wurde 1535 gebaut, als die Portugiesen Diu in Besitz nahmen. Beeindruckend sind der doppelte Burggraben, die alten Kanonen und der Blick bei Sonnenuntergang.

Die kleine Stadt zwischen dem Fort im Osten und der Stadtmauer im Westen hat sich mit ihren Kirchen und Kolonialhäusern immer noch eine portugiesische Atmosphäre bewahrt. Besonders schön ist das **Nagar Seth Haveli** mit geschnitzten Balkonen und Steinlöwen. Die **Church of St Paul** von 1610 besitzt einen hübschen Altar, Heiligenstatuen und eine Orgel. Ihre neogotische Fassade wurde 1807 neu gebaut. Die nahe **St Thomas Church** von 1598 beherbergt ein Museum mit sakralen Objekten und Steininschriften, die mit der Geschichte der Insel zu tun haben.

Der lange Sandstrand bei **Nagoa** sieben Kilometer vor der Stadt ist von Palmen gesäumt. Weitere von Diu leicht zu erreichende Strände sind Jallandhar und Chakratirth, wo man den Sonnenuntergang sieht. Als Unionsterritorium unterliegt Diu nicht Gujarats Alkohol-Prohibitionsgesetzen, was die vielen Bars und die Invasion durstiger Gujaratis am Wochenende erklärt.

Somnath ⓯

Distrikt Junagadh. 400 km südwestlich von Ahmedabad.

Den Blick über das Arabische Meer kann man vom **Somnath-Tempel** genießen, der zu den zwölf heiligsten Stätten Shivas zählt. Der legendäre Reichtum des Tempels machte ihn zum Ziel wiederholter Plünderungen. Den Anfang machte 1026 Mahmud von Ghazni, der Kamelladungen voller Gold und Edelsteine abtransportiert haben soll und den Tempel in Ruinen zurückließ. Ab dann setzte sich der Zyklus von Wiederaufbau und Plünderung sieben Jahrzehnte lang fort. Der heutige Tempel wurde 1950 errichtet.

Östlich des Tempels, dort, wo sich drei Flüsse vereinen, liegt **Triveni Tirth**. Die Stufen, die an dieser Stelle zum Meer hinunterführen, markieren die Stelle, an der Krishnas Bestattungsriten stattfanden, nachdem ihn ein Jäger irrtümlich für einen Hirsch gehalten hatte und tötete.

Sasan Gir National Park ⓰

Distrikt Junagadh. 370 km südwestlich von Ahmedabad. **Zugang:** Sasan Gir. *Genehmigung: Field Director, Sinh Sadan, Sasan Gir, (02877) 28 5541. Mitte Okt–Mitte Juni. Extragebühr. Jeeps.*

Bis vor 100 Jahren war der Indische Löwe in weiten Gebieten Indiens zu Hause – von Gujarat im Westen bis Bihar im Osten. Heute bietet der Sasan Gir National Park den einzigen Lebensraum der Löwen außerhalb Afrikas. Indische Löwen sind kleiner als Afrikanische Löwen, die Männchen haben kürzere Mähnen. Rund 320 Löwen leben in den 259 Quadratkilometern Buschwald von Gir. Anfang des 20. Jahrhunderts war der Indische Löwe durch Jagd und Wilderei fast ausgestorben, sein Überleben verdankt er erst den Bemühungen des Nawab von Junagadh (siehe S. 350) und später den Schutzmaßnahmen der Regierung von Gujarat.

Flüsse winden sich durch Gir. Der Nationalpark ist ein idealer Lebensraum für Tiere wie Schakale, *chausinghas* (Vierhornantilopen), Hirschziegenantilopen und Leoparden.

Somnath und der Mondgott

Die Legende erzählt den Ursprung des Somnath-Tempels: Som, der Mondgott, war verheiratet mit den 27 Töchtern von Daksha, dem Sohn von Brahma. Er liebte jedoch nur eine von ihnen, Rohini, was ihre Schwestern schmerzte. Daksha verfluchte seinen Schwiegersohn, sodass der Mond seinen Schein verlor. Verzweifelt wandte sich Som an Shiva und diente ihm mit solcher Hingabe, dass Shiva den Fluch löste: Der Mond solle einen halben Monat wachsen und einen halben Monat abnehmen. Dankbar baute Som für Shiva den Somnath-Tempel.

Der Somnath-Tempel ist Ziel der Shiva-Anhänger

Ein Indisches Löwenweibchen im Sasan Gir National Park

GUJARAT

Der Jain-Tempelkomplex auf dem Girnar Hill außerhalb von Junagadh

Junagadh

Distrikt Junagadh. 390 km südwestlich von Ahmedabad. 169 000.
Majwadi Darwaza, (0285) 265 1170. Mo–Sa.
Bhavnath Mela (Feb/März), Kartik Mela (Okt/Nov).

Junagadh bedeutet »Altes Fort«. Namensgeber war das Fort von Uparkot, das im 4. Jahrhundert auf dem Plateau am Ostrand der Stadt gebaut wurde. Eine an manchen Stellen 20 Meter hohe Mauer und ein 90 Meter tiefer Graben umgeben die Anlage. Im Graben lebten einst Krokodile, die man mit den Körpern Krimineller und politischer Feinde fütterte. Man betritt das Fort durch ein Tor mit drei Bogen. Ein gepflasterter Weg führt an Hindu-Tempeln vorbei zur **Jami Masjid**, die ganz oben auf den Überresten eines zerstörten Hindu-Tempels errichtet wurde. In der Nähe befinden sich buddhistische Höhlen aus dem 2. Jahrhundert. Zwei Treppenbrunnen, Navghan Kuan und Adi Charan Vav, wurden im 11. Jahrhundert gebaut.

Erst Mitte des 19. Jahrhunderts zogen die Nawabs von Junagadh vom Alten Fort hinunter in die Stadtpaläste. Die 1870 erbaute **Durbar Hall** des City Palace beherbergt ein Museum mit den Attributen des Herrschertums: Sänften, Silberthrone und alte Waffen. Ein Komplex von Mausoleen erhebt sich beim Bahnhof, das auffallendste ist **Mahabat Maqbara** mit seinen prächtigen Silbertüren.

Junagadhs Hauptattraktion ist jedoch **Girnar Hill** sechs Kilometer östlich der Stadt. Der erloschene Vulkan war seit dem 3. Jahrhundert v. Chr. eine heilige Stätte für Buddhisten, Jains und Hindus. Mehr als 4000 Stufen führen zum Gipfel des 1080 Meter hohen Berges. Der Weg führt vorbei an einer **Felstafel von Ashoka** *(siehe S. 42)*, die schon 250 v. Chr. Ashokas Botschaft der Gewaltlosigkeit und des Friedens verkündete. Auf halbem Weg zum Gipfel stößt man auf eine Gruppe von schönen Jain-Tempeln. Der größte ist der **Neminath-Tempel** mit einer schwarzen Marmorstatue des 22. Jain-*tirthankara*, der an

Verzierungen am Mahabat Maqbara

dieser Stelle gestorben sein soll. Den **Amba-Mata-Tempel** (12. Jh.) auf dem Gipfel besuchen viele frisch Vermählte, die von der Göttin Eheglück erbitten.

Durbar Hall Museum
(0285) 262 1685. Do–Di.
2. und 4. Sa.

Porbandar

Distrikt Porbandar. 400 km südwestl. von Ahmedabad. 133 000.
Mo–Sa. (0286) 224 5475. Extragebühr.

Einst war Porbandar ein wichtiger Hafen am Arabischen Meer, heute ist es berühmt als Geburtsort von Mahatma Gandhi. Das Haus, in dem Gandhi 1869 zur Welt kam, steht im Westteil der Stadt. Daneben zeigt das **Kirti Mandir Museum** Fotografien aus dem Leben Gandhis und Auszüge seiner Reden und

---

Nawab von Junagadh und seine Hunde

Der 11. Nawab von Junagadh (1900–1959) liebte wie seine Vorfahren Hunde, rund 800 seiner gezüchteten Lieblinge lebten voll Luxus in eigenen Räumen mit persönlichen Dienern. Der Nawab gab sogar feierliche Bankette, um ihre »Hochzeiten« zu feiern. Am Abend der Unabhängigkeit Indiens, als die Fürstentümer vor die Wahl gestellt wurden, weiter in Indien zu bleiben oder ein Teil Pakistans zu werden, entschied sich der Nawab für Pakistan. Der Protest seines Volkes machte ihm jedoch einen Strich durch die Rechnung. Der Nawab verließ Junagadh mit dem Flugzeug und all seinen Hunden, ließ jedoch seinen gesamten Harem und alle seine Konkubinen zurück.

Porträt des Nawab mit seinem Lieblingshund

Hotels und Restaurants in Gujarat *siehe Seiten 583f und 611*

GUJARAT

Schriften. Ansonsten gibt es wenig zu besichtigen. In den letzten Jahren bekam Porbandar den zweifelhaften Ruf als Sitz lokaler Mafiosi. Interessanterweise stammen viele, die aus Gujarat auswanderten, besonders Emigranten nach Afrika, aus dieser Region.

Eingang zum Kirti Mandir Museum, Porbandar

Dwarka ⓲

Distrikt Jamnagar. 450 km westlich von Ahmedabad. *Janmashtami (Juli/Aug.)*. (02892) 234 013.

Eine Legende erzählt, dass Krishna vor rund 5000 Jahren sein Reich in Mathura *(siehe S. 152f)* verließ und am Meer bei Dwarka lebte, wo er eine neue prächtige Stadt gründete, die in der Folgezeit untergegangen sein soll. Ob dieser Mythos nun wahr ist oder nicht – bei Forschungen am Meeresgrund fand man in der Nähe von Dwarka tatsächlich Nachweise einer untergegangenen Stadt.

Das ganz Jahr über kommen viele Hindu-Pilger nach Dwarka. Ihr Hauptziel ist der **Dwarkadhish-Tempel** aus dem 16. Jahrhundert. Er wurde aus Granit und Sandstein auf einem 540 Meter hohen Plateau errichtet, 60 Säulen stützen den siebenstöckigen, 51 Meter hohen Bau.

Zwei Kilometer weiter östlich befindet sich der kleinere, mit überaus üppiger Ornamentierung verzierte **Rukmini-Tempel**. Er wurde im 12. Jahrhundert errichtet und ist Krishnas Frau Rukmini geweiht.

Jamnagar ⓴

Distrikt Jamnagar. 310 km südwestlich von Ahmedabad. 448 000. 10 km westlich der Stadt. (0288) 266 3922. *Mo–Sa*.

Der Fürst Jam Rawal gründete die befestigte Stadt 1540. Über Jamnagar ragt **Lakhota Fort**, Sitz des Herrschers, auf und wird vom **Ranmal Lake** umgeben. Das Erdbeben im Januar 2001 richtete schwere Schäden am Fort an, man kann es aber trotzdem besichtigen. Das Museum im Fort zeigt schöne Skulpturen aus dem 9. bis 18. Jahrhundert, die nahe Kotha Bastion war einst die Rüstkammer des Herrschers.

Im Herzen der Altstadt steht der runde **Darbar Gadh**, in dem die herrschenden Jamsahebs öffentliche Audienzen abhielten. Auch dieser Bau wurde beim letzten Erdbeben stark beschädigt, nur noch das Erdgeschoss kann man sicher betreten. In den Gassen der Umgebung werden die berühmten Batikstoffe und der Silberschmuck der Stadt verkauft. In dieser Gegend stößt man auf zwei Jain-Heiligtümer, den **Shantinath-** und den **Adinath-Tempel**, die mit Spiegeln, vergoldetem Blattwerk, Wandbildern und Mosaiken bedeckt sind. Die **Ratanbai-Moschee** (19. Jh.) in der Nähe hat mit Perlmutt-Intarsien verzierte Türen.

Von 1907 bis 1933 wurde Jamnagar vom berühmten Cricket-Spieler K. S. Ranjit Sinhji regiert. Unter seiner fähigen Administration entstanden elegante öffentliche Gebäude und Parks.

▥ Lakhota Fort Museum
Do–Di. *2. und 4. Sa*.

Umgebung: Der **Marine National Park** im Golf von Kutch erstreckt sich 30 Kilometer vor Jamnagar. Der Archipel besteht aus 42 Inseln, das reiche Meeresleben kann man am besten auf der ruhigen Insel Pirotan bestaunen.

✦ Marine National Park
Jamnagar-Bootsanlegestelle. Genehmigungen: Park Director, Jamnagar, (0288) 255 2077.

Rajkot ㉑

Distrikt Rajkot. 215 km westlich von Ahmedabad. 970 000. *1 km nordwestlich des Stadtzentrums*. Bhavnagar House, (0281) 223 4507. *Mo–Sa*.

Während des britischen Raj war Rajkot Hauptstadt der Saurashtra-Region südwestlich von Gujarat, heute ist es eine Handels- und Industriestadt. Das Zentrum des regionalen Erdnusshandels ist auch für seine Kunsthandwerkstradition bekannt.

Die vielen Gebäude aus dem 19. Jahrhundert sorgen für Kolonialatmosphäre. Das **Watson Museum** am Jubilee Bagh, benannt nach einem britischen Agenten, besitzt Porträts lokaler Herrscher, Funde von Harappa-Stätten und eine große Statue der Queen Victoria. Das **Rajkumar College** wurde von den Briten für die Söhne der Adligen aus Gujarat gegründet.

▥ Watson Museum
(0281) 222 3065. *Do–Di 9–13, 15–18 Uhr*. *2. und 4. Sa*. *Extragebühr*.

Umgebung: Am **Wankaner-Palast**, 39 Kilometer nordöstlich von Rajkot, sieht man eine Mischung aus Mogularchitektur und venezianischer Gotik. Im Palast wohnt noch die ehemalige Herrscherfamilie, Teile sind ein Luxushotel *(siehe S. 584)*. In **Halvad**, 125 Kilometer nördlich von Rajkot, befindet sich am See ein Palast (17. Jh).

Statue des ersten Direktors des Rajkumar College, Rajkot

Rabari-Frauen in Bhuj tragen Wasser heim

Bhuj ㉒

Distrikt Kutch. 215 km westlich von Ahmedabad. 120 000. 7 km nördlich des Stadtzentrums. Gujarat Tourism, Toran Rann Resort, Mirzapur Bhuj, (02832) 224 910. Ashadhi Bij (Juli/Aug).

Vor dem Erdbeben 2001 war Bhuj eine faszinierende ummauerte Stadt mit schönen Palästen und *havelis*, auf dem Basar konnte man wunderbares Kunsthandwerk und Schmuck kaufen. Bhuj war die Hauptstadt des Fürstentums Kutch, das seinen Wohlstand durch den Seehandel mit den Hafenstädten in Ostafrika und am Persischen Golf erworben hatte. Afrikanische Sklaven waren ein wichtiger Posten im Seehandel, ihre Nachkommen leben noch immer in der Stadt.

Hauptattraktion ist der **Darbargadh-Palast** mit dem prächtigen **Aina Mahal** (»Spiegelpalast«) von 1752. Er wurde beim Erdbeben 2001 zwar stark beschädigt, wurde jedoch umfassend renoviert. Der Palast und seine Ausschmückung haben viel mit dem Gujarati-Architekten Ramsinh Malam zu tun. Als zwölfjähriger Junge erlitt dieser vor der Ostafrikanischen Küste Schiffbruch, wurde von einem niederländischen Schiff gerettet und nach Holland gebracht. Dort blieb er 17 Jahre, lernte Handwerke, z. B. wie man Delfter Fliesen herstellt, Glas bläst, Email brennt und Uhren macht. Als er in seine Heimat zurückkehrte, gab ihm Rao Lakha, Herrscher von Kutch, die Chance, all diese Fähigkeiten einzusetzen. So wurde der Aina Mahal mit blauen Delfter Fliesen, emaillierten Silberobjekten und Kaminuhren verziert – alles unter Ramsinhs Aufsicht gefertigt. Auch einheimische Handwerkskünste kamen zum Tragen. Eine Tür weist feinste Einlegearbeiten aus Elfenbein auf. Es gibt juwelenverzierte Schilde, Schwerter und eine wunderbare, 15 Meter lange bemalte Rolle, die mit vielen Details eine königliche Prozession mit afrikanischen Dienern zeigt. Diese Objekte sind im Palastmuseum zu sehen.

Die herrschaftlichen Grabmäler, der Swaminarayan-Tempel und der Basar sind jetzt zwar Ruinen, aber das ausgezeichnete **Folk Arts Museum** steht noch und präsentiert Textilien aus dem Kutch, Stickereien, Waffen und ein rekonstruiertes Dorf aus Rabari-*bhoongas* (Rundhütten).

🏛 **Folk Arts Museum**
Mandvi Rd. (02832) 220 541. Mo–Sa.

Das Erdbeben in Gujarat

Am 26. Januar 2001 um 8.46 Uhr – Indien war dabei, seinen Republic Day zu feiern – erschütterte ein verheerendes Erdbeben Gujarat. Das Epizentrum lag in Kutch. Mit einer Stärke von 7,7 auf der Richterskala zerstörte das Beben die Distrikthauptstadt Bhuj sowie Anjar, die zweitgrößte Stadt in Kutch. 450 Dörfer im Distrikt wurden dem Erdboden gleichgemacht. Unter den 20 000 Menschen, die bei dem Beben ums Leben kamen, waren 400 Schulkinder aus Anjar, die bei der Republic-Day-Parade von herabstürzenden Gebäudeteilen erschlagen wurden. In Ahmedabad starben die meisten Menschen in neu erbauten Hochhäusern, die wie Kartenhäuser einstürzten, während die jahrhundertealten historischen Monumente im ganzen Bundesstaat relativ wenig Schaden erlitten. Eine Ausnahme bildete der im 18. Jahrhundert erbaute Darbargadh-Palast in Bhuj, der mit feinster Gujarat-Handwerkskunst ausgestattet war. Die meisten Schäden sind zwar irreparabel, doch heute ist er wieder für Besucher geöffnet. Die traditionellen runden Lehm-*bhoongas* der halbnomadischen Rabari von Kutch hielten dem Erdbeben dagegen relativ gut stand. Gujarat und besonders Kutch waren schon immer eine Region hoher seismischer Aktivität. Historiker sind der Meinung, dass die Städte der Induskultur *(siehe S. 41)* wie Dholavira und Lothal um 1900 v. Chr. einem Erdbeben zum Opfer fielen. Bei einem Beben 1819 starben 1100 Menschen, bei dem von 1956 kamen 7000 ums Leben. Die Katastrophe von 2001 machte über 250 000 Menschen obdachlos. Beim Wiederaufbau waren neben Gujarat und der Republik Indien über 150 Länder beteiligt. Am 8. Oktober 2005 erschütterte ein Erdbeben den pakistanischen Teil von Kaschmir. Über 80 000 Bergbewohner kamen ums Leben, mehr als drei Millionen Menschen verloren bei den Erdstößen ihre Behausung.

Aufräumarbeiten nach dem schweren Erdbeben, Bhuj

Hotels und Restaurants in Gujarat *siehe Seiten 583f und 611*

GUJARAT

Die ruhige Küste bei Mandvi, das einst ein wichtiger Hafen war

Mandvi ❷❸

Distrikt Bhuj. 60 km südwestlich von Bhuj. 14 000.

Die alte Hafenstadt besitzt schöne Strände, man kann hier gut schwimmen und auf Kamelen oder Pferden den Strand entlangreiten. In der Nähe des Strandes wurde in den 1940er Jahren der **Vijay-Vilas-Palast** in einer indo-edwardianischen Stilmischung als Sommerhaus gebaut. Besichtigen kann man den hübschen Garten, den Salon und die Dachterrasse, von der man aufs Meer blickt.

Der **Old Palace** der Kutch-Herrscher stammt aus dem 18. Jahrhundert und ist heute ein Mädcheninternat. Hier wurden regionale und europäische Stile gemischt, die Fassade zieren niederländische Cherubim mit Weinbechern, eine Referenz des Architekten Ramsinh Malam an seine zweite Heimat.

Vijay-Vilas-Palast
Do–Di. Extragebühr.

Dholavira ❷❹

Distrikt Bhuj. 250 km nordöstlich von Bhuj. Genehmigung: Superintendant of Police, Bhuj, (02832) 250 444. tägl.

Dholavira ist ein Dorf auf der Insel Khadir im Sumpfgebiet des Rann of Kutch. Archäologen haben hier die Reste einer Siedlung gefunden, die 5000 Jahre alt ist. Neben Lothal *(siehe S. 342)* ist dies die größte bekannte Siedlung der Induskultur, eine angelegte Stadt mit breiten Straßen, einer zentral gelegenen Zitadelle, einer Mittelstadt mit Wohngebäuden, einer Unterstadt mit Plätzen und zwei Stadien. Die Inschrift aus zehn Buchstaben am Nordtor der Zitadelle ist noch nicht entschlüsselt. Große Wasserreservoirs und ein Damm beweisen, dass es hier ein ausgeklügeltes System zur Be- und Entwässerung gab.

Little Rann of Kutch Sanctuary ❷❺

Distrikt Kutch. **Zugänge:** Dhrangadhra, 130 km westlich von Ahmedabad; Dasada, 117 km nordwestlich von Ahmedabad. *Dhrangadhra, 20 km südlich des Parks.* Dhrangadhra und Dasada, dann Bus oder Jeep. Gujarat Tourism, Ashram Rd, Ahmedabad, (079) 2657 8046. Genehmigung und Touren: Forest Office, Dhrangadhra. Extragebühr.

Das Gebiet aus Salzebenen und Grasland im nordwestlichen Teil von Gujarat, der Little Rann of Kutch, ist von beeindruckender Schönheit. Im Sonnenlicht glitzern die Salzkristalle im Sand wie Diamanten, nachts liegt über der Landschaft ein merkwürdiger blauer Schimmer. Jedes Jahr während der Monsunzeit, wenn das Meer und die Flüsse die Region überschwemmen, verwandeln sich die Salzebenen in weite Sümpfe. Die etwas höher gelegenen, grasbedeckten Landflächen, die man *bets* nennt, wirken dann wie Inseln. 4841 Quadratkilometer dieses einzigartigen Ökosystems mit seiner besonderen Fauna bilden ein Schutzgebiet, einen der letzten Lebensräume des Asiatischen Wildesels *(Equus hemionus khur)*, den man *ghorkhur* nennt. Er ist verwandt mit dem tibetischen *kiang* und hat einen dunklen Streifen am Rücken. Nur noch rund 1000 Tiere gibt es weltweit. Der Asiatische Wildesel kann bis zu 60 km/h schnell sein, lebt in Herden und zieht auf der Futtersuche von einem *bet* zum anderen.

Im Schutzgebiet leben auch zahlreiche Nilgau- und Hirschziegenantilopen, *chinkaras* (Indische Gazellen), Wölfe und die seltene Wüstenkatze. Man sieht hier Jungfernkraniche, Pelikane und Flamingos, die in den Salzmarschen überwintern.

Dhrangadhra und **Dasada** sind beides interessante Ausgangspunkte, um das Little Rann of Kutch Sanctuary zu besuchen. In Dasada befindet sich ein Fort aus dem 15. Jahrhundert, in einem Handwerkerdorf arbeiten Töpfer und Textildrucker. Die Familie der ehemaligen Feudalherren von Dasada arrangiert Unterkünfte und Touren mit Führer. Dhrangadhra war die Hauptstadt des ehemaligen Fürstentums und besitzt einen Palast aus dem 18. Jahrhundert sowie einen Basar mit Kolonialgebäuden. Touren durch das Schutzgebiet werden vom Forest Office organisiert, übernachten kann man in einem staatlichen Gästehaus.

Der Asiatische Wildesel lebt im Rann of Kutch

Anlage zur Salzgewinnung im Rann of Kutch

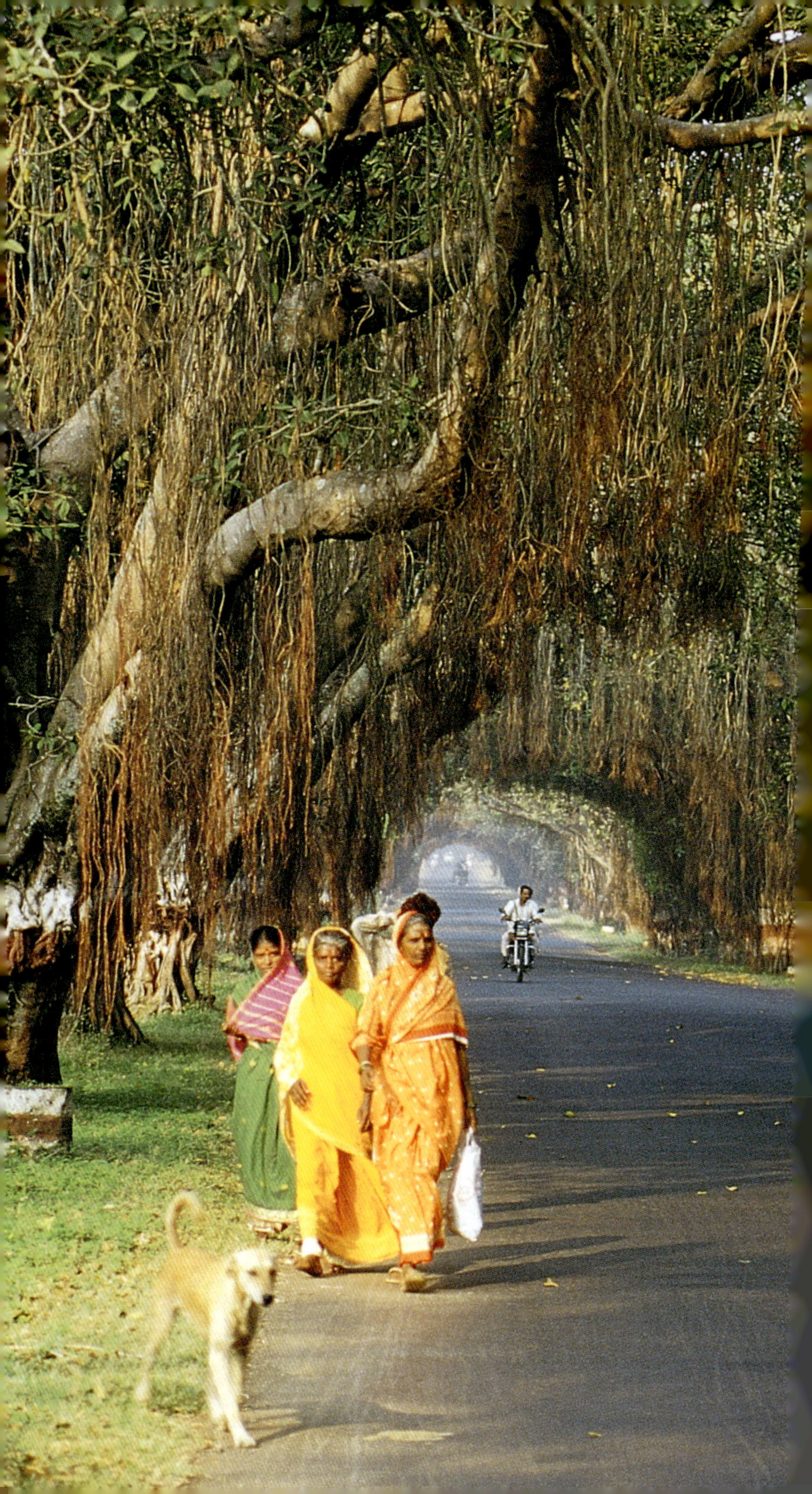

Südwestindien

Südwestindien im Überblick **356–357**

Mumbai **358–377**

Maharashtra **378–393**

Goa **394–417**

Karnataka **418–447**

Südwestindien im Überblick

Das südwestliche Indien umfasst die drei Bundesstaaten Maharashtra, Goa und Karnataka sowie das zentrale Dekkan-Hochland, die schmale Konkan-Küste und die zerklüfteten Westghats. Wichtigste Stadt ist Mumbai (Bombay), das auch das pulsierende Wirtschaftszentrum des Landes ist. Zu den zahlreichen Attraktionen der Region gehören die Strände und die portugiesischen Kirchen von Goa, die Höhlen und Tempel von Ajanta und Ellora sowie die Ruinen von Hampi. Weiter südlich befinden sich Bengaluru (früher Bangalore), das »Silicon Valley von Asien«, Mysore und die Hoysala-Tempel von Belur und Halebid.

Bauern aus Maharashtra mit ihren oft bunt geschmückten Ochsen

In Südwestindien unterwegs

Die Region verfügt über drei internationale Flughäfen: Mumbai, Bengaluru und Dabolim (Goa). Inlandsflughäfen finden sich in Pune, Aurangabad, Nagpur und Mangalore. Auch das Eisenbahnnetz der Gegend ist gut ausgebaut. Zwischen den großen Städten gibt es schnelle Verbindungen. Auch zwischen den mittelgroßen Ortschaften verkehren klimatisierte Züge. Die spektakuläre Konkan Railway führt 760 Kilometer an der Küste entlang von Mumbai nach Thiruvananthapuram (in Kerala) und passiert dabei 2137 Brücken, 140 Flüsse und 83 Kilometer Tunnel. Mit bis zu 160 Kilometern in der Stunde ist dies Indiens schnellster Zug. Im Hinterland gibt es zahlreiche Highways sowie Haupt- und Nebenstraßen; hier fahren viele Busse. Private Unternehmen bieten auf den beliebteren Routen wie z. B. der Strecke Mumbai–Goa–Hampi Luxusbusse an.

LEGENDE

- National Highway
- Hauptstraße
- Fluss
- Staatsgrenze

◁ Allee aus Banyanbäumen in Maharashtra

SÜDWESTINDIEN IM ÜBERBLICK

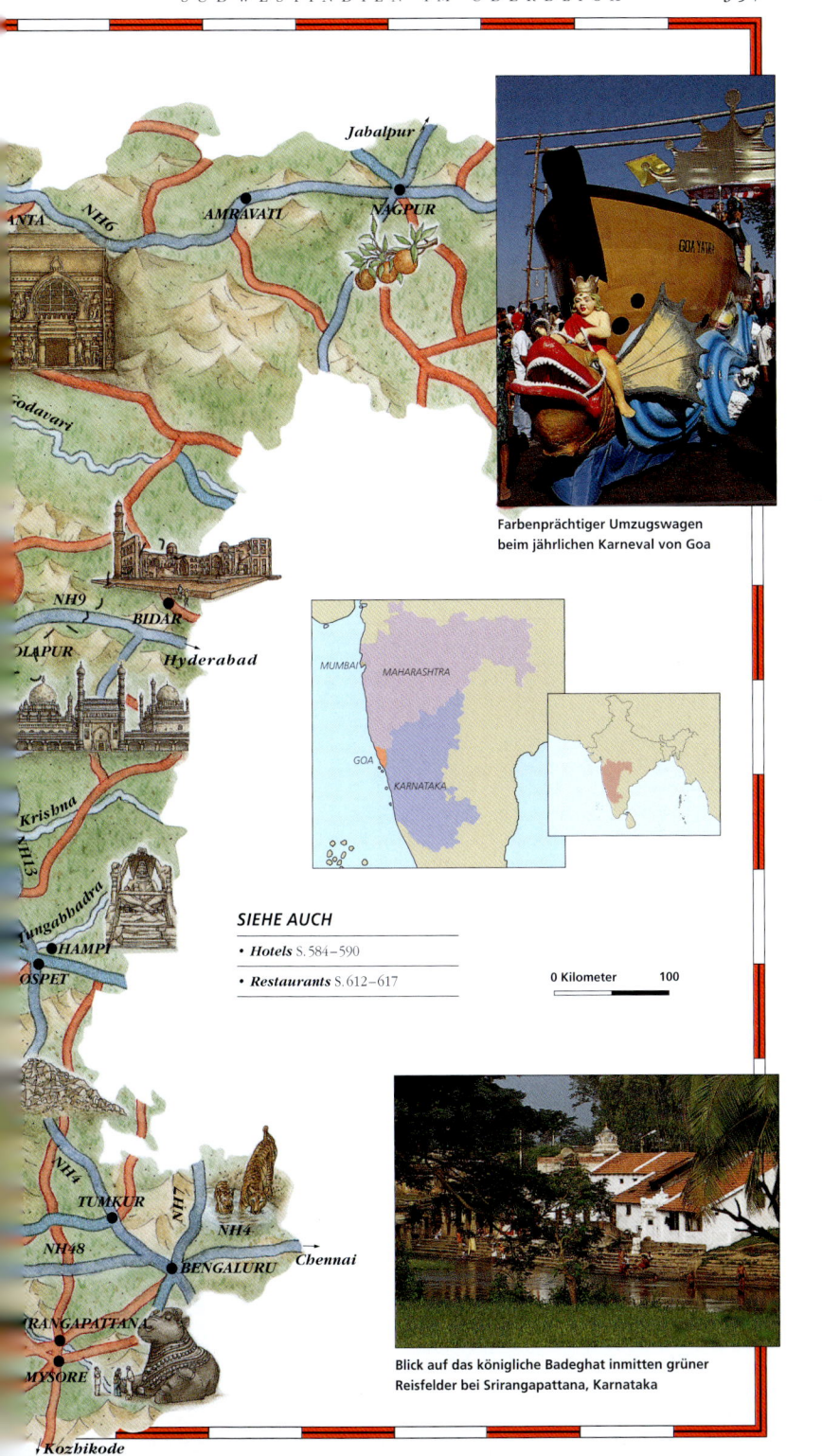

Farbenprächtiger Umzugswagen beim jährlichen Karneval von Goa

SIEHE AUCH
- *Hotels* S. 584–590
- *Restaurants* S. 612–617

0 Kilometer 100

Blick auf das königliche Badeghat inmitten grüner Reisfelder bei Srirangapattana, Karnataka

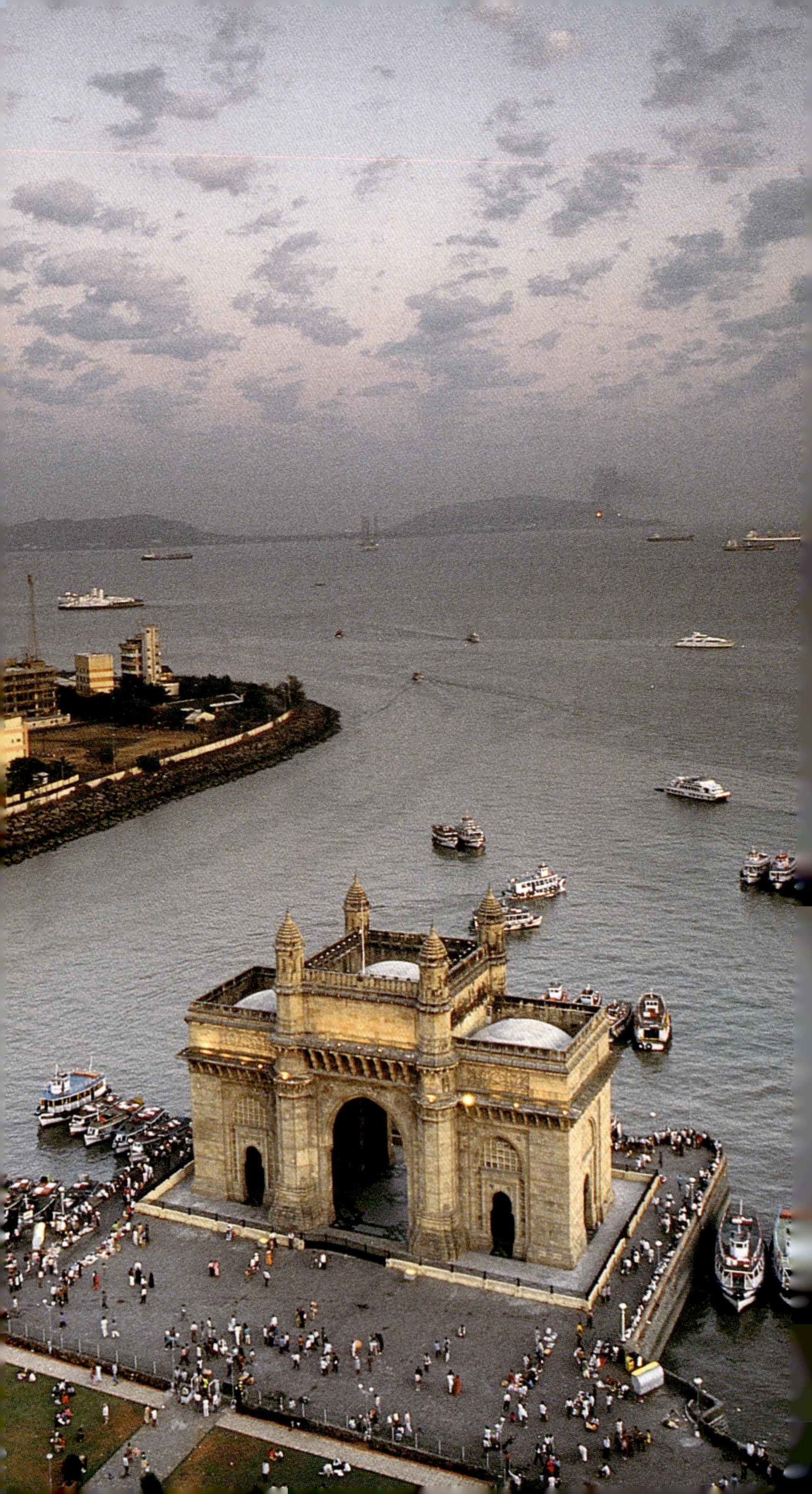

Mumbai

Mumbai (früher Bombay) ist Hauptstadt von Maharashtra und Indiens dynamischste, kosmopolitischste und bevölkerungsreichste Stadt. Mumbai ist Finanzzentrum, Hafenstadt und Sitz von »Bollywood«, der größten Filmindustrie der Welt. In der brodelnden Riesenstadt leben rund 14 Millionen Menschen – von milliardenschweren Tycoons bis hin zu Obdachlosen auf der Straße.

Als die Portugiesen es 1534 erwarben, bestand Bombay (portugiesisch »Bom Bahia«, Schöne Bucht) aus sieben Sumpfinseln. 1661 gelangte die Stadt als Mitgift Katharina von Braganzas bei ihrer Hochzeit mit Charles II. in den Besitz der britischen Krone. Diese hatte wenig Verwendung für die Inseln und verlieh sie für lächerlich wenig Geld an die East India Company, die alsbald Bombays Potenzial als ausgezeichneten natürlichen Hafen im Arabischen Meer erkannte. Der Aufstieg Bombays begann im späten 17. Jahrhundert, als die East India Company ihren Hauptsitz hierher verlegte. Im 18. Jahrhundert war Bombay die wichtigste Stadt und Schiffsbauzentrum der Westküste. Im 19. Jahrhundert wurden die Inseln urbar gemacht und zu einer schmalen Landzunge verbunden. Die Aussicht auf Handel lockte viele Menschen aus Gujarat, zahlreiche Parsen *(siehe S. 363)* und sephardische Juden an, die Bombay eine multikulturelle Identität verliehen. Heute trägt Mumbai seinen »alten« Namen – von Mumba-Ai, der achtarmigen Göttin, die von den Ureinwohnern der Stadt, den Koli-Fischern, verehrt wird.

Mumbai ist eine Stadt der Kontraste: Wolkenkratzer stehen neben viktorianischen und Art-déco-Häusern, traditionelle Basare neben leuchtenden Einkaufsmeilen, teure Wohngebiete neben ausgedehnten Slums. Zuwanderer aus dem ganzen Land mehren die Bevölkerung und weiten die Vorstädte aus. Sie alle strömen in die »Goldene Stadt« auf der Suche nach Ruhm, Reichtum oder einer kleinen Rolle in einem Bollywood-Film.

Lebhafter Verkehr um den Flora Fountain im Herzen von Mumbai

◁ Gateway of India *(siehe S. 362)*, das Wahrzeichen der Stadt an der Küste des Arabischen Meers

Überblick: Mumbai

Mumbai liegt auf einer schmalen, 603 Quadratkilometer großen Landzunge im Arabischen Meer. Zentrum ist das historische Fort-Viertel im Süden der Stadt, das seinen Namen kolonialen Befestigungsanlagen verdankt. Hier befinden sich die bekanntesten Sehenswürdigkeiten, Hotels und Restaurants. Die vornehme Wohngegend Malabar Hill liegt an der Westküste nördlich des Marine Drive. Die sich ständig ausdehnenden modernen Vororte erstrecken sich nördlich von Bandra.

SIEHE AUCH

- *Hotels* S. 584–586
- *Restaurants* S. 612f

Für das Holi-Fest geschmückte Fischerboote im Süden Mumbais

Sehenswürdigkeiten auf einen Blick

Historische Gebäude, Straßen und Viertel
Ballard Estate ⑬
Bandra ㉑
Colaba Causeway ❸
Flora Fountain ❾
Gateway of India ❶
General Post Office ⑭
Horniman Circle ❼
Kala Ghoda S. 364f ❹
Khotachiwadi ⑱
Malabar Hill ⑯
Marine Drive ⑮
Mumbai Stock Exchange ❽
Shahid Bhagat Singh Marg ⑫
Town Hall ❻
Victoria Terminus S. 370f ❿
Wellington Fountain ❷

Historische Stätte
Elephanta Island ㉕

Museum
Prince of Wales Museum S. 366f ❺

Tempel und Moscheen
Banganga ⑰
Haji-Ali-Moschee ⑳
Mahalaxmi-Tempel ⑲

Strände und Parks
Juhu Beach ㉒
Sanjay Gandhi National Park ㉔

Markt
Crawford Market ⑪

Unterhaltung
Film City ㉓

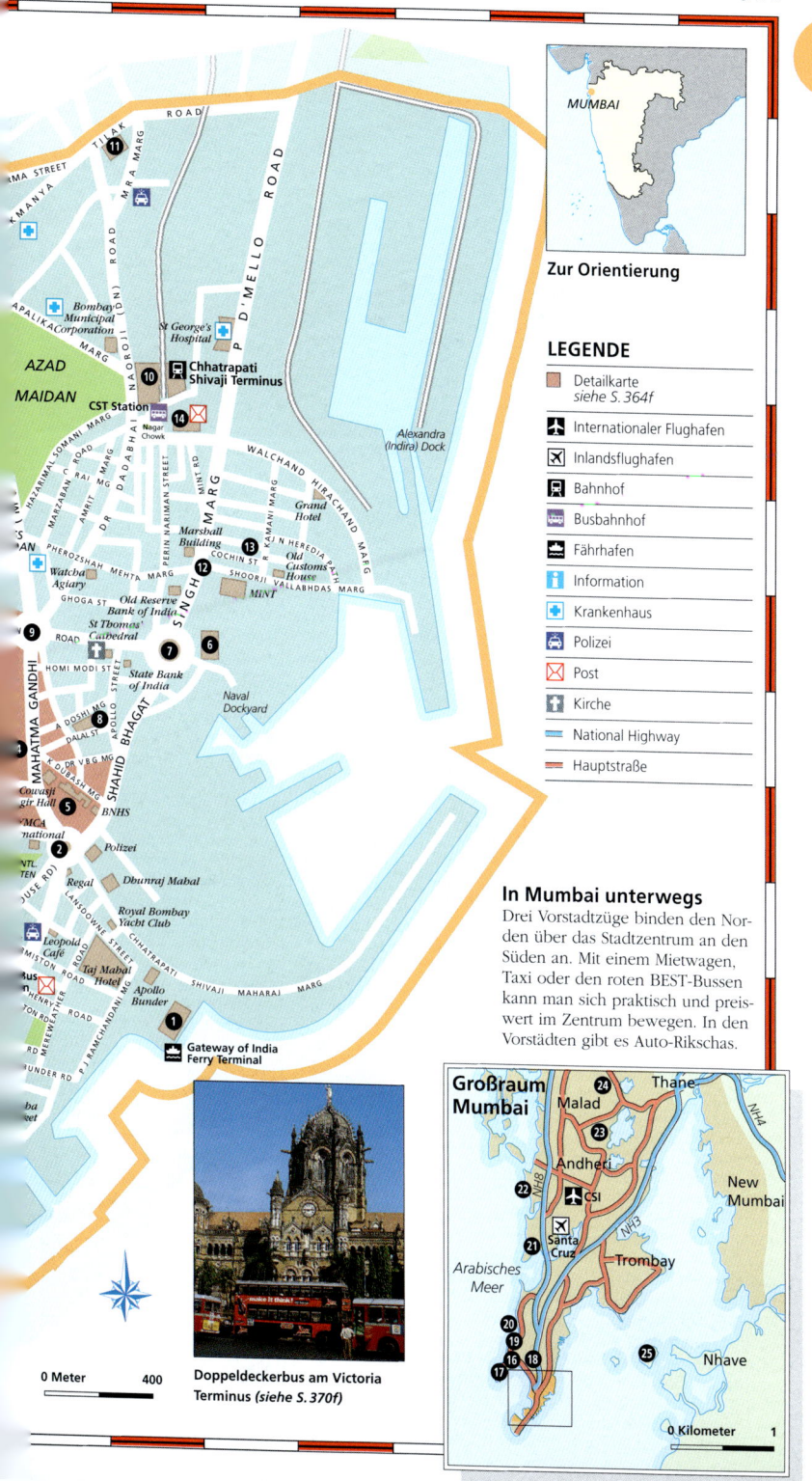

MUMBAI

361

Zur Orientierung

LEGENDE

- Detailkarte *siehe S. 364f*
- ✈ Internationaler Flughafen
- Inlandsflughafen
- 🚉 Bahnhof
- 🚌 Busbahnhof
- ⛴ Fährhafen
- ℹ Information
- ✚ Krankenhaus
- 🚓 Polizei
- ✉ Post
- ⛪ Kirche
- National Highway
- Hauptstraße

In Mumbai unterwegs

Drei Vorstadtzüge binden den Norden über das Stadtzentrum an den Süden an. Mit einem Mietwagen, Taxi oder den roten BEST-Bussen kann man sich praktisch und preiswert im Zentrum bewegen. In den Vorstädten gibt es Auto-Rikschas.

Großraum Mumbai

Doppeldeckerbus am Victoria Terminus *(siehe S. 370f)*

Hinter dem Gateway of India befindet sich das Taj Mahal Palace & Tower Hotel mit seiner markanten roten Kuppel

Gateway of India ❶

Apollo Bunder, Chhatrapati Shivaji Marg und PJ Ramchandani Marg.

Mumbais berühmtestes Wahrzeichen, das Gateway of India, war das Erste, was Reisende in der Blütezeit der britischen Herrschaft an der Küste Indiens erblickten. Ironischerweise wurden hier auch die britischen Truppen verabschiedet, als Indien 1947 seine Unabhängigkeit erlangte. Es wurde im Andenken an den Besuch König Georges V. und Königin Marys (1911) errichtet. Die Hoheiten wurden damals allerdings mit einer Attrappe aus bemalter Pappe empfangen – der eigentliche Triumphbogen aus honigfarbenem Kharodi-Basalt wurde erst 1924 fertiggestellt. Der Monumentalbau mit zwei großen Bankettsälen, Bogen, Minaretten und Verzierungen, die an Gujarat-Architektur des 16. Jahrhunderts erinnern, wurde von dem Schotten George Wittet im indo-sarazenischen Stil entworfen. Vom Gateway aus hat man einen spektakulären Blick auf das Meer. Sehr eindrucksvoll ist es nachts, wenn es sich angestrahlt vor seinem tintenblauen Hintergrund abzeichnet. Das Gateway liegt im Herzen des meistbesuchten Viertels von Mumbai. Hier treffen sich Einheimische, Urlauber, Verkäufer und Fischer. Die hier vor Anker liegenden Boote fahren zur anderen Seite der Bucht und zu Inseln wie Elephanta *(siehe S. 377)*. Man kann Boote auch mieten, um in aller Ruhe an der Küste von Mumbai entlangzusegeln.

Nördlich des Gateway of India befindet sich in Richtung Wellington Fountain die Chhatrapati Shivaji Road. Die einstige Apollo Pier Road wurde nach dem großen Kriegshelden von Maharashtra umbenannt. In einem hübschen Garten gegenüber dem Gateway steht eine Reiterstatue Shivajis. Ganz in der Nähe befindet sich die Statue des großen Hindu-Philosophen und Reformers Swami Vivekananda *(siehe S. 501)*.

Das Gateway wird von majestätischen Gebäuden aus der Kolonialzeit gesäumt, u.a. dem alten **Yacht Club**, heute Sitz der Atomenergiebehörde (eingeschränkter Zugang), dem **Royal Bombay Yacht Club**, dem ehemaligen Wohnbereich des alten Yacht Club, und dem **Taj Mahal Palace & Tower Hotel** *(siehe S. 586)*, hinter dem sich die verkehrsreiche Colaba Causeway liegt.

Das stattliche Hotel mit seiner roten Kuppel wurde 1903 von dem parsischen Industriellen Jamshedji Tata *(siehe S. 193)* errichtet. Angeblich gab er den Bau in Auftrag, nachdem ihm der Zutritt zum Watsons Hotel (»nur für Weiße«) verwehrt worden war. Das Taj mit den verschwenderischen maurischen Bogen und Säulen, den Treppen und Galerien ist bis heute eines der elegantesten Hotels Asiens. Im November 2008 erlitt es bei einem terroristischen Anschlag schwere Brandschäden.

Der östliche Küstenabschnitt vor dem Gateway of India ist Mumbais beliebteste Uferpromenade. Der sogenannte **Apollo Bunder** war einst traditionelle Anlegestelle der einheimischen Koli-Fischer, der Ureinwohner der Inseln. Heute werben hier Schlangenbeschwörer, Wahrsager und Ohrenputzer für ihr Geschäft, während Yachten, Fischerbooten und Fähren im Hafen dahinter vor Anker liegen.

Chhatrapati-Shivaji-Statue gegenüber dem Gateway

Der Royal Bombay Yacht Club, ein Überbleibsel des britischen Raj

Hotels und Restaurants in Mumbai *siehe Seiten 584–586 und 612f*

Eingang zum Cusrow Baug, einer Parsenenklave am Colaba Causeway

Wellington Fountain ❷

Zwischen MG Rd, Shahid Bhagat Singh Marg, Chhatrapati Shivaji Marg und Madame Cama Rd.

Der Brunnen wurde im Andenken an den Duke of Wellington erbaut, der 1801 Bombay besuchte. Heute heißt er Shyama Prasad Mukherjee Chowk und wird von einigen großartigen Kolonialbauten gesäumt: dem alten **Majestic Hotel** (heute als Sahakari Bhandar in Regierungsbesitz) mit seinen Scheinminaretten und Gujarat-Balkonen und dem eleganten Art-déco-Kino **Regal Cinema**, das von Charles Stevens entworfen und 1933 vollendet wurde. Sein Vater Frederick William Stevens erbaute 1876 das eindrucksvolle **Sailors' Home**, dessen Fassadengiebel ein Basrelief von Neptun ziert. Heute ist hier das Maharashtra-State-Hauptpolizeirevier untergebracht. Genauso beeindruckend sind die edwardianische Cowasjee Jehangir Hall von George Wittet mit der **National Gallery of Modern Art** *(siehe S. 365)* und das **Prince of Wales Museum** *(siehe S. 366f)*. Im Hornbill House nebenan hat die prestigeträchtige, 1883 gegründete Bombay Natural History Society (BNHS) ihren Sitz.

Colaba Causeway ❸

Shahid Bhagat Singh Marg.
Afghan Memorial Church ⬜ tägl.
🕂 7 und 16.30 Uhr, So.

Der ehemalige Damm wurde im Jahr 1838 von den Briten entworfen und verband den Stadtkern mit Colaba, dem südlichsten Ausläufer. Heute ist die Straße auch als Shahid Bhagat Singh Marg *(siehe S. 372)* bekannt und von zahlreichen Läden, Restaurants und Wohnhäusern umgeben. Darunter befindet sich auch die bezaubernde Parsenenklave **Cusrow Baug** von 1934. Hier werden Kultur und Lebensstil der schwindenden Gemeinde bewahrt. Eines der vielen Restaurants am Colaba Causeway hat sich zu einer wahren Institution entwickelt: Das **Leopold Café and Bar** *(siehe S. 612)* stammt von 1871 und ist seitdem ein beliebter Treffpunkt. Weiter südlich liegen die **Sassoon Docks**, die morgens am lebendigsten sind. Dann verkaufen die Koli-Fischer ihren Fang, der von den scharfzüngigen Fischersfrauen angepriesen wird.

Am südlichen Ende des Colaba Causeway steht die Johannes dem Evangelisten geweihte **Afghan Memorial Church**, die zwischen 1847 und 1858 zu Ehren der im Ersten Anglo-Afghanischen Krieg (1843) gefallenen Soldaten erbaut wurde *(siehe S. 21)*. Das elegante neogotische Gebäude verfügt über einen hohen Kirchturm, eine imposante Veranda aus braunem Basalt und wunderschöne Buntglasfenster. Sehenswert sind vor allem die Westfenster, die u. a. eine Kreuzigungsszene zeigen. Im Garten der Kirche steht ein Denkmal für die Märtyrer.

Fischer mit dem Fang des Tages an den Sassoon Docks

Die Parsen in Mumbai

Einen Großteil seiner kosmopolitischen, progressiven Kultur verdankt Mumbai den Parsen. Die aus Persien stammenden Anhänger Zarathustras wanderten im 10. Jahrhundert n. Chr. nach Indien aus, da sie den islamischen Glauben nicht annehmen wollten und verfolgt wurden. Sie ließen sich an der Westküste von Gujarat nieder und zogen später nach Mumbai, wo sie den Ruf als brillante Finanziers und Händler erwarben. Häufig nahmen sie den Namen ihres Handwerks an. So finden sich heute parsische Nachnamen wie Mistry (Steinmetz), Vakil (Rechtsanwalt) und sogar Readymoney. Die wohlhabenden und talentierten Parsen brachten einige führende Industriellenfamilien wie die Tatas und Godrejs hervor. Die Parsen sind jedoch auch als Philanthropen bekannt: Sie gründeten in Mumbai eine Reihe von kulturellen und medizinischen Einrichtungen.

Der Dirigent Zubin Mehta, ein Parse aus Mumbai

Im Detail: Kala Ghoda ❹

Kala Ghoda (»schwarzes Pferd«) hat seinen Namen von einer Reiterstatue von Edward VII., die einst an der Kreuzung von Mahatma Gandhi Road und K Dubash Marg stand. Die Statue wurde zwar schon 1965 entfernt, der Name aber hat sich gehalten, auch dank des langen Mauergemäldes, das ein schwarzes Pferd zeigt. Das Viertel erstreckt sich vom Wellington Fountain am Südende der Mahatma Gandhi Road bis zur Bombay University im Norden und wird vom Oval Maidan und dem Marinestützpunkt am Lion Gate gesäumt. Hier finden sich Kunstgalerien, Restaurants, Läden und Boutiquen.

Detail des Uhrenturms

David Sassoon Library
Im Garten hinter der Bibliothek kann man in Ruhe lesen.

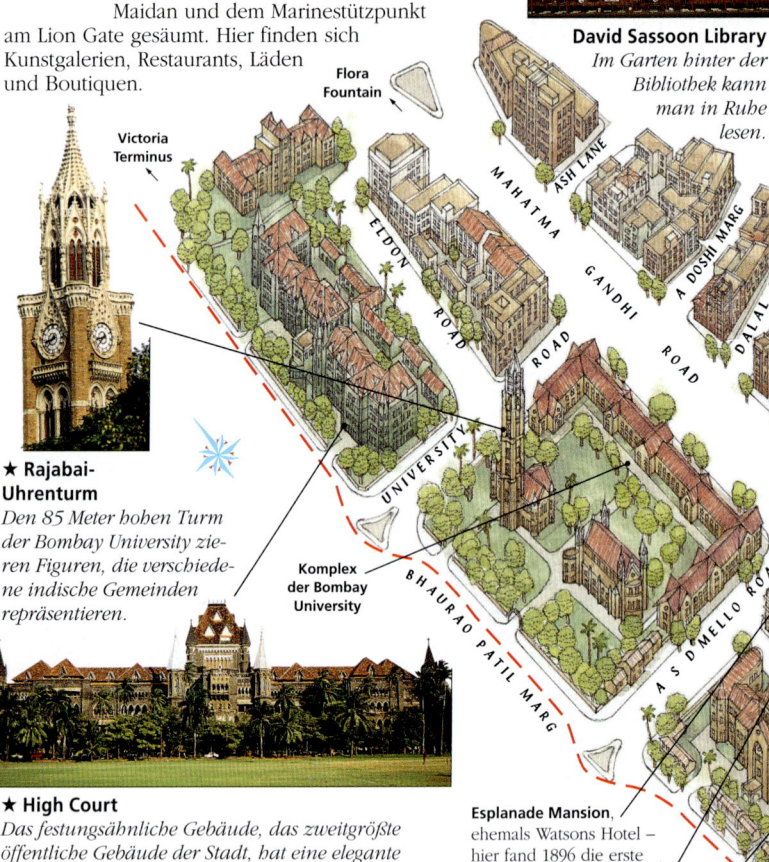

Flora Fountain

Victoria Terminus

★ Rajabai-Uhrenturm
Den 85 Meter hohen Turm der Bombay University zieren Figuren, die verschiedene indische Gemeinden repräsentieren.

Komplex der Bombay University

★ High Court
Das festungsähnliche Gebäude, das zweitgrößte öffentliche Gebäude der Stadt, hat eine elegante Haupttreppe, Gerichtssäle und eine große Bibliothek.

Esplanade Mansion, ehemals Watsons Hotel – hier fand 1896 die erste Filmvorführung statt.

Old Secretariat

NICHT VERSÄUMEN

★ High Court

★ Prince of Wales Museum

★ Rajabai-Uhrenturm

Army & Navy Building
Das neoklassizistische Gebäude diente im frühen 20. Jahrhundert als Kaufhaus und beherbergt heute mehrere Büros der Tata-Gruppe.

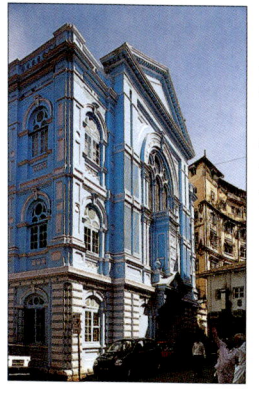

KALA GHODA 365

Kenneseth-Eliyahoo-Synagoge
Die älteste sephardische Synagoge der Stadt wurde von der Familie Sassoon gestiftet. Sie wird von den Baghdadi und der jüdischen Bene-Israeli-Gemeinde zum Gebet genutzt.

0 Meter 50

Zur Orientierung
Siehe Zentrumskarte Mumbai S. 360f

Elphinstone College
Ein Teil des Gebäudes im venezianisch-gotischen Stil beherbergt das Staatsarchiv.

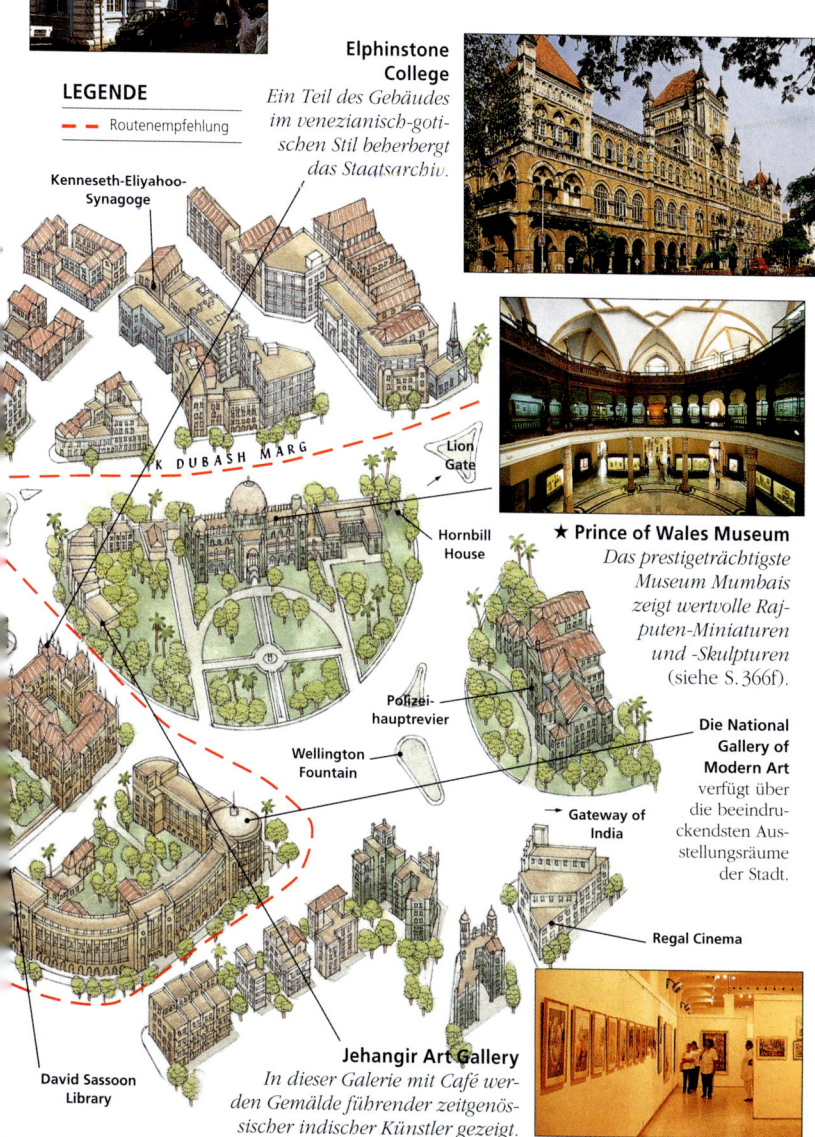

LEGENDE
– – – Routenempfehlung

Kenneseth-Eliyahoo-Synagoge

K DUBASH MARG

Lion Gate

Hornbill House

★ Prince of Wales Museum
Das prestigeträchtigste Museum Mumbais zeigt wertvolle Rajputen-Miniaturen und -Skulpturen (siehe S. 366f).

Polizeihauptrevier

Wellington Fountain

Gateway of India

Die National Gallery of Modern Art verfügt über die beeindruckendsten Ausstellungsräume der Stadt.

Regal Cinema

David Sassoon Library

Jehangir Art Gallery
In dieser Galerie mit Café werden Gemälde führender zeitgenössischer indischer Künstler gezeigt.

Prince of Wales Museum

Das Museum liegt in einem eleganten, von George Wittet entworfenen Gebäude im indo-sarazenischen Stil und ist wegen seiner Skulpturen und Miniaturen berühmt. Den Grundstein legte der Prince of Wales (später George V.) 1905. Im Ersten Weltkrieg diente der Bau als Militärhospital, formell eingeweiht wurde er 1923 von Lady Lloyd, der Frau von Gouverneur George Lloyd. Großzügige Gaben privater Sammler ermöglichen es dem Museum, Stücke von ausgesuchter Qualität auszustellen.

Damaszenerschwert, Mysore, 1732

Japanische Cloisonné-Arbeit
Die Vase (19. Jh.) gehört zur beeindruckenden Sammlung fernöstlicher Kunst.

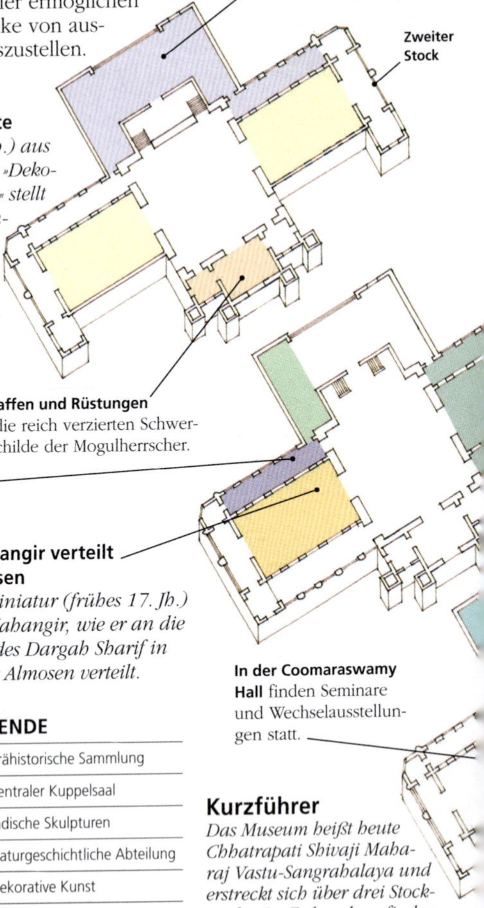

Zweiter Stock

Elfenbeinstatuette
Das Stück (19. Jh.) aus der Abteilung »Dekorative Kunst« stellt das Parsenmädchen Bai Aimai Wadia in traditioneller Kleidung dar.

Zu den Waffen und Rüstungen gehören die reich verzierten Schwerter und Schilde der Mogulherrscher.

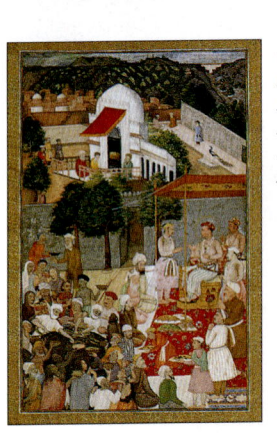

★ Jahangir verteilt Almosen
Die Miniatur (frühes 17. Jh.) zeigt Jahangir, wie er an die Sufis des Dargah Sharif in Ajmer Almosen verteilt.

In der Coomaraswamy Hall finden Seminare und Wechselausstellungen statt.

LEGENDE
- Prähistorische Sammlung
- Zentraler Kuppelsaal
- Indische Skulpturen
- Naturgeschichtliche Abteilung
- Dekorative Kunst
- Miniaturen
- Bronzen
- Kunst aus Nepal und Tibet
- Geschichte der Seefahrt
- Europäische Gemälde
- Fernöstliche Kunst
- Waffen und Rüstungen
- Premchand Roychand Gallery

Kurzführer
Das Museum heißt heute Chhatrapati Shivaji Maharaj Vastu-Sangrahalaya und erstreckt sich über drei Stockwerke. Im Erdgeschoss finden sich Skulpturen (u. a. Gandhara-Meisterwerke), die Prähistorische Sammlung sowie die Naturgeschichtliche Abteilung. Im ersten Stock gibt es Miniaturen, dekorative Kunst, Kunst aus Nepal und Tibet sowie die Premchand Roychand Gallery zu sehen, im zweiten Stock europäische Gemälde, Waffen und Rüstungen.

NICHT VERSÄUMEN
- ★ Gandhara-Skulptur
- ★ Jahangir verteilt Almosen
- ★ Maitreya Buddha

PRINCE OF WALES MUSEUM

INFOBOX

159/61 MG Rd, Fort-Viertel.
(022) 2284 4484. Di–So.
Feiertage.
www.themuseummumbai.com

Zentraler Kuppelsaal
In der zentralen Halle im Erdgeschoss sind die kostbarsten Schätze des Museums aus den verschiedenen Sammlungen zu sehen.

Erster Stock

Karl Khandalavala Gallery

★ Maitreya Buddha
Die vergoldete Bronzestatue aus dem 12. Jahrhundert ist ein herausragendes Beispiel nepalesischer Kunst und das großzügige Geschenk eines privaten Sammlers.

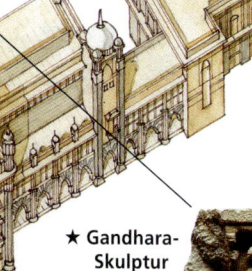

Erdgeschoss

★ Gandhara-Skulptur
Die Skulptur Buddhas, der einen Asketen trifft (3. Jh.), ist stark griechisch beeinflusst.

Eingang

Das Rathaus ist Mumbais elegantestes öffentliches Gebäude

Town Hall ❻

Shahid Bhagat Singh Marg, Fort-Viertel. (022) 2266 0956. Mo–Sa. Feiertage. **The Asiatic Society** (022) 2266 0956. Mo–Sa.

In Anerkennung der Wichtigkeit der Stadt als aufblühendes Finanzzentrum in den 1820er Jahren bekam Mumbai ein Rathaus gegenüber der Grünfläche des Cotton Green (heute Horniman Circle). Die Town Hall wurde von Colonel Thomas Cowper entworfen und 1833 fertiggestellt. Sie gilt als eines der schönsten neoklassizistischen Gebäude in ganz Indien und ist einer der ältesten erhaltenen Bauten aus der Kolonialzeit. Die Fassade mit ihrem auf Sockeln ruhenden Portikus besteht aus kannelierten dorischen Säulen. Über eine elegante Treppe gelangt man in die Assembly Hall, in der die britischen Herrscher ihre Gäste empfingen.

Im Nordflügel mit hoher Decke, Teakholztäfelung und gusseisernen Balustraden ist die 1804 von Sir James Mackintosh gegründete **Asiatic Society** untergebracht. Ihre Bibliothek umfasst 800 000 Bände, darunter auch eine Erstausgabe von Dantes *Göttlicher Komödie* und alte Sanskrit-Manuskripte. In der Sammlung befinden sich auch Fragmente eine Almosenschale, die Gautama Buddha gehört haben soll. Im ersten Stock finden sich Marmorstatuen der Gründerväter der Stadt, z. B. von den Gouverneuren Mountstuart Elphinstone und Sir Bartle Frere sowie von dem parsischen Philanthropen Sir Jamsetjee Jeejeebhoy.

Horniman Circle ❼

Veer Nariman Rd, Fort-Viertel. **St Thomas' Cathedral** (022) 2202 0121. tägl. So 8 und 16.30 Uhr.

Auf der zentralen Grünfläche (einst Cotton Green) kauften und verkauften Händler früher ihre Baumwollballen. 1872 wurde sie in einen öffentlichen Garten umgewandelt. Zwischenzeitlich hieß sie Elphinstone Circle, wurde jedoch nach Benjamin Guy Horniman umbenannt, einem ehemaligen Herausgeber des *Bombay Chronicle* und starken Befürworter der Freiheitsbewegung. Heute versammeln sich Studenten und Büroangestellte auf dem Rasen, um sich nach der Arbeit zu entspannen. Zudem ist der Garten Veranstaltungsort für Open-Air-Theater und andere kulturelle Ereignisse.

Die eleganten neoklassizistischen Gebäude rund um den Garten entstanden in den 1860er Jahren nach dem Vorbild der englischen Bauwerke wie Royal Crescent in Bath. Sie wurden von James Scott entworfen und zeigen einheitliche Fassaden mit Arkaden und dekorativen Terrakotta-Schlusssteinen aus England. Somit sind sie das früheste Beispiel der städtebaulichen Planung Mumbais.

An der Westecke des mit Blumen übersäten Horniman Circle steht die **St Thomas' Cathedral**. Die älteste Kirche der Stadt wurde 1718 geweiht. Wie viele andere großartige Bauten in Mumbai wurde auch dieser durch Spenden finanziert, die größtenteils von dem jungen Kaplan der East India Company, Richard Cobbe, zusammengetragen wurden. Die Kirche verfügt über einen imposanten Kirchturm, Strebepfeiler und Buntglasfenster aus dem 19. Jahrhundert. Das geräumige Innere zeichnet sich vor allem durch Marmordenkmäler der Helden des Raj aus. Herausragend ist auch das Monument von Governor Jonathan Duncan. Er wird von Hindus gesegnet dargestellt, da er gegen die hohe Kindersterblichkeitsrate kämpfte. Gegenüber dem Eingang steht ein zauberhafter neogotischer Brunnen von Sir George Gilbert Scott, den der parsische Finanzier Sir Cowasjee Jehangir Readymoney stiftete.

Vor der Kathedrale sind das neogotische **Elphinstone Building** (spätes 19. Jh.) und die neoklassizistische **British Bank of the Middle East** sehenswert. Auf der anderen Seite der Straße steht die **Readymoney Mansion** mit Fachwerk, Balkonen und Mughal-Bogen. Sie erinnert an einen *haveli* aus Rajasthan und wurde ebenfalls von George Wittet (*siehe S. 366*) entworfen.

Buntglasfenster, St Thomas' Cathedral

Griechisch beeinflusster Schlussstein, Horniman Circle

Hotels und Restaurants in Mumbai *siehe Seiten 584–586 und 612f*

MUMBAI

Die Börse von Mumbai, Indiens Finanzzentrum

Mumbai Stock Exchange ⑧

Dalal Street, Fort-Viertel.
⬤ für die Öffentlichkeit.

Indiens Finanzzentrum, die Börse von Mumbai, erhebt sich hoch über der Dalal Street. Die indische Wall Street hat ihren Namen von den vielen Maklern (*dalals*) der Gegend. Hier konzentrieren sich fast 50 Banken auf kleinstem Raum. Kurz vor dem Mittagessen wimmelt die Straße nur so vor *dabbawallahs (siehe S. 373)*, die Lunchpakete an die Tausenden von hungrigen Büroangestellten liefern.

Flora Fountain ⑨

Kreuzung Veer Nariman Rd, MG Rd u. Dr Dadabhai Naoroji Rd, Fort-Viertel.

An der Kreuzung dreier Hauptstraßen steht der Flora Fountain, *das* Wahrzeichen Mumbais. Der Brunnen wurde von James Forsythe aus Portlandstein gemeißelt und per Schiff aus England hierhergebracht. Ihn krönt die römische Göttin Flora, die mit üppig verzierten Muscheln, Delfinen und mythischen Tieren dargestellt ist. Der Flora Fountain wurde 1869 auf einem damals weiten, offenen Platz aufgestellt. Heute geht er im Verkehrslärm unter und steht im Schatten des **Martyrs' Memorial**, das die Regierung von Maharashtra 1960 errichten ließ. Die Gegend wurde in Hutatma Chowk (»Platz der Märtyrer«) umbenannt und kennzeichnet die westlichen Befestigungsanlagen eines nicht mehr existierenden Forts der East India Company (1716), das sich über den gesamten Südteil der Stadt erstreckte. Das Fort wurde in den 1860er Jahren auf Befehl des Gouverneurs Sir Bartle Frere abgerissen, damit die Stadt sich ausdehnen und die geplanten neuen Gebäude entstehen konnten. Alle Bauten wurden mit Fußgängerarkaden entworfen, in denen heute Straßenverkäufer ihre vielfältigen Waren – von alten Büchern über Kleidung bis zu elektronischen Geräten – anbieten.

Nördlich des Flora Fountain, in Richtung Victoria Terminus, wird die Dadabhai Naoroji (DN) Road von großartigen viktorianischen und kolonialen Bauten wie dem **Capitol Cinema** und dem **JN Petit Institute and Library** (1898) mit seiner neogotischen Fassade gesäumt. Der **Watcha Agiary** (parsischer Feuertempel) wurde 1881 im Art-déco-Stil erbaut. Weitere interessante Gebäude sind das indo-sarazenische **Times of India Building**

Flora Fountain: bekanntes Wahrzeichen der Stadt

und das fantasievolle **Municipal Corporation Building** mit seinen islamischen Minaretten, gotischen Türmen und Zwiebelkuppeln.

Victoria Terminus ⑩

Siehe Seiten 370f.

Crawford Market ⑪

Dr Dadabhai Naoroji Rd und Lokmanya Tilak Rd. **Läden** ⬜ tägl.

Crawford Market, der auf Geheiß von Sir Arthur Crawford, Bombays erstem Städtischem Beauftragten, entstand, ist eine der belebtesten und faszinierendsten Gegenden der Stadt. Heute heißt der nördlich des Victoria Terminus liegende Markt Mahatma Jyotiba/Jyotirao Phule Market. Er wurde von William Emerson entworfen und 1869 fertiggestellt. Die Halle besteht aus maurischen Bogen, Fachwerkgiebeln und Uhrenturm. An den Ständen aus Holz werden täglich etwa 3000 Tonnen Frischwaren verkauft, von Obst über Blumen bis zu Fisch und exotischen Vögeln. Der Boden ist mit Steinen aus dem schottischen Caithness gepflastert, die den ganzen Tag über kühl bleiben. Die Lampen sind in Form geflügelter Drachen gestaltet. Den Eingang zieren Marmor-Basreliefs von Lockwood Kipling *(siehe S. 102)*, dem Vater des Schriftstellers Rudyard Kipling. Auch der Brunnen im Innenhof mit hinduistischen Flussgöttinnen und Tieren stammt von ihm.

Westlich des Markts befindet sich der **Zaveri Bazar**, auf dem Diamanten, Gold und Silber gehandelt werden. Nordwestlich, im **Chor Bazar** (»Diebmarkt«) auf der Mutton Street, gibt es Antiquitäten- und Nippesläden.

Gemüsestand auf dem Crawford Market

Victoria Terminus ⑩

Emblem der Central Railway

Der Bahnhof (jetzt Chhatrapati Shivaji Terminus) ist das eindrucksvollste Beispiel viktorianisch-gotischer Architektur in Indien. Er besteht aus zahlreichen Kuppeln, Türmen und Bogen. Entworfen hat ihn Frederick William Stevens, ausgeschmückt wurde er von einheimischen Kunststudenten. Die feierliche Eröffnung fand 1888 zu Ehren von Königin Victorias goldenem Thronjubiläum statt. Heute hat hier die Central Railway ihren Sitz. Täglich passieren 1000 Züge sowie zwei Millionen Passagiere, darunter Unmengen von Pendlern, den Bahnhof, der 2004 zur UNESCO-Welterbestätte erklärt wurde.

Der großartige Victoria Terminus wird oft für einen Palast oder eine Kathedrale gehalten

Giebel
Die Giebel zieren allegorische Figuren der Ingenieurskunst, der Landwirtschaft und des Handels.

★ Schalterhalle
Die Halle wird von einem neogotischen Gewölbe mit Kreuzrippen aus Holz bekrönt. Buntglasfenster, Fliesen und Ziergitter verschönern sie zudem.

Eingang
Auf den Sockeln ruhen ein steinerner Löwe und ein Tiger, die Großbritannien und Indien repräsentieren.

NICHT VERSÄUMEN

- ★ Schalterhalle
- ★ Steinmetzarbeiten und Skulpturen

VICTORIA TERMINUS 371

Mittlere Kuppel
Die vier Meter hohe Statue des »Fortschritts« mit einer Fackel in der Hand krönt die riesige Kuppel mit ihren acht Rippen.

INFOBOX

Dr Dadabhai Naoroji Rd, Fort-Viertel. (022) 2265 6565.
im Inneren.

Eine majestätische Treppe aus blauem Stein mit wunderschönem eisernem Geländer führt seitlich die Kuppel hinauf.

Wasserspeier in Form von Tierköpfen ragen an der Basis der Kuppel hervor.

Buntglasfenster
Im achteckigen Turm unterhalb der Kuppel befinden sich leuchtend bunte Fenster, auf denen eine Lokomotive und Blattwerk dargestellt sind.

Porträtmedaillon
In die Fassade sind Porträts britischer Befehlshaber wie z. B. Sir Bartle Freres (siehe S. 368) eingelassen.

★ Steinmetzarbeiten und Skulpturen
Dieses Fenster ziert ein fein gearbeiteter Pfau. In anderen Giebeln und Friesen sind Elefanten, Affen und Schlangen dargestellt.

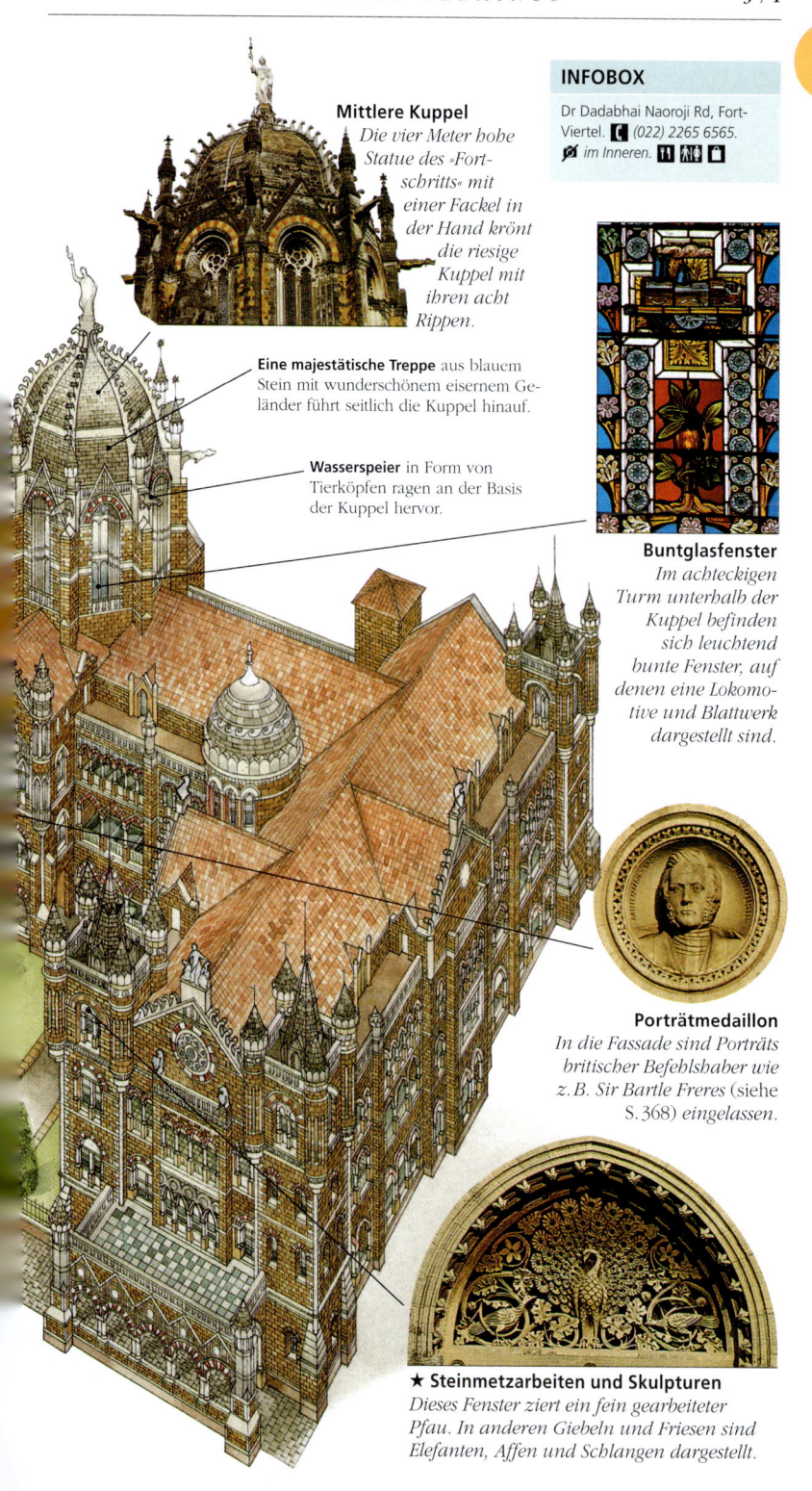

Der reich verzierte Ruttonsee-Mulji-Brunnen

Shahid Bhagat Singh Marg ⑫

Fort-Viertel.

An ihrem südlichen Ende heißt die geschäftige Straße Colaba Causeway (siehe S. 363). Sie ist Wirtschafts- und Verwaltungszentrum des sogenannten Fort-Viertels (siehe S. 369). Forts gibt es hier praktisch keine mehr, aber die Gegend bietet immer noch einen faszinierenden Einblick in die Zusammenhänge zwischen kolonialem und heutigem Mumbai.

Die **Reserve Bank of India** steht an der Stelle alter Militärbaracken und ist Indiens führende Bank. Sie wurde von J. A. Ritchie entworfen und 1939 erbaut. Der großartige Art-déco-Eingang wird von zwei mächtigen Säulen flankiert. Die Fenster zieren wunderschöne gusseiserne Gitter. Die modernen Wolkenkratzerbüros der Bank befinden sich auf der anderen Straßenseite an der Stelle der ehemaligen **Münze**. Das majestätische Gebäude mit klassischer Fassade wurde entworfen und 1827 erbaut von Major John Hawkins, einem Mitglied des Bombay Engineers' Regiment. Der Zugang zur Münze ist beschränkt, aber man kann ein von den Portugiesen errichtetes Steintor sehen.

Westlich der Münze befindet sich an der Kreuzung der Straßen Pherozshah Mehta und Shahid Bhagat Singh das bemerkenswerte **Gresham Assurance Building**. Der Art-déco-Bau hat eine eindrucksvolle Fassade aus Basalt mit zwei mächtigen Säulen und einer Kuppel.

Das **Marshall Building** direkt gegenüber ist mit einem florentinischen Dom ausgestattet. Es wurde im Jahr 1898 als Warenlager und Bürohaus einer britischen Ingenieurfirma errichtet. Die Fassade ist mit Engeln, Öffnungen und Sockeln verziert – ein gelungenes Beispiel für zeitgenössische europäische Architektur in südasiatischer Umgebung.

Überall in der Stadt ließ man Trinkwasserbrunnen, sogenannte *pyavs*, aufstellen, um Erfrischungsmöglichkeiten in der heißen indischen Sommersonne zu schaffen. An der Kreuzung Shahid Bhagat Singh Marg – Mint Road steht der **Ruttonsee Mulji Drinking Water Fountain** von F. W. Stevens, einem führenden Architekten des viktorianischen Bombay, der auch das Municipal Corporation Building und den Victoria Terminus (siehe S. 370f) entwarf.

Der Brunnen wurde 1894 von einem einheimischen Händler gestiftet – die Statue seines einzigen Sohnes befindet sich unter der Kuppel. Der Bau aus Kalkstein sowie rotem und blauem Granit ist mit Elefantenköpfen verziert, aus deren Rüsseln Wasser fließt. Die Kuppel wird von der Skulptur eines Knaben bekrönt. Der Brunnen verfügt auch über eine Tränke für Tiere.

Folgt man der Mint Road bis kurz vor die Kreuzung zur Walchand Hirachand Marg, gelangt man zu einem weiteren *pyav* und dem **Kothari Kabutarkhana** (»Taubenhaus«), einem Steinbau aus dem 18. Jahrhundert, den der Kaufmann Purushottamdas Kothari errichten

Gresham Assurance Building

ließ. Im 19. und 20. Jahrhundert wurde der Bau erweitert. Jains glauben wie Buddhisten daran, dass alle Lebewesen eine Seele haben und dass man sie deshalb entsprechend behandeln muss, um im nächsten Leben dafür belohnt zu werden.

Am westlichen Ende der Walchand Hirachand Marg liegt inmitten des lärmenden Verkehrs die grüne Oase **Nagar Chowk** mit einer Statue von Sir Dinshaw Manekji Petit, einem Baron, Industriemagnaten und parsischen Philanthropen (frühes 20. Jh.). Sie wurde von Sir Thomas Brock geschaffen. Vom umliegenden Garten aus hat man einen guten Blick auf einige der schönsten viktorianischen Gebäude Mumbais: Victoria Terminus, Bombay Municipal Corporation Building und General Post Office. Die Shahid Bhagat Singh Marg mündet schließlich in die D'Mello Road, die früher Frere Road hieß. Die Gegend lag bis zu den 1860er Jahren noch unter Wasser, bis sie vom Port Trust trockengelegt wurde. Heute befinden sich hier viele Restaurants.

Die Tauben am Kothari Kabutarkhana bekommen ihre tägliche Körnerration

Hotels und Restaurants in Mumbai siehe Seiten 584–586 und 612f

Ballard Estate ⓭

Zwischen Shahid Bhagat Singh Marg, Walchand Hirachand Marg und Shoorji Vallabhdas Marg.

Die Gegend war einst vom Meer bedeckt, bis sie der Bombay Port Trust urbar machte und in ein Geschäftsviertel umwandelte. George Wittet legte die Entwürfe dafür zwischen 1908 und 1914 an, der Architekt war auch mit dem Bau des Gateway of India beauftragt. Die Ausführung folgte seinen Plänen strikt, das Ergebnis ist weitaus zurückhaltend-eleganter als die üppig-viktorianischen Bauten des Fort-Viertels. An den breiten, baumgesäumten Straßen stehen Gebäude, die alle gleiche Höhe und gleichen Stil haben. Sie verströmen eine für ein Geschäftsviertel ungewöhnliche Ruhe.

Den Ballard Estate erreicht man am besten von der Shoorji Vallabhdas Marg in der Nähe des imposanten Marshall Building aus. Zu den interessantesten Gebäuden der Straße gehört das **Customs House**, das Wittet selbst entwarf. Der wunderschöne Eingangsportikus im Renaissance-Stil wird von zwei hohen Säulen umrahmt. Nebenan befindet sich der **Bombay Port Trust** – ein ebenfalls von George Wittet stammender Bau. An der Basaltfassade sind zwei auffällige Schiffe mit vollen Segeln zu sehen. Weiter östlich stößt man auf das **Port Trust War Memorial**, das zu Ehren der im Ersten Weltkrieg gefallenen Hafenoffiziere errichtet wurde. Die kannelierte Säule krönt eine Laterne. Das **Grand Hotel** beherrscht die Kreuzung Walchand Hirachand Marg – Ram Gulam Marg. Auch das Hotel mit seinem zentralen Innenhof ist ein Entwurf Wittets. Das grandiose **Mackinnon & Mackenzie Building** ist mit Portikus, Säulen und Statuen ausgestattet. Der Bau macht zusammen mit den anderen wunderschönen edwardianischen Gebäuden wie dem **Darabshaw House** und dem **Neville House** den Reiz des Viertels aus.

Das General Post Office verbindet europäischen mit indischem Stil

Port Trust War Memorial

General Post Office (GPO) ⓮

Walchand Hirachand Marg.
◯ Mo–Sa.

Fertiggestellt wurde die fantastische Komposition aus Minaretten, Kuppeln und Bogen im Jahr 1913, entworfen hat sie John Begg unter der Aufsicht von George Wittet. Das Hauptpostamt ist ein herausragendes Beispiel des indo-sarazenischen Stils. Es vereint Elemente der indischen Architektur – insbesondere in der islamischen, an Gol Gumbad in Bijapur *(siehe S. 445)* angelehnten Kuppel – mit klassisch europäischen Traditionen. Im Inneren findet sich eine dreigeschossige Rotunde, die zu verschiedenen Abteilungen führt. Die Geschäfte werden an hübschen altmodischen Schaltern abgewickelt.

Dabbawallahs von Mumbai

Zu den typischsten Anblicken der Stadt zählen die *dabbawallahs*, die selbst gekochte Lunchpakete aus mehr als 200 000 Vorstadthäusern an Büros in ganz Mumbai liefern. Die meisten Angestellten haben einen Arbeitsweg mit über zwei Stunden. Ein selbst gekochtes Mittagessen wäre deshalb ein unerreichbarer Luxus für sie – gäbe es die *dabbawallahs* nicht. Sie holen das Essen – meist *rotis*, Gemüse und *dal*, in Stahlbehältern (*dabbas*, daher der Name *dabbawallah*) verpackt – ab, versehen die Behälter mit den entsprechenden Farbcodes der Büroadressen,

Dabbawallahs versorgen Büroangestellte mit Lunchpaketen

stapeln die *dabbas* auf langen Stangen und radeln zum nächsten Bahnhof. Dort werden die *dabbas* an andere *dabbawallahs* abgegeben, die sie an die richtige Büroadresse ausliefern. Fehlgeleitet werden die Mittagessen selten, die leeren *dabbas* werden am späten Nachmittag wieder zu Hause abgeliefert. Traditionellerweise sind die *dabbawallahs* Zuwanderer aus der Nachbarstadt Pune. Sie sehen sich als Nachfahren der Mawle-Krieger, die dem König Chhatrapati Shivaji Maharaj folgten. Sie gehören zu den effektivsten Dienstleistern der Stadt.

Der Marine Drive zieht sich an der Küste entlang und verbindet den Norden mit dem Süden Mumbais

Marine Drive ⓯

Netaji Subhash Chandra Rd.

Nach den glitzernden Straßenlaternen, die ihn säumen, ist der Marine Drive (heute Netaji Subhash Chandra Road) auch als »Collier der Königin« bekannt. Er zieht sich an der Küste entlang von **Nariman Point** nach Malabar Hill. Das Land wurde in den 1920er Jahren urbar gemacht. Die Straße verbindet die Vororte mit den beiden wichtigsten Handels- und Verwaltungszentren von Mumbai: Nariman Point und Fort-Viertel (siehe S. 369). An der östlichen Peripherie liegt **Oval Maidan**, Heimat solch moderner indischer Cricket-Helden wie Sachin Tendulkar (geb. 1973) und Sunil Gavaskar (geb. 1949).

Die Häuser am Marine Drive zeigen einen deutlichen Art-déco-Einfluss, der Stil war in den 1930er und 1940er Jahren in Mumbai sehr beliebt. Mit der Erfindung elektrischer Aufzüge und der Verwendung von Beton statt Stein konnten die Apartmentblocks an der Küste auf eine Einheitshöhe von fünf Stockwerken gebaut werden – die beliebteste Wohngegend der damaligen Zeit entstand.

Am besten genießt man den Marine Drive tagsüber vom oberen Stockwerk eines Doppeldeckerbusses aus. Dann hat man einen Panoramablick auf Meer und Skyline. Am Abend gehen hier viele Leute spazieren, Paare treffen sich nach der Arbeit, und Familien versammeln sich um die Kokosnuss- und *Bhelpuri*-Verkäufer. Der **Chowpatty Beach** ist die beliebteste Promenade und der südlichste Strand der Stadt. Früher fand man hier zahlreiche Lebensmittelstände und Straßenhändler, bis die Behörden dies unterbanden. Dennoch ist der Strand nach wie vor ein Treffpunkt von Jung und Alt und bis spät in die Nacht belebt. Hier findet auch das größte Festival von Mumbai, das Ganesha Chaturthi, statt. Dann kommen Menschenmassen am Strand zusammen, um Bilder des Elefantengotts Ganesha im Arabischen Meer zu versenken.

An der Südspitze des Marine Drive befindet sich das **National Centre for Performing Arts (NCPA)**. Diese Halle ist der meistbesuchte Veranstaltungsort für Musik-, Tanz- und Theateraufführungen. Im Tata Theatre und im Experimental Theatre werden Werke internationaler und indischer Dramatiker inszeniert. Die besten Musiker und Tänzer aus ganz Indien treten regelmäßig in den übrigen Sälen des Komplexes auf.

Malabar Hill ⓰

Zwischen Napean Sea Rd, Ridge Rd und Walkeshwar Rd.

Die schattige Wohngegend zierten einst Bungalows auf großen, bewaldeten Anwesen. Heute stehen hier riesige Apartmentblocks, in denen die Reichen und Berühmten von Mumbai wohnen. In dem Viertel finden sich auch die parsischen **Towers of Silence**. Die Parsen (siehe S. 363) glauben, dass die vier Elemente heilig sind und nicht beschmutzt werden dürfen. Ihre Toten bahren sie deshalb in diesen hohen, zylindrischen Steintürmen auf, damit ihr Fleisch von Geiern gefressen werde. Sorgen bereitet allerdings die schwindende Geierpopulation in Mumbai. Die nicht öffentlich zugänglichen Türme sind von einer hohen Mauer und dichten Bäumen umgeben.

Die hübschen Grünflächen der **Hanging Gardens** in der Nähe bieten eine Oase der Ruhe mit wunderbarem Blick auf die Stadt.

Die »Hängenden Gärten« bedecken Malabar Hill

Hotels und Restaurants in Mumbai siehe Seiten 584–586 und 612f

Banganga ⓱

Walkeshwar, Malabar Hill.

Die kleine Siedlung liegt versteckt zwischen den riesigen Wolkenkratzern von Malabar Hill und ist um ein heiliges Becken herum angelegt. Einer Legende zufolge soll Rama, Held des *Ramayana* (siehe S. 27), auf der Suche nach seiner geliebten Sita hier eine Pause eingelegt und einen Pfeil in den Boden geschossen haben, worauf eine Quelle entsprang. Auf dem Gelände befinden sich mehrere Tempel: **Jabreshwar Mahadev** ist der hübscheste, im **Walkeshwar-Tempel** aus dem 18. Jahrhundert wird ein Linga aufbewahrt, das Rama selbst geschaffen haben soll. Rund um das Becken und die Tempel befinden sich einige Rasthäuser (*dharamsalas*) für Pilger.

Die schmalen Gassen und Balkone von Khotachiwadi

Khotachiwadi ⓲

Zwischen Jagannath Shankarshet Rd u. Raja Ram Mohan Roy Rd, Girgaum.

In den engen Seitenstraßen von Girgaum im Zentrum der Stadt liegt das altmodische Viertel Khotachiwadi («Garten des Führers»). Im 19. Jahrhundert wuchs Khotachiwadi nördlich des Forts zu einer Vorstadtsiedlung heran, doch hat es sich bis heute den verschlafenen Charme eines Küstendörfchens bewahrt. Die niedrigen, mit Ziegeln gedeckten Hütten sind mit Fachwerk, offenen Veranden und gusseisernen Balkonen ausgestattet, auf denen die meisten Aktivitäten des Tages stattfinden. Die Einwohner wurden von portugiesischen Missionaren bekehrt und nahmen Namen wie Fernandes, D'Costa und D'Lima an. Im Anant Ashram, einem winzigen Restaurant in einer Nebenstraße, gibt es ein exzellentes Krabben-Curry.

Der Mahalaxmi-Tempel ist der Göttin des Wohlstands geweiht

Mahalaxmi-Tempel ⓳

Mahalaxmi Temple Lane, an der Bhulabhai Desai Rd.

Sowohl reiche als auch arme Gläubige strömen in diesen der Göttin Lakshmi geweihten Tempel. Die Göttin des Wohlstands ist in Maharashtra und in Teilen von Gujarat (siehe S. 345) auch als Laxmi bekannt. Der Weg zum Tempel ist mit Ständen gesäumt, an denen Händler Opfergaben wie Kokosnüsse, Blumen und kleine Plastikbildchen verkaufen. Die Geschichte des Tempels reicht bis in das 18. Jahrhundert zurück, als ein Damm an der Küste mehrfach wieder weggeschwemmt wurde. Der Bauleiter hatte einen Traum: Wenn er einen Laxmi-Tempel errichten ließ, dann würde der Damm halten. Und so kam es. Auf dem **Mahalaxmi Race Course** in der Nähe finden an den Wochenenden von November bis April Pferderennen statt – hier versuchen Arme und Reiche ihr Glück.

Haji-Ali-Moschee ⓴

An der Lala Lajpat Rai Marg.
❏ *tägl.*

Nur über einen langen Damm erreichbar, der bei Flut überschwemmt wird, liegt das *dargah* (Grab) des reichen Kaufmanns Haji Ali Shah Bukhari, der seinen Reichtum nach einer Pilgerfahrt nach Mekka aufgab. Das *dargah* stammt aus dem 15. Jahrhundert, die blendend weiße Moschee wurde allerdings erst im frühen 20. Jahrhundert erbaut. Der Damm wird normalerweise von Bettlern gesäumt und führt in einen riesigen Innenhof aus Marmor, in dessen Mitte das Grabmal liegt. Gläubige berühren das *chador* (zeremonielles Tuch) mit der Stirn, die Frauen halten sich hinter einem *jali* (Steinparavent) auf.

Die Haji-Ali-Moschee wurde auf einer Insel erbaut

Bandra ㉑

Nördlich der Mahim Bay. **Mount St Mary Basilica** Mount Mary Rd. (022) 2642 3152. tägl. Bandra-Fest (Sep).

Der aufstrebende Vorort Bandra liegt im Norden Mumbais und ist mit der Stadt durch den Mahim Causeway verbunden. Zwischen den modernen Apartmentblocks, den schicken Boutiquen und Restaurants zeugen Überbleibsel von der Vergangenheit des Viertels als kleine portugiesische Enklave. Die ruhigen Straßen mit den ziegelgedeckten Bungalows werden von einheimischen indischen Christen bewohnt, deren Vorfahren von den Portugiesen bekehrt worden waren. Letztere errichteten auch einige katholische Kirchen. Das Viertel gehörte ihnen bis zum späten 18. Jahrhundert. Die bedeutendste Kirche ist die **Mount St Mary Basilica**, die Anhänger aller Glaubensrichtungen anzieht. Vor der Kirche werden an einem Stand bizarre Wachsmodelle verschiedener Körperteile verkauft. Kranke kaufen das betreffende Körperteil und legen es in dem Glauben an Heilung auf den Altar der Jungfrau Maria. Vom verlassenen portugiesischen Hügelfort **Castella de Aguada** hat man eine sehr schöne Aussicht.

In **Pali Hill** haben zahlreiche Bollywood-Stars ihre Villen. Weitere Attraktionen sind die vor allem bei der Jugend beliebten Uferpromenaden an der **Bandstand** und **Carter Road** sowie ein kleines Koli-Fischerdorf.

Kokosnussverkäufer am überfüllten Juhu Beach

Juhu Beach ㉒

Nördlich von Bandra.

Nördlich des Stadtzentrums befindet sich der Juhu Beach, an dem man aber wegen Überfüllung leider kaum sonnenbaden kann. Vor allem an Wochenenden kommen Familien zum Picknicken, Cricketspielen, Im-Wasser-Herumplanschen und Ausspannen hierher. Verkäufer bieten Snacks und Spielzeug an und tragen so zur Rummelplatz-Atmosphäre des Ortes bei. In direkter Strandnähe gibt es mehrere Luxushotels, in denen so mancher Tycoon und Bollywood-Star nächtigt.

Das **Prithvi Theatre** an der Juhu Church Road wurde 1978 von den Kapoors, einer führenden Bollywood-Familie, gegründet. Dort werden Stücke auf Hindi, Gujarati und Englisch aufgeführt, das Café ist bei Künstlern sehr beliebt. Im November findet ein Theaterfestival statt.

Film City ㉓

Goregaon East. Büro für Öffentlichkeitsarbeit der Film City, (022) 2840 1533.

Film City wurde 1978 ins Leben gerufen, um den wachsenden Anforderungen der boomenden Hindi-Filmindustrie, besser bekannt als Bollywood *(siehe S. 32f)*, gerecht zu werden. Das Gelände erstreckt sich über 140 Hektar am nördlichen Stadtrand. Hier werden jährlich rund 120 Filme produziert – ein Tempo, mit dem nur noch die Firmen Telugu und Tamil in Südindien mithalten können. Auf der Produktionsliste stehen Bollywood-Blockbuster sowie Seifenopern und Serien für das Fernsehen. An den Sets werden Gesang und Tanz, melodramatische Szenen und Actionsequenzen gleichzeitig gedreht, die Kulisse bilden Forts, Dschungel und Paläste aus Pappe. In den Pausen sieht man mythologische Helden neben Banditen und leicht bekleideten Mädchen.

Sanjay Gandhi National Park ㉔

Borivili. *Conservation Education Centre beim Elefantentor Goregaon*, (022) 2842 1174. Di–So. **Kanheri Caves** Di–So.

Nur eine Stunde mit dem Zug von Mumbai entfernt liegt dieser Nationalpark, der zu den wenigen indischen Schutzgebieten innerhalb von Stadtgebieten gehört. In den dichten Wäldern leben viele Vögel und andere Tiere wie Wildschweine, Kobras und Tiger. In einigen Bereichen werden Safaris angeboten.

In einem besonders malerischen Teil des Parks liegen 109 buddhistische Höhlen, die **Kanheri Caves**, aus dem 1. bis 9. Jahrhundert n. Chr. **Höhle 3** (6. Jh.) mit ihren riesigen Buddha-Statuen, den reich verzierten Säulen und dem halbrunden Stupa ist die eindrucksvollste. Am besten gelangt man über den Nordeingang des Parks zu den Höhlen.

Filmaufnahmen in Film City, Goregaon

Hotels und Restaurants in Mumbai *siehe Seiten 584–586 und 612f*

Elephanta Island

Shiva und Parvati aus Stein

Die Höhlentempel von Elephanta liegen auf einer Insel vor der Ostküste Mumbais. Sie stammen aus dem 6. Jahrhundert n. Chr., sind in einen Felsen gehauen und Shiva gewidmet. Hier finden sich herausragende Meisterwerke indischer Skulptur. Ursprünglich hieß die Insel Gharapuri (»Insel der Höhlen«), die Portugiesen benannten sie nach einer Elefantenskulptur um, die einst hier stand und heute im Garten des Bhau Daji Lad Museum in Byculla zu sehen ist. Die Tempel sind UNESCO-Welterbestätten und können bei einem Tagesausflug besichtigt werden.

INFOBOX

9 km nordöstlich von Mumbai.
ab Gateway of India, 9 Uhr.
Fähren (022) 2202 6364.
Mi–Mo. Elephanta Music & Dance Festival (Feb).

Die Höhlen von Elephanta im oberen Teil der Klippen

Grundriss der Höhlen

1. Nordeingang
2. Mahesamurti
3. Ardhanarishvara
4. Gangadhara
5. Westeingang
6. Die Vermählung Shivas mit Parvati
7. Shiva durchbohrt Andhaka
8. Osteingang
9. Shiva und Parvati würfeln

Überblick: Elephanta

Wann genau die Höhlentempel entstanden sind, weiß man nicht. Wahrscheinlich gehen sie auf das 6. Jahrhundert n. Chr. zurück und repräsentieren die brahmanische Renaissance nach dem Niedergang des Buddhismus. Die Besucher kommen per Boot am Pier an. Von dort aus führen 125 Stufen zum **Nordeingang**. Die riesige Halle ist 40 Meter lang und wird von zwei Dutzend mächtiger Säulen gestützt. In einer Nische an der hinteren (südlichen) Wand steht eine dreiköpfige Shiva-Statue, der **Mahesamurti**, auch als Trimurthy bekannt. Sie ist die schönste der ganzen Insel, kaum ein Besucher kann sich ihrem Zauber entziehen. Der Kunsthistoriker Percy Brown nannte sie »das Werk eines Genies«. Die drei Gesichter symbolisieren die verschiedenen Manifestationen Shivas: Das mittlere mit der kunstvollen Krone stellt Shiva den Erhalter dar, heiter und nach innen gekehrt; das nach Westen blickende, sanfte, fürsorgliche und anmutige Shiva den Erschaffer; das nach Osten blickende schließlich Shiva den Zerstörer – es ist grausam und hat Schlangen im Haar. Zu beiden Seiten der Statue befinden sich weitere wunderschöne Skulpturen. Die Figur auf der Ostseite stellt Shiva als **Ardhanarishvara** dar, sowohl männlich als auch weiblich und damit die Göttliche Einheit verkörpernd, in der alle Gegensätze aufgelöst werden. Die Figur auf der Westseite ist Shiva als **Gangadhara**, der der Flussgöttin Ganga hilft, auf die Erde zu gelangen, während seine Gefährtin Parvati und andere Gottheiten zusehen.

Im ganzen Tempel drücken die prachtvollen Skulpturen gleichzeitig Friede und Gewalt, Freude und Wut aus. Eine Figur am **Westeingang** stellt die Vermählung Shivas mit Parvati dar, auf der gegenüberliegenden Wand hängt eine Tafel, auf der Shiva brutal den Dämon Andhaka tötet. Am **Osteingang** spielen Shiva und Parvati in ihrem Heim in den Bergen zufrieden Würfel. Gleichzeitig versucht der Dämon Ravana, dieses Heim zu zerstören, indem er den Berg erschüttert.

Der 4,50 Meter hohe Mahesamurti beherrscht den Höhlentempel

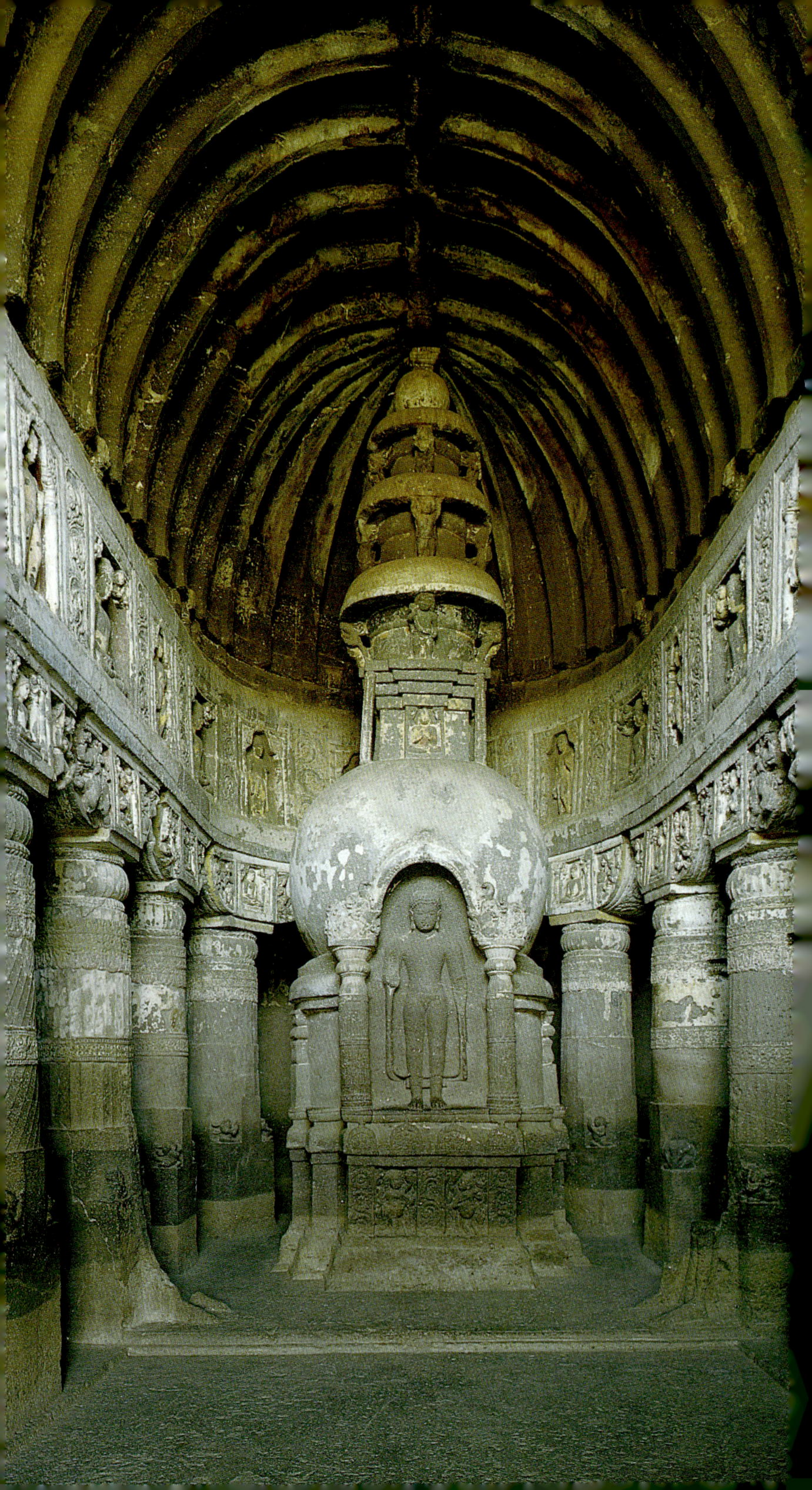

Maharashtra

Grüne Hügel, weite Küstenebenen und geschäftige Industriezentren – das sind die vielen Facetten des 308 000 Quadratkilometer großen Maharashtra. In den Westghats entspringen viele Flüsse, die Bergkette verläuft parallel zur schmalen Konkan-Küste. In der Mitte liegt das Dekkan-Hochland, das vor 70 Millionen Jahren aus schwarzem Vulkangestein entstand. Seit dem 2. Jahrhundert v.Chr. blühen in der Gegend Kunst und Architektur, heute befinden sich hier zwei berühmte Stätten des UNESCO-Welterbes: die buddhistischen Höhlen von Ajanta und die Felsentempel von Ellora. Im Gebiet um Pune stehen noch die mächtigen Forts des Marathen-Führers Shivaji (17. Jh.), der erfolgreiche Aufstände gegen die Moguln anzettelte. Er erlangte Kultstatus, den sich noch heute die nationalistische Partei Shiv Sena zunutze macht. Das moderne Maharashtra ist industriell wie landwirtschaftlich orientiert und recht wohlhabend. Neben Tabak und Baumwolle werden vor allem Früchte wie Orangen und Mangos angebaut.

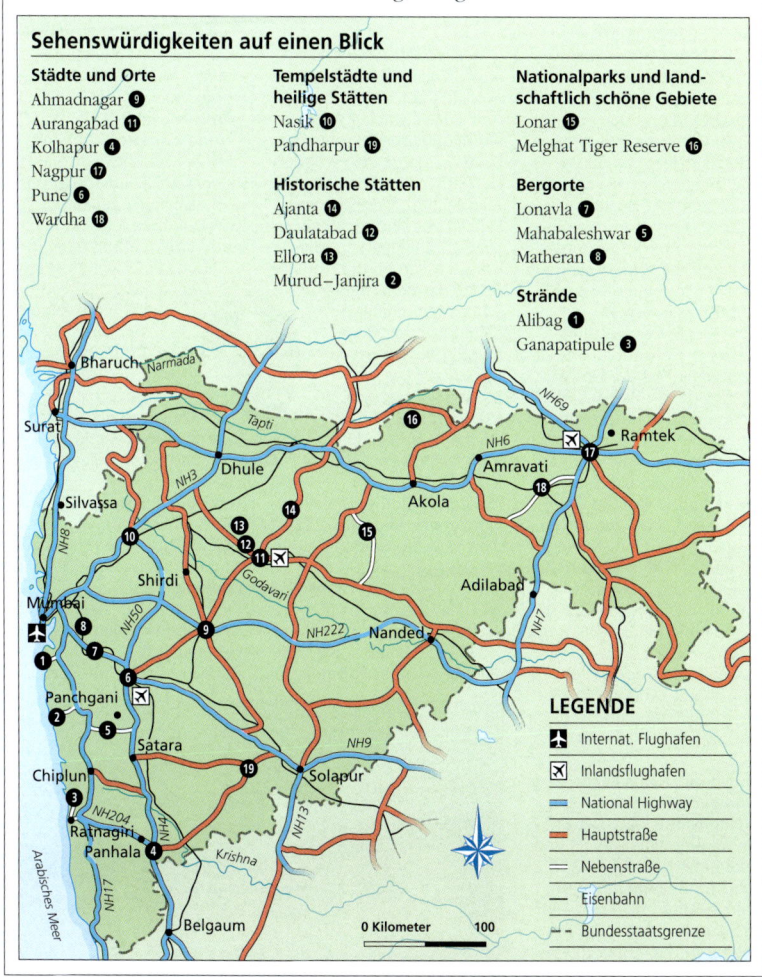

Sehenswürdigkeiten auf einen Blick

Städte und Orte
Ahmadnagar ❾
Aurangabad ⓫
Kolhapur ❹
Nagpur ⓱
Pune ❻
Wardha ⓲

Tempelstädte und heilige Stätten
Nasik ❿
Pandharpur ⓳

Historische Stätten
Ajanta ⓮
Daulatabad ⓬
Ellora ⓭
Murud–Janjira ❷

Nationalparks und landschaftlich schöne Gebiete
Lonar ⓯
Melghat Tiger Reserve ⓰

Bergorte
Lonavla ❼
Mahabaleshwar ❺
Matheran ❽

Strände
Alibag ❶
Ganapatipule ❸

LEGENDE
✈ Internat. Flughafen
⊠ Inlandsflughafen
— National Highway
— Hauptstraße
= Nebenstraße
— Eisenbahn
-- Bundesstaatsgrenze

◁ Votiv-Stupa im *Chaitya*-Saal (spätes 5. Jh.), Höhle 19, Ajanta *(siehe S. 391)*

Das imposante Janjira Fort wurde auf einer Insel erbaut

Alibag ❶

Distrikt Raigarh. 108 km südlich von Mumbai. 🚂 ⛴ *ab Gateway of India, Mumbai, nach Mandve, 18 km nördlich von Alibag, dann mit dem Bus.*

Im 17. Jahrhundert legten die Marathen den Hafen von Alibag an, um ihr Königreich vor den Holländern, Portugiesen und den zunehmend mächtigen Briten zu schützen. Heute ist Alibag eine ruhige Stadt auf der anderen Seite der Bucht von Mumbai. Am eindrucksvollsten ist der fünf Kilometer lange Strand mit seinem silbrigen Sand sowie seinen Kokospalmen und Kasuarinen.

1662 legte der Marathen-Herrscher Chhatrapati Shivaji das Kolaba Fort an. Der wenig einladende Bau aus Blei, Stahl und Stein erhebt sich auf einem Felsvorsprung hoch über dem Meer und ist nur bei Ebbe erreichbar. In dem Fort befinden sich ein Ganesha *(siehe S. 382)* geweihter Tempel und ein Süßwasserbrunnen – sehr wichtig bei Belagerungen. Man gelangt über zwei Haupteingänge in die Festung. Einer liegt an der Küste, der andere direkt im Wasser. Der riesige Küsteneingang ist mit Skulpturen von Tigern, Elefanten und Pfauen geschmückt.

Umgebung: Kihim Beach, neun Kilometer nördlich von Alibag, ist eine wahre Oase der Ruhe, mit Wäldern voller Vögel und Wildblumen. Hier hielt sich der berühmte indische Ornithologe Salim Ali (1896–1987) gern auf. Er schrieb das bislang beste Buch über die indische Vogelwelt.

Murud – Janjira ❷

Distrikt Raigarh. 165 km südlich von Mumbai. 🚂 *ab Gateway of India, Mumbai, nach Mandve, 120 km nördlich von Murud, dann mit dem Bus.* 🚌 *ab Rajpuri zum Janjira Fort.*

Das verschlafene Küstenstädtchen Murud mit seinen indo-gotischen Häusern und verschachtelten Straßen verfügt über einen schönen Strand, an dem man wunderbar baden kann. Das kleine Dorf Rajpuri, vier Kilometer südlich von Murud, bietet Zugang zum Janjira Fort, dem stärksten Fort an der Konkan-Küste, das dem Arabischen Meer immer noch die Stirn bietet. Boote bringen Besucher von Rajpuri zur Festung.

Das 1511 von den Siddis erbaute Fort ist auch als Jazeere Mehroob (»Mond-Fort«) bekannt. Ursprünglich kamen die Siddis als Sklavenhändler aus Abessinien. Die dem Meer trotzende Festung verfügt über 22 Bastionen sowie Mauern aus Granit und Blei. Darüber hinaus hielt sie auch den Angriffen der Portugiesen und Briten sowie dem Marathen-Führer Shivaji stand.

Über Stufen gelangt man zu einem Steintor, in das ein Löwe gemeißelt ist, der sechs winzige Elefanten gefangen hält – sie symbolisieren sechs aufeinanderfolgende Siege der Siddis. In den Wehrmauern rosten die Kanonen vor sich hin, auch Paläste, Gärten und Moscheen verfallen langsam. Um den Palast des Siddi-Herrschers Sirul Khan breitet sich üppige Vegetation aus.

Ganapatipule ❸

Distrikt Ratnagiri. 375 km südlich von Mumbai. 🚂 *Ratnagiri, 22 km südlich von Ganapatipule, dann mit dem Bus.* 🚌 🎭 *Gauri Ganapati (Sep/Okt).*

Ganapatipule ist nach dem 400 Jahre alten Tempel Swayambhu Ganapati benannt. Dort wird das natürlich vorkommende Bild von Ganapati (regionaler Name von Ganesha) von den Hindus als eine der acht heiligen Stätten oder »Ashta Ganapatis« verehrt. Anhänger zollen der Gottheit ihren Respekt mit einer *pradakshina*, der Umrundung eines nahen Hügels. Der Strand ist teilweise fast unberührt, mit feinem weißem Sand und kristallklarem Wasser. Hinter der Küste stehen viele Obstbäume, die Mangos, Bananen, Jackfrüchte sowie Kokos- und Betelnüsse tragen.

Alphonso-Mango

Umgebung: Ratnagiri, 25 Kilometer südlich von Ganapatipule, ist für seine Haine voller Alphonso-Mangos oder *hapus* berühmt. Die Festung des Ortes, Bala Qila, liegt an der Küste. Sie ist völlig intakt und beherbergt den ebenfalls berühmten Bhagavati-Tempel.

Swayambhu-Ganapati-Tempel, am Fuß eines Hügels in Ganapatipule

Hotels und Restaurants in Maharashtra *siehe Seiten 586f und 614f*

Farbenfrohe Fischerboote an der Malvan-Küste

Kolhapur ❹

Distrikt Kolhapur. 396 km südlich von Pune. 493 200.
Maharashtra Tourism, (0231) 265 2935.

Kolhapur liegt am Ufer des Flusses Panchganga. Das blühende Handelszentrum ist heute vor allem für seine Milchprodukte berühmt. Darüber hinaus ist es eine der wichtigsten Pilgerstätten Maharashtras und von jeher mit der Verehrung der Muttergöttin Shakti verbunden. Vom 10. bis 13. Jahrhundert wurde Kolhapur von der Hindu-Dynastie Yadava beherrscht, später eroberten es die Moguln. 1659 schließlich fiel der Marathen-Führer Shivaji in die Stadt ein, die er an seinen jüngeren Sohn vererbte. Bis zur Unabhängigkeit Indiens 1947 blieb Kolhapur im Besitz der Bhonsles (eine der vier fürstlichen Marathen-Familien).

Von den vielen Tempeln wird der der Muttergöttin geweihte **Shri Mahalakshmi** oder Amba-Bai-Tempel am meisten verehrt. Er wurde im 7. Jahrhundert vom Chalukya-König Karnadeva erbaut. Das Hauptbild des Tempels soll ein *swayambhu* (natürlich vorkommender Monolith) sein. Er ist vollständig mit Diamanten und anderen Edelsteinen bedeckt. In der *mandapa* (Säulenhalle) befindet sich eine wunderschöne geschnitzte Decke. Hinter dem Tempel liegen die Überreste des **Old Palace** (Rajwada), in dem heute noch Mitglieder der ehemaligen Maharajafamilie leben. Die riesige Eingangshalle wurde einst für öffentliche Hochzeiten genutzt. Ganz in der Nähe des Palasts üben sich junge Männer in dem traditionellen indischen Sport des Ringens *(kushti)*.

Der **New Palace**, zwei Kilometer nördlich des Stadtzentrums, wurde von Major Charles Mant (siehe S. 344) entworfen und 1881 fertiggestellt. Er verband europäische Elemente mit denen der Jains, Hindus und Muslime und schuf damit den sogenannten indo-sarazenischen Architekturstil. In dem Palast ist heute das Shahaji Chhatrapati Museum untergebracht, das königliche Memorabilien wie Kleider, Jagdfotografien und ein Schwert Aurangzebs ausstellt.

Chappals aus Kolhapur

Auch die **Town Hall** (Rathaus) wurde von Charles Mant entworfen. In ihrem kleinen Museum sind Funde nahe gelegener Ausgrabungen zu sehen. Zudem ist Kolhapur für seine handgefertigten Lederschuhe *(chappals)* bekannt.

🏛 **Old Palace**
◯ Di–So.
🏛 **New Palace**
◯ tägl.

Umgebung: Eines der wichtigsten Forts im Dekkan-Hochland liegt in **Panhala**, 19 Kilometer nordwestlich von Kolhapur, auf einem steilen Hügel. Das Fort ist auf drei Seiten durch beeindruckende doppelt verschalte Tore und sieben Kilometer lange Befestigungsmauern hervorragend geschützt. Es beherbergt zwei Tempel. Einer ist Amba Bai, der andere dem Windgott Maruti geweiht. Am interessantesten sind allerdings die riesigen Getreidespeicher aus Stein. Der größte Speicher, Ganga Kothi, misst 948 Quadratmeter. Das Fort wurde im 12. Jahrhundert von Raja Bhoja II. gegründet und fiel später an die Yadavas, die Adil Shahis von Bijapur, an Shivaji, an Aurangzeb und schließlich an die Briten. Das in Panhala herrschende Höhenklima ist sehr angenehm, weshalb auch zahlreiche private Häuser hier stehen, darunter auch das des Sängers Lata Mangeshkar *(siehe S. 411).*

Das Panhala Fort in den malerischen Sahyadri-Bergen nach dem Monsun

Panchgani mit spektakulärem Blick auf den Fluss Krishna

Mahabaleshwar ❺

Distrikt Satara. 115 km südwestlich von Pune. 🚶 13 000. 🚌 auch Fahrradverleih.

Mahabaleshwar ist der größte Bergort in Maharashtra, er liegt auf einer Höhe von 1372 Metern. 1828 wählte Sir John Malcolm, damals Gouverneur von Bombay, den wunderschönen Ort als Platz eines offiziellen Sanatoriums aus. Bald darauf bedeckten typische Kolonialbauten die bewaldeten Hügel, z. B. die **Christ Church**, das **Government House** (die Residenz des Gouverneurs), die **Frere Hall** und der **Mahabaleshwar Club**. Der Ort eignet sich sehr gut für Spaziergänge. Am Aussichtspunkt **Bombay Point** kann man an klaren Tagen bis zum Meer blicken, **Arthur's Seat** bietet einen Panoramablick über die Konkan-Küste.

In der Altstadt steht der **Krishna-Tempel**, angeblich an der legendären Stelle der Panchganga, der Quelle der fünf Flüsse Koyna, Savitri, Venna, Gayatri und des mächtigen Krishna. Letzterer ist 1400 Kilometer lang und verläuft von hier bis zum Golf von Bengalen an der Ostküste Indiens. Darüber hinaus gibt es zwei weitere Tempel, die Hanuman und Rama geweiht sind, sowie mehrere Beerenplantagen, auf denen man Erdbeeren, Himbeeren und Maulbeeren pflücken kann.

Wasserspeier, Krishna-Tempel

Umgebung: Der Hügelort **Panchgani**, 18 Kilometer östlich von Mahabaleshwar, ist von fünf Hügeln mit alten britischen und parsischen Bungalows umgeben. Hier beginnen mehrere schöne Wanderwege *(siehe S. 385)*. Die majestätischen Hügel-Forts **Pratapgarh** und **Raigad**, 18 Kilometer westlich bzw. 70 Kilometer nordwestlich von Mahabaleshwar, gehörten einst den Marathen.

Rund 110 Kilometer südlich von Mahabaleshwar liegt **Chiplun** am Ufer des Flusses Vashishti, der den künstlichen See Koyna speist. Die Stadt ist vor allem für ihr in den 1980er Jahren entwickeltes Bewässerungssystem bekannt, das die Küstenregion zwischen den Sahyadri-Bergen und dem Meer mit Wasser versorgt.

Ganesha, der Wegbereiter

Elefantengott Ganesha

Der elefantenköpfige Sohn von Shiva und Parvati ist die beliebteste Gottheit in Indien und wird vor allem in Maharashtra verehrt. Hier finden sich Bilder des liebenswerten, dickbäuchigen Gottes in jedem Haushalt, Tempel und Ladeneingang, auf jedem Briefkopf und auf jeder Hochzeitseinladung. Vor jeder Unternehmung wird er angerufen, er ist der Gott des Neuanfangs. Auch in einer ganzen Reihe von anderen Gestalten wird er verehrt, z. B. als Vighneshvara, der Wegbereiter, oder als Siddhidata, der Gott des Wohlstands und Erfolgs. Vor allem aber ist Ganesha ein überaus gutmütiger Freund. Einer Legende zufolge soll sein Vater ihm den Kopf abgeschlagen und aus Reue den Kopf eines Elefanten aufgesetzt haben. In seinen vier Armen hält er verschiedene Attribute, u. a. einen abgebrochenen Stoßzahn und eine Speise namens *modaka*, manchmal auch eine Lotusblüte, eine Elefantenpeitsche, eine Axt oder Gebetsperlen.

Das zehntägige Fest Ganesha Chaturthi *(siehe S. 385)* wird in ganz Maharashtra gefeiert. Am ersten Tag werden Tonfiguren gefertigt und geweiht, die anschließend in einem Schrein ausgestellt und ununterbrochen angebetet werden. Am zehnten Tag finden Prozessionen mit Festzugswagen sowie Tänzern, Sängern und anderen Gläubigen statt. Die Prozessionen enden am Wasser, wo Hunderte von Ganesha-Figuren in Flüssen, Seen oder im Meer versenkt werden. Diese Versenkung kennzeichnet die Rückkehr des Gottes in seine Heimat.

Gläubige versenken Ganesha im Fluss

Hotels und Restaurants in Maharashtra *siehe Seiten 586f und 614f*

MAHARASHTRA 383

Campus der Pune University

Pune ❻

Distrikt Pune. 163 km südöstlich von Mumbai. 🚉 3 530 000. ✈ 12 km nordöstlich des Stadtzentrums, dann mit dem Taxi oder Mietwagen. 🚉 🚌
ℹ Maharashtra Tourism, I Block, Central Building, (020) 2612 6867.
🎉 Ganesha Chaturthi (Aug/Sep).

Die schnell wachsende Industriestadt Pune liegt im Dekkan-Hochland am Zusammenfluss von Mutha und Mula. Die westliche Grenze bilden die Sahyadri-Berge. Das angenehme Klima und die Nähe zu Mumbai machten die Stadt bei den Briten im 19. Jahrhundert zur Monsunzeit sehr beliebt. Damals hieß sie Poona. Sie stieg zu einem wichtigen Verwaltungs- und Militärzentrum auf, und noch heute ist das südindische Heer hier stationiert.

Pune war auch der Ort, an dem der Marathen-Führer Shivaji seine Kindheit verbrachte. Zwischen 1750 und 1817 war Pune Hauptstadt des Marathen-Bundes und stand unter der Herrschaft der Peshwa. Die Überbleibsel ihres Palastes, des **Shaniwar Wada Palace**, sind in der Altstadt zu sehen. Er wurde 1736 erbaut und 1828 durch einen Brand zerstört. Nur die Außenmauern und das Haupttor mit den großen Eisenspitzen haben überlebt. Weiter südlich liegt der wunderschöne Peshwa-Palast **Vishram Bagh Wada**.

Für viele Besucher ist Pune identisch mit der berühmten **Osho International Commune** des Bhagwan Rajneesh oder Osho, die im Koregaon Park im Norden der Stadt liegt. Der flippige Mystiker oder »Sex-Guru«, wie er auch genannt wurde, kam im Westen ausgesprochen gut an. Selbst nach seinem Tod im Jahr 1990 zieht der Ashram immer noch Anhänger aus Europa und den USA an.

In einem traditionellen Marathen-Haus oder *wada* ist das bezaubernde private **Raja Dinkar Kelkar Museum** untergebracht, in dem wunderschöne Alltagsgegenstände wie Töpfe, Stifte, Lampen, Tintenfässer, Nussknacker und andere Gebrauchsartikel ausgestellt sind. Besonders interessant ist ein Chitrakathi-Rollengemälde aus Maharashtra, das bei Theateraufführungen benutzt wurde.

Das **Tribal Museum** östlich des Bahnhofs zeigt Stücke der Stammeskulturen des Landes, insbesondere aus der Sahyadri- und Gondwana-Region.

Im **Aga-Khan-Palast** auf der anderen Seite des Mula im Norden der Stadt war Mahatma Gandhi auf Befehl der Briten zwei Jahre lang inhaftiert. Heute befindet sich hier das Gandhi National Memorial. Gandhis Frau Kasturba starb hier, ihre Asche ruht in einer Urne im Garten. Zu den weiteren Sehenswürdigkeiten gehören die St Mary's Church (ein schöner Garnisonsbau von 1825), der Felsentempel Pataleshwar (8. Jh.), der Parvati-Tempel sowie zahlreiche Gärten, u. a. die Empress Botanical Gardens und die Bund Gardens.

Pune ist das Zentrum der Marathen-Kultur und hat eine lebendige Tradition von Theater, klassischer Musik und Tanz. Zudem ist Pune wichtige Universitätsstadt und Sitz des staatlichen Film and Television Institute sowie der National Film Archives.

Umgebung: Rund 24 Kilometer südwestlich liegt in Khadakvasla die **National Defence Academy**, Ausbildungsort der Armee-, Marine- und Luftwaffenkadetten. Noch weiter südwestlich liegen die Forts **Rajgad** und **Sinhgad** (»Löwen-Fort«). Letzteres ist mit Tanaji Malasure, einem General Shivajis, verknüpft: Einer Legende zufolge soll er sich an Waranen, an denen Seile befestigt waren, an der Mauer des Forts hochgezogen und die Festung so eingenommen haben.

Warli-Gemälde, Raja Dinkar Kelkar Museum

🏛 **Osho International Commune**
📞 (020) 6601 9999. ⏰ tägl.
🏛 **Raja Dinkar Kelkar Museum**
1378, Shukrawar Peth. 📞 (020) 2447 4466. ⏰ tägl. ⏸ Feiertage.
🏛 **Tribal Museum**
28 Queens Gardens, von der Koregaon Rd. ⏰ tägl.
🏛 **Aga-Khan-Palast**
Ahmadnagar Rd. 📞 (020) 2688 0250. ⏰ Mo–Sa. ⏸ 2. und 4. Sa, Feiertage.

Vishram Bagh Wada, ein Peshwa-Palast im Herzen der Altstadt

Die buddhistische *chaitya griha* in der Karla Cave bei Lonavla

Lonavla ❼

Distrikt Pune. 62 km nordwestlich von Pune. 56 000. **Karla Cave** *Maharashtra Tourism, Karla, (02114) 282 230.* tägl. **Bhaja Caves**

Lonavla liegt an der Haupteisenbahnlinie von Mumbai nach Pune und war einst ein verschlafener Bergort, berühmt für sein *chikki*, eine Süßigkeit aus Karamell. Heute ist er bei Wochenendausflüglern aus dem nahe gelegenen Mumbai sehr beliebt. Die Hauptstraße wird von Souvenirläden gesäumt. Von hier aus kann man bestens die umliegenden Berge erkunden.

Statue eines Götterpaars, Karla Cave

Umgebung: Etwa acht Kilometer nordwestlich von Lonavla bietet die Stadt **Khandala** einen Panoramablick auf die Westghats. Die berühmte buddhistische Felsenhöhle **Karla**, elf Kilometer östlich von Lonavla, stammt aus dem 2. bis 1. Jahrhundert v. Chr. Die großartige *chaitya griha* (siehe S. 20) ist die größte und am besten erhaltene frühbuddhistische Höhle des ganzen Dekkan-Hochlandes. Sie verfügt über einen wunderschön gestalteten Innenhof, eine 14 Meter hohe Fassade mit hufeisenförmigem Fenster und eine große Säulenhalle mit einem monolithischen Stupa. Die rund 20 **Bhaja Caves**, drei Kilometer von der Straße nach Karla entfernt, sind die ältesten der Region. Sie stammen aus dem 2. vorchristlichen Jahrhundert. Höhle 12, eine *chaitya griha*, hat immer noch Deckenbalken aus Holz. Die Fassade ist mit Schnitzereien mehrstöckiger Fenster und Balkone verziert. Die **Bedsa Caves**, neun Kilometer südöstlich von Bhaja, datieren aus dem 1. Jahrhundert n. Chr. Die Decke der Haupthöhle weist verwitterte Malereien auf.

Matheran ❽

Distrikt Raigarh. 118 km nordwestlich von Pune. 5000. *ab Neral Junction Zug nach Matheran (2 Std.).* gegenüber dem Bahnhof.

Der Hügelort Matheran (»Mutterwald« oder »Wald an der Spitze«) liegt Mumbai am nächsten. Die malerische Stadt auf 803 Metern Höhe ist von den bewaldeten Sahyadri-Bergen umgeben. 1855 besuchte Lord Elphinstone, der Gouverneur von Bombay, Matheran, das daraufhin in Mode kam. Die stattliche **Elphinstone Lodge** wurde »Wochenendhäuschen« des Gouverneurs. 1907 entstand eine Eisenbahnlinie mit einer niedlichen Miniatureisenbahn (siehe S. 643), die auch heute noch ab Neral fährt. In der Stadt sind alle motorisierten Vehikel verboten, und trotz der vielen Besucher ist es hier himmlisch ruhig.

Matheran verfügt über insgesamt 33 Aussichtspunkte. Der **Porcupine Point** oder Sunset Point ist als Sehenswürdigkeit besonders beliebt. Hier kann man spektakuläre Sonnenuntergänge erleben. Vom **Louisa Point** aus sieht man die Ruinen des Prabal Fort. Hier beginnt der Wanderweg »Shivajis Leiter«. Bei Weitem am eindrucksvollsten ist **Hart Point**. An klaren Tagen sieht man bis nach Mumbai. Die St Paul's Anglican Church, das schöne Lord's Mountain and Valley Resort und die katholische Kirche in Matheran gehören zu den Bauten aus der Ära des Raj.

Atemberaubende Aussicht am Porcupine Point (auch Sunset Point), Matheran

Hotels und Restaurants in Maharashtra *siehe Seiten 586f und 614f*

Steinverzierungen, Damri-Moschee

Ahmadnagar ❾

Distrikt Ahmadnagar. 140 km nordöstlich von Pune. 310.000.

Im 16. Jahrhundert war Ahmadnagar Sitz eines mächtigen muslimischen Königreichs. Die Stadt wurde 1490 von Ahmad Nizam Shah Bahri, dem Sohn eines bekehrten Hindus, gegründet. 1599 fielen die Moguln unter Akbar in Ahmadnagar ein, nachdem Akbars Lieblingsbefehlshaber Abu'l Fazl den herrschenden Sultan ermordet hatte. Doch die Schwester des Sultans, Chand Bibi, verteidigte das Reich in erbittertem Kampf. In den Folgejahren gelangte der ehemalige afrikanische Sklave Malik Ambar an die Macht, der zuvor gegen Bidar *(siehe S. 446f)* und Golconda *(siehe S. 546f)* gekämpft hatte. Im Jahr 1636 setzten sich schließlich die Moguln durch.

Die Herrscher der Nizam-Shahi-Dynastie waren begeisterte und sichtbar persisch beeinflusste Bauherren. Das **Ahmadnagar Fort**, vier Kilometer nordöstlich des Bahnhofs, entstand 1490, die Steinmauern fügte man erst 1563 hinzu. Heute steht nur noch der Palast mit seiner großen Halle und den vielen Kuppeln. 1942 war Jawaharlal Nehru hier inhaftiert und schrieb sein berühmtes Buch *The Discovery of India*. Die **Jami Masjid** wurde zwischen 1644 und 1658 errichtet, die **Damri-Moschee** in der Nähe mit ihren Fialen und Miniaturpavillons 1568.

Kaiser Aurangzeb starb 1707 in Ahmadnagar, sein Leichnam ruhte kurze Zeit in der kleinen **Alamgir Dargah**, bevor er nach Khuldabad *(siehe S. 387)* überführt wurde.

Westlich der Stadt liegt der ummauerte Gartenkomplex **Bagh Rauza**. Er beherbergt das Mausoleum von Ahmad Nizam Shah Bahri, das im Inneren ausgesprochen üppig ausgeschmückt ist.

Wandern in den Sahyadri-Bergen

Die Westghats heißen in Maharashtra auch Sahyadri-Berge. Sie verlaufen parallel zur Westküste Indiens und erstrecken sich über Maharashtra, Karnataka, Tamil Nadu und Kerala. Das Bergland ist vulkanischen Ursprungs und wird von zerklüfteten Gipfeln geprägt. In Maharashtra dienen die vielen schönen Hügelorte als exzellente Ausgangspunkte für landschaftlich sehr schöne Wanderungen. **Mahabaleshwar** und **Panchgani** sind besonders gut ausgeschildert. Hier bieten sich die Berge auch zum Klettern an. **Lonavla** beispielsweise ist bei Kletterbegeisterten ausgesprochen beliebt. **Matheran** verfügt über einen ausgetretenen Wanderweg namens »Shivajis Leiter«, der von One Tree Hill zum Tal darunter führt. Die Sahyadri-Berge sind vor allem im September, nach der Regenzeit, wunderschön: Dann sind die Hügel mit einem wahren Teppich blühender Wildblumen und rauschenden Wasserfällen bedeckt.

Die zerklüfteten Sahyadri-Berge

Feste in Maharashtra

Janmashtami *(Aug/Sep)*. Die Geburt von Krishna wird im ganzen Bundesstaat Maharashtra begeistert gefeiert. In den Straßen werden Buttertöpfchen aufgehängt, die man dann zu erreichen versucht – ein Kinderstreich Krishnas.

Janmashtami in Mumbai

Naga Panchami *(Aug/Sep)*. Schlangen werden in ganz Indien verehrt – so auch bei diesem Fest. Schlangenfiguren werden rituell gewaschen, Opfergaben (Milch und Butter) werden an Erdlöcher gestellt.
Ganesha Chaturthi *(Aug/Sep)*. Dieses ist das bedeutendste Fest in Maharashtra und wird vor allem in Pune und Mumbai mit Feuereifer gefeiert. Es werden Tonfiguren von Ganesha *(siehe S. 382)* hergestellt, zehn Tage lang verehrt, anschließend in einer farbenprächtigen Prozession zum Wasser getragen und versenkt.
Kalidasa Festival *(Nov)*, Nagpur. Einige der anerkanntesten Künstler versammeln sich zu diesem Festival der klassischen Musik und des Tanzes. Es wird zu Ehren des aus dem 4. Jahrhundert stammenden Sanskrit-Dichters Kalidasa veranstaltet.
Ellora Festival *(Dez)*, Ellora. Bei diesem Festival werden verschiedene klassische Veranstaltungen geboten und vor dem Kailasanatha-Tempel aufgeführt.

MAHARASHTRA

Heiliges Becken von Ramkund, Nasik

Nasik ❿

Distrikt Nasik. 187 km nordöstlich von Mumbai. 1 080 000.
Maharashtra Tourism, (0253) 257 0059. Kumbh Mela (alle 12 Jahre).

Nasik gehört zu den heiligsten Stätten Indiens. Die lebendige Tempelstadt ist zu beiden Seiten des Flusses Godavari erbaut und verfügt über nahezu 200 Schreine. An den Ghats am Ufer findet das spektakuläre Kumbh-Mela-Fest statt. Der Legende nach soll Rama, Held des *Ramayana (siehe S. 27)*, hier während seines 14-jährigen Exils gelebt haben. Er soll mit seiner Frau Sita in **Ramkund**, dem heiligen Becken im Stadtzentrum, gebadet haben. Hier wird auch die Asche der Toten verstreut.

Die meisten Tempel wurden im 18. Jahrhundert erbaut. Der **Kala-Rama-Tempel**, östlich des Ramkund, besteht aus schwarzem Stein und einem 25 Meter hohen *shikhara*. Dort soll Sita von Ravana entführt worden sein. Das Dach des **Rameshwar-Tempels** ist mit Schnitzereien verziert, am **Muktidham-Tempel** nahe dem Bahnhof sind Inschriften aus der *Bhagavad Gita*.

Umgebung: Pandu Lena, acht Kilometer südlich von Nasik, kann sich 24 buddhistischer Höhlen aus dem 2. bis 1. Jahrhundert v. Chr. rühmen. Die älteste ist Höhle 10, eine *vihara* (Kloster) mit sagenhaften Skulpturen und Inschriften über dem Eingang. Höhle 18, eine frühe *chaitya griha*, ist außen sehr reich verziert. Außerdem sehenswert sind die Höhlen 3 und 20.

Der heilige **Trimbakeshwar-Tempel**, 33 Kilometer westlich von Nasik, steht an der Stelle eines der zwölf natürlich vorkommenden *jyotirlingas* (Licht-Lingas) Shivas. Er ist von einer großen Plattform umgeben und mit einem geschnitzten *shikhara* ausgestattet. Nicht-Hindus ist der Zutritt allerdings untersagt.

Rund 65 Kilometer südlich von Nasik befindet sich der Tempelkomplex **Shirdi**, der dem ersten Sai Baba geweiht ist. Der beliebteste Heilige Maharashtras starb 1918.

Aurangabad ⓫

Distrikt Aurangabad. 400 km nordöstlich von Mumbai. 870 000.
10 km östlich des Stadtzentrums, dann mit dem Taxi.
Maharashtra Tourism, Station Rd East, (0240) 233 1513.

Aurangabad ist die größte Stadt des nördlichen Maharashtra. Von ihrem Flughafen aus gelangt man am schnellsten zu den Höhlen von Ellora und Ajanta *(siehe S. 388–391)*. Die Stadt wurde 1610 von Malik Ambar, Oberbefehlshaber der Nizam-Shahi-Herrscher von Ahmadnagar *(siehe S. 385)*, gegründet. 1653 machte Aurangzeb, der letzte große Mogulherrscher, sie zu seinem Hauptsitz. Er gab der Stadt seinen Namen und eroberte von ihr aus die Staaten im Dekkan-Hochland.

Berühmtestes Monument ist die **Bibi ka Maqbara** außerhalb der Stadtmauern. Die Nachbildung des Taj Mahal ließ Aurangzebs Sohn Azam Shah 1678 im Andenken an seine Mutter Rabia Durrani errichten. Sie steht inmitten eines Mogulgartens mit vier überdimensional großen Minaretten auf einer erhöhten Plattform. Wie beim Taj wurden zwar Marmor und Stuck, jedoch keine *Pietra-dura*-Arbeiten verwendet, die Shah Jahans Kreation so einzigartig machen *(siehe S. 148 f.)*.

Die befestigte Stadt Aurangzebs bildet das Zentrum des heutigen Aurangabad. Nur wenige ältere Bauten aus der Zeit Malik Ambars sind erhalten geblieben, darunter der **Naukonda-Palast** (auch Naukhanda) und die **Jami Masjid**. Am linken Ufer des Flusses Khan befindet sich die **Dargah des Baba Shah Musafir**. Der Sufi-Heilige war Aurangzebs spiritueller Führer. Der Komplex beinhaltet eine Moschee, eine *madrasa* (Koranschule), einen Gerichtshof, die *zenana* (Frauenquartiere) sowie eine Wassermühle (*panchakki*).

In der Altstadt, nahe dem Zafar-Tor, steht auch die **Himroo Factory**. Aurangabad ist berühmt für die alte Kunst der Brokatweberei, bei der Silber- und Goldfäden, sogenannte *kam-*

Detail des Eingangs von Bibi ka Maqbara

Bibi ka Maqbara in Aurangabad, eine Nachbildung des Taj Mahal in Agra

Hotels und Restaurants in Maharashtra *siehe Seiten 586 f und 614 f*

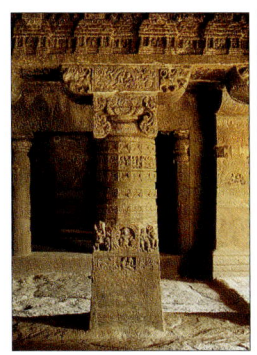

Reich verzierte Säulenhalle in Höhle 3 der Aurangabad Caves

khabs, verwendet wurden. In Zeiten der Not benutzten die Weber billigere Baumwoll- und Silberfäden. So entstanden *Himroo*-Stoffe («ähnlich»). Überall in der Stadt kann man Schals und Saris daraus kaufen. Ebenfalls hier hergestellt werden die kostbaren Paithani-Saris aus Goldfäden.

Umgebung: Rund drei Kilometer nördlich liegen die **Aurangabad Caves**. Sie wurden während der Vakataka- und der Kalachuri-Ära (6. und 7. Jh.) entdeckt und in zwei Gruppen aufgeteilt. Die älteste der fünf Höhlen der westlichen Gruppe ist Höhle 4 aus dem 1. Jahrhundert n.Chr., eine schöne *chaitya griha* mit monolithischem Stupa. In die Außenwand ist ein wundervolles Bild von Buddha auf einem Löwenthron gemeißelt. Höhle 3 (5. Jh.) verfügt über eine genial gestaltete Säulenhalle mit hervorragender Akustik. Im inneren Heiligtum wird ein sitzender Buddha von Gläubigen flankiert.

Zur östlichen Gruppe gehören vier Höhlen. Höhle 6 ist mit fein gearbeiteten Bodhisattvas ausgestattet. Schönste Höhle ist die Nummer 7, ein üppig geschmückter Schrein mit großen Skulpturen von Tara und Avalokitesvara. Im inneren Heiligtum sind auf einem Fries eine Tänzerin und sieben Musiker dargestellt.

Himroo-Stoff, Aurangabad

Daulatabad ⑫

Distrikt Aurangabad. 13 km östlich von Aurangabad. 🚌 Bustouren bietet Maharashtra Tourism, Aurangabad, (0240) 233 1513. Taxis und Jeeps ebenfalls ab Aurangabad.
☐ tägl.

Hoch oben im Dekkan-Hochland erhebt sich auf einem Felsvorsprung aus Granit dieses außergewöhnliche Fort, das Zeuge einiger der schlimmsten Metzeleien der Region ist. Unter dem Namen Deogiri wurde es 1296 von Alauddin Khilji, dem ersten muslimischen Eroberer aus Delhi, eingenommen. Ihm folgte 1328 Muhammad bin Tughluq, der die Stadt um das Fort Daulatabad («Stadt des Glücks») nannte. In einem Anfall von Unvernunft verlegte er seine Hauptstadt hierher und zwang die Einwohner Delhis zu einem 1127 Kilometer langen Marsch. Tausende starben unterwegs an Hunger und Erschöpfung, der Sultan und sein Hof marschierten schließlich nach Delhi zurück.

Danach fiel Daulatabad in die Hände der Bahmani-Sultane, der Nizam Shahis, der Moguln, der Marathas und des Nizam von Hyderabad – und jede Eroberung war blutiger als die zuvor.

Der pyramidenförmige Hügel, auf dem das imposante Fort steht, liegt etwas abseits und reicht bis 183 Meter. Dies veranlasste Shah Jahans Chronisten zu der Bemerkung, dass »weder Ameisen noch Schlangen das Fort erklimmen können«. Es wird von vier soliden konzentrischen Mauern geschützt. Die erste seiner drei Zonen ist **Ambarkot**, das äußere Fort. Darin steht der 60 Meter hohe Siegesturm **Chand Minar**, den Alauddin Bahmani 1435 errichten ließ. In der nahe gelegenen **Jami Masjid** teilen 106 Säulen aus Jain- und Hindu-Tempeln den Hauptsaal in 25 Gänge. Über ein Dreifachtor mit Eisenspießen gelangt man in die **Kataka**, das innere Fort. Die Zitadelle, den **Balakot**, erreicht man durch Tore in den befestigten Mauern. Die Anlage ist auch durch einen Wassergraben geschützt, in dem früher hungrige Krokodile lauerten.

In der Nähe des innersten Tores befindet sich das in Blau und Weiß gehaltene **Chini Mahal**, in dem Aurangzeb 1687 den letzten Sultan von Golconda gefangen hielt. Auf einer nahe gelegenen Bastion steht die riesige Bronzekanone **Qila Shikhan** («Fort-Brecher»). Sie ist sechs Meter lang und mit einem außergewöhnlichen Widderkopf und persischen Inschriften versehen, die sie als »Erschaffer von Stürmen« ausweisen. Dunkle Tunnel führen in das Herz der Zitadelle, den Säulenpavillon **Baradari** aus der späten Mogulzeit.

Umgebung: Das ummauerte **Khuldabad** («Himmlischer Ort») liegt zehn Kilometer nördlich von Daulatabad. Die Alamgir Dargah ist dem muslimischen Heiligen Sayeed Zain-ud-din (gest. 1370) geweiht. Der Komplex ist auch als Rauza bekannt und wurde im 14. Jahrhundert von Sufi-Heiligen gegründet. Mehrere Sultane ruhen hier, auch Aurangzebs einfaches Grab (er starb 1707) befindet sich im Innenhof. Das wunderschöne Grabmal des Malik Ambar *(siehe S. 385)* liegt etwas weiter nördlich.

Der Chand Minar (Daulatabad) war mit persischen Fliesen bedeckt

Ellora: Kailasanatha-Tempel ⓭

Detail am Dach des Eingangstors

Schönste der Felsenhöhlen von Ellora ist der sagenhafte Kailasanatha-Tempel (Höhle 16), der zum UNESCO-Welterbe gehört. Er wurde von dem Rashtrakuta-König Krishna I. im 8. Jahrhundert in Auftrag gegeben. Der Mammutkomplex ist 84 Meter lang und 47 Meter breit und wurde aus einer riesigen Klippe herausgemeißelt. Die Steinmetze kämpften sich durch 85 000 Kubikmeter Fels und arbeiteten von oben nach unten. Das Kunstwerk ist mit überdimensionalen verzierten Steintafeln geschmückt und soll den Berg Kailasa darstellen, den heiligen Sitz des Gottes Shiva.

★ **Dach**
Das Dach des mandapa *(Versammlungshalle) ziert eine Lotusblüte aus konzentrischen Kreisen mit vier Steinlöwen.*

Nandi-Pavillon

Innenhof
Der Hof wird von zwei lebensgroßen Elefanten eingerahmt.

Obelisken
Zu beiden Seiten des Nandi-Pavillons steht eine monolithische, 17 Meter hohe Säule mit Lotusfriesen und Girlanden.

★ **Lakshmi mit Elefanten**
Gegenüber dem Eingang stellt die verzierte Gajalakshmi-Tafel im Nandi-Pavillon die Göttin Lakshmi in einem Lotusteich dar. Sie wird von Elefanten mit Wasser übergossen und gebadet.

ELLORA: KAILASANATHA-TEMPEL

Der Turm ist knapp 33 Meter hoch und war einst mit weißem Gips bedeckt, der die schneebedeckten Gipfel des Berges Kailasa symbolisierte.

INFOBOX

Distrikt Aurangabad. 30 km nordwestlich von Aurangabad. in Aurangabad gibt es Jeeps und organisierte Ausflüge. Mi–Mo (alle Höhlen). nur ohne Blitzlicht; am besten ist das Licht nachmittags. empfehlenswert sind Verpflegung, Taschenlampe, bequeme Schuhe und ein Sonnenhut. Ellora Festival (Dez).

Stützelefanten
Elefanten mit Lotusblüten im Rüssel zieren die Wände des unteren Stockwerks; sie scheinen den Bau zu tragen.

0 Meter 10

Felsenklöster

★ Ravana schüttelt den Berg Kailasa
Auf der Tafel ist Ravana (der Dämonenkönig des Ramayana) dargestellt, wie er den Berg schüttelt, um Shiva und Parvati in ihrer Ruhe zu stören.

Ramayana-Tafeln flankieren die Südwand, die Nordwand erzählt aus *Mahabharata* und von Krishna.

NICHT VERSÄUMEN

- ★ Dach
- ★ Lakshmi mit Elefanten
- ★ Ravana schüttelt den Berg Kailasa

Drei Göttinnen
Im Opfersaal stehen lebensgroße Bilder von Durga, Chamunda und Kali sowie von Ganesha, Parvati und den sieben Muttergöttinnen.

Überblick: Ellora

Die 34 Höhlen von Ellora sind aus einem zwei Kilometer langen Steilabbruch herausgehauen und gehören zu den schönsten ihrer Art.

Die wachsende Bedeutung Elloras ging mit dem Niedergang des Buddhismus und einer Renaissance des Hinduismus unter den Chalukya- und Rashtrakuta-Dynastien (7.–9. Jh. n.Chr.) einher. Ellora lag an einer wichtigen Handelsroute zwischen Ujjain in Madhya Pradesh und der Westküste. Mit den Einkünften der sehr lukrativen Route finanzierte man die 500 Jahre dauernden Grabungen, da die älteren Ajanta-Höhlen allmählich verlassen wurden.

Die Höhlen werden in drei Gruppen eingeteilt – Höhlen der Buddhisten, Hindus und Jains – und von Süden aus nummeriert. Die **buddhistischen Höhlen** (1–12) stammen aus der Chalukya-Ära (7.–8. Jh.). Die ersten neun sind verschiedene *viharas* oder Klöster. In ihnen finden sich wunderschöne Buddha-Statuen, Bodhisattvas und Szenen aus der buddhistischen Mythologie. Am schönsten ist **Höhle 10** (Vishwakarma; »Höhle des Schreiners«), benannt nach dem himmlischen Schreiner. Die imposante *chaitya griha* (siehe S. 20)

Spektakulär: Ellora und ein Wasserfall nach der Regenzeit

wird von einer Statue des lehrenden Buddha vor einem Votivstupa unter einem Gewölbe beherrscht. Die Steinarbeiten sind so kunstvoll, dass man sie für Holz halten könnte. Ebenfalls sehenswert sind **Höhle 11** (Do Thal, zweigeschossig) und **Höhle 12** (Tin Thal, dreigeschossig). Im oberen Stockwerk von Höhle 12 stehen große Bodhisattvas, den Eingang der Vorkammer säumen sieben Buddha-Statuen.

Die **Hindu-Höhlen** (13–29) entstanden im 7. bis 9. Jahrhundert in der Blütezeit von Ellora. **Höhle 14** (Ravana ki Khai) enthält eindrucksvolle Skulpturen von Gottheiten aus dem hinduistischen Pantheon, z.B. Durga als Büffeldämontöterin und Vishnu als eberköpfiger Varaha. **Höhle 15** (Dashavatara) verfügt auch über wunderschöne Skulpturen. **Höhle 21** (Rameshvara) und **Höhle 29** (Dhumar Lena) sollte man ebenfalls nicht versäumen.

Die **Jain-Höhlen** (30–34) stammen aus dem 9. Jahrhundert und sind einfacher als die der Hindus. **Höhle 32** (Indra Sabha) ist die schönste. In die Wände des Monolithen sind Elefanten, Löwen und *tirthankaras* gemeißelt. **Höhle 30** (Chhota Kailasa) ist eine kleine, unfertige Replik des Kailasanatha-Tempels (siehe S. 388f) mit Skulpturen mehrerer *tirthankaras* und Mahavira auf einem Löwenthron.

Umgebung: In der Nähe liegt der **Grishneshvara-Tempel** (18. Jh.), einer der zwölf *Jyotirlinga*-Schreine, die Shiva geweiht sind. Er wurde von Rani Ahilyabai aus Indore (siehe S. 212) geschaffen.

Vishwakarma (Höhle 10), die obere Halle

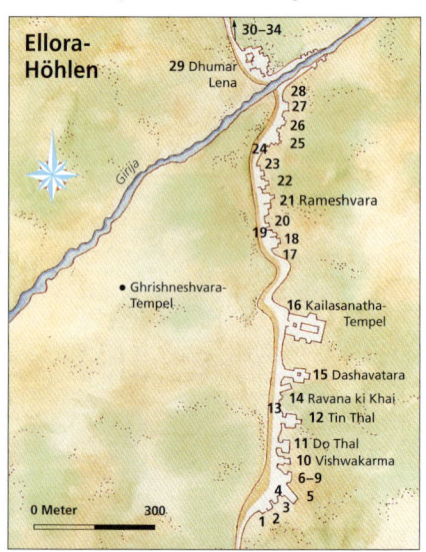

Ellora-Höhlen

Hotels und Restaurants in Maharashtra siehe Seiten 586f und 614f

MAHARASHTRA 391

Fassade von Höhle 19, Ajanta, mit hufeisenförmigem Fenster

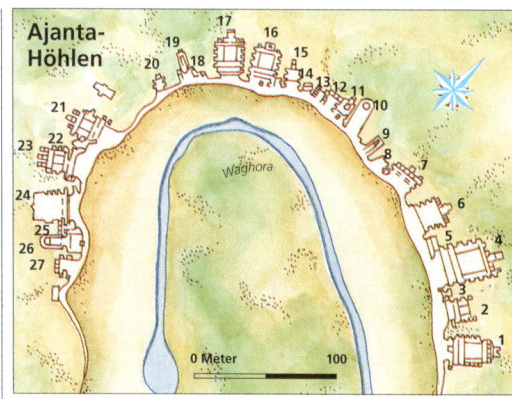

Ajanta ⓮

Distrikt Aurangabad. 110 km nordöstlich von Aurangabad. ab Aurangabad. Di–So. nur ohne Blitzlicht. geführte Touren und Taxis ab Aurangabad; empfehlenswert sind Verpflegung, Wasserflaschen, Taschenlampe, bequeme Schuhe und ein Sonnenhut.

Ajanta mit seinen 30 außergewöhnlichen, hufeisenförmig angelegten Felsenhöhlen oberhalb der schmalen Schlucht des Flusses Waghora gehört zum UNESCO-Welterbe. Von oben ergießt sich ein Wasserfall in das Saptakunda-Becken. Die Höhlen waren nur kurz in Gebrauch, im Lauf der Zeit wurden sie vom umliegenden Dschungel überwuchert. 1819 entdeckte man sie zufällig wieder, als John Smith vom 28. Madras-Kavallerieregiment auf einer Tigerjagd plötzlich die Fassade von Höhle 10 erblickte.

Die Höhlen werden in zwei Gruppen eingeteilt. Die älteren gehören der strengeren Hinayana-Richtung des Buddhismus (2.–1. Jh. v. Chr.) an, in der Buddha nicht als Mensch, sondern nur durch Symbole wie ein Rad oder einen Bodhi-Baum dargestellt wurde. Die zweite Gruppe stammt aus der Mahayana-Ära (5.–6. Jh. n. Chr.) und der Zeit der Vakataka-Dynastie, die eine andere Ausgestaltung erlaubte. In den Höhlen lebten Mönche, Künstler und Handwerker, die sie als *varsh-vatikas* (Monsunschreine) nutzten. Stilistisch gibt es zwei Typen: *chaitya grihas* (Gebetshallen) und *viharas* (Klöster). Die *chaityas* haben Gewölbe und oktagonale Säulen, die den Hauptsaal vom Votivstupa trennen. Die Seitengänge waren rituellen Handlungen vorbehalten. In den Mahayana-*chaityas* gibt es auch Bilder des Buddha. *Viharas* sind durch Veranden, eine Halle mit umliegenden Mönchszellen und einen inneren Schrein mit gigantischen Buddha-Statuen gekennzeichnet.

Höhle 1 der sieben Mahayana-Höhlen (5. Jh. n. Chr.) ist für ihre Wandmalereien berühmt. Über der Veranda sind auf Friesen Szenen aus dem Leben Buddhas dargestellt, die Decke wird von 20 bemalten Säulen gestützt. **Höhle 2** weist eine wunderschöne Fassade mit Darstellungen der Naga-Könige und ihrer Diener *(ganas)* auf, der Hauptschrein eine bemalte Decke.

Die Höhlen 8, 9, 10, 12, 13 und 15 stammen aus der Hinayana-Phase. Die Fassade von **Höhle 9**, einer *chaitya griha*, schmücken Fenster und Gitterwerk. Die großen Buddha-Statuen an den Seiten wurde später (5. Jh.) hinzugefügt. **Höhle 10** ist wahrscheinlich die älteste mit der schönsten *chaitya griha*.

Die Mahayana-Höhlen 15 bis 20 stammen aus dem späten 5. Jahrhundert. Den Eingang von **Höhle 16** zieren einige Skulpturen schöner Jungfrauen, in **Höhle 17** stehen Statuen von Buddha und von Göttinnen sowie Lotusskulpturen.

Die Höhlen 21 bis 27 aus dem 7. Jahrhundert schließlich bilden den künstlerischen Höhepunkt von Ajanta. Besonders sehenswert sind in **Höhle 26** zwei großartige Wandtafeln: Eine von ihnen stellt die Versuchung des Buddha durch den Dämonen Mara dar, der sieben Meter große **Parinirvana** ist ein Bildnis des liegenden Buddha, dessen Augen wie im Schlaf geschlossen sind. Seine Schüler trauern um ihn, während himmlische Wesen seine Erlösung feiern.

Parinirvana stellt den sterbenden Buddha dar (Höhle 26)

Der riesige Meteoritenkrater von Lonar, teilweise mit Wasser gefüllt

Lonar ⑮

Distrikt Buldana. 130 km östlich von Aurangabad. 🚂 *Jalna, 83 km westlich von Lonar, dann mit dem Bus.* 🚌 *ab Aurangabad, auch Taxis.*

Das winzige Dorf Lonar ist vor allem wegen seines Meteoritenkraters berühmt. Er ist weltweit der einzige seiner Art in Basaltgestein, hat einen Durchmesser von zwei Kilometern, ist 700 Meter tief und etwa 50 000 Jahre alt. Wissenschaftler glauben, dass der Meteorit selbst unter dem südöstlichen Kraterrand ruht. Ein See füllt den Krater, an seinen Ufern stehen die Ruinen einiger Hindu-Tempel. Neben zahlreichen Vögeln kann man hier auch Affen und Hirsche sehen. Darüber hinaus gibt es einige Gasthäuser, in denen man übernachten kann, sowie im Dorf einige kleine Restaurants.

Melghat Tiger Reserve ⑯

Distrikt Amravati. 400 km nordöstlich von Aurangabad. 🚂 *Amravati, 100 km südöstlich des Eingangs; Maharashtra Tourism bietet Busse oder Jeeps ab Amravati.* ℹ️ *Buchungen beim Field Director, (0721) 266 2792.* 🗓 *Dez.–Mai.*

Melghat bedeutet »Treffpunkt der Ghats« – das Tigerreservat erstreckt sich über die Gawilgarh-Hügel im südlichen Teil der Satpura-Berge. Das Reservat führt auf Höhen von etwa 1200 Metern hinauf. Die Hügel sind dicht bewaldet und weisen einige der schönsten Teak- und Bambusbäume des Landes auf. Heute sind die Bestände allerdings durch umfangreiche Abholzung bedroht. Neben den 70 scheuen Tigern leben im Reservat außerdem rund 50 Leoparden sowie *chausinghas* (eine Antilopenart), *dholes* (indische Wildhunde), Dschungelkatzen, Hyänen und zahlreiche Vogelarten. Zudem weist dieses Naturschutzgebiet die landesweit größte Gaur-Konzentration auf – die indische Bisonart gilt als gefährdet.

Die beste Zeit für einen Besuch ist zwischen Januar und April, dann ist es im Park angenehm kühl. Die Flüsse Khandu, Khapra, Sipna, Garga und Dolar trocknen in der heißen Jahreszeit aus, und die wenigen Wasserstellen sind heiß umkämpft.

Umgebung: Chikhaldhara, 25 Kilometer nordöstlich von Melghat, ist ein hübscher Hügelort, den die Briten im Jahr 1839 gründeten.

Ein Tiger ruht sich in einem Baum im Melghat Tiger Reserve aus

Nagpur ⑰

Distrikt Nagpur. 520 km nordöstlich von Aurangabad. 👥 *2 130 000.* ✈ *10 km südlich des Stadtzentrums, dann Bus oder Taxi.* 🚂 ℹ️ *Maharashtra Tourism, (0712) 253 3325.* 🗓 *Pola (Juni/Juli), Kalidasa Festival (Nov).*

Die Stadt am Ufer des Flusses liegt exakt im Zentrum von Indien. Nagpur war Hauptstadt der Zentralen Provinzen, bis es nach der Unabhängigkeit Teil des Bundesstaats Maharashtra wurde. Die schnell wachsende Industriestadt ist das Zentrum des Orangenanbaus. Historisch gesehen war sie Sitz des Gond-Stammes, bis sie 1743 von den Maratha-Bhonsles (*siehe S. 381*) sowie 1861 schließlich von den Briten eingenommen wurde.

Im Oktober 1956 war die Stadt Zeuge eines großen sozialen Ereignisses: Dr. B. R. Ambedkar, Autor der indischen Verfassung, Freiheitskämpfer und Abkömmling einer niederen Hindu-Kaste, konvertierte aus Protest gegen das Kastensystem zum Buddhismus. Fast 200 000 Menschen folgten seinem Beispiel, bis sind es rund drei Millionen Bekehrte.

Nagpur liegt um das **Sitabaldi Fort**. Im Osteil der Stadt stehen die Überreste des **Bhonsle-Palasts**, der 1864 durch ein Feuer zerstört wurde. Südlich der Altstadt befinden sich die **Chhatris**, Denkmäler der Bhonsle-Könige, im Westen mehrere Kolonialbauten. Zu den interessantesten gehören der Gerichtshof und die Anglican Cathedral of All Saints (1851).

Umgebung: Ramtek, 40 Kilometer nordöstlich von Nagpur, ist mit dem 14-jährigen Exil Ramas, Sitas und Lakshmans verknüpft (*siehe Ramayana, S. 27*). Es war die Hauptstadt der Vakataka-Dynastie (4. bis 6. Jh.), das Fort auf dem Hill of Rama stammt aus dieser Zeit. Die Mauern wurden erst 1740 von Raghoji I., dem Begründer der Bhonsle-Dynastie in Nagpur, hinzugefügt. Zudem sind einige Rama und Sita geweihte Tempel (5. Jh.) sehenswert.

Hotels und Restaurants in Maharashtra *siehe Seiten 586f und 614f*

MAHARASHTRA

Körbe voller saftiger Orangen auf dem Markt von Nagpur

Das große Tigerreservat **Tadoba-Andhari** (»Juwel von Vidharba«) liegt 208 Kilometer südlich von Nagpur. Man besucht das Reservat am besten zwischen Februar und Mai.

Wardha ⑱

Distrikt Wardha. 490 km nordwestlich von Aurangabad. 🚉 🚌 *von Nagpur nach Wardha, dann mit Bus oder Auto nach Sevagram.* ☎ *(07152) 284 753.*

Wardha liegt auf dem Weg zu Mahatma Gandhis historischem **Sevagram Ashram** acht Kilometer nordwestlich der Stadt und ist heute eine nationale Institution. Gandhi schuf Sevagram (»Ort des Dienstes«) 1936 nach seinen Vorstellungen ländlichwirtschaftlicher Entwicklung. Es wurde zum Hauptquartier des indischen National Movement, Gandhi lebte und arbeitete hier mehr als 15 Jahre. Der Ashram umfasst über 40 Hektar Ackerland sowie zahlreiche *kutirs* (ländliche Wohnungen) und mehrere Forschungszentren. Gandhis persönliche Gegenstände wie sein Spinnrad und seine Brille werden ausgestellt. Zudem kann man *khadi* kaufen, groben, selbst gesponnenen Baumwollstoff, der zum Symbol für den Freiheitskampf Indiens wurde. Fotografien gegenüber dem Haupteingang zeigen Szenen aus Gandhis Leben, an der Hauptstraße liegt ein Krankenhaus, das sich um Bedürftige kümmert. Unter einem von Gandhi gepflanzten Baum finden jeden Tag um 4.30 Uhr und um 18 Uhr Gebete statt.

Öllampe in einer Nische, Sevagram

Umgebung: Der Ashram von Gandhis Schüler Vinobha Bhave liegt zehn Kilometer nördlich von Sevagram in **Paunar**. Bhave setzte das erfolgreiche Bhoodan Movement (»Landschenkung«) in Bewegung und überredete wohlhabende Landbesitzer dazu, einen Teil ihres Landes an Arme zu verschenken.

Pandharpur ⑲

Distrikt Sholapur. 250 km südöstlich von Pune. 👥 *92 000.* 🚉 🚌 🎉 *Ashadh Ekadashi Mela (Juli).*

Pandharpur ist die geistige Hauptstadt Maharashtras, liegt am Ufer des Flusses Chandrabhaga und ist Heimat des heiligen Schreines von Vithoba, einer Inkarnation des Gottes Vishnu. Der Tempel entstand 1228 und zieht jedes Jahr im Juli Tausende gläubiger Pilger an. Die Varakaris (Anhänger einer der beliebtesten Sekten des Bundesstaats) feiern hier das Fest Ashadh Ekadashi. *Dindis* (Gruppenprozessionen) pilgern aus allen Orten der Umgebung nach Pandharpur, begleitet vom Gesang der Gläubigen. Am Fluss befinden sich zahlreiche Ghats, an denen sich Unmengen von Menschen drängen, die ein rituelles Bad in den Fluten nehmen wollen.

Das spartanische Innere von Mahatma Gandhis Ashram in Sevagram bei Wardha

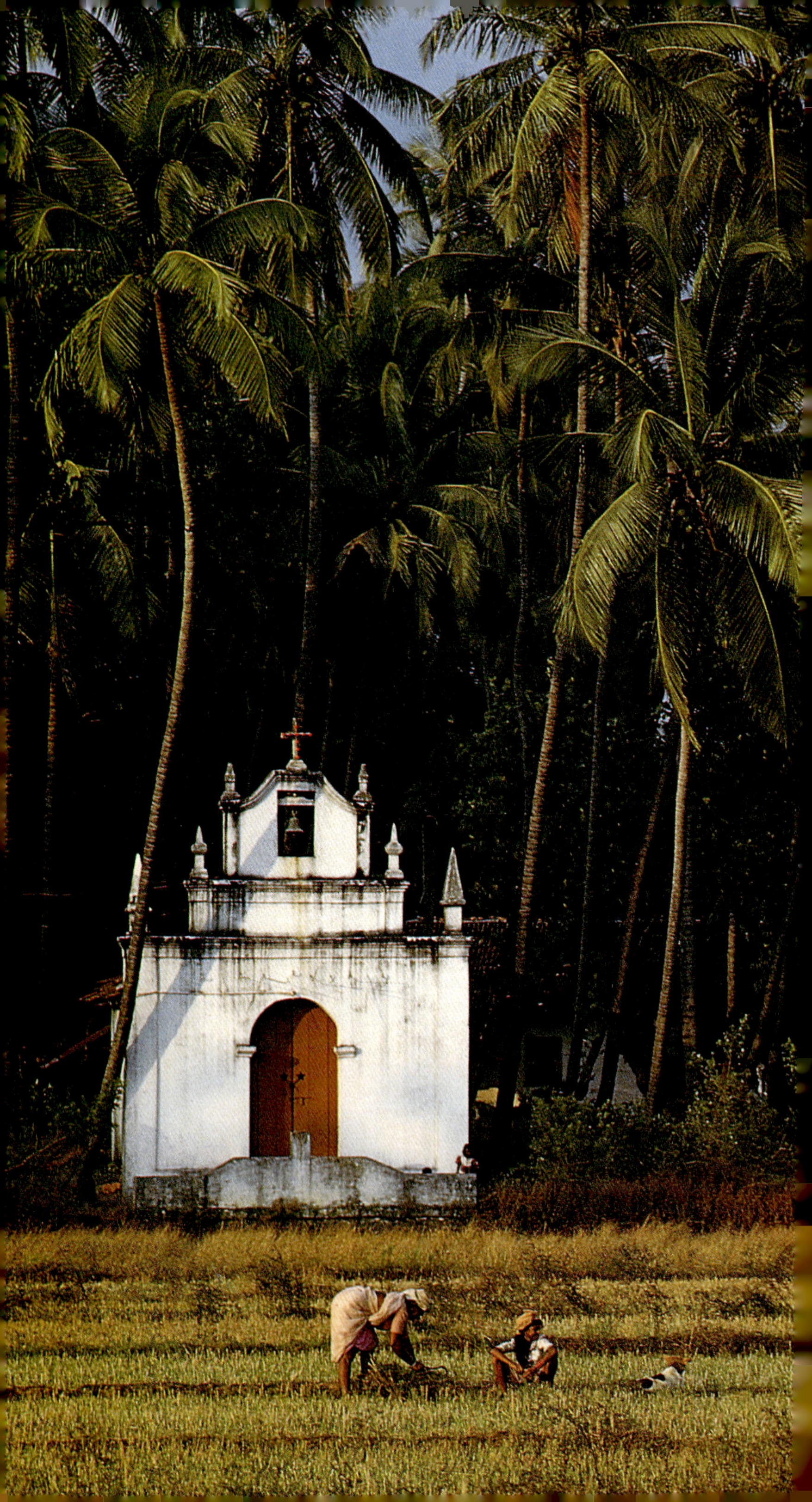

Goa

Der winzige Bundesstaat an der Konkan-Küste bedeckt 3702 Quadratkilometer und besteht aus den beiden Distrikten North und South Goa. Die Kultur Goas ist ein Vermächtnis seiner kolonialen Vergangenheit. 1510 errichtete Alfonso de Albuquerque hier eine kleine, aber einflussreiche portugiesische Enklave. Obwohl Goa 1961 der Indischen Union beitrat, sind die 400 Jahre portugiesische Herrschaft in Kleidung, Sprache, Religion und Küche des Staates immer noch sichtbar. Die Musik ist eine Mischung aus *fado* und einheimischen Klängen der Konkan-Küste. Heute ist Goa mit seinen idyllischen Stränden, den grünen Reisfeldern, den Kokosplantagen, den hübschen, weiß getünchten Kirchen und den prächtigen Villen ein beliebtes Urlaubsziel. Viel besuchte Attraktionen sind außerdem die Hindu-Tempel um Ponda (15.–18. Jh.) und die imposanten Kathedralen von Old Goa. Die freundlichen Menschen tun alles, damit sich Gäste in Goa wohlfühlen.

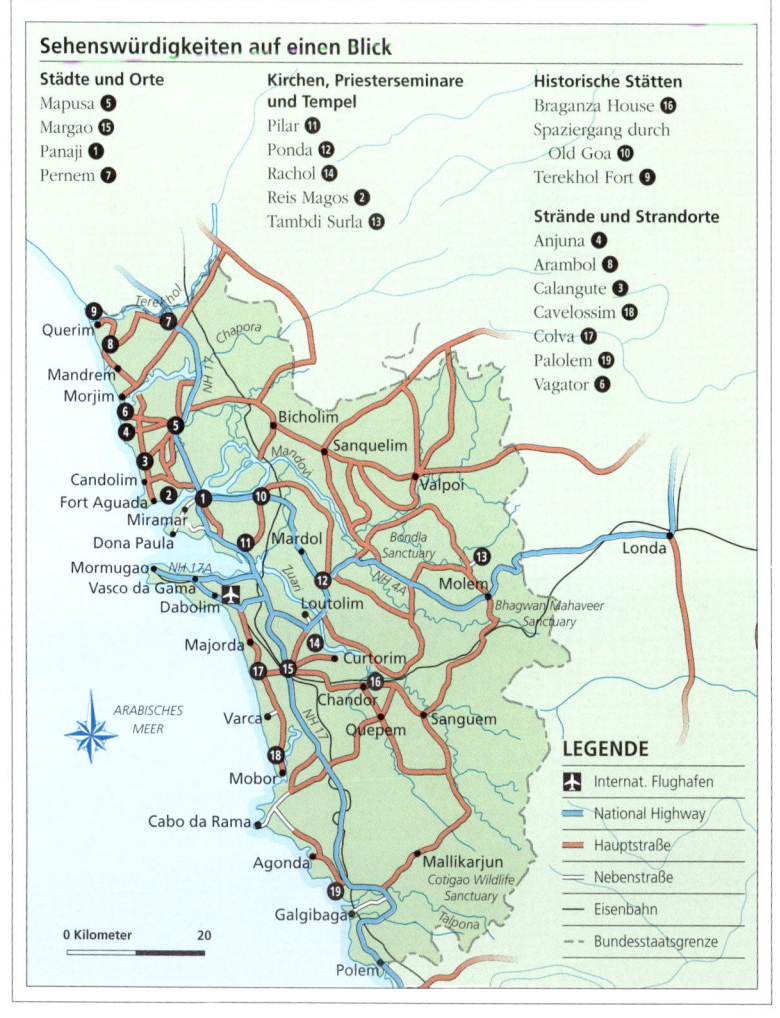

Sehenswürdigkeiten auf einen Blick

Städte und Orte
- Mapusa ❺
- Margao ⓯
- Panaji ❶
- Pernem ❼

Kirchen, Priesterseminare und Tempel
- Pilar ⓫
- Ponda ⓬
- Rachol ⓮
- Reis Magos ❷
- Tambdi Surla ⓭

Historische Stätten
- Braganza House ⓰
- Spaziergang durch Old Goa ❿
- Terekhol Fort ❾

Strände und Strandorte
- Anjuna ❹
- Arambol ❽
- Calangute ❸
- Cavelossim ⓲
- Colva ⓱
- Palolem ⓳
- Vagator ❻

LEGENDE
- ✈ Internat. Flughafen
- National Highway
- Hauptstraße
- Nebenstraße
- Eisenbahn
- Bundesstaatsgrenze

◁ **Kokospalmenhaine und Reisfelder um eine Dorfkapelle in Goa**

Panaji ❶

Goas Hauptstadt Panaji liegt an der Mündung des Flusses Mandovi und ähnelt einer kleinen Stadt am Mittelmeer. Unter den Adil-Shahi-Königen von Bijapur *(siehe S. 444)* war der Ort eine Hafenstadt, nach der Ankunft der Portugiesen im Jahr 1510 stieg er zum Militärstützpunkt und Warenlager auf. Nach einer Reihe von Epidemien in Old Goa war der Vizekönig 1759 gezwungen, nach Panaji zu ziehen, das damals noch Panjim hieß. 1843 wurde Panaji offizielle Hauptstadt der portugiesischen Territorien in Indien. Hier herrscht heute eine angenehm entspannte Atmosphäre, vor allem entlang den schattigen Alleen in der Altstadt *(siehe S. 398f)*. Im neueren Zentrum stehen Betonbauten neben kolonialen Gebäuden und Kirchen.

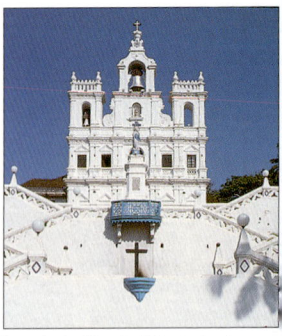

Fassade der Church of Our Lady of the Immaculate Conception

🏛 Secretariat
Avenida Dom Joao Crasto. 📞 *(0832) 222 2701.* ⏰ *Mo–Fr.*

Das am Fluss liegende Gebäude, in dem bis 2000 die State Legislative Assembly (gesetzgebende Versammlung) untergebracht war, ist eines der ältesten in Panaji. Der einstige Sommerpalast des muslimischen Herrschers Yusuf Adil Shah (16. Jh.) fiel trotz seiner 55 Kanonen und des schützenden Salzwassergrabens 1510 an die Portugiesen.

Statue des Abbé de Faria (19. Jh.).

1615 wurde er wieder aufgebaut, und dank seiner strategischen Lage war er als Anlegestelle bei Vizekönigen und Gouverneuren auf dem Weg nach Old Goa *(siehe S. 408f)* sehr beliebt. Nach der Aufgabe Old Goas 1760 wurde der Idalcaon-Palast (eine Verballhornung von Adil Shahs oder Khans Palast), wie er damals hieß, offizielle Residenz der Vizekönige – bis diese 1918 in den Cabo-Palast, südwestlich von Panaji, verlegt wurde. Umfangreiche Renovierungsarbeiten machten aus dem ursprünglich islamischen Bau den heutigen Kolonialbau mit Ziegeldach, hölzernen Veranden und gusseisernen Säulen. Statt des Wappens des portugiesischen Vizekönigs finden sich über dem Eingang die Symbole der indischen Regierung: Ashoka Chakra und das buddhistische Rad der Gerechtigkeit.

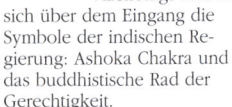

Westlich des Secretariat steht die Statue des Abbé de Faria. Der Priester aus Goa wurde 1756 in Candolim geboren und erhielt in Rom Theologieunterricht. Nach seiner Weihe zog er nach Paris – und wurde der Vater der modernen Hypnose.

⛪ Church of Our Lady of the Immaculate Conception
Church Square. 📞 *(0832) 242 6939.* ⏰ *tägl.* ✝ *(auf Englisch) Mo–Sa 8 Uhr, So 8.30 Uhr.*

Die Kirche steht am Hauptplatz von Panaji, dem Largo da Igreja (»Kirchplatz«), und ist wichtigstes Wahrzeichen der Stadt. Sie wurde 1541 geweiht und von portugiesischen Seeleuten als Dankeskirche für überstandene Seefahrten aus Lissabon genutzt.

Ihr heutiges Antlitz mit Barock-Fassade und Zwillingstürmen erhielt die Kirche 1619. Am auffälligsten ist die doppelte Treppe, die man 1871 hinzufügte. Zur gleichen Zeit entstanden der zentrale Sockel und der Glockenturm, in dem die riesige Glocke aus dem Augustinerkloster in Old

Blick auf das Secretariat in Panaji, mit Ziegeldach und Fassade aus der Kolonialzeit

Hotels und Restaurants in Goa *siehe Seiten 587–589 und 615f*

Goa (siehe S. 404) untergebracht wurde. Die Kapelle im südlichen Querschiff ist mit wunderschönen Altartafeln geschmückt, die aus der Kapelle des Vizekönigs im Secretariat stammen. Die barocke Pracht des Hauptaltars und der beiden Querschiffaltäre steht in starkem Kontrast zu dem ansonsten einfachen Interieur.

Menezes Braganza Institute

Malaca Rd. (0832) 222 4143. Mo–Fr.
Das Institut Vasco da Gama ist ein gutes Beispiel portugiesischer Architektur des 19. Jahrhunderts. Das Zentrum für Kunst und Wissenschaft wurde später nach dem aus Chandor (siehe S. 416) stammenden Philanthropen Luis de Menezes Braganza (1878–1938) umbenannt.

Heute befindet sich hier die Hauptbibliothek Goas mit einer Sammlung seltener Bücher. Die wunderschönen blau bemalten Keramikfliesen (azulejos) im Eingangsbereich kamen 1935 hinzu. Sie stellen Szenen aus dem Epos *Os Lusiadas* (»Volk von Portugal«, nach Portugals altem Namen »Lusitania«) dar. Der portugiesische Dichter Luis Vaz de Camões (16. Jh.) erzählt die Geschichte der Portugiesen in Goa nach. Früher beherbergte das Institut europäische Kunstwerke aus dem späten 19. und dem frühen 20. Jahrhundert. Die Sammlung ist heute im State Museum. Der grüne Platz vor dem Institut, **Azad Maidan**, wird auf einer Seite vom Hauptpolizeirevier begrenzt, das 1832 mit Steinen aus verlassenen Gebäuden von Old Goa errichtet wurde. Der Pavillon in der Mitte entstand im Jahr 1847 aus korinthischen Säulen einer Dominikanerkirche aus dem 16. Jahrhundert. Im Inneren hat ein Denkmal des Freiheitskämpfers Dr. Tristao de Braganza Cunha eine früher hier postierte Statue des ersten Vizekönigs Alfonso de Albuquerque ersetzt. Letztere ist heute im Archäologischen Museum in Old Goa (siehe S. 408) zu sehen.

Zentraler Pavillon, Azad Maidan

State Museum

Patto. (0832) 243 8006. Mo–Fr. Feiertage.
Das Museum beherbergt eine recht bescheidene Sammlung an präkolonialen Artefakten. Zu den Ausstellungsstücken gehören u. a. Skulpturen, Sati-Steine, antike Möbel und Schnitzereien aus geplünderten Hindu-Tempeln.

Umgebung: Miramar, der nächste Strand, liegt drei Kilometer westlich. **Dona Paula**, sieben Kilometer südwestlich von Panaji, liegt in der Nähe der Landzunge zwischen den Mündungen des Zuari und des Mandovi. Es ist nach der Tochter des Vizekönigs benannt, die sich ins Meer gestürzt haben soll, weil sie keinen Einheimischen heiraten durfte. Man blickt auf das Aguada Fort. Jetski- und Fährenausflüge führen zum Hafen Vasco da Gama.

INFOBOX

North Goa (Tiswadi taluka).
590 km südlich von Mumbai.
59 000. Dabolim, 30 km südlich der Stadt, dann mit Bus oder Taxi. Margao, 33 km südöstlich der Stadt. GTDC Trionora Apartments, (0832) 222 6728. Feast of Our Lady (Dez), Karneval (Feb).

Szene aus Os Lusiadas: Vasco da Gama landet in Goa

Flusskreuzfahrten in Goa

Eine sehr angenehme Abendunterhaltung in Goa ist einer der vielen Bootsausflüge auf dem Fluss Mandovi, die die Goa Tourism Development Corporation, (0832) 222 6728, und auch private Veranstalter anbieten. Die meisten Ausflüge starten am Pier unterhalb der Mandovi-Brücke, täglich zwischen 18 und 19 Uhr (Karten bekommt man später). Für Unterhaltung neben den Sonnenuntergängen sorgen Tänzer und Musiker aus Goa. Bei Vollmond gibt es darüber hinaus ein ausgezeichnetes Dinner an Bord. Einige Veranstalter wie z. B. Sea Adventure, (0832) 255 0705, haben sich auf Touren durch das Hinterland spezialisiert: In den Mangroven leben Krokodile und zahlreiche Wandervögel. Spice Villages, (0832) 234 4268, konzentriert sich auf Kultur und Küche und bringt die Besucher zu idyllischen Gewürzplantagen, die auch viele wunderschöne Vögel anziehen.

Abendausflug auf dem Mandovi

Im Detail: Altstadt von Panaji

Terrakotta-Medaillon

Zwischen Ourem Creek und Altinho Hill versteckt liegen die ältesten Wohnviertel von Panaji: Fontainhas und São Tomé. Sie wurden im 19. Jahrhundert auf urbar gemachtem Land errichtet. Fontainhas hat seinen Namen von der Quelle des Phönix, der einzigen Wasserstelle des Viertels, São Tomé von der gleichnamigen Kirche. Die älteren Stadtviertel zeichnen sich durch ein Wirrwarr bunter, ziegelgedeckter Häuser aus. Die Straßen säumen Tavernen, die authentische Küche und *feni* (Cashewkernlikör) servieren, in den Bäckereien gibt es den köstlichen *Bebinca*-Kuchen. Fast überall hört man noch Portugiesisch.

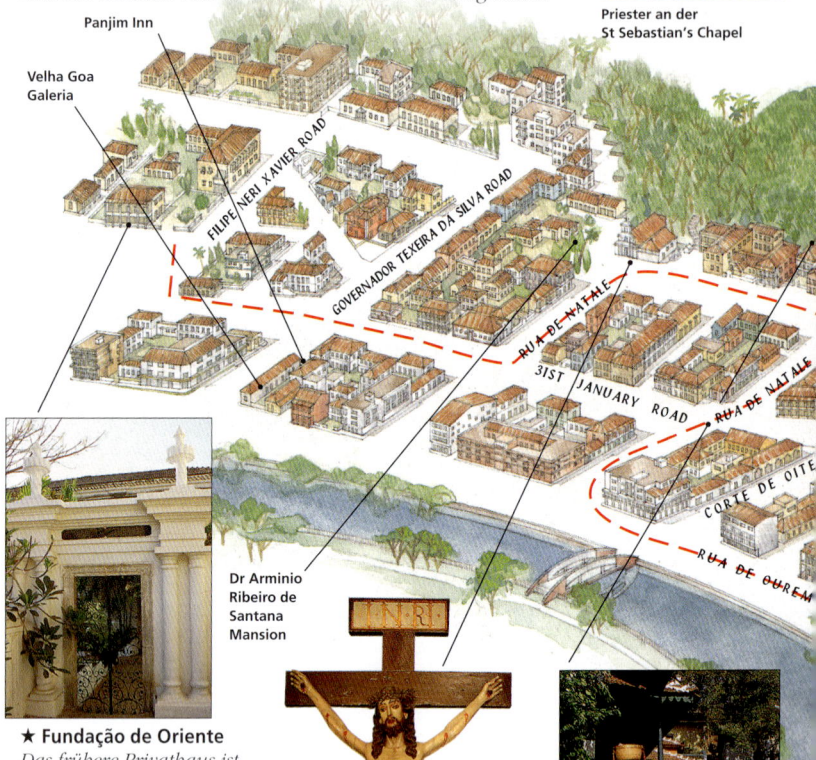

Priester an der St Sebastian's Chapel

Panjim Inn

Velha Goa Galeria

Dr Arminio Ribeiro de Santana Mansion

★ Fundação de Oriente
Das frühere Privathaus ist heute Sitz einer portugiesischen Stiftung für Kunsthandwerk, Kultur und Wissenschaft mit öffentlicher Bibliothek.

★ St Sebastian's Chapel
Die Kapelle von 1888 besitzt ein lebensgroßes Kruzifix, das im Inquisitionspalast in Old Goa hing.

★ Rua de Natale
Die Straße windet sich in mehreren Stufen für Fußgänger den Altinho Hill hinauf.

NICHT VERSÄUMEN

★ Fundação de Oriente

★ Rua de Natale

★ St Sebastian's Chapel

PANAJI: ALTSTADT

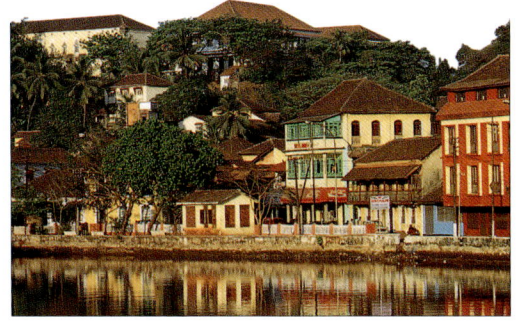

INFOBOX

Fontainhas und São Tomé.
St Sebastian's Chapel
◯ *nur vorm.* **São Tomé** ◯ *nur vorm.* **Fundação de Oriente**
☎ (0832) 243 6108. ◯ *So–Fr.*
Velha Goa Galeria ☎ (0832) 242 6628. ◯ *Mo–Sa.*

Ourem Creek
Die malerische Rua de Ourem liegt gegenüber dem Ourem Creek. Dahinter stehen farbig angestrichene Häuser.

Altinho Hill

LEGENDE
- - - Routenempfehlung

Restaurant Venite
Das Restaurant liegt im ersten Stock mit Blick auf die Straße darunter. Hier bekommt man ausgezeichnetes Essen aus Goa und Europa.

GOMES PEREIRA ROAD
31ST JANUARY ROAD
LUIS DE MENEZES ROAD
SÃO TOMÉ STREET
MAHATMA GANDHI ROAD

São Tomé, eine winzige Kirche von 1849, stand einst auf einem lebhaften Platz. An der Münze in der Nähe wurden die Opfer der Inquisition hingerichtet.

0 Meter 30

Ourem Creek

Pato Bridge

Straßenlandschaft
Die meisten Häuser sind gelb, ocker, grün oder indigoblau und weiß gestrichen – und erinnern damit an die Häuser in Portugal.

Retabeln hinter dem Hauptaltar, Reis Magos Church

Reis Magos ❷

North Goa (Bardez taluka). 3 km nordwestlich von Panaji. Heilige Drei Könige (Jan).

Das Fort von Reis Magos ließ Don Alfonso de Noronha, der fünfte Vizekönig, als zweite Verteidigungslinie nach den Forts von Aguada und Cabo (die Spitze von Dona Paula) 1551 erbauen. Einst beherbergte es ein Gefängnis, das 1996 nach Mormugao verlegt wurde. Neben dem Fort befindet sich die Reis Magos Church von 1555, eine der frühesten Kirchen Goas, deren Fassade von königlich-portugiesischen Wappen geziert wird.

Umgebung: Das **Fort Aguada**, vier Kilometer westlich von Reis Magos, entstand 1612 als Festung gegen die Marathen und die Holländer. Seine Kirche ist Laurenz geweiht, dem Schutzheiligen der Seeleute. Das Gotteshaus stammt von 1630, der riesige Leuchtturm von 1864. Im Fort ist heute das Staatsgefängnis untergebracht.

Calangute ❸

North Goa (Bardez taluka). 16 km nordwestlich von Panaji. GTDC Tourist Resort, (0832) 227 6024.

In den 1960er und 1970er Jahren war Calangute ein Zentrum der Hippie-Szene und Goas beliebtester Strand. Tagsüber tummeln sich hier Sonnenhungrige, Straßenverkäufer, Masseure und Haarflechter. Am gesamten Strand bis hinauf zum Baga Beach stehen Ferienanlagen, Modeschmuckstände und Bars wie Reggie's Bar und Souza Lobo *(siehe S. 615)*, in denen ausgezeichnete Gerichte aus der Region serviert werden. **Atlantis Water Sports** bietet zahlreiche Wassersportmöglichkeiten an, man kann auch preiswerte Ausflüge mit dem Fischerboot buchen. Die Kirche der Stadt, **St Alex**, steht an der Straße nach Mapusa. Sie ist mit einer großen Kuppel und einem Interieur im Rokoko-Stil ausgestattet.

Fußballspiel in Calangute

Atlantis Water Sports
Calangute. 09890 47272.

Umgebung: Nördlich von Calangute erstreckt sich der weniger volle **Baga Beach** mit nur wenigen Gästehäusern und Bars. Dort findet am Samstagabend Ingo's Bazar statt – eine echte Alternative zum Mittwochsflohmarkt im nahe gelegenen Anjuna. Tito's Bar ist mit der einzigen Tanzfläche des Strandes das Zentrum von Bagas Nachtleben. **Candolim Beach**, zweieinhalb Kilometer südlich von Calangute, reicht bis zum Aguada Fort und ist bei größeren Reisegruppen sehr beliebt, die mit Motorbooten und Jetski unterwegs sind. In **Saligao**, zwei Kilometer östlich von Calangute, sind die Kirche Mae de Deus im neogotischen Stil sowie ein Seminar sehenswert, das Jungen auf das Theologiestudium am Rachol Seminary *(siehe S. 412)* vorbereitet.

Anjuna ❹

North Goa (Bardez taluka). 18 km nordwestlich von Panaji. Flohmarkt (Mi).

Heute ist Anjuna das Paradies der Rucksackreisenden. Es ist vor allem für seine Vollmond-Rave-Partys und seinen Flohmarkt berühmt. Der beliebte Markt findet mittwochs statt. Dann verkaufen fliegende Händler aus ganz Indien beinahe alles: von balinesischen Batiken über Silberschmuck und Schachteln aus Pappmaschee bis zu tibetanischen Gebetsmühlen, Spiegeln aus Rajasthan und Schnitzereien aus Kerala. Daneben gibt es auch Party- und Strandkleidung, Affen führen Kunststücke vor, und aus Nandi-Stieren wird die Zukunft vorhergesagt.

Eine Frau verkauft Sarongs auf dem Flohmarkt von Anjuna

Hotels und Restaurants in Goa *siehe Seiten 587–589 und 615f*

Strände und Strandleben

Die Strände von Goa erstrecken sich über 106 Kilometer von Querim im Norden bis nach Mobor im Süden. Jeder Strand ist einzigartig. Die Strände in South Goa wurden sehr viel später als Reiseziel entdeckt und sind weniger gut ausgestattet als die in North Goa. Die ganze Küste ist ein beliebtes Besucherziel. Um der wachsenden Besucherzahl gerecht zu werden, entstehen ständig neue Bars, in denen es Snacks, Bier und Meeresfrüchte gibt, lebhafte Flohmärkte und Serviceangebote von der Fußmassage bis zur Delfinbeobachtung.

Urlauber am Strand

Querim in der Nähe von Terekhol hat einen wunderschönen, fast unberührten Strand.

Arambol, ein idyllischer Strand voller Fischerboote, hat eine malerische Süßwasserlagune und heiße Quellen (siehe S. 403).

Baga, die Verlängerung von Calangute, ist Goas entwickeltster Strand mit vielen Freizeitmöglichkeiten, Bars, Ferienanlagen und Nachtclubs.

Sinquerim reicht bis zu den Befestigungen des Aguada Fort und verfügt über drei Luxushotels. Einige Veranstalter bieten Wassersportmöglichkeiten und Bootsausflüge an.

- Terekhol Fort (siehe S. 403)
- Querim (siehe S. 403)
- Arambol
- Mandrem (siehe S. 402)
- Morjim (siehe S. 402)
- Vagator (siehe S. 402)
- Anjuna
- Baga
- Calangute
- Candolim
- Sinquerim
- Fort Aguada
- Miramar (siehe S. 397)
- Dona Paula (siehe S. 397)
- Vainguinim
- Siridao
- Bogmalo
- Majorda (siehe S. 417)
- Colva
- Benaulim (siehe S. 417)
- Varca (siehe S. 417)
- Cavelossim (siehe S. 417)
- Mobor (siehe S. 417)
- Cabo da Rama (siehe S. 417)
- Agonda (siehe S. 417)
- Palolem

Vainguinim bietet Segel-, Windsurfing-, Wasserski-, Paragliding-, Kanu- und Tauchmöglichkeiten sowie Motorboote und Jetski.

Siridao liegt abgeschieden unweit von Panaji und ist mit hübschen Muscheln übersät.

Bogmalo, ein sicherer Badestrand, ist ideal für Familien. Zudem gibt es zahlreiche Wassersportmöglichkeiten (siehe S. 417).

Colva ist einer der längsten Strände in Goa und von schattigen Palmen gesäumt. Er ist der beliebteste Strand in South Goa, mit geschäftigem Marktplatz, einigen Bars und Seafood-Cafés (siehe S. 417).

Palolems halbmondförmiger Strand, der hübscheste in South Goa, hat Ausflüge zur Delfinbeobachtung und Baumhäuser zu bieten. Die Sonnenuntergänge hier sind spektakulär (siehe S. 417).

0 Kilometer 10

Fassade der Kirche St Jerome (Our Lady of Miracles), Mapusa

Mapusa ❺

North Goa (Bardez taluka). 13 km nördlich von Panaji. 40 000. GTDC Hotel, (0832) 226 2794. Fr. *Feast of Our Lady of Miracles* (Apr).

Mapusa ist die größte Stadt im nördlichen Goa. Ihre Hauptattraktion ist der bunte Freitagsmarkt, auf dem der Geruch von getrocknetem Fisch, Gewürzen, Chili, Essig, Palmwein und der Wurstspezialität der Region, *chouriça*, einem das Wasser im Mund zusammenlaufen lässt. Sehr gefragt sind auch die berühmten Cashewkerne. Fliegende Händler bieten in den überdachten Kolonnaden Strandkleidung wie T-Shirts und Sommerkleider an. In den Läden in den Nebenstraßen kann man Kunsthandwerk und Souvenirs aus ganz Indien kaufen.

Farbenprächtige Fischernetze

Die **St Jerome's Church**, auch bekannt als Church of Our Lady of Miracles, wurde nach verheerenden Bränden 1719 und 1838 zweimal wieder aufgebaut. Der Hauptaltar ist mit einem Bild der Nossa Senhora de Milagres sowie mit großartigen Ziergittern aus einer Kirche in Old Goa geschmückt.

Interessanterweise feiern sowohl Hindus als auch Katholiken das »Feast of Our Lady« (16 Tage nach Ostern). Am Ende des Festes bringen gläubige Hindus in Begleitung der Katholiken das heilige Öl aus St Jerome zurück in den Shanteri-Tempel.

Umgebung: Am Ufer des **Mayem Lake**, 14 Kilometer südöstlich von Mapusa, kann man sehr schön picknicken.

Vagator ❻

North Goa (Bardez taluka). 17 km nördlich von Panaji. *ab Chapora.*

Die wunderschöne Bucht ist zu beiden Seiten von Felsen gesäumt und besteht aus einer Vielzahl kleinerer Strände mit Schatten spendenden Kokospalmen. Die Strände sind oft leer, hier kann man Natur pur genießen.

Ozran, die südlichste Bucht, liegt unter einer steilen Klippe an einer Flussmündung und ist ein idealer Badeort. **Little Vagator** im Norden ist ein weiterer abgeschiedener Strand, der bei anspruchsvollen Besuchern beliebt ist. Der **Big Vagator Beach** liegt im Schatten des aus rotem Laterit erbauten **Chapora Fort**, das sich auf einem Hügel an der nördlichen Spitze der Bucht erhebt. Die Portugiesen errichteten die heute verfallene Festung 1717 auf den Resten einer älteren Bastion der Adil-Shahi-Sultane. Der Name »Chapora« leitet sich von Shahpura («Stadt des Shah») ab – so hieß der Ort früher. 1739 besetzte Sambhaji, der Sohn des Marathen-Führers Shivaji, das Fort für kurze Zeit, bis man es den Portugiesen im Austausch gegen Bassein bei Mumbai wiedergab. Von den Befestigungsanlagen aus hat man einen atemberaubenden Blick auf die Küste. Im Ort Chapora gibt es zahlreiche hübsche Cafés.

Umgebung: Die zahlreichen Fischerdörfer an der Nordküste kann man nur mit der Fähre über den Fluss Chapora von Siolim aus, zehn Kilometer von Chapora entfernt, erreichen. Das Gebiet um **Morjim**, fünf Kilometer nördlich von Chapora, eignet sich gut zur Vogelbeobachtung. Das Dörfchen **Mandrem** liegt ebenfalls malerisch zwölf Kilometer nördlich des Ortes Chapora.

Pernem ❼

North Goa (Pernem taluka). 29 km nördlich von Panaji. *jede halbe Stunde ab Siolim.*

Der Hauptsitz des nördlichsten *taluka* (Unterbezirk) Goas wurde Mitte des 18. Jahrhunderts von den Portugiesen eingenommen. Es war eine der letzten großen Eroberungen zwischen 1764 und 1788. In dieser Zeit erweiterten die Portugiesen ihr Territorium bis nach Pernem, Bicholim und Satari im Norden sowie bis nach Ponda (*siehe S. 410*), Sanquem, Quepem und Canacona im Süden. Der Bekehrungseifer hatte bis dahin stark abgenommen, deshalb blieben die Gebiete meist hinduistisch.

Der fröhlich-bunte **Bhagavati-Tempel** im Basar befindet sich auf einer 500 Jahre alten Stätte, obwohl der heutige Bau aus dem 18. Jahrhundert

Strandrestaurant in Morjim, ein häufiger Anblick in Goa

Hotels und Restaurants in Goa *siehe Seiten 587–589 und 615f*

GOA

Ein Fischer wirft sein Netz am Querim Beach aus

stammt. Er ist der achtarmigen Bhagavati geweiht, einer Inkarnation von Shivas Gefährtin Parvati. Der kunstvoll verzierte Eingang wird von zwei lebensgroßen Elefanten flankiert. In der Nähe des Basars befindet sich das palastähnliche **Deshaprabhu House**, Sitz einer wohlhabenden Hindu-Familie (19. Jh.), die 1961 für Goas Unabhängigkeit kämpfte. Das große Anwesen umfasst 16 Innenhöfe, einen privaten Tempel sowie ein Museum mit Familienporträts und Antiquitäten.

Deshaprabhu House
(0832) 220 1234 (Besichtigungen).

Arambol ❽

North Goa (Pernem taluka).
50 km nördlich von Panaji.
jede halbe Stunde ab Siolim.

Arambol ist auch als Harmal bekannt und verfügt über eine einfache Infrastruktur für Besucher. Das Fischerdorf liegt an einem der weniger kommerziellen Strände des Bundesstaats und hat sich seinen traditionellen Charme bewahren können. Im Gegensatz zum Landesinneren von Goa ist der hinduistische Einfluss hier deutlich spürbar: Die Cafés und die kleinen Hotels heißen z. B. Ganesha oder Namaste.

Am Nordrand des Dorfes führt ein felsiger Weg zu einem weiteren, ganz von Klippen umgebenen Strand. Hier breitet sich eine von heißen Quellen gespeiste Süßwasserlagune aus. Ein etwa fünf Kilometer langer Weg führt Richtung Norden zum **Querim Beach** (sprich: »keri«) – einem noch wenig erschlossenen, weißen Sandstrand voller Kasuarinen.

Terekhol Fort ❾

North Goa (Pernem taluka).
42 km nördlich von Panaji.
jede halbe Stunde ab Querim.

Auf der anderen Seite des Flusses Terekhol gegenüber von Querim liegen das kleine Dorf und das Fort Terekhol – Letzteres auf einer Ebene oberhalb des Ortes. Die Festung (frühes 18. Jh.) wurde 1776 von den Portugiesen eingenommen, davor war sie im Besitz des Marathen-Klans der Bhonsles. 1954 fand hier ein Aufstand statt, bei dem einige *satyagrahis* (Freiheitskämpfer) die indische Flagge auf den Mauern des Forts hissten und damit bewusst gegen die Kolonialmacht verstießen. Von Terekhol aus blickt man über das Meer zum Aguada Fort sowie nach Arambol und Chapora. Seine winzige Kapelle ist meist geschlossen, das Tiracol Fort Heritage Hotel *(siehe S. 589)* bietet jedoch einen schönen Panoramablick.

Heiliges Kreuz auf einer Anhöhe über dem Arambol Beach

Karnevalsprinz mit Gefolge

Feste in Goa

Jatra *(Jan)*, Quepem. Das bunte Fest *(jatra)* zu Ehren lokaler Tempelgötter wird im Shantadurga-Tempel *(siehe S. 410)* gefeiert. Ähnliche Feste finden das ganze Jahr über in verschiedenen Tempeln in Ponda statt.

Karneval *(Feb)*, Panaji. Goas größtes Fest findet zu Beginn der Fastenzeit statt. »King Momo«, Symbol ausgelassener Freude, fordert seine Untertanen auf, ihre Sorgen zu vergessen, und veranstaltet einen Straßenumzug. Es folgen drei Tage und Nächte voller Tanz.

Maskierte Karnevalstänzer

Shigmotsav (Shigmo) *(März)*. Das Hindu-Frühlingsfest wird überall in Goa gefeiert. Die Feierlichkeiten halten fünf Tage lang an. In größeren Städten gibt es Umzüge sowie Volkstheater und Schwerttänze, und alle werden mit buntem Puder bestäubt.

Allerheiligenprozession *(Apr)*, Goa Velha, Pilar. 26 Heiligenstatuen werden von Menschenmassen von der St Andrew's Church aus durch die ganze Stadt getragen.

Fest des hl. Franz Xaver *(3. Dez)*, Old Goa. Das Fest des Schutzheiligen von Goa wird an seinem Todestag (1552) gefeiert. Ihm gehen neun Tage Gebet *(novenas)* voraus. Katholische Pilger aus der ganzen Welt kommen zu dem Fest zusammen.

Spaziergang durch Old Goa ⑩

Das alte Goa ist eine atemberaubende Ansammlung von Kathedralen, Kirchen und Klöstern, die sich über anderthalb Kilometer erstreckt. Bis zur Mitte des 18. Jahrhunderts war Old Goa die Hauptstadt von Portugiesisch-Indien. Beim Spaziergang durch die UNESCO-Welterbestätte kommt man an zwei der wichtigsten religiösen Bauten Goas vorbei: der Basilica de Bom Jesus und der großartigen Sé Cathedral. Er endet auf dem Holy Hill, auf dem einige der ältesten Kirchen des Bundesstaats liegen. Die meisten Gebäude wurden von italienischen oder portugiesischen Architekten entworfen und umfassen eine Vielzahl europäischer Stile.

Porträt Vasco da Gamas

④ Sé Cathedral
Sie soll die größte Kirche Asiens sein. Der Hochaltar besteht aus Tafeln mit Szenen aus dem Leben der hl. Katharina von Alexandrien.

⑬ Our Lady of the Rosary
wurde 1526 von Alfonso de Albuquerque auf dem Holy Hill erbaut. An dieser Stelle wurde er 1510 Zeuge der Niederlage Yusuf Adil Shahs und gelobte den Bau eines Gotteshauses.

⑦ Die Chapel of St Catherine
wurde wie Our Lady of the Rosary im Andenken an Albuquerques Sieg 1510 erbaut und diente lange Zeit als Goas einzige Kathedrale.

⑫ Royal Chapel of St Anthony
Antonius ist der Nationalheilige Portugals und gilt auch als Oberbefehlshaber der Armee.

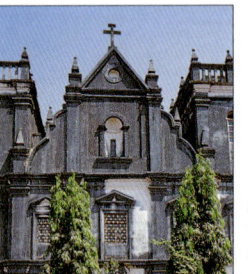

⑩ Der Convent of St Monica
stammt aus dem 17. Jahrhundert. Dort wird in Kürze das erste indische Museum of Christian Art aus Rachol *(siehe S. 412)* untergebracht sein.

⑪ Kirche und Kloster St Augustine
Der 46 Meter hohe Glockenturm überragt die Reste der einst größten Kirche Indiens.

⑨ Kirche und Konvent St John of God
Der Konvent wurde 1685 vom Orden der Hospitallers of St John of God errichtet, um die Kranken zu pflegen. 1953 wurde er erneut aufgebaut.

② Tor des Adil-Shah-Palasts

Das Tor mit Türsturz und Basaltsäulen ist der einzige Überrest des Adil-Shah-Palasts, der auch als Residenz der Vizekönige diente (1554–1695).

① Viceroy's Arch

Im 17. Jahrhundert segelten rund 1000 Schiffe nach Goa. Sie alle legten vor diesem Lateritsteinbogen von Francisco da Gama (Vizekönig von 1597 bis 1600) an.

INFOBOX

North Goa (Tiswadi taluka). 9 km östlich von Panaji. Karmali, 9 km südlich von Old Goa. oder Taxi ab Panaji. GTDC, Old Goa Tourist Hotel, hinter dem Polizeirevier bei der MG-Statue, (0832) 228 5327. Fest des hl. Franz Xaver (3. Dez). Archaeological Survey in einer Broschüre über Old Goa (im Archäologischen Museum erhältlich).

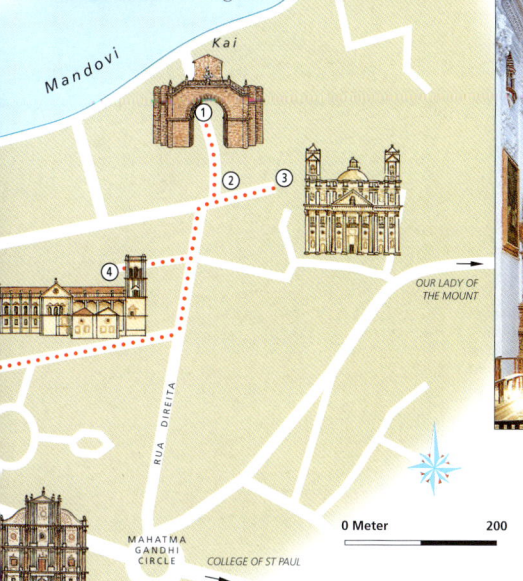

③ Church of St Cajetan

Die Kirche wurde 1651 von italienischen Ordensbrüdern erbaut. Sehenswert sind die Schnitzereien am Hochaltar und an der Kanzel.

⑧ Basilica de Bom Jesus

(siehe S. 406f).

⑥ Archäologisches Museum

Im Museum steht eine Bronzestatue von Luis Vaz de Camões mit seinem Epos Os Lusiadas *(siehe S. 397). Das Museum selbst befindet sich in dem umgebauten Konvent der Kirche Franz von Assisi.*

⑤ Church of St Francis of Assisi

Die von Franziskanern erbaute Kirche (1521) ist eine der wichtigsten von Old Goa. Der vergoldete Hauptaltar zeigt Jesus am Kreuz, die Evangelisten, den hl. Franz und Maria mit dem Christuskind.

Old Goa: Basilica de Bom Jesus

Die Basilika wird von Katholiken aus allen Teilen der Welt verehrt, da sie die sterblichen Überreste von Franz Xaver, dem Schutzheiligen Goas, birgt. Die Kirche war die erste in Südasien, der Papst Pius XII. 1946 den Status einer »Minor Basilica« verlieh. Der großartige Barock-Bau wurde 1594 von den Jesuiten errichtet, die dreigeteilte Fassade ist mit korinthischen, dorischen, ionischen und Kompositkapitellen geschmückt. Der toskanische Herzog Cosimo III. stiftete das kunstvoll gestaltete Grabmal des Heiligen im Austausch gegen das Kissen, auf dem sein Kopf ruhte. Der florentinische Bildhauer Giovanni Foggini arbeitete zehn Jahre an dem Grabmal, bis er es 1698 schließlich vollendete. Das Ordenshaus (1589) nebenan brannte 1633 ab.

Tür zur Sakristei
Die Tür ist mit prachtvollen Schnitzereien versehen.

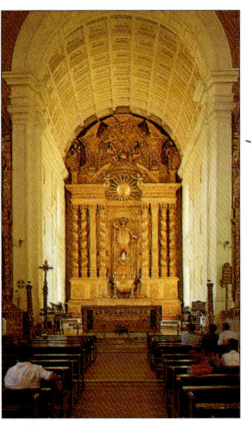

★ **Hauptaltar**
Auf dem vergoldeten Retabel stehen Statuen von Ignatius von Loyola und des Christuskindes. Die von Handwerkern der Region geschaffenen Cherubim sehen aus wie Hindus.

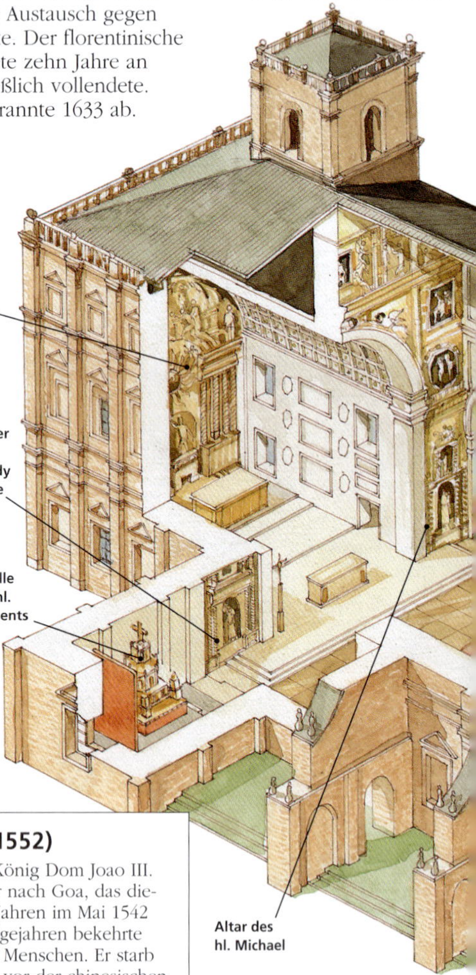

Altar der Kirche Our Lady of Hope

Kapelle des hl. Sakraments

Altar des hl. Michael

Heiliger Franz Xaver (1506–1552)

Der portugiesische König Dom Joao III. schickte Franz Xaver nach Goa, das dieser im Alter von 36 Jahren im Mai 1542 erreichte. In den Folgejahren bekehrte er annähernd 30 000 Menschen. Er starb 1552 auf einer Reise vor der chinesischen Küste und war vorübergehend auf einer Insel bestattet. Als man seinen Leichnam drei Monate später ausgrub, um ihn zu überführen, zeigte er keinerlei Verwesungsspuren – auch ein Jahr später nicht, als er in der Basilika in Goa aufgebahrt wurde. Dies erachtete man als Wunder, 1622 wurde er heiliggesprochen. Seine Reliquien werden etwa alle zehn Jahre ausgestellt, das letzte Mal 2004.

Franz Xaver, Art Gallery

NICHT VERSÄUMEN

★ Grabmal des heiligen Franz Xaver

★ Hauptaltar

★ Hölzerne Kanzel

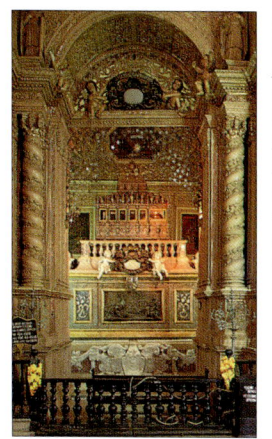

OLD GOA: BASILICA DE BOM JESUS   407

★ Grabmal des heiligen Franz Xaver
An dem Grabmal aus Marmor und Jaspis sind vier Bronzetafeln mit Szenen aus dem Leben des Heiligen angebracht. Das silberne Reliquiar besteht aus einer Mischung aus italienischen und indischen Stilelementen und wird von einem Kreuz und zwei Engeln bekrönt.

INFOBOX
North Goa (Tiswadi taluka). Rua das Naus de Ormuz, Old Goa. (0832) 228 5790.
tägl. während der Messe.
Gottesdienste werden auf Konkani abgehalten: Mo–Sa 7 und 8 Uhr, So 8 und 9.15 Uhr.
Art Gallery Ordenshaus.
tägl.

★ Hölzerne Kanzel
Die Kanzel ist mit wunderschön geschnitzten Figuren von Jesus und den Evangelisten geschmückt.

Basalttabernakel
Das Motto der Jesuiten IHS (Iaeus Hominum Salvator) bedeutet »Jesus der Erlöser«.

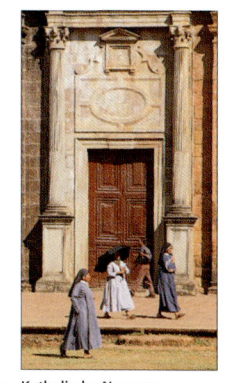

Katholische Nonnen vor der Basilika

Fassade
Die Basilika ist die einzige Kirche Goas, die nicht mit Kalk verputzt ist. Der Putz wurde 1956 entfernt, man legte den roten Laterit darunter frei. Jedes der drei Portale und sechs Fenster wird von eleganten Säulen und Basaltornamenten flankiert.

Überblick: Old Goa

Portugals »Goa dourada« (»Goldenes Goa«) war einst eine riesige, von über 30 000 Menschen bewohnte Stadt. Im 16. Jahrhundert zog sie Missionare, Soldaten, Kaufleute und Pferdehändler an, die eleganten Paläste und Herrenhäuser wurden von zeitgenössischen Besuchern gerühmt. Mitte des 18. Jahrhunderts zwangen eine Reihe von Epidemien und die Verschlammung des Mandovi den Vizekönig jedoch dazu, seine Residenz nach Panaji *(siehe S. 396f)* zu verlegen – im 19. Jahrhundert war die Stadt verlassen, die Häuser waren zerstört. Heute ist Old Goa nur noch ein Schatten früherer Tage, doch die wenigen erhaltenen Kirchen und Kathedralen zählen zu den bedeutendsten Bauten Goas.

Das Mittelschiff der Sé Cathedral wird von Säulen gerahmt

Church of St Cajetan
Östlich des Viceroy's Arch. tägl.
Im 17. Jahrhundert sandte Papst Urban III. italienische Priester der Theatiner nach Golconda *(siehe S. 546f)*. Da man sie nicht hereinließ, wurden sie in Old Goa sesshaft, wo sie 1651 eine Kirche errichteten. Sie war dem hl. Cajetan, dem Ordensgründer, geweiht und mit ihrer Kuppel und dem Grundriss in Form eines griechischen Kreuzes dem Petersdom in Rom nachempfunden. Das Kloster nebenan beherbergt ein Theologiekolleg.

Altardetail, Church of St Cajetan

Sé Cathedral
Senate Square. (0832) 228 4710. tägl. (Konkani) Mo–Fr 7.30, 17.30 Uhr, Sa 18 Uhr, So 7.20, 16 Uhr.
Als der portugiesische König den Vizekönig Francis Coutinho (1561–64) damit beauftragte, eine dem Königreich angemessene Kirche zu erbauen, schwebte Coutinho eine Kathedrale vor, die die größte in Asien werden sollte. Die im Renaissance-Stil gehaltene Sé Cathedral wurde im 16. Jahrhundert von Julio Simao und Ambrosio Argueiro in mehr als 80 Jahren erbaut. Die 30 Meter hohe toskanische Fassade wird von zwei quadratischen Glockentürmen eingerahmt, von denen heute nur noch einer erhalten ist. Darin befindet sich die melodische »Goldene Glocke«, die die gefürchteten Autodafés begleitete, die vor der Kathedrale stattfanden.

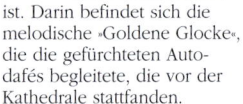

Das 76 Meter lange Kirchenschiff ist von korinthischen Säulen flankiert. Es gibt 15 Altäre. Schönster ist der vergoldete, der hl. Katharina von Alexandrien geweihte Hochaltar, dessen Gemälde Szenen aus ihrem Leben darstellen. Zwei der acht Kapellen, die des hl. Sakraments und die des Wunderkreuzes, sind mit filigranem Gitterwerk geschmückt. Das Taufbecken benutzte schon der hl. Franz Xaver. Seine Reliquien sind in der Basilica de Bom Jesus *(siehe S. 406f)* aufbewahrt und alle zehn Jahre in der Kathedrale zu sehen.

Archäologisches Museum
Convent of St Francis of Assisi. (0832) 228 5333. tägl.
In dem einst größten Kloster von Goa, dem Konvent des hl. Franz von Assisi (1517), ist mittlerweile das archäologische Museum untergebracht. Eine Bronzestatue von Alfonso de Albuquerque bestimmt den Eingangssaal. Sehenswert sind ein wunderschön geschnitzter Vishnu und eine Surya-Statue aus der Kadamba-Ära (11./12. Jh.) sowie Steininschriften auf Marathi und Persisch, Relikte einer früheren Herrscherdynastie. Im Innenhof stehen hinduisti-

Sé Cathedral (rechts), Church of St Francis of Assisi (Mitte) und Church of Our Lady of the Rosary

Hotels und Restaurants in Goa siehe Seiten 587–589 und 615f

OLD GOA

sche *Sati*-Steine, ein Modell der *São Gabriel* (das Schiff, mit dem Vasco da Gama 1498 nach Indien segelte) und eine Bronzestatue der hl. Katharina. Die Gemäldesammlung im ersten Stock umfasst 60 Porträts der Vizekönige und Gouverneure von Goa.

Denkmal, Ruine von St Augustine

Church of St Francis of Assisi

Westlich der Sé Cathedral. ◯ *tägl.*
Die Kirche wurde im Jahr 1521 von Franziskanern erbaut und 1661 erneuert. Sie ist mit einem wunderschön geschnitzten Portal (Teil des Originalbaus) ausgestattet und ein relativ seltenes Beispiel des portugiesischen Emanuelstils, der sich unter König Dom Emanuel (reg. 1469–1521) entwickelte und zahlreiche Motive aus der Seefahrt aufweist. So zieren etwa das Portal zwei Globen und ein griechisches Kreuz (Emblem der portugiesischen Schiffe). Das barocke Innere der Kirche besticht durch Blumenfresken, der Boden ist mit Grabsteinen portugiesischer Adliger gepflastert. Am vergoldeten Altar finden sich Figuren von Franz von Assisi und Christus. Zudem sehenswert sind die Kanzel mit floralen Motiven und die Tafeln mit Szenen aus dem Leben des Heiligen.

Kirche und Kloster St Augustine

Holy Hill.
Die heutigen Ruinen waren einst die größte Kirche Indiens mit einer großartigen fünfstöckigen Fassade. Sie wurde im Jahr 1512 von Augustinern im gotischen Stil errichtet und 1835 verlassen. Das Dach stürzte sieben Jahre später ein. 1989 begonnene Ausgrabungen legten acht Kapellen, vier Altäre, Wandskulpturen und über 100 Granitgräber frei. Einer Reihe von zeitgenössischen Beschreibungen zufolge existierten im 17. Jahrhundert auch eine eindrucksvolle Treppe, Emporen und eine Bibliothek, die der in Oxford in nichts nachstand. Heute steht von dem Kloster nur noch der gewaltige Glockenturm *(siehe S. 404).*

Die Kirche des hl. Franz von Assisi mit ihren oktagonalen Türmen

Church of Our Lady of the Rosary

Holy Hill. ◯ *tägl.*
Mit schlossähnlichen Türmchen und dem einfachen Altar ist dies eine der frühesten im Emanuelstil erbauten Kirchen Goas. Hier liegt Dona Catarina begraben, Frau des Vizekönigs Garcia de Sá (1548/49) und erste Portugiesin, die nach Goa auswanderte.

Abstecher

Weitere interessante Gebäude befinden sich im Südosten von Old Goa. Am Ende der Hauptstraße Rua Direita steht eine Basaltsäule auf einer erhöhten Plattform – die Überreste des schrecklichen **Prangers**. Hier stellte man Kriminelle und Ketzer öffentlich zur Schau. Ganz in der Nähe, an der Straße nach Ponda, liegt das **College of St Paul**, das 1541 von Jesuiten gegründet wurde und mit 3000 Studenten die größte Jesuitenschule in Asien mit der ersten Druckerpresse des Kontinents war. Franz Xaver predigte hier ebenso wie in der Kapelle etwas weiter die Straße hinauf, die man später seinem Andenken widmete.

Die **Church of Our Lady of the Mount** (1510) liegt auf einem Hügel, den man über eine Nebenstraße der Cumbarjua Road erreicht. Alfonso de Albuquerque ließ sie nach seinem Sieg über Yusuf Adil Shah erbauen. Von dem Gotteshaus hat man eine spektakuläre Sicht über die Türme von Old Goa.

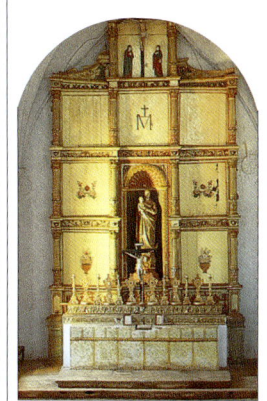

Inquisition in Goa

Auf Wunsch des hl. Franz Xaver *(siehe S. 406)* übernahm im Jahr 1560 ein jesuitisches Tribunal den zweiten Palast Adil Shahs (heute fast zerstört) südlich der Sé Cathedral, um den zügellosen Lebenswandel der portugiesischen Siedler zu »korrigieren« und »Ungläubige« zu bekehren. Während der Inquisition 1567 waren alle Hindu-Zeremonien verboten, Tempel wurden zerstört, Hindus zwangsbekehrt. Diejenigen, die sich weigerten, kamen in das Verlies des »Palasts der Inquisition« (wie man Adil Shahs Palast nannte) und wurden einem Autodafé-(Glaubensakt-)Prozess unterworfen. Die Verurteilten verbrannte man öffentlich auf Scheiterhaufen. Im Lauf der nächsten 200 Jahre machte man 16 000 Menschen den Prozess, Tausende wurden ermordet. Erst 1812 löste man die Inquisition endlich auf.

Fresko eines Missionars

Altar der Church of Our Lady of the Rosary auf dem Holy Hill

Gemälde der hl. Zäzilie, 17. Jahrhundert, Pilar

Pilar ⓫

North Goa (Tiswadi taluka). 12 km südöstlich von Panaji.

Das **Priesterseminar von Pilar** liegt auf einem Hügel und wurde 1613 von Kapuzinern (einem Franziskanerorden) an der Stelle eines alten Hindu-Tempels errichtet. Man verließ es 1835, als alle religiösen Orden aufgelöst wurden. 1858 eröffneten Karmeliter es wieder. 1890 gründete die Society of Pilar hier ein Missionshaus, in dem noch heute unterrichtet wird.

Die **Church of Our Lady of Pilar** nebenan ist mit einem kunstvollen Steinportal und einer Skulptur Franz von Assisis geschmückt. Im Inneren steht eine aus Spanien stammende Statue der Lady of Pilar. Neben der Kirche sind das Grab Agnelo D'Souzas (Seminarleiter 1918–27) und das **New Seminary** von 1946. In seinem Museum sind christliche Kunst, portugiesische Münzen und ein Steinlöwe (Symbol der Kadamba-Dynastie) ausgestellt.

🏛 Museum
☏ (0832) 221 8521. ⏰ tägl. (So und Feiertage nach Anmeldung).

Umgebung: In **Goa Velha**, zwei Kilometer südwestlich von Pilar, befinden sich die Überreste von Govapuri. Der Ort war vom 11. bis zum 13. Jahrhundert Hauptstadt der Kadamba-Herrscher.

Ponda ⓬

South Goa (Ponda taluka). 28 km südöstlich von Panaji. 👥 18000. 🚌 Urs of Shah Abdullah (Feb).

Ponda ist ein geschäftiges Wirtschaftszentrum. Hauptsehenswürdigkeit ist die **Safa-Shahouri-Moschee**, zwei Kilometer westlich der Stadt. Sie wurde im Jahr 1560 von Ibrahim Adil Shah (einem Nachfolger Yusuf Adil Shahs) errichtet. Der rechteckige Bau ist mit Fensterbogen und einem abfallenden Ziegeldach ausgestattet. Das südlich liegende rituelle Becken weist dieselben Verzierungen auf wie die *mihrabs* (Nischen mit Bogen).

Ponda ist auch der Name des *taluka* (Unterbezirks), der für seine zahlreichen Hindu-Tempel berühmt ist. Als die Portugiesen ihr Territorium in Zentral-Goa erweiterten, zerstörten sie über 550 Tempel. Hinduistische Priester flohen mit religiösen Artefakten in Gebiete, die nicht von den Portugiesen kontrolliert wurden, vor allem in die Region um die Stadt Ponda, und errichteten dort im 17. und 18. Jahrhundert einige neue Tempel.

Über die Hälfte der Bevölkerung Goas sind Hindus. Die Tempel in Goa weisen eine einzigartige Mischung aus europäisch-barocken, muslimischen und hinduistischen Stilelementen auf. Oft ersetzen muslimische Kuppeln die sonst üblichen *shikharas* (Türme) über dem Heiligtum, die Gebetshallen sind mit kunstvollen Kronleuchtern ausgestattet.

Der **Shantadurga-Tempel**, drei Kilometer südwestlich von Ponda bei Kavlem, ist der beliebteste Tempel Goas. Shahu, der Enkel des Marathen-Führers Shivaji, ließ ihn mit einem ungewöhnlichen, pagodenähnlichen Dach erbauen, das von einem fünfstöckigen oktogonigen Lampenturm überragt wird. In der Haupthalle zieren großartige Kronleuchter die vergoldete Decke, ein Paravent aus Silber schirmt das Hauptheiligtum mit einer silbernen Shantadurga-Statue ab, die aus dem *taluka* Mormugao stammt. Sehenswert sind außerdem die riesigen *rathas* (Wagen), die im Januar bei der Jatra *(siehe S. 403)* benutzt werden.

Der **Shri-Ramnath-Tempel** in der Nähe ist für seinen Silberlettner mit animalischen und floralen Motiven berühmt. Das Linga aus Loutolim wird sowohl von Anhängern Shivas als auch Vishnus verehrt.

Messinglampe, Shri-Mahalsa-Tempel

Der **Shri-Nagueshi-Tempel**, vier Kilometer westlich von Ponda bei Bandora, ersetzte 1780 wahrscheinlich einen früheren Tempel. Er ist Nagesh (Shiva als Schlangengott) geweiht und einer der ältesten Tempel der Region. Den Eingang zieren kunstvoll geschnitzte Holzfriese mit

Das große Wasserbecken (18. Jh.) des Shri-Mangesh-Tempels

Hotels und Restaurants in Goa siehe Seiten 587–589 und 615f

Szenen aus dem *Ramayana* und dem *Mahabharata* (siehe S. 26f).

Der **Shri-Lakshmi-Narasimha-Tempel** (18. Jh.) liegt in Velinga, fünf Kilometer nordwestlich von Ponda. Die majestätische Narasimha-Figur (Vishnu als Löwenmensch) wurde in den 1560er Jahren aus Mormugao hierher gebracht. Der Tempel ist von Wald umgeben und mit dem heiligen Becken und dem kunstvoll gestalteten Tor einer der schönsten in ganz Goa. In einem Turm in der Nähe werden die Musiker des im Mai stattfindenden Jatra-Festivals untergebracht.

Der Vishnu geweihte **Shri-Mahalsa-Tempel** befindet sich sieben Kilometer nordwestlich von Ponda in dem Dorf Mardol. Die Hauptgottheit (entweder eine weibliche Inkarnation Vishnus oder eine seiner Gefährtin Lakshmi) stammt aus Verna. Wichtigstes Merkmal des Tempels ist eine Messingsäule mit 21 »Stockwerken«, die sich über einer Kurma-Figur erhebt (Vishnu als Schildkröte) und mit Garuda (seinem Gefährt) abschließt. Die Säule symbolisiert den Berg Kailasa, der nach der Hindu-Mythologie auf Kurmas Rücken ruht, die das Urmeer aufpeitscht. Der ursprüngliche Tempel ist ein Holzbau mit abfallendem Dach, am Eingang sind Figuren von Tänzern und Kriegern in das Holz geschnitzt. Die Haupthalle ist mit kunstvollen Säulen geschmückt, in die Nischen im mittleren Teil der Decke sind Götter gemalt.

Etwas weiter nordwestlich, in Priol, liegt der reichste Tempel Goas, der Shiva geweihte **Shri-Mangesh-Tempel** (18. Jh.). Im Innenhof wächst eine für Goa typische heilige *Tulsi*-Pflanze in einer hellgrünen Urne. Sehenswert sind auch das große Wasserbecken und der siebengeschossige Lampenturm. Beim Jatra-Festival im April und Mai werden hier Tänze aufgeführt. Am Eingang des in Weiß und Gelb gehaltenen Tempels steht ein leuchtend bunter Elefant auf Rädern. Im Inneren finden sich belgische Kronleuchter (19. Jh.) und ein Linga aus Mormugao. In der Nähe des Tempels wuchs die berühmte indische Sängerin Lata Mangeshkar (geb. 1929) auf.

Rund vier Kilometer nordöstlich von Ponda, in der Nähe des Dorfes Khandepar, stößt man auf eine Ansammlung von **hinduistischen Felsenhöhlen** aus dem 10. bis 13. Jahrhundert, deren Decken mit geschnitzten Lotusblüten verziert sind. Der Eingang ist einfach gehalten, in den Nischen standen früher Öllampen. Von Ponda aus kann man Tagesausflüge zu Gewürzgärten voller Kardamom, Muskatnuss und Zimt unternehmen. Zu den Zielen gehören die Pascoal Plantation, acht Kilometer östlich, und der Savoi Spice Garden in Savoi Verem, zwölf Kilometer nördlich.

Der Tambdi-Surla-Tempel stammt aus der Kadamba-Ära

Detail des Tambdi-Surla-Tempels

Shigmo-Jatra-Prozession vor dem Shri-Mahalsa-Tempel

Tambdi Surla ⓭

South Goa (Sanguem taluka). 73 km östlich von Panaji. *Am besten mit Taxi ab Panaji oder Ponda.*

Versteckt in den Wäldern von Tambdi Surla steht der älteste noch erhaltene Hindu-Tempel Goas. Der schwarze Basaltbau stammt aus der Kadamba-Ära (11. bis 13. Jh.) und ist Shri Mahadeva (Shiva) geweiht. Er überlebte wahrscheinlich nur dank seiner abgeschiedenen Lage. Das symmetrische Gebäude wurde ganz ohne Mörtel erbaut. Die Eingangshalle mit ihren zehn Säulen liegt auf einer niedrigen Plinthe, in den *shikhara* (Turm) sind Figuren von Brahma, Vishnu, Shiva und Parvati geschnitzt.

Umgebung: Das **Bhagwan Mahaveer Sanctuary**, 20 Kilometer südöstlich von Tambdi Surla, erstreckt sich über eine Fläche von 240 Quadratkilometern. Hier leben Leoparden, Hirsche und Gaur. Die 600 Meter hohen **Dudhsagar Waterfalls** an der Grenze zwischen Goa und Karnataka sind seine Hauptattraktion. Das kleine **Bondla Sanctuary**, 30 Kilometer östlich von Tambdi Surla, ist für seine zahlreichen Vogelarten berühmt.

🐾 **Bhagwan Mahaveer Sanctuary**
◯ tägl.

🐾 **Bondla Sanctuary**
◯ Sep–Juni: Fr–Mi.

St Ignatius Loyola, Rachol

Rachol ⓮

South Goa (Salcete taluka). 52 km südöstlich von Panaji.

Das kleine Dorf Rachol liegt an der Stelle einer alten Festung der Sultane von Bijapur *(siehe S. 444)*, die die Portugiesen 1520 einnahmen. Ein Lateritttorbogen und ein Wassergraben ohne Wasser sind die einzigen Überbleibsel der Bastion, die einst mit 100 Kanonen befestigt war und die Südgrenze des portugiesischen Territoriums schützte. Die hübsche Kirche **Nossa Senhora das Neves** («Unsere liebe Frau vom Schnee») entstand im Jahr 1576.

Heute ist das **Rachol Seminary** (1606) wahrscheinlich das wichtigste von Goa. Es wurde bereits 1574 in Margao als College of All Saints gegründet und verfügte über ein Hospital, eine Armenschule und eine Druckerpresse. Die Einrichtung in Margao wurde 1579 bei einem muslimischen Angriff zerstört und in Rachol wiederaufgebaut. Seit einigen Generationen ist sie die prestigeträchtigste Bildungseinrichtung Goas für profane und religiöse Studien. Junge Seminaristen werden in einem siebenjährigen Kurs in Theologie und Philosophie auf die Priesterweihe vorbereitet.

Das Gebäude liegt spektakulär auf einem Hügel, die großartige, fortähnliche Fassade wird von zwei imposanten Wachtürmen flankiert. In der riesigen Eingangshalle sind eindrucksvolle Wandgemälde zu sehen. Sie öffnet sich zu einem zentralen Innenhof, der von Zellen aus massivem Teakholz umgeben ist, jede mit eigenem, holzgetäfeltem Studierzimmer. Die elegante Treppe zieren Skulpturen eines alten Hindu-Tempels, an dessen Stelle das Seminar heute steht. Die Treppe führt in den ersten Stock zur Bibliothek mit seltenen lateinischen und portugiesischen Büchern und Porträts der Erzbischöfe von Goa.

Dem Seminar angeschlossen ist die **Church of St Ignatius Loyola**. An ihrem mit Holz- und Goldornamenten verzierten Altar befindet sich ein Gemälde von Konstantin, dem ersten römischen Kaiser, der zum Christentum konvertierte. Einer Legende zufolge kamen einige Knochenfragmente und eine Phiole mit seinem Blut 1782 nach Rachol – man sieht sie in einem Schrein beim Eingang. Das Chorgestühl ist mit Gemälden der Gründungsheiligen verschiedener Orden verziert. Auf der Empore steht eine wunderschöne Orgel aus dem Lissabon des 16. Jahrhunderts.

Reliquiar aus Silber, Museumssammlung

Bis Mitte 2001 war im Rachol Seminary auch das berühmte, 1991 vom Indian National Trust for Art and Cultural Heritage (INTACH) und der Gulbenkian Foundation of Portugal gegründete Museum of Christian Art untergebracht. Die Sammlung wird momentan in den Convent of St Monica in Old Goa *(siehe S. 404)* verbracht und in der Chapel of the Weeping Cross neben dem Konvent ausgestellt werden. Zu den Werken aus dem 17. und 18. Jahrhundert gehören religiöse Objekte wie Silber- und Elfenbeinornamente, klerikale Roben, Prozessionskreuze und Weihwassergefäße. Besonders schön ist ein tragbarer Altar für reisende Missionare, mit Kerzenhaltern und weiterem Beiwerk.

Margao ⓯

South Goa (Salcete taluka). 33 km südlich von Panaji. 78000. Margao Residency, (0832) 271 5528. *Feast of the Holy Spirit (Dez).*

Margao (Madgaon), Goas zweitwichtigste Stadt nach Panaji, ist das Verwaltungs- und Wirtschaftszentrum des Distrikts South Goa. Die geschäftige Stadt ist auch wichtiger Umschlagplatz für Waren wie Fisch und Agrarprodukte.

Am Marktplatz, dem **Praça Jorge Barreto**, steht das große Municipal Building aus der Kolonialzeit. Auf der Südseite ist die Bibliothek untergebracht, in der Nähe befindet

Blick auf das Priesterseminar und die Kirche von Rachol

Hotels und Restaurants in Goa *siehe Seiten 587–589 und 615f*

sich das beliebte Café Longinhos. Hinter dem Stadthaus erstrecken sich gen Süden die lebhaften Basare Margaos, auf denen fangfrischer Fisch sowie Obst und Gemüse verkauft werden. Auf dem nahe gelegenen **Covered Market** gibt es fast alles, von Seifenflocken über Hülsenfrüchte, getrockneten Fisch, eingelegtes Gemüse, Würste und Tamarinden bis hin zu Blumengirlanden, braunem Zucker und Töpferwaren. In einer Reihe von Läden weiter im Norden werden Weine der Region verkauft, vor dem Markt gibt es viele Kleiderhändler.

Die **Abbé de Faria Street** führt vom Marktplatz nach Norden zum alten Latin Quarter. Hier befinden sich gut erhaltene Villen aus der Kolonialzeit. Der Hauptplatz **Largo de Igreja** wird von bunten Stadthäusern (18./19. Jh.) mit Ziegeldächern, schmiedeeisernen Balkonen und Balustraden gesäumt. Auf der Mitte des Platzes steht ein monumentales Kreuz (16. Jh.), das von der barocken **Church of the Holy Spirit** überragt wird. Die Kirche wurde 1565 an der Stelle eines geplünderten Hindu-Tempels errichtet. Sie selbst und das angrenzende Jesuitenkolleg All Saints wurden mehrmals von Muslimen überfallen. Das Seminar verlegte man nach Rachol, die Kirche baute man 1675 neu auf. Die weiß getünchte Fassade wird von zwei Türmen mit Kuppeln und Laternen flankiert, die Seitenwände ließ man hingegen unverputzt. Das elegante Innere zeichnet sich durch eine Stuckdecke, eine vergoldete Kanzel mit Apostelfiguren, einen Rokoko-Altar und barocke Altaraufsätze in den Querschiffen aus. Hinter der Kirche führt die Agostinho Lorenço Street nach Osten zu der imposanten Villa **Sat Burnzam Gor** oder »Sieben Giebel«, dem einzig noch erhaltenen Haus mit Pyramidendach in ganz Goa. Ignacio da Silva erbaute es 1790 mithilfe seines Verdienstes als Sekretär des Vizekönigs. In den beeindruckenden Salons stehen reich verzierte Rosenholzmöbel und kostbares Porzellan, die private Kapelle war die erste ihrer Art in Goa. Von der Kreuzung östlich der Kirche führt eine Straße zum **Monte Hill** hinauf. Die winzige Kapelle auf dem Hügel ist zwar nicht öffentlich zugänglich, der Blick über die Dächer von Margao ist jedoch spektakulär.

Sat Burnzam Gor
nur nach Voranmeldung; Kontakt über Mrs de Silva.

Umgebung: Die hübschen Dörfer um Margao verfügen über eine Reihe von Landhäusern aus der Kolonialzeit. Sie stammen also aus der wohlhabenden Zeit zwischen dem 18. und 19. Jahrhundert, als die dort ansässigen Landbesitzer davon zu profitieren begannen, dass die Portugiesen die Seehandelsrouten zwischen Afrika und Malakka (in Malaysia) kontrollierten. Viele der Häuser befanden sich im Besitz Einheimischer, die hohe Regierungsposten bekleideten und als Lohn für ihre Dienste Land bekamen.

Loutolim, zehn Kilometer nordöstlich, war einst wichtiger Verwaltungssitz. Seine stattlichen Häuser liegen alle nahe am Hauptplatz. Das Fremdenverkehrsbüro Goa Tourism und das Museum Houses of Goa, (0832) 241 0711, am Salvador do Mundo, organisieren Besichtigungen der Häuser. In **Chandor**, 13 Kilometer östlich von Margao, steht das palastähnliche private Braganza House *(siehe S. 414f).* In **Chinchinim**, zehn Kilometer südlich von Margao, und **Benaulim**, sechs Kilometer südwestlich, stehen schöne Villen mit den für Goa typischen *balcaos* (Veranden) und Dächern aus Terrakotta-Ziegeln.

Municipal Building, Praça Jorge Barreto, Margao

Monumentales Kreuz, Largo de Igreja

Garnelen, Sardinen, Makrelen und Lachs auf dem Basar von Margao

Braganza House

Die ungeheuerlichen Ausmaße des Braganza House und sein großartiges Interieur machen es zur elegantesten Kolonialvilla Goas. In dem Gebäude aus dem 17. Jahrhundert wohnen noch heute zwei Zweige der Familie Braganza: Die Nachfahren Antonio Elzario Sant'Anna Pereiras wohnen im Ostflügel, die von Francisco Xavier de Menezes Braganza im Westflügel. Beide Familien wurden im späten 19. Jahrhundert vom portugiesischen König mit Titeln und Wappen geehrt. Die oberen Gemächer umfassen den sagenhaften Ballsaal, die Bibliothek, eine Kapelle sowie eine Möbel- und Porzellansammlung (18. Jh.).

Teller aus blauem Porzellan

Speisesaal
Im Speisesaal im ersten Stock der riesigen Villa steht eine lange Tafel.

★ Kapelle
Die Barock-Kapelle ist mit einem diamantenbesetzten Fingernagel des hl. Franz Xaver ausgestattet.

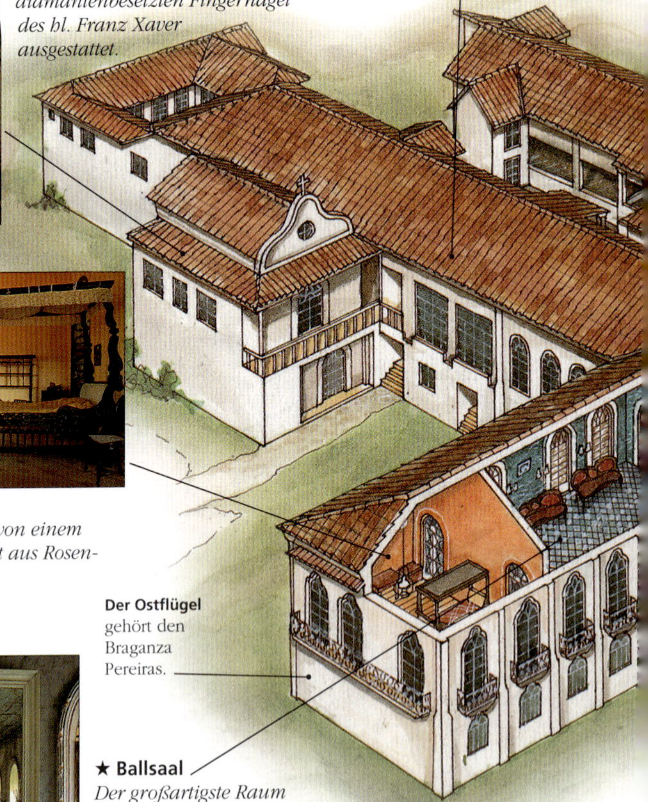

Gästezimmer
Das Zimmer wird von einem großen Himmelbett aus Rosenholz beherrscht.

Der Ostflügel gehört den Braganza Pereiras.

★ Ballsaal
Der großartigste Raum der Villa ist mit einem Rosenholzsessel mit dem Braganza-Wappen und einem vergoldeten Spiegel geschmückt. Wände und Böden bestehen aus Marmor, von der Decke hängen Kronleuchter herab.

NICHT VERSÄUMEN

★ Ballsaal

★ Eingangskorridor

★ Kapelle

BRAGANZA HOUSE 415

Menezes-Braganza-Salon
Eine Sammlung exquisiten chinesischen Porzellans ist in einem der Salons zu sehen. Im Mittelpunkt steht eine große Vase.

INFOBOX

Church Square, Chandor (Salcete taluka). 20 km östlich von Margao. (0832) 278 4201. Zugang zu beiden Flügeln nur nach vorheriger Anmeldung.
Spende erbeten.

Porträt Francisco Xavier de Menezes Braganzas
Im Ballsaal des Westflügels hängt ein Porträt des Großvaters des berühmten Journalisten Luis de Menezes Braganza (siehe S. 397).

Der Westflügel gehört den Menezes Braganzas.

Die Bibliothek birgt Goas schönste Privatsammlung mit über 5000 Büchern.

Eingang

0 Meter 10

★ **Eingangskorridor**
Der lange, elegant eingerichtete Flur zieht sich hinter der Fassade entlang. Er umfasst 28 Fenster, aus denen man auf einen gepflegten Garten blickt.

Treppe
Die monumentale doppelte Treppe ist das Kernstück des Hauses und führt von der Eingangsebene in die oberen Stockwerke.

Herrenhäuser der Kolonialzeit

In der Umgebung von Goa stehen großartige Villen aus der Kolonialzeit, die der wohlhabende Landadel im 18. und 19. Jahrhundert errichten ließ. Die Häuser wurden im traditionellen Stil der Region erbaut: zentrale Innenhöfe, breite Veranden und Fensterläden aus Muscheln. Die Möbel und die Gestaltung des Inneren waren jedoch weitgehend europäisch. Heute zeugen belgische Kronleuchter, vergoldete Spiegel aus venezianischem Murano-Glas, barocke Rosenholzmöbel und chinesisches Porzellan, das in den Villen ausgestellt wird, von dem Geschmack und dem Lebensstil einer längst vergangenen Zeit.

Chinesische Vase

Fensterläden aus Muscheln *säumen die Fassade von Sat Burnzam Gor (»Sieben Giebel«) in Margao. Die Muscheln sind einzigartiges Merkmal der Architektur Goas im 16. und 17. Jahrhundert – sie schützten effektiv vor Hitze und Sonne.*

Typisch pyramidenförmige *balcaos (Veranden) wie dieser am Figueredo House in Loutolim zierten die Eingangstüren. Unter den balcaos standen Stühle, da man hier oft Besuch empfing.*

Die antiken Rosenholzschnitzereien *der elegantesten Villa, des Braganza House in Chandor (siehe S. 414f), sind ein typisches Beispiel des indoportugiesischen Barock.*

Salons im europäischen Stil, *wie z. B. der königliche Ballsaal der Dr Alvaro Loyola Furtado Mansion in Chinchinim (1833), waren mit Kronleuchtern und eleganten Möbeln ausgestattet.*

Antike Möbel in der Casa dos Mirandos

Herrenhäuser

Loutolim bietet vier sehenswerte Villen: Salvador da Costa House, Roque Caetan Miranda House, Figueredo House und Casa dos Mirandos (das schönste). In **Margao** befindet sich Sat Burnzam Gor, in **Chinchinim** die Loyola Furtado Mansion und in **Chandor** das Braganza House. Weitere Informationen siehe S. 413.

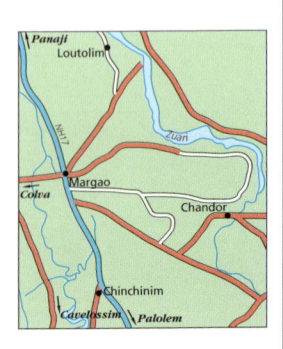

Colva ⓘ

South Goa (Salcete taluka). 6 km westlich von Margao. 🚌 ℹ️ *GTDC Colva Residency, (0832) 278 8047.* 🎉 *Fama de Menino Jesus (Okt).*

Die Nähe Colvas zu Margao machte es zu einem beliebten Sommerwohnsitz. Es ist einer der ältesten Ferienorte in South Goa, sein 25 Kilometer langer Sandstrand erstreckt sich von der Halbinsel Mormugao im Norden bis nach Mobor im Süden.

Heute zieht Colva Unmengen von Besuchern an, die den Tag in einer der vielen Hütten am Strand genießen, die auf Stelzen erbaut wurden und von Palmen gesäumt sind. Hier werden köstlicher gegrillter Hummer und andere Meeresfrüchte-Spezialitäten serviert. Zahlreiche erstklassige und mittlere Hotels stehen an der Hauptstraße, im Süden finden sich noch unverbrauchte Strandabschnitte. Die Fischer begutachten ihren Fang, abends finden am Strand Rave-Partys statt.

Etwas abseits vom Strand steht die **Church of Our Lady of Mercy** von 1630 mit ihrem attraktiven barocken Inneren und der berühmten Statue des Menino Jesus (Christuskind). Er hält eine Weltkugel und eine Flagge in der Hand und wird wegen seiner Heilkräfte verehrt.

Umgebung: Majorda, sieben Kilometer nördlich von Colva, verfügt über einen breiten Strand, an dem viele Luxushotels stehen. Der **Bogmalo Beach**, 20 Kilometer nordwestlich von Colva, ist vor allem bei Windsurfern überaus beliebt.

Inzwischen haben die Besucher auch **Benaulim**, zwei Kilometer weiter südlich, mit seinen Gästehäusern, Restaurants und Bars entdeckt. Am **Varca Beach**, fünf Kilometer weiter südlich, stehen zahlreiche schicke Hotels und eine Gemeindekirche mit einer imposanten Fassade.

Cavelossim ⓘ

South Goa (Salcete taluka). 15 km südlich von Margao. 🚌

Cavelossim ist bei indischen Berühmtheiten beliebt. Es hat einen wunderschönen zwei Kilometer langen Sandstrand, einen Golfplatz, Luxushotels und exzellente Seafood-Restaurants wie z.B. die Seaways Bar zu bieten. Sehenswert ist außerdem die **Church of the Holy Cross**.

Kellner in Mobor

Umgebung: Mobor, fünf Kilometer südlich von Colva, ist mit seinen Hügeln und dem Fischerdorf **Betul** in der Nähe des Flusses Sal ausgesprochen idyllisch. Hier befindet sich das Leela Beach Resort. **Cabo da Rama** (»Kap Rama«), die Landzunge südlich von Betul, ist nach Rama, dem Helden des *Ramayana*, benannt, der sich hier versteckt haben soll (*siehe S. 27*). Die heute verfallene Hindu-Festung eroberten die Portugiesen 1763.

Reetgedeckte Strandhütte am Palolem Beach

Palolem ⓘ

South Goa (Salcete taluka). 37 km südlich von Margao. 🚌

Die Bucht ist für ihre spektakulären Sonnenuntergänge berühmt. Sie wird an einem Ende von Felsen gesäumt und am anderen von Canacona Island, einem gut ausgestatteten Campingplatz. Seine abgeschiedene Lage macht Palolem zu einem besonders ruhigen Urlaubsort. Hier bieten Fischer Bootsausflüge an, auf denen man Delfine beobachten kann.

Umgebung: Das südliche Goa ist touristisch weniger erschlossen. **Agonda**, sieben Kilometer nördlich von Palolem, ist noch ruhiger als sein Nachbarort. **Galgibaga**, acht Kilometer südlich von Palolem, verfügt über einen wunderschönen Sandstrand mit zahlreichen Eukalyptusbäumen. Das abgelegene **Cotigao Wildlife Sanctuary**, 18 Kilometer westlich von Palolem, ist auf jeden Fall einen Besuch wert.

Rad fahren am Strand von Colva, dem längsten Strand Goas

Hotels und Restaurants in Goa *siehe Seiten 587–589 und 615f*

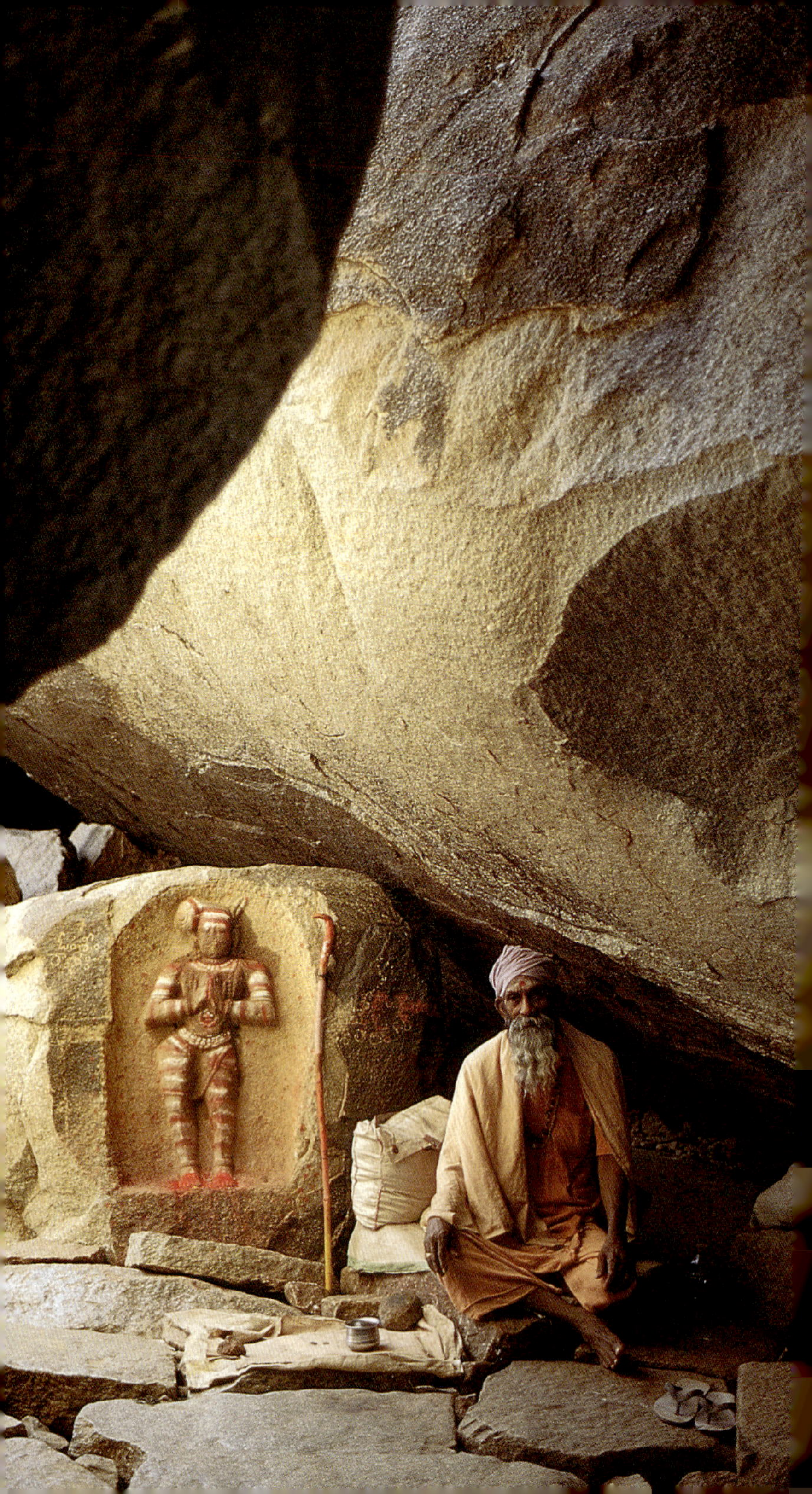

Karnataka

Karnatakas landschaftliche Vielfalt ist sagenhaft: Der Bundesstaat erstreckt sich vom Arabischen Meer und den fruchtbaren, bewaldeten Westghats mit ihren blühenden Kaffee-, Gewürz- und Obstplantagen bis zum trockeneren, gebirgigeren Dekkan-Hochland. Ebenso vielfältig sind die historischen Monumente: die aus dem 6. bis 8. Jahrhundert stammenden Hindu-Tempel von Badami, Pattadakal und Aihole, Tipu Sultans im europäischen Stil erbautes Insel-Fort Srirangapattana (18. Jh.) und der extravagante Palast von Mysore aus dem frühen 20. Jahrhundert. Weiterhin sehenswert sind die Tempel von Halebid und Belur, der Gommateshvara-Monolith von Sravana Belgola und die Ruinen von Hampi mit der Zitadelle Vijayanagar. Im nördlichen Karnataka befinden sich die mittelalterlichen Forts der Dekkan-Sultane von Bijapur, Gulbarga und Bidar mit Moscheen, Audienzsälen und Königsgräbern.

Sehenswürdigkeiten auf einen Blick

Städte und Distrikte
- Barkur ⓭
- Belgaum ⓴
- Bengaluru ❶
- Bhatkal ⓮
- Bidar ㉖
- Bijapur ㉔
- Gadag ⓳
- Gokarna ⓯
- Gulbarga ㉕
- Kodagu ❻
- Mangalore ⓫
- Mysore ❺

Historische Stätten
- Aihole ㉓
- Badami ㉑
- Belur ❿
- Chitradurga ⓱
- Halebid ❾
- Hampi ⓲
- Pattadakal ㉒
- Srirangapattana ❹
- Talakad ❷

Tempelstädte und heilige Stätten
- Melkote ❼
- Somnathpur ❸
- Sravana Belgola ❽
- Sringeri ⓰
- Udipi ⓬

LEGENDE
- Internat. Flughafen
- Inlandsflughafen
- National Highway
- Hauptstraße
- Nebenstraße
- Eisenbahn
- Bundesstaatsgrenze

◁ Bettler vor einem Schrein am Fluss Tungabhadra, Hampi

Bengaluru

Verzierter Stein, Museum

Bengaluru wird wegen seiner Bedeutung als Standort der Informationstechnologie oft als Silicon Valley Asiens bezeichnet. Die Stadt ist die fünftgrößte und am schnellsten wachsende Indiens. Vor Beginn des Ende der 1980er Jahre einsetzenden Hightech-Booms hieß Bengaluru »Stadt der Gärten«, da das milde Klima für üppige Vegetation sorgte. Heute hat die Stadt mit ihren zahlreichen Computerspezialisten ein kosmopolitisches Flair. Sie wurde im 16. Jahrhundert von dem Herrscher Kempe Gowda gegründet und verdankt ihren Namen dem Kannada-Wort *benda kaluru* (»gekochte Bohnen«), die eine Frau einem hungrigen Hoysala-König gab, der an ihrer Tür bettelte.

Vidhana Soudha
Dr Ambedkar Rd.
● für die Öffentlichkeit.

Das imposante Gebäude aus Granit und Porphyr ist Sitz des Secretariat und der State Legislature von Karnataka. Es wurde 1956 nach einem Entwurf des damaligen Premierministers Kengal Hanumanthaiah erbaut, nachdem die Macht von der herrschenden Wodeyar-Dynastie auf die zentrale Regierung übergegangen war. Laut Hanumanthaiah sollte der Bau »Macht und Würde des Volkes« widerspiegeln. Er wird von einer 20 Meter hohen Kuppel überragt, auf der der vierköpfige Ashoka-Löwe ruht, das Symbol des indischen Staates. Mit seinen *jharokhas* aus Rajasthan, den indo-sarazenischen Säulen und anderen Zierelementen ist das Vidhana Soudha ein gutes Beispiel für den neo-dravidischen Stil von Bengaluru nach der Erlangung der Unabhängigkeit. Die Holzarbeiten im Inneren sind auch sehenswert, vor allem die Sandelholztür des Cabinet Room und der aus Rosenholz aus Mysore gefertigte Speaker's Chair. Sonntagabends wird das Gebäude spektakulär beleuchtet.

Attara Kacheri
Gegenüber des Vidhana Soudha. ● Mo–Fr.

Der elegante, zweigeschossige Bau mit korinthischen Säulen wurde 1864 fertiggestellt und beherbergte zwischen 1868 und 1956 die Public Offices. Die Staatskanzlei befindet sich heute im Vidhana Soudha, das Attara Kacheri wurde Gerichtsgebäude. Die Decke des Hauptsaals ziert ein Porträt Sir Mark Cubbons (Regierungskommissar von Mysore, 1834–61). Hinter dem Gebäude steht eine Reiterstatue Cubbons von Baron Marochetti.

♣ Cubbon Park
Cantonment. ● tägl.

Der 135 Hektar große Park wurde 1864 nach Plänen von Richard Sankey, dem Chefingenieur von Mysore, angelegt. Er vereint natürliche Felsvorsprünge mit Wäldern und riesigen Bambushainen. Im Park verteilt gibt es zahlreiche Statuen wie z.B. die von Chamarajendra Wodeyar, der von 1868 bis 1894 herrschte. Sie steht gegenüber dem Teich in der Nähe eines oktogonalen gusseisernen Pavillons. Zudem gibt es Marmorstatuen Queen Victorias und Edwards VII. In dem rot gestrichenen neoklassizistischen **Sheshadri Iyer Memorial** in der Mitte des Parks ist eine öffentliche Bibliothek untergebracht.

Chamarajendra Wodeyar

🏛 Government Museum
Kasturba Gandhi Rd.
● Di–So. **Venkatappa Art Gallery** (080) 2350 5033.
● Di–So.

Das 1866 gegründete Museum ist eines der ältesten des Lan-

Stadt der Gärten

Im 1809 gegründeten Cantonment in Bengaluru waren im 19. Jahrhundert die britischen Truppen untergebracht. Mit den ordentlichen Straßen, den Häusern mit ihren charakteristischen Dachgesimsen, den Rasenflächen, Bäumen, Blumen und Hecken wurde Bengaluru schließlich »Stadt der Gärten« getauft. Zwei große Parks, der Cubbon Park und der Lalbagh, bilden zusammen mit einigen kleineren wie z.B. Kensington Gardens das grüne Herz der Stadt. Die Gärten stellen einen willkommenen Rückzugsort von der Hektik der Straßen dar und sind angenehm weitläufig. Besonders schön ist es im Januar und August, wenn Dahlien, Ringelblumen und Rosen in voller Blüte stehen.

Das Vidhana Soudha beherbergt das Karnataka Secretariat

Im idyllischen Cubbon Park

Hotels und Restaurants in Karnataka *siehe Seiten 589f und 616f*

BENGALURU

des. Seine drei Abteilungen mit Holzskulpturen und exotischen Gemälden sind in einem neoklassizistischen Stuckgebäude mit korinthischen Säulen untergebracht.

Die **Venkatappa Art Gallery** bildet einen Flügel des Museums. Sie ist nach dem von den Wodeyars geförderten Künstler K. Venkatappa (frühes 20. Jh.) benannt. Neben etlichen Arbeiten von ihm werden auch Aquarelle und Gemälde im Mysore-Stil gezeigt. An ihnen haftet immer noch ein grünlicher Schimmer, den ihnen eine abschließende Behandlung mit Jade verlieh. Darüber hinaus sind Sammlungen von Puppen aus Hirsch- und Ziegenleder sowie Skulpturen aus der Satvahana-, Hoysala- und Vijayanagar-Zeit zu sehen.

Gemälde von Mysore, Venkatappa Art Gallery

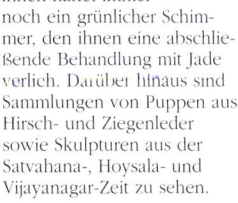

St Mark's Cathedral

Mahatma Gandhi Rd. *Di – So.*
Die einfache, neoklassizistische Kathedrale wurde 1812 fertiggestellt und 1816 vom Bischof von Kalkutta geweiht. Der elegante, cremefarbene Bau verfügt über eine imposante Säulenhalle und eine schöne Apsis. Eine niedrige Kuppel kennzeichnet die Vierung.

Bengaluru-Palast

Nördlich des Vidhana Soudha. *(080) 2336 0818.* *Mo – Sa.*
Der Bau wurde 1880 errichtet und verursachte die exorbitanten Kosten von einer Million Rupien. Er ist Windsor Castle nachempfunden, von den befestigten Türmen bis zu den bewehrten Wällen. Der Palast steht auf grünen Hügeln inmitten formaler Gärten mit gitterartig

INFOBOX

Distrikt Bengaluru. 1030 km südlich von Mumbai. 4 300 000. 40 km nordöstlich des Stadtzentrums, dann mit Bus oder Taxi. Govt of India Tourist Office, 48 Church St, (080) 2558 5417; Karnataka Tourism, Badami House, NRS Square, (080) 2227 5869. Karaga (Apr), Kadalekaye Parishe (Nov/Dez).

angelegten Wegen und erstreckt sich über 13 700 Quadratmeter. Nach 1949 verfiel er, als sich die Regierung und die Wodeyars um ihn stritten. Anschließend ging er in den Besitz der Wodeyars über, heute kann er für Veranstaltungen und Ereignisse wie Hochzeiten, Konzerte und Filmaufnahmen gemietet werden. Kein Kannada-Film gilt als vollständig, wenn nicht wenigstens eine Szene hier gedreht wurde.

Zentrum von Bengaluru

- Attara Kacheri ②
- Cubbon Park ③
- Government Museum ④
- St Mark's Cathedral ⑤
- Vidhana Soudha ①

Überblick: Old Bengaluru

Trotz des raschen Wachstums sind in den Straßen von Old Bengaluru, südlich des Stadtzentrums, noch immer Zeugen der historischen Vergangenheit der Stadt zu sehen. Der Rest von Bengaluru wurde zwar rücksichtslos modernisiert, doch der alte Teil enthält noch einige Monumente aus der Zeit der Gowda bis zu der Haider Alis und Tipu Sultans (16. bis 19. Jh.).

Tipu-Sultan-Palast
Albert Victor Rd.
(080) 2670 6836.
tägl.

Im Inneren der ursprünglichen Zitadelle, einem 1537 von Kempe Gowda erbauten Fort, liegt der Tipu-Sultan-Palast (um 1790). Er besteht überwiegend aus Holz. Der zweistöckige Bau mit schön verzierten Balkonen, Säulen und Bogen ist eine Replik des Daria Daulat Bagh in Srirangapattana *(siehe S. 424)* und diente Tipu Sultan als Sommerresidenz. Er nannte ihn liebevoll Rashk-e-Jannat (»Neid des Himmels«). Obwohl er stark verfallen ist (die Teaksäulen sind original, die Bemalung wurde größtenteils zerstört), herrscht hier immer noch eine faszinierende Atmosphäre. Im Palast ist auch ein Museum untergebracht.

Ab 1831 waren die Verwaltungsbüros der Behörden im Palast untergebracht, bis man diese 1868 nach Attara Kacheri *(siehe S. 420)* verlegte.

Dahlienblüte, Lalbagh

Den **Venkataramanaswamy-Tempel** in der Nähe (frühes 18. Jh.) ließen die Wodeyar-Könige erbauen.

Lalbagh
Lalbagh Rd. (080) 2657 0181. tägl. tägl. 6–9, 18.30–19.30 Uhr frei. Blumenausstellung (Jan und Aug).

Lalbagh, im südlichen Teil der Stadt, gilt als einer der vielfältigsten botanischen Gärten in Südasien. Der 1740 von Haider Ali angelegte Garten erstreckt sich über annähernd 100 Hektar Parkland. Viele der tropischen und subtropischen Pflanzen brachte Haider Alis Sohn Tipu Sultan hierher. Später importierte John Cameron, Gartenverwalter in den 1870er Jahren, weitere seltene Arten aus den Kew Gardens in London. Cameron initiierte auch die Arbeiten an dem berühmten Gewächshaus von Lalbagh, das dem Londoner Crystal Palace nachempfunden war und in dem Gartenausstellungen veranstaltet werden sollten. Das Glass House ist von *Champaka*-Bäumen und Zedern umgeben und hatte schon viele berühmte Gäste. Eine Ausstellung findet auch heute noch zweimal im Jahr statt.

Am Parkeingang steht eine Reiterstatue von Chamaraja Wodeyar aus Mysore. Eine Blumenuhr zeigt Schneewittchen und die sieben Zwerge. Sie ist ein Geschenk der führenden indischen Uhrenfabrik Hindustan Machine Tools.

Gavi-Gangadhareshvara-Tempel
Westlich von Lalbagh. tägl. *Makar Sankranti (Jan).*

Einer der ältesten Tempel von Bengaluru wurde im 16. Jahrhundert im Inneren einer natürlichen Höhle in Gavipuram von Kempe Gowda errichtet. Einer Legende zufolge soll dies aus Dankbarkeit dafür geschehen sein, dass Gowda nach fünf Jahren Gefangenschaft durch Rama Raya freigelassen wurde.

Zu den Highlights zählen die Granitsäulen, auf denen riesige Scheiben – die Symbole von Sonne und Mond –, ein Nandi und ein Dreizack ruhen. Gläubige kommen hier an Makar Sankranti zusammen, um zu erleben, wie die letzten Sonnenstrahlen durch die Hörner Nandis direkt auf das Linga im Inneren der Höhle fallen.

Das riesige Gewächshaus in Lalbagh (19. Jh.) mit seinem kunstvollen gusseisernen Gerüst

Hotels und Restaurants in Karnataka *siehe Seiten 589f und 616f*

Tierreservate in Karnataka

Das Nilgiri Biosphere Reserve mit seinen sechs ineinander übergehenden Tierreservaten erstreckt sich über die Bundesstaaten Karnataka, Kerala und Tamil Nadu. Es wurde geschaffen, um die außergewöhnliche Vielfalt der letzten noch existierenden tropischen immergrünen und Laub abwerfenden Wälder der Westghats zu schützen, und schließt das Gebiet mit ein, das der berüchtigte Sandelholzschmuggler Veerapan kontrolliert. Das Reservat bildet zusammen mit dem angrenzenden Mudumalai Sanctuary *(siehe S. 492)* einen der wichtigsten Zugwege indischer Elefanten und Wildrinder. Die Parks liegen in praktischer Nähe zu den großen Städten Bengaluru *(siehe S. 420f)* und Mysore *(siehe S. 426f)*.

Reiher

Das Ranganthittoo Bird Sanctuary erstreckt sich über 675 Quadratkilometer Inseln inmitten des Flusses Kaveri. Er zieht in der Brutzeit, insbesondere zwischen Juni und November, zahlreiche Wasservögel an.

Bandipur *wurde 1931 vom damaligen Maharaja von Mysore zum Tierreservat erklärt. Hier leben viele chausinghas (Vierhornantilope), zudem ist Bandipur (875 Quadratkilometer) ein Project Tiger Reserve (siehe S. 245).*

Das BRT Wildlife Sanctuary, *östlich des Nilgiri Biosphere Reserve, bildet einen Korridor zwischen den West- und Ostghats. Auf den 540 Quadratkilometern sind zahlreiche Vogelarten heimisch, darunter auch Störche.*

Das Nagarhole Wildlife Sanctuary *mit seinen Flüssen und Sümpfen ist das ganze Jahr über grün. In dem 645 Quadratkilometer großen Park (1983) mit Laub abwerfenden Bäumen leben u. a. indische Hutaffen.*

Das Kabini Reservoir trennt Bandipur von Nagarhole. Von hier aus hat man eine sagenhafte Aussicht. An der schönen Kabini River Lodge *(siehe S. 590)* kann man viele Tiere sehen.

LEGENDE

Tierreservate

Gläubige versammeln sich vor dem Vaidyeshvara-Tempel in Talakad

Talakad ❷

Distrikt Mysore. 45 km südöstlich von Mysore. 🚌 📷 *Panchalinga Darshana (alle zwölf Jahre).*

Die alte Stadt Talakad liegt am Nordufer des Flusses Kaveri und ist teilweise unter Wanderdünen begraben. Vom 5. bis zum 10. Jahrhundert war Talakad Hauptstadt der Ganga-Dynastie *(siehe S. 429)*, doch nur zwei bescheidene Tempel aus dieser Zeit haben überlebt. Größter Bau ist der Shiva geweihte **Vaidyeshvara-Tempel** (12. Jh.). In der Nähe befindet sich der etwas einfacher gestaltete Kirti-Narayana-Tempel, dessen drei Meter hohes Vishnu-Bild heute noch verehrt wird. Zu den Attraktionen gehört auch das Panchalinga-Darshana-Festival, das alle zwölf Jahre gefeiert wird.

Somnathpur ❸

Distrikt Mysore. 36 km östlich von Mysore. 🚌

Bekanntestes Bauwerk des versteckten kleinen Dorfes ist der **Keshava-Tempel**, ein wahres Juwel der Hoysala-Architektur. Er wurde 1268 von Somnatha, einem General des Königs Narasimha III., erbaut. Sein Entwurf wird dem gefeierten Bildhauer und Architekten Janakacharya zugeschrieben. Zugang zum Tempel hat man von Osten aus, durch ein Tor mit offenem Portikus, wo an einer Tafel die großzügigen Spenden Somnathas verzeichnet sind. Im Gegensatz zu den Hoysala-Tempeln von Halebid und Belur *(siehe S. 430)* ist dieser mit seinen Türmen gut erhalten. Eine Säulenhalle öffnet sich zu drei sternförmigen Schreinen, die ebenso wie die Halle auf einer soliden Plinthe stehen. Die Keller der Räume sind reich mit Schnitzereien in animalischen und floralen Mustern verziert, an den Wänden oben sind Götterbilder unter Blätterbaldachinen zu sehen. Sehenswert sind auch die wunderschönen Säulen und kunstvollen Decken mit Blüten und Girlanden. In den drei Heiligtümern stehen voll ausgestattete, lebensgroße Bilder von Krishna, der Flöte spielt (Süden), und Janardana, einer Inkarnation Vishnus (Norden). Das Krishna-Bild im Westschrein ist eine moderne Kopie des Originals.

In Somnathpur befinden sich auch die Ruinen des **Panchalinga-Tempels**, der 1268 als Denkmal für die Familie Somnathas entstand.

Keshava-Tempel
🕐 tägl. 📷

Insignien auf einem Pferdewagen, Srirangapattana

Srirangapattana ❹

Distrikt Mandya. 16 km nördlich von Mysore. 📞 (08232) 238 377. 🚆 ab Mysore. 🚌 ab Mysore; Autos und Räder erhältlich.

Bei den Briten ist die Inselfestung im Fluss Kaveri als Seringapatam bekannt. Sie steht an der historisch bedeutenden Stätte der Schlachten zwischen den Briten und Tipu Sultan, dem »Tiger von Mysore«. Die Briten nahmen die Zitadelle 1799 ein, töteten Tipu und festigten ihre Macht in Südindien. Keiner der Bauten im Inneren des Forts hat überlebt, außer den Brücken über die beiden Flussarme des Kaveri, von denen aus man die Ghats und die Wehrmauern sehen kann.

Im Osten und Süden sind die von französischen Ingenieuren erbauten polygonalen Bastionen und Wehrtürme von einem Wassergraben umgeben. Mysore Gate und Elephant Gate im Süden werden von Wachräumen flankiert. Das Sultan Battery, das Verlies, in dem Tipu britische Gefangene festhielt, befindet sich im Norden in der Nähe des Water Gate, wo Tipu getötet wurde.

Die Insel ist nach dem **Sri-Ranganatha-Tempel** benannt. Der große Komplex wurde im 19. Jahrhundert umfassend renoviert. Im innersten Heiligtum befindet sich

Darstellungen hinduistischer Gottheiten im Keshava-Tempel

Hotels und Restaurants in Karnataka *siehe Seiten 589f und 616f*

KARNATAKA

Fresko der Schlacht um Daria Daulat Bagh, Srirangapattana

ein Bild des liegenden Vishnu. Man betritt den Tempel durch Säulenhallen und einen offenen Innenhof mit vergoldeter Lampensäule.

Am östlichen Ende des Forts steht die **Jami Masjid**, die Tipu 1784 errichten ließ. Sie ist mit einer erhöhten Gebetskammer, flankiert von schlanken Minaretten, gestaltet.

Tipus Sommerpalast **Daria Daulat Bagh** (1787) steht inmitten eines zauberhaften Gartens am Fluss, etwas südlich vom Fort. Jede Seite ist mit drei Bogenöffnungen verziert, den Palast umgibt eine Säulenveranda. Im Osten und Westen der Veranda zieren im Jahr 1855 restaurierte Fresken die Wände. Eine der Schlachtszenen stellt Haider Alis Sieg über die Briten bei Pollilur (1780) dar, auf der Ostwand sind höfische Szenen abgebildet. Die Holzarbeiten und die eleganten floralen Bemalungen lassen Moguleinfluss vermuten. Im Palast ist heute ein Museum mit Gemälden, Karten und Andenken an Tipu. Weiter südlich, hinter der Church of the Abbé Dubois (in der der französische Jesuit und Autor 1799–1823 lebte) und dem British Cemetery, befinden sich die Gräber von Haider Ali und Tipu Sultan. Die Wände in den Grabkammern sind mit Tigerstreifenmotiven (*bubri*) geschmückt.

Schrein in Srirangapattana

Die Türen aus Ebenholz und Elfenbein sind ein Geschenk des Vizekönigs Lord Dalhousie (1855). Der *sangam* (Zusammenfluss) der beiden Arme des Kaveri liegt weiter südlich.

🏛 **Daria Daulat Bagh Museum**
📞 (08326) 252 045. 🕒 tägl.

Feste in Karnataka

Banashankari Temple Fair *(Jan/Feb)*, Badami. Das 20-tägige Festival ist eine Mischung aus religiösen Riten und Volksfest. Zur gleichen Zeit findet eine Viehmesse für weiße Rinder statt.

Hoysala Mahotsava *(März)*, Belur und Halebid. Tanz- und Musikfestival vor der atemberaubenden Kulisse der historischen Tempel.

Royal Dasara *(Sep/Okt)*, Mysore. Das großartige zehntägige Festival heißt in Nordindien Dussehra und wird zu Ehren der Göttin Chamundeshvari (Durga) gefeiert, die den Büffeldämon Mahishasura besiegte. Sein Ursprung ist das Mahanavami-Festival *(siehe S. 435)*. Einem königlichen Elefanten mit dem Bild der Göttin folgen Militär- und andere Paraden, während Elefant, Pferd und Waffen wie das Staatsschwert in religiösen Zeremonien geehrt werden. Abends gibt es ein Feuerwerk, Konzerte und Ringkämpfe. Ein Abkömmling der einstigen Herrscherfamilie Wodeyar tritt auf. Der berühmte goldene Thron, der sonst nie zu sehen ist, wird für Rituale verwendet.

Hampi Festival *(Nov)*, Hampi. Berühmte Tänzer und Musiker aus allen Teilen des Landes nehmen an diesem bunten Ereignis teil.

Tipu Sultan – der »Tiger von Mysore«

Porträt Tipu Sultans (1750–1799)

Tipu Sultan aus Mysore war ein außergewöhnlicher Herrscher: ein kluger Diplomat, ein fähiger Soldat, ein ausgezeichneter Gelehrter und ein anerkannter Dichter. Seine Fähigkeiten als Heerführer und Organisationstalent wurden durch seinen Traum ergänzt, einen modernen Industriestaat zu schaffen. Er pflegte Kontakte zu Europa und beschäftigte französische Ingenieure. Seine Hauptfeinde waren die Briten, die sich in den ersten beiden Kriegen von Mysore (1767–69 und 1780–84) einen Teil des Territoriums und des Vermögens seines Vaters Haider Ali aneigneten. Tipu führte zwei weitere Kriege, bis Srirangapattana im Mai 1799 an die Briten fiel. Der Herrscher starb im Kampf.

Geschmückter Elefant beim Dasara-Fest, Mysore

Mysore: Amba-Vilas-Palast

In dem großartigen Palast finden sich exquisite Schätze wie etwa Holzschnitzereien und Kunstwerke aus der ganzen Welt. Der Palast wurde von den Wodeyar-Herrschern erbaut. Den Hauptblock des indo-sarazenischen Gebäudes mit seinen Kuppeln, Türmen, Bogen und Kolonnaden entwarf Henry Irving 1898. Der Palast ersetzt einen älteren, durch einen Brand zerstörten Bau. An den Wochenenden und bei Festen wird das strenge äußere durch Tausende von Lampen erhellt.

Öffentlicher Durbar-Saal
Der reich mit Gold und Türkisen verzierte Saal im zweiten Stock verströmt königlichen Glanz. Gemälde an der hinteren Wand zeigen die Göttin Durga in ihren unterschiedlichen Formen.

Amba-Vilas-Saal
Die Private Durbar Hall ist kleiner, aber genauso reich verziert. Die Decke besteht aus buntem Glas aus Glasgow. Der mittlere Teil wird von gusseisernen Säulen und Bogen gestützt.

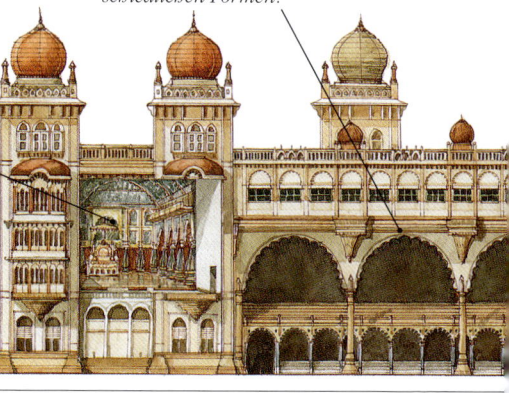

Mysore ❺

Distrikt Mysore. 140 km südwestlich von Bengaluru. 🚶 2 641 000. ✈ 10 km südlich des Stadtzentrums. 🚉🚌 ℹ KSTDC Transport Wing, Hotel Mayura Yatri Niwas, 2, Jhansi Laxmi Bai Rd, (0821) 242 3652. 🎉 Vairamudi Festival (März/Apr), Feast of St Philomena (Aug), Royal Dasara (Sep/Okt).

Mysore liegt inmitten fruchtbarer Felder und bewaldeter Hügel und war die Hauptstadt der Wodeyar-Herrscher, den Gouverneuren des südlichen Karnataka unter den Vijayanagar-Königen. Die Dynastie war zwischen 1399 und Indiens Unabhängigkeit fast ununterbrochen an der Macht. Nur der muslimische Kriegsherr Haider Ali und sein Sohn Tipu Sultan unterbrachen die Linie im 18. Jahrhundert für 38 Jahre (siehe S. 425). Das moderne Mysore ist eine Kreation Tipu Sultans, der die Altstadt 1793 einebnen und die jetzige Stadt erbauen ließ. Heute ist Mysore Sitz der größten Universität in Karnataka. Die Stadt ist auch berühmt für ihre Elfenbeinarbeiten, Seidenwebereien und Sandelholzschnitzereien.

Sieben elegante öffentliche Gebäude der Wodeyars säumen die breiten, baumbestandenen Straßen. Im Herzen der Stadt liegt der **Amba-Vilas-Palast**, westlich davon der **Jaganmohan-Palast**, der 1861 anlässlich der Krönungszeremonie für Krishnaraja III. erbaut wurde. Er verdeckt teilweise einen neoklassizistischen Bau, in dem heute die **Chamarajendra Art Gallery** mit einer interessanten Sammlung an antiken Möbeln, Musikinstrumenten, Keramiken und Elfenbeinschnitzereien untergebracht ist. Im oberen Stock hängen großartige Gemälde von Raja Ravi Varma (1848–1906), dem berühmten, aus Kerala stammenden Künstler.

Ein kauernder Nandi auf dem Chamundi Hill

Hotels und Restaurants in Karnataka *siehe Seiten 589f und 616f*

MYSORE: AMBA-VILAS-PALAST

Blick auf den Amba-Vilas-Palast in Mysore

INFOBOX
Ramvilas Rd. (0821) 242 2620. tägl. 10–17.30 Uhr.
Royal Dasara (Sep/Okt).

Goldener Thron
Ursprünglich aus Feigenholz und Elfenbein gefertigt, wurde der juwelenbesetzte Thron später vergoldet und versilbert. Heute wird er nur noch beim Dasara-Fest benutzt.

Empore zum Verfolgen der jährlichen Dasara-Prozession (siehe S. 425).

In der Nähe der Nordwestecke des Amba-Vilas-Palasts befindet sich der **Krishnaraja Circle** mit einer Statue von Krishnaraja Wodeyar in einem Pavillon. Die von dort abgehende **Sayyaji Rao Road** ist die Haupteinkaufsstraße der Stadt. Das nahe gelegene Government House war ab 1805 britische Residenz. Die neogotische **Cathedral of St Philomena** (1959) ist mit Buntglasfenstern ausgestattet.

Im Westen der Stadt befindet sich das neoklassizistische **Manasa Gangotri**, der Campus der Mysore University. Das **Oriental Research Institute** beherbergt wertvolle Sanskrit-Manuskripte, das **Folklore Museum** wichtige ethnografische Stücke wie Spielzeug aus Südindien, Puppen, Haushaltsgegenstände und Holzwagen. Auf dem Weg zum **Chamundi Hill**, acht Kilometer südöstlich von Mysore, steht der **Lalitha-Mahal-Palast** (1930), in dem heute ein Hotel untergebracht ist. Etwa auf halber Strecke erhebt sich ein 7,5 Meter langer und fünf Meter hoher Nandi-Monolith (1659). Der reich verzierte Stier wird kauernd dargestellt. Den **Chamundeshvari-Tempel** auf dem Gipfel des Hügels ließen die Wodeyars im 17. Jahrhundert erbauen. Er wurde später restauriert. In diesem Tempel befindet sich ein sehr schönes Bild von Chamundeshvari, der Familiengottheit der Wodeyar-Könige.

Umgebung: Die malerischen **Brindavan Gardens** liegen 16 Kilometer nördlich von Mysore. Der beliebte Picknickplatz wurde unterhalb des Krishnarajasagar-Damms von Krishnaraja Wodeyar angelegt. Die zahlreichen Brunnen werden bei Dunkelheit vielfarbig angestrahlt – ein bezaubernder Anblick.

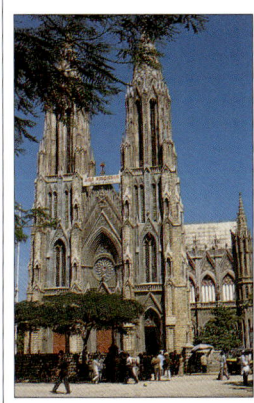

Cathedral of St Philomena

Kaffeeplantage in Madikeri

Kodagu ❻

Distrikt Kodagu. 120 km südlich von Mysore. 🚉 ℹ️ *Department of Tourism, Madikeri, (08272) 228 580.*
🎭 *Keil Poldu (Juni–Sep), Cauvery Shankaramana (Okt), Huthri Huthri (Nov).*

Der Distrikt Kodagu (oder Coorg) liegt malerisch inmitten der bewaldeten Berge der Westghats und war bis zu seiner Angliederung an Karnataka 1956 ein unabhängiger Staat. **Madikeri**, die bezaubernde Distrikthauptstadt, befindet sich in 1500 Metern Höhe und ist von hügeligen Kaffee- und Orangenplantagen umgeben. Von der Stadt aus kann man Kodagu ausgezeichnet erkunden.

Madikeri (oder Mercara) war einst Hauptstadt der hinduistischen Lingayat-Könige, die ab 1600 über 200 Jahre lang herrschten, abgesehen von einer kurzen Zeit, in der Tipu Sultan die Macht ergriff. Das **Fort** im Herzen der Stadt ließ der dritte Lingayat-König 1812 errichten. Innerhalb seiner Mauern stehen der einfache Palast der Lingayat, ein Tempel, eine Kirche, ein Museum und ein Gefängnis.

Der berühmte **Omkareshvara-Shiva-Tempel** östlich des Forts wurde von Linga Raja II. 1820 erbaut. Er ist Vishnu und Shiva geweiht. Der Komplex besteht aus Steinbauten im indo-sarazenischen Stil in Innenhöfen, die von Veranden mit Säulen umgeben sind. Zu den weiteren sehenswerten Denkmälern in Madikeri gehören auch die **Royal Tombs** des Raja Dodda Vira, seiner Frau und seines Sohnes Linga Raja II. Merkwürdigerweise sind sie mit ihren Zwiebelkuppeln, den Minaretten und den Zäunen eindeutig islamisch beeinflusst.

In Kodagu ist es das ganze Jahr über angenehm kühl, nach schweren Monsunregengüssen sind die Hügel am dichtesten bewachsen. Der Spaziergang zu den **Abbey Falls**, acht Kilometer von Madikeri entfernt, ist sehr beliebt und führt die Wanderer durch Wälder und Kaffeeplantagen. Für Letztere ist Kodagu berühmt, die ersten wurden um die Mitte des 19. Jahrhunderts von den Briten angelegt. Nach der Unabhängigkeit kauften die Kodavas ihr Land zurück, obwohl einige Plantagen noch heute ihren britischen Namen tragen. In Kodagu wird ausgesprochen milder Kaffee produziert. Der Distrikt ist der reichste von Karnataka, er exportiert sehr viel Kaffee. Die Kaffeesträucher wachsen im langen Schatten der großen Eichen und Rosenholzbäume, auf Mischplantagen finden sich neben Kaffee auch Orangen, Pfeffer und Kardamom.

Das Waldgebiet **Nisargadhama**, 27 Kilometer von Madikeri entfernt, liegt auf einer Flussinsel des Kaveri. In den Bambushütten kann man sehr gut Tiere beobachten.

Der **Talakaveri**, die Quelle des Kaveri, entspringt 45 Kilometer südwestlich von Madikeri in 1276 Meter Höhe. Er ist einer der sieben heiligen Flüsse Indiens (siehe S. 490), an seiner Quelle steht ein kleiner Schrein. In der Nähe von **Bhagamandala**, 36 Kilometer südwestlich von Madikeri, münden der Kanike und der Sujoythi in den Kaveri. Auch hier stehen mehrere Tempel, darunter auch der auffällige, im Kerala-Stil (siehe S. 21) erbaute Bhandeshvara-Tempel.

Der Talakaveri-Schrein ist von großer religiöser Bedeutung

Die Kodavas

Die Einwohner von Kodagu, die sogenannten Kodavas, bilden eine ethnische Gruppe mit eigener Sprache (Coorgi). Sie sind stolz auf ihre kriegerische Vergangenheit. Einige Generäle der Armee stammen aus dieser Volksgruppe. Die Kodavas wohnen zwar nicht mehr in den riesigen, vierflügeligen Häusern namens *ain mane*, doch zu den begeistert gefeierten traditionellen Festen kommen sie immer noch zusammen. Coorgi-Hochzeiten sind einmalig: Es gibt keine Priester, diese Aufgabe erfüllen die Gemeindeältesten. Die Männer tragen ihre traditionellen *kupyas*, lange schwarze Mäntel mit einem Gürtel in Gold und Rot, die Frauen Saris im Coorgi-Stil und hinten geflochtene Zöpfe. Zur Küche der Kodavas gehört auch ein würziges Schweine-Curry mit Reisklößen.

Kodava-Paar in traditioneller Kleidung

Hotels und Restaurants in Karnataka siehe Seiten 589f und 616f

Melkote ❼

Distrikt Mandya. 54 km nördlich von Mysore. 🛈 *Tourist Office, (08232) 238 377.* 🚌 🎭 *Vairamudi (März/Apr).*

Die idyllische Hügelstadt mit Tempeln und Klöstern ist Hauptwallfahrtsort der Anhänger Vishnus und auch mit Ramanuja verbunden. Der berühmte Hindu-Philosoph und soziale Reformator starb 1137. Ramanuja wird zusammen mit Vishnu im **Narayana-Tempel** im südlichen Teil der Stadt verehrt. Südlich des Tempels steht der *gopura*, auf einem Hügel im Nordosten der Stadt steht der kleine **Narasimha-Tempel** gegenüber dem großen Kalyani-Becken.

Der Alltag in Melkote dreht sich immer noch um Tempelrituale. In seinen vielen Institutionen lebt die Tradition religiöser Gelehrsamkeit fort, die mit Ramanuja begann. Berühmteste Einrichtung dieser Art ist die Academy of Sanskrit Research.

Der Narasimha-Tempel gegenüber dem Kalyani-Becken in Melkote

Sravana Belgola ❽

Distrikt Hassan. 140 km nordwestlich von Bengaluru. 🚌 🛈 *Tourist Office, (08176) 257 254.* 🎭 *Mahamastakabhisheka (alle zwölf Jahre, zuletzt 2006).*

Die kleine Stadt zwischen den beiden Granithügeln Indragiri und Chandragiri ist die bedeutendste Jain-Stätte in Südindien. Sie wird von der kolossalen, fast 18 Meter hohen, aus einem Stein geschaffenen **Gommateshvara-Statue** beherrscht, die auch als Bahubali, Sohn der ersten Jain-*tirthankara*, bekannt ist. Auf dem Gipfel des 143 Meter hohen Indragiri Hill im Süden

Kopfsalbungszeremonie in Sravana Belgola

steht die Statue des unbekleideten Retters, stur geradeaus blickend, auf einem Ameisenhügel. Seine Beine und Arme sind von Schlingpflanzen umwunden und zeugen davon, wie lange er bereits in Meditation versunken ist. Eine Inschrift an der Basis verzeichnet das Datum der Weihe (981), die Chamundaraya, der mächtige Berater des Ganga-Königs Rajamalla IV., vorgenommen hat.

In der Stadt unterhalb des Hügels gibt es ein großes heiliges Becken sowie einige Jain-Tempel *(bastis)*. Besonders interessant ist der *matha* in der Nähe der Stufen, die zum Indragiri Hill hinaufführen. An den Wänden in seinem Innenhof sind Fresken aus dem 18. Jahrhundert zu sehen, die Parsvanatha, die 23. *tirthankara*, und Szenen des örtlichen Jahrmarkts darstellen. In dem Heiligtum neben dem Hof stehen wunderschöne Jain-Bronzen.

Auf dem Chandragiri Hill im Norden der Stadt befinden sich weitere *bastis* der Ganga-Könige und ihrer Berater aus dem 10. bis 12. Jahrhundert. Im von Chamundaraya beauftragten **Neminatha Basti** wird ein Bild Neminathas (22. *tirthankara*) aufbewahrt. Der **Chandragupta Basti** nebenan weist perforierte Steinwände geschnitzte Miniaturtafeln mit Szenen aus dem Leben Bahubalis und seines königlichen Schülers Chandragupta auf. Eine fünf Meter hohe Parsvanatha-Skulptur (23. *tirthankara*) wird in einem weiteren *basti* in der Nähe verehrt.

Alle zwölf Jahre wird das wichtigste Fest der Jains, das spektakuläre Mahamastakabhisheka (Kopfsalbungszeremonie) hier abgehalten. Es findet im Andenken an die Weihung des Bahubali-Monolithen statt und zieht Tausende von Mönchen, Priestern und Pilgern an. Hinter der Statue wird ein Gerüst aufgebaut, damit der Priester das rituelle Bad mit Milch, Wasser aus den heiligen Flüssen, Ghee, Safran, Sandelholzpaste, Zinnober und Blütenblättern vornehmen kann. Bei der Zeremonie 1993 überschüttete ein Hubschrauber zur Freude der Anwesenden die Statue mit 20 Kilogramm Blattgold, 200 Liter Milch, Ringelblumen und Juwelen.

Umgebung: Das Dorf **Kambadahalli**, 15 Kilometer östlich von Sravana Belgola, ist ebenfalls eine Jain-Siedlung. Der Panchakuta Basti aus dem 10. Jahrhundert beherbergt drei *tirthankaras* in drei verschiedenen Schreinen.

Blick auf den Chandragiri Hill oberhalb von Sravana Belgola

Nandi-Pavillon mit Säulen, Hoysaleshvara-Tempel, Halebid

Halebid ❾

Distrikt Hassan. 210 km westlich von Bengaluru. Hassan, 34 km südlich des Stadtzentrums, dann mit Bus oder Taxi. Räder zu mieten. Tourist Office, (08177) 273 224.

Die abgeschiedene Tempelstätte liegt inmitten einer fruchtbaren, landwirtschaftlich genutzten und von Hügeln umgebenen Landschaft. Im 12. und 13. Jahrhundert war sie die Hauptstadt der Hoysalas. Der Palast muss erst noch ausgegraben werden, die Stadtbefestigungen sind noch sichtbar. Außerhalb dieser, im Osten, liegt das riesige heilige Becken Dorasamudra, das den ursprünglichen Namen der Stadt trägt.

Hauptattraktion heute ist der **Hoysaleshvara-Tempel**, den König Vishnuvardhana 1121 begann, aber nie vollendete. Der Bau umfasst zwei identische Tempel, jeder mit nach Osten ausgerichtetem Linga-Heiligtum, das sich zu einem Saal und einer Veranda öffnet. Vor jedem Tempel steht außerdem ein Pavillon mit einer riesigen Nandi-Statue, der Stier ist das Gefährt Shivas. Die beiden Säle sind miteinander verbunden, und so bilden die Tempel ein einziges Monument. Die Mauern zieren Friese mit naturalistischen und Fantasietieren sowie mit Szenen aus *Ramayana* und *Mahabharata (siehe S. 26f)*. Zu den schönsten Tafeln zählen die, die den tanzenden Shiva zeigen – auf der Haut des getöteten Elefantendämons –, die des Flöte spielenden Krishna und die von Krishna mit dem Berg Govardhan an der Südfassade des südlichen Heiligtums. An der Nordfassade des nördlichen Heiligtums befinden sich ein wunderschöner Nataraja (Shiva als Gott des Tanzes) und eine Tafel, auf der der vielarmige und vielköpfige Ravana auf dem Weg zu Shiva und Parvati dargestellt ist. An der Plinthe, auf der der Tempel steht, ist die dreidimensionale Komposition eines Kriegers angebracht, der ein löwenartiges Tier mit riesigem Kopf tötet. Er gilt als dynastisches Symbol der kriegerischen Hoysala-Herrscher. Der Garten vor dem Tempel fungiert als **Archäologisches Museum**. Auf einer der ausgestellten Tafeln ist Ganesha dargestellt. Etwas weiter südlich des Komplexes befindet sich eine Gruppe von Jain-*bastis* aus dem 12. Jahrhundert.

Großartiger kauernder Nandi, Halebid

🏛 Archäologisches Museum
📞 (08177) 273 227. 🕙 Sa–Do 8–17 Uhr. www.asi.nic.in

Belur ❿

Distrikt Hassan. 17 km südwestlich von Halebid. Hassan, 34 km südöstlich des Stadtzentrums, dann mit Bus oder Taxi. Tourist Office, (08177) 222 209.

Der 1117 erbaute **Chennakeshava-Tempel** von Belur ist ein wahres Juwel südindischer Architektur. Vishnuvardhan errichtete ihn im Andenken an den Sieg der Hoysalas über die Cholas *(siehe S. 46f)*. Am Ende der Hauptstraße der Stadt steht ein *gopura* mit Türmen, den die Könige von Vijayanagar *(siehe S. 434)* im 16. Jahrhundert bauten und der als Tempeleingang dient. Der Innenhof ist von Schreinen und Kolonnaden umgeben. In der Mitte öffnet sich der sternförmige Haupttempel zu einer Säulenhalle mit Veranda.

Der ganze Bau ist mit Schnitzereien bedeckt, die Türstürze weisen Blattornamente und Seeungeheuer (*makaras*) mit offenen Mäulern und geschuppten Schwänzen auf. Das Gitterwerk aus Stein, durch das Licht auf die Veranda fällt, ruht auf Friesen mit Elefanten, Lotusstängeln, Girlanden und Liebespaaren. Stützen in Form von Tänzerinnen, Musikerinnen und Jägerinnen tragen das Gebälk. Auf vielen ist die Signatur der Künstler zu sehen, die unter den Hoysalas einen besonderen Status beanspruchten. Im Tempelinneren sind noch schönere Stützfiguren zu sehen. Votivfiguren sind nicht erhalten, doch der Eingang wird auf beiden Seiten von Wächterfiguren flankiert.

Chennakeshava-Tempel
📞 (08177) 222 218. 🕙 tägl. für Nicht-Hindus.

Der Chennakeshava-Tempel von Belur liegt in einem großen Innenhof

Hotels und Restaurants in Karnataka *siehe Seiten 589f und 616f*

KARNATAKA

Dächer mit Terrakotta-Ziegeln, Mangalore

Mangalore ⓫

South Kanara. 360 km westlich von Bengaluru. 400 000. 20 km nördlich des Stadtzentrums, dann mit Taxi oder Bus. *Karnataka Tourism, Hotel Indraprastha, Light House Hill Road, (0824) 244 2926.*

Die blühende Hafenstadt an der Mündung der Flüsse Netavati und Gurpur ist die größte Stadt in Dakshina (South) Kanara. Der Küstendistrikt ist berühmt für Kaffee, Cashewkerne und Pfefferplantagen. Die reichen Ernten ziehen schon seit Jahrhunderten Händler an: Im 13. und 14. Jahrhundert kamen arabische Kaufleute, später gefolgt von Portugiesen und Briten.

Heute bietet Mangalore ein Panorama aus Häusern mit Terrakotta-Dächern, weiß getünchten Kirchen, Tempeln und Moscheen, die zwischen den Kokospalmenhainen versteckt liegen. Zu den historischen Monumenten gehört der alte Wachturm **Sultan's Battery**, der 1763 von Haider Ali von Mysore *(siehe S. 426)* erbaut wurde.

Zu den Kirchen aus dem 19. Jahrhundert zählen die Church of the Most Holy Rosary und das Jesuitenkolleg St Aloysius. Am Fuß des Kadiri Hill, drei Kilometer nördlich der Stadt, liegt der **Manjunath-Tempel** (17. Jh.) mit Buddha-Darstellungen aus Bronze, die aus dem 10. bis 11. Jahrhundert stammen und die Veranda zieren.

Umgebung: Der hübsche Strandort **Ullal** liegt zwölf Kilometer südlich der Stadt. Des Weiteren wird die Gegend um Mangalore von zahlreichen Jain-Tempeln und Klöstern gesäumt. Am schönsten ist Chandranatha Basti (15. Jh.) in **Mudabidri**, 35 Kilometer in nordwestlicher Richtung. Auf einem Hügel bei **Karkala**, 18 Kilometer weiter nördlich, steht der 13 Meter hohe Gommateshvara-Monolith (1432), eine offensichtliche Imitation des größeren und früheren in Sravana Belgola *(siehe S. 429)*. Der völlig symmetrische Chaturmukha Basti (16. Jh.) beherbergt in seiner Hauptkammer zwölf *tirthankaras*. Der Pilgerort **Dharmasthala**, 75 Kilometer in östlicher Richtung, ist für seinen Shiva-Tempel bekannt. Die Gommateshvara-Statue stiftete 1973 eine einflussreiche ortsansässige Familie.

Udipi ⓬

Distrikt Udipi. 58 km nördlich von Mangalore. 113 000. *Tourist Office, Krishna Building, Car Street, (0820) 252 9718.* Pargaya (Jan), Chariot Festival (Aug).

Alle Straßen von Udipi führen zu dem großen, offenen Platz im Stadtzentrum, auf dem der **Krishna-Tempel** steht. Hier finden alle spirituellen und wirtschaftlichen Aktivitäten statt. Der berühmte Vaishnava-Lehrer Madhava (13. Jh.) soll den Tempel gegründet haben, indem er ein Bild Krishnas aufstellte, das er aus einem Schiffswrack gerettet hatte. Vor dem Tempel stehen Festwagen aus Bambus mit kuppelartigen Türmen und bunten Stoffdächern. Hinter dem Eingangstor des Tempels baden die Pilger in einem Becken, bevor sie das innere Heiligtum betreten. Um den Platz finden sich weitere Tempel sowie die acht *mathas*, die mit dem Krishna-Tempel verbunden sind und im Kanara-Stil mit Holzveranden und abfallenden Dächern erbaut wurden.

Udipi war auch Namensgeber der preiswerten Restaurants, die hier gegründet wurden. Die Speisekarte besteht überwiegend aus traditionellen südindischen vegetarischen Gerichten wie *masala dosa* und *idli*. Die Restaurants sind bei Einheimischen sehr beliebt und schießen mittlerweile wie Pilze in ganz Indien aus dem Boden.

Umgebung: Rund fünf Kilometer westlich von Udipi kann man am **Malpe Beach** Fischerboote für Ausflüge mieten. Das Industrie- und Bildungszentrum **Manipal** liegt vier Kilometer weiter östlich. In dem jetzigen Museum **House of Vijayanath Shennoy** in Manipal gibt es eine schöne Sammlung an Alltagsgegenständen zu sehen.

🏛 **House of Vijayanath Shennoy**
◯ *Mo–Sa.*

Priester bei Ritualen während des Chariot Festival in Udipi

Devotionalienhändler in Barkur

Barkur ⓭

Distrikt Udipi. 70 km nördlich von Mangalore. 🚉 🚌 *Navaratri (Sep/Okt).*

Die Küstenstadt Barkur war im 15. und 16. Jahrhundert ein blühender Hafen – bis der Fluss verschlammte. Heute sind die vielen Tempel mit ihren typischen abfallenden Terrakotta-Dächern die Hauptattraktion der Stadt. Der größte ist der **Panchalingeshvara-Tempel** im Süden. Vor dem Beten an den nach Osten ausgerichteten Linga-Schreinen versammeln sich die Gläubigen am heiligen Becken, um ein rituelles Bad zu nehmen. Zu den weiteren Tempeln gehören ein Shiva und Ganesha geweihter, der kleinere Someshvara- und der Somanatheshvara-Tempel.

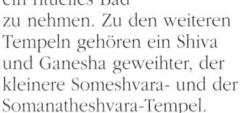

Umgebung: Das kleine Dorf **Mekkekattu**, acht Kilometer nördlich von Barkur, rühmt sich eines Schreins mit bemalten *Bhuta*-Figuren (einheimische Geister). Die Originale dieser Kopien stehen seit der Renovierung des Schreins in den 1960er Jahren im Crafts Museum in New Delhi *(siehe S. 74f)* und im Folklore Museum in Mysore *(siehe S. 427)*. Im unteren Schrein ist Nandikeshvara, der geflügelte Stier, zu sehen, im oberen seine Gefährtin, flankiert von Dienern. In einer Seitenkammer befinden sich furchterregende Wächtergottheiten.

Bhatkal ⓮

North Kanara. 165 km nördlich von Mangalore. 🚶 *32 000.* 🚉 🚌 *Navaratri (Sep/Okt).*

Bhatkal liegt an einem malerischen Highway an der Küste. Im 16. und 17. Jahrhundert war es eine wichtige Hafenstadt. Seine vielen schönen Jain- und Hindu-Tempel stammen aus dieser Blütezeit des Handels. An der Hauptstraße finden sich der Chandranatheshvara- und der Parsvanatha-*basti*. Zwei Kilometer östlich steht auf der anderen Seite des Highway der **Khetapai-Narayan-Tempel** aus dem Jahr 1540. Das Hauptheiligtum und der Gebetssaal werden von Wänden aus Stein abgeschirmt, die wie Holz aussehen. Wunderschön geschnitzte Wächterfiguren stehen am Eingang.

Detail einer Steintafel, Bhatkal

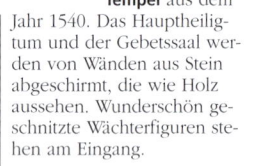

Umgebung: In den Wäldern um **Kollur**, 35 Kilometer südöstlich von Bhatkal, erhebt sich ein der Göttin Mukambika geweihter Schrein – der beliebteste Wallfahrtsort der Gegend.

In den **Jog Falls**, den höchsten Wasserfällen des Landes, 60 Kilometer nordöstlich von Bhatkal, stürzt der Sharavati in die Tiefe. Zerklüftete Felsen umgeben die Szenerie.

Gokarna ⓯

North Kanara. 200 km nördlich von Mangalore. 🚉 🛈 *Tourist Office, Main Rd, Karwar, (08382) 221 172.* 🎉 *Shivratri (Feb/März).*

Der beliebte Ferienort Gokarna liegt spektakulär an der Küste des Arabischen Meeres. Die zauberhafte Stadt verfügt über zwei Hauptstraßen, traditionelle Steinhäuser mit Ziegeldächern und ein bedeutendes Sanskrit-Forschungszentrum.

Der antike **Mahabaleshvara-Tempel** am westlichen Ende einer Hauptstraße wurde 1714 von den Portugiesen zerstört und später im 18. Jahrhundert wieder aufgebaut. Im Heiligtum steht ein messingummanteltes Stein-Linga auf einer zusammengerollten Steinschlange. In den Boden der vorderen Halle ist eine riesige Schildkröte eingraviert. Shivas Geburtstag (Feb/März) wird hier ganz groß gefeiert: Den Tempelwagen folgt eine Prozession durch die engen Straßen der Stadt, während Priester und Pilger Lobeshymnen auf Shiva intonieren.

Strände um Gokarna

Wunderschöne, beinahe unberührte Sandstrände säumen die Westküste von Gokarna bis zu dem 60 Kilometer nördlich gelegenen Badeort Karwar. Südlich von Gokarna liegen die Strände Half Moon und Paradise, näher an Karwar Binaga und Araga. An den sanft geschwungenen, von Palmen gesäumten Buchten finden sich immer noch kleine Dörfer, in denen sich alles um den Fischfang dreht. Besucher verirren sich selten hierher, es gibt nur wenige Möglichkeiten zum Essen und Übernachten.

Wellen brechen sich an einem Strand in der Nähe von Karwar

Hotels und Restaurants in Karnataka *siehe Seiten 589f und 616f*

Der zweistöckige Vidyashankara-Tempel in Sringeri

Sringeri ⓰

Distrikt Chikmagalur. 80 km nordöstlich von Mangalore. 🚌 🚉
🎉 Navaratri (Sep/Okt).

Die kleine Siedlung Sringeri liegt in den bewaldeten Westghats versteckt und ist heute ein bedeutender Wallfahrtsort sowie ein mächtiges Zentrum des orthodoxen Hinduismus in Südindien. Hier gründete Shankaracharya, der Philosoph und soziale Reformator des 9. Jahrhunderts (siehe S. 530), die erste seiner vier *mathas*. Die anderen befinden sich in Joshimath im Himalaya (siehe S. 161), in Puri (siehe S. 264) und in Dwarka (siehe S. 351). Heute haben seine Anhänger, die sogenannten Shankaracharyas, großen Einfluss in religiösen und politisch-sozialen Fragen. Die *mathas* sind immer noch spirituelle Bildungszentren. Auf einer gepflasterten Terrasse erheben sich zwei Tempel über den Fluss Tunga, in dem sich heilige Fische tummeln. Der kleinere Tempel ist Sharada geweiht, einer Inkarnation der Göttin Saraswati. Er ist der Hauptwallfahrtsort. Daneben steht der **Vidyashankara-Tempel** (16. Jh.), in dem Shankaracharya in Form eines Lingas verehrt wird.

Der Steinbau steht erhöht auf einer großen Plattform, sein Grundriss folgt einem fast gleichmäßig runden, sternförmigen Muster. Friese mit Darstellungen der zahlreichen Gestalten Shivas und Vishnus zieren die gestuften Wände. Die Halle vor dem inneren Heiligtum ist mit massiven Pfeilern in Form von *yalis* (mythischen löwenartigen Tieren) ausgestattet.

Blumenopfer, Tempel von Sringeri

Chitradurga ⓱

Distrikt Chitradurga. 200 km nördlich von Bengaluru. ℹ️ *Kamana Bhavi Extension, 8th Ward Fort Rd,* (08194) 234 466. 🚌 🚉

Als Vorposten des Vijayanagar-Kaiserreichs erlangte die spektakulär am Fuß einer zerklüfteten Bergkette gelegene Stadt Berühmtheit. Im 17. und 18. Jahrhundert machten die Beda sie zu ihrem Hauptsitz, bis Haider Ali (siehe S. 425) sie 1799 einnahm und anschließend die Briten kamen.

Oberhalb der Stadt erhebt sich das **Fort** mit seinen Mauern aus Granit. Über drei Tore gelangt man in das unregelmäßig angelegte Innere, in dem riesige Granitblöcke verstreut liegen. Zu sehen sind auch einige kleinere Tempel und zeremonielle Tore der Beda. Auf den Plattformen und in den Pavillons des Sampige-Siddheshvara-Tempelkomplexes wurden Mitglieder des Herrschergeschlechts gekrönt. In der Nähe stehen die Überreste alter Getreidekammern und Wohnhäuser sowie ein großer runder Brunnen.

Das in einem Wachhäuschen untergebrachte **Government Museum** zeigt Artefakte aus der Umgebung. An der Hauptstraße steht der Ucchalingamma-Tempel (17. Jh.).

🏛 **Fort**
⏰ tägl.

🏛 **Government Museum**
📞 (08194) 22 4 202.
⏰ Di–Sa 9–15 Uhr.

Das Fort von Chitradurga mit seinen Toren und Schreinen in einer Felsenlandschaft

Hampi ⑱

Die UNESCO-Welterbestätte am südlichen Ufer des Tungabhadra zeigt die Ruinen von Vijayanagar (»Siegesstadt«). Hampi war mehr als 200 Jahre lang die Hauptstadt dreier Generationen von Hindu-Herrschern und erreichte seinen Zenit unter Krishnadeva Raya (reg. 1510–29) und Achyuta Raya (reg. 1529–42). Die Stätte umfasst die Sacred und Royal Centres und besticht durch ihre Lage zwischen mächtigen Granitblöcken, die einen natürlichen Schutzwall bilden. Das urbane Herz der Stadt war befestigt und durch ein Tal mit Kanälen und Wasserläufen vom »Heiligen Bezirk« getrennt.

Treppe mit Skulpturen, Mahanavami-Plattform

Königswaage
Hier wurden die Herrscher mit Gold oder Getreide aufgewogen, das man an die Brahmanen verteilte.

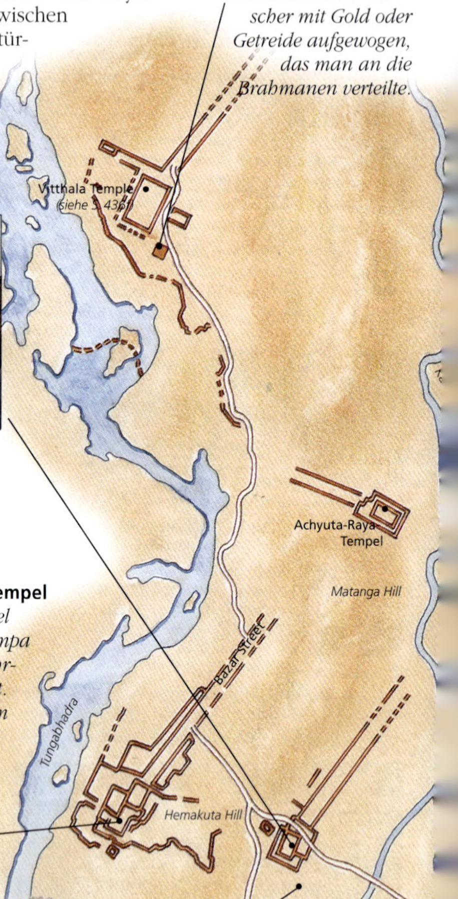

Krishna-Tempel
Krishnadeva Raya ließ diesen Tempel 1513 im Andenken an seinen Sieg über Orissa errichten. Er wird heute nicht mehr als Gebetsstätte genutzt.

★ Virupaksha-Tempel
Der antike Tempel ist der Göttin Pampa und ihrem Gefährten Shiva geweiht. Er wird von einem 53 Meter hohen gopura bekrönt und ist der Hauptgebetsort in Hampi.

★ Narasimha-Monolith
Das Ehrfurcht gebietende Bildnis Vishnus wurde 1528 aus einem einzigen Felsblock gemeißelt. Es zeigt ihn halb als Menschen, halb als Löwen.

NICHT VERSÄUMEN

★ Lotus Mahal

★ Narasimha-Monolith

★ Virupaksha-Tempel

HAMPI 435

Chariot Festival
Die geschäftige Bazar Street ist das Zentrum der Aktivitäten und Veranstaltungsort des bunten Chariot Festival. Auf dem Tempelwagen wird die Hauptgottheit durch die Straßen gefahren.

INFOBOX
Distrikt Bellary. 364 km nordwestlich von Bengaluru. *Hospet, 13 km westlich der Stätte.* Bazar St, (08394) 228 537. **Virupaksha-Tempel** tägl. **Lotus Mahal** mit Vitthala-Tempel. Chariot Festival (Feb), Hampi Festival (Nov). Besucher müssen sich bei der Virupaksha Temple Police Station melden.

Elefantenställe
In dem beeindruckenden Bau mit elf Kammern lebten einst die königlichen Elefanten. Sehenswert sind die polygonalen Dächer und die glatten oder gerippten Kuppeln.

★ Lotus Mahal
Der hinduistisch-islamische Bau hat wahrscheinlich als Gesellschaftsraum für die Damen der königlichen Familie gedient.

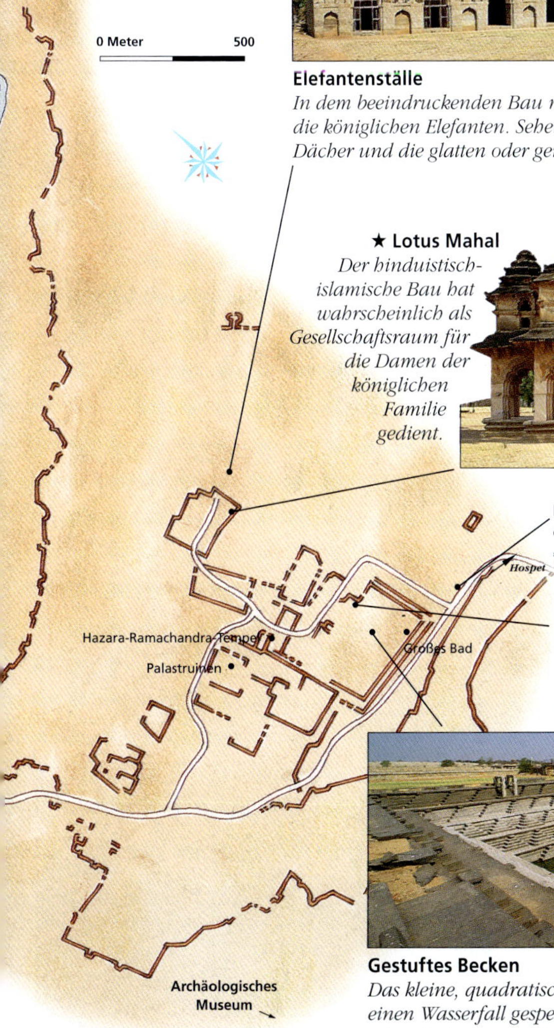

Das Bad der Königin wurde offen und als königliche »Wellness-Anlage« gestaltet.

Die Mahanavami-Plattform benutzten die Könige beim Mahanavami-Fest *(siehe S. 425)* und für Zeremonien zur Kriegsvorbereitung.

Gestuftes Becken
Das kleine, quadratische Becken wurde durch einen Wasserfall gespeist – Teil eines »hydraulischen Systems«, das das Royal Centre bewässerte.

Hampi: Vitthala-Tempel

Der Tempel ist das großartigste aller religiösen Monumente im »Heiligen Bezirk« und stellt den Höhepunkt der Vijayanagar-Kunst und -Architektur dar. Sein Gründer ist unbekannt, doch im 16. Jahrhundert ließen ihn die beiden großen Vijayanagar-Herrscher Krishnadeva Raya und Achyuta Raya erweitern. Vor dem Hauptschrein befindet sich auf einer Plattform mit geschnitzten Säulen die weitläufige, offene Halle, die *mahamandapa*. Sie wurde 1554 von einem General der Armee gestiftet – nur elf Jahre, bevor die Stadt geplündert wurde.

★ Yalis
Die Tempelpfeiler sind mit yalis (löwen-ähnlichen Fabelwesen) geschmückt.

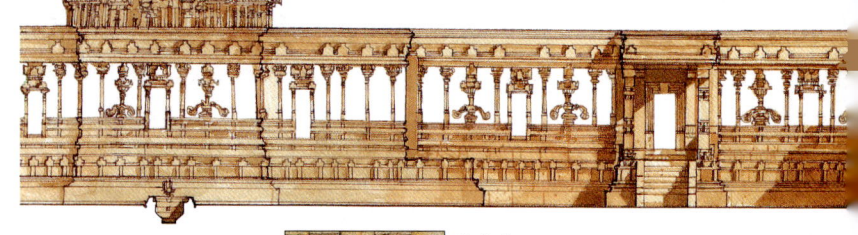

Rekonstruktion des Turmes
Sie zeigt den pyramidenförmigen Turm (*vimana*) über dem Haupttheiligtum des Vitthala-Tempels, wie er bei seiner Errichtung im 16. Jahrhundert aussah.

Relief
In einer Säulennische steht ein wunderschöner Garuda, das Adlerreittier Vishnus.

NICHT VERSÄUMEN
★ Steinwagen
★ Yalis

Überblick: Hampi

Die sagenumwobene Stadt der Vijayanagar-Könige (siehe S. 434f) erstreckt sich über 20 Quadratkilometer einer ausgedörrten Felslandschaft.

Das **Sacred Centre** (»Heiliger Bezirk«) am Südufer des Tungabhadra wird von dem imposanten **Virupaksha-Tempel** beherrscht. Er ist einer Inkarnation Shivas geweiht, der hier als Pampapati (»Gott der Pampa«) bekannt ist, und erinnert an Shivas Hochzeit mit der Flussgöttin Pampa. Vor dem Tempel beginnt die von Kolonnaden gesäumte **Bazar Street**, die überwiegend aus dem 16. und 17. Jahrhundert stammt. Damals wimmelte sie nur so von Pilgern und Reisenden auf der Suche nach exotischen Waren. Ein Pfad neben dem Fluss führt zum **Kodandarama-Tempel** mit den Figuren von Lakshman, Rama und Sita im innersten Heiligtum. Die Badeghats zählen zu den heiligsten der Stätte.

Dahinter liegt der wichtigste hinduistische Tempelkomplex von Hampi, der **Temple of Achyuta Raya** (1534). Er ist der Tiruvengalanatha geweiht, einer Gestalt Vishnus, die in Tirupati (siehe S. 557) verehrt wird. Der perfekte Grundriss zweier konzentrischer Bereiche, die man über einen *gopura* im Norden betritt, ist besonders deutlich vom Gipfel des **Matanga Hill** aus sichtbar. Vom Vitthala-Tempel führt eine Straße nach **Kamalapuram**, das ein **Archäologisches Museum** beherbergt. Unterwegs kann man ein Tor mit verfallener Fassade sehen.

Die Straße, die südlich von Hampi durch den »Heiligen Bezirk« führt, endet auf dem **Hemakuta Hill**. Auf ihm befinden sich zahlreiche Schreine, eine Reihe davon mit pyramidenförmigen Türmen, aus der Zeit der frühen Vijayanagar-Ära. Ein großes, in einen Fels gemeißeltes Abbild des Elefantengotts Ganesha mar-

Blick auf den Matanga Hill

Hotels und Restaurants in Karnataka *siehe Seiten 589f und 616f*

HAMPI

Vitthala-Tempel
Der Tempel mit seinen kunstvollen mandapas (Säulenhallen) ist Vitthala gewidmet, einer Inkarnation Vishnus des Erhalters. Er ist der zweite Gott der hinduistischen Dreifaltigkeit.

INFOBOX
Östlich des Sacred Centre.
tägl. Fr frei.

Musiksäulen
Die Säulen sind hohl und bringen verschiedene Töne hervor.

Fries (Ausschnitt)
In diesem Abschnitt sind auf Papageien reitende Nymphen zu sehen.

★ Steinwagen
Der Schrein vor dem Tempel ist Garuda geweiht und in Form eines Steinwagens gestaltet.

Steinwagen

---

kiert den Gipfel. Weiter südlich liegt der **Krishna-Tempel** (frühes 16. Jh.) aus der Zeit Krishnadeva Rayas. Man betritt ihn durch einen massiven, wenn auch teilweise verfallenen gopura. Die von Kolonnaden gesäumte Straße im Osten führt heute durch Zuckerrohrfelder, das quadratische Becken in der Nähe enthält immer noch Wasser. Ebenfalls an der Straße steht der Narasimha-Monolith, eine Darstellung Vishnus als Mann-Löwe.

Das **Royal Centre** (»Königlicher Bezirk«) ist von Wehrmauern umgeben. In seinem Zentrum steht der **Hazara-Ramachandra-Tempel** (15. Jh.), den Deva Raya I. erbauen ließ. Seine Mauern sind mit Friesen verziert, die von den Zeremonien des Mahanavami-Fests erzählen. Auch einige Episoden aus dem *Ramayana* sind dargestellt. In der Umgebung des Tempels verstreut

Ein Boot setzt zur anderen Seite des Tungabhadra-Flusses über

liegen die Überreste von Palästen, Bädern und eines Audienzsaals, im Norden befinden sich die Elefantenställe und das **Lotus Mahal**.

🏛 **Archäologisches Museum**
Kamalapuram, (08394) 241 561.
Sa–Do 8–17 Uhr.
www.asi.nic.in

Umgebung: Das historische Dorf **Anegondi** liegt am anderen Ufer des Tungabhadra. Bis zur Fertigstellung einer Brücke über den Fluss kann man den Ort nur über Fähren erreichen, die schon seit Jahrhunderten auf dem Fluss verkehren.

Vor dem Vijayanagar-Reich war Anegondi eine wichtige Siedlung, wovon die Paläste, Tempel und Ghats auch heute noch zeugen. Auf dem Hauptplatz steht das Kalyan Mahal, ein palastartiger Bau, der an den Lotus Mahal von Hampi *(siehe S. 435)* erinnert. In unmittelbarer Nähe sind ein Tempel und ein Tor (14. Jh.) zu sehen. Die massiven Mauern und Bastionen der Zitadelle von Anegondi befinden sich in den Bergen westlich des Stadtkerns. Anegondi ist auch für seine alten Lehmhäuser und das schöne Flusspanorama berühmt.

Außenmauer des Someshvara-Tempels in Gadag; die Tempeltürme sind als Reliefs gestaltet

Gadag ⑲

Distrikt Gadag. 450 km nordwestlich von Bengaluru. 🚉 🚌 🛈 *Hotel Durga, Vihar Complex.* 🍴 *tägl.*

Der recht verschlafene Ort Gadag ist ein wichtiges Zentrum des Baumwollhandels, der vor allem im Mai und Juni stattfindet. Während dieser Monate brummt der Baumwollmarkt regelrecht und ist einen Besuch wert.

Eine Reihe von Monumenten aus der späten Chalukya-Ära (11./12. Jh.) zeugen von der historischen Vergangenheit der Stadt. Im Süden steht der **Trikuteshvara-Tempel** mit seinen drei bemerkenswerten Schreinen gegenüber einer teilweise offenen Halle. Als Balkone dienende Nischen sind mit figurativen Tafeln verziert und von steil verwinkelten Gesimsen bekrönt. An den Säulen im Inneren der Halle sind in flachen Nischen ebenfalls Figuren zu sehen. Der östliche Schrein enthält drei Lingas, der südliche ist der Göttin Saraswati geweiht.

Im Stadtzentrum steht der **Someshvara-Tempel**, dessen Schnitzereien recht gut erhalten sind, obwohl der Tempel aufgegeben wurde und verfiel. Besonders die Tore zur Halle sind sehenswert.

Tempelskulpturen

Umgebung: Das kleine Dorf **Lakkundi**, elf Kilometer südöstlich von Gadag, ist mit Tempeln aus dem 11. und 12. Jahrhundert ausgestattet, die aus graugrünem Schiefer erbaut wurden. Einige dieser Tempel stehen zwischen Lehmhäusern versteckt in Seitenstraßen. Der größte, ein Jain-*basti*, hat einen fünfstöckigen Turm. Das Untergeschoss ist mit Friesen von Elefanten und Lotusblättern verziert, der Eingang mit gedrehten Säulen. Die einander gegenüberliegenden Schreine des Kashi-Vishvanatha-Tempels in der Nähe sind mit schönen Reliefs geschmückt, auf denen Seeungeheuer (*makaras*) dargestellt sind – ein typisches Motiv spätchalukyanischer Kunst.

Belgaum ⑳

Distrikt Belgaum. 500 km nordwestlich von Bengaluru. 🚉 🚌
🛈 *Tourist Office, Ashoka Nagar, (0831) 247 0879.*

Die geschäftige Stadt an der Grenze zu Maharashtra war zur Zeit der britischen Herrschaft wichtige Garnisonsstadt. Auch heute noch verströmt das Cantonment mit seinen Bungalows und Baracken militärisches Flair. Im 16. und 17. Jahrhundert war Belgaum ein bedeutendes Provinzzentrum unter den Adil-Shahi-Herrschern von Bijapur (*siehe S. 444*), den Marathen von Pune und den Moguln. Das **Fort** im Osten der Stadt hat einen ungewöhnlichen, ellipsenförmigen Grundriss, seine Mauern bestehen aus wiederverwendeten Tempelsteinen. Die **Safa-Moschee** (16. Jh.) ließ Asad Khan, Gouverneur von Belgaum, erbauen. Außerdem sind in der Stadt drei Tempel aus der spätchalukyanischen Zeit.

Das ellipsenförmige Fort von Belgaum

Hotels und Restaurants in Karnataka *siehe Seiten 589f und 616f*

Badami ㉑

Zusammengerollte Schlange, Höhle 1

Die alte Stadt liegt spektakulär zwischen hufeisenförmigen Klippen aus rotem Sandstein mit Blick auf das grüne Wasser eines großen Sees. Sie war die Hauptstadt der mächtigen frühen Chalukya-Könige, die das Dekkan-Hochland im 6. und 7. Jahrhundert n.Chr. beherrschten, u.a. auch von Pattadakal (siehe S. 440f) und Aihole (siehe S. 442f) aus. Am reichsten verziert sind die Höhlentempel, die auf der Südseite in den Felsen gehauen sind. Höhle 1 ist Shiva geweiht, die Höhlen 2 und 3 Vishnu, und Höhle 4, ganz oben auf einer Klippe, ist den Jain-Heiligen vorbehalten.

INFOBOX

Distrikt Bagalkot. 480 km nordwestlich von Bengaluru.
Karnataka Tourism, Hotel Mayura Chalukya, (08357) 220 117. **Höhlen** tägl.
Archäologisches Museum (08352) 220 157. Sa–Do.

Höhle 1

Über Stufen gelangt man auf eine Säulenveranda, die sich zu einer rechteckigen Säulenhalle mit kleinem Heiligtum an der hinteren Wand öffnet. Nicht versäumen sollte man die Nataraja-Tafel und die verzierten Deckentafeln.

Nataraja-Tafel
Der zwölfarmige tanzende Shiva ist eine der frühesten und schönsten Darstellungen Natarajas in Karnataka.

Ein Linga-Schrein ist in die hintere Wand geschnitzt.

Höhle 2
In der Vaishnava-Höhle befindet sich ein eindrucksvoller Fries, auf dem Varaha, die Eber-Inkarnation von Vishnu, dargestellt ist.

Höhle 3
Auf der Veranda dieser Höhle ist eine riesige, vierarmige Vishnu-Figur mit Garuda zu sehen. Vishnu sitzt unter einer Adisesha, die Schlange breitet sich schützend über seinen Kopf.

Höhle 4
Jain-tirthankaras bedecken die Wände und Säulen dieser Höhle. Einige kamen im 11./12. Jahrhundert hinzu, als die Chalukyas die Gegend beherrschten.

Pattadakal

Der heilige Komplex von Pattadakal liegt malerisch am Ufer des Malprabha. Die Stätte des UNESCO-Welterbes ist mit ihren wunderschönen Tempeln (8. Jh.) der passende Höhepunkt der künstlerischen Entwicklung unter den Chalukya-Königen, wie man auch im benachbarten Badami (siehe S. 439) und Aihole (siehe S. 442f) sieht. Letztere waren bedeutende Siedlungen, das wenig bevölkerte Pattadakal nutzte man für königliche Anlässe wie Krönungszeremonien.

Überblick: Pattadakal
Der Haupttempelkomplex liegt inmitten prächtiger Gärten neben dem kleinen Dorf. Beim Bau kombinierte man nordindischen mit südindischem Stil (siehe S. 20). Die Bauten verraten viel über die Entwicklung der Tempelarchitektur in Südindien.

Galaganatha-Tempel, aus Sandstein erbaut

Shiva erscheint auf einem Feuer-Linga, Virupaksha-Tempel

Nordindische Tempel
Tempel im nordindischen Stil erkennt man an den geschwungenen Türmen (shikharas) über dem inneren Heiligtum. Gute Beispiele sind der **Kadasiddeshvara-** und der **Jambulinga-Tempel** in der Nähe des Eingangs. Die bescheidenen Sandsteinbauten mit ihren beschädigten Wandskulpturen zeichnen sich durch geschwungene, gestufte Türme aus. Der größere, aber unvollständige **Galaganatha-Tempel** in der Nähe hat einen gut erhaltenen, deutlich gestuften Turm mit gerippter Kreuzblume. Der **Kashi-Vishvanatha-Tempel** im Westen stammt aus der Mitte des 8. Jahrhunderts und verdeutlicht ebenfalls sehr anschaulich die Entwicklung des nordindischen Tempelstils. Der gestufte Turm wird komplett von einem hufeisenförmigen Muster überzogen. In die Säulen im Vestibül vor dem Schrein sind mythologische Szenen eingraviert.

Südindische Tempel
Südindische Tempeltürme (vimanas) erheben sich in gestufter pyramidaler Formation, wie man am **Sangameshvara-Tempel**, dem frühesten des Komplexes, sieht. Der Chalukya-König Vijayaditya ließ ihn errichten. Er starb im Jahr 733 n. Chr., bevor der Bau vollendet war. Der mehrstöckige Turm wird von einer quadratischen Kuppel bekrönt, die unfertige Halle vor dem Tempel restaurierte man.

Am größten sind die südlich gelegenen Zwillingstempel **Virupaksha** und **Mallikarjuna**. Beide sind Shiva geweiht und stammen von 745 n. Chr. Die Schwestern des mächtigen Chalukya-Königs Vikramaditya II. ließen ihn im Andenken an seinen Sieg über die Pallava-Herrscher von Tamil Nadu erbauen. Die Tempel sind der Höhepunkt frühchalukyanischer Architektur und sollen dem Kailasanatha-Tempel in Kanchipuram (siehe S. 476) nachgebildet sein. Sie dienten auch dem kolossalen Kailasanatha-Tempel in Ellora (siehe S. 388–390) als Vorbild.

Die Zwillingstempel Virupaksha und Mallikarjuna, Pattadakal

Hotels und Restaurants in Karnataka siehe Seiten 589f und 616f

PATTADAKAL

Nataraja auf einer Wandtafel im Papanatha-Tempel

Heute ist nur noch der Virupaksha-Tempel »in Betrieb«. Davor steht ein Nandi-Pavillon mit einem großartig geschnitzten und von einem Tuch bedeckten Stier. Der Tempel selbst besteht aus einer geräumigen Säulenhalle mit dreigeteiltem Vorbau, der zum Linga-Schrein führt und von einem Gang umgeben ist. Auf den kunstvoll verzierten Säulen und Decken sind mythologische und religiöse Szenen dargestellt. Die interessantesten Reliefs finden sich zu beiden Seiten des östlichen Vorbaus: Shiva als *lingodbhavamurti* (in einem Feuer-Linga) und Vishnu als Trivikrama, das Universum mit drei Schritten durchquerend.

Der identische Mallikarjuna-Tempel ist kleiner und kompakter. In der inneren Halle gibt es einige Shaivite-Skulpturen zu bewundern. Die Mauern um den Tempel sind ebenso wie der Nandi-Pavillon davor unvollendet geblieben.

Vom Tor des Virupaksha-Tempels führt ein Pfad am Fluss entlang zum **Papanatha-Tempel** aus dem frühen 8. Jahrhundert. Er wurde mehrfach erweitert, wie etwa an dem ungewöhnlichen Arrangement der doppelten Hallen, die zum Heiligtum führen, und an den auf drei Seiten von Vorbauten umgebenen Wänden deutlich wird. Außen tauchen südindische Wandnischen mit Pilastern und nordindische Gittermuster sowie krummlinige Türme auf. Die Kampfszenen aus dem *Ramayana (siehe S. 27)* an der Ostwand enden mit Ramas Krönung auf einer Säule des Tempelhauptvorbaus. In den Mittelgängen sind die Kapitelle mit Blattornamenten verziert. Auf der schönsten Deckentafel sind eine zusammengerollte *naga* (Schlangengottheit) und ein tanzender Shiva (Nataraja) zu sehen.

Jain-Tempel
Westlich des Dorfes liegt ein Jain-Tempel (9. Jh.) der Rashtrakuta-Herrscher, die den Chalukyas nachfolgten. Ein geräumiger offener Vorbau mit gedrehten Säulen an den Seiten wird von winkeligen Gesimsen abgeschlossen. Einige wunderschön geschnitzte Elefantenkörper flankieren den Eingang zur inneren Halle des Tempels.

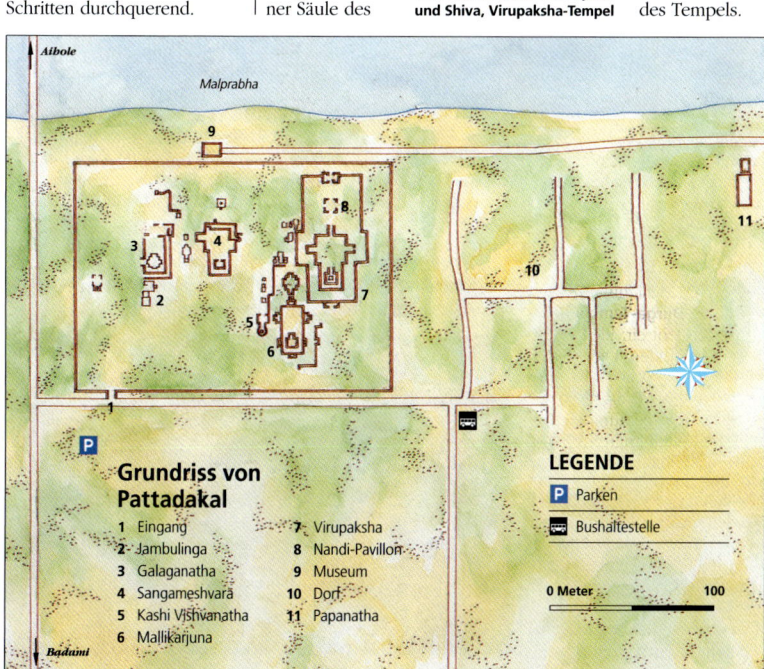

Die Schlacht zwischen Arjuna und Shiva, Virupaksha-Tempel

INFOBOX
Distrikt Bagalkot. 22 km nordöstl. von Badami. Badami, 24 km südwestl. der Stadt. Pattadakal Dance Festival (Jan).

Grundriss von Pattadakal

1. Eingang
2. Jambulinga
3. Galaganatha
4. Sangameshvara
5. Kashi Vishvanatha
6. Mallikarjuna
7. Virupaksha
8. Nandi-Pavillon
9. Museum
10. Dorf
11. Papanatha

LEGENDE
- Parken
- Bushaltestelle

0 Meter — 100

Gaudar Gudi, dahinter der Ladkhan-Tempel, Aihole

Aihole ㉓

Distrikt Bagalkot. 44 km nordöstlich von Badami. 🚉 *Badami, 46 km südwestlich der Stadt, dann mit Bus oder Taxi.* 🎪 *Ramalinga Temple Chariot Festival (Feb/März).*

In dieser kleinen, staubigen Stadt scheint die Zeit stillzustehen. Sie liegt am Fluss Malprabha, rund 17 Kilometer flussabwärts von Pattadakal *(siehe S. 440f)*. Ein großer Teil dieses Ortes ist von Befestigungen umgeben, die alte Sandsteintempel verschiedener Arten schützen. Einige Tempel wurden als Wohnhäuser genutzt und tragen die Namen ihrer früheren Bewohner. Die Bauten stammen aus der Zeit der frühen und späteren Chalukya-Herrscher von Badami *(siehe S. 439)* und wurden im 6. bis 11. Jahrhundert errichtet.

Die meisten Besucher beginnen ihre Besichtigung von Aihole im **Durga-Tempel**. In der Nähe steht ein kleiner Komplex mit dem **Ladkhan-Tempel**. Man erkennt den Bau an dem stufenförmig abfallenden Dach der geräumigen Halle und dem angrenzenden Eingangsvorbau. Flussgöttinnen und Liebespärchen zieren die Säulen des Vorbaus, an den Seitenwänden einer kleinen Kammer in der Dachhöhe sieht man weitere Darstellungen von Gottheiten. Das **Gaudar Gudi** nebenan umfasst einen kleinen Schrein in einem offenen *mandapa*, der an vier Seiten von Balkonen umgeben ist. Das verfallene Chakra Gudi steht in der Nähe des gestuften Beckens. Im Süden befindet sich die **Kunti-Gruppe**, vier als Säulenhallen konzipierte Tempel mit Heiligtümern. An dem Tempel im Südosten, wahrscheinlich der erste, sieht man schön geschnitzte Deckentafeln mit Brahma, Vishnu und Shiva. Ein ähnliches Trio hängt im Hucchapayya Math etwas hinter dem Tempel.

Ein Pfad mit Stufen führt auf einen Hügel südöstlich der Stadt hinauf, vorbei an einem zweistöckigen buddhistischen Tempel. Der **Meguti-Tempel** auf dem Hügel wurde 634 n. Chr. erbaut und ist das älteste datierte Monument in Karnataka. Das deutlich herausgearbeitete Untergeschoss, die verputzten Wände und Gesimse verweisen auf die frühe Phase des südindischen Stils *(siehe S. 20)*. Im Schrein sitzt eine eindrucksvolle Jain-Figur. Im hinteren Teil des Tempels entdeckte man prähistorische Gräber. Folgt man der Hügelstraße nach unten, kommt man an der Jyotirlinga-Gruppe vorbei, bevor man schließlich zum Durga-Tempel gelangt. Nördlich des Durga-Tempels steht das **Chikki Gudi** mit seinen üppig verzierten Säulen, Balken und Deckentafeln. Ein Pfad führt rechts zum kleinen **Hucchimalli Gudi** mit einem Turm im nordindischen Stil und einer ungewöhnlichen Darstellung von Shivas Sohn Karttikeya.

Die Felsenhöhle **Ravala Phadi** in der Nähe stammt aus dem späten 6. Jahrhundert. Im Inneren finden sich wunderschöne Schnitzereien hinduistischer Gottheiten: ein tanzender Shiva, Ardhanarishvara, Harihara, Shiva mit Ganga sowie Varaha und Durga (vor dem Linga-Heiligtum). Vor dem Tempel stehen weitere winzige Schreine und eine kannelierte Säule.

Üppig gestaltetes Relief eines tanzenden Shiva, Ravala-Phadi-Höhle

Hotels und Restaurants in Karnataka *siehe Seiten 589f und 616f*

Aihole: Durga-Tempel

Medaillon an einer Säule

Größtes und schönstes Monument in Aihole ist der Durga-Tempel, der wegen seines apsidenähnlichen Schreins mit offenen Kolonnaden auch sehr ungewöhnlich ist. Der Tempel liegt auf einer erhöhten Plinthe. Stufen auf der einen Seite führen zu einer Veranda, deren Säulen kunstvolle Schnitzereien (Liebespärchen und Wächterfiguren) aufweisen. In den Nischen der Kolonnaden befinden sich weitere bildhauerische Meisterwerke: Shiva und Nandi, Narasimha, Vishnu und Garuda, Durga und Harihara. Das Innere ist vergleichsweise schlicht. Weshalb der Tempel nach der Göttin Durga benannt ist, weiß man nicht – ebenso wenig, welche Gottheit hier verehrt wurde.

INFOBOX
Nördl. des Archäologischen Museums. ☐ *tägl.* 🎟 *alle Haupttempel.*

Der halbrunde Schrein des Durga-Tempels

Naga-Decke
Eine Deckentafel des mandapa *stellt einen* naga *mit zusammengerolltem Schlangenkörper dar.*

Der Eingang wird von wunderschön verzierten Säulen gesäumt.

Der Schlussstein *(amalaka)* krönte ursprünglich den Turm.

Durga
Die vielarmige Göttin Durga tötet den Büffeldämon.

Shikhara
Vom Turm, der sich einst über das innere Heiligtum erhob, ist wenig übrig.

Säulenschnitzereien
Die Darstellung eines Liebespaars auf einer Säule der Veranda ist ein Meisterwerk der Kunst aus der Ära der Chalukya-Herrscher.

Bijapur

Distrikt Bijapur. 613 km nordwestlich von Bengaluru. 246 000. Karnataka Tourism, Station Rd, (08352) 250 359. Bijapur Music Festival (Feb/März), Gagan Mahal Urs Festival (Sep).

Nach dem Fall der Bahmani *(siehe S. 446)* herrschten die Adil-Shahi-Sultane im 16. und 17. Jahrhundert über das Dekkan-Hochland. Ihre Hauptstadt, das befestigte Bijapur, war durch Wehrmauern und Bastionen geschützt, viele der originalen Kanonen stehen heute noch. Die Malik-i-Maidan (»Gott der Hässlichen«) soll die größte Kanone dieser Zeit in Indien gewesen sein. Sie bewacht das Westtor. Innerhalb der Mauern des Forts stehen Moscheen, Paläste und Gräber, die von mehreren Herrschern errichtet wurden.

Die Zitadelle

Die Zitadelle im Herzen der Stadt hat ihre eigenen befestigten Mauern und ist von einem breiten Burggraben umgeben. Das – einzig noch erhaltene – Südtor führt in den ehemaligen Palastkomplex. Das zeremonielle Zentrum Bijapurs mit seinen Arkaden ist als **Quadrangle** (Viereck) bekannt und beherbergt heute die Stadtverwaltung. Nordwestlich davon befindet sich der siebenstöckige Lustpalast **Sat Manzil**, von dessen Dach aus man einst die ganze Stadt sehen konnte. Übrig geblieben sind allerdings nur fünf Stockwerke gegenüber dem wunderschön verzierten Miniaturpavillon **Jal Mandir**. Etwas weiter nördlich liegt das **Gagan Mahal**, der Audienzsaal Ali Adil Shahs I. mit einer Arkadenfassade und das **Anand Mahal** (»Palast der Freude«), wo Haremsdamen lebten. Sehr interessant sind auch die **Mecca Masjid**, eine bezaubernde kleine Moschee östlich der Zitadelle, und die **Karimuddin-Moschee**, 1310 von Alauddin Khilji *(siehe S. 48)* in der Nähe des Südtors erbaut.

Gebetshalle mit Bogen, Jami Masjid

Medaillon in der Jami Masjid

Vor der Zitadelle

In der befestigten Stadt vor der Zitadelle verstreut stehen verschiedene Monumente der Adil-Shahi-Sultane. Östlich der Zitadelle befindet sich das zweistöckige **Asar Mahal**, das 1646 als Gerichtssaal erbaut und später in einen Reliquienschrein mit zwei Haaren des Propheten umgewandelt wurde. Die Kammern oben sind mit Fresken mit floralen Motiven und höfischen Szenen im europäischen Stil ausgestattet. Unweit befindet sich das **Mihtar Mahal** aus der Zeit Ibrahims II. (1580–1626), das man durch ein dreigeschossiges Tor betritt. Die Balkone, die über die Straße ragen, werden von verzierten Pfeilern gestützt, die wie Holz aussehen. Das Tor führt zu einer kleinen Moschee.

Die groß angelegte **Jami Masjid** im Südosten begann Ali Adil Shah I. 1576. Vollenden konnte er sie nicht. Der Marmorboden der geräumigen Gebetshalle ist in rund 2250 Rechtecke unterteilt, die an Gebetsteppiche erinnern. Auch heute noch kommen über 2000 Gläubige zu den Freitagsgebeten in diese Moschee. Im Norden und Westen stehen weitere Grabmäler und Moscheen, u. a. das Taj Baoli, ein rechteckiges Becken mit Stufen.

Ibrahim Rauza

tägl. gegen Gebühr.

Das exquisit gestaltete Mausoleum wird oft als schönster islamischer Bau des Dekkan-Hochlands bezeichnet. Ibrahim II. ließ es für seine Frau bauen. Er starb allerdings vor ihr und ist ebenfalls hier begraben. Der Komplex besteht aus Grabmal und Moschee. Letztere steht auf einer Plinthe inmitten eines Gartens. Das heilige Becken in der Nähe ist nach Taj Sultana, Ibrahims Frau, benannt. Die Wände des Grabes bzw. des Arkadenvorbaus sind mit kalligrafischen und geometrischen Mustern verziert. Das Dach der Grabkammer besteht aus einem flachen Gewölbe mit geschwungenen Seiten.

Ibrahim Rauza, das schön proportionierte Grabmal von Ibrahim II.

Hotels und Restaurants in Karnataka *siehe Seiten 589f und 616f*

Bijapur: Gol Gumbad

Detail eines Medaillons

Das berühmteste Gebäude Bijapurs, das monumentale Grabmal von Muhammad Adil Shah (1627–1656), des zweiten Sohnes und Thronfolgers Ibrahim II., wird auch »Runde Kuppel« oder Gol Gumbad genannt. Die gedrungene Kuppel ist die weltweit größte nach der des Petersdoms in Rom und erhebt sich über einer Basis aus Blütenblättern. Das Grabmal wurde 1656 vollendet und steht inmitten eines prächtigen Gartens. Im Westen schließt sich eine kleine Moschee mit Bogen und Minaretten an.

INFOBOX

Station Rd. (08352) 204 737. tägl. außer Fr. Autos & Räder erhältlich.

Die Kuppel misst nahezu 43 Meter im Durchmesser. Sie besteht aus acht einander überlappenden Bogen mit Hängezwickeln. Die runde Flüstergalerie, über die sich die Kuppel erhebt, verfügt über eine erstaunliche Akustik.

Flüstergalerie

Die Minarette werden von weiteren gedrungenen Kuppeln bekrönt.

Minarett

Die Mihrab-Nische liegt in einer halboktogonalen Erweiterung im Westen. Das Kraggestein ist reich verziert, dazwischen befinden sich Stufen mit Lotusblüten.

Grab von Muhammad Adil Shah

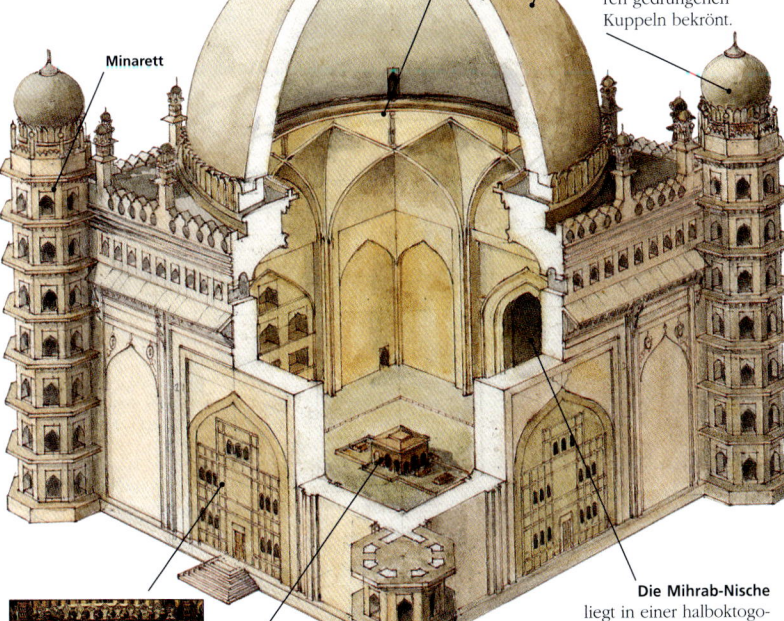

Eingangsbogen
Die Fassade ist mit einem breiten Mittelbogen und kleinen Fenstern zu beiden Seiten ausgestattet.

Dekkan-Gemälde

Die muslimischen Herrscher im Dekkan-Hochland, vor allem die von Golconda (siehe S. 546f) und Bijapur, förderten im 14. und 15. Jahrhundert die Kunst, vor allem die Malerei. Diese war zunächst durch direkten Kontakt mit Zentralasien und Persien, später mit den Moguln beeinflusst. Am Hof von Bijapur brachten die europäische Renaissance und die persische Kunst eine klassisch indische Tradition und damit einen typischen Dekkan-Stil hervor.

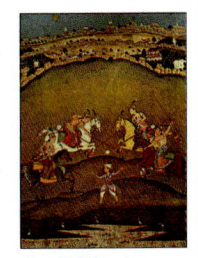

Chand Bibi Playing Polo, ein Dekkan-Bild

Die gewölbte Halle der Jami Masjid von Gulbarga

Gulbarga ㉕

Distrikt Gulbarga. 160 km nordöstlich von Bijapur. 428 000. Gulbarga Tourist Office, (08472) 220 644 947. Urs (März).

In der kleinen Provinzstadt stehen einige der ältesten Beispiele islamischer Architektur in Karnataka. Sie sind aus dem 14. und 15. Jahrhundert, als Gulbarga als Hauptstadt der Sultane von Bahmani *(siehe S. 48f)* eine Blütezeit erlebte – sie waren die ersten großen Muslimenkönige des Dekkan-Hochlandes.

Das **Dargah des Gesu Daraz** (1321–1422) im Nordosten der heutigen Stadt ist einer der heiligsten muslimischen Schreine Südindiens. Khwaja Gesu Daraz oder Bande Nawaz, ein Sufi der Chishti-Sekte *(siehe S. 312)*, musste aus Nordindien fliehen und suchte am Hof von Firuz Shah Bahmani, einem frommen und aufgeklärten Herrscher, Schutz. Sein einfaches Grabmal steht in der Mitte eines weitläufigen Komplexes, zu dem auch kleinere Grabmäler, Moscheen und *madrasas* gehören. Das Dargah des Shah Kamal Mujarrad liegt weiter südlich.

Westlich des Dargah befindet sich ein Komplex sieben königlicher Gräber, das **Haft Gumbad**. Im größten der Mausoleen liegt Firuz Shah Bahmani begraben, der ebenfalls 1422 starb. Direkt westlich der Stadt stehen die verfallenen Ruinen eines fast runden Forts mit Burggraben. Nur wenige der königlichen Anlagen sind heute noch zu sehen. In der Nähe des Eingangstors stößt man auf das Verlies Bala Hisar (17. Jh.) aus der Zeit der Adil Shahis *(siehe S. 444f)*. Der interessanteste Bau jedoch ist die nahe gelegene **Jami Masjid**. Sie wurde 1367 zu Ehren von Gulbargas Status als Hauptstadt errichtet und ist eine der frühesten Moscheen in Südindien sowie die einzige ohne offenen Innenhof. In ihrem Rücken schließt sich die von kleinen Kammern gesäumte Bazar Street (14. Jh.) an; die Kammern dienen heute als Wohnhäuser. Die Straße führt zu einer Reihe von Toren unmittelbar vor den Mauern des Forts. Westlich des Forts liegen die verfallenen Gräber der frühen Bahmani-Sultane.

Ein weiteres Monument aus dem 14. Jahrhundert ist die **Shah-Bazar-Moschee** nördlich des Forts. Die Eingangshalle mit Kuppel geht in einen Hof und in eine Gebetshalle dahinter über. Von hier führt eine Straße nach Westen zu einem Arkadenportal mit Minaretten. Dahinter befindet sich das Dargah des Scheichs Sirajuddin Junaydi, ein einfaches Grabmal mit Arkadennischen und Kuppel.

Umgebung: Die malerischen Ruinen von **Firuzabad** liegen 28 Kilometer südlich von Gulbarga. Firuz Shah Bahmani gründete die Palaststadt im Jahr 1400 am Ostufer des Flusses Bhima. Die massiven Steinmauern mit Bastionen und Torbögen umschreiben ein annähernd rechteckiges, 1000 Meter breites Gebiet. Die am besten erhaltenen Bauten sind die Jami Masjid und der zweigeschossige Audienzsaal. Auch Überreste königlicher Bäder *(hamams)* mit pyramidenförmigem Gewölbe und Kuppel sind zu sehen – angeblich die ältesten im Dekkan-Hochland.

Gläubige vor dem Dargah des Gesu Daraz, Gulbarga

Bidar ㉖

Distrikt Bidar. 120 km nordöstlich von Gulbarga. Autos & Räder erhältl.

Bidar wurde 1424 Hauptstadt der Bahmani, als Ahmad Shah, Firuz Shahs Bruder und Nachfolger, seinen Hof hierher verlegte. Mit dem Untergang der Bahmani-Dynastie Ende des 15. Jahrhunderts fiel die Region in die Hände der Baridi.

Das **Fort** von Bidar ließ Ahmed Shah Bahmani 1428 auf einem Felsvorsprung erbauen. Es ist durch doppelte Mauern und einen Burggraben geschützt. Drei Torbogen (einer davon mit vielfarbigen Fliesen, ein anderer mit prominenter Kuppel) führen in

Hotels und Restaurants in Karnataka siehe Seiten 589f und 616f

Befestigte Straße zum Eingangstor des Forts von Bidar

die einstige königliche Enklave. Links steht das Rangin Mahal, ein wunderschöner Palast von Ali Shah Barid (16. Jh.). Besonders sehenswert ist die Halle mit ihren originalen Holzsäulen und die hintere Kammer mit ihren großartigen Fliesenmosaiken und Perlmuttintarsien. In der Nähe befindet sich die ungewöhnliche Solah-Khamba-Moschee mit massiven Rundsäulen, von den Tughluqs (siehe S. 48) 1327 errichtet.

Davor liegt in der Mitte des ummauerten Gartens Lal Bagh ein heiliges Becken. Etwas weiter südlich stehen die Ruinen des Diwan-i-Am (öffentlicher Audienzsaal) und das Takht Mahal, ein monumentales Portal mit Überresten sechseckiger Fliesen sowie Tiger- und Sonnenemblemen.

Die alte befestigte Stadt erstreckt sich unterhalb der Wehrmauern des Forts. Auf einer Seite der von Norden nach Süden führenden Straße steht das **Takhti-i-Kirmani**, ein Tor aus dem 15. Jahrhundert mit Blattornamenten und Arabesken. Die weiter südlich gelegene **Madrasa des Mahmud Gawan** (spätes 15. Jh.) ist nach dem gelehrten Premierminister benannt, der der eigentliche Herrscher des Bahmani-Reichs war. Das einst berühmte Theologiekolleg hatte eine riesige Bibliothek wissenschaftlicher Manuskripte. Mit seinen vier Bogenportalen, den Kuppeln und dem zentralen Innenhof ist es ein ausgezeichnetes Beispiel zentralasiatischer Architektur. Die Fassade wird von zwei Minaretten flankiert. Die Fliesenmosaiken an den Außenwänden sind noch zu sehen, darunter auch ein kalligrafisches Band in Blau und Weiß. Noch weiter südlich markiert die **Chaubara** die Kreuzung der beiden Hauptstraßen von Bidar. Die **Mausoleen der Baridi-Herrscher** liegen westlich von Bidar. Das größte ist das Grabmal von Ali Shah Barid aus dem Jahr 1577. Die hohe Kammer mit Kuppel ist auf allen Seiten offen und steht in der Mitte eines symmetrisch angelegten Gartens. Die Tafeln über den Bogen enthielten früher Fliesenmosaiken, im Inneren sind sie teilweise noch erhalten. Auch der Sarkophag aus schwarzem Basalt steht noch an seinem Platz.

Mosaik in der madrasa von Bidar

Darüber hinaus ist Bidar für eine besondere Art der Metallverarbeitung namens *bidri (siehe S. 545)* bekannt. Sie wurde Mitte des 17. Jahrhunderts von Kunsthandwerkern aus Persien eingeführt und blühte unter dem Mäzenat des Hofes auf. Der Stil ist durch florale und geometrische Muster gekennzeichnet, die in Gold, Silber oder Messing auf eine matte schwarze Oberfläche aufgebracht werden. So verzierte man Teller, Schachteln u. Ä. Heute sind die schönsten Stücke in Museen zu sehen, nur noch wenige Familien führen die traditionelle Kunst in Bidar aus.

Umgebung: Die Bahmani-Nekropole befindet sich in der Nähe von **Ashtur**, einem kleinen Dorf drei Kilometer nordöstlich von Bidar. Das älteste und großartigste Grabmal ist das von Ahmad Shah. Wunderschöne Fresken zieren die Wände und die riesige Kuppel. Das angrenzende Grabmal seines Nachfolgers Alauddin Ahmad II. ist mit bunten Fliesenmosaiken geschmückt. Davor befindet sich Chaukhandi, das einfache Grabmal des Heiligen Khalil Allah (1374–1460) mit Kalligrafien über den Türen.

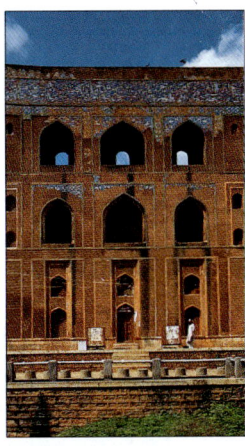

Fassade der *madrasa* des Mahmud Gawan in Bidar

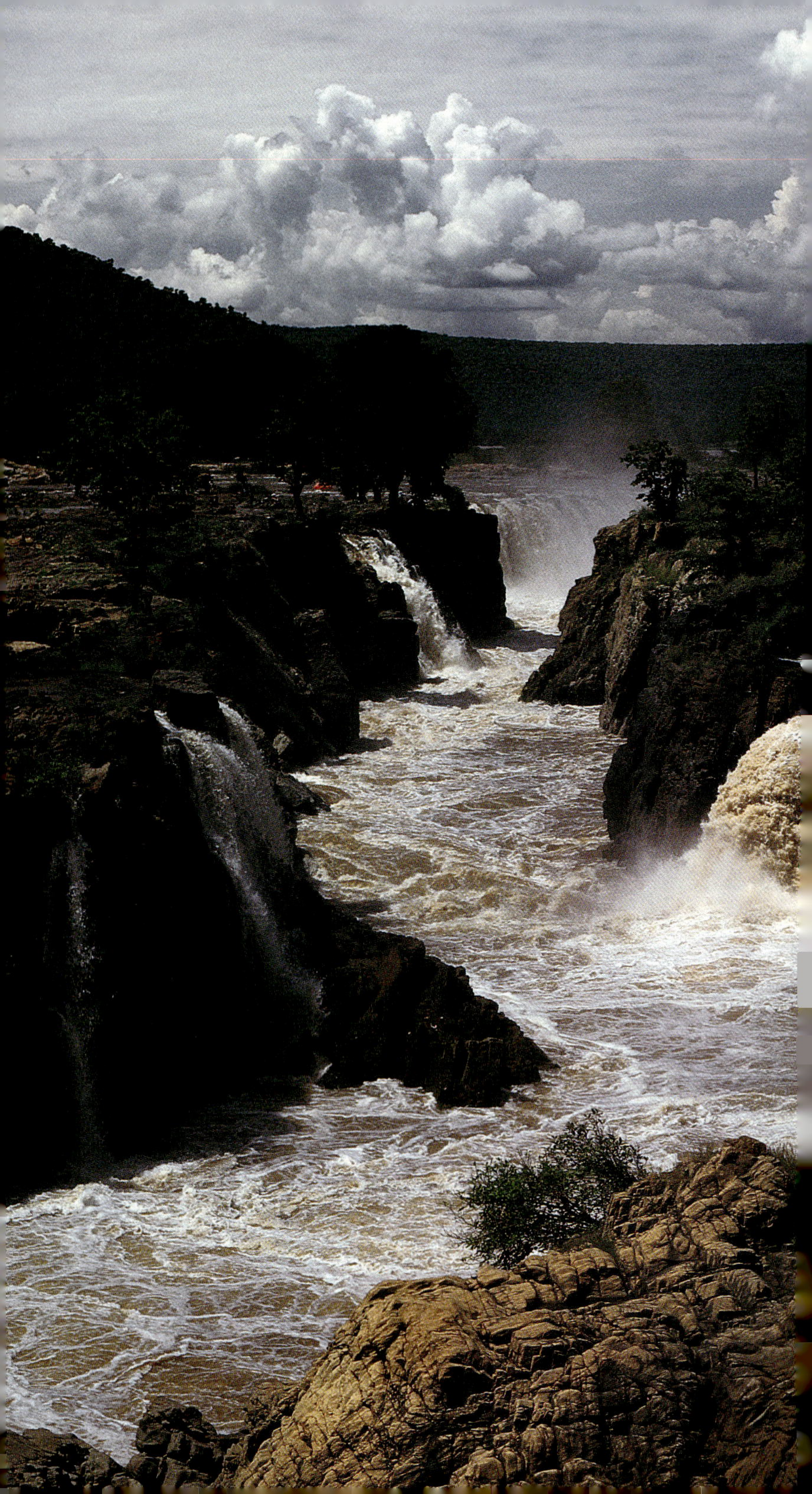

Südindien

Südindien im Überblick **450–451**

Chennai **452–469**

Tamil Nadu **470–501**

Andamanen **502–509**

Kerala **510–537**

Andhra Pradesh **538–561**

Südindien im Überblick

Südlich der Vindhya-Bergkette erstreckt sich ein Gebiet mit vielen Attraktionen. Die Küsten des Arabischen Meeres und des Golfs von Bengalen treffen sich bei Kanniyakumari am Indischen Ozean. Einsame Strände, dichte Wälder und Wildreservate sind nur einige der Naturwunder. In Tamil Nadu stehen sagenhafte Tempel, Kerala ist landschaftlich schön und reich an kulturellem Erbe, Andhra Pradesh weist einige der interessantesten Stätten der Region auf. Teile der Küste von Tamil Nadu wurden im Dezember 2004 durch einen Tsunami verwüstet, der hier mehr als 10 000 Todesopfer forderte. Auch Kerala und Andhra Pradesh waren betroffen.

Fischer an einer Schleuse am Kaveri

Unterricht an einer vedischen Schule, Tamil Nadu

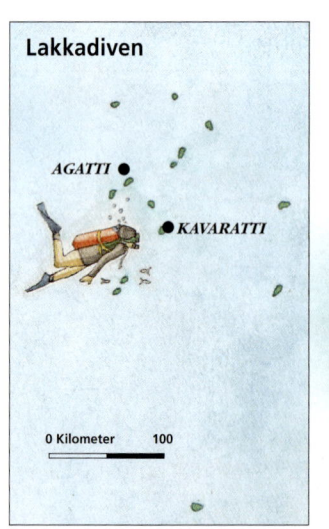

◁ Die spektakulären Hogenakkal Falls am Fluss Kaveri *(siehe S. 490)*

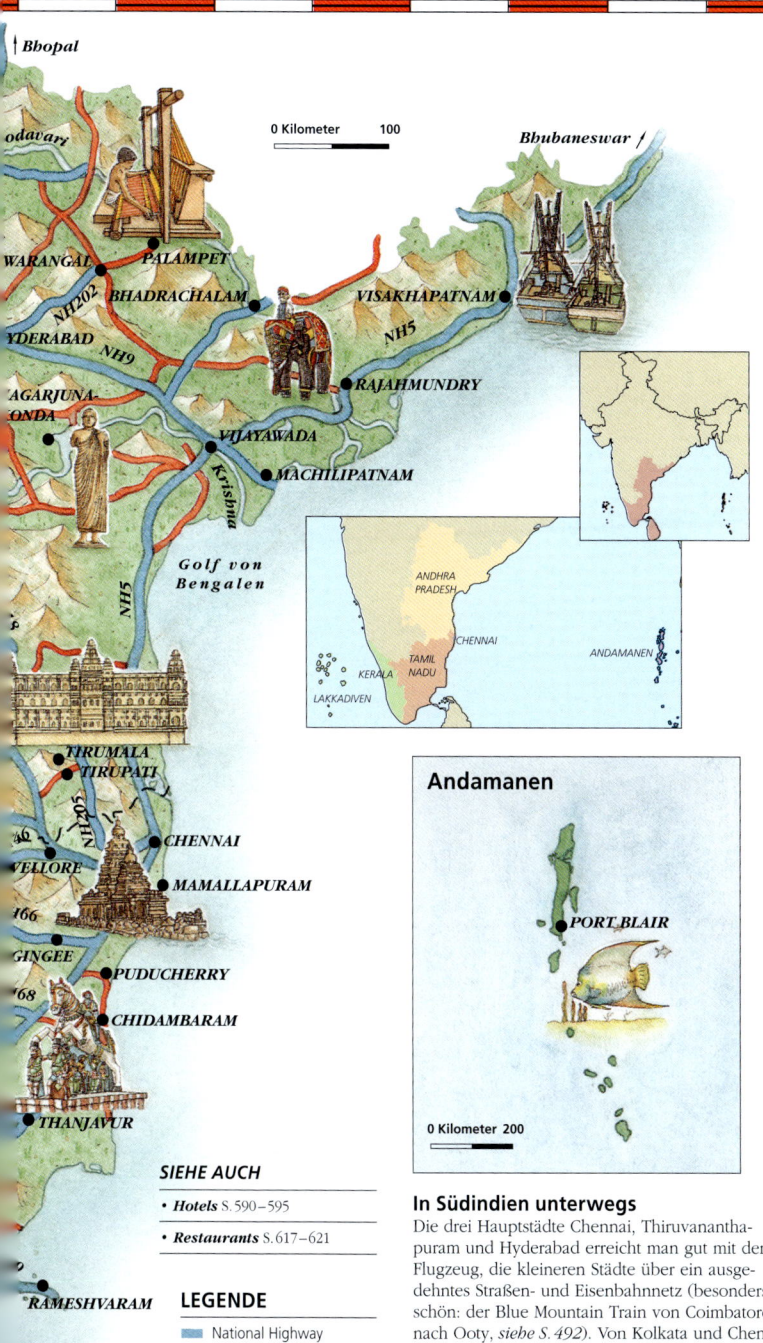

SÜDINDIEN IM ÜBERBLICK

Bhopal

Bhubaneswar

0 Kilometer 100

odavari

WARANGAL
PALAMPET
BHADRACHALAM
VISAKHAPATNAM
NH202
NH5
YDERABAD
NH9
AGARJUNA-
ONDA
RAJAHMUNDRY
VIJAYAWADA
Krishna
MACHILIPATNAM

Golf von Bengalen

ANDHRA PRADESH
CHENNAI
ANDAMANEN
KERALA
TAMIL NADU
LAKKADIVEN

NH5

TIRUMALA
TIRUPATI
VELLORE
166
CHENNAI
MAMALLAPURAM
GINGEE
168
PUDUCHERRY
CHIDAMBARAM

THANJAVUR

Andamanen

PORT BLAIR

0 Kilometer 200

RAMESHVARAM

SIEHE AUCH

- **Hotels** S. 590–595
- **Restaurants** S. 617–621

LEGENDE

▬ National Highway
▬ Hauptstraße
▬ Fluss
- - Bundesstaatsgrenze

In Südindien unterwegs

Die drei Hauptstädte Chennai, Thiruvananthapuram und Hyderabad erreicht man gut mit dem Flugzeug, die kleineren Städte über ein ausgedehntes Straßen- und Eisenbahnnetz (besonders schön: der Blue Mountain Train von Coimbatore nach Ooty, *siehe S. 492*). Von Kolkata und Chennai gehen regelmäßig Flüge zu den Andamanen, von Kochi (Kerala) nach Agatti (Lakkadiven). Von Kochi nach Agatti und von Chennai, Kolkata und Visakhapatnam zu den Andamanen gibt es auch Kreuzfahrten.

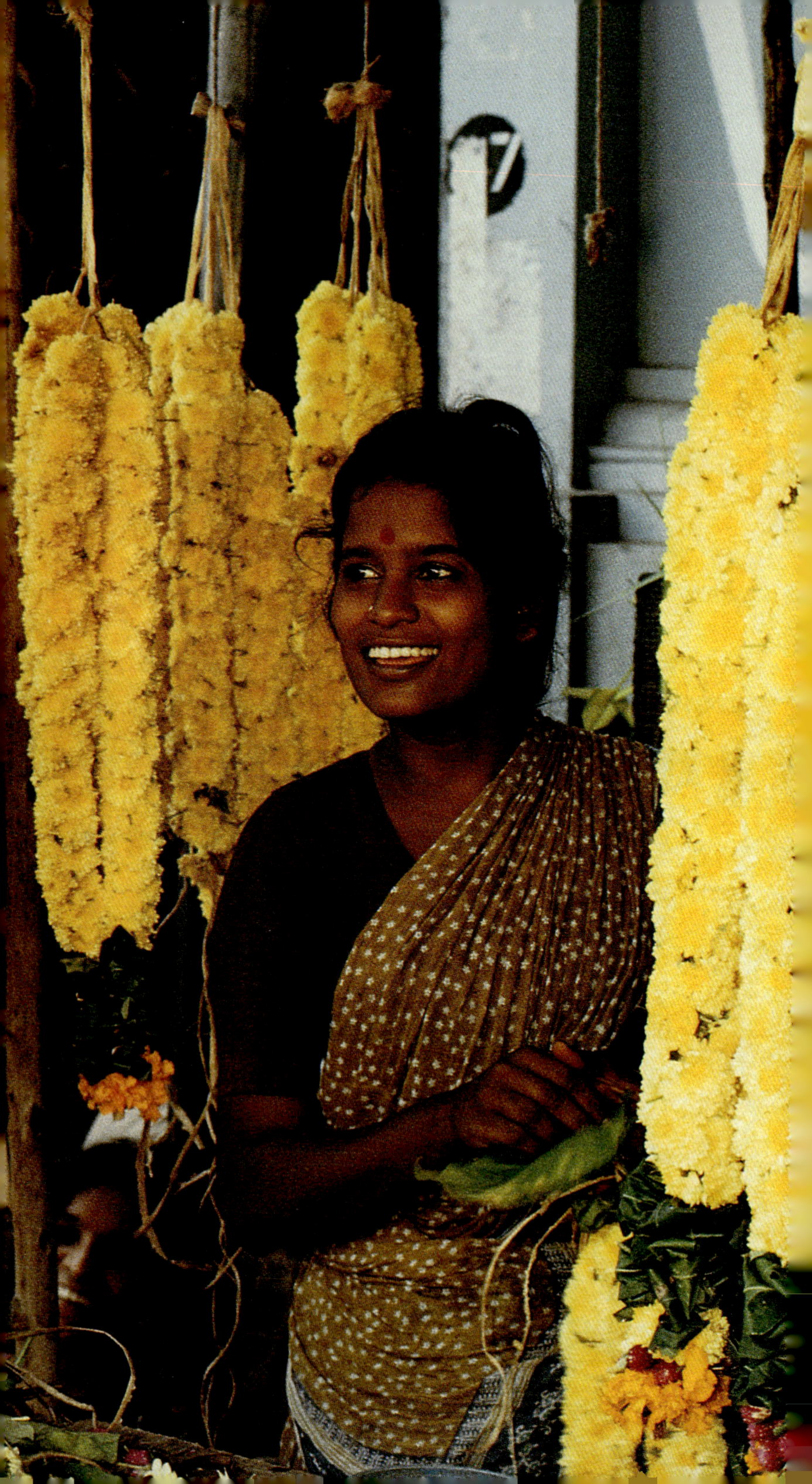

Chennai

Chennai (früher Madras) ist Hauptstadt des Bundesstaats Tamil Nadu und Tor zur reichen und vielfältigen Kultur der südindischen Halbinsel. Aus der Ansammlung von Fischerdörfern an der Koromandelküste entstand unter den Briten eine zusammenhängende Stadt. Heute ist sie Südindiens wichtigstes Wirtschafts- und Kulturzentrum sowie viertgrößte Stadt des Landes.

Chennai ist eine moderne Großstadt mit einer Vielzahl von Grünanlagen. Ursprünglich bestand sie aus einer Ansammlung von Dörfern inmitten von palmengesäumten Reisfeldern, bis zwei Mitglieder der englischen East India Company, Francis Day und Andrew Cogan, hier 1640 am Tag des hl. Georg (23. April) einen Handelsposten errichteten. Sie nannten die befestigte Siedlung Fort St George und das umliegende Gebiet Fort George Town. Die Waren aus den geschäftigen Straßen der Siedlung deckten den Bedarf der britischen Siedler. Unter der Kolonialmacht wurden verschiedene Dörfer eingemeindet, u. a. auch das im 16. Jahrhundert von den Portugiesen gegründete San Thomé, das mit der Verehrung des Apostels Thomas verknüpft war. Jahrhunderte vor der Ankunft der Europäer befand sich in Mylapore ein wichtiger Hafen (7. Jh.). Der Kapaleshvara-Tempel und der Parthasarathi-Tempel in Triplicane zeugen von der Historie der Stadt.

Unter den Kolonialherren wuchs Chennai zu einem Wirtschaftszentrum heran. Heute befinden sich die meisten Geschäftsbüros in George Town, während Fort St George Sitz der Regierung von Tamil Nadu ist. Die Stadt erstreckt sich über rund 174 Quadratkilometer und stellt eine dynamische Mischung aus Alt und Neu dar – hier stehen Kolonialbauten neben modernen Hochhäusern. An den Universitäten lebt das reiche kulturelle Erbe der tamilischen Literatur, der Musik und des Tanzes fort. Doch Chennai ist auch eine repräsentative Stadt, wie man an den vielen Denkmälern für Politiker sieht, die den Marina Beach säumen.

Reklametafel mit dem Bild J. Jayalalithas (geb. 1948), einer führenden Politikerin von Tamil Nadu

◁ Blumenverkäuferin in der Nähe des Kapaleshvara-Tempels, Mylapore (siehe S. 466)

Überblick: Chennai

Da Chennai aus einer Ansammlung von mehreren kleinen Städten besteht, gibt es kein eigentliches Stadtzentrum, sondern zahlreiche, durch vier Hauptstraßen verbundene Stadtbezirke. George Town liegt im Nordosten der Periyar EVR High Road (Poonamallee High Road). Egmore, Triplicane und Mylapore liegen im Süden. Hauptverkehrsader ist die Anna Salai (Mount Road). Sie verbindet Fort St George mit dem südlich gelegenen Mount St Thomas. Die anderen Hauptstraßen – Rajaji Salai (North Beach Road) und Kamarajar Salai (South Beach Road) – verlaufen an der Hafenpromenade entlang nach Kalakshetra.

Zur Orientierung

Frühmorgens an einem Blumenladen bei Parry's Corner

Sehenswürdigkeiten auf einen Blick

Historische Gebäude und Viertel
Adyar ❿
Anna Salai ❻
Egmore ❹
Fort St George ❶
George Town ❷
Triplicane ❽

Kirchen und heilige Stätten
Little Mount & Mount of St Thomas ⓮
Mylapore & San Thomé ❾
St Andrew's Kirk S. 458f ❸

Spaziergang
Spaziergang am Hafen S. 464f ❼

Museum
Government-Museum-Komplex ❺

Parks und Gärten
Guindy National Park ⓭

Unterhaltung
Kalakshetra ⓫
MGR Film City ⓬

CHENNAI

In Chennai unterwegs

Die geeignetsten Transportmittel sind öffentliche Busse, Mietwagen und Taxis. Die innerstädtischen Züge des Mass Rapid Transit System (MRTS) bedienen zusammen mit den Vorortzügen einen Großteil des Stadtgebiets und seiner Umgebung. Private Veranstalter bieten Busausflüge zu den meisten Sehenswürdigkeiten an.

SIEHE AUCH

- **Hotels** S. 590f
- **Restaurants** S. 617f

Anna Salai, die Hauptverkehrsader Chennais

LEGENDE

✈	Internationaler Flughafen
✈	Inlandsflughafen
🚆	Bahnhof
🚌	Busbahnhof
M	MRTS-Station
i	Information
✚	Krankenhaus
	Polizei
	Tempel
C	Moschee
	Gurdwara
	Kirche
✉	Post
—	National Highway
—	Hauptstraße

0 Kilometer 1

Großraum Chennai

0 km 2

Secretariat im Fort St George, Regierungssitz Tamil Nadus

Fort St George ❶

Zwischen Sir Muthuswamy Iyer Rd, Flag Staff Rd und Kamarajar Salai (South Beach Rd). **Fort Museum** (044) 2538 4510. tägl. Feiertage.

Den Kern des britischen Empire bildete der Bananenhain eines Farmers aus Madras. Offiziell bekam er das Land von Venkatadri Nayak, dem Abgeordneten des Raja von Chandragiri *(siehe S. 558)*. Die erste Fabrik innerhalb der Mauern des befestigten Anwesens wurde am Tag des hl. Georg, am 23. April 1640, fertiggestellt und Fort St George genannt. Dies war die Hauptniederlassung der East India Company bis 1772, als Kolkatta neuer Regierungssitz wurde.

Die abfallenden Wehrmauern mit den Kanonennischen wurden 1750 von Bartholomew Robins entworfen, nachdem die französische Armee die ursprünglichen Mauern 1749 zerstört hatte. Die Befestigungsanlagen bilden ein unregelmäßiges Fünfeck und werden noch durch einen Ring aus Erdwällen verstärkt, die zu einem den Komplex umgebenden Graben hin abfallen. Die Zugbrücken, über die man einst zu den fünf Haupttoren des Forts gelangte, wurden durch Straßen ersetzt. Beachten Sie, dass die meisten Gebäude im Fort beschränkten Zugang haben. Nur die St Mary's Church und das Fort Museum sind für die Öffentlichkeit zugänglich.

Das erste Gebäude hinter dem Sea Gate ist das neoklassizistische **Secretariat**, heute Sitz der Regierung von Tamil Nadu. Dahinter liegen die **Legislative Council Chambers** (gesetzgebende Ratskammern). Die imposanten Gebäude mit klassischen Linien und mit schwarzen Säulen geschmückten Fassaden errichtete man 1694–1732. Sie sollen zu den ältesten erhaltenen britischen Bauten in Indien gehören. Den 45 Meter langen Flaggenmast errichtete der Gouverneur Elihu Yale 1687, um zum ersten Mal den Union Jack in Indien hissen zu können. Yale begann seine Karriere bei der East India Company – später gründete er mit seinem Vermögen die Yale University in den USA.

Südlich der Ratskammern befindet sich die **St Mary's Church**, die älteste anglikanische Kirche Asiens. Streynsham Master, der damalige Gouverneur von Madras, ließ sie 1678–80 erbauen. In ihrem Inneren zeugen Denkmäler, Gemälde, alte Bibeln (u.a. eine von 1660) und Silber von einer lebhaften Vergangenheit. Sowohl Elihu Yale als auch Robert Clive heirateten hier. Die drei Töchter von Job Charnock *(siehe S. 225)* wurden hier getauft, bevor die Familie nach Bengalen zog. Arthur Wellesley, der spätere Duke of Wellington und Sieger von Waterloo, lebte wie Robert Clive im Fort St George. Ihre Residenzen, Wellesley House und Clive House, stehen noch, wenn auch etwas mitgenommen, gegenüber der Kirche.

Im Norden befindet sich der 1715 angelegte **Parade Ground** (ehemals Cornwallis Square). Hier fanden großartige Paraden und Truppenübungen statt. Im Osten liegen Büros der Ministerien

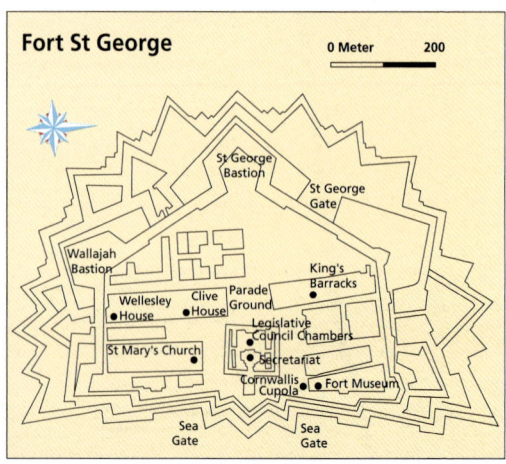

Altar der St Mary's Church mit *Letztem Abendmahl*

Hotels und Restaurants in Chennai *siehe Seiten 590f und 617f*

und Regimentsbaracken. In der Nähe der Südostecke des Parade Ground steht das **Fort Museum** (1780er Jahre). Dieses Museum mit seinen Memorabilien aus der Kolonialzeit (u. a. Gemälde und Waffen aus dem 18. Jh.) ist in einem Gebäude untergebracht, das ursprünglich für die öffentliche Börse vorgesehen war. Zu den berühmtesten Ausstellungsstücken gehören ein maßstabsgetreues Modell des Forts und ein Gemälde von George III. und Queen Charlotte. Die Lithografien im zweiten und dritten Stock gewähren faszinierende Einblicke in das alte Madras.

Am südlichen Ende des Museums, gegenüber der Kanone, sieht man die **Cornwallis Cupola**, die einst den Parade Ground schmückte. Die Statue des Gouverneur-Generals Lord Cornwallis wurde im Jahr 1800 geschaffen und zeigt ihn, wie er die beiden jungen Söhne Tipu Sultans *(siehe S. 425)* als Geiseln nimmt.

George Town ❷

Zwischen Rajaji Salai (North Beach Rd) und NSC Bose Rd.

In den 1640er Jahren ließen sich Weber und Färber aus Andhra Pradesh in George Town nieder, um Stoffe für die East India Company herzustellen. Die Briten nannten

General Post Office, George Town

die Siedlung »Schwarze Stadt«, die Einheimischen Chennapatnam – der Ursprung des heutigen Namens. Nachdem das Gebiet 100 Jahre später komplett umgebaut worden war, nannte man es George Town. In dieser Zeit konzentrierte sich das Wirtschaftsleben auf eine fünf Quadratkilometer große Enklave. Auch heute noch ist dies ein sehr geschäftiger Flecken mit öffentlichen Einrichtungen im Süden, Handels- und Wirtschaftsbüros im Zentrum und einer Wohngegend im Norden.

Obstverkäuferinnen in George Town

Robert Clive (1725 – 1774)

Ein Porträt Robert Clives von Nathaniel Dance (1773)

Robert Clive ist eine der schillerndsten Persönlichkeiten in der Geschichte des britischen Indien. Er war erst 19 Jahre alt, als er seine Karriere bei der East India Company im Fort St George begann. Er war aber kein Schreibtischtäter, und so wurde er Soldat in zahlreichen Kriegen *(siehe S. 52)*, die die Macht der Gesellschaft in Südindien stärkten. Clive wurde Verwalter des Forts und später Gouverneur von Bengalen. Er häufte ein ungeheures Vermögen an, weshalb er in England schließlich der Korruption angeklagt wurde. Clive nahm sich 1774 das Leben.

Zunächst ist der 38 Meter hohe **Leuchtturm** an der Rajaji Salai interessant, den man bereits aus 25 Kilometer Entfernung sieht. Den angrenzenden **High Court** (1892) entwarf Chisholm im indo-sarazenischen Stil mit Buntglasfenstern. Das **General Post Office** mit seinen Bogen und quadratischen Türmen ist ein weiteres schönes indo-sarazenisches Gebäude. **Parry's Corner** (an der Kreuzung NSC Bose Road und Rajaji Salai) ist nach Parry and Company benannt, der 1790 von Thomas Parry gegründeten ältesten britischen Handelsgesellschaft, die auch heute noch in Chennai operiert. Heutiger, an dieser Stelle stehender Firmensitz ist das **Dare House**.

Die längste Straße der Gegend, die **Mint Street**, verdankt ihren Namen der Münze, die seit 1841 hier Goldmünzen für die Briten prägte. Heute sind die Gebäude Teil der Druckerpresse der Regierung. Die Häuser in George Town stammen aus dem 17. Jahrhundert. In ihnen lebten und arbeiteten Inder, Portugiesen, Armenier und Menschen aus anderen Teilen der Welt. Die **Armenian Street** ist selbstverständlich nach den Armeniern benannt, in der **Coral Merchant Street** dagegen lebte eine kleine jüdische Gemeinde, die mit Korallen handelte. Heute zeichnet sich jede Straße durch andere Handelswaren aus: In der Anderson Street handelt man mit Papier, in der Audiappa Naicken Street mit Getreide, in der Govindappa Naicken Street und der Godown Street mit Textilien. Einige Straßen sind dem Handel mit Souvenirs vorbehalten: Die Kasi Chetty Street und die Narayanamudali Street werden von Läden gesäumt, in denen man herrliche Kleinigkeiten bekommt.

St Andrew's Kirk ❸

Gedenktafel

Die 1821 geweihte Kirche ist ein großartiges Beispiel neoklassizistischer Architektur. Sie wurde von den Ingenieuren Major Thomas de Havilland und Colonel James Caldwell nach dem Vorbild der Londoner Kirche St Martin in the Fields errichtet. Der Bau kostete 20 000 Pfund. Das Hauptschiff erhebt sich über einem runden Grundriss, im Osten und Westen schließen sich rechteckige Bauteile an. Der Rundbau mit einem Durchmesser von 24,50 Metern wird von einer tiefblauen Kuppel mit goldenen Sternen und 16 kannelierten korinthischen Säulen bekrönt.

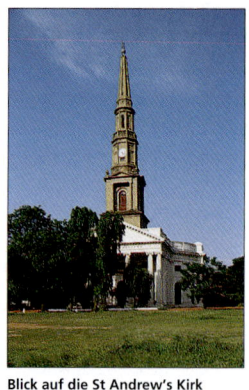

Blick auf die St Andrew's Kirk mit ihrem hohen Turm

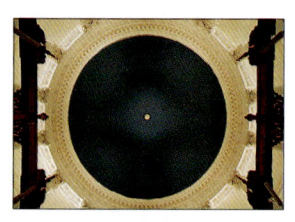

★ Kuppel
Das architektonische Wunder besteht aus einem Steinrahmen über einem ringförmigen Bogen, der mit Keramikkegeln gefüllt ist. Die blaue Farbe kommt durch mit Lapislazuli vermischte Muscheln zustande.

Buntglasfenster
Die Fenster über dem Altar sind in warmen Farben gehalten und zählen zu den Highlights der Kirche.

Gestühl
Wunderschönes Mahagoniholz ziert Gestühl und Kanzel. Ab 1839 »vermietete« man die Sitze an prominente Bürger; die Namensschildhalter aus Messing sind noch zu sehen.

16 kannelierte korinthische Säulen stützen die Kuppel und verleihen dem Bau Schönheit und Ausgewogenheit.

ST ANDREW'S KIRK

Der Kirchturm ist 50 Meter hoch, vier Meter höher als der des Vorbilds St Martin in the Fields in London. Auf der Spitze des schlanken, pyramidenförmigen Turmes sitzt ein Wetterhahn aus Bronze.

INFOBOX

Egmore. (044) 2561 2608.
tägl. So 7, 9 und 18 Uhr.
St Andrew's Day (Nov).

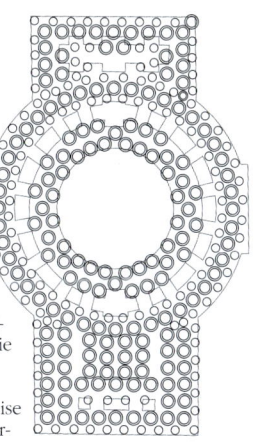

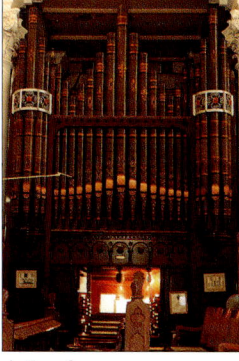

Brunnen der Kirche

Da der Boden sandig ist und der Ort bei Monsun häufig überschwemmt wird, besteht das Fundament der Kirche eigentlich aus einer Reihe von Brunnen, die zwischen vier und 15 Meter tief sind. Dieses Beispiel für einzigartigen Einfallsreichtum der Ingenieurkunst basiert auf einer für die Gegend typischen Baupraxis. Die Brunnen bestehen entweder aus speziell angefertigten runden Steinen oder Keramikzylindern. Sie werden so dicht an der Erde platziert, dass das Wasser in ihnen aufsteigt – auf diese Weise wird der Bau vor unkontrollierten Überschwemmungen geschützt. Die 150 Brunnen wurden von Mumvutties gegraben, einer Gruppe von Wanderarbeitern.

0 Meter 10

★ **Orgel**
Die hübsche Orgel in Dunkelgrün und Gold dominiert den Altar. Sie erklang erstmals im Jahr 1883 und wurde im englischen Yorkshire gebaut.

Eingang

Die doppelte Kolonnade mit zwölf ionischen Säulen steht auf einem Sockel.

NICHT VERSÄUMEN

★ Kuppel

★ Orgel

Egmore Railway Station – ein Wahrzeichen der Stadt

Egmore ❹

Zwischen Periyar EVR High Rd und Pantheon Rd. 🚉 *Egmore Railway Station*, (044) 2819 4579.

Die ganze Gegend südlich der Periyar EVR High Road (Poonamallee High Road) und die Biegung des Flusses Cooum ist als Egmore bekannt. Die East India Company erwarb das ursprünglich sehr kleine Dorf im späten 17. Jahrhundert, als sie zu expandieren begann. Egmore war auch eine der frühesten Wohngegenden, in der sich die wohlhabenden Angehörigen der Gesellschaft palastartige Häuser und luxuriöse Gärten bauen ließen – die sogenannten »Gartenhäuser« waren im kolonialen Chennai außerordentlich beliebt.

Das im Jahr 1850 gegründete **Government College of Arts and Crafts** steht an der EVK Sampath Salai. Das auffällige gotische Gebäude und seine Kunstgalerie entwarf Robert Fellowes Chisholm (siehe S. 465), der 1877 auch zu seinem Superintendenten ernannt wurde. Der erste indische Direktor, Debi Prasad Roy Chowdhary, war in den 1950er Jahren ein berühmter Maler und Bildhauer. Die Künstlerkolonie von Cholamandal (siehe S. 472) gründete sein Nachfolger Dr. K. C. S. Panicker. Heute ist das prestigeträchtige Government College eine der besten Kunstschulen des Landes. Es finden regelmäßig Ausstellungen zeitgenössischer Malerei und Bildhauerei statt.

Westlich davon liegt die **Egmore Railway Station**, ein weiteres Architekturjuwel Chisholms. Das hübsche Gebäude mit seinen unkonventionell flachen Kuppeln und Spitzbogen wurde im indo-sarazenischen Stil errichtet. Der seit dem frühen 20. Jahrhundert in Betrieb befindliche Bahnhof verbindet Chennai mit dem Rest von Tamil Nadu und dem Süden.

Heute ist Egmore das Wirtschaftszentrum Chennais, ein Betondschungel aus Büros, Kaufhäusern, Boutiquen und Hotels. In den Läden der Firma Co-Optex an der Pantheon Road werden handgewebte Seiden- und Baumwollsaris sowie verschiedene Stoffe verkauft.

Stehende Buddhas aus Amravati

Government-Museum-Komplex ❺

Pantheon Rd. ☎ (044) 2819 3778. ◻ Sa–Do. ◻ Feiertage.
Connemara Public Library ☎ (044) 2819 1842. ◻ tägl.

In dem Kulturkomplex waren im 18. Jahrhundert die Public Assembly Rooms (öffentliche Versammlungsräume) untergebracht. Damals fanden in dem Komplex alle öffentlichen Veranstaltungen statt.

Das indo-sarazenische **Government Museum** mit seinen blassroten Mauern, den labyrinthartigen Treppen

Grundriss Government-Museum-Komplex

1. Hauptgebäude
2. Vordergebäude
3. Bronze Gallery
4. Connemara Public Library
5. Museum für Kinder
6. National Art Gallery
7. Contemporary Art Gallery

Hotels und Restaurants in Chennai siehe Seiten 590f und 617f

Die Fassade der National Art Gallery im Neo-Mogulstil

und ineinander übergehenden Galerien erstreckt sich über fünf Abschnitte; jeder hat eine spezielle Sammlung zu bieten. Die rund 30 000 Exponate umfassen Steine, Fossilien, Bücher und Skulpturen.

Die archäologische Abteilung im Hauptgebäude ist für ihre außergewöhnliche Sammlung an südindischen Antiquitäten berühmt. Zu sehen sind u. a. Skulpturen aus Stein und Metall, Holzschnitzereien und Manuskripte. Die Sammlung seltener buddhistischer Stücke besteht aus über 1500 Einzelteilen. Eine weitere Abteilung widmet sich Artefakten aus Amravati *(siehe S. 554)*, die im 19. Jahrhundert vom wagemutigen Colonel Colin Mackenzie hierhergebracht wurden. Ausgestellt werden Skulpturenreliefs, Tafeln und frei stehende Statuen. Auf keinen Fall versäumen sollten Sie eine Votivtafel (2. Jh.) und zahlreiche Basreliefs mit Szenen aus dem Leben Buddhas.

Die numismatische Abteilung beherbergt eine große Sammlung südindischer und Mogul-Münzen sowie einige goldene Gupta-Münzen mit Sanskrit-Inschriften.

Das Museum war eines der ersten in Indien, in dem es Stücke aus den Bereichen Ethnologie und prähistorische Archäologie zu sehen gab. Die Anthropologie-Abteilung im Vordergebäude umfasst zahlreiche prähistorische Antiquitäten, u. a. Kochutensilien und Jagdinstrumente wie den ersten indischen Paläolithen, den Bruce Foote 1863 entdeckte. Die zoologische Abteilung im Hauptgebäude ist eine der größten des Museums. Sie präsentiert zwar nur südindische Fauna, wurde jedoch durch einige nichteinheimische Tiere wie Aras, Mandarinenten und Goldfasane erweitert. Zudem ist ein 18,5 Meter langes Walskelett zu sehen. Das Museum Theatre (19. Jh.) nebenan, ein halbrunder Bau im indo-sarazenischen Stil, diente ursprünglich als Vorlesungssaal.

In der **Bronze Gallery** werden einige der schönsten Bronzegüsse aus ganz Südindien ausgestellt. Die Sammlung zeigt rund 700 Bronzen, vornehmlich aus der Pallava- und der Chola-Ära (9.–13. Jh.). Sie stammen aus den Tempeln und heiligen Stätten der Region. Besonders sehenswert sind einige Nataraja-Skulpturen, die Shiva bei seinem kosmischen Tanz der Schöpfung zeigen *(siehe S. 462)*. Herausragend ist auch ein Chola-Ardhanarisvara (11. Jh.). Die Figur vereint Shiva und seine Gefährtin Parvati in ganzheitlicher Harmonie. Darüber hinaus werden Bronzen anderer Götter und Göttinnen aus dem hinduistischen Pantheon, etwa Rama, Sita und Ganesha, ausgestellt. Zu sehen sind auch buddhistische Bronzen aus Amravati, ein Chola-Tara, ein Maitreya-Avalokitesvara und aus dem 11. Jahrhundert stammende Bildnisse von mehreren Jain-*tirthankaras*.

Gegenüber dem Museum befindet sich die imposante **Connemara Public Library** aus dem Jahr 1896. Der Bau mit üppiger Stuckdekoration, Holzarbeiten und Buntglasfenstern wurde nach einem Bruder des Vizekönigs Lord Mayo benannt. Er beherbergt eine der vier Nationalbibliotheken Indiens und enthält jedes veröffentlichte Buch des Landes. Sein ältester und geschätztester Besitz ist eine Bibel von 1608.

Die **National Art Gallery** (ehemals Victoria Memorial Hall and Technical Institute; derzeit wegen Renovierung geschlossen) ist das vielleicht schönste Gebäude des Komplexes. Sie wurde 1909 nach einem Entwurf von Henry Irwins, einem der gefeiertsten Architekten der Stadt, im Neo-Mogulstil erbaut. Das riesige Portal erinnert an Fatehpur Sikri *(siehe S. 154–156)*. Ausgestellt werden Bronzen aus der Chola-Ära, darunter zwei schöne Bildnisse von Rama und Sita sowie ein erstklassiger Nataraja aus dem 11. Jahrhundert. Die nahe gelegene **Contemporary Art Gallery** zeigt eine Sammlung zeitgenössischer indischer Kunst. Der Schwerpunkt liegt auf Werken berühmter südindischer Künstler wie Raja Ravi Varma *(siehe S. 512)*.

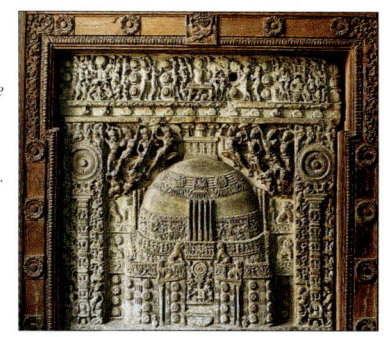

Parvati (9. Jh.), Chola-Ära

Votivtafel mit Stupa (2. Jh.) aus Amravati

Shiva, der kosmische Tänzer

Bronzeskulpturen von Göttern und Göttinnen sind der Stolz der südindischen Kunst. Strenge ikonografische Richtlinien bestimmen die Proportionen jedes Abbilds und die symbolische Bedeutung jeder Haltung, Geste, Waffe und anderen Verzierung. Dennoch waren die Meister der Bildhauerkunst dazu in der Lage, Skulpturen von außerordentlicher Individualität, Kraft und Anmut zu schaffen. Zu den bemerkenswertesten Bronzeskulpturen gehören die Shivas als Nataraja (kosmischer Tänzer) und Parvatis. Die symbolisch aufgeladenen Figuren entstanden während der Chola-Ära (zwischen dem 9. und 13. Jahrhundert).

Bronzefigur von Parvati

Nataraja
Die Nataraja-Gestalt Shivas symbolisiert den natürlichen Kreislauf von Entwicklung und Umwandlung. Hier brillierten die Künstler der Chola-Ära in Form und Ausdruck.

Der winzige Halbmond in Shivas Haar ist ein Symbol der vergehenden Zeit.

Das Feuer in der linken Hand symbolisiert Zerstörung.

Die Göttin Ganga zeigt sich zwischen den wirbelnden Locken Shivas – schließlich verhalf er ihr zu ihrer Niederkunft auf der Erde.

Die Trommel in der rechten Hand ist Symbol des Schöpfungsrhythmus.

Die offene Hand gewährt Angstfreiheit.

Die linke Hand zeigt zum Fuß – Symbol der Erlösung von der Unwissenheit.

Das linke Bein wird bei einer Tanzbewegung angehoben.

Der Flammenring symbolisiert den Kosmos.

Das rechte Bein trampelt Apasmara nieder, ein Symbol der Unwissenheit.

Bronzeskulpturen *der Tempelgottheiten werden zu festlichen Anlässen in Prozessionen durch die Stadt getragen. Sie werden in Seide gekleidet, mit Sandelholzpaste bedeckt und mit Girlanden geschmückt.*

Die Vermählung Shivas mit Parvati *ist ein Juwel der Chola-Kunst. Shiva, in königlich-erhabener Gestalt, hält zärtlich die Hand seiner schüchternen Braut Parvati. Vishnu, der Bruder Parvatis, sieht zu.*

Siehe auch *Hinduistische Götterwelt* auf Seite 24f und den Kasten *Ganesha* auf Seite 382

Fassade der »Moschee der Tausend Lichter«

Anna Salai ❻

Von Cooum Island nach Little Mount.
Rajaji Hall (044) 2536 5635.
tägl.

Anna Salai (oder Mount Road) ist die Hauptverkehrsader, die vom Norden Chennais nach Little Mount im Süden *(siehe S. 469)* führt. Bis in das 20. Jahrhundert hinein war sie von den »Gartenhäusern« der Elite gesäumt, heute ist sie eine moderne Geschäftsstraße mit Reklametafeln (u. a. Filmstars). Die eleganten Häuser aus früheren Zeiten wurden mittlerweile durch Hochhäuser ersetzt.

Die Anna Salai beginnt auf einer Insel im Cooum Creek, südlich des Fort St George. Dort steht die Statue von Sir Thomas Munro, der von 1819 bis 1826 Gouverneur der »Madras Presidency«. Ganz in der Nähe liegt auf einer ausgedehnten Grünfläche der prestigeträchtige **Gymkhana Club**. Durch die Nähe zum Armeehauptquartier war er vor allem bei Offizieren beliebt. Bis 1920 nahm man hier nur Garnisonsoffiziere auf, auch heute noch gehört das Anwesen dem Militär.

Auf dem Old Government Estate südwestlich des Gymkhana Club stehen die luxuriösen Villen der Gouverneure von Madras. Das Hauptgebäude des einstigen Regierungssitzes verfällt allmählich, doch der Bankettsaal (1802), von dem zweiten Lord Clive, dem ältesten Sohn Robert Clives, geschaffen, hat sich seine Eleganz bewahrt. Die **Rajaji Hall** ist nach dem indischen Gouverneur-General, C. Rajagopalachari oder Rajaji, benannt. Im Inneren des neoklassizistischen Gebäudes führt eine imposante Treppe zu dem riesigen Saal mit Täfelung und Kronleuchtern hinauf.

Danach geht die Anna Salai in den Wirtschaftssektor über. In diesem Straßenabschnitt befinden sich ein paar der ältesten Wahrzeichen der Stadt, darunter auch eine der größten Buchhandlungen Indiens (**Higginbotham's**), **Spencer's**, eine internationale Kaufhauskette, und das **Taj Connemara**, eines der prächtigsten Hotels der Stadt *(siehe S. 591)*.

Auf der anderen Straßenseite liegt der heute etwas ramponierte, 1832 gegründete **Old Madras Club**, der zu jener Zeit als König der Clubs galt. Die **Thousand Lights Mosque** (19. Jh.) verdankt ihren Namen der Tradition, die früher an ihrer Stelle stehende Assembly Hall mit 1000 Öllampen zu erleuchten. Weiter südlich steht die **St George's Cathedral**, die Thomas de Havilland 1814 nach Entwürfen James Lillyman Caldwells erbaute. Der 42 Meter hohe Kirchturm ist ein Wahrzeichen Chennais.

Hauptaltar (frühes 19. Jh.) der St George's Cathedral

Filmstars und Politik

Reklametafeln beliebter südindischer Filmhelden

Die südindische Filmindustrie, vor allem Tamil und Telugu, ist der Herkunftsort vieler Politiker. Der erste Vorsitzende der dravidischen Partei (damals DMK), Dr. C. N. Annadurai (1909–1969), sowie sein Nachfolger M. Karunanidhi (geb. 1924) waren beide einflussreiche Drehbuchautoren. Der berühmteste Schauspieler, der in die Politik ging, war Marudur Gopalamenon Ramachandran (1917–1987). Seine Darstellung des draufgängerischen Helden machte ihn zum Symbol der Rechtschaffenheit. Als »MGR« erlangte er Kultstatus in der Region. 1977–87 war er Ministerpräsident von Tamil Nadu. Seine Kollegin und Protegé Jayalalitha, ebenfalls eine charismatische Regierungschefin, verfing sich 2001 in Korruptionsvorwürfen, wurde später jedoch rehabilitiert. Zeitgenössische Kinohelden wie Rajnikant und Chiranjeevi überzeugen dank wagemutiger Stunts eher als Machos. Auch sie haben Fans in ganz Südindien.

Hotels und Restaurants in Chennai *siehe Seiten 590f und 617f*

Spaziergang am Hafen ❼

Die Küste Chennais besteht aus einem der längsten Stadtstrände Indiens. Er zieht sich am östlichen Rand der Stadt 13 Kilometer hin. Der von Mountstuart Elphinstone Grant-Duff (Gouverneur 1881–86) erbaute Hafen (»Marina«) verbindet das Fort St George mit der fast fünf Kilometer entfernten Basilika San Thomé. Der Architekturhistoriker Philip Davies beschrieb die Anlage als »eine der schönsten Hafenpromenaden der Welt«. Die Einwohner Chennais kommen hierher, um die angenehm kühle Seebrise zu genießen. Auf dem Spaziergang entlang dem Kamarajar Salai (South Beach Road) kommt man an Parks, kopfsteingepflasterten Straßen und wunderschönen Bauwerken vorbei.

Das indo-sarazenische Presidency College, Kern der Madras University

Anna Park
Der Spaziergang beginnt am Victory War Memorial ① am Nordende der Kamarajar Salai. Das Denkmal erinnerte ursprünglich an den Sieg der Alliierten im Ersten Weltkrieg, wurde später jedoch den Soldaten der »Madras Presidency« gewidmet, die im Zweiten Weltkrieg ums Leben kamen. Südlich davon steht im Anna Park das Anna Samadhi ②, ein Denkmal zu Ehren von C. N. Annadurai, dem ehemaligen Ministerpräsidenten von Tamil Nadu, der wichtige politische und soziale Reformen durchführte. Weiter südlich stößt man auf MGR Samadhi ③, einen Garten mit Toren und Pfaden, der im Andenken an den beliebten Filmschauspieler und Politiker M. G. Ramachandran (siehe S. 463) angelegt wurde. In diesem Strandabschnitt findet man viele Souvenirläden und Restaurants, in denen sich Besucher aus aller Welt treffen. Interessant ist der Sonntagsmarkt mit kuriosem Warenangebot.

Victory War Memorial, Kamarajar Salai

North Marina
Auf der anderen Seite der Kamarajar Salai steht eine Reihe interessanter roter Backsteingebäude in verschiedenen Stilrichtungen, u. a. mit indischen und maurischen Elementen. Die indo-sarazenische Madras University ④ wurde 1857 gegründet. Sie ist eine der ältesten Universitäten des Landes. Das architektonische Juwel des Senate House ⑤ entwarf Robert Chisholm als Mischung zwischen byzantinischem und sarazenischem Bau. Hier hat seit 1879 die Madras University ihren Hauptsitz. Die Bauten stehen auf dem einstigen Gelände des alten, indo-sarazenischen Chepauk-Palasts ⑥ an der Wallajah Road, in dem der Nawab von Arcot residierte. Der Palast wurde zwar bereits 1768 erbaut, Chisholm fügte jedoch die Anbauten hinzu, darunter auch den Turm, der früher die beiden Flügel miteinander verband. Heute befinden sich hier Regierungsbüros. Das Chepauk Stadium, Chennais berühmter Cricket-Platz, liegt hinter dem Palast. Etwas weiter die Straße hinunter stößt man auf das 1840 gegründete Presidency College ⑦, die erste höhere Bildungseinrichtung in Südindien. Der strenge Bau ist mit einer gerippten Kuppel versehen. Zu den berühmten Ehemaligen gehören C. Rajagopalachari und die Physik-Nobelpreisträger C. V. Raman und sein Neffe S. Chandrasekhar.

South Marina
Etwas weiter südlich, noch an der Kamarajar Salai, gelangt man zur beeindruckenden Statue *Triumph of Labour* ⑧.

Hotels und Restaurants in Chennai *siehe Seiten 590f und 617f*

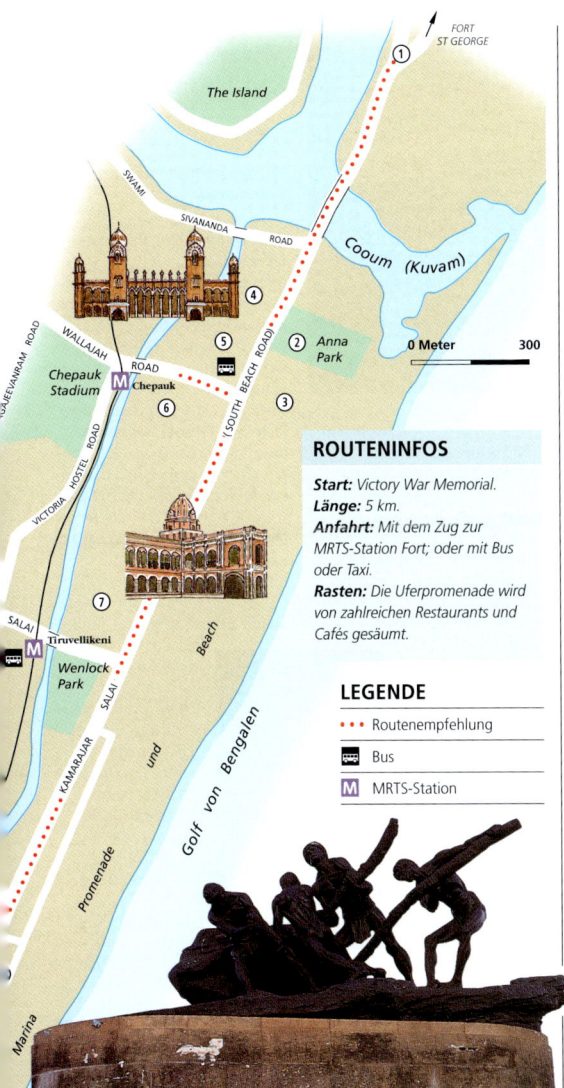

Lebhafte Abendszene am Marina Beach

Triumph of Labour von Debi Prasad Roy Chowdhary, 1959

ROUTENINFOS

Start: Victory War Memorial.
Länge: 5 km.
Anfahrt: Mit dem Zug zur MRTS-Station Fort; oder mit Bus oder Taxi.
Rasten: Die Uferpromenade wird von zahlreichen Restaurants und Cafés gesäumt.

LEGENDE

- • • • Routenempfehlung
- 🚌 Bus
- Ⓜ MRTS-Station

Die Skulptur schuf Debi Prasad Roy Chowdhary *(siehe S. 460)*, der 1929 erster indischer Direktor der Madras School of Arts and Crafts wurde.

Westlich der Hauptstraße, an der Annie Besant Road, liegt das Ice House ⑨, früher ein Frauenheim namens Vivekananda House. In den 1840er Jahren war das runde, mit einer Steinananas bekrönte Gebäude ein Lagerhaus für Eis, das man den weiten Weg aus den USA importierte. An diesem Ort hielt auch Swami Vivekananda *(siehe S. 501)* seine Reden, als er die Stadt besuchte. Heute befindet sich das Gebäude im Besitz der Ramakrishna-Mission, die eine Restaurierung plant. Etwas weiter im Süden steht das Queen Mary's College ⑩, das heutige Madras College for Women. Das erste Frauen-College von Chennai wurde im Juli 1914 eröffnet. Am Eingang steht noch immer eine Büste der Königin. Ein imposanter Leuchtturm ⑪ markiert das südliche Ende des Hafens.

Robert Chisholms Vermächtnis

Robert Fellowes Chisholm (1845–1884) zählte in der zweiten Hälfte des 19. Jahrhunderts zu den begabtesten Architekten Indiens. 1864 gewann er mit den Entwürfen für Presidency College und Senate House einen Wettbewerb, die Regierung ernannte ihn daraufhin zum leitenden Architekten. In den nächsten 15 Jahren fanden am Hafen umfangreiche Bautätigkeiten statt, viele innovative Gebäude entstanden. Chisholm vereinte italienische mit sarazenischen Stilelementen, damit die neuen Bauten mit dem existierenden Chepauk-Palast harmonierten. Lange Zeit leitete Chisholm die 1855 gegründete School of Industrial Art, die heute als Government College of Fine Arts bekannt ist.

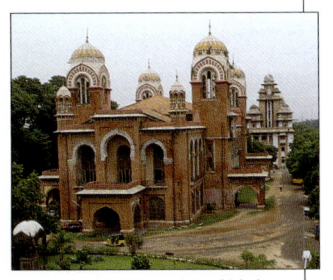

Das Senate House von Robert Chisholm, 1873 vollendet

Verkauf von Früchten auf dem Markt von Triplicane

Triplicane ⑧

An der Kamarajar Salai (South Beach Rd). **Parthasarathi-Tempel** ⬜ tägl. *Neeratu Utsavam (Dez).*

Der dicht besiedelte Vorort Triplicane gehörte zu den ersten Dörfern, die die East India Company in den 1670er Jahren erwarb. Er verdankt seinen Namen dem einst hier stehenden heiligen Lilienbecken *(tiru-alli-keni)*. Der historische **Parthasarathi-Tempel** ist einer der ältesten in der Stadt. Er wurde im 9. Jahrhundert erbaut und ist Krishna (oder Partha) in seiner Gestalt als göttlicher Wagenlenker Arjunas *(sarathi)* geweiht. Das im Dezember stattfindende Tempelfest zieht Tausende von Gläubigen an. Einst lagen die Wohnhäuser der Priesterkaste, der Brahmanen, in den schmalen Straßen um den Tempel. Dazu gehörten auch das Haus des Mathematikgenies Srinivasa Ramanujan (1887–1920) und das des Nationaldichters Subramania Bharati (1882–1921), der vor allem Anfang des 20. Jahrhunderts viele Werke verfasste.

Triplicane gehörte einst zum Königreich Golconda *(siehe S. 546f)*, weshalb das Viertel auch die größte Konzentration an Muslimen in der ganzen Stadt aufweist. Der Nawab von Arcot, Muhammad Ali Wallajah (1749–1795), unterstützte die Briten in ihrem Kampf gegen die Franzosen und finanzierte zu einem Großteil die Moschee, die 1795 hier erbaut wurde. Sie ist als **Wallajah- (Große) Moschee** bekannt. Der graue Granitbau mit seinen schlanken Minaretten steht an der Triplicane High Road. Der angrenzende Friedhof birgt die Gräber muslimischer Heiliger. Die Nachkommen des Nawab leben heute noch in Triplicane – in der stattlichen Villa **Amir Mahal** (1798), die ihre Residenz wurde, nachdem der Chepauk-Palast *(siehe S. 464)* von den Briten eingenommen worden war.

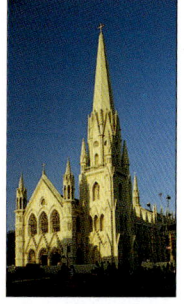

Mylapore & San Thomé ⑨

Südlich von Triplicane. **Kapaleshvara-Tempel** ⬜ tägl. **San-Thomé-Basilika** ⬜ tägl. **Luz Church** ⬜ tägl.

Mylapore war im 7. und 8. Jahrhundert ein wichtiger Hafen, heute ist es eines der lebendigsten Viertel der Stadt. Das traditionelle Mylapore mit seinen religiösen Organisationen, den winzigen Häusern und den lebhaften Basaren wird von dem **Kapaleshvara-Tempel** beherrscht, dem größten von ganz Chennai. Die Hauptgottheit Shiva ist als Pfau *(mayil)* vertreten, weshalb der ursprüngliche Name der Gegend Mayilapura (»Stadt der Pfauen«) lautet. Einer Legende zufolge soll Parvati die Gestalt eines weiblichen Pfaues angenommen haben, um Shiva zu huldigen, der hier durch ein Linga repräsentiert wird. Ein Figurenrelief im Hof berichtet davon. Den jetzigen Tempel erbauten die Portugiesen im 16. Jahrhundert.

Die gotische San-Thomé-Basilika

Die Verbindung des Viertels zum Christentum geht auf das 1. Jahrhundert zurück, auf die Zeit des hl. Thomas *(siehe S. 469)*. Im 10. Jahrhundert entdeckte eine Gruppe nestorianischer Christen aus Persien das Grab des Heiligen und errichtete dort eine Kirche. Im frühen 16. Jahrhundert entstand eine von den Portugiesen gegründete Siedlung um die Kirche. Die heutige **San-Thomé-Basilika** ist ein beeindruckender gotischer Bau von 1898. Er ist reich verziert mit Buntglasfenstern und einem hohen Kirchturm. In der Krypta werden angeblich ein Knochen aus der Hand des Heiligen sowie die Waffe, die ihn tötete, aufbewahrt. In der Nähe steht die 1516 von Franziskanern erbaute **Luz Church**, was sie zur ältesten katholischen Kirche Chennais macht.

Die elegante Fassade der Wallajah-Moschee mit seitlichen Minaretten

Hotels und Restaurants in Chennai *siehe Seiten 590f und 617f*

Adyar ❿

Südlich von San Thomé, auf der anderen Seite des Flusses Adyar. **Theosophical Society** ▌ *(044) 2491 2474.* ◯ *Mo–Fr und Sa-Vormittag.* **Brodie Castle** ◯ *tägl.*

Nur wenige Orte in Chennai strahlen mehr Ruhe und Heiterkeit aus als die weitläufigen Gärten der **Theosophical Society** in dem Viertel Adyar am Ufer des gleichnamigen Flusses. Die Gesellschaft wurde 1875 in New York gegründet und zog sieben Jahre später hierher, auf das Anwesen Huddlestone Gardens. Das große Herrenhaus ließ der wohlhabende Bürger John Huddlestone im Jahr 1776 errichten, heute ist die Villa weltweiter Hauptsitz der Theosophical Society. Auf dem 108 Hektar großen Anwesen sind mehrere Gebäude aus dem 19. Jahrhundert, darunter auch das einstige Heim des Gründers der Gesellschaft, Colonel Henry S. Olcott.

Im Hauptgebäude befindet sich die fast spartanisch wirkende Great Hall, in der man sich zum Gebet versammelt. In Basreliefs und Inschriften aus den Büchern der Weltreligionen sind alle Glaubensrichtungen vertreten. Zudem sind Marmorstatuen der Gründer Colonel Olcott und Helena Petrovna Blavatsky sowie von Annie Besant zu sehen, die 1907 Präsidentin der Gesellschaft wurde.

Das 1886 von Olcott gegründete Adyar Library and Research Centre ist eine der schönsten Bibliotheken von ganz Indien und mit seinen 165 000 Büchern und 20 000 Manuskripten eine wahre Fundgrube für Indologen. In den umliegenden Gärten stehen Schreine. Hauptattraktion ist jedoch ein 400 Jahre alter Banyanbaum, dessen mächtige Krone beachtliche Ausmaße erreicht. Im Lauf der Jahre gelangten die Mitglieder der Gesellschaft hier zu ihren wichtigsten Erkenntnissen, leider wurde der Stamm des Baumes 1989 bei einem furchtbaren Sturm stark in Mitleidenschaft gezogen.

Am Ufer des Adyar, im Norden der Theosophical Society, ist der imposante Bau des **Brodie Castle** (heute Thenral) zu sehen, in dem das renommierte College of Carnatic Music untergebracht ist. James Brodie, ein Angestellter der East India Company, ließ es 1796 errichten. Es soll eines der ersten »Gartenhäuser« der Stadt sein, die mit ihren breiten Säulenvorbauten und den riesigen Gärten so typisch für das koloniale Chennai waren. In dem Haus wohnte später der erste Oberste Richter des Madras Supreme Court.

Nördlich des Brodie Castle trifft man auf den **Madras Club** von George Moubray, der 1771 nach Indien kam. Er erwarb ein 42 Hektar großes Grundstück am Ufer des Adyar und ließ sich ein Haus mit zentraler Kuppel und Garten errichten. Der als »Moubray's Cupola« bekannt gewordene Club war Treffpunkt der europäischen Bewohner der Stadt. Inder erhielten erst 1964 Zutritt, nachdem der Club mit dem Adyar Club fusioniert hatte.

400 Jahre alter Banyanbaum in den Gärten der Theosophical Society

Der Säulenportikus des Brodie Castle in Adyar

Theosophical Society

In den 1870er Jahren traf Colonel Henry S. Olcott, ein Veteran des Amerikanischen Bürgerkriegs, die russische Aristokratin und Hellseherin Madame Helena Petrovna Blavatsky in Vermont (USA). Bald darauf gründeten sie eine Bewegung, die sich dem Geist der Brüderlichkeit verschrieb und eine utopische Gesellschaft zum Ziel hatte, in der alle Menschen in Harmonie miteinander leben. Die Bewegung zog große Denker und Intellektuelle in ihren Bann, u. a. Annie Besant, die 1917 Präsidentin des Indian National Congress war. Der Idee einer nationalen politischen Partei verlieh in den 1890er Jahren erstmals der britische Staatsbeamte A. O. Hume unter einem Banyanbaum der Theosophical Society in Adyar Ausdruck. Auch der berühmte Philosoph Jiddu Krishnamurti stand der Society nahe.

Theosophical Society

Bharat-Natyam-Tanzstunde in Kalakshetra

Kalakshetra ⓫

Thiruvanmiyur, East Coast Rd.
oder Taxi. (044) 2452 1844.
Mo–Sa. College-Ferien.
Kalakshetra Arts Festival (Dez/Jan).

Die Pionierinstitution für klassischen Tanz, Musik und schöne Künste wurde 1936 gegründet, ihre geistige Mutter war Rukmini Devi (1904–1986). Sie war tief von Annie Besant und den progressiven Ansichten der Theosophical Society *(siehe S. 467)* beeinflusst. Mit 16 schockierte sie durch ihre Heirat mit dem 40-jährigen George Sydney Arundale, dem australischen Direktor der Schule der Theosophical Society. Auf ihren ausgedehnten Reisen kam Rukmini mit der westlichen Kultur in Kontakt, und vor allem der Tanz inspirierte sie dazu, unter der großen russischen Ballerina Anna Pavlova Ballett zu studieren. Bei ihrer Rückkehr schockierte sie erneut, da sie das klassische *dasi attam* erlernte und lehrte, der bis dato den Tempeltänzern *(devadasis)* vorbehalten war. Das International Centre for the Arts, das sie zur Wiederbelebung dieser Form des Tanzes (Bharat Natyam, *siehe S. 29*) gründete, heißt heute Kalakshetra – »Kunsttempel«.

Die Schule ist von einem 40 Hektar großen Campus umgeben. Unterrichtet werden nach traditionellen Methoden klassische Musik und Tanz – ein *guru* teilt einer kleinen Schülergruppe sein Wissen mit. Einige der bekanntesten Tänzerinnen Indiens wurden hier unterrichtet. Am Ende jedes Jahres findet in einem *koottambulam*, dem traditionellen Theater der Kerala-Tempel *(siehe S. 520f)*, ein Fest mit Aufführungen statt.

MGR Film City ⓬

In der Nähe der Indira Nagar.
tägl. gegen Gebühr.

Eines der Highlights von Chennai ist dem Andenken des Filmidols M.G. Ramachandran *(siehe S. 463)* gewidmet. Film City ist heute die beliebteste Location für die blühende Tamil-Filmindustrie, an deren Produktionsumfang nur noch Mumbai *(siehe S. 32f)* heranreicht. Die Fantasiewelt aus extravaganten Kulissen und Hightech-Equipment zieht eine Fangemeinde aus ganz Tamil Nadu an, die hierherkommt, um einen Blick auf ihren Lieblingsstar zu erhaschen.

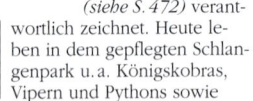

Filmkulisse der MGR Film City

Guindy National Park ⓭

Süd-Chennai, Sardar Vallabhbhai Patel Rd. Station Guindy.
(044) 2432 1471 (Wildhüter).
Mi–Mo. Raj Bhavan
für die Öffentlichkeit.

Einst war Guindy ein abgelegener Vorort, bis er von der schnell wachsenden Metropole Greater Chennai geschluckt wurde. Einen Teil des privaten Waldes um die Guindy Lodge erklärte man 1977 offiziell zum Guindy National Park. In dem überwiegend trockenen, Laub abwerfenden Akazienwald stehen auch höhere Bäume wie der Sandelholz- *(Santalum album)*, der Banyan- *(Ficus bengalensis)* und der Jambulbaum *(Syzygium cumini)*. Seine berühmtesten Bewohner sind die gefährdeten Hirschziegenantilopen *(Antelope cervicapra)*, die 1924 hier heimisch wurden. Zu den rund 130 Vogelarten gehören auch Raubvögel wie der Wespenbussard und der Weißbauch-Seeadler. Im Winter sind hier besonders viele Vögel, darunter zahlreiche Zugvögel. Der **Madras Snake Park** ist ebenfalls Teil des Parks. Er wurde in den 1970er Jahren von dem amerikanischen Zoologen Romulus Whitaker gegründet, der auch für Crocodile Bank *(siehe S. 472)* verantwortlich zeichnet. Heute leben in dem gepflegten Schlangenpark u. a. Königskobras, Vipern und Pythons sowie

Dreh einer Gesangs- und Tanzszene für einen Tamil-Film

Hotels und Restaurants in Chennai *siehe Seiten 590f und 617f*

andere Reptilien wie Krokodile, Schildkröten und Echsen. Strategisch platzierte Tafeln informieren über Lebensraum und Verhalten der verschiedenen Tiere. Außerdem wird gezeigt, wie Schlangen »gemolken« werden – das Gift dient als Basis für das entsprechende Gegengift.

Die 300 Jahre alte Guindy Lodge westlich des Parks, das heutige **Raj Bhavan**, ist die Residenz des Gouverneurs von Tamil Nadu. Das weiße Gebäude wurde als Wochenendhaus für die britischen Herrscher in Chennai erbaut und Mitte des 19. Jahrhunderts von Grant-Duff erweitert.

Heute befinden sich einige der wichtigsten Institutionen der Stadt in Guindy. Zudem sind eindrucksvolle Denkmäler moderner indischer Persönlichkeiten wie Mahatma Gandhi, K. Kamaraj und C. Rajagopalachari zu sehen.

Fassade der Church of Our Lady of Expectations, Mount of St Thomas

Kreuz in einer Felshöhle auf dem Little Mount

Little Mount & Mount of St Thomas ⑭

Südwest-Chennai, in der Nähe der Marmalog Bridge. Station St Thomas Mount.

Eine in den Felsen gehauene Höhle auf dem Little Mount soll im Jahr 72 der Ort gewesen sein, an dem der schwer verwundete hl. Thomas Zuflucht suchte. Neben der modernen **Church of Our Lady of Good Health** steht die ältere **Blessed Sacrament Chapel**, die die Portugiesen über der Höhle erbauten. Im Inneren der Höhle, in der Nähe des Eingangs, soll immer noch der Handabdruck des Heiligen sichtbar sein. Am hinteren Ende findet sich ein Kreuz, vor dem er gebetet haben soll. Neben der **Church of the Resurrection** sprudelt eine ewig währende heilkräftige Quelle, deren Ursprung angeblich ebenfalls vom hl. Thomas herrührt.

Rund drei Kilometer südwestlich des Little Mount liegt der 95 Meter hohe Mount of St Thomas oder Great Mount. 132 Stufen führen zum Gipfel hinauf und zur **Church of Our Lady of Expectations**, die von den Portugiesen im 16. Jahrhundert errichtet wurde. Das bedeutendste Überbleibsel hier ist ein altes Steinkreuz, das in die Altarwand gebettet ist. Das legendäre »blutende Kreuz«, das zwischen 1558 und 1704 wundersamerweise blutete, soll auch von Thomas stammen. Unterhalb der Ostflanke des Berges befindet sich das **Cantonment**-Viertel, dessen schattige Straßen von einigen neoklassizistischen Bungalows (18. Jh) gesäumt werden.

Der heilige Thomas in Indien

Einer Legende zufolge gelangte der »Ungläubige Thomas«, der zweifelnde unter den zwölf Aposteln, kurz nach dem Tod Christi nach Indien. Im Jahr 52 kam er in Kodungallur *(siehe S. 531)* an und verbrachte die nächsten zwölf Jahre an der Malabar-Küste damit, die Einheimischen zu bekehren. Er zog nach Osten und ließ sich schließlich in Mylapore *(siehe S. 466)* nieder. Die letzten Jahre seines Lebens verbrachte er in einer kleinen Höhle auf dem Little Mount, bevor er im Jahr 72 während des Gebets auf dem Mount of St Thomas durch einen Speer tödlich verwundet wurde und nach Little Mount floh, wo er starb. Seine Anhänger brachten seinen Leichnam nach San Thomé. In der Krypta der kleinen, von ihm erbauten Kapelle wurde er schließlich begraben. Dies ist die heutige San-Thomé-Basilika, in der die großen Buntglasfenster die Lebensgeschichte des Heiligen erzählen. Im frühen 16. Jahrhundert kolonisierten die Portugiesen Mylapore, durch Berichte des Venezianers Marco Polo (13. Jh.) angelockt, der die früh-nestorianische Kapelle mit eigenen Augen gesehen hatte. Die Inder schätzen den hl. Thomas sehr. 1972 wurde er zum »Apostel von Indien« ernannt.

Porträt des Heiligen

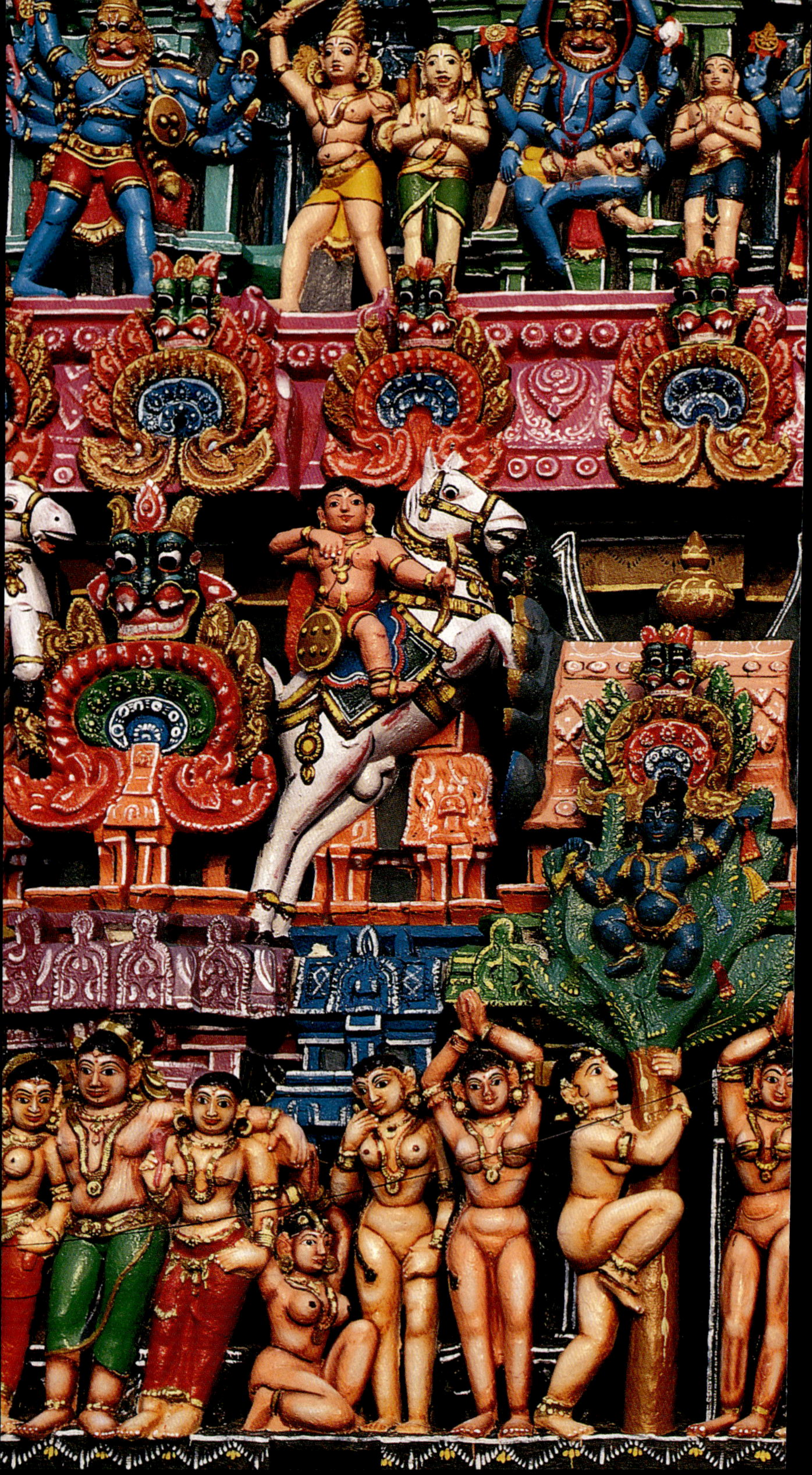

# Tamil Nadu

Tamil Nadu ist die Wiege der alten dravidischen Kultur und erstreckt sich von der Koromandelküste im Osten bis zu den bewaldeten Westghats. Den Kern bildet das fruchtbare Kaveri-Tal mit Reisfeldern und spektakulären Tempeln. Bei Cholamandalam erbauten die Chola-Könige großartige Tempel, beispielsweise in Thanjavur, Madurai und Chidambaram, die unter den aufgeklärten Herrschern eine Blütezeit des Tanzes, der Musik und der Literatur erlebten. Die Hafenstadt Mamallapuram (7. Jh.) gehört mit ihren Felsentempeln zum UNESCO-Welterbe. Die ehemalige französische Enklave Puducherry sowie britische Forts und Kirchen spiegeln die koloniale Vergangenheit des Bundesstaates wider. Die Silbe »Tiru« in den Städtenamen bedeutet heilig und zeigt wichtige religiöse Stätten an.

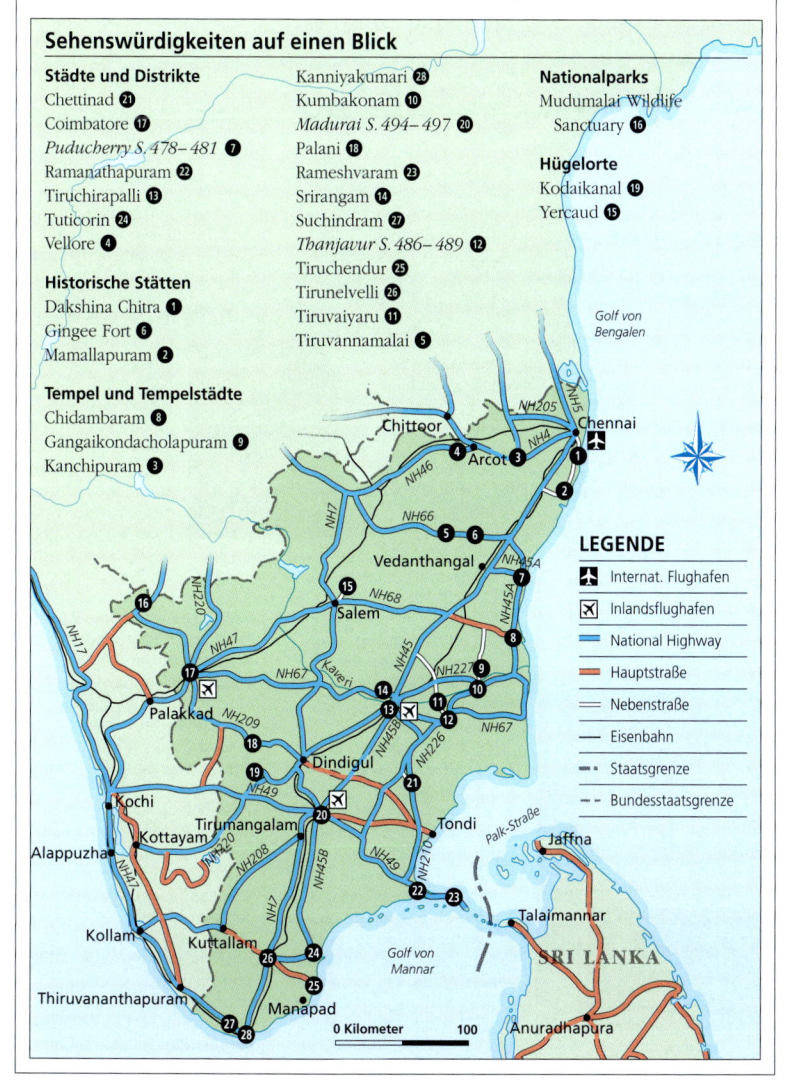

Sehenswürdigkeiten auf einen Blick

Städte und Distrikte
- Chettinad ㉑
- Coimbatore ⑰
- *Puducherry S. 478–481* ⑦
- Ramanathapuram ㉒
- Tiruchirapalli ⑬
- Tuticorin ㉔
- Vellore ④

Historische Stätten
- Dakshina Chitra ①
- Gingee Fort ⑥
- Mamallapuram ②

Tempel und Tempelstädte
- Chidambaram ⑧
- Gangaikondacholapuram ⑨
- Kanchipuram ③

- Kanniyakumari ㉘
- Kumbakonam ⑩
- *Madurai S. 494–497* ⑳
- Palani ⑱
- Rameshvaram ㉓
- Srirangam ⑭
- Suchindram ㉗
- *Thanjavur S. 486–489* ⑫
- Tiruchendur ㉕
- Tirunelvelli ㉖
- Tiruvaiyaru ⑪
- Tiruvannamalai ⑤

Nationalparks
- Mudumalai Wildlife Sanctuary ⑯

Hügelorte
- Kodaikanal ⑲
- Yercaud ⑮

LEGENDE
- Internat. Flughafen
- Inlandsflughafen
- National Highway
- Hauptstraße
- Nebenstraße
- Eisenbahn
- Staatsgrenze
- Bundesstaatsgrenze

◁ Detail eines Tempel-*gopura* mit farbenprächtigen Stuckfiguren, Sarangapani-Tempel, Kumbakonam *(siehe S. 483)*

Dakshina Chitra ❶

Distrikt Chingleput. 26 km südlich von Chennai. ☎ (044) 2491 8943. ◯ Mi–Mo.

Das Dorf an der Koromandelküste bietet einen faszinierenden Einblick in den Alltag in Südindien. In Dakshina Chitra stehen Rekonstruktionen traditioneller Häuser, darunter sechs aus Tamil Nadu, drei aus Kerala und eines aus Karnataka. Die hübsche Chettiar-Villa *(siehe S. 498)* mit ihrer kunstvoll geschnitzten Tür spiegelt den Wohlstand der Chettiar-Kaufleute wider, die Häuser von Priestern, Bauern, Webern und Töpfern sind dagegen einfach und doch elegant. Auf dem Anwesen befinden sich auch ein Ayyanar-Schrein *(siehe S. 493)* und ein offener Hof, in dem Tanzaufführungen und Kunsthandwerksvorführungen stattfinden.

Umgebung: Die Künstlerkolonie **Cholamandal**, zwölf Kilometer nördlich von Dakshina Chitra, wurde 1966 gegründet und ist die erste ihrer Art in Indien. Naturliebhaber kommen bei der **Crocodile Bank** des amerikanischen Zoologen Romulus Whitaker, 15 Kilometer südlich des Dorfes, auf ihre Kosten. Zu sehen sind eine Schlangenfarm und traditionelle Rattenfänger (Irulas).

🏛 **Cholamandal**
☎ (044) 2449 0092. ◯ tägl.

🏛 **Crocodile Bank**
☎ (044) 2747 2447. ◯ Mi–Mo. gegen Gebühr.

Buntes Eingangsschild der Crocodile Bank

»Bhagirathas Reue« – das berühmte Skulpturenrelief von Mamallapuram

Mamallapuram ❷

Distrikt Kanchipuram. 58 km südlich von Chennai. *Covelong Rd, (044) 2744 2232.* ◯ tägl. Dance Festival (Jan/Feb).

Das zum UNESCO-Welterbe gehörende Mamallapuram (oder Mahabalipuram) war einst eine wichtige Hafenstadt, die der Pallava-König Narasimha Varman I., auch bekannt als Mamalla (»Großer Ringer«), im 7. Jahrhundert erbauen ließ. Sie liegt spektakulär am Golf von Bengalen in einer eindrucksvollen Felslandschaft und umfasst Felsenhöhlen und monolithische Schreine *(siehe S. 474f)*, einige Tempel und riesige Basreliefs, die als großartigste Beispiele der Pallava-Kunst gelten. Die Steinmetztradition, die diese Wunder hervorgebracht hat, lebt in den Werkstätten um das Dorf herum fort.

Der eindrucksvolle **Shore Temple** liegt – unberührt von der Zerstörung durch Zeit und Erosion – auf einem Felsvorsprung am Meer. Mamalla errichtete ihn für Vishnu, die beiden Shiva-Schreine fügte sein Nachfolger Narasimha Varman II. hinzu. Die niedrige Tempelmauer wird von kauernden Nandis gesäumt. Im Inneren finden sich ein liegender Vishnu, ein Linga und Somaskanda-Reliefs – Shiva mit Parvati und seinen Söhnen Skanda und Ganesha.

Der natürliche Fels Krishna's Butter Ball

Landeinwärts vom Shore Temple, im Ortszentrum, stößt man auf das viel bewunderte Basrelief **Bhagiratha's Penance**, auch bekannt als »Arjuna's Penance« oder Niederkunft der Göttin Ganges. Es ist aus einem riesigen Felsen mit natürlichem vertikalem Einschnitt gemeißelt und zeigt die heilige Flussgöttin Ganges und ihre Niederkunft auf der Erde. Der Akt wurde erst durch die Reue des Weisen Bhagiratha ermöglicht, himmlische und halbhimmlische Wesen, Asketen und Tiere schauen dabei zu. Die Symbolik versteht man am besten während des Monsuns: Dann fließt Wasser durch den Felsenspalt in ein Becken darunter. In der Nähe stehen der unvollendete **Panch-Pandava-Höhlentempel** und **Krishna's Butter Ball**, ein natürlicher Felsblock, der eine geradezu spektakuläre Szenerie bietet.

Südlich von Bhagiratha's Penance erreicht man **Krishna Mandapa**, ein ungeheures Basrelief, auf dem der Gott den Berg Govardhan anhebt, um die Menschen vor sintflutartigen Regenfällen zu schützen. Der **Olakkanatha-Tempel** oberhalb des *mandapa* diente einst als Leuchtturm.

Am Bergkamm südwestlich von Bhagiratha's Penance befinden sich drei weitere Höhlentempel. Der **Mahishasuramardini-Höhlentempel** birgt an der Nordwand ein

Hotels und Restaurants in Tamil Nadu *siehe Seiten 591f und 618f*

anmutiges Porträt der Göttin Durga auf ihrem Löwen, wie sie den büffelköpfigen Dämon Mahisha besiegt. Die Tafel wirkt wesentlich lebendiger als die an der Südwand, auf der Vishnu vor dem Schöpfungsakt meditiert.

In dem **Adivaraha-Höhlentempel** ganz in der Nähe sind interessante Tafeln der Pallava-Herrscher und ihrer Verbündeten zu sehen. Der »Löwenthron« auf einem Hügel weiter westlich besteht aus einer Plattform mit einem sitzenden Löwen. Man entdeckte ihn in der Nähe der Überreste des Pallava-Palasts.

Der **Trimurti-Höhlentempel** nordwestlich von Bhagiratha's Penance ist Shiva, Vishnu und Somaskanda geweiht. Die Schreine werden von Ehrfurcht gebietenden Wächtern flankiert. An einer der Außenwände befindet sich eine Durga-Skulptur auf Mahishas Kopf. Südlich davon steht der **Varaha-Höhlentempel** mit seinen wunderschönen Löwensäulen. Die Reliefskulpturen von Lakshmi, Durga und Varaha, der Eber-Inkarnation Vishnus, zählen zu den Meisterwerken der Pallava-Kunst. Das zweigeschossige **Ganesha Ratha** weiter südlich wird Parameshvara Varman I. (reg. 669–90) zugeschrieben. Der Tempel mit seinen Inschriften der königlichen Titel Parameshvara Varmans war ursprünglich Shiva geweiht.

Das kleine **Archäologische Museum** im Osten zeigt in der Nähe der Stätte ausgegrabene Artefakte.

🏛 **Archäologisches Museum**
West Raja St. ⬤ tägl. 🏖 **Shore Temple** 🏖 auch für Panch Rathas.

Umgebung: Die flache **Tiger's Cave** vier Kilometer nördlich wird von einem großen Felsen mit Köpfen von *yali*s (Fabelwesen) flankiert. Hier fanden vermutlich Zeremonien im Freien statt.

Der Shiva geweihte Vedagirisvara-Tempel auf einem Hügel des Dorfes **Thirukkazhukunran**, 17 Kilometer westlich, ist für zwei Adler berühmt, die sich mittags von Tempelpriestern füttern lassen. Nach einer Legende sind die Vögel zwei Heilige, die auf dem Weg zwischen Varanasi *(siehe S. 172–177)* und Rameshvaram hier ausruhen.

Fischer mit ihrem Boot am Strand von Mamallapuram

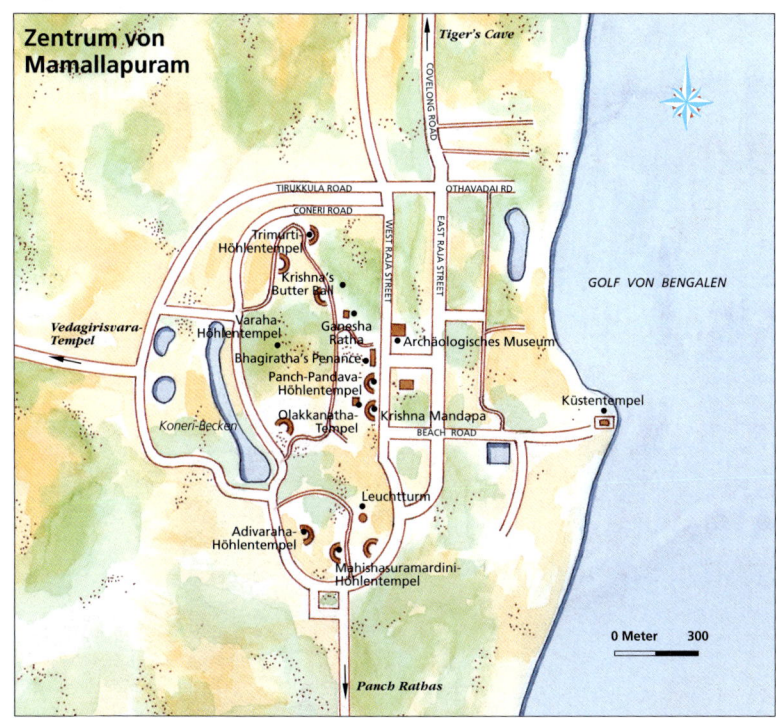

Mamallapuram: Panch Rathas

Der Komplex aus monolithischen Felsentempeln stammt aus dem 7. Jahrhundert. Panch (fünf) Rathas (heilige Prozessionswagen) ist nach den fünf Pandava-Brüdern aus dem *Mahabharata* (siehe S. 26) und ihrer Königin Draupadi benannt. Die eindrucksvolle Anlage ist zwar unvollendet geblieben, zeugt jedoch von der Genialität der Steinmetze, die die riesigen Felsblöcke vor Ort bearbeiteten. Bei einem ehrgeizigen Experiment wollte man Stile und Techniken der Holzbaukunst in Stein nachbilden. Die Vielfalt der Formen beeinflusste später die ganze südindische Tempelarchitektur.

Subramanya-Skulptur

Arjuna Ratha, Draupadi Ratha und Nandi

Arjuna Ratha
Der zweigeschossige Tempel mit elegantem Portal zeigt Shiva auf seinem Reittier, dem Stier Nandi. Königliche Paare und andere prachtvolle Nischenfiguren zieren die Außenwände.

Nandi, aus einem einzigen Fels gemeißelt, steht gegenüber dem Arjuna Ratha.

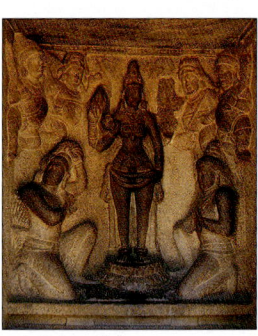

★ Durga-Fries
In die Rückwand des Draupadi-Ratha-Schreins ist eine vierarmige Durga gemeißelt. Vor ihr knien Gläubige – einer schneidet sich in einem extremen Akt der Selbstaufgabe den Kopf ab.

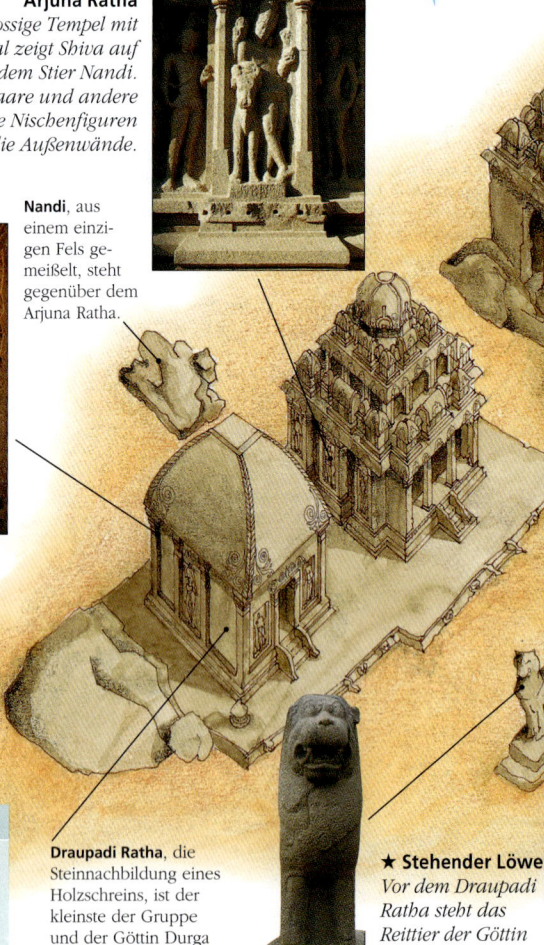

NICHT VERSÄUMEN

- ★ Durga-Fries
- ★ Harihara
- ★ Stehender Löwe

Draupadi Ratha, die Steinnachbildung eines Holzschreins, ist der kleinste der Gruppe und der Göttin Durga geweiht.

★ Stehender Löwe
Vor dem Draupadi Ratha steht das Reittier der Göttin Durga.

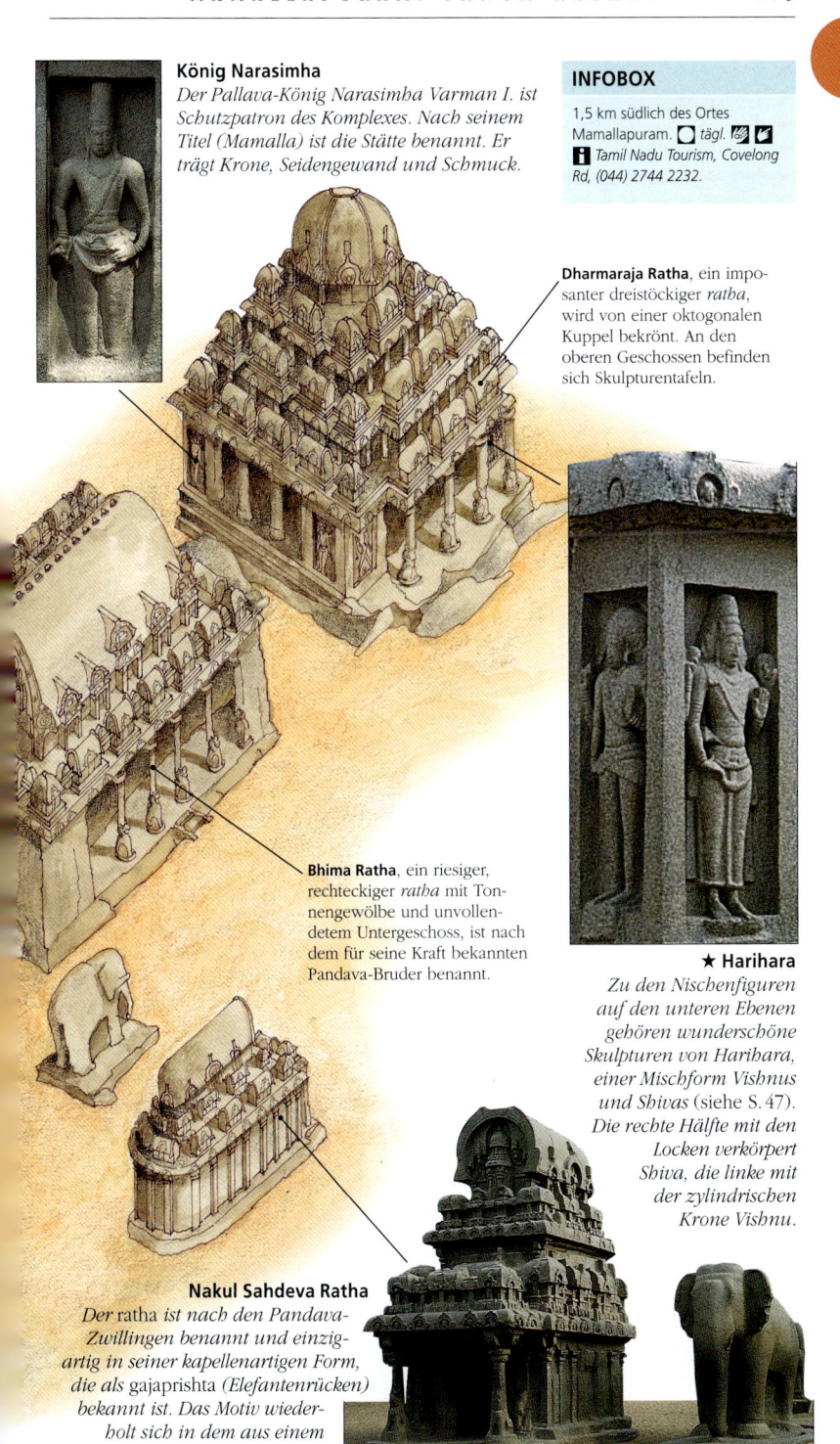

MAMALLAPURAM: PANCH RATHAS 475

König Narasimha
Der Pallava-König Narasimha Varman I. ist Schutzpatron des Komplexes. Nach seinem Titel (Mamalla) ist die Stätte benannt. Er trägt Krone, Seidengewand und Schmuck.

INFOBOX

1,5 km südlich des Ortes Mamallapuram. ☐ tägl.
i Tamil Nadu Tourism, Covelong Rd, (044) 2744 2232.

Dharmaraja Ratha, ein imposanter dreistöckiger *ratha*, wird von einer oktogonalen Kuppel bekrönt. An den oberen Geschossen befinden sich Skulpturentafeln.

Bhima Ratha, ein riesiger, rechteckiger *ratha* mit Tonnengewölbe und unvollendetem Untergeschoss, ist nach dem für seine Kraft bekannten Pandava-Bruder benannt.

★ Harihara
Zu den Nischenfiguren auf den unteren Ebenen gehören wunderschöne Skulpturen von Harihara, einer Mischform Vishnus und Shivas (siehe S. 47). Die rechte Hälfte mit den Locken verkörpert Shiva, die linke mit der zylindrischen Krone Vishnu.

Nakul Sahdeva Ratha
Der ratha *ist nach den Pandava-Zwillingen benannt und einzigartig in seiner kapellenartigen Form, die als* gajaprishta *(Elefantenrücken) bekannt ist. Das Motiv wiederholt sich in dem aus einem Stein gemeißelten Elefanten, der neben dem* ratha *steht.*

TAMIL NADU

Vishnu-Priester vor dem Varadaraja-Tempel

Kanchipuram ❸

Distrikt Kanchipuram. 76 km süd-westlich von Chennai. 162 500. Hotel Tamil Nadu, 78, Kamakshi Amman Sannathi St, (044) 2722 2553/2554. Shivratri (Feb/März), Panguni Uthiram Festival (März/Apr), Brahmotsava (Mai/Juni).

Die kleine Tempelstadt Kanchipuram oder Kanchi, wie sie auch liebevoll genannt wird, gehört zu den sieben heiligen Städten der Hindus. Vom 6. bis zum 8. Jahrhundert war sie Hauptstadt der Pallava *(siehe S. 472)*. Durch den königlichen Schutz der nachfolgenden Chola-, Pandya- und Vijayanagar-Dynastien konnte sie ihren Ruf als Religions- und Wirtschaftszentrum konsolidieren.

Sowohl die Anhänger Shivas als auch Vishnus verehren Kanchipuram als heilig. Infolgedessen ist die Stadt in zwei deutlich abgegrenzte Bereiche unterteilt: Die Shiva-Tempel liegen im Norden, die Vishnu-Tempel im Südosten. Zudem gibt es einen wichtigen Devi-Tempel, den **Kamakshi-Tempel**, nordöstlich der Bushaltestelle.

Der **Kailasanatha-Tempel** liegt westlich der Bushaltestelle. Er wurde im frühen 8. Jahrhundert von Rajasimha, dem letzten großen Pallava-König, erbaut. Der Shiva geweihte Tempel ist der älteste und schönste der Stadt. Die Tempelfresken sind die frühesten in ganz Südindien. Der andere große Shiva-Tempel, der **Ekambareshvara-Tempel**, liegt an der Car Street und gehört zu den fünf *Panchalinga*-Schreinen, die ein Linga aus Erde *(prithvi)* beherbergen. In den Gängen des Tempels finden sich zahlreiche weitere Lingas, auf der Westseite des Schreins steht ein heiliger Mangobaum, der 3000 Jahre alt sein soll.

Der **Vaikuntha-Perumal-Tempel** nahe dem Bahnhof ist einer der 18 Vishnu-Tempel. Haupttempel dieser Art ist der **Varadaraja-Tempel** (Gandhi Road), dessen bedeutendste Gottheit Vishnu als Varadaraja (»Segnender König«) ist. Zum reichen Tempelschmuck gehört eine wertvolle goldene Kette, die Robert Clive *(siehe S. 457)* gestiftet haben soll. Beim Garuda-Fest wird der Gott damit geschmückt.

Kanchipuram ist für seine Seidenwebereien bekannt, u. a. für seine schimmernden Saris. Es ist auch Sitz eines der vier Shankaracharyas; die religiösen Zentren mit ihren angesehenen Hohepriestern wurden im 9. Jahrhundert von Adi Shankaracharya *(siehe S. 530)* gegründet.

Breiter Wassergraben um das Vellore Fort

Vellore ❹

Distrikt Vellore. 145 km westlich von Chennai. 3 477 000. *Katpadi, 5 km nördlich des Stadtzentrums, dann mit Bus oder Auto.* tägl.

Das **Vellore Fort** (16. Jh.), das von einem tiefen künstlichen Graben umgeben ist, beherrscht das Herz der Stadt. Das eindrucksvolle Beispiel an Militärarchitektur hat eine turbulente Geschichte. Heute sind hier Regierungsbüros untergebracht, darunter das Archaeological Survey of India (ASI), Bezirksgerichte und ein Gefängnis. Das Fort-Museum weist eine kleine, aber schöne Sammlung historischer Gegenstände der Region auf. Das einzige wichtige noch erhaltene Bauwerk des Forts ist der großartige **Jalakanteshvara-Tempel**, den die Nayakas, Gouverneure unter den Vijayanagar-Königen, Mitte des 16. Jahrhunderts errichten ließen. Der Shiva-Tempel liegt in der Nähe der Nordmauer. Im Außenhof steht die verzierte Kalyana Mandapa, deren Säulen mit Pferden und *Yali*-Reitern geschmückt sind.

Ebenfalls berühmt in Vellore ist das **Christian Medical College**, das Dr. Ida Scudder 1900 gründete. Die Einrichtung ist auf die Erforschung tropischer Krankheiten spezialisiert. Östlich von Vellore liegt **Arcot**, bekannt wegen seines Nawabs *(siehe S. 466)*.

Vellore Fort
tägl. **Museum** Sa–Do.
jeden 2. Sa. **Jalakanteshvara-Tempel** tägl. im inneren Heiligtum.

Kailasanatha, der ältesten Tempel von Kanchipuram

Hotels und Restaurants in Tamil Nadu siehe Seiten 591f und 618f

Tiruvannamalai

Distrikt Tiruvannamalai. 85 südlich von Vellore. 🚉 🚌 ✈ *Karthigai (Nov/Dez).*

Die Pilgerstadt ist eine der heiligsten Stätten Tamil Nadus. Hier soll Shiva als Feuersäule *(Sthavara*-Lingam*)* erschienen sein, um seine Herrschaft über Brahma und Vishnu zu bekräftigen. Der Arunachala Hill («Roter Berg») hinter der Stadt wird seitdem als das »Licht Gottes« angesehen. Am Tag des Karthigai-Fests *(siehe S. 481)* wird auf dem Hügel eine riesige *deepa* (Lampe) entzündet, die mit 2000 Litern Ghee und einem 30 Meter dicken Docht tagelang brennt. In Vollmondnächten versammeln sich Pilger hier, um zu Fuß einen 14 Kilometer langen Marsch um den heiligen Hügel anzutreten.

Der **Arunachaleshvara-Tempel**, der wichtigste Bau der Stadt, gehört zu den prächtigsten Schreinen Shivas. Der Tempelkomplex bedeckt eine riesige, zehn Hektar große Fläche und ist einer der ausgedehntesten in ganz Indien. Einige Teile der Anlage gehen bis auf das 11. Jahrhundert zurück. Zum Komplex gehören neun eindrucksvolle Türme, riesige *prakaras* (ummauerte Einfriedungen), das große Shivaganga-Becken sowie ein Saal mit sagenhaften 1000 Säulen. Das goldumkleidete Linga repräsentiert das Feuer.

Das Gingee Fort erstreckt sich über drei Hügel

In Tiruvannamalai verbrachte der Heilige Sri Ramana Maharishi (1879–1950) 23 Jahre in tiefer Meditation. Der **Sri Ramana Maharishi Ashram** in der Nähe des Arunachala Hill ist ein international berühmtes spirituelles Zentrum, das Anhänger aller Glaubensrichtungen anzieht.

🛕 **Arunachaleshvara-Tempel**
☐ tägl. ● für Nicht-Hindus.
🚫 im inneren Heiligtum.

Gingee Fort

Distrikt Viluppuram. 37 km östlich von Tiruvannamalai. 🚌 ☐ tägl. 🎫

Gingee Fort, das von den Einheimischen auch Senji Fort genannt wird, ist ein beeindruckendes Beispiel militärischer Ingenieurkunst. Seine drei Zitadellen liegen spektakulär auf drei Hügel verteilt: Krishnagiri im Norden, Rajagiri im Westen, Chandrayandurg im Südosten. Mit ihren soliden Steinmauern bilden sie ein dreieckiges Gebiet, das sich über mehr als anderthalb Kilometer von Norden nach Süden erstreckt.

Das Fort (15./16. Jh.) wurde von den Nayaka, den Feudalherren der Vijayanagar-Könige, erbaut und von den Adil-Shahi-Sultanen von Bijapur *(siehe S. 444)*, den Marathen, Franzosen und von den Briten eingenommen.

In der einst großartigen Festungsstadt stehen verfallene Arkaden, Moscheen, kleine Schreine, Becken und Getreidekammern sowie viele, meist Vishnu geweihte Tempel. Zu Letzteren gehört auch der verlassene Tempel der Hauptzitadelle auf dem 242 Meter hohen Rajagiri Hill. Am auffälligsten jedoch ist der **Venkataramana-Tempel** am Fuße des äußeren Forts in der Nähe des Puducherry Gate. Er wurde von Muthialu Nayaka (17. Jh.) erbaut. Die Tempelsäulen verwendeten die Franzosen für den Government Square in Puducherry *(siehe S. 478)* wieder. In der Nähe des Tores befinden sich Tafeln mit Szenen aus dem *Ramayana* und dem *Vishnu Purana*.

Auf dem Krishnagiri Hill stehen ein Ranganatha-Tempel und ein Krishna-Tempel (beide kleiner als der Venkataramana-Tempel) ebenso wie die **Durbar Hall** mit Balkonen am Hügelrand, von denen aus man einen sagenhaften Blick auf die Umgebung hat. Schönstes Bauwerk des Forts ist die **Kalyana Mahal** für die Damen des Hofes.

Kalyana Mahal, Gingee

Es besteht aus einem achtstöckigen pyramidenförmigen Turm mit einem großen Saal auf jeder Ebene.

Zudem sind die Überbleibsel natürlicher Quellen und Becken zu sehen, die die Zitadelle mit Wasser versorgten. Auf der Plattform des Chettikulam-Beckens wurde Raja Thej Singh, ein mutiger Rajputen-Führer und Vasall des Mogulkaisers (18. Jh.), eingeäschert. Er unterlag in einem heldenhaften Kampf dem Nawab von Arcot.

Der Arunachaleshvara-Tempel bei Tiruvannamalai

Im Detail: Puducherry ❼

Puducherry (früher Pondicherry) ist die ehemalige Hauptstadt der französischen Territorien in Indien und wurde 1674 von François Martin, dem ersten Leiter der französischen East India Company, gegründet. Die Stadt hat einen schachbrettartigen Grundriss, die Straßen kreuzen sich im rechten Winkel. Die Hauptpromenade, die drei Kilometer lange Goubert Salai, verläuft am Golf von Bengalen und war mit ihren Villen, Boulevards, Parks, Bars und Cafés Teil des French Quarter. Dahinter lag ein heute ausgetrockneter Kanal, an dem Tamil Town, das Viertel der Einheimischen, begann.

Jeanne-d'Arc-Statue

Government Square
Auf diesem baumgesäumten Platz steht ein Pavillon.

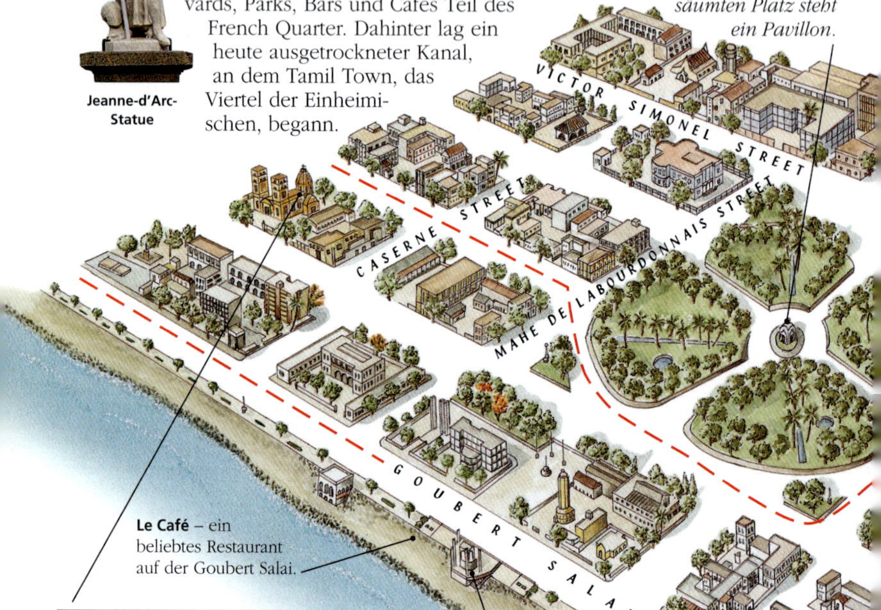

Le Café – ein beliebtes Restaurant auf der Goubert Salai.

★ Church of Our Lady of the Angels
Die Kirche entstand 1865 und birgt ein seltenes Ölgemälde der Jungfrau Maria, ein Geschenk des französischen Kaisers Napoléon III.

Eine Statue Mahatma Gandhis erhebt sich vier Meter hoch auf einem Sockel, der von acht Steinsäulen umgeben ist.

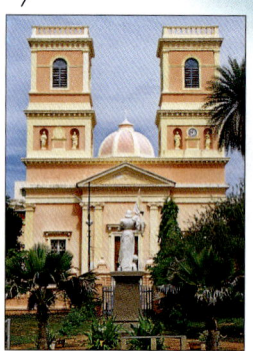

NICHT VERSÄUMEN

★ Aurobindo Ashram

★ Church of Our Lady of the Angels

★ Küstenpanorama

Joseph François Dupleix

Puducherrys koloniale Vergangenheit ist eng mit dem Furcht einflößenden Marquis Joseph François Dupleix verknüpft, der 1742–54 Gouverneur der Stadt war. Er versuchte, die Oberheit der Briten zu verhindern, indem er sich mit einheimischen Fürsten verbündete. Der Machtkampf wurde durch den in Europa ausgetragenen Österreichischen Erbfolgekrieg zwischen England und Frankreich angeheizt – die Franzosen wurden geschlagen, und Dupleix kehrte, in Ungnade gefallen, nach Paris zurück. Sein Denkmal steht auf der Goubert Salai.

Dupleix (1697–1764)

Raj Nivas
Die palastartige Residenz Dupleix' ist eine harmonische Mischung aus französischen und italienischen Stilelementen. Noch heute dient sie als Verwaltungssitz.

INFOBOX
Union Territory of Puducherry.
160 km südlich von Chennai.
220000. Puducherry Tourism, Goubert Salai, (0413) 233 9497. Mo–Sa. Masimagam (Feb/März), Ganesha Chaturthi (Aug/Sep).

General Hospital

Manakula-Vinayakar-Tempel
Der Tempel mit seinem goldenen Turm ist Ganesha geweiht; an seinen Wänden finden sich 40 verschiedene Darstellungen des Gottes.

LEGENDE
– – – Routenempfehlung

★ Aurobindo Ashram
Der Ashram ist nach Sri Aurobindo (siehe S. 480) benannt. Hier finden regelmäßig öffentlich zugängliche Meditationen statt.

Das Puducherry **Museum** zeigt römische Artefakte, Chola-Bronzen und wunderschöne Schneckenhäuser.

★ Küstenpanorama
An der Goubert Salai, Boulevard am Golf von Bengalen, stehen großartige Kolonialbauten.

Überblick: Puducherry

Puducherry wird häufig als verschlafene französische Provinzstadt beschrieben. Die älteren Einwohner sprechen immer noch Französisch. An den baumbestandenen Straßen, die alle noch ihren alten Namen haben, stehen stattliche Villen aus der Kolonialzeit. Sogar die Polizisten tragen noch die typischen französischen Kopfbedeckungen *(kepis)*. Das Verwaltungszentrum des Unionsterritoriums liegt an der Ostküste von Tamil Nadu. Das Gebiet umfasst die ehemaligen französischen Enklaven Mahe in Kerala *(siehe S. 536)*, Yanam in Andhra Pradesh und Karaikkal in Tamil Nadu.

Polizist mit kepi

Puducherry Museum
49, Rue St Louis. Director Art & Culture, (0413) 233 6236. Di–So.

Das Museum liegt in dem hübschen alten Law Building beim Government Park und bietet eine herausragende Sammlung an Artefakten aus der französischen Kolonialzeit. Die Räume sind zum Teil französisch eingerichtet, mit Marmorstatuen, Gemälden, Spiegeln und Uhren. Zu den wichtigsten Ausstellungsstücken gehören das Bett des Gouverneurs Dupleix und ein *pousse-pousse*, die frühe Version einer Riksha.

Ebenfalls zu sehen sind seltene Bronzen und Steinskulpturen aus der Pallava- und Chola-Ära. Im nahe gelegenen Arikamedu, einem mit dem alten Rom verbundenen Handelshafen, fand man Perlen, Amphoren, Münzen, Öllampen, Urnen, Keramik und Porzellan, das auch im Museum ausgestellt wird.

Zum Komplex gehört auch die 1872 gegründete **Romain Rolland Library**, die mehr als 300 000 Bände umfasst, u. a. seltene französische und englische Ausgaben. Über einen Leihservice werden mehr als 8000 Bücher per Bus im Umland gebracht. Der Katalograum im zweiten Stock ist öffentlich zugänglich.

Romain Rolland Library
(0413) 233 6426. Mo–Sa.

Church of the Sacred Heart of Jesus
South Boulevard. tägl.

Die in Braun und Weiß gehaltene neogotische Kirche (18. Jh.) ist von einer heiteren Atmosphäre umgeben. Zu den Highlights gehören Buntglasfenster mit Szenen aus dem Leben Christi sowie die hübschen Bogen, die das Schiff überspannen. Weiter den südlichen Boulevard hinunter liegt der Friedhof, auf dem interessante Gräber mit Marmorschmuck zu sehen sind.

Fenster der Church of the Sacred Heart of Jesus

Botanical Gardens
Südlich des City Bus Stand.

Am äußersten westlichen Ende der alten Tamil Town stößt man auf die 1826 angelegten botanischen Gärten. Typisch für den formellen französischen Stil sind beschnittene Bäume, Blumenrabatten, Kieswege und Brunnen. Die Franzosen importierten viele ungewöhnliche und exotische Bäume und Sträucher aus aller Welt, die man z. T. auch heute noch bewundern kann. Mit 1500 Pflanzenarten ist dies einer der besten botanischen Gärten in Südindien. In einem kleinen Aquarium sind einige spektakuläre Meerestiere von der Koromandelküste zu sehen.

House of Ananda Rangapillai
Ananda Rangapillai St. (0413) 233 5756 (Besuchserlaubnis).

Das üppig eingerichtete Haus gehörte im 18. Jahrhundert einem indischen Adligen und bietet einen faszinierenden Einblick in ein längst vergangenes Leben. Das heutige Museum befand sich im Besitz von Ananda Rangapillai, Dupleix' Lieblingshöfling und *dubash* (Übersetzer). Der aufmerksame Beobachter und Kommentator unterhielt zwischen 1736 und 1760 eine Reihe von Tagebüchern, in denen er seine Ansichten über das Geschick der Franzosen in Indien festhielt. Anscheinend verärgerte er aber Madame Dupleix, die ihn seines Postens enthob.

Sri Aurobindo Ghose

Der Dichter-Philosoph aus Bengalen, der Anfang des 20. Jahrhunderts für die Unabhängigkeit Indiens kämpfte, war für seine extremen Ansichten bekannt. Er floh vor den Briten in das französische Territorium von Puducherry, wo er spirituellen Studien nachging und die Prinzipien des Yoga populär machte. Seine Schülerin Mirra Alfassa (1878–1973), die später »The Mother« genannt wurde, eine Mystikerin, Malerin und Musikerin aus Paris, kam das erste Mal gemeinsam mit ihrem Ehemann im Ersten Weltkrieg nach Puducherry. Sri Aurobindos Philosophie zog sie so stark in ihren Bann, dass sie in Indien blieb und später den Aurobindo Ashram mitgründete.

Sri Aurobindo (1872–1950)

Hotels und Restaurants in Tamil Nadu *siehe Seiten 591f und 618f*

Der grüne Hof der École Française d'Extrême Orient

École Française d'Extrême Orient
16 & 19, Rue Dumas.
(0413) 233 2504.
Das international anerkannte Institut (19. Jh.) forscht auf den Gebieten Archäologie, Geschichte und Soziologie.

French Institute of Indology
11, St Louis St. (0413) 233 4539.
Das sehr renommierte Institut wurde Mitte der 1950er Jahre von den führenden französischen Indologen Dr. Jean Filliozat (1906–1982) gegründet. Ursprünglich studierte man hier die Sprache und Kultur der Region, heute unterhält man Beziehungen zu anderen Universitäten und Forschungseinrichtungen.

Aurobindo Ashram
Rue de la Marine. (0413) 233 3604. tägl.
Das Wahrzeichen von Puducherry bestimmt auch heute noch das Leben der Stadt. Sri Aurobindo gründete diesen friedvollen Ashram voller schattiger Höfe 1926. Das blumenverzierte *samadhi* (Denkmal) von Sri Aurobindo und »The Mother« befindet sich im Haupthof. Es besteht aus zwei übereinanderliegenden Kammern und zieht Anhänger aus aller Welt an.

Umgebung: Auroville, die »Stadt der Morgendämmerung« acht Kilometer nordwestlich von Puducherry, wurde 1968 von dem französischen Architekten Roger Anger entworfen. Die Idee eines utopischen Paradieses und einer internationalen Stadt, in der die Menschen friedlich miteinander leben, stammt von »The Mother« Mirra Alfassa. Die internationale Kommune besteht aus 40 Siedlungen mit Namen wie »Grace« (Gnade), »Serenity« (Heiterkeit) und »Certitude« (Sicherheit), in denen 550 Einwohner aller Kasten, Religionen und Nationen unter einem Dach leben. In den Siedlungen Fraternité und Harmonie wird Kunsthandwerk einheimischer Künstler verkauft. Das Meditationszentrum Matri Mandir, das eine Fläche von 25 Hektar bedeckt, spiegelt die spirituellen Ansichten von »The Mother« wider. In der runden Marmorkammer steht eine Kristallkugel, die die Sonnenstrahlen reflektiert. Das gebündelte, konzentrierte Licht dient als Fokus bei Meditationen.

Matri Mandir, das spirituelle Zentrum von Auroville

Feste in Tamil Nadu

Pongal *(Mitte Jan)*. Das Erntedankfest zu Ehren der Sonne, des Ackers und des Viehs wird in ganz Tamil Nadu gefeiert. Hauptopfergabe ist ein süßer Reispudding *(pongal)*. In den südlichen Distrikten findet ein Stierkampf *(manju virattal)* statt.

Chitirai *(Mitte Apr)*. Das tamilische Neujahr wird mit Lebensmittelopfergaben für die Götter begangen. In Madurai feiert man zudem die Hochzeit von Minakshi (Parvati) und Sundareshvara (Shiva).

Adi Perukku *(Juli/Aug)*. Den Flüssen des Bundesstaats werden zu Beginn des Monsuns Süßigkeiten und Reisgerichte geopfert.

Navaratri *(Sep/Okt)*. An dem neuntägigen Fest zu Ehren des Sieges der Göttin Durga über den Büffeldämon Mahisha dürfen nur Frauen teilnehmen. Die Häuser werden mit *Gollu*-Puppen von Göttern und Göttinnen sowie mit weltlichen Ikonen geschmückt.

Karthigai *(Nov/Dez)*, Tiruvannamalai. Die Menschen schmücken ihre Häuser mit Lichtern, um die Geburt von Shivas Sohn Murugan *(siehe S. 477)* zu feiern.

Tamilische Frauen bereiten sich auf das Pongal-Fest vor

Das goldene Dach des inneren Heiligtums, Nataraja-Tempel, Chidambaram

Chidambaram ❽

Distrikt Thanjavur. 60 km südlich von Puducherry. 59.000. Hotel Tamil Nadu, Railway Feeder Rd, (04144) 238 739. Dance Festival (Feb/März), Arudhra (Dez/Jan).

In der heiligen Stadt Chidambaram soll Shiva seinen Schöpfungstanz, den *tandava nritya*, getanzt haben. In der traditionellen Tempelstadt wird streng auf die Einhaltung alter hinduistischer Zeremonien und Rituale geachtet. Im Mittelpunkt steht der Ehrfurcht gebietende **Nataraja-Tempel**, den die Chola (siehe S. 46f) im 9. Jahrhundert zu Ehren ihres Schutzgottes Shiva als Nataraja, »Gott des Tanzes« (siehe S. 462), errichten ließen. Der Tempel verfügt über ein ungewöhnliches, hüttenartiges Heiligtum mit goldgedecktem Dach, dem riesigen, mit Kolonnaden versehenen Shivaganga-Becken und vier bunten *gopuras*. Am interessantesten ist der östliche *gopura* mit Skulpturen der 108 Hand- und Fußbewegungen des Bharat Natyams (siehe S. 29).

Innerhalb des Tempels gibt es fünf Hauptsäle *(sabhas)*, von denen jeder einem bestimmten Zweck dient. Im äußeren Tempelbereich am Shivaganga-Becken befindet sich der Raja Sabha (»Königssaal«) mit seinen 1000 Säulen, in dem Tempelrituale und Feste stattfinden. Im zentralen Bereich steht der Deva Sabha (»Göttlicher Saal«), in dem Bronzeskulpturen aufbewahrt werden. Der Nritya Sabha (»Tanzsaal«) nebenan weist ebenfalls eine wunderschöne Skulpturensammlung auf. Am schönsten ist der **Urdhava Tandava**. Der innere Bereich ist der heiligste. Dort findet man den Chit Sabha oder Chitambalam (»Saal der Glückseligkeit«). Er beherbergt eines der prächtigsten Lingas Shivas; das *Akasha*-Linga repräsentiert den Äther, das alles durchdringende Element, die Urform menschlicher Existenz. Das Heiligtum ist von einer rätselhaften Aura umgeben. Ein schwarzer Vorhang, das Symbol der Unwissenheit, bedeckt es, es wird nur zum Gebet enthüllt. Der fünfte Saal vor dem Chit Sabha ist der Kanaka Sabha (»Goldener Saal«), in dem Shiva seinen Schöpfungstanz getanzt haben soll.

Urdhava Tandava, Nataraja-Tempel

Die religiösen Traditionen im Tempel werden von einer Gruppe von Priestern bewahrt, deren Vorfahren vor mehr als 3000 Jahren nach Chidambaram kamen. Diese *dikshitars* erkennt man an ihren auffälligen Haarknoten.

Darüber hinaus ist Chidambaram Sitz der modernen und landesweit renommierten **Annamalai University**, die im Osten der Stadt liegt. Die Hochschule wurde vor mehr als 50 Jahren gegründet und ist Tamil Nadus erste Universität mit festem Sitz.

Nataraja-Tempel
In der Nähe der Bushaltestelle. tägl.

Gangaikondacholapuram ❾

Distrikt Tiruchirapalli. 40 km südwestlich von Chidambaram. ab Chidambaram oder Kumbakonam.

Der Name der Stadt bedeutet »Stadt des Chola-Königs, der den Ganges besiegte«. Das Dorf war während der Regierungszeit Rajendras I. (1012–44) die Hauptstadt der mächtigen Chola-Dynastie *(siehe S. 46f)*. Wie sein Vater Rajaraja I. war auch Rajendra I. ein großer militärischer Führer und der erste Tamilenherrscher, der sich nach Norden wagte. Die Stadt wurde zur Erinnerung an seine Überquerung des Ganges errichtet. Einer Inschrift zufolge ließ er die besiegten Gegner Eimer voller heiligen Ganges-Wassers zurückbringen, um damit das Chola-Ganga-Becken, das Siegesdenkmal, zu füllen.

Außer dem großartigen **Brihadishvara-Tempel** ist nur wenig von der Stadt erhalten geblieben. Vorbild war der Brihadishvara-Tempel von Thanjavur *(siehe S. 488f)*, das von einem Turm bekrönte, Shiva geweihte Heiligtum ist jedoch kleiner. Die unteren Wände, Säulen und Nischen zieren bemerkenswerte Skulpturenfriese. Am bedeutendsten ist eine Tafel, auf der Shiva Chandesha segnet; der Gläubige ähnelt Rajendra I. Die Skulpturen der *dikpalas* (Wächter der acht Richtungen), *ekadasas* (die elf Gestalten Shivas), der Saraswati, der

Wunderschöner Tanzender Shiva, Gangaikondacholapuram

Hotels und Restaurants in Tamil Nadu siehe Seiten 591f und 618f

Adikumbheshvara-Tempel (17. Jh.), Kumbakonam

Kalyanasundara und der Nataraja (siehe S. 462) sind ebenfalls schöne Beispiele der Chola-Kunst. Stufen am Durga-Schrein im Hof führen zu der Figur eines sitzenden Löwen, die für tägliche Rituale mit heiligem Ganges-Wasser gefüllt gewesen sein soll.

Das kleine **Archäologische Museum** in der Nähe des Tempels stellt Chola-Artefakte aus der Umgebung aus.

Brihadishvara-Tempel
tägl. **Museum** tägl.

Kumbakonam ⑩

Distrikt Thanjavur. 74 km südwestlich von Chidambaram. 140 000.
Thanjavur Tourist Office, (04362) 23 132. Nageshvara-Tempelfest (Apr/Mai), Mahamaham Festival (alle zwölf Jahre).

Ebenso wie Kanchipuram (siehe S. 476) ist auch Kumbakonam eine der heiligsten Städte Tamil Nadus. Die uralte Siedlung liegt am Südufer des Kaveri. Hier soll Shiva seinen Pfeil abgeschossen haben, der das kosmische Gefäß (kumbh) traf, das den göttlichen Nektar der Schöpfung (amrit) enthielt. Diesem Mythos verdankt Kumbakonam sowohl seinen Namen als auch seine Heiligkeit. Heute repräsentiert die Stadt die traditionellen kulturellen Werte des Tamilenlandes. Zudem ist sie Wirtschafts- und Kunsthandwerkszentrum (Textilien, Schmuck, Bronze).

Dem Mythos nach floss der göttliche Nektar in das gewaltige **Mahamaham-Becken**. Dies ist Kumbakonams heiliges Zentrum und Ort des großen Mahamaham Festival, das alle zwölf Jahre abgehalten wird. Die Nayaka ließen das Becken im 17. Jahrhundert renovieren. Es hat Stufen an den vier Hauptpunkten und 16 verzierte Pavillons zu Ehren der 16 *mahadanas* (Geschenke eines Herrschers für ein spirituelles Zentrum). Im Norden liegt der **Kashivishvanatha-Tempel** mit einem kleinen Schrein gegenüber dem Wasser. Dieser ist sieben Göttinnen geweiht, Personifikationen der heiligen Flüsse. In der Mitte steht der Kaveri geweihte Schrein.

Östlich des Beckens kommt man an der Stelle, an der Shiva das Gefäß zerbrach, zum **Adikumbheshvara-Tempel** (17. Jh.) mit einer Sammlung silberner *vahanas* (Fahrzeuge), auf denen die Tempelgottheiten bei Prozessionen gezeigt werden. Der zwölfstöckige **Sarangapani-Tempel** im Osten ist der wichtigste Vishnu-Schrein der Stadt. Der **Nageshvara-Tempel** (9. Jh.) in der Nähe ist der älteste von Kumbakonam.

Umgebung: Der spektakuläre Airavateshvara-Tempel in **Darasuram**, vier Kilometer westlich von Kumbakonam, wurde von dem Chola-König Rajaraja II. (reg. 1146–73) erbaut. Der Tempel ist Shiva geweiht, der hier als Airavateshvara, »Gott des Airavata«, bekannt ist. Der Legende nach soll Airavata, der weiße Elefant des Himmelsgottes Indra, Shiva hier gehuldigt haben, nachdem er seine Farbe wiedergewonnen hatte. Der Tempel besteht aus einem Heiligtum und drei Sälen – der schönste ist die Rajagambira Mandapa in Form eines Steinwagens, der von geschmückten Pferden gezogen und von Brahma gelenkt wird. Rund acht Kilometer westlich von Kumbakonam liegt **Swamimalai**, einer der sechs heiligen Schreine des Gottes Murugan (siehe S. 25), der die Bedeutung der Silbe »Om« festlegte und daher von seinem Vater Shiva den Titel Swaminatha («Gott der Götter«) verliehen bekam. In dem Hügeltempel steht eine eindrucksvolle Statue Murugans. Interessanterweise ist er mit einem Elefantengefährt anstelle des üblichen Pfaues dargestellt. Das Dorf ist auch für den Bronzeguss berühmt. Die Kunsthandwerker bedienen sich immer noch traditioneller Methoden zur Herstellung der Tempelbilder (siehe S. 484).

Shivas Hochzeitsprozession, Darasuram

Kleine Votivschreine vor dem Airavateshvara-Tempel, Darasuram

Das College of Music am Kaveri, Tiruvaiyaru

Tiruvaiyaru ⓫

Distrikt Thanjavur. 13 km nördlich von Thanjavur. 14 500. Thyagaraja Aradhana (Jan).

Die fruchtbare Region am Kaveri und seinen vier Nebenflüssen ist als Tiruvaiyaru, als heiliges *(tiru)* Land der fünf *(i)* Flüsse *(aru)* bekannt. Beinahe 2000 Jahre lang verehrten die Tamilen den Kaveri als heilige Quelle des Lebens, der Religion und der Kultur. Demzufolge ließen sich viele Wissenschaftler, Künstler, Dichter und Musiker in der Gegend nieder, unter dem Schutz der aufgeklärten Herrscher von Thanjavur *(siehe S. 486f)*. Zu diesen gehörte auch Thyagaraja (1767–1847), Heiliger und größter Komponist der karnatischen Musik. Die Geschichte der kleinen Stadt ist eng mit der Entwicklung der südindischen klassischen Musik verknüpft.

Der kleine **Thyagaraja-Tempel** im Stadtzentrum wurde zum Andenken an die letzte Ruhestätte des berühmten Komponisten errichtet. An seinem Todestag findet hier jedes Jahr im Januar ein Musikfestival statt. Hunderte von Musikern und Studenten der karnatischen Musik kommen zusammen und singen eine Woche lang die Lieder Thyagarajas.

Bei Einbruch der Morgendämmerung zieht eine Prozession von Musikern von Thyagarajas Haus zum Tempel. Auf dem Boden vor dem Schrein, im reetgedeckten Auditorium, warten eifrige Musikliebhaber. Zum Klang der heiligen Gesänge der Priester wird die Steinfigur Thyagarajas in Milch und Rosenwasser gebadet und mit Sandelholz und Honig eingerieben. Die fünf Lieder der *pancha ratna* (»fünf Juwele«) des Thyagaraja, die alle gleichermaßen als Meisterwerke der karnatischen Musik gelten, werden von allen Versammelten im Chor gesungen. Die Zeremonie gilt als Affirmation der Hingabe an den Komponisten und die große Tradition der Musik. Sie ist für Musiker aus ganz Indien ein magisches Ereignis.

Darüber hinaus findet man in der Stadt den im 9. Jahrhundert von den Chola erbauten **Panchanandishvara-Tempel** (»Gott der Fünf Flüsse«). Die Anlage ist Shiva geweiht. Die Schreine von Uttara (Norden), Kailasha und Dakshina (Süden) ließen die Frauen der Könige Rajaraja I. und Rajendra I. *(siehe S. 46f)* errichten. Die mächtigen Grenzwälle *(prakaras)*, die Säulen-*mandapas* und der Mukti Mandapa werden in den Liedern der Nayannars besungen, einer alten (7. Jh.) Sekte von Dichter-Heiligen *(siehe S. 45)*.

Umgebung: Der Ort Pullamangai, zwölf Kilometer nordöstlich von Tiruvaiyaru, ist für den mit anmutigen Bildern von Göttern und Göttinnen geschmückten **Brahmapurishvara-Tempel** aus dem 10. Jahrhundert berühmt.

Kinder planschen im Wasser des Kaveri, Tiruvaiyaru

Bronzefiguren aus Thanjavur

Kunsthandwerker bei der Arbeit

Zu den vielfältigen Kunsthandwerkstraditionen der Region Thanjavur gehört auch die Herstellung exquisiter Bronzefiguren im sogenannten *Cire-perdue*- oder Ausschmelzverfahren. Zunächst wird im Modell aus Wachs angefertigt, das dann in Ton gebettet wird, um eine Form herzustellen. Diese wird erhitzt, das Wachs fließt durch ein Loch im Boden ab. Danach wird die Form mit einer flüssigen Mischung fünf verschiedener Metalle *(panch loha)* gefüllt. Nach dem Abkühlen wird der Ton aufgebrochen und die Figur poliert. Zum Schluss erhält die Figur Augen aus Honig und Ghee, die in einem Ritual von einem Priester mit einer goldenen Nadel »geöffnet« werden. Auch heute noch fertigen die *sthapathis* Figuren nach den in dem alten Kunsttraktat *Shilpa Shastra* festgelegten Regeln an. Hauptort des Bronzegusses in Tamil Nadu ist Swamimalai *(siehe S. 483)*.

Hotels und Restaurants in Tamil Nadu *siehe Seiten 591f und 618f*

Karnatische Musik

Die klassische Musik Südindiens ist auch als karnatische Musik bekannt. Sie basiert ebenso wie die Hindu-Musik *(siehe S. 28 f.)* auf den Prinzipien *raga* (Melodie) und *tala* (Rhythmus), unterscheidet sich jedoch erheblich von dieser. Sie ist fast ausschließlich religiösen Charakters, verwendet andere Musikinstrumente und entwickelt die Melodie strukturierter. Zudem spielt der Rhythmus eine größere Rolle. Einige der besten Stücke wurden zwischen 1750 und 1850 von Thyagaraja, Syama Sastri und Muthuswami Dikshitar komponiert. Die drei schrieben zusammen über 2500 Lieder in Sanskrit und Telegu und kreierten und variierten die dem Genre auch heute noch eigenen Elemente.

Thyagaraja, Vater der karnatischen Musik

Begleitinstrumente

Traditionelle südindische Instrumente wie die *vina*, das *nadasvaram*, die Flöte und die *thavil* begleiten den Gesang. Auch europäische Instrumente wie die Geige und das Saxofon kommen zum Einsatz.

M. S. Subbulakshmi – eine führende Solistin.

Die Geige, ein Saiteninstrument westlichen Ursprungs, wird im Sitzen gespielt.

Das *ghatam*, ein Tongefäß, bringt in den Händen eines Könners fabelhafte Rhythmen hervor.

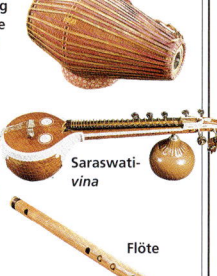

Mridangam (zweiseitig bespannte Trommel)

Saraswati-vina

Flöte

Tanpura

Ghatam

Mridangam

Geige

Musikfestivals werden oft in größeren Städten abgehalten. Die Konzerte finden in kleinen Sälen, den *sabhas*, statt. Die meisten Sänger werden von einem Geiger und zwei Schlagzeugern begleitet. Die Veranstaltung dauert meist drei Stunden, die Lieder werden auf Telugu gesungen. Der – meist religiöse – Text ist ebenso wichtig wie die Melodie.

Das *nadasvaram*, ein Blasinstrument, gehört zu Tempelfesten und Hochzeiten einfach dazu. Der Thavil-(Trommel-)Spieler gibt verschiedene komplexe Rhythmusimprovisationen vor, die die jeweilige Melodie des *nadasvaram* begleiten.

Die *vina* erinnert an die bekanntere Sitar und ist ein wunderschönes, handgefertigtes Saiteninstrument.

Thanjavur ⑫

Die Stadt Thanjavur (oder Tanjore) liegt im fruchtbaren Delta des Kaveri, die Region wird oft als »Reisschale von Tamil Nadu« bezeichnet. Fast 1000 Jahre lang bestimmte die große Stadt als Hauptstadt dreier mächtiger Dynastien das politische Geschick der Gegend: Hier herrschten die Chola (9.–13. Jh.), die Nayaka (1535–1676) und die Marathen (1676–1855). Der atemberaubende Brihadishvara-Tempel *(siehe S. 488f)* ist das wichtigste Chola-Monument, der Royal Palace stammt aus der Zeit der Nayaka und der Marathen. Heute umfasst die Kultur Thanjavurs auch klassische Musik und Tanz. Zudem ist die Stadt ein aufblühendes Zentrum der Bronzeskulptur und der Malerei.

Der siebenstöckige Wachturm des Royal Palace, Thanjavur

Shivaganga Fort
An der Hospital Rd. tägl.
Das viereckige Shivaganga Fort südwestlich der Altstadt wurde von dem Nayaka-Herrscher Sevappa Nayaka Mitte des 16. Jahrhunderts erbaut. Die steinernen Wehrmauern umschließen eine 14 Hektar große Fläche und sind von einem Graben umgeben. Das **Shivaganga-Becken** ließ Rajaraja I. anlegen. Später wurde es renoviert, um die Stadt mit Trinkwasser zu versorgen. Im Fort befinden sich auch der großartige Brihadishvara-Tempel, die Schwartz Church und ein Vergnügungspark.

Brihadishvara-Tempel
Siehe Seiten 488f.

Schwartz Church
An der West Main St. tägl.
Die Christ oder Schwartz Church (18. Jh.), ein Erbe der kolonialen Vergangenheit der Stadt, befindet sich östlich des Shivaganga-Beckens. Sie wurde 1779 von dem dänischen Missionar Reverend Frederik Christian Schwartz gegründet. Als er 1798 starb, stiftete der Marathen-Herrscher Serfoji II. der Kirche ein Marmortabernakel, das sich am westlichen Ende der Kirche befindet. Geschaffen wurde es von John Flaxman. Dargestellt sind der sterbende Missionar, der seinen königlichen Patron segnet, sowie einige Lehrer und Schüler der Schule, die er gründete.

Royal Palace
East Main St. tägl. gegen Gebühr.
Der Palast ähnelt einem fliegenden Adler und diente ursprünglich den Nayaka-Herrschern als königliche Residenz. Die Marathen ließen ihn umbauen. Ein großer viereckiger Innenhof führt zum Palastkomplex, an dessen einem Ende ein pyramidenförmiger, tempelartiger Turm steht. Außerhalb des Komplexes befindet sich ein siebenstöckiger Beobachtungsturm mit Bogen – der abschließende Pavillon fehlt inzwischen.

Die wunderschöne, von Shahji II. 1684 errichtete Maratha Durbar Hall ist mit bemalten und verzierten Säulen, Wänden und Decken ausgestattet. Über einem grünen Granitblock, auf dem einst der Thron stand, erhebt sich ein Baldachin aus Holz, der

Marathen-Herrscher Serfoji II. (reg. 1798–1832)

mit Glas verziert ist und durch vier Holzsäulen gestützt wird. Zu den weiteren Gebäuden gehören das Sadir Mahal, auch heute noch Residenz der einstigen Könige, und das Puja Mahal.

Das **Rajaraja Museum and Art Gallery** (1951) in der Nayaka Durbar Hall präsentiert eine eindrucksvolle Sammlung an Bronze- und Steinfiguren (7.–20. Jh.). Besonders sehenswert sind die Shiva-Figuren, darunter der Kalyanasundaramurti, die Hochzeit Shivas mit Parvati *(siehe S. 462)*, sowie der Bhikshatanamurti, bei dem Shiva als wandernder Bettler mit Bettelschale und Hund dargestellt ist.

Neben dem Rajaraja Museum befindet sich die von den Marathen erbaute **Saraswati Mahal Library**. Sie ist eine der wichtigsten Referenzbibliotheken Indiens und verfügt über eine schöne Sammlung seltener Palmenblättermanuskripte und Bücher, die der vielseitig

Wandgemälde am Eingang der Saraswati Mahal Library, Thanjavur

Hotels und Restaurants in Tamil Nadu *siehe Seiten 591f und 618f*

THANJAVUR
487

gelehrte Serfoji II. anlegte. Im angrenzenden **Museum** sind einige dieser Stücke ausgestellt.

Das **Royal Museum** ist in einem Teil der privaten Gemächer des Maratha Palace untergebracht. Es umfasst die persönliche Sammlung Serfojis II. Das nahe gelegene Sangeeta Mahal wurde von den Nayaka mit akustischen Besonderheiten speziell zur Aufführung von Musik erbaut.

🏛 **Rajaraja Museum and Art Gallery**
📞 (04362) 239 823. 🕐 tägl.
Feiertage. 📷

🏛 **Saraswati Mahal Library**
für die Öffentlichkeit.
Museum 🕐 Do–Di.

🏛 **Royal Museum**
🕐 tägl. 📷

Umgebung: 55 Kilometer östlich liegt **Thiruvarur**. Es umfasst den Thyagaraja-Tempel, der der Somaskanda-Gestalt

INFOBOX

Distrikt Thanjavur. 350 km südwestlich von Chennai.
👥 215000. 🚉 🚌 ℹ️ Komplex Hotel Tamil Nadu, (04362) 230 984. 🛍 Mo–Sa. 🎉 Rajaraja Cholas Geburtstag (Okt).

Shivas (siehe S. 472) geweiht ist und vier *gopuras* sowie einen Saal mit auffälliger Decke aufweist, der mit Szenen der Shiva-Legende bemalt wurde.

Vithoba-Fresko in der Art Gallery, Royal Palace, Thanjavur

Gemälde aus Thanjavur

Unter den Marathen bildete sich eine eigene Schule der Malerei heraus, die von Serfoji II. gefördert wurde. Der hochornamentale Stil war durch lebhafte Farben und ein Dekor aus Blattgold sowie Halb- und Edelsteinen gekennzeichnet. Die Themen waren meist religiöser Natur, die Farben das symbolische Rot, Schwarz, Blau und Weiß der verschiedenen Gottheiten. Die dargestellten Figuren sind meist rundlich mit mandelförmigen Augen. Lieblingsthema der Maler war Krishna als pausbäckiges Baby.

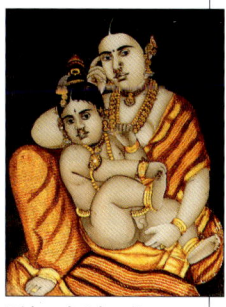

Krishna als Baby mit seiner Mutter Yashodhara

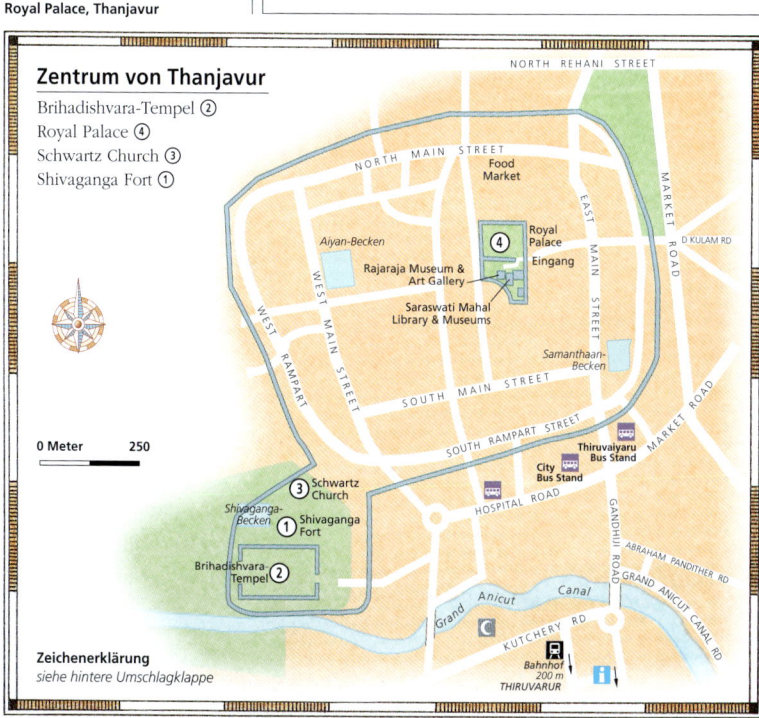

Zentrum von Thanjavur

Brihadishvara-Tempel ②
Royal Palace ④
Schwartz Church ③
Shivaganga Fort ①

0 Meter 250

Zeichenerklärung siehe hintere Umschlagklappe

Thanjavur: Brihadishvara-Tempel

Der monumentale Granittempel ist das schönste Beispiel der Chola-Architektur und gehört heute zum UNESCO-Welterbe. Rajaraja Chola I. *(siehe S. 46f)* ließ ihn als Symbol unbegrenzter Macht bauen. Der Tempel wurde im Jahr 1010 vollendet und Shiva geweiht. Der untere Bereich ist mit Inschriften bedeckt, die Informationen über die Verwaltung des Tempels liefern – ein unschätzbares historisches Dokument zu Gesellschaft und Regierung der Chola.

Shiva-Skulptur

Die oktogonale Kuppel ist aus einem massiven, 80 Tonnen schweren Granitblock gemeißelt und bekrönt den *vimana*.

Ein Gang läuft auf zwei Ebenen um den ganzen Tempel, da das Linga kolossale vier Meter hoch ist.

★ Vimana
Der 66 Meter hohe, pyramidenförmige, 13-stöckige vimana krönt das Heiligtum. Den vergoldeten Schlussstein stiftete der König.

★ Dvarapala
Zwei gigantische dvarapalas (Wächter) am Osteingang weisen den Gläubigen die Richtung zum inneren Heiligtum.

Linga-Schrein

Fresken
Chola-Fresken zieren den Gang um den Tempel. Man entdeckte sie, als sich die Marathen-Gemälde (17. Jh.) darüber allmählich auflösten.

NICHT VERSÄUMEN

- ★ Dvarapala
- ★ Nandi Mandapa
- ★ Vimana

THANJAVUR: BRIHADISHVARA-TEMPEL

INFOBOX

Thanjavur. Westlich der Bushaltestelle. ◯ tägl.; Besuchserlaubnis des inneren Heiligtums und der oberen Stockwerke: (04362) 274 476 oder über das Fremdenverkehrsbüro von Thanjavur.
Archäologisches Museum
◯ tägl.

Tempelpanorama
Der Tempel steht in der Mitte eines rechteckigen Hofes und ist von Nebenschreinen umgeben. Auf der Südseite des Hofes befindet sich das Archäologische Museum, in dem u. a. Fotografien des Tempels vor seiner Restaurierung zu sehen sind.

★ Nandi Mandapa
Die sechs Meter lange Figur ist aus einem einzigen, 25 Tonnen schweren Granitblock gemeißelt und steht gegenüber dem Heiligtum.

Priester vor dem Tempel
Der Tempel gehört zwar zum Archaeological Survey of India, steht jedoch auch zum Gebet zur Verfügung.

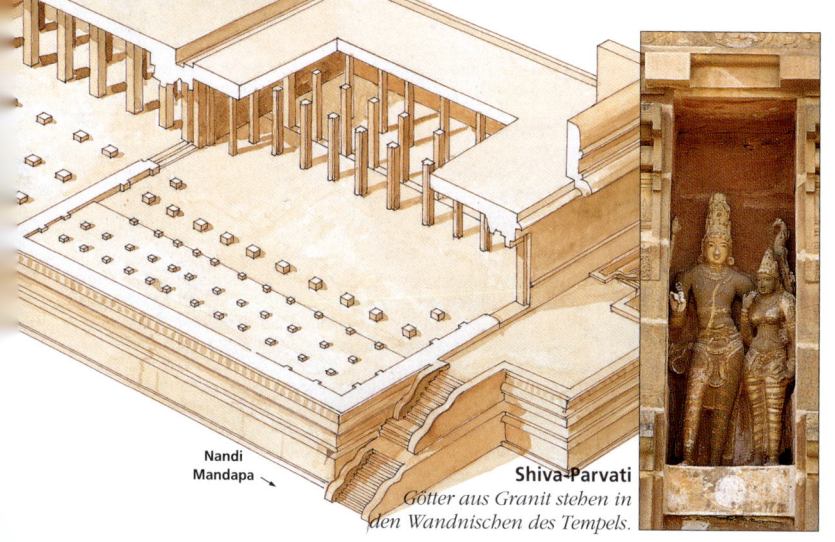

Nandi Mandapa

Shiva-Parvati
Götter aus Granit stehen in den Wandnischen des Tempels.

Das Rock Fort von Tiruchirapalli erhebt sich über die Stadt

Tiruchirapalli ⑬

Distrikt Tiruchirapalli. 60 km westlich von Thanjavur. 2 418 400. 7 km südlich des Stadtzentrums, dann mit Bus oder Taxi. Hotel Tamil Nadu, 101, Williams Rd, (0431) 241 4346. Teppakulam Float Festival (März).

Die Stadt am fruchtbaren Delta des Kaveri ist nach einem grausamen dreiköpfigen Dämon *(tirusira)* benannt, der Erlösung erlangte, nachdem Shiva ihn getötet hatte. Die Geschichte Tiruchirapallis ist eng mit dem politischen Geschick der Pallava, Chola, Nayaka und schließlich der Briten verknüpft, die die Stadt kurzerhand Trichy nannten. Heute ist sie die zweitgrößte Stadt Tamil Nadus.

Sie wird von dem massiven **Rock Fort** dominiert, das spektakulär auf einem 83 Meter hohen Felsen in einer ansonsten flachen Landschaft liegt. Die Festung wurde von den Nayaka des benachbarten Madurai erbaut, die Tiruchirapalli zu ihrer zweiten Hauptstadt machten (16./17. Jh.). Sie erweiterten auch den Tempel, der Shiva als Thayumanavar («Gott, der eine Mutter wurde») geweiht ist. Einer Legende zufolge soll Shiva bei einer Geburt geholfen haben, indem er die Gestalt der Mutter der Schwangeren annahm, da diese durch eine Flut am Kommen gehindert war. An der Spitze des Hügels steht ein kleiner Ganesha-Tempel mit spektakulärer Aussicht auf die heilige Insel Srirangam.

Am Fuß des Südhangs befindet sich der erste der beiden Höhlentempel. Der untere ist aus dem 8. Jahrhundert, der obere aus der Zeit des Pallava-Herrschers Mahendra Varman (reg. 600–630). Er beherbergt ein Wunder der Pallava-Kunst: die Gangadhara-Tafel, auf der Shiva der Flussgöttin Ganga mit einer Locke seines Haares bei ihrem Abstieg zur Erde hilft.

Weite Teile der heutigen Stadt stammen aus dem 18. und 19. Jahrhundert, als die Briten das Cantonment, zahlreiche Verwaltungsgebäude und Kirchen errichteten. Viele der Bauten liegen am großen Teppakulam-Becken unterhalb des Forts – ein geschäftiges Viertel voller Obst-, Gemüse- und Blumenmärkte.

Zu den frühesten Kirchen zählen die Christ Church nördlich des Beckens, die Reverend Frederick Christian Schwartz *(siehe S. 486)* 1766 gründete, die neogotische **Cathedral of Our Lady of Lourdes** (1840) westlich des Beckens und das jesuitische St Joseph's College, ebenfalls westlich des Beckens. Im Cantonment südwestlich des Forts befindet sich die Church of St John (1816).

Rock Fort
tägl. gegen Gebühr.

Cathedral of Our Lady of Lourdes, Tiruchirapalli

Der Fluss Kaveri

Ein Schrein erzählt die Legende der Göttin Kaveri

Der Kaveri ist einer der sieben heiligen Flüsse Indiens. Er legt von seiner Quelle bei Talakaveri in Karnataka *(siehe S. 428)* 785 Kilometer zurück, bis er bei Poompuhar in den Golf von Bengalen mündet. Mythen glorifizieren den Kaveri als Personifizierung einer Göttin (in einigen Versionen Brahmas Tochter), die aus der Wasserschale *(kamandala)* des Weisen Agasthya entsprang. Seit den ersten frühchristlichen Jahrhunderten spielte Kaveri in der tamilischen Kultur eine wichtige Rolle, vor allem unter den Chola (9.–13. Jh.). Die großen Tempelstädte, die in dieser Zeit entstanden, wurden Zentren der Religion, des Tanzes, der Musik und der Kunst. Weitsichtigen Bewässerungsprojekten der Chola im Delta des Kaveri verdankt die Region ihren Ruf als »Reisschale von Tamil Nadu«. Auch heute noch opfern Gläubige der Flussgöttin am 18. Tag des tamilischen Monats Adi (Juli/August) Reis. Leider ist der Fluss auch zum Zankapfel geworden: Die Regierungen Tamil Nadus und Karnatakas streiten sich über die Wasserverteilung.

Hotels und Restaurants in Tamil Nadu siehe Seiten 591f und 618f

Umgebung: In **Kallanai**, 24 Kilometer nordöstlich von Tiruchirapalli, befindet sich ein 300 Meter langer Erdwall über den Kaveri, der Grand Anicut. Er war Teil des ungeheuren hydraulischen Systems der Chola *(siehe S. 46f)*, mit dem sie Wasser aus dem Fluss in unzählige Kanäle leiteten. Das Original existiert schon lange nicht mehr, der heutige Damm wurde von britischen Ingenieuren im 19. Jahrhundert nachgebaut.

Weiterhin sehenswert sind ein Shiva-Tempel (7. Jh.) in **Narthamalai**, 17 Kilometer weiter südlich, und die Jain-Höhlentempel (2. Jh. v. Chr.) von **Sittanavasal**, 58 Kilometer südöstlich. Auf verblassten Gemälden sind tanzende Mädchen sowie ein Lotusbecken dargestellt.

Srirangam ⑭

Distrikt Tiruchirapalli. 9 km nördlich von Tiruchirapalli.
Vaikuntha Ekadashi (Dez/Jan), Chariot Festival (Jan).

Die heilige Insel, die sich zwischen Kaveri und Kollidam bildete, ist drei Kilometer lang und eine der am meisten verehrten Pilgerstätten Südindiens. In ihrem Herzen liegt der majestätische **Ranganatha-Tempel**. Er ist Vishnu geweiht und mit 60 Hektar Fläche einer der größten Tempelkomplexe in Tamil Nadu.

Die heutige Anlage ist über einen Zeitraum von vier Jahrhunderten entstanden. Erste umfangreiche Rekonstruktionen fanden bereits 1371 statt, nachdem der Delhi-Sultan Alauddin Khilji *(siehe S. 48)* das Original aus dem 10. Jahrhundert zerstört hatte. Weitere Anbauten wurden im 17. Jahrhundert von den Nayaka vorgenommen, die das nahe gelegene Tiruchirapalli zu ihrer zweiten Hauptstadt machten. Die letzte Ergänzung erfolgte 1987, als das bislang unvollendete südliche Tor fertiggestellt wurde.

Den Komplex beherrschen 21 recht imposante *gopuras* (Tore). Er besteht aus sieben *prakaras* (Grenzwälle), die die einzelnen Bereiche unterteilen. In den äußeren drei befinden sich Wohnhäuser der Priester, Pilgerherbergen, kleine Restaurants und Läden mit religiösen Büchern, Bildern und Opfergaben. Danach beginnt der heilige Bezirk, in den Nicht-Hindus kein Zutritt haben. Hier stehen die wichtigsten Schreine der Anlage. Zu diesen gehören u. a. der weitläufige Thousand-Columned Mandapa mit Figuren von Ranganatha und seiner Gefährtin, die während der zahlreichen Tempelfeste angebetet werden, sowie der großartige **Seshagirirayar Mandapa** mit seinen sich aufbäumenden Steinpferden und aufsitzenden Kriegern, die gegen wilde Tiere und *yalis*

Schlauchbootfahrt auf dem Kaveri

Pferd, Seshagirirayar Mandapa

(mythische Löwen) kämpfen. In dem kleinen Museum in der Nähe sind weitere Stein- und Bronzeskulpturen zu sehen.

Das Herz des Komplexes bildet das innere Heiligtum mit seinem blattgoldverzierten *vimana*, in dem ein Schrein steht, in dem sich eine Figur von Vishnu als Ranganatha (auf der kosmischen Schlange Adisesha sitzend) befindet. In diesem Tempel entwickelte der Philosoph Ramanuja (11. Jh., *siehe S. 429*) den Bhakti-Kult der persönlichen Hingabe. Das ganze Jahr über finden Tempelfeste zu Ehren Vishnus statt.

Östlich des Ranganatha-Tempels stößt man in dem Dorf Tiruvanaikka auf den Mitte des 17. Jahrhunderts geschaffenen **Jambukeshvara-Tempel**. Der Hauptschrein enthält eines der prächtigsten Lingas – Shiva als Manifestation des Wassers. Einer Legende zufolge schuf Shivas Gefährtin Parvati das Linga. Ihr zu Ehren trägt der Priester bei den Zeremonien einen Sari. Nicht-Hindus ist es gestattet, die äußeren Schreine zu besichtigen, zum Hauptheiligtum haben sie dagegen keinen Zutritt.

Ranganatha-Tempel
tägl. (0431) 243 2246.
für Aussichtspunkt. **Museum** tägl. gegen Gebühr.

Jambukeshvara-Tempel
tägl. gegen Gebühr.

Eines der imposanten Tore des Ranganatha-Tempels, Srirangam

Yercaud verdankt seinen Namen dem Yerikadu Lake

Yercaud ⓯

Distrikt Salem. 32 km nordöstlich von Salem. 🚂 Salem, dann Bus. 🚌 🛏 Hotel Tamil Nadu, Yercaud Ghat Rd, (04281) 223 334. 🎭 Shevaroyan-Tempelfest (Mai).

Der attraktive Ort in den Shevaroy Hills wurde Anfang des 19. Jahrhunderts von den Briten gegründet, die den Kaffeestrauch hier einführten. Heute ist die Gegend eine der produktivsten des Bundesstaats, auf den umliegenden Hängen wurden ausgedehnte Plantagen angelegt.

Der künstliche **Yerikadu Lake** und die **Killiyur Falls** sind landschaftlich wunderschön, vom **Lady's Seat** in der Nähe des Sees aus hat man einen Panoramablick auf die Umgebung. In der Gegend finden sich mehrere Bienenstöcke, die köstlichen Honig produzieren. Die **Horticultural Research Station** verfügt über eine Sammlung seltener Pflanzen.

Mudumalai Wildlife Sanctuary ⓰

Distrikt Nilgiri. 64 km westlich von Udhagamandalam. 🚌 Theppakadu, Haupteingang. 🛈 Tourist Office, Theppakadu, (0423) 244 3977. Buchung bei Wildlife Warden's Office, Ooty, (0423) 244 4098. ◯ tägl. (Feb–März manchmal geschl.). 🚙 Jeeps erhältlich.

Mudumalai, die »Alte Hügelkette« am Fuß der Nilgiri Hills, wird durch den Fluss Moyar vom Bandipur National Park *(siehe S. 423)* in Karnataka getrennt. Das Schutzgebiet ist ein wichtiger Bestandteil des 5500 Quadratkilometer großen Nilgiri Biosphere Reserve der Westghats. Mit dem angrenzenden Bandipur und Nagarhole stellt es einen der bedeutendsten Lebensräume Indiens für Elefanten und Bisons dar. Der Park umfasst ein 322 Quadratkilometer großes, hügeliges Terrain. Zur vielfältigen Vegetation gehören dichter, Laub abwerfender Wald und ausgedehntes Grasland. Hier leben viele Tiere, u. a. der Nilgiri-Tahr *(siehe S. 19)*, der Sambar, Tiger, Leoparden, Axishirsche, Gleithörnchen, Malabar-Zibetkatzen und der Tonkin-Langur. Darüber hinaus findet man 120 Arten von einheimischen und Zugvögeln wie z. B. die Zwergohreule und den Haubenadler.

Coimbatore ⓱

Distrikt Coimbatore. 96 km nordöstlich von Chennai. 🚶 924000. ✈ 10 km nordöstlich des Stadtzentrums, dann Bus. 🚂 🚌 🛏 Hotel Tamil Nadu, Dr Nanjappa Rd, (0422) 230 2176. 🛍 Mo–Sa. 🎭 Thaipoosam (Jan/Feb), Karthigai (Nov/Dez).

Tamil Nadus drittgrößte Stadt ist ein großes Industrie- und Wirtschaftszentrum mit riesigen Textilfabriken und anderen Betrieben. Von hier aus kann man gut die Orte in den Nilgiri Hills erkunden. Zudem gibt es eine Landwirtschaftsschule und zwei berühmte Tempel. Der **Perur-Tempel** am Noyyal-Fluss ist Shiva, der **Muruga-Maruthamalai-Tempel** auf einem kleinen Hügel ist dessen Sohn Murugan geweiht. Während der Tempelfeste kommen Tausende von Gläubigen hierher.

Sehr schön sind auch die inmitten von Hügeln gelegenen **Siruvani Waterfalls**. Das Wasser des Siruvani ist besonders rein und schmeckt gut.

Nilgiri Hills

Blühender Palisanderbaum

Die malerischen *nila giri* oder »Blauen Berge« liegen dort, wo die Ost- auf die Westghats treffen. Ihren Namen verdanken sie dem Strauch *kurunji (Strobilanthes kunthianus)*, dessen Blüten die Hügel alle zwölf Jahre in ein Meer blauer Farbe tauchen. Ansonsten sind sie mit Hochlandgras und *sholas* (immergrüne Gebirgswälder) bedeckt. In den Nilgiri Hills leben 18 stammesähnliche Ethnien, darunter auch die bemerkenswerte Hirtengemeinde der Toda. Zwischen den Hügeln versteckt liegen zahlreiche Orte. Ooty (Udhagamandalam) steht in dem Ruf, die »Königin der Hügelorte« zu sein. Hier endet die Strecke des jahrhundertealten Blue Mountain Train. Östlich davon liegt Kotagiri im Schatten des Dodda Betta, des höchsten Gipfels der Region. Coonoor im Süden ist ebenfalls von Hügeln sowie von Tee- und Kaffeeplantagen umgeben. Auf mehreren kurzen Ausflügen um Ooty kann man die Nilgiri Hills gut zu Fuß erkunden.

Wasserfall in den Nilgiri Hills

Hotels und Restaurants in Tamil Nadu *siehe Seiten 591f und 618f*

Baumgesäumte Allee in Kodaikanal

Palani ⓲

Distrikt Madurai. 100 km nordwestlich von Madurai. ✈ *Madurai, 119 km südöstlich des Stadtzentrums, dann Bus oder Taxi.* 🚂 🚌 🎉 *Thaipoosam (Jan/Feb), Karthigai (Nov/Dez).*

Der Wallfahrtsort Palani liegt am Rand des großen Vyapuri-Beckens. Der **Subrahmanyam-Tempel** auf einem Hügel ist die berühmteste der sechs »Wohnstätten« Murugans, des Sohnes Shivas. Er soll als Bettler verkleidet hierhergekommen sein, nachdem er sich mit seinem Bruder Ganesha um eine Frucht gestritten hatte. Murugan ist auch als Dandayutha Pani (»Träger des Stabs«) bekannt. Er wird oft mit kahl geschorenem Kopf und eben jenem Stab dargestellt. Während des Thaipoosam-Festivals zieht der Tempel Tausende von Pilgern an, die sich zu Ehren Murugans den Kopf rasieren. Eine Seilbahn erspart den Gläubigen den Weg über 600 Stufen zum Heiligtum auf dem Hügel. Palani ist auch ein guter Ausgangspunkt, um die umliegenden Hügel zu Fuß zu erkunden.

Kodaikanal ⓳

Distrikt Madurai. 120 km nordwestlich von Madurai. 🚌 *Palani, 65 km nördlich des Stadtzentrums, dann mit Bus oder Taxi.* ℹ️ *Tamil Nadu Tourism, (04542) 241 675.* 🛒 *Mo–Sa.* 🎉 *Summer Festival (Mai), Flower Show (Mai), Winter Festival (Dez).*

Üppige grüne Täler, terrassenförmig angelegte Plantagen und ein angenehmes Klima machen Kodaikanal zu einem der beliebtesten Hügelorte in Tamil Nadu. Die Stadt, die bei den Einheimischen schlicht Kodai heißt, wurde in den 1840er Jahren von amerikanischen Missionaren »entdeckt«, die hier eine Art Sanatorium sowie 1901 eine internationale Schule errichteten.

Die malerische Stadt zieht sich heute um den künstlichen **Kodai Lake**, der durch den Damm (1863) von Sir Vere Henry Levinge zustande kam. Der drei Kilometer lange Weg um den See eignet sich gut zum Spazierengehen. Am Ufer steht das Boat House von 1910. Östlich des Sees erstreckt sich der **Bryant Park**, der für seine üppige Pflanzensammlung, darunter 740 verschiedene Rosensorten, und seine jährliche Blumenausstellung (Mai) berühmt ist.

Jenseits des Stadtzentrums befinden sich einige landschaftlich schöne Gegenden, z. B. Pillar Rocks, Silver Cascade und Green Valley View (einst »Suicide Point«), wo man schön picknicken, Rad fahren, reiten und wandern kann. Der **Coaker's Walk** bietet einen Panoramablick auf den Ort und endet bei der Church of St Peter (1884) mit ihren herrlichen Buntglasfenstern. Ganz in der Nähe steht das kleine **Telescope House**.

Rund drei Kilometer nordöstlich des Sees kommt man zu dem Murugan geweihten **Kurunji-Andavar-Tempel**. Er ist nach den sagenhaften *Kurunji*-Blumen (siehe S. 531) benannt. Der nahe gelegene Chettiar Park wurde am Hügel angelegt. Dort blühen die *Kurunji*-Blumen – leider nur alle zwölf Jahre.

Bunte, zum Verkauf stehende Devotionalien in Palani

Wächtergottheiten

In den Vororten der südlichen Distrikte von Tamil Nadu trifft man überall auf Figuren aus gebranntem Ton. Sie werden als Wächtergottheiten der Dörfer verehrt. Die prominenteste Volksgottheit ist Ayyanar, der Sohn Shivas und Vishnus. Er hat einen Schnurrbart, hervortretende Augen, trägt kurze Hosen und ein Schwert. Sein Pferd steht direkt neben ihm, damit er jederzeit losreiten und böse Geister vertreiben kann. Weitere Gottheiten sind Munisami mit Dreizack, Schild und Löwe (seinem Reittier) sowie Karuppusami, der nächtliche Rächer, der Diebe bestraft.

Wächtergottheiten vor einem Dorfschrein

Madurai [20]

Stein-skulptur

Madurai ist eine der großen südindischen Tempelstädte und wird oft in einem Atemzug mit dem berühmten Minakshi-Tempel *(siehe S. 496f)* genannt. Die antike Stadt am Ufer des Vaigai war jahrhundertelang eine Schatztruhe tamilischer Kultur. Vor rund 2000 Jahren lebten die Sangam hier; die berühmten Dichter hinterließen der tamilischen Literatur bedeutende Werke. Als Hauptstadt der Pandya (7.–13. Jh.) sah sie den Handel mit Rom und China blühen. Später wurde sie ein Teil des Vijayanagar-Reichs, im 16. und 17. Jahrhundert dann Hauptstadt der Nayaka. Auch heute noch sind Religion und Kultur wesentliche Bestandteile des Alltags in Madurai.

Die großartige Säulenhalle des Thirumalai-Nayakar-Palasts

Minakshi-Sundareshvara-Tempel
Siehe Seiten 496f.

Thirumalai-Nayakar-Palast
1,5 km südöstlich des Minakshi-Tempels. *tägl.* Son et Lumière *(auf Englisch): tägl. 18.45 Uhr.*
Macht und Reichtum der Nayaka zeigen sich nirgends deutlicher als in den Überresten des einst großartigen Palasts, den Thirumalai Nayaka 1636 errichten ließ. Der Bau weist interessante islamische Einflüsse auf und wurde im 19. Jahrhundert von Lord Napier, Gouverneur von Madras 1866–72, renoviert. Überlebt haben nur der rechteckige Hof namens Swarga Vilasam (»Himmlischer Pavillon«) und wenige angrenzende Gebäude, an denen man aber noch die Ausmaße der Anlage ablesen kann. Der Hof ist ganze 3900 Quadratmeter groß und von massiven Rundsäulen umgeben. Westlich davon befindet sich die Thronkammer, ein riesiger Saal mit einer oktogonalen Kuppel. Er führt zum Tanzsaal, in dem nun archäologische Artefakte ausgestellt sind.

Theppakulam
Östlich des Minakshi-Tempels. *tägl.*
Das große Becken von Madurai wird ebenfalls Thirumalai Nayaka zugeschrieben. Es ist mit Stufen ausgestattet, die von Balustraden mit Tierfiguren flankiert werden. Hier findet das jährliche Theppam Festival statt, bei dem die Hochzeit von Shiva mit Minakshi gefeiert wird. Bilder der Gottheiten werden auf beleuchteten Booten zu dem kleinen Pavillon in der Mitte des Beckens gebracht.

Koodal-Alagar-Tempel
1 km südwestlich des Minakshi-Tempels. *tägl.* für Nicht-Hindus.
Der Tempel ist einer der 108 heiligen Vishnu-Schreine und mit drei unterschiedlich großen Heiligtümern ausgestattet. Von oben nach unten zeigen sie Vishnu in sitzender, stehender und liegender Position. An der Außenmauer sind schöne Steinskulpturen zu sehen.

Anglican Cathedral
Im Westen der Masi St. *tägl.*
Die wunderschöne neogotische Kirche entwarf Robert Fellowes Chisholm *(siehe S. 465)*. Sie wurde im Jahr 1881 geweiht.

Gräber der Sultane von Madurai
Nördlich des Flusses Vaigai. *tägl.*
Die Sultane von Madurai regierten die Stadt, nachdem Malik Kafur, ein General von Alauddin Khilji *(siehe S. 48)*, sie 1310 eingenommen hatte. Ihr Grabkomplex liegt im Norden und umfasst u. a. die Alauddin-Moschee mit flacher Gebetshalle und oktogonalen Türmen sowie das Grabmal des Sufi-Heiligen Bara Mastan Sada (16. Jh.).

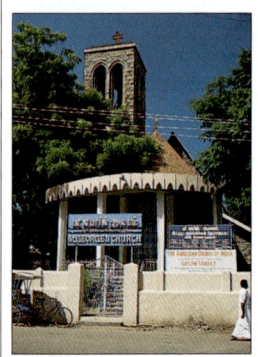

Eingang zur Anglican Cathedral in Madurai

MADURAI

Wandgemälde mit einer Szene des *Ramayana*, Alagarkoil-Tempel

INFOBOX

Distrikt Madurai. 500 km südwestlich von Chennai. 923 000. 12 km südlich des Stadtzentrums. Tourist Office, West Vali Rd, (0452) 233 4757. Mo–Sa. Theppam Festival (Jan/Feb), Avanimoolam (Aug/Sep), Navaratri (Sep/Okt).

Umgebung: Die kleine Stadt **Thiruparankundram**, sechs Kilometer südwestlich von Madurai, ist für ihren heiligen Granithügel berühmt. Er gehört zu den sechs heiligen »Wohnstätten« Murugans, des Sohnes Shivas, der auf dem Hügel Devayani, die Tochter des Gottes Indra, geheiratet haben soll. Hier steht ein Felsentempel der Pandya aus dem 8. Jahrhundert, den man über eine Reihe von *mandapas* aus dem 17. und 18. Jahrhundert erreicht. In der Eingangs-*mandapa* sind typische Säulen aus der Nayaka-Ära zu sehen, mit Pferden, *Yali*-Reitern und Porträts der Nayaka-Herrscher. Im Hauptheiligtum des Tempels befinden sich fünf Schreine.

Das 14-tägige Tempelfest im März/April wird zu Ehren des Gottes Murugan abgehalten, der den Dämon Suran besiegte, gekrönt wurde und anschließend Devayani heiratete.

Der Tempel von **Alagarkoil**, 21 Kilometer nördlich von Madurai, ist Kallalagar geweiht, einer Gestalt Vishnus, die als Bruder Minakshis angesehen wird. Einer Legende zufolge soll Kallalagar am Ufer des Flusses Vaigai verweilt haben, als er seine Schwester zu ihrer Hochzeit mit Sundareshvara brachte. Dieses Ereignis wird jedes Jahr im April/Mai gefeiert. Auf dem Hügel befinden sich Palamudircholai, die letzte der sechs »Wohnstätten« Murugans, sowie Nupura Ganga, eine ewige Quelle, die für alle Rituale im Tempel benutzt wird und aus Vishnus heiligem Knöchel entsprungen sein soll.

Zentrum von Madurai

- Anglican Cathedral ④
- Koodal-Alagar-Tempel ③
- Minakshi-Sundareshvara-Tempel ①
- Thirumalai-Nayakar-Palast ②

0 Meter 500

Madurai: Minakshi-Sundareshvara-Tempel

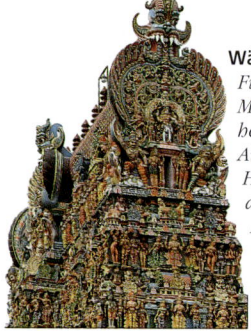

Der ungeheuer große Tempelkomplex ist Shiva, der hier als Sundareshvara (»Hübscher Gott«) bekannt ist, und seiner Gefährtin Parvati oder Minakshi (»Fischäugige Göttin«) geweiht. Die Anlage wurde ursprünglich von den Pandya (7.–10. Jh.) errichtet und – vor allem vom 14. bis 18. Jahrhundert – von späteren Dynastien erweitert. Der Tempel liegt innerhalb hoher Mauern. Im Zentrum stehen die beiden Schreine für Minakshi und Sundareshvara, die ihrerseits von kleineren Schreinen und eleganten Säulenhallen umgeben sind. Besonders beeindruckend sind die zwölf *gopuras*, deren Türme sich über einer soliden Basis aus Granit erheben und die mit bunten Stuckfiguren von Gottheiten und mythischen Tieren verziert sind.

Wächtergottheiten
Furchterregende Monster mit hervortretenden Augen und Hörnern zieren die gewölbten Dächer. Sie dienen als Wächtergottheiten.

Gopura
Die pyramidenförmigen Tore sind teilweise mehr als 50 Meter hoch. Sie kennzeichnen die Eingänge an den vier Hauptpunkten des Tempelkomplexes, kleinere *gopuras* führen in die Heiligtümer der Hauptgottheiten.

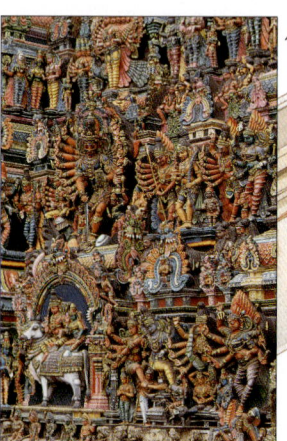

Stuckarbeiten
Die Götterfiguren am Turm werden alle zwölf Jahre repariert, neu angemalt und neu geweiht.

Durch Öffnungen
in der Mitte der Längsseiten fällt Licht in die Hohlkammern auf jeder Ebene.

MADURAI: MINAKSHI-SUNDARESHVARA-TEMPEL

Die reich verzierten Säulen der Thousand-Pillared Hall

INFOBOX

Chitrai St. ☎ (0452) 234 4360. tägl.; Nicht-Hindus haben keinen Zutritt zum Heiligtum. 📷 gegen Gebühr. Chitrai Festival (Mitte Apr), Avanimoolam (Aug/Sep). **Museum** tägl. 📷 gegen Gebühr.

Überblick: Minakshi-Tempel

Man betritt den Tempel von Osten her durch den **Ashta Shakti Mandapa**, den »Saal der Acht Göttinnen«, in dem Säulenfiguren die verschiedenen Emanationen der Göttin Shakti darstellen. Daneben liegt der **Minakshi Nayaka Mandapa**, in dem sich Läden sowie eine Votivlampe mit 1008 Lichtern befinden. Letztere werden zu besonders festlichen Anlässen angezündet.

Der angrenzende siebenstöckige **Chitra Gopura** ist der höchste Turm des Komplexes. Daneben findet sich das **Potramarai Kulam** oder »Goldenes Lotusbecken«, in dem Stufen zum Wasser hinabführen. Es ist von Säulengängen umgeben, die einst mit Gemälden aus der Zeit der Vijayanagar verziert waren. Westlich des Beckens stößt man auf den **Minakshi-Schrein**, einen der beiden Hauptschreine, der aus zwei konzentrischen Gängen sowie vielen Sälen und Emporen besteht. Zu dem Bett, das hier steht, wird jeden Abend Minakshis Ehemann in Form einer Sundareshvara-Figur aus dem **Sundareshvara-Schrein** im Norden gebracht. Dieser zweite Hauptschrein ist mit dem Emblem des Fisches verziert, das Sundareshvara an seine Frau Minakshi erinnert.

Kalyana Sundara: Vishnu übergibt Minakshi an Shiva

Der »Flaggenmastsaal«, der **Kambattadi Mandapa** aus dem 16. Jahrhunert, vor dem Schrein verfügt über einen Nandi-Pavillon, einen vergoldeten Flaggenmast und kunstvoll mit den 24 Gestalten Shivas verzierte Säulen. Östlich davon befindet sich die **Thousand-Pillared Hall** mit 985 Säulen. Der Saal stammt aus dem 16. Jahrhundert und beherbergt heute ein Museum mit Bronze- und Steinfiguren. Einige Steinsäulen bringen sogar die sieben Töne der karnatischen Musik hervor. Im **Kalyana Mandapa** wird beim alljährlichen Chitirai Festival (Mitte April) die Hochzeit von Shiva und Parvati gefeiert. Der **Pudumandapa**, der 100 Meter lange »Neue Saal« mit Porträts der Nayaka-Herrscher, befindet sich außerhalb des eigentlichen Tempelkomplexes und wurde im Jahr 1635 von Tirumalai Nayaka erbaut. Heute wird hier ein Markt abgehalten.

Minakshi-Sundareshvara-Tempelkomplex

1. Ashta Shakti Mandapa
2. Minakshi Nayaka Mandapa
3. Chitra Gopura
4. Potramarai Kulam
5. Minakshi-Schrein
6. Sundareshvara-Schrein
7. Kambattadi Mandapa
8. Thousand-Pillared Hall
9. Kalyana Mandapa

0 Meter 100

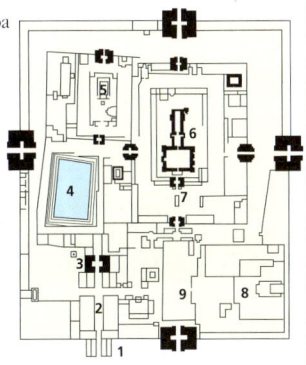

Das Potramarai Kulam, von Kolonnaden umgeben

Chettiar-Villen

Die trockene Gegend um die Städte Karaikudi, Devakottai und ihre Nachbardörfer ist übergreifend als Chettinad bekannt. Sie zeichnet sich durch große Villen aus, die einstigen Wohnhäuser der Chettiars, der wohlhabenden Handelsgemeinschaft von Tamil Nadu. Ebenso wie die Marwari von Shekhavati *(siehe S. 308f)* waren auch die Chettiars tüchtige Kaufleute, die weit reisten. Mit dem Geld, das sie in Burma, Sri Lanka, Malaysia und Vietnam verdienten, finanzierten sie ihre kostspieligen Herrenhäuser. Heute sind die Chettiars prominente, in Chennai und Bengaluru ansässige Bankiers und Industrielle.

Torbogen einer Villa

Häuser der Chettiars

Sie wurden im frühen 20. Jahrhundert erbaut und spiegeln die sozialen, rituellen und nachbarschaftlichen Verhältnisse der Gemeinde sowie wirtschaftliches Ansehen wider. Die Häuser werden immer noch für Familienfeste genutzt.

Der prächtige Chettinad-Palast in Karaikudi

Eine breite Veranda *mit Holzsäulen führt zu einer Reihe von offenen Innenhöfen. Um diese herum liegen die Zimmer für die zahlreichen Familienmitglieder.*

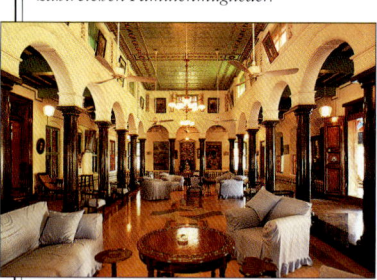

Die erste Säulenhalle, *in der jede Säule aus dem ganzen Stamm eines burmesischen Teakbaums besteht, ist den Männern des Hauses und ihren Geschäftspartnern vorbehalten.*

Der formelle Empfangsraum *ist mit Marmorfußböden, Buntglasfenstern, Kronleuchtern sowie Teak- und Rosenholzmöbeln ausgestattet.*

Prachtvolle Marmorfußböden, *polierte Türen, geschnitzte Deckenbalken, Granitsäulen und anderes Dekor zeugen von den herausragenden Fähigkeiten der tamilischen Kunsthandwerker.*

Kunstvoll geschnitzte Holztür

Chettinad ❷❶

Distrikt Chettinad. 82 km nordöstlich von Madurai. 🚂🚌🚗 *tägl.*
🎉 *Bullock Races (Jan/Feb).*

Karaikudi, das Herz der Region Chettinad, verfügt über mehrere Tempel, u.a. den Ganesha geweihten **Pillaiyarpati-Tempel** (7. Jh.). Zudem finden sich hier Villen der Chettiars sowie Antiquitätenläden mit Schätzen daraus. Chettinad ist berühmt für seine scharfe, nichtvegetarische Küche – eines der beliebtesten Gerichte ist das Pfefferhühnchen. Es wird in einem Kupfertopf zubereitet und auf Bananenblättern serviert.

Der längste, von Säulen gesäumte Gang des Ramanathaswamy-Tempels

Ramanathapuram ❷❷

Distrikt Ramanathapuram. 117 km südöstlich von Madurai. 👥 62 000.
🚂🚌🚗 *tägl.* 🎉 *Urs in der Erwadi Dargah (Dez).*

Die alte Stadt ist eng mit den einheimischen Herrschern der Setupati verbunden, die im späten 17. Jahrhundert unter den Nayaka aus Madurai zu Wohlstand kamen: Sie kontrollierten die Meerenge zwischen dem Festland und der Insel Rameshvaram. Ein Jahrhundert später – 1792 – mussten sie sich allerdings der East India Company ergeben.

Westlich der heutigen Stadt befindet sich der Palastkomplex der Setupati. Erhalten geblieben ist wenig, doch im **Ramalinga Vilas** (17. Jh.) auf der Nordseite sind noch Wandgemälde zu sehen. Darauf sind z. B. Epen, Schlachtszenen, geschäftliche Transaktionen und königliche Zeremonien dargestellt. In den oberen Kammern finden sich privatere Darstellungen wie Familienversammlungen, Musik- und Tanzaufführungen und Jagdausflüge. Ein kleiner, nach Norden gerichteter Schrein ist der Familiengöttin Rajarajeshvari geweiht. Er befindet sich direkt südlich des Ramalinga Vilas.

Am Rand der Stadt steht die 400 Jahre alte **Erwadi Dargah** mit dem Grab von Ibrahim Syed Aulia, einem muslimischen Heiligen. Zu einem Festakt am Grab im Dezember kommen Gläubige aus Indien, Sri Lanka, Malaysia und Singapur.

Rameshvaram ❷❸

Distrikt Ramanathapuram. 163 km südöstlich von Madurai. 👥 38 000.
🚂🚌 ℹ️ *Tourist Office, East Car Street, (04573) 221 064.*
🎉 *Ramalinga (Juni/Juli).*

Rameshvaram, die heilige Insel im Golf von Mannar, der Tamil Nadu von Sri Lanka trennt, ist eine wichtige Pilgerstätte.

In der Mitte der Insel steht der Shiva geweihte **Ramanathaswamy-Tempel.** In ihm wird das Linga aufbewahrt, das der Gott Rama, der Held des *Ramayana (siehe S. 27),* nach seinem Sieg über Ravana in Lanka hierhergebracht und angebetet haben soll. Der massive Tempel wurde von den Chola errichtet und von den Nayaka im 16. und 18. Jahrhundert umfangreich erweitert. Er ist von einer hohen Mauer umgeben und mit fünf *gopuras* ausgestattet. Am beeindruckendsten ist der **Sokkattan Mandapa,** der einem Würfel *(sokkattan)* ähnelt. Er umschließt als durchgehender Gang das Tempelinnere auf vier Seiten und ist größter und kunstvollster seiner Art: Die 1212 Säulen erstrecken sich 197 Meter von Osten nach Westen und 133 Meter von Norden nach Süden. Zudem verfügt der Komplex über **22** *tirthas* (Becken) für rituelle Waschungen. Ein Bad im Agni Tirtha direkt vor dem Tempel soll von allen Sünden reinwaschen. Das Linga, das Rama und Sita hierherbrachten, wird jedes Jahr gefeiert.

Auf dem **Gandamadana Hill,** dem höchsten Punkt der Insel, drei Kilometer nordwestlich des Ramanathaswamy-Tempels, steht ein zweistöckiger *mandapa* mit einem Fußabdruck Ramas.

Dhanushkodi («Ramas Bogen»), die Südspitze der Insel, rund 18 Kilometer vom Haupttempel entfernt, rühmt sich eines sagenhaften Strandes. Hier erstreckt sich eine Reihe von Felsblöcken, die als Adam's Bridge bekannt sind, weit in Richtung Horizont. Hanuman soll sie benutzt haben, als er den Ozean überquerte, um Sita zu suchen. Der Kodandarama-Tempel an der Küste ist angeblich der Ort, an dem sich Ravanas Bruder Rama ergeben hat. Wie durch ein Wunder überlebte der Tempel 1964 einen verheerenden Wirbelsturm.

Gläubige nehmen ein Bad im heiligen Wasser des Agni Tirtha

Hotels und Restaurants in Tamil Nadu *siehe Seiten 591f und 618f*

Tuticorin

Distrikt Tuticorin. 135 km südlich von Madurai. 1 572 000. Golden Chariot Festival (Aug.).

Tuticorin ist Tamil Nadus zweitgrößter natürlicher Hafen. Hier legen viele Schiffe aus Südostasien, Australien und Neuseeland an. Tuticorin ist auch ein wichtiges Industriezentrum mit Wärmekraftwerken, Spinnereien und Entsalzungsanlagen.

Darüber hinaus lebt die Stadt vom Perlentauchen. Schon seit frühchristlicher Zeit waren die Perlen der Region in der ganzen Welt gefragt. In der alten tamilischen Literatur finden sich Hinweise auf einen blühenden Handel mit den Römern, die Gold und Wein gegen Perlen tauschten.

Heute unterliegt das Perlentauchen strengen gesetzlichen Regelungen, um die Austernbänke zu schützen – manchmal ist das Tauchen nur einmal in zehn Jahren gestattet. Die Taucher wenden immer noch traditionelle Methoden an. Sie gehen bis zu 70 Meter tief, um an die Perlen zu kommen – ohne Sauerstoffmaske. Die meisten können länger als eine Minute unter Wasser bleiben. Sie tauchen immer zu zweit, was das Unfallrisiko zu minimieren.

Im 17. Jahrhundert besetzten die Portugiesen Tuticorin, später taten dies auch Holländer und Briten. Die koloniale Vergangenheit wird an den beiden eleganten Kirchen dokumentiert, der holländischen **Sacred Heart Cathedral** (Mitte 18. Jh.) und der wunderschönen, portugiesischen **Church of the Lady of the Snows** (17. Jh.).

Gang im Kanthimathi-Nellaiyappar-Tempel, Tirunelvelli

Tiruchendur

Distrikt Tuticorin. 220 km südlich von Madurai. *ab Madurai, Tirunelvelli, Tuticorin & Nagercoil.* *jährliches Tempelfest (Juni/Juli).*

Die wunderschöne Küstenstadt ist eine der sechs heiligen »Wohnstätten« von Shivas Sohn Murugan *(siehe S. 493)*. Der sehr eindrucksvolle **Subramanyam-Tempel** stammt aus dem 9. Jahrhundert und wurde im 20. Jahrhundert renoviert. Man betritt ihn durch den Mela-*gopura*. Die Anlage steht auf einem Felsvorsprung am Golf von Mannar und bietet einen schönen Meerblick.

Umgebung: In **Manapad**, 18 Kilometer in südlicher Richtung, befindet sich eine der ältesten Kirchen Indiens, die Church of the Holy Cross (1581). In ihr wird ein Splitter des »echten Kreuzes« aus Jerusalem aufbewahrt. Das jährliche Kirchenfest im September zieht Pilger aus der gesamten Gegend an. Der hl. Franz Xaver besuchte den Ort im Jahr 1542.

Tirunelvelli

Distrikt Tirunelvelli. 150 km südwestlich von Madurai. Tamil Nadu Tourism, Tirunelvelli Junction, (0462) 250 0104. *Chariot Festival (Juni/Juli).*

Tirunelvelli befindet sich in dem fruchtbaren Gebiet um den Fluss Tamaraparani und wird vom **Kanthimathi-Nellaiyappar-Tempel** dominiert, der teilweise aus dem 13. Jahrhundert stammt. Der Komplex mit seinen Shiva und Parvati geweihten Zwillingstempeln besteht aus zwei riesigen rechteckigen Bereichen, die durch einen langen Gang miteinander verbunden sind. Der Shiva-Tempel ist der nördliche, der Parvati-Tempel der südliche. Im kunstvoll gestalteten Somavara Mandapa stehen zwei *gopura*-ähnliche Säulen, im Rishaba Mandapa exquisite Skulpturen des Liebesgottes Manmatha und seiner Gefährtin Rathi, im Mani Mandapa Säulen, die die sieben Töne der karnatischen Musik *(siehe S. 485)* hervorbringen.

Im Sommer werden die hölzernen Tempelwagen beim jährlichen Chariot Festival in Prozessionen durch die Stadt geführt.

Umgebung: Die 170 Meter hohen **Courtallam (Kuttalam) Falls** befinden sich knapp 60 Kilometer nordwestlich von Tirunelvelli. Das idyllische Fleckchen ist wegen seiner exotischen Vegetation und der medizinischen Heilkräfte seines Wassers überregional bekannt.

Church of the Holy Cross, Manapad

Hotels und Restaurants in Tamil Nadu siehe Seiten 591f und 618f

TAMIL NADU

Sthanumalaya-Tempel, Suchindram, gegenüber dem Tempelbecken

Suchindram ㉗

Distrikt Kanniyakumari. 250 km südlich von Madurai. Nagercoil, 5 km nordwestlich des Stadtzentrums, dann Bus. Arudhra Festival (Dez/Jan).

Die kleine Tempelstadt ist eng mit der Legende von Kumari verknüpft, der jungfräulichen Göttin und Reinkarnation Parvatis. Shiva soll sich am Ufer des Pelayar ausgeruht haben, während Kumari in Kanniyakumari Buße tat.

Suchindrams einzigartiger **Sthanumalaya-Tempel** ist der hinduistischen Dreifaltigkeit Brahma, Vishnu und Shiva geweiht. Der rechteckige Komplex verfügt über riesige, farbenprächtige *gopuras* aus dem 17./18. Jahrhundert mit Szenen aus den großen Epen *(siehe S. 26 f.)*. In einem der beiden Hauptschreine aus dem 13. Jahrhundert steht das Sthanumalaya-Linga, das Brahma, Vishnu und Shiva symbolisiert. Der andere ist Vishnu geweiht.

Darüber hinaus rühmt sich der Tempel einiger Musik hervorbringender Säulen, die aus einem einzigen Granitblock gemeißelt wurden. Jede Säule bringt dabei einen anderen Ton hervor. Zu den weiteren Attraktionen gehören eine fünf Meter große Statue des Hanuman gegenüber dem Rama-Schrein sowie die prächtigen Skulpturen im Vasantha Mandapa. Hier findet immer freitags ein besonderes *Puja*-Ritual mit Musik und Prozession statt. Auf dem Anwesen stehen zudem ein alter Banyanbaum und eine Nandi-Figur, von der Einheimische glauben, sie wachse noch.

Kanniyakumari ㉘

Distrikt Kanniyakumari. 235 km südlich von Madurai. 20 000. Tamil Nadu Tourism, Beach Rd, (04652) 246 257. Chaitra Purnima (April), Navaratri (Sep/Okt).

An der Südspitze des indischen Subkontinents, wo Indischer Ozean, Arabisches Meer und Golf von Bengalen aufeinandertreffen, erfreut Kanniyakumari die Besucher mit spektakulären Sonnenauf- und -untergängen. Am atemberaubendsten sind diese an Chaitra Purnima (Vollmondnacht im April): Dann geht die Sonne zur gleichen Zeit unter, zu der der Mond aufgeht.

Kanniyakumari soll der Sitz der jungfräulichen Göttin Kumari sein, die hier Buße tat, um Shiva heiraten zu können. Die Hochzeit fand jedoch nicht statt, weil sie eine Jungfrau bleiben musste, um die Welt zu erlösen. Den **Kumari-Amman-Tempel** ließen die Pandya-Könige im 8. Jahrhundert errichten. Er wurde unter den Herrschern der Chola-, Vijayanagar- und Nayaka-Dynastien umfangreich renoviert.

Der großartige Tempel ist mit einem Navaratri Mandapa ausgestattet, der mit wunderschön bemalten Mahishasuramardini-Tafeln (Durga tötet Mahisha) geschmückt ist. In einem Schrein (18. Jh.) finden sich die Fußabdrücke *(sripadaparai)* der Göttin Kumari, die hier Buße tat.

Im **Gandhi Memorial** in der Nähe des Tempels wurde die Asche Mahatma Gandhis aufbewahrt, bevor man sie verstreute. Das Gebäude ist so konstruiert, dass jedes Jahr am 2. Oktober (Gandhis Geburtstag) die Sonnenstrahlen mittags so einfallen, dass sie genau die Stelle treffen, an der einst seine Asche ruhte.

Auf einer Felseninsel nicht weit vom Festland entfernt markiert das **Vivekananda Memorial** die Stelle, an der der große indische Philosoph Swami Vivekananda *(siehe S. 242)* meditierte, bevor er 1893 an der World Religious Conference in Chicago teilnahm. Ganz in der Nähe steht die 40 Meter große Statue von Tiruvalluvar (1. Jh. v. Chr.), dem tamilischen Verfasser des Epos *Tirukural*, das als Klassiker der tamilischen Literatur gilt.

Die **Church of Our Lady of Joy** wurde in den 1540er Jahren von hl. Franz Xaver gegründet. Sie liegt am südlichen Rand der Stadt. Zu den weiteren Sehenswürdigkeiten gehören mehrere Sandstrände und einige vielfarbige Granitfelsen.

Kumari-Amman-Tempel
tägl. inneres Heiligtum für Nicht-Hindus.

Vivekananda Memorial
Mi–Mo. alle 30 Minuten.

Statue des Dichters Tiruvalluvar am Strand von Kanniyakumari

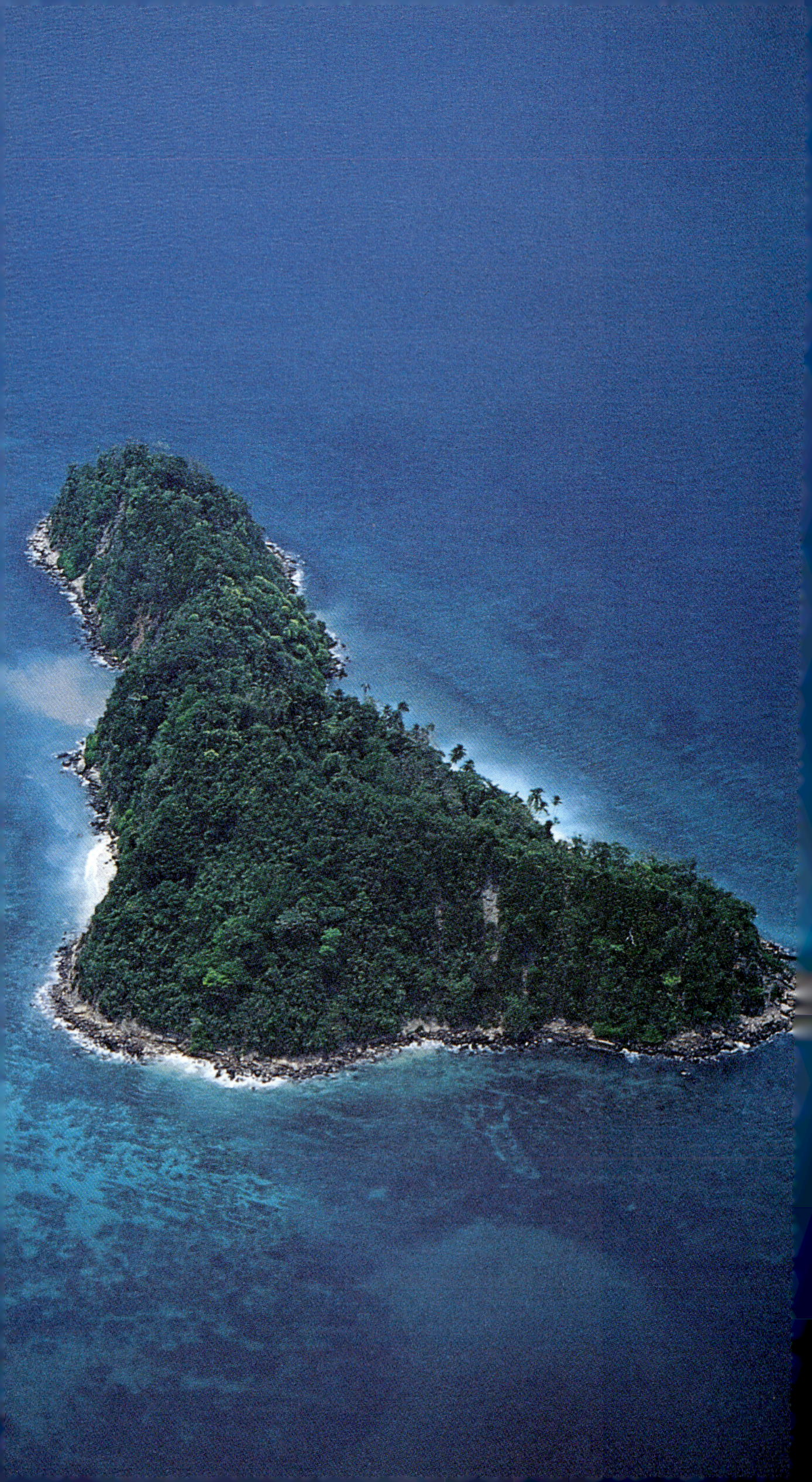

Andamanen

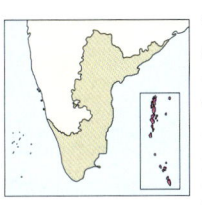

Die Andamanen und Nikobaren bestehen aus 572 idyllischen Inseln im Golf von Bengalen und liegen 1000 Kilometer vom Festland entfernt. Eigentlich sind sie die Spitze einer untermeerischen Gebirgskette, die sich von Myanmar bis nach Indonesien erstreckt. Sie umfassen drei verschiedene Lebensräume – tropischer Wald, Mangroven und Korallenriffe –, in denen zahlreiche Tiere und Pflanzen leben. Ausländische Besucher benötigen eine Erlaubnis *(siehe S. 624)*, die Nikobaren sind nicht öffentlich zugänglich. Das gilt auch für einige Teile der Andamanen, zum Schutz der Biovielfalt und der dort ansässigen Ethnien, die Marco Polo seinerzeit als »Kannibalen« bezeichnete. Im 19. Jahrhundert, als die Briten hier eine Strafkolonie errichteten, erhielten die Andamanen den etwas düsteren Beinamen Kala Pani (»Schwarze Wasser«). Die Inseln waren von dem gewaltigen Tsunami im Dezember 2004 stark betroffen. Zur ständigen Bevölkerung gehören neben Indern auch Menschen aus Bangladesch, Sri Lanka und Myanmar. Die umliegenden Riffe eignen sich ideal für Wassersport aller Art.

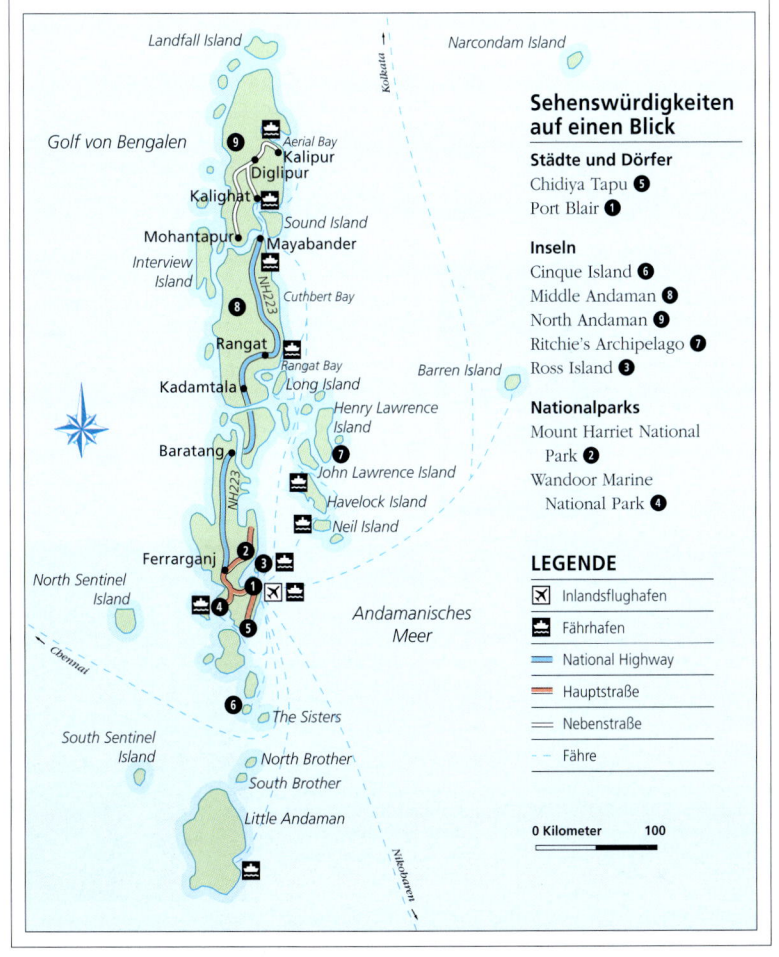

Sehenswürdigkeiten auf einen Blick

Städte und Dörfer
Chidiya Tapu ❺
Port Blair ❶

Inseln
Cinque Island ❻
Middle Andaman ❽
North Andaman ❾
Ritchie's Archipelago ❼
Ross Island ❸

Nationalparks
Mount Harriet National Park ❷
Wandoor Marine National Park ❹

LEGENDE

- Inlandsflughafen
- Fährhafen
- National Highway
- Hauptstraße
- Nebenstraße
- Fähre

◁ Eine Insel der Andamanen mit dichtem, immergrünem Wald, umgeben von tiefblauem Wasser

Die Hauptstadt Port Blair aus der Vogelperspektive

Port Blair ❶

South Andaman Island. 1200 km östlich von Chennai. 100 000.
3 km südlich des Stadtzentrums, dann Bus oder Taxi. Govt of India Tourist Office, Junglighat Rd, (03192) 233 006; Dept of Information, Publicity and Tourism (INPT), (03192) 232 694. **Besuchserlaubnis** für die Andamanen erforderlich (siehe S. 624).
Island Tourism Festival (Dez/Jan).

Port Blair, Hauptstadt der Andamanen, liegt im Südosten von South Andaman Island. Die Stadt ist ein sehr guter Ausgangspunkt für Erkundungstouren des Archipels und verfügt über Hotels, Banken, Veranstalter und Sportmöglichkeiten.

Die turbulente Stadtgeschichte begann 1789, als Lieutenant Archibald Blair der britischen East India Company für die Schiffe der Gesellschaft einen sicheren Hafen suchte. Etwa 70 Jahre später errichtete man auf den Inseln eine Strafkolonie; die – politischen – Gefangenen hatten am Aufstand von 1857 *(siehe S. 53)* teilgenommen. 1864 war die Zahl der Häftlinge von 773 schon auf 3000 angewachsen. 1896 begann man mit dem Bau des **Cellular Jail**, das sich rasch zum traurigen Symbol kolonialer Unterdrückung entwickelte. Das Gefängnis war speziell für Einzelhaft vorgesehen. Ihm verdanken die Inseln den gefürchteten Spitznamen Kala Pani (»Schwarze Wasser«), in dem die Hoffnungslosigkeit der Gefangenen zum Ausdruck kommt. Das Gefängnis ist bis heute das wichtigste Wahrzeichen der Stadt.

Von den ursprünglich sieben Flügeln um einen zentralen Wachturm sind nur vier erhalten geblieben, drei von ihnen wurden zu einem Krankenhaus umgestaltet. Die Tagesration bestand aus zwei Glas Trinkwasser und zwei Tassen Reis. Hinrichtungen und Zwangsarbeit waren an der Tagesordnung. Als die Japaner die Inseln im Zweiten Weltkrieg besetzten, zerstörten sie einen Teil des Gefängnisses, 1945 schlossen die Briten es. Heute ist es Gedenkstätte mit einer allabendlichen bewegenden Vorführung.

Winzige Zellen im Cellular Jail

Die weiteren Sehenswürdigkeiten der Stadt liegen um den Aberdeen Bazar im Osten verstreut. Das **Anthropological Museum** westlich des Basars bietet einen Einblick in das Leben der Ureinwohner der Inseln sowie eine Sammlung seltener Fotografien aus den 1960er Jahren. Im Aquarium, auch bekannt als **Fisheries Museum**, am Ostende der MG Road, sind Hunderte seltener Fisch-, Korallen- und Muschelarten zu bestaunen. Der **Andaman Water Sports Complex** nebenan verleiht Jetskis, Paddel- und Ruderboote und bietet verschiedene Freizeitaktivitäten an. Das von der indischen Marine geführte **Samudrika Marine Museum** verfügt über fünf Sammlungen zu den Themen Geschichte, Geografie und Anthropologie sowie über Ausstellungsstücke aus dem Meer. In dem winzigen Zoo von Haddo wurden erfolgreich Salzwasserkrokodile gezüchtet und ausgewildert.

Die **Chatham Sawmills** auf Chatham Island, fünf Kilometer weiter nördlich, gehören zu den ältesten und größten Sägewerken Asiens. Die Briten gründeten sie 1836. Hier werden viele der auf der Inselgruppe gerodeten Hölzer, u. a. Andamanen-Padouk, verarbeitet.

Cellular Jail
Di–So 9–12.30, 13.30–16.45 Uhr. **Son et Lumière** auf Hindi tägl. 17.30 Uhr, Di, Do, Sa zusätzlich 18.45 Uhr; auf Englisch Mo, Mi, Fr 18.45 Uhr.

Anthropological Museum
(03192) 232 291. Fr–Mi. Feiertage.

Fisheries Museum
(03192) 231 848. Di–So. 2. Sa im Monat, Feiertage.

Andaman Water Sports Complex
(03192) 232 694. tägl.

Samudrika Marine Museum
(03192) 232 012 (ext. 2437). Di–So.

Chatham Sawmills
Mo–Sa, am besten vormittags.

Fangfrischer Fisch und Meeresfrüchte auf einem Fischerboot

Hotels und Restaurants auf den Andamanen *siehe Seiten 592 und 619*

Umgebung: Der Port Blair am nächsten gelegene Strand ist **Corbyn's Cove**, sechs Kilometer in südlicher Richtung. **Viper Island**, benannt nach einem britischen Schiff, das hier im 19. Jahrhundert Schiffbruch erlitt, erreicht man auch von Port Blair aus (Tagesausflüge führen auf die unbewohnte Insel. Auch zur Geschichte dieser Insel gehört ein Gefängnis (1867), dessen schaurige Überreste besichtigt werden können. Rund 14 Kilometer von Port Blair entfernt liegt die **Sippyghat Farm**, wo verschiedene Gewürze sowie zahlreiche einheimische Blumen und Sträucher angepflanzt werden.

Orchidee

Mount Harriet National Park ❷

South Andaman Island. 70 km nördlich von Port Blair. ab Chatham Wharf oder Phoenix Bay Jetty (Fisheries Jetty) in Port Blair zum Bamboo Flats Jetty, dann mit dem Taxi zum Parkeingang; dort sind Tageskarten erhältlich.

Einige der höchsten Erhebungen der Andamanen finden sich in diesem Nationalpark nahe der Bucht um den Phoenix Jetty in Port Blair. Mount Harriet (365 m) ist von immergrünen Wäldern bedeckt, in denen erstaunlich viele Tiere leben, vor allem Vögel wie der Weißbauchspecht und die Bronzefruchttaube. Zu den gut markierten Wanderwegen gehören der zwei Kilometer lange Weg nach Kalapathar und der 16 Kilometer lange Weg zum Madhuban Beach. Achtung: Während des Monsuns gibt es Blutegel.

Vom **Forest Guest House** auf Mount Harriet hat man eine schöne Aussicht auf Port Blair und Ross Island. Besuche und Übernachtungen sind nur mit Genehmigung des Chief Conservator of the Forest, (03192) 230 152 oder 233 270, möglich.

Ross Island ❸

Ross Island. 2 km östlich von Port Blair. ab Aberdeen Jetty. **Besucherlaubnis** für die Andamanen erforderlich (siehe S. 624); nur Tagesausflüge.

Eine kurze Überfahrt mit der Fähre von Port Blair aus bringt Besucher zur Ross Island, die zwischen 1858 und 1941 das Verwaltungszentrum der Andamanen war. Die Geschichte der Insel ist allerdings viel älter. Sie ist die Heimat der Volksgruppe der Great Andamanese *(siehe S. 509)*. Im Lauf der 20-jährigen britischen Besatzung dezimierten Krankheiten wie die Syphilis und die Masern den Stamm stark und reduzierten die Zahl der Angehörigen von 5000 auf nur 28. Zudem war Ross Island Sitz der britischen Verwalter der Strafkolonie von Port Blair. Ihre Swimmingpools und Bungalows stehen heute noch. 1941 errichteten die Japaner hier ein Lager, dessen Überreste ebenfalls noch zu sehen sind. Die wenigen Zeugnisse kolonialen Ruhms, wie z.B. das Haus des Chief Commissioners oder die anglikanische Kirche, sind verfallen. Die Gegend steht unter dem Schutz der indischen Marine. Ihr Museum (Smritika) dokumentiert die Geschichte der politischen Gefangenen.

Der seltene Narcondam-Hornvogel

Schnorcheln und Tauchen

Beim Schnorcheln kann man das Meer am besten erkunden

Schnorcheln

Die Ausrüstung kann man für etwa 100 Rupien pro Tag bei zahlreichen Veranstaltern wie im Andaman Water Sports Complex in Port Blair mieten. Beliebte Plätze sind Corbyn's Cove, Wandoor, Chidiya Tapu und die Inseln Neil und Havelock.

Tauchen

Auf Havelock Island gibt es zwei Tauchzentren: Das Andaman Bubbles, (03192) 282 140, ist gut ausgestattet und verlangt rund 3000 Rupien für Tauchgänge bei Port Blair und 3500 Rupien für Gewässer jenseits von Wandoor. Es bietet auch Tauchkurse an. Der Andaman Dive Club, (09474) 224 171, bietet ebenfalls Kurse an. Der Andaman Scuba Club auf Havelock Island ist ein schönes Resort am Strand.
www.andamanscubaclub.com

Umweltbewusstsein

Korallenriffe sind sehr empfindlich. Selbst die kleinste Berührung kann ihnen schaden. Vermeiden Sie dies auf jeden Fall und passen Sie auch auf Ihre Schwimmflossen auf. Gehen Sie immer langsam in die Tiefe, so vermeiden Sie eine eventuelle Beschädigung des Riffs. Verwenden Sie auch keine Anker.

Wandoor Marine National Park ❹

Der Mahatma Gandhi Marine National Park bei Wandoor wurde 1983 zum Schutz der tropischen Ökosysteme 15 unbewohnter Andamanen-Inseln gegründet und erstreckt sich über 281 Quadratkilometer. Er umfasst Buchten, Korallenriffe, Lagunen, Regenwald und Mangroven. Am besten erkundet man die Küstenlandschaft mit der Fähre, der oft verspielte Delfine folgen. Die meisten Inseln stehen unter Naturschutz und dürfen deshalb nicht betreten werden. Die einzigen Ausnahmen bilden die Jolly Buoy Island (geöffnet Nov–Mai), die ideal zum Schnorcheln geeignet ist, und die Redskin Island (geöffnet Mai–Nov), die mit einem gut ausgeschilderten Wanderweg ausgestattet ist. Der Tsunami, der die Küste 2004 heimsuchte, hat leider auch einen großen Teil des Korallenriffs bei Jolly Buoy zerstört.

Korallenarten
Korallen lassen sich grob in hart und weich unterteilen – die weiche Koralle hat kein Außenskelett.

Engelfische
Der Engelfisch ist einer der buntesten Bewohner des Riffs. Die Farbe dient der Tarnung und der Revierabgrenzung.

Seeskorpion
Der 40 Zentimeter große Fisch hat Gift in seinen Stacheln, das auch für Menschen tödlich sein kann.

Palmendieb
Die Krabbe zählt zu den größten und seltensten Krabbenarten der Welt und hat mächtige Scheren, mit denen sie sogar Kokosnüsse knacken kann.

Korallenriffe
Das empfindliche Ökosystem wird auch als Regenwald des Meeres bezeichnet. Hier leben unzählige Tierarten *(siehe S. 529)*, davon alleine über 200 Korallenarten.

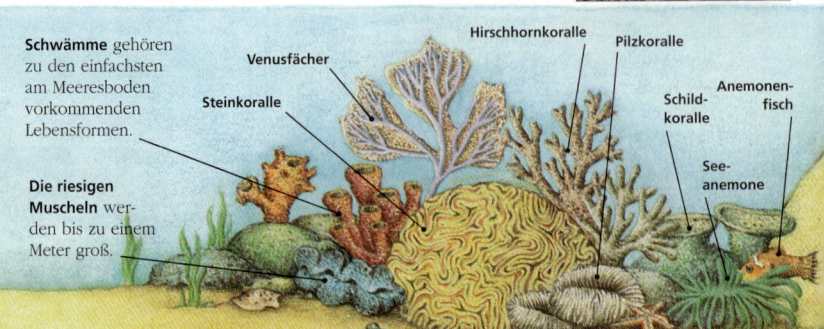

Barsche
Die an Korallenriffen häufig vorkommende Fischart kann sich farblich ihrer Umgebung anpassen – eine perfekte Tarnung.

Schwämme gehören zu den einfachsten am Meeresboden vorkommenden Lebensformen.

Die riesigen Muscheln werden bis zu einem Meter groß.

Venusfächer
Steinkoralle
Hirschhornkoralle
Pilzkoralle
Schildkoralle
Anemonenfisch
Seeanemone

Gemeine Bronzenatter
Die harmlose Schlange ist eine von etwa 40 Arten, die hier heimisch sind; sie frisst u.a. Frösche.

INFOBOX
South Andaman Island. 29 km südwestlich von Port Blair. ab dem Ort Wandoor. Chief Wildlife Warden, Haddo, Port Blair, (03192) 233 549. Für Touren zu den Inseln Jolly Buoy und Redskin, (03192) 232 694. tägl., je nach Wetter; beste Zeit: Dez–März. Forest Lodge (4 Suiten). Schnorcheln und Tauchen.

Gurjan-Bäume machen die oberste, etwa 60 Meter hohe Schicht aus.

Der Andamanen-Padouk wird bis zu 36 Meter hoch.

Die zweite Schicht, das sogenannte Dach des Waldes, schluckt einen Großteil des Sonnenlichts.

Orchideen

Bambus

Toung-Pienne-Baum

Der Pandanus gehört zum unteren Stockwerk.

Farne

Tropischer Regenwald
Der mehrstöckige tropische Regenwald umfasst riesige Bäume wie den *Gurjan* und den *Padouk* sowie Epiphyten, Kletterpflanzen und 120 Farnarten.

Pilze

Mangroven
Dichte Mangrovenwälder wachsen am Küstenstreifen der Wandoor-Inseln. Hier leben zahlreiche Tiere wie z.B. Schlangen, Krabben, Krokodile und Wasservögel.

Boot in einer türkisfarbenen, kristallklaren Lagune, Andamanen

Chidiya Tapu ❺

South Andaman Island. 25 km südlich von Port Blair. ab Port Blair. Taxis ab Port Blair erhältlich.

Das Fischerdorf Chidiya Tapu (»Vogelinsel«) liegt an der Südspitze der South Andaman Island, eine Stunde mit dem Auto von Port Blair entfernt. Mit seinen weißen Stränden und der großen Bucht ist es bei Tagesausflüglern sehr beliebt. Vogelfreunde kommen auf den umliegenden Wanderwegen auf ihre Kosten: Im tropischen Unterholz leben zahlreiche Arten, u. a. Eisvögel, seltene Spechte und Adler. Die malerischen Strände, allen voran **Munde Pahar Beach**, eignen sich ideal zum Schnorcheln. Zudem gibt es gute Campingmöglichkeiten. Im Entstehen begriffen ist auch ein Tierpark, in dem künftig die Tiere aus dem Zoo von Port Blair (siehe S. 504) leben sollen.

Cinque Island ❻

Cinque Island. 39 km südlich von Port Blair. Motorboote ab Port Blair und Wandoor, Fähren ab Chidiya Tapu. **Besuchserlaubnis** für die Andamanen erforderlich (siehe S. 624); nur Tagesausflüge.

Cinque Island ist vulkanischen Ursprungs und vielleicht die schönste Insel der Andamanen, da ihre Natur von Menschenhand weitgehend unberührt ist. Die Insel umfasst North und South Cinque, die durch eine Sandbank miteinander verbunden sind und 1987 zum Naturschutzgebiet erklärt wurden. In den umliegenden Korallenriffen kann man ausgezeichnet schnorcheln und tauchen. Die Sandstrände gehören darüber hinaus zu den letzten Refugien der Echten Karett- und Grünen Meeresschildkröte, die jedes Jahr zu Hunderten zur Eiablage hierherkommen.

Umgebung: Die winzigen als **Sisters** und **Brothers** bekannten Inselgruppen liegen 12 bzw. 32 Kilometer südlich von Cinque Island und können nur im Rahmen eines professionell geführten Tauchausflugs besucht werden. Große Teile der abgelegenen südlichen Insel **Little Andaman**, 120 Kilometer bzw. acht Fährstunden von Port Blair entfernt, sind als Reservat den etwa 100 Stammesangehörigen der Onge vorbehalten, die ungestört bleiben wollen. Teile im Norden von Little Andaman sind zugänglich.

Einsiedlerkrebs beim Graben

Little Andaman
dreimal wöchentlich ab Port Blair.

Ritchie's Archipelago ❼

Inselgruppe zwischen 20 und 40 km östlich von South Andaman. ab Port Blair und Rangat Bay (Middle Andaman). **Besuchserlaubnis** für die Andamanen erforderlich (siehe S. 624).

Das Konglomerat winziger Inseln ist zum größten Teil als Nationalpark mit einer sagenhaften biologischen Vielfalt geschützt. Nur drei Inseln sind öffentlich zugänglich. Man erreicht sie an bestimmten Wochentagen per Fähre von Port Blair aus. Am Donnerstag und Sonntag fährt keine Fähre zu Long Island.

Neil Island, 36 Kilometer in nordöstlicher Richtung, liegt der Hauptstadt am nächsten und ist von Siedlern aus Bengalen bewohnt. Das Inselinnere besteht aus üppigen Reisfeldern und Plantagen. Hier wird das meiste Obst und Gemüse der Region angebaut. Die Strände sind ideal zum Schnorcheln.

Havelock Island, 54 Kilometer nordöstlich von Port Blair, ist bei Besuchern am beliebtesten. M.V. Makruzz (www.makruzz.com) bietet täglich eine Katamaranfahrt zu der Insel an, die gut mit Gästehäusern und einem Basar ausgestattet ist. Die Zelte am Radhanagar Beach an der Westspitze der Insel kommen durchaus als Übernachtungsmöglichkeit infrage: Die Chancen stehen gut, dort Delfine und Meeresschildkröten beobachten zu

Barsch vor einem Venusfächer

Hotels und Restaurants auf den Andamanen siehe Seiten 592 und 619

Elefanten sind für den Holzhandel der Inseln unerlässlich

können. Die Elefanten, die auf der Insel leben, wurden ursprünglich hierhergebracht, damit sie für den Holzhandel arbeiteten. Am besten erkundet man die Insel per Fahrrad.

Die nördlichste Insel des Archipels ist **Long Island**, 82 Kilometer nördlich von Port Blair. Sie ist nur wenig besucht, da die Reise dorthin acht Stunden dauert. Es gibt nur ein Gästehaus und keine öffentlichen Verkehrsmittel. North Passage Island, 55 Kilometer südlich von Port Blair, verfügt über einen wunderschönen weißen Sandstrand in der Nähe der Merk Bay.

Farbenprächtige einheimische Ananasart

Umgebung: Auf **Barren Island**, 132 Kilometer nordöstlich von Port Blair, befindet sich der einzige aktive Vulkan Indiens. In letzter Zeit brach er zweimal aus, erst 1991 und noch einmal 1994, nachdem er fast zwei Jahrhunderte lang inaktiv war. Seine Rauch speienden Krater zeichnen sich scharf gegen den blauen Hintergrund des Meeres ab. Die Insel ist mittlerweile ein Naturschutzgebiet. Die Überfahrt mit gecharterten Fähren von Port Blair aus dauert rund 20 Stunden. Das Betreten der Insel ist verboten, nur Tauchgänge sind erlaubt.

Ethnien der Inseln

Bis zum 18. Jahrhundert waren die Andamanen und Nikobaren von zwölf verschiedenen Ethnien bewohnt. Von Zuwanderung, Krankheiten und Enteignung bedroht, leben von ursprünglich 5000 Ureinwohnern mittlerweile nur noch 400. Die mongolischen Stämme der Nikobaresen und Shompen kamen wahrscheinlich aus Myanmar, die negroiden Jarawa, Great Andamanese, Onge und Sentinelesen hingegen geben Anthropologen heute noch Rätsel auf. Einzig die Nikobaresen sind inzwischen teilweise assimiliert, die Onge und Great Andamanese sind vermehrt auf Hilfsgelder angewiesen und leben in Reservaten. Die Sentinelesen der North Sentinel Island verteidigen ihr Territorium gegen Fremde heute noch mit Pfeilen, auch die Shompen von den Nikobaren stehen dem Kontakt mit der Außenwelt ablehnend gegenüber. Den Tsunami vom Dezember 2004 haben die meisten Ethnien glücklicherweise unbeschadet überstanden. Die einzige Überlebenschance der letzten Repräsentanten dieser unabhängigen Völker besteht vermutlich in der Isolation.

Jarawa-Mann

Middle Andaman ❽

Middle Andaman Island. 170 km nördlich von Port Blair, Richtung Rangat. *ab Port Blair*. **Besuchserlaubnis** *für die Andamanen erforderlich* (siehe S. 624).

Middle Andaman ist wortwörtlich die mittlere Insel des Andamanen-Trios. Sie besteht zu einem Großteil aus dem streng geschützten Stammesreservat der Jarawa. Die traditionellen Jäger und Sammler sind wahrscheinlich der letzte ethnisch homogene Stamm Indiens. Die in Port Blair beginnende Andaman Trunk Road erstreckt sich über Bharatrang Island – berühmt für den Schlammvulkan und die Kalksteinhöhlen – bis nach Middle Andaman. Mit Rücksicht auf die Jarawas gibt es kein ausgeprägtes öffentliches Verkehrsnetz. **Rangat** ist von tropischem Regenwald umgeben. Auch in der Stadt selbst kann man sich nur notdürftig versorgen. In **Rangat Bay** laufen die Fähren nach Port Blair, Havelock Island und Long Island aus. An der nur 15 Kilometer entfernten **Cuthbert Bay** legen Hunderte von Meeresschildkröten jährlich ihre Eier ab. **Mayabander**, 71 Kilometer hinter Rangat, ist landschaftlich besonders schön. Einige Strände, z. B. **Karmatang**, sind für ihre Sonnenaufgänge berühmt.

North Andaman ❾

North Andaman Island. 290 km nördlich von Port Blair, Richtung Diglipur. *ab Port Blair*. **Besuchserlaubnis** *für die Andamanen erforderlich* (siehe S. 624).

North Andaman ist die am wenigsten erschlossene der drei großen Inseln. Unterkünfte gibt es fast nur in **Diglipur** im Nordosten. Die Insel verfügt über Traumstrände – vor allem Ram Nagar und Kalipur – und einen Berg, den **Saddle Peak** (737 m), der ein Nationalpark ist. Ein Wanderweg führt zum Gipfel. Von der **Aerial Bay** aus, neun Kilometer nordöstlich von Diglipur, erreicht man Smith und Ross Island *(siehe S. 505)*.

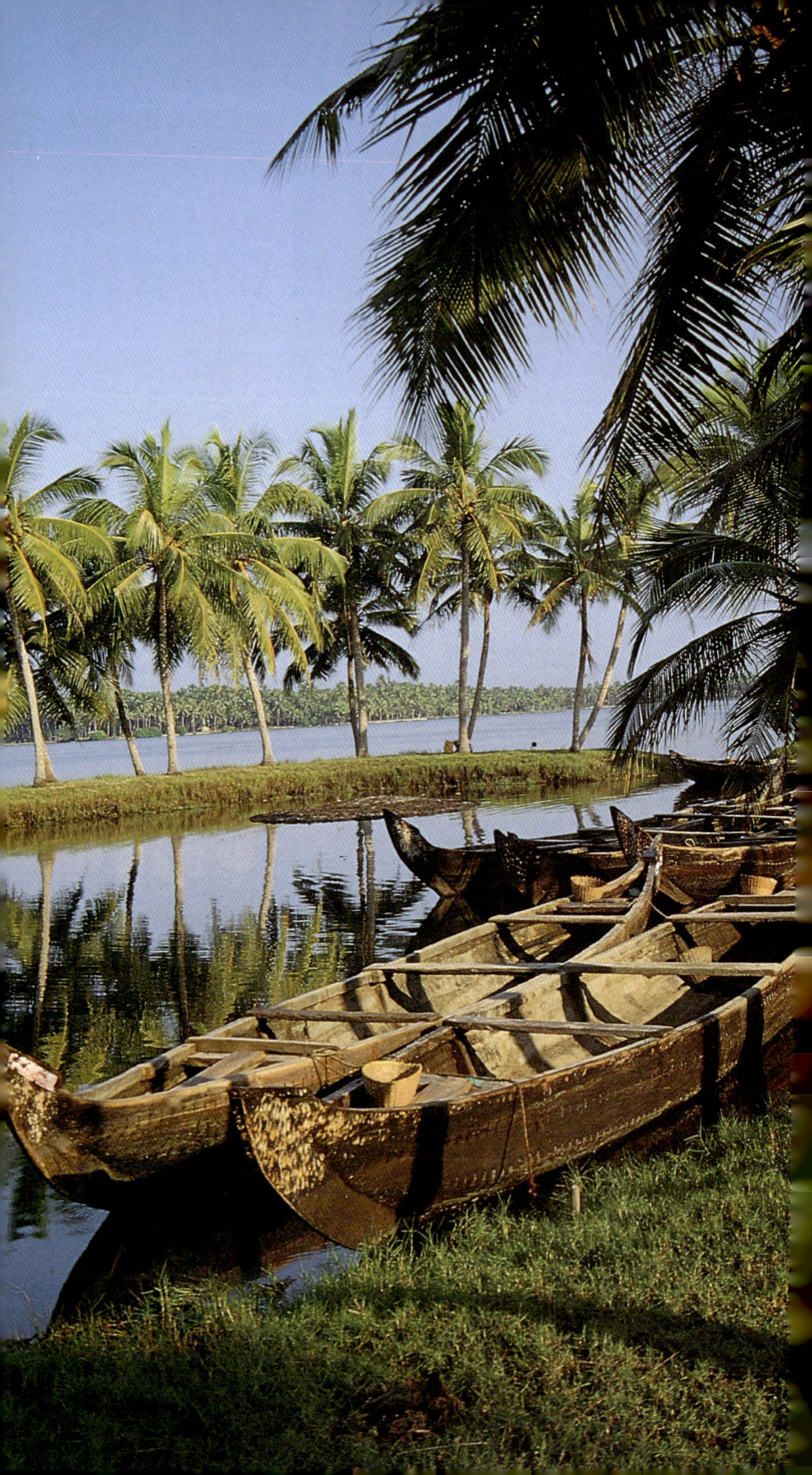

Kerala

Kerala erstreckt sich zwischen den Westghats und dem Arabischen Meer. Die Landschaft – Kokoshaine, Reisfelder, Strände, grüne Hügel und Regenwald – ist ebenso vielfältig wie seine Kultur, in der die drei großen Religionen des Landes lange Traditionen haben. Der Hinduismus herrscht vor und wird mit seltener Strenge ausgeübt, die es Nicht-Hindus z. B. verbietet, Tempel zu betreten. Ein Viertel der Bevölkerung sind Christen. Das Christentum brachte der Apostel Thomas hierher, während der Islam von den arabischen Händlern (7. Jh.) eingeführt wurde. Zu den architektonischen Schätzen des Bundesstaats gehören der wunderschöne hölzerne Palast von Padmanabhapuram, eine Reihe stattlicher Kolonialbauten und die Synagoge von Kochi (16. Jh.). Der Alphabetisierungsgrad in Kerala ist der höchste Indiens. Viele Keralis arbeiten im Nahen Osten und tragen mit ihren Überweisungen zum Wohlstand des Bundesstaats bei.

Sehenswürdigkeiten auf einen Blick

Städte und Distrikte
Kannur ㉓
Kasaragod (Distrikt) ㉔
Kochi ⑨
Kodungallur ⑭
Kottayam ⑤
Kozhikode ⑲
Mahe ㉑
Malappuram ⑱
Palai ⑧
Palakkad ⑯
Thalaserry ㉒
Thiruvananthapuram ①
Thrissur ⑮
Wynad (Distrikt) ⑳

Historische Stätte
Padmanabhapuram-Palast ②

Tempel und heilige Stätten
Aranmula ③
Kaladi ⑪
Mannarsala ④
Sabarimalai ⑥

Kreuzfahrt
Lakkadiven ⑩

Nationalparks und landschaftlich schöne Gebiete
Eravikulam National Park ⑬
Periyar Tiger Reserve ⑦
Silent Valley National Park ⑰

Hügelort
Munnar ⑫

LEGENDE
- Internat. Flughafen
- Inlandsflughafen
- National Highway
- Hauptstraße
- Nebenstraße
- Eisenbahn
- Bundesstaatsgrenze

◁ Holzkanus in der Nähe von Alleppey (Alappuzha)

Thiruvananthapuram ❶

Die Hauptstadt Keralas hieß bis 1991 noch Trivandrum und war 1750–1956 Sitz der ehemaligen königlichen Familie von Travancore. Heute verdankt die Stadt ihren Namen dem überwältigenden Anantha-Padmanabhaswamy-Tempel – wörtlich die »Heilige Stadt Anantha«, die 1000-köpfige Schlange, auf der Vishnu ruht. Die Altstadt wurde auf sieben Hügeln erbaut, in ihrem Zentrum steht der Tempel. Die Mahatma Gandhi Road hingegen wird von Villen, Kirchen und Hochhäusern gesäumt.

Vishnu-Figur

Das Napier Museum aus dem 19. Jahrhundert

🏛 Government Arts and Crafts (Napier) Museum

Museum Rd. ● Mo, Mi vormittags und Feiertage (Museen). 🎟 für alle Museen. **Kanakakunnu-Palast** ☎ (0471) 247 3952 (Besuchserlaubnis).

Der schön angelegte Komplex umfasst neben mehreren Museen auch den Zoo der Stadt. Das Government Arts and Crafts Museum hieß früher Napier Museum, nach John Napier, dem ehemaligen Gouverneur von Madras. Es liegt in einem indo-sarazenischen Bau aus schwarzem und rotem Stein, den Robert Fellowes Chisholm (siehe S. 465) im 19. Jahrhundert entwarf, und beherbergt eine Sammlung seltener Bronzen, Steinskulpturen, Elfenbeinschnitzereien sowie einen Tempelwagen aus dem früheren Königreich Travancore.

Nördlich des Museums trifft man auf die **Sri Chitra Art Gallery** in einem der schönsten Gebäude der Gegend. Der ganze Stolz des Museums sind die Werke Raja Ravi Varmas (1848–1906) und seines Onkels Raja Raja Varmas. Beide waren Pioniere eines einzigartigen, akademischen Malstils. Raja Ravi Varma gilt als bester indischer Künstler seiner Zeit, seine mythologischen Gemälde sind Vorbild der sehr beliebten religiösen Drucke, die man überall in Indien findet. Im **Natural History Museum** im Osten kann man einen gelungenen, detailgetreuen Nachbau eines typischen Holzhauses *(naluketu)* bewundern.

An den Komplex grenzt auf einem Hügel der **Kanakakunnu-Palast**, in dem die königliche Familie von Travancore einst ihre Gäste unterhielt.

Eine kurze Fahrt die Straße hinunter führt zur Kowdiar Junction mit Mauern und verzierten Geländern gegenüber dem Kowdiar-Palast, der offiziellen Residenz des ehemaligen Maharajas.

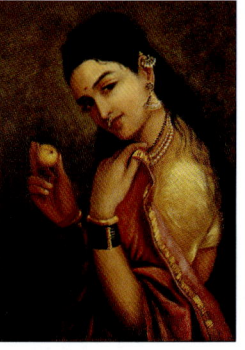

Gemälde von Raja Ravi Varma in der Sri Chitra Art Gallery

Mahatma Gandhi Road

Die Hauptstraße verläuft vom Victoria Jubilee Town Hall zum Anantha-Padmanabhaswamy-Tempel. Zu den vielen eindrucksvollen Gebäuden, die die Straße säumen, gehören das Secretariat, der Sitz der Regierung von Kerala, das University College und die Public Library. Die Bibliothek wurde 1829 gegründet und enthält über 250000 Bücher in Malayalam, Hindi, Tamil und Sanskrit. Im Norden, hinter dem zauberhaften Connemara Market, liegen die Jami Masjid, die St Joseph's Cathedral und das neogotische Gebäude der Christ Church.

🛕 Anantha-Padmanabhaswamy-Tempel

Fort-Viertel. ☎ (0471) 245 0233 ● für Nicht-Hindus. Kleiderordnung beachten (siehe S. 628).

Im Inneren des Forts, das die Altstadt umschließt, liegt der einzige Tempel des Bundesstaats mit einem siebenstöcki-

---

Kampfsport in Kerala

Kalaripayattu, der Kampfsport Keralas, entstand durch anhaltende Kriege im 11. Jahrhundert. Er brachte das Selbstmordkommando *chavverpada* und die *chekavan* hervor, Krieger, die sich für ihre adligen Lehnsherren bis zum Tod duellierten. Gekämpft wird heute mit Schwertern, Speeren, Dolchen, dem *urumi* (einem biegsamen Metallschwert) und Holzstangen. Kampfunfähig gemacht wird der Gegner jedoch durch das Drücken bestimmter Nervenpunkte.

Kalarippayat-Übung, CVN Kalari Sangham

Hotels und Restaurants in Kerala *siehe Seiten 592–595 und 620f*

THIRUVANANTHAPURAM

Der eindrucksvolle *gopura* des Anantha-Padmanabhaswamy-Tempels

INFOBOX

Distrikt Thiruvananthapuram. 700 km südwestlich von Chennai. 3 200 000. 6 km westlich des Stadtzentrums, dann Bus oder Taxi. Tourist Facilitation Centre, Museum Rd, (0471) 232 1132; TRC, gegenüber Chaitram Hotel, (0471) 233 0031.
Mo–Sa. Chandanakuda (März/Apr), Navaratri (Sep/Okt), Soorya Dance Festival (Okt), Nishangandhi Dance Festival (Nov).

gen *gopura* – in Keralas Architektur ein häufiges Element. Die zurückhaltende Ornamentierung ist aber typisch für Kerala. Den Innenhof ziert ein vergoldeter Flaggenmast. Der Hauptgang zieht sich rund um den Hof und ist mit 324 Säulen und zwei Reihen Granitpfeilern geschmückt. Auf jedem ist eine Frau mit einer Lampe (*deepalakshmi*) dargestellt. Im Inneren sind Fabelwesen, die mit sich drehenden Steinkugeln in den Kiefern gestaltet wurden. An den Außenwänden des inneren Schreins sieht man Fresken und einen sechs Meter großen liegenden Vishnu (von Süden nach Norden ausgerichtet).

🏛 Kuthiramalika-Palastmuseum

Fort-Viertel. Di–So. gegen Gebühr. Carnatic Music Festival (Jan/Feb).

Das interessante Museum (auch bekannt als Puthen Malika) liegt in einem Palast (18. Jh.), den der Staatsmann, Dichter und Musiker Raja Swathi Thirunal Balarama Varma errichten ließ. Der Holzpalast, ein schönes Beispiel der Architektur Keralas, hat ein abfallendes Ziegeldach. Sehenswert sind vor allem die Holzschnitzereien, besonders die 122 Pferde am Gesims. Ausgestellt werden zahlreiche Artefakte, z. B. ein Kristallthron und ein weiterer Thron, der aus den Stoßzähnen von insgesamt 50 Elefanten geschnitzt wurde.

🏛 CVN Kalari Sangham

East-Fort-Viertel. (0471) 247 4182. Mo–Sa.

Das Ausbildungszentrum für den Kampfsport *kalaripayattu* wurde 1956 gegründet. Morgens versammeln sich die Auszubildenden in der Turnhalle (*kalari*), um eine Reihe von Übungen durchzuführen, die ihnen die nötige Kampffertigkeit vermitteln sollen. Zudem umfasst das Zentrum einen Kalari Paradevata (Gottheit des Kampfes) geweihten Schrein und eine ayurvedische Klinik.

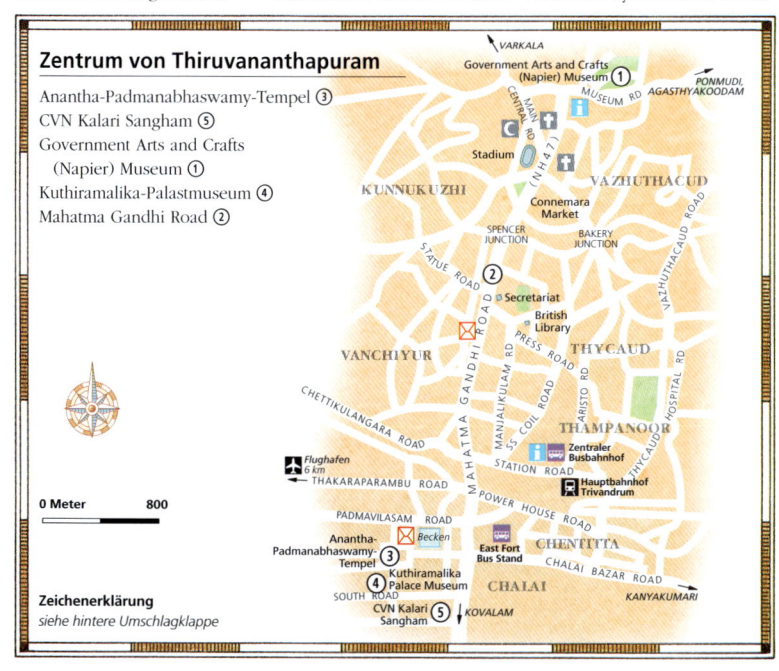

Zentrum von Thiruvananthapuram

- Anantha-Padmanabhaswamy-Tempel ③
- CVN Kalari Sangham ⑤
- Government Arts and Crafts (Napier) Museum ①
- Kuthiramalika-Palastmuseum ④
- Mahatma Gandhi Road ②

0 Meter 800

Zeichenerklärung
siehe hintere Umschlagklappe

Umgebung von Thiruvananthapuram

Thiruvananthapuram ist das Tor zur Südspitze Indiens. Südlich der Stadt, an der Küste gegenüber den Lakkadiven, befinden sich viele Strandbadeorte; der berühmteste ist Kovalam. Der Padmanabhapuram-Palast *(siehe S. 516f)*, die ehemalige Residenz der Könige von Travancore, liegt im Südosten. Im Norden und Osten trifft man auf malerische ruhige Hügelorte in den dicht bewaldeten Cardamom (Ponmudi) Hills. Thiruvananthapuram verfügt darüber hinaus über eine meteorologische Station, die wegen der Bedeutung des Südwestmonsuns installiert wurde. Die Stadt ist außerdem eines der bedeutendsten ayurvedischen Zentren von Kerala.

Indischer Junge mit seinem Fang, Kovalam Beach

Lighthouse Beach, einer der vielen idyllischen Strände von Kovalam

Kovalam

Distrikt Thiruvananthapuram. 16 km südlich von Thiruvananthapuram. Tourism Office, (0471) 248 0085.

Bis in die 1960er Jahre hinein war Kovalam ein verschlafenes Fischerdorf mit engen Gässchen und reetgedeckten Häusern, in deren Höfen Fisch getrocknet wurde. Als man jedoch den atemberaubenden Strand am kristallklaren Meer entdeckte, kamen Hippies und Rucksackreisende hierher. Mit den Jahren erlangte Kovalam einen Ruf als heruntergekommener Ferienort. Heute aber zieht er auch die Reichen und die Schönen an. An den Stränden stehen neben den preiswerten auch Luxushotels, es gibt Cafés und mehrere Ayurveda-Zentren, die von der einfachen Massage bis zur dreiwöchigen Behandlung alles anbieten. Straßenhändler verkaufen Kunsthandwerk und billigen Strandschmuck. Trotz des Massentourismus hat sich Kovalam seinen ursprünglichen Charme bewahrt und ist nach wie vor einer der beliebtesten Ferienorte Indiens.

Die geschützte natürliche Bucht wird von zwei Felsen eingerahmt. Die drei Strände – Grove Beach, Eve's Beach und Lighthouse Beach – liegen alle in Gehentfernung zueinander und bieten Sonne, Meer und Sand satt. Die Strände südlich der Landzunge sind voller, die im Norden verfügen noch über abgeschiedene Orte zum Sonnenbaden und sicheren Schwimmen. Im türkisfarbenen Meer kann man mit dem Katamaran segeln und anderen Wassersport betreiben.

Frisches Obst an einem Stand in Varkala

Varkala

Distrikt Thiruvananthapuram. 40 km nördlich von Thiruvananthapuram. *Tourist Information Centre, in der Nähe des Hubschrauberlandeplatzes.*

Der schöne kleine Strandort ist bei den Einheimischen eher als Pilgerziel bekannt. Einer Legende zufolge soll der Weise Narada ein Tuch, das er aus der Rinde eines Baumes gefertigt hatte, in die Luft geworfen haben, und es landete an der Stelle des heutigen Varkala. Fortan beteten Naradas Schüler dort, der Strand erhielt den Namen Papanasham Beach (»Strand der Erlösung«). Auch heute noch werden hier die Ahnen im Gebet verehrt, fromme Hindus verstreuen die Asche der Verstorbenen im Meer.

Im Herzen der Stadt befindet sich der heilige **Janardhana-Swamy-Tempel**, der mehr als 2000 Jahre alt sein soll. Er ist Krishna geweiht und zieht viele Pilger an. Eine der Glocken im Tempel soll im 17. Jahrhundert der Kapitän eines holländischen Schiffes gestiftet haben, aus Dankbarkeit dafür, dass seine Gebete erhört wurden.

Der andere Wallfahrtsort von Varkala ist das auf einem Hügel gelegene **Memorial of Sree Narayana Guru** (1855–1928) in Sivagiri, drei Kilometer östlich des Tempels. Jeden Tag strömen zahllose Pilger hierher, um dem Heiligen die Ehre zu erweisen, der »eine Kaste, eine Religion, einen Gott« forderte.

Mit seinen roten Lateritklippen und dem schönen Strand ist Varkala heute ein beliebter Badeort. Die Stadt ist auch für ihre natürlichen

Hotels und Restaurants in Kerala siehe Seiten 592–595 und 620f

KERALA

Der lange Sandstrand von Varkala

Heilquellen und für ihr Ayurveda- und Yoga-Zentrum berühmt. Im Süden von Varkala befindet sich das verfallene Anjengo Fort, das im 17. und 18. Jahrhundert der bedeutendste Stützpunkt der holländischen East India Company war.

Ponmudi
Distrikt Thiruvananthapuram. 61 km nordöstlich von Thiruvananthapuram. Government Guest House, (0472) 289 0211.
Ponmudi, die »Goldene Krone«, erhebt sich 915 Meter über einen dichten tropischen Regenwald. Der Ort ist von Teeplantagen und Hügeln umgeben und auch heute noch fast unberührt, erfrischend kühl und meist in Nebel gehüllt. Die engen Pfade eignen sich ideal zum Wandern: An den gurgelnden Bächen wachsen Wildblumen, und die ganze Gegend verströmt einen ausgesprochen friedvollen Charme.

Agasthyakoodam
Distrikt Thiruvananthapuram. 60 km nordöstlich von Thiruvananthapuram. **Trekkingerlaubnis** über das Büro des Wildlife Warden, Thiruvananthapuram, (0471) 236 8607.
Mit einer Höhe von 1890 Metern ist Agasthyakoodam der höchste Gipfel im südlichen Kerala. Er ist Teil der Westghats und des Agasthyavanam Forest, der 1992 zum Naturschutzgebiet erklärt wurde.
Der Berg wird von Hindus und Buddhisten als heilig verehrt. Er soll Sitz des Bodhisattva Avalokitesvara und des Heiligen Agastya sein, eines Schülers von Shiva. Frauen ist der Zutritt untersagt. Auf den Hügeln wachsen Heilkräuter und Orchideen, es gibt viele Vogel- und andere Tierarten. Die 28 Kilometer lange Wanderung zum Gipfel dauert zwei Tage und ist nur zwischen Dezember und April gestattet. Vom Berg hat man einen Blick auf den großen Stausee des Neyyar-Damms.

Feste in Kerala
Vishu *(Apr).* Der erste Tag des Neujahrs von Malayali wird im ganzen Staat gefeiert. Der Anblick Glück bringender Gegenstände bei Sonnenuntergang soll ein Jahr des Wohlstands und des Friedens nach sich ziehen.
Thrissur Pooram *(Apr/Mai),* Thrissur. Höhepunkt des Festes ist die Prozession zweier *devis* (Göttinnen) auf geschmückten Elefanten zum Vadakunnathan-Tempel. Die Schirme über den Tieren werden in einem spannenden Ritual ausgetauscht, das von Trommeln *(chendamelam)* begleitet wird. Zum Schluss gibt es ein buntes Feuerwerk.
Onam *(Aug/Sep).* Dies ist das beliebteste Fest in Kerala. Es wird zu Ehren von Mahabali abgehalten, einem selbstlosen Herrscher, dessen Untertanen so zufrieden waren, dass er sogar von den Göttern beneidet und schließlich bestraft wurde. Sein letzter Wunsch war, sein Volk einmal im Jahr besuchen zu dürfen. An Onam versucht man nun, Mahabali glücklich zu machen: Es wird gefeiert, man trägt neue Kleider, die Innenhöfe der Häuser werden mit Blumenmustern *(athapookkalam)* geschmückt. Außerdem findet das Nehru Trophy Boat Race *(siehe S. 36)* statt.

Ayurveda-Therapie

Ayurvedische Behandlung

Eine klassische Schrift zur Medizin, die *Ashtangahridaya*, bildet die Basis der ayurvedischen Heilkunst in Kerala. Der Verfasser, Vagbhata, war der Schüler eines buddhistischen Arztes. Man glaubt, dass einige wenige Nampoothiri-Familien (Brahmanen) die Heilkunst ursprünglich ausübten. Ihre Nachfahren tragen noch heute den Ehrentitel *ashtavaidyan*. Heute ist die ayurvedische Medizin in ganz Indien bekannt. Der Kerala-Zweig ist allerdings für seine in fünf Methoden aufgegliederte Behandlung *(panchakarma)* berühmt: Hier kommen Öle, Kräuter, Milch, Massage und eine Diät zur Anwendung.

Geschmückte Elefanten und Musiker, Thrissur Pooram

Padmanabhapuram-Palast ❷

Der Palast von Padmanabhapuram liegt inmitten grüner Hügel, fruchtbarer Reisfelder und malerischer Flüsse und ist das schönste Beispiel der typischen Holzarchitektur von Kerala. Er besteht aus vier aufeinanderfolgenden ummauerten Komplexen mit öffentlichen und privaten Bereichen und ist reich mit geschnitzten Holzdecken, Figurensäulen, Lattenfenstern und pagodenähnlichen Dächern verziert. Zwischen 1590 und 1790 residierte hier der Fürstenstaat von Travancore, der Teile des jetzigen Tamil Nadu und Keralas umfasste. Zufällig gehört der Palast heute zwar zu Tamil Nadu, wird aber von der Regierung von Kerala instand gesetzt.

Detail einer Tür aus Rosenholz

Im Frauengemach stehen zwei riesige Spiegel und ein königliches Bett.

★ Gebetssaal
Den Gebetssaal im dritten Stock des Königspalasts zieren exquisite Wandgemälde. Das Bett aus 64 verschiedenen Holzarten, das hier steht, war ein Geschenk der Holländer.

Den Uhrenturm hört man noch aus einer Entfernung von drei Kilometern.

Eingangshalle
Die Decke der Eingangshalle ist mit 90 geschnitzten Blumen verziert. Sehenswert sind auch ein Granitbett und ein chinesischer Thron.

Haupttor
Der Haupteingang zum Palast befindet sich jenseits eines großen Hofes. Das Tor ist mit einem Giebeldach geschmückt.

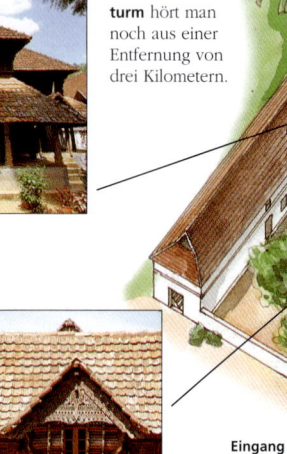

Eingang

0 Meter 20

PADMANABHAPURAM-PALAST

Geschnitztes Erkerfenster mit Blick auf Prozessionen

Gästehaus

Das Badehaus ist klein und luftig. Dort wurden die männlichen Mitglieder der königlichen Familie zunächst massiert, bevor sie in einem privaten Becken badeten.

INFOBOX

Tamil Nadu, Distrikt Kanniyakumari. 52 km südöstlich von Thiruvananthapuram.
(04651) 250 255. Di–So.
gegen Gebühr.

★ Mother's Palace
Das älteste Gebäude des Komplexes stammt von 1550. Hier finden sich kunstvoll geschnitzte Säulen aus dem Holz des Jackfruchtbaums. Den rot schimmernden Boden polierte man mit Hibiskusblüten.

Lampe
Die Lampe (das Pferd ist ein Symbol der Tapferkeit) in der Eingangshalle hängt von einer speziellen Kette herab, die perfekt ausbalanciert ist.

Der Speisesaal erstreckt sich über zwei Stockwerke und bietet Platz für 2000 Gäste.

Im Palastmuseum sind Artefakte wie Möbel, Statuen aus Holz und Granit, Münzen und Waffen zu sehen.

NICHT VERSÄUMEN

- ★ Gebetssaal
- ★ Mother's Palace
- ★ Ratskammer

★ Ratskammer
Die königliche Ratskammer lässt viel Licht und Luft herein. Den Glanz des Bodens erzielte man mit Kalk, Sand, Eiweiß, Kokoswasser, Kohle und braunem Zucker.

Elefant bei einem Ritual vor dem Parthasarathy-Tempel in Aranmula

Aranmula ❸

Distrikt Pathanamthitta. 125 km nordwestlich von Thiruvananthapuram. (0468) 232 6409. ab Alappuzha. Onam Boat Regatta (Aug/Sep).

Das idyllische Aranmula liegt am Fluss Pampa. Hier finden die berühmten Schlangenbootrennen von Kerala statt. Die Rennen haben ihren Ursprung in einer Legende: Ein Gläubiger gab einem Brahmanen, den er für den verkleideten Vishnu hielt, Essen. Der Brahmane riet ihm, das Essen in Aranmula zu opfern. Seit dieser Zeit wird auf einem Boot, das aus einem einzigen Baumstamm geschnitzt wurde, Essen zum Tempel von Aranmula gebracht. Am letzten Tag des Onam-Festes *(siehe S. 515)* führt dieses Boot eine Prozession von 30 Schlangenbooten zum Tempel an. Ein Rennen findet dann nicht statt. Alle Boote sollen zur selben Zeit ankommen, da Krishna auf allen Booten anwesend sein soll.

Der **Parthasarathy-Tempel** ist einer der fünf wichtigsten Tempel Keralas. Er ist Krishna geweiht und birgt ein Abbild des Gottes als Parthasarathy, als göttlicher Wagenlenker des Epos *Mahabharata*. Die Figur wurde auf einem Floß hierhergebracht, das aus sechs Bambusbäumen angefertigt wurde – der Ursprung des Namens der Stadt (auf Malayalam: *aaru* = sechs, *mula* = Bambus).

Darüber hinaus ist Aranmula für seine einzigartigen Spiegel aus Silber, Bronze, Kupfer und Blei berühmt. Die Spiegel zählten zu den Glück bringenden Gegenständen des Neujahrsfestes Vishu *(siehe S. 515)*.

Metallspiegel, Aranmula

Umgebung: Der **Thiruvamundur-Tempel** (14. Jh.) in der Nähe von Chengannur, sieben Kilometer westlich von Aranmula, ist ebenfalls Krishna geweiht und wird Nakul, einem der fünf Pandava-Brüder *(siehe S. 26)*, zugeschrieben. Bei Chenganacherry, 27 Kilometer nordwestlich von Aranmula, liegt der **Tirukkotdittanam-Tempel** aus dem 11. Jahrhundert. Er ist Sahadev, Nakuls Zwillingsbruder, geweiht und mit wunderschönen Wandfresken geschmückt.

Mannarsala ❹

Distrikt Alappuzha. 130 km nordwestlich von Thiruvananthapuram. Thulam (Okt/Nov).

Hier erreicht der für Kerala charakteristische Brauch der Schlangenanbetung seinen Höhepunkt, zudem ist der Ort Sitz des bekanntesten der vier Naga-Tempel. Einer Legende zufolge gebar eine Frau aus einer Familie großer Naga-Anhänger zwei Söhne – einer davon war ein Schlangenkind, das seine Familie bat, ihn anzubeten, und verschwand. Die Tempel von Mannarsala sind dem Schlangenkönig Nagaraja und seiner Gefährtin Sarpayakshini geweiht. Sie liegen inmitten dichter Wälder und sind von Tausenden verschiedener Schlangen aus Stein umgeben.

In Kerala hat jedes Haus einer gesellschaftlich hochstehenden Namboothiri- und Nair-Familie einen Schlangenschrein (*sarpa-kavu*) mit einem Schlangenstein (*naga-kal*). Wer sich keinen eigenen Schrein mehr leisten kann, spendet die Steine diesem Tempel.

Die heiligen Riten in Mannarsala werden von einer Priesterin (*amma*) durchgeführt, eine Jungfrau, die in ihren religiösen Pflichten von ihrer Familie unterstützt wird. Kinderlose Paare platzieren ein Metallgefäß (*uruli*) verkehrt herum vor der Gottheit, um ihren Segen zu erbitten.

Schreine der heiligen Schlange

In Kerala spielt die heilige Schlange eine bedeutende Rolle für Glauben und Rituale. In den Sagen der Gegend taucht eine bewaldete Landschaft auf, die vorwiegend von Nagas (Schlangen) – den Göttern der Unterwelt – bewohnt wird. Sie werden von brahmanischen Siedlern vertrieben, die Parasurama, die sechste Reinkarnation Vishnus, hierherbrachte. Parasurama ordnete an, die Schlangen künftig als göttlich zu verehren. Aus diesem Grund haben die meisten Tempel eine kleine Nische für den Schlangengott. Die Tempel selbst stehen in heiligen Wäldern. Reiche und traditionsbewusste Haushalte haben private Tempel oder Schreine für die Gottheiten.

Heiliger Schrein mit Schlangenbildern (naga), Mannarsala-Tempel

Hotels und Restaurants in Kerala *siehe Seiten 592–595 und 620f*

Indische Elefanten

In der Literatur, Kunst und Kultur ganz Indiens wird der Elefant verehrt. Ganesha, der elefantenköpfige Sohn von Shiva und Parvati, beseitigt Hindernisse, vor jeder wichtigen Unternehmung wird er angerufen *(siehe S. 382)*. In Kerala spielt Ganesha zwar eine untergeordnete Rolle, Elefanten sind allerdings auch hier aus Alltag und Festen nicht wegzudenken. Die Einwohner des Bundesstaats haben eine besonders innige Beziehung zu den Tieren. Sie kommen nicht nur als Lasttiere, sondern auch bei Tempelritualen zum Einsatz, bei denen sie die Gottheit tragen. Zu diesen Anlässen werden sie wunderschön mit Goldornamenten geschmückt. Wohlhabendere Tempel besitzen eigene Elefanten.

Ganesha, der Elefantengott

Das Männchen *ist aufgrund seiner Stoßzähne stark gefährdet – trotz des Verbots des Elfenbeinhandels.*

Indischer Elefant
Der Indische Elefant *(Elephas maximus)* ist in den Wäldern und Ebenen des niederen Himalaya, in Zentralindien und im südlichen Hochland heimisch. Er ist nicht so groß wie der Afrikanische Elefant und hat kleinere Ohren.

Der Druck (19. Jh.) *zeigt, wie gezähmte Elefanten wilde einfingen, indem sie sie in Käfige* (khedas) *trieben.*

Tempelelefanten *kauft man meist auf dem Sonepur Mela in Bihar (siehe S. 184). Die Pfleger verbringen oft Stunden damit, das Tier für Tempelfeste zu baden und zu schmücken. Die Befehle werden auf Malayalam erteilt.*

In Kerala *tragen die Elefanten ihr Futter meist selbst. Die Pfleger dürfen so viele Palmenwedel schneiden, wie die Elefanten brauchen – bis zu 200 Kilogramm pro Tag.*

Elefantenmotive *kommen in der indischen Kunst häufig vor, sie sind ein fester Bestandteil der hinduistischen Mythologie.*

Kottayam ❺

Distrikt Kottayam. 160 km nördlich von Thiruvananthapuram. 60000.
District Tourist Promotion Council, (0481) 256 0479. Drama Festival (Jan).

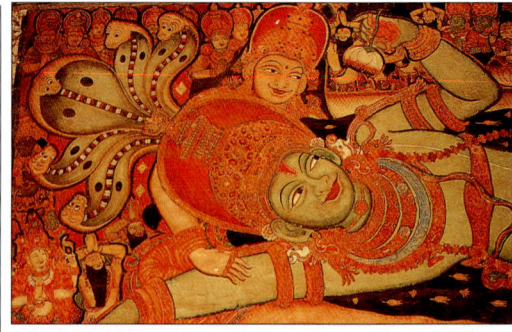

Wandgemälde des stattlichen Shiva-Tempels von Ettumanur

Kottayam, einer der schönsten Distrikte Keralas, ist im Westen von dem blauen Wasser des Vembanad Lake und den Reisfeldern von Kuttanad umschlossen und im Osten von den üppig grünen Hügeln der Westghats. Klima und Landschaft ziehen viele Besucher an. Die Stadt Kottayam ist von ausgedehnten Gummi-, Tee-, Kaffee-, Kardamom- und Pfefferplantagen umgeben. Es war die erste Stadt in Indien, in der alle Menschen lesen und schreiben konnten, sowie die Wiege der Verlagsbranche des Bundesstaats und Heimat vieler Zeitungen und Zeitschriften. Die Schriftstellervereinigung Sahitya Pravarthaka Sahakarana Sangham wurde vor über 50 Jahren in dieser Stadt gegründet und spielte eine entscheidende Rolle in der Entwicklung der Malayalam-Literatur.

Zudem hat Kottayam auch eine alte christliche Tradition, die durch die syrisch-christliche Bevölkerung bewahrt wird. Es war die erste Stadt, die im 1. Jahrhundert n. Chr. den hl. Thomas *(siehe S. 469)* zu ihrem Schutzpatron erklärte. Zwei der bekanntesten Kirchen und Priesterseminare sind die syrisch-orthodoxen **Valia Palli** und **Cheria Palli** (beide Mitte 16. Jh.). Die Kirchen stehen auf einem kleinen Hügel rund zwei Kilometer nördlich des Stadtzentrums und sind mit bunten Fresken ausgestattet. Das nestorianische Kreuz in der Valia Palli soll aus der ersten Kirche Keralas stammen, die der hl. Thomas in Kodungallur *(siehe S. 531)* gründete. In der Cheria Palli finden sich hinter dem Hauptaltar bemalte Tafeln mit Szenen aus dem Leben der Jungfrau Maria.

Nestorianisches Kreuz, Valia Palli, Kottayam

Umgebung: In dem syrisch-christlichen Wallfahrtsort **Mannanam**, acht Kilometer nördlich von Kottayam, nehmen jedes Jahr im Januar Tausende an einer der größten religiösen Tagungen in ganz Asien teil.

Das Vogelschutzgebiet **Kumarakom** liegt zwölf Kilometer westlich von Kottayam am Ufer des Vembanad Lake. Hier bekommt man viele einheimische und Zugvögel zu sehen.

Der große Shiva-Tempel in **Ettumanur**, zwölf Kilometer nördlich von Kottayam, ist mit Fresken verziert, die denen des Mattancherry-Palasts in Kochi *(siehe S. 524)* ähneln. Der Mahadeva-Tempel in **Vaikom** (11. Jh.), 40 Kilometer nordwestlich von Kottayam, ist für seine Elefantenprozessionen und traditionellen Tänze berühmt (Nov/Dez). An dieser Stelle hat auch Mahatma Gandhi eine wichtige *satyagraha* (Bürgerinitiative) in Gang gesetzt, die den »Unberührbaren« den Zugang zu Tempeln ermöglichen sollte.

Holzbauten in Kerala

Die Bedeutung der Holzbauten für Kerala kommt in Legenden zum Ausdruck, die den Schreiner Perunthachhan glorifizieren. Paläste, Tempel, Moscheen und Häuser weisen alle das charakteristische abfallende Ziegeldach auf, das schwere Monsunregenfälle ableitet. Die meisten Dächer verfügen über einen Giebel und einen Schlussstein aus Messing. Höhe erreichen sie durch mehrere pyramidenförmig angeordnete Schichten. Statt Eisennägeln verwendet man Dübel und Keile aus Holz.

Tempel mit Pyramidendach

Konsolen sind oft mit *yalis* oder Götterfiguren verziert.

Die Holzsäulen weisen ebenfalls sowohl dekorative als auch funktional stützende Ornamente auf.

Hotels und Restaurants in Kerala *siehe Seiten 592–595 und 620f*

Barocke Fassade der St Thomas Church, Palai

Sabarimalai ❻

Distrikt Pattanamthitta. 190 km nördlich von Thiruvananthapuram. 🚌 nach Pamba, dann zu Fuß. ℹ️ (04735) 202 048. 🎉 Mandalam (Dez/Jan), Makaravilakku (Mitte Jan).

Sabarimalai ist eine der berühmtesten Pilgerstätten Indiens. Sie liegt in den Westghats auf 914 Metern Höhe. Die letzten 14 Kilometer ab Pamba, die durch dichten Wald führen, legen die Pilger zu Fuß zurück.

Zentrum der Verehrung ist der Ayyappa geweihte Tempel, der von November bis Mitte Januar, im April und an den ersten fünf Tagen jedes Monats des Malayalam-Kalenders geöffnet ist. Hier können Menschen aller Glaubensrichtungen beten, Frauen im Alter zwischen zehn und 50 Jahren allerdings nicht. Die letzten 18 heiligen Stufen (auf jeder wird der Gläubige von einer Sünde reingewaschen) sind mit *panchaloha* verkleidet, einer Legierung aus fünf Metallen. Vor der Pilgerreise muss man 41 Tage lang Buße tun (im Zölibat leben und Schwarz tragen). Auch rasieren darf man sich in dieser Zeit nicht.

Periyar Tiger Reserve ❼

Siehe Seiten 522f.

Ayyappa-Kult

In ganz Kerala verehrt man die dravidische Gottheit Ayyappa (oder Sastha), die aus der Verbindung zwischen Shiva und Vishnu (in seiner weiblichen Emanation als Mohini) hervorging. Der kinderlose König Pandalam fand das Baby an dem Fluss Pampa und adoptierte es. Später enthüllte Ayyappa seine göttliche Herkunft, als er einen Dämon besiegte. Bevor er jedoch zu seinem Himmelssitz zurückkehrte, schoss er einen Pfeil ab, der beim Ashram des Heiligen Sabari landete – dort entstand ein Tempel. Ayyappas Freund Vavar wiederum ist ein muslimischer Heiliger. Sein *dargah* wird von Muslimen und Hindus besucht.

Ayyappa-Anhänger, Sabarimalai

Palai ❽

Distrikt Kottayam. 175 km nördlich von Thiruvananthapuram. 🚌 ℹ️ (0481) 256 0479. 🎉 Hl. Drei Könige (6. Jan). **St Thomas Church** 🕐 (Malayalam) tägl. 6 Uhr.

Das aufblühende Palai ist von Gummiplantagen umgeben. Hauptattraktion ist die kleine **St Thomas Church** (16. Jh.), die der typischen Bauweise frühchristlicher Kirchen in Kerala folgt. Die ungewöhnliche Holzkanzel hat eine fischartige Basis, der Hauptaltar wird von zwei Seitenaltären flankiert. Ein Stein weist syrische Inschriften auf, an Konsolen sind Glaskandelaber angebracht, von der Decke hängen Kronleuchter. Im hinteren Teil der Kirche befindet sich ein Holzbalkon. Auch heute noch finden hier Gottesdienste statt, obwohl es nebenan eine modernere Kirche gibt.

Die Decken sind in Tafeln unterteilt, die mit Lotusmustern oder Hindu-Gottheiten verziert und von *dikpalas* (Wächterfiguren) umgeben sind.

Koottambulams, traditionelle Theater, liegen meist in der Nähe großer Tempel und Paläste. Sie dienen als Veranstaltungsort für Koodiyattam-Aufführungen (Tanzdramen).

Das Innere der *koottambulams* besteht aus schlanken Holzsäulen sowie *jalis* zur besseren Belüftung. Das Dach ist so konstruiert, dass die Akustik immer exzellent ist.

Periyar Tiger Reserve ❼

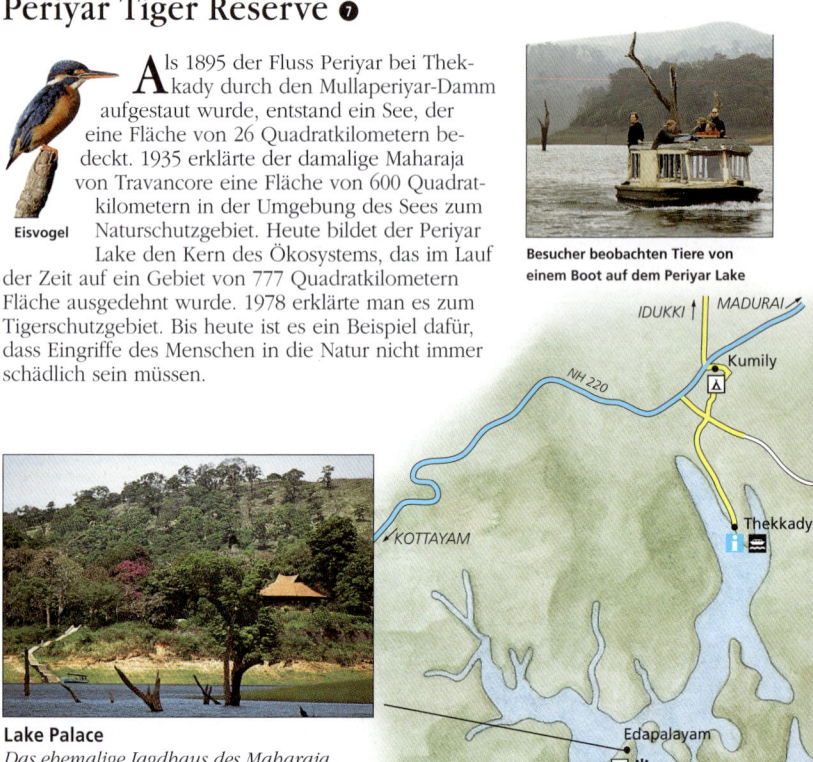

Eisvogel

Als 1895 der Fluss Periyar bei Thekkady durch den Mullaperiyar-Damm aufgestaut wurde, entstand ein See, der eine Fläche von 26 Quadratkilometern bedeckt. 1935 erklärte der damalige Maharaja von Travancore eine Fläche von 600 Quadratkilometern in der Umgebung des Sees zum Naturschutzgebiet. Heute bildet der Periyar Lake den Kern des Ökosystems, das im Lauf der Zeit auf ein Gebiet von 777 Quadratkilometern Fläche ausgedehnt wurde. 1978 erklärte man es zum Tigerschutzgebiet. Bis heute ist es ein Beispiel dafür, dass Eingriffe des Menschen in die Natur nicht immer schädlich sein müssen.

Besucher beobachten Tiere von einem Boot auf dem Periyar Lake

Lake Palace
Das ehemalige Jagdhaus des Maharaja von Travancore wurde in ein hübsches Hotel umgewandelt (siehe S. 594).

Vogelwelt
Die versteinerten Baumstämme im See sind Beobachtungsposten für Vögel auf der Fischjagd.

Tierwelt
Die Laub abwerfenden Wälder, das Grasland und die immergrünen tropischen Bäume sind die Heimat des gefährdeten Bartaffen (links), des indischen Bisons (Gaur), des Faultiers und des Schlankloris.

PERIYAR TIGER RESERVE

INFOBOX
Distrikt Idukki. 190 km nördlich von Kochi. *Forest Divisional Office*, Kumily, (04869) 222 028; *Tourist Information Centre*, Kumily, (04869) 224 571.

Elefantenherden
Der See ist eine ganzjährige Wasserquelle – zusammen mit dem Grasland ein idealer Lebensraum für Elefanten, deren Zahl mittlerweile auf 800 gestiegen ist.

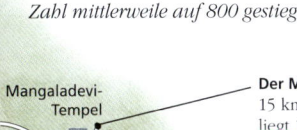

Der Mangaladevi-Tempel, 15 km östlich von Thekkady, liegt 1337 Meter hoch und bietet einen exzellenten Panoramablick über die bewaldeten Hügel der Ghats.

Königsriesenhörnchen
Das agile Hörnchen kann bis zu sechs Meter weit springen. Man findet es in Laub abwerfenden und immergrünen Wäldern.

Periyar Lake
Während der zweistündigen Bootstour auf dem in Nebel gehüllten See kann man zahlreiche Tiere, vor allem große Elefantenherden, sehen.

Orchideen
Periyar ist für seine vielen Blumen berühmt, darunter beinahe 150 Orchideenarten. Die seltene, nach der Region benannte Orchidee Habeneria periyarancis *findet man nur hier.*

LEGENDE
- National Highway
- Hauptstraße
- Nebenstraße
- Bootsanlegestelle
- Information
- Aussichtspunkt
- Tempel
- Unterkunft

Kochi

Antike Maske

Kochi, die kosmopolitischste Stadt Keralas, ist immer noch eher als Cochin bekannt. Mittlerweile ist sie wichtiger Umschlagplatz für Gewürze und Meeresfrüchte. Die Stadt ist um eine Salzwasserlagune im Arabischen Meer entstanden und eigentlich eine Ansammlung von schmalen Inseln und Halbinseln. Ernakulam auf dem Festland wartet mit Einkaufszentren aus Beton und modernen Apartmenthochhäusern auf, Mattancherry und Fort Kochi dagegen verströmen mit ihren holländischen, portugiesischen und englischen Bungalows und den engen Gassen *(siehe S. 526f)* Alte-Welt-Charme. Der idyllische natürliche Hafen mit seinen Palmen und Seen zieht schon immer Besucher aus aller Welt an.

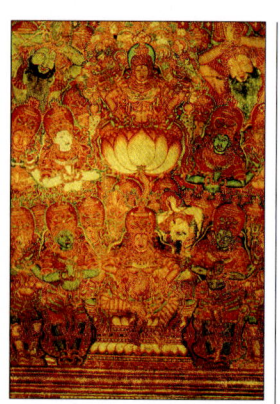

Vishnu bringt Brahma aus seinem Nabel hervor, Mattancherry-Palast

Mattancherry-Palast

Jew Town. *(0484) 222 6085.* tägl.

Die Portugiesen errichteten den Palast Mitte der 1550er Jahre und schenkten ihn dem Herrscher von Cochin im Austausch gegen Handelsrechte. Später renovierten ihn die Holländer, was ihm den irreführenden Namen Dutch Palace einbrachte. Im Hof des zweistöckigen Baus steht ein kleiner, der Göttin Bhagavati geweihter Schrein. Heute ist der Palast ein Museum mit Königsartefakten und Fresken.

In der zentralen Durbar Hall fanden Krönungszeremonien statt. Heute hängen hier Porträts der Herrscher von Kochi, Palankins und Stoffe. In den Zimmern nebenan sind wunderschöne Fresken (17. Jh.) zu bestaunen, die typisch für die Tempelkunst Keralas sind. Sie sind in warmen Rot-, Schwarz-, Weiß- und Gelbtönen gehalten und stellen religiöse sowie mythologische Szenen und Episoden aus dem *Ramayana* dar.

Paradesi-Synagoge

Jew Town. *(0482) 222 8049.* So–Fr.

Die älteste Synagoge Indiens steht in einer kleinen Sackgasse im Herzen von Jew Town. Die ersten jüdischen Siedler kamen vermutlich im 1. Jahrhundert n. Chr. nach Kodungallur *(siehe S. 531)*. Ihre Stadt, die damals Shingly hieß, blühte im Lauf der Jahrhunderte auf.

Verfolgung durch die Portugiesen Anfang des 16. Jahrhunderts zwang sie jedoch dazu, nach Cochin auszuwandern, das ihnen der Raja geschenkt hatte. Dort ließen sie sich nieder und errichteten 1568 eine Synagoge. Die jüdische Gemeinde von Cochin teilte sich in zwei Gruppen auf: die sogenannten schwarzen oder Malabari-Juden, die sich als Nachfahren der ursprünglichen Siedler

Zentrum von Kochi

- Bolghatty Island ⑥
- Kochi International Pepper Exchange ③
- Mattancherry-Palast ①
- Paradesi-Synagoge ②
- St Francis Church ④
- Willingdon Island ⑤

LEGENDE

Detailkarte *siehe S. 526f*

Zeichenerklärung *siehe hintere Umschlagklappe*

Hotels und Restaurants in Kerala *siehe Seiten 592–595 und 620f*

Haupthalle der Paradesi-Synagoge, mit Messingkanzel und Fliesen

Kochi International Pepper Exchange
Jew Town. (0484) 222 4263. Besucherpässe erforderlich. Mo–Sa.

In der einzigartigen Einrichtung herrscht immer Tumult, und jeder Besucher ist überrascht, welcher Anblick sich am Ende der Eingangstreppe bietet: Überall sind winzige Abteile aufgestellt, in denen jemand aufgeregt telefoniert. Theatralische Gesten begleiten das Stimmengewirr der täglich stattfindenden Pfefferauktion.

St Francis Church
Fort Kochi. Mo–Sa. (auf Englisch) tägl. 8 Uhr.

Diese Kirche ist eine der ältesten europäischen Kirchen in Indien. Die Portugiesen gründeten sie im frühen 16. Jahrhundert und nannten sie Santo Antonio. Ihre einfache Fassade diente vielen späteren Kirchen als Vorbild. Nachdem sie an die Holländer und Briten gefallen war, gehört sie heute zur Church of South India. Im Inneren befinden sich zahlreiche Grabsteine mit Inschriften, der älteste ist von 1562. Auch Vasco da Gama (siehe S. 534) war 1524 hier begraben, bevor er 1538 nach Portugal überführt wurde.

Willingdon Island
Die künstliche Insel ist nach dem Vizekönig Lord Willingdon benannt. Sie entstand in den 1920er Jahren aus Bauschlamm des Kochi-Hafens und liegt zwischen Fort Kochi, Mattancherry und Ernakulam. Neben guten Hotels gibt es den Haupthafen, das Port-Trust-Gebäude, das Zollhaus, einen Bahnhof und einen wichtigen Marinestützpunkt.

Antiquitätenläden in den Straßen der Jew Town

sahen, und die weißen oder Paradesim-Juden, die aus dem Mittleren Osten kamen und nach denen die Synagoge benannt wurde. Eine dritte, kleinere Gruppe bildeten die braunen oder Meshuhurarum-Juden, Gewürzhändler und Abkömmlinge bekehrter Sklaven. 1940 gab es 2500 Juden in Kerala, heute noch etwa ein Dutzend Familien. Die anderen wanderten nach Israel aus.

Die heutige Synagoge mit Ziegeldach und Uhrenturm entstand 1664 mithilfe der Holländer, nachdem die Portugiesen sie 1662 zerstört hatten. Sehenswert sind die Thora-Rollen, die Öllampen, Kristallüster und die Messingkanzel. Den Boden bedecken schöne handbemalte blaue Fliesen, die der einflussreiche Kaufmann Ezekiel Rahabi Mitte des 18. Jahrhunderts aus Kanton hierher brachte.

In den Gassen um die Synagoge stehen Häuser im holländischen Stil, in denen sich heute überwiegend Antiquitätenläden befinden.

INFOBOX
Distrikt Ernakulam. 220 km nördlich von Thiruvananthapuram. 600 000. 36 km östlich des Stadtzentrums, dann Bus oder Taxi. Tourist Information Centre, (0484) 236 0502; TRC, beim Ernakulam-Pier, (0484) 235 3234. Onam (Aug/Sep), Utsavam (Nov/Dez).

Die elegante Fassade des Bolghatty-Palasts, der heute ein Hotel ist

Bolghatty Island
Bolghatty Palace Hotel
(0484) 275 0500. auch für Nicht-Hotelgäste.

Auf der wunderschönen Insel mit Blick auf die Bucht steht der Bolghatty-Palast inmitten sechs Hektar großer Rasenflächen. Die Holländer ließen den Bau 1744 errichten, später wurde er Sitz des British Resident. Mittlerweile wandelte man den Palast in ein Hotel der Kerala Tourism Development Corporation um.

Umgebung: Kochis geschäftiges Zentrum, **Ernakulam**, befindet sich zehn Kilometer östlich von Fort Kochi. Der Hügelpalast von **Thripunithura**, zehn Kilometer südöstlich von Ernakulam, wurde 1895 errichtet und war offizielle Residenz der Herrscher von Cochin. Der Palast beherbergt heute ein Museum mit einer sehenswerten Sammlung an Gemälden, Handschriften und königlichen Memorabilien. Die Bodenfliesen sind von Raum zu Raum unterschiedlich, die Holztreppen sind ganz besonders elegant. Der **Chottanikkara-Tempel** (10. Jh.), 16 Kilometer nordöstlich von Ernakulam, ist Bhagavati geweiht. Die Muttergöttin ist eine der beliebtesten Gottheiten von Kerala.

Thripunithura Museum
(0484) 278 1113. Di–So.

Im Detail: Fort Kochi

Kochis natürlicher Hafen entstand 1341 durch eine Flut. Seitdem hat er Kolonialmächte und Kaufleute aus aller Welt angezogen. Im 16. Jahrhundert errichteten die Portugiesen hier ein Fort, das später an die Holländer und schließlich an die Briten fiel. Heute zeugen die verschiedenen Architekturstile des Viertels von seiner bewegten Vergangenheit. Das wichtigste Gebäude ist die portugiesische St Francis Church (1502) – eine der ältesten europäischen Kirchen in Indien. Um die vielen historischen Bauten zu erhalten, stellte man Fort Kochi vor Kurzem unter Denkmalschutz.

★ Santa Cruz Cathedral
Die Kathedrale (1887) ist mit eindrucksvollen Deckenfresken ausgestattet.

Kashi Art Café
Das Restaurant mit Kunstgalerie liegt in einem alten holländischen Haus.

Mattancherry

Koder House
Das Haus Satu Koders, des Patriarchen der Juden von Kochi, stammt von 1808. Vor kurzer Zeit wurde es in ein Boutique-Hotel umgewandelt.

★ Chinesische Fischernetze
Die Netze spannte man bereits zwischen 1350 und 1450. Sie deuten auf Handelsbeziehungen zu China.

FORT KOCHI

Peter Celli Street
Hier finden sich viele Hotels und Läden.

Bischofshaus
In dem Haus (16. Jh.) wohnte einst der portugiesische Gouverneur; heute ist es Bischofssitz.

Im United Club der Briten befindet sich heute eine Schule.

Bischofshaus

Malabar House Residency
Das historische Haus beherbergt heute ein wunderschönes Hotel (siehe S. 593).

Holländischer Friedhof

★ **St Francis Church**
Vasco da Gama lag 1524 hier begraben, bevor er nach Portugal überführt wurde.

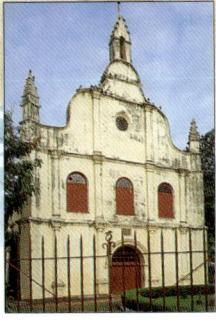

LEGENDE

- - - Routenempfehlung

NICHT VERSÄUMEN

- ★ Chinesische Fischernetze
- ★ Santa Cruz Cathedral
- ★ St Francis Church

Lakkadiven ⑩

Die Lakkadiven (heute Lakshadweep Islands) sind ein Archipel 36 wunderschöner Koralleninseln mit unberührten Stränden und grünen Kokospalmenhainen. Die Inselgruppe befindet sich vor der Küste von Kerala im Arabischen Meer, bedeckt eine Fläche von 32 Quadratkilometern und ist damit das kleinste Unionsterritorium Indiens. Die Atolle umschließen flache Lagunen, in denen sich eine weltweit einzigartige Korallenvielfalt und farbenprächtige Rifffische finden. Nur die Inseln Bangaram und Kadmat sind für ausländische Besucher zugänglich, während indische Staatsbürger zwischen sechs Inseln wählen können.

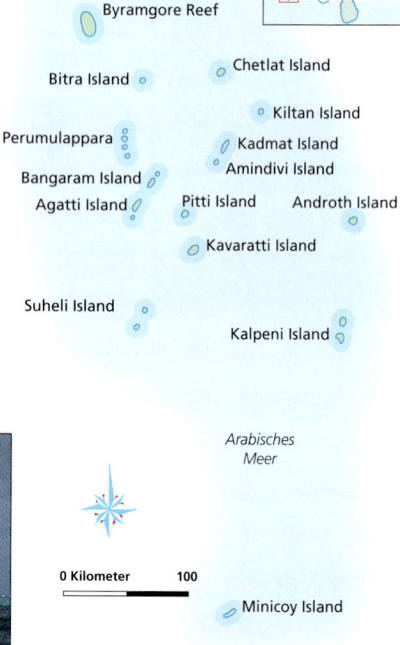

Paradiesvogelblume

Windsurfen vor den Lakkadiven

Kavaratti Island

450 km westlich von Kochi. nur für indische Staatsangehörige.

Die lebhafteste Insel ist der Verwaltungssitz der Lakkadiven. Hier wohnen viele Menschen vom Festland, die meisten sind Regierungsangestellte. Wegen seiner schönen Strände und der kristallklaren Lagune ist die Insel bei Wassersportfans besonders beliebt.

Auf Kavaratti gibt es 52 Moscheen, die Bevölkerung ist überwiegend muslimisch. Die Decke der **Ujra-Moschee** (eingeschränkter Zugang) ist aus Treibholz geschnitzt. Auf der Insel gibt es außerdem ein **Marine Aquarium**, in dem viele tropische Fische und Korallen zu sehen sind.

Bangaram Island Resort

Agatti Island

55 km nordwestlich von Kavaratti Island. nur für indische Staatsangehörige.

Hier befindet sich der einzige Flughafen der Inseln. Zudem ist Agatti ein guter Ausgangspunkt für Tagesausflüge zu den unbewohnten Nachbarinseln Bangaram, Tinnakara sowie Parali I und II. Agatti selbst ist für ausländische Besucher nicht zugänglich.

Bangaram Island

58 km nordwestlich von Kavaratti.

Die unbewohnte Insel ist von dichten Kokospalmenhainen bedeckt und für ihre sagenhaften Sandstrände bekannt.

Das von den Casino Hotels in Kochi geführte **Bangaram Island Resort** *(siehe S. 594)* verfügt über fast 30 Zimmer, ein Restaurant und eine Bar. Die Lagune wimmelt von Korallen und tropischen Fischen, in dem Gebiet kann man wunderbar tauchen (Gesundheitsattest erforderlich!) und schnorcheln. Auch andere Wassersportmöglichkeiten wie z. B. Segeln können betrieben werden.

Kadmat Island

70 km nördlich von Kavaratti Island.

Kadmat Island ist durchgehend mit Palmen bedeckt und hat zwei schöne Lagunen – eine im Osten und eine im Westen. Das **Water Sports**

Schnorcheln im kristallklaren Wasser der Lakkadiven

Hotels und Restaurants in Kerala *siehe Seiten 592–595 und 620f*

LAKKADIVEN

Fischer sammeln Muscheln an den flachen Stellen des Riffs

INFOBOX

Unionsterritorium Lakkadiven. 200–450 km westlich von Kochi. 10000 (Kavaratti). von Kochi nach Agatti. ab Kochi (30 Std.). Bootsverkehr zwischen den Inseln. Die Lakkadiven sind immer nur Teil eines Pauschalurlaubs, Einzelbuchungen sind nicht möglich. Buchungen bei Lakshadweep Tourism's Society for Nature Tourism & Sports (SPORTS); Büro in Kochi, (0484) 266 8387. Anfragen richten Sie an das Büro in Delhi, (011) 2338 6807. **Besuchserlaubnis** Diese ist obligatorisch und muss zwei Monate vorher im Büro von Kochi SPORTS beantragt werden (siehe S. 624). Viele Veranstalter bieten Reisen zwischen Oktober und März an.

Institute bietet Kanu-, Kajak- und Glasbodenbootsfahrten, die **Lacadives Dive School** Schnorcheln und Tauchen.

Water Sports Institute
SPORTS Office, Kochi.
(0484) 266 8387.

Lacadives Dive School
Mumbai, (022) 5662 7381; Kochi, (0484) 236 7752.
www.lacadives.com

Kalpeni Island
125 km südöstlich von Kavaratti Island. nur für indische Staatsangehörige.
Die flache Lagune von Kalpeni Island ist die größte des Archipels. Beim Schnorcheln und Tauchen kann man wunderschöne Riffe sehen. Korallenteile haben nach einem Sturm 1847 im Süden und Osten eigene Bänke gebildet. Die Einwohner der Insel schickten als Erste auch Mädchen zur Schule, die sonst traditionellerweise eher zu Hause bleiben.

Minicoy Island
250 km südlich von Kavaratti Island. nur für indische Staatsangehörige.
Minicoy ist die südlichste Insel der Lakkadiven und verfügt durch den Einfluss der benachbarten Malediven über eine einzigartige Kultur. Der hier gesprochene Dialekt, Mahl, ist eine Abwandlung des maledivischen Dhivehi. Dieser ist wiederum mit den indo-persischen Sprachen durch eine Schriftform verwandt, bei der man von rechts nach links schreibt. Minicoy wird oft als »Fraueninsel« bezeichnet, da hier nur Töchter als Erben eingesetzt werden. Es finden viele Aufführungen statt, darunter auch der traditionelle Lava-Tanz. Wichtigster Wirtschaftszweig ist die Fischerei (vor allem Thunfische). Es gibt auch eine kleine Fabrik.

Die großartige Lagune der Insel ist die einzige des Archipels, an der Mangroven wachsen. Den großen Leuchtturm errichteten die Briten 1885. Er bietet einen tollen Panoramablick auf das Meer.

Einsiedlerkrebs in einer Muschel

Meeresbewohner der Korallenriffe

Die Lakkadiven bestehen aus Atollen – ringförmigen Korallenriffen –, die zu den prächtigsten Korallenriffen Indiens gehören. Sie sind über Tausende von Jahren entstanden und setzen sich aus Milliarden von Mikroorganismen, sogenannten Polypen, zusammen. Letztere sind mit Seeanemonen verwandt. Wie diese verfügen sie über ein Außenskelett, das immer weiter wächst und schließlich sagenhafte Riffe bildet. In dem komplexen und fragilen Ökosystem leben unzählige Pflanzen und Tiere: Mehr als 600 Arten von farbenprächtigen Rifffischen wie Anemonen- und Papageifische, Riesenmuscheln mit purpurfarbenen Lippen, zarte Venusfächer und Seeanemonen, tintenblaue Seesterne, Delfine, harmlose Haie und Meeresschildkröten machen die sagenhafte Vielfalt dieser Unterwasserwelt aus (Tipps zum umweltbewussten Tauchen *siehe S. 505*).

Parali Island, eines der vielen Lakkadiven-Atolle

Rund 100 Korallenarten, *darunter Steinkorallen, Hirnkorallen (rechts) und Hirschhornkorallen, kann man hier sehen. Die Farben kommen durch die verschiedenartigen Algen zustande, die auf ihnen wachsen.*

Der neunstöckige, Shankaracharya gewidmete Turm in Kaladi

Kaladi ⓫

Distrikt Ernakulam. 35 km nordöstlich von Kochi.

Die ruhige Stadt am Ufer des idyllischen Flusses Periyar wird als Geburtsort des großen Philosophen Shankaracharya gefeiert. Am Flussufer gibt es zwei Schreine (1910) zu seinem Andenken. Einer ist ihm selbst, der andere der Göttin Sharada geweiht, beide werden von Sringeri Matha *(siehe S. 433)* unterhalten.

In der Nähe liegt Brindavan, wo Shankaracharyas Mutter Aryamba eingeäschert wurde. Der alte Shri-Krishna-Tempel beim Sharada-Tempel beherbergt ein Bildnis der Gottheit, das von Shankaracharya selbst stammen soll. Auf dem Weg zum Krishna-Tempel trifft man auf einen 46 Meter hohen, neunstöckigen oktogonalen Turm, den Shri Adi Shankaracharya Kirti Stambha Mandapa. Jedes Stockwerk ist dem Leben und Werk Shankaracharyas gewidmet.

Umgebung: An der **Malayattor Church**, acht Kilometer östlich von Kaladi, soll der hl. Thomas ein Kreuz errichtet haben. Der 1000 Jahre alte Felsentempel von **Kalill**, 22 Kilometer südöstlich von Kaladi, war ursprünglich ein Jain-Tempel. Im Gegensatz zu anderen Tempeln wird hier ein weiblicher Elefant für Zeremonien genutzt.

Munnar ⓬

Distrikt Idukki. 130 km östlich von Kochi. *Tourist Information Centre, Munnar, (04865) 231 536.* tägl.

Das malerische Munnar liegt rund 1800 Meter hoch in einem Teil der Westghats, die als High Ranges bekannt sind. Der Name »Munnar« bedeutet auf Tamil »Drei Flüsse« und leitet sich von der Lage der Stadt am Zusammenfluss von Kundala, Mudrapuzha und Nallathanni her.

Munnar liegt inmitten von Teeplantagen, die ein Gebiet von 24 000 Hektar bedecken und 1878 von den Briten angelegt wurden. Der Ort war einst die Sommerresidenz der britischen Regierung in Südindien. Die wichtigste Teeplantage gehört Tata Tea, die auch fast jede umliegende öffentliche Einrichtung verwaltet. Der High Range Club gilt noch heute als gesellschaftliches Zentrum der Plantagenbesitzer. Der Club hat sich mit der »Gentlemen's Bar« sein altmodisches Ambiente bewahrt.

Munnar ist als Reiseziel bei Besuchern aus Tamil Nadu und Kerala nach wie vor beliebt. Deshalb gibt es hier viele Hotels, Restaurants und Einkaufszentren. Die Gegenden, die etwas weiter vom Stadtzentrum entfernt liegen, sind jedoch weniger überlaufen. In den Hügeln voller Tee-, Kaffee- und Kardamomplantagen kann man wunderbar Rad fahren und wandern.

Umgebung: Der **Mattupetty Lake**, 13 Kilometer nördlich von Munnar, schmiegt sich an eine bergige Kulisse. In der Nähe befindet sich eine Rinderzuchtstation. Hier kann man Bootsausflüge unternehmen oder auf Elefanten reiten.

Teeplantagen um Munnar

Adi Shankaracharya (788–820)

Adi Shankaracharya war erst 32, als er starb – dennoch hatte er ganz Indien bereist und erlesene Kommentare zu Hindu-Schriften, Gedichte und Gebete verfasst. Den Kern seiner monistischen Philosophie bildet die Überzeugung, dass es nur eine Wirklichkeit gibt: Brahma, die alles durchdringende kosmische Kraft, an der auch die menschliche Seele teilhat. Alles Materielle ist dagegen reine Illusion *(maya)*. Da sich stark an den Buddhismus angelehnt war, warfen ihm die Brahmanen vor, ein »verkappter Buddha« zu sein. Seine historische Bedeutung liegt darin, dass er dem Hinduismus eine intellektuelle Basis gab.

Der Philosoph Adi Shankaracharya

Hotels und Restaurants in Kerala *siehe Seiten 592–595 und 620f*

KERALA

Die faszinierende Landschaft des Eravikulam National Park

Eravikulam National Park ⓭

Distrikt Idukki. 16 km nordöstlich von Munnar. oder Auto-Rikscha von Munnar nach Rajamalai (Eingang). Information beim Divisional Forest Officer, Munnar, (04865) 231 587. Aug – Mai.

Die hier vorherrschenden Graslandhochebenen stehen in auffälligem Kontrast zu den dichten *sholas* oder tropischen Bergwäldern der Täler und sind in der Landschaft der Westghats einzigartig. Am besten erhalten ist der Eravikulam National Park, der sich am Fuß des **Anaimudi Mountain** über 97 Quadratkilometer erstreckt. Der Berg Anaimudi (2695 m) ist der höchste Gipfel Indiens südlich des Himalaya. Sein Name bedeutet »Elefantenkopf«, und so ist es keine Überraschung, dass er auch an einen erinnert. Der Gipfel und die Bergflanken bieten vielfältige Wandermöglichkeiten.

Der Park grenzt an Tamil Nadu und wurde im Jahr 1978 mit dem Ziel gegründet, das gefährdete Nilgiri-Tahr, eine seltene Bergziegenart *(siehe S. 19)*, zu schützen. Heute leben hier rund 3000 Tahrs, die weltweit größte Population dieser Tiere. Die schiefergrauen Ziegen können sehr gut klettern und sind manchmal aus nächster Nähe zu beobachten. Darüber hinaus leben im Park Affen, Leoparden und *Dhole*-Rudel, eine seltene indische Wildhundart. In den Flüssen tummeln sich zahlreiche Forellen, außerdem gibt es mehr als 90 verschiedene Vogelarten, darunter auch Singvögel wie etwa der Gelbbauchhäherling.

Eravikulam gilt als einer der am besten organisierten Nationalparks des Landes. Der Stamm der Muduvan, der am Rand des Nationalparks lebt, arbeitet an seiner Erhaltung mit. Durch die traditionelle Methode, ausgewählte Teile des Graslandes abzubrennen, werden größere Waldbrände verhindert und es wird der Wuchs des zarten Grases, von dem sich das junge Tahr ernährt, gefördert. Zudem wachsen in Eravikulam die berühmten blauen *Kurunji*-Blumen (*Strobilanthes kunthianus*), die nur alle zwölf Jahre blühen (das nächste Mal 2018), dann aber die Berge in ein atemberaubendes Blau tauchen.

Kurunji-Blume in voller Blüte

Kodungallur ⓮

Distrikt Thrissur. 32 km nördlich von Kochi. Id (Feb/März), Bharani Festival (März/Apr).

Die Griechen kannten Kodungallur als Muziris, die Europäer als Cranganore. Es war die historische Hauptstadt der Cheraman Perumals, der Monarchen des Chera-Reichs *(siehe S. 43)*. Kodungallur liegt an der Mündung des Periyar und war der Haupthafen an der Malabar-Küste, bis ihn eine Flut im Jahr 1341 verschlammte. Nach dieser Naturkatastrophe wurde Kochi *(siehe S. 524f)* die wichtigste Hafenstadt.

Heute zieht es sowohl Hindus als auch Christen und Muslime hierher. Im **Bhagavati-Tempel** im Zentrum findet alljährlich ein dreitägiges Festival des erotischen Gesangs und Tanzes statt. Ursprünglich war der Tempel der Schrein einer dravidischen Göttin, bis er buddhistisch oder jainistisch wurde – beim Festival wird er wieder für die Göttin beansprucht.

Der hl. Thomas *(siehe S. 469)* soll im Jahr 52 nach Kodungallur gekommen sein. An ihn erinnert noch eine Reliquie im **Mar Thoma Pontifical Shrine**, die der Vatikan 1953 stiftete. Die **Cheraman-Moschee**, zwei Kilometer außerhalb des Zentrums, wurde 629 von Malik Bin Dinar erbaut. Sie ist die vielleicht erste Moschee Indiens und ähnelt einem Hindu-Tempel.

Matriarchalisches Familiensystem

Das in Kerala übliche System des *marumakkathayam* besagt, dass das Erbe immer an weibliche Kinder erfolgt. Vermutlich entstand es im späten 10. Jahrhundert. Dies war eine Zeit endloser Kriege – indem man nur die Frauen zu Erben machte, konnten die Männer in die Schlacht ziehen, ohne sich Sorgen um das materielle Wohl ihrer Kinder zu machen. Daher tragen die Kinder auch den Familiennamen der Mutter, während die Brüder in die Rolle der Vaterfiguren schlüpfen. Am stärksten verbreitet ist das System bei den Nair, einer traditionellen Kriegerdynastie. Anthropologen führen das System darüber hinaus auf den Kult der Muttergöttin zurück, der im ganzen Bundesstaat Kerala vorherrscht.

Nair-Matriarchin aus Kerala

Blick auf die katholische Lourdes Cathedral in Thrissur

Thrissur ⓯

Distrikt Thrissur. 80 km nördlich von Kochi. 320 000. Tourist Office, Govt Guest House, (0487) 232 0800. Thrissur Pooram (Apr/Mai), Kamdassamkadavu Boat Races (Aug/Sep).

Thrissur ist um eine Erhöhung herumgebaut, genannt »The Round«, und entstand im 18. Jahrhundert unter der Herrschaft von Raja Rama Varma von Cochin (Kochi). Im Herzen von The Round liegt der Shiva geweihte **Vadakkunnathan-Tempel** (9. Jh.) mit exquisiten Holzschnitzereien und hochdekorativen Wandmalereien. Hier findet alljährlich das aufwendige Pooram-Fest statt, insbesondere außerhalb der Tempelmauern, da Nicht-Hindus der Zutritt nicht gestattet ist.

Nordöstlich des Tempels liegt das State Museum mit einer Sammlung an Fresken, Holzschnitzereien und Skulpturen. Nebenan steht das derzeit wegen Umbaus geschlossene Archäologische Museum.

Thrissur wird oft als Kulturhauptstadt Keralas bezeichnet, weil zwei renommierte staatlich geleitete Institutionen hier ihren Sitz haben: die Kerala Sangeetha Nataka Academy (Musik, Theater) und die Kerala Sahitya Academy (Literatur).

Jahrhundertelang litt die Stadt unter politischen Unruhen. Sie wurde nacheinander von den Zamorin von Kozhikode (siehe S. 534), von Tipu Sultan von Mysore und von Kochi-Regenten beherrscht. Auch die Holländer und Briten haben hier ihre Spuren hinterlassen, u.a. viele eindrucksvolle Kirchen wie z.B. die **Lourdes Cathedral** (spätes 19. Jh.).

Umgebung: In **Guruvayur**, 29 Kilometer westlich von Thrissur, steht der beliebteste Tempel von Kerala. Einer Legende zufolge sollen Guru (»Lehrer der Götter«) und Vayu (»Gott der Winde«) diesen Shri-Krishna-Tempel (16. Jh.) geschaffen haben. Heute finden hier viele Hindu-Hochzeiten statt. Der Elefantenschrein des Tempels befindet sich an der Stelle eines alten Palasts ganz in der Nähe. Er beherbergt 40 Elefanten, die der Gottheit gehören und als Opfergabe gespendet wurden.

Eingang, Shri-Krishna-Tempel

Das renommierte Kunst- und Bildungszentrum **Kerala Kala Mandalam** liegt 32 Kilometer nordöstlich von Thrissur. Es wurde 1930 von dem berühmten Malayali-Dichter Vallathol Narayan Menon in Cheruthuruthy gegründet. Gelehrt werden Kathakali-, Mohiniattam- und Koodiyattam-Tanzstile sowie instrumentale Musik und Gesang. Der Komplex ist zudem mit einem großen *natyagriha* (Tanzsaal) für Aufführungen ausgestattet.

🏛 **Kerala Kala Mandalam**
📞 (04884) 262 305 (Zutrittserlaubnis). ⓞ Mo–Fr. ● Feiertage, Apr/Mai.

Der Vadakkunnathan-Tempel in Thrissur

Pooram-Fest

Ein *pooram* (Treffen) ist ein Tempelfest, bei dem in einer Zeremonie an einem bestimmten Tempel Gottheiten anderer Tempel zusammenkommen. *Poorams* gibt es zwar überall in Kerala, das in Thrissur ist jedoch das spektakulärste. Es findet zwischen April und Mai statt und feiert die Ankunft zweier Göttinnen bei Shiva, denen die Stadt ihren Namen verdankt. Zwei Reihen von Elefanten – die mittleren tragen die Gottheiten – bewegen sich durch ein Meer von Gläubigen und zum hypnotischen Klang von Trommeln majestätisch aufeinander zu. Am Ende des Festes gibt es ein Feuerwerk.

Elefanten beim Pooram-Fest

Hotels und Restaurants in Kerala *siehe Seiten 592–595 und 620f*

Palakkad ⓰

Distrikt Palakkad. 100 km nordöstlich von Kochi. 🚶 *130 000*. 🚍
🛈 *Tourist Information Centre, in der Nähe des Children's Park, (0491) 252 8996.* 🎪 *Chariot Festival (Okt/Nov).*

Palakkad (Palghat) liegt am Fuß der Westghats. Sein Name leitet sich von den dichten Wäldern *(kadu)* der *Pala*-Bäume *(Alsteria scholaris)* ab, die das Land einst bedeckten. Heute haben Reisfelder und Tabakplantagen ihren Platz eingenommen.

Tipu's Fort im Herzen der Stadt ließ Haider Ali von Mysore 1766 erbauen. Nach dem Sieg über seinen Sohn und Nachfolger Tipu Sultan *(siehe S. 425)* rund 30 Jahre später fiel die Festung an die Briten. Heute sind in dem düsteren Granitbau einige Regierungsbüros untergebracht.

Der **Vishwanatha-Tempel** am Ufer des Kalpathy ist in erster Linie wegen seiner Tempelwagenprozession berühmt. Am Rand der Stadt erstrecken sich die ausgedehnten **Malampuzha Gardens** oberhalb eines mächtigen Dammes über den Fluss Malampuzha. Hier kann man wunderbare Bootsausflüge unternehmen.

Umgebung: Kollengode, 19 Kilometer südlich von Palakkad, liegt in einer idyllisch ländlichen Umgebung. Besonders sehenswert sind der Vishnu-Tempel und der Kollengode-Palast. In **Thirthala**, 75 Kilometer westlich von Palakkad, stehen ein Shiva-Tempel und die Ruinen eines Forts. Hauptattraktion ist der Kattilmadam-Tempel. Das aus Granit erbaute buddhistische Monument stammt aus dem 9. bis 10. Jahrhundert.

Silent Valley, ein Paradies seltener Pflanzen und Kräuter

Silent Valley National Park ⓱

Distrikt Palakkad. 120 km nordöstlich von Kochi. 🚍 *Mannarkkad (Eingang). Jeeps nach Mukkali erhältlich.*
🛈 *Besuchserlaubnis und Anmeldung (verpflichtend) beim Wildlife Warden, Mannarkkad, (04924) 253 225.*
www.silentvalley.gov

Der Park erstreckt sich über 90 Quadratkilometer und schützt den vermutlich letzten unberührten tropischen Regenwald des Landes. Er ist ein wichtiger Teil des Nilgiri Biosphere Reserve *(siehe S. 423)* und von einer für die Westghats einzigartigen biologischen Vielfalt. Berühmt ist der Park für seine seltenen Pflanzen, darunter auch mehrere Orchideenarten. Zu den hier lebenden Tieren gehören u. a. der Tonkin-Langur, der nachtaktive Schlanklori und der gefährdete Bartaffe. Man findet zudem viele Vögel- sowie 100 Schmetterlings- und 400 Mottenarten. Die Wald-Lodge in Mukkali, in der Nähe des Nationalparks, bietet einfache Übernachtungsmöglichkeiten.

Malappuram ⓲

Distrikt Malappuram. 153 km nördlich von Kochi. 🚍 🛈 *(0483) 273 1504.* 🚆 *tägl.* 🎪 *Valiya Nercha (Feb/März), Shivratri (Feb/März).*

Das »Land auf Hügeln« ist das Tor zur Malabar-Region und von drei Flüssen durchzogen: dem Chaliyar, dem Kadalundi und dem Bharatapuzha. Als Militärstützpunkt der Zamorin von Calicut hat es zahlreiche erbitterte Schlachten zwischen den Briten und den Mopplah (muslimische Bauern) erlebt, die als Mopplah-Revolte in die Geschichte eingingen. Der schlimmste Aufstand fand 1921 statt. Danach wurden viele Rebellen auf die Andamanen *(siehe S. 502–509)* verbannt. In den alten britischen Baracken auf einem Hügel über dem Fluss Kadalundi ist die Distriktverwaltung. Malappuram ist außerdem ein wichtiges Bildungszentrum des Hinduismus und des Islam.

Umgebung: Die erste ayurvedische Institution *(siehe S. 515)* Keralas findet man in **Kottakkal**, zwölf Kilometer südwestlich von Malappuram. Der Kottakkal Arya Vaidyasala (1902) angegliedert sind ein Forschungszentrum und ein Krankenhaus. **Tirur**, 32 Kilometer südwestlich von Malappuram, war im 16. Jahrhundert die Geburtsstätte von Tunchat Ramanuja Ezhuthachan, dem Vater der Malayalam-Literatur.

Die verfallenen Ruinen von Tipu's Fort in Palakkad

Kozhikode ⓘ

Distrikt Kozhikode. 250 km nördlich von Kochi. 436 000. Karipur, 25 km südlich des Stadtzentrums. District Tourism Promotion Council, (0495) 272 0012. Shivratri Utsavam (Feb/März).

Die geschäftige Stadt ist besser bekannt als Calicut und war die Hauptstadt der mächtigen Zamorin – eine portugiesische Verballhornung von Samoothiri. Unter ihrer Herrschaft stieg Calicut zu einem Handelszentrum für Gewürze und Stoffe auf, das Wort »Kaliko« – weiße, ungebleichte Baumwolle – leitet sich vom Namen der Stadt ab. Und schließlich war es in Calicut, wo der Zamorin den portugiesischen Seefahrer Vasco da Gama, der den Seeweg nach Indien entdeckt hatte, im Mai 1498 in seinem Palast empfing.

Das Stadtbild wird vom großen Manamchira-Becken beherrscht, das von Town Hall und Public Library flankiert wird, beides Beispiele der traditionellen Architektur. Neben dem Manamchira-Becken steht eine auffällige römisch-katholische Cathedrale.

Das reiche muslimische Erbe der Stadt erkennt man an den zahlreichen Moscheen, die durch ihre Größe und mit ihren Holzschnitzereien beeindrucken. Am imposantesten ist die Mishqal Palli in der Nähe des Hafens mit ihrem fünfstöckigen Ziegeldach (nur für Muslime zugänglich).

Im **Pazhassirajah Museum** werden Holz- und Metallskulpturen und Rekonstruktionen megalithischer Monumente ausgestellt. In der Art Gallery nebenan hängen Gemälde von Raja Ravi Varma (19. Jh.), der der fürstlichen Familie von Travancore *(siehe S. 512)* angehörte. Die **Sweetmeats Street** (oder kurz: SM Street), das Einkaufszentrum von Kozhikode, säumten einst Läden, die das berühmte *halwa* verkauften, eine bunte Süßigkeit aus Mehl und Zucker. Von der SM Street zweigt die Court Road ab, an der sich der lebhafte Gewürzmarkt befindet. Zudem werden in der Stadt die Produkte aus Wynad gehandelt: Edle Gewürze wie Nelken, Kardamom, Pfeffer und Kurkuma (Gelbwurz) sowie Kaffee werden in den alten Warenlagern am Hafen sortiert, verpackt und verschickt.

🏛 Pazhassirajah Museum
East Hill. (0495) 238 4382.
Di–So.

Umgebung: Nur 18 Kilometer außerhalb der Stadt trifft man im Norden auf das kleine Dorf **Kappad** und eine recht unscheinbare Steintafel am Strand. Sie erinnert daran, dass Vasco da Gama 1498 an dieser Stelle an Land gegangen sein soll. Der historische Ort **Beypore**, zehn Kilometer südlich von Kozhikode, soll angeblich aus dem sagenumwobenen Ort Ophir hervorgegangen sein, der in vielen antiken Schriften der Griechen und Römer erwähnt wird. Beypore ist ein Zentrum der Schiffsbaukunst, in dem die Handwerker noch die traditionellen Methoden früherer Generationen anwenden. Die als Daus bekannten, für arabische Händler gebauten Segelschiffe sind in der arabischen Welt noch immer in Gebrauch. Besucher sollten sich vorher anmelden.

Der 50 Kilometer von Kozhikode entfernte Ort **Thusharagiri** ist ein idealer Ausgangspunkt für Trekking-Touren in einem Gebiet mit zahlreichen Wasserfällen.

Blühender Kaffeestrauch auf der Wynad-Plantage

Wynad (Distrikt) ⓘ

280 km nordöstlich von Kochi, Richtung Kalpetta. *Tourist Information Centre, Kalpetta, (04936) 204 441.*

Wynad, eine abgelegene Region unberührten Regenwalds und mit Nebel umhüllten Bergketten, hat das ideale Klima für die ausgedehnten Kardamom-, Pfeffer-,

Fischer mit ihren farbigen Netzen im Hafen von Beypore

Hotels und Restaurants in Kerala *siehe Seiten 592–595 und 620f*

Kaffee- und Gummiplantagen Keralas. Aufgrund der relativen Abgeschiedenheit leben hier viele Stämme der Ureinwohner, z. B. die Höhlen bewohnenden Cholanaiken und die Paniya, die man noch vor 50 Jahren als Arbeitskräfte an Plantagenbesitzer verkaufte. Zudem ist Wynad die Heimat vieler Tiere wie des Tonkin-Langurs, wilder Elefanten und des Königsriesenhörnchens.

Nach Wynad gelangt man über das südlich gelegene **Lakkidi**. An der Hauptstraße sticht ein alter Baum ins Auge, um den eine schwere Eisenkette drapiert ist. Einer Legende zufolge hält die Kette den Geist eines zornigen Mitglieds der Paniya gefangen. Er zeigte einer Gruppe von Engländern den Weg durch den Wald. Anstatt ihn zu belohnen, brachte man ihn jedoch um. Noch heute soll sein Geist an dieser Stelle der Straße spuken und Rache fordern.

Hauptstadt des Distrikts Wynad ist **Kalpetta**, 15 Kilometer weiter nördlich. Der Ort war einst ein bedeutendes Jain-Zentrum, zwei ihrer Tempel stehen ganz in der Nähe. Der Anantanathaswami-Tempel liegt im sechs Kilometer entfernten Puliyarmala. Der einzigartige Glass Temple von Koottamunda ist Parsvanatha geweiht, dem dritten Jain-*tirthankara* (religiöser Führer). Er liegt auf dem Vallarimal Hill, 20 Kilometer weiter südlich. Der höchste Berg der Gegend ist der Chembara Peak (2100 m), 14 Kilometer südwestlich von Kalpetta. Er bietet ausgezeichnete Möglichkeiten zum Wandern und zum Beobachten von Vögeln.

Sulthan's Bathery (oder Sulthan's Battery), zehn Kilometer östlich von Kalpetta, verdankt seinen Namen Tipu Sultan von Mysore *(siehe S. 425)*, der im 18. Jahrhundert hier ein Fort errichten ließ. Rund zwölf Kilometer südlich von Sulthan's Bathery trifft man auf die alten **Edakkal-Höhlen**, deren Schnitze-

Die Überreste des Forts von Tipu Sultan, Sulthan's Bathery, Distrikt Wynad

reien menschlicher und tierischer Figuren aus prähistorischen Zeiten stammen sollen. Vielleicht lebten in den Höhlen aber auch Jain-Mönche. Um die Höhlen herum stehen zahlreiche Megalithen. 16 Kilometer östlich von Sulthan's Bathery liegt die noch weitgehend unberührte Natur des **Wynad (Muthanga) Wildlife Sanctuary** (1973), das zum Nilgiri Biosphere Reserve *(siehe S. 423)* gehört.

Mananthavady, 35 Kilometer nördlich von Kalpetta, war Schauplatz eines langen Guerilla-Kriegs zwischen König Pazhassi Raja und britischen Truppen unter Lord Arthur Wellesley, dem späteren Duke of Wellington, der 1815 Napoleon bei Waterloo schlug. 32 Kilometer nördlich liegt am Fluss Paapanassini in Thirunelli der Vishnu-Tempel, wo Bestattungszeremonien stattfinden.

Edakkal-Höhlen
tägl.

Wynad Wildlife Sanctuary
gegen Gebühr; Besuchserlaubnis beim Wildlife Warden, Sulthan's Battery, (04936) 220 454.

Das Tree House in Wynad passt sich harmonisch in die Umgebung ein

Mahe ㉑

Unionsterritorium Puducherry; Distrikt Mahe. 48 km nördlich von Kozhikode. *Govt Tourist Home*, (0495) 270 2304.
St Theresa's Feast (Okt).

Die ehemalige französische Enklave am Ufer des Mayyazhi ist nach dem französischen Admiral Mahe de La Bourdonnais benannt, der im November 1741 hier an Land ging. Mahe war bis zum Jahr 1954 französische Kolonie, heute ist es Teil des Unionsterritoriums Puducherry (*siehe S. 478f*). Spuren der kolonialen Vergangenheit gibt es nur wenige, darunter die wunderschöne alte Residenz des Administrators an der Flussmündung. Heute hat der indische Verwalter hier seinen Sitz. Die barocke Hauptkirche der Stadt, St Theresa, liegt direkt am Highway. In Mahe ist der Alkohol besonders billig, was viele Lastwagenfahrer und Motorradfahrer aus der Umgebung anzieht, die hier ihre Vorräte auffüllen.

Thalaserry ㉒

Distrikt Kannur. 255 km nördlich von Kochi.

Fischen und Ackerbau sind die Hauptbeschäftigungen in Thalaserry (früher Tellicherry). Den Händlern beim Tauschen des Tagesfangs zuzusehen, kann sehr unterhaltsam sein. Die britische East India Company richtete Ende des 17. Jahrhunderts hier einen ihrer ersten Handelsposten ein. 1708 baute sie das riesige Fort an der Küste. Auf den Wehrmauern steht noch ein alter Leuchtturm. Zudem gibt es zwei Geheimtunnel, einer davon führt ins Meer.

Der im Jahr 1860 gegründete Thalaserry Cricket Club ist einer der ältesten Indiens; das Spiel kam im 18. Jahrhundert hierher.

Die Region ist ein Hauptzentrum des *kalaripayattu (siehe S. 512)*, auch viele Zirkusartisten werden hier ausgebildet. Der Anblick junger Männer in der *kalari* (Turnhalle), die ihre Muskeln trainieren und mit Holzwaffen üben, ist nicht ungewohnt. Die *kalari* ist mit zahlreichen Bildnissen verschiedener Götter geschmückt und wirkt daher recht sakral.

Fischhändler warten auf den Fang des Tages, Thalaserry

Fassade des Forts von Thalaserry

Kannur ㉓

Distrikt Kannur. 70 km nördlich von Kochi. *District Tourism Promotion Council, Taluk Office Campus*, (0497) 270 6336. tägl.

Europäische Siedler nannten das idyllische Küstenstädtchen Cannanore. Im 14. und 15. Jahrhundert war es ein wichtiger Seehafen. Das **St Angelo Fort**, fünf Kilometer südlich der Stadt, bauten die Portugiesen 1505. Der riesige Lateritbau steht am Fischerhafen und ist auf drei Seiten vom Meer geschützt. Später besetzten die Briten das Fort und errichteten hier eine große Garnison. Der vier Kilometer lange und landschaftlich überaus schöne **Muzhapilangad Beach**, 15 Kilometer südlich von Kannur, ist ein sicherer Badestrand.

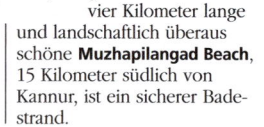

Theyyam, das spektakuläre Tanzritual Keralas

Das in Nord-Malabar heimische Ritual wurde ursprünglich durchgeführt, um Dorfgottheiten, die Muttergöttin, Volkshelden, Ahnen und Geister milde zu stimmen. Mit dem Aufkommen des Brahmanismus ersetzten Hindu-Götter viele der älteren Götter, das Theyyam-Pantheon schrumpfte von 300 auf etwa 40 Gottheiten. Das Ritual beginnt mit dem Singen des *thottam* (Lied) als Lobpreisung des jeweiligen Gottes. Darauf folgt ein Tanz, dessen Schritte und Haltungen auf den starken Einfluss des Kampfsports von Kerala *(kalaripayattu)* verweisen. Der Tanz wird von Trommeln, Pfeifen und Zimbeln begleitet. Die Tänzer – nur Männer – tragen Masken, Körperbemalung, bunte Kostüme und einen imposanten Kopfschmuck *(mudi)*, der sich oft auf eine Höhe von mehr als zwei Metern erhebt. Junge Blätter der Kokospalme werden in verschiedene Formen und Muster geschnitten, auch sie sind Teil des aufwendig gestalteten Kostüms. Das Theyyam findet in der Regel jährlich zwischen Dezember und Mai statt – im Parassinikadavu-Tempel, 20 Kilometer nördlich von Kannur, sogar jeden Tag.

Theyyam-Tänzer in buntem Kostüm

Hotels und Restaurants in Kerala *siehe Seiten 592–595 und 620f*

Die Wehrmauern des Bekal Fort vor Kasaragod

Kasaragod (Distrikt) ㉔

250 km nördlich von Kochi, Richtung Kasaragod. 🚉 🚌 🛈 *Tourism Promotion Council, (04994) 256 450.*

Keralas nördlichster Distrikt wird im Osten von den Westghats und im Westen vom Arabischen Meer flankiert. Die fruchtbare Region besteht aus dicht bewaldeten Hügeln und mäandernden Flüssen. Der Name dieses Distrikts ist identisch mit dem der Hauptstadt, ein geschäftiges Zentrum der Weberei. Rund acht Kilometer nördlich von Kasaragod trifft man auf den wunderschönen **Madhur-Tempel** mit Kupferdach und atemberaubendem Blick auf den Fluss Madhuvahini.

16 Kilometer südlich von Kasaragod liegt das **Bekal Fort**, das größte und am besten erhaltene von Kerala. Der große Rundbau wurde aus Lateritblöcken errichtet, die Außenmauer erhebt sich majestätisch bis in eine Höhe von 39 Metern. Im Inneren des Forts befindet sich ein geschickt versteckter Tunnel, der direkt zum Meer führt. Die Ursprünge der Festung verschwinden im Nebel der Geschichte. Man nimmt an, dass es Mitte des 17. Jahrhunderts von Shivappa Nayak erbaut wurde, einem Herrscher aus dem benachbarten Karnataka. Das Fort war seit je ein Zankapfel – nach dem Sieg über Tipu Sultan (siehe S. 425) besetzten es schließlich die Briten.

Im Norden und Süden des Forts gibt es einige schöne Strände. Am nächsten liegt der **Pallikere Beach** mit spektakulärem Blick auf das Fort. Die Regierung von Kerala will die Gegend zusammen mit der Bekal Resorts Development Corporation in ein Zentrum des Tourismus verwandeln. Etwa sechs Kilometer nördlich von Bekal liegt der Badestrand **Kappil Beach**. Vom Kodi Cliff an einem Ende des Strandes aus kann man die Sonne im Arabischen Meer untergehen sehen.

Zehn Kilometer nördlich von Bekal, am Ufer des Chandragiri, liegt das **Chandragiri Fort** aus dem 17. Jahrhundert, das ebenfalls Shivappa Nayak zugeschrieben wird, der damit sein Königreich gegen die Vijayanagar-Herrscher (siehe S. 434f) verteidigen wollte. Die eindrucksvolle Malik-Dinar-Moschee in der Nähe soll Malik Ibn Dinar errichtet haben, ein Schüler von Mohammed, der den Islam um 664 n.Chr. in Kerala einführte. Malik Ibn Muhammed, ein Nachfahre von Malik Ibn Dinar, liegt hier begraben.

Typische Tempellampe

Der **Ananthapura-Tempel** aus dem 9. Jahrhundert, etwa 30 Kilometer nördlich von Bekal, ist der einzige Tempel in Kerala, der mitten in einem See erbaut wurde. Er soll der Sitz von Ananthapadmanabha gewesen sein, die Gottheit des Anantha-Padmanabhaswamy-Tempels in Thiruvananthapuram (siehe S. 512f).

80 Kilometer östlich von Kasaragod findet man den kleinen Hügelort **Ranipuram** inmitten von Gewürz- und Gummiplantagen. Hier kann man gut wandern. Auch Tanz kommt in der Region nicht zu kurz, z.B. der Theyyam (siehe S. 536) und der Yakshagana, ein kunstvoller Volkstanz aus Karnataka.

Der Ananthapura-Tempel wurde in einem See erbaut

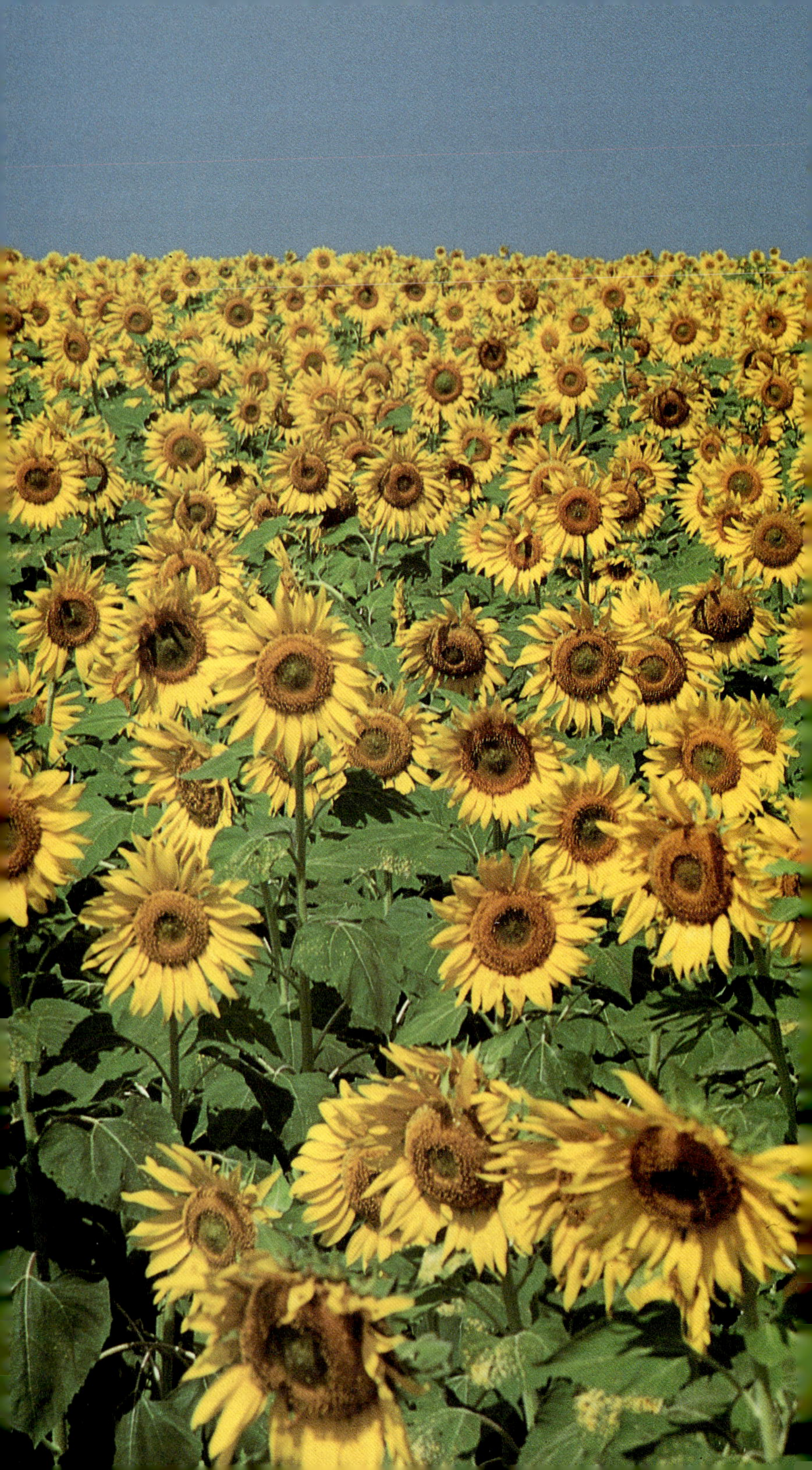

Andhra Pradesh

Von den Stränden bei Visakhapatnam an der Koromandelküste bis zu den smaragdgrünen Reisfeldern im Distrikt Nellore erstreckt sich Andhra Pradesh über das Dekkan-Hochland, das sich jenseits der Küstenebenen bis zu 1000 Meter hoch erhebt. Der größte Bundesstaat Südindiens bedeckt eine Fläche von 275 070 Quadratkilometern. Hauptsprache der 76 Millionen Einwohner ist Telugu, in der Hauptstadt Hyderabad ist auch Urdu verbreitet. Hyderabad war bis 1947 die Residenz der königlichen Familie Asaf Jahi Nizam. Die Vielfalt des kulturellen Erbes des Bundesstaats wird an den vielen Denkmälern sichtbar: die alte buddhistische Stätte Nagarjunakonda, das spektakuläre islamische Fort von Golconda und der hinduistische Hügeltempel von Tirupati, der zahllose Pilger anzieht. Andhra Pradesh ist auch für sein Kunsthandwerk berühmt: gewebte *Ikat*-Stoffe, Perlenschmuck und *Bidri*-Intarsien.

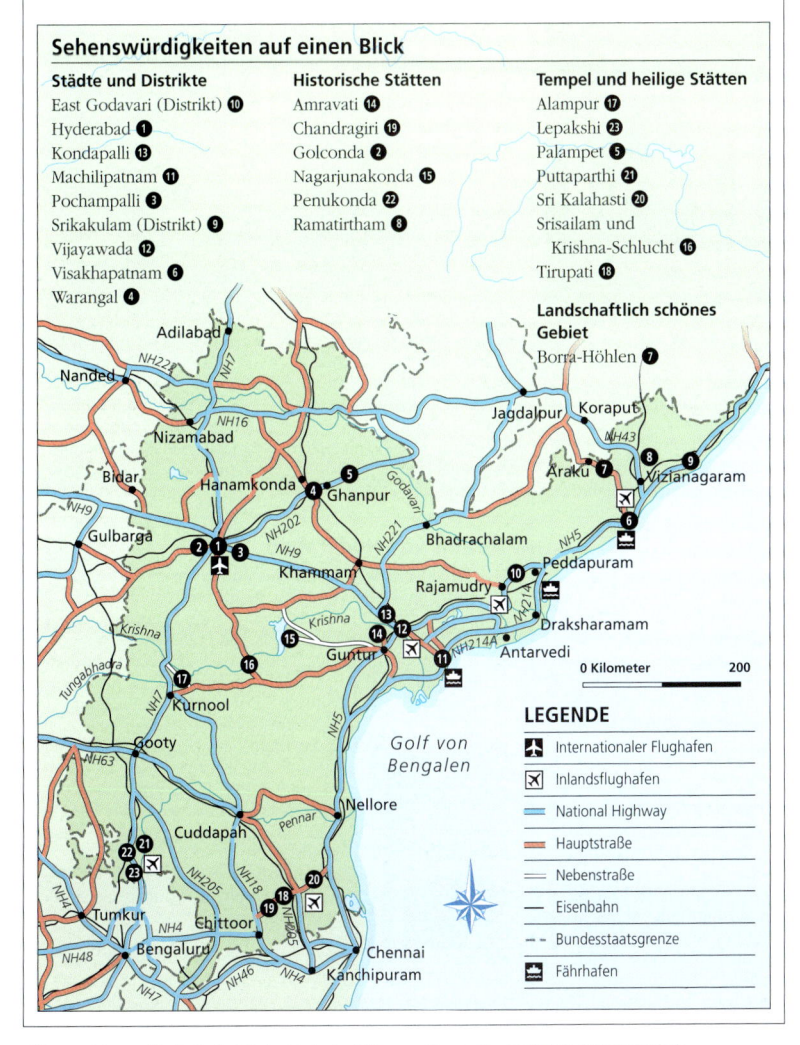

Sehenswürdigkeiten auf einen Blick

Städte und Distrikte
East Godavari (Distrikt) ❿
Hyderabad ❶
Kondapalli ⓭
Machilipatnam ⓫
Pochampalli ❸
Srikakulam (Distrikt) ❾
Vijayawada ⓬
Visakhapatnam ❻
Warangal ❹

Historische Stätten
Amravati ⓮
Chandragiri ⓳
Golconda ❷
Nagarjunakonda ⓯
Penukonda ㉒
Ramatirtham ❽

Tempel und heilige Stätten
Alampur ⓱
Lepakshi ㉓
Palampet ❺
Puttaparthi ㉑
Sri Kalahasti ⓴
Srisailam und Krishna-Schlucht ⓰
Tirupati ⓲

Landschaftlich schönes Gebiet
Borra-Höhlen ❼

LEGENDE

✈ Internationaler Flughafen
⊠ Inlandsflughafen
━ National Highway
━ Hauptstraße
━ Nebenstraße
━ Eisenbahn
╌╌ Bundesstaatsgrenze
⚓ Fährhafen

0 Kilometer 200

◁ Sonnenblumen für die Speiseölindustrie in der Nähe von Alampur im westlichen Andhra Pradesh

Hyderabad ❶

Emailfliese, Badshahi Ashurkhana

Hyderabad ist die fünftgrößte Stadt Indiens. Sie wurde 1591 gegründet und als Schachbrett mit dem Charminar *(siehe S. 542f)* im Zentrum angelegt. Über seine alten Mauern ist Hyderabad längst hinausgewachsen, heute umfasst es eine weitere Stadt nördlich des Flusses Musi, das Cantonment in Secunderabad und den Hightech-Standort mit dem Spitznamen »Cyberabad«. Zu den Sehenswürdigkeiten gehören die Paläste der einstigen Herrscher, der Nizams, bunte Basare und Moscheen.

Auf Elfenbein gemalte Porträts von Salarjung III. und seinem Sohn

Neoklassizistische Fassade des Purani Haveli (19. Jh.)

🏛 Purani Haveli (Nizam's Museum)
Nahe Mir Alam Mandi Rd.
📞 *(040) 2452 1029.* ☐ *Sa–Do.*

Der weitläufige Komplex neoklassizistischer Gebäude (Mitte 19. Jh.) war die Residenz des sechsten Nizam Mahbub Ali Pasha. Wie extravagant er gelebt hat, sieht man am Ostflügel des Hauptgebäudes im Massarat Mahal. Hier steht der riesige »Kleiderschrank« des Nizam – ein 73 Quadratmeter großer Raum mit Schränken auf zwei Ebenen und mechanischem Aufzug. Zu ihrem Inhalt gehörten einst 75 identische Tweed-Anzüge – der Nizam mochte Muster und Stoff so sehr, dass er den gesamten Bestand des schottischen Herstellers aufkaufte.

Im Purani Haveli ist auch ein Museum untergebracht. Es zeigt Porzellan, Kunstgegenstände aus Silber und Fotografien, die die Extravaganz des Nizam und seines Hofes widerspiegeln.

🏛 Salarjung Museum
Nahe Naya Pul. 📞 *(040) 2452 3211.* ☐ *Sa–Do.* ● *Feiertage.*

Die bunte Sammlung von über 40 000 Objekten gehörte einst Salarjung III., dem Premierminister von Hyderabad zwischen 1912 und 1914. Salarjungs sehr eigener Geschmack zeigt sich in Stücken von ausgewählter Schönheit und Gegenständen, die man nur kitschig nennen kann – aber gerade das macht die Faszination des Museums aus.

Der ganze Stolz ist eine Jadesammlung aus der Mogulzeit, zu der auch ein durchsichtiger, blattförmiger Becher gehört. Zudem sind Miniaturen – u. a. Gemälde im regionalen Dekkan-Stil *(siehe S. 445)* –, Stein- und Bronzeskulpturen, Elfenbeinintarsien sowie mittelalterliche islamische Handschriften zu sehen. Ein Koran aus dem 13. Jahrhundert trägt das Siegel dreier Mogulherrscher.

Europäische Kunst ist mit Skulpturen aus dem 19. Jahrhundert sowie einigen Ölgemälden von Canaletto, Francesco Guardi und Edwin Landseer vertreten.

🏥 Osmania General Hospital
Afzalganj. 📞 *(040) 2460 0121.* ☐ *tägl.*

Das eindrucksvolle Steingebäude mit seinen riesigen Kuppeln entstand 1925 im Zuge eines Modernisierungsplans des siebten Nizam nach der katastrophalen Flut von 1908. Auf der anderen Seite des Flusses befinden sich die **Boys' High School** und der **High Court**, eine fantasievolle Mischung aus islamischem Dekor und westlicher Innenarchitektur, so-

---

Nizams von Hyderabad

Hyderabad war Indiens größtes und reichstes Fürstentum, so groß wie England und Schottland zusammen. Seine Herrscher, die Nizams, stammten aus der Asaf-Jahi-Dynastie, die 1724 von Nizam-ul-Mulk gegründet wurde. Er kam als Mogulgouverneur des Dekkan nach Hyderabad und erklärte sein Herrschaftsgebiet für unabhängig, als die Macht der Moguln in Delhi schwand. Der sagenhafte Reichtum der Nizams stammte in erster Linie aus den Smaragd- und Diamantminen bei Golconda. Die Nizams galten als besonders extravagant. Der siebte und letzte Nizam, Osman Ali Khan, war reichster Mann Indiens, im Gegensatz zu seinen Vorfahren jedoch so geizig, dass er Zigarettenstummel rauchte und wochenlang dieselbe Kleidung trug. Nach der Unabhängigkeit des Landes 1947 lehnte es der Nizam ab, der Indischen Union beizutreten. Aufstände folgten, und bald darauf gliederte die indische Armee das Fürstentum der Union ein.

Porträt des letzten Nizam (reg. 911–48)

Hotels und Restaurants in Andhra Pradesh *siehe Seiten 595 und 621*

wie der Bahnhof. Diese drei Gebäude entwarf der Brite Vincent Esch. Sie wurden 1914–36 errichtet.

Badshahi Ashurkhana
Pathergatti Rd. ⬜ *tägl., mit Erlaubnis des Hausmeisters.*

Das historische Gebäude, das »Königliche Trauerhaus«, ließ Muhammad Quli Qutb Shah, der fünfte Qutb-Shahi-Herrscher *(siehe S. 547)*, im Jahr 1595 als Versammlungssaal für Shias im Monat Muharram errichten. In dem Bau sind wunderschöne *alams* (zeremonielle Stangen) aus Silber und Gold untergebracht, die mit Edelsteinen besetzt sind und bei Prozessionen im Muharram *(siehe S. 549)* verwendet werden. Den Rest des Jahres werden sie hier immer donnerstags ausgestellt. Die mittlere Nische und die Westwand zieren farbenprächtige Fliesenmosaiken aus Email. Den äußeren Saal mit seinen hölzernen Kolonnaden fügte man später hinzu.

Charminar
Siehe Seiten 542f.

Mecca Masjid
Siehe Seite 542.

INFOBOX

Distrikt Ranga Reddy. 690 km nördlich von Chennai.
👥 3 450 000. ✈ 16 km nördlich der Stadt. 🚂 22 km südlich. 🚌 ℹ AP Tourism, (040) 2345 0179. 📅 *tägl.* 🎉 Muharram (März/Apr), Mrigasira (Juni).

Falaknuma-Palast
Südl. des Stadtzentrums.
⬜ *Informieren Sie sich vorab über die Öffnungszeiten.*

Der opulenteste der vielen Paläste des Nizams wurde 1872 erbaut. Die vordere Fassade ist im palladianischen Stil gehalten, die hintere besteht aus einer Ansammlung indo-sarazenischer Kuppeln, in denen die *zenana* untergebracht war. Das Innere muss Unsummen gekostet haben: Lederdecken von florentinischen Handwerkern, Möbel und Gobelins aus Frankreich, Marmor aus Italien.

Einige der wichtigsten Gäste – u. a. König George V. – wohnten in Falaknuma, doch nachdem der sechste Nizam 1911 nach einem Trinkgelage starb, wurde der Palast selten genutzt. Der Palast wird in ein Luxushotel umgewandelt.

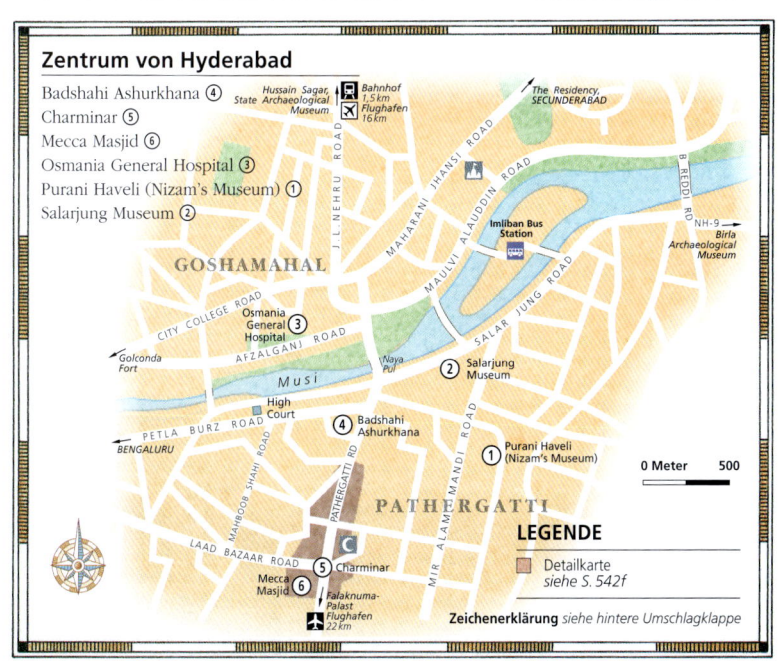

Fliesenmosaik aus dem 17. Jahrhundert, Badshahi Ashurkhana

Zentrum von Hyderabad

- Badshahi Ashurkhana ④
- Charminar ⑤
- Mecca Masjid ⑥
- Osmania General Hospital ③
- Purani Haveli (Nizam's Museum) ①
- Salarjung Museum ②

LEGENDE
▫ Detailkarte *siehe S. 542f*

Zeichenerklärung *siehe hintere Umschlagklappe*

Im Detail: Hyderabad, Charminar

Im Herzen der Altstadt steht der Charminar (»Vier Türme«), das Wahrzeichen Hyderabads. König Muhammad Quli Qutb Shah der Qutb-Shahi-Dynastie *(siehe S. 546)* ließ ihn 1591 errichten – einer Legende zufolge an dem Ort, an dem er zum ersten Mal seine Geliebte, die wunderschöne Hindu-Tänzerin Bhagmati, sah. Vielleicht entstand der Bau aber auch aus Dankbarkeit über das Ende einer Pestepidemie. Heute ist der Charminar das Zentrum eines Geschäftsviertels mit Moscheen, alten Palästen und Basaren, auf denen man von Perlen und Parfüm über Gemüse bis zu Computern alles kaufen kann.

Bogen am Charminar

Ein Straßenhändler verkauft Kappen vor der Mecca Masjid

Chowmahalla-Palast

★ Mecca Masjid
Die riesige Moschee entstand 1617–94; in ihren Mittelbogen sind Steine aus Mekka eingearbeitet. Einige Nizams liegen hier begraben.

Das Nizamia Unani Ayurvedic Hospital ließ der letzte Nizam in den 1920er Jahren zur Ausübung der traditionellen griechisch-arabischen Medizin errichten.

0 Meter 50

LEGENDE
– – – Routenempfehlung

Silber wird in den Läden in dieser Straße zu hauchdünnen Blättern verarbeitet, mit denen man Süßigkeiten dekorierte.

NICHT VERSÄUMEN
★ Charminar

★ Laad Bazar

★ Mecca Masjid

★ Charminar
Alle vier Seiten zieren elegante Bogen. Oben befindet sich die älteste Moschee der Stadt. Die Minarette sind erstaunliche 49 Meter hoch.

HYDERABAD: CHARMINAR

★ Laad Bazar
In diesem bunten Basar gibt es alles zu kaufen, was man für eine Hochzeit braucht: Armreife, Flitter, Stickereien, Bräutigamturbane aus Brokat, Henna, Kräutergetränke und vieles mehr.

Attar Shop
Zu den Parfümölen, die hier verkauft werden, gehört auch gil. Es fängt den Duft von feuchter Erde beim ersten Regen nach einem sengenden Sommer ein.

Das Sher-e-dil Kaman führt zu Läden mit fantastischen Brokatstoffen und alten Seiden-Saris.

Das Char Kaman diente als Eingang zur königlichen Moschee im Charminar. In den Läden in der Nähe gibt es Perlen.

Machhli Kaman
Das Zeremonientor (1594), eines von vieren, führt zu einem offenen Platz, auf dem Paraden abgehalten wurden. Es ist mit Fischen, Symbolen des Wohlstands, verziert.

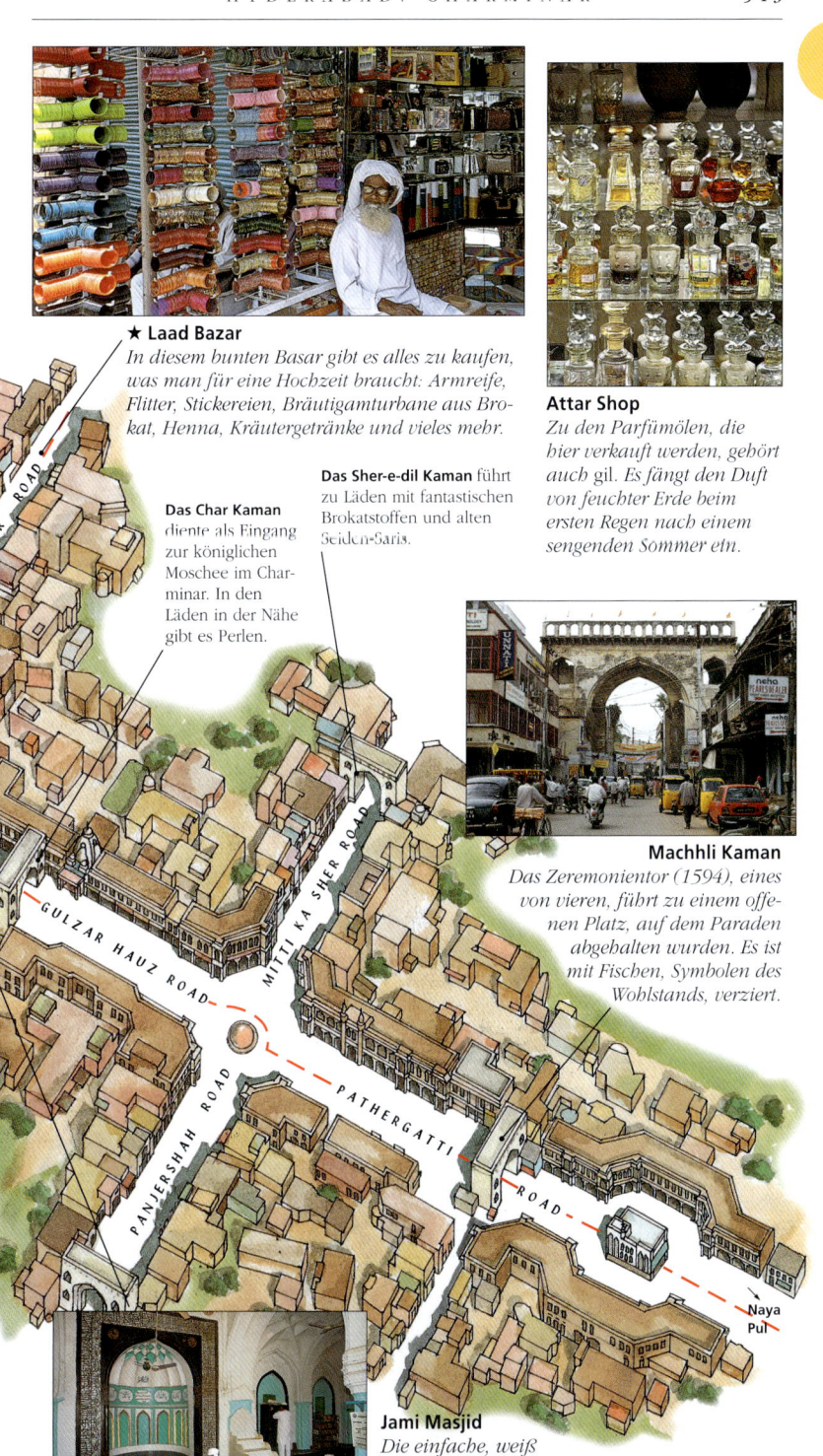

Jami Masjid
Die einfache, weiß getünchte Moschee (1597) ist die zweitälteste von Hyderabad.

Überblick: Hyderabad und Secunderabad

Am Ende des 19. Jahrhunderts war Hyderabad über seine alten Stadtgrenzen hinausgewachsen und erstreckte sich nun zu beiden Seiten des Flusses Musi. Neue Paläste und der britische Militärbezirk Secunderabad entstanden am Rand der Stadt.

🏛 Birla Archaeological Museum
Gegenüber Ravindra Bharati, Saifabad.
📞 (040) 2323 4336. 🕘 tägl. 🚫

Das Museum befand sich früher im Asmangarh-Palast, der ehemaligen Jagdresidenz (19. Jh.) des sechsten Nizam. Heute ist es in einem großen Komplex an der Naubat Pahad untergebracht. Ausgestellt werden Bronzeartefakte, Waffen und Rüstungen, Skulpturen, Kunst und Objekte von Ausgrabungsstätten, darunter auch Fundstücke aus Vaddamanu, die aus dem 1. Jahrhundert v.Chr. stammen. In dem Komplex befindet sich auch ein Wissenschaftsmuseum, ein Planetarium, eine Galerie für moderne Kunst sowie der Birla-Mandir-Tempel.

🏛 The Residency
Koti. 🕘 Mo–Sa.

Die elegante palladianische Villa, heute das University College for Women, wurde 1805 vom dritten Nizam erbaut – als Geschenk für James Kirkpatrick, den Vertreter der britischen Krone an seinem Hof. Es ist mit einer bemalten Decke, Spiegeln und Kronleuchtern im Stil des englischen Brighton Pavilion eingerichtet. Am Sockel über dem Portikus sieht man noch das Wappen der East India Company. Auf dem Anwesen befinden sich auch ein Miniaturnachbau der Villa und ein kleiner britischer Friedhof – den Nachbau ließ Kirkpatrick für seine aristokratische, aus Hyderabad stammende Frau Khairunissa Begum erbauen. Diese Liaison löste damals einen Skandal aus.

🏛 State Archaeological Museum
Assembly Rd, nördlich des Bahnhofs.
📞 (040) 2323 2267. 🕘 Di–So. 🚫 zweiter Sa im Monat, Feiertage.

Am Eingang der Nampally Public Gardens stehen zwei große normannische Tore, die das State Archaeological Museum mit buddhistischer Kunst, Chola-Bronzen, römischen Münzen und sogar einer ägyptischen Mumie beherbergen. Auch Repliken der Fresken und Skulpturen aus den Höhlen von Ajanta und Ellora *(siehe S. 388–391)* sind zu sehen. Die State Legislative Assembly (1913) entstand nach dem Vorbild der Paläste in Rajasthan.

Der See Hussain Sagar mit der gigantischen Buddha-Statue

🛕 Hussain Sagar
Der riesige See an der Mahatma Gandhi Road zwischen Hyderabad und Secunderabad wurde 1562 angelegt. Der drei Kilometer lange Straßenabschnitt an seinem Südende ist Hyderabads beliebteste Promenade. Sie wird von Statuen wichtiger Persönlichkeiten aus der Geschichte von Andhra Pradesh gesäumt. Auf einem Felsen in der Mitte des Sees steht eine 17 Meter hohe und 350 Tonnen schwere Buddha-Statue aus dem Jahr 1986. Sie lag allerdings zunächst sieben Jahre auf dem Grund des Sees, da sie die Fähre, mit der sie transportiert wurde, zum Kentern gebracht hatte. Aufgestellt wurde sie schließlich erst im Jahr 1994.

🏛 Secunderabad
Das Cantonment für die britischen Truppen wurde 1806 nordöstlich des Sees Hussain Sagar an der Tank Bund Road gegründet. Seitdem hat es sich neben Hyderabad zu einer blühenden Stadt entwickelt. Am **Parade Ground** im Zentrum befinden sich die **St Andrew's Church** und der **Secunderabad Club** im Kolonialstil. Sechs Kilometer nördlich des Parade Ground steht die neogotische **Holy Trinity Church** (1848) mit schönen Buntglasfenstern, quadratischem Turm und britischem Friedhof.

Der ummauerte Bezirk der **Paigah-Paläste**, in denen die Aristokratie von Hyderabad wohnte, liegt zwei Kilometer westlich des Parade Ground gegenüber dem Flughafen Begumpet. Am eindrucksvollsten ist der Vicar Manzil, den Sir Vicar-ul-Umra errichten ließ. Eigentlich hatte er den Falaknuma-Palast *(siehe S. 541)* für sich vorgesehen. Er musste jedoch ausziehen, als der Nizam Interesse anmeldete. Am Palasteingang steht die **Spanische Moschee** (1906) mit maurischen Bogen und oktogonalen Türmen.

Spanische Moschee am Eingang des Vicar Manzil, Secunderabad

Hotels und Restaurants in Andhra Pradesh siehe Seiten 595 und 621

Die Kultur Hyderabads

Sultan Muhammad Quli Qutb Shah, der Gründer Hyderabads (1591), war ein aufgeklärter Herrscher, Dichter, Gelehrter und Kunstmäzen. Sein Königreich war auch ein blühendes Zentrum des Handels mit Perlen, Diamanten und Pferden. An seinem Hof trafen sich die Einwohner von Hyderabad mit Händlern, Forschern und Kunsthandwerkern aus aller Welt. Diese kosmopolitische Tradition wurde ebenso wie die Kultur der höfischen Eleganz und Etikette von der nachfolgenden Dynastie gewahrt – die Asaf Jahi Nizams herrschten von 1724 bis 1947. Aus diesem Grund hat Hyderabad auch heute noch ein einzigartiges Flair: Hier mischen sich hinduistische mit muslimischen Bräuchen sowie arabische mit persischen und türkischen Einflüssen.

Goldenes Gefäß

Bidri *ist eine Technik, die die Perser im 16. Jahrhundert einführten: Hierbei wird schwarzes Kanonenmetall ausgesprochen kunstvoll mit Silberintarsien in floralen und geometrischen Mustern versehen.*

Die Küche Hyderabads *vereint Gerichte persischen und türkischen Ursprungs wie z.B.* haleem *(Hackfleisch mit Weizen) und* lukmi *(mit Fleisch gefüllte Teigtaschen).*

Der Falaknuma-Palast (siehe S. 541), *hier auf einem Foto des Hoffotografen Lala Deen Dayal (Ende 19. Jh.), spiegelt den opulenten Lebensstil des Nizam von Hyderabad wider.*

Die Juwelen des Nizam *waren geradezu legendär. Zu ihnen gehörten fantastische Stücke wie dieser Turbanschmuck (19. Jh.) mit Rubinen aus Burma und Diamanten aus Golconda* (siehe S. 546f).

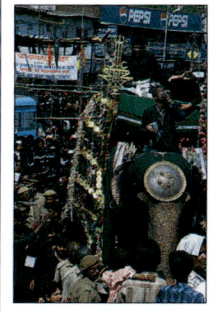

Im Monat Muharram (siehe S. 549) *finden Prozessionen der Shia-Muslime statt, die geschmückte* tazias *durch die Stadt tragen. Die Bevölkerungsgruppe stammt hauptsächlich von Persern ab, die sich einige Generationen zuvor hier niedergelassen hatten.*

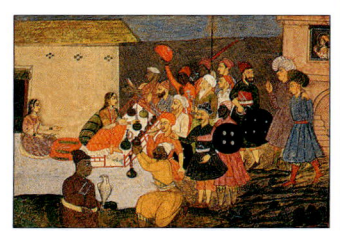

Auf Golconda-Miniaturen *ist oft die gehobene Kultur der Stadt dargestellt. Dieses Gemälde (18. Jh.) zeigt Händler, die einer Dame ihre Aufwartung machen.*

Golconda ❷

Verzierung am Bala Hisar

Golconda (»Schäferhügel«) liegt auf einem Felsplateau. Das Fort war die Zitadelle der Qutb-Shahi-Dynastie, die die Gegend um Hyderabad von 1518 bis 1687 regierte. Ein früherer Bau (12. Jh.) wurde 1518–80 von den nachfolgenden Qutb-Shahi-Herrschern in eine prächtige befestigte Stadt voller eleganter Paläste, Moscheen und Gärten umgewandelt. Darüber hinaus war das Golconda Fort auch berühmt für seine Diamanten aus den benachbarten Minen, darunter auch der sagenhafte Koh-i-noor-Diamant, der heute Teil der britischen Kronjuwelen ist. Die Anlage erstreckt sich über eine Fläche von 40 Quadratkilometern.

Bala Hisar Gate, der Eingang zum Königsbereich des Golconda Fort

Golconda Fort

Die beeindruckende Festung wird von drei Verteidigungswällen geschützt. Die äußere Befestigung besteht aus massivem Granit und umschließt die Zitadelle sowie die umliegende Stadt. Der mittlere Wall zieht sich um den Fuß des Hügels, der innerste folgt dem Verlauf des höchsten Bergkamms. Besucher betreten Golconda durch das **Fateh Darwaza** (»Siegestor«) im Osten, das mit einer Hindu-Gottheit verziert ist. Riesige Eisenspeere sollen verhindern, dass das Tor von Elefanten gestürmt wird. Von dort aus führt eine Straße am **Archäologischen Museum** (der alten Schatzkammer) vorbei durch den Basar, der einst für seine Diamantenschleifereien berühmt war. Dahinter erheben sich die riesigen Bogen des **Habshi Kaman Gate**, das im oberen Geschoss mit Zimmern für die Trommler und die abyssinischen Wächter des Sultans ausgestattet ist. Es führt zum mittleren Verteidigungswall.

Nördlich davon stößt man auf die strenge **Jami Masjid**, 1518 von Sultan Quli Qutb Shah, dem Begründer der Dynastie, erbaut. Er wurde hier 1543 während des Gebets von seinem Sohn Jamshed ermordet. Dahinter befindet sich das **Bala Hisar Gate** mit hinduistischen Motiven wie *yalis* (löwenähnliche Fabelwesen). Das Tor führt in die Zitadelle, den sogenannten **Bala Hisar Complex**, in dem die königlichen Paläste, Versammlungssäle, Werkstätten und eine Waffenkammer lagen. Nördlich des Bala Hisar war 1652 eine Erweiterung des inneren Forts geplant. In der Naya Qila steht noch heute der **Hathion ka Jhaad** (»Elefantenbaum«), ein außergewöhnlicher, 700 Jahre alter

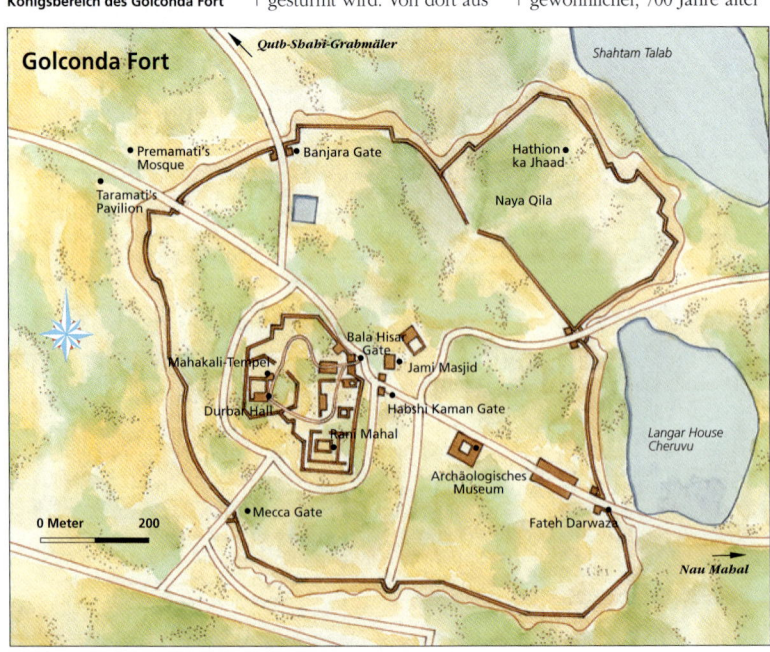

Golconda Fort

Hotels und Restaurants in Andhra Pradesh siehe Seiten 595 und 621

Königliches Bad, Rani Mahal, Golconda Fort

Affenbrotbaum (*Adansonia digitata*), den die abyssinischen Wächter des Sultans hierhergebracht haben sollen.

Im **Grand Portico** mit seiner großen Kuppel, hinter dem Bala Hisar Gate, kann man die gute Akustik testen, die zur Verteidigung des Forts gehörte. Ein leises Händeklatschen hört man sogar noch in den königlichen Gemächern auf dem Hügel.

Westlich des Grand Portico finden sich die Ruinen der Qutb-Shahi-Paläste. Am eindrucksvollsten ist das **Rani Mahal**, ein überwölbter Saal auf einer erhöht gelegenen Terrasse, mit wunderschönen Arabesken verziert. Einst waren diese noch mit Diamanten und anderen Edelsteinen geschmückt. Westlich des Rani Mahal führt eine steile Treppe mit 200 Stufen an den königlichen Bädern, Getreide- und Schatzkammern, Wasserbecken und den Überresten eines Gartens vorbei zum Gipfel des Hügels. Am Weg sind die Überbleibsel eines ausgeklügelten Bewässerungssystems zu sehen.

Knapp unterhalb des Gipfels liegen eine Moschee des dritten Sultans Ibrahim Qutb Shah und der hinduistische **Mahakali-Tempel**. Auf dem Gipfel befindet sich die dreistöckige **Durbar Hall** (»Thronsaal«) mit Dachpavillon. Von hier aus hat man einen wundervollen Blick auf das ganze Fort und seine Umgebung, darunter auch der **Taramati's Baradari** und die **Premamati's Mosque**, die nach den beiden Lieblingstänzern des Königs benannt sind. Sie sollen so leichtfüßig gewesen sein, dass sie den ganzen Weg vom Pavillon zum Bala Hisar auf einem Seil tanzend zurücklegen konnten.

Vor dem Fort, östlich des Fateh Darwaza, steht das **Nau Mahal** (»Neun Paläste«), wo die Nizams von Hyderabad Hof hielten, wenn sie nach Golconda kamen.

Qutb-Shahi-Grabmäler

1 km nordwestlich des Golconda Fort.

In der königlichen Nekropole sind sieben der neun Qutb-Shahi-Herrscher bestattet. Sie ist als Garten mit Wasserkanälen, Becken und baumgesäumten Pfaden angelegt. Jeder der Könige ließ sein Grabmal noch zu seinen Lebzeiten errichten. Diese variieren architektonisch zwischen Zwiebelkuppeln, persischen Bogen, türkischen Säulen und hinduistischen Motiven. Jedes Grabmal besteht jedoch aus Granit und Gips, die Kuppeln erheben sich über einer Basis in Blütenform und sind mit reich verzierten Emporen und kleinen Minaretten ausgestattet.

Das **Grabmal von Muhammad Quli Qutb Shah**, dem Gründer von Hyderabad, ist das imposanteste. Es ist von einer weitläufigen Terrasse umgeben, auf der Lyrik-, Musik- und Kochfestivals stattfinden. Spuren von türkisfarbenen und grünen Fliesen, die einst die

Deckenschmuck, Bala Hisar Gate

INFOBOX

Distrikt Hyderabad. 11 km westlich von Hyderabad. tägl. **Son et Lumière** (auf Englisch) März–Okt: tägl. 19 Uhr; Nov–Feb: tägl 18.30 Uhr. **Archäologisches Museum** und **Qutb-Shahi-Grabmäler** Sa–Do.

Das elegante Grabmal Muhammad Quli Qutb Shahs, Golconda

Fassade aller Gräber bedeckten, sind noch zu sehen. Ebenfalls sehenswert sind das **Grabmal der Königin Hayat Baksh Begum**, der Gemahlin von Muhammad Quli Qutb Shah, und die mit Blumenmuster und Kalligrafie verzierte Moschee dahinter (beide Mitte 17. Jh.). Im Zentrum des Komplexes befindet sich das einfache, aber wunderschön proportionierte **Royal Mortuary Bath**, in dem die Leichname der Könige vor ihrer Bestattung auf der zwölfseitigen Plattform gereinigt wurden. Die zwölf umliegenden Becken symbolisieren die zwölf Shia-Imams.

Panoramablick auf das Golconda Fort

Pochampalli ❸

Distrikt Nalgonda. 41 km östlich von Hyderabad. 🚆 🚌 *tägl.*

Die Gegend von Andhra Pradesh, in der kunstvolle Batiktextilien *(ikat)* hergestellt werden, grenzt an Hyderabad. Pochampalli ist größtes Zentrum dieser Handwerkskunst, ihm verdanken die meisten *Ikat*-Stoffe ihren Namen. Die verwendete Technik tauchte zuerst im 19. Jahrhundert in Chirala im Distrikt Guntur auf. Von dort aus wurde der Stoff nach Afrika exportiert.

Die Hauptstraße von Pochampalli säumen Werkstätten, in denen die verschiedenen Verarbeitungsschritte ausgeführt werden: Zunächst wird das Garn in Mustern zusammengebunden, dann in großen Bottichen gefärbt. Öl verhindert, dass sich Farbe an unerwünschten Stellen absetzt. Anschließend wird das gefärbte Garn in der Sonne getrocknet und schließlich von Hand zu einem Stoff namens *telia rumal (siehe S. 339)* gewebt. Die Produkte werden in den Läden der staatlichen Genossenschaft und anderen Geschäften verkauft.

Umgebung: In dem Nachbardorf **Koyalgudem**, 20 Kilometer südöstlich von Pochampalli, werden *Ikat*-Stoffe aus Baumwolle gefertigt. **Narayanpur**, ebenfalls ein Zentrum der Webkunst, liegt 36 Kilometer weiter südöstlich den Vijayawada Highway hinunter.

Khush Mahal, der Audienzsaal des Warangal Fort

Warangal ❹

Distrikt Warangal. 148 km nordöstlich von Hyderabad. 🚆 🚌 🛈 *APTDC, Kazipet, (0870) 245 9201.*

Heute ist Warangal ein wichtiger Standort der *Dhurrie*-Weberei. Im 13. Jahrhundert beschrieb Marco Polo die Stadt als eine der bedeutendsten in Südindien. Zudem war Warangal die Hauptstadt der hinduistischen Kakatiya-Könige, die die Region im 14. Jahrhundert beherrschten.

Ein altes Fort am Rand der Neustadt ist alles, was von der einst großartigen Metropole übrig geblieben ist. Es entstand unter der Kakatiya-Königin Rudramadevi (reg. 1262–89) und folgt einem auffälligen ringförmigen Grundriss. Die drei konzentrisch angelegten Mauern stehen noch. Die beiden äußeren Wälle bilden einen Ring von 1,2 Kilometern Durchmesser. Der innerste Wall ist mit vier massiven Toren versehen. Zudem kennzeichnen vier verzierte *toranas* (Tore) den heiligen Bezirk – sie sind die einzigen Überreste des Shiva-Tempels, der einst hier lag.

Etwas weiter westlich steht das **Khush Mahal**, ein Audienzsaal, den muslimische Eindringlinge im 14. Jahrhundert erbauten. Massive Mauern mit Fensterschlitzen umschließen ein geräumiges Inneres mit Bogenwölbungen. Vom Dach steht allerdings nicht mehr viel. Der Bau ähnelt dem Hindola Mahal in Mandu *(siehe S. 213)* verblüffend.

Umgebung: Bei **Hanamkonda**, drei Kilometer nordwestlich von Warangal, befand sich die erste Kakatiya-Hauptstadt, bevor der Hof nach Warangal umzog. Der erste große Kakatiya-König Rudradeva (reg. 1158–95) ließ 1163 hier einen großartigen tausendsäuligen Shiva-Tempel aus graugrünem Basalt errichten. Er ist als *trikuta* (Dreifachschrein) bekannt, da er aus drei Schreinen besteht, die Shiva, Vishnu und Surya geweiht sind. Sie sind durch eine Plattform mit einem heute dachlosen *mandapa* verbunden. Die Säulen sind mit gedrechselten Schäften ausgestattet, über der mittleren Nische befindet sich eine Deckentafel mit einer Darstellung des Nataraja *(siehe S. 462)*. In den friedvollen Tempelgärten stehen mehrere Linga-Schreine und ein alter Brunnen.

Der spektakuläre tausendsäulige Tempel von Hanamkonda, in der Nähe von Warangal

Hotels und Restaurants in Andhra Pradesh *siehe Seiten 595 und 621*

ANDHRA PRADESH

Ramappa-Tempel (13. Jh.), Palampet

Palampet ❺

Distrikt Warangal. 213 km nordöstlich von Hyderabad.

Das kleine Dorf wird von dem **Ramappa-Tempel** beherrscht, dem am besten erhaltenen Beispiel der Kakatiya-Architektur. Er ist Shiva geweiht und wurde 1213 von Recherla Rudra erbaut, einem General Ganapatidevas (reg. 1199–1262). Wie der Tempel von Hanamkonda, so hat auch dieser einen geräumigen *mandapa* mit Figurensäulen aus schwarzem Basalt. Zudem ist der kreuzförmige *mandapa* auf drei Seiten mit Vorbauten und kleinen Balkonen versehen. Das Gesims über den Randsäulen wird von Winkelverstrebungen gestützt, die zu einem Großteil als dreidimensionale Frauenfiguren in Tänzerpositionen gestaltet sind. An der zentralen Deckentafel sind ebenfalls Relieffiguren sowie Darstellungen aus den großen Epen zu sehen.

Das Äußere des Heiligtums weist dagegen keine Schnitzereien auf. Die zurückhaltende Ornamentierung und die einfache Eleganz sind typisch für die Kunst der Kakatiyas. Vor dem Tempel steht ein Steinpavillon mit einer Nandi-Figur, die zwar kleiner ist als die in Hanamkonda, aber ebenso schön gefertigt.

Südlich des Ramappa-Tempels befindet sich der große künstliche See **Ramappa Cheruvu**, den Recherla Rudra inmitten malerischer Hügel anlegen ließ.

Verzierung, Gana Puram

Umgebung: Weitere Kakatiya-Tempel kann man in **Gana Puram**, 13 Kilometer nordwestlich von Palampet, sehen. Der größte besteht aus zwei Shiva-Schreinen mit *mandapas* und Balkonen. Den Hauptschrein zieren weibliche *dvarapalas* (Wächter) und tanzende Mädchen. Auf dem Anwesen stehen auch kleinere Nebenschreine.

Traditionelle Andhra-Dhurries

Die Paläste der Nizams von Hyderabad zierten zwar Seiden- und Wollteppiche aus Persien und der Türkei, doch auch in Andhra Pradesh, in Warangal und Eluru, gibt es eine lange Tradition der Teppichweberei. Diese sind als *dhurries* bekannt, bestehen aus Wolle oder Baumwolle und sind in verschiedenen Mustern und Farben erhältlich. Die Baumwoll-*dhurries* aus Warangal haben meist geometrische Muster, die Wollteppiche aus Eluru (274 km südöstlich von Warangal) weisen eher Blumenmuster mit westlichem Einfluss auf. Die teureren *shatranjis* (im Schachbrettmuster) werden auf horizontalen Webstühlen gefertigt. Die *Kalakamri*-Weber von Sri Kalahasti (siehe S. 558) stellen Läufer auf Jutebasis her, die sie mit organischen Substanzen einfärben.

Dhurrie mit geometrischem Muster

Feste in Andhra Pradesh

Ugadi *(März)*. Das Telugu-Neujahr wird im ganzen Bundesstaat mit einem Frühjahrsputz und besonderem Essen gefeiert.
Muharram *(Apr)*, Hyderabad. Die muslimischen Shia gedenken mit 40-tägiger Trauer des Martyriums Hussains. Der Enkel des Propheten starb in der Schlacht von Karbala. Am letzten Tag werden juwelenbesetzte *alams* und

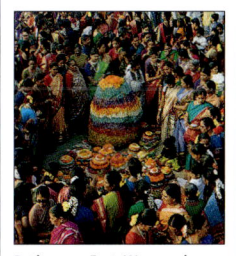

Batkamma-Fest, Warangal

bunte *tazias* (Repliken seines Grabes) in einer Prozession durch die Altstadt getragen.
Mrigasira *(Juni/Juli)*, Hyderabad. An diesem Tag bekommen Asthmapatienten aus ganz Indien ein einzigartiges Mittel: Sie verschlucken einen kleinen lebenden Fisch *(maral)*. Vielfach wird von Wunderheilungen berichtet.
Batkamma *(Sep/Okt)*, Warangal. Das Fest zu Ehren Lakshmis beginnt kurz vor Dussehra und dauert neun Tage. Ein kurkumagelbes Bildnis der Göttin wird mit Blumen geschmückt und auf Bambus zu einem See oder Fluss getragen. Dort tanzen Frauen im Kreis um das Bildnis, bevor sie es im Wasser versenken.
Festival of Andhra Pradesh *(Nov)*, Hyderabad. Bei dem zehntägigen Kulturfestival wird der Geburtstag Andhra Pradeshs als Bundesstaat gefeiert. Die besten Musiker und Tänzer des Staates treten hier auf.

Der Hafen von Visakhapatnam am Golf von Bengalen

Visakhapatnam ❻

Distrikt Visakhapatnam. 354 km östlich von Vijayawada. 2 000 000.
12 km westlich des Stadtzentrums, dann Bus oder Taxi.
APTDC, RTC Complex, (0891) 278 8820. tägl.

Visakhapatnam ist Indiens zweitwichtigste Hafenstadt nach Mumbai. Sie ist auch als Vizag bekannt und entwickelt sich zusehends zur größten Schiffswerft des Landes, zu einer bedeutenden Industriestadt und einem großen Marinestützpunkt. Von der Stadt aus kann man gut die wunderschönen Strände am Golf von Bengalen sowie die malerischen Tempelstädte an der Nordküste von Andhra Pradesh erkunden.

Die Stadt ist nach Visakha, dem Hindu-Gott der Tapferkeit, benannt und gehörte einst zu dem riesigen Kaiserreich Ashokas *(siehe S. 42)*. Später wurde sie von den Andhra-Königen von Vengi und anderen südindischen Dynastien, darunter Pallava, Chola und Ganga, regiert. Im 15. Jahrhundert fiel sie an die Vijayanagars *(siehe S. 434f)*, im 17. Jahrhundert schließlich an die Briten, die sie zur Hafenstadt ausbauten.

Hinter dem Hafen erhebt sich eine Hügelkette mit drei Kämmen, auf denen religiöse Stätten stehen. Der Tempel auf dem südlichsten Gipfel, dem **Venkateshvara Konda**, ist Balaji (Krishna) geweiht. Auf dem mittleren **Ross Hill** steht eine Kirche aus dem 19. Jahrhundert und auf dem dritten, dem **Dargah Konda**, ein Schrein des muslimischen Heiligen Ishaque Madina.

An der Südküste trifft man auf **Dolphin's Nose**, einen 358 Meter langen und 175 Meter hohen Felsvorsprung über dem Meer. Den Strahl des Leuchtturms, der darauf steht, kann man noch aus 64 Kilometer Entfernung sehen. Von der kolonialen Vergangenheit der Stadt zeugen eine alte protestantische Kirche, ein Fort, Baracken und eine Waffenkammer (alle 18. Jh.).

Zu den idyllischen Stränden am Rand der Ostghats, umgeben von bewaldeten Hügeln und Klippen, gehören der **Ramakrishna Mission Beach**, den man momentan für den Tourismus erschließen will, der **Rishikonda Beach** und die **Lawson's Bay**. Hinter dieser hat man von dem baumbestandenen Hügel **Kailasagiri** aus einen wunderschönen Panoramablick auf die Stadt und ihren Hafen. **Waltair**, ein ehemaliger Kurort britischer Offiziere, liegt nördlich der Bucht, ebenso wie die Andhra University sowie zahlreiche hübsche Kirchen aus dem 19. Jahrhundert.

Umgebung: Der »Löwenhügel«-Tempel **Simhachalam** ist Varaha Narasimha, einer Reinkarnation Vishnus, geweiht. Er steht auf dem Gipfel des dicht bewaldeten Ratnagiri Hill, 16 Kilometer nordwestlich von Visakhapatnam. Über Stufen gelangt man zum nördlichen Tor, einem reich verzierten *gopura*, der den Haupteingang des Tempels bildet. Zudem findet man in der Anlage einen großen *dvajasthambha* (Flaggenmast). Der Tempel ähnelt dem Sonnentempel von Konarak *(siehe S. 262f)*, wurde im 9. oder 10. Jahrhundert errichtet und im 13. Jahrhundert umfassend umgebaut. Die ursprüngliche Tempelgottheit soll Shiva gewesen sein, er wurde jedoch durch Vishnu ersetzt, nachdem der Heilige Ramanuja *(siehe S. 429)* die Stätte besucht hatte (11. Jh.).

Holländisches Wappen, Bheemunipatnam

Bheemunipatnam liegt 38 Kilometer nordöstlich von Visakhapatnam an einer der längsten Küstenstraßen des Landes. Das ruhige Fischerdorf an der Mündung des Gosthani war Anfang des 17. Jahrhunderts eine holländische Siedlung namens Bimlipatam (kurz: Bhimli). In

Obeliskenförmige holländische Gräber, Bheemunipatnam

Hotels und Restaurants in Andhra Pradesh *siehe Seiten 595 und 621*

ihrer Nähe fanden Übergriffe der Marathen und die englisch-holländischen Kriege des 17. und 18. Jahrhunderts statt. Das Vermächtnis der Holländer ist heute noch in alten Häusern mit Kolonnaden, den Ruinen eines Forts und dem holländischen Friedhof mit seinen ungewöhnlichen, obeliskenförmigen Grabsteinen sichtbar.

Faszinierende Stalaktiten im Inneren der Borra-Höhlen

Borra-Höhlen ❼

Distrikt Visakhapatnam. 90 km nördlich von Visakhapatnam.
tägl.

In der Nähe der Nordgrenze des Distrikts Visakhapatnam befinden sich atemberaubende Kalksteinhöhlen, die William King vom Geological Survey of India 1807 entdeckte. Die weitläufige unterirdische Anlage voller Stalaktiten und Stalagmiten wird vom staatlichen Fremdenverkehrsamt derzeit als Attraktion für Besucher erschlossen. Einige kleinere Stalagmiten werden als Lingas verehrt, davor stehen Nandi-Stiere. Die Einheimischen glauben, dass das Wasser, das von der Decke tropft, aus einer Bergquelle stammt, die den Gosthani speist.

Umgebung: Rund 22 Kilometer nordöstlich von Borra leben im **Araku Valley** Angehörige mehrerer Stämme der Ureinwohner Andhra Pradeshs. Die Straße dorthin führt an Wäldern und Kaffeeplantagen vorbei, im Tal selbst kann man wunderschöne Wanderungen unternehmen.

Frauen aus dem Araku Valley

Ramatirtham ❽

Distrikt Visakhapatnam. 72 km nordöstlich von Visakhapatnam.

In Ramatirtham kann man die Überreste der Ikshvaku-Ära (3./4. Jh. n.Chr.) bewundern. In dieser Zeit blühte der Buddhismus in der Gegend. Vor dem Dorf stehen mehrere Bauten auf einem Hügel, dem sogenannten Gurubhaktakonda («Hügel des Gelehrsamen Schülers»). Auf einem schmalen Bergkamm, der sich ungefähr 165 Meter über seine Umgebung erhebt, sind die Ruinen eines Stupa, Klöster und Gebetshallen mit kleineren Stupas zu sehen. Auf dem Durgakonda-Hügel in der Nähe findet man zudem Jain-*tirthankaras* aus dem 8. und 9. Jahrhundert.

Srikakulam (Distrikt) ❾

110 km nordöstlich von Visakhapatnam, Richtung Srikakulam.

Srikakulam ist der Verwaltungssitz des nördlichsten Distrikts von Andhra Pradesh. Die Stadt liegt am Ufer des Swarnamukhi. In **Arasavalli**, ganz in ihrer Nähe, steht ein Sonnentempel. Er wurde so gebaut, dass genau zweimal im Jahr das Sonnenlicht auf die Füße der Gottheit fällt.

Der **Sri-Kurmanadha-Tempel** in Srikurman, 13 Kilometer östlich von Srikakulam, ist Kurma geweiht, der Schildkrötengestalt Vishnus. Die Chalukya-Könige ließen ihn im 10. Jahrhundert errichten, im 12. und 13. Jahrhundert wurde er von den Chola jedoch grundlegend umgebaut. An der Kolonnade um den Hauptschrein sind Fresken von Krishna und Vishnu (19. Jh.) zu sehen.

Mukhalingam, 48 Kilometer nördlich von Srikakulam, war die Hauptstadt der östlichen Ganga-Könige, bevor sie nach Orissa (*siehe S. 44*) umzogen. Die Tempel hier stammen aus ihrer Zeit (9. bis 13. Jh.). Am besten erhalten ist der Madhukeshvara-Tempel aus dem 9. Jahrhundert mit Shiva-Skulpturen und Friesen, auf denen Szenen der Krishna-Legende dargestellt sind. Der Someshvara-Tempel aus dem 10. Jahrhundert am Eingang zur Stadt ist mit wunderschönen Statuen von Flussgöttinnen ausgestattet, die den Hauptzugang flankieren.

Fresko mit Krishna, von gopis *umgeben, Sri-Kurmanadha-Tempel, Distrikt Srikakulam*

East Godavari (Distrikt) ❿

398 km östlich von Hyderabad, Richtung Rajahmundry. ✈ *10 km von Rajahmundry.* 🚉 *Rajahmundry.* 🚌

Der Godavari, einer der heiligsten Flüsse in Südindien, schwillt nördlich der Stadt **Rajahmundry** zu einem reißenden, streckenweise bis zu sechs Kilometer breiten Strom an. Die Landschaft ist von üppigen Reisfeldern und Zuckerrohrplantagen geprägt.

Rajahmundry ist die größte Stadt im Distrikt East Godavari und ist für einen Chalukya-Tempel sowie für eine 2743 Meter lange Brücke berühmt. Vom **Dowleswaram-Damm** (1848–52) zehn Kilometer stromabwärts bietet sich ein atemberaubender Blick auf den Fluss. Alle zwölf Jahre findet das Dakshina-Pushkaram-Fest – der Kumbh Mela des Südens – hier statt.

Das wegen handgewebter Seiden- und Baumwollstoffe bekannte **Peddapuram** liegt 43 Kilometer nordöstlich von Rajahmundry an der Straße nach Visakhapatnam. In **Annavaram**, 81 Kilometer nordöstlich von Rajahmundry, steht auf dem Ratnagiri Hill der Satyanarayana-Tempel mit einer vier Meter hohen Statue der hinduistischen Dreieinigkeit und einer Sonnenuhr.

80 Kilometer nördlich von Rajahmundry beginnt die **Godavari-Schlucht** durch die Hügel der Ostghats. Hier gibt es eine grandiose Landschaft mit vielen Seen zu entdecken, die viele Besucher an Italien oder Schottland erinnern.

In **Ryali**, 37 Kilometer südlich von Rajahmundry, steht ein Vishnu geweihter Chalukya-Tempel mit einem steinernen Bildnis der Göttin Ganga, aus dem ein kleines Rinnsal fließt.

In **Draksharamam**, 46 Kilometer südöstlich von Rajahmundry, befindet sich der berühmte Bhimeswara-Swamy-Tempel aus dem 10. Jahrhundert, der Architekturstile der Chalukya und Chola vereint und ein fünf Meter großes Linga beherbergt. Der Legende nach soll der Godavari von den Saptarishis (sieben Weise der hinduistischen Mythologie) in sieben Ströme aufgeteilt worden sein – drei dieser Ströme sollen hier ihre Quelle haben. In der Nähe der Stadt legten die Holländer einen Friedhof an, den Ollandu Dibba (»Hollandhügel«) mit kunstvoll gestalteten Grabsteinen aus den Jahren 1675 bis 1728.

Antarvedi liegt 112 Kilometer südlich von Rajahmundry am Ufer des Vashishta, eines Nebenflusses des Godavari. Am besten erreicht man den Ort per Boot von Narsapur am Südufer aus. Am Flussufer befindet sich außerdem der Sri-Laxmi-Narasimha-Tempel (1823) mit seinem farbenprächtigen Turm. Meist ist er von unzähligen Pilgern umgeben, die hierherkommen, um ein Bad im heiligen Fluss zu nehmen.

Stempeldruck nach *Kalamkari-***Technik, Machilipatnam**

Machilipatnam ⓫

Distrikt Krishna. 340 km östlich von Hyderabad. 🚉 🚌 🚐 *tägl.*

Die »Stadt der Fische« ist eine der ersten europäischen Siedlungen an der Ostküste Indiens. Sie war im 17. und 18. Jahrhundert eine blühende Hafenstadt und ein aufstrebendes Zentrum der Textilindustrie. Zudem hatte die englische East India Company hier ihren Sitz an der Koromandelküste. Auch die Franzosen und Holländer ließen sich vorübergehend in Machilipatnam nieder, wovon nur noch der holländische Friedhof zeugt. 1864 ertranken in der Stadt über 30 000 Menschen bei einer gigantischen Flutwelle, die der etwa 5000 Kilometer entfernte Vulkan Krakatau ausgelöst hatte. Der Hafen büßte an Bedeutung ein, nicht aber die in der Stadt gefertigten *Kalamkari*-Stoffe *(siehe S. 558)*.

Reisfelder vor den Ostghats in der Nähe von Rajahmundry

Hotels und Restaurants in Andhra Pradesh *siehe Seiten 595 und 621*

Blick auf den Prakasam-Damm über den Krishna bei Vijayawada

Vijayawada ⑫

Distrikt Krishna. 270 km südöstlich von Hyderabad. 957000. APTDC, Hotel Krishnaveni, (0866) 257 1393. tägl.

Vijayawada ist als drittgrößte Stadt des Bundesstaats ein bedeutendes Wirtschaftszentrum mit einem der wichtigsten Eisenbahnknotenpunkten des Landes. Es liegt sehr malerisch am Nordufer des Flusses Krishna und ist auf drei Seiten von den Indrakiladri Hills umgeben. Die Gegend um das Flussufer bildet einen angenehmen Kontrast zu der lauten, überfüllten Stadt.

Innerhalb der Stadtgrenzen steht auf einem kleinen Hügel im Osten der Lakshmi geweihte **Kanaka-Durga-Tempel**. Das **Victoria Museum** an der Bunder Road beherbergt eine schöne Sammlung buddhistischer und hinduistischer Relikte (2. bis 3. Jh.). Besonders eindrucksvoll sind der aus weißem Kalkstein gefertigte stehende Buddha aus dem nahe gelegenen Alluru (3. oder 4. Jh.) sowie ein Abbild der Göttin Durga, die den Büffeldämon Mahisa tötet (2. Jh.).

Am Rand der Stadt ist der ein Kilometer lange **Prakasam-Damm** (1855) sehenswert, den man 1955 umfangreich renovierte. Er bewässert fast 1,2 Millionen Hektar Land und verwandelt das Delta des Krishna in eine der reichsten Kornkammern von Andhra Pradesh. Auf der idyllischen **Bhavani Island** kann man wunderbar picknicken.

🏛 **Victoria Museum**
Sa–Do. gegen Gebühr.

Umgebung: Mogalrajapuram, drei Kilometer östlich von Vijayawada, und **Undavalli**, vier Kilometer südlich am anderen Flussufer, sind für ihre Felsentempel (5. bis 7. Jh.) berühmt. Der Textilort **Mangalgiri**, zwölf Kilometer südlich von Vijayawada, hat sich auf Baumwoll-Saris sowie gestreifte und karierte Stoffe spezialisiert. Dort steht außerdem der imposante Lakshmi-Narasimha-Tempelkomplex (14. Jh.) mit einem kleinen Garuda-Schrein.

Kondapalli ⑬

Distrikt Krishna. 20 km westlich von Vijayawada.

Aus diesem hübschen Dorf kommt das berühmte bemalte Holzspielzeug. Der Ort wird von dem Hill Fort (8. Jh.) der östlichen Chalukya-Dynastie überragt, das von Wehrmauern und Türmen umgeben ist und unter den Qutb Shahis von Hyderabad *(siehe S. 546)* im 16. Jahrhundert eine wichtige Festung war. Auf dem steilen Kamm des Hügels stehen die Ruinen des Tanisha-Mahal-Palasts. Der Pfad dahinter führt an einem Becken sowie der Waffen- und Getreidekammer vorbei zum Golconda Gate.

Spielzeug aus Kondapalli

Die Kunst der Puppenfertigung hat in Kondapalli eine lange Tradition. In den Händen der fähigen Handwerker wird das leichte, aber stabile und flexible *Poniki*-Holz zu verschiedenen Figuren von Göttern und Göttinnen sowie von Früchten verarbeitet, die bei Festen nahezu jedes Haus in Andhra Pradesh schmücken. Die Teile der Figur werden zurechtgeschnitten und dann mit Tamarindensamenleim zusammengeklebt. Anschließend wird die Figur mit Firnisleim überzogen und nach dem Trocknen in bunten Farben etwa z.B. Blau-, Grün-, Rot- und Gelbtönen mit schwarzen Tupfen angemalt.

Krishna-Puppe

Das Spielzeug wird in bunten Farben angemalt

Die Maha Chaitya von Amravati, heute nur noch ein niedriger Erdhügel

Amravati ⓮

Distrikt Guntur. 37 km westlich von Vijayawada. ab Guntur. ab Hotel Krishnaveni, Vijayawada.
AP Tourism, Vijayawada.
Haratha Hotel, (08645) 255 332.

Das für den **Maha Chaitya**, den »Großen Stupa«, berühmte Amravati war die beeindruckendste der vielen buddhistischen Siedlungen im Tal des Krishna. Heute ist nur noch ein niedriger Erdhügel an der Stelle zu sehen, an der einst der größte und kunstvollste Stupa ganz Südindiens stand. Die Satavahanas, Mitglieder der großen Andhra-Dynastie, ließen sie im 3. und 2. Jahrhundert v. Chr. errichten *(siehe S. 43).*

Der Maha Chaitya wurde mehrfach von den Ikshvaku-Königen, den Nachfolgern der Satavahanas, erweitert. Seine endgültige Form erhielt er erst im 3. und 4. Jahrhundert n. Chr.: eine 30 Meter hohe, kalksteinverkleidete Halbkugel aus Erde, mit einem Durchmesser von 45 Metern, mit Basis und Schlussstein. Er war von einer sechs Meter hohen Brüstung umgeben sowie von reich verzierten hohen Eingangstoren.

Im 5. Jahrhundert erlebte Südindien eine Renaissance des Hinduismus. Der Stupa stand unbenutzt da, bis der britische Colonel Colin Mackenzie 1796 in der umliegenden Stätte Ausgrabungen vornehmen ließ. Doch bis Mitte des 19. Jahrhunderts eine gründliche Erforschung der Ruinen stattfand, waren die meisten der Kalksteinelemente geplündert und viele schöne Stücke nach Großbritannien geschafft worden.

Trotzdem sind noch viele schöne Skulpturen zu sehen. Sie werden überwiegend im **Archäologischen Museum** neben dem Maha Chaitya ausgestellt. Im Gegensatz zum Stupa in Sanchi *(siehe S. 210f)*, in dem Buddha nur symbolisch als Bodhi-Baum oder Fußabdruck dargestellt ist, zeigen die Skulpturen von Amravati ihn in menschlicher Form. Zu den Ausstellungsstücken des Museums gehören auch große stehende Buddhas, einige über zwei Meter groß, deren natürliche Haltungen und elegante Gewänder den Einfluss der spätrömischen klassischen Kunst vermuten lassen. In der zweiten Sammlung ist ein bemerkenswerter lebensgroßer Stier zu sehen, den man aus Einzelteilen rekonstruierte, die 1980 ausgegraben wurden. Im Hof stehen Teile der Stupa-Brüstung mit Szenen aus dem Leben Buddhas. Zu den weiteren Attraktionen gehören ein Modell des ursprünglichen Baues und Skulpturen des Bodhi-Baums, unter dem Buddha meditierte.

🏛 **Archäologisches Museum**
Sa–Do. gegen Gebühr.

Umgebung: Nördlich des Museums steht am Krishna der **Amaralingeswara-Swamy-Tempel**, der im 10./11. Jahrhundert erbaut und im 18. Jahrhundert von einem Herrscher aus der Gegend renoviert wurde. Dessen Statue steht in der äußeren Halle. Heiligtum und Säulenhalle sind von einer Mauer umgeben. Im Untergeschoss am Ende einer Treppe sollen sich die Überreste eines Stupa befinden. Das säulenförmige Linga war wohl ein Teil dieser Stupa-Kuppel.

Stier im Amravati Museum

Skulpturen von Amravati

Die erhalten gebliebenen Kalksteinreliefs der Maha Chaitya sind zwischen dem Archäologischen Museum in Amravati, dem Government Museum in Chennai *(siehe S. 460f)* und dem British Museum in London aufgeteilt. Sie zeugen von der Lebendigkeit der frühbuddhistischen Kunst in Südindien. Pfosten und Geländer weisen verzierte Lotusmedaillons, von Zwergen getragene Girlandenfriese und Szenen der Jataka-Erzählungen mit Menschenmengen, Reitern und Höflingen auf. Die Tafeln an der Basis sind mit Lotusbecken, Schlangenstupas und himmlischen Wesen über schirmähnlichen Schlusssteinen geschmückt.

Kalksteinrelief mit Szenen aus den Jataka-Erzählungen

Kalksteinrelief, Amravati Museum

Hotels und Restaurants in Andhra Pradesh *siehe Seiten 595 und 621*

Nagarjunakonda

Distrikt Guntur. 189 km westlich von Vijayawada. Macherla, 22 km südöstlich der Stätte, dann Bus nach Vijayapuri. tägl. ab Vijayapuri, außer Fr. Vijay Vihar, (08680) 277 362. ab Hyderabad.

Halbrunder Stupa, Bodhishri Chaitya, Nagarjunakonda

Nagarjunakonda oder »Nagarjunas Hügel« am Ufer des Krishna ist nach Nagarjuna Acharya benannt. Der buddhistische Theologe hatte im 2. Jahrhundert eine einflussreiche Philosophenschule gegründet. Die hoch entwickelte Siedlung verfügte über ausgedehnte Klöster und Stupas, breite Straßen und öffentliche Bäder. Sie wurde im 3. oder 4. Jahrhundert gegründet, als die Gegend unter der Herrschaft der Ikshvaku-Könige aufblühte.

Danach folgten andere Herrscherdynastien, bis die Vijayanagars ein Fort um die buddhistischen Ruinen errichteten. Als auch ihre Macht schwand, gab man die Stätte auf. Wiederentdeckt wurde sie zwischen 1954 und 1961.

In den frühen 1960er Jahren erbaute man den riesigen Nagarjuna-Sagar-Damm über den Krishna. Damit drohte einigen buddhistischen Stätten die Überflutung. Der Archaeological Survey of India rettete die Bauten jedoch und errichtete sie Stein für Stein wieder auf einem Hügel, auf dem einst die Zitadelle stand.

Heute bedeckt der Nagarjuna-Sagar-See einen großen Teil des Hügels und des abgeschiedenen Tals, in dem die Stätten früher lagen. Nur der Gipfel des Hügels mit den rekonstruierten Bauten ragt wie eine Insel aus dem See heraus. Man erreicht sie mit Barkassen, die regelmäßig von dem kleinen Dorf Vijayapuri aus übersetzen.

Auf der Insel führt ein Pfad von der Anlegestelle zunächst zum **Simha Vihara 4**. Dieser umfasst einen Stupa auf einer erhöhten Plattform mit zwei angrenzenden *chaitya gribas* (Gebetssälen). Einer der beiden ist mit einem zweiten Stupa ausgestattet, der andere mit der Monumentalskulptur eines stehenden Buddhas. Der **Bodhishri Chaitya** gegenüber verfügt über einen weiteren, erhöht gelegenen Stupa, der sich in einem halbrunden Steinbau befindet. Westlich davon ist der **Maha Chaitya**-Stupa, der mit einem Durchmesser von 27,5 Metern einer der größten in Nagarju-

Detail eines Reliefs, Nagarjunakonda

nakonda war. Seine inneren Bruchsteinmauern sind strahlenförmig nach außen, wie die Speichen eines Rades, angeordnet und mit Erde gefüllt. Direkt davor befindet sich der **Swastika Chaitya**, der nach dem indischen Emblem der Swastika benannt ist, nach dem die Bruchsteinmauern geformt sind.

In der Nähe der Festung stößt man auf einen rund 2000 Jahre alten Megalithen, in dem sich eine einfache Grabkammer befindet, in der einst vier Schädel aufgebahrt waren. Östlich davon beherbergt das **Archäologische Museum** wunderschöne buddhistische Skulpturen aus den Ruinen von Nagarjunakonda, u.a. Kalksteinreliefs und Tafeln mit sitzenden Buddhas, himmlischen Wesen sowie Miniaturstupas. Auf den Friesen der Brüstung um die Stupas sind Szenen aus dem Leben Buddhas dargestellt. Auch einige frei stehende Buddha-Statuen sind zu sehen.

🏛 Archäologisches Museum
Sa–Do.

Umgebung: Weitere Bauten aus der Ikshvaku-Ära stehen 15 Kilometer südlich von Vijayapuri, u.a. ein Stadion mit Emporen und Innenhof, das vermutlich für Musik-, Theater- und Sportveranstaltungen verwendet wurde. Der angrenzende Klosterkomplex verfügt neben Schreinen und *chaitya gribas* auch über ein Refektorium und Bäder.

Überlebensgroßer stehender Buddha, Nagarjunakonda

Srisailam und Krishna-Schlucht ⓰

Distrikt Kurnool. 213 km südlich von Hyderabad. 🚌 tägl. von Hyderabad. ℹ️ Haritha Hotel, APTDC, (08524) 287 411; Puunnami Hotel, Srisailam, (08524) 288 320. 🎉 Shivratri (Feb/März).

Die hübsche Tempelstadt Srisailam liegt in den dicht bewaldeten Nallamalai Hills an der Krishna-Schlucht und ist bei Pilgern sehr beliebt. Dominiert wird sie vom **Mallikarjuna-Swamy-Tempel**, dessen *gopuras* sich über festungsähnlichen Mauern erheben und schon von Weitem sichtbar sind. Der Tempel beherbergt eines der zwölf *jyotirlingas* (natürlich vorkommende Lingas, die das Licht Shivas enthalten sollen) und stammt möglicherweise aus vorvedischer Zeit, obgleich der heutige Bau im 15. Jahrhundert entstand. Die Wandreliefs zeigen Shiva in seinen vielen Gestalten. Durch eine Säulenhalle gelangt man in den inneren Schrein, der von einem monolithischen Nandi-Stier bewacht wird.

Weiter den Hügel hinauf stößt man auf den **Hatakesvara-Tempel**. An dieser Stelle soll der Philosoph Shankaracharya *(siehe S. 530)* eine seiner berühmten Abhandlungen geschrieben haben. Auf dem Gipfel steht der kleine Shiva-Tempel **Sikharam**, von dem aus man einen atemberaubenden Blick auf das ganze Tal hat.

Der aufgestaute Krishna speist das riesige Wasserkraftwerk von Srisailam. Steht das Flusswasser hoch genug, bringt die Luxusbarkasse *Zaria* Besucher vom Stausee in Nagarjuna Sagar zum Srisailam-Damm. Die Hälfte der Strecke verläuft durch ein schönes Waldschutzgebiet, in dem Tiger, Panther und Hyänen leben. Bei Srisailam wird der Fluss auch Patal Ganga («Unterirdischer Ganges») genannt. Der Legende nach entspringt er aus einer unterirdischen Quelle des Ganges. In der Nähe des Damms kann man Bambusboote mieten und Ausflüge auf dem Fluss unternehmen.

Der Sangameshvara-Tempel vor dem Dorf Alampur

Alampur ⓱

Distrikt Mahboobnagar. 215 km südlich von Hyderabad. 🚉 🚌

In diesem Dorf am Nordufer des Tungabhadra standen die frühesten Hindu-Tempel von Andhra Pradesh. Errichten ließen sie die Chalukya von Badami *(siehe S. 439)* im 7. und 8. Jahrhundert. Die neun roten Sandsteinschreine sind gemeinsam als **Navabrahma-Tempel** bekannt und Shiva geweiht. Ihr Grundriss folgt dem Standardschema: Jeder Tempel zeigt nach Osten, hat ein inneres Heiligtum und einen Säulen-*mandapa* und ist von einem Gang umgeben. Der Turm über dem inneren Heiligtum wird von einem *amalaka* (Rundstein) bekrönt, der deutlich von der nordindischen Tempelarchitektur beeinflusst ist *(siehe S. 20)*.

Die späteren Tempel der Gruppe sind mit Vorbauten und durchbrochenen Steinschirmen auf drei Seiten der Gänge ausgestattet, so z. B. der **Svargabrahma-Tempel** (689 n. Chr.). Der Tempel verfügt über herausragende Skulpturen, darunter auch *dikpalas* (Wächterfiguren) in Nischen und verschiedene Bildnisse Shivas. Einige Säulen im Inneren der Tempel sind kunstvoll verziert, z. B. die im **Padmabrahma-Tempel**. An der Basis findet man sitzende Löwen, die Schäfte sind kanneliert, die Kapitelle weisen eine Kelchform auf. Der **Balabrahma-Tempel** ist der einzige des Ensembles, der noch genutzt wird.

Das **Archäologische Museum** nebenan zeigt Skulpturen aus der frühen Chalukya-Ära. Vor dem Dorf steht eine Rekonstruktion des **Sangameshvara-Tempels**, der durch den Bau des Krishna-Damms 15 Kilometer weiter nördlich überflutet worden wäre. Der Tempel ähnelt denen der Navabrahma-Gruppe, nur die skulpturalen Details sind kaum noch zu erkennen.

Südwestlich des Navabrahma-Tempelkomplexes stehen die **Papanashanam-Tempel** aus dem 9./10. Jahrhundert mit eindrucksvollen Pyramidendächern, aber wenig äußerem Dekor. Auf einer Deckentafel sind die Reinkarnationen Vishnus dargestellt, in einem anderen Tempel die Göttin Durga.

Verzierung am Padmabrahma-Tempel

Naga (Schlangengott), Archäologisches Museum, Alampur

🏛️ **Archäologisches Museum**
○ Sa–Do.

Hotels und Restaurants in Andhra Pradesh siehe Seiten 595 und 621

ANDHRA PRADESH

Tirupati mit dem vergoldeten *vimana* des Tempels

Tirupati ⓲

Distrikt Chittoor. 558 km südlich von Hyderabad. 228 000. 12 km südlich des Stadtzentrums, dann Taxi. Andhra Pradesh Tourism, Sridevi Complex, (0877) 228 9120. Brahmotsavam (Sep/Okt).

Tirupati ist der beliebteste hinduistische Wallfahrtsort Indiens. Der **Shri-Venkateshvara-Tempel** liegt 700 Meter hoch in den Tirumala Hills oberhalb der Stadt. Die sieben »heiligen Hügel« von Tirumala gelten als Symbol des siebenköpfigen Schlangengottes Adisesha, der den schlafenden Vishnu trägt. Der Tempel stammt aus dem 9. Jahrhundert, ab dem 15. Jahrhundert wurde er jedoch häufig umgebaut.

Die Aura, die den Gott Venkateshvara (eine Emanation Vishnus, die auch als Balaji bekannt ist) umgibt, kennzeichnet ihn als »Gnadenspender« und macht seinen Tempel zum meistbesuchten und reichsten in ganz Indien. Die Zahl der Pilger übertrifft sogar Jerusalem und Rom: Rund 25 000 Gläubige kommen pro Tag hierher, an Festtagen bis zu 100 000. An dem goldenen *vimana* und dem Flaggenmast sowie an dem mit Blattgold verzierten Eingang zum inneren Heiligtum kann man den Reichtum des Tempels ablesen. Das schwarze, zwei Meter große Bildnis der Gottheit steht auf einer Lotusblüte und ist mit Rubinen, Diamanten und Gold geschmückt. Die Dia-

Venkateshvara, der Hauptgott von Tirupati

mantenkrone soll das kostbarste Ornament der Welt sein. Zu Seiten des Gottes stehen seine Gefährten Sridevi und Bhudevi. Im Eingangsportikus sind lebensgroße Abbilder der Vijayanagar-Könige und -Königinnen zu sehen *(siehe S. 434–437)*, deren Schutzpatron Venkateshvara war.

Der gesamte Komplex kann unzählige Pilgermassen aufnehmen, die kommen, um von Venkateshvara eine Gunst zu erbitten. Das innere Heiligtum darf auch von Nicht-Hindus betreten werden. Die Gläubigen warten geduldig in langen Schlangen, um der Gottheit Geld, Gold oder Juwelen zu opfern *(darshan)*. Das Einkommen des Tempels beläuft sich jährlich auf 1,5 Milliarden Rupien. Das Tirumala Tirupati Devasthanam (TTD) leitet den Tempel und beschäftigt rund 6000 Mitarbeiter, die sich um die Pilger und den Erhalt des Tempels kümmern.

Zum Komplex gehören u.a. ein rituelles Badebecken und ein kleines **Art Museum** mit Bildern der Gottheit, Musikinstrumenten und Votivgegenständen. Er ist von grünen Tälern und dem Akash-Ganga-Wasserfall umgeben, aus dem das heilige Wasser zum Baden der Gottheit kommt.

Einzigartig in Tirupati ist, dass viele Gläubige der Gottheit ihr Haar opfern. Dafür ist ein bestimmter Raum vorgesehen. Durch das Schneiden des Haares will man sich auch von Eitelkeiten befreien. Meist opfert man das Haar, nachdem ein Wunsch erfüllt wurde. Dieses wird in die USA und nach Japan exportiert – zur Perückenherstellung.

Die meisten Pilger verweilen an dem kleinen Ganesha-Schrein am Fuß des Hügels und am **Govindarajaswamy-Tempel** in der Stadt, bevor sie dann den Berg hinauf zum Tirumala-Schrein fahren. Der Tempel datiert aus dem 16./17. Jahrhundert und ist sowohl Krishna als auch Vishnu geweiht. Die Nachfolger der Vijayanagar, die Nayaka, ließen ihn erbauen. Man betritt ihn durch einen massiven äußeren *gopura*, der ganz Tirupati überragt und mit Szenen aus dem *Ramayana (siehe S. 27)* geschmückt ist. Der wunderschöne Pavillon im Innenhof ist mit Granitsäulen, einem Holzdach und Skulpturen kauernder Löwen ausgestattet. Im Tempel selbst befindet sich eine großartige Statue des liegenden Vishnu (oder Ranganatha), der in einer bronzenen Rüstung steckt. Nördlich des Tempels befindet sich das **Venkateshvara Museum of Temple Arts** mit Modellen von Tempeln, Fotografien und rituellen Gegenständen.

Shri-Venkateshvara-Tempel
tägl.; darshan: 6–11 Uhr; gegen Gebühr kann man sich auch in der kürzeren Schlange zum individuellen darshan anstellen.

Reich verzierter Haupteingang des Govindarajaswamy-Tempels

Das Rani Mahal mit gestuften Pyramidentürmen, Chandragiri

Chandragiri [19]

Distrikt Tirupati. 18 km südwestlich von Tirupati. *ab Tirupati.*

Das kleine Dorf war ein wichtiger Vorposten der Vijayanagar-Könige, bevor der Aravidu-Herrscher Venkatapatideva (reg. 1586–1614) es zur Hauptstadt seines den Vijayanagar nachfolgenden Reiches machte.

Die ruhmreiche Vergangenheit Chandragiris spiegelt sich in den massiven Mauern seiner Festung (spätes 16. Jh.) und einigen verlassenen Palästen wider. Am bedeutendsten ist das **Raja Mahal** mit der von Arkaden gesäumten Durbar Hall und dem Lustpavillon mit Kuppel. Hier wurde Sir Francis Day von der East India Company 1639 Land zugesichert, auf dem er eine Fabrik errichten wollte – das spätere Madras (siehe S. 453). Das **Rani Mahal** nebenan ist mit auffälligen Pyramidentürmen und einer Fassade mit Blattornamenten ausgestattet.

Tempel neben den Palastruinen von Chandragiri

Sri Kalahasti [20]

Distrikt Chittoor. 41 km östlich von Tirupati. *ab Tirupati.* Tempelfest (Sep/Okt).

Sri Kalahasti ist einer der wichtigsten Wallfahrtsorte in Andhra Pradesh. Er liegt zwischen zwei steilen Hügeln am Südufer des Svarnamukhi. An einem Ende der belebten Hauptstraße steht ein 36,5 Meter hoher *gopura*, den Kaiser Krishnadeva Raya der Vijayanagar (siehe S. 434–437) 1516 errichten ließ. Das Wappen der Dynastie – Eber, Schwert, Sonne und Mond – ist an den Mauern des siebenstöckigen Tores mit Turm zu sehen.

Ganz in der Nähe führen ähnliche, aber kleinere *gopuras* zum **Kalahastishvara-Tempel**, der Hauptattraktion der Stadt. Er ist von einem gepflasterten rechteckigen Bereich umgeben. Durch ein Tor im Süden gelangt man in einen Hof voller Säulenhallen, Pavillons, Lampensäulen und Altäre, die durch ein Labyrinth aus Kolonnaden und Gängen miteinander verbunden sind. Einige Säulen sind als Tierfiguren gestaltet. Im nördlichen Korridor stehen Bronzen der 63 Shiva-Heiligen, der sogenannten Nayannars (siehe S. 45). Das innere Heiligtum öffnet sich gen Westen und enthält das *Vayu*-(Luft-)Linga, eines der prachtvollsten Lingas Shivas in Südindien. Es ist seltsam lang gezogen und wird von einer Kobra aus Messing überragt.

Blumenverkäufer in Sri Kalahasti

Einer Legende zufolge beteten eine Spinne, eine Kobra und ein Elefant das Linga jeweils auf ihre eigene Weise an. Die Spinne webte ein Netz darum, um es vor der Sonne zu schützen. Die Kobra war

---

Kalamkari-Stoffe

Die bunten Baumwollstoffe leiten ihren Namen von »Stift« (kalam) und »Werk« (kari) ab. Sie werden überwiegend in Machilipatnam (siehe S. 552) und Sri Kalahasti hergestellt. Mit einer Mischtechnik aus Malen und Färben werden zunächst Figuren von Göttern, Göttinnen, Bäumen und Vögeln auf den Stoff gezeichnet, die anschließend mit einem »Stift« – ein mit Baumwolle umwickelter Bambusstock – nachgemalt werden. Typische Farben sind Ocker, Hellrosa, Indigoblau, Krapprot und Schwarz. *Kalamkaris* aus Sri Kalahasti waren Teil des Tempelrituals. Ebenso wie auf Tempelfresken sind hier mythologische Szenen mit Göttern und himmlischen Wesen dargestellt. *Kalamkaris* aus Machilipatnam weisen einen deutlichen persischen Einfluss auf. Im 17. Jahrhundert waren sie überaus begehrte Handelsobjekte.

Kalamkari mit Shiva und Parvati

Hotels und Restaurants in Andhra Pradesh *siehe Seiten 595 und 621*

ANDHRA PRADESH

Die Stadt Sri Kalahasti mit ihren riesigen *gopuras* und dem Kannappa-Tempel auf einem Hügel

jedoch über die Spinnweben so entsetzt, dass sie das Linga säuberte und mit kleinen Steinen bedeckte. Der Elefant schließlich entfernte die Steine und schmückte das Linga mit Blumen. So ging es eine Weile weiter: Die drei Gläubigen waren davon überzeugt, dass ihre Art der Anbetung die beste sei und dass die anderen ein Sakrileg begingen. Sie beschlossen, eine Entscheidung durch einen Kampf herbeizuführen, bei dem sie sich alle drei verausgabten. Shiva war darüber so entzückt, dass er die drei segnete und den Schrein nach ihnen benannte: Sri (Spinne), Kala (Kobra), Hasti (Elefant).

Durch den **Kannappa-Tempel** ist Sri Kalahasti auch mit der Kannappa-Legende verbunden. Der Jäger Kannappa war einer der 63 Nayannars. In inbrünstiger Hingabe stach er sich ein Auge aus, um es Shiva zu opfern. Auf einem Hügel im Osten befindet sich ein Schrein zu seinem Andenken.

Seit Generationen kommen Gläubige zu diesem Tempel, um die »bösen Auswirkungen« des Saturn zu mildern. Einige Pilger bringen auch ihre unverheirateten Töchter hierher, in der Hoffnung, durch ein spezielles *puja* einen guten Ehemann für die Tochter zu finden.

Puttaparthi ㉑

Distrikt Ananthapur. 440 km südlich von Hyderabad. ✈ *6 km südwestlich des Ashrams, dann mit dem Taxi.* 🚆 *Dharmavaram, 40 km nördlich von Puttaparthi, dann mit dem Bus.* 🏨 ℹ️ *APTDC: Sai Aramam, (08555) 288 565.* 🎉 *Sai Babas Geburtstag (23. Nov).*

Puttaparthi ist vor allem für die zahlreichen Anhänger des »Predigers« Sri Satya Sai Baba von Bedeutung, der sich für religiöse Toleranz, universelle Liebe und Hilfsbereitschaft einsetzt. Sai Babas Fähigkeit, *vibhuti* (heilige Asche) wundersamerweise aus dem Nichts zu zaubern, wird von seinen Anhängern als Zeichen seines gottähnlichen Status und seiner Macht gedeutet.

Der Prediger Sri Satya Sai Baba

Sai Baba wurde als Satyanarayana Raju am 23. November 1926 geboren und behauptete schon als Kind, göttliche Fähigkeiten zu haben. Mit nur 14 Jahren erklärte er sich zur Reinkarnation des berühmten Heiligen Sai Baba aus Shirdi in Maharashtra, der 1918 gestorben war. Man glaubte, dass er nach seinem Tod als ein anderer Heiliger namens Prem Sai Baba wiederkommen würde. 1950 gründete Satya Sai Baba einen Ashram. Seine Anhängerschaft war inzwischen auf eine gigantische Zahl angewachsen. Der Ashram, **Prasanthi Nilayam** oder der »Ort Höchsten Friedens«, umfasst heute Gästehäuser, Schlafsäle, Küchen und einige Speisesäle. Darum herum sind Schulen, Colleges, Wohnhäuser, Krankenhäuser, ein Planetarium, ein Museum und Erholungsstätten entstanden – ein kleiner Kosmos für sich. Außerhalb des Ashrams, am unteren Ende des Dorfes, spielt sich das bäuerliche Leben scheinbar unabhängig davon ab. Die Landschaft hier ist sehr fruchtbar: gut bewässerte Felder, so weit das Auge reicht.

Frauen bei der Feldarbeit, Puttaparthi

Der verzierte mihrab *der Sher-Shah-Moschee, Penukonda*

Penukonda ㉒

Distrikt Anantapur. 425 km südlich von Hyderabad. *Babayya Fair (Dez).*

Penukonda, der »Große Hügel«, erhebt sich vor einem Felsen. Seine steilen Mauern sind fast dreieckig angeordnet. Vom 14. bis 16. Jahrhundert beherrschten die Vijayanagar das strategisch günstig gelegene Fort, danach war es zunächst die Hauptstadt der Aravidu, bevor es an die Qutb Shahis, die Moguln und die Marathen fiel. Heute sind auf dem Weg zum Gipfel noch Tore, Wachtürme, verfallene Säle und Schreine zu sehen.

Am Fuß des Hügels befindet sich die befestigte Stadt. Die Haupttore liegen im Norden und Osten, im Süden befindet sich ein großes Becken. Die wichtigsten Monumente stehen an der Nord-Süd-Straße der Stadt. Der **Parsvanatha-Jain-Tempel** enthält eine bemerkenswerte Skulptur des vor einer Schlange stehenden Jain-Heiligen Parsvanatha aus der Zeit der Hoysala (12./13. Jh.). Die nahe gelegene **Sher-Shah-Moschee** aus dem 16. Jahrhundert ist mit einer Arkadenfassade und einer Kuppel versehen.

Weiter südlich stehen zwei Rama und Shiva geweihte Granittempel nebeneinander. Der **Rama-Tempel** mit seiner Pilasterfassade wird durch Reliefs mit Szenen aus dem *Ramayana (siehe S. 27)* und der Krishna-Legende belebt, der **Shiva-Tempel** mit Szenen aus der Shiva-Mythologie.

Der angrenzende Palastbau des **Gagan Mahal** stammt aus der Zeit der Vijayanagar. Eine mit Bogen versehene Veranda führt zu einer überwölbten Halle mit Kammern im hinteren Bereich. Der Pavillon mit Kuppel über der Halle wird von einem pyramidenförmigen oktogonalen Turm bekrönt. Ein ähnlicher, kleinerer Turm befindet sich über der angrenzenden Treppe. Östlich davon steht ein quadratischer Pavillon mit geschwungenem Gesims, Brüstung und oktogonalem Turm. Im Inneren finden sich Spuren von Gipsarbeiten. Der Brunnen in der Nähe ist mit einer Löwenfigur verziert. Nördlich der Stadt gelangt man zum **Dargah von Babayya** aus dem 16. Jahrhundert, einem beliebten Wallfahrtsort, den Tipu Sultan *(siehe S. 425)* besonders förderte. Jedes Jahr im Dezember findet hier ein Jahrmarkt statt.

Lepakshi ㉓

Distrikt Anantapur. 478 km südlich von Hyderabad. *tägl. Shivratri (Feb/März).*

Einen Kilometer östlich von Lepakshi steht ein riesiger, aus einem Stein gefertigter Nandi (Shivas Stier) und heißt die Besucher dieser wichtigen Pilgerstadt willkommen.

Die bedeutendste Attraktion der Stadt ist der **Virabhadra-Tempel** auf einem Felsvorsprung. Er entstand Mitte des 16. Jahrhunderts unter dem Mäzenatentum der zwei Brüder Virupanna und Viranna, der Gouverneure von Penukonda in der Vijayanagar-Ära.

Der Tempel vereint die wichtigsten Bildhauer- und Malstile der Zeit. Er ist Virabhadra geweiht (Shiva als Zerstörer) und steht auf drei Ebenen in der Mitte zweier konzentrischer Bereiche. Man betritt ihn durch einen *gopura* im Norden. Innen wird der Eingang auf beiden Seiten von Figuren der Flussgöttinnen Ganga und Yamuna vor Blattornamenten flankiert. Weiterhin sehenswert sind die Reliefs auf den massiven Säulen um das Zentrum der offenen Halle, die Gottheiten, Wächter und Weisen im unvollendeten Kalyana Mandapa und die imposante siebenköpfige *naga* (Schlange), die im Südosten des Hauptschreins ein Linga aus Granit beschützt. Die Decken der beiden angrenzenden *mandapas* (einer ist offen, der andere von Mauern umgeben), die Wände des Ardha Mandapa und einige Nebenschreine sind mit Malereien in lebhaften natürlichen Farben (z. B. aus Mineralien) bedeckt. Götter und Göttinnen, Stifter und Gläubige sowie Szenen aus Mythen und Legenden zeugen von der hohen Malkunst zur Zeit der Vijayanagar.

Naga-Monolith, Virabhadra-Tempel

Einer blutrünstigen Legende zufolge soll Virupanna Staatsgelder veruntreut haben, um diesen Schrein zu erbauen, und sich anschließend aus Strafe selbst geblendet haben. Die beiden dunkelroten Flecken an der Westwand des inneren Bereichs sollen die Abdrücke sein, die seine Augen hinterlassen haben.

Säulenreliefs, Virabhadra-Tempel

ANDHRA PRADESH 561

Die Malereien von Lepakshi

Am beeindruckendsten sind die mit wunderschönen Fresken verzierten Decken des Virabhadra-Tempels. In einer Reihe von Gemälden sind auf sehr lebhafte Art Szenen aus den großen Epen und den *Puranas* dargestellt. Die Figuren sind im Profil zu sehen, mit deutlich hervortretenden Augen und scharfen Nasen- und Kinnkonturen. Die Fresken werden von einem kunstvoll gestalteten schwarzen Muster auf dem orangeroten Hintergrund eingerahmt. Besonders schön sind die Kostüme und detailverliebten Frisuren, die Stoffmuster und der Schmuck. Die Palette der Farben ist auf Weiß, Grün, Schwarz, Ocker und Braun beschränkt, die auf einer speziell behandelten Stuckoberfläche aufgetragen werden. Einige der schönsten Gemälde finden sich an der Decke des offenen *mandapa*, wo sie große Flächen bedecken.

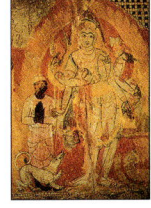

Shiva als Bettler verkleidet

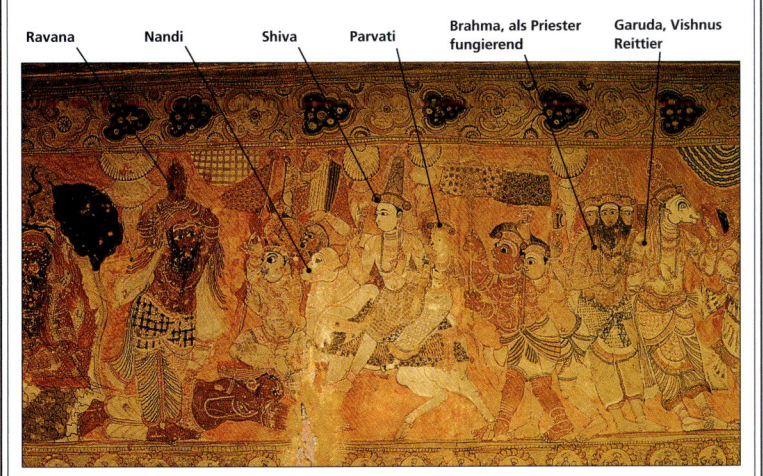

Ravana | Nandi | Shiva | Parvati | Brahma, als Priester fungierend | Garuda, Vishnus Reittier

Hochzeit von Shiva und Parvati
Das spektakulärste Fresko in Lepakshi erinnert mit seinen Farben, den detailgetreuen Kleidern, dem Schmuck und den grazilen weiblichen Figuren an die Fresken von Ajanta.

Dakshinamurti (*Shiva als Göttlicher Lehrer*) *ist auf einem Hügel sitzend dargestellt. Er vermittelt den Weisen zu seinen Füßen die Grundzüge der Mystik und Philosophie.*

Parvati *wird von ihren Dienerinnen für die Hochzeit vorbereitet. Die stilisierten Figuren sind flach und oft hintereinandersitzend dargestellt.*

Die Keilerjagd *zeigt ein Wildschwein, das Arjuna und Shiva angreift, die es töten wollen.*

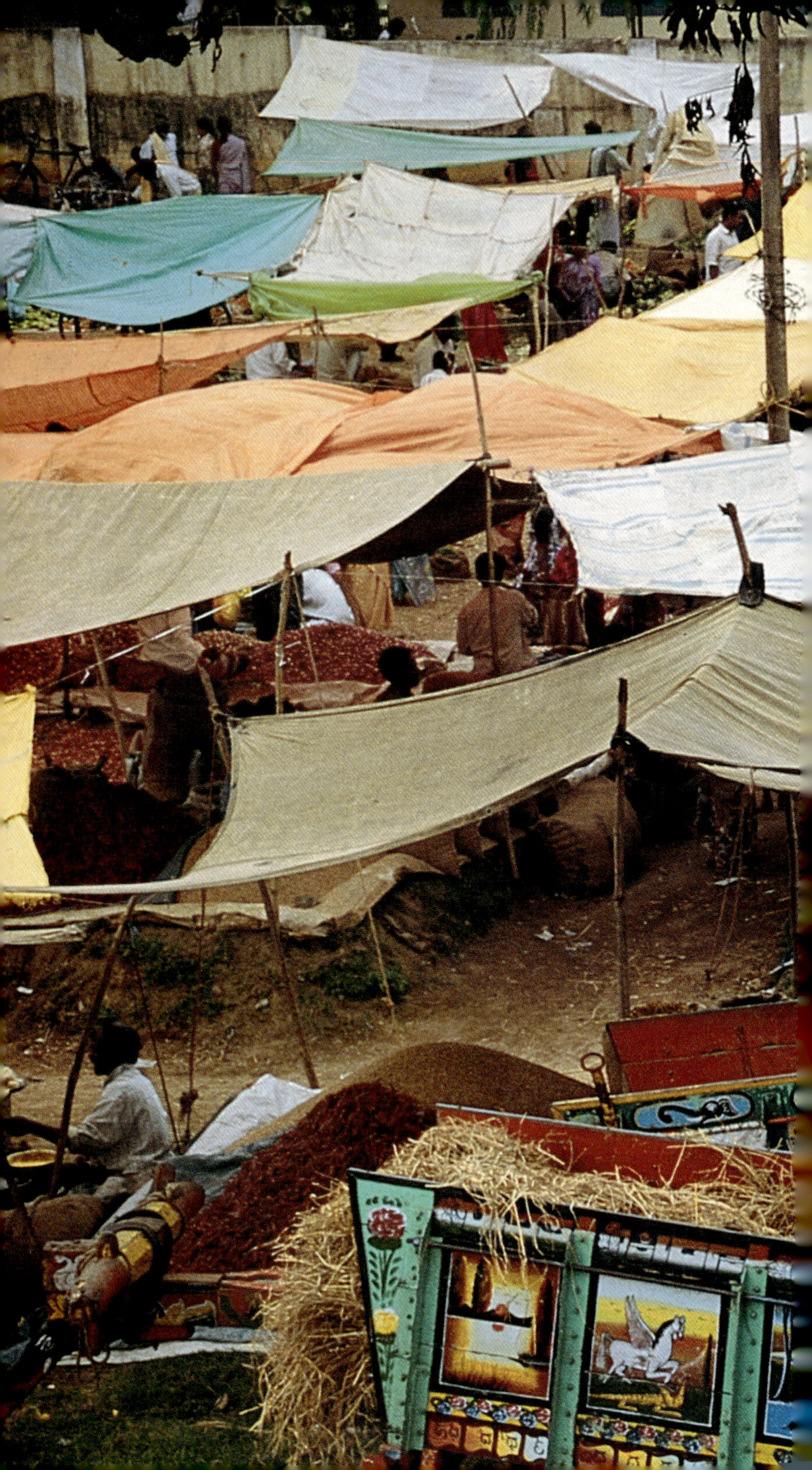

Zu Gast
in Indien

Hotels **564–595**

Restaurants **596–621**

Hotels

Der wachsenden Zahl der Indien-Besucher steht eine Vielzahl von Unterbringungsmöglichkeiten zur Verfügung – von Luxushotels im westlichen Stil über elegante alte Paläste bis hin zu preiswerten Bungalows. Entsprechend unterschiedlich sind die Preise, die in erster Linie von Service und Lage des Hotels abhängen. Luxus-, Wellness- und Heritage Hotels sind natürlich teuer, aber ihr Geld wert. Die meist staatlich geführten Mittelklassehotels sind vielleicht nicht so elegant wie Fünf-Sterne-Hotels, aber sie sind sauber und verfügen ebenfalls über ein gutes Preis-Leistungs-Verhältnis. Preiswerter wohnt man in Gästehäusern, Jugendherbergen und spartanisch ausgestatteten Pilgerunterkünften wie *dharamshalas* und Ashrams. In der Nebensaison von April bis September sind die Hotelpreise meist niedriger. Die Hotelauswahl (siehe S. 568–595) stellt einige der besten Hotels in Indien vor – hier ist für jeden Geschmack und Geldbeutel das Passende dabei.

RAJVILĀS
Logo eines Oberoi-Luxushotels

Hotelkategorien und Ausstattung

Am oberen Ende der Skala findet man die Luxushotels der Fünf-Sterne-Kategorie. Sie gehören meist zu internationalen oder indischen Ketten wie **Oberoi**, **Taj**, **ITC-Welcomgroup** oder der von der India Tourism Development Corporation (ITDC) geführten **Ashok Group**. Viele Hotels der letzteren Gruppe werden allerdings privatisiert. Die Vier- und Drei-Sterne-Hotels sind oft noch in staatlichem Besitz. Preiswert wohnt man in Gästehäusern, die teureren »Heritage Hotels« sind in restaurierten Forts und Palästen untergebracht.

Preise und Buchung

Am teuersten sind die Fünf-Sterne-Hotels der Luxusklasse sowie die exklusiven »Heritage Hotels«, obwohl diese auch manchmal preiswerter zu haben sind. Für Übernachtungen in größeren Städten müssen Sie in der Regel mehr bezahlen. Die Preise der landesweit vertretenen staatlich geführten Hotels variieren erheblich, ebenso wie die der Gästehäuser. Saisonbedingte Preisnachlässe können bis zu 50 Prozent betragen.

Im Preis ist überwiegend nur das Zimmer inbegriffen – in manchen Fällen auch das Frühstück. In der Nebensaison zeigen sich die meisten Hotels bezüglich der Preisgestaltung flexibel, hier lohnt sich das Verhandeln.

In Hotels mit dualem Preissystem – ein Preis für ausländische, einer für indische Besucher – müssen Reisende aus dem Ausland den entsprechenden Preis in US-Dollars oder Rupien zuzüglich eventueller Steuern bezahlen. Im Oktober, zu Beginn der Urlaubssaison, werden die Preise oft neu festgelegt.

In der Hochsaison zwischen Oktober und März empfiehlt sich eine frühzeitige Buchung. Da die Klassifizierung ein wenig verwirrend ist, sollten Sie sich genau beschreiben lassen, was Sie hinsichtlich der Zimmer und Serviceleistung erwartet. Eine schriftliche Buchungsbestätigung ist ebenfalls eine sinnvolle Vorsichtsmaßnahme. Fragen Sie auch nach – vor allem in Mittelklasse- und preiswerten Hotels –, ob Kreditkarten akzeptiert werden. Eine Bezahlung im Voraus ist nicht unüblich. Bei Stornierung wird jedoch nur ein Teil des Geldes zurückerstattet.

Auschecken müssen Sie meist bis 12 Uhr, für Verzögerungen verlangen größere Hotels oft eine kleine Gebühr. Prüfen Sie vor dem Bezahlen Ihre Rechnung genau. Heben Sie alle Quittungen bei Ihrer Abreise auf.

Steuern

Die Hotelrechnung beinhaltet alle Steuern, die die Regierungen des Landes und der einzelnen Bundesstaaten erheben. Das Land verlangt eine einheitliche Aufwandssteuer für Hotels von zehn Prozent. Davon sind alle Hotels betroffen, bei denen das Zimmer 3000 Rupien oder mehr kostet. Die Bundesstaaten erheben zudem noch eine Luxussteuer zwischen fünf und 25 Prozent. Darüber hinaus kann es noch regionale Steuern wie Verkaufs-,

Das zauberhafte, im Raj-Stil gehaltene Fernhill Palace Hotel in Ooty

Wochenmarkt in Srirangapattana, Karnataka (siehe S. 424f)

HOTELS

Das opulente, im Lake Pichola gelegene Lake Palace Hotel in Udaipur

Service- oder eine spezielle Alkoholsteuer geben. Einige Hotels verlangen auch eine Gebühr für den Service.

Versteckte Kosten

Für Frühstuck, Minibar, Mineralwasser, Telefon, Wäsche, Zimmerservice (falls nicht enthalten), zusätzliche Decken und Kopfkissen sowie für Business-Einrichtungen, Internet, Faxe und Pay-TV müssen Sie extra zahlen. Transfers zum und vom Hotel sind nur bei anspruchsvollen Pauschalreisen im Preis enthalten.

Überregionale und internationale Telefonanrufe können Sie vom hoteleigenen ISD-/STD-Anschluss aus tätigen, billiger sind allerdings die STD-Zellen *(siehe S. 636)* außerhalb des Hotels. Kleinere Hotels ohne fließendes heißes Wasser stellen es gegen Aufpreis eimerweise zur Verfügung.

Luxushotels

Die Luxushotels in Indien können sich ohne Weiteres mit den besten der Welt messen: geräumige Zimmer und Suiten, exzellenter Service, viele Annehmlichkeiten wie z.B. ein Reisebüro, Tagungsräume, Einkaufsmöglichkeiten, Swimmingpool, Fitness-Center und erstklassige Restaurants. Das Personal ist sehr freundlich und aufmerksam und hilft gern bei der Organisation von Freizeitaktivitäten wie Tennis- oder Golfspielen und Reiten. Besonders in der Hochsaison sind die entsprechenden Veranstalter oft früh ausgebucht.

»Heritage Hotels«

Einige Paläste, Forts und *havelis*, insbesondere in Rajasthan, Madhya Pradesh, Himachal Pradesh und Gujarat, wurden restauriert, modernisiert und in Luxushotels umgewandelt. Sie verströmen einen altmodischen Charme, viele werden sogar noch von ehemaligen Fürstenfamilien geführt.

Die **Indian Heritage Hotels Association** fasst diese Hotels unter den Kategorien »Grand«, »Classic« und »Ordinary« zusammen, auch private Veranstalter wie **HRH Group of Hotels**, **Neemrana Hotels** und **WelcomHeritage** sowie andere Reisebüros bieten Übernachtungen in den Hotels an.

Mittelklassehotels

Vier- und Drei-Sterne-Hotels sind die etwas bescheidenere und preiswertere Alternative zu Luxushotels. Trotzdem ist der Standard an Komfort, Sauberkeit und professionellem Personal hoch.

Die Zimmer verfügen über Klimaanlagen und eigene Bäder. Darüber hinaus bieten diese Hotels Restaurants, Geschenkeläden, Business-Einrichtungen und manchmal auch Gärten, in denen man speisen kann.

Preiswerte Hotels und Lodges

Preiswerte Hotels findet man oft in der Nähe von Bushaltestellen und Bahnhöfen. Sie sind einfach eingerichtet, haben Toiletten im indischen oder europäischen Stil, Deckenventilatoren und einfache Speisemöglichkeiten. Manchmal gibt es gegen eine geringe Gebühr sogar einen Internet-Zugang. In großeren Städten liegen die Preise deutlich höher als in kleineren.

Eine ausgezeichnete Alternative in weniger bekannten Gegenden sind die Bungalows für Besucher und die vom Fremdenverkehrsamt (von der Ashok Group) geführten Lodges. Erhältlich ist neben eigenständigen Zimmern mit Bad auch die Unterbringung im Schlafsaal.

Dak-Bungalows

Die sogenannten Dak-Bungalows (sehr einfache Gasthöfe) sind preiswert, sauber und liegen praktisch. An sie heranzukommen ist jedoch nicht immer leicht, am besten wenden Sie sich wegen einer Buchung an die örtlichen Behörden. Sie sollten auf jeden Fall im Voraus buchen.

Das Cidade de Goa Beach Resort entwarf der Architekt Charles Correa

Gästehäuser und Privatunterkünfte

In einigen Bundesstaaten, z. B. in Goa, Tamil Nadu, Rajasthan und Madhya Pradesh, wandelte man Familiencottages und alte Villen in Gästehäuser um. Sie besetzen das mittlere bis untere Preissegment, die Ausstattung sowie die Qualität des Service variieren erheblich. Sehen Sie sich das Zimmer an, bevor Sie es buchen – die Unterschiede können auch innerhalb einer Preiskategorie sehr groß sein. Die besseren Zimmer verfügen über Klimaanlagen, eigene Bäder und Toiletten im europäischen Stil.

Aufenthalte bei Privatfamilien kommen vor allem in Kerala immer mehr in Mode. Fragen Sie bei den Fremdenverkehrsämtern *(siehe S. 627)* nach einer Auflistung der entsprechenden Möglichkeiten. Die Listen des Rajasthan Tourism und des Madhya Pradesh Tourism sind sehr umfangreich. In Kerala haben sich **Sundale Vacations** und **Mahindra Homestays** auf Privatunterkünfte spezialisiert.

Dharamshalas und Ashrams

Religiöse Zentren wie *dharamshalas*, Ashrams und Klöster bieten über das ganze Land verstreut einfache, aber saubere Übernachtungsmöglichkeiten an. Bei den meisten ist eine Buchung im Voraus nicht nötig. Der Aufenthalt kostet auch nichts, obwohl Spenden gern gesehen sind. Man sollte sich jedoch an die Hausregeln halten und besonders darauf achten, keine religiösen Gefühle zu verletzen. In einigen Ashrams im älteren Teil der Stadt übernachtet man auf einer Matratze auf dem Boden und teilt sich das Zimmer und das Bad meist mit anderen Gästen.

Bekannte Ashrams wie der **Sri Aurobindo Ashram**, die **Ramakrishna Mission** und der **Sivananda Ashram** haben Niederlassungen im ganzen Land, die man durchaus im Voraus buchen muss. Wenden Sie sich an die jeweilige Hauptverwaltung.

In Ladakh führen viele Klöster auch Hotels in unmittelbarer Nähe. Zu den besten gehört das **Lamayuru Monastery Hotel**, das sehr schön liegt *(siehe S. 126)*.

Nationalparks und Campingplätze

Viele Nationalparks und Naturschutzgebiete verfügen über sehr einfache Unterkünfte im Wald. Meist sind sie den Parkangestellten vorbehalten, am Rand der größeren Parks entstehen jedoch auch immer mehr gehobene Ferienanlagen. Die beliebtesten befinden sich in Ranthambhore (Sher Bagh), Corbett (Infinity Resorts), Kaziranga (Wildgrass) und Nagarhole (Kabini River Lodge). Buchungen nimmt neben Reisebüros auch **Wild World India** vor. Das Campen ist im Naturschutzgebiet nicht erlaubt, von Wanderungen auf eigene Faust ist aus Sicherheitsgründen abzuraten.

Die Unterbringung im Zeltlager organisieren auf Abenteuertouren (z. B. Rafting auf dem Ganges, *siehe S. 159*) oder Campingferien spezialisierte Veranstalter. Erkundigen Sie sich genau nach den Bedingungen; nicht alle stellen Moskitonetze oder Mineralwasser zur Verfügung. In Rajasthan bieten einige Hotels auch Unterkünfte in Luxuszelten in wunderschönen Gärten an. Auch während der Feste Pushkar und Kumbh Mela stellt die Regierung Zelte für Besucher auf.

Spezialhotels

Das wachsende Interesse an ganzheitlichen Heilmethoden und Wellness hat zu einer steigenden Anzahl von Hotels geführt, die sich auf eben jene Aspekte konzentrieren. Am beliebtesten sind Ayurveda- und Yoga-Zentren. Zu den weiteren Leistungen, die der Besucher in Anspruch nehmen kann, zählen verschiedene Massagetechniken (z. B. Reflexzonenmassage), Aromatherapie und Meditation. Zur Behandlung gehört meist auch eine besondere Ernährung. Wellnesshotels der Spitzenklasse sind das Raj Vilas und das Amar

Luxuszeltlager in Pushkar während des jährlichen Viehmarkts

Ein »Reisboot« oder *kettuvallam* an einem Flussarm in Kerala

Vilas (**Oberoi**) sowie das Ananda *(siehe S. 574).*

Luxus pur bieten auch die *kettuvallams* (umgebaute Reisboote) von Kerala. Entsprechende Aufenthalte organisiert **Tourindia**.

Jugendherbergen

Indien verfügt über ein ausgezeichnetes Netzwerk an Jugendherbergen. Sie sind sehr preiswert, meist aber auch sehr voll. Mitglieder der **Youth Hostel Association of India** und des Internationalen Jugendherbergsverbands haben Priorität, sowohl Zimmer als auch Schlafsäle sind im Angebot. Die Einrichtungen des **YMCA** (dt. CVJM) sind besser ausgestattet, aber teurer und seltener zu finden.

Risiken

Falls Sie kein Hotel im Voraus gebucht haben, sollten Sie sich an den Fremdenverkehrsschalter am Flughafen, am Bahnhof oder am Busbahnhof wenden, um vor Schleppern sicher zu sein, die auch als Taxi- und Auto-Rikschafahrer fungieren. Viele können sehr überzeugend sein und unglaubliche Angebote machen. Einige wollen wirklich helfen. Falls Sie also keine andere Wahl haben, sollten Sie zumindest den Fahrer warten lassen, bis Sie die Unterkunft in Augenschein genommen haben.

Behinderte Reisende & Mit Kindern reisen

Einrichtungen für Behinderte gibt es wenig, das Hotelpersonal ist jedoch meist sehr hilfsbereit. Die Regierung versucht, einen behindertengerechten Standard – Rollstuhlrampen, Aufzüge, Toiletten – einzuführen, dies geht vielerorts aber nur langsam vonstatten. Auch für Kinder haben die meisten Hotels keine besonderen Einrichtungen. Man gibt sich allerdings viel Mühe. Extrabetten sind häufig kein Problem, einen Babysitter-Service gibt es im Gegensatz dazu fast nirgends.

Das beeindruckende Foyer des Cecil Hotel in Shimla

Trinkgeld

Obwohl in den Rechnungen der Service enthalten ist, wird ein zusätzliches Trinkgeld erwartet. Wie viel Sie geben, bleibt Ihnen überlassen. Für den Parkwächter, den Zimmerservice und Gepäckträger sind zehn Rupien in Ordnung. Kellner bekommen in der Regel zehn Prozent des Rechnungsbetrages, Taxifahrer gar nichts.

AUF EINEN BLICK

Hotelketten

Ashok Group
ITDC, 7 Jeevan Vihar, 3 Sansad Marg, Delhi.
(011) 2374 8165.
www.theashokgroup.com

ITC-Welcomgroup
(011) 2611 2233.
www.itcwelcomgroup.com

Oberoi Group
(011) 2389 0507.
www.oberoihotels.com

Taj Group
(022) 2202 5515.
www.tajhotels.com

»Heritage Hotels«

HRH Group of Hotels
City Palace, Udaipur.
(0294) 252 8016.
www.hrhhotels.com

Indian Heritage Hotels Association
Sansar Chandra Rd, Jaipur.
(0141) 237 1194.
www.indianheritagehotels.com

Neemrana Hotels
A-20, Feroze Gandhi Marg, Lajpat Nagar-II, Delhi.
(011) 4666 1666.
www.neemranahotels.com

WelcomHeritage
25, Community Centre, Basant Lok, Vasant Vihar, Delhi.
(011) 4603 5500.
www.welcomheritagehotels.com

Gästehäuser und Privatunterkünfte

Mahindra Homestays
(044) 3988 1000.
www.mahindrahomestays.com

Sundale Vacations
39/5955–A, Atlantis Junction, MG Rd, Kochi.
(0484) 235 9127.
www.sundale.com

Dharamshalas und Ashrams

Lamayuru Monastery Hotel
Lamayuru Monastery, Distrikt Ladakh, Jammu und Kaschmir.

Ramakrishna Mission
Belur Math, Distrikt Howrah, Westbengalen.
(033) 2654 1144.
www.sriramakrishna.org

Sivananda Ashram
Divine Life Society, PO Shivanandanagar, 249 192, Distrikt Tehri Garhwal, Uttarakhand.
(0135) 243 0040.
www.divinelifesociety.org

Sri Aurobindo Ashram
1 Goubert Salai (Beach Road), Puducherry.
(0413) 233 4836.
www.sriaurobindoashram.org

Nationalparks/ Campingplätze

Wild World India
2, Hauz Khas Village, Delhi.
(011) 4602 1018.
www.wildworldindia.com

Spezialhotels

Tourindia
PO Box 163, Thiruvananthapuram.
(0471) 233 1507.
www.tourindiakerala.com

Jugendherbergen

YMCA
YMCA Hostel, 1 Jaisingh Rd, PO Box 612, Delhi.
(011) 2336 1915.
www.ymca.int

Youth Hostels Association of India
Vishwa Yuvak Kendra, 5 Nyaya Marg, Delhi.
(011) 2687 1969.
www.yhaindia.org

Hotelauswahl

Die Hotels wurden aufgrund ihres guten Preis-Leistungs-Verhältnisses sowie ihrer Ausstattung und Lage ausgewählt. Die meisten verfügen über Internet-Zugang, wenn nicht anders angegeben herrscht Rauchverbot. Über Reiseagenturen können eventuell günstigere Preise als die angegebenen ausgehandelt werden.

PREISKATEGORIEN
Die Preise gelten für ein Doppelzimmer pro Nacht, inkl. Service und Steuern (ohne Frühstück):
- ₨ unter 550 Rupien
- ₨₨ 550–1200 Rupien
- ₨₨₨ 1200–3000 Rupien
- ₨₨₨₨ 3000–6000 Rupien
- ₨₨₨₨₨ über 6000 Rupien

Delhi

DELHI Blue Triangle Family Hostel (YWCA) ₨₨
Ashoka Road, 110 001 (011) 2336 0133 FAX (011) 2336 0202 **Zimmer** 43

Allein oder mit Kindern reisende Frauen schätzen das unkomplizierte YWCA für seinen guten Service zu vernünftigen Preisen. Die Unterkunft liegt in der Nähe von Delhis Business- und Shopping-Distrikt und bietet annehmbare Zimmer. Das kostenlose Frühstück wird von 8 bis 10 Uhr serviert, Getränke gibt es rund um die Uhr. **www.ywcaofdelhi.org**

DELHI Hotel Ajanta ₨₨₨
36, Arakashan Rd, Ram Nagar, 110 055 (011) 2956 2097 FAX (011) 2956 1338 **Zimmer** 70

Das einfache, saubere Hotel in Bahnhofsnähe, mitten in der Stadt, hat ein hervorragendes Preis-Leistungs-Verhältnis, geschmackvoll eingerichtete Zimmer und ein aufmerksames, freundliches Personal. Das Hotel bietet einen Transport zum Flughafen – er kostet so viel wie die Parkgebühr am Flughafen. **www.hotelbroadwaydelhi.com**

DELHI Hotel Broadway ₨₨₨
4/15A Asaf Ali Rd (Nähe Delhi Gate), 110 002 (011) 4366 3600 FAX (011) 2326 9966 **Zimmer** 26

Das Broadway ist das älteste Budget-Hotel der Stadt im ältesten Hochhaus Delhis. Der Blick von den Zimmern reicht über die lebhafte Asaf Ali Road bis zu den Mogulmonumenten von Old Delhi. Komfortable Zimmer, freundliches Personal und zwei gute Restaurants machen es zu einer soliden Option. **www.oldworldhospitality.com**

DELHI Hotel Centre Point ₨₨₨
13 Kasturba Gandhi Marg, 110 001 (011) 2332 4472 FAX (011) 2332 9138 **Zimmer** 55

Das Hotel ist in einem kolonialzeitlichen Gebäude untergebracht. Der Service des Hauses ist exzellent. Durch die Zimmer weht ein Hauch von Luxus vergangener Tage. Die Nähe zu wichtigen Business- und Medienzentren überzeugt. Das Hotel zählt Geschäftsleute wie Urlauber zu seinen Gästen.

DELHI Jor Bagh '27' Guesthouse ₨₨₨
27 Jor Bagh, 110 003 (011) 2469 4430 FAX (011) 2469 8475 **Zimmer** 18

Das auf den ersten Blick schlicht wirkende Gästehaus bietet einen Komfort, der anderen Budget-Hotels fehlt. Trotz der Lage nahe dem Trubel der City ist das Hotel überraschend ruhig. Die Zimmer sind gemütlich und ordentlich eingerichtet. Der Service lässt keine Wünsche offen. **www.jorbagh27.com**

DELHI Aman ₨₨₨₨₨
Lodi Road, 110 003 (011) 4363 3333 FAX (011) 4363 3335 **Zimmer** 39

Das luxuriöse Haus in einem grünen Viertel Delhis ist der ideale Ausgangspunkt, um die Stadt zu erforschen. Das minimalistische Design mit Steinfußböden, Jali-Gittern und Blumenarrangements erinnert an Delhis Eleganz vergangener Tage. Das Restaurant, die exzellente Tapas Lounge, bietet katalanische Gerichte. **www.amanresorts.com**

DELHI The Ashok ₨₨₨₨₨
50-B Chanakyapuri, 110 021 (011) 2611 0101 FAX (011) 2687 3216 **Zimmer** 550

Die palastartige Mogularchitektur wirkt geradezu pathetisch. Die gute Aussicht und das tadellose Personal garantieren einen ungetrübten Aufenthalt. Die Zimmer sind geräumig und opulent eingerichtet. Pool und Spa (Amatrra) stehen zur Verfügung. In der Hotelbar (F-Bar) gibt es regelmäßig Live-Musik. **www.theashok.com**

DELHI Claridges ₨₨₨₨₨
12 Aurangzeb Rd, 110 011 (011) 395 5500 FAX (011) 2301 0625 **Zimmer** 137

Das stilvolle Hotel in einer ruhigen Straße im Zentrum bietet einen gelungenen Mix aus Klassik und Moderne. Die Zimmer sind luxuriös und geschmackvoll eingerichtet, die meisten bieten einen schönen Blick auf den Pool oder die Gärten der Umgebung. Einem relaxten Urlaub steht nichts im Wege. **www.claridges-hotels.com**

DELHI Hyatt Regency ₨₨₨₨₨
Bhikaji Cama Place, 110 029 (011) 2679 1234 FAX (011) 2679 1122 **Zimmer** 513

Die majestätischen Zimmer verströmen Luxus pur. Moderne Möbel, Holzböden und erlesene Glasarbeiten kreieren einen lässigen Avantgarde-Look. Es gibt zwei Restaurants: La Piazza serviert sicher die beste italienische Küche der Stadt, The China Kitchen zitiert die traditionelle chinesische Küche. **www.delhi.regency.hyatt.com**

Zeichenerklärung siehe hintere Umschlagklappe

DELHI The Imperial
1 Janpath, 110 001 ☎ *(011) 2334 1234* 📠 *(011) 2334 2255* **Zimmer** *233*

Das Hotel gilt als eines der besten in Asien und bietet seinen Gästen einzigartiges Flair der Kolonialzeit mit indischen Anklägen. Die geradezu verschwenderisch eingerichteten Zimmer haben moderne Annehmlichkeiten. Das Imperial liegt ideal, um sich ins Stadtleben zu werfen. **www.theimperialindia.com**

DELHI ITC Maurya
Diplomatic Enclave, Sardar Patel Marg, 110 001 ☎ *(011) 2611 2233* 📠 *(011) 2611 3333* **Zimmer** *440*

Das exklusive Hotel bietet seinen Gästen Luxus, Privatsphäre und Stil sowie Top-Einrichtungen. Das Spektrum an Freizeitangeboten reicht von Tarot-Deutungen bis zum 27-Loch-Golfplatz, den Golfprofi Jack Nicklaus entwarf. Die beiden Hotelrestaurants – Bukhara und Dum Pukht – gehören zu den besten in Delhi. **www.itcwelcomgroup.in**

DELHI The Manor
77 Friends Colony (West), 110 065 ☎ *(011) 2692 5151* 📠 *(011) 2692 2299* **Zimmer** *15*

Das Manor wurde Ende der 1950er Jahre in einem hübschen Wohnviertel errichtet. In den Zimmern stehen große Queensize-Betten sowie alles, was den Aufenthalt angenehm macht. Sehr gut relaxen lässt es sich auf der Dachterrasse mit Blick auf den schönen Garten. Das Restaurant (Indian Accent) ist exzellent. **www.themanordelhi.com**

DELHI Le Meridien
Windsor Place, 110 001 ☎ *(011) 2371 0101* 📠 *(011) 2371 6996* **Zimmer** *355*

Das hübsche Atrium-Hotel mitten im Zentrum der City hat auf seinem Dach den höchstgelegenen Nachtclub von Delhi. Darüber hinaus umfasst es weitere Bars und Restaurants. Die opulenten Zimmer sind bestens ausgestattet. Kurzum: ein Hotel, das alle Wünsche erfüllt. **www.lemeridien-newdelhi.com**

DELHI The Metropolitan
Bangla Sahib Rd, 110 001 ☎ *(011) 4250 0200* 📠 *(011) 4250 0300* **Zimmer** *185*

Das Hotel mit Weltklasse-Ausstattung bietet eine perfekte Mischung aus orientalischem und westlichem Flair. Klassisches Dekor prägt die geräumigen Zimmer. Der gut sortierte Laden für Kunsthandwerk verkauft schöne Souvenirs. Das hervorragende japanische Restaurant Sakura ist sehr beliebt. **www.hotelmetdelhi.com**

DELHI The Oberoi
Dr Zakir Hussain Marg, 110 003 ☎ *(011) 2436 3030* 📠 *(011) 2436 0484* **Zimmer** *300*

Das Oberoi liegt in einer der schicksten Gegenden Delhis. Es bietet alles für einen nicht nur komfortablen, sondern luxuriösen und aufregenden Aufenthalt. Die stilvoll eingerichteten Zimmer muss man gesehen haben, sie gelten als die besten der Stadt. Das italienische Restaurant Travertino ist ein Muss. **www.oberoidelhi.com**

DELHI Oberoi Maiden's
7 Sham Nath Marg, 110 054 ☎ *(011) 2397 5464* 📠 *(011) 2398 0771* **Zimmer** *53*

Dies ist eines der ältesten Hotels der Stadt. Die klassische Architektur des Gebäudes könnte Lutyens *(siehe S. 66)* inspiriert haben, der während seines ersten Aufenthalts in Indien hier wohnte. Die Aussicht auf den grünen Delhi Ridge ist angenehm. Das Hotel verströmt Ruhe und Behaglichkeit. **www.maidenshotel.com**

DELHI The Park
15 Parliament Street, 110 001 ☎ *(011) 2374 8080* 📠 *(011) 2374 4000* **Zimmer** *224*

Genau die richtige Wahl, um in Luxus zu schwelgen und Privatsphäre zu genießen. Progressiver Avantgarde-Look mit modernster Ausstattung prägt das Ambiente der Zimmer. The Box, ein viel besuchter Souvenirshop in der Ladenarkade, verkauft erlesenes Kunsthandwerk. Die Restaurants sind einfach Weltklasse. **www.theparkhotels.com**

DELHI Shangri-La
19 Ashoka Rd, Connaught Place, 110 001 ☎ *(011) 4119 1919* 📠 *(011) 4119 1988* **Zimmer** *320*

Die Hotellobby zieren Gemälde des weltberühmten Künstlers M. F. Husain. Die Zimmer sind geradezu verschwenderisch ausgestattet und bieten einen spektakulären Blick über die City. Der Shopping-Meile Janpath befindet sich in Gehentfernung. Das Luxushotel ist bei Geschäftsreisenden wie Urlaubern beliebt. **www.shangri-la.com**

DELHI Sheraton New Delhi
District Centre, Saket, 110 017 ☎ *(011) 4266 1122* 📠 *(011) 4266 2112* **Zimmer** *220*

Das fünf-Sterne-Hotel liegt nur einen Steinwurf vom eleganten Shopping-Zentrum Saket und 30 Minuten vom Flughafen entfernt. Moderne Farben und geschmackvolle Möbel schaffen eine angenehme Atmosphäre. Im Haus befindet sich ein Schönheitssalon und ein Info-Schalter für Ausflüge. **www.itcwelcomgroup.in**

DELHI The Taj Ambassador
Sujan Singh Park, Cornwallis Rd, 110 003 ☎ *(011) 2463 2600* 📠 *(011) 2463 2252* **Zimmer** *88*

Das Hotel – ein Traum für Kunstkenner – verströmt Alte-Welt-Charme. Wenn Sie die geeignete Unterkunft für einen entspannten Aufenthalt suchen, sind Sie in dem einfachen und doch eleganten Hotel genau richtig. Zu den Lodi Gardens und zum Khan Market (mit Boutiquen und Restaurants) sind es nur wenige Minuten. **www.tajhotels.com**

DELHI The Taj Mahal Hotel
1 Man Singh Rd, 110 011 ☎ *(011) 2302 6162* 📠 *(011) 2302 6070* **Zimmer** *294*

Wunderschön ausgestattete Zimmer für den anspruchsvollen Gast. Moguldekor und Service sind vom Feinsten. Besonders beliebt sind im Taj Mahal der Coffeshop Machan, die Lounge-Bar Ricks und Varq, ein Restaurant, das erstklassige indische Küche für Feinschmecker bietet. **www.shangri-la.com**

Haryana & Punjab

AMRITSAR Hotel Mohan International
Albert Rd, 143 001 (0183) 222 7802 FAX (0183) 222 6520 **Zimmer** 75

Das Vier-Sterne-Hotel befindet sich am Stadtrand von Amritsar, nahe der pakistanischen Grenze. Die Ausstattung ist exzellent, die Lage sehr verkehrsgünstig. Das Hotel ist nur einen Kilometer vom Bahnhof und drei Kilometer vom Busbahnhof entfernt. Auch der Flughafen ist nur 15 Kilometer weit weg. www.mohaninternationalhotel.com

CHANDIGARH Shivalik View
Sector 17, 160 017 (0172) 464 4450 FAX (0172) 270 1094 **Zimmer** 108

Ob auf Geschäftsreise oder im Urlaub – genießen Sie die Annehmlichkeiten und den Service des Hotels mitten im Herzen der Stadt. Das zweitgrößte Hotel in Chandigarh ist dafür bekannt, dass es seinen Gästen jeden Wunsch erfüllt. www.citcochandigarh.com/shivalikview/index.php

CHANDIGARH Hotel Mountview
Sector 10, 160 011 (0172) 274 0544 FAX (0172) 274 2220 **Zimmer** 145

Dies ist eines der wenigen Fünf-Sterne-Hotels in der Region nördlich von Delhi. Es wird von einer ausgedehnten Grünfläche umgeben, die Zimmer bieten Aussicht auf die Shivalik Hills. Das Mountview ist eine sinnvolle Option für Gäste, die Ruhe bevorzugen. www.citcochandigarh.com/mountview/index.php

CHANDIGARH Taj Chandigarh
Block 9A, Sector 17, 160 017 (0172) 551 3000 FAX (0172) 551 4000 **Zimmer** 152

Das Hotel liegt im wichtigsten Geschäfts- und Shopping-Viertel der Stadt. Vom Flughafen erreicht man es in 30 Minuten, vom Bahnhof in einer Viertelstunde. Die Zimmer sind mit modernster Einrichtung versehen, darunter auch mit ergonomisch gestalteten Möbeln. www.tajhotels.com

GURGAON Tikli Bottom
Manender Farm, Gairatpur Bas, PO Tikli, 122 001 (0124) 276 6556 **Zimmer** 4

In dem schönen Landhaus im Lutyens-Stil weht ein Hauch der kolonialzeitlichen Pracht. Vier opulent ausgestattete Zimmer bieten eine atemberaubende Aussicht auf die Aravalli Hills. Getränke und Mahlzeiten sind im Preis inbegriffen – der ideale Ort, um es sich gut gehen zu lassen. Geschlossen von Mitte Apr – Jun. www.tiklibottom.com

GURGAON Trident-Hilton
443 Udyog Vihar, Phase V (0124) 245 0505 FAX (0124) 245 0606 **Zimmer** 136

Das preisgekrönte Business-Hotel ist das beste all jener, die in den letzten Jahren rund um Delhi entstanden. Die üppig dekorierten Zimmer sind mit modernstem Komfort versehen, um allen Anforderungen der Gäste gerecht zu werden. Das internationale Restaurant Cilantro ist eine gute Wahl. www.tridenthotels.com

Himachal Pradesh

CHAIL Palace Hotel
Palace Hotel, Chail, 173 217 (01792) 248 140 FAX (01792) 248 334 **Zimmer** 54

Die frühere Sommerresidenz der Königsfamilie von Patiala bietet unterschiedlichste Zimmer und neun Cottages in herrlicher Landschaft. Das Anwesen wird von einer 30 Hektar großen Grünanlage mit Zedernwäldern umrahmt. Viele Gäste des Hauses schätzen auch das Terrassencafé und die Billardsalons. palace@hptc.in

DALHOUSIE Grand View Hotel
Dalhousie, 176 304 (01899) 242 823 FAX (01899) 242 194 **Zimmer** 26

Der Name ist Programm: Das saubere, gemütliche Hotel bietet von seiner gepflegten Gartenanlage eine spektakuläre Aussicht auf die Pir Panjal Range. Reisenden wird 24-Stunden-Zimmerservice geboten, darüber hinaus gibt es TV und Aktivitäten für Kinder. Das Restaurant serviert hervorragende Gerichte. grandview@rediffmail.com

DHARAMSALA Chonor House
Thekchen Choeling Rd, McLeodganj, 176 219 (01892) 246 406 FAX (01892) 246 411 **Zimmer** 11

Alte tibetische Wandgemälde, Möbel aus Teak und Rosenholz, von Hand geknüpfte Teppiche: Die von Kunsthandwerkern aus dem nahen Norbulingka Institute gestalteten Zimmer lassen an Eleganz nichts zu wünschen übrig. Das zentral gelegene Hotel bietet Blick auf den buddhistischen Tsuglagkhang-Komplex. www.norbulingka.org

DHARAMSALA Glenmoor Cottages
McLeodganj, 176 219 (01892) 221 010 FAX (01892) 221 021 **Zimmer** 7

Fünf heimelige Cottages in ruhiger ländlicher Umgebung bieten gemütliche und saubere Unterkunft. Jedes Zimmer verfügt über ein Bad, eine Kitchenette und eine kleine verglaste Veranda. Sightseeing, Trekking und Ponyreiten können arrangiert werden. Auch Speisen werden vor Ort zubereitet. www.glenmoorcottages.com

Preiskategorien *siehe S. 568* **Zeichenerklärung** *siehe hintere Umschlagklappe*

KALPA Kinner Villa
Ort & PO Distrikt Kalpa, Kinnaur, 172 108 ((01786) 226 006 **Zimmer** 20

Das abgeschiedene Hotel wurde aus Stein und dem Holz von Nadelbäumen errichtet. Die gemütlichen Zimmer mit Balkon bieten eine perfekte Aussicht auf die schneebedeckten Gipfel von Kinner Kailash. Der gepflegte Garten ist eine ideale Spielwiese für Kinder.

KEYLONG Hotel Dekyid
Stadtrand von Upper Keylong, Distrikt Lahaul & Spiti, 175 114 ((01900) 222 217 **Zimmer** 23

Ein preisgünstiges Hotel mit großzügig gestalteten Zimmern. Der Service ist entgegenkommend, die Gerichte im Restaurant sind annehmbar. Das Hotel bietet eine Familien-Suite mit drei Zimmern sowie 22 Doppelzimmer – alle mit warmem Wasser. Ein guter Ausgangspunkt für einen Besuch von Kardang.

KULLU Span Resorts
Kullu-Manali Highway, Distrikt Kullu, 175 101 ((01902) 240 138 FAX (01902) 240 140 **Zimmer** 30

Der Fluss Beas führt direkt an dem schön gelegenen Resort vorbei. Die hübschen Cottages in blühender Gartenlandschaft haben Innenhöfe und herrliche Aussicht auf die Berge. Das zuvorkommende Personal arrangiert Freizeitaktivitäten wie Rafting, Segeln, Reiten und Angeln. Frühstück (oder Abendessen) inklusive. **www.spanresorts.com**

MANALI John Banon's Hotel
Nähe Circuit House, 175 131 ((01902) 252 335 FAX (01902) 252 392 **Zimmer** 14

Das stilvolle Hotel aus der Raj-Zeit liegt inmitten eines großen Gartens voller Apfel- und Kirschbäume. Zu den Besonderheiten des Hauses gehören 24-Stunden-Zimmerservice und TV in jedem Zimmer. Das moderne Hotel ist eine gute Basis für Wanderungen im Sommer und Skitouren im Winter.

MANALI Snowcrest Manor
Jenseits von Log Hut, 175 131 ((01902) 253 351 FAX (01902) 253 188 **Zimmer** 32

Das komfortable, moderne Hotel befindet sich auf einer Anhöhe in der Nähe des Marktes. Durch die großen Fenster in jedem Zimmer hat man einen wundervollen Blick über das Tal auf den Rohtang-Pass. Das Snowcrest Manor ist ein ideales Basecamp für Abenteuersportarten. **snowcrest@hotmail.com**

NALAGARH The Nalagarh Fort Resort
The Fort, Nalagarh, 174 101 ((01795) 223 009 FAX (01795) 223 021 **Zimmer** 35

Das bestens renovierte Hotel ist in einer alten Festung von Raja Ajai Chand (um 1100) untergebracht. Noch immer weht ein mittelalterliches Flair durch das Haus, das neben behindertengerechter Ausstattung auch einen Parkplatz bietet. In der Umgebung gibt es Obstgärten und Wälder. **fortresort@satyam.net.in**

PRAGPUR Judge's Court
Jai Bhawan, Tehsil Dehra, Distrikt Kangra, 177 107 ((01970) 245 035 **Zimmer** 13

Das sorgfältig renovierte Herrenhaus im indo-europäischen Stil wurde Anfang des 20. Jahrhunderts von Jai Lal, einem bekannten Juristen, erbaut. Die Lage inmitten von Obstpflanzungen ist sehr angenehm. In den letzten Jahren erhielt das Haus einen Pool, einen Souvenirladen und eine Golfanlage. **www.judgescourt.com**

SARAHAN Shrikhand
Ort & PO Sarahan, Distrikt Rampur, 172 102 ((01782) 274 234 **Zimmer** 18

Das auf einem Hügel gelegene Hotel mit einem breiten Angebot an Zimmern unterschiedlichen Standards besticht durch die wunderbare Aussicht auf eine eindrucksvolle Gebirgslandschaft. Das Shrikhand ist ein guter Ausgangspunkt für Sightseeing und Pilgerreisen sowie ein Platz für einen ruhigen Aufenthalt. **booking@himachalhotels.in**

SHIMLA Oberoi Cecil
Chaura Maidan, 171 001 ((0177) 280 4848 FAX (0177) 281 1024 **Zimmer** 75

Das zur Oberoi-Gruppe gehörende Hotel liegt am ruhigen Ende der Shimla's Mall. Die gemütliche Atrium-Bar, offene Kamine, Parkettböden und ein beheizter Pool verkörpern luxuriösen Komfort. Zur Ausstattung des höchst eleganten Hotels gehören auch modernste Audio- und Videogeräte. **www.oberoicecil.com**

SHIMLA Hotel Combermere
The Mall, 171 001 ((0177) 265 1246 FAX (0177) 265 2251 **Zimmer** 41

Das Combermere liegt zentral in Shimla und verfügt über schön möblierte Zimmer mit Kühlschrank, Farb-TV, Jacuzzi, Safe und 24-Stunden-Zimmerservice. Dem Hotel angegliedert ist das Restaurant Seventh Heaven, in dem Gerichte verschiedenster internationaler Küchen serviert werden. **www.hotelcombermere.com**

SHIMLA Radisson Jass Hotel
Good Wood Estate, Lower Bharari Rd, 171 001 ((0177) 265 9012 FAX (0177) 280 6902 **Zimmer** 59

Suchen Sie die bestmögliche Verbindung aus authentischem Flair und moderner Ausstattung? Dann werden Sie das Hotel schätzen. Auch der Blick vom Zimmer auf Berge und dichte Kiefernwälder trägt seinen Teil zum Wohlbefinden bei. Die Pulse Terrasse Bar und das Restaurant Valley Vue bieten stilvolles Ambiente. **www.radisson.com**

SHIMLA Wildflower Hall
Chharabra, Dhalli PO, Mashobra, 171 012 ((0177) 264 8585 FAX (0177) 264 8686 **Zimmer** 87

Die einstige Residenz von Lord Kitchener – ein stattliches Steinhaus – wird von schönen Zedern- und Pinienwäldern umrahmt. Bergblick, Restaurants, Outdoor-Jacuzzi und ein beheizter Pool sind Pluspunkte des Hauses. Die Gästezimmer sind mit geräumigen Bädern versehen. **www.oberoiwildflowerhall.com**

SHIMLA Woodville Palace Hotel
Raj Bhawan Rd, 171 001 (0177) 262 3919 FAX (0177) 262 2156 **Zimmer 31**

Perfekt geführtes Palasthotel, das 1938 vom Raja von Jubbal erbaut wurde. Die Wälder ringsherum sind ein ideales Terrain für Wanderer. Mit schmiedeeisernen Betten und edlen Gardinen in den Gästezimmern verströmt das Hotel trotz aller Modernität das nostalgische Ambiente einer längst vergangenen Zeit. **www.woodvillepalacehotel.com**

Ladakh, Jammu & Kaschmir

ALCHI Alchi Resort
Alchi (01982) 252 631, 9419 218 636 FAX (01982) 252 520 **Zimmer 15**

In einer ruhigen Umgebung nahe dem Indus und nur einen Steinwurf vom Alchi-Kloster entfernt liegen die sauberen, bequem ausgestatteten Hütten. Bauweise und Dekor sind traditionell gehalten. Exkursionen zu anderen Klöstern in der näheren Umgebung können organisiert werden. **alchi_resort@hotmail.com**

KARGIL Hotel D'zoji-La
Baru (01985) 232 227 **Zimmer 41**

Das beliebte Hotel mit freundlichem Zimmerservice liegt zwei Kilometer außerhalb der Stadt am Ufer des Flusses Suru. Der schöne Garten trägt zur Ästhetik des Hauses bei. Essen wird im Garten oder auf der Terrasse serviert – beides sind gute Optionen. Telefon und Faxgerät sind vorhanden.

LEH Oriental Guest House
Unterhalb Shanti Stupa, Changspa, 194 101 (01982) 253 153 FAX (01982) 250 516 **Zimmer 25**

Ein Favorit bei Rucksackreisenden ist die familiengeführte Pension an der Straße nach Shanti Stupa. In puncto Gastfreundschaft ist das Haus nicht zu übertreffen. Die Heizung und die Warmwasseranlage werden mit umweltfreundlichen Solaranlagen betrieben. **www.oriental-ladakh.com**

LEH Lotus Hotel
Upper Karzoo, 194 101 941 917 8348 **Zimmer 18**

Wunderschöne Inneneinrichtung im tibetanischen Stil. Der Garten mit Weiden und Apfelbäumen lädt zum Entspannen ein, während man die wunderbare Aussicht auf die Berge und den Leh-Palast genießt. Die günstige Lage nah am Markt und das aufmerksame Personal lohnen einen Aufenthalt im Lotus. **www.lotushotel.in**

LEH Yak Tail
Fort Rd, 194 101 (01982) 252 118 FAX (01982) 252 735 **Zimmer 23**

Mitten in Leh befindet sich das Yak Tail, ein Hotel mit Balkonzimmern und einem angenehmen Gartenrestaurant. Der tibetische Markt ist nur einen Häuserblock entfernt. Gute Restaurants, Bäckereien und Internet-Cafés befinden sich ebenfalls in Gehentfernung. Das Hotel hat auch im Winter geöffnet.

LEH Ladakh Residency
Changspa, 194 101 941 917 8039 **Zimmer 23**

Auch wenn das Haus erst 2010 gebaut wurde, zeigt es sich traditionell. Fassade, Holzböden, Wandmalerei erinnern an früher. Große elegante Räume mit allen Annehmlichkeiten und ein Dachrestaurant machen das Haus zum idealen Ausgangspunkt für Touren in den Himalaya und den Karakorum. **www.ladakhresidency.com**

LEH Omasila
Changspa, 194 101 (01982) 252 119 **Zimmer 35**

Das in einem Gerstenanbaugebiet außerhalb von Leh gelegene ruhige Familienhotel bietet gesunde Kost mit Gemüse aus dem eigenen Garten. Das Omasila ist vom Flughafen innerhalb von 15 Minuten zu erreichen, auf dem Markt ist man in wenigen Minuten. Panoramaausblick zu einigen Gipfeln des Himalaya. **info@omasila.com**

NUBRA Hotel Yarab Tso
Tegar, Nubra, PO Sumur Nubra 941 934 2231 **Zimmer 13**

Das Yarab Tso hat eine charmante ländliche Atmosphäre. Die großen, gepflegten Zimmer sind mit sehr gut eingerichteten Bädern ausgestattet. In Relation zum Preis ist der Zimmerservice überraschend gut. Mahlzeiten sind im Zimmerpreis inbegriffen, ein großer Parkplatz steht zur Verfügung. Es können auch Ausflüge organisiert werden.

PADUM Hotel Ibex
Padum (01903) 245 012 **Zimmer 15**

Dies ist die beste Unterkunft im dünn besiedelten Tal von Padum. Es bietet seinen Gästen saubere Zimmer mit Bad, Wäscheservice und ein Restaurant mit schmackhaften Gerichten. Ein hübscher Garten mit Sonnenterrasse trägt ebenfalls zum Charme des Hotels bei, das seinen Gästen einen durch nichts getrübten Aufenthalt ermöglicht.

SRINAGAR Grand Palace Intercontinental
Gupkar Rd, 190 001 (0194) 247 0101 FAX (0194) 245 3794 **Zimmer 125**

Das 1910 als Palast des Maharaja von Kaschmir erbaute Hotel trumpft mit erlesenen Nussholzmöbeln und einem herrlichen Garten mit Blick über den Dal Lake auf. Das Hotel ist 15 Kilometer vom Flughafen entfernt und in Gehdistanz zu den architektonischen Sehenswürdigkeiten der Stadt. **www.thegrandhotels.net**

Preiskategorien siehe S. 568 Zeichenerklärung siehe hintere Umschlagklappe

ULEY-TOKPOI Ule Ethnic Resort
PO Box 268 ☎ *(01982) 253 640* FAX *(01982) 253 144* **Zimmer** *43*

Das angenehme Resort nahe Alchi befindet sich am Ufer des Indus inmitten von Aprikosengärten. Zur Auswahl stehen saubere Hütten und Zelte. Das Hotel bietet keine Läden, auch Händler haben keinen Zutritt zum Anwesen. Das tut aber der genussvollen Ruhe, die man hier genießt, keinen Abbruch. **ulecamp@sancharnet.in**

Uttar Pradesh & Uttarakhand

AGRA Hotel Delux Plaza
Fatehabad Rd, 282 001 ☎ *(0562) 233 0110* FAX *(0562) 233 1330* **Zimmer** *60*

Das saubere und dem Preis entsprechend standardmäßig ausgestattete Budget-Hotel bietet einfache Zimmer mit Bad und zwei Restaurants mit Gerichten aus verschiedensten Regionen. An der gut bestückten Bar wird jeder seinen Lieblingsdrink finden. 24-Stunden-Zimmerservice und Geschäftseinrichtungen vorhanden. **www.hoteldeluxplaza.in**

AGRA The Gateway Hotel
Fatehabad Rd, Taj Ganj, 282 001 ☎ *(0562) 2232 400/418* FAX *(0562) 223 2420* **Zimmer** *100*

Das mehrstöckige, von einem üppigen Landschaftsgarten umrahmte Haus bietet eine schöne Aussicht auf den weltberühmten Taj Mahal. Die Einrichtung des Hotels ist im Mogulstil gehalten. Es liegt sechs Kilometer vom Bahnhof entfernt, die Gäste genießen einen individuellen Service. **www.thegatewayhotels.com**

AGRA Amar Vilas
Taj East Gate Rd, Taj Nagri Scheme, 282 001 ☎ *(0562) 223 1515* FAX *(0562) 223 1516* **Zimmer** *102*

Ein luxuriöses Wellnesshotel inmitten von prachtvollen Mogulgärten mit Pavillons und Pools. Jedes Zimmer des von der Oberoi-Gruppe betriebenen Hauses bietet eine gute Aussicht auf den nicht weit entfernten Taj Mahal. Raucherzimmer auf Anfrage. Golfcars zur Fahrt zum Taj Mahal stehen zur Verfügung. **www.oberoihotels.com**

AGRA ITC Mughal
Fatehabad Rd, Taj Ganj, 282 001 ☎ *(0562) 233 1730* FAX *(0562) 402 1700* **Zimmer** *285*

Das Hotel wurde für seine fantasievolle Architektur ausgezeichnet. Die Fassade ist supermodern, das Interieur fasziniert durch seine Einrichtung im Mogulstil. Die Zimmer sind tadellos ausgestattet. Das Luxushotel bietet zwei Bars, drei Restaurants und für einige Suiten auch einen privaten Butler-Service. **www.itcwelcomgroup.in**

AGRA The Trident
Fatehabad Rd, Taj Nagari Scheme, 282 001 ☎ *(0562) 233 1818* FAX *(0562) 233 1827* **Zimmer** *140*

Die wunderschönen Gärten des in Gehentfernung zum Taj Mahal gelegenen Trident garantieren einen entspannten Aufenthalt. Das Gebäude wurde aus rotem Stein um einen zentralen Landschaftsgarten errichtet, in dem auch ein Pool und mehrere Springbrunnen angelegt wurden. **www.tridenthotels.com**

ALLAHABAD Hotel Kanha Shyam
Civil Lines, 211 001 ☎ *(0532) 256 0123* FAX *(0532) 256 0123* **Zimmer** *85*

Das gut geführte Hotel in dem von breiten Boulevards geprägten repräsentativen Stadtteil Civil Lines ist das beste in Allahabad. Die indische Regierung gab den Auftrag zum Bau des Hauses, der 1997 vollendet wurde. Bei der höchst anspruchsvollen Ausstattung wurde der Begriff Luxus neu definiert. **www.hotelkanhashyam.com**

ALMORA Kalmatia Sangam Himalaya Resort
Kalimat Estate, PO 002, 263 601 ☎ *(05962) 251 176* **Zimmer** *10*

Das Resort umfasst neun Cottages in lieblicher Hügellage. In der im Kolonialstil gehaltenen Einrichtung spiegelt sich ein feiner Sinn für Komfort, Eleganz und Geschmack wider. Essen ist im Preis inbegriffen. Zum Freizeitangebot des Hauses gehören auch Yoga- und Meditationskurse. **www.kalmatia-sangam.com**

DEHRA DUN Hotel Madhuban
97 Rajpur Rd, 248 001 ☎ *(0135) 274 9990* FAX *(0135) 274 4094* **Zimmer** *60*

Das zentral gelegene, voll klimatisierte Hotel hat große, gut ausgestattete Zimmer, eine Minigolfanlage und einen hübschen Garten. Die Lage in unmittelbarer Nähe zum Marktplatz und das gut besuchte Restaurant sind weitere Pluspunkte. Hoteleigener Parkplatz vorhanden. **www.hotelmadhuban.com**

KANPUR The Landmark
10 Somdatt Plaza, The Mall, 208 002 ☎ *(0512) 230 5305* FAX *(0512) 230 6291* **Zimmer** *125*

Auffälligstes Markenzeichen des von moderner Eleganz durchdrungenen Hotels sind die wunderschön gestalteten Decken der hohen Räume. Von den Zimmern hat man einen geradezu atemberaubenden Blick auf den heiligen Fluss Ganges. Die Atmosphäre des Hotels ist überaus entspannt. **www.thehotellandmark.com**

LUCKNOW Clarks Avadh
8 MG Marg, 226 001 ☎ *(0522) 261 6500* FAX *(0522) 261 6507* **Zimmer** *98*

Das Hotel inmitten der Pracht der ehemaligen Hauptstadt der extravaganten Nawabs ist mehr als eine Unterkunft. Der Restaurant bietet die großartige Gelegenheit, die vielfältige Küche der Region in feinsten Gerichten kennenzulernen. Von den Zimmern der oberen Stockwerke blickt man über die Dächer der Stadt. **www.hotelclarks.com**

LUCKNOW The Piccadily
Alambagh, Kanpur Rd, 226 001 **(0522) 409 6000** FAX *(0522) 409 6029* **Zimmer** 106

Das Piccadily zählt zu den größten Fünf-Sterne-Hotels in Lucknow. Es liegt nahe dem Flughafen und acht Kilometer von Hazratganj, dem Zentrum der Stadt, entfernt. Hier finden zahlreiche Tagungen und Kongresse statt. Die sieben Konferenzräume bieten Platz für bis zu 1000 Teilnehmer. **www.piccadilylucknow.com**

LUCKNOW Taj Residency
Vipin Khand, Gomti Nagar, 226 010 **(0522) 671 1000** FAX *(0522) 239 2282* **Zimmer** 110

Das beste Hotel der Stadt ist in einem schönen, von einer Kuppel bedeckten kolonialzeitlichen Gebäude untergebracht. Opulent eingerichtete Zimmer, ausgedehnte Grünanlagen und das hervorragende Restaurant tragen ebenfalls zum Charme des Hauses bei. Abends Live-Musik in der Bar Mehfil. Frühstück inklusive. **www.tajhotels.com**

MUSSOORIE Kasmanda Palace Hotel
The Mall Rd, 248 179 **(0135) 263 2424** FAX *(0135) 263 0007* **Zimmer** 24

Der große, weiße Bungalow wurde 1836 als Sommerresidenz für die königliche Familie von Kasmanda erbaut. Die gemütlichen Zimmer sind voller alter Fotografien und anderer Andenken. Auch die prachtvollen Antiquitäten erinnern die Gäste an die majestätische Vergangenheit des Gebäudes. **www.kasmandapalace.com**

NAINITAL The Palace Belvedere
Awagarh Estate, Mallital, 263 001 **(05942) 237 484** FAX *(05942) 235 082* **Zimmer** 32

Das vor Glanz erstrahlende Hotel ist in einem früheren Palast des Raj von Awagarh untergebracht. Die großzügigen Zimmer und Suiten verströmen Alte-Welt-Charme. Von einigen bietet sich ein herrlicher Blick auf den Naini Lake, einen Ort der Meditation. Tadelloser Service. **www.welcomheritagehotels.com**

NAUKUCHIATAL The Lake Resort
Naukuchiatal, 263 601 **(05942) 247 415** **Zimmer** 30

Das abgeschieden am See gelegene, von Grünanlagen umgebene Resort hat große, komfortabel ausgestattete und geschmackvoll dekorierte Zimmer. Die hoteleigenen Boote können für Angelausflüge genutzt werden. Auch Reitausflüge stehen auf der Tagesordnung. **www.naukuchiatal.net**

RISHIKESH High Banks Peasant Cottage
Tapovan, 249 201 **(0135) 243 3478** FAX *(0135) 431 654* **Zimmer** 3

Charmante Unterkunft am Stadtrand von Rishikesh und eine gute Option für preisbewusste Reisende. Das Gästehaus bietet Zimmer mit Bad und Balkon, von dem aus man über Gärten, Wälder, den Ganges und die Stadt blickt. In der Umgebung gibt es einige schöne Wanderrouten. **himalayas@vsnl.com**

RISHIKESH Hotel Ganga Kinare
16 Veerbhadra Rd, 249 201 **(0135) 243 1658** **Zimmer** 38

Das Hotel Ganga Kinare liegt nahe am Ganges-Ufer. Von den Zimmern mit Blick auf den Fluss kann man bei Ritualen wie einem Bad im Ganges zusehen. Das moderne, mehrstöckige Hotel hat einen rund um die Uhr geöffneten Coffeeshop mit einer großen Auswahl an Kaffees. Frühstück inklusive. **hotelgangakinare@hotmail.com**

TEHRI GARHWAL The Glass House on the Ganges
23rd Milestone, Rishikesh-Badrinath Rd, 249 303 **941 207 6420** **Zimmer** 15

Das Hotel an einer abgelegenen Sandbucht des Ganges bietet eine herrliche Aussicht, offene Kamine und Grillmöglichkeiten direkt am Ufer. Der hübsche Garten ist voller tropischer Gewächse und zieht Vögel und Schmetterlinge an. Das Glass House zählt sicher zu den idyllischsten Unterkünften der Region. **www.nemranahotels.com**

TEHRI GARHWAL Ananda – in the Himalayas
Narendra Nagar, 249 175 **(01378) 227 500** FAX *(01378) 227 550* **Zimmer** 75

Das 40 Hektar große Anwesen, in dem eines von Indiens nobelsten Spa-Resorts liegt, gehörte einst dem Maharaja von Tehri Garhwal. Das Angebot umfasst Yoga- und Meditationskurse sowie Ayurveda- und andere Heilbehandlungen. Das Restaurant serviert vollwertige Gerichte aus Indien und anderen Teilen Asiens. **www.anandaspa.com**

VARANASI Scindia Guest House
Scindia Ghat, Chowk, 221 001 **(0542) 239 3446** **Zimmer** 21

Die Pension direkt am Fluss bietet einfache, kleine, aber saubere Zimmer, hilfsbereites Personal und großartige Aussicht von den Balkonen und Terrassen. Das hauseigene Restaurant serviert exzellente Gerichte. Insgesamt eine Unterkunft mit gutem Preis-Leistungs-Verhältnis. **www.scindiaguesthouse.com**

VARANASI Hotel Ganges View
Asi Ghat, 221 005 **(0542) 329 0289** **Zimmer** 11

Wer die kolonialzeitliche Lodge am Ganges betritt, muss die Schuhe ausziehen. Das Haus bietet gemütlich eingerichtete Zimmer und eine große Terrasse. Strohmatten und bunte indische Decken tragen zum Charme der Zimmer bei. Das Restaurant serviert gute vegetarische Küche. Die Zimmer oben sind die besten. **www.hotelgangesview.com**

VARANASI Taj Ganges
Nadesar Palace Ground, 221 002 **(0542) 250 3001** FAX *(0542) 250 1343* **Zimmer** 130

Das Luxushotel verfügt über modernste Einrichtungen wie Tennisplätze und bietet seinen Gästen u. a. Yogakurse und Massagen. Im indischen Restaurant gibt es abends klassische Musik und Tanz. Das Hotel ist ein guter Ausgangspunkt für die Besichtigung der berühmten Tempelanlagen von Varanasi. **www.thegatewayhotels.com**

Preiskategorien *siehe S. 568* **Zeichenerklärung** *siehe hintere Umschlagklappe*

VARANASI Clarks Varanasi
The Mall, Cantonment, 221 002 **(0542) 250 1011** FAX *(0542) 250 2736* **Zimmer** *113*

Varanasis ältestes Hotel verfügt über große Zimmer, einladende Terrassen und einen Pool unter alten Bäumen. Im Amrit Rao Haveli werden kulturelle Veranstaltungen und Yogakurse angeboten. Alle Zimmer sind mit Bad, Klimaanlage und Satelliten-TV ausgestattet. **www.clarkshotels.com**

Bihar & Jharkhand

BODH GAYA Mahayana Guest House
PO Box 04, 824 231 **(0631) 220 0756** FAX *(0631) 220 0676* **Zimmer** *73*

Das Hotel wird von einem tibetischen Kloster betrieben und bietet angenehme Zimmer, lauschige Innenhöfe und eine große Lobby, in der Mönche oft Versammlungen abhalten. 1998 übernachtete der Dalai-Lama hier. Neben Tagungsräumen hat das Haus auch einen Coffeeshop, einen Souvenirladen und ein Restaurant. **mahayanag@yahoo.com**

BODH GAYA Hotel Lotus Nikko
Nähe Archäologisches Museum, 824 231 **(0631) 220 0700** FAX *(0631) 220 0788* **Zimmer** *62*

In Gehentfernung zum Mahabodhi-Tempel liegt das Lotus Nikko, ein angenehmes Hotel mit gemütlichen Zimmern und einem hübschen Garten. Darüber hinaus bietet es alle Angebote und Einrichtungen, die Gäste eines Hotels dieser Klasse erwarten dürfen. Viele ausländische Besucher steigen hier ab. **www.lotusnikkohotels.com**

PATNA Republic
Lauriya Bagh, Exhibition Rd, 800 001 **(0612) 232 0021** FAX *(0612) 232 1024* **Zimmer** *44*

Das unprätentiöse Hotel bietet u. a. ein Restaurant mit internationaler Küche, freundlichen Service, Konferenzeinrichtungen und einen Dachgarten. Die vegetarischen Gerichte des Restaurants sind von erster Qualität. Reisegruppen erhalten im Republic lukrative Preisnachlässe. **www.biharonline.com**

PATNA Hotel Chanakya & Towers
R-Block, Beerchand Patel Marg, 800 001 **(0612) 222 3141** FAX *(0612) 222 0598* **Zimmer** *101*

Geschmackvoll eingerichtete Zimmer, ein Restaurant mit internationaler Küche und perfekte Einrichtungen für Konferenzen zeichnen das Hotel aus. Auch die Lage im Zentrum – nur einen Kilometer vom Bahnhof entfernt – überzeugt. Der Flughafen ist in nur zehn Minuten zu erreichen. **www.hotelchanakyapatna.com**

PATNA Maurya Patna
South Gandhi Maidan, 800 001 **(0612) 220 3040** FAX *(0612) 220 3060* **Zimmer** *75*

Das beste Hotel der Stadt bietet jeden nur erdenklichen modernen Komfort. Ein Extrapreis geht an die hilfreiche Rezeption. Neben Service und Ausstattung ist für viele Besucher auch die Lage des Hotels im lebhaften Zentrum von Patna ein großes Plus. **www.maurya.com**

RAJGIR Indo Hokke Hotel
Distrikt Nalanda, 803 116 **(06119) 255 245** FAX *(06119) 255 231* **Zimmer** *26*

Das vor allem bei gut situierten buddhistischen Pilgern beliebte Hotel bietet Andachtsräume im japanischen und europäischen Stil, ein Badehaus, ein Restaurant mit japanischer Küche und einen eindrucksvollen Turm, der an einen alten buddhistischen Stupa erinnert. **www.theroyalresidency.com**

RANCHI Hotel Yuvraj Palace
Doranda, 834 002 **(0651) 248 0326** FAX *(0651) 248 0328* **Zimmer** *25*

Das komfortable Hotel im grünen Teil der Industriestadt Doranda rühmt sich seines effizienten Personals. Das internationale Restaurant ist sehr zu empfehlen. Die elegante Lobby glänzt mit Marmorböden, bequemen Sofas und schönen Gemälden von Künstlern aus Jaisalmer. **www.hotelyuvrajpalace.com**

Madhya Pradesh & Chhattisgarh

BANDHAVGARH NATIONAL PARK White Tiger Forest Lodge
Tala, Distrikt Umaria, 484 661 **(07627) 265 406** FAX *(07627) 265 366* **Zimmer** *38*

Die Hotel-Lodge in der Nähe des weltberühmten Bandhavgarh National Park ist ein traumhaftes Domizil für Gäste, die der Wildnis besonders nahe sein wollen. Tigersafaris und Elefantenritte werden vom Haus organisiert. Das Restaurant serviert Gerichte aus aller Welt, die Bar ist gut bestückt. **www.mptourism.com**

BANDHAVGARH NATIONAL PARK Mahua Kothi
Tala, Distrikt Umaria, 484 661 **(07627) 265 402/414* **Zimmer** *12*

Die Safari-Lodge wurde im typischen Stil Zentralindiens erbaut. Sie bietet zwölf opulent ausgestattete Suiten mit Steinböden und mit indischen Stoffen bespannten Möbeln. Der Service ist tadellos. Das Praktizieren alter Koch- und Esstraditionen rundet den Charme des Hauses ab. Täglich zwei Safaris sind im Preis enthalten. **www.tajhotels.com**

HOTELS

BHOPAL Welcomheritage Noor-us-Sabah Palace
VIP Rd, Koh-e-Fiza, 462 001 (0755) 422 3333 FAX (0755) 422 7777 **Zimmer** 67

Das »Licht des Tages« war ein prächtiger Palast und ist heute ein elegantes Hotel mit allen modernen Einrichtungen. Die Suiten und Zimmer verfügen über Balkone, von denen sich ein grandioser Blick auf den berühmten Bhopal Lake bietet. Dynasty, das chinesische Spezialitätenrestaurant, ist ein Muss. www.noorussabahpalace.com

BHOPAL Jehan Numa Palace
157 Shamla Hills, 462 013 (0755) 266 1100 FAX (0755) 266 1720 **Zimmer** 98

Das an den Hängen der Shamla Hills gelegene Hotel mischt geschickt kolonialen mit europäischem Stil. Der Service ist unaufdringlich und lässt keine Wünsche offen. Zu den Attraktionen gehören Grillpartys im Garten und traditionelle Massagen. www.hoteljehanumapalace.com

GWALIOR Taj Usha Kiran Palace
Jayendraganj, Lashkar, 474 009 (0751) 244 4000 FAX (0751) 244 4018 **Zimmer** 28

Der ehemalige Palast der Familie Scindia ist heute nicht nur eines der eindrucksvollsten Hotels in Gwalior, sondern auch eine architektonische Sehenswürdigkeit. Vor allem die üppigen Steinmetzarbeiten und die ausgedehnten Rasenflächen machen das besondere Etwas des Hotels aus. www.tajhotels.com

INDORE Sayaji Hotel
H–1 Scheme 54, Vijay Nagar, 452 010 (0731) 400 6666 FAX (0731) 400 3131 **Zimmer** 194

Das Sayaji Hotel spiegelt in seiner gelungenen Mischung aus Tradition und zeitgenössischem Ambiente den Charme der ganzen Stadt wider. Mit seiner erlesenen Ausstattung, dem Blick für das Detail und der exquisiten Küche hebt es sich von den meisten anderen Business-Hotels ab. www.sayajihotels.com

KANHA NATIONAL PARK Baghira Log Huts
Kisli, Kanha, 481 661 (07649) 277 227 **Zimmer** 16

Die Dschungel-Lodge befindet sich am Rand des Kanha National Park und ist eine Attraktion für sich. Das Anwesen besteht aus einer Gruppe von Cottages mit angegliedertem Restaurant und einer Bar – die perfekte Wahl für ein spannendes Wochenende im Nationalpark. www.mptourism.com

KANHA NATIONAL PARK Kipling Camp
Mocha, Mandla, 481 768 (07649) 277 218 FAX (07649) 277 219 **Zimmer** 20

Die bestens an das umgebende Naturschutzgebiet angepassten Cottages bieten Platz für jeweils zwei bis vier Personen und haben gefließte Dächer, perlweiße Wände und Veranden. Weitere Pluspunkte sind die gut sortierte Bibliothek, die exzellente Küche und die Ausflüge unter fachkundiger Leitung. www.kiplingcamp.com

KHAJURAHO Taj Chandela
Khajuraho, Distrikt Chatarpur, 471 606 (07686) 272 355 FAX (07686) 272 365 **Zimmer** 94

Eine Oase der Ruhe! Das Taj Chandela liegt ideal für Ausflüge zu den berühmten Tempeln von Khajuraho oder in den Panna National Park. Das Anwesen ist eingebettet in einen vier Hektar großen Landschaftsgarten und bietet seinen Gästen modernen Komfort. www.tajhotels.com

MAHESHWAR Ahilya
Ahilya Fort, Maheshwar, 451 224 (07283) 273 329 FAX (07283) 273 203 **Zimmer** 14

Das alte Fort am Ufer des heiligen Flusses Narmada war Machtzentrum der hochverehrten Herrscherin Ahilya Bai Holkar. Die Festung wurde kaum verändert und dient heute als Unterkunft, die höchste Ansprüche befriedigt. Mahlzeiten, Tee, Kaffee und Bootsausflüge sind im Preis inbegriffen. www.ahilyafort.com

ORCHHA Betwa Cottages
Kanchanghat, Distrikt Tikamgarh, 470 046 (07680) 252 618 **Zimmer** 18

Die Anlage am Ufer des Flusses Betwa umfasst charmante Cottages in unmittelbarer Nähe zu den schönsten Sehenswürdigkeiten von Orchha. Jedes Cottage verfügt über einen eigenen Garten. Das Restaurant offeriert schmackhafte Gerichte aus Indien, China und anderen asiatischen Ländern. Die Bar ist gut bestückt. www.mptourism.com

ORCHHA Sheesh Mahal
Orchha, Distrikt Tikamgarh, 472 246 (07680) 252 624 FAX (07680) 252 624 **Zimmer** 8

Das Sheesh Mahal, einer von Orchhas attraktivsten Palästen, bietet große Zimmer mit schöner Aussicht. Es liegt ganz in der Nähe des Jahangir Mahal und des für seine Malereien bekannten Raj Mahal. Seit der vor kurzer Zeit vollendeten Umgestaltung erstrahlt es in neuem Glanz. www.mptourism.com

PACHMARHI Glen View
Nähe Raj Bhavan, 461 881 (07578) 252 533 FAX (07578) 252 434 **Zimmer** 21

Glen View ist das Glanzlicht unter den Unterkünften in Pachmarhi. Allein schon die Lage – nur zwei Kilometer vom Marktplatz entfernt – überzeugt. Zur besonderen Atmosphäre des Hotels tragen das heimelige Flair und die großen Grünanlagen bei. Mahlzeiten sind im Preis enthalten. www.mptourism.com

RAIPUR Babylon International
VIP Rd, Rajiv Gandhi Marg, 492 006 (0771) 409 3101 FAX (0771) 409 3100 **Zimmer** 80

Das Hotel am Stadtrand von Raipur verzaubert seine Gäste schon beim Einchecken. Bereits beim Betreten des Babylon International spürt man den Luxus und Stil, den das Haus bietet. Gastfreundlichkeit wird hier großgeschrieben. Vom Flughafen erreicht man diese Prachtwelt in nur zehn Minuten. www.hotelbabylon.com

---

Preiskategorien *siehe S. 568* **Zeichenerklärung** *siehe hintere Umschlagklappe*

UJJAIN Surana Palace

23 GDC Rd, Dussehra Maidan, 456 001 **(**(0734) 253 0045** *Zimmer 22*

Das gut geführte Hotel bietet seinen Gästen große, bequeme Zimmer sowie einige perfekt ausgestattete Suiten. Der gepflegte Garten ist ein Ort der Ruhe – ideal für ein paar erholsame Tage. Die geringe Entfernung zum Bahnhof ist ein weiteres Plus des Surana Palace. **suranaujn@satyam.net.in**

Kolkata

KOLKATA Fairlawn Hotel Pvt Ltd

13/A Sudder Street, 700 016 **(**(033) 2252 1510** FAX *(033) 2252 1835* *Zimmer 20*

Das Fairlawn befindet sich im lebhaftesten Teil der Metropole. Das charmante Hotel ging aus einem Landhaus aus der Kolonialzeit hervor. In puncto Komfort lässt es vielleicht so manchen Wunsch offen, doch der Alte-Welt-Charme und die Gastfreundlichkeit machen diesen Mangel mehr als wett. Englisches Frühstück. **www.fairlawnhotel.com**

KOLKATA Hotel Victerrace

1B Gorky Terrace, 700 017 **(**(033) 2283 2753** FAX *(033) 2283 2967* *Zimmer 45*

Das Victerrace ist in einem imposanten vierstöckigen Gebäude untergebracht. Trotz der Lage mitten im Zentrum von Kolkata ist es im Inneren wegen effizienter Dämmung sehr ruhig. Parkplätze sind in großer Zahl vorhanden. **www.victerracegroupofhotels.com**

KOLKATA The Astor Hotel

15 Shakespeare Sarani, 700 071 **(**(033) 2282 9957** FAX *(033) 2282 7430* *Zimmer 35*

In einem rund 100 Jahre alten denkmalgeschützten Gebäude im Herzen der Stadt ist das Astor Hotel untergebracht. Die roten und weißen Backsteine sind typisch für die viktorianische Architektur Kolkatas. Koloniales Flair breitet sich bis in die Zimmer aus. Der Service des Hauses ist geradezu legendär. **www.astorkolkata.com**

KOLKATA Lytton Hotel

14 Sudder Street, 700 016 **(**(033) 2249 1875** FAX *(033) 2249 1747* *Zimmer 93*

Das geschmackvoll eingerichtete Hotel im Herzen der Stadt verfügt über bequeme Zimmer und Einrichtungen für Geschäftsleute. Erfreulich ist auch die Nähe zu wichtigen Sehenswürdigkeiten wie Victoria Memorial, das Wahrzeichen Kolkatas, und Indian Museum. **www.lyttonhotelindia.com**

KOLKATA Tollygunge Club

120 Deshapran Sasmal Rd, 700 033 **(**(033) 2473 4539** FAX *(033) 2473 1903* *Zimmer 66*

Der Tollygunge Club am Stadtrand bietet auf mehr als 40 Hektar Grund einen 18-Loch-Golfplatz, geräumige Zimmer und Cottages. Der Service ist zuvorkommend, wenn auch mitunter etwas langsam. Im Zuge der Renovierungsarbeiten wurden viele Zimmer verschönert. **www.tollygungeclub.org**

KOLKATA Hyatt Regency

JA-1, Sector 3, Salt Lake City, 700 098 **(**(033) 2335 1234** FAX *(033) 2335 1235* *Zimmer 233*

Das Hyatt Regency Kolkata zählt zu den ersten Adressen der Metropole. Zeitgenössisches Design, exzellente Ausstattung und perfekter Service sind Trümpfe des Hauses. Die 235 perfekt eingerichteten Zimmer und Suiten gehören zu den größten aller Hotels der Stadt. Die Bäder bieten Luxus pur. **www.kolkata.regency.hyatt.com**

KOLKATA The Kenilworth

1 & 2 Little Russell Street, 700 071 **(**(033) 2282 3939** FAX *(033) 2282 5136* *Zimmer 101*

Das ruhige, charmante Hotel hat elegante, bequeme Zimmer. Am Büfett gibt es ein üppiges Frühstück und Mittagessen. Das Pub gibt sich ganz britisch – inklusive roter Telefonzelle. Als traditionsbewusstes Hotel bewahrt das Kenilworth sein kolonialzeitliches Flair. Der Service lässt keine Wünsche offen. **www.kenilworthhotels.com**

KOLKATA Oberoi Grand

15 Jawaharlal Nehru Rd, 700 013 **(**(033) 2249 2323** FAX *(033) 2249 1217* *Zimmer 209*

Mit seiner 125 Jahre währenden Historie ist das Oberoi Grand eine Institution in Kolkata. Es ist in einem viktorianischen Gebäude untergebracht und besticht durch charmante Einrichtung, zu der auch Himmelbetten gehören. Es gibt eine gemütliche Tee-Lounge und exzellente Restaurants. **www.oberoihotels.com**

KOLKATA The Park

17 Park Street, 700 016 **(**(033) 2249 9000** FAX *(033) 2249 7343* *Zimmer 149*

Das Park hat 150 luxuriöse Zimmer und 24 großzügig möblierte De-luxe-Zimmer und Suiten. Der Service sucht weltweit seinesgleichen. Der schicke Nachtclub (Tantra) ist ein Hotspot in Kolkatas Szene. Fitness-Center und Luxus-Spa sind weitere bestens ausgestattete Attraktionen. **www.theparkhotels.com**

KOLKATA Sonar Bangla Sheraton

1 JBS Halden Avenue, 700 046 **(**(033) 2345 4545** FAX *(033) 2345 4455* *Zimmer 238*

Trotz des modernen, vielleicht etwas glatten Designs hat das Sonar Bangla Sheraton einen feinen Sinn für Tradition. Das Fünf-Sterne-Hotel bietet ein heiteres Ambiente wie nur wenige andere Stadthotels. Auf den dicht bewachsenen Grünflächen des Anwesens wachsen mehr als 1200 Bäume. **www.itcwelcomgroup.in**

KOLKATA Taj Bengal

34-B Belvedere Rd, Alipore, 700 027 (033) 2223 3939 FAX (033) 2223 1766 **Zimmer** 229

Das mit hochkarätigen Auszeichnungen versehene Taj Bengal ist zeitgenössisch dekoriert und mit schönen, für die Region typischen Möbeln eingerichtet. Die Atrium-Lobby beeindruckt durch ihr palastartiges Flair. Ohne Zweifel ist dies eines der eindrucksvollsten Hotels in diesem Teil der Welt. www.tajhotels.com

Westbengalen & Sikkim

DARJEELING Cedar Inn

PO Box 102, Jalapahar Rd, 734 101 (0354) 225 6764 FAX (0354) 225 6764 **Zimmer** 29

Das im viktorianisch-gotischen Stil konzipierte Haus mit dem holzgetäfelten Inneren bietet eine herrliche Sicht auf den Kanchendzonga. Alles hier erinnert an eine erhabene, weniger von Hektik geprägte Vergangenheit. Die Bibliothek birgt viel Information zur Kultur dieser Region. Mahlzeiten sind inklusive. www.cedarinndarjeeling.com

DARJEELING Glenburn Tea Estate

PO und Distrikt Darjeeling, Glenburn Tea Estate, 734 101 (033) 2288 5630 **Zimmer** 8

Das Hotel mit seinen acht Suiten ist ein sehr guter Ausgangspunkt für Wanderungen und geführte Touren durch die Teeplantagen in der Umgebung. Proviant und Führung sind im Preis inbegriffen. Auch die zahlreichen weiteren Freizeitangebote drinnen und draußen machen einen Aufenthalt zum Erlebnis. www.glenburnteaestate.com

DARJEELING Windamere Hotel

Observatory Hill, 734 101 (0354) 225 4041 FAX (0354) 225 4043 **Zimmer** 40

Das familiengeführte Hotel ist eine Hinterlassenschaft der Raj-Ära und im elegantesten Kolonialstil möbliert. Offene Kamine in den Zimmern und Wärmflaschen in den Betten tragen ihren Teil zu dem behaglichen Ambiente bei. Zum exzellenten Abendessen spielt ein Streichquartett auf. www.windamerehotel.com

GANGTOK Hotel Tibet

Paljor Stadium Rd, 737 101 (03592) 203 468 FAX (03592) 206 233 **Zimmer** 34

Bunte tibetische Einrichtung, ein exzellentes Restaurant, eine gemütliche Bar und eine freundliche Atmosphäre sind Markenzeichen des beliebten Hotels. Das Personal ist Gästen bei der Routenplanung behilflich. Auch Geld kann hier gewechselt werden. Die Zimmer verfügen über gut ausgestattete Bäder. www.sikkiminfo.net/hoteltibet

GANGTOK Netuk House

Tibet Rd, 737 101 (03592) 206 778 FAX (03592) 206 778 **Zimmer** 12

Buddhistische Gebetsfahnen flattern über dem traumhaft gelegenen, gut geführten Gästehaus. Bei einem Aufenthalt erfährt man sikkimesische Gastfreundschaft. Die Zimmer sind einfach, aber ansprechend möbliert. Im Speisesaal genießt man viergängige Gerichte der Region. Es gibt auch eine gemütliche Bar. slg_netuk@sancharnet.in

GANGTOK The Chumbi Residency

Tibet Rd, 737 101 (03592) 206 618 FAX (03592) 206 620 **Zimmer** 26

Das moderne Hotel in einem vierstöckigen Haus mitten in Gangtok liegt an der einst hier verlaufenden Seidenstraße nach Tibet. Die Chumbi Residency bietet alles für einen unkomplizierten, angenehmen Aufenthalt. Das hohe Maß an Gastfreundschaft zeigt sich in vielen kleinen Details. www.thechumbiresidency.com

GANGTOK Hotel Tashi Delek

MG Marg, 737 101 (03592) 202 991 FAX (03592) 202 362 **Zimmer** 36

Das Hotel Tashi Delek liegt nahe dem Kanchendzonga. Die Sonnenauf- und Sonnenuntergänge hier sind ein unvergessliches Naturschauspiel. Die sauberen, bequemen Zimmer sind ansprechend dekoriert und modern ausgestattet. Das Restaurant kredenzt internationale Gerichte, Café und Bar sind vorhanden.

GANGTOK Nor-Khill Hotel

Paljor Stadium Rd, 737 101 (03592) 205 637 FAX (03592) 205 639 **Zimmer** 25

Das Nor-Khill ist in einem alten Gästehaus der Chogyal-Dynastie, die einst über Sikkim herrschte, untergebracht. Es ist von einem sehr hübschen, gepflegten Garten umgeben und bietet geräumige Zimmer mit schönem Blick auf den Kanchendzonga. Die Atmosphäre des Hauses ist von Herzlichkeit geprägt. www.elginhotels.com

KALIMPONG Himalayan Hotel

Upper Cart Rd, 734 301 (03552) 258 602 **Zimmer** 18

Das Traditionshotel ist geradezu übersät mit faszinierenden Fotografien und Kunst aus Tibet und Bhutan. Der Garten bietet einen exzellenten Überblick über die Pflanzenwelt des Himalaya. Das Haus ist ein guter Stützpunkt für Touren im östlichen Himalaya oder für entspannte Aufenthalte in wunderschöner Umgebung. www.himalayanhotel.biz

SHANTINIKETAN Mark & Meadows

Sriniketan Rd, Distrikt Birbhum, 731 204 (03463) 264 870 FAX (03463) 264 870 **Zimmer** 32

Rot gefliese Cottages verteilen sich über eine weitläufige, gepflegte Grünfläche. Die Zimmer sind nett eingerichtet und verfügen über eine Klimaanlage. Das Restaurant serviert internationale Küche mit einem Schwerpunkt auf bengalischen und chinesischen Gerichten. www.markandmeadows.com

Preiskategorien *siehe S. 568* **Zeichenerklärung** *siehe hintere Umschlagklappe*

SILIGURI Hotel Cindrella
Sevoke Rd, 3rd Mile, 734 401 (0353) 254 7136 FAX (0353) 243 0615 **Zimmer** 43

Dank komfortabler Zimmer, effizienten Personals und Internet-Zugang ist das Cindrella das beste Hotel in Siliguri. Das Hotelrestaurant bietet ausschließlich vegetarische Speisen, diese gibt es auch zum Mitnehmen. Zahlreiche Gäste nutzen den Billardsalon und das Fitness-Center. **www.cindrellahotels.com**

SUNDERBANS Sajnekhali Tourist Lodge
PO Pakhiralay, PS Gosaba, 743 379 (03218) 236 560 **Zimmer** 30

Die mit Solarenergie betriebene Lodge bietet einfache Unterkunft, Essen wird im Speisesaal serviert. Zum Anwesen gehören ein Uhrturm und ein Krokodilteich. Die Zimmer verfügen nicht über Klimaanlagen. Für Touren in die dichten Wälder und Dickichte der Umgebung ist die Lodge ein geeigneter Ausgangspunkt.

Orissa

BHUBANESWAR Mayfair Lagoon
8-B Jayadev Vihar, 751 013 (0674) 236 0101 FAX (0674) 236 0236 **Zimmer** 70

Das elegante Hotel mit schönem Landschaftsgarten liegt an einem See und verfügt über saubere, fliesengedeckte Cottages. Es gibt hier exzellente Restaurants, einen Pool und eine Shopping-Arkade. Wegen der zentralen Lage befinden sich die Attraktionen der Stadt in Gehentfernung. Frühstück ist inklusive. **www.mayfairhotels.com**

BHUBANESWAR The Trident
CB-1 Nayapalli, 751 013 (0674) 230 1010 FAX (0674) 230 1302 **Zimmer** 70

In dem Hotel spiegelt sich die reiche Kultur Orissas wider. Jeder Bestandteil, von der tempelartigen Architektur bis zu den guten Restaurants, verströmt das Flair dieser indischen Region. Im Trident findet man auch Tennisplätze und einen Pool. Frühstück ist inklusive. **www.trident-hilton.com**

CHILIKA LAKE Barkul Panthnivas
Barkul, Balugaon, 752 030 (06756) 211 078 **Zimmer** 35

Das einfache Hotel am Ufer des Chilika Lake bietet seinen Gästen viel frischen Fisch sowie Ausflüge mit Segel- oder Schnellboot. Trotz der eher bescheidenen Ausstattung der Gästezimmer ist das Haus bei Reisenden sehr beliebt. Geführte Touren in die Umgebung werden arrangiert. Frühstück ist inklusive. **www.orissa-tourism.com**

GOPALPUR-ON-SEA The Oberoi Palm Beach
Gopalpur-on-Sea, Ganjam, 761 002 (0680) 282 021, 282 023 FAX (0680) 282 300 **Zimmer** 18

Das Oberoi Palm Beach ist ein Resort an einem der schönsten Strände Indiens. Von den meisten Zimmern hat man eine schöne Aussicht auf den Golf von Bengalen. Das Hotel liegt 17 Kilometer vom Bahnhof und dem Zentrum entfernt, zum Flughafen ist es etwas weiter. Der Garten verfügt über einen Mini-Zoo. **www.oberoihotels.com**

KONARAK Yatri Nivas
AT/PO Konarak, 752 111 (06758) 236 821 FAX (06758) 236 916 **Zimmer** 18

Das vom staatlichen Fremdenverkehrsamt betriebene Hotel ist das beste in Konarak. Es ist sauber und bietet ein gutes Preis-Leistungs-Verhältnis. Eine gute Wahl für einen Kurzaufenthalt – auch wegen der Nähe zum Sun Temple. Die Cottages stehen in einem großen Garten. Die ohne Klimaanlage sind günstiger im Preis. Frühstück inklusive.

PURI Toshali Sands
Ethnic Village Resort, Konarak Marine Drive, 752 002 (06752) 250 571 FAX (06752) 250 899 **Zimmer** 104

Das Anwesen mit Blick auf den Balikhanda Forest liegt in einem Landschaftsgarten mit einer Fläche von zwölf Hektar. Es bietet Cottages mit allen modernen Annehmlichkeiten und einer gemütlichen Atmosphäre. Genießen Sie eines der vielen Angebote, z. B. eine Massage im hauseigenen Salon. Frühstück inklusive. **www.toshalisands.com**

PURI Mayfair Beach Resort
Chakratirtha Rd, 752 002 (06752) 227 800 FAX (06752) 224 242 **Zimmer** 33

Das eindrucksvoll gestaltete Resort hat komfortable Zimmer, von denen jedes über einen eigenen Patio verfügt. Viele Räume haben Meerblick. Weitere Pluspunkte sind der große Pool und das Restaurant mit vielen frischen Fischgerichten. Ein idealer Ort, um unverbrauchte Natur zu genießen. Frühstück inklusive. **www.mayfairhotels.com**

Assam & Nordostindien

AGARTALA Hotel Rajarshi
Gegenüber Governor's House, Nähe Circuit House, 799 006 (0381) 220 1034 FAX (0381) 220 7050 **Zimmer** 17

Das Hotel Rajarshi liegt ideal – zum Markt und dem bewaldeten Park ist es nicht weit. Das Hotel ist sehr weitläufig, der Garten bietet sich zum Ausspannen am Abend an. Die Zimmer sind exquisit gestaltet, allerdings verfügen nicht alle über eine Klimaanlage. **http://tripura.nic.in/accommo.htm**

AGARTALA Royal Guest House
Palace Compound, West Gate, 799 001 (0381) 225 652 FAX (0381) 224 958 **Zimmer** 34

Das Gästehaus mit großen Zimmern liegt etwas versteckt an einer Straße zum alten Maharaja-Palast. Das Restaurant serviert gute indische und chinesische Küche. Zum nächsten Flughafen sind es nur acht Kilometer. Die Umgebung des Hotels ist einfach bezaubernd. **http://westtripura.gov.in/tripuratourism.htm**

AIZAWL Tourist Lodge
Chaltlang, Aizawl, 796 017 (0389) 234 1083 **Zimmer** 41

Die vom staatlichen Fremdenverkehrsamt betriebene Lodge bietet saubere Unterkunft zu vernünftigen Preisen. Von den Zimmern hat man eine gute Aussicht auf die schöne Umgebung, das Restaurant stellt die Gäste zufrieden. Zur Ausstattung gehören TV und Telefon, die Lage zu den Märkten ist gut.

GUWAHATI Hotel Brahmaputra Ashok
MG Rd, 781 001 (0361) 260 2282 FAX (0361) 260 2289 **Zimmer** 31

Das Hotel am Brahmaputra liegt oberhalb der Flussinsel Umananda und zeichnet sich durch gemütliches Ambiente aus. Erbaut wurde es im typischen Assam-Stil, viele Möbel sind aus Bambus oder Schilfrohr gefertigt. Bei allem traditionellen Flair ist die Ausstattung modern. Gutes Restaurant und Coffeeshop. **www.hotelbrahmaputraashok.com**

GUWAHATI Hotel Dynasty
Lakhotia, Guwahati-1, 781 001 (0361) 251 6021 FAX (0361) 251 4112 **Zimmer** 76

In Gehentfernung zum Markt befindet sich das Hotel Dynasty. Es bietet seinen Gästen saubere, gemütliche Zimmer, eine angenehme Einrichtung, guten Service und jede Menge Grün im Außenbereich. Das Hotel zählt zu den bevorzugten Adressen der in Guwahati residierenden Prominenz. **www.hoteldynastyindia.com**

IMPHAL Hotel Anand Continental
Khoyathong Rd, Imphal (0385) 244 9422 **Zimmer** 30

Das Hotel im Herzen der Stadt liegt günstig zu Verkehrsmitteln und Einkaufsvierteln. Es ist in einem modernen Gebäude untergebracht und verfügt über gut ausgestattete Zimmer. Das Restaurant kredenzt internationale Küche, auf Wunsch werden Gerichte aus Manipur serviert. **hotel_anand@rediffmail.com**

ITANAGAR Hotel Donyi Polo Ashok
C-Sector, 791 111 (0360) 221 2626 FAX (0360) 221 2611 **Zimmer** 20

Trotz der Nähe zum Stadtzentrum zeichnet sich die auf einer Anhöhe gelegene Unterkunft durch eine ruhige Atmosphäre aus. Das Hotel Donyi Polo Ashok verfügt über gut eingerichtete Zimmer, einige haben Klimaanlage. Es vermittelt Führer für Besichtigungen und organisiert Volkstanzveranstaltungen. **www.ashokgroup.com**

KAZIRANGA NATIONAL PARK Wild Grass Resort
Bochagaon, 785 109 (03776) 262 085 **Zimmer** 19

Das attraktive Resort am Rand des Kaziranga National Park bietet Gästen viele Aktivitäten unter fachkundiger Leitung, darunter Elefantensafaris, Vogelbeobachtung, Wanderungen in Wäldern und Besichtigungen von Dörfern der hier lebenden Ethnien. Auch kulturelle Veranstaltungen werden organisiert. **www.oldassam.com**

KOHIMA Hotel Japhu
PR Hills, 797 001 (0370) 224 0211 FAX (0370) 224 3439 **Zimmer** 26

Mit seiner Lage auf einem Berg bietet das Hotel wunderbare Panoramablicke über die Umgebung von Kohima. Die Zimmer sind geräumig und werden im Winter beheizt. Das Ambiente des Hauses prägen Holzvertäfelungen und Kunstwerke der Naga. In der Nähe gibt es Läden mit Kunsthandwerk. **www.northeastindiatravel.com**

SHILLONG Hotel Pinewood
Rits Rd, European Ward, 793 001 (0364) 222 3116 FAX (0364) 222 4176 **Zimmer** 40

Das Hotel im Pseudo-Tudor-Stil aus der Raj-Ära befindet sich nahe dem Stadtzentrum und dem Ward Lake. Die Zimmer und Cottages sind groß und gemütlich, jedes hat eine offene Feuerstelle. Besonders schön ist es in dem angenehmen Garten. **www.meghalayatourism.in**

SHILLONG Hotel Polo Towers
Polo Grounds, 793 001 (0364) 222 2341 FAX (0364) 222 0090 **Zimmer** 50

In nur fünf Minuten ist man vom Hotel Polo Towers zum Golfplatz, auch der Markt ist in unmittelbarer Nähe. Das moderne, effizient geführte Hotel rühmt sich mit einer Diskothek (Platinum), die am Wochenende geöffnet ist. Auch das Restaurant (Ginger) mit internationaler Küche und die Bar sind sehr beliebt. **www.hotelpolotowers.com**

Rajasthan

AJMER Mansingh Palace
Vaishali Nagar, 305 001 (0145) 242 5956 FAX (0145) 242 5858 **Zimmer** 54

Das Erscheinungsbild des Mansingh Palace ist maßgeblich beeinflusst von der Architektur der faszinierenden Stadt Ajmer. Das Restaurant Shesh Mahal bietet eine schöne Aussicht über den idyllischen Anasagar Lake. Die Zimmer sind mit Kunstwerken versehen. **www.mansinghhotels.com**

Preiskategorien siehe S. 568   Zeichenerklärung siehe hintere Umschlagklappe

ALWAR Amanbagh
Ajabgarh, Thanagaji, 301 027 (065) 223 3001 FAX (065) 223 335 **Zimmer** 40

Der frühere Jagdstützpunkt der Alwar-Könige am Rand der Aravalli Hills wurde zu einem luxuriösen Resort umgestaltet. Das Amanbagh ist ein sehr guter Ausgangspunkt für die Erkundung der Sehenswürdigkeiten der Stadt, zu denen auch einige berühmte Paläste gehören. **www.amanresorts.com**

BHARATPUR Laxmi Vilas Palace
Kakaji-Ki-Kothi, Old Agra-Jaipur Rd, 321 001 (05644) 223 523 FAX (05644) 225 259 **Zimmer** 38

Der Laxmi Vilas Palace wurde 1887 erbaut und 1994 in ein Hotel umgewandelt. In dem Gebäude manifestiert sich ein Stück Geschichte der Stadt Bharatpur. Die Gäste genießen hervorragenden Service. Die Lage des Hotels ist sehr gut für Tagesausflüge in die Umgebung, die im Haus gebucht werden können. **www.laxmivilas.com**

BIKANER Gajner Palace Hotel
PO Gajner, Tehsil Kolayat, 334 001 (01534) 255 064 **Zimmer** 44

Das elegante Hotel in geradezu märchenhafter Lage an einem See ging aus einem ehemaligen Jagdhaus des Maharaja von Bikaner hervor. Das Interieur ist überaus geschmackvoll, die Umgebung dicht bewaldet. Das freundliche Personal organisiert Ausflüge, darunter Jeepsafaris und Touren mit Vogelbeobachtung. **www.gajkesri.com**

BIKANER Lallgarh Palace
Lallgarh Complex, 334 001 (0151) 254 0201 **Zimmer** 38

Der Lallgarh Palace ist ein erlesenes Beispiel indo-sarazenischer Architektur. Die elegant eingerichteten Zimmer bieten jeden nur denkbaren Komfort. Zur Behaglichkeit tragen das exquisite Mobilar, die großartigen Kronleuchter und die Filigranarbeiten bei. **www.lallgarh.com**

BUNDI Royal Retreat
Garh Palace, 323 001 (0747) 244 4426 FAX (0747) 244 3263 **Zimmer** 5

Das Royal Retreat befindet sich unterhalb des Forts von Bundi und bietet wunderschöne Aussichten auf die Aravalli Hills. Die Atmosphäre ist ruhig und harmonisch, das Dachrestaurant offeriert vegetarische Gerichte. Wie der Name schon vermuten lässt: Ein komfortabler Aufenthalt ist hier garantiert. **royalretreatbundi@yahoo.com**

CHITTORGARH Hotel Castle Bijaipur
Post Bijaipur, 311 001 (01472) 240 099 FAX (01472) 241 042 **Zimmer** 23

Das stimmungsvolle Schlösschen besticht durch seine pittoreske Lage. Jeepsafaris zu den nahe gelegenen Dörfern und Forts, Angelausflüge und abendliche Folkloreveranstaltungen werden organisiert. Das Anwesen bietet geradezu atemberaubende Blicke über die Umgebung. **www.castlebijaipur.com**

DEOGARH Deogarh Mahal
PO Deogarh, Distrikt Rajsamand, 313 331 (02904) 252 777 FAX (02904) 252 555 **Zimmer** 46

Das Deogarh Mahal ist ein wunderbares Traditionshotel. Die Ausstattung bietet einen gelungenen Mix aus altem Charme und moderner Funktionalität. Obst und Gemüse kommen aus den hoteleigenen Gärten und geben den angebotenen Gerichten das gewisse Etwas. **www.deogarhmahal.com**

DUNGARPUR Udai Bilas Palace
Udai Bilas Palace, 314 001 (02964) 230 808 FAX (02964) 231 008 **Zimmer** 20

Das von der ehemaligen Herrscherfamilie betriebene Hotel liegt in einem Privatwald nahe einem See. Die Art-déco-Möbel passen gut zu den alten Mauern und den dekorativen Intarsien. Die geräumigen Zimmer und Suiten bieten das, was man sich unter modernem Komfort vorstellt. **www.udaibilaspalace.com**

JAIPUR Devi Ratn
Nähe Jamdoli Village, Bitumen Rd, Ballupura, 303 012 982 978 1211 **Zimmer** 63

In dem Boutique-Hotel schwelgen die Gäste in Stoffen, Mustern und Farben. Von allen Zimmern blickt man auf die Aravalli Hills. Die kleinen Villen haben eigene Gärten und Jacuzzi. Im Restaurant wird asiatische und kontinentale Küche mit Produkten aus dem eigenen Garten geboten. Ein Spa bietet sich zum Erholen an. **www.deviresorts.in**

JAIPUR Raj Vilas
Babaji Mod, Goner Rd, 302 016 (0141) 268 0101 FAX (0141) 268 0202 **Zimmer** 71

Das luxuriöse Spa-Resort wird von der Oberoi-Gruppe betrieben. Raj Vilas schmücken idyllische Gärten mit Pools und Pavillons. Geschmackvolle Einrichtung, exzellente Küche und perfekter Service sind zusätzliche Markenzeichen des Hauses. Auf Wunsch wird ein 24-Stunden-Butler-Service gestellt. **www.oberoihotels.com**

JAIPUR Rambagh Palace
Bhawani Singh Place, 302 005 (0141) 221 1919 FAX (0141) 238 1098 **Zimmer** 95

In den Suiten des opulenten Hotels residierte einst der Maharaja. Auch die Zimmer sind perfekt eingerichtet. Das inmitten üppiger Gärten gelegene Hotel kombiniert erfolgreich Raj-Ambiente mit moderner Ausstattung. Reitmöglichkeiten und ein Polofeld sind vorhanden. **www.tajhotels.com**

JAIPUR Rasa Jaipur
Kunda, NH-8, Tehsil Amer, 302 028 982 978 4211 **Zimmer** 40

In einem wunderschönen Garten nahe Fort Amber am Stadtrand von Jaipur gelegen, findet der Gast hier luxuriöse Zelte mit Himmelbett, Bad und allen Annehmlichkeiten. Guter Ausgangspunkt zur Beobachtung von Vögeln und für Trekking-Touren. Im Restaurant wird traditionell indisch mit modernen Anklängen gekocht. **www.rasaresorts.in**

JAIPUR Samode Haveli
Ganga Pole, 302 002 (0141) 263 2370 FAX (0141) 263 1397 **Zimmer** 42

Das aparte Herrenhaus ist mehr als 200 Jahre alt. Die beeindruckenden Zimmer sind zum Teil mit Wandgemälden und großen Spiegeln verziert. Jacqueline Kennedy Onassis war die erste weltbekannte Person, die sich hier einmietete. Ihr folgten viele weitere Prominente und Würdenträger. www.samode.com

JAISALMER Gorbandh Palace
1 Tourist Complex, Sam Rd, 345 001 (02992) 253 801 FAX (02992) 253 811 **Zimmer** 67

Ein neues Hotel mit allen erdenklichen Annehmlichkeiten in einem traditionell gestalteten Gebäude aus Jaisalmer-Sandstein. Der Gorbandh Palace verfügt über einen einladend wirkenden Innenhof, ein Geschäft mit Kunsthandwerk und einen Buchladen. Das Restaurant lockt mit Rajasthan-Küche und europäischen Gerichten. www.hrhindia.com

JAISALMER Narayan Niwas Palace
Malka Prol, 345 001 (02992) 252 408 FAX (02992) 252 101 **Zimmer** 43

Das im für Rajasthan typischen Dekor eingerichtete Hotel ist in einem steinernen Haus untergebracht. Die Aussicht vom Dachrestaurant auf das Jaisalmer Fort und die Wüste ist grandios. Zu den Annehmlichkeiten des Narayan Niwas gehören ein Schönheitssalon und Folklorevorstellungen. www.narayanniwas.com

JAISALMER The Serai
Bherwa, Chandan, Distrikt Jaisalmer, 345 001 (011) 4606 7608 FAX (011) 4165 5052 **Zimmer** 21

Das luxuriöse Serai liegt in der nahen Wüste. Hier wohnt man in Baumwollzelten mit allen erdenklichen Annehmlichkeiten. Im Garten befindet sich ein Spa. In den Speisezelten werden heimische und westliche Gerichte aus heimischen Bioprodukten zubereitet. Kamelsafaris und Exkursionen können arrangiert werden. www.the-serai.com

JODHPUR Ajit Bhawan Palace
Nähe Circuit House, 342 001 (0291) 251 0674 FAX (0291) 261 4451 **Zimmer** 60

Das Palast-Hotel durchweht ein Hauch von Nostalgie. Alte Fotografien und Antiquitäten schaffen einen besonderen Zauber. Gäste können sich auch in den Cottages des Anwesens einmieten. Die Restaurants offerieren die besten Spezialitäten der Küche Rajasthans sowie anderer indischer Regionen und europäischer Länder. www.ajitbhawan.com

JODHPUR Taj Hari Mahal
5 Residency Rd, 342 001 (0291) 243 9700 FAX (0291) 261 4451 **Zimmer** 93

Ein Traum für Romantiker! Das Taj Hari Mahal präsentiert Pracht und Erhabenheit, die sich in Ausstattung und Dekor zeigen. Tradition und Moderne gehen hier eine gelungene Symbiose ein. Auf Wunsch wird Dinner in den Sanddünen mit Wein und der Musik Rajasthans organisiert. www.tajhotels.com

KOTA Brijraj Bhawan Place
Civil Lines, 324 001 (0744) 245 0529 FAX (0744) 245 0057 **Zimmer** 7

Der frühere Herrscher von Kota lebt noch in einem Teil des Herrenhauses, das einst eine britische Residenz war. Das Essen ist exzellent, die Atmosphäre vornehm, aber freundlich. Fürstliche Memorabilien wie Familienandenken und Jagdtrophäen schmücken die Zimmer. brijraj@datainfosys.net

KUMBHALGARH Aodhi Hotel
PO Kelwara, Distrikt Rajsamand, 313 301 (02954) 242 341 FAX (02945) 242 349 **Zimmer** 26

Das komfortable Hotel liegt am Berg, direkt unterhalb des großen Forts. Von hier oben hat man eine fantastische Aussicht über die herrliche Landschaft. Das Aodhi Hotel organisiert Safaris und Ausflüge zu Pferd in die Umgebung. Die Steinmauern des Hauses geben dem Anwesen ein rustikales Flair. crs@udaipur.hrhindia.com

MOUNT ABU Palace Hotel
Bikaner House, Dilwara Rd, 307 501 (02974) 238 673 FAX (02974) 238 674 **Zimmer** 33

Die frühere Sommerresidenz der Herrscher von Bikaner wurde 1894 erbaut und kürzlich restauriert. Das Gebäude erstrahlt nun in neuem Glanz, zu dem auch ein großer Garten, ein Ballsaal und herrlich altes Flair beitragen. Das Hotel serviert Gerichte aus aller Welt. 24-Stunden-Zimmerservice vorhanden. www.rajasthaninfo.org

NEEMRANA Neemrana Fort Palace
Jaipur-Delhi Highway, Distrikt Alwar, 301 705 (01494) 246 006 FAX (01494) 246 005 **Zimmer** 44

Zu dem bestens renovierten Fort aus dem 15. Jahrhundert gehören mehrere beschauliche Innenhöfe und ein Pool im obersten Stockwerk. Es zählt zu den traditionsreichsten Hotels in Indien und wurde mit großer Sorgfalt restauriert. Das malerische Dorf unterhalb besitzt einen imposanten Brunnen. www.neemranahotels.com

PUSHKAR Pushkar Resorts
Ganhera, Motisar Rd, 305 022 (0145) 277 3944 FAX (0145) 277 2946 **Zimmer** 44

Mit seinen luxuriösen Cottages in ruhigen Obstgärten ist das Resort nicht nur für Golfer eine sehr gute Wahl. Kamel- und Jeepsafaris werden arrangiert. Jedes Zimmer hat Minibar, Satelliten-TV und Telefon. Das familiengeführte Haus besticht durch Herzlichkeit und Gastfreundschaft. www.pushkarresorts.com

PUSHKAR Pushkar Palace
Chhoti Basti, Pushkar Lake, 305 022 (0145) 277 3001 FAX (0145) 277 3001 **Zimmer** 36

Ein stilvolles Haus mit wertvollen Antiquitäten und wunderbarer Lage an einem See. Die De-luxe-Zimmer und Suiten sind perfekt eingerichtet und bieten Seeblick. Das Restaurant serviert ausschließlich vegetarische Küche. Naturerlebnisse sind die Sonnenauf- und Sonnenuntergänge mit den Aravalli Hills als Kulisse. www.pushkarpalace.com

Preiskategorien siehe S. 568 **Zeichenerklärung** siehe hintere Umschlagklappe

ROHET Rohet Garh
Distrikt Pali, 346 421 **(02936) 268 231** FAX *(02936) 264 9368* **Zimmer** *30*

Das ruhige Hotel in einem Fort wurde schon von Schriftstellern wie Bruce Chatwin und William Dalrymple bewohnt. Die freundlichen Betreiber sind den Gästen bei der Organisation von Ausflügen behilflich. Das Hotel erstreckt sich um einen ruhigen Garten, in dem Nachmittagstee serviert wird. **www.rohetgarh.com**

SAMODE Samode Palace
Samode, 303 806 **(01423) 240 023** FAX *(01423) 240 013* **Zimmer** *42*

Der prächtige Palast, der schon als Filmkulisse diente, bietet eine spektakuläre Lage und ein ebensolches Interieur. Ein rundum feines Hotel mit unübertrefflicher Ausstattung. Zimmer, Service, Restaurant, Annehmlichkeiten – alles auf höchstem Niveau. Ganz in der Nähe des Anwesens gibt es auch ein Zeltcamp. **www.samode.com**

SARISKA Hotel Sariska Palace
Sariska, 301 022 **(0144) 284 1322** FAX *(0144) 284 1323* **Zimmer** *101*

Das komfortable Hotel war früher ein königliches Jagdhaus. Heute gibt es hier ein Ayurveda- und Yoga-Zentrum. Alle Zimmer sind im Stil der viktorianischen Zeit eingerichtet und haben Holzböden. Vom hoch gelegenen Garten blickt man über die Umgebung. Das Essen – vor allem das Frühstück – ist mehr als respektabel. **www.sariska.com**

SAWAI MADHOPUR Aman-I-Khas Resort
Sherpur Khilji, 322 001 **(07462) 252 052** FAX *(07462) 252 178* **Zimmer** *12*

Das superluxuriöse Dschungelresort gehört zu den international renommierten Aman Resorts. Jeder erdenkliche Komfort wird hier geboten, sogar die Zelte sind klimatisiert. Das Resort ist nur in Betrieb, wenn der Ranthambore National Park geöffnet ist (Okt – Juni). Für Liebhaber purer Wildnis gibt es Jeepsafaris. **www.amanresorts.com**

SAWAI MADHOPUR Sher Bagh
Sherpur Khilji, 322 001 **(07462) 252 120** FAX *(07462) 252 119* **Zimmer** *12*

Die zwölf Zelte des exklusiven Camps sind komfortabel eingerichtet und verfügen über Bäder mit kaltem und heißem Wasser. Wunderbare Atmosphäre, bestes Essen, guter Service. Das Camp ist von Oktober bis 15. Mai in Betrieb und organisiert Ausflüge in den Ranthambore National Park. Eine Boutique ist vorhanden. **www.sujanluxury.com**

SHEKHAVATI Hotel Castle Mandawa
Distrikt Jhunjhunu, 333 704 **(01592) 223 124** FAX *(01592) 223 171* **Zimmer** *70*

Keine zwei Zimmer in dem Fort aus dem 18. Jahrhundert gleichen einander. Ob Frühstück auf der Terrasse oder die Aussicht auf entfernt gelegene Tempel – alles hier hinterlässt einen bleibenden Eindruck. Romantiker schätzen die Candle-Light-Dinner mit Musik und Tanz. **www.castlemandawa.com**

UDAIPUR Devi Garh
Delwara, Distrikt Rajsamand, 313 001 **(02953) 289 211** FAX *(02953) 289 357* **Zimmer** *30*

Eine Einrichtung von minimalistischem Chic und eine beeindruckende Architektur sind Markenzeichen des Devi Garh, das in einem schön renovierten Fort untergebracht ist. Bei der Auswahl der Gerichte wird großer Wert auf Authentizität und Frische gelegt. Das Hotel bietet eine große Vielfalt an Ayurveda-Anwendungen. **www.deviresorts.com**

UDAIPUR Shiv Niwas Palace
City Palace, Haridas Ji Ki Magri, 313 001 **(0294) 252 8016** FAX *(0294) 252 8006* **Zimmer** *36*

Das elegante, früher königliche Gästehaus befindet sich in der Nähe des City Palace. Bei der Einrichtung mit Antiquitäten und anderen Kostbarkeiten wurde nicht gespart. So verwundert es nicht, dass das Hotel zu den besten der Welt gehört. Shiv Niwas Palace war 1983 Drehort des James-Bond-Films *Octopussy*. **crs@udaipur.hrhindia.com**

UDAIPUR Taj Lake Palace Hotel
PO No 144, Lake Pichola, 313 001 **(0294) 252 880** FAX *(0294) 289 357* **Zimmer** *85*

Der märchenhafte Palast auf einer Insel ist eines der romantischsten Hotels Indiens. Die traumhafte Atmosphäre sollten Sie einmal genossen haben – wenn Sie es sich leisten können. Die wundervollen Zimmer mit Bad sind im Rajasthan-Stil mit Marmor und edlen Stoffen dekoriert. Gäste genießen hier majestätischen Service. **www.tajhotels.com**

UDAIPUR Udai Vilas
Haridas Ji Ki Magri, 313 001 **(0294) 243 3300** FAX *(0294) 243 3200* **Zimmer** *90*

Das Luxushotel liegt überaus malerisch am Lake Pichola. Die Landschaftsgärten, Brunnen und Pavillons sind nach traditionellen Udaipuri-Mustern gestaltet. Neben einem ganztägig geöffneten Lokal gibt es noch ein Restaurant, das seine Gäste mit indischen Spezialitäten (vor allem aus Rajasthan) verwöhnt. **www.oberoihotels.com**

Gujarat

AHMEDABAD Cama Hotel
Khanpur, 380 001 **(079) 2560 1234** FAX *(079) 2560 2000* **Zimmer** *50*

Das elegante und komfortable Hotel verfügt u. a. über hübsche Gartenanlagen, Pool, Coffeeshop und eine Boutique mit schönem Kunsthandwerk. Auch die herrliche Aussicht auf den Fluss Sabarmati überzeugt. Das Cama Hotel ist Ahmedabads erstes Boutique-Luxushotel. **www.camahotelsindia.com**

HOTELS

AHMEDABAD The House of Mangaldas Girdhardas
Gegenüber Siddi Saiyads Moschee, Lal Darwaja, 380 001 ☎ (079) 2550 6946 FAX (079) 2550 6535 **Zimmer** 12

Alte-Welt-Charme weht durch das Mangaldas Girdhardas, dessen Ausstattung aber modernsten Ansprüchen genügt. Das Hotel im Herzen der Stadt organisiert drei historische Stadtrundgänge und bietet sehr gutes Essen in üppigen Portionen in einem wunderschönen Freiluftrestaurant. Wer Kultur liebt, ist hier richtig. www.houseofmg.com

AHMEDABAD The Gateway Hotel
International Airport Circle, Hansol, 382 475 ☎ (079) 6666 1234 FAX (079) 6666 4444 **Zimmer** 91

Trotz seiner Lage nahe dem Flughafen ist das Hotel ein ruhiger Rückzugsort vom lebhaften Treiben in der Stadt. Die Anlage des Komplexes um einen zentralen Innenhof ist sehr fantasievoll. Das Dekor ist ein wahres Schaufenster des Kunsthandwerks in Gujarat. Stadtführungen werden organisiert. Babysitter-Service vorhanden. www.tajhotels.com

BHAVNAGAR Nilambagh Palace Hotel
Nilambagh, 364 002 ☎ (0278) 242 4241 FAX (0278) 242 8072 **Zimmer** 28

Der große Palast aus dem 19. Jahrhundert weist gemeißelte Säulen, funkelnde Ballsäle, antike Teakholzmöbel und einen riesigen Garten auf. Exkursionen zu den Sehenswürdigkeiten der Umgebung werden organisiert. Das schöne Gebäude wird von üppigen Grünflächen umgeben. www.nilambaghpalace.com

DIU Hotel Radhika Beach Resort
Nagoa, 362 520 ☎ (02875) 252 553 FAX (02875) 252 552 **Zimmer** 42

Ein sehr gut in Schuss gehaltenes Resort in der Nähe eines ruhigen Sandstrands mit sehr komfortablen Zimmern, exzellentem Service und gutem Essen. Die Aussicht ist von jedem Zimmer aus schön. Sie haben die Wahl zwischen Meerblick und Blick auf die grüne Umgebung. www.radhikaresort.com

JAMNAGAR Orbit Park Inn International
PO Baid, 361 006 ☎ (0288) 234 4484 FAX (0288) 234 4486 **Zimmer** 60

Gut eingerichtete Zimmer und perfekter Service prägen das ruhige Hotel und machen es auch für Geschäftsreisende interessant. Mit bester technischer Ausstattung und gut geschultem Personal ist es ein geeigneter Standort für Konferenzen und Workshops. Genießen Sie die entspannende Atmosphäre in der schönen Tee-Lounge.

SASAN GIR Gir Jungle Lodge
Sasan Junagadh Rd, 362 135 ☎ (02877) 285 600 FAX (02877) 285 600 **Zimmer** 36

Die Lodge liegt am Hügel, nahe dem Eingang zum Gir National Park, wo man heimische Löwen und viele Vögel beobachten kann. Touren durch den Park werden organisiert. Nicht alle Räume haben Klimaanlage. Internet-Zugang und Kinderspielplatz vorhanden. Geöffnet vom 15. Oktober bis 15. Juni. www.girjungle.com

VADODARA WelcomHotel Vadodara
RC Dutt Rd, Alkapuri, 390 007 ☎ (0265) 233 0033 FAX (0265) 233 0050 **Zimmer** 134

Das Hotel im bedeutendsten Shopping-Viertel (Alkapuri) der Stadt bietet das besondere Etwas. Die Flure wirken mit ihrer Vielzahl an Bildern wie Galerien. Das Angebot reicht von Golf bis zu Kinderplanschbecken. Das Hotelrestaurant Peshawari ist wegen seiner hervorragenden Gerichte sehr populär. www.itcwelcomgroup.com

WANKANER Royal Oasis & Residency
The Wankaner Palace, 363 621 ☎ (02828) 220 000 FAX (02828) 220 002 **Zimmer** 12

Das Gästehaus von Wankaner Palace befindet sich am Ufer des Flusses Machhu inmitten von Obstgärten. Eine Attraktion ist der außergewöhnliche, drei Stockwerke tiefe Stufenbrunnen. Das Royal Oasis & Residency ist eines der schönsten Traditionshotels in Wankaner, 39 km von Rajkot entfernt. www.colorsofgujarat.com

Mumbai

MUMBAI Sea Green Hotel
145 A Marine Drive, 400 020 ☎ (022) 2282 2294 FAX (022) 6633 6530 **Zimmer** 34

Eine günstige Lage, große und saubere Zimmer, freundliches und aufmerksames Personal und akzeptable Preise: Kein Wunder, dass das Sea Green seit mehr als 50 Jahren eines von Mumbais beliebtesten Hotels ist. Viele Zimmer bieten Blick auf den lebhaften Marine Drive. Raucherzimmer auf Anfrage. www.seagreenhotel.com

MUMBAI Chateau Windsor Guest House
86 Veer Nariman Rd, 400 001 ☎ (022) 6622 4455 FAX (022) 2202 6459 **Zimmer** 60

Dies ist eines von Mumbais besten Budget-Hotels. Das Chateau Windsor Guest House liegt in Gehentfernung zum Hauptgeschäftsviertel. Der Service ist freundlich, die Zimmer sind bequem und mit italienischen und spanischen Fliesen dekoriert. Elektronische Safes sind vorhanden. Raucherzimmer auf Anfrage. www.chateauwindsor.com

MUMBAI Garden Hotel
42 Garden Rd, Colaba, 400 039 ☎ (022) 2283 4823 FAX (022) 2204 4290 **Zimmer** 33

Die Lage nahe der farbenprächtigen Shopping-Area Colaba Causeway und Electric House macht das Hotel für viele Gäste attraktiv. Es bietet saubere, gut möblierte Zimmer und freundlichen, effizienten 24-Stunden-Zimmerservice. Wer Entspannung sucht, wird die Terrasse schätzen lernen. Raucherzimmer auf Anfrage. www.hotelgarden.co.in

PREISKATEGORIEN siehe S. 568 **Zeichenerklärung** siehe hintere Umschlagklappe

MUMBAI Hotel Harbour View
25 PJ Ramchandani Marg, 400 001 ((022) 2282 1089 FAX (022) 2284 3020 **Zimmer** 19

Das Hotel liegt einen kurzen Spaziergang vom Gateway of India entfernt und bietet eine tolle Aussicht auf das Arabische Meer. Die Zimmer sind makellos sauber und hübsch eingerichtet. Alle haben Kühlschrank, TV, Klimaanlage und jede Menge Platz. Kinderbetten kosten extra. Raucherzimmer auf Anfrage. **www.viewhotelsinc.com**

MUMBAI Hotel Suba Palace
Nähe Gateway of India, Apollo Bunder, 400 039 ((022) 2202 0636 FAX (022) 2202 0812 **Zimmer** 49

Ein komfortables Hotel nahe dem Meer und dem Gateway of India, dem berühmtesten Wahrzeichen von Mumbai. Das Suba Palace hat geschmackvolle, bequeme Zimmer, der Service ist einfach exzellent. Die Café Lounge ist den Gästen des Hauses vorbehalten. **www.hotelsubapalace.com**

MUMBAI West End Hotel
45 New Marine Lines, 400 020 ((022) 4083 9121 FAX (022) 4083 9100 **Zimmer** 80

Das 1948 errichtete West End wird von vielen Reisenden gewählt. Es liegt nur einen Steinwurf von den wichtigsten Shopping- und Vergnügungsvierteln entfernt. Die großen Suiten sind ideal für Familien. Die ein wenig nostalgisch anmutende Atmosphäre fasziniert jeden Besucher. Raucherzimmer auf Anfrage. **www.westendhotelmumbai.com**

MUMBAI YMCA International House
18 YMCA Rd, Nähe Mumbai Central, 400 008 ((022) 6154 0100 FAX (022) 2307 1567 **Zimmer** 76

Ein absoluter Favorit bei Rucksackreisenden und anderen preisbewussten Urlaubern. Guter Service, saubere, große Zimmer und entspannte Atmosphäre – kein Wunder, dass die Unterkunft meist ausgebucht ist. Deshalb ist eine frühzeitige Buchung dringend zu empfehlen. Es gibt auch Raucherzimmer. **www.ymcabombay.com**

MUMBAI The Fariyas Hotel
Nähe Arthur Bunder Rd, Colaba, 400 005 ((022) 2204 2911 FAX (022) 2283 4992 **Zimmer** 87

Ganz in der Nähe von Colaba Causeway und dem Gateway of India bietet das Fariyas Hotel komfortable Zimmer und einen Dachgarten, von dem aus man den perfekten Hafenblick genießt. Das Hotel liegt nur zehn Minuten von den Vierteln Nariman Point und Ballard Estate sowie vom World Trade Centre entfernt. **www.fariyas.com**

MUMBAI Four Seasons Hotel Mumbai
114 Dr E Moses Rd, Worli, 400 018 ((022) 2481 8000 FAX (022) 2481 8001 **Zimmer** 202

Das zentral gelegene Four Seasons bietet komfortable, in warmem Beige gehaltene und bequem möblierte Zimmer mit allen Annehmlichkeiten. Von manchen kann man einen Blick auf das Arabische Meer genießen. Im Haus gibt es ein exzellentes Spa, viele Restaurants und Angebote für jüngere Gäste. **www.fourseasons.com/mumbai**

MUMBAI Gordon House
5 Battery Street, Apollo Bunder, Colaba, 400 039 ((022) 2289 4400 FAX (022) 2289 4444 **Zimmer** 29

Stilvolles Ambiente finden die Gäste des charmanten, kleinen Hotels hinter dem Regal Cinema. Jedes der drei Stockwerke ist nach einem bestimmten Thema dekoriert – mediterran, im Landhausstil oder skandinavisch. Das amerikanische Frühstücksbüfett ist sehr beliebt, der Service ist freundlich. **www.ghotel.com**

MUMBAI Grand Hyatt Mumbai
Santa Cruz (East), 400 055 ((022) 6676 1234 FAX (022) 6676 1235 **Zimmer** 547

Das Fünf-Sterne-Hotel gleich in der Nähe des Geschäftsviertels Bandra-Kurla beeindruckt durch sein zeitgenössisches Dekor und seine erlesene Kunstsammlung – die größte des Landes. Das im Haus befindliche Spezialitätenrestaurant China House gilt als eines der besten Lokale der Stadt. **www.mumbai.grand.hyatt.com**

MUMBAI Hotel ITC The Maratha
Sahar, 400 099 ((022) 2830 3030 FAX (022) 2830 3131 **Zimmer** 385

Das Maratha nahe dem Flughafen gehört zu den besten Fünf-Sterne-Hotels in Mumbai. Kein anderes Hotel der Stadt hat einen derart indischen Look, man fühlt sich fast wie in einem indischen Palast. Die vielen mit Preisen überhäuften Restaurants offerieren indische und internationale Küche. **www.itcwelcomgroup.in**

MUMBAI InterContinental Marine Drive
135 Marine Drive, 400 020 ((022) 3987 9999 FAX (022) 3987 9600 **Zimmer** 58

Das charmante Luxushotel zeichnet sich durch seine herrliche Aussicht auf das Arabische Meer und den Marine Drive aus. Die Schallschutzfenster lassen die Hektik der Stadt draußen. Gästen des InterContinental Marine Drive steht im Restaurant eine große Auswahl internationaler Gerichte zur Verfügung. **www.mumbai.intercontinental.com**

MUMBAI The Oberoi
Nariman Point, 400 021 ((022) 6632 5757 FAX (022) 6632 4142 **Zimmer** 287

Michael Jackson wohnte schon in dem Nobelhotel mit Aussicht auf das Arabische Meer. Hier gibt es eigene Stockwerke für Nichtraucher und für weibliche Reisende. Zu den Annehmlichkeiten gehören der 24-Stunden-Zimmerservice und die Limousinenflotte, Telefon, Fax, Minibar, Fön, Farb-TV und Internet-Zugang. **www.oberoihotels.com**

MUMBAI The Orchid
79-C Nehru Rd, Nähe Inlandsflughafen, 400 099 ((022) 2616 4040 FAX (022) 2616 4141 **Zimmer** 245

Das erste Öko-Hotel Asiens liegt nicht weit vom Inlandsflughafen entfernt. Ein 21 Meter hoher Wasserfall in der Lobby und die allgegenwärtigen Orchideen schaffen ein besonderes Ambiente. Gästen stehen zwei Restaurants zur Verfügung. Die Karaoke-Nächte in der Bar (Merlin) sind ein Publikumsrenner. **www.orchidhotel.com**

MUMBAI Ramada Hotel Palmgrove
Juhu Beach, 400 049 (022) 2611 2323 FAX (022) 2611 3682 **Zimmer** 114

Allein schon die Nähe zum Juhu Beach überzeugt. Darüber hinaus bietet das Palmgrove die Annehmlichkeiten eines Fünf-Sterne-Hotels wie etwa Pool, gut ausgestattetes Fitness-Center, Buchladen und Schönheitssalon. Das Restaurant Oriental Bowl, das Tangerine Café und die Shooters Bar sind einen Besuch wert. www.ramada.com

MUMBAI Taj Lands End
Bandstand, Bandra (West), 400 050 (022) 6668 1234 FAX (022) 6699 4488 **Zimmer** 493

Das attraktive Hotel in der lebhaften Vorstadt Bandra hat eine beeindruckende dreistöckige Lobby mit viel Marmor, Nachbildungen tropischer Landschaften und einen separaten Pool für Frauen. Alle Zimmer haben Meerblick. Das Dekor, das Personal und die Restaurants sind vom Feinsten. www.tajhotels.com

MUMBAI The Taj Mahal Palace & Tower
Apollo Bunder, 400 001 (022) 6665 3366 FAX (022) 6665 0323 **Zimmer** 565

Das größte und schönste Hotel Mumbais wurde 1903 erbaut. Könige, Präsidenten und Stars wie Bill Clinton und Pierce Brosnan steigen hier ab. Das Nobelhotel rühmt sich einiger preisgekrönter Restaurants. Der alte Flügel wurde bei dem Terroranschlag 2008 zerstört, 2010 aber wieder eröffnet. www.tajhotels.com

MUMBAI The Taj President
90 Cuffe Parade, 400 005 (022) 6665 0808 FAX (022) 6665 0303 **Zimmer** 292

Das Hotel ist für Geschäftsreisende konzipiert und bietet einen großartigen Panoramablick auf den Hafen und die City. Im Konkan Café wird gute regionale Küche serviert. Zum ganz großen Hit entwickelte sich die neue Bar (Wink), in der ein britischer DJ auflegt. Im Restaurant (Thai Pavilion) isst man ausgezeichnet. www.tajhotels.com

MUMBAI The Trident
Nariman Point, 400 021 (022) 6632 4343 FAX (022) 6632 5000 **Zimmer** 550

Das riesige Luxushotel dominiert die Skyline an Mumbais Küste. Es hat Stockwerke für Nichtraucher und Zimmer mit behindertengerechter Ausstattung. Die Zimmer bieten Internet-Zugang, die Bäder sind mit wohlriechenden Kräutersubstanzen bestückt. Das Hotel liegt 27 Kilometer vom Flughafen entfernt. www.tridenthotels.com

Maharashtra

AURANGABAD Taj Residency
8-N-12 CIDCO, Rauza Bagh, 431 003 (0240) 661 3737 FAX (0240) 661 3939 **Zimmer** 66

Das elegante Hotel, in dessen Architektur sich Elemente eines Palasts widerspiegeln, hat einen üppige Garten und bietet seinen Gästen geräumige Zimmer mit eigener Veranda. Nicht weit von hier befinden sich die Welterbestätten Ellora und Ajanta. Der Service ist einfach exzellent. www.tajhotels.com

AURANGABAD Welcomgroup Rama International
R-3 Chikalthana, 431 210 (0240) 663 4141 FAX (0240) 662 8720 **Zimmer** 132

Sechs Hektar sattgrüne Gärten umgeben das Luxushotel. Zu den Angeboten des Hauses gehören Yogakurse, Massagen, Minigolf und Grillpicknicks am Pool. Die Zimmer sind mit Sinn für Geschmack eingerichtet und blicken auf Grünflächen und den Pool. www.itcwelcomgroup.in/hotels

CHIPLUN Quality Resort, The Riverview
Dhamandivi Taluka Khed, Distrikt Ratnagiri, 415 707 (02355) 259 081 FAX (02355) 259 080 **Zimmer** 37

Das Hotel liegt auf einer Anhöhe in den Westghats und bietet Aussicht auf den Fluss Vashishti. Die Atmosphäre ist ideal für einen entspannten Aufenthalt, auch wenn man sich hier nur auf der Durchreise Richtung Goa befindet. Die Zimmer sind sauber, gemütlich und hübsch eingerichtet. www.chiplunhotels.com

GANAPATIPULE MTDC Holiday Resort
Strand, Distrikt Ratnagiri, 415 622 (02357) 235 248 FAX (02357) 235 328 **Zimmer** 78

Das Resort am Strand bietet unterschiedliche Unterkünfte – vom Zelt bis zur geräumigen Suite. Einige Zimmer mit Meerblick. Die Cottages im Konkan-Stil haben Balkone. Diverse Wassersporteinrichtungen stehen zur Verfügung. In der Monsunzeit gibt es keine Unterbringung in Zelten. Raucherzimmer auf Anfrage. www.beachresortsindia.com

LONAVLA Fariyas Holidays Resort
PO 8, Frichley Hill, Tungarli, 410 401 (02114) 273 852 FAX (02114) 272 540 **Zimmer** 116

Das im Bergland gelegene Fünf-Sterne-Hotel bietet Luxus pur. Neben der Ausstattung fasziniert auch der perfekte Service. Viele Gäste schätzen das unkomplizierte Ein- und Auschecken. Zu den Besonderheiten des Hauses gehören der sonnenbeheizte Pool, der Fitness-Club und eine Diskothek. www.fariyas.com

MAHABALESHWAR Brightland Holiday Village
Kates Point Rd, Distrikt Satara, 412 806 (02168) 260 700 FAX (02168) 260 707 **Zimmer** 60

Das Resort auf den Klippen bietet außer der Aussicht auf den Fluss Krishna saubere Cottages und Apartments. Die Gäste genießen den Ausblick auf die Sahyadri-Berge, das Ayurveda-Zentrum und die Diskothek. Kinder zieht es auf den hoteleigenen Spielplatz. Die Glastüren der Bäder liefern zusätzlich Helligkeit. www.brightlandholiday.com

---

Preiskategorien *siehe S. 568* **Zeichenerklärung** *siehe hintere Umschlagklappe*

MATHERAN Horseland Hotel and Mountain Spa
Vithal Rao, Kotwal Rd, 410 102 ☎ *(02148) 230 421/422/423* FAX *(022) 2600 7216* **Zimmer** *34*

Das Hotel in den Hügeln von Matheran bietet große Zimmer und guten Service. Zu den Annehmlichkeiten gehören Sauna, Jacuzzi, Kinderspielplatz, ein Yoga-Zentrum und Ayurveda-Massagen. Das hoteleigene Restaurant bietet regionale, aber auch chinesische und kontinentale Gerichte. www.horselandhotel.com

NAGPUR The Pride Hotel
Wardha Rd, gegenüber dem Flughafen, 422 010 ☎ *(0712) 229 1102* FAX *(0712) 229 0440* **Zimmer** *93*

Hotel in idyllischer Lage mit ansprechend ausgestatteten Zimmern, modernen Einrichtungen und freundlichem Personal. Weitere Pluspunkte sind die schönen Landschaftsgärten, der Pool, das Fitness-Center und die Restaurants, in denen Gerichte aus aller Herren Länder serviert werden. www.pridehotel.com

NASIK Gateway Hotel
P-17 MIDC Ambad, 422 010 ☎ *(0253) 660 4499* FAX *(0253) 660 3366* **Zimmer** *73*

Das Taj Residency liegt auf einem kleinen Hügel in üppig grüner Landschaft. In puncto Ausstattung entspricht es dem Stil der Marathen-Paläste. Einige Zimmer bieten Aussicht auf die Satpura Hills. Das Personal arbeitet effizient. Größte Zielgruppe des Hotels sind Geschäftsreisende. www.tajhotels.com

PUNE Sun N Sand
Bund Garden Rd, 411 001 ☎ *(020) 2616 7777* FAX *(020) 2616 4747* **Zimmer** *139*

Das Luxushotel ist für üppiges amerikanisches Frühstück bekannt. Weitere Attraktionen sind der Pool mit Sonnenterrasse und eine Shopping-Arkade. Golfer und Tennisspieler finden geeignete Plätze vor. Das zeitgenössische Dekor in der Atrium-Lobby bietet einen Vorgeschmack auf das Ambiente der Zimmer und Suiten. www.sunnsand.com

PUNE Taj Blue Diamond
11 Koregaon Rd, 411 001 ☎ *(020) 6602 5555* FAX *(020) 6602 7755* **Zimmer** *110*

Das Taj Blue Diamond befindet sich in dem herrschaftlichen Koregaon Park, nur einen Steinwurf vom Osho Ashram entfernt. Auch die Prominenz aus Hollywood, etwa Brad Pitt und Angelina Jolie, schätzt die elegante Einrichtung, den schön gestalteten Golfplatz, das Restaurant am Pool und den perfekten Service. www.tajhotels.com

SEVAGRAM Ashram Yatri Niwas
Sevagram Ashram, 442 001 ☎ *(07512) 284 753* **Zimmer** *12*

Die spartanische, aber saubere Unterkunft bietet Platz für bis zu 70 Personen. Es gibt einen Buchladen mit Werken von Mahatma Gandhi. Der Genuss von Alkohol und das Verzehren von fleischhaltigen Gerichten sind im Ashram Yatri Niwas untersagt. Raucherzimmer auf Anfrage. http://wardha.nic.in/htmldocs/sevagram.asp

Goa

ARPORA Sun Village Resort
Baga Beach, 403 518 ☎ *(0832) 227 9409* FAX *(0832) 227 9409* **Zimmer** *135*

Gäste werden von einer Statue des Sonnengottes Helios empfangen. Die Zimmer sind mit allen modernen Annehmlichkeiten ausgestattet. Für das Resort sprechen auch der Pool, die Restaurants (zum Teil mit Terrassen) und der stündliche Shuttle-Service zum nahe gelegenen Baga Beach. www.desouzahotels.com

ASSAGAO Sunbeam
E13 Saunta Vaddo, 403 507 ☎ *(0832) 226 8525* FAX *(0832) 226 8524* **Zimmer** *3*

Gastfreundlichkeit und Komfort sind in der luxuriösen Unterkunft überall zu spüren, man fühlt sich im Sunbeam mindestens so gut wie zu Hause. Zuvorkommendes Personal, hervorragendes Essen (auf Anfrage) und der stylishe Mix der Inneneinrichtung machen das Haus zu etwas Besonderem. www.justjivi.com

BAGA Hotel Baia Do Sol
Baga Beach, 403 516 ☎ *(0832) 227 6084* FAX *(0832) 227 6085* **Zimmer** *21*

Die idyllische Lage und der gigantische Meerblick beeindrucken die Gäste schon auf den ersten Blick. Die lebendige Bar verfügt über große Fenster mit entsprechend schöner Aussicht. Musik und Grillabende sorgen für Unterhaltung. Der Zimmerservice ist sehr gut. www.ndnaik.com

BAGA Ronil Beach Resort
Baga Bardez, Calangute Beach, 403 516 ☎ *(0832) 227 6101* FAX *(0832) 227 6068* **Zimmer** *126*

Die Gäste des Ronil Beach Resort erleben das wahre Goa – nicht zuletzt, was die wunderbare Goa-Küche angeht. Neben der guten Aussicht aus den Zimmern genießen die Gäste auch den erstklassigen Komfort, die Ayurveda-Massagen und die günstige Lage in unmittelbarer Nähe zum Strand. www.alcongoa.com

BARDEZ Nilaya Hermitage
Haus No 60, Bhatti Arporo Bardez, 403 518 ☎ *(0832) 227 6793* FAX *(0832) 227 6792* **Zimmer** *11*

Die Lage des Hotels auf einem Hügel inmitten von Bananen-, Papaya- und Palmenpflanzungen ist einfach malerisch. Gediegener Luxus und delikates Essen zeichnen das Nilaya Hermitage aus. Das professionelle Personal organisiert Strandpicknicks oder klassisch-indische Tanzveranstaltungen. www.nilaya.com

BARDEZ The Taj Holiday Village
Sinquerim, 403 519 (0832) 664 5858 FAX (0832) 664 5868 **Zimmer** 143

Das Taj Holiday Village wird nicht nur für seine prachtvolle Fassade gerühmt, die als Motiv einer Ansichtskarte Erfolg hätte. Die – ganz im portugiesischen Stil Goas – mit Terrakotta-Fliesen gedeckten und in hellen Farben gestrichenen Cottages mit luxuriösem Interieur gruppieren sich um einen Landschaftsgarten. www.tajhotels.com

BARDEZ Whispering Palms Beach Resort
Fort Aguada Rd, Candolim, 403 515 (0832) 247 9140 FAX (0832) 247 9142 **Zimmer** 106

Das Beach Resort versteckt sich ein wenig im Hügelland. Die von der Sonne verwöhnte Anlage bietet einen Pool, dessen Umgebung in leuchtenden Bougainvilleen zu ertrinken scheint. An den meisten Abenden steht Live-Musik auf dem Programm und macht das Speisen zu einem wundervollen Erlebnis. www.whisperingpalms.com

BENAULIM Taj Exotica
Calwaddo, Benaulim Salcette, 403 716 (0832) 668 3333 FAX (0832) 277 1515 **Zimmer** 140

Das Fünf-Sterne-Hotel gehört definitiv zu den besten in Goa. Die Anlage erstreckt sich über einen großen Garten und blickt auf das Arabische Meer. Alle Zimmer haben Meerblick, einige sogar ihren eigenen Pool. Außerdem gibt es exzellente Restaurants, Wassersportangebote und ein restauriertes Fischerdorf. www.tajhotels.com

CALANGUTE Paradise Village Beach Resort
Tivai Vaddo, 403 516 (0832) 227 6351 FAX (0832) 227 6155 **Zimmer** 82

Gewundene Pfade führen von dem perfekt gestalteten Resort zum Strand. Zur Auswahl stehen gut möblierte Apartments und Suiten mit einem Schlafzimmer. Das Restaurant bietet vegetarische und fleischhaltige Kost. Das Hotel organisiert abendliche Darbietungen mit für Goa typischen Volkstänzen. www.paradisevillage.org

CALANGUTE Resort Terra Paraiso
Gaura Vaddo, 403 516 (0832) 228 1811/1812 FAX (0832) 228 1816 **Zimmer** 43

Das schicke Resort mitten im Grünen spiegelt mit antiken Möbeln und lokalem Kunsthandwerk den typischen Charme altportugiesischer Villen. Aus den großzügigen Räumen blickt man auf den Pool. Zu den Annehmlichkeiten gehören ein Schönheitssalon und ein Spielezimmer. www.resortterraparaiso.com

CALANGUTE Vila Goesa Beach Resort
Cobra Vaddo, Calangute Beach, Bardez, 403 516 (0832) 227 7535 FAX (0832) 227 6182 **Zimmer** 79

Das schicke, gut geführte Resort liegt nur einen Steinwurf vom Calangute Beach entfernt und bietet saubere, komfortable Zimmer, umgeben von üppigen Gärten. Genießen Sie im Restaurant die fantastischen Meeresfrüchte. Das Beach Resort verwöhnt seine Gäste außerdem mit Jacuzzi und Strandliegen. www.vilagoesa.com

CALANGUTE Pousada Tauma
Porba Vaddo, Calangute, 403 516 (0832) 227 9061 FAX (0832) 227 9064 **Zimmer** 13

Ein originelles Hotel mit ganz viel Charme. Die Architektur des Pousada Tauma ist erfrischend unkonventionell. Das unverputzte Mauerwerk wirkt für ein Hotel dieser Klasse ungewöhnlich, die Bauweise ist aber ökologisch durchdacht. Eine von vielen Gästen genutzte Attraktion ist das Ayurveda-Zentrum. www.pousada-tauma.com

MAJORDA Majorda Beach Resort
Salcette, 403 713 (0832) 668 1111 FAX (0832) 288 1124 **Zimmer** 120

Das große, vornehme Resort verfügt über geräumige, ansprechend möblierte Zimmer und Suiten, einen geradezu gigantischen Pool und eine von mediterraner Architektur inspirierte Shopping-Arkade. Im Garden Café werden Frühstücksbüfett und Mondscheindinner (je nach Jahreszeit) serviert. www.majordabeachresort.com

PANAJI Panjim Inn
31st January Rd, Fontainhas, 403 001 (0832) 222 6523 FAX (0832) 243 5220 **Zimmer** 37

Das etwa 150 Jahre alte Landhaus verströmt nach umfassender Umgestaltung wieder den alten Geist von Goa. Das einzigartige Flair der Zimmer prägen Teakholzbalken, Himmelbetten, Rosenholzschnitzereien, alte Möbel und Gemälde. Panjim Inn ist einer der beliebtesten Adressen in Goas Hauptstadt. www.panjiminn.com

PANAJI Hotel Mandovi
PO Box 164, Panjim, 403 501 (0832) 222 4405 FAX (0832) 222 5451 **Zimmer** 65

Am Ufer des Mandovi befindet sich das Drei-Sterne-Hotel, das von seinen Zimmern einen wunderschönen Blick auf den mäandernden Fluss und die dicht bewachsenen Hügel dahinter bietet. Die geräumigen Zimmer sind luxuriös eingerichtet. Das Restaurant serviert Spezialitäten aus Goa und Portugal. www.hotelmandovigoa.com

SALCETTE Dona Sylvia Beach Resort
Cavelossim Beach, Mobor Salcette, 403 731 (0832) 287 1888 FAX (0832) 287 1320 **Zimmer** 181

Leuchtend violette Bougainvilleen, schneeweiße Villen mit einer für Goas Häuser typischen Dachgestaltung und kurvenreiche Wege machen den Charme des Resorts aus. Es eignet sich wunderbar für Paare, Familien und alle, die sich einmal nach Herzenslust erholen möchten. www.donasylvia.com

SINQUERIM The Aguada Hermitage
Bardez, 403 519 (0832) 664 5858 FAX (0832) 247 9300 **Zimmer** 15

Jedes der luxuriösen Ferienhäuser auf dem üppig bewachsenen Hügel verfügt über seinen eigenen beschaulichen Garten. Um zu essen oder zu schwimmen, nutzen die Gäste das Fort Aguada Beach Resort, das sich direkt unterhalb des Hügels befindet. www.tajhotels.com

---

PREISKATEGORIEN siehe S. 568 **Zeichenerklärung** siehe hintere Umschlagklappe

SIOLIM Siolim House
Gegenüber von Vaddi Chapel, Siolim Bardez, 403 517 (0832) 227 2138 **Zimmer** 7

Genießen Sie den Aufenthalt in einer 300 Jahre alten portugiesischen Villa, die einst dem Gouverneur von Macau gehörte. Nach kompletter Restaurierung erstrahlt sie in neuem Glanz. Die sieben Suiten auf zwei Etagen sind mit wunderschönen Himmelbetten, schattigen Patios und riesigen Badezimmern ausgestattet. **www.siolimhouse.com**

TEREKHOL Hotel Tiracol Fort Heritage
Querim, Pernem, 403 705 (02366) 227 631 FAX (0832) 227 6792 **Zimmer** 7

Der Blick auf die Mündung des Tiracol und die umgebende Landschaft ist grandios. Die Zimmer des romantischen, stilvollen alten Forts sind sorgfältig restauriert und geschmackvoll eingerichtet. Der deutsche Küchenchef kreiert europäische (u. a. portugiesische) Spezialitäten sowie typische Gerichte aus Goa.

VAINGUINIM BEACH Cidade de Goa Beach Resort
Vainguinim Beach, South District, 403 004 (0832) 245 4545 FAX (0832) 245 4543 **Zimmer** 206

Das Luxusresort am Vainguinim Beach wurde von Indiens führendem Architekten Charles Correa entworfen. Makelloses weißes Mobiliar und minimalistisches Design schaffen eine spezielle Atmosphäre. Zur Unterhaltung der Gäste werden Volkstänze gezeigt. Doch auch für ein Candle-Light-Dinner passt das Ambiente. **www.cidadegoa.com**

VARCA Club Mahindra Varca Beach Resort
Varca Beach, Salcete taluka, 403 721 (0832) 274 4555 FAX (0832) 274 4666 **Zimmer** 206

Das direkt am Strand gelegene Resort hat eine riesige Marmorlobby, die in ihrer Architektur typische Elemente der Bauweise in Goa zeigt. Die Zimmer sind gut möbliert und bieten allen modernen Komfort. Besondere Attraktionen sind der dreistöckige Pool, ein Schönheitssalon und ein Fitness-Center. **www.clubmahindra.com**

VARCA Ramada Caravela Beach Resort
Varca Beach Fatrade, 403 721 (0832) 274 5200 FAX (0832) 274 5200 **Zimmer** 202

Zimmer mit Balkon und Meerblick, eine attraktive Architektur, ein tadelloser Strand, Wassersporteinrichtungen und perfekter Service machen das Ramada zu einem echten Luxusresort. Es zählt zu den schönsten internationalen Hotels von Goa. Der in Form einer Lagune gestaltete Pool ist ein Kunstwerk für sich. **www.caravelabeachresort.com**

Karnataka

BADAMI Hotel Badami Court
Station Rd, 587 201 (08357) 220 230 FAX (08357) 220 207 **Zimmer** 27

Das malerisch gelegene Hotel Badami Court liegt nahe den wichtigsten Attraktionen der Stadt und bietet einen atemberaubenden Blick auf die Sandsteinklippen. Die Gäste schätzen die gute Ausstattung und den freundlichen Service. Zum Freizeitangebot des Hauses gehören ein Pool und ein Fitness-Center.

BENGALURU The Capitol Hotel
3 Raj Bhavan Rd, 560 001 (080) 2228 1925 FAX (080) 2225 9922 **Zimmer** 140

Der perfekte Aufenthaltsort, wenn Sie nicht nur geschäftlich hier sind. Das als bestes First Class Business Hotel in Indien ausgezeichnete Haus bietet für die Gäste in den Suiten einen kostenlosen Shuttle-Service vom und zum Flughafen. In jedem Stockwerk gibt es eine Rezeption mit kompetentem Personal. **www.thecapitolhotel.com**

BENGALURU Le Meridien
28 Sankey Rd, PO 174, 560 052 (080) 2228 6197 FAX (080) 2226 7676 **Zimmer** 156

Das elegant-luxuriöse Le Meridien bietet einen traumhaften Blick über die Stadt. Das Hotel liegt direkt über einem Golfplatz und nur einen Steinwurf von den prominentesten Shopping-Vierteln entfernt. Den ultimativen Komfort genießen Urlauber wie Geschäftsreisende gleichermaßen. **www.starwoodhotels.com/lemeridien/index.html**

BENGALURU The Oberoi
37 MG Rd, 560 001 (080) 2558 5858 FAX (080) 2558 5960 **Zimmer** 160

Das Nobelhotel bietet grüne Rückzugsflächen im Überfluss. Die Zimmer haben Holzboden, Blick über den Pool und einige Landschaftsgärten. Das Oberoi strahlt dezenten Luxus aus, das Personal arbeitet unaufdringlich. Neben allen nur denkbaren Annehmlichkeiten gehört auch ein gutes Restaurant zum Haus. **www.oberoihotels.com**

BENGALURU The Park
14/7 MG Rd, 560 001 (080) 2559 4666 FAX (080) 2559 4029 **Zimmer** 109

Der Park des ersten Boutique-Hotels in der City wurde von den Briten Conran und Partners zu einer Oase der Erholung gemacht. Kleine, luxuriöse Zimmer bieten Privatsphäre und totale Entspannung. Die I-Bar, Bengalurus erste Lounge-Bar, ist unbedingt einen Besuch wert. **www.theparkhotels.com**

BENGALURU Royal Orchid Hotel
1 Golf Avenue, Airport Rd, 560 008 (080) 2520 5566 FAX (080) 2520 3566 **Zimmer** 195

Bei jedem Betreten des Royal Orchid Hotel kommt man sich vor wie im Märchen. Jedes Zimmer ist einzigartig dekoriert, Holzmöbel und wundervolle Leuchter sind hier Standard. Der Service ist vom Allerfeinsten. Das Hotel liegt nur drei Kilometer vom Herzen der Stadt entfernt. **www.royalorchidhotels.com**

BIJAPUR Hotel Madhuvan International
Station Rd, 586 101 **(08352) 255 571** FAX *(08352) 256 201* **Zimmer** *36*

Das komfortable Hotel bietet beste Aussicht auf das monumentale Grabmal Gol Gumbaz. Im gemütlichen Gartenrestaurant werden regionale Spezialitäten angeboten. Das Madhuvan International organisiert Ausflüge zu den Sehenswürdigkeiten der Umgebung von Bijapur.

CHIKMAGALUR Gateway Hotel
Gegenüber Pavitravana, KM Rd, 577 102 **(08262) 220 202** FAX *(08262) 220 222* **Zimmer** *29*

An den sanften Hängen der Sahyadri-Berge befindet sich das Gateway. Das gut geführte Hotel bietet als Unterkünfte kleine Cottages mit geräumigem, schön gestaltetem Interieur und ein Restaurant mit sehr guter regionaler Küche. Es organisiert auch einen Besuch der Hoysala-Tempel. Ein wunderbarer Ort zum Entspannen. www.tajhotels.com

COORG Orange County Resort
Karadigodu Post, Siddapur, 571 253 **(08274) 660 660** FAX *(08274) 660 666* **Zimmer** *48*

Das inmitten einer Kaffee- und Gewürzplantage gelegene Resort umfasst 48 schilfbedeckte Cottages im Pseudo-Tudor-Stil. Zu den Aktivitäten in der Umgebung gehören Exkursionen in die umliegenden Wälder und Angeln im Kaveri. Für die geeignete Entspannung sorgen die angebotenen Kräutermassagen. www.trailsindia.com

HOSPET Malligi Tourist Home
6/143 Jambunath Rd, 571 253 **(08274) 458 481** FAX *(08274) 458 485* **Zimmer** *48*

Das Management des Hotels nahe Hampi betreibt auch eine gut eingeführte Reiseagentur. Der riesige Pool ist dem königlichen Pushkarni-Becken in Hampi nachempfunden. Das freundliche Personal tut alles, um den Gästen des Hauses einen unvergesslichen Aufenthalt zu bescheren. malligi@hotmail.com

KARAPUR Kabini River Lodge
Nagarhole National Park, 571 114 **(08228) 264 402** FAX *(08228) 264 405* **Zimmer** *40*

Das Anwesen am Rand des Nagarhole National Park ist genau das Richtige für Naturliebhaber. Die Kabini River Lodge ging aus einem Jagdsitz des früheren Maharaja von Mysore hervor. Heute zählt sie zu den weltweit renommiertesten Unterkünften für Gäste, die der Wildnis so nahe wie möglich sein wollen. www.junglelodges.com

MANGALORE Gateway Hotel
Nähe DC Office, Old Port Rd, 567 001 **(0824) 666 0420** FAX *(0824) 666 0585* **Zimmer** *88*

Die atemberaubende Aussicht auf das Arabische Meer zur einen Seite und eine Flusslandschaft zur anderen ist einer der Pluspunkte des Gateway. Das Hotel besticht zudem durch seinen perfekten Service – jeder Gast fühlt sich hier sofort wohl. Einrichtungen für Geschäftsleute und ein Restaurant sind vorhanden. www.tajhotels.com

MYSORE The Green Hotel
Chittaranjan Palace, 2270 VA Rd, 570 012 **(0821) 425 5000** FAX *(0821) 251 6139* **Zimmer** *31*

Das wunderschöne Palasthotel wurde ursprünglich für die Prinzessin von Mysore erbaut. Das Ambiente prägen die schönen Gärten und die elegante Ausstattung. Ein Modell für nachhaltigen Tourismus – der Profit des Hauses fließt in Sozialprojekte. Die Westghats und einige Wildreservate sind gut zu erreichen. thegreenhotel@airtelmail.in

Chennai

CHENNAI New Woodlands Hotel
72-75 Dr Radhakrishnan Rd, 600 004 **(044) 2811 3111** FAX *(044) 2811 0460* **Zimmer** *175*

Das rein vegetarische New Woodlands mitten im Stadtzentrum wird von einer südindischen Familie betrieben. Markenzeichen des Hauses sind die geradezu penible Sauberkeit und der freundliche Empfang. Zur Auswahl stehen Zimmer mit und ohne Klimaanlage. www.newwoodlands.com

CHENNAI Breeze Hotel
850 Poonamallee High Rd, 600 010 **(044) 2641 3334** FAX *(044) 2641 3301* **Zimmer** *91*

Das Breeze ist für seinen guten Service und die schmackhafte Küche seines gemütlichen Restaurants bekannt. Die Nähe zum Bahnhof und zu den populärsten Einkaufsmeilen ist erfreulich. Zu den Angeboten für Gäste zählen ein Schönheitssalon und eine große Auswahl an Spielen. www.breezehotel.com

CHENNAI Hotel Residency
49 GN Chetty Rd, 600 017 **(044) 2825 3434** FAX *(044) 2825 0085* **Zimmer** *112*

Die komfortablen Zimmer in den oberen Stockwerken bieten eine gute Aussicht über die Stadt. Zu den Angeboten des Residency gehört eine mexikanische Bar. Die Nähe zum wichtigsten Geschäftsviertel von Chennai ist günstig. Große Sportereignisse werden auf Großleinwand übertragen. www.theresidency.com

CHENNAI MGM Beach Resort
1/74 East Coast Rd, Muttukadu, 603 112 **(044) 2747 2435** FAX *(044) 2747 2408* **Zimmer** *89*

Was gibt es Stimmungsvolleres als einen Sonnenaufgang über dem Meer? Das MGM Beach Resort bietet dafür die perfekte Aussicht. Die schön gestalteten Cottages sind sehr geräumig. Neben Ayurveda-Massagen und Fitness-Center schätzen viele Gäste auch die Möglichkeit zur Schildkrötenbeobachtung. www.mgm-hotels.com

Preiskategorien *siehe S. 568* **Zeichenerklärung** *siehe hintere Umschlagklappe*

CHENNAI ITC Park Sheraton & Towers
132, TTK Rd, 600 018 (044) 2499 4101 FAX *(044) 2499 7101 Zimmer 283*

Das luxuriöse Hotel passt zu seiner exklusiven Umgebung. Elegant möblierte Zimmer, Springbrunnen in der Lobby, eine Shopping-Plaza und ein Wellness-Center unterstreichen das vornehme Ambiente. Von den Suiten hat man gute Aussicht. Konferenzräume und Bankettsäle sind mit wunderschönen Teppichen versehen. **www.welcomgroup.com**

CHENNAI Le Royal Meridien
1 GST Rd, St Thomas Mount, 600 016 (044) 2231 4343 FAX *(044) 2231 4344 Zimmer 240*

Wunderschön in einem ausgedehnten Garten liegt des Nobelhotel. Le Royal Meridien zählt nicht nur Geschäftsleute zu seinen Gästen, auch Urlauber schätzen das üppige Dekor und die Weite des Hotels. Sechs Restaurants verwöhnen die Gäste, zudem werden Massagen angeboten. **www.leroyalmeridien-chennai.com**

CHENNAI The Park
61 Anna Salai, 600 002 (044) 4267 6000 FAX *(044) 4267 6001 Zimmer 214*

Das schicke Business-Hotel ist in den alten Räumen der berühmten Gemini Film Studios untergebracht. Das architektonisch überaus einzigartige Atrium verschlägt den Gästen schon beim Betreten die Sprache. Die zentrale Lage und der Komfort machen das Hotel bei Geschäftsreisenden sehr beliebt. **www.theparkhotels.com**

CHENNAI Radisson
531 GST Rd, St Thomas Mount, 600 016 (044) 2231 0101 FAX *(044) 2231 0202 Zimmer 101*

Das Radisson Hotel Chennai ist ein mit jedem nur denkbaren Luxus ausgestattetes Business-Hotel und liegt nur drei Kilometer vom Flughafen entfernt. Internet-Zugang, rund um die Uhr geöffneter Pool, Fitness-Center, Spezialitätenrestaurant und Bar stellen jeden Gast mehr als zufrieden. **www.radisson.com**

CHENNAI Taj Connemara
2 Binny Rd, 600 002 (044) 6600 0000 FAX *(044) 6600 0555 Zimmer 150*

Ein stilvolles Traditionshotel mit Art-déco-Einrichtung, einem ruhigen Innenhof und einem schönen Pool. Im Freiluftrestaurant gibt es authentische Chettinad-Küche und folkloristische Darbietungen. Das Taj Connemara spiegelt wie kaum ein anderes Hotel dieser Klasse südindische Lebensweise wider. **www.tajhotels.com**

CHENNAI Trident Hilton
1/24 GST Rd, 600 027 (044) 2234 4747 FAX *(044) 2234 6699 Zimmer 167*

Das elegante Hotel liegt in Flughafennähe und verfügt über einen herrlichen Garten mit tropischen Gewächsen. Das Fitness-Center ist mit modernsten Geräten ausgestattet, außerdem gibt es einen Außenpool, einen Konferenzsaal und ein exzellentes Restaurant. Marina Beach ist mit dem Auto gut zu erreichen. **www.trident-hilton.com**

Tamil Nadu

COVELONG Fisherman's Cove
Covelong Beach, Distrikt Kanchipuram, 603 112 (044) 6741 3333 FAX *(044) 6741 3332 Zimmer 88*

Das Strandresort auf dem Gelände eines alten holländischen Forts bietet charmante Zimmer und Cottages, die meisten davon haben Meerblick. Das Seafood im Restaurant ist Genuss pur. Wassersportmöglichkeiten und Entspannung im Jacuzzi sind weitere Vorteile des Fisherman's Cove. **www.tajhotels.com**

KARAIKUDI The Bangala
Devakottai Rd, Senjai, 630 001 (04565) 220 221 *Zimmer 25*

Das Traditionshotel besteht aus einigen alten, mit großer Sorgfalt restaurierten Bungalows, in denen sich die für Tamil Nadu typische Architektur widerspiegelt – Verwendung von viel Teakholz, mit Säulen geschmückte Veranden und helle, luftige Zimmer. **www.thebangala.com**

KODAIKANAL The Carlton
Lake Rd, 624 101 (04542) 240 056 FAX *(04542) 241 170 Zimmer 91*

Uppigen Raj-Luxus und jede Menge modernen Komfort bietet das exquisite Hotel in einer prachtvollen Lage oberhalb des Kodai Lake. Das von einem ausgedehnten Garten umgebene Carlton zählt zu den malerischsten Hotels der Region, bietet aber auch in puncto Service hohes Niveau. **www.krahejahospitality.com/carlton**

MADURAI Taj Garden Retreat
40 TPK Rd, Pasumalai Hill, 643 001 (0452) 237 1601 FAX *(0452) 663 3081 Zimmer 63*

Das Taj Garden Retreat liegt auf einem Hügel oberhalb des Meenakshi-Tempels. Die Terrassengärten des Anwesens sind wunderschön gestaltet. Das Haupthaus bietet Zimmer im Kolonialstil, die Cottages verfügen über eigene Terrassen. Neben großen Erholungsflächen umfasst das Hotel auch Tennis- und Badmintonplätze. **www.tajhotels.com**

MUDUMALAI WILDLIFE SANCTUARY Jungle Hut
Masinagudi, Nilgiri, Nähe Bokkapuram, 643 223 (0423) 252 6240 FAX *(0423) 252 6240 Zimmer 15*

Die Zimmer des attraktiven Resorts verteilen sich auf einem großen Gelände auf drei steinerne Cottages. Bedeutendste Attraktion des Anwesens sind die 30 hier lebenden Elefanten. Jeden Abend gibt es ein besonderes Ritual zu bestaunen, wenn sie zu Ganesha beten, dem elefantenköpfigen indischen Gott. **www.junglehut.in**

OOTACAMUND Savoy Hotel
77 Sylks Rd, 643 001 (0423) 244 4142 FAX *(0423) 244 3318* **Zimmer** 40

Versteckt in den Nilgiri Hills und inmitten üppig bewachsener Blumengärten liegt das charmante Savoy Hotel. Zu den von den Gästen sehr geschätzten Annehmlichkeiten zählen die Kamine in jedem Zimmer. In dem rund 150 Jahre alten Gebäude war früher eine Schule untergebracht. **www.tajhotels.com**

OOTACAMUND Fernhills Palace Nilgiris
Fernhill Rd, 643 004 (0423) 244 3910 FAX *(0423) 244 3318* **Zimmer** 19

Das Hotel befindet sich in der Nähe des Mudumalai Wildlife Sanctuary. Dichte Wälder und Teeplantagen bilden die unmittelbare Umgebung. Das Fernhills Palace Nilgiris eignet sich für Geschäftsreisende wie Urlauber. Alle Zimmer verfügen über einen offenen Kamin. Golfen und Reitausflüge können vom Hotel aus arrangiert werden.

PUDUCHERRY Anandha Inn
154 SV Patel Rd, 605 001 (0413) 233 0711 FAX *(0413) 233 1241* **Zimmer** 70

Das Hotel befindet sich in unmittelbarer Nähe zur Strandpromenade sowie zu sehenswerten Tempeln und Kirchen. Saubere, schön möblierte Zimmer mit Klimaanlage und TV, technischer Komfort für Geschäftsreisende, 24-Stunden-Zimmerservice, Bar und Boutique sind die Vorzüge des Hauses. **www.anandhainn.com**

PUDUCHERRY Hotel De L'Orient
17 Rue Romain Rolland, 605 001 (0413) 234 3067 FAX *(0413) 222 7829* **Zimmer** 16

Das entzückende Hotel verströmt mit seinen kolonialzeitlichen Möbeln sowie den alten Drucken und Landkarten nostalgisches Flair. Doch die Ausstattung ist durchaus modern und bietet alles für einen bequemen Aufenthalt. Das Restaurant verwöhnt mit indo-französischer Fusion-Küche. **www.neemrana.com**

THANJAVUR Hotel Parisutham
55 GA Canal Rd, 613 001 (04362) 231 801 FAX *(04362) 230 318* **Zimmer** 52

Das kleine, moderne Hotel ist eine gute Wahl. Es überzeugt durch freundliches Personal, einen schönen Pool, gemütliche Zimmer und gesundes, schmackhaftes Essen. Abends gibt es am Pool kulturelle Veranstaltungen, tagsüber kann man Ausflüge in die benachbarte Kokosplantage machen. **www.hotelparisutham.com**

TIRUCHIRAPALLI Breeze Residency
3/14 McDonald's Rd, 246 1301 (0431) 241 4414 FAX *(0431) 246 1451* **Zimmer** 91

Das angenehm geräumige Hotel hat Zimmer mit Charme, Läden, ein Fitness-Center und hilfsbereites Personal. Der Service entspricht genau dem, was man sich als Urlauber oder Geschäftsreisender vorstellt. Die Grünanlagen und der Pool bieten Raum, um sich vom Treiben in der Stadt zu entspannen. **www.breezehotel.com**

TIRUCHIRAPALLI Femina Hotel
14-C Williams Rd, Cantonment, 246 1301 (0431) 241 4501 FAX *(0431) 241 0615* **Zimmer** 178

Das Femina Hotel – eines der schönsten der Stadt – liegt nur 15 Autominuten vom Flughafen entfernt. Noch näher ist es zum Bahnhof. Für ein Bankett ist es genau die richtige Wahl. Die Lounge-Bar ist bestens mit Getränken aus Indien und anderen Ländern bestückt. **www.feminahotels.in**

Andamanen

PORT BLAIR Hotel Sinclairs Bay View
South Point, 744 106 (03192) 227 824/227 937 **Zimmer** 48

In dem Hotel am Golf von Bengalen gibt es Zimmer mit einem wahrlich traumhaften Blick auf das Meer und Ross Island. Sinclairs Bay View organisiert Ausflüge zum Tauchen und Schnorcheln. Die Zimmer sind mit Satelliten-TV, Bad und Telefon sowie Roomservice ausgestattet. **www.sinclairshotels.com**

PORT BLAIR Fortune Resort Bay Island
Marine Hill, 744 101 (03192) 234 101 FAX *(03192) 231 555* **Zimmer** 45

Das Resort ist fast vollständig aus dem herrlichen *Padauk*-Holz der Gegend erbaut und bietet Aussicht auf den Golf von Bengalen. Es verfügt über schöne, einfallsreich möblierte Zimmer und einen Meerwasserpool. Die Anlage liegt inmitten eines intakten Regenwaldgebiets. **www.fortunehotels.in**

Kerala

ALAPPUZHA Kayaloram Lake Resort
Punnamada, 688 006 (0477) 223 2040 FAX *(0477) 225 2918* **Zimmer** 12

Das Resort ist im Stil eines traditionellen *tharavad* (Familiensitz) erbaut. Die Zimmer sind um einige ruhige Innenhöfe gruppiert und verfügen über nach oben offene Bäder. Das Restaurant offeriert Kerala-Küche, auch die Ayurveda-Behandlungen und die Bootsausflüge bereichern den Aufenthalt. **www.kayaloram.com**

Preiskategorien *siehe S. 568* **Zeichenerklärung** *siehe hintere Umschlagklappe*

ALAPPUZHA Lake Palace Resort
Thirumala, Chungam, 688 011 (0477) 223 9701 FAX (0477) 223 9705 Zimmer 38

Moderner Luxus in der für Kerala typischen Architektur kennzeichnet das Lake Palace Resort. Der Komplex liegt am Ufer des Vembanad Lake und eignet sich sehr gut zum Entspannen. Neben der schönen Umgebung faszinieren die Wassersportmöglichkeiten, auch Bootsausflüge werden veranstaltet. www.lakepaceresort.com

ALAPPUZHA Raheem Residency
Beach Rd, Alleppey, 688 012 (0477) 223 9767 FAX (0477) 223 0767 Zimmer 10

Die 1868 erbaute und im Stil der Kolonialzeit gestaltete Villa wurde vor wenigen Jahren in ein Boutique-Hotel der Extraklasse umgewandelt. Im großen Innenhof spendet ein mächtiger Apfelbaum Schatten. Das Restaurant bietet einen überwältigenden Blick auf das Wasser, die Hotelbibliothek ist sehr gut sortiert. www.raheemresidency.com

ERNAKULAM Taj Residency
Marine Drive, 682 011 (0484) 667 3300 FAX (0484) 667 6444 Zimmer 108

Das Hotel im Stadtzentrum bietet den Standard aller Hotels der Taj-Gruppe. Perfekter Service, beeindruckende Sonnenuntergänge über dem Meer und dem Hafen machen den Aufenthalt zu einem wahren Vergnügen. Die Shopping-Möglichkeiten in der Umgebung sind famos. Besuchen Sie auf jeden Fall das Bubble Café! www.tajhotels.com

KOCHI Bolgatty Palace
Mulavukadu, 682 504 (0484) 275 0500 FAX (0484) 275 0457 Zimmer 26

Die spektakuläre Lage an der Spitze von Bolghatty Island rundet das Ambiente des Hotels ab, das in einem liebevoll restaurierten holländischen Palast (18. Jh.) untergebracht ist. Die Gäste können Golf spielen und in der gemütlichen Bierstube entspannen. Auch Cottages am Seeufer stehen zur Auswahl. www.ktdc.com

KOCHI Koder House
Tower Road, 682 001 (0484) 221 8485 FAX (0484) 221 7988 Zimmer 6

Das dreistöckige Traditionshotel am Strand von Fort Kochi umfasst sechs Luxussuiten. Das Restaurant Menorah serviert Speisen aus aller Welt und ist das landesweit einzige, in dem auch indo-jüdische Gerichte zubereitet werden. Das Koder House bietet außerdem einen Pool, einen Spa-Bereich und eine Bibliothek. www.koderhouse.com

KOCHI The Malabar House Residency
1/269 Parade Rd, Fort Kochi, 682 001 (0484) 221 6666 FAX (0484) 221 7777 Zimmer 17

Das sorgfältig restaurierte holländische Herrenhaus aus dem 18. Jahrhundert befindet sich im Zentrum des historischen Fort Kochi. Die Zimmer sind überaus elegant möbliert, das Essen im Restaurant ist hervorragend. Pool und Bühne für kulturelle Veranstaltungen runden das Angebot ab. www.malabarhouse.com

KOCHI Taj Malabar
Willingdon Island, 682 009 (0484) 266 811 FAX (0484) 266 8297 Zimmer 96

Durch einen Flügel des 1935 erbauten Hotels weht noch das typische Flair der viktorianischen Ära. Die Suiten im Turm sind modern ausgestattet, bieten dennoch klassische Eleganz. Erwähnenswert ist das gut ausgestattete Spa, dessen Pool direkt mit dem Meer verbunden ist. Drei Restaurants bieten beste indische Küche. www.tajhotels.com

KOCHI Trident Hilton
Bristow Rd, Willingdon Island, 682 003 (0484) 308 1002 FAX (0484) 266 9393 Zimmer 85

Komfortable Zimmer mit jeglichem Luxus und freundliches Personal sind Markenzeichen des Trident Hilton, das sich in den letzten Jahren zum Favoriten entwickelt hat. Ein weiterer Pluspunkt ist die ruhige Umgebung, obwohl die von hier gut erreichbare City nicht weit entfernt ist. www.trident-hilton.com

KOLLAM Aquaserene
South Paravoor, 691 301 (0474) 251 2410 FAX (0474) 251 2104 Zimmer 28

Elegant gestaltete Cottages bietet das von Wasser umgebene Luxusresort. Das Aquaserene verfügt über modernste Annehmlichkeiten und macht den Aufenthalt zum Erlebnis. Schöne Aussicht und viel Privatsphäre sind garantiert. Der hoteleigene Strand ist mit dem Boot in 15 Minuten erreichbar. www.aquasereneindia.com

KOTTAYAM Chamundi Hill Palace Ayurvedic Resort
Rajkumar Estate, Nadukani, Edakkunnam PO, 686 512 (04828) 251 246 Zimmer 13

Eine rund 60 Jahre alte Familienresidenz wurde zu dem Resort umgestaltet, das aber den erhabenen Charakter des Hauses bewahrt. Der Komplex liegt auf einem oft von Nebelschwaden umhüllten Hügel, die Umgebung ist überaus idyllisch. Einige der komfortablen Zimmer sind geradezu palastartig gestaltet. www.chamundihillpalace.org

KOTTAYAM Taj Garden Retreat
1/104 Kumarakom, 686 563 (0481) 252 4377 FAX (0481) 252 4371 Zimmer 28

Das Hotel am Vembanad Lake bietet Zimmer in einem romantischen Bungalow sowie Cottages. Kampfsportvorführungen, Vogelbeobachtungen und Bootsausflüge werden organisiert. Hochgeschwindigkeitsboote und Ruderboote können gemietet werden. Wasserski rundet das Freizeitangebot ab. www.tajhotels.com

KOVALAM Surya Samudra
Surya Samudra Beach Garden, Pulinkudi, 695 521 (0471) 226 7333 FAX (0471) 226 7124 Zimmer 22

Klassische Holzbauweise, Kokoswäldchen in unmittelbarer Umgebung, Bäder mit offenem Dach und ein wunderbarer Strand sind die wichtigsten Pluspunkte des Resorts. Das Naturschwimmbecken ist eine gute Alternative zu den herkömmlichen gefliesten Pools. suryasamudra@kovalamhotels.com

KOZHIKODE The Renaissance Cochin Kappad Beach Resort

Thuvapara, Chemanchery, 673 304 (0496) 268 9191 FAX (0496) 268 9194 **Zimmer** 16

Das Resort befindet sich in der Nähe des Ortes Kappad, wo Vasco da Gama 1498 landete. Die hellen sauberen Zimmer und Chalets sind direkt am Strand. Das Seafood-Restaurant und das Ayurveda-Zentrum locken die Besucher an. Auf Wunsch gibt es Barbecues und Lagerfeuer am Strand. www.renaissancekappadbeach.com

KUMARAKOM Coconut Lagoon

Kumarakom, 686 563 (0481) 301 1711 FAX (0481) 252 4495 **Zimmer** 50

Das Coconut Lagoon am Ostufer des Vembanad Lake versteckt sich hinter einem Palmenhain. Die aus Cottages mit oben offenen Bädern bestehende Anlage kann nur mit Booten erreicht werden. Bootsverkehr besteht den ganzen Tag über, es gibt mehrere Anlegestellen. www.cghearth.com

LAKKADIVEN Bangaram Island Resort

Lakkadiven (0484) 266 8221 FAX (0484) 266 8001 **Zimmer** 29

Das makellose Inselparadies ist trickreich gestaltet. Der Komplex setzt sich aus sauberen, stiltechten Strandhütten und Bungalows zusammen. Ein Restaurant mit einem breiten Spektrum unterschiedlicher Küchen und eine gut bestückte Bar sind vorhanden. Gäste können nach Herzenslust tauchen, schnorcheln und angeln.

MUNNAR Windermere Resort

Pothamedu, PO Box 21, Munnar, 685 612 (04865) 230 512 FAX (04865) 230 978 **Zimmer** 18

Dem Charme der kolonialzeitlichen Architektur des Windermere Resort kann kaum jemand widerstehen. Das zwischen Tee- und Kardamomplantagen gelegene Hotel bietet Komfort, freundlichen Service und eine herrliche Umgebung. Trotz aller Beschaulichkeit – ins Stadtzentrum sind es nur fünf Kilometer. www.windermeremunnar.com

MUNNAR Tea County Hill Resort

KTDC Hill Resort, Munnar, 685 612 (04865) 230 460 FAX (04865) 230 970 **Zimmer** 43

Die Anlage mit Cottages im Bungalow-Stil bietet neben modernster Ausstattung als Besonderheiten ein Restaurant mit Tanzfläche und ein Ayurveda-Zentrum. Frühstück und Abendessen für zwei Personen sind im Preis inbegriffen. Zu den hier angebotenen sportlichen Aktivitäten gehört Paragliding. www.ktdc.com

POOVAR Poovar Island Resort

KP VII/911, Pozhiyoor, 695 513 (0471) 221 2068 FAX (04869) 221 2092 **Zimmer** 28

Das Resort in der Nähe von Thiruvananthapuram bietet die Möglichkeit, in schwimmenden Cottages zu übernachten. Gäste können sich bei Ayurveda-Massagen verwöhnen lassen. Das Restaurant der Anlage bietet europäische Küche und Gerichte nach asiatischen (u.a. indischen) Rezepten. www.poovarislandresort.com

THEKKADY Lake Palace

Thekkady, Idukki, 685 536 (04869) 222 023 FAX (04869) 222 282 **Zimmer** 6

Die auf einer Halbinsel im Periyar Lake gelegene ehemalige Sommerresidenz atmet immer noch königliches Flair. In den umgebenden Wäldern hat man die Möglichkeit, Wild zu beobachten. Das Lake Palace hat nur sechs Zimmer. Buchen Sie also frühzeitig, um die Naturwunder hier erleben zu dürfen. www.ktdc.com

THIRUVANANTHAPURAM The South Park

MG Rd, 695 034 (0471) 233 3333 FAX (0471) 233 1861 **Zimmer** 72

Das komfortable, kürzlich renovierte Hotel im Zentrum von Thiruvananthapuram bietet Live-Musik, einen grünen Garten für das abendliche Barbecue und Ayurveda-Behandlungen. Das Restaurant lockt mit raffiniert zusammengestellten Büfetts zu Mittag- und Abendessen. www.thesouthpark.com

THIRUVANANTHAPURAM The Muthoot Plaza

Punnen Rd, 695 039 (0471) 233 7733 FAX (0471) 233 7734 **Zimmer** 56

Das Hotel im Geschäftsviertel der Stadt verfügt über komfortabel ausgestattete Zimmer und gute Business-Einrichtungen. Sogar Laptops werden den Gästen zur Verfügung gestellt. Der Service ist tadellos. Das Muthoot Plaza ist nur eine 20-minütige Autofahrt vom Flughafen entfernt. www.themuthootplaza.com

THIRUVANANTHAPURAM The Leela Kempinski Kovalam Beach

Kovalam, 695 527 (0471) 248 0101 FAX (0471) 248 1522 **Zimmer** 182

Dies ist der Inbegriff von Luxus. Das Nobelhotel liegt auf einem Felsen mit Blick auf den Kovalam Beach und verwöhnt seine anspruchsvollen Gäste mit einem hauseigenen Strand und einem perfekt ausgestatteten Wellness-Spa. Die Gestaltung und Möblierung der Zimmer lässt keine Wünsche offen. www.theleela.com

VARKALA Taj Garden Retreat

Janardana Puram, 695 141 (0470) 260 3000 FAX (0470) 667 3333 **Zimmer** 30

Das Hotel inmitten grüner Reisfelder bietet eine spektakuläre Aussicht auf die Küste. Jedes der 30 großen Zimmer verfügt über einen eigenen Balkon. Bibliothek, Tennisplätze, Pool und ein langer, einsamer Strand sind weitere Pluspunkte. Das Restaurant versorgt seine Gäste mit ausgezeichnetem Essen. www.tourindiakerala.com

WAYANAD Green Gates Hotel

TB Road, Kalpetta, 673 122 (04936) 202 001/002/003/004 FAX (04936) 203 975 **Zimmer** 35

Mitten in Teeplantagen und waldigen Hügeln liegt das Resort, das gut ausgestattete Zimmer und Cottages, aber auch Bambus-Baumhäuser für abenteuerlustige Gäste bietet. Ein Ayurveda-Spa, Kinderspielplatz, Spielzimmer und ein internationales Restaurant (Pazhassiraja) runden das Angebot ab. www.greengateshotel.com

---

Preiskategorien *siehe S. 568* **Zeichenerklärung** *siehe hintere Umschlagklappe*

WAYANAD Tranquil Resort
Kuppamudi Estate, Kolagappara PO, 673 591 **(04936) 220 244** FAX *(04936) 222 358* **Zimmer** *12*

Genau der richtige Platz, um den Alltag abzustreifen und sich auf die Schönheit der Natur einzulassen. Die Aussicht ist geradezu unschlagbar, das Essen fantastisch. All dies schafft ein Ambiente, das seinesgleichen sucht. Zur Entspannung tragen auch die angebotenen Ayurveda-Behandlungen bei. **www.tranquilresort.com**

Andhra Pradesh

HYDERABAD Green Park
Begumpet, 500 016 **(040) 2375 7575** FAX *(040) 2375 7677* **Zimmer** *147*

Das am zentralsten gelegene Hotel von Hyderabad bietet ein ganz hervorragendes Preis-Leistungs-Verhältnis. Für den anspruchsvollen Geschäftsreisenden ist das Green Park allererste Wahl. Die Zimmer sind nett möbliert und komfortabel ausgestattet. Bad und Telefon gehören hier zum Standard. Frühstück inklusive. **www.hotelgreenpark.com**

HYDERABAD ITC Kakatiya
6-3-1187 Begumpet, 500 016 **(040) 2340 0132** FAX *(040) 2340 1045* **Zimmer** *188*

Wahrzeichen des Hotels ist ein außergewöhnlicher Pool, der um einen Naturfelsen herum angelegt ist. Das Kakatiya wird für seinen exzellenten Service gerühmt, drei Spezialitätenrestaurants servieren leckere Gerichte. Kostenloser Shuttle-Service in Limousinen vom und zum nur 32 Kilometer entfernten Flughafen. **www.itcwelcomgroup.com**

HYDERABAD Quality Inn Residency
Public Garden Rd, Nampally, 500 001 **(040) 3061 6161** FAX *(040) 2320 4040* **Zimmer** *95*

Seine zentrale Lage macht das Hotel zu einer geeigneten Option. Die Zimmer sind sauber und hübsch möbliert – dies gilt auch für das Pub. Der öffentlich zugängliche Park gegenüber dem Hotel ist die grüne Lunge der Stadt und ideal für einen kurzen Spaziergang oder eine Jogginggrunde. **www.theresidency-hyd.com**

HYDERABAD Taj Banjara
Rd No 1, Banjara Hills, 500 034 **(040) 6666 9999** FAX *(040) 6666 1919* **Zimmer** *123*

Vom Hotel in den malerischen Banjara Hills schaut man über den See, der zum Anwesen gehört. Es ist nur zehn Autominuten vom Business- und Shopping-Zentrum entfernt und bietet sechs Konferenz- und Bankettsäle mit einer Kapazität zwischen 15 und 400 Plätzen. Pool, Fitness-Center und Internet vorhanden. **www.tajhotels.com**

HYDERABAD Taj Deccan
Rd No 1, Banjara Hills, 500 034 **(040) 6666 3939** FAX *(040) 6666 1070* **Zimmer** *151*

Von den Zimmern des Fünf-Sterne-Hotels hat man exzellente Aussicht auf den Hussain Sagar Lake. Das Taj Deccan ist nur 20 Autominuten vom Flughafen entfernt, die wichtigsten Business- und Shopping-Viertel liegen noch näher. Alle Zimmer haben große Betten, Temperaturregler und Internet. Frühstück inklusive. **www.tajhotels.com**

HYDERABAD Taj Falaknuma Palace
Engine Bowli, Falaknuma, 500 053 **(040) 6629 8585** FAX *(040) 6629 8586* **Zimmer** *60*

So hat der Adel in Hyderabad wohl früher gelebt! Nach zehnjähriger Renovierung ist hier ein Haus mit wunderbar ausgestatteten Räumen und Suiten entstanden. Auf keinen Fall sollten Sie den Afternoon Tea im fantastischen Jadezimmer versäumen. Vom Spa hat man einen schönen Blick in die Gärten. **www.tajhotels.com**

VIJAYAWADA Hotel D V Manor
40-47 MG Rd, 520 010 **(0866) 247 4355** FAX *(0866) 248 3170* **Zimmer** *115*

Das zentral gelegene, modern ausgestattete, komfortable Hotel hat ein großes Atrium mit transparenten Liften, ein Restaurant mit internationalen Spezialitäten und eine Bar. Viele Sehenswürdigkeiten wie etwa Gandhi Hill, das erste Gandhi-Denkmal in Indien, sind ganz in der Nähe. Frühstück inklusive. **www.hoteldvmanor.com**

VISAKHAPATNAM The Park
Beach Rd, 530 023 **(0891) 275 4488** FAX *(0891) 275 4181* **Zimmer** *66*

Das nahe am Strand gelegene moderne Hotel verfügt über eine Art Basar von Kunsthandwerkern, einen Buchladen und einen Massageraum. Alle Zimmer haben Klimaanlage und Meerblick. Herrliche Sonnenuntergänge genießt der Gast in den Restaurants Bamboo Bay und Vista. Frühstück inklusive. **www.theparkhotels.com**

VISAKHAPATNAM Taj Residency
Beach Rd, 530 002 **(0891) 662 3670* FAX *(0891) 256 4370* **Zimmer** *95*

Alle Hotels der Taj-Gruppe bieten hohen Komfort und guten Service – dieses zusätzlich einen Panoramablick auf den Golf von Bengalen und moderne Business-Einrichtungen wie Sekretariats-Service und einen Besprechungsraum für bis zu zwölf Personen. Frühstück inklusive. **www.tajhotels.com**

WARANGAL Ashoka Hotel
6-1-242 Main Rd, Hanamkonda, 506 314 **(0870) 257 8491** FAX *(0870) 257 9260* **Zimmer** *55*

Das Ashoka Hotel hat geräumige Zimmer, die ansprechend möbliert sind. Das Personal tut alles, um den Gästen den Aufenthalt so angenehm wie möglich zu machen. Das Restaurant verwöhnt mit ausgezeichnetem Essen. Auch die Bar wartet mit einer großen Auswahl auf. Frühstück inklusive. **www.hotelashoka.in**

Restaurants

Die indische Küche ist so vielfältig wie das Land selbst. Die zarten Aromen der klassischen Gerichte, die von den kaiserlichen Höfen in Delhi, Kaschmir, Hyderabad und Lucknow stammen, werden von regionalen Spezialitäten mit exotischen Zutaten ergänzt. Aus Rajasthan kommen chilireiche Currys, die fruchtbaren Küstenregionen Westbengalens, Goas und Keralas warten mit unzähligen Fischvariationen auf, Gujarat und Tamil Nadu sind für ihre vegetarischen Gerichte berühmt. Die Essgewohnheiten in den Städten haben sich durch die Einführung westlicher Fast-Food-Ketten stark verändert. Die meisten Inder wissen Hausmannskost durchaus zu schätzen, doch der Besuch eines Restaurants erfreut sich vor allem in Städten großer Beliebtheit. In den Restaurants gibt es alles, von der Pizza bis zu aufwendigen Menüs mit einheimischem und importiertem Wein. Die auf den Seiten 598–621 vorgestellten Restaurants wurden wegen ihrer Qualität und ihres guten Preis-Leistungs-Verhältnisses ausgewählt.

Rote Chili

Etikette

Die Inder sind ausgesprochen gastfreundlich. Im Zuge dieser Tradition haben sich viele Hotels und Restaurants Gastfreundlichkeit auf ihre Fahnen geschrieben. Obwohl man in Indien mit den Fingern isst, stellen auch kleinere Gasthöfe Besteck zur Verfügung. Zudem gibt es ein Waschbecken, in dem man sich vor und nach dem Essen die Hände waschen kann. Restaurants bieten zu diesem Zweck auch Fingerschalen mit warmem Wasser und Zitrone an. Rindfleisch ist für Hindus tabu, Schweinefleisch für die Muslime.

Restaurants

Ein veränderter Lebensstil hat dazu beigetragen, dass sich auch in den kleineren Städten immer mehr Restaurants durchgesetzt haben.

Besucher genießen das Essen in einem der vielen Restaurants in Mumbai

Dabei sind sowohl Luxus-Gourmetrestaurants als auch kleine Cafés und Straßenstände vertreten, in denen es neben indischem z. B. auch italienisches oder japanisches Essen gibt. Die Restaurants in den Städten haben fast alle Klimaanlage, die teureren bieten Ausstattung und Service von internationalem Standard. Traditionelle Gaststätten für Einheimische sind groß und laut mit speziellen »Familienzimmern«, in denen Eltern mit ihren Kindern essen können. Hier wird einfache, gesunde Kost – überwiegend vegetarisch – serviert.

Internationale Fast-Food-Ketten wie Pizza Hut oder McDonald's haben auch in Indien um sich gegriffen. Sie sind sehr beliebt, vor allem bei jungen Leuten. Die Gerichte sind auf den indischen Gaumen abgestimmt.

Die meisten Restaurants öffnen gegen 11 Uhr und schließen um Mitternacht. In den größeren Städten sollte man am Wochenende und an Feiertagen vorsichtshalber einen Tisch reservieren.

Spezialitätenrestaurants

Aufgrund der wachsenden Anerkennung der internationalen Küche gibt es in den größeren indischen Städten nun auch gehobene Spezialitätenrestaurants mit authentisch thailändischem, chinesischem, mexikanischem, japanischem und italienischem Essen, von renommierten Köchen mit ausgewählten importierten Zutaten zubereitet.

Auch die Nachfrage nach regionalen indischen Spezialitäten ist groß: *Tandoori*-Gerichte und auf Familienrezepten basierende Kost aus Goa, Kerala, Tamil Nadu, Kaschmir, Lucknow, Hyderabad, Westbengalen, Gujarat und Rajasthan. Einige wenige Restaurants probieren es mit Crossover-Cuisine, die bei der Klientel, die ständig auf der Suche nach neuen Aromen

Zubereitung eines hauchdünnen, tellergroßen rumali roti

RESTAURANTS

Improvisierte Gaststätte in der Wüste Thar, Rajasthan

ist, besonders hoch im Kurs steht. Einfallsreiche Köche experimentieren mit Rezepten und Zutaten aus Indien und dem Ausland und kreieren aufregend Neues.

Coffeeshops

In Luxushotels gibt es rund um die Uhr geöffnete Coffeeshops, in denen man spät zu Abend essen und sehr früh frühstücken kann. Viele örtliche Cafés und Restaurants servieren Getränke und kleine Snacks ebenfalls zu flexiblen Zeiten. Hinzu kommen noch kleine Bistro-ähnliche Etablissements in geschäftigen Einkaufsstraßen. Hier kann man entspannen, Sandwiches essen und Tee trinken.

Straßenstände

Echte indische Küche probiert man am besten an den zahlreichen Straßen- und Marktständen des Landes. Sie sind oft improvisiert auf Wagen untergebracht und mit einem kleinen Campingkocher ausgestattet. Die Zubereitung geht ausgesprochen schnell. Zu essen gibt es vegetarische Snacks wie würzige, frittierte *samosas*, *dosas* und *idlis* sowie *Tandoori*-Huhn, Kebabs, gebratenen Fisch und indisch angehauchte Frühlingsrollen. Wenn Sie etwas davon probieren wollen, sollten Sie mit möglichst weniger scharfen Gerichten beginnen. Zudem kann man auch indische Süßigkeiten, Obst, Eiscreme und Getränke wie z.B. Mineralwasser, Cola und Saft kaufen. Kleinere Gaststätten sind bei der Zubereitung des Essens ebenfalls sehr effizient. Dazu gehören die nordindischen *dhaba*s (vegetarisches und nichtvegetarisches Essen), die Strandbars von Goa (Fisch-Currys mit Reis) und die südindischen Udipi-Restaurants (nur vegetarische Gerichte). Sicherheitshinweise zur Hygiene finden Sie auf S. 630–633.

Vegetarische Gerichte

Die exzellente vegetarische Küche Indiens rührt von der langen Tradition fleischloser Kost her. *Dal* (Linsen-Curry) und verschiedene *rotis* und Reisgerichte bekommt man überall. Meist werden sie als *thali* (gemischte Platte) serviert und bieten ein ausgezeichnetes Preis-Leistungs-Verhältnis. Besonders gut sind mit »Cooked in pure ghee« oder »Cooked in ghee made from cow's milk« gekennzeichnete Gerichte.

Alkohol

Der Ausschank von Alkohol ist eingeschränkt. Einige Staaten, z. B. Gujarat, sind offiziell »trocken«. Hochprozentiges wird nur in staatlich anerkannten Läden und lizenzierten Restaurants verkauft. Die Preise sind aufgrund der Steuern im ganzen Land unterschiedlich. Ausländischen Wein gibt es in den meisten Liquor Shops, in Pubs und Restaurants. Dort wird aber auch »Indian Made Foreign Liquor« (IMFL) wie etwa Rum, Bier, Whisky und Wodka angeboten. Die Qualität indischer Weine und indischen Champagners verbessert sich stetig, die Getränke werden z.T. auch exportiert. Das Trinken von Alkohol in der Öffentlichkeit ist nicht erlaubt. An Nationalfeiertagen und Wahltagen darf in Hotels, Bars und Restaurants kein Alkohol ausgeschenkt werden.

Preise und Trinkgeld

Sei es im Luxushotel oder am Straßenstand – die Preise sind überall fest. Hotels erheben eine unterschiedlich hohe Lebensmittel- und Getränkesteuer, die die Rechnung enorm in die Höhe treiben kann.

Prüfen Sie die Rechnung vor dem Bezahlen. Der Service ist zwar inbegriffen, die Kellner erwarten jedoch ein Trinkgeld von etwa zehn Prozent. Am preiswertesten sind Landgaststätten und Straßenstände.

Bezahlung

Kreditkarten werden in den meisten gehobenen Restaurants und Bars akzeptiert. Tragen Sie trotzdem immer etwas Bargeld (indische Rupien) bei sich, um in den Restaurants kleinerer Städte, an Straßenständen und in Cafés bezahlen zu können.

Nachmittagstee in einer Ferienanlage in Kerala

Restaurantauswahl

Die Restaurants in diesem Reiseführer wurden aus einem breiten Preisspektrum ausgewählt. Viele befinden sich in empfohlenen Hotels *(siehe S. 568–595)*. Sie sind nach Regionen aufgeführt und in ihrer Preisklasse alphabetisch gelistet. Wenn nicht anders angegeben, darf in den Restaurants nicht geraucht werden.

PREISKATEGORIEN
Die Preise gelten für ein Essen inklusive Steuern und Service, ohne alkoholische Getränke

- ₨ unter 100 Rupien
- ₨₨ 100–200 Rupien
- ₨₨₨ 200–400 Rupien
- ₨₨₨₨ 400–700 Rupien
- ₨₨₨₨₨ über 700 Rupien

Delhi

DELHI Sagar Ratna
The Ashok, 50-B Chanakyapuri, 110 021 (011) 2688 8242

Der Name des Lokals ist Synonym für das vielleicht beste südindische Essen, das man in Delhi bekommen kann. Die leckere *Thali*-Platte ist ein sehr beliebtes, wenn auch herzhaftes Gericht, auch Zwiebel-*dosa* (gefüllte Pfannkuchen) und *idli* (Teigtaschen mit Reis) sind empfehlenswert. Das Sagar Ratna hat eine Filiale in New Delhi.

DELHI Triveni Tea Terrace
Triveni Kala Sangam, 205 Tansen Marg, 110 001 (011) 2371 8533

Das Lokal in einer Ecke der berühmten Kunstgalerie bietet eine anheimelnde Atmosphäre. Bekannt ist es für seine einfachen Hauptgerichte wie *Shami*-Kebabs, das vegetarische Reisgericht *pulao* und *aloo parathas* (kartoffelgefülltes Brot). Künstler und Anwälte (der nahe gelegenen Kanzleien) zählen zu den Stammgästen.

DELHI The Big Chill
68A Khan Market, 110 003 (011) 4175 7588

Die Wände des populären Restaurants schmücken Plakate berühmter Kinofilme. Europäische Gerichte (mit Fokus auf Italien) stehen im Vordergrund. Zu den Spezialitäten zählen u. a. Garnelen-Zucchini-Salat, Hühnchen in würziger *Piri-piri*-Sauce und knusprige Pizzas. Beliebte Desserts sind durchweichte Kuchen und gefrorener Joghurt.

DELHI Karim's
16 Jami Masjid, 110 006 (011) 2326 9880

Das Karim's ist überall in Indien für beste Mogul-Küche bekannt. Diese Filiale befindet sich nahe der Jami Masjid, der größten Moschee des Landes. Das Paradies für Nicht-Vegetarier bietet u. a. Jehangiri-Hühnchen, Lamm-*burra* (mariniert) und Tandoori-*raan* (Lammkeule). Ein leckeres Dessert ist *phirni* (süßer Reispudding).

DELHI Kwality
7 Regal Building, Connaught Place, 110 001 (011) 2374 2310

Die erste Eisdiele Delhis wurde in ein mittlerweile populäres Restaurant umgewandelt. *Chhola bhaturas* (scharfe Kichererbsen mit frittiertem Brot) zählen zu den beliebtesten hier servierten Punjab-Gerichten. Auch Kebabs – vor allem Lamm-*gilafi* (mit Pfeffer) sind hier ausgezeichnet. Lassen Sie Platz für das Dessert (natürlich Eiscreme).

DELHI Ai
MGF Metropolitan Mall, District Centre, Saket, 110 011 (011) 4065 4567

Das elegante japanische Restaurant ist bei Delhis Reichen und Schönen sehr beliebt. Es ist unterteilt in einen Lounge-Bereich, einen Speiseraum und eine hübsche, luftige Terrasse, auf der man auch essen kann. Darüber hinaus gibt es Theken mit Sushi und Teppanyaki.

DELHI Baci
23 Sundir Nagar Market, 110 003

Eines der nettesten Restaurants der Stadt. Hier wird echte italienische Küche – von Pasta bis Pizza – geboten. Die Weinauswahl ist sehr gut. Die Bar im Erdgeschoss mit ihrer freundlichen und einladenden Atmosphäre bietet sich an, um einen langen Tag nach vielen Besichtigungen in aller Ruhe ausklingen zu lassen.

DELHI Basil and Thyme
Santusthi Shopping Complex, Chanakyapuri, 110 003 (011) 2467 4533

Ein kleines Speiselokal mit recht beschaulicher Atmosphäre – ideal, um sich nach einer Shopping-Tour im Trubel des Santusthi-Komplexes zu entspannen. Das Basil and Thyme serviert Gerichte aus Italien und anderen europäischen Ländern. Hühner-Enten-Pastete, Quiche Lorraine und Pasta bolognese sind besonders empfehlenswert.

DELHI Bukhara
ITC Maurya Sheraton Hotel and Towers, Diplomatic Enclave, 110 021 (011) 2611 2233

Ein Foto des Bukhara zierte bereits einmal das Cover des *Time*-Magazins. Das Restaurant bietet mit seinen Steinwänden und dunklen Holzbalken ein heimeliges Flair. Berühmt sind vor allem die Kebabs und die einfach nur köstlichen *tikkas*. Eine gute Wahl sind aber auch *sikandari raan* (mariniertes Lamm) und *Malai*-Kebabs.

Zeichenerklärung *siehe hintere Umschlagklappe*

DELHI The China Kitchen
Hyatt Regency, Bhikaji Cama Place, 110 607 (011) 6677 1334

In Bezug auf chinesische Küche setzt The China Kitchen Maßstäbe. Es wird in alter Szechuan-Tradition gekocht, Beijing-Ente und andere Gerichte werden allerdings überraschend innovativ zubereitet. Das Restaurant ist mittags und abends geöffnet. Es empfiehlt sich, einen Platz zu reservieren.

DELHI Chor Bizzare
Hotel Broadway, 4/15 Asaf Ali Rd, 110 002 (011) 2327 3840

Vor allem für seine Kaschmir-Küche ist das Chor Bizarre (wörtlich »Diebesmarkt«) bekannt. Versuchen Sie *yakhni* (Lamm mit Joghurt-Curry), *gushtaba* (in Joghurt gekochte Fleischbällchen) oder *thali* (eine Reihe verschiedener Speisen). Für Vegetarier ist das Kartoffelgericht *dam aloo* eine Option. Die Einrichtung des Lokals ist sehr einfallsreich.

DELHI Gunpowder
22 Hauz Khas Village, 110 016 (011) 2653 5700

Versteckt im idyllischen Hauz Khas Village mit seinen vielen Straßen und Gässchen bietet das Gunpowder einen der besten Ausblicke der Stadt. Auf der Speisekarte findet man hervorragende Gerichte, wie sie für Kerala typisch sind, etwa gut gewürztes Schweinefleisch oder Fisch-Currys. Reservierung empfohlen.

DELHI La Piazza
Hyatt Regency, Bhikaji Cama Place, Ring Rd, 110 066 (011) 2679 1234

Eine lange Weinkarte, exquisite Gerichte des italienischen Küchenchefs und ein angenehmes Ambiente machen das La Piazza zum attraktivsten Italiener in Delhi. Der Antonio-Gavi-Wein, die Pizza La Piazza und gegrillter Lachs sind die Highlights des Hauses. Am Sonntag gibt es Brunch zum Festpreis.

DELHI Lodi – The Garden Restaurant
Lodi Garden, gegenüber Mausam Bhavan, Lodi Rd, 110 003 (011) 2465 5054

Das Gartenrestaurant mit Bäumen und Laternen verspricht eine kulinarische Erfahrung der Extraklasse. Probieren Sie *salata dijaj* (mit viel Geflügel) oder marokkanisches Lamm, die Spezialität des Hauses. Vegetarier werden die Gemüseplatte genießen. Die Weinkarte ist gespickt mit edlen Tropfen von bester Qualität.

DELHI Olive Bar and Kitchen
Haveli 6–8, One Style Mile, Mehrauli, 110 030 (011) 2664 2552

Das Restaurant liegt idyllisch unter einem großen Bananenbaum nahe beim Ridge Forest und bietet einen schönen Blick. Auf der Karte finden sich hervorragende Gerichte aus dem Mittelmeerraum. Die Weinkarte ist gut bestückt. Da das Lokal sehr gut besucht ist, empfiehlt sich eine rechtzeitige Reservierung.

DELHI Ploof
13 Lodi Colony Market, 110 003 (011) 2464 9026

Das auf Meeresfrüchte spezialisierte Restaurant ist entsprechend in ruhigen Blautönen eingerichtet. Seezunge in Austernsauce, Krabben mit Jungmais Pak Choi sowie Fettuccine mit Langostinos sind nur einige der vielen hervorragenden Angebote auf der reichhaltigen Speisekarte.

DELHI The Spice Route
The Imperial, Janpath, 110 001 (011) 2334 1234

Die Gewürze Südostasiens erreichten Europa über die historische Spice Route. Das Restaurant präsentiert sie in vielen Gerichten dieser Länder. Das Dekor reflektiert die Kunst und Kultur entlang der berühmten Strecke und ist ein Genuss für sich. *Marris*-Curry aus Sri Lanka und *phad phak ruam mitr* (gemischtes Gemüse) sollten Sie versuchen.

DELHI Swagath
14 Defence Colony Market, 110 024 (011) 2433 0930

Stilvolles Ambiente, pikante Gerichte und vernünftige Preise tragen zur Beliebtheit des Swagath bei. Zur Auswahl stehen indische und chinesische Gerichte mit einem Schwerpunkt auf Seafood. Favoriten sind *Chettinad*-Huhn, Butterhühnchen, gegrillte Garnelen und Krabben in Knoblauchbutter.

DELHI Threesixty°
The Oberoi, Dr Zakir Hussain Marg, 110 003 (011) 2436 3030

Das beliebte Restaurant besticht durch seine Vielfalt an Küchen. Besonders beliebt sind die japanischen Gerichte. Pizza-Fans wählen gern Chorizo-Jalapeño-Pizza aus dem Holzofen. Das ausgezeichnete Büfett bietet für jeden Geschmack genau das Richtige. Dazu gibt es eine gute Auswahl an Weinen aus Europa und der Neuen Welt.

DELHI Varq
The Taj Mahal Hotel, 1 Man Singh Road, 110 011 (011) 2302 6162

Das schicke luxuriöse Restaurant ist der Traum jedes Feinschmeckers. Indische Gerichte werden modern interpretiert und mit ökologischen Produkten und Gewürzen zubereitet. Lamm in Safrankruste oder knusprig gebratene Krabben muss man probiert haben. Eine Reservierung wird dringend empfohlen.

DELHI Wasabi
The Taj Mahal Hotel, 1 Man Singh Road, 110 011 (011) 2302 6162

Das mit dunklem Holz getäfelte Restaurant verwöhnt mit japanischen Köstlichkeiten. Sake- und Teppanyaki-Theke sind beeindruckend. Die Zutaten für Sushi werden täglich vom Tsujuki-Fischmarkt in Tokyo eingeflogen. Besonders verlockend sind die gedämpften Austern. Reservierung und angepasste Garderobe empfohlen.

Haryana & Punjab

AMRITSAR Crystal Restaurant
Crystal Chowk, Queen's Road, 143 001 (0183) 222 5555

Das Restaurant bietet indische, chinesische und italienische Küche. Unbedingt probieren sollten Sie aber die köstliche Punjab-Küche. Sie ist relativ fleischlastig und umfasst grandiose Tandoori- und Curry-Gerichte. Der Service ist mitunter etwas behäbig – vor allem abends und am Wochenende, wenn sehr viel los ist.

CHANDIGARH Khyber Restaurant
SCO 333-34, Sector 35-B, 160 022 (0172) 260 7728

Effizienter Service und Essen von Top-Qualität – was will man mehr? *Dal* (Linsengericht), Kebabs und die Tandoori-Gerichte sind einfach lecker. Die Speisen werden in Kupferschalen serviert, die Bedienungen tragen – nach alter afghanischer Tradition – *Pathani*-Anzüge. Und das Schönste: Mitten im Lokal wächst ein Baum.

CHANDIGARH Chop Sticks
SCO 1085, neben dem Hotel Piccadily, Sector 22-B, 160 022 (0172) 277 4181

Ambiente und Dekor im Chop Sticks sind sichtlich ostasiatisch angehaucht, was schon beim Blick auf die Drachengemälde an den Wänden deutlich wird. Auch die Zubereitung der Gerichte ist typisch chinesisch: Gemüse und Fleisch werden in kleinen Würfeln zubereitet. Versuchen Sie die Gemüseplatte. Mittags und abends geöffnet.

CHANDIGARH Barbeque Nation
SCO 39, Madhya Marg, Sector 26, 160 026 (0172) 466 6900

In Restaurants dieser beliebten Kette kann man an in den Tisch eingelassenen Grills sein Essen selbst zubereiten. Darüber hinaus gibt es aber viele weitere Angebote, auch viele vegetarische Gerichte wie *paneer*-Tikka Masala und rotes Thai-Curry.

CHANDIGARH Black Lotus
Taj Hotel, Block 9A, Sector 17, 160 017 (0172) 651 3000

Für erlesenste Szechuan-Küche als perfektes Mittag- oder Abendessen ist das Black Lotus bekannt. Eine hohe Decke, mit Stoffen bekleidete Wände und ostasiatische Kunstwerke schaffen ein besonderes Flair. Die Speisekarte bietet eine Auswahl fleischhaltiger und vegetarischer Köstlichkeiten sowie frische Meeresfrüchte.

CHANDIGARH Mehfil
SCO 183-185, Sector 17-C, 160 017 (0172) 270 3539

Das Mehfil, eines der ältesten Restaurants in Chandigarh, serviert Gerichte unterschiedlichster Küchen. Besonders zu empfehlen sind jedoch die Punjab-Gerichte, darunter vor allem die Currys. Das Ambiente ist locker, Einrichtung und Beleuchtung vielleicht eine Spur zu üppig, was das kulinarische Erlebnis jedoch nicht mindert.

Himachal Pradesh

CHAIL Palace Hotel's Restaurant
Palace Hotel, 173 217 (0177) 286 0601

Das reizende Restaurant ist auf regionale Küche spezialisiert, zu den Favoriten gehören *sepu badi* (Püree aus Linsen und Kichererbsen) und *kadi* (Curry aus Hülsenfrüchten). Auch chinesische und europäische Speisen stehen zur Auswahl. Genießen Sie danach Kaffee oder Tee auf der Terrasse. Die Bar ist mit Getränken aus aller Welt bestückt.

CHAMBA Iravati Hotel
Nähe Main Sehgal, 176 310 (01899) 222 671

Die fantastische Aussicht auf die Berge wertet das Ambiente des für seine Himachal-Küche bekannten Restaurants weiter auf. *Guchi madara* (würziges Gericht mit Erbsen und Pilzen) ist ein Muss. Anhänger herzhafter Fleischgerichte sollten *Daruwala*-Lamm und *Achari*-Hähnchen bestellen. Dem Restaurant ist das Café Ravi View angegliedert.

DHARAMSALA Nick's Italian Kitchen
Kunga Guesthouse, 176 215 (01892) 221 180

Das vegetarische Dachrestaurant bietet einen exzellenten Blick auf den Shiva geweihten Vasu-Tempel. Neben typisch italienischen Gerichten zählen auch tibetische Nudelsuppe und *momos* (Teigtaschen) zu den Klassikern. Das Restaurant ist zum tibetischen Neujahr sowie am 6. Juli (Geburtstag des Dalai-Lama) geschlossen.

KALPA Kinner Villa Restaurant
Hotel Kinner Villa, 172 108 (01786) 226 606

Trotz der Auswahl an chinesischen und europäischen Gerichten steht im Kinner Villa Restaurant indische Küche im Vordergrund. Eine gute Wahl sind traditionelle Gerichte wie *dal-roti* (Linsen und Brot). Bei entsprechendem Wetter kann im Garten gespeist werden – zauberhafter Bergblick inklusive.

Preiskategorien *siehe S. 598* **Zeichenerklärung** *siehe hintere Umschlagklappe*

KULLU Silhouette
Hotel Le Grand, National Highway 21, Kullu Manali Rd, 175 101 **(** *(01902) 251 414*

Chinesische, indische (vor allem Tandoori-Gerichte) und europäische Küche in einer reichen Auswahl präsentiert das Silhouette. Auf Wunsch werden vegetarische Speisen zubereitet. Beliebt sind *kadhai paneer* (Hüttenkäse mit Pfeffer) mit *rotis* (Brot) frisch aus dem Backofen. Besonders schön sitzt man im Garten.

MANALI Chopsticks Restaurant
The Mall, gegenüber der Bushaltestelle, 175 131 **(** *(01902) 252 639*

Ein freundliches Restaurant mit großen Portionen japanischer, chinesischer und tibetischer Gerichte. Empfehlenswert ist *gyakok*, ein schmackhafter tibetischer Eintopf, der im Voraus bestellt werden muss. Andere Spezialitäten sind die leckeren Quarkspeisen und Pfannkuchen.

MANALI Johnson's Café
The Mall, 175 131 **(** *(01902) 253 764*

Viele Gäste kommen ins Johnson's Café wegen der exzellenten hausgemachten Pastagerichte. Auch Kuchen und Eiscreme werden hier frisch gemacht. Frische Forelle (z. B. in Knoblauchbutter oder Limonensauce) mit erlesenen Kräutern ist eine gute Option. Und zum Dessert gönnen Sie sich ein schönes Stück Schokoladenkuchen.

SHIMLA Baljees
The Mall, gegenüber dem Rathaus, 171 001 **(** *(0177) 281 4054*

Eines der ältesten Gasthäuser der Stadt, das noch dazu günstig in der Mall liegt. Indische und europäische Küche werden gleichermaßen zelebriert. Vegetarier sollten *rava masala dosa* (gefüllte Pfannkuchen) und *chhola bhatura* (ein Kichererbsengericht) probieren, Butterhähnchen und Lamm-*rarha* sind fleischhaltige Versuchungen.

SHIMLA Davicos
The Mall, Nähe Telegraph Office, 171 001 **(** *(0177) 280 6335*

Eine Institution in Shimla, bekannt für ihre Auswahl an Vorspeisen und Kebabs, bei denen Gästen das Wasser im Mund zusammenläuft. Chinesische und europäische Speisen stehen zur Auswahl. Im Erdgeschoss ist ein sehr nettes Café untergebracht, das sich für einen Snack eignet, im ersten Stock befindet sich die Bar des Hauses.

SHIMLA Cecil Restaurant
Oberoi Cecil, Chaura Maidan, 171 001 **(** *(0177) 280 4848*

Tadelloser Service und beste Küche sind Markenzeichen des Cecil, das zur Oberoi-Kette gehört. Das elegante Restaurant serviert asiatische und europäische Gerichte. Sehr gut sind Nudelgerichte und Salate, auch das Geflügelsteak hat viele Anhänger. Obstsalat oder etwas aus dem reichen Angebot an Gebäck stehen als Desserts zur Auswahl.

Ladakh, Jammu & Kaschmir

JAMMU Falak
KC Residency, Residency Rd, 180 001 **(** *(0191) 252 0770*

Das Dachrestaurant offeriert Speisen aus Indien (u. a. Mogulgerichte), China und anderen Teilen Asiens. Das Café Sea Side – ein urgemütlicher Salon – und die Bar Baron sind genau die richtigen Orte für eine schöne Tasse Kaffee oder ein Glas Bier. ● *Nov, März.*

LEH Amdo Cafeteria
Main Market, 194 101 **(** *(01982) 253 114*

Tibetische und chinesische Küche sowie Gerichte nach Rezepten aus Kaschmir stehen auf der Speisekarte des Dachlokals zur Auswahl. Die Amdo Cafeteria bietet eine schöne Aussicht auf den Leh-Palast und das alte Fort. Die Frühlingsrollen werden nach individuellen Wünschen des Gastes gefüllt. Morgens, mittags und abends geöffnet.

LEH Budshah Inn Restaurant
Main Bazar, 194 101 **(** *(01982) 252 813*

Unbedingt probieren sollten Sie *wazawan*, ein Gericht aus Lammfleisch, Lotuswurzeln und anderen Köstlichkeiten, das in Kaschmir als Festessen gilt. Die Preise sind angesichts der großen Portionen akzeptabel. Das Ambiente könnte etwas heimeliger sein, doch das Essen entschädigt absolut. ● *Nov–März.*

LEH Ibex Hotel Restaurant
Fort Rd, 194 101 **(** *(01982) 252 281*

Das kleine Lokal bietet indisches und chinesisches Essen, auf Wunsch gibt es auch europäische Gerichte. Doch egal, was Sie auswählen – das Bier des Hauses passt garantiert zum Essen. *Seekh*-Kebabs werden mit köstlichem Pudina-Chutney (mit Minze) serviert. Die Lamm- und Hähnchen-Currys mit *Naan*-Brot sind legendär. ● *Nov–März.*

LEH Summer Harvest Restaurant
Fort Rd, 194 101 **(** *(01982) 252 226*

Das von einer Tibeterin geführte einfache Summer Harvest Restaurant offeriert Gerichte aus Tibet, Ladakh und Kaschmir. Doch auch europäische Küche wird zubereitet. Zu empfehlen sind *momos* (Teigtaschen) mit köstlichster Gemüsefüllung, eine Portion auch für den großen Hunger. ● *Nov–März.*

LEH Café World Peace
Nähe New Gas Service, 194 101 (01982) 252 988

Die Karte verzeichnet verführerische indische, chinesische und europäische Gerichte. Auch typische Kaschmir-Speisen werden zubereitet. Doch bekannt ist das Café World Peace vor allem für seine leckeren Backwaren, darunter Zimtrollen und Kuchen. Der Blick von der Terrasse auf das Bergpanorama ist sensationell. Geöffnet mittags und abends.

LEH Omasila Restaurant
Hotel Omasila, Changspa, 194 101 (01982) 252 119

Das ruhige Gartenrestaurant in idyllischer Lage verarbeitet ausschließlich frisches, biologisch angebautes Gemüse. Die wunderbare Aussicht bereichert das kulinarische Erlebnis. Das Omasila Restaurant bietet Spezialitäten aus der Region, darüber hinaus stehen auch nach europäischen Rezepten zubereitete Speisen zur Auswahl.

LEH Penguin Garden Restaurant
Fort Rd, 194 101 (01982) 251 523

Markenzeichen des Lokals sind die Tische im Garten und die deutsche Bäckerei. Im Hintergrund erklingt Lounge-Musik. Frühstück, Mittag- und Abendessen werden hier angeboten. Auf Anfrage bereitet das Personal auch Lunch-Pakete für Trekking-Touren oder andere Ausflüge zu. ● *Okt–Mai.*

LEH High Life
Fort Rd, 194 101 (01982) 251 013

Das Restaurant ist tibetisch eingerichtet und serviert neben indischen auch chinesische, tibetische und italienische Gerichte. Im Vergleich zu anderen Restaurants der näheren Umgebung ist das High Life teuer, aber angesichts des guten Essens stimmt das Preis-Leistungs-Verhältnis. ● *Okt–Apr.*

LEH Mentokling Garden Restaurant
Zansti, 194 101 (01982) 252 992

Weit entfernt vom hektischen Treiben der Innenstadt lädt das idyllisch gelegene Garden Restaurant in seinen hübschen Garten mit Esstischen unter Apfelbäumen. Zur Auswahl stehen regionale und westliche Gerichte für Frühstück, Mittag- und Abendessen. ● *Nov–Feb.*

Uttar Pradesh & Uttarakhand

AGRA Olive Garden
Sanjay Palace, MG Rd, 282 002 (0562) 235 7624

Das internationale Restaurant im Herzen der Stadt ist gut erreichbar und bietet eine interessante Mischung verschiedener Küchen. Spezialität des Hauses sind Frühstücks-, Mittags- und Abendbüfetts. Die Weinkarte listet eine Vielzahl erlesener Tropfen auf. Die Live-Musik trägt ihren Teil zur guten Atmosphäre bei.

AGRA Only Restaurant
45 Taj Rd, 282 001 (0562) 222 6834

Das Restaurant bietet ein großes Angebot an Gerichten verschiedener Küchen und ist ideal für Gäste, die in einem entspannten Ambiente essen möchten. Die Speisen sind in der Regel einfach, aber von guter Qualität. Indische Live-Musik bringt abends Leben in die Bude. An der Bar hat man die Qual der Wahl.

AGRA Mughal Room
54 Taj Rd, Hotel Clarks Shiraz, 282 001 (0562) 222 6121

Wie der Name vermuten lässt – ein Restaurant ganz im Stil der Mogulära. Das Ambiente ist wunderschön, das Essen fantastisch, der Service tadellos. Die beiden Bars bieten Drinks aus aller Welt. Ein weiterer Pluspunkt des Mughal Room ist die unmittelbare Nähe zum Taj Mahal.

ALLAHABAD Elchico
24 MG Rd, Civil Lines, 211 001 (0532) 242 7696

Dies ist eines der ältesten Lokale in Allahabad. Das flotte Ambiente und die Gerichte ziehen eine überwiegend junge Klientel an. Köstliche indische und europäische Speisen werden offeriert, doch das Elchico wird auch wegen seiner leckeren Backwaren – ideal zum Kaffee – besucht.

DEHRA DUN Kwality
19B Rajpur Rd, 248 009 (0135) 265 7001

Wie alle anderen Lokale der Kwality-Kette ist auch dieses bekannt für seine bekömmliche und schmackhafte Punjab-Küche. Auch Gerichte aus China und anderen Teilen Asiens werden zubereitet. Vorteilhaft sind zudem die Nähe zum Marktplatz, die annehmbaren Preise und der prompte Service.

FATEHPUR SIKRI Navratan Restaurant
Gulistan Tourist Complex, 283 110 (0561) 328 2490

Das Navratan Restaurant liegt in Gehentfernung zu vielen Sehenswürdigkeiten von Fatehpur Sikri und bietet darüber hinaus eine eindrucksvolle Aussicht. Das als Treffpunkt beliebte Lokal serviert Snacks und vollwertige Mahlzeiten – bei schönem Wetter speisen die Gäste im hübschen Garten. Europäische Küche steht im Vordergrund.

Preiskategorien siehe S. 598 Zeichenerklärung siehe hintere Umschlagklappe

HARIDWAR Bestee Restaurant
Jassa Ram Rd, 247 667 (0133) 427 210

Das 1988 eröffnete Bestee Restaurant serviert zu bester Aussicht auf die Stadt leckere Snacks, frische Fruchtsäfte und *lassis* (Buttermilch). Auch die südindischen und chinesischen Gerichte überzeugen. Live-Musik trägt zum behaglichen Ambiente bei. Doch auch für ein schnelles Frühstück gibt es in der Umgebung kaum einen besseren Ort.

KANPUR Kwality
16/97 The Mall, 208 016 (0512) 231 2290

Die Filiale der Kwality-Kette erfreut sich wegen ihrer köstlichen und überdies gesunden Punjab-Küche zu vernünftigen Preisen großer Beliebtheit. Viele Gäste kommen auch wegen der guten Auswahl an westlichen Speisen. Die Bedienungen sind freundlich und flink. Frühstück wird nicht serviert.

LUCKNOW Tunde Ke Kebab
Aminabad Chowk, 226 001

Für die auf der Zunge zergehenden Kebabs von Tunda, dem legendären einarmigen Koch, scheint den Gästen kein Weg zu weit zu sein. Zu diesen gehören auch bekannte indische Filmschauspieler wie Shah Rukh Khan und Dilip Kumar. Wer die besten Kebabs der Stadt probieren will, kommt am Tunde Ke Kebab nicht vorbei.

LUCKNOW Vyanjan Restaurant
Vinay Palace, 10 Ashok Marg, 226 002 (0522) 228 8220

Das vegetarische Essen hier ist exzellent, die leistungsfähige Klimaanlage des Lokals erhöht den Genuss noch. Die Speisekarte wird von regionalen Spezialitäten dominiert. Die Bedienungen servieren sehr flott. Das Ambiente des Vyanjan ist trotzdem sehr entspannt, der Blick von den Fensterplätzen auf Lucknow famos.

LUCKNOW Zaika
10 Rani Laxmi Bai, Hazratganj, 226 001 (0522) 4011 1111

Avadh-Gerichte wie *biryani* und Hammel-*korma* zählen zu den Favoriten im Zaika. Außerdem werden Gerichte aus anderen indischen Regionen und Ländern der Welt serviert. Die Qualität der Speisen ist gut, die Preise sind passabel. Alles in allem der richtige Ort für ein einfaches, herzhaftes Essen.

LUCKNOW Falaknuma
8 MG Marg, 226 001 (0522) 262 0131

Das Dachrestaurant mit großartigem Blick auf die Stadt und den Fluss serviert köstliche traditionelle *Dum-pukht*-Küche. Der Service ist effizient, die Atmosphäre überaus angenehm. Angenehme Live-Musik schafft das passende Ambiente. Das Falaknuma ist nur mittags und abends geöffnet.

LUCKNOW La Pavilion
6 Shahnajaf Rd, Hazratganj, 226 001 (0522) 400 4040

Das Restaurant im Hotel Sarovar Portico zieht wegen seiner ausnehmend guten Gerichte aus Indien und weiteren asiatischen Ländern nicht nur hier residierende Gäste an. Die gut ausgestattete stilvolle Bar ist sehr ansprechend beleuchtet, und es gibt viele gute Weine.

LUCKNOW Oudhyana Restaurant
Vipin Khand, Gomti Nagar, 226 010 (0522) 239 3939

Das luxuriöse Ambiente passt perfekt zur delikaten Avadh-Küche, für die das Oudhyana bekannt ist. Zu den Spezialitäten des Hauses gehören Kebabs und *pulao* (ein Reisgericht). An der Bar (Mehfil) schauen viele Gäste auf einen Drink vorbei. Die als *ghazals* bekannten Musikdarbietungen sind das Salz in der Suppe. Der Service ist grandios.

MATHURA Best Western Radha Ashok
Masani Bypass Rd, PO Chhatikara, 281 001 (0565) 329 8427

Das günstig am Highway Delhi–Agra gelegene Restaurant bietet gute internationale Küche zu absolut angemessenen Preisen. Die Pietät der Stadt, die als Geburtsort des Gottes Krishna gilt, macht nicht halt vor den Türen des Radha Ashok, sondern schafft eine sanfte Stimmung. Ein schöner Garten umrahmt das Lokal.

MUSSOORIE Whispering Windows
Library Bazar, The Mall, 248 179 (0135) 263 2611

In dem beliebten, morgens, mittags und abends geöffneten Restaurant mit Blick auf The Mall gibt es ganz ausgezeichnete Hähnchen im Punjab-Stil sowie eine Auswahl an europäischen Gerichten. Auf Wunsch der Gäste wird Live-Musik geboten. Kreditkarten werden nicht akzeptiert.

NAINITAL Kumaon Retreat
Grasmere Estate, Mallital, 262 402 (05942) 23 7341

Gesundes Essen und dazu gute Aussicht auf die Stadt – das internationale Restaurant bietet alles für einen angenehmen Aufenthalt. Empfehlenswert sind neben regionalen Gerichten auch die europäischen Optionen. Die Weinkarte ist lang, die Bar ist gut bestückt. Im Kumaon Retreat bekommt man Frühstück, Mittag- und Abendessen.

RISHIKESH Chotiwala
Swarg Ashram, gegenüber Shivanand Jhula, 249 201 (0135) 243 0070

Eines der meistbesuchten Restaurants in Rishikesh. Das Chotiwala ist seit Jahrzehnten für seine vielfältige Küche – ausschließlich vegetarische Gerichte – bekannt. Das freundliche Personal sorgt für flotten Service. Versuchen Sie *aloo poori* (Tomaten mit geröstetem Brot). Das beliebte Lokal ist häufig überfüllt.

VARANASI Keshari Restaurant
D 14/8 Dasashvamedha, 221 001 ☎ (0542) 240 1472

Das Restaurant hat sich mit seinen köstlichen vegetarischen Gerichten – alles lokale Spezialitäten – eine treue Kundschaft erobert. Mehr als 80 Gemüsesorten werden hier raffiniert zubereitet. Bei entsprechendem Wetter nehmen die Gäste ihr Frühstück, Mittag- oder Abendessen auf der für Rollstuhlfahrer zugänglichen Terrasse ein.

VARANASI Chowk
Nadesar Palace Ground, 221 002 ☎ (0542) 250 3001

Eine große Anzahl internationaler Gerichte steht auf der Speisekarte zur Auswahl. Neben fleischhaltigen Speisen gibt es auch vegetarisches Essen. Das Chowk ist bekannt für seine regelmäßigen Büfetts und speziellen Veranstaltungen, bei denen ausgiebig getafelt wird. Die Bar ist bestens mit Wein bestückt.

Bihar & Jharkhand

BODH GAYA Café Om
Nähe Bank of India, 824 231

Das beliebte Lokal bietet exzellentes Frühstück und köstliche Kuchen. Auch mit seinen tibetischen und japanischen Gerichten hat es sich einen Namen gemacht. Ein besonderer Service für Urlauber sind auf dem Schwarzen Brett die Hinweise zur Erkundung der Stadt. ● *Mai–Okt.*

BODH GAYA Uruvelya Garden Restaurant
Hotel Niranjana, 824 231 ☎ (0631) 240 0475

Standardgerichte nach Rezepten aus aller Herren Länder zu allen Tageszeiten bietet das angenehme Lokal. Auf Wunsch werden auch regionale sowie rein vegetarische Speisen zubereitet. Im Unterschied zu den meisten Lokalen der Stadt ist die Atmosphäre im Uruvelya Garden Restaurant angenehm ruhig.

PATNA Darpan Restaurant cum Coffee Shop
Beer Chand Patel Marg, 800 001 ☎ (0612) 222 6270

Das Darpan bietet indische, chinesische und europäische Gerichte. Viele leckere kleine Snacks sind ebenfalls erhältlich. Ein Hauch von frisch gemahlenem Kaffee weht durch das Restaurant mit angegliedertem Coffeeshop. Eine gute Alternative bietet die Terrasse. An der Diwana Bar gibt es sicher Ihren Lieblingsdrink.

PATNA Samrat
Hotel Chanakya, 800 001 ☎ (0612) 222 0590

Ein kompetenter und flinker Service führt durch die große Auswahl an indischem, chinesischem und europäischem Essen. Frühstück, Mittag- und Abendessen werden aus frischesten Zutaten zubereitet. Vor und/oder nach dem Essen lockt die Bar des Samrat mit einer großen Auswahl an Getränken (u.a. ausgewählte Cocktails).

RAJGIR Centaur Hokke Restaurant
Centaur Hokke Hotel, 803 116 ☎ (06119) 255 245

Das Haus ist mächtig stolz auf seine authentisch japanischen Gerichte, zubereitet von einem in Japan ausgebildeten Koch. Probieren Sie frische Shrimps und *tempura* (Gemüse oder Seafood frittiert). Indisches Essen gibt es auch. Die an Japan erinnernde Atmosphäre prägen grüne Matten, Teakmöbel und exotische Lampenschirme.

RANCHI Kaveri Restaurant
11 GEL Church Complex, Main Rd, 834 001 ☎ (0651) 233 0330

Das bekannteste vegetarische Restaurant der Stadt bringt großzügig bemessene Portionen einfacher, gesunder Gerichte auf den Tisch. Das Kaveri liegt im Zentrum von Ranchi und ist bei Geschäftsleuten sehr beliebt. Bereiche für Raucher und Nichtraucher sind voneinander getrennt, das Preisniveau der Speisen ist passabel.

Madhya Pradesh & Chhattisgarh

BANDHAVGARH Bandhavgarh Jungle Camp Restaurant
Bandhavgarh National Park, 484 661 ☎ (07627) 265 303

Englisches Frühstück, indisches Mittagessen und europäisches Dinner serviert das in einem strohgedeckten Rundbau untergebrachte Lokal. Gelegentlich steht das Abendessen unter einem speziellen Motto. Lauschen Sie bei einem Glas Wein ganz entspannt den Geräuschen der Tiere im nahe gelegenen Nationalpark.

BHOPAL Jharokha Restaurant
Hotel Amer Palace, 209 Zone I, Maharana Pratap Nagar, 462 011 ☎ (0755) 427 2110/2112

Die sehr gut bestückte Bar und die deliziöse internationale Küche machen das Jharokha zu einem der beliebtesten Restaurants in Bhopal. Die Bäckerei neben dem Restaurant versorgt die Gäste mit knusprigem Gebäck wie Kuchen, Cookies und Cremeschnitten und liefert auch die Pizzas. Es gibt Frühstück, Mittag- und Abendessen.

Preiskategorien *siehe S. 598* **Zeichenerklärung** *siehe hintere Umschlagklappe*

BHOPAL La Kuchina
157 Shamla Hills, Hotel Jehan Numa Palace, 462 013 (0755) 266 1100

Ein gastronomisches Vergnügen erwartet hier vor allem die Fans der italienischen Küche. In keinem anderen Restaurant der Stadt haben die Pastagerichte ein derart hohes Niveau. La Kuchina ist dekoriert wie ein elegantes Ristorante und führt eine beeindruckende Auswahl an Weinen. Das Personal ist sehr zuvorkommend.

GWALIOR Daawat Restaurant
Hotel Gwalior Regency, Link Rd, 474 002 (0751) 234 0670

Das Daawat ist ein beliebter Treff für Geschäftsessen und Familienfeiern. Das Restaurant serviert allerbeste Mogul- und Punjab-Küche. Die rasche Bedienung macht den Aufenthalt überaus angenehm. Frühstück, Mittag- und Abendessen haben seit Jahren ein konstant hohes Niveau.

INDORE Ambrosia
Hotel Fortune Landmark, Nähe Meghdoot Gardens, Vijay Nagar, 452 010 (0731) 2398 8444

Als eines der besten internationalen Restaurants in Indore bietet das Ambrosia eine üppige Auswahl an chinesischen, indischen und europäischen Gerichten. Vor allem das Mittagsbüfett bietet ein hervorragendes Preis-Leistungs-Verhältnis. Wenn Sie in entspannter Atmosphäre gut essen wollen, sind Sie hier richtig.

JABALPUR Vatika
Hotel Samdariya, Russel Chowk, 482 001 (0761) 241 3400

Den aus vielen anderen Restaurants bekannten Mix aus indischen, chinesischen und europäischen Gerichten bietet auch das Vatika. Allerdings gibt es hier durchaus ein paar Highlights. Zu den absoluten Favoriten gehören die südindischen Speisen. Die Preise sind angemessen.

KHAJURAHO Raja Café
Gegenüber dem Eingang zur westlichen Tempelgruppe, 471 606 (07686) 272 307

Der beliebte Treffpunkt in Tempelnähe, geführt von einer resoluten Inderin mit Schweizer Abstammung, bietet mit seinen Tischen im schattigen Hof eine wunderbare Atmosphäre. Ganz besonders zu empfehlen sind im Raja Café die Fruchtsäfte, die Nudelgerichte und der leckere Schokoladenkuchen.

ORCHHA Hotel Sheesh Mahal Restaurant
Hotel Sheesh Mahal, 472 246 (07680) 252 624

Das ansprechende Restaurant ist in einem Tempel aus dem 17. Jahrhundert untergebracht. Das Sheesh Mahal serviert überwiegend indische und chinesische Gerichte aus frischesten Zutaten, die Büfetts zum Mittag- und Abendessen sind mehr als üppig. Das Restaurant ist sehr ansprechend eingerichtet.

PANNA Machaan Restaurant
Ken River Lodge, Village Mandla, 488 001 (07732) 275 235

Das mit viel Fantasie gestaltete, auf Pfählen stehende Holzhaus *(machaan)* bietet seinen Gästen eine ansprechende Atmosphäre und eine schöne Aussicht auf die umliegende Landschaft. Die Speisekarte listet regionale Spezialitäten und Gerichte aus Europa auf. Das Essen ist einfach, aber schmackhaft und gesund.

UJJAIN White House
Hotel Surana Palace, 23 GDC Rd, Dusshera Maidan, 456 001 (0734) 253 0046

Viele Insider meinen, das White House sei das beste Restaurant von Ujjain. Die Auswahl an vorzüglichen indischen und chinesischen Gerichten zu vernünftigen Preisen ist auf jeden Fall beeindruckend. Von der Terrasse hat man eine herrliche Aussicht. Das freundliche Personal rundet den hervorragenden Gesamteindruck ab.

Kolkata

KOLKATA Suruchi
89 Elliott Rd, 700 016 (033) 2229 1763

In das recht kleine, von Frauen betriebene Lokal kommen viele Büroangestellte aus der Umgebung zur Mittagspause. Zu essen gibt es feine, äußerst wohlschmeckende Hausmannskost zu absolut fairen Preisen. Klassiker sind Garnelen-Curry, *dal* und *mangsho* (Lammfleisch in Senföl). Das Suruchi ist nur mittags geöffnet.

KOLKATA Chung Wah
13A & B Chittaranjan Avenue, 700 072 (033) 2237 7003

Das bereits 1920 eröffnete Lokal bietet exzellente indisch-chinesische Küche. Empfehlenswert sind vor allem Chili-Hähnchen, gebratener Reis und Chopsuey. Für die großzügigen Portionen sind die Preise sehr günstig. Der Service könnte zwar reibungsloser ablaufen, aber für ein schnelles und preiswertes Essen ist das Chung Wah perfekt.

KOLKATA Kewpie's Kitchen
2 Elgin Lane, 700 020 (033) 2486 9929

In einer etwa 100 Jahre alten, sehr geschmackvoll restaurierten bengalischen Villa werden die besten bengalischen Gerichte der Stadt kreiert. Vor allem das Kewpie *thali* ist berühmt. Das Lokal ist daher zu allen Tageszeiten gut besucht. Kewpie's Kitchen vertreibt auch ein eigenes Kochbuch.

KOLKATA Mainland China
3A Gurusaday Rd, 700 019 (033) 2283 7964

Dies ist eines von Kolkatas berühmten chinesischen Restaurants. Vor allem wegen seiner Seafood-Gerichte ist es bei kritischen Feinschmeckern sehr beliebt. Spezialitäten des Hauses sind z. B. Garnelen am Spieß, Beijing-Ente mit klassischen Zutaten sowie *drunken chicken* in Wein aus Shaoxing.

KOLKATA Silver Grill
18E Park Street, 700 016 (033) 2229 4549

Für preiswertes indisch-chinesisches Essen wird das Silver Grill geschätzt. Das Geflügel-*wonton* (Teigtasche) zählt zu den am häufigsten bestellten Gerichten. Andere Empfehlungen sind das knusprige Hähnchen und der Singapur-Thai-Fisch. Das mittags und abends geöffnete Restaurant hat auch eine Bar.

KOLKATA Tangerine
2/1 Outram Street, 700 017 (033) 2281 5450

Das chinesische Restaurant hat sich auf gegrillte Fischgerichte spezialisiert, serviert aber auch Hummer Thermidor oder sehr gute Garnelen. Der Service funktioniert angesichts des flinken Personals ohne Probleme. Viele Geschäftsleute speisen im Tangerine, das auch gute Weine anbietet. Kein Frühstück.

KOLKATA Aheli
The Peerless Inn, 12 Jawaharlal Nehru Rd, 700 013 (033) 2228 0301

Dies ist eines der besten Restaurants in Kolkata für Bengal-Küche. Entsprechend viele Gäste verzeichnet das Aheli. Zu den Highlights unter den traditionellen Speisen gehören das Fischgericht *hilsa, macher sorse paturi* (Fisch in Senfsauce) und *Chingri-malai*-Curry (Garnelen mit Kokosmilch-Curry). Der gemütliche Speiseraum ist terrakottafarben.

KOLKATA Charnock's
KB-26, Sector 3, Salt Lake City, 700 098 (033) 2335 1429

Das Charnock's im Zentrum von Kolkata verfügt über eine große Auswahl, die von Fast Food über internationale Hauptgerichte bis zu frischen Fruchtsäften und Eiscreme reicht. Auch die Weinkarte zeigt eine erstaunliche Vielfalt. Das Ambiente ist sehr angenehm, der Service läuft rund. Mittags und abends geöffnet.

KOLKATA Fire and Ice
41 Jawaharlal Nehru Road, 700 071 (033) 2288 4073

Die Pizza hier gilt als die beste der Stadt. Zum besonderen Flair der Pizzeria tragen die Poster mit Filmszenen aus Hollywood und Bollywood bei. Neben Pizza gibt es noch weitere typisch italienische Gerichte. Kenner sagen, hier schmecke es genau wie in Italien.

KOLKATA Kwality
17 Park Street, 700 016 (033) 2229 7681

Das gut eingeführte Restaurant ist vor allem für seine gute nordindische Küche bekannt. Darüber hinaus gibt es westliche Gerichte, die nicht minder populär sind. Klassiker sind u. a. *Masala*-Kebab (mit Fisch) und Chicken Tetrazzini. Und zum Dessert locken leckere Eiscreme oder Eiskaffee.

KOLKATA Zaranj and Jong's
26 Jawaharlal Nehru Rd, 700 087 (033) 2249 0369

Zaranj and Jong's sind zwei Spitzenlokale, die sich denselben Eingang teilen. Zaranj besticht durch köstliche Punjab-Gerichte wie etwa *raan* (mariniertes Lammfleisch). Jong's ist auf Gerichte aus China, Japan, Thailand und Myanmar spezialisiert – probieren Sie Kokosnussgarnelen mit Bambussprossen. *Di.*

KOLKATA Baan Thai
The Oberoi Grand Hotel, 15 Jawaharlal Nehru Rd, 700 013 (033) 2249 2323

Wenn Sie in Eile sind: Für ein Mittagessen werden Sie im Baan Thai garantiert nicht länger als 45 Minuten verweilen. Aber die umfangreiche Karte mit exzellenten Thai-Gerichten lohnt auf jeden Fall auch einen längeren Aufenthalt für Mittag- oder Abendessen. Auf den Sitzmöbeln im Thai-Stil lässt es sich gut aushalten.

Westbengalen & Sikkim

DARJEELING Glenary's
15 Nehru Rd, 734 101 (0354) 225 7554

Das internationale Restaurant ist ein beliebter Treffpunkt bei Reisenden. Die angeschlossene Bäckerei bietet gutes Brot und Gebäck sowie feinsten Darjeeling-Tee und Gerichte mit Kalimpong-Käse. Bei klarer Sicht haben die Gäste einen wundervollen Blick auf den Kanchendzonga.

DARJEELING The Park Restaurant
41 Laden La Rd, 734 101 (0354) 225 5270

Das Park Restaurant gilt als eines der Lokale mit der besten indischen Küche der Stadt. Die verlockenden Mittagsgerichte ziehen viele Gäste an, zu den meistgewählten Gerichten gehört Hammel-*biryani*. Thai-Gerichte wie rotes Curry sind ebenfalls einen Versuch wert. Auf Wunsch werden auch Lunchpakete zubereitet. *Mitte Jan–Feb.*

Preiskategorien *siehe S. 598* **Zeichenerklärung** *siehe hintere Umschlagklappe*

DARJEELING Windamere Hotel Restaurant

Windamere Hotel, Observatory Hill, Mall Rd, 734 101 ((0354) 225 4041

Der zentrale Speisesaal des Windamere bietet Platz für bis zu 54 Personen, zudem gibt es drei kleinere Räume, die beschaulicher sind. Es gibt indische und kontinentale Gerichte. Die schöne Aussicht, wunderbarer Darjeeling-Tee und leckerer Kuchen entschädigen für das etwas einfallslose Essen.

GANGTOK The Oyster Restaurant

Hotel Sonam Delek, Tibet Rd, 737 101 ((03592) 202 566

Berühmt ist das Restaurant für seinen French Toast und die Bananenpfannkuchen. Die Köche kreieren eine große Auswahl an asiatischen Gerichten (vorzugweise aus Indien und China) sowie einige europäische Speisen. Die Gäste genießen außerdem einen wunderbaren Blick auf den Kanchendzonga.

GANGTOK Snow Lion Restaurant

Hotel Tibet, Paljor Stadium Rd, 737 101 ((03592) 203 468

Das Snow Lion Restaurant ist spezialisiert auf Gerichte aus Sikkim und Tibet. Besonders zu empfehlen sind *momos* (Teigtaschen) und Mandarin-Fisch. Auch Speisen aus anderen indischen Regionen und aus Japan finden sich auf der Speisekarte. Das kulinarische Erlebnis inmitten von tibetischem Dekor rundet man durch einen Besuch an der Bar ab.

GANGTOK Tangerine

Hotel Chumbi Residency, Tibet Rd, 737 101 ((03592) 226 618

Beim Essen hier kann man auch das Spiel des Sonnenlichts am Rumtek Hill eingehend beobachten. Gute europäische, chinesische und indische Gerichte faszinieren die Gäste jedes Mal aufs Neue. Sehr beliebt sind die nordindischen Tandoori-Gerichte. Für einen kleinen Snack oder einen Drink bietet sich die Bar an.

GANGTOK Wild Orchid Restaurant

Central Hotel, 31-A National Highway, 737 101 ((03592) 202 105

Das Mobiliar des Restaurants greift alte Stile Sikkims auf. Das Wild Orchid präsentiert Gerichte aus China, Indien und Europa. Hier wird auch Alkohol ausgeschenkt. Größe und Ausstattung des Lokals eignen sich auch für Bankette. Ob Frühstück, Mittag- oder Abendessen – der Service ist tadellos. Essen kann bis 20 Uhr bestellt werden.

GANGTOK Dragon Hall

Hotel Tashi Delek, 737 101 ((03592) 202 991

Für Sikkim typisches Dekor dominiert die Atmosphäre des zu allen Tageszeiten geöffneten Dragon Hall. Das großartige Büfett bietet eine gelungene Auswahl an Spezialitäten aus Tibet, China und Indien (vor allem Sikkim). Auch einige westliche Gerichte sind erhältlich. An der Yak Bar gibt es gute Weine und viele andere Getränke.

KALIMPONG Kalimpong Park Hotel

Rinkingpong Rd, 734 301 ((03552) 256 656

Neben den üblichen Gerichten aus Sikkim und China werden zu Frühstück, Mittag- und Abendessen auch einige interessante Speisen aus Nepal und Tibet angeboten. Die Weinkarte listet ein breites Spektrum an edlen Tropfen auf. Das Restaurant bietet jede Menge Platz, viele Geschäftsleute zählen zu den Stammgästen des Hauses.

SILIGURI Amrapali

Hotel Cindrella, 3rd Mile, Sevoke Rd, 734 401 ((0353) 254 7136

Das vegetarische Restaurant ist für exzellentes Frühstück und Mittagessen bekannt. Das Amrapali verfügt auch über einen Speisebereich im Freien und eine gut bestückte Bar. Wer es eilig hat, bekommt sein Essen zum Mitnehmen verpackt. Die Effizienz des Personals trägt zum reibungslosen Ablauf bei.

Orissa

BHUBANESWAR Fish & Prawn Restaurant

P-1 Jayadev Vihar, 751 015 ((0674) 253 5771

Wie der Name verspricht, ist das Restaurant bekannt für frischen Fisch und Seafood – in vielen Zubereitungsarten. Die Portionen sind großzügig bemessen, regionale Spezialitäten gibt es auf Vorbestellung. Tai-Pai-Garnelen, *samadri khazana*, Seafood-Platte und rotes Thai-Curry sind Klassiker des Lokals.

BHUBANESWAR Nakli Dhaba

Mayfair Lagoon Hotel, 8-B Jayadev Vihar, 751 015 ((0674) 255 9533

Das Lokal gibt sich im Stile eines *dhaba* (Straßenimbiss). Vor allem die vielfältigen Tandoori-Gerichte sowie die vegetarischen Speisen sind erstklassig. Schwerpunkt des Nakli Dhaba ist Küche aus Nordwestindien. Auch die Backwaren sind überaus populär. Das Ambiente lässt keine Wünsche offen.

BHUBANESWAR Pushpanjali

CB-1 Nayapalli, 751 013 ((0674) 230 1010

Das ganztägig geöffnete internationale Restaurant bietet ein leckeres Büfett und ein spezielles Tagesgericht. Die sorgfältig ausgewählte Ausstattung unter Verwendung warmer Farbtöne schafft eine Atmosphäre wie in einem Orissa-Tempel. An der Bar Madhushala findet jeder Gast das richtige Getränk.

CHILIKA LAKE Panthanivas
Barkul, PO Balugaon, 752 030 ☎ (06756) 211 078

Die beste Empfehlung für das Lokal mit seiner wunderbaren Aussicht auf den See ist das fangfrische Seafood, das nach regionalen Rezepten zubereitet wird. Auch einige westliche und chinesische Gerichte stehen zur Auswahl. Das Panthanivas ist ein wunderbarer Ort für ein gepflegtes Essen.

CUTTACK Sagun
Hotel Akbari Continental, Haripur Rd, 753 001 ☎ (0671) 242 3251

Neben Gerichten aus der Region und einigen vegetarischen Optionen ist das Sagun vor allem für seine reichhaltige Auswahl an Spezialitäten aus der Mogul-Küche bekannt. Bei günstiger Witterung wird im Freien gegrillt. Zu besonderen Anlässen steht Live-Musik auf dem Programm.

GOPALPUR-ON-SEA Chilika – Swosti Palm Resort Restaurant
Beach Rd, 761 002 ☎ (0680) 224 2455

Seiner perfekten Lage an einem der schönsten Strände Indiens rühmt sich das Chilika – Swosti Palm Resort Restaurant, das internationale Küche serviert. Besonders empfehlenswert sind die frischen Seafood-Spezialitäten. Neben guter Aussicht fasziniert auch das entspannte Ambiente. Das Lokal hat eine Bar und bietet Plätze im Freien.

KONARAK Gitanjali Restaurant
Panthnivas, OTDC Ltd, 752 111 ☎ (06578) 235 831

Das in unmittelbarer Nähe zum Sun Temple gelegene Restaurant bietet ein gutes Preis-Leistungs-Verhältnis und zählt viele Besucher der Tempelanlage zu seinen Gästen. Zur Auswahl stehen chinesische, indische und westliche Gerichte. Sehr zu empfehlen sind Fischgerichte und Seafood. Bei gutem Wetter speist man auf der Terrasse.

PURI Chanakya BNR
SE Railways Hotel, CT Rd, 752 001 ☎ (06752) 222 063

Exzellente Raj-Küche wird hier in einem kolonialzeitlichen Flair offeriert. Die mehrgängigen Mahlzeiten (zu Frühstück, Mittag- und Abendessen) werden zu festen Zeiten serviert und sind angesichts der Größe der Portionen ausgesprochen günstig. Auch westliche Speisen werden von den Köchen zubereitet.

Assam & Nordostindien

AGARTALA Rajdarbar
Hotel Rajdhani, BK Rd, 799 001 ☎ (0381) 222 3387

Das Interieur prägen nach alter kunsthandwerklicher Tradition verarbeitetes Schilf und Bambus. Auf der Karte stehen indische und chinesische Speisen zur Auswahl. Vor allem Tandoori-Gerichte und Speisen aus dem Bundesstaat Tripura wie etwa das Reisgericht *vhanghui* sind Klassiker.

DIMAPUR Hotel Tragopan
Circular Rd, 797 112 ☎ (03862) 230 351

Das Hotel Tragopan ist vom Flughafen und vom Bahnhof aus gut zu erreichen. Neben den üblichen chinesischen und indischen Speisen werden auch Fisch- und Geflügel-Curry sowie Schweinefleisch oder Fisch mit Bambussprossen serviert – zubereitet nach Rezepten aus dem Bundesstaat Nagaland.

GUWAHATI Tandoor
Dynasty Hotel, Lakhotia, 781 001 ☎ (0361) 251 6021

Das Restaurant ist, wie der Name erwarten lässt, für seine Tandoori-Gerichte bekannt. Die flinken Köche zaubern auch *goshth pasandas* (Lammfleisch in Zwiebelsauce) und *raan-e-gulmarg* (ein Hammelfleischgericht). Die Atmosphäre zwischen Grünpflanzen und Springbrunnen ist sehr entspannt. Täglich ab 19 Uhr Live-Musik.

GUWAHATI Ushaban Restaurant and Coffee Shop
Hotel Brahmaputra Ashok, MG Rd, 784 001 ☎ (0361) 260 2481

Das Restaurant mit charakteristischer Assam-Einrichtung präsentiert Gerichte aus Indien (vor allem Assam), China und anderen asiatischen Ländern. *Masor tenga* (eine Art Fisch-Curry) und Papaya-*khar* sollten Sie probieren. Die Tasse Kaffee nach dem Essen schmeckt hier besonders gut. Das Lokal verfügt auch über eine Terrasse im Freien.

IMPHAL The Host
Hotel Anand Continental, Khoyathong Rd, 795 001 ☎ (0385) 244 9522

Das einfache, aber modern gestaltete Restaurant bietet europäische und indische Küche, darunter viele Gerichte nach Rezepten aus der Mogulära. Fragen Sie auch nach regionalen Spezialitäten wie *iromba* (getrockneter Fisch) und *nga thomba* (Fisch-Curry). Der freundliche Service komplettiert das nette Ambiente.

ITANAGAR Bhismak Restaurant and Coffee Shop
Hotel Donyi Polo Ashok, C-Sector, 791 111 ☎ (0360) 221 2611

Von der Anhöhe, auf der sich das Lokal befindet, bietet sich ein grandioser Panoramablick. Das Essen ist einfach köstlich: Unter den Gerichten aus Indien und China sind die Tandoori-Optionen besonders zu empfehlen. Auf Wunsch werden Spezialitäten der Region zubereitet. Neben vollwertigen Gerichten gibt es auch Snacks.

Preiskategorien siehe S. 598 Zeichenerklärung siehe hintere Umschlagklappe

KOHIMA Shilloi
Hotel Japhu, PR Hills, 797 001 (0370) 224 0211

Populär ist das Shilloi nicht nur wegen seiner Lage auf einem Hügel und seiner Einrichtung. Vielmehr überzeugt die Zusammenstellung der Speisekarte, die neben Standardgerichten aus Indien und China auch regionale Spezialitäten aus Nagaland auflistet. Lassen Sie sich das Schweinefleisch in Bambussprossen nicht entgehen.

SHILLONG Pinecone
Hotel Pinewood, European Ward, Rita Rd, 793 001 (0364) 222 3116

Das in ruhiger Umgebung am Ward Lake gelegene Pinecone bietet indische und europäische Speisen. Es gibt Frühstück, Mittag- und Abendessen. Im angegliederten Coffeeshop kann man auf einen kleinen Snack oder einfach nur auf ein Getränk vorbeischauen. Die Bar-Lounge (The Cellar) ist mit allen Raffinessen ausgestattet.

TEZPUR Gabharu
Hotel Luit, Ranu Singh Rd, 784 001 (03712) 224 708

Freundlicher Service, attraktive Umgebung sowie indische, chinesische und europäische Gerichte zu akzeptablen Preisen machen einen Aufenthalt im Gabharu zum Genuss. Trotz der Lage mitten in der Stadt fühlt sich in dem Restaurant niemand gehetzt. Ganz im Gegenteil – alles hier ist auf Entspannung ausgerichtet.

Rajasthan

AJMER Sheesh Mahal
Hotel Mansingh Palace, Vaishali Nagar, 305 001 (0145) 242 5956

Die wunderbare Aussicht auf den Ana Sagar Lake wertet den Aufenthalt im Sheesh Mahal noch auf. Doch das Restaurant punktet vor allem mit seiner Vielfalt an Gerichten und Küchen – von Indien bis China, von Mogul-Küche bis Rajasthan-Stil. Die Bar Sipehsalar ist bestens bestückt. Abends gibt es Puppentheater und Volksmusik.

BHARATPUR Laxmi Vilas Palace
Kakaji-Ki-Kothi, Civil Lines, 321 001 (05644) 223 523

Erntefrisches Gemüse aus dem Palastgarten und Frischkäse aus der Palastmolkerei – authentischer geht es nicht mehr. Zu den Favoriten im Laxmi Vilas Palace zählt neben würzigen Klassikern auch die Süßspeise *churma*. Die adeligen Besitzer des Anwesens achten penibel auf ein konstant hohes Niveau der angebotenen Speisen.

BIKANER Hotel Bhanwar Niwas
Rampuria Street, 334 005 (0151) 252 9323

Endlos erscheinende Sanddünen bilden die spektakuläre Kulisse des in einem großen *haveli* untergebrachten Restaurants. Wohlschmeckende vegetarische Kost aus Indien und Europa steht hier im Vordergrund. Das Haus verfügt über die geeigneten Einrichtungen für Bankette. Jeden Abend findet im Hof ein Konzert statt.

BIKANER Manwar
Hotel Karni Bhawan, Gandhinagar, 334 001 (0151) 252 4701

Authentische Gerichte aus Rajasthan sowie einfache europäische Speisen werden in dem Hotelrestaurant mit eindrucksvoller Art-déco-Einrichtung zu Frühstück, Mittag- und Abendessen serviert. Die Maikada Bar bietet eine große Auswahl an Spirituosen aus Indien und aller Welt.

JAIPUR Four Seasons
D-43/A Subash Marg, C-Scheme, 302 001 (0141) 237 5221

Viele Einheimische verbinden ihren Familienausflug mit einem Besuch des für seine internationale Küche gerühmten Restaurants. Zu empfehlen sind vor allem die vegetarischen Gerichte. Das Four Seasons bietet auch Essen zum Mitnehmen sowie kostenlose Lieferung nach Hause. An Wochenenden ist mit Wartezeiten zu rechnen.

JAIPUR Laxmi Mishthan Bhandar (LMB)
Johari Bazar, 302 003 (0141) 256 5844

Das ausschließlich vegetarische Restaurant im Herzen der Altstadt ist eine Institution in Jaipur. Interessante Optionen sind vor allem *paneer tikka* (Gemüse mit eingelegtem Käse) und das cremige Milchdessert *kulfi*. Zur Auswahl stehen auch erlesene europäische Speisen. Das LMB wird auch für seine köstlichen *mithais* (Süßspeisen) geschätzt.

JAIPUR Niros
MI Rd, 302 001 (0141) 221 8520

Unbedingt reservieren sollte man in dem beliebten Restaurant, das exzellente chinesische Gerichte, *reshmi* (ein Geflügelgericht), Kebabs und *paneer tikka* serviert. Der leckere Eiskaffee ist ein weiterer Grund für einen Besuch im Niros, das schon seit 1947 qualitativ hochwertige Speisen bietet.

JAIPUR Surabhi
Old Amber Rd, Subash Chowk, 302 016 (0141) 263 5954

Authentische Rajasthan-Küche in einem stilvollen Restaurant, das in einem *haveli* eingerichtet wurde. Besichtigen Sie das hauseigene Turbanmuseum (200 Stück sind ausgestellt). Während Sie auf das Essen warten, können Sie auch einmal versuchen, eine solche Kopfbedeckung selbst zu wickeln.

JAISALMER Miraj
Hotel Narayan Niwas, 345 001 (02992) 252 408

Eine faszinierende Aussicht auf die Wüste Thar haben die Gäste des Dachrestaurants. Die Qualität des Essens bietet alle Voraussetzungen für einen gelungenen Aufenthalt im Miraj. Die Auswahl umfasst Gerichte unterschiedlichster internationaler Küchen. Am Abend stehen Tanzdarbietungen auf dem Programm.

JAISALMER Trio
Gandhi Chowk, Nähe Amar Singh Gate, 345 001 (02992) 252 738

Das Restaurant nahe dem Amar Singh Gate bietet köstliche regionale Spezialitäten, die nach alten Traditionen der Wüstenvölker zubereitet werden. Das Angebot an Speisen wechselt regelmäßig. Ein weiterer Pluspunkt des Lokals, das Frühstück, Mittag- und Abendessen bietet, ist der prompte Service.

JODHPUR Kalinga Resturant
Gegenüber dem Sakar Bazar, Station Rd, 342 001 (0291) 262 4066

Das Kalinga Restaurant ist bekannt für seine traditionelle Rajasthan- und Gujarat-Küche. Für Kinder gibt es spezielle Gerichte. Erlesene Weine und leckere Desserts runden das Angebot ab. Das freundliche wie lebendige Ambiente des Lokals trägt seinen Teil zu einem gelungenen Aufenthalt bei. Die Preise sind akzeptabel.

JODHPUR Ranbanka Bagh Restaurant
Nähe Circuit House, 342 006 (0291) 251 2801

Das Ranbanka Bagh ist ein Freiluftrestaurant an einem Pool und bietet eine illustre Auswahl internationaler Gerichte. Besonders empfehlenswert sind *murgh lahsuni tikka* (Hähnchen mit viel Knoblauch) und *murgh malai kebab* (Grillhähnchen). Das Personal ist sehr zuvorkommend. Das Restaurant organisiert auch Bankette und Empfänge.

JODHPUR On the Rocks
Hotel Ajit Bhawan, gegenüber dem Circuit House, 342 006 (0291) 251 0410

Das Gartenrestaurant befindet sich in einer wundervollen Landschaft und bietet seinen Gästen ein geradezu zauberhaftes Ambiente. Indische und europäische Gerichte und Büfetts von bester Qualität finden sich auf der Speisekarte. Abends bringen traditionelle Tänze aus Rajasthan Stimmung in das Lokal.

MOUNT ABU Palace Hotel Restaurant
Palace Hotel, Bikaner House, Dilwara Rd, 307 501 (02974) 238 673

In dem riesigen, repräsentativen Speisesaal des Palace Hotel gibt es exzellente Gerichte aus aller Welt. Vor allem die Anhänger der Küche Rajasthans kommen hier auf ihre Kosten. Das Restaurant bietet Frühstück, Mittag- und Abendessen, auf besonderen Wunsch werden auch Picknickkörbe zubereitet.

PUSHKAR Shiva
RTDC, Sarovar Hotel, 305 022 (0145) 277 2040

Das Shiva ist in einem staatlichen Hotel untergebracht und serviert ausschließlich vegetarische Menüs. Beim Frühstück kann man zu einem Festpreis essen, so viel man will (Müsli, Brot, Obst, Schinken, Käse etc.). Beachten Sie: In der heiligen Stadt gibt es keinen Alkohol.

PUSHKAR Sunset Café
Nähe Pushkar-Palast, 305 022 (0145) 277 2010

Zum Frühstück oder Nachmittagstee genießt man Sonnenauf- und Sonnenuntergänge zum Klang der Tempelglocken und mit Blick auf den ruhigen See. Die *dosas* (gefüllte Pfannkuchen) und Kuchen sind einfach grandios. Das Sunset Café zählt zu den bekanntesten Treffpunkten für Reisende in der Stadt.

UDAIPUR Jagat Niwas Palace
Lal Ghat, Jagdish Mandir, 313 001 (0294) 242 2860

Das Freiluftrestaurant bietet eine spektakuläre Aussicht auf den Lake Pichola. Die Tische und Sitzgelegenheiten mit Kissen sind perfekt arrangiert und schaffen ein heimeliges Ambiente, das von den Gästen geschätzt wird. Die Köche des Jagat Niwas Palace bereiten eine große Auswahl an indischen Gerichten zu.

UDAIPUR Ambrai
Amit-Ki-Haveli, vor dem Chandpol, 313 001 (0294) 243 1085

Traumhafte Lage am See, gute internationale Küche und ein schöner Garten tragen zur Popularität des Restaurants in Udaipur bei. Die nordindischen Fleischgerichte des Hauses werden mit Saucen zubereitet, die Mohn- oder Cashewkerne enthalten. *Gulab jamun* (frittierte Teigbällchen in Sirup) ist ein Favorit. Abends indische Live-Musik.

UDAIPUR Gallery Restaurant
Fateh-Prakash-Palast, City Palace, 313 001 (0294) 252 8016

Das Spezialitätenrestaurant im Fateh-Prakash-Palast bietet eine traumhafte Aussicht auf den Lake Pichola und die Inselpaläste Jag Mandir und Jag Niwas. Neben den perfekt zubereiteten Speisen zieht das Ambiente die Gäste zu allen Tageszeiten an. Die gemütliche Bar ist ein weiterer Grund, in das Gallery zu kommen.

UDAIPUR Jharokha
Lake Palace Hotel, Lake Pichola, 313 001 (0294) 252 7961

Das fabelhafte Dekor und die reizende Aussicht auf den See tragen zum Charme des Jharokha bei. Reservierung ist unbedingt anzuraten. Das rund um die Uhr geöffnete Restaurant bietet eine große Auswahl moderner Gerichte aus aller Herren Länder. Daneben werden traditionelle Speisen aus Rajasthan zubereitet.

Preiskategorien *siehe S. 598* **Zeichenerklärung** *siehe hintere Umschlagklappe*

Gujarat

AHMEDABAD RK Egg Eatery
Vision Complex, Panjarpole Char Rasta, 380 009 (079) 2415 3787

Mit über 150 Eiergerichten auf der Speisekarte hat sich RK Egg Eatery einen Namen gemacht, vor allem junge Leute kommen hierher. Das einzigartige ovale Design und die außergewöhnlichen Gerichte (darunter sehr viele Arten von Pfannkuchen) machen den Charme des eigenwilligen Lokals aus.

AHMEDABAD Swati Snacks
13 Gandhi Baug Society, gegenüber Nirman Bhavan, Law Garden, 380 009 (079) 2640 5900

Ein Muss für Anhänger traditioneller indischer Snacks und Liebhaber von Pizza aus dem Holzofen. Probieren Sie *moong khichdi* (Linsen und Reis), *kadhi* (Kichererbsen-Linsen-Curry) oder *dhan-shak* (Fleisch-Linsen-Pfanne) mit Reis. Hausgemachte Eiscreme in vielen Geschmacksrichtungen. Kokosnuss- und Zuckerrohrsaft sind beliebte Getränke.

AHMEDABAD Rajwadu
Nähe Jivaraj Park, 380 055 (079) 2664 3845

Der Freiluftimbiss am Stadtrand zeigt sich in herrlich rustikalem Ambiente. Das Rajwadu serviert exzellente Gerichte (ausschließlich vegetarisch) aus Gujarat, zu den Spezialitäten gehören *bajri rotlas* (Hirsebrot) und süße *malpuas* (frittierte Pfannkuchen). Der Service in dem nur abends geöffneten Lokal ist ausgezeichnet.

AHMEDABAD Tomato's
Mardia Plaza, CG Rd, Navrangpura, 380 006 (079) 2646 1198

Mexikanisches Essen in einem amerikanisch aufgemachten Lokal. Popcorn gibt es gratis. Die Einrichtung ist Nostalgie pur und eine Reminiszenz an Größen wie Charlie Chaplin und Elvis Presley. Die Gäste können zum Essen auch ihren Lieblingssong bestellen. Das Tomato's ist nur mittags und abends geöffnet.

AHMEDABAD Vishalla
Gegenüber Vasna Tolnaka, 380 055 (079) 2660 2422

Das individuell gestaltete Freiluftrestaurant verströmt ländliche Atmosphäre. In kleinen Hütten wird authentische Gujarat-Küche serviert. Zum Anwesen gehört auch ein schönes Museum mit alten Küchengerätschaften. Abends finden die beliebten Vorstellungen von Künstlern statt.

AHMEDABAD Fortune Landmark
Usmanpura Crossroads, Ashram Rd, 380 008 (079) 3988 4444

Das Fortune Landmark besteht aus drei Lokalen und ist ein Paradies für Feinschmecker. Das Grillrestaurant Khyber bietet herzhafte indische und europäische Kost. Orchid, ein Lokal mit internationaler Küche, serviert den ganzen Tag über leckere Büfetts. Kaffee und Gebäck genießt man am besten im Café des Hauses.

BHAVNAGAR Nilambagh Dining Hall
Nilambagh Palace Hotel, 364 002 (0278) 242 4241

Im Restaurant eines Traditionshotels schaffen Leuchter und Tafelsilber eine wahrhaft königliche Atmosphäre. Neben Gerichten der regionalen Küche offeriert die Nilambagh Dining Hall auch schmackhafte Tandoori-Gerichte. Im Sommer speist man im Garten, wo man auf schmiedeeisernen Stühlen sitzt.

DIU Apana Restaurant
Apana Guesthouse, Old Fort Rd, 362 520 (02875) 252 112

Zu den Spezialitäten des Terrassenrestaurants mit Blick auf das Arabische Meer gehört eine üppige Seafood-Platte mit Hummer und Garnelen. Außerdem bietet das Apana eine geradezu gigantische Auswahl an nicht weniger als 263 verschiedenen Gerichten. Reisende kommen gern hierher, das Preis-Leistungs-Verhältnis stimmt.

DIU Rivera Restaurant and Bar
Radhika Beach Resort, Nagoa Beach, 362 520 (02875) 251 553

Das exzellente Restaurant bietet Gerichte ganz unterschiedlicher Herkunft. Ein Schwerpunkt der Küche liegt auf köstlichem Seafood. Das Personal ist angenehm aufmerksam. Die Bar ist bestens ausgestattet mit indischen und importierten Getränken. Der Coffeeshop ist ideal für eine Stunde voller Entspannung.

JAMNAGAR The Orion Restaurant
Hotel Orbit Park Inn, Khambalia Highway, 361 006 (0288) 223 4484

Das Orion bietet preiswerte internationale Küche in einer angenehmen Umgebung. Auf Anfrage werden für Gruppen üppige Büfetts aufgebaut. Das Interieur des Restaurants ist in den warmen Farben der natürlichen Umgebung gehalten und trägt seinen Teil zu einem angenehmen Aufenthalt bei.

VADODARA Mandap
Hotel Express Towers, RC Dutt Rd, 123 303 (0265) 305 5000

Die stilvolle Ausstattung des Mandap harmoniert bestens mit den traditionellen Gerichten der Gujarat-Küche, für die das Restaurant berühmt ist. Zur Auswahl stehen ausschließlich vegetarische Speisen, außerdem gibt es eine prima Kuchentheke. Zu den Gästen zählen viele Geschäftsleute.

Mumbai

MUMBAI Leopold Café
Colaba Causeway, 400 001 (022) 2282 8185

Das 1971 eröffnete Restaurant zählt seit langer Zeit zu den Geheimtipps unter Reisenden. Die Auswahl an schmackhaften internationalen Gerichten kann sich sehen lassen. Die Fruchtsäfte und die Milchshakes im Leopold Café sind legendär. Die Atmosphäre ist sehr speziell, allein schon wegen der Filmplakate aus Hollywood.

MUMBAI Ling's Pavilion
19/21 Mahakavi Bhushan Marg, hinter dem Regal Cinema, 400 039 (022) 2285 0023

Ling's Pavilion hat eine Einrichtung, die einen beim Betreten fast erschlägt – an die schrillen Rot- und Grüntöne muss man sich erst gewöhnen. Aber das Mittag- und Abendessen ist exzellent. Zu den Favoriten auf der Speisekarte zählt Babyhummer. Eine Reservierung in dem familiengeführten Restaurant ist dringend anzuraten.

MUMBAI Rajdhani Restaurant
361 Sheikh Memon Street, Nähe Crawford Market, 400 002 (022) 2342 6919

Das Rajdhani Restaurant nahe dem Crawford Market ist der geeignete Ort zur Entspannung nach einer stressigen Shopping-Tour. Das Lokal hat sich auf indische Regionalküchen spezialisiert und bietet mittags und abends u. a. die begehrten *thalis* (Platten) aus Gujarat, Rajasthan, Maharashtra und Kathiawar.

MUMBAI Bayview
29 Marine Plaza, Marine Drive, 400 020 (022) 2285 1212

Große Fenster mit wunderschöner Aussicht auf Palmen und das Meer sowie die großartige internationale Küche aus Asien und Europa sind bekannte Markenzeichen des Bayview. Bei den beliebten Büfetts mittags und abends kann es schon mal hoch hergehen. Auch Frühstück ist hier erhältlich.

MUMBAI Café Royal
166 Mahatma Gandhi Rd, gegenüber dem Regal Cinema, 400 001 (022) 2288 3982

Das Café Royal spricht in erster Linie Nicht-Vegetarier an. Fleischplatten, Grillsandwiches und Burger sind besonders populär. Das gemütliche Restaurant ging aus einem iranischen Imbisslokal hervor. In die Schlagzeilen geriet es durch einen Besuch von Bill Clinton. Fotos an den Wänden dokumentieren dieses Ereignis.

MUMBAI Little Italy
18-B Hotel Atlantic, Juhu Tara Rd, 400 049 (022) 2660 8815

Das italienische Restaurant bietet ausschließlich vegetarisches Essen aus Italien. *Fettuccine primavera* mit Kapern und Oliven und *Risotto alla milanese* (Reisgericht mit Safran) sind derart köstlich, dass das Fehlen von Fleisch keinen Gast stört. Im Little Italy wird Ihnen von der Weinkarte zu jedem Gericht der passende Tropfen empfohlen.

MUMBAI Not Just Jazz By The Bay
Marine Drive, 400 020 (022) 2285 1876

Mittags lädt ein gigantisches Büfett mit Salaten und Pasta zum Schlemmen ein, aber erst am Abend geht hier richtig die Post ab: Von Mittwoch bis Samstag steht Live-Jazz auf dem Programm. Der Dekor ist ganz auf Musik ausgerichtet: Mit Musiknoten bedrucktes Geschirr und eine Bar in der Form einer Gitarre schaffen ein einzigartiges Flair.

MUMBAI Oh! Calcutta
Hotel Rosewood, Tulsiwadi Lane, Tardeo, 400 034 (022) 2653 9114

Das kleine, aber stilvolle Restaurant verfügt über eine beachtliche Auswahl an regionalen indischen Fischgerichten. Kosten Sie das bengalische *machher jhol* und Bananenblüten mit *luchis* (geröstetes Brot). Als Dessert eignet sich *rasmalai* (Milch mit Hüttenkäse). Auch die Bar wird keinen Gast enttäuschen. Mittags und abends geöffnet.

MUMBAI Soul Fry Casa
Currimjee Building, gegenüber der Mumbai University, MG Rd, 400 001 (022) 2267 1421

Berühmt ist das Soul Fry Casa wegen der Live-Musik, die fast jeden Abend gespielt wird. Unter den angebotenen Speisen sind viele Köstlichkeiten aus Goa, darunter *vindaloo* (mariniertes Schweinefleisch-Curry), *balachao* (Garnelen oder Hähnchen mit vielen Gewürzen) und *sorpotel* (Schweinefleischgericht). Klassiker bleibt aber Backhähnchen.

MUMBAI Vong Wong
Express Towers, 1. Stock, Nariman Point, 400 021 (022) 2287 5633

Mitten im Geschäftszentrum Mumbais befindet sich das Vong Wong, das wahrscheinlich am besten eingerichtete Restaurant in diesem Teil der Stadt. Das von den Gästen sehr geschätzte Ambiente prägen eine Holztreppe, riesige Fenster und Rundbogen. Zur Auswahl stehen mehr als 300 Gerichte aus China und Thailand.

MUMBAI Ankur
Meadows House, Tamarind House, Fort, 400 001 (022) 2265 4194

Das alte Restaurant wurde komplett neu gestaltet und bietet heute vegetarische und nichtvegetarische Spezialitäten. Das Garnelen-*gassi* (Kokosnuss-Curry) und Hähnchen *adjaina* sind besonders empfehlenswert. Das Ankur ist vor allem bei Geschäftsleuten überaus beliebt, was sicher auch an dem prompten Service liegt.

Preiskategorien *siehe S. 598* **Zeichenerklärung** *siehe hintere Umschlagklappe*

MUMBAI Apoorva
Noble Chambers, SA Brelvi Marg, Nähe Horniman Circle, Fort, 400 001 (022) 2287 0335

Das exzellente Restaurant hat sich auf Seafood von der Konkan-Küste spezialisiert. Probieren Sie Fischgerichte wie *surmai*, Krabben oder Garnelen mit federleichten *neer dosas* (Reispfannkuchen). Auch das Kerala-Seafood ist äußerst delikat. Die Bar des Apoorva bietet indische und importierte Weine. Mittags und abends geöffnet.

MUMBAI Aurus
Ground Floor, Nichani Kutir, Juhu Tara Road, 400 054 (022) 6710 6666

Hier werden in erster Linie europäische Gerichte serviert, aber auch orientalische Spezialitäten wie King Prawns an Wasabischaum. Vor allem Promis aus der Filmbranche schätzen den schönen Garten, wo sie in einer leichten Meeresbrise den Dirty Martini genießen können, der das Aurus bekannt gemacht hat. Reservierung empfohlen.

MUMBAI The Bharat Bar & Restaurant Excellensea
317 Bharat House, SBS Rd, Fort, 400 001 (022) 6635 9945

Hier können die Gäste den Fisch ihrer Wahl aus dem Aquarium auswählen. Heiß begehrt sind die Fisch-Currys. Die Bedienungen servieren zu den raffinierten Saucen köstliches südindisches Brot. Auch ausgewählte europäische Gerichte sind auf der Speisekarte des mittags und abends geöffneten Restaurants zu finden.

MUMBAI Busaba
4 Mandlik Rd, beim Colaba Causeway, 400 001 (022) 2204 3779

Das Busaba eröffnete nach kürzlich erfolgter umfassender Renovierung neu. Exotische Lampen, schicke Sofas, Kerzen und Orchideen schaffen ein heimeliges Flair, in dem sich der Gast sofort wohlfühlt. Eine gute Wahl sind die Tigergarnelen, *ghimbap* (koreanisches Sushi) oder Senf-*goop* mit *carpaccio*. Der Barmixer zaubert leckere Cocktails.

MUMBAI Fountain Restaurant
57 Mahatma Gandhi Rd, 400 001 (022) 2267 5315

Trotz des inzwischen ein wenig verblassten Charmes kann man im Fountain Restaurant immer noch sehr gut essen. Sehr zu empfehlen ist die Fleisch-Gemüse-Platte. Nicht minder spannende Alternativen sind Geflügelsteak, Kebabs und die vegetarischen Optionen – alles serviert in großen Portionen. Das Lokal ist mittags und abends geöffnet.

MUMBAI Indigo
4 Mandlik Rd, Colaba, 400 001 (022) 6636 8999

Viele Größen des Showbiz haben sich hier schon die Ehre gegeben. Das elegante Ambiente des Restaurants in einem hübschen, alten Herrenhaus harmoniert perfekt mit der modernen indisch-westlichen Küche. Sehr zu empfehlen sind Risotto mit Hummer und Thunfisch, *rawas* (Lachs), *Filet mignon* und die verführerischen Desserts.

MUMBAI Khyber
145 Mahatma Gandhi Rd, Fort, 400 001 (022) 2267 3227

Zum lebendigen Ambiente des Restaurants tragen auch die Bilder des bekannten indischen Künstlers Anjolie Ela Menon bei. Die Kellner servieren delikates Grillfleisch wie Kebabs und *raan* (Lammkeule). Die Speisekarte listet eine Auswahl bekannter Gerichte aus Nordindien auf, ein Schwerpunkt liegt auf der Punjab-Küche.

MUMBAI Olive Bar and Kitchen
14 Union Park, Pali Hill Tourist Hotels Pvt Ltd, Bandra (W), 400 052 (022) 2605 8228

Die Schönen und Reichen Mumbais essen in dem trendigen Lokal zu Abend – meist Austern, Kaviar und Lachs. Auch bodenständigere Gerichte sind zu haben, darunter auch ein sahniges Kakaodessert. Die von den Wachsblumenbäumen hängenden Lampen und die Kieselwege sind nicht jedermanns Sache, aber das Essen lohnt einen Besuch.

MUMBAI The Pearl of The Orient
The Ambassador, Churchgate, 400 020 (022) 2204 1131

Das angesagte Restaurant ist rund um die Uhr geöffnet und bietet neben kulinarischem Genuss eine fantastische Aussicht auf das Arabische Meer. Auf der Speisekarte stehen überwiegend Gerichte aus Thailand, China und Japan. Favoriten sind u. a. Sushi-Platten, koreanische Nudeln, rotes und grünes Thai-Curry und Käse-Ingwer-Chili.

MUMBAI Tetsuma
41/44 Minoo Desai Marg, Colaba, 400 005 (022) 2287 6578

Das Tetsuma ist im Club Prive untergebracht. Hier zeigt sich die Elite der Metropole – vom Industrieboss bis hin zum Filmstar. Dezente Beleuchtung, Buddha-Statuen und dekorative Teiche geben dem gehobenen Restaurant einen japanischen Touch. Die Küche bietet dementsprechend überwiegend asiatische und japanische Gerichte.

MUMBAI Trishna Bar and Restaurant
7 Ropewalk Lane, Sai Baba Marg, Fort Rd, 400 024 (022) 2270 3213

Das Trishna ist eines der großen Seafood-Restaurants der Stadt. Daher lässt sich hier auch viel Prominenz blicken. Der Konkan-Hummer, die Königskrabben und die Tandoori-Makrelen sind unschlagbar. Auch chinesische Gerichte stehen zur Auswahl. Dekor und Service könnten besser sein, doch das Essen ist vom Feinsten. Reservierung empfohlen.

MUMBAI Wasabi by Morimoto
Taj Mahal Palace and Tower, Apollo Bunder, 400 001 (022) 6665 3366

Dies ist Mumbais erstes modernes japanisches Restaurant mit Sake- und Sushi-Bar. Die Karte bietet eine gute Auswahl an Fischgerichten und vegetarischen Speisen. Probieren Sie Kumamoto-Austern und den Tofu-Käsekuchen. Die grandiose Aussicht auf das Arabische Meer ist ein weiterer Pluspunkt des Lokals.

Maharashtra

AURANGABAD Foodwalas Tandoor
Shyam Chambers, Bansilal Nagar, 431 001 (0240) 232 8481

Das Restaurant nahe dem Bahnhof erfreut seine Gäste seit annähernd 20 Jahren mit köstlichen Speisen aus Indien, China und anderen asiatischen Ländern. Besonders zu empfehlen sind die zarten Geflügelgerichte. Auffällig am Dekor sind die ägyptischen Statuen. Das Foodwalas Tandoor ist mittags und abends geöffnet.

AURANGABAD Chinatown Restaurant
Hotel Amarpreet, Jalna Rd, 431 001 (0240) 233 2521

Zu den besten Lokalen im Zentrum von Aurangabad gehört das Chinatown Restaurant mit seinen Speisen aus Indien, Thailand und China. Bekannt ist es vor allem für seine ausgezeichneten Reis- und Fischgerichte. Das Flair ist überwiegend chinesisch angehaucht. Es gibt auch eine Bar und Tische im Freien.

AURANGABAD Residency Restaurant
Taj Residency, 8-N-12 CIDCO, Rauza Bagh, 431 003 (0240) 238 1106

Das zu allen Tageszeiten geöffnete Restaurant im palastartigen Taj Residency Hotel bietet eine beachtliche Auswahl an indischen, chinesischen und europäischen Gerichten. Sehr zu empfehlen sind vor allem die örtlichen Spezialitäten. Einmal im Monat wird ein »Food festival« organisiert.

CHIPLUN Riverview Restaurant
Gateway Riverview Lodge, Dhamandivi Taluka Khed, Distrikt Ratnagiri, 415 707 (02355) 259 081

Die Küche des Riverview unterliegt unterschiedlichsten Einflüssen. Innerhalb des breiten Angebots bestechen die Gerichte aus Marwar und Konkan am meisten. Die stilvolle Bar zieht die Aufmerksamkeit der Gäste auf sich. Neben der gemütlichen Einrichtung ist auch die Aussicht durch die großen Fenster ein Pluspunkt.

LONAVLA Kailash Parbat Restaurant
Kailash Parbat, Pune–Mumbai Rd, Valvan, 410 401 (02114) 273 086

Das Lokal bietet eine große Auswahl an vegetarischen Gerichten, der Schwerpunkt liegt auf Spezialitäten der Region. Selbst einfache Gerichte wie *paneer tikka* (eingelegter Käse mit Gemüse), *paneer Hyderabadi* (eingelegter Käse mit Gewürzen) oder Pilze-Tandoori erfreuen den Gaumen. Der Coffeeshop im Restaurant ist rund um die Uhr geöffnet.

MAHABALESHWAR Brightland Holiday Village
Kates Point Rd, Distrikt Satara, 412 806 (2168) 260 700

Das Brightland Holiday Village bietet ein Programm für den ganzen Abend. Man hat die Wahl zwischen indischen, Mogul- und Tandoori-Gerichten sowie Grilltheken. Das Village Pub führt eine wahrlich beeindruckende Auswahl an Cocktails, im Nightclub The Electric Mist geht es hoch her.

NAGPUR Lahoree Deluxe Bar and Restaurant
Lahoree Deluxe Building, WHC Rd, Dharampeth, 440 010 (0712) 253 3808

Herzhafte Tandoori-Gerichte sind die Spezialität des Lahoree. Daneben kann man auch ausgewählte Speisen aus China und Europa bekommen. Außer dem modernen Speisesaal gibt es auch einen kleinen Garten mit Platz für bis zu 25 Tische. Die Bar ist bestens ausgestattet. Wer möchte, kann beim Essen fernsehen.

NAGPUR Ashoka Bar and Restaurant
Mount Rd, Sadar, 440 001 (0712) 253 1141

Das 1955 eingerichtete Ashoka ist das älteste Restaurant der Stadt. Es hat sich jedoch über die Jahrzehnte im jeweiligen Stil der Zeit weiterentwickelt. Dies gilt auch für die Küche, die internationale Gerichte kreiert. Der Service ist sehr effizient. Vom Restaurant hat man Blick auf einen Pool und einen gepflegten Rasen.

NASIK Panchratna
Taj Residency, P-17, MIDC Ambad, Mumbai–Agra Rd, 422 010 (0253) 660 4499

Der Blick über die malerischen Satpura Hills lohnt allein schon einen Besuch. Doch auch das exzellente indische und chinesische Essen im Panchratna überzeugt. Gedämpfte Beleuchtung und Kerzenlicht schaffen ein romantisches Ambiente. Besonders beliebt ist *murgh tikka lababdar* (Geflügel-Curry).

PUNE Hotel Vaishali
1218/1 Shivajinagar, Fergusson College Rd, 411 004 (020) 2553 1244

Das gemütliche Gartenrestaurant führt eine gute Auswahl an Speisen aus Südindien. Viele Einheimische (darunter vor allem Studenten) kommen in das Restaurant, das ein gutes Preis-Leistungs-Verhältnis bietet. Einfache Gerichte wie *sev batata puri* (Tomaten mit Kichererbsen) sind im Vaishali wahre Köstlichkeiten.

PUNE Arthur's Theme
No 2 Vrindavan Apartments, North Main Rd, Koregaon Park, 411 001 (020) 6603 2710

Das kleine, gemütliche Restaurant ist stolz auf sein französisches Essen, das vegetarische und fleischhaltige Gerichte umfasst. Feinste Zubereitung und wunderschöne Präsentation machen den Charme des Arthur's Theme aus. Dies hat sich inzwischen herumgesprochen, weshalb frühzeitige Reservierung ratsam ist.

Preiskategorien *siehe S. 598* Zeichenerklärung *siehe hintere Umschlagklappe*

PUNE The Place
Clover Centre, Moledina Rd, 411 001 (020) 2613 4632

Das Lokal ist berühmt für seine Hähnchen- und Lammgerichte, aber auch die köstliche hausgemachte Eiscreme ist nicht zu verachten. Die Portionen sind mehr als üppig. Der Service ist gut und unaufdringlich. An der Bar kann man vor oder nach dem Essen auf ein Glas Wein vorbeischauen. Mittags und abends geöffnet.

Goa

ASSAGO Axirwaad
483 Rue De Boa Vista, 403 107 (0832) 227 7331

Das Axirwaad bietet die gewagte – aber gelungene – Kombination aus Restaurant, privatem Club und Kunstgalerie. Die Küche ist tendenziell europäisch, angereichert mit einigen Spezialitäten aus dem Nahen Osten. Das kulinarische Erlebnis sucht seinesgleichen: Die Tische stehen auf Sand, man isst unter freiem Himmel im Schatten von Palmen.

BAGA Britto's
Am Ende von Baga Beach, 403 511 (0832) 227 7331

Im Britto's sitzt man direkt am Meer. Das exzellente Seafood ist garantiert frisch. Versuchen Sie eines der zahlreichen Fisch-Currys (je nach Fang des Tages) – mit oder ohne Reis. Eine weitere Empfehlung ist *vindaloo* (Curry mit eingelegtem Schweinefleisch) – und danach verführerische Schokoladen-Mousse.

BENAULIM Miguel Arcanjo
Taj Exotica, Colwaddo, Benaulim, Salcette, 403 716 (0832) 668 3333

Das Restaurant auf dem Gelände des Taj Exotica Hotels direkt am Arabischen Meer bietet eine große Portion Alte-Welt-Charme. Zur Auswahl stehen Gerichte aus dem Mittelmeerraum (vor allem aus Italien, Spanien und Marokko). Nehmen Sie Antipasti wie *falafel*, *babaghanouj* (Paprika-Auberginen-Dip), *tabbouleh* und *dolmas* (Weinblätter).

CALANGUTE Aqua Marine
Hotel Baia Do Sol, Baga Beach, Calangute Bardez, 403 516 (0832) 227 6084

Das Restaurant zeigt sich in peppig-modernem Dekor und offeriert europäische Gerichte und Goa-Küche. Favoriten sind z. B. Gemüsekuchen mit Paprikasauce, gegrillte Königsmakrelen und gedünsteter Spinat. Jeden Samstagabend wird ein Barbecue mit Live-Musik veranstaltet, das viele Gäste anzieht.

CALANGUTE O'Pescador Restaurant and Pub
Cobra Vaddo, Baga, 403 516 (0832) 227 9447

Die Küche ist international mit einem Fokus auf chinesischen und europäischen Gerichten. Seafood-Platte, Tandoori-Gerichte, *tikka* (ein Geflügelgericht) und Hammelfleisch sind zu empfehlen. Spareribs in Pflaumensauce sind eine weitere köstliche Option. Samstagabend gibt es Karaoke. ● *Mai – Sep.*

CALANGUTE Bernard's Place
Cobra Vaddo, Baga, 403 511 (0832) 227 6712

Auch wenn es leckere Tandoori-Gerichte sowie chinesische und europäische Speisen zuhauf gibt – Bernard's Place ist und bleibt vor allem für sein Seafood geschätzt. *Sunday roast* (Braten aus Rind-, Schweine- und Geflügelfleisch) wird jeden Tag zubereitet. Ananas mit heißer Vanillesauce ist ein begehrtes Dessert.

CALANGUTE Cavala Seaside Resort Restaurant
Saunto Vaddo, Baga, 403 516 (0832) 227 6090

Das Cavala ist nur einen Steinwurf vom Strand in Calangute entfernt. Das Gartenrestaurant zählt wegen seiner ausgezeichneten Küche zu den meistbesuchten Lokalen der Stadt. Zur Beliebtheit tragen auch die sehr gut bestückte Bar, die Live-Musik und die Grillabende bei. Auch der Service ist hervorragend.

CALANGUTE Fiesta Restaurant
Saunto Vaddo, Baga, 403 516 (0832) 227 9847

Überwältigende Dekoration und der Freiluftbereich mit schöner Aussicht auf das Meer bieten zusammen mit dem guten Essen die Garantie für einen entspannten Aufenthalt. Die Küche zeigt unterschiedlichste Einflüsse, mediterrane und indische Gerichte stehen im Vordergrund. Genuss pur sind z. B. Garnelen in Rotweinsauce.

CALANGUTE Golden Nest
The Ronil Beach Resort, Saunto Vaddo, Baga, 403 516 (0832) 227 6101

Das direkt am Strand gelegene Golden Nest präsentiert Speisen aus Indien, China und Europa. Die Tische stehen im hübsch gefliesten Innenhof, Palmen wachsen in der Umgebung. In der Hauptsaison wird regelmäßig Live-Musik geboten. Der Service könnte nicht besser sein.

CALANGUTE Souza Lobo Bar and Restaurant
Umta Vaddo, Calangute Beach, Baga, 403 516 (0832) 227 6463

Seit 1932 ist das Souza Lobo eine Institution. Von den Tischen auf der gefliesten Veranda blickt man auf das Meer. Was Seafood angeht, macht keiner diesem Restauant etwas vor. Wenn nach gefüllten Garnelen, *vindaloo*, *sorpotel* oder Königsmakrelen-Tandoori noch eine Süßspeise wie *bebinka* oder Kokosnusspfannkuchen geht – umso besser.

CALANGUTE Copper Bowl
Pousada Tauma, Porba Vaddo, Calangute, 403 516 (0832) 227 9061

Ein offener Pavillon mit einer Reihe von Steinsäulen, breiten Sitzbänken und grünem Marmorboden, dazu werden die Speisen – dem Namen des Restaurants entsprechend – in originellen Kupferschalen serviert. Gerichte aus Goa, darunter Hähnchen-*xacuti* (Curry), knusprige Garnelen und Babyhummer, und Konkan finden sich auf der Karte.

CANDOLIM Palm and Sand
Dando, Candolim, 403 515

Das heimelige Restaurant direkt am Strand bietet Meerblick satt. Es gibt kaum einen besseren Ort für frisches und schmackhaftes Seafood. Spezialität sind Krabben – als Frühlingsrolle oder Curry *(xacuti)*. Spareribs und Spanferkel sind bei Fleischliebhabern die Favoriten. Apfelkuchen oder Pfannkuchen sind nur einige der leckeren Desserts.

DONA PAULA Alfama Restaurant
Cidade de Goa Beach Resort, Vainguinim Beach, 403 004 (0832) 245 4545

Dies ist wahrscheinlich das einzige Restaurant in Goa, in dem Gerichte aus anderen früheren Kolonien Portugals – wie Brasilien und Mosambik – serviert werden. Daneben stehen europäische Speisen zur Auswahl. Die Bar listet eine ganze Reihe edler Weine auf. Abends spielt vor der Kulisse des Arabischen Meeres eine einheimische Band.

PANAJI Rio Rico Restaurant
Hotel Mandovi, DB Marg, Panjim, 403 501 (0832) 242 6270

Das Rio Rico im Norden von Goa wird für seine Vielfalt geschätzt. Gerichte aus Goa, anderen Regionen Indiens und Europa (vor allem Portugal) werden zubereitet. Spezialität ist Seafood in allen Variationen. Das große Angebot, Live-Musik und Terrasse im Freien sind weitere Pluspunkte. Unter den Gästen sind viele Familien.

PANAJI Hotel Venite
31st January Rd, São Tomé, 403 001 (0832) 242 5537

Das schön eingerichtete Restaurant in einem Gebäude aus dem 19. Jahrhundert kultiviert die Küche aus Goa, Portugal und dem Mittelmeerraum auf geradezu perfekte Art. Zu den delikatesten Speisen gehören Fischfilet, Schweinekoteletts in Grillsauce und Beefsteak mit Schinken und Käse.

PANAJI Simply Fish
Marriott Hotel, PO Box 64, Miramar, 403 001 (0832) 246 3333

Von der Terrasse des Restaurants im Marriott Hotel hat man einen bezaubernden Blick auf das Meer. Und wie der Name schon anklingen lässt: Fisch und Seafood stehen hier auf der Speisekarte ganz oben. Sehr beliebt sind z. B. Hummer-*bisque* und die Eintöpfe. Nur zum Abendessen geöffnet. ◑ *Mai – Okt.*

SALCETTE Martin's Corner
Binvaddo, Betalbatim, 403 731 (0832) 288 0061

Ein anheimelndes Restaurant mit Klassikern wie Fisch-*caldin* (mit Kokosnuss und Gewürzen), Hummer und rotem Schnapper als klassischen und perfekt zubereiteten Gerichten. Auch *pulao* (Wurst aus Goa) gibt es in einigen Variationen. Die Bedienungen sind angenehm mitteilsam. Essen im Freien ist möglich. Oft wird Live-Musik geboten.

SALCETTE Riverside
The Leela, Goa-GHM Mobor, Cavelossim, 403 731 (0832) 287 1234

Tische und Stühle im Freiluftrestaurant des Hotels The Leela stehen auf einer Grasfläche. Das Angebot des Riverside umfasst authentische Gerichte aus Italien und anderen Ländern am Mittelmeer. Die Gäste genießen zum Essen die Aussicht auf den Fluss Sal. Das Ambiente ist angenehm, wozu auch das freundliche Personal seinen Teil beiträgt.

SALIGAO Florentine
Pequeno Morod, 403 511 (0832) 240 9664

Das Restaurant liegt für die meisten Reisenden vielleicht ein wenig ab vom Schuss, aber das Essen lohnt einen Abstecher nach Saligao allemal. Das Florentine ist ein kleines, freundliches Restaurant, das für seine Goa-Küche und die Tandoori-Gerichte bekannt ist. Exzellent ist Hähnchen-*cafreal* mit Brot. Die Portionen sind allesamt großzügig.

SINQUERIM BARDEZ Banyan Tree
Taj Holiday Village, 403 519 (0832) 664 5858

Hinter einem weit über 300 Jahre alten Banyanbaum versteckt sich das gleichnamige Restaurant. Das sehr vornehme Banyan Tree ist auf Thai-Gerichte spezialisiert. Das fängt schon bei den Vorspeisen wie *som tham* (Papayasalat) an. Nehmen Sie *tab tim grob* (Kastanien mit Sirup und Kokosnussmilch) zum Dessert. Essen im Freien und Live-Musik.

Karnataka

BADAMI The Pulakeshi Dining Hall
Station Road, 587 201

Das internationale Restaurant ist nach Pulakesin benannt, dem großen Chalukya-König. Probieren Sie eine der zahlreichen wohlschmeckenden Spezialitäten aus Karnataka. Neben dem Speisesaal kann auch auf der Terrasse gespeist werden. Das Restaurant hat zu allen Tageszeiten geöffnet.

Preiskategorien *siehe S. 598* **Zeichenerklärung** *siehe hintere Umschlagklappe*

BENGALURU Bay Leaf
123 Raheja Arcade, Kormangala, 560 029 (080) 2553 5050

Mit riesigen Fenstern, hübschen Holzmöbeln und abstrakter Glaskunst bietet das Bay Leaf ein passendes Ambiente für die vorzüglichen Gerichte seiner Punjab-Küche. Überaus beliebt sind die Kebabs und die gefüllten *rotis*. Weitere Optionen sind *zaffrani chawal* (Basmatireis mit Safran) und *murgh adraki* (Hähnchen-Ingwer-Curry). Gute Weinkarte.

BENGALURU Three Quarter Chinese
22 Church Street, 560 001 (080) 4112 1937

Das Dekor suggeriert den Gästen, sie befänden sich unter Wasser. Indischen und chinesischen Gerichten widmet sich das populäre Restaurant Three Quarter Chinese. Versuchen Sie doch Hummer in Szechuan-Sauce. Doch flambierte Garnelen und die anderen Fischgerichte sind genauso schmackhaft.

BENGALURU 24/7
The Lalit Ashok, Kumara Krupa High Grounds, 560 020 (080) 3052 7777

Das Restaurant des Hotels Lalit Ashok bietet eine illustre Auswahl an Gerichten aus aller Welt – von Ostasien über Indien bis Europa. Dem 24/7 angegliedert ist ein rund um die Uhr geöffneter Coffeeshop, der für sein üppiges Frühstücksbüfett bekannt ist. Es gibt aber auch Mittag- und Abendessen. Freundliche und aufmerksame Bedienung.

BENGALURU I-Talia
The Park Hotel, 14/7 Mahatma Gandhi Rd, 560 001 (080) 2559 4666

Das Gourmetrestaurant verzaubert seine Gäste – junge wie alte – mit authentischen italienischen Gerichten. Seine unbestrittene Klasse verdankt das I-Talia seiner Vielfalt an Holzofenpizzas, hausgemachten Pastagerichten und Salaten. Ein Traum ist das Mango-Campari-Sorbet. Dazu gibt es noch Blick auf den Pool inklusive.

BIJAPUR Hotel Madhuvan International Restaurant
G-37 Brigade Garden, St Marks Rd, 586 101 (08352) 225 571

Üppige *thalis* mit einer guten Auswahl an vegetarischen Gerichten sind der Renner in dem Hotelrestaurant. Ein besonderes kulinarisches Erlebnis genießt man, wenn man im dicht bewachsenen Garten speist. Das Restaurant hat zu allen Tageszeiten geöffnet. Der Service ist überaus effizient.

CHIKMAGALUR The Peaberry
Gateway Hotel, KM Rd, Jyothi Nagar, 577 101 (08262) 220 202

Das gut besuchte Restaurant mit internationaler Küche bietet auch eine Auswahl an Standardgerichten aus Nordindien. Die Mukhwada Bar mixt Ihnen sicherlich den Drink Ihrer Wahl. Das Peaberry liegt nahe den Sahyadri-Bergen und ist für Geschäftsreisende wie Urlauber gleichermaßen zu empfehlen.

HAMPI Mango Tree Restaurant
400 m westlich der Ghats, am Südufer, 583 201

Das Restaurant besticht allein schon durch seine romantische Lage am Flussufer und sein Ambiente. Die Gerichte werden unter einem Mangobaum auf Bananenblättern serviert. Die Speisen sind relativ einfach, aber vorzüglich. Kosten Sie die leckeren *dosas* (gefüllte Pfannkuchen), Honigpfannkuchen und *lassi* (Joghurtgetränk).

HUBLI Lake Palace
Hotel Naveen, Unkel, 580 025 (0836) 237 2939

Ein gemütliches Restaurant, wo an runden Tischen europäische, chinesische, nord- und südindische Gerichte serviert werden. Die besten Speisen sind aus dem Norden Karnatakas, darunter z. B. *brinjal* (ein Auberginengericht). In dem mittags und abends geöffneten Restaurant gibt es auch eine gut bestückte Bar.

MANGALORE Cardamom
Gateway Hotel, Nähe DC Office, Old Port Rd, 567 001 (0824) 666 0420

Ein breites Spektrum an Küchen Süd- und Ostasiens deckt das Cardamom ab. Probieren Sie aber auf jeden Fall eines der Gerichte, die aus Mangalore stammen. Eine gute Wahl ist *neitha kori* (marinierter Backfisch). Das kompetente Personal empfiehlt Ihnen zu jedem Gericht den passenden Wein.

MYSORE The Green Hotel Restaurant
2270 Vinoba Rd, JL Puram, 570 002 (0824) 666 0420

Leckere, gekonnt gewürzte Gerichte aus frischesten Zutaten werden in dem Hotelrestaurant serviert. Besonders gemütlich isst man im Freien – wahlweise auf der Veranda oder im Garten. Die regionalen Spezialitäten sind von bester Qualität. Auch die Weinkarte kann sich durchaus sehen lassen.

Chennai

CHENNAI Murugan Idli Shop
77-1/A GN Chetty Road, T Nagar, 600 005 (044) 2815 5462/4202 5076

Ein derart authentisches *idli* (aus schwarzen Linsen und Reis) wie in diesem Lokal, Teil einer Restaurantkette in Chennai und Madurai, findet man nur selten. Aber auch die südindischen vegetarischen Gerichte und Snacks, die helle, luftige Einrichtung sowie die schnelle Bedienung und die Riesenportionen machen den Aufenthalt angenehm.

CHENNAI Amaravathi
1 Cathedral Rd, 600 086 (044) 2811 6416

Authentische Andhra-Küche zu absolut vernünftigen Preisen ist genau das, was die Gäste des Amaravathi besonders schätzen. Das Restaurant bietet eine interessante Auswahl an herzhaft zubereiteten und köstlichen Fleisch- und Fischgerichten. Ein besseres *biryani* ist kaum zu finden.

CHENNAI Annalakshmi
804 Anna Salai, 600 006 (044) 2852 5109

Das nach der Göttin des Essens benannte Restaurant wird ehrenamtlich betrieben. Im Annalakshmi werden üppige Portionen vegetarischer Gerichte serviert, elegant präsentiert auf Silber- und Gold-*thalis* (Platten). Der Erlös geht an karitative Organisationen. Frühzeitige Reservierung ist anzuraten. *Mo.*

CHENNAI Ponnuswamy Hotel
24 Ethiraj Salai, Egmore, 600 012 (044) 2827 0784

Authentische, würzige Chennai-Gerichte in großer Auswahl bietet das Restaurant im Ponnuswamy Hotel. Einige der meistgewählten Spezialitäten sind Wachteln, Krabben und Kaninchen. Exzellent ist auch *biryani*. Das in Knoblauch eingelegte Gemüse ist kaum zu überbieten. Auch die Suppen und Salate sind delikat.

CHENNAI Benjarong
146 TTK Rd, Alwarpet, 600 018 (044) 2432 2640

Orchideen schmücken die Tische des Thai-Restaurants. Die Zutaten werden täglich frisch aus Bangkok eingeflogen. Nicht entgehen lassen sollten Sie sich *Tom-yam*-Suppe, die aus Garnelen und Ingwer zubereitet wird, und Ente vom Grill. Das Benjarong führt auch eine Reihe ungewöhnlicher, aber verlockender Desserts.

CHENNAI Coastline
New No 118 Dr Radhakrishnan Rd, Mylapore, 600 004 (044) 2811 1893

Das Coastline mit seiner modern-unterkühlten Einrichtung wirkt sehr einladend. Besonders empfehlenswert sind hier Fisch und Meeresfrüchte, die es in vielfältigen Variationen gibt. Mittags und abends geöffnet. Die gängigen Kreditkarten werden akzeptiert. Es gibt einen großen Parkplatz.

CHENNAI Copper Chimney
74 Ground Floor, Cathedral Rd, 600 086 (044) 2811 5770

Das makellos saubere Restaurant ist vor allem für seine nordindischen Tandoori-Gerichte bekannt. Auch die Kebabs und die Suppen sind ganz hervorragend. Das Copper Chimney bietet eine gute Auswahl an Weinen. Rauchern und Nichtrauchern stehen getrennte Bereiche zur Verfügung.

CHENNAI Dhaba Express
9 Cenotaph Rd, 600 004 (044) 2432 8212

Ein ganz besonderes Erlebnis bietet das Dhaba Express. Statt Stühlen gibt es hier *charpoys* (eine Art Hängematte), außerdem isst man im Freien. Gerichte, wie man sie von Imbissständen in Nordindien kennt, stehen zur Auswahl. Kosten Sie *dal makhani* (Linsen mit Knoblauch, Gewürzen und einem Schlag Sahne). Mittags und abends geöffnet.

CHENNAI The Rain Tree
Taj Connemara Hotel, 1 Binny Rd, 600 002 (044) 6600 1543

Das gemütliche Freiluftrestaurant bietet Sitzgelegenheiten unter einem riesigen Baum und präsentiert einen gelungenen Querschnitt durch die Chennai-Küche. Abends finden Kulturveranstaltungen statt. Das Rain Tree eignet sich gut für Geschäftsessen. An der Retro-Bar schaut man auf einen Drink vorbei. Das Restaurant ist nur abends geöffnet.

CHENNAI Mainland China
Hotel Tulip Aruna Complex, 144/145 Sterling Road, Nungambakkam, 600 034 (044) 2823 8345

Hier gibt es das beste chinesische Essen in Chennai. Eine wunderschöne Einrichtung und der aufmerksame Service machen den Aufenthalt zu einem Erlebnis. Besonders den knusprigen Spinat sollte man sich nicht entgehen lassen. Aufgrund der großen Beliebtheit des Restaurants ist eine rechtzeitige Reservierung dringend zu empfehlen.

Tamil Nadu

KANCHIPURAM Kanchi Kudil
53-A Sangeetha Vidwan, Nainar Pillai Street, 600 088 (04112) 2827 1100

Das Restaurant gehört zu den populärsten in Kanchipuram. Das Haus ist wunderschön restauriert, hat sich jedoch einen großen Teil seines Charmes bewahren können. Das zu allen Tageszeiten geöffnete Kanchi Kudil bietet eine Auswahl vegetarischer Gerichte aus Südindien. Man kann hier auch schönes Kunsthandwerk kaufen.

MADURAI Temple View Rooftop Restaurant
Hotel Park Plaza, 114-5 West Perumal Mistry Street, 625 001 (0452) 301 1111

Eine grandiose Aussicht auf den Tempel genießen die Gäste des Dachrestaurants. Die Köche im Temple View Rooftop Restaurant kreieren Gerichte – vorwiegend aus Indien und China – nach bewährten Rezepten. Häufig gewählt wird die Knoblauch-Fisch-Pfanne. Das Lokal ist nur abends geöffnet.

Preiskategorien *siehe S. 598* **Zeichenerklärung** *siehe hintere Umschlagklappe*

MADURAI The View

Gateway Hotel, 40 TPK Rd, Pasumalai Hill, 625 003 (0452) 663 3000

Ruhiges Ambiente und zuvorkommendes Personal machen den Charme des Restaurants aus. Es ist ideal, wenn man nach der Besichtigung der Tempelstadt Entspannung (und kulinarische Verwöhnung) sucht – egal, zu welcher Tageszeit. Die Speisekarte voller indischer und chinesischer Gerichte wird von einer respektablen Weinkarte begleitet.

MAMALLAPURAM Moonrakers

34 Othavadai Street, 603 104

Das Moonrakers ist bekannt für seine Kebabs und *koftas* sowie Nudel- und Geflügelgerichte. Auch die Salate und Snacks sind gelungen. Berühmt ist das Restaurant hingegen für sein Seafood. Gehen Sie nicht, ohne vorher eine Portion Pfannkuchen oder tropischen Fruchtsalat verköstigt zu haben. Die Preise sind passabel.

OOTACAMUND Tandoor Mahal

Commercial Rd, 643 101

Kühles Bier und leckere – vegetarische und fleischhaltige – Tandoori-Gerichte bilden im Tandoori Mahal eine mehr als gelungene Kombination. Daneben kann man auch einige Spezialitäten aus der Region bestellen. Das Personal ist freundlich, der Service passt. Das Lokal hat mittags und abends geöffnet.

OOTACAMUND The Nilgiri Woodlands Restaurant

Ettines Rd, gegenüber dem Race Course, 643 001 (0423) 244 2551

Das vegetarische Restaurant ist in einer Villa aus der Kolonialzeit untergebracht und konnte sich das Flair jener Zeit bewahren. Doch auch die unmittelbare Umgebung trägt mit ihren Grünflächen zur angenehmen Atmosphäre bei. Das Lokal bietet ein gutes Preis-Leistungs-Verhältnis. Probieren Sie die sättigenden südindischen *thalis*.

PUDUCHERRY Le Club

Hotel de Puducherry, 38 Rue Dumas Street, 605 001 (0413) 222 7409

Mit seinem Stil und seiner Eleganz verzaubert das französische Restaurant jeden Gast. Zu leckeren Gerichten wie *coq au vin*, Grillgarnelen mit Basilikum und *Chateaubriand*-Steak gibt es erfrischende Cocktails. Die *fondant chocolat* ist süße Verführung pur. An den Wänden hängen Bilder und Fotos von Prominenten, die im Le Club speisten.

PUDUCHERRY Carte Blanche

Hotel de L'Orient, 17 Rue Romain Rolland, 605 007 (0413) 234 3067

Zur Einrichtung des außergewöhnlichen Restaurants gehören einige alte Karten von Puducherry an den Wänden. Das Carte Blanche versetzt in eine Zeit zurück, in der *punkhawallas* (Diener) den Gästen mit Fächern Abkühlung verschafften und kreolische Küche angesagt war. Die Gerichte sind einfallsreich und von bester Qualität.

PUDUDCHERRY Surguru

104 Sardar Vallabhai Patel Sarai, 605 001 (0413) 233 9022

Das Restaurant im Hotel Surguru bietet eine Auswahl indischer und französischer – ausschließlich vegetarischer – Spezialitäten. Besonders empfehlenswert ist *sambar* (Linsen und Gemüse, gekocht mit südindischen Gewürzen). Die angenehme Atmosphäre sowie die Musikdarbietungen machen das Essen zu einem unvergesslichen Erlebnis.

THANJAVUR Geetham

Hotel Parisutham, 613 001 (04362) 231 801

Günstige Preise, freundliche Bedienungen und sehr guter Service verhalfen dem Geetham zu großer Popularität. Die Speisekarte umfasst insgesamt nicht weniger als 72 vegetarische Speisen (darunter viele Curry-Gerichte), die auf traditionellen *thalis* (Platten) serviert werden. Mittags und abends geöffnet.

Andamanen

PORT BLAIR Waves

Corbyn's Cove, 744 101 (03192) 245 110

In Strandnähe befindet sich das internationale Restaurant, das über einen schönen Garten verfügt und einen traumhaften Blick über das Hafengelände bietet. Die Küche überzeugt mit regionalen Spezialitäten und Gerichten nach europäischen Rezepten. Dazu gibt es die passenden Weine. Nur abends geöffnet.

PORT BLAIR Mandalay Restaurant

Bay Island Hotel, Marine Hill, 744 101 (03192) 234 101

Das Hotel am Hafeneingang bietet internationale Küche und einen herrlichen Blick auf die Inseln Ross und Havelock. Kosten Sie eine der regionalen Spezialitäten oder eines der indischen und chinesischen Gerichte. In der Lounge Look Out gibt es Snacks, der Blick auf das Meer ist hier genauso schön wie im Restaurant.

PORT BLAIR The Wild Orchid Havelock Island

Vijaynagar, Havelock Island, 744 103 (03192) 282 472

Das Wild Orchid Havelock Island ist Restaurant und Bar in einem. Internationale Gerichte in authentischen Zubereitungen sind Markenzeichen des Hauses. Auch das frische Seafood ist exzellent. Die Emerald Gecko Bar ist bestens mit indischen und importierten Getränken bestückt.

Kerala

ALAPPUZHA Chakara
Raheem Residency, Beach Rd, 688 012 (0477) 223 9767

Das Restaurant direkt am Meer präsentiert Köstlichkeiten wie Geflügel in Orangen- und Minzesauce. *Kuttanadan* (ein Fisch-Curry) und andere Fischgerichte zählen zu den begehrtesten Favoriten. Vor allem die Saucen werden mit viel Raffinesse – und natürlich frischen Gewürzen – zubereitet.

KOCHI The Fort House
Calvathy Rd, Fort Cochin, 682 001 (0484) 221 5333

Das ruhig gelegene Fort House ist der ideale Ort für ein Essen fernab jeglicher Hektik. Das familienbetriebene Restaurant serviert bodenständige Küche aus Kerala, darunter Seafood und vegetarische Currys. Manche Gäste kommen nur auf einen Cocktail vorbei. Das Personal ist sehr effizient.

KOCHI The Malabar Junction Restaurant
The Malabar House, Fort Kochi, 682 018 (0484) 221 6666

Das Malabar Junction bietet seinen Gästen feinste Gerichte, die unter freiem Himmel verzehrt werden. Eine Markise aus Holz bietet gegebenenfalls Schutz. Auf der Bühne nebenan gibt es regelmäßig Live-Musik. Die Küche zeigt eine Tendenz zu europäischen Speisen, vor allem der Mittelmeerraum ist stark vertreten.

KOCHI Bubble Café
Taj Residency, Ernakulam, 682 011 (0484) 667 3300

In der Monsunzeit ist ein Besuch des Bubble Cafés ein absolutes Muss. Schließlich verschafft das transparente Dach den Gästen das Gefühl, mitten im Regenschauer zu sitzen. Gerichte aus aller Welt werden zubereitet. Vor allem die Salate und Desserts sind grandios. Die edlen Tropfen der Weinkarte zählen zum Besten, was Kochi zu bieten hat.

KOTTAYAM Vembanad Lake Resort
Vembanad Lake Resort, Kodimatha, 686 039 (0481) 236 0866

Indische wie internationale Gerichte werden im Vembanad Lake Resort offeriert. Es ist eines der besten Lokale der Stadt für regionale Spezialitäten wie etwa das exzellente (und garantiert frische) Seafood. Schöne Aussicht auf den See gibt es zusätzlich. An einem kleinen Stand neben dem Restaurant wird Schmuck verkauft.

KOTTAYAM Coconut Lagoon Restaurant
Coconut Lagoon, PB No 2, Kumarakoram, 686 563 (0481) 301 1711

Das Restaurant ist über die Grenzen der Stadt hinaus bekannt für authentische Gerichte aus Kerala, zubereitet in höchster Vollendung. Auch das wunderschöne Ambiente fasziniert: Das Coconut Lagoon ist in einem liebevoll restaurierten *tharavad* (Stammhaus) untergebracht. Weitere Besonderheit: Man erreicht das Lokal nur mit dem Boot.

KOVALAM Rockholm
Hotel Rockholm, Lighthouse Rd, 695 521 (0471) 248 0606

Das Terrassenrestaurant bietet seinen Gästen einen schier atemberaubenden Meerblick. Besonders stimmungsvoll ist es im Freien. Dort schmecken die indischen, chinesischen und europäischen Gerichte wie etwa das Seafood und so mancher Geheimtipp der heimischen Küche gleich noch besser.

KOVALAM Octopus
Surya Samudra Beach Garden, Pulinkudi, 695 521 (0471) 248 0413

Das Resort-Restaurant mit internationaler Küche ist in einem traumhaften, aufwendig restaurierten hölzernen Kerala-Haus untergebracht. Die Atmosphäre hat etwas Märchenhaftes. Spezialitäten sind ausgezeichnetes Seafood, frisches Gemüse sowie hausgemachte Kuchen und Eiscreme. In der Umgebung sind einige Tempel zu besichtigen.

KOZHIKODE Coral Reef Restaurant
Hotel Taj Residency, PT Usha Rd, 673 101 (0484) 308 1000

Das Spektrum an unterschiedlichsten Küchen ist sehr breit: Es reicht von China bis Europa. Auch indische Gerichte sind gut vertreten. Einige Speisen werden nach Ayurveda-Prinzipien zubereitet. Man speist mit Blick auf den Pool des Hotels oder hat Aussicht auf einen attraktiven Landschaftsgarten. Mittags und abends geöffnet.

LAKKADIVEN Restaurant Hut
Bangaram Island Resort, 682 552

Das ausgefallene Restaurant Hut besticht durch seine für Europäer so merkwürdig anmutende wie raffinierte Architektur: Es besteht einzig aus Bambus und Palmwedeln. Die Grillbüfetts am Abend sind ein unvergessliches Erlebnis. Sie bieten eine illustre Auswahl an regionalen Spezialitäten und europäischen Gerichten.

THEKKADY Shalimar Spice Garden Resort Restaurant
Murikkady PO, 685 536 (0486) 922 3022

Das Essen hier ist so authentisch wie die traditionelle Kerala-Einrichtung. Die Spezialitäten der Region werden den Gästen auf Bananenblättern serviert. Die Köche kreieren darüber hinaus einige der besten italienischen Gerichte. Die gute Auswahl an Weinen ist ein weiterer Pluspunkt. Das Personal ist überaus freundlich.

Preiskategorien *siehe S. 598* **Zeichenerklärung** *siehe hintere Umschlagklappe*

THIRUVANANTHAPURAM The Regency
The South Park, 695 001 (0471) 233 0377

Das Restaurant bietet abends üppige Büfetts. Möchten Sie unterm Sternenhimmel dinieren? Die Dachterrasse bietet ausreichend Platz im Freien. Die Speisekarte umfasst eine Vielzahl einheimischer Gerichte sowie einige ausgewählte europäische Speisen. Business-Einrichtungen sind vorhanden.

THIRUVANANTHAPURAM Zodiac
Hotel Saj Lucia, East Fort, 695 023 (0471) 246 3443

Die ganze Faszination des Bundesstaates Kerala kann man im Zodiac erleben – in puncto Küche wie auch in der Einrichtung. Indische, chinesische und europäische Köstlichkeiten machen einen Besuch lohnenswert. Auch die als *ghazals* bekannten Musikdarbietungen faszinieren. Unter den Gästen sind viele Familien.

VARKALA Café Comorin
Taj Garden Retreat, Varkala, 695 141 (0470) 260 3000

Ein lebhafter Ort, der zu den Attraktionen von Varkala gehört. Das im Hotel Taj Garden Retreat eingerichtete Café Comorin liegt am Pool und bietet eine spektakuläre Aussicht auf das Meer. Zur Auswahl stehen vorwiegend indische und chinesische Speisen. An der Bar gibt es gute Weine.

Andhra Pradesh

HYDERABAD Minerva Coffee Shop
6-3-1110 Amrutha Mall Somajiguda, 500 016 (040) 2340 4635

Für einen kleinen Happen am Abend ist dies genau die richtige Adresse. *Idlis* (Reis mit Linsen), *dosas* (gefüllte Pfannkuchen) und Reis mit Kokosnuss-Chutney sind nur einige der vielen überzeugenden Optionen. Natürlich können Sie hier auch einfach eine Tasse vorzüglichen Kaffee genießen.

HYDERABAD Bidri
Hyderabad Marriott Hotel, Tank Bund Road, 500 080 (040) 2752 2999

Das Restaurant in der Nähe des Hussain Sagar Lake verweist mit seinem Namen auf das lokale Metallhandwerk. Besondere Spezialitäten sind *bidri dal* (gewürzte Hülsenfrüchte), *shikampuri kebab* (gegrilltes Lamm mit Minze) und *kachae gosht ki biryani* (Würzreis mit rohem Fleisch). Rechtzeitiges Reservieren ist empfehlenswert.

HYDERABAD Spice Junxion
Taj Deccan, Rd No 1, Banjara Hills, 500 034 (040) 6666 3939

In moderner, stylisher Umgebung wird traditionelle südindische Küche serviert. Zu den Spezialitäten zählen *nellore chapala pulusu* (Fisch-Curry) und *atteraichi varutharai cha curry* (Lamm nach Kerala-Art). Aber auch vegetarische Gerichte wie *malabar avial* (Gemüseeintopf in Kokossauce) sind sehr beliebt. Reservierung empfohlen.

TIRUPATI Maya Deluxe
Bhima's Deluxe Hotel, 34–38 Govind Raja Car Street, 517 501 (0877) 222 5521

Alles in der Stadt verströmt eine Aura von Heiligkeit. Das Maya Deluxe serviert folgerichtig ausschließlich vollwertige, vegetarische indische Gerichte. Dazu gibt es erfrischende Getränke und Fruchtsäfte. Nicht nur die Qualität der Speisen begeistert, auch Service und Ambiente sind perfekt. Es gibt Frühstück, Mittag- und Abendessen.

VIJAYAWADA Aromas Restaurant
Hotel D V Manor, 40–47 MG Rd, 520 010 (0866) 247 4455

Das kleine, behagliche Restaurant ist bei Einheimischen und Besuchern der Stadt sehr beliebt. Zur Auswahl stehen indische, Mogul- und orientalische Gerichte. Unbestritten am populärsten sind die nach Rezepten der Punjab-Küche zubereiteten Speisen. Mittags und abends geöffnet.

VISAKHAPATNAM Dakshin Restaurant
Hotel Daspalla, 28-2-48 Suryabagh, 530 020 (0891) 256 4825

Viele würzige Gerichte der typischen Küche aus Andhra Pradesh serviert das Dakshin Restaurant. Zu den Favoriten gehört das Hammelfleischgericht *gongura*. Das Lokal verfügt über gute Business-Einrichtungen und bietet getrennte Bereiche für Raucher und Nichtraucher. Dazu läuft Musik vom Band. Mittags und abends geöffnet.

VISAKHAPATNAM Bamboo Bay
The Park, Beach Rd, 530 022 (0891) 275 4388

Das einzige am Strand gelegene Freiluftrestaurant der Stadt serviert hauptsächlich Fischgerichte – eine gelungene Kombination von Andhra- und Chennai-Küche – und einige Tandoori- und Grillgerichte. Versuchen Sie Tandoori-Makrele, *gongura mamasam* und *yaar varuval* – alles auf einer Platte. Nur abends geöffnet.

WARANGAL Kadambari Restaurant
Hotel Ashoka, 6-1-242 Main Rd, Hanamkonda, 506 001 (0870) 257 8491

Das familienfreundliche Restaurant ist auf Kerala-Küche spezialisiert. Außerdem gibt es einige ausgewählte chinesische Speisen und Tandoori-Gerichte. Das Personal des Kadambari berät die Gäste freundlich und kompetent, die Atmosphäre ist sehr entspannt. Mittags und abends geöffnet.

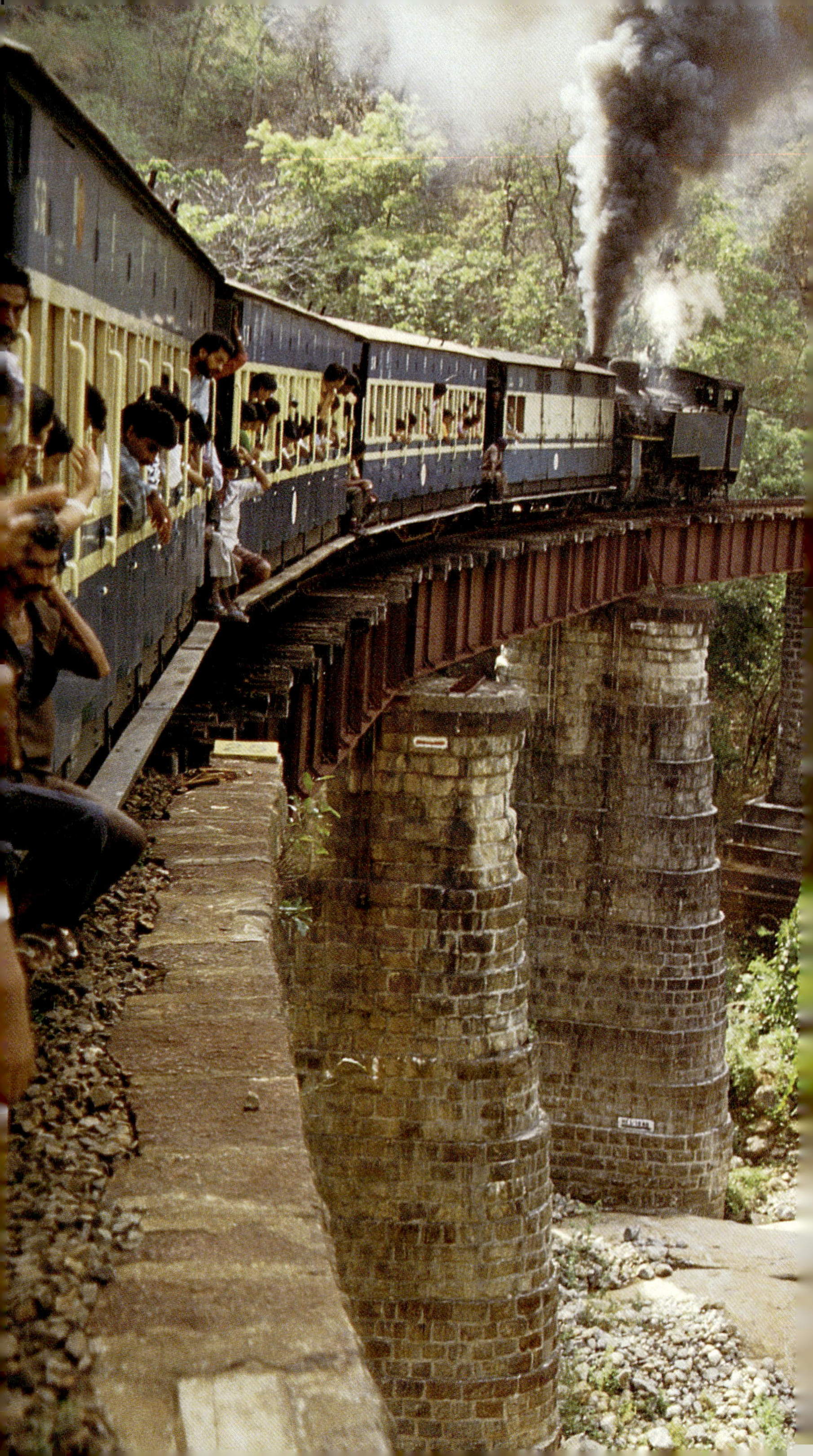

Grund-
informationen

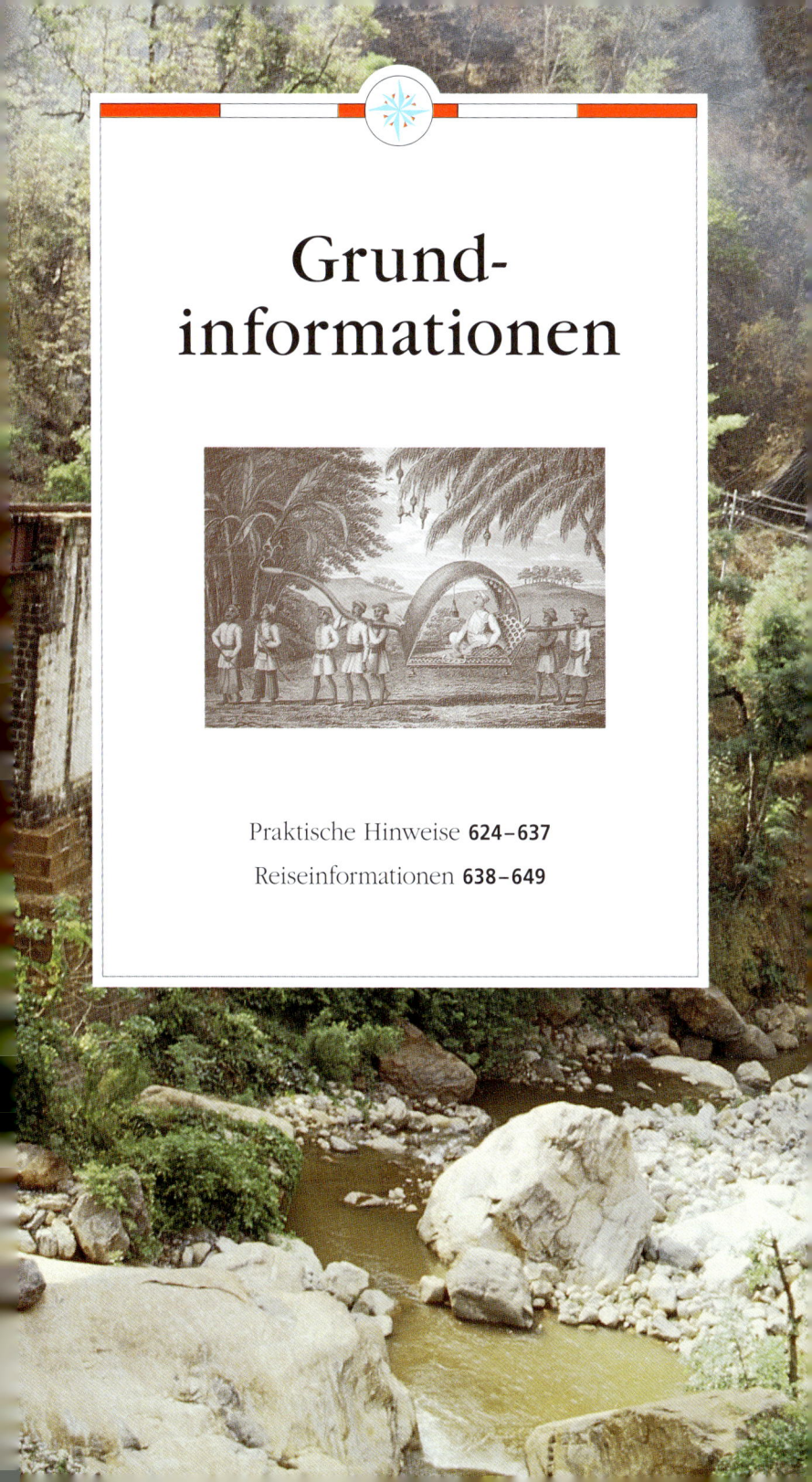

Praktische Hinweise **624–637**

Reiseinformationen **638–649**

Praktische Hinweise

Nach Indien reisen jedes Jahr über fünf Millionen Menschen. Hochsaison ist der Winter (Okt–März) – in dieser Zeit empfiehlt es sich, im Voraus zu buchen. Die Verständigung ist in der Regel kein Problem, man spricht fast überall Englisch. In größeren Städten gibt es eine gut organisierte Infrastruktur (Transport, Hotels, Restaurants). In abgelegeneren Gegenden sind die Unterkünfte oft einfach. Der Besucher kann Schwierigkeiten haben, eine Bank zu finden oder mit Kreditkarte zu zahlen. Das Fremdenverkehrsamt hat Niederlassungen im ganzen Land *(siehe S. 647)* sowie internationale Büros, in denen man Broschüren bekommt und Pauschalreisen buchen kann. Darüber hinaus gibt es in Indien viele Reiseagenturen, die sich um eine Unterkunft und Ausflüge kümmern.

Logo des Ministeriums für Tourismus & Kultur

Reisezeit

Das Reisen in Indien ist stark vom Wetter abhängig. Im ganzen Land sind die Bedingungen zwischen Oktober und März am günstigsten. Im Sommer (Apr–Juni) ist es im Norden unerträglich heiß, im Süden überaus schwül. In der Regenzeit (Juli–Sep) erschweren heftige Niederschläge das Reisen, vor allem in den südwestlichen Bundesstaaten Goa, Maharashtra, Karnataka und Kerala. Von November bis Januar kann es im Himalaya sehr kalt sein. Das Vorgebirge bietet zwischen März und Juni und dann wieder im September (nach der Regenzeit) willkommene Erfrischung von der starken Hitze in der Ebene. Klimatabellen und Niederschlagsverteilung finden Sie auf Seite 38f.

Kleidung

Welche Kleidung Sie benötigen, hängt natürlich von der Reisezeit ab. In Nordindien brauchen Sie von November bis Februar abends eine warme Jacke, einen Pullover und Socken, im Süden ist das Klima zu dieser Zeit dagegen schon sehr mild. Im Februar, März und Oktober genügen leichte Wollsachen, im Sommer und während des Monsuns (Apr–Sep) werden Sie sich nur in weiter Baumwollkleidung wohlfühlen. Schuhe sollten Sie bei Tempelbesichtigungen möglichst schnell ausziehen können. Darüber hinaus sollten Reiseapotheke *(siehe S. 632)*, Regenschutz oder Schirm, Sonnenhut und eine Taschenlampe nicht fehlen.

Buchungen

In der Hochsaison (Okt–März) empfiehlt sich eine Buchung im Voraus, die sich auch bestätigen lassen sollten. Inländische Flüge bekommen Sie recht problemlos, die Züge sind allerdings immer überfüllt. Die Reservierung der Zugfahrkarten ist zwei Monate im Voraus möglich. Bestehen Sie auf einer schriftlichen Bestätigung.

Einreise

Für die Einreise nach Indien brauchen Sie einen noch mindestens sechs Monate gültigen Reisepass und ein Visum. Die indischen Botschaften und Konsulate *(siehe S. 631)* auf der ganzen Welt stellen ein sechs Monate gültiges Visum für Besucher aus, mit dem Sie mehrfach einreisen können (multiple entry visa), falls Sie auch Besuche der Nachbarländer wie z.B. Nepal oder Sri Lanka planen. Mit diesem Visum können Sie mit Ausnahme der »Restricted Areas« *(siehe unten)* überall frei herumreisen. Die Gebühr für das Visum beträgt rund 50 Euro. Bei Pauschalreisen kümmert sich das Reisebüro darum.

Verlängerungen des Visums sind für 15 Tage oder, in Ausnahmefällen, auch für einen längeren Zeitraum möglich. Der Prozess ist jedoch langwierig und kompliziert: In Delhi bekommen Sie ein entsprechendes Formular im Büro des **Ministry of Home Affairs**, das Sie im **Foreigners' Regional Registration Office (FRRO)** abgeben müssen. Ausgestellt bekommen Sie die Verlängerung wiederum vom Ministry of Home Affairs. In Mumbai, Chennai und Kolkata sollten Sie sich direkt an das FRRO wenden.

Zoll

Zollfrei einführen dürfen Sie 0,95 Liter Alkohol und 200 Zigaretten. Persönliche Gegenstände wie Schmuck,

Ein Café im winterlichen Goa – dann ist das Klima besonders angenehm

◁ *Der »Blue Mountain Train« auf seiner atemberaubenden Fahrt nach Ooty (siehe S. 492)*

Videokameras, Musikgeräte und Laptops müssen auf einem Formular vermerkt und wieder ausgeführt werden, andernfalls drohen hohe Geldstrafen. Wer mehr als 5000 US-Dollar bzw. den entsprechenden Wert in Reiseschecks mitbringt, muss am Flughafen eine Erklärung ausfüllen. Das Gepäck darf ebenfalls nur einen bestimmten Wert haben – wird er überschritten, drohen hohe Zollgebühren. Mehr als 100 Jahre alte Antiquitäten, Pelze, *Shahtoosh*-Schals und Elfenbein dürfen nicht ausgeführt werden. Bei Fragen helfen das **Archaeological Survey of India (ASI)**, das **Ministry of Environment and Forests** und das Auswärtige Amt (www.auswaertiges-amt.de).

Sondergenehmigungen

Für die ›Restricted Areas‹, z. B. auf den Andamanen, brauchen Sie zusätzlich zum Visum eine Sondergenehmigung, die ebenfalls nicht einfach zu bekommen ist und deren Ausstellung bis zu vier Wochen dauern kann. Deshalb sollten Sie so früh wie möglich mit einem Reisebüro in Ihrem Heimatland oder in Indien Kontakt aufnehmen. Sie können sich auch an indische Botschaften und Konsulate, an das FRRO in Delhi, Kolkata, Mumbai und Chennai sowie an das Büro des Resident Commissioners in Delhi wenden. In den entsprechenden Gebieten müssen Sie die Genehmigung auf Verlangen vorzeigen. Für den Himalaya an der Grenze zu Pakistan, Tibet und China sowie für Wanderungen in Uttarakhand, Himachal Pradesh, Ladakh, Westbengalen und Sikkim brauchen Sie zudem Trekking-Genehmigungen. Besucher der Region Sikkim benötigen aufgrund der Nähe zu China eine gesonderte Besuchserlaubnis.

Für die sieben nordöstlichen Bundesstaaten brauchen Sie nur für Assam, Meghalaya und Tripura keine Genehmigung. Die Besuchserlaubnis für Arunachal Pradesh, Mizoram, Manipur und Nagaland bekommen Sie in den staatlichen Fremdenverkehrsbüros. In manchen Gegenden gibt es nur Genehmigungen für Gruppen (ab vier Personen).

Nicht-Inder benötigen für die Andamanen eine 30 Tage gültige Besuchserlaubnis, die einige Stammesgebiete und Inseln ausschließt. Sie sind am Einwanderungsschalter des Flughafens von Port Blair sowie von Kolkata und Chennai erhältlich. Bei Anreise mit dem Schiff hilft auch das FRRO weiter. Informationen zur Einreise auf die Lakkadiven finden Sie auf Seite 529. Die Nikobaren sind für Touristen nicht zugänglich.

Botschaften und Konsulate

Die meisten Länder haben Vertretungen in Delhi, Mumbai, Kolkata und Chennai. Die Konsulate können Ersatzpässe ausstellen und in Notfällen wie Diebstahl, Verhaftung und Krankenhausaufenthalt behilflich sein. In allen Telefonbüchern sowie auf der Website des Indian Ministry of Tourism (www.tourindia.com) finden Sie detaillierte Auflistungen der Botschaften und Konsulate *(siehe auch S. 631)*.

Visa-Stempel

Impfungen

Nur Besucher, die sich innerhalb der letzten Tage vor ihrer Einreise nach Indien in Gelbfiebergebieten wie einigen afrikanischen und südamerikanischen Ländern sowie in Papua-Neuguinea aufgehalten haben, benötigen eine entsprechende Impfbescheinigung. Empfohlen werden Tetanus-, Diphtherie-, Polio-, Typhus-, Hepatitis-A- und -B-Impfungen sowie Malaria-Prophylaxe *(siehe S. 633)*.

Versicherungen

Der Abschluss einer Auslands-Krankenversicherung ist anzuraten. Wenn Sie einen Sport- und Aktivurlaub planen, sollten Sie auf jeden Fall eine Unfallversicherung abschließen.

AUF EINEN BLICK

FRRO
www.immigrationindia.nic.in

Delhi
East Block 8, Level 2,
Sector 1, RK Puram.
(011) 2671 1443.

Mumbai
Special Branch Building,
Badruddin Tayabji Lane.
(022) 2262 0446.

Chennai
Shastri Bhavan Annexe,
26 Haddow Rd.
(044) 2345 4970.

Kolkata
237 AJC Bose Rd.
(033) 2262 0446.

Ministry of Home Affairs

Delhi
North Block, Central Secretariat.
(011) 2309 2161.

Reiseveranstalter

Abercrombie & Kent
(011) 4600 1600 (Indien).
(0044) 01242 547 700 (UK).
www.akdmc.com

Indo Asia Tours
(011) 2469 3574 (Indien).
www.indoasia-tours.com

Jungle Lodges & Resorts
(080) 2559 7021 (Indien).
www.junglelodges.com

Mercury Travels
(069) 51 26 20 (Deutschland).
www.mercury-india.com

Sita World Travel
(06102) 64 79 (Deutschland).
www.sitatours.com

ASI

Janpath, Delhi.
(011) 2301 3574.
www.asi.nic.in

Ministry of Environment and Forests

Paryavaran Bhavan,
CGO Complex, Lodhi Rd,
New Delhi.
(011) 2436 1896.

Information

www.india-tourism.com
www.travel.indiamart.com
www.tourindia.com

Information

Fremdenverkehrsbüros des **Government of India Department of Tourism** *(siehe S. 647)* finden sich überall in Indien und im Ausland. Jeder Bundesstaat hat darüber hinaus sein eigenes Fremdenverkehrsamt. Diese Stellen geben Ihnen umfassend Auskunft über Sehenswürdigkeiten, günstige Verkehrsverbindungen, Unterbringung und etwaige Reiseeinschränkungen für bestimmte Regionen *(siehe S. 625)* und versorgen Sie außerdem mit Broschüren und Karten. Nützliche und aktuelle Informationen liefern auch zahlreiche Websites im Internet. In den Ankunftshallen der Flughäfen sowie an Bahnhöfen und Busbahnhöfen gibt es ebenfalls Informationsschalter.

Eintritt

Mit einer normalen Eintrittskarte (250 Rupien für Ausländer, 10 Rupien für Inder) kann man mehrere von Indiens UNESCO-Welterbestätten besichtigen. Das Taj Mahal ist hier nicht mit eingeschlossen. Eine andere Eintrittskarte bezieht sich auf Monumente, die dem Archaeological Survey of India (ASI) unterstehen. Diese Tickets kann man in ASI-Büros, direkt an den Monumenten und in Büros der India Tourism Development Corporation (ITDC) kaufen.

Für Fotoapparate, Videokameras und spezielle Ton- und Bildvorführungen wird oft eine Extragebühr erhoben. In religiösen Stätten wie Tempeln, Moscheen, Klöstern und Kirchen ist der Eintritt in der Regel frei, Spenden werden aber gern gesehen. Am besten erkundigen Sie sich, ob der Zutritt auch wirklich gestattet ist *(siehe S. 628f)*.

Infobroschüren

Feiertage und Öffnungszeiten

In jedem Jahr veröffentlicht die Regierung eine neue Liste mit Feiertagen *(siehe S. 35)*. Auf ihr sind alle größeren religiösen Feste aufgeführt, die gemäß dem Mondkalender immer auf einen anderen Tag fallen. Einige Feiertage sind als »Restricted Holidays« gekennzeichnet. Das heißt, dass die Büros zwar geöffnet sind, der gewünschte Angestellte aber unter Umständen nicht vor Ort ist. An den drei Nationalfeiertagen – Republic Day (26.1.), Independence Day (15.8.) und Mahatma Gandhis Geburtstag (2.10.) – sind Banken, Büros und die meisten Märkte geschlossen. Denkmäler und Museen sind in der Regel zwischen 10 und 18 Uhr geöffnet (mit einer Stunde Mittagspause) und montags sowie an den staatlichen Feiertagen geschlossen. Läden und Märkte bleiben mindestens bis 19 Uhr offen. Tempel sind zwischen 13 und 16 Uhr nicht zugänglich, da zu dieser Zeit die Gottheit »ruht«. Staatsangestellte arbeiten montags bis freitags von 9.30 bis 18 Uhr, die Mittagspause beträgt eine halbe Stunde.

Geführte Touren

Alle Fremdenverkehrsbüros, Reiseveranstalter und Hotels können einen ausgebildeten Führer zu einem festen Stundenlohn organisieren. Bei den wichtigsten Sehenswürdigkeiten können die zahlreichen Amateurführer sehr aufdringlich werden. Ignorieren Sie diese einfach, und suchen Sie sich einen Englisch sprechenden Führer, die an der Metallplakette des Fremdenverkehrsamts zu erkennen sind. Aber auch deutschsprachige Führer stehen gelegentlich zur Verfügung.

Rucksackreisende

Für Studenten und jüngere Reisende gibt es in vielen größeren Städten Zweigstellen der **Youth Hostels Association of India (YHAI)** *(siehe S. 567)*. Man muss zwar kein Mitglied der Organisation sein, diese haben jedoch Priorität und bekommen niedrigere Preise. **YMCA**-(CVJM-)Herbergen in größeren Städten bieten ebenfalls preiswerte Unterkünfte für Rucksackreisende. Abgesehen davon sind auf dem Land auch zahlreiche billige Übernachtungsmöglichkeiten zu finden. Die Mitnahme eines robusten Vorhängeschlosses empfiehlt sich, da viele preiswerte Hotels nur unzureichend gesichert sind. Sie haben oft auch keine Klimaanlage und keine Moskitonetze – Letztere sind jedoch absolut unerlässlich und überall im Land zu bekommen. Geld und die wichtigsten Dokumente sollten Sie niemals im Hotel lassen, sondern immer bei sich tragen. Hüten Sie sich auch vor allzu verlockenden Hotel- und Einkaufsangeboten.

Behinderte Reisende

Einrichtungen für Behinderte sind leider immer noch wenig verbreitet. Hierbei macht keine der in diesem Buch vorgestellten Regionen eine nennenswerte Ausnahme. Öffentliche Gebäude und Sehenswürdigkeiten haben im Gegensatz zu Flughäfen und

Besucher auf einer geführten Bootstour im Ranganthittoo Bird Sanctuary

Bahnhöfen nur selten Rampen oder Geländer. Für das Gepäck gibt es immer einen Träger. Die Bürgersteige sind oft uneben, das Vorankommen mit einem Rollstuhl ist mühsam. Nur wenige Hotels haben sich auf behinderte Reisende eingestellt, das Personal ist allerdings immer sehr hilfsbereit.

Mit Kindern reisen

Obwohl einige Luxushotels einen Babysitter-Service anbieten, ist dies immer noch die absolute Ausnahme. Die Inder sind jedoch überaus kinderfreundlich und tun alles, damit sich die kleinen Gäste wohlfühlen. Wenn Sie mit einem Säugling reisen, sollten Sie die Babynahrung auf jeden Fall mitbringen. Plastikwindeln sind dagegen in den meisten größeren Städten ohne Probleme erhältlich.

Sprache

Die offizielle Landessprache ist Hindi. Darüber hinaus gibt es jedoch mehrere Regionalsprachen. In Kolkata und Westbengalen spricht man Bengali, in Mumbai und Maharashtra Marathi, in Tamil Nadu Tamil, in Andhra Pradesh Telugu und in Kerala schließlich Malayalam. Englisch ist allerdings weitverbreitet. Es wird in den meisten Städten gesprochen, vor allem von den Taxifahrern, Führern, Hotel- und Ladenangestellten sowie Mitarbeitern in den indischen Behörden. Außerdem ist Englisch die Sprache der Geschäftswelt. Die Straßenschilder und Hausnummern finden Sie in aller Regel auf Englisch und in der jeweiligen Regionalsprache.

Strom

Die Stromspannung in Indien beträgt 230 Volt, 50 Hz. Im Sommer kann es zu Engpässen in der Stromversorgung bis hin zu Stromausfällen kommen. Dreifach-Rundstecker sind die Norm, eventuell benötigte Adapter sind in fast allen größeren Läden erhältlich. Ihr Laptop sollten Sie durch ein spezielles Kabel vor einem Spannungsabfall schützen.

Zeitzone und Kalender

Trotz der Größe des Landes gibt es in Indien nur eine Zeitzone. Der Zeitunterschied beträgt zur Mitteleuropäischen Zeitzone plus 4,5 Stunden und entsprechend plus 3,5 Stunden zur Sommerzeit. Eine Sommerzeit wie in Europa gibt es in Indien nicht.

Offiziell gilt der westliche gregorianische Kalender, darüber hinaus gibt es aber auch viele unterschiedliche traditionelle Kalender, je nach Religion und Region. Im offiziellen indischen Kalender (nach der Saka-Zeitrechnung) z. B. war 2011 erst 1933, während der alte hinduistische Kalender, der der Samvat-Zeitrechnung folgt, bereits das Jahr 2068 zählte.

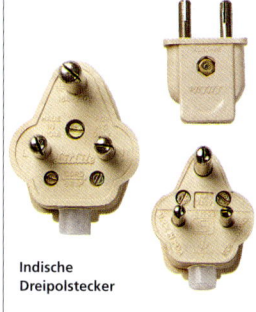

Indische Dreipolstecker

Maße

Das metrische System ist in Indien am weitesten verbreitet. In manchen Fällen werden außerdem noch die englischen Maßeinheiten angegeben.

Fotografieren

Sogar in kleineren Städten finden Sie Läden, in denen Sie Batterien oder Speicherkarten kaufen können.

Bevor Sie Frauen, Stammesangehörige oder religiöse Stätten fotografieren oder filmen, sollten Sie immer um Erlaubnis bitten. Das Ablichten von Sicherheitsbereichen wie Bahnhöfen, Dämmen, Flughäfen und militärischen Einrichtungen ist untersagt.

AUF EINEN BLICK

Staatliche Tourismusbüros

Delhi
88, Janpath.
(011) 2332 0005.
www.delhitourism.com

Goa
Dr Alvarez Costa Rd, Panaji.
(0832) 242 4001.
www.goa-tourism.com

Himachal Pradesh
Nähe Victory Tunnel, Shimla.
(0177) 265 4589.
www.himachaltourism.gov.in

Kerala
Park View Building, Thiruvananthapuram.
(0471) 232 1132.
www.keralatourism.org

Madhya Pradesh
Paryatan Bhavan, Bhadbhada Rd, Bhopal.
(0755) 277 8383.
www.mptourism.com

Maharashtra
Gegeüber den LIC Buildings, Madame Cama Rd, Mumbai.
(022) 2284 5678.
www.maharashtratourism.gov.in

Rajasthan
Paryatan Bhawan, MI Rd, Jaipur.
(0141) 511 0595.
www.rajasthantourism.gov.in

Tamil Nadu
TN Tourism Complex, No 2, Wallajah Rd, Triplicane, Chennai.
(044) 2538 3333.
www.tamilnadutourism.org

Uttar Pradesh
C-13, Vipin Khand, Lucknow.
(0522) 230 8017.
www.up-tourism.com

Uttarakhand
5, Kailash Gate, Rishikesh.
(0135) 243 4087.
www.uttarakhandtourism.in

Westbengalen
3/2 BBD Bag (East), Kolkata.
(033) 4401 2659.
www.westbengaltourism.gov.in

Etikette

Indien ist ein traditionsbewusstes Land, in dem Familienwerte nach wie vor eine große Rolle spielen. In größeren Städten tragen zwar vor allem jüngere Leute westliche Kleidung im modernen, kosmopolitischen Stil, alte Traditionen legen sie dennoch nicht ab. Obwohl die einzelnen sozialen, religiösen und kastenbedingten Gruppen ihre jeweils eigenen Sitten pflegen, haben sie doch gemeinsame Werte. Dazu gehört z. B. der tiefe Respekt vor älteren Menschen. Zudem sind die Inder ausgesprochen gastfreundlich und hilfsbereit, was dem westlichen Besucher manchmal sogar peinlich sein kann. Bringen Sie zu Einladungen Blumen oder ein kleines Geschenk mit, auch wenn dies nicht typisch indisch ist. Bei Verzögerungen oder nervenaufreibender Bürokratie verspricht ein freundliches, bestimmtes Auftreten mehr Erfolg als ein Wutausbruch.

Bei Tempelzeremonien isst man von Bananenblättern

Begrüßung

Zur Begrüßung und zum Abschied lautet der traditionelle indische Gruß *namaskar* oder *namaste*. Man legt die Handflächen aufeinander, erhebt sie zum Gesicht und neigt den Kopf leicht nach unten. Je nach Region oder Glaubensrichtung können die Begrüßungen und Gesten auch variieren. Muslime führen die rechte Hand zur Stirn mit den Worten *adaab* oder *salaam aleikum*, worauf man mit *walekum salaam* antwortet. Das westliche Händeschütteln ist ebenfalls weitverbreitet, konservativere Frauen bleiben allerdings beim *namaskar*.

Das an den Namen angehängte »ji« ist ein Zeichen des Respekts. Der alleinige Gebrauch des Vornamens kann als plump vertraulich empfunden werden, besser ist Mr, Miss oder Mrs bzw. einfach »ji«.

Ältere Menschen, vor allem die Großeltern, behandelt man mit sehr großem Respekt. Zur Begrüßung berühren die jüngeren Verwandten oft deren Füße. Dies erwartet man von Ihnen nicht, vollendete Höflichkeit dagegen schon.

Inder scheuen sich nicht, bereits nach einigen Minuten Bekanntschaft sehr persönliche Fragen zu stellen, z. B.

Der traditionelle Gruß namaskar

nach dem Einkommen oder dem Familienstand. Seien Sie nicht verärgert – dies soll lediglich ein freundliches Interesse andeuten.

Körpersprache

Die Füße erachten die Inder als niedrigste Teile des Körpers, Schuhe gelten als unrein. Normalerweise zieht man die Schuhe aus, bevor man ein Haus betritt. Die Füße hochzulegen, beispielsweise auf einen Sessel, wirkt extrem unhöflich, ebenso wie das unabsichtliche Berühren mit den Füßen. Wenn Sie auf dem Boden sitzen – wie das üblich ist –, sollten Sie Ihre Füße wie im Schneidersitz unter den Beinen verstauen und sie nicht ausstrecken.

Im Gegensatz dazu wird der Kopf als spirituelles Zentrum eines Menschen erachtet. Ein Älterer kann beispielsweise einen Jüngeren segnen, indem er dessen Kopf berührt.

Wegen der engeren Wohnverhältnisse haben Inder im Allgemeinen eine andere Auffassung von »Fluchtdistanz« als die Europäer. Wenn Sie das Gefühl haben, dass man Ihnen zu nahe kommt, dies aber an den Umständen liegt (z. B. in einem überfüllten Zug), sollten Sie möglichst höflich bleiben.

Öffentliche Bekundungen von Zuneigung schließlich sind in ganz Indien verpönt.

Kleidung

Die Inder kleiden sich konservativ und bedecken den ganzen Körper. In kleineren Orten tragen die meisten Frauen Saris oder *salwar-kameez* (siehe S. 30). In größeren Städten sieht man vor allem bei Jüngeren auch Jeans, Röcke und T-Shirts. Wenn es etwas zu sehen gibt, sehen indische Männer jedoch auch hin – wenn Sie dies nicht wollen, sollten Sie Miniröcke und Spaghettiträger-Tops besser meiden.

Wenn Sie eingeladen sind, sollten Sie formelle Kleidung wählen – ein typisch indisches Gewand wird Ihre Gastgeber vermutlich entzücken. Entsprechende preiswerte Konfektionsware für Männer und Frauen finden Sie überall.

Männer dürfen am Strand das Hemd ausziehen, Nacktbaden ist grundsätzlich verboten. Frauen sollten Badeanzüge oder einen Sarong über dem Bikini tragen. Auch in den Nachtclubs gibt es eine Kleiderordnung, mit Shorts und Turnschuhen kommt man sicherlich nicht hinein.

Religiöse Stätten

Ob Sie einen Hindu-Tempel, ein buddhistisches Kloster, eine islamische Moschee oder einen Gurdwara der Sikhs besuchen – ein angemessenes Verhalten ist in jedem Fall gefragt. Bitten Sie

ETIKETTE

beim Fotografieren immer um Erlaubnis. Frauen sollten die Oberarme, die Beine und mit einem Schal auch den Kopf bedecken. Männer sollten lange Hosen tragen (was auch für Frauen völlig in Ordnung ist) und ebenfalls den Kopf bedecken. Verwenden Sie dazu einen Schal oder ein sauberes Taschentuch, weniger einen Hut.

Jain-Tempel haben besonders strenge Regeln: Hier sind keine Lederwaren wie z. B. Brieftaschen oder Uhrenarmbänder erlaubt. In einigen südindischen Tempeln werden die Männer dazu angehalten, das Hemd auszuziehen und ein *dhoti* (am Eingang erhältlich) statt einer Hose zu tragen. Bei vielen religiösen Stätten zieht man vor dem Betreten die Schuhe aus. Beim Sitzen zeigen die Füße vom Hauptheiligtum weg. In einem Tempel oder Kloster bewegt man sich immer im Uhrzeigersinn. Bietet man Ihnen in einem Tempel oder Gurdwara *prasad* (heiliges Essen) an, nehmen Sie es mit der rechten Hand entgegen. Die Trennung von Männern und Frauen ist üblich.

In Hindu-Tempeln opfert man für gewöhnlich Blumen oder Räucherstäbchen. Lehnen Sie sich nie an Tempel- oder Schreinwände – auch Ruinen gelten als heilig. Einige Tempel, vor allem in Kerala und Orissa, dürfen Nicht-Hindus nicht betreten. Nehmen Sie dies nicht persönlich. Vermeiden Sie es ebenfalls, eine Moschee während des Freitagsgebets zu besuchen; Männer sollten sich von dem Frauen vorbehaltenen Bereich fernhalten.

Handeln

Handeln gehört in Indien einfach dazu. Dies kann hitzig sein, aber nicht aggressiv. Nennen Sie bestimmt Ihren Preis, und gehen Sie, wenn der Ladenbesitzer auf Ihr Angebot nicht eingeht. Beim Einkauf großer Mengen bekommen Sie einen Extrarabatt. Die Preise in größeren Läden und Kaufhäusern sind fest.

»Bitte Schuhe ausziehen«

Essen

Das Essen mit den Fingern ist ein wenig gewöhnungsbedürftig, aber die beste Art, um traditionelle indische Gerichte zu genießen. Wenn Sie sich bei einem bestimmten Gericht nicht sicher sind, können Sie jederzeit fragen. Man isst allerdings immer mit der rechten Hand, die linke gilt als unrein. Meist sitzt man auf dem Boden, im Süden wird das Essen oft auf Bananenblättern serviert.

Trinkgeld

Beim Trinkgeld oder *baksheesh* gibt es keine Regel. Gepäckträger und Türsteher in Hotels sind meist mit fünf oder zehn Rupien zufrieden. In Restaurants sollten Sie zunächst die Rechnung prüfen – manchmal ist das Trinkgeld bereits enthalten. Falls nicht, sind zehn Prozent der Gesamtsumme absolut in Ordnung. Taxi- und Auto-Rikschafahrer erwarten kein Trinkgeld. Falls Sie allerdings einen Chauffeur mieten, sollten Sie ihm etwas *baksheesh* geben. Dasselbe gilt für Friseure, Masseure und jeden anderen, der eine Dienstleistung erbringt.

Rauchen und Alkohol

Im Jahr 2008 verabschiedete die indische Regierung ein Gesetz, wonach es an allen öffentlichen Plätzen, auch in Restaurants, Bars, Hotels, Büros und auf Inlandsflügen, verboten ist zu rauchen. In Tempeln, Gurdwaras und Moscheen ist es absolut tabu, zu rauchen oder Alkohol zu trinken. Ebenso ist in der ganzen Stadt Amritsar das Rauchen verboten.

Alkohol bekommt man in ganz Indien, obwohl Gujarat sowie einige religiöse Stätten und Tempelstädte wie Haridwar, Rishikesh und Pushkar offiziell »trocken« sind. Auch an bestimmten Feiertagen wie Mahatma Gandhis Geburtstag (2. Oktober) und dem Tag der Unabhängigkeit (15. August) darf kein Alkohol getrunken werden. Nicht alle Restaurants haben eine Ausschanklizenz. In Parks, Bussen und Zügen ist Alkohol generell verboten.

Bettler

Alle Indien-Besucher werden an Ampeln, auf Märkten und vor Sehenswürdigkeiten mit Bettlern konfrontiert, die ausgesprochen hartnäckig sein können. Wenn Sie einem Geld geben, werden Sie bald von einer wahren Menschentraube umringt sein. Passen Sie in einem solchen Getümmel auf Ihre Wertsachen auf und wenden Sie sich – falls nötig – an einen Polizisten. Ob und wie viel Sie geben, liegt ganz in Ihrem Ermessen. Behinderte Menschen haben meist keinen anderen Broterwerb, Kinder sollten dagegen nicht lernen, später einmal Arbeit durch Betteln zu ersetzen. Wenn Sie helfen wollen, können Sie auch einer sozialen Einrichtung spenden.

Hindu-Pilger vor einem Tempel in Orissa

Sicherheit und Gesundheit

Jeder indische Bundesstaat verfügt über eine eigene Polizei mit regionalen Polizeirevieren *(thanas)*. Wenn Sie ein Verbrechen wie z. B. einen Diebstahl melden wollen, sollten Sie dies innerhalb von 24 Stunden tun. Obwohl die indischen Polizisten im Allgemeinen sehr hilfsbereit sind, ist das System selbst überaus bürokratisch und korruptionsanfällig. Wenden Sie sich deshalb zunächst an Ihre Botschaft, die Ihnen mit Rat und Tat zur Seite stehen wird. Für einen ungetrübten Aufenthalt sind nur wenige Vorsichtsmaßnahmen vonnöten: Passen Sie auf Ihre Wertsachen (Schmuck, Pass etc.) auf, essen Sie nur an sauberen Orten, und trinken Sie nur Mineralwasser. Falls Sie einen Arzt brauchen, ist eine Privatklinik die bessere Alternative zu staatlich geführten Krankenhäusern.

Polizeiabzeichen

Polizist in Sommeruniform regelt den Verkehr in Kolkata

Allgemeine Vorsichtsmaßnahmen

Das Reisen in Indien ist relativ sicher, Sie brauchen nur einige Vorsichtsmaßnahmen zu ergreifen. Tragen Sie Ihr Bargeld, Reiseschecks und wichtige Dokumente wie Pass und Visum stets in einem Brustbeutel oder speziellen Geldgürtel. Passen Sie auf Ihre Kamera auf und tragen Sie an überfüllten Orten keinen Schmuck und nur kleine Summen Bargeld bei sich. Wertsachen sind im Hotelsafe gut aufgehoben (gegen Quittung). Beim Einkaufen sollten Sie auf einer Rechnung bestehen und dabei zusehen, wie Ihre Kreditkarte durchgezogen wird. Nehmen Sie von Fremden in Zügen kein Essen und keine Getränke an – es wurden schon Besucher unter Drogen gesetzt und ausgeraubt. Ihr Gepäck sollten Sie mit einem Vorhängeschloss am Sitz befestigen. Meiden Sie einsame Gegenden (vor allem nachts) sowie das Trampen.

Unsichere Gebiete

Grenzgebiete gehören zu Hochsicherheitszonen. Beim Wandern im Himalaya sollten Sie eine Sondergenehmigung *(siehe S. 625)* bei sich tragen. Jammu und Kaschmir sind seit Langem Schauplatz militärischer Auseinandersetzungen und für Besucher keinesfalls sicher *(siehe S. 136)*. Auch in Bihar gab es Vorfälle, bei denen Busse und Autos angehalten und ausgeraubt wurden. Bevor Sie in diese Gebiete reisen, sollten Sie sich mit dem staatlichen Fremdenverkehrsamt in Patna *(siehe S. 183)* in Verbindung setzen, um sich über die aktuelle Lage zu informieren. Reisen Sie auf jeden Fall in der Gruppe, nie allein. Gewalttätige Auseinandersetzungen beschränken sich meistens auf die überfüllten Altstädte. Bei einer labilen politischen Situation und bei großen religiösen Festen, die große Massen anziehen, sollten Sie diese Gegenden auf jeden Fall meiden.

Polizei-Jeep

Krankenwagen

Sicherheit

Seit dem Anschlag am 26. November 2008 in Mumbai sind in Indien – vor allem an Flughäfen und auf Bahnhöfen – die Sicherheitsmaßnahmen verschärft worden. Leibesvisitationen vor Kinos und Veranstaltungssälen sind an der Tagesordnung. Nehmen Sie niemals fremdes Gepäck, und informieren Sie umgehend die Polizei, wenn Sie etwas Verdächtiges bemerken.

Drogen

Seit der Hippie-Zeit in den 1960er Jahren ist es einfach, in Indien an Marihuana heranzukommen. Nachdem in den 1990er Jahren vor allem in Goa Ecstasy und härtere Drogen ins Spiel kamen, führte man strikter Gesetze ein. Heute sind der Besitz, der Handel und der Gebrauch von Drogen inklusive Marihuana unter Androhung harter Gefängnisstrafen verboten. Wer zum ersten Mal deswegen festgenommen wird, bekommt mindestens zehn Tage Gefängnis – ohne Bewährung. Für die Durchführung des Verfahrens ist der neu gegründete »Narcotic Drugs and Psychotropic Substances Court« zuständig.

Alleinreisende Frauen

Sowohl indische als auch ausländische Frauen sehen sich immer noch mit einem gewissen Maß ungewollter männlicher Aufmerksamkeit konfrontiert, obwohl eine Belästigung dieser Art heute strafbar ist. Alleinreisende Frauen müssen damit rechnen, zumindest angestarrt, wenn nicht gar angesprochen oder an überfüllten Orten auch angefasst zu werden.

Folgen Sie dem Beispiel indischer Frauen, die trotz dieser Belästigungen mit ihrem unabhängigen Lebensstil fortfahren. Kleiden Sie sich dennoch zurückhaltend, und vermeiden Sie Kleidung, die provokant wirken könnte. Ignorieren Sie Kommentare; sind sie zu beleidigend, sprechen Sie den nächsten Polizisten an. Gehen Sie niemals allein in abgelegene oder heruntergekommene Gegenden. Überlassen Sie es dem Hotel, einen Wagen zu mieten oder ein Taxi zu rufen, und notieren Sie sich das Kennzeichen. Trampen ist völlig tabu.

Stellen Sie sich vor Zügen oder am Kino an Frauen vorbehaltenen Schlangen an, die zudem meist kürzer sind. In vielen Bussen und Zügen gibt es mittlerweile sogar Sitzplätze oder Abteile eigens für Frauen.

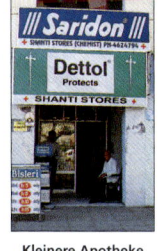

Kleinere Apotheke bzw. Drogerie

Rechtsbeistand

Rechtsstreitigkeiten haben Besucher des Landes zwar selten, doch sollten welche entstehen, wenden Sie sich bitte sofort an Ihre Botschaft. Tragen Sie Ihren Pass und eine Kopie davon immer bei sich, und geben Sie ihn auch nicht aus der Hand, bis Ihre Botschaft Bescheid weiß. Einige Versicherungen decken die Rechtskosten, z. B. bei Unfällen, ab.

Öffentliche Toiletten

Öffentliche Toiletten an der Straße erfüllen meist nicht den geringsten Hygienestandard und sollten besser nicht benutzt werden. Die »Sulabh Shauchalayas« an den größeren Stadtstraßen sind dagegen eine lobenswerte Errungenschaft. Sie sind leicht zu erkennen, äußerst sauber und sehr preiswert – aber im indischen »Hock-Stil« gehalten. Einige Hotels erlauben auch Nicht-Gästen die Benutzung ihrer Toiletten. Nehmen Sie für den Notfall immer Toilettenpapier mit.

Krankenhäuser

Bevor Sie nach Indien reisen, sollten Sie sich beim Tropeninstitut über die aktuelle gesundheitliche Situation vor Ort und bei Ihrer Krankenkasse über den Versicherungsschutz im Ausland informieren. Größere indische Städte verfügen über recht gute staatliche und private Krankenhäuser mit einer rund um die Uhr besetzten Notaufnahme. Am besten wenden Sie sich an Ihre Botschaft, die Ihnen eine Liste der anerkannten Krankenhäuser, Kliniken, Allgemeinärzte und Zahnärzte zur Verfügung stellt. Dies ist besonders wichtig, falls Sie aufgrund eines Unfalls eine Bluttransfusion benötigen. Eine sichere Option ist dann auch das **Indische Rote Kreuz**. Sogar in den besten Krankenhäusern sollten Sie darauf achten, dass das Personal nur Einmalspritzen verwendet.

Apotheken

Die meisten Märkte in Städten und größeren Orten sind mit gut sortierten Apotheken (»Chemist Shops«) ausgestattet, die neben Medikamenten auch Toilettenartikel, Binden und Tampons, Babynahrung und Windeln führen. Die Apotheker können bei einfachen Erkrankungen auch Mittel empfehlen. Wenn Sie regelmäßig Medikamente einnehmen, sollten Sie diese oder ein Rezept dafür mitbringen. Manchmal hilft auch die Packung weiter, auf der der Wirkstoff steht. Antibiotika gibt es nur gegen Rezept. Die meisten Apotheken sind zwischen 9 und 19.30 Uhr geöffnet, in den Krankenhäusern rund um die Uhr.

AUF EINEN BLICK

Notrufnummern

- Polizei *100*.
- Feuerwehr *101*.
- Krankenwagen *102*.

Krankenhäuser

Chennai
Apollo Hospitals, 21 Greams Lane, an der Greams Rd.
(044) 2829 0200.

Delhi
Indraprastha Apollo, Sarita Vihar, Mathura Rd.
(011) 2692 5858/5801.
www.apollohospitals.com

Indisches Rotes Kreuz
1 Red Cross Rd.
(011) 2371 6424.
www.indianredcross.org

Kolkata
Woodlands Hospital and Medical Centre, 8/5 Alipur Rd.
(033) 2456 7075.

Mumbai
Breach Candy Hospital, 60 Bhulabhai Desai Rd.
(022) 2367 1888.

Botschaften

Deutschland
6/50G, Shanti Path, Chanakyapuri, New Delhi 110021.
(011) 4419 9199.
www.new-delhi.diplo.de

Österreich
EP-13 Chandergupta Marg, Chanakyapuri, New Delhi 110 021.
(011) 2419 2700.
www.aussenministerium.at/newdelhi

Schweiz
Nyaya Marg, Chanakyapuri, New Delhi 110 021.
(011) 2687 8372.
www.eda.admin.ch

Indische Botschaften

Deutschland
Tiergartenstr. 17, 10785 Berlin.
(030) 25 79 50.
www.indianembassy.de

Österreich
Kärntner Ring 2, 1010 Wien.
(1) 505 86 66.
www.indianembassy.at

Schweiz
Kirchenfeldstr. 28, 3000 Bern.
(031) 350 11 30.
www.indembassybern.ch

Hitze und Feuchtigkeit

Nord-, Zentral- und Westindien sind im Sommer (Apr–Juni) fast unerträglich heiß *(siehe S. 38f)*. Im Osten und Süden hingegen ist es während der Monsunzeit unangenehm schwül.

In den ersten Tagen sollten Sie die Dinge etwas langsamer angehen, um sich zu akklimatisieren. Trinken Sie so viel Wasser wie möglich und salzen Sie das Essen etwas nach. Gehen Sie zur Mittagszeit nicht in die Sonne oder nehmen Sie zumindest einen Hut, eine Sonnenbrille und Sonnencreme mit. Zu viel Sonne kann einen Sonnenstich verursachen, der mit Fieber, starken Kopfschmerzen und Orientierungslosigkeit einhergehen kann.

Andererseits sollten Sie darauf achten, bei sonnigem, heißem Wetter nicht zu warm angezogen zu sein. Wenn Sie geschlossene Schuhe und eng anliegende Kleidung tragen, können eine Besichtigung oder ein Stadtbummel schnell mühsam werden. Die teilweise hohe Luftfeuchtigkeit kann ebenfalls sehr strapaziös sein. Besser geeignet sind dann leichte, lose sitzende Baumwollkleidung sowie offene Sandalen.

Im Winter (Okt–Feb) gibt es in den größeren Städten wegen der dort starken Luftverschmutzung häufig Smog. Dies verschlimmert Atembeschwerden. Reisende mit Asthma sollten ihre Medikamente immer bei sich tragen, obwohl es Inhaliersprays gegen Rezept auch in der Apotheke gibt.

Reiseapotheke

Zur Reiseapotheke gehören neben allen persönlichen Medikamenten ein Fieber senkendes Schmerzmittel für kleinere Beschwerden, Tabletten gegen Übelkeit, eine desinfizierende Salbe sowie eine Zinksalbe gegen Stiche und Bisse, ein Anti-Pilz-Mittel, Pflaster und Verbandszeug, eine Schere, eine Mücken abwehrende Lotion sowie eine Pinzette. Für den Fall einer Allergie sollten Sie auch ein Antihistaminikum in ihre Reiseapotheke packen, ebenso wie Tabletten gegen Durchfall, Wasserreinigungstabletten, Einmalspritzen und ein Thermometer. Fast all dies ist auch in indischen Apotheken erhältlich, wo Sie auch sehr gute pflanzliche Mittel bekommen. Kaufen Sie jedoch nur eine Marke, die Ihnen ein zuverlässiger Arzt oder Apotheker empfohlen hat.

Handfächer

Magenverstimmung und Durchfall

Durchfall, verursacht durch die Ernährungs- und Klimaumstellung, ist bei Indien-Besuchern keine Seltenheit. Das scharfe indische Essen kann zu Verdauungsproblemen führen. Essen Sie in diesem Fall nur Brot oder nicht gewürzten Reis, bis die Beschwerden nachlassen. Am wichtigsten ist jedoch eine ausreichende Flüssigkeitszufuhr. Meiden Sie Salat, geschälte Früchte, Aufschnitt, offene Säfte und Joghurt. Trinken Sie nie Leitungswasser, sondern immer nur Mineralwasser aus verschlossenen Flaschen. Auch frische Kokosmilch ist sicher. Das Essen an Straßenständen duftet zwar meist sehr verführerisch, sollte jedoch besser gemieden werden.

Ein guter Apotheker kann Ihnen ein Mittel gegen Durchfall empfehlen. Lassen die Beschwerden nicht nach, sollten Sie auf jeden Fall einen Arzt aufsuchen. Zum Wiederauffüllen der Elektrolyte gibt es in Indien »Electral« oder »Electrobion«. Ein effektives Hausmittel: ein halber Teelöffel Salz und drei Teelöffel Zucker, in heißem Wasser aufgelöst.

Keime in Lebensmitteln und Wasser

Eine schlimmere Durchfallerkrankung, vor der die Indien-Besucher sich hüten sollten, ist die Ruhr. Die durch Bakterien verursachte Ruhr hält rund eine Woche an und geht mit sehr starken Bauchschmerzen, Erbrechen und Fieber einher. Die Amöbenruhr weist zwar ähnliche Symptome auf, verläuft jedoch zunächst schleichend. Wird sie nicht behandelt, kann sie chronisch werden. Das gilt auch für Giardiasis, eine durch verschmutztes Wasser übertragene Durchfallerkrankung.

Indien-Besucher sollten sich auch gegen Hepatitis A impfen lassen. Zu den Symptomen der unangenehmen Erkrankung gehören Fieber, Müdigkeit, Frösteln und Gelbsucht. Die einzige Behandlung besteht in Ruhe und strenger Diät. Anderen durch Wasser übertragbaren Krankheiten wie der Cholera (in Überschwemmungsgebieten) und Typhus kann man ebenfalls durch entsprechende Impfung vorbeugen.

In unzureichend gekochtem Essen und in grünem Blattgemüse können sich Bandwürmer verbergen, Hakenwürmer kann man auflesen, wenn man barfuß über verschmutzten Boden läuft. Dagegen helfen bestimmte Medikamente, die ein Wiederauftreten der Erkrankung ausschließen.

Die Milch der grünen Kokosnuss beruhigt den Magen

Infektionskrankheiten

Das öffentliche Bewusstsein hinsichtlich sexuell übertragbarer Krankheiten wie Aids ist in Indien sehr gut ausgeprägt. Das Screening bei Blutbanken ist jedoch noch unzuverlässig. Falls Sie eine Bluttransfusion benötigen, sollten Sie sich am besten an das **Indische Rote Kreuz** *(siehe S. 631)* wenden. Auch Hepatitis B wird durch ungeschützten sexuellen Kontakt übertragen, ebenso wie durch verschmutzte Nadeln und Klingen (Tattoo-Läden und Straßenrasierer). Hier kann man jedoch durch eine Impfung vorbeugen. Bestehen Sie in Krankenhäusern generell auf die Verwendung von Einmalspritzen oder bringen Sie diese selbst mit.

Eine Tetanus-Schutzimpfung empfiehlt sich vor jeder Reise, egal, wohin Sie fahren. Tuberkulose (TB) ist in Indien zwar weitverbreitet, die Ansteckungsgefahr für Besucher ist aber sehr gering. Die mittels Tröpfcheninfektion übertragbare Hirnhautentzündung (Meningitis) stellt schon ein größeres Risiko dar und muss sofort ärztlich behandelt werden. Zu den Symptomen gehören Fieber, ein steifer Hals und Kopfschmerzen.

Tollwut

Tierbisse, vor allem von Hunden und Affen, können Tollwut verursachen. Im Fall eines Bisses sollten Sie die Wunde mit einer Desinfektionslösung säubern und unverzüglich einen Arzt aufsuchen. Er wird Ihnen eine Reihe von Spritzen verabreichen, auch wenn Sie von einem Haustier gebissen wurden. Eine Tollwutimpfung schützt nur teilweise, sie ist zudem nur in Gebieten mit einem hohen Risiko empfohlen. Sprechen Sie mit Ihrem Arzt darüber.

Insektenstiche

Malaria tritt im Sommer und während des Monsuns (Juli–Sep) in den meisten Teilen Indiens auf. Der Erreger wird von Mücken übertragen, die Symptome umfassen Schüttelfrost mit anschließendem hohem Fieber sowie Schweißausbrüche. Begeben Sie sich sofort in ärztliche Behandlung. Vor Reiseantritt empfiehlt sich eine **Malaria-Prophylaxe**, die auch während und nach der Reise fortgeführt werden muss. Informationen und Empfehlungen zu Malariamedikamenten erteilen die Tropeninstitute.

Eine weitere ernste, durch Mücken übertragene Krankheit ist das Dengue-Fieber. Die Symptome ähneln denen der Malaria, hinzu kommen außerdem heftige Gelenk- und Muskelschmerzen sowie Hautausschläge. Suchen Sie im Verdachtsfall unverzüglich einen Arzt auf.

Vorbeugend sollten Sie Mückenschutzmittel und Moskitonetze verwenden und vor allem in der Dämmerung langärmelige T-Shirts, lange Hosen und feste Schuhe tragen.

Schnitte und Bisse

Insektenstiche sind vor allem in feuchten Gebieten wie an der Küste, in den Nilgiri Hills, in Teilen von Kerala und in den nordöstlichen Bundesstaaten keine Seltenheit. Um Insektenstiche und Ameisenbisse zu vermeiden, sollten Sie nicht auf dem Boden schlafen. Zecken, Läuse und Milben sind ebenfalls ein Problem, sie übertragen Typhus und die Lyme-Borreliose. Eine Insektenschutzcreme empfiehlt sich auch hier, ein Biss sollte so schnell wie möglich desinfiziert werden. Bei Wespen- und Bienenstichen muss vielleicht ein Antihistaminikum gegeben werden. In den Regenwäldern sollten Sie sich vor Blutegeln hüten. Versuchen Sie nicht, sie »abzuzupfen«, der Kopf bleibt in der Haut stecken. Als effektiv haben sich etwas Salz oder Berührung des Egels mit einer angezündeten Zigarette erwiesen – die Egel fallen dann von selbst ab. Säubern Sie den Biss mit einem Desinfektionsmittel für die Haut.

Schlangenbisse sind selten. Falls es passiert, sollten Sie die Stelle oberhalb des Bisses abbinden, um die Blutzirkulation zu verlangsamen. Bewegen Sie sich möglichst wenig und nehmen Sie sofort ärztliche Hilfe in Anspruch. Ähnliches gilt für Skorpionbisse.

Bei schmerzhaften Begegnungen mit einer Qualle helfen Essig, Zitronensaft, eine Zinksalbe und ein Antihistaminikum. Säubern Sie sie auch mit einem Desinfektionsmittel.

Mexiko-Grippe

Die Infektion wird durch mehrere Typen des Mexiko-(Schweine-)Grippe-Virus hervorgerufen. Der bekannteste ist H1N1. Der Virus ist sehr ansteckend. Sollte die Grippe ausgebrochen sein, und Sie haben entsprechende Symptome, sollten Sie sofort einen Arzt aufsuchen.

Höhenkrankheit

Eine unzureichende Sauerstoffzufuhr in Höhen von über 2500 Metern kann einen Anfall der sogenannten Acute Mountain Sickness (AMS) oder Höhenkrankheit auslösen. Symptome sind starke Kopfschmerzen, Schwindel und Appetitlosigkeit. Sie legen sich oft innerhalb von zwei Tagen. Falls nicht, sollten Sie die Höhe verlassen und einen Arzt aufsuchen. Obwohl manche Ärzte Azetaolamid und Dexamethason verschreiben, sind diese Medikamente umstritten und sollten nicht eingenommen werden.

Vorbeugen können Sie folgendermaßen: Steigen Sie nur langsam auf und überwinden Sie oberhalb von 3000 Metern nicht mehr als 300 Meter am Tag. Trinken Sie viel Wasser, auch wenn Sie keinen Durst verspüren, und meiden Sie Alkohol.

Verschiedene Mückenschutzmittel

Banken und Währung

Logo der State Bank of India

In Indien gibt es ein gut ausgebautes Netz an Banken mit Englisch sprechendem Personal. Man findet sie in den größeren Städten, an den internationalen Flughäfen, in vielen Hotels und Reisebüros. Geld kann auch in eingetragenen Wechselstuben umgetauscht werden. Achtung vor Geschäften auf der Straße, die zwar verlockend klingen, aber illegal sind. Die sicherste Art, Geld mitzunehmen, sind Reiseschecks, für Telefon, Trinkgeld, Verkehrsmittel und Einkäufe brauchen Sie allerdings etwas Bargeld. Vor allem in kleineren Orten und abgelegenen Gegenden haben sich Kreditkarten und Reiseschecks noch nicht durchgesetzt.

Banken und Öffnungszeiten

Mittlerweile haben die meisten internationalen Banken Zweigstellen in allen größeren indischen Städten. Die am weitesten verbreitete indische Bank ist die **State Bank of India**, doch auch andere Geldinstitute sind landesweit präsent. Sie bieten u.a. auch internationale Geldtransfers an.

Banken haben montags bis freitags zwischen 9.30/10 und 14 Uhr, samstags von 9.30/10 bis 12 Uhr geöffnet. Wenn Sie früh kommen, vermeiden Sie lange Wartezeiten. An regionalen und nationalen Feiertagen *(siehe S. 35)* sind Banken generell geschlossen und manchmal auch ohne Ankündigung aufgrund von Demonstrationen oder Streiks.

Geldwechsel

Die besten Wechselkurse bieten die Banken, obwohl man auch in den meisten guten Hotels Geld tauschen kann. Verlässlich sind auch der Devisenhändler **VKC Credit & Forex Services Pvt Ltd** und zahlreiche andere Wechselstuben, die Geld zum offiziellen Kurs tauschen. Dieser Kurs ist Schwankungen unterworfen, den Tageskurs erfahren Sie in allen indischen Tageszeitungen. Auf dem Schwarzmarkt bieten Tausende von Händlern wesentlich bessere Kurse an. Es ist jedoch illegal, auf diese Weise Geld zu tauschen.

Reiseschecks

Reiseschecks sind nicht nur praktischer und sicherer, als Unsummen von Bargeld mit sich herumzutragen, sie haben meist auch den günstigeren Kurs. In Indien werden Reiseschecks aller wichtigen internationalen Geldinstitute akzeptiert. Am weitesten verbreitet sind **American Express** und **Thomas Cook**. Zu den gängigsten Währungen gehören US-Dollar und britische Pfund. Die niedrigsten Gebühren für Reiseschecks finden Sie in Banken. Dennoch ist es aufgrund der Gebühr sinnvoller, Schecks mit höheren Nennwerten zu tauschen. In größeren Städten geht das Tauschen der Schecks problemlos, und auch in vielen kleineren Orten gibt es eingetragene Händler. Notieren Sie sich die Seriennummern, und heben Sie sich für den Fall des Diebstahls oder Verlusts alle Quittungen auf. Dies ist

---

AUF EINEN BLICK

State Bank of India

Chennai
Circle Top House, 21 Rajaji Salai. ☎ (044) 2522 0141.

Delhi
11 Sansad Marg.
☎ (011) 2340 7777.

Mumbai
State Bank Bhavan, Madame Cama Rd.
☎ (022) 2202 2426.

Kolkata
Middleton Row.
☎ (033) 2229 5811.

ICICI Bank

Chennai
New No 298, Anna Salai.
☎ (044) 4208 8000.

Delhi
1st Floor, 9-A, Phelps Bldg, Connaught Pl, New Delhi.
☎ (011) 4171 8000.

Kolkata
Rishikesh, 1/1, Ashutosh Chowdhury Avenue, Ballygunge.
☎ (033) 2283 0313.

Mumbai
9. Stock, South Towers, ICICI Towers, Bandra Kurla Complex, Bandra (E).
☎ (022) 2653 1414.

Kreditkarten-Sperrnummern

Allgemeine Notrufnummer
☎ (0049) 116 116.

American Express
☎ (012) 4680 1122.

Diners Club
☎ (1800) 112 484.

MasterCard
☎ (000) 800 100 1087.

Visa
☎ (000) 800 100 1219.

Maestro-/EC-Karte
☎ (0049) 69 740 987.

Geldwechsel

American Express
1A Hamilton House, Connaught Place, Delhi.
☎ (011) 4151 6059.
Oriental Building, 364 Dr Dadabhai Naoroji Rd, Mumbai.
☎ (022) 2204 2361.
21 Old Court House St, Kolkata.
☎ (033) 2248 0877.
187 Anna Salai, Chennai.
☎ (044) 2851 5800.

Thomas Cook
C-33 Connaught Place, New Delhi.
☎ (011) 6627 1923.
Dr Dadabhai Naoroji Rd, Fort, Mumbai.
☎ (022) 660 911 966.
19B Shakespeare Sarani, 1. Stock, Kolkata.
☎ (033) 2282 4711.
G-4 Eldorado Bldg
No 112, Nungambakkam High Road, Chennai.
☎ (044) 6454 9212.

VKC Credit & Forex Services Pvt Ltd
138 Ansal Chamber II, Bhikaji Cama Place, Delhi.
☎ (011) 4358 3301.
Ruki Mahal, Causeway, Coloba, Mumbai.
☎ (022) 2282 1551.
10-A, 1. Stock, Ho Chi Minh Sarani, Kolkata.
☎ (033) 282 4377.
No 324, 1. Stock, TTK Rd, Alwarpet, Chennai.
☎ (044) 3200 7695.

BANKEN UND WÄHRUNG

außerdem wichtig, wenn Sie bei der Ausreise die restlichen Rupien wieder in Ihre Landeswährung umtauschen wollen.

Kreditkarten

In den meisten größeren Hotels, Restaurants und Kaufhäusern können Sie inzwischen problemlos mit Kreditkarte bezahlen. Die gängigsten Karten sind **Visa**, **MasterCard**, **Diners Club** und **American Express**. Auch beim Bezahlen von Flugtickets und Bahnfahrkarten werden Kreditkarten akzeptiert, Sie können damit in einer Vertretung Ihrer Bank sogar Geld abheben. Kunden der **ICICI** z. B. haben mit ihrer ICICI-Kreditkarte direkten Zugang zum Konto. Im Alltag benötigen Sie in vielen Situationen aber auch ein wenig Bargeld. Auch in Indien hat der Kreditkartenbetrug in der letzten Zeit leider zugenommen – seien Sie entsprechend vorsichtig.

Geldautomaten

Die meisten ausländischen und viele indische Banken verfügen in größeren Städten über Geldautomaten. Die Anweisungen sind auf Englisch, ausbezahlt wird in Rupien. Erkundigen Sie sich vor Reiseantritt bei Ihrer Bank, welche indische Bank Ihre **Maestro-Karte** akzeptiert. An einigen Automaten können Sie auch mit Kreditkarte Geld abheben. Karten mit dem CIRRUS-Zeichen können Sie an den Automaten folgender Banken einsetzen: Citibank, Standard Chartered und Hong Kong and Shanghai Bank (HSBC).

Währung

Eine indische Rupie (Rs) sind 100 Paisa. Gebräuchlichste Münzen sind 50 Paisa sowie 1, 2 und 5 Rupien. Banknoten sind in Werten von 5, 10, 20, 50, 100, 500 und 1000 Rupien erhältlich. Doch Vorsicht: Der 100- und der 500-Rupien-Schein sehen sich sehr ähnlich. Lehnen Sie zerrissenes oder anderweitig beschädigtes Geld ab, da sich viele Geschäfte und sogar Banken weigern, es anzunehmen. Banken geben das Geld oft bündelweise an die Kunden aus. Bitten Sie darum, das Bündel für Sie zu lösen, da bei diesem Vorgang das Geld oft reißt. Besuchern aus dem Ausland ist es nicht gestattet, indische Währung bei der Einreise mitzubringen oder bei der Ausreise auszuführen.

Banknoten
Die Währung wird von der Reserve Bank of India gedruckt bzw. geprägt. Auf den Noten sieht man Mahatma Gandhi oder den Ashoka-Löwen.

10-Rupien-Schein

20-Rupien-Schein

50-Rupien-Schein

100-Rupien-Schein

500-Rupien-Schein

1000-Rupien-Schein

Münzen
Halten Sie immer etwas Kleingeld bereit. Es sind auch ältere Versionen dieser Silbermünzen in Umlauf.

1 Rupie

2 Rupien

5 Rupien

10 Rupien

Kommunikation

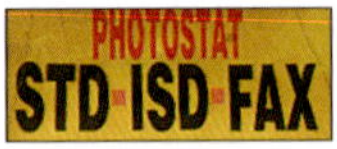

Schild einer öffentlichen Telefonzelle

Die indische Post ist recht effizient – Sie haben die Wahl zwischen der staatlichen Post und vielen verlässlichen Kurierdiensten im ganzen Land. Auch das Telekommunikationsnetz ist sogar in kleineren Städten gut ausgebaut: Alle großen Hotels verfügen über Business-Center, auf vielen Märkten finden sich Läden und Telefonzellen, von denen aus Sie ins Ausland telefonieren, E-Mails verschicken und ins Internet gehen können. Viele englischsprachige Tageszeitungen und Zeitschriften sind erhältlich, in Buchläden bekommen Sie zudem andere ausländische Publikationen.

Briefmarken im Wert von fünf Rupien

Internationale und Ortsgespräche

Alle großen Hotels bieten das sogenannte Subscriber Trunk Dialling (STD) für Gespräche innerhalb Indiens und das International Subscriber Dialling (ISD) für Gespräche ins Ausland an. Ferngespräche können auch von privaten Telefonen aus geführt werden. Anrufe aus öffentlichen STD-/ISD-Zellen, die man an ihren gelben Schildern erkennt, sind viel preiswerter als von Hotels aus. Internationale Gespräche unterliegen festen Tarifen, die STD-Tarife hängen dagegen von Entfernung und Tageszeit ab. Am billigsten sind sie zwischen 23 und 6 Uhr, gefolgt von 20 bis 23 Uhr. Die Ortsgespräche aus öffentlichen Telefonzellen kosten eine Rupie pro drei Minuten.

Bharat Sanchar Nigam Ltd (BSNL) verkauft Prepaid-Karten für lokale, STD- und ISD-Gespräche. Die Karte funktioniert von allen BSNL-Festnetztelefonen und Mobiltelefonen aus. Die Telefonkarten kann man in BSNL-Kundencentern und in BSNL-Geschäften in ganz Indien kaufen. Es gibt sie im Wert von 50, 100, 200, 500, 1000, 2000 und 5000 Rupien.

Mobiltelefone

Kontaktieren Sie Ihren Provider bezüglich der Funktionsfähigkeit Ihres Handys in Indien. An den Flughäfen sowie in speziellen Läden in den meisten größeren Städten kann man Handys kaufen. In Delhi und Mumbai sind Airtel und Vodafone Hauptanbieter, in Kolkata BSNL, Airtel, Idea und Vodafone. Chennai wird von RPG Cellular und Skycell abgedeckt. Die Mietkosten betragen zwischen 100 und 300 Rupien pro Tag inklusive SIM-Karte (Roaming-Karten sind teurer). Beim Mieten müssen Sie eine hohe Kaution hinterlegen.

Fax, E-Mail und Internet

Ein Fax- und Telegrammservice steht in den Hauptpostämtern sowie in örtlichen STD-/ISD-Zellen zur Verfügung. Letztere sind leichter zugänglich, aber auch teurer. Die Business-Center aller großen Hotels verfügen ebenfalls über entsprechende Einrichtungen, die allerdings nur Gästen offenstehen.

Der Gebrauch des Internets ist in Indien weitverbreitet. Die meisten gehobenen Hotels bieten Internet-Zugang an, auf Märkten und Einkaufsstraßen finden sich zahlreiche privat geführte Internet-Cafés mit der neuesten Ausstattung. Sogar in den kleineren Orten stehen den Besuchern Möglichkeiten zur Verfügung, ins Internet zu gehen, z. B. auf Postämtern und in vielen STD-/ISD-Telefonzellen. Alle Einrichtungen haben feste Tarife für eine halbe Stunde bzw. eine Stunde.

Post

Die indische Post (India Post) bietet vielfältige Dienstleistungen an, vom allgemeinen Briefverkehr bis zum Einschreiben, von Paketen und postlagernden Sendungen bis zu einem Eil-Kurierdienst mit dem Namen EMS-Speed Post.

Die Briefkästen haben je nach Adresse eine andere Farbe: Briefe innerhalb der gleichen Stadt kommen in grüne, Briefe in andere Städte und Länder in rote und Sendungen per Quick Mail Service (QMS) in gelbe Briefkästen. Die Post hat montags bis freitags zwischen 10 und 17 Uhr, an Samstagen nur bis 12 Uhr geöffnet. Postlagernde Sendungen verwahrt das **General Post Office** einen Monat lang, zum Abholen brauchen Sie Ihren Pass. Diesen Service bieten auch die **Foreign Post Offices** in Delhi, Mumbai, Kolkata und Chennai sowie American Express in den meisten größeren Städten. Auf den Umschlägen sollte der Nachname unterstrichen und in Großbuchstaben geschrieben sein, gefolgt von c/o Poste Restante sowie

Internet-Café in Bengaluru

Name und Anschrift des Postamts. Pakete aus Übersee dürfen maximal 20 Kilogramm wiegen. Druckerzeugnisse können recht preiswert als Büchersendungen verschickt werden und dürfen maximal fünf Kilogramm wiegen. Einige Hotels bieten ihren Gästen auch einen Postservice an.

Adressen

In Indien fangen Adressen immer mit der Hausnummer an, gefolgt vom Namen der Straße, der Stadt und deren Postleitzahl. Die neueren Wohngegenden sind in Blocks unterteilt, die Blocknummer erscheint meist mit der Hausnummer. B4/88 Safdarjung Enclave wäre demnach Haus Nummer 88 im Block B4 der Safdarjung Enclave. In jedem Bundesstaat und in jeder Stadt gibt es Abweichungen von diesem System, die verwirrend und schwer zu entschlüsseln sein können, vor allem wenn Sie eine bestimmte Hausnummer suchen. Oft existiert nicht einmal ein Straßenschild. Falls Sie sich verlaufen haben, hilft Ihnen ein Taxi- oder Rikscha-Fahrer sicher gern weiter.

Typischer Briefkasten

Kurierdienste

Im ganzen Land sind Kurierdienste zu finden, weniger häufig allerdings in ländlichen oder abgelegenen Gegenden. Gegenstände wie z.B. Möbel sollten Sie per Schiff- oder Luftfracht verschicken, Briefe, Papiere und kleinere Päckchen hingegen am besten per Kurier, obwohl dies teurer

sein kann. Die international bekannten Unternehmen wie etwa **United Parcel Service (UPS)**, **Federal Express** und **DHL Worldwide Express** sind auch in Indien gut vertreten. Viele Läden bieten ebenfalls an, gekaufte Waren für Sie zu verschicken. Außer in den staatlichen Kaufhäusern und den gehobenen Geschäften nehmen Sie diesen Service allerdings auf eigene Gefahr in Anspruch.

Tageszeitungen und Zeitschriften

Zu den führenden englischsprachigen Tageszeitungen in Indien gehören *The Times of India*, *Hindustan Times*, *The Indian Express*, *The Hindu* und *The Asian Age*. Im Osten des Landes sind auch *The Statesman* und *The Telegraph* weitverbreitet.

Neben indischen Wochenmagazinen wie *India Today* und *Outlook* sind auch internationale Zeitschriften wie die *International Herald Tribune* und die *Financial Times* erhältlich. In größeren Städten bekommen Sie *Time* und *Newsweek*. Veranstaltungshinweise finden Sie in den regionalen Tageszeitungen.

Fernsehen und Radio

Die Einführung des Satellitendirektempfangs Direct to Home (DTH) hat Fernsehen in Indien vollkommen verändert. Empfangen werden eine Vielzahl von Sendern. Die Hauptbetreiber von DTH sind Tata Sky, Dish TV und

AUF EINEN BLICK

Bharat Sanchar Nigam Ltd
1800 345 1800.

Foreign Post Office
Kotla Marg, bei ITO, Delhi.
(011) 2323 1281.
Ballard Estate, Mumbai.
(022) 2261 4488.
Church Lane, Kolkata.
(033) 2248 1523.
Anna Salai, Chennai.
(044) 2852 1947.

General Post Office
Ashok Rd, Delhi.
(011) 2336 4111.
Nagar Chowk, Mumbai.
(022) 2262 0693.
1, Koilaghat St, Kolkata.
(033) 2210 5451.
25, Rajaji Salai, Chennai.
(044) 2521 6766.

UPS Kurierdienst
(011) 2638 9323, Delhi.
(022) 2827 6200, Mumbai.
(033) 2227 0835, Kolkata.
(044) 4502 7100, Chennai.
www.ups.com

Federal Express
1800 209 6161.

DHL Worldwide Express
(011) 2373 7587, Delhi.
(022) 2640 7870, Mumbai.
(033) 6453 8605, Kolkata.
(044) 4214 8886, Chennai.
www.dhl.in

Big TV. Neben Satellitenfernsehen ist auch Kabelfernsehen fast überall verbreitet. Empfangen werden können internationale Kanäle wie BBC World Service, CNN, Discovery, National Geographic und das in Hongkong stationierte Star Network. Star Sports und ESPN bieten ausschließlich Sportsendungen, Channel V und MTV Musik. Auf indischen Kanälen laufen Hindi-Filme sowie Gesang- und Tanzsendungen. Darüber hinaus gibt es eine Vielzahl an Regionalsendern.

Auch das Radio ist in Indien weitverbreitet, man sendet auf Englisch und ebenfalls in Regionalsprachen. Vor allem auf dem Land ist das Radio noch immer die zuverlässigste Informationsquelle. Die Programme werden in allen größeren Tageszeitungen abgedruckt.

Nützliche Telefonnummern

- Vorwahl von Indien: 0091.
- Bei innerstädtischen Anrufen wählen Sie die STD-Vorwahlnummer und die Rufnummer. Delhi: 011; Mumbai: 022; Kolkata: 033; Chennai: 044.
- Bei internationalen Anrufen (ISD) wählen Sie die 00, dann Ländervorwahl, die Ortsvorwahl ohne

die 0 und die Rufnummer.
- Ländervorwahlen: Deutschland: 49; Österreich: 43; Schweiz: 44.
- Wählen Sie 180 für inländische und 186 für internationale Ferngespräche.
- Auskunft in Delhi, Mumbai, Kolkata, Chennai: 197.
- Deutschland Direkt: 000 49 17.

Reiseinformationen

Die meisten Indien-Besucher reisen mit dem Flugzeug an. Es gibt jedoch auch Straßen- und Fährverbindungen über Pakistan, Bangladesch, Nepal und Sri Lanka. Im Land kann man sich mit Flugzeug, Zug, Auto, Bus und mancherorts mit Fähre oder Schiff auch in abgelegenere Gegenden bewegen. Wie auch immer Sie reisen: Rechnen Sie immer mit Verzögerungen und Umwegen, die Ihre Geduld auf eine Probe stellen können. Die staatlichen Indian Airlines bieten Inlandsflüge zwischen vielen Städten an. Private Fluggesellschaften wie Kingfisher, Indigo und Jet Airways fliegen ebenfalls viele Städte an und bieten exzellenten Service. Indian Railways ist eine der größten Bahngesellschaften der Welt. Eine gute Alternative, das Land zu erkunden, sind die klimatisierten Luxus-Fernbusse.

Maskottchen von Air India

Anreise mit dem Flugzeug

Alle großen Fluggesellschaften bieten mittlerweile Direktflüge nach Indien an. Die indische Gesellschaft mit internationalen Destinationen heißt Air India. Europäische Unternehmen wie British Airways, Lufthansa, KLM/Northwest, Air France und Swiss fliegen regelmäßig einige oder alle der vier großen Städte Delhi, Mumbai, Chennai und Kolkata an. Falls Sie über den Fernen Osten einreisen, stehen Ihnen z. B. Thai Airways, Singapore Airlines und Cathay Pacific zur Verfügung.

Austrian Airlines bieten momentan Flüge nach Delhi und Mumbai an, das Streckennetz soll jedoch in naher Zukunft um andere indische Destinationen erweitert werden. Die Lufthansa fliegt außerdem nach Pune, Hyderabad, Goa, Bengaluru und Chennai. Die Städte Thiruvananthapuram und Tiruchirapalli fliegt man am besten mit Air Lanka, der Fluggesellschaft des Inselstaats Sri Lanka, an.

Ein Flug ohne Zwischenlandung von Deutschland nach Indien dauert etwa acht Stunden. Bedingt durch Zeitverschiebung und das Nachtflugverbot kommen die meisten Maschinen gegen Mitternacht in Indien an.

Internationale Flüge und Flughäfen

Die vier wichtigsten internationalen Flughäfen von Indien befinden sich in Delhi, Mumbai, Kolkata und Chennai. Weitere internationale Flughäfen, die Flüge zu ausgewählten Destinationen bieten, sind in Hyderabad, Bengaluru (auch nach Frankfurt sowie über Mumbai nach Paris, London und New York), Goa (nach Deutschland und Großbritannien), Ahmedabad, Kochi und Thiruvananthapuram (nach Sri Lanka und auf die Malediven). Eine begrenzte Anzahl internationaler Flüge wird auch über Kozhikode, Amritsar, Varanasi, Lucknow, Guwahati, Tiruchirapalli, Jaipur und Agra abgewickelt.

Terminal 3 am Indira Gandhi International Airport, Delhi

Preise

Die Flugpreise sind je nach Fluggesellschaft und Saison unterschiedlich. Wenn Sie in der Hochsaison (Okt–März) reisen wollen, sollten Sie möglichst lange im Voraus buchen. Zu dieser Zeit sind die Flüge in Indien allgemein ausgebucht, da nicht nur Besucher, sondern auch viele im Ausland lebende indische Familien sowie an ausländischen Universitäten studierende Inder nach Hause fliegen.

Bei der Ankunft

Vor der Landung müssen Sie ein Formular mit Fragen zu Ihrer Einreise ausfüllen, das Sie abgeben, wenn Sie Ihren Pass vorzeigen. An internationalen Flughäfen gibt es zahlreiche Service-Einrichtungen wie Wechselstuben, Fundbüros, klimatisierte Wartesäle, Duty-free-Läden, Restaurants und Toiletten (auch behindertengerecht). Zudem gibt es Schalter für vorbestellte Taxis sowie Auto- und Handyvermietungen. Reiseagenturen sind gern bei Hotelreservierungen und anderen Buchungen behilflich. Auch das Fremdenverkehrsamt (Tourism Department) verfügt hier über einen Informationsschalter.

Zoll

Der grüne Durchgang ist den Besuchern vorbehalten, die nichts zu verzollen haben, alle anderen müssen durch den roten Durchgang.

Flughafentransfer

Vom Flughafen in die Stadt gelangen Sie mit preiswerten Bussen und mit Taxis, die Sie zu einem Festpreis an einem entsprechenden Schalter vor dem Ankunftsbereich buchen können. Auch Auto-Rikschas sind erhältlich. Handeln Sie jedoch auf jeden Fall vorher einen Preis aus, und notieren Sie sich die Lizenznummer. Erkundigen Sie sich auch bei Ihrem Hotel nach einem Abholservice.

Anschlussflüge

Besucher, die zu einer anderen indischen Stadt weiterreisen, begeben sich nach der Ankunft zu den Inlandsterminals. Planen Sie dafür auf jeden Fall ausreichend Zeit ein. An den wichtigsten Flughäfen gibt es einen kostenlosen Shuttle-Service zu den Anschlussterminals. Der Indira Gandhi (IG) International Airport von Delhi verfügt über drei Terminals: Terminal I für Inlandsflüge, Terminal II für internationale Flüge und Terminal III für Inlands- und internationale Flüge. In Mumbai liegt das internationale Terminal Chhatrapati Shivaji vier Kilometer vom Inlandsterminal entfernt. Am Netaji Subhash Chandra Bose International Airport in Kolkata befinden sich beide Terminals im selben Gebäude. In Chennai liegt der Aringar Anna International Airport gleich neben dem Inlandsflughafen Kamaraj. Auch am Flughafen von Thiruvananthapuram sind beide Terminals in einem Gebäude.

Check-in

Bei internationalen Flügen müssen Sie in der Regel drei Stunden vor Abflug einchecken. Business- und First-Class-Passagieren stehen manchmal auch Tele-Check-in-Schalter zur Verfügung. Die meisten Fluggesellschaften erlauben Economy-Class-Passagieren 20 Kilogramm Gepäck und ein Stück Handgepäck. Halten Sie sich möglichst daran – die Gebühren bei Überschreitung sind sehr hoch.

Lizenzschild eines Taxis

Flughafensteuer

Bei der Abreise müssen Sie eine Flughafensteuer in Höhe von 500 bis 750 Rupien (10 bis 15 US-Dollar) entrichten, sofern diese nicht im Ticket enthalten ist. Wenn Sie in Nachbarländer wie Nepal oder Sri Lanka reisen, müssen Sie nur 150 Rupien zahlen.

AUF EINEN BLICK
Fluggesellschaften

Air India
- (011) 2462 2220, Delhi.
- (022) 2202 3031, Mumbai.
- (033) 2211 0730, Kolkata.
- (044) 2855 4477, Chennai.
- www.airindia.com

Austrian Airlines
- (011) 2335 0125, Delhi.
- (022) 2280 1280, Mumbai.
- (033) 2474 5091, Kolkata.
- (044) 859 2564, Chennai.
- www.aua.com

British Airways
- (011) 2565 2078, Delhi.
- (022) 2682 8806, Mumbai.
- (033) 2511 8424, Kolkata.
- (044) 2256 0952, Chennai.
- www.britishairways.com

KLM/Northwest
- (011) 2565 2715, Delhi.
- (022) 2682 8607, Mumbai.
- (033) 2283 0151, Kolkata.
- (044) 2852 4427, Chennai.
- www.klm.com

Lufthansa
- (011) 2565 4000, Delhi.
- (022) 2682 9898, Mumbai.
- (044) 2256 9393, Chennai.
- (080) 2522 9617, Bengaluru.
- www.lufthansa.com

Swiss
- (011) 2341 5000, Delhi.
- (022) 6713 7240, Mumbai.
- (033) 2288 4643, Kolkata.
- (044) 2852 4783, Chennai.
- www.swiss.com

Flughafen	Information	Entfernung zum Stadtzentrum	Durchschnittliche Fahrzeit
Delhi: IG International (Terminal II)	(0124) 337 6000	20 km	45–60 Minuten
Mumbai: Chhatrapati Shivaji International	(022) 2626 4000	30 km	50 Minuten
Kolkata: Netaji Subhash Chandra Bose International	(033) 2511 8787	20 km	30–60 Minuten
Chennai: Aringar Anna International	(044) 2256 0551	12 km	30 Minuten
Thiruvananthapuram: International Airport	(0471) 501 312	6 km	20 Minuten
Bengaluru: International Airport	(080) 6678 2425	40 km	45–60 Minuten
Goa: Dabolim International Airport	(0832) 540 806	29 km	50 Minuten
Kochi: Kochi International Airport	(0484) 261 0125	30 km	45–60 Minuten

Inlandsflüge

Logo der Indian Airlines

Obwohl sie teilweise erheblich teurer als Zugfahrten sind, stellen Flüge in Indien die bequemste und praktischste Reisemöglichkeit dar. Das Land verfügt über insgesamt 115 Inlandsflughäfen. Viele von diesen stehen hinsichtlich technischer Ausstattung und Kundenservice denen in Europa kaum noch nach. Die vier großen Städte Delhi, Mumbai, Kolkata und Chennai sind gut mit den anderen Flughäfen im ganzen Land vernetzt. Die bedeutendste Fluggesellschaft sind die staatlichen Indian Airlines, die zusammen mit ihrem Partner Alliance Air das größte Streckennetz und die dichtesten Flugpläne bieten. Falls Sie Inlandsflüge bereits vor Ihrer Reise gebucht haben, sollten Sie sich diese auf jeden Fall in Indien telefonisch rückbestätigen lassen *(siehe S. 641)*. Unregelmäßige Flugpläne, Annullierungen und wetterbedingte Verzögerungen im Winter (Dez–Jan) sind keine Seltenheit. Fragen Sie also immer auch nach der aktuellen Abflugzeit.

Indische Fluggesellschaften

Die nationale Fluggesellschaft **Indian Airlines** bietet das größte Streckennetz und die häufigsten Verbindungen im ganzen Land. Auch die drei privaten Unternehmen **Jet Airways**, **Indigo** und **Kingfisher Airlines** fliegen zahlreiche Städte an. Indigo hat auch die Inlandsflüge Delhi–Mumbai, Delhi–Kolkata, Mumbai–Kolkata und Mumbai–Chennai im Flugplan. Zudem stehen Ihnen auch einige regionale Fluggesellschaften wie Jagson Airlines und Gujarat Airways zur Verfügung. Das Gepäck darf in der Business Class maximal 30 Kilogramm, in der Economy Class höchstens 20 Kilogramm wiegen.

Wichtige Flugstrecken

INLANDSFLÜGE

Inlandsflughäfen

Die Flughäfen in den vier großen Städten Delhi, Mumbai, Kolkata und Chennai sowie Agra, Bhubaneswar, Hyderabad, Kochi und Bengaluru verfügen über moderne Flughafengebäude mit der neuesten Ausstattung. Kleinere Städte wie z. B. Dehra Dun haben dagegen kleine Flughäfen mit sparsameren Service-Einrichtungen.

Flughafentransfer

Die Entfernung der jeweiligen Flughäfen vom Stadtzentrum ist unterschiedlich. Erkundigen Sie sich vorher, wie lange Sie brauchen. Planen Sie auch immer Zeit für unvorhergesehene Verzögerungen ein. Es fahren auch regelmäßig Flughafenbusse. An Schaltern vor dem Ankunftsbereich bekommen Sie einen Taxitransfer zum Festpreis (»Prepaid Taxis«). Sie können auch eine Auto-Riksha nehmen. Stellen Sie jedoch sicher, dass das Taxameter funktioniert, oder handeln Sie vor Fahrtantritt einen Festpreis aus.

Tickets der Indian Airlines

Check-in

Bei den meisten Inlandsflügen sollten Sie normalerweise zwei Stunden vor Abflug am Flughafen sein. Falls Sie in politisch instabile Gegenden wie Kaschmir, Jammu, Leh oder einige der nordöstlichen Bundesstaaten reisen, sollten Sie sich auf längere Wartezeiten bei den Sicherheitskontrollen einstellen (etwa eine halbe Stunde länger). Beschildern Sie alle Koffer deutlich und nehmen Sie keine Batterien, Feuerzeuge und spitzen Gegenstände wie Scheren, Feilen oder Pinzetten ins Handgepäck. Manchmal müssen Sie Ihr Gepäck noch einmal identifizieren, bevor Sie das Flugzeug besteigen.

Buchungen

Die meisten Inlandsfluggesellschaften haben sowohl Büros in der Stadt als auch am Flughafen. Flugtickets bekommen Sie außerdem in Reisebüros (siehe S. 625). Indian Airlines verfügen über computergesteuerte Buchungsmöglichkeiten und Fluginformationsschalter im ganzen Land. Die Flugscheine können Sie in Rupien, in US-Dollar oder mit der Kreditkarte bezahlen. Bei allen Fluggesellschaften müssen Sie Ihren Flug 72 Stunden vorher rückbestätigen lassen. Für Säuglinge und Kinder gibt es Sonderpreise, Studenten mit einem internationalen Studentenausweis bekommen 25 Prozent Rabatt. Stornierungen von Flügen sollten Sie bis spätestens zwei Stunden vor Abflug vornehmen lassen, ansonsten kann es für Sie sehr teuer werden – manchmal bekommen Sie überhaupt nichts mehr vom Flugpreis zurückerstattet. Wenn Flüge annulliert werden oder größere Verspätungen haben, besitzen Sie ein Anrecht auf die Rückerstattung des Flugpreises.

AUF EINEN BLICK

Indische Airlines

Indian Airlines
- (011) 2462 2220, Delhi.
- (022) 2202 3031, Mumbai.
- (033) 2211 0730, Kolkata.
- (044) 2345 3301, Chennai.

Indigo
- 1800 180 3838.
- (022) 6156 7734, Mumbai.
- (033) 2511 2362, Kolkata.
- (044) 2256 0286, Chennai.

Jet Airways
- (011) 3989 3333, Delhi.
- (022) 3989 3333, Mumbai.
- (033) 3989 3333, Kolkata.
- (044) 3989 3333, Chennai.

Kingfisher Airlines
- 1800 209 3030, Delhi.
- (022) 4034 0500, Mumbai.
- (033) 3028 4607, Kolkata.
- (044) 4398 8400, Chennai.

Flughafenauskunft
- (011) 2567 5433, Delhi.
- (022) 2615 6400, Mumbai.
- (033) 2511 9721, Kolkata.
- (044) 2330 289, Chennai.

Sonderangebote

Indian Airlines hat zwei Pauschalangebote, wenn Sie in US-Dollar bezahlen. Der »Discover India Fare« für 15 oder 21 Tage kostet zwischen 500 und 750 US-Dollar. Sie können zeitlich unbegrenzt reisen, allerdings nur auf bestimmten Strecken. Mit »India Wonder Fare« (rund 300 US-Dollar) können Sie sieben Tage lang in einer bestimmten Region fliegen (außer Andamanen). Ähnliche Sonderangebote gibt es auch bei Jet Airways und Kingfisher Airlines: »Visit India« (Jet Airways) kostet zwischen 550 und 800 US-Dollar für 15 bis 20 Tage, »Discover India« (Kingfisher Airlines) zwischen 475 und 725 US-Dollar für 15 oder 21 Tage. Die Konkurrenz ist groß, deshalb bieten Airlines Nachlässe auf Tickets und Sonderkonditionen wie z. B. kostenlose Übernachtungen und Gourmet-Dinner. Es lohnt sich also, die Preise vor dem Buchen gut zu vergleichen.

Flugzeug von Indian Airlines auf dem Rollfeld

Mit dem Zug unterwegs

Logo der Indian Railways

Für die meisten Besucher ist eine Zugreise durch Indien ein ganz besonderes Erlebnis – es gibt kaum eine Möglichkeit, bei der man Land und Leute besser kennenlernt. Das Netz der Indian Railways ist das viertgrößte der Welt. Es erstreckt sich über rund 63940 Kilometer und verbindet 7150 Bahnhöfe miteinander. Jeden Tag transportieren mehr als 14000 Züge durchschnittlich 13 Millionen Menschen. Die Züge sind immer überfüllt, kaufen Sie sich Ihre Fahrkarte also lange im Voraus. Es gibt Fahrkartenautomaten an den Bahnhöfen, doch auch Reisebüros reservieren für Sie.

Eisenbahnnetz

Das indische Eisenbahnnetz entstand 1853 und verläuft kreuz und quer durch das ganze Land. Es wird nach Regionen und 16 verschiedenen Zonen unterteilt. Für Delhi ist Northern Railways zuständig, für Mumbai sowohl Central als auch Western Railways, für Kolkata Eastern Railways und für Chennai Southern Railways. Alle vier Städte verfügen über zwei bis drei Hauptbahnhöfe, erkundigen Sie sich also genau, von welchem Bahnhof Ihr Zug abfährt. Indian Railways beschäftigt über 1,6 Millionen Angestellte – das weltweit größte Einzelunternehmen.

Züge und Fahrpläne

Von den drei Zugarten (Passagier-, Express- und Postzug) nehmen Sie am besten den klimatisierten Expresszug, da dieser weniger oft hält und einen guten Service bietet. Er verbindet einige der wichtigsten Städte Indiens miteinander, die Züge sind schnell und pünktlich. Der Rajdhani Express fährt von der Hauptstadt Delhi in die meisten größeren Städte wie etwa Mumbai, Kolkata, Chennai und Thiruvananthapuram. Der superschnelle Intercity-Zug Shatabdi Express verbindet auf Strecken wie Chennai–Bengaluru, Delhi–Dehra Dun und Delhi–Agra Städte, die über vielfältige Besucherattraktionen verfügen. Konkan Railway an der Westküste bietet schnelle Verbindungen nach Maharashtra, Goa, Karnataka und Kerala.

Jeder Zug hat einen Namen und eine Nummer. Prüfen Sie auf der Anzeigetafel immer beides, da es z.B. mehr als einen Shatabdi geben kann. Die Züge sind mit Wagen erster und zweiter Klasse sowie mit zwei- und dreistöckigen Liegewagen ausgestattet. Mit Klimaanlage erhöht sich der Preis. Die Schlafstätten in den Liegewagen werden tagsüber zu Sitzen zusammengeklappt. Im Preis für die Expresszüge inbegriffen sind Mahlzeiten und Mineralwasser, der Rajdhani stellt auch Bettzeug zur Verfügung. Unterwegs werden Artikel wie Kekse oder Lesestoff verkauft. Toiletten gibt es sowohl im europäischen als auch im indischen Stil. Toilettenpapier, Seife und Handtuch sollten Sie selbst mitbringen.

Die Abfahrtszeiten können sich ändern. Einen gedruckten Fahrplan bekommen Sie in den meisten Buchläden, und auch die Websites www.indianrail.gov.in und www.irctc.co.in liefern nützliche Informationen.

Fahrkarten, Preise und Reservierungen

Es ist sehr wichtig, weit im Voraus zu reservieren. An den Bahnhöfen gibt es mittlerweile Fahrkartenautomaten, auch in Hotels (gegen eine Extragebühr) und in Reisebüros können Sie Fahrkarten erwerben. Kartenverkäufe auf der Straße sind illegal und unzuverlässig.

Sie können die Fahrkarten bis zu sechs Monaten im Voraus kaufen. Darauf sind Ihr Alter, Ihr Geschlecht sowie Wagen- und Sitznummer vermerkt. Zudem steht Ihr Name mit der dazugehörigen Platznummer außen am Wagen. Wenn Sie auf der Warteliste stehen, sollten Sie früh am Bahnhof sein, um kurzfristige Stornierungen nutzen zu können. Das Bahnhofspersonal ist Ihnen gern behilflich.

Falls eine Reservierung nicht mehr möglich ist, können Sie eine RAC (Reservierung im Fall einer Stornierung) erwerben. So bekommen Sie wenigstens einen Sitzplatz, wenn einer frei ist, eine Schlafstätte ist eher fraglich. Gegen eine Gebühr können Sie eine gebuchte Fahrkarte auch zurückgeben. Findet dies mehr als einen Tag im Voraus statt, ist die Gebühr eher gering: Bis zu vier Stunden vor der Abfahrt beträgt sie 25 Prozent des Preises, danach 50 Prozent.

Die Bahnhöfe in Delhi, Mumbai, Kolkata, Chennai und anderen großen Städten sind mit Schaltern für ausländische Besucher ausgestattet. Diese »Tourist Bureaus« befinden sich in den zentralen Buchungsbüros. Hier erhalten Sie u.a. Informationen zu

Mumbais Churchgate Station während der Rushhour

Reservierungen und Fahrplänen. Bezahlen können Sie in US-Dollar oder Rupien; dabei müssen Sie Ihren Pass vorzeigen. Ihre Reservierung hat Priorität, und Sie müssen auch keine Gebühr bezahlen. Am Bahnhof in New Delhi befindet sich das International Tourist Bureau im ersten Stock des Hauptsaals.

Indrail Pass

Wenn Sie in Indien viel mit dem Zug unterwegs sind, ist der Indrail Pass eine sehr preiswerte und praktische Option. Damit können Sie unbegrenzt zweiter oder erster Klasse reisen, entweder einen halben Tag lang oder zwei, vier und zwischen sieben und 90 Tage lang. Sie bekommen ihn in Indien und zu Hause, jedoch nur gegen Devisen. Im Ausland sind bestimmte Vertreter dafür zuständig sowie Überseebüros der Indian Airlines und der Air India. Darüber hinaus führen auch Fremdenverkehrsbüros, die Tourist Bureaus großer Bahnhöfe und Reiseagenturen in Delhi, Mumbai, Kolkata und Chennai den Indrail Pass. Er lohnt sich jedoch nur, wenn Sie wirklich viel mit dem Zug reisen. Und auch mit dem Indrail Pass müssen Sie für jede Fahrt eine Sitzplatzreservierung vornehmen.

Offizieller Gepäckträger

Service

Am Bahnhof sollten Sie nach offiziellen Gepäckträgern Ausschau halten. Sie erkennen sie an dem roten Hemd und einem Metallarmband mit der Lizenznummer. Die Gepäckträger sind im Allgemeinen gut informiert über Verspätungen und Gleisänderungen, die nicht auf der Anzeigetafel stehen. Merken Sie sich die Nummer Ihres Trägers, im Gedränge könnten Sie ihn aus den Augen verlieren. Passen Sie in den Menschenmassen auch auf Ihre persönlichen Wertgegenstände auf. Die Bezahlung des Trägers variiert, akzeptabel sind zehn bis 20 Rupien pro Gepäckstück. In Bahnhofswartesälen (vor allem in denen erster Klasse) können Sie im Notfall auch einmal übernachten. Dafür brauchen Sie eine gültige Fahrkarte oder den Indrail Pass. Es gibt auch Wartesäle ausschließlich für Frauen. Verlorenes Gepäck finden Sie möglicherweise in den sogenannten Cloakrooms wieder. Die Cafeterien auf den Bahnhöfen sind einigermaßen sauber. Hier kann man auch Getränke und Lunchpakete kaufen.

AUF EINEN BLICK

Auskunft
www.indianrail.gov.in
www.irctc.co.in

Delhi
(011) 139, (011) 3934 0000.

Mumbai
(022) 139.

Kolkata
(033) 139.

Chennai
(044) 139, (044) 253 000 000.

Luxuszüge

Blue Mountain Railway
Chennai Central Railway, Chennai.
(044) 535 3535.

Darjeeling Himalayan Railway
West Bengal Tourist Centre,
Baba Kharak Singh Marg, Delhi.
(011) 2374 2840.

Fairy Queen
Rail Museum, Delhi.
(011) 2688 1816.

Kalka–Shimla Railways
Divisional Railway, Ambala.
www.irctc.co.in

Matheran Hill Railway
Govt of India Tourist Office,
123, M Karve Rd, Mumbai.
(022) 2203 3144.

Palace on Wheels
Bikaner House, Delhi.
(011) 2338 1884.

Royal Rajasthan on Wheels
1800 103 3500.
www.rtdc.in

Luxuszüge

Stilvoll reisen – das ist das Stichwort einiger indischer Luxuszüge, vor allem des **Palace on Wheels** und des **Royal Rajasthan on Wheels**. Beide bieten von September bis April einwöchige Reisen an. Ersterer fährt überwiegend in Rajasthan (Jaipur, Udaipur, Jaisalmer und Agra), Letzterer fährt durch Rajasthan nach Ahmedabad in Gujarat. Die **Fairy Queen**, eine rund 150 Jahre alte restaurierte Dampflok, ist die weltweit älteste ihrer Art und taucht sogar im *Guinnessbuch der Rekorde* auf. Sie verkehrt zwischen Delhi und Alwar (Okt–Feb). Zu den niedlichen »Toy Trains«, die zwischen Hügelorten über atemberaubende Täler fahren, gehört der **Darjeeling Himalayan Railway** *(siehe S. 250)* von New Jalpaiguri nach Darjeeling. Der Kangra Valley Railway verkehrt zwischen Pathankot und Jogindernagar *(weitere S. 110f)*. Ein weiterer »Toy Train«, der **Matheran Hill Railway**, fährt von Neral Junction nach Matheran *(siehe S. 384)*. Der luxuriöse, 1898 erbaute **Blue Mountain Railway** bietet auf seiner Fahrt nach Ooty *(siehe S. 492)* einen spektakulären Blick auf die Nilgiri Hills. **Kalka–Shimla Railways** bietet ebenso interessante Fahrten an.

Im Palace on Wheels geht es königlich zu

Mit dem Auto unterwegs

Logo der Automobile Association

Das Straßennetz in Indien ist sehr gut ausgebaut. Alle größeren Städte sind durch ein System in gutem Zustand gehaltener National Highways miteinander verbunden. In Indien herrscht Linksverkehr, die Autos haben das Steuer dementsprechend auf der rechten Seite. Auf den Straßen, vor allem in den Städten, geht es chaotisch zu. Mieten Sie sich am besten nicht nur ein Auto, sondern auch einen Fahrer. Sie bekommen sie bei Autovermietungen, in Hotels und am Taxistand. Im Fall einer Panne helfen Ihnen die unglaublich einfallsreichen »gelben Engel« gern weiter.

Führerschein

Zum Autofahren in Indien brauchen Sie einen internationalen Führerschein. Falls Sie keinen haben, stellt Ihnen die **Automobile Association of India (AAI)** gegen Vorlage des Passes und Ihres Führerscheins eine vorübergehende Fahrerlaubnis aus, was ein bis zwei Tage dauert. Sie müssen älter als 25 Jahre sein und eine Kaution von 10000 Rupien hinterlegen. Möglicherweise müssen Sie auch einen Fahrtest machen. Setzen Sie sich vor der Reise mit dem ADAC (www.adac.de) in Verbindung, der viele Tipps bereithält.

Straßenverhältnisse

Das Straßennetz Indiens ist insgesamt über drei Millionen Kilometer lang. Die Hauptverkehrsadern, die National Highways, umfassen rund 52000 Kilometer. Die State Highways belaufen sich auf etwa 128600 Kilometer. Die National Highway Authority baut die Strecken zwischen Delhi, Mumbai, Chennai und Kolkata weiter aus.

Ländliche Gegenden sind von einem Netz von Haupt- und Nebenstraßen durchzogen, deren Zustand stark variiert. Einige Dorfstraßen sind wenig mehr als Feldwege voller Schlaglöcher.

An den meisten Highways und Hauptstraßen finden sich Service-Einrichtungen wie Motels und Tankstellen. Die gut beschilderten *dhabas* (siehe S. 153) bieten gutes Essen und saubere Toiletten.

Autovermietung

Mehrere bekannte Autovermietungsfirmen, darunter **Avis**, **Budget** und **Autoriders International Limited**, haben auch Vertretungen in Indien. Neben Autos kann man hier auch Chauffeure mieten. Wenden Sie sich an die entsprechenden Schalter an den Flughäfen, in den größeren Hotels, Fremdenverkehrs- und Reisebüros oder direkt an die Unternehmen. Viele Firmen arbeiten auch mit indischen Unternehmen zusammen: Avis zum Beispiel mit der Oberoi Group und Budget mit der Sapna Travel Agency. Die zuverlässigen Autoriders International Limited waren früher das Partnerunternehmen von Hertz. Örtliche Unternehmen und private Taxis finden Sie auch an Taxiständen. Bei der Organisation helfen gern größere Hotels und Reisebüros *(siehe S. 625)*.

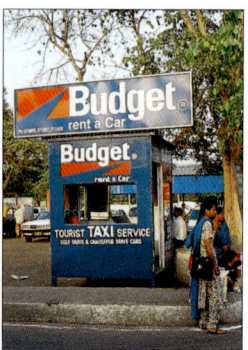

Ein Autovermietungsstand von Budget in Delhi

Auto mit Chauffeur

Die indischen Straßen- und Verkehrsverhältnisse können selbst geübte Fahrer auf eine harte Probe stellen. Die sicherste und auch bezahlbare Option ist das Mieten eines Autos mit Chauffeur. Taxis und Mietwagen erkennt man an ihren gelben Nummernschildern mit der schwarzen Schrift. An den meisten Taxiständen in Indien kann man auch Mietwagen bekommen. Diese sind oft weiß mit dem obligatorischen gelben Nummernschild. Mit den Wagen der Autovermietungsfirmen mit »All India Tourist Permits« kann man sich in ganz Indien frei bewegen.

Alle Chauffeure kennen sich mit den indischen Verkehrsregeln aus. Stellen Sie jedoch sicher, dass sich Ihr Fahrer auch in der Gegend auskennt, die Sie besuchen möchten. Vor einer längeren Fahrt sollten Sie sowohl das Auto als auch den Chauffeur testen.

Auf Fernstrecken müssen Sie für einen Mietwagen mit Chauffeur meist pro Kilometer bezahlen. Das Minimum sind 250 Kilometer pro Tag (plus Zusatzgebühr für jeden weiteren Kilometer). Falls Sie nur eine Hinfahrt benötigen, müssen Sie eine Extragebühr für die fahrgastlose Rückfahrt bezahlen. Die Kosten hängen natürlich auch von der Art des Wagens und der Region ab, in der Sie ihn mieten. Autos mit Klimaanlage sind verständlicherweise die teuersten. Bei Fahrten, die jenseits der Stadtgrenze führen oder in einen anderen Bundesstaat, kommen weitere Gebühren und Steuern hinzu. Auch für eine eventuelle Übernachtung des Fahrers müssen Sie aufkommen, handeln Sie vor Fahrtantritt möglichst eine Pauschale aus. In Bergregionen sind Mietwagen generell teurer.

In manchen Regionen Indiens können Sie sich auch ein Taxi mit anderen Fahrgästen teilen, was die Kosten erheblich reduziert. Bezahlen müssen Sie bei manchen Unternehmen in Devisen, obwohl auch viele Firmen Rupien akzeptieren.

Typische Tankstelle an einem Highway in Delhi

AUF EINEN BLICK

Automobile Association of India (AAI)

Chennai
AA South India, 187, Anna Salai.
(044) 2852 1162.
www.pppindia.com/aasi

Delhi
AA of Upper India,
C-8 Institutional Area.
(011) 2696 5397.
www.aaui.org

Kolkata
AA of Eastern India,
CG 147, Sector 2, Salt Lake.
(033) 2334 2757.
www.uraaei.org

Mumbai
Western India AA, Lalji Naranji
Memorial Bldg, 76, Vir Nariman Rd.
(022) 2204 1085.
www.wiaaindia.com

Autovermietungen

Autoriders International Limited
97, Street No. 9,
Mahipalpur Extn, New Delhi.
(011) 2678 8692.
@ delhi@autoriders.net
Santa Cruz, Mumbai.
(022) 6677 7394.
@ mumbai@autoriders.net
10–A, Ho Chi Min Sarani, Kolkata.
(033) 2282 3561.
@ kolkata@autoriders.net
281, Anna Salai, Chennai.
(044) 2267 1817.
@ chennai@autoriders.net

Avis
www.avis.co.in
The Oberoi, New Delhi.
(011) 2430 4452.
@ farhat@avis.co.in
The Oberoi, Mumbai.
(022) 2281 4449.
@ sanjeevkumar@avis.co.in
The Oberoi Grand, Kolkata.
(033) 6550 3446.
@ crskolkata@avis.co.in
The Trident, Chennai.
(044) 6060 2847.
@ crschennai@avis.co.in

Budget
Plot 18, Old Delhi – Gurgaon Rd,
Gurgaon. (0124) 402 6000.
Military Rd, KBM Compound,
Andheri East, Mumbai.
(022) 2920 0145.
133, Velachery Main Rd,
Guindy, Chennai.
(044) 2220 0999.

Benzin

An Highways und Hauptstraßen stehen in regelmäßigen Abständen Tankstellen, meist in der Nähe der Städte. Viele Tankstellen in Städten und an den Highways sind rund um die Uhr geöffnet und führen verbleites und unverbleites Benzin sowie das preiswertere Diesel. Die Mehrzahl der Mietwagen braucht Benzin, nur neuere Modelle und die meisten Taxis fahren mit Diesel. Vor allem in abgelegeneren Gegenden kann es schwierig sein, bleifreies Benzin zu bekommen. Füllen Sie den Tank also bei jeder Gelegenheit ganz auf. Viele größere Tankstellen verfügen nun auch über Läden, in denen Sie Mineralwasser und andere alkoholfreie Getränke, Zeitschriften und Snacks kaufen können. Zudem gibt es Telefonzellen und Toiletten.

Seit 2001 fahren viele Taxis, Auto-Rikschas und Busse in Delhi und Mumbai mit CNG (Compressed Natural Gas) – ein Versuch, das ernste Problem der Luftverschmutzung in den Griff zu bekommen.

Straßenkarten und Verkehrsschilder

Die Automobile Association of India, der Survey of India und das Fremdenverkehrsamt stellen Karten, Broschüren und Infomaterial zur Verfügung. Trotzdem ist die Ausschilderung oft unzureichend und manchmal auch nicht auf Englisch. Scheuen Sie sich nicht, nach dem Weg zu fragen – man hilft Ihnen immer gern weiter.

Verkehrsregeln

Falls Sie vorhaben, selbst zu fahren, sollten Sie sich mit den chaotischen Verkehrsverhältnissen in Indien vertraut machen. Es gibt zwar Verkehrsregeln wie das Einhalten der Fahrspur oder den sparsamen Gebrauch des Fernlichts – befolgt werden diese jedoch meist nicht. Es herrscht Linksverkehr, was aber nicht heißt, dass Ihnen nicht auch einmal ein Auto – oder eine Kuh – auf Ihrer Spur entgegenkommen kann.

Auf den Highways sollten Sie vor allem auf die Lastwagen aufpassen, die in der Regel rücksichtslos überholen. Halten Sie auch zu Bussen immer einen großen Sicherheitsabstand.

Machen Sie sich darauf gefasst, dass Sie nicht wie vorgeschrieben von rechts, sondern – ohne Vorwarnung – von links überholt werden. Das Mitnehmen von Anhaltern kann gefährlich werden, der großzügige Gebrauch der Hupe ist dagegen anzuraten. Beim Überschreiten der Geschwindigkeitsbegrenzung und beim Überfahren einer roten Ampel müssen Sie die Strafe sofort bezahlen. Die Promillegrenze liegt bei 0,0 (nur in Westbengalen bei 0,8).

Parken Sie in Städten immer auf offiziellen Parkplätzen, andernfalls wird das Auto zum nächsten Polizeirevier abgeschleppt und ein hohes Bußgeld fällig. Der Parkwächter sollte Ihnen einen Parkschein mit aufgedruckter Parkgebühr aushändigen. Diese beträgt zwischen fünf und zehn Rupien.

Mit Bus und Fähre unterwegs

Logo der India Tourism Development Corporation (ITDC)

In Indien gibt es ein ausgedehntes Netz an Stadt- und Reisebussen, die ausgezeichnete Verbindungen auch in entlegenere Gegenden bieten. Die Stadtbusse sind recht preiswert und verkehren nicht nur in den Städten, sondern auch zwischen den Bundesstaaten. Die Reisebusse sind komfortabler und mit Klimaanlage ausgestattet. Sie werden auf geführten Touren eingesetzt und fahren auch in der Stadt. Der Vorteil einer Bus- im Vergleich zu einer Zugreise ist, dass man den Fahrplan wesentlich flexibler gestalten kann. An den Küsten des Landes verkehren außerdem zahlreiche Passagierfähren, zudem ist das Festland mit den Lakkadiven und den Andamanen durch Kreuzfahrtschiffe verbunden.

Staatliche Busse

Die verschiedenen staatlichen Transportunternehmen in Indien stellen zahlreiche Busverbindungen zwischen den Bundesstaaten zur Verfügung. Am Interstate Bus Terminus (ISBT) in Delhi fahren die Busse nach Punjab, Haryana, Himachal Pradesh, Uttar Pradesh und Rajasthan ab. Busse nach Agra fahren am Sarai Kale Khan in der Nähe des Nizamuddin-Bahnhofs ab. Am zentralen Busbahnhof von Mumbai bekommt man Informationen zur Maharashtra Road Transport Corporation, die alle wichtigen Städte innerhalb des Staates sowie Goa, Ahmedabad, Vadodara, Mangalore, Indore und Hyderabad anfährt. Auch in Kolkata gibt es viele gute Busverbindungen durch ganz Westbengalen und die Nachbarstaaten Bihar, Orissa und Sikkim. In die nordöstlichen Staaten kommt man am besten über Guwahati. Hier fährt die Assam State Transport Corporation. Die wichtigsten Informationen hierzu sind am Paltan-Bazar-Busbahnhof erhältlich.

Angestellte der **Government of India Tourism Offices** in den vier großen Städten Delhi, Mumbai, Kolkata und Chennai nehmen Reservierungen vor. An den meisten Busbahnhöfen geht es ziemlich chaotisch zu, kommen Sie also entsprechend früh. Fragen Sie an der Information nach dem genauen Abfahrtsort Ihres Busses, und machen Sie sich auf einen Kampf um die besten Plätze gefasst.

Busreisen und Pauschalangebote

Einige der besten geführten Touren innerhalb der Städte sowie zu Nachbarorten bieten das Government of India Tourism Department sowie die verschiedenen regionalen Fremdenverkehrsämter *(siehe S. 627)*. Neueste Informationen zu Fahrplänen, Routen und Zwischenstopps bekommen Sie in den Government of India Tourism Offices. Die Fahrkarten kann man zwar auch im Bus lösen, besser ist jedoch eine Buchung im Voraus. Die Busfahrer können den Fahrplan auch der Größe der Gruppe und dem Zielort anpassen.

Die Busse der Fremdenverkehrsämter sind insgesamt sauber, nicht überfüllt und relativ bequem. Vom Fremdenverkehrsamt organisierte Busreisen beinhalten meist einen Führer – so bleibt Ihnen wahrscheinlich ein Großteil der »freiberuflichen« Führer vor jeder Sehenswürdigkeit erspart.

Pauschalangebote privater Anbieter

Auch private Veranstalter und Reisebüros haben eine große Auswahl an Busreisen im Angebot. Sie weisen meist ein gutes Preis-Leistungs-Verhältnis auf – hier bekommen Sie in kurzer Zeit viel zu sehen.

Die Agenturen benutzen in der Regel Luxusbusse mit 18 oder 35 verstellbaren Sitzen und Klimaanlage. Der Preis hängt von der Qualität des Service und dem Besichtigungsprogramm ab. Im Pauschalangebot inbegriffen sind meist ein Führer sowie eine Übernachtung in einem Hotel. Die meisten Reisebüros arbeiten mit Luxusbusunternehmen zusammen, die die Besucher in ihren jeweiligen Hotels abholen. Reservierungen können entweder im Hotel oder direkt im Reisebüro vorgenommen werden.

Busfahrkarten und Preise

Busreisen sind im Allgemeinen günstiger als Zugfahrten. Die Preise hängen vor allem vom jeweiligen Transportmittel ab. Die Reise mit einem »normalen« Bus ist Besuchern nicht zu empfehlen. Busse der gehobeneren Kategorie sind etwas besser. Wenn Sie im Sommer reisen, sollten Sie allerdings einen Luxusbus mit Klimaanlage nehmen (»a/c Coaches«). Vorsicht: In den »Video Coaches« werden die ganze Nacht laute

Luxusbus des Unternehmens Rajasthan Tourism

Passagierfähre am Gateway of India, Mumbai

Musik und Hindi-Filme gespielt. Bei den Luxusbussen mit Klimaanlage können Sie die Fahrkarte im Voraus kaufen und sich einen Sitzplatz reservieren lassen.

Zum Pauschalangebot einer Busreise gehören meist auch Flughafentransfers, Steuern, Übernachtungen, Führer und Eintrittsgelder für Denkmäler oder Museen.

Fähren und Schiffe

Busticket für Rajasthan

Die zahlreichen indischen Inseln und die Städte entlang der Küste erreichen Sie mit einer der vielen Fähren, die von Kolkata bis Chennai sowie von Mumbai bis Goa verkehren. Zwischen Mumbai und Goa gibt es zudem Katamaran-Verbindungen (allerdings nicht während des Monsuns zwischen Juli und September). In Chennai und Kolkata haben auch Passagierschiffslinien ihren Sitz, die zu den Andamanen fahren, in Kochi Unternehmen, die die Lakkadiven bedienen. In den Luxuskreuzfahrten sind die Mahlzeiten an Bord, das Fährgeld, Besichtigungen, Fahrten in der Lagune und eventuelle Unterbringungen an Land inbegriffen. Buchen Sie zwei Monate im Voraus, die Fahrten sind sehr beliebt.

Die **Shipping Corporation of India** (SCI) unterhält zwei Passagierschiffe, die *MV Nancowry* und die *MV Akbar*. Sie fahren alle zehn Tage von Chennai nach Port Blair auf den Andamanen. Ein weiteres Schiff der SCI fährt einmal im Monat von Visakhapatnam nach Port Blair. Zwischen den Inseln hat man die Wahl zwischen insgesamt vier Passagier- und Frachtfähren.

Auch zwischen Kochi und den Lakkadiven verkehren Schiffe. **SPORTS** (Society for Promotion of Nature Tourism and Sports), das offizielle Fremdenverkehrsbüro der Lakkadiven, unterhält die beiden Schiffe *MV Bharatseema* und *MV Tipu Sultan*. Mit der Goa Tourism Development Corporation *(siehe S. 627)* kann man Flusskreuzfahrten innerhalb des Staates unternehmen, in Kerala organisiert das Kollam (Quilon) District Tourism Promotion Council halb- oder ganztägige Fahrten auf dem Wasser. Das wunderschöne Hinterland des Staates kann man zudem mit der Kerala Tourism Development Corporation in Kochi *(siehe S. 627)* kennenlernen – entweder auf Luxushausbooten, den traditionellen *kettuvallams* (Reisboote), oder auf modernen Safaribooten mit bis zu zwölf Sitzplätzen.

In Goa und Kerala bewegt man sich mit dem Schiff meist schneller fort als mit dem Auto. Das Festland ist mit den Inseln durch Fähren verbunden (z. B. Ernakulam–Willingdon Island). Auf den Lakkadiven und Andamanen sind Boote und Fähren das einzige Transportmittel zwischen den Inseln. In Guwahati können Sie Fährüberfahrten über den Brahmaputra buchen, in Varanasi können an den Ghats Boote für Fahrten auf dem Ganges gemietet werden. In Mumbai verkehren Wassertaxis zwischen dem Gateway of India und Elephanta Island.

AUF EINEN BLICK

Büros des Government of India Tourism

Chennai
154, Anna Salai.
☎ (044) 2846 1459.

Delhi
88, Janpath.
☎ (011) 2332 0005.

Kolkata
4, Shakespeare Sarani.
☎ (033) 2282 1475.

Mumbai
123, M Karve Rd.
☎ (022) 2203 3144.

Busbahnhöfe

APSRTC
☎ (044) 2479 2233.

Chennai
Metropolitan Transport Corporation
☎ (044) 2536 6063.
State Express Bus Stand
Parry's Circle.
State Express Transport Corporation
☎ (044) 2536 6063.

Delhi
ISBT, Ring Rd.
☎ (011) 2386 8836.

Kolkata
Esplanade Terminus, Calcutta State Transport Corporation
☎ (033) 2248 1916.
North Bengal State Transport Corporation
☎ (033) 2243 0736.

Mumbai
MTDC, Madame Cama Rd.
☎ (022) 2202 6713.

Sarai Kale Khan
☎ (011) 2435 8092.

Schiffs- und Bootstouren

Shipping Corporation of India
Appeejay House, 4. Stock, Dinsha Wacha Rd, Mumbai.
☎ (022) 2282 2101.
Jawahar Building, Rajaji Salai, Chennai.
☎ (044) 2523 1401.

SPORTS
Lakshadweep Tourism, Indira Gandhi Rd, Willingdon Island, Kochi.
☎ (0484) 266 8387.

In den Städten unterwegs

Offizielles Taxameter

Das Angebot an öffentlichen Verkehrsmitteln variiert von Stadt zu Stadt. In größeren Städten gibt es verlässliche Busverbindungen, Taxis und Auto-Rikschas sowie Züge, mit denen man schnell und bequem in die Vorstädte gelangt. In den engen, verstopften Straßen kleinerer Orte und in der Altstadt ist man meist besser mit leichten, wendigen Gefährten bedient. Sie haben die Auswahl zwischen Fahrrad- oder Auto-Rikschas, *vikrams* (größere Versionen der Auto-Rikschas) und Jeeps. In einigen ländlichen Gegenden von Indien sind auch von Pferden gezogene Wagen (*tongas*) sowie Kamelkarren noch in Gebrauch.

Taxis und Auto-Rikschas

In den meisten Städten sind die Taxis schwarz mit gelbem Dach, nur in Kolkata sind sie ganz gelb und in Bengaluru ganz schwarz. Man kann sie auf der Straße anhalten oder am Taxistand mieten. Sie gelangen damit entweder von A nach B, oder das Taxi steht Ihnen zu einem Festpreis für einen halben Tag (vier Stunden) bzw. 40 Kilometer zur Verfügung. Sie können es auch einen ganzen Tag (acht Stunden) bzw. für 80 Kilometer mieten. Am weitesten verbreitet ist die Automarke Ambassador, doch auch Maruti-Wagen setzen sich durch.

Private Taxis (einige haben Klimaanlage) sind meist weiß und ebenfalls an manchen regulären Taxiständen erhältlich. In einigen Städten gibt es nur private Taxis, die man bei Agenturen oder im Hotel buchen kann. In größeren Städten wie Delhi oder Mumbai gibt es auch die sogenannten Radio Cabs, die etwas teurer sind, da sie ebenfalls über Klimaanlagen verfügen.

Die omnipräsenten Auto-Rikschas (auch »Autos«, »Scooters« oder *phat-phats* genannt) sind die häufigste Transportmöglichkeit. Sie sind preiswerter als Taxis, die Fahrt mit ihnen kann jedoch ziemlich abenteuerlich sein – sie quetschen sich z. B. liebend gern zwischen Bussen durch. In Delhi und Mumbai haben die Umweltschützer die Einführung CNG-betriebener Fahrzeuge erwirkt (Compressed Natural Gas). Man erkennt sie an einem grünen Streifen über dem üblichen Schwarz und Gelb. Alle neuen Taxis fahren bereits mit CNG und sind in Gelb und Grün gehalten.

Auto-Rikschas: preiswert, schnell und manchmal abenteuerlich

Preise und Taxameter

Alle Auto-Rikschas und Taxis verfügen über Taxameter, die Tarife variieren jedoch je nach Benzinpreis. Für Nachtfahrten und Gepäck wird ein Zuschlag verlangt. Leider verlangen die meisten Fahrer mehr als sie dürfen, häufig mit der Begründung, das Taxameter sei kaputt. Am besten handeln Sie den Preis vorher aus. Bestehen Sie auch darauf, einen Blick auf die Tariftabelle, die jeder Rikschafahrer mitführen muss, werfen zu dürfen. Am einfachsten ist eine Pauschale. Tragen Sie immer etwas Kleingeld bei sich, da viele Fahrer behaupten, nicht herausgeben zu können. Auch Umwege sind keine Seltenheit. Informieren Sie sich, wenn möglich, vorher über die kürzeste Route.

Busse

Obwohl das öffentliche Busnetz gut ausgebaut ist, macht eine Fahrt mit diesem Verkehrsmittel wenig Spaß. Die Busse sind mit der großen Anzahl der Pendler überfordert und immer überfüllt. Sogar bis zum Schaffner müssen Sie sich regelrecht durchkämpfen, um eine Fahrkarte zu kaufen. Volle Busse halten kaum an den Haltestellen, an denen weitere Fahrgäste warten, und die Fahrer sind für ihre Rücksichtslosigkeit bekannt. Sogar die Luxusbusse fahren mit halsbrecherischer Geschwindigkeit.

Vorstadtzüge und U-Bahnen

Mumbai bietet das beste System an Vorstadtzügen in ganz Indien, mit effizienten und preisgünstigen Verbindungen. Doch auch die Züge sind hoffnungslos überfüllt, zur Rushhour sollten Sie sie meiden. Für Frauen gibt es eigene Abteile. Die beliebteste

Moderne klimatisierte Busse auf einer verkehrsreichen Straße in Delhi

Motorradtaxis: das praktischste Verkehrsmittel in Goa

der drei Hauptstrecken beginnt in Churchgate und führt über Mumbai Central und Andheri. Die anderen beginnen am Victoria Terminus (VT).

In Chennai verkehren einige schnelle Vorstadtzüge von Egmore zur Central Station oder nach George Town sowie nach Guindy oder zum Flughafen.

Delhi verfügt über drei Metro-Linien, die die Stadt mit benachbarten Zentren wie Gurgaon und Noida verbinden. Für Besucher am interessantesten ist die Linie 2, die zwischen Vishwa Vidyalaya und Central Secretariat verkehrt. Die Züge fahren alle vier bis sechs Minuten zwischen 6 und 22 Uhr.

Indiens erste U-Bahn fuhr in Kolkatta. Das Streckennetz in die nördlichen und südlichen Stadtteile ist offen, es wird sukzessive erweitert. Die Züge fahren täglich zwischen 7 und 22 Uhr. Die Hauptstationen liegen gegenüber dem Oberoi Grand und in der Nähe der Dr M Ishaque Road. Einige Abschnitte des oberirdischen Streckennetzes von Chennai sind in Betrieb.

Motorräder und Fahrräder

Die praktischste Möglichkeit, kleinere Orte und ihre Umgebung zu erkunden, sind Motor- oder Fahrräder. In Goa erkennt man Motorradtaxis an ihren gelben Windschutzscheiben und weißen Nummernschildern; man bekommt sie überall. Wenn Sie lieber selbst fahren, können Sie auch ein Motorrad mieten. Städte wie Puducherry, Hampi, Belur und Halebid eignen sich bestens für eine Radtour. Auch Räder können Sie recht preisgünstig überall leihen.

Sonstige Verkehrsmittel

Zu den weiteren Transportmöglichkeiten gehören Minibusse, Fahrrad-Rikschas und Pferdewagen. Fahrrad-Rikschas sind sehr beliebt und vor allem in der Altstadt ausgesprochen wendig. In kleineren Städten sieht man sie öfter, da sie mit Leichtigkeit durch die engen Gassen und *galis* gelangen. Auch hier handeln Sie den Preis am besten vorher aus, einige Fahrer bieten Pauschalen für feste Strecken. Die »Tempos«, batteriebetriebene wagenähnliche Gefährte, sind im hinteren Teil mit Sitzplätzen ausgestattet. Sie sind unbequem und immer voll, verlangen jedoch Einheitspreise für feste Routen. Auch Pferdewagen (*tongas* oder *ikkas*) sieht man in kleineren Orten und an Bahnhöfen oft. In Rajasthan kann man noch mit dem Kamelkarren reisen – wenn auch etwas holprig.

In größeren Städten bekommen Sie für einen Ausflug in die Umgebung auch Jeeps und Kastenwagen *(siehe S. 645)*. In Ladakh sind sie das Hauptverkehrsmittel. In den Hügeln bieten sich Jeeps besonders an. Man kann sich auch ein Jeep-Taxi teilen. Meist wird ein Festpreis verlangt, in dem alle Straßengebühren inbegriffen sind. In den Ortschaften, die in den Bergen liegen, erkundet man die Gegend am besten mit dem Fahrrad oder zu Fuß.

Straßennamen

In den meisten Städten, vor allem in den vier größten, sind die Straßen, die nach Herrschern aus der Raj-Ära benannt waren, nach bekannten Indern und internationalen Persönlichkeiten umbenannt worden. Dies kann Verwirrung stiften, da auf den Stadtplänen die neuen Namen verzeichnet sind, die Einheimischen aber oft noch die alten Namen im Kopf haben. Fragen Sie immer mehrere Leute nach den Straßennamen und Wegbeschreibungen.

Nicht motorisierte Rikschas findet man nur noch in bestimmten Gegenden von Kolkata

Textregister

Seitenzahlen in **fetter Schrift** verweisen auf Haupteinträge.

A

Abbé Dubois Church (Srirangapattana) 425
Achalgarh **324**
Adalaj Vav (Gujarat) **340f**
Adhai-Din-ka-Jhonpra (Ajmer) 312
Adi Shankaracharya 45, 161, **530**
Adina-Moschee (Pandua) 249
Adinath-Tempel (Ranakpur) 324
Adyar (Chennai) **467**
Aerial Bay 509
Afghan Memorial Church (Mumbai) 21, 363
Aga-Khan-Palast (Pune) 383
Agartala **281**
  Hotels 579
  Restaurants 608
Agatti Island (Lakkadiven) **528**
Agonda 417
Agra **144–151**
  Cantonment 147
  Fort 146f
  Itimad-ud-Daulahs Grabmal **150f**
  Pietra dura 147, 149
  Stickereien **147**
  Taj Mahal 21, 51, **148f**
  Zentrumskarte 145
Ahar 326
Ahichhatragarh Fort (Nagaur) 312
Ahilyeshwar-Tempel (Maheshwar) 216
Ahmadnagar 385
Ahmedabad 286, **336f**
  Calico Museum **338f**
  Zentrumskarte 337
Ahom-Dynastie 49, 278
Aihole 43, **442f**
  Durga-Tempel **443**
Air India 639
Aizawl **281**
Ajaigarh 204
Ajanta 43, 356, **391**
Ajanta-Höhlen **391**
Ajmer **312**
  Hotels 580
Akbar, Mogul 49f, 146, 154
  Mausoleum 152
Alampur **556**
Albert Hall Museum (Jaipur) **291**
Alchi-Kloster (Ladakh) **130f**
Alfassa, Mirra (»The Mother«) 480
Alibad 380
Aligarh **166f**
Alipore (Kolkata) **236f**
  National Library 236f
  Zoologischer Gärten 236
Alkohol 597, 629
All Saints Cathedral (Allahabad) 179
All Souls' Memorial Church (Kanpur) 167
Allahabad 141, 143, **178f**
  Allahabad Fort 179
Almora **162f**
Alwar **307**
  Hotels 581

Amar Mahal Museum (Jammu) 136
Amarnath 137
Amba-Vilas-Palast (Mysore) **426f**
Amber 304
Amber Fort (Jaipur) **302–304**
American Express 634f
Amir Mahal (Chennai) 466
Amonkar, Kishori 29
Amravati **554**
  Skulpturen **554**
Amritsar 56, 60, 99, **96f**
  Golden Temple 21, 57, 96, **98f**
  Hotels 570
  Restaurants 600
Anand 345
Anand Bhavan (Allahabad) 179
Anandpur Sahib **95**
Anantha-Höhle 260
Anantha-Padmanabhaswamy-Tempel (Thiruvananthapuram) 512
Ananthapura-Tempel (Kasaragod) 537
Andaman Water Sports Complex (Port Blair) 504
Andamanen **502–509**
  Erlebniskarte 451f
  Hotels 592
  Restaurants 619
  Straßenkarte 16f, **503**
Andhra Pradesh 38, **538–561**
  Erlebniskarte 451f
  Hotels 595
  Restaurants 621
  Straßenkarte 16f, **539**
Anegondi 437
Anjuna (Goa) **400**
Anna Park (Chennai) 464
Anna Salai (Chennai) **463**
Annadurai, C. N. 463f
Annamalai University (Chidambaram) 482
Annavaram 552
Anreise mit dem Flugzeug 638
Anschlussflüge in Indien 639
Antarvedi 552
Anthropological Museum (Port Blair) 504
Apollo Bunder (Mumbai) 362
Apotheken 631
Arabisches Meer 16, 18
  Meeresbewohner der Korallenriffe 529
Arambol **403**
  Strand 401
Aranmula **518**
Arasavalli 551
Aravalli Hills 289, 324f, 332
Archäologische Museen
  Alampur 556
  Amravati 554
  Badami 439
  Birla (Hyderabad) 544
  Bodh Gaya 190
  Gangaikondacholapuram 483
  Goa 405
  Golconda 546
  Gwalior 196
  Halebid 430
  Jaipur 291
  Jhansi 167

Kamalapuram (Hampi) 436
Khajuraho 204
Khiching 269
Konarak 263
Lothal 342
Mamallapuram 473
Nagarjunakonda 555
Sanchi 211
Sarnath 178
Architektur **20–23**
  Baumaterialien **23**
  Chettiar-Villen **498**
  Gurdwaras 21, **98f**
  Havelis 22, **308**
  Holzbauten in Kerala **520f**
  Jain-Tempel 20
  Profanarchitektur **22f**
  Sakralarchitektur **20f**
  Taj Mahal 21, 51, **148f**
  siehe auch Kirchen; Klöster; Moscheen; Tempel; Grabmäler
Ardhanarishvara 47
Armenian Church (Kolkata) **231**
Arunachal Pradesh 271, 278
Arunachaleshvara-Tempel (Tiruvannamalai) 477
Ashoka 42, 190
  Sanchi 208, 210
  Schlacht von Kalinga 261
Ashtur 447
Ashutosh Museum (Kolkata) 230
Asiatic Society (Kolkata) 234
Asiatic Society (Mumbai) **368**
Assagao
  Hotels 587
Assam & Nordostindien **270–283**
  Erlebniskarte 222f
  Hotels 579f
  Restaurants 609
  Straßenkarte 14f, **271**
  siehe auch Arunachal Pradesh; Manipur; Meghalaya; Mizoram; Nagaland; Tripura
Atala Masjid (Jaunpur) 171
Attara Kacheri (Bengaluru) 420
Aufstand, Indischer (1857) 53, 81, 147, 197, 504
Auli 161
Aurangabad **386f**
  Höhlen 387
  Hotels 586
  Restaurants 614
Aurangzeb, Mogul 49, 51, 170, 385f
Aurobindo, Sri 479, **480**
  Aurobindo Ashram (Puducherry) 479, **480**
Auroville 481
Ausnahmezustand 57
Austrian Airlines 639
Autofahren **644f**
Auto-Riksha 648
Autovermietungen 644f
Avadh 52, 168
Avalokitesvara 130
Ayodhya 27, **171**
  Babri Masjid 57, 171
Ayurveda **514**
Ayyanar-Schrein 472
Ayyappa-Kult **521**

B

Baba Shah Musafir 386
Babri Masjid (Ayodhya) 57, 171
Babur, Kaiser 49, 51, 150
Badal Vilas (Jaisalmer) 321
Badami 43, **439**
  Hotels 589
  Restaurants 616
Badi Chaupar: Detailkarte (Jaipur) **292f**
Badrinath 161
Badshahi Ashurkhana (Hyderabad) **541**
Baga Beach (Goa) 400f
  Hotels 587
  Restaurants 615
Bagh Caves (Madhya Pradesh & Chhattisgarh) 215
Bagore ki Haveli (Udaipur) **326**
Baha'i House of Worship (Delhi) **89**
Bahadur Shah Zafar 53, 86
Bahmani-Dynastie 49, 444, 446
Bahubali 429
Baidyanath Dham (Deoghar) 185
Bala Qila (Alwar) 307
Baleshwar **268**
Ballard Estate (Mumbai) **373**
Bandel 243
Bandhavgarh National Park (Madhya Pradesh & Chhattisgarh) **205**
  Hotels 575
  Restaurants 604
Bandra (Mumbai) **376**
Banganga (Mumbai) **375**
Bangaram Island **528**
Banken **634f**
Bankura-Pferde **247**
Bansberia 243
Bara Imambara (Lucknow) **169**
Barabar Caves (Bihar & Jharkhand) 188
Barakpur 243
Barddhaman **247**
Bardez
  Hotels 587f
Bardhan-Kloster (Ladakh) 135
Bardoli 331
Baripada **268**
  Museum 268
Barkur **432**
Baroda siehe Vadodara
Barren Island 509
Barton Museum (Bhavnagar) 348
Basare
  Bazars of Old Delhi **81**
  Delhi **78f**, 80, **81**
  Hyderabad **542f**
  Jaipur **292f**
Basgo-Kloster (Ladakh) 126
Basilica de Bom Jesus (Goa) **406f**
Baz Bahadur 214, **215**
BBD Bagh (Kolkata)
  Detailkarte **228f**
Bedsa Caves (Lonavla) 384
Begumpuri-Moschee (Delhi) 84
Behinderte Reisende 567, 626f
Bekal Fort (Kasaragod) 537
Belgaum **438**
Belur **430**

Belur Math (Westbengalen & Sikkim) **242**
Benares siehe Varanasi
Benaulim 413, 417
  Hotels 588
  Restaurants 615
Bengalen 44, 52 siehe auch Westbengalen & Sikkim
Bengaltiger siehe Tiger
Bengaluru **420–422**
  Garden City **420**
  Hotels 589
  Restaurants 617
  Zentrumskarte 421
Berg- und Hügelorte siehe Hill Stations
Berhampur **265**
Besnagar 209
Betla National Park siehe Palamau National Park
Betul 417
Beypore 534
Bhadra Fort (Ahmedabad) 336
Bhagamandala 428
Bhagavad Gita 26, 386
Bhagavati-Tempel (Pernem) 402
Bhagwan Mahaveer Sanctuary (Goa) 411
Bhaja Caves (Lonavla) 384
Bharat Bhavan (Bhopal) 206
Bharat Natyam 29
Bharatiya Janata Party (BJP) 57
Bharatpur **305**
  Hotels 581
  Restaurants 609
Bharatpur Bird Sanctuary siehe Keoladeo Ghana National Park
Bharmour **115**
Bhatkal **432**
Bhavnagar **348**
  Hotels 584
  Restaurants 611
Bhim Tal 162
Bhimakali-Tempel (Sarahan) **108f**
Bhimbetka-Höhlenmalerei (Madhya Pradesh & Chhattisgarh) **208**
Bhitarkanika Sanctuary (Orissa) **267**
  Oliv-Bastardschildkröte **267**
Bhojeshwar-Tempel (Bhojpur) 208
Bhojpur 208
Bhonsle-Dynastie 393
Bhonsle-Palast (Nagpur) 392
Bhopa-Balladensänger **317**
Bhopal **206f**
  Hotels 576
  Restaurants 604f
  Zentrumskarte 207
Bhubaneswar 257, **258f**
  Hotels 579
  Restaurants 607
  Umgebung 260f
  Zentrumskarte 258f
Bhuj **352**
  Erdbeben in Gujarat **352**
Bhutia-Busty-Kloster (Darjeeling) 252
Bibi ka Maqbara (Aurangabad) 386
Bidar **446f**
  Fort 446f
  Moschee 21, 447

Bidri 447
Bihar & Jharkhand **180–193**
  Erlebniskarte 140f
  Hotels 575
  Restaurants 604
  Straßenkarte 14f, **181**
Bijapur **444f**
  Hotels 590
  Restaurants 617
Bijay Mandal (Delhi) 84
Bijli-Mahadev-Tempel (Kullu) 116
Bijolia 332
Bikaner 289, **314f**
  Hotels 581
  Restaurants 609
Birla Archaeological Museum (Hyderabad) 544
Birla Mandir (Delhi) 72
Birla Museum (Bhopal) 207
Bishnupur **246f**
  Shyama-Raya-Tempel **246f**
Blue Mountain Railway 643
Bodh Gaya **190f**
  Bodhi-Baum **190**
  Hotels 575
  Mahabodhi-Tempel **191**
  Restaurants 604
Bogmalo Beach (Goa) 401, 417
Bojaxhiu, Agnes G.
  siehe Mutter Teresa
Bolghatty Island (Kochi) 525
  Palace Hotel 525
Bollywood **32f**, 376
Bom Jesus Cathedral (Daman) 347
Bombay siehe Mumbai
Bombay Natural History Society (Mumbai) 363
Bombay Port Trust (Mumbai) 373
Bomdila (Assam & Nordostindien) **274**
Bondla Sanctuary (Goa) 411
Boote und Schiffe **137**, 638, 647
Borra-Höhlen **551**
Botanical Gardens (Kolkata) **239**
Botschaften und Konsulate 625, 631
Braganza House **414f**
Brahma-Tempel (Pushkar) 310
Brahmapurishvara-Tempel (Pullamangai) 484
Brahmaputra 14f, **273**, 276
Brajeshwari-Devi-Tempel (Kangra Valley) 111
Brihadishvara-Tempel (Gangaikondacholapuram) 482
Brihadishvara-Tempel (Thanjavur) 20, 486, **488f**
Brindavan **153**
Britisch-Indien 52f
  Fort St George 453, 456
  Hauptstadt 225
  Karte 54
  Pax Britannica **54f**
  Schlacht von Plassey 52, 249
British Airways 639
Brunnen der St Andrew's Kirk **459**
Bryant Park (Kodaikanal) 493
Buddha 42, **132**, **189**, 391, 555
Buddha Jayanti 35, 193

TEXTREGISTER

Buddhismus 189
  Bodhi-Baum **190**, 210f
  Dalai-Lama 113, 127, 275
  Feste 34–37
  Hinayana 391
  Little Tibet **113**
  Mahabodhi-Tempel **191**
  Mahayana 43, 391
  Nalanda **186f**
  Orakel 128, 255
  Sanchi Stupa **210f**
  Sekten **127**, 275
  Tibetischer Buddhismus 127
  Ursprünge 42
  Verhalten an religiösen Stätten 628f
  siehe auch Ajanta; Ellora; Klöster
Buddhistische Orden in Ladakh **127**
Bund Gardens (Pune) 383
Bundelkhand, Tour 198
Bundi **332**
  Hotels 581
Buoy Island 506
Busse 646f, 648

C

Cabo da Rama 417
Calangute **400**
  Hotels 588
  Restaurants 615f
Calico Museum (Ahmedabad) 337, **338f**
Calicut *siehe* Kozhikode
Cannanore *siehe* Kannur
Cardamom Hills *siehe* Ponmudi
Cathedral Church of the Redemption (Delhi) 68
Cathedral of Reconciliation (Assam & Nordostindien) 283
Cathedral of St Philomena (Mysore) 427
Cavelossim **417**
Cellular Jail (Port Blair) 504
Central Park (Delhi) 69
Chail 104
  Hotels 570
  Restaurants 600
Chaitya 20
Chamarajendra Art Gallery (Mysore) 426
Chamba **114f**
Chambal 289
Champaner **346**
Chamundeshvari-Tempel (Mysore) 427
Chandannagar 243
Chanderi **199**
Chandigarh **92f**
  Hotels 570
  Restaurants 600
Chandipur **268**
Chandni Chowk: Detailkarte (Delhi) **78f**
Chandor 413
Chandragiri **558**
Chandragiri Fort (Kasaragod) 537
Chandragupta Maurya 42
Chapel of St Catherine (Goa) 404
Chapora Fort (Goa) 402
Charbagh 21

Charminar (Hyderabad) **542f**
  Detailkarte **542f**
  Moschee 542
Charnock, Job 225, 228, 456
Chashmashahi Garden (Srinagar) 137
Chattar Manzil (Lucknow) 168
Chaturbhuj-Tempel (Orchha) 200
Chaugan Stadium (Jaipur) 290
Chaurasi-Tempel (Bharmour) 115
Chausath-Yogini-Tempel (Bhubaneswar) 261
Chemrey-Kloster (Ladakh) 127
Chennai (Madras) **452–469**
  Hotels 590f
  Restaurants 617f
  Unterwegs in 454
  Zentrumskarte 454f
Chennakeshava-Tempel (Belur) 430
Cherrapunji 39
Chettiar-Villen 472, **498**
Chettinad 22, **499**
Chhatri 21
Chhattisgarh *siehe auch* Madhya Pradesh & Chhattisgarh
Chhota Imambara (Lucknow) 170
Chidambaram **482**
  Nataraja-Tempel 482
Chidiya Tapu (Andamanen) **508**
Chikhaldara 392
Chilika Lake (Orissa) 257, **265**
  Hotels 579
  Restaurants 608
Chinchinim 413
Chini ka Rauza (Agra) 150
Chintaman-Ganesh-Tempel (Ujjain) 212
Chiplun 382
  Hotels 586
  Restaurants 614
Chisholm, Robert 465
Chitai-Tempel (Almora) 162
Chitradurga **433**
Chitrakoot **179**
Chittorgarh **330f**
  Hotels 581
Chogyal-Könige 254
Chola-Bronzen 47, 70, 461
  Ikonografie **462**
  Thanjavur-Bronzen **484**
Chola-Dynastie 43, 45, **46f**
Cholamandal (Tamil Nadu) 472
Cholamandalam 471
Chorten 126, 131, 255
Choutuppal 548
Chowringhee (Kolkata) **234**
Christentum 16, 466
  Feste 34f
  Hl. Thomas in Indien 466, **469**, 520
  Inquisition von Goa 409
  siehe auch Kirchen
Cinque Island (Andamanen) **508**
City Palace (Udaipur) 328f
Clive, Robert 52, **457**
Cochin *siehe* Kochi
Coimbatore **492**
Colaba Causeway (Mumbai) 363
College Street (Kolkata) 230
Colva **417**
Colva Beach (Goa) 401

Commonwealth Games 57
Connaught Place (Delhi) **69**
Coonoor 492
Coorgi *siehe* Kodavas
Corbett, Jim **165**
Corbett National Park (Uttar Pradesh & Uttarakhand) 143, **164f**, 566
Corbyn's Cove (Andamanen) 505
Coronation Memorial (Delhi) **82**
Cotigao Wildlife Sanctuary (Goa) 417
Courtallam Falls, Tirunelvelli 500
Crafts Museum (Delhi) **74f**
Crawford Market (Mumbai) **369**
Crocodile Bank (Cholamandal) 472
Cubbon Park (Bengaluru) 420
Cuthbert Bay 509
Cuttack **266**
CVN Kalari Sangham (Thiruvananthapuram) 513

D

da Gama, Vasco 409, 525, 527, 534
Dabbawallahs von Mumbai 369, **373**
Dabhoi Fort (Champaner) 346
Dak-Bungalows 565
Dakshina Chitra **472**
Dakshineshwar **242**
Dalai-Lama 112, 127
  Tibetische Exilregierung **113**
Dalhousie **114**
  Hotels 570
Daman **347**
  Fort 347
Damanganga, Fluss 347
Damri-Moschee (Ahmadnagar) 385
Dance, Nathaniel 457
  Porträt Robert Clives 457
Darasuram (Tamil Nadu) 46, **483**
Darbargadh-Palast (Bhuj) 352
Darden **133**
Dargahs
  Gesu Daraz (Gulbarga) 446
  Haji Ali Shah Bukhari (Mumbai) 375
  Hazrat Makhdum Yahya Maneri 183
  Moinuddin Chishti (Ajmer) 312
  Nizamuddin Auliya (Delhi) 76
  Salim Chishti (Fatehpur Sikri) **157**
  Sayeed Zain-ud-din (Maharashtra) 387
Daria Daulat Bagh (Srirangapattana) 425
Dariba Kalan (Delhi) 79
Darjeeling 222, 241, **252f**
  Darjeeling Himalayan Railway **250**, 643
  Hotels 578
  Restaurants 606f
Darrah Wildlife Sanctuary (Jhalawar) 331
Datia 198
Daulatabad **387**
Deeg **305**
Dehra Dun **160**
  Hotels 573
  Restaurants 602
Dekkan-Gemälde **445**
Dekkan-Hochland 14f, 18f

Delhi **62–89**
  Flughafen, internationaler 639
  Hotels 568f
  Restaurants 598f
  Straßenkarte 14f
  Unterwegs in 65
  Zentrumskarte 64f
Delhi & Nordindien **58–137**
  Erlebniskarte 60f
  Hotels 568–573
  Restaurants 598–602
  Unterwegs in 60
Delhi Durbar (1903) 55
Deogarh (Kumbhalgarh) 325
  Hotels 581
Deogarh Fort (Chanderi) 199
Deoghar **185**
Deshaprabhu House (Pernem) 403
Devprayag 161
Dewas 212
Dhabas 597
  Grand Trunk Road **153**
Dhamekh Stupa (Sarnath) 178
Dhanushkodi 499
Dharamsala **112**
  Hotels 570
  Restaurants 600
Dharamshalas 564
Dharmanath 337
Dhauladhar Range 101
Dhauli (Bhubaneswar) 261
Dholavira **353**
Digambar-Jain-Tempel (Delhi) 78
Dilwara-Jain-Tempel (Mount Abu) 324
Dimapur **283**
  Restaurants 608
Diners Club 634f
Diu 286, **348f**
  Hotels 584
  Restaurants 611
Diwali 27, 37
Diwan-i-Aam (Red Fort, Delhi) 80
Doctrine of Lapse 53
Dodda Betta 492
Dodda Vira 428
Dom Rajas Palast (Varanasi) 175
Dona Paula 397
Dowleswaram Dam (Distrikt East Godavari) 552
Draksharamam 552
Drigungpa, tibetisch-buddhistische Sekte 127
Drogen 630
Drugpa, tibetisch-buddhistische Sekte 127
Drugpa Kardang Gompa (Lahaul) 119
Dubdi-Kloster (Yuksam) 255
Dudhwa National Park (Uttar Pradesh & Uttarakhand) **166**
Dungarpur **330**
  Hotels 581
Dupleix, Joseph François **478**
Durbar Hall Museum (Junagadh) 350
Durga Puja 239
Durga-Tempel (Aihole) **443**
Durgavati, Rani 217

Durgiana-Tempel (Amritsar) 97
Dussehra 35f, 105, 116
  Kullu Dussehra **117**
  Mysore Dussehra 425
Dwarka **351**
Dwarkadhish-Tempel (Dwarka) 351

E

East Bank (Agra) 150
East Godavari (Distrikt) **552**
East India Company 52, 504
  Erster Handelsposten 536
  Fort St George 453, 456
  Pax Britannica 54f
  Robert Clive 52, **457**
EC-Karte 634
École Française d'Extrême Orient (Puducherry) 481
Edakkal-Höhlen 535
Eden Gardens (Kolkata) 231
Egmore (Chennai) **460**
Einreisebestimmungen 624
Eintrittsgelder 626
Einwohnerzahl
  Nordindien 14
  Südindien 16
Eisenbahn 642f
Ekambareshvara-Tempel (Kanchipuram) 476
Eklingji 327
Elefant, Indischer 18, **519**
Elephanta Island (Mumbai) 362, **377**
Ellora (Maharashtra) 45, 356, **388–390**
  Kailasanatha-Tempel **388f**
Elphinstone, Mountstuart 368, 384, 464
Elphinstone College (Mumbai) 365
Elphinstone Lodge (Matheran) 384
Elysée-Palast (Kapurthala)
  siehe Jagatjit-Palast
E-Mail 636
Empress Botanical Gardens (Pune) 383
Enchey-Kloster (Gangtok) 254
Epen **26f**
Eravikulam National Park (Kerala) **531**
Erdbeben in Gujarat **352**
Erkrankungen 632f
Ernakulam 524f
Essen und Trinken 596f, 629
  siehe auch Restaurants
Ethnien
  Andamanen und Nikobaren **509**
  Araku Valley 551
  Bhopa-Balladensänger **317**
  Gond 217, 392
  Great Andamanese 505
  Jarawa 509
  Khasi **281**
  Kodavas **428**
  Onge 508
  Orissa **269**
Etikette 596, 628f
Ettumanur 520
Everest, Mount 253

F

Fähren *siehe* Boote und Schiffe
Fahrräder 649
Falaknuma-Palast (Hyderabad) 541
Fateh Jangs Grabmal (Alwar) 307
Fateh Prakash Palace Hotel (Udaipur) 328f
Fateh-Prakash-Palast (Chittorgarh) 331
  Museum 331
Fateh Sagar Lake (Udaipur) 326
Fatehgarh Sahib Gurdwara (Sirhind) 95
Fatehpur Sikri 144, **154–156**
  Jami Masjid **157**
  Salim Chishtis Grabmal **157**
Fatehpuri Masjid (Delhi) 78
Fax 636
Feiertage 35, 626
Fernsehen 637
Feroze Shah Kotla (Delhi) **81**
Feste **34–37**
  Andhra Pradesh 549
  Assam & Nordostindien 275
  Baisakhi 35, 93
  Basant Panchami 37
  Bihar & Jharkhand 193
  Buddha Jayanti 35
  Diwali 35, 37
  Dussehra 35f, 105, 116, **117**, 425
  Gandhi Jayanti 35f
  Goa 403
  Gujarat 347
  Guru Purab 35, 37, 93
  Haryana & Punjab 93
  Himachal Pradesh 105
  Holi 34, 35
  Id-ul-Zuha 35, 36
  Independence Day 35f
  Jammu & Kaschmir 125
  Janmashtami 35f
  Karnataka 425
  Kerala 515
  Ladakh 125
  Madhya Pradesh & Chhattisgarh 209
  Maharashtra 385
  Mahavir Jayanti 35
  Milad-ul-Nabi 34, 35, 125
  Nauchandi Mela (Meerut) 35
  Orissa 261
  Rajasthan 309
  Ramnavami 35
  Republic Day 35, 37, **69**
  Shivratri 34f
  Tamil Nadu 481
  Unabhängigkeitstag 35f
  Uttar Pradesh & Uttarakhand 153
  Weihnachten 35
  Westbengalen & Sikkim 251
Film City (Mumbai) **376**
Firuzabad 446
Fisheries Museum (Port Blair) 504
Flora Fountain (Mumbai) **369**
Flora und Fauna **18f**
Flugauskunft in Indien 640f
Flughäfen 638f, 641
Flugreisen 638–641

Flüsse
  Alaknanda 161
  Beas 101
  Brahmaputra 14f, **273**, 276
  Ganges **159**, 177
  Godavari 386, 552
  Hooghly 225, **242f**
  Indus 91, **126f**, 134
  Kaveri **448f**, 471, **490**
  Krishna 553f
  Mahanadi 257
  Mandovi 396, 408
  Narmada 42, 195, **216f**
  Periyar 530
  Sabarmati 336
  Satluj 106f
  Tungabhadra 434
  Yamuna 160, 178
Flusspanorama Varanasi **172–177**
Folk Arts Museum (Bhuj) 352
Folklore Museum (Mysore) 427
Fontainhas (Panaji) 398
Foreigners Regional Registration Office 624
Forster, E.M. 188, 212
  A Passage to India 188
  The Hill of Devi 212
Fort Aguada 400
Fort Kochi: Detailkarte **526f**
Fort Museum (Chennai) 457
Fort Railway Station (Agra) 145
Fort St George (Chennai) 454, **456f**
Forts 22
  Agra Fort (Agra) 144, 146
  Ahichhatragarh Fort (Nagaur) 312
  Ahmadnagar Fort (Ahmadnagar) 385
  Allahabad Fort 178
  Amber Fort **302f**
  Bala Qila (Alwar) 307
  Bandhavgarh Fort (Madhya Pradesh & Chhattisgarh) **205**
  Bekal Fort (Kasaragod) 537
  Bhadra Fort (Ahmedabad) 336
  Bidar Fort (Bidar) 446
  Chandragiri Fort (Kasaragod) 537
  Chapora Fort (Goa) 402
  Chitradurga Fort (Chitradurga) 433
  Chittorgarh Fort (Chittor) 330
  Dabhoi Fort (Champaner) 346
  Daman Fort (Daman) 347
  Deogarh Fort (Chanderi) 199
  Diu Fort (Diu) 349
  Ghagron Fort (Jhalawar) 331
  Gingee Fort (Gingee) 477
  Golconda Fort (Golconda) **546f**
  Gwalior Fort (Gwalior) **196f**
  Jaigarh Fort (Jaipur) 301
  Jaisalmer Fort (Jaisalmer) **322f**
  Junagarh Fort (Junagarh) 314
  Kalinjar Fort (Banda) 179
  Kirtidurga Fort (Chanderi) 199
  Kumbhalgarh Fort (Kumbhalgarh) 325
  Lakhota Fort (Jamnagar) 351
  Mehrangarh Fort (Jodhpur) 316, **318f**, 320
  Munger Fort (Munger) 185
  Nahargarh Fort (Jaipur) 301
  Panhala Fort (Kolhapur) 381
  Purana Qila (Delhi) 73
  Qila Mubarak Fort (Patiala) 94
  Raisen Fort (Madhya Pradesh & Chhattisgarh) 209
  Red Fort (Delhi) 79, 80f
  Reis Magos (Goa) 400
  Rock Fort (Tiruchirapalli) 490
  Shankar Fort (Jhansi) 167
  Shivaganga Fort (Thanjavur) 486
  Sitabaldi Fort (Nagpur) 392
  St Jerome's Fort (Daman) 347
  Sujanpur-Tira (Kangra Valley) 111
  Sulthan's Bathery (Distrikt Wynad) 535
  Surat Castle (Surat) 346
  Taragarh Fort (Bundi) 332
  Tipu's Fort (Palakkad) 533
  Vellore Fort (Vellore) 476
  Warangal Fort (Warangal) 548
  Zitadelle (Bijapur) 444
Fotografieren 627
Franz von Assisi 405, 409
Franz Xaver, hl. **406**, 408
Französische East India Company 478
Fremdenverkehrsbüros 624, 626f
French Institute of Indology (Puducherry) 481
Fresken 126f, 130
Fünf Buddhas der Meditation **132**

G
Gadag **438**
Gadisagar Lake (Jaisalmer) 321
Gagan Mahal (Penukonda) 560
Gaitor (Jaipur) 301
Galta (Jaipur) 300
Ganapatipule 380
Gandamadana Hill (Rameshvaram) 499
Gandhara-Skulptur 92, 235, 367
Gandhi, Mahatma 56
  Gandhi National Memorial (Pune) 383
  Gandhi National Museum (Delhi) 81
  Geburtsort 350
  Rajghat (Delhi) 81
  Sabarmati Ashram (Ahmedabad) 337
  Sevagram Ashram (Wardha) 393
Gandhinagar 337
Ganesha 382
Gangaikondacholapuram (Tamil Nadu) 47, **482f**
Ganges **159**, 177
  Gangesdelta 241
  Ganges-Tiefland 14f, 18
  Tour auf dem Ganges 159
Gangotri 161
Gangtok **254**
  Hotels 578
  Restaurants 607
Garden City, Bengaluru 420
Garh-Palast (Bundi) 332
Garhwal und Kumaon **138f**, **161**
Gästehäuser 566
Gateway of India (Mumbai) 359, **362**
Gaumukh 161

Gaur 249
Gautama Buddha *siehe* Buddha
Gavi-Gangadhareshvara-Tempel (Bengaluru) 422
Gaya **188**
Gelbmützen-Orden *siehe* Gelugpa-Orden
Geld und Währung 634f
Geldautomaten 635
Gelugpa-Orden 127
Gemälde
  Dekkan **445**
  Golconda-Miniaturen 545
  Kalighat 234, 237
  Lepakshi **561**
  Madhubani **185**
  Nikolaj Roerich **118**
  Pahari-Miniaturmalerei **111**
  Thangka 127
General Post Office (Mumbai) **373**
George V., 68, 82, 199, 362
George Town (Chennai) **457**
Geschichte **40–57**
  Chola-Dynastie **46f**
  Großmoguln **50f**
  Pax Britannica **54f**
Ghagron Fort (Jhalawar) 331
Gingee **477**
  Fort 477
Girnar Hill (Junagadh) 350
Gita Govinda 248
Goa **394–417**
  Erlebniskarte 356f
  Flughafen, internationaler 639
  Hotels 587–589
  Restaurants 615f
  Straßenkarte 16f, 395
Goa Tourism Office 413
Goa Velha 410
Godavari, Fluss 386
  Schlucht 552
Gokarna **432**
Gol Gumbad (Bijapur) **445**
Golconda 539, **546f**
  Fort **546f**
  Miniaturen 545
  Qutb-Shahi-Grabmäler 547
Golden Temple (Amritsar) 21, 96, **98f**
Golf von Bengalen 16, 18
Golghar (Patna) 182
Gommateshvara-Tempel (Sravan Belgola) 429
Gond, Stamm 217, 392
Gopalpur-on-Sea **265**
  Hotels 579
  Restaurants 608
Gopuras 496
Government Arts and Crafts (Napier) Museum (Thiruvananthapuram) 512
Government Museum (Bengaluru) 420
Government Museum (Chitradurga) 433
Government-Museum-Komplex (Chennai) **460f**
Government of India Tourism Offices 647
Govind-Dev-Tempel (Jaipur) 290

Govindaji-Tempel (Imphal) 282
Govindeoji-Tempel (Brindavan) 153
Grabmäler
  Akbars Mausoleum (Agra) 152
  Bibi ka Maqbara (Aurangabad) 386
  Gol Gumbad (Bijapur) **445**
  Humayuns Grabmal (Delhi) 73, **77**
  Itimad-ud-Daulahs Grabmal **150f**
  Qutb Shahi 547
  Safdarjungs Grabmal (Delhi) 83
  Salim Chishtis Grabmal (Fatehpur Sikri) **157**
  Sher Shahs Grabmal (Sasaram) 184
  Taj Mahal (Agra) 21, 51, **148f**
Grand Anicut (Kallanai) 491
Grand Trunk Road 92, 144, **153**, 184
Granth Sahib siehe *Guru Granth Sahib*
Granville, Walter 229, 234
Great Himalayan National Park (Kullu) **117**
Grishneshvara-Tempel (Ellora) 390
Großmogul **50f**
Grundrisse
  Agra Fort (Agra) 146
  Ajanta-Höhlen (Maharashtra) 391
  Amber Fort (Jaipur) 303
  City Palace (Jaipur) 295
  Elephanta-Höhlen (Mumbai) 377
  Fatehpur Sikri (Uttar Pradesh & Uttarakhand) 155
  Fort St George (Chennai) 456
  Golconda Fort (Golconda) 546
  Golden-Temple-Komplex (Amritsar) 99
  Government-Museum-Komplex (Chennai) 460
  Gwalior Fort (Gwalior) 197
  Mamallapuram (Tamil Nadu) 473
  Mandu 213
  Minakshi-Sundareshvara-Tempel (Madurai) 497
  Nizamuddin-Komplex (Delhi) 76
  Orchha 201
  Pattadakal (Karnataka) 441
  Red Fort (Delhi) 80
  Taj Mahal (Agra) 149
Grüne Tara, buddhistische Göttin **130**
Guindy National Park (Chennai) **468f**
Gujarat 35, **334–353**
  Erlebniskarte 286f
  Hotels 583f
  Restaurants 611
  Straßenkarte 14f, **335**
Gulbarga **446**
Gulmarg **137**
Guru Ghantal Gompa (Himachal Pradesh) 119
Guru Granth Sahib 21, 95, 97f
Guruvayur 532
Guwahati 272f
  Hotels 580
  Restaurants 608
Gwalior **196f**, 198
  Hotels 576
  Restaurants 605
Gyaraspur **209**

H

Hadimba-Tempel (Manali) 118
Haji-Ali-Moschee (Mumbai) **375**
Hajo 273
Halebid 419, **430**
Hampi 356, 419, **434–437**
  Restaurants 617
Hanamkonda-Tempel (Warangal) 548
Handelskarawanen 129
Handys 636
Hanging Gardens (Mumbai) 374
Hanuman-Garhi-Tempel (Ayodhya) 171
Harappa-Kultur 41
Haridwar 143, **158**
Harihara 47
Haripur 268
Harmandir Sahib (Patna) 182
Haryana & Punjab 60, **90–99**
  Erlebniskarte 60f
  Hotels 570
  Restaurants 600
  Straßenkarte 14f, **91**
Hatheesing-Tempel (Ahmedabad) 337
Haus von Ananda Rangapillai (Puducherry) 480
Haus von Vijayanath Shennoy (Udipi) 431
Hausboote und *shikaras* **137**
Hauz Khas (Delhi) **84**
Havelis 22
  Bemalte *havelis* von Shekhawati **308**
Havelock Island 508
Hawa Mahal (Jaipur) 290, **293**
Hazarduari Museum (Murshidabad) 249
Hazaribagh Wildlife Sanctuary (Bihar & Jharkhand) **192**
Hazratbal-Moschee (Srinagar) 136
Hemis-Kloster (Ladakh) **128**
  Fest 128
Heritage Hotels 565, 567
Hill Palace (Thripunithura) 525
Hill Stations **105**
  Bhim Tal 162
  Chail **104**, 570, 600
  Chikhaldara 392
  Dalhousie **114**, 570
  Darjeeling 222, 241, **252f**, 577f, 607
  Dharamsala **112**, 570, 600f
  Kasauli **104**
  Kausani **163**
  Khandala 384
  Lansdowne **163**
  Lonavla **384**, 586, 614
  Mahabaleshwar **382**, 586, 614
  Matheran **384**, 586
  McLeodganj 112
  Mount Abu **324**, 582, 611
  Mukteshwar **138f**, 162
  Mussoorie 143, **160**, 573, 603
  Nainital 143, **162**
  Narkanda **106**
  Naukuchiya Tal 162
  Netarhat **192**
  Ooty 492, 619
  Pachmarhi **217**
  Panchgani 382
  Panhala 381
  Ranikhet **163**
  Ranipuram 537
  Shillong 271, **280**, 580, 609
  Shimla 60, **102f**, 571, 601
  Yercaud **492**
Hillary, Sir Edmund 253
Himachal Pradesh 60, **100–121**
  Erlebniskarte 60f
  Hotels 570–572
  Restaurants 600f
  Straßenkarte 14f, **101**
Himalaya 14f, 18, 253
  Klima 38
Himalayan Mountaineering Institute (Darjeeling) 252
Himalayan Nature Park (Shimla) 104
Hindola Mahal (Mandu) 213
Hinduismus *siehe* Hinduistische Götterwelt; Hinduistische Mythologie
Hinduistische Götterwelt **24f**
  Brahma 24f, 310
  Durga 24f, **239**
  Ganesha 25, 382
  Hanuman 27, 177, 179
  Kali 24, 108, 237, 242
  Karttikeya (Murugan, Skanda oder Subramanya) 24f, 259, 483
  Krishna 26, 152, 153
  Lakshmi (oder Laxmi) 24, 72, 375
  Parvati 24, 176, 237, 272, 410
  Rama 27, 117, 171, 382
  Saraswati 25, 34, 438
  Shiva 24f, 43, 45, 47, 237, **462**, 496
  Vishnu 24f, 27, 43, 45, 47, 237, 521
Hinduistische Mythologie 16, **24f**, 34–37, 176, 628f
  Ayyappa-Kult **521**
  Große Epen **26f**
  Kamakshi 476
  Kaveri, Fluss **490**
  Kullu Dussehra: Zusammenkunft der Götter **117**
  Kumbh Mela 212, 386
  Kumbh Mela des Südens 552
  Madhubani-Gemälde **185**
  Ramlila **173**
  Schreine der heiligen Schlangen **518**
  Shiva **462**
  Somnath-Tempellegende **349**
  Wächtergottheiten 493
  siehe auch Hinduistische Götterwelt
Hirschziegenantilopen 18
Hiuen Tsang 178, **187**, 266
Höhenkrankheit 633
Hola Mohalla 93
Holy Trinity Church (Secunderabad) 544
Holzbauten in Kerala **520f**
Hooghly, Fluss 241, **242f**
Horniman Circle (Mumbai) 368

Hotels und Übernachtungs-
    möglichkeiten **564–595**
  Ashrams 566
  Behinderte Reisende 567
  Buchung 564
  Campingplätze 566
  Dak-Bungalows 565
  Gästehäuser 566
  Heritage Hotels 565, 567
  Jugendherbergen 564, 567
  Kategorien 564
  Kinder 567
  Lodges 565
  Luxushotels 565
  Mittelklassehotels 565
  Preise 564
  Preiswerte Hotels 565
  Privatunterkünfte 566
  Spezialhotels 566f
  Steuern 564f
  Thermen 566
  Trinkgeld 567
  Versteckte Kosten 565
Hoysaleshvara-Tempel (Halebid) 430
Humayun, Mogul 49, 51, 346
  Humayuns Grabmal (Delhi) 73, **77**
Hundru Falls (Ranchi) 193
Hussain Sagar (Hyderabad) 544
Hyderabad 539, **540–545**
  Hotels 595
  Restaurants 621
  Zentrumskarte 541

I

Ibrahim Rauza (Bijapur) 444
Impfungen 625
Imphal **282**
  Hotels 580
  Restaurants 608
INA Market (Delhi) **83**
India Gate (Delhi) 66, 68
Indian Airlines 638, 640f
Indian Civil Service 54
Indian Coffee House (Kolkata) 230
Indian Museum (Kolkata) **234f**
Indian National Congress 56
Indian National Trust for Art and
    Cultural Heritage 412
Indian Railways 642
Indigo 640, 641
Indira Gandhi National Centre
    for the Arts (Delhi) 68
Indira Gandhi Rashtriya Manav
    Sangrahalaya (Museum of Man)
    (Bhopal) 207
Indische Schlangenweihe 18
Indische Ureinwohner *siehe* Ethnien
Indischer Aufstand *siehe* Aufstand,
    Indischer (1857)
Indischer Ozean 16, 18, 450
Indisches Panzernashorn **276**
Indisches Rotes Kreuz 631, 633
Indore 212
  Hotels 576
  Restaurants 605
Indrail Pass 643
Indus 14, 91, 134
  Klöster am Indus **126f**

Industal, Zivilisation 13, 342
  Karte 126
Inlandsflüge **640f**
International Flower Festivals
    (Westbengalen & Sikkim) 251
International Society for Krishna
    Consciousness 247
Internet 636
Islam 48
  Architektur **21**
  Feste **34–37**
  Verhalten an religiösen Stätten 628f
  siehe auch Moscheen; Grabmäler
Itanagar **278f**
  Hotels 580
  Restaurants 608
Itimad-ud-Daulahs Grabmal **150f**

J

Jabalpur **217**
  Restaurants 605
Jag Mandir (Kota) 331
Jag Mandir (Udaipur) 326
Jag Niwas (Udaipur) 326
Jaganmohan-Palast (Mysore) 426
Jagannath-Tempel (Puri) 264
Jagannath-Tempel (Ranchi) 193
Jagannathi-Devi-Tempel (Kullu) 116
Jagatjit-Palast (oder Elysée-Palast),
    Kapurthala 96
Jagdish Mandir (Udaipur) 326
Jahanara Begum 76, 144
Jahangir Mahal (Orchha) **200f**
Jahanpanah (Delhi) **84**
Jahaz Mahal (Delhi) 86
Jahaz Mahal (Mandu) **214f**
Jai-Vilas-Palast (Gwalior) 196
Jaigarh (Jaipur) 301
Jain-Höhlen
  Ellora 390
  Udayagiri und Khandagiri 260
Jain-Tempel *siehe* Tempel, Jain-
Jainismus 35, 42
  Feste **34–37**
  Mahavira 42, 185, 188
  Ursprünge 42
  Verhalten an religiösen Stätten 629
  siehe auch Tempel, Jain-
Jaipur 38, 286, 289, **290–301**
  Hotels 581f
  Restaurants 609f
  Zentrumskarte 290f
Jaisalmer **321–323**
  Hotels 582
  Restaurants 610
Jaisalmer Fort **322f**
Jakhu-Hill-Tempel (Shimla) 103
Jal Mahal (Jaipur) 301
Jalakanteshvara-Tempel (Vellore) 476
Jalan Museum (Patna) 183
Jaldapara Wildlife Sanctuary
    (Westbengalen & Sikkim) **250f**
Jallianwala Bagh 97
Jamali-Kamali-Moschee (Delhi) 87
Jambulinga-Tempel (Pattadakal) 440
Jami Masjid (Agra) 144, **157**
Jami Masjid (Ahmedabad) 336
Jami Masjid (Bhopal) 206

Jami Masjid (Bijapur) 444
Jami Masjid (Delhi) 64, 79, **80**
Jami Masjid (Fatehpur Sikri) 157
Jami Masjid (Gulbarga) 446
Jami Masjid (Jaipur) 293
Jami Masjid (Lucknow) 170
Jami Masjid (Mandu) 213
Jammu **136**
  Restaurants 601
Jammu & Kaschmir *siehe* Ladakh,
    Jammu & Kaschmir
Jamnagar **351**
  Hotels 584
  Restaurants 611
Jamshedpur **193**
Janardhana-Swamy-Tempel (Varkala) 514
Jantar Mantar (Delhi) **72**
Jantar Mantar (Jaipur) **296f**
Jatashankar Cave Temple
    (Pachmarhi) 217
Jaunpur **171**
Jawahar Kala Kendra (Jaipur) 298
Jayalalitha 463
Jehangir Art Gallery (Mumbai) 34, 365
Jet Airways 640f
Jhalawar **331**
Jhalrapatan (Jhalawar) 331
Jhansi **167**, 198
Jharkhand 181 *siehe auch* Bihar &
    Jharkhand
Jodhpur 286, 289, **316–320**
  Hotels 582
  Restaurants 610f
  Zentrumskarte 316
Jog Falls 432
Jones, Sir William 234, 236
Jorasanko **238**
Joshimath 161
Juden 359, 524
  In Kerala 524, 525
  siehe auch Synagogen
Jugendherbergen 564, 567
Juhu Beach (Mumbai) **376**
Junagadh **350**
  Nawab von Junagadh und
    seine Hunde **350**
Junagarh Fort (Bikaner) 314
Jwalamukhi-Tempel (Kangra Valley) 111

K

Kadmat Island 528
Kaif, Katrina 32
Kailasanatha-Tempel (Ellora) 45, **388f**
Kakatiya-Könige 548
Kala Ghoda: Detailkarte **364f**
Kala Pani (Andamanen) 503f
Kala-Rama-Tempel (Nasik) 386
Kaladi **530**
Kalahastishvara-Tempel
    (Sri Kalahasti) 558
Kalakshetra (Chennai) **468**
Kalamkari-Stoffe **558**
Kalaripayattu 513, 536
Kalatope Wildlife Sanctuary
    (Dalhousie) 114
Kaliadeh-Palast (Ujjain) 212

Kalighat **237**
Kalighat-Malerei 234, 237
Kalill-Tempel (Kaladi) 530
Kalimpong 241, **253**
   Hotels 578
   Restaurants 607
Kalinga, Schlacht von 261, 265
Kalinjar Fort (Uttar Pradesh & Uttarakhand) **179**
Kalka–Shimla Railways 60, 643
Kalkutta *siehe* Kolkata
Kalpeni Island 529
Kalpetta 535
Kamakhya-Tempel (Guwahati) 272
Kamalapuram 436
Kamasutra 330
Kambadahalli 429
Kamele 311, 313
Kampfsport in Kerala **512**
Kanaka-Durga-Tempel (Vijayawada) 553
Kanakakunnu-Palast (Thiruvananthapuram) 512
Kanch Mandir (Indore) 212
Kanchendzonga 241, 252
Kanchipuram (Tamil Nadu) 45, **476**
   Restaurants 619
Kandariya-Mahadev-Tempel (Khajuraho) 20, **202f**
Kangchenjunga *siehe* Kanchendzonga
Kangra Valley **110f**
Kanha National Park (Madhya Pradesh & Chhattisgarh) **218f**
   Hotels 576
Kanheri Caves (Mumbai) 376
Kankroli 325
Kannappa-Tempel (Sri Kalahasti) 559
Kanniyakumari 450, **501**
Kannur **536**
Kanpur **167**
Kappad Beach (Kozhikode) 534
Kappil Beach (Kasaragod) 537
Kapurthala **96**
Kargil **133**
   Hotels 572
Karimuddins Moschee (Bijapur) 444
Karkala 431
Karla Cave (Khandala) 384
Karmatang 509
Karnataka 75, **418–447**
   Erlebniskarte 356f
   Hotels 589f
   Restaurants 616f
   Straßenkarte 16f, **419**
Karnatische Musik 28, 484, **485**
Karten und Stadtpläne
   Agra (Zentrum) 145
   Ahmedabad (Altstadtzentrum) 337
   Andamanen und Nikobaren 17, **503**
   Andhra Pradesh **539**
   Assam & Nordostindien **271**
   Badi Chaupar (Jaipur) **292f**
   Bandhavgarh National Park **205**
   BBD Bagh (Kolkata) **228f**
   Bengaluru (Zentrum) 421
   Bhopal (Zentrum) 207
   Bhubaneswar (Zentrum) 258f
   Bihar & Jharkhand **181**
   Britisch-Indien 54
   Buddhistische Pilgerstätten 189
   Bundelkhand (Tour) **198**
   Chandni Chowk (Delhi) **78f**
   Charminar (Hyderabad) **542f**
   Chennai **454f**
   Chennai und Umgebung 16
   Chola-Reich 46
   Corbett National Park **164f**
   Delhi **64f**
   Delhi & Nordindien **60f**
   Delhi und Umgebung 15
   Fort Kochi **526f**
   Ganges (Flusstour) **159**
   Goa **395**
   Goa, Old **404f**
   Gujarat **335**
   Haryana & Punjab **91**
   Himachal Pradesh **101**
   Hooghly, Fluss 243
   Hyderabad (Zentrum) **541**
   Jaipur 290f
   Jaipur, Umgebung 300
   Jodhpur (Zentrum) 316
   Kala Ghoda **364f**
   Kanha National Park **218f**
   Karnataka **419**
   Kaziranga National Park **276f**
   Keoladeo Ghana National Park (Bharatpur) **306**
   Kerala **511**
   Klima 38f
   Klöster am Indus **126f**
   Kochi (Zentrum) 524
   Kolkata **226f**
   Kolkata, Großraum 227
   Kolkata und Umgebung 15
   Ladakh, Jammu & Kaschmir **123**
   Lakkadiven (Lakshadweep Islands) 528
   Lucknow (Zentrum) 169
   Madhya Pradesh & Chhattisgarh **195**
   Madurai (Zentrum) 495
   Maharashtra **379**
   Marina Beach (Chennai) **464f**
   Mumbai **360f**
   Mumbai und Umgebung 17
   Nordindien 14f
   Orissa **257**
   Ostindien **222f**
   Panaji (Altstadt) **398f**
   Patna (Zentrum) 183
   Periyar Tiger Reserve **522f**
   Puducherry **478f**
   Pushkar **310f**
   Rajasthan **289**
   Ranthambhore National Park **333**
   Shimla Town 103
   Spiti (Tour) **120f**
   Südindien 16f, **450f**
   Südwestindien **356f**
   Sunderbans **244f**
   Tamil Nadu **471**
   Thanjavur (Zentrum) 487
   Thiruvananthapuram (Zentrum) 513
   Udaipur (Zentrum) 327
   Uttar Pradesh & Uttarakhand **143**
   Vijay Chowk (Delhi) **66f**
   Westbengalen & Sikkim **241**
   Westindien **286f**
   Zentralindien **140f**
   siehe auch Grundrisse
Kasaragod (Distrikt) **537**
Kasauli **104**
Kaschmir *siehe* Ladakh, Jammu & Kaschmir
Kashi *siehe* Varanasi
Kashmiri Gate (Delhi) **82**
Kastensystem 41
Kathakali 29
Kausambi 179
Kausani **163**
Kavaratti Island 528
Kaveri, Fluss **448f**, **490**
   Tal 471
Kaziranga National Park (Assam & Nordostindien) **276f**, 566
   Hotels 580
Kedarnath 161
Keibul Lamjao National Park (Assam & Nordostindien) 282
Kenneseth-Eliyahoo-Synagoge (Mumbai) 365
Keoladeo Ghana National Park (Bharatpur) **306**
Kerala 35, 36, **510–537**
   Erlebniskarte 451f
   Hotels 592–595
   Restaurants 620f
   Straßenkarte 16f, **511**
Keshava-Tempel (Somnathpur) 424
Key-Kloster (Spiti) 120
Khajuraho 44, **202–204**
   Hotels 576
   Kandariya-Mahadev-Tempel 20, **202f**
   Restaurants 605
Khandala 384
Khas Mahal (Delhi) 80
Khasi, Ethnie **281**
Khecheopalri Lake (Sikkim) 255
Khetapai-Narayan-Tempel (Bhatkal) 432
Khirkee (Delhi) **84**
Khotachiwadi (Mumbai) **375**
Khudabaksh Library (Patna) 182
Khuldabad 387
Khusrau Bagh (Allahabad) 178
Khwaja Gesu Daraz 446
Kinari Bazar (Delhi) 78, 81
Kinder 567, 627
Kingfisher Airlines 640f
Kinnaur **106f**
Kipling, Rudyard 153, 170
   Dschungelbuch **219**
Kipling Camp (Kanha National Park) 218
Kirchen
   Abbé Dubois (Srirangapattana) 425
   Afghan Memorial (Mumbai) 21, 363
   All Saints (Allahabad) 179
   All Souls' Memorial (Kanpur) 167
   Armenian Church of St Nazareth (Kolkata) 231
   Basilica de Bom Jesus (Goa) **406f**
   Bom Jesus (Daman) 347

Kirchen *(Fortsetzung)*
  Cathedral Church of the
    Redemption (Delhi) 68
  Cathedral of Reconciliation (Assam
    & Nordostindien) 283
  Cathedral of St Philomena (Mysore)
    427
  Chapel of St Catherine (Goa) 404
  Christ Church (Kanpur) 167
  Christ Church (Shimla) 102
  Church and Convent of St John of
    God (Goa) 404
  Church and Monastery of
    St Augustine (Goa) 404, 409
  Church of Nossa Senhora das
    Neves (Rachol) 412
  Church of Our Lady of
    Expectations (Chennai) 469
  Church of Our Lady of the Imma-
    culate Conception (Panaji) 396
  Church of Our Lady of Mercy
    (Colva) 417
  Church of Our Lady of Pilar (Pilar)
    410
  Church of Our Lady of the Rosary
    (Goa) 404, 409
  Church of St Cajetan (Goa) 405,
    408
  Church of St Francis of Assisi (Goa)
    405, 409
  Church of St Ignatius Loyola
    (Rachol) 412
  Church of St John in the
    Wilderness (Dharamsala) 112
  Church of St Paul (Diu) 349
  Church of the Holy Spirit (Margao)
    413
  Church of the Lady of the Snows
    (Tuticorin) 500
  Church of the Sacred Heart of
    Jesus (Puducherry) 480
  Holy Trinity Church
    (Secunderabad) 544
  Lourdes Cathedral (Thrissur) 532
  Luz (San Thomé) 466
  Malayattor (Kaladi) 530
  Mount St Mary Basilica (Mumbai)
    376
  Our Lady of the Angels
    (Puducherry) 478
  Our Lady of Lourdes
    (Tiruchirapalli) 490
  Our Lady of the Rosary (Goa)
    404, 409
  Royal Chapel of St Anthony (Goa)
    404
  Sacred Heart (Tuticorin) 500
  Santa Cruz (Fort Kochi) 526
  San-Thomé-Basilika (Chennai) 466
  São Tomé (Panaji) 398f
  Schwartz (Thanjavur) 486
  Sé Cathedral (Goa) 404, 408
  St Andrew's (Darjeeling) 253
  St Andrew's (Secunderabad) 544
  St Andrew's Kirk (Chennai) **458f**
  St Andrew's Kirk (Kolkata) 229
  St Augustine (Goa) 409
  St Cajetan (Goa) 405, 408
  St Columba's Kirk (Darjeeling) 253
  St Francis (Kochi) 525, 527
  St Francis of Assisi (Goa) 405, 409
  St James's (Delhi) 82
  St Jerome's (Mapusa) 402
  St John in the Wilderness (Nainital)
    162
  St John's (Kolkata) 228, **230**
  St Mark's (Bengaluru) 421
  St Mary's (Chennai) 456
  St Sebastian's Chapel (Panaji) 398f
  St Thomas (Diu) 349
  St Thomas (Mumbai) 368
  St Thomas (Palai) 521
Kirti Mandir Museum (Porbandar) 350
Kirtidurga Fort (Chanderi) 199
Klassische Musik und Tanz **28f**
Kleidung 624, 631
  indische Trachten **30f**
Klima **38f**
  Reisezeit 624
KLM/Northwest 639
Klöster, buddhistische
  Alchi (Ladakh) **130–132**
  Bardhan (Ladakh) 135
  Basgo (Ladakh) 126
  Bhutia-Busty-Kloster (Darjeeling)
    252
  Bomdila (Assam & Nordostindien)
    274
  Chemrey (Ladakh) 127
  Drugpa Kardang Gompa (Lahaul)
    119
  Dubdi (Yuksam) 255
  Enchey (Gangtok) 254
  Gelugpa (Rangdum) 134
  Guru Ghantal Gompa (Himachal
    Pradesh) 119
  Hemis (Ladakh) 126, **128**
  Key (Spiti) 120
  Lalung (Spiti) 121
  Lamayuru (Ladakh) 126
  Matho (Ladakh) **128**
  Pemayangtse (Pelling) 255
  Phiyang (Leh) 125
  Phugtal (Ladakh) 135
  Ri-dzong (Ladakh) 126
  Sankar (Leh) 125
  Shey (Ladakh) **127**
  Spituk (Leh) 125
  Stakna (Ladakh) 126
  Stok (Ladakh) **127**
  Tabo (Spiti) **121**
  Tashiding (Sikkim) **255**
  Tawang (Assam & Nordostindien)
    275
  Thak-thok (Ladakh) 127
  Thongsa (Kalimpong) 253
  Yoga Choeling (Darjeeling) 253
  Zangdopelri Fo-Brang (Kalimpong)
    253
Klöster am Indus **126f**
Kochi **524–527**
  Hotels 593
  Restaurants 620
  Zentrumskarte 524
Kodagu **428**
Kodai Lake 493
Kodaikanal **493**
  Hotels 591
Kodandarama-Tempel (Hampi) 436
Kodavas **428**
Kodungallur **531**
Kohima **283**
  Hotels 580
  Restaurants 609
Koh-i-noor-Diamant 546
Kolhapur **381**
Kolkata (Kalkutta) **224–239**
  Hotels 577f
  Restaurants 605f
  Straßenkarte 14f
  Zentrumskarte 226f
Kollengode 533
Kommunikation **636f**
Konarak 44, 257, **262–264**
  Hotels 579
  Restaurants 608
Kondapalli **553**
  Kondapalli-Spielzeug **553**
Konkan-Küste 379, 395
Konkan Railway 642
Koodal-Alagar-Tempel (Madurai) 494
Korallenriffe 506
Koran 71, 76
Koshak Mahal (Chanderi) 199
Kota **331**
  Hotels 582
  Jag-Mandir-Palast 331
Kotagiri 492
Kothari Kabutarkhana (Mumbai) 372
Kottakkal 533
Kottayam **520**
  Hotels 593
  Restaurants 620
Kovalam 514
  Hotels 593
  Restaurants 620
Koyalgudem 548
Kozhikode **534**
  Hotels 594
  Restaurants 620
Krankenhäuser 631
Kreditkarten 634f
Krishna-Tal 554
Krishna-Tempel (Hampi) 434
Krishna-Tempel (Mahabaleshwar) 382
Krishna-Tempel (Udipi) 431
Kullu Valley 101, **116**
  Kullu Dussehra **117**
  Hotels 571
  Restaurants 601
Kumaon *siehe* Garhwal und Kumaon
Kumarakom Bird Sanctuary (Kerala)
  520
Kumartuli (Kolkata) **239**
Kumbakonam **483**
Kumbh Mela
  Nasik 386
  Ujjain 212
Kumbhalgarh **325**
  Fort 325
  Hotels 582
Kumrahar (Patna) 183
Kunst und Kunsthandwerk
  Bankura-Pferde **247**
  Crafts Museum (Delhi) **74f**
  Dekkan-Gemälde **445**
  Golconda-Miniaturen 545

Jaipur-Schmuck **299**
Kalighat-Malerei 234, 237
Kondapalli-Spielzeug **553**
Lepakshi-Gemälde **561**
Madhubani-Gemälde **185**
Pahari-Miniaturen **111**
Patola-Webtechnik **343**
Pietra dura **149**
Rumals aus Chamba **115**
Surajkund Crafts Mela (Delhi) 92
Thangkas 127
Thanjavur-Bronzen **484**
Traditionelle Andhra-*dhurries* **549**
Zardozi (Stickarbeiten) aus Argra **115**
Kunsthandwerk
  Auroville 481
  ethnisches 283
  Sanskriti Museum (Delhi) 89
  Shilpgram-Kunsthandwerksdorf 326
  siehe auch Kunst und Kunsthandwerk
Kurierdienste 636
Kurseong **251**
Kurukshetra 92
Kutch 352f
  Erdbeben in Gujarat **352**
Kuthiramalika-Palastmuseum (Thiruvananthapuram) 513
Kuttalam Falls *siehe* Courtallam Falls

L

La Martinière College (Lucknow) 170
Ladakh, Jammu & Kaschmir 60, 101, **122–137**
  Erlebniskarte 60f
  Hotels 572f
  Restaurants 601f
  Straßenkarte 14f, **123**
  Tanzaufführungen in den Klöstern von Ladakh **128**
Lahaul und Spiti **119**
  siehe auch Spiti
Lahore Gate (Delhi) 79f
Lake Palace *siehe* Jag Niwas
Lake Pichola (Udaipur) 326, 328f
Lakhota Fort (Jamnagar) 351
  Museum 351
Lakkadiven (Lakshadweep Islands) **528f**
  Hotels 594
  Restaurants 620
Lakkidi 535
Lakkundi 438
Lakshmi Narayan Mandir (Delhi) **72**
Lakshmibai, Rani von Jhansi **167**, 198
Lakshmi-Narayan-Tempel (Orchha) 200
Lal Qila *siehe* Red Fort (Delhi)
Lalbagh (Bengaluru) 422
Lalitha-Mahal-Palast (Mysore) 427
Lallgarh-Palast (Bikaner) 315
Lalung-Kloster (Spiti) 121
Lamayuru-Kloster (Ladakh) 126
Landor, Walter Savage 236
Landwirtschaft 44
Langur 43
Lansdowne **163**
Lavi-Mela (Himachal Pradesh) 105

Laxmi-Vilas-Palast (Vadodara) 22, 344
Le Corbusier 91f
  Le Corbusiers Stadt, Chandigarh **93**
Leh **124f**
  Hotels 572
  Restaurants 601f
Leopold Café and Bar (Mumbai) 363
Lepakshi **560f**
Lhakhang Soma 130
Likir (Ladakh) 126
Little Andaman 508
Little Mount & Mount of St Thomas (Chennai) **469**
Little Rann of Kutch Sanctuary (Bhuj) **353**
Little Tibet, tibetische Exilregierung **113**
Lodi Gardens (Delhi) **73**
Loktak Lake **220f, 282f**
Lonar **392**
Lonavla **384**
  Hotels 586
  Restaurants 614
Long Island 509
Longinhos (Margao) 412
Losar, Fest (Assam & Nordostindien) 275
Lothal **342**
Lourdes Cathedral (Thrissur) 532
Loutolim 413
Luard, J. 105
  Kennedy's Cottage 105
Lucknow **168–170**
  Hotels 573f
  Restaurants 603
  Zentrumskarte 169
Lufthansa 639
Lutyens, Sir Edwin Landseer 22, **66**, 68
Luxuszüge 643
Luz Church (San Thomé) 466

M

Machilipatnam **552**
Madan Kamdev (Assam & Nordostindien) 273
Madhubani-Malereien 75, **185**
Madhur-Tempel (Kasaragod) 537
Madhya Pradesh & Chhattisgarh **194–219**
  Erlebniskarte 140f
  Hotels 575–577
  Restaurants 604f
  Straßenkarte 14f, **195**
Madras *siehe* Chennai
Madras School of Arts and Crafts (Chennai) 465
Madras University (Chennai) 464
Madurai **494–497**
  Hotels 591
  Restaurants 618f
  Zentrumskarte 495
Maestro-Karte 634
Magadha-Reich 188
Maha Chaitya (Amravati) 554
Mahabaleshvara-Tempel (Gokarna) 432

Mahabaleshwar **382**
  Hotels 586
  Restaurants 614
Mahabharata **26**, 41, 92
  Panch Pandava Rathas (Mamallapuram) **474f**
Mahabodhi-Tempel (Bodh Gaya) **191**
Mahadeva-Tempel (Tambdi Surla) 411
Mahakaleshwar-Tempel (Ujjain) 212
Mahalaxmi-Tempel (Mumbai) **375**
Mahamaham Festival (Kumbakonam) 483
Maharaja Fateh Singh Museum (Vadodara) 344
Maharashtra 359, **378–393**
  Erlebniskarte 356f
  Hotels 586f
  Restaurants 614f
  Straßenkarte 14f, **379**
Mahavira 42, 185, 188
Mahe **536**
Maheshwar **216**
  Hotels 576
Mahmud, Sultan 213, 331
Mahua 192
Maidan (Kolkata) **231**
Majestic Hotel (Mumbai) 363
Majuli River Island **278**
Malabar Hill (Mumbai) **374**
Maladevi-Tempel (Gyaraspur) 209
Malampuzha Gardens (Palakkad) 533
Malappuram **533**
Malayalam 627
Malayattor Church (Kaladi) 530
Malpe Beach (Udipi) 431
Malprabha, Fluss 440
Mamallapuram **472–475**
  Panch Rathas **474f**
  Restaurants 619
Manali 101, **118**
  Hotels 571
  Restaurants 601
Mananthavady 535
Manapad 500
Mandi **110**
Mandi House Complex (Delhi) **69**
Mandla **217**
Mandovi, Fluss 396, 408
Mandu **213–215**
  Baz Bahadur und Rupmati **215**
  Jahaz Mahal **214f**
Mandvi **353**
Maner 183
  Urs 193
Maneri, Hazrat Makhdum Yahya 183
Mangalgiri 553
Mangalore **431**
  Hotels 590
  Restaurants 617
Mangeshkar, Lata 381, 411
Mango 36, **171**
Manik Chowk (Jaisalmer) 321
Manipur 271, 282
  Imphal **282**
  Lai Haraoba, Fest 275
  Loktak Lake **220f**, 282

TEXTREGISTER

Manjunath-Tempel (Mangalore) 431
Mannanam 520
Mannarsala **518**
Mapusa **402**
Marathen 52, 486
Marathi 627
Marble Palace (Kolkata) **238**
Marco Polo 469, 503, 548
Margao **412f**
Marina Beach (Chennai) **464f**
Marine Drive (Mumbai) **374**
Marine National Park (Jamnagar) 351
Martyrs' Memorial (Mumbai) 369
MasterCard 634f
Matheran **384**
  Hotels 587
Matheran Hill Railway 643
Matho-Kloster (Ladakh) **128**
  Fest 128
Mathura 43, **152f**
Mattancherry-Palast (Kochi) 524
Maurya-Dynastie 42
Mawsynram 39
Mayabander 509
Mayem Lake (Goa) 402
Mayo, Lord 231, 312, 461
McCluskiegunj (bei Ranchi) 193
McLeodganj 112
Mecca Masjid (Bijapur) 444
Mecca Masjid (Hyderabad) 542
Medizinische Vorsichtsmaßnahmen 631
Meerabai 49, 331
Meeresbewohner der Korallenriffe 529
Megasthenes 183
Meghalaya 271, **280**
Mehrangarh Fort (Jodhpur) **318–320**
  Museum 319f
Mehrauli Archaeological Park (Delhi) **86f**
Mehta, Zubin 363
Mekkekattu 432
Melghat Tiger Reserve (Maharashtra) **392**
Melkote **429**
Menal 332
Menezes Braganza Institute (Panaji) 397
Mexiko-(Schweine-)Grippe 633
MGR Film City (Chennai) 468
Middle Andaman **509**
Mihrab 21
Mihtar Mahal (Bijapur) 444
Milad-ul-Nabi 34, 125
Minakshi-Sundareshvara-Tempel **496f**
Minicoy Island 529
Ministry of Environment and Forests 625
Ministry of Home Affairs 624
Minjar Festival (Himachal Pradesh) 105
Miramar 397
Mirza Ulugh Beg 296
Missionaries of Charity 236
  Mutter Teresa **237**

Mizoram 271
  Aizawl **281**
  Cheraw 280
Mobiltelefone 636
Mobor 417
Modhera Sun Temple (Gujarat) 44, **344f**
Mogalrajapuram 553
Mogulreich 49, **50f**, 168, 178, 325
  Akbar 49f, 146, 152, 154
  Aurangzeb 49, 51, 385f
  Babur 49–51, 150, 199
  Humayun 49, 51, **77**, 346
  Jahangir 50f, 150, 200, 214
  Shah Jahan 49, 51, 148, 150
Mohammad, Prophet 249
Moinuddin Chishti 76, 312
Moirang-Tempel (Assam & Nordostindien) 282
Mondgott Som **349**
Monsun **38**, 514, 632
Moradabad 166
Morjim 402
Moscheen **21**
  Adhai-Din-ka-Jhonpra (Ajmer) 312
  Adina (Pandua) 249
  Ahmed Shahs Moschee (Allahabad) 336
  Atala Masjid (Jaunpur) 171
  Aurangzebs Moschee (Lucknow) 170
  Babri Masjid (Ayodhya) 171
  Begumpuri (Delhi) 84
  Bibi ka Maqbara (Aurangabad) 386
  Bidar (Bidar) 21, 447
  Damri (Ahmadnagar) 385
  Haji Ali (Mumbai) 375
  Hazratbal (Srinagar) 136
  Ibrahim Rauza (Bijapur) 444
  Jamali-Kamali (Delhi) 87
  Jami Masjid (Agra) **144**, 157
  Jami Masjid (Ahmedabad) 336
  Jami Masjid (Bhopal) **206**
  Jami Masjid (Bijapur) 444
  Jami Masjid (Delhi) 64, 79, **80**
  Jami Masjid (Fatehpur Sikri) **157**
  Jami Masjid (Gulbarga) 446
  Jami Masjid (Jaipur) 293
  Jami Masjid (Lucknow) 170
  Jami Masjid (Mandu) 213
  Karimuddins Moschee (Bijapur) 444
  Khirkee (Delhi) 84
  Mecca Masjid (Bijapur) 444
  Mecca Masjid (Hyderabad) 542
  Moti Masjid (Bhopal) 206
  Moti Masjid (Delhi) 81
  Nakhoda (Kolkata) **231**
  Nili Masjid (Delhi) 84
  Patthar (Srinagar) 136
  Poa Mecca (Assam & Nordostindien) 273
  Qutb Shahi (Pandua) 249
  Rani Rupmatis Moschee (Ahmedabad) 336
  Rani Sipris Moschee (Ahmedabad) 336
  Safa Shahouri (Ponda) 410
  Shah Bazar (Gulbarga) 446

  Shah Hamadan (Srinagar) 136
  Sher Shah (Penukonda) 560
  Siddi Saiyads Moschee (Ahmedabad) 336
  Sona (Gaur) 249
  Spanische Moschee (Secunderabad) 544
  Sunehri Bagh (Delhi) 67
  Sunehri Masjid (Delhi) 78
  Taj-ul-Masjid (Bhopal) **206**
  Wallajah (Triplicane) 466
Moskitos 633
Mother, The *siehe* Alfassa, Mirra
Mother House (Kolkata) **236**
Moti-Doongri-Palast (Jaipur) 298
Moti Masjid (Bhopal) 206
Moti Masjid (Delhi) 81
Motorräder 649
Mount Abu **324**
  Hotels 582
  Restaurants 610
Mount Everest 253
Mount Harriet National Park (Andamanen) **505**
Mount St Mary Basilica (Mumbai) 376
Mountbatten, Lady Edwina 82
Mountbatten, Lord Louis 82
Mudabidri 431
Mudumalai Wildlife Sanctuary (Nilgiris) **492**
  Hotels 591
Mughal Gardens (Delhi) 68
Mukhalingam-Tempelkomplex (Srikakulam) 551
Mukteshwar 162
Muktidham-Tempel (Nasik) 386
Mulbekh **133**
Mumba Ai 359
Mumbai (Bombay) **358–377**
  Colaba Causeway 363
  Crawford Market 369
  Dabbawallahs **373**
  Elephanta Island 362, **377**
  Festivals 34, 385
  Flora Fountain 369
  Flughafen, internationaler 639
  Gateway of India **362**
  Hotels 584–586
  Kala Ghoda: Detailkarte **364f**
  Klima **38**
  Marine Drive 374
  Parsen **363**
  Prince of Wales Museum **366f**
  Restaurants 612f
  Stock Exchange 369
  Theaterfestival 37
  Unterwegs in 361
  Victoria Terminus **370f**
  Zentrumskarte 360f
Mumtaz Mahal 148
Mundapaha Beach (Andamanen) 508
Munger **185**
  Fort 185
Munnar **530**
  Hotels 594
Murshidabad **248**
Murud-Janjira 380
Murugan *siehe* Karttikeya
  bei Hinduistische Götterwelt

Museen und Sammlungen
  Albert Hall (Jaipur) **291**
  Amar Mahal (Jammu) 136
  Anand Bhavan (Allahabad) 179
  Anthropological (Port Blair) 504
  Art Gallery (Chandigarh) 92
  Ashutosh (Kolkata) 230
  Bagore ki Haveli (Udaipur) 326
  Baripada (Baripada) 268
  Barton (Bhavnagar) 348
  Bharat Bhavan (Bhopal) **206**
  Birla (Bhopal) **207**
  Calico (Ahmedabad) **338f**
  Central Sikh (Amritsar) 96
  Chamarajendra Art Gallery (Mysore) 426
  City Palace (Alwar) 307
  City Palace (Jaipur) 294f
  City Palace (Udaipur) 328
  Contemporary Art Gallery (Chennai) 461
  Crafts (Delhi) **74f**
  Daria Daulat Bagh (Srirangapattana) 425
  Deshaprabhu House (Pernem) 403
  Durbar Hall (Junagadh) 350
  Fateh Prakash (Chittorgarh) 331
  Fisheries (Port Blair) 504
  Folk Arts (Bhuj) 352
  Folklore (Mysore) 427
  Fort (Chennai) 457
  Gandhi National (Delhi) 81
  Government (Bengaluru) 420
  Government (Chitradurga) 433
  Government Arts and Crafts (Thiruvananthapuram) 512
  Government-Museum-Komplex (Chennai) **460f**
  Hazarduari (Murshidabad) 249
  House of Vijayanath Shennoy (Udipi) 431
  Indian (Kolkata) **234f**
  Indira Ghandi Rashtriya Manav Sangrahalaya (Bhopal) 207
  Jagatjit Palace (Kapurthala) 96
  Jai Vilas Palace (Gwalior) 196
  Jalan (Patna) 183
  Jehangir Art Gallery (Mumbai) 365
  Kirti Mandir (Porbandar) 350
  Kuthiramalika Palace (Thiruvananthapuram) **513**
  Lakhota Fort (Jamnagar) 351
  Lucknow State 170
  Maharaja Fateh Singh (Vadodara) 345
  Mehrangarh Fort (Jodhpur) 318f
  Museum and Art Gallery (Chandigarh) 92
  Museum of Christian Art (Rachol) 412
  Museum of Entomology (Assam & Nordostindien) 280
  Museum of Kangra Art (Dharamsala) 112
  Museum of Man (Bhopal) 207
  Napier (Thiruvananthapuram) 512
  National (Delhi) **70f**
  National Art Gallery (Chennai) 461
  National Gallery of Modern Art (Delhi) 69
  National Gallery of Modern Art (Mumbai) 34, 363, 365
  National Rail (Delhi) **83**
  Natural History (Thiruvananthapuram) 512
  Nehru (Itanagar) 279
  Nehru Centre (Indore) 212
  Nehru Memorial Museum and Library (Delhi) **72**
  New Seminary (Pilar) 410
  Nizam's (Hyderabad) 540
  Orissa State (Bhubaneswar) **259**
  Patna (Patna) **182**
  Pazhassirajah (Kozhikode) 534
  Picture Gallery (Lucknow) 170
  Prince of Wales (Mumbai) 363, 365, **366f**
  Puducherry **480**
  Rabindra Bharati (Kolkata) 238
  Raja Dinkar Kelkar (Pune) **383**
  Rajaraja and Art Gallery (Thanjavur) 486
  Rajputana (Ajmer) 312
  Ranchi (Ranchi) 193
  Rani Durgavati (Jabalpur) 217
  Rao Madho Singh (Kota) 331
  Roerich (Manali) 118
  Salarjung (Hyderabad) **540**
  Samudrika Marine (Port Blair) 504
  Sanskriti Museum (Delhi) **89**
  Shri Chitra Art Gallery (Thiruvananthapuram) 512
  State (Bharatpur) 305
  State (Guwahati) 272
  State (Kohima) 283
  State (Panaji) 397
  State (Shimla) **102**
  Thripunithura (Thripunithura) 525
  Tribal Museum (Pune) 383
  Vadodara Museum and Picture Gallery (Vadodara) 345
  Venkatappa Art Gallery (Bengaluru) **421**
  Venkateshvara Museum of Temple Arts (Tirupati) 557
  Vichitra (Shantiniketan) 248
  Victoria (Vijayawada) 553
  Victoria Memorial (Kolkata) **232f**
  Watson (Rajkot) 351
  siehe auch Archäologische Museen
Musik 15, **28f**
  Hindu 28
  karnatische 28, 484, **485**
  klassische 28f, 168
  Rabindra Sangeet 248
Mussoorie **160**
  Hotels 574
  Restaurants 603
Mutiny Memorial (Delhi) 82
Mutter Teresa 236, **237**
Mylapore & San Thomé (Chennai) **466**
Mysore 419, **426f**
  Hotels 590
  Restaurants 617

N

Nadir Shah, König 52, 78
Nagaland 271, 283
  Kohima **283**
  Naga, Ethnien 281, 283
Nagar Chowk (Mumbai) 372
Nagarjunakonda 43, 539, **555**
Nagaur **312**
Nagda 327
Nagoa Beach (Diu) 349
Nagpur **392f**
  Hotels 587
  Restaurants 614
Nahan **105**
Nahargarh (Jaipur) 301
Nainital 143, **162**
Nakhoda-Moschee (Kolkata) **231**
Nal Sarovar Sanctuary (Gandhinagar) **342**
Nalanda (Bihar & Jharkhand) 43, **186f**
  Hiuen Tsang 178, **187**, 266
Namdapha National Park (Assam & Nordostindien) **279**
Nameri Sanctuary (Assam & Nordostindien) 274
Nandan Kanan (Bhubaneswar) 259
Nandi 24, 47
Napier Museum *siehe* Government Arts and Crafts Museum
Narayana-Tempel (Melkote) 429
Narayanpur 548
Nariman Point (Mumbai) 374
Narkanda **106**
Narmada, Fluss 42, 195
  Kontroverse um den Narmada-Staudamm **216**
Narthamalai 491
Nasik **386**
  Hotels 587
  Restaurants 614
Nataraja 47, 70, 439, **462**
Nataraja-Tempel (Chidambaram) 482
Nathmalji's Haveli (Jaisalmer) 321
National Archives (Delhi) 68
National Art Gallery (Chennai) 461
National Centre for Performing Arts (Mumbai) 374
National Gallery of Modern Art (Delhi) **69**
National Gallery of Modern Art (Mumbai) 34, 363, 365
National Library (Kolkata) 236
National Museum (Delhi) **70f**
  Serindian Collection 70
National Rail Museum (Delhi) **83**
National School of Drama (Delhi) 69
Nationalfeiertage **35**
Nationalparks und Tierschutzgebiete
  Agasthyakoodam Wildlife Sanctuary (Kerala) 515
  Bandhavgarh National Park (Madhya Pradesh & Chhattisgarh) **205**
  Bhagwan Mahaveer Sanctuary (Goa) 411

Nationalparks *(Fortsetzung)*
  Bharatpur Bird Sanctuary *siehe* Keoladeo Ghana National Park
  Bhitarkanika Sanctuary (Orissa) **267**
  Bondla Sanctuary (Goa) 411
  Cinque Island Sanctuary (Andamanen) 508
  Corbett National Park (Uttar Pradesh & Uttarakhand) 143, **164f**, 566
  Cotigao Wildlife Sanctuary (Goa) 417
  Crocodile Bank (Cholamandal Village) 472
  Darrah Wildlife Sanctuary (Jhalawar) 331
  Dudhwa National Park (Uttar Pradesh & Uttarakhand) **166**
  Eravikulam National Park (Kerala) **531**
  Great Himalayan National Park (Kullu) **117**
  Guindy National Park (Chennai) 468
  Hazaribagh Wildlife Sanctuary (Bihar & Jharkhand) **192**
  Himalayan Nature Park (Shimla) 104
  Jaldapara Wildlife Sanctuary (Jalpaiguri) **250**
  Kalatope Wildlife Sanctuary (Dalhousie) 114
  Kanha National Park (Madhya Pradesh & Chhatisgarh) **218f**
  Kaziranga National Park (Assam & Nordostindien) **276f**, 566
  Keibul Lamjao National Park (Assam & Nordostindien) 282
  Keoladeo Ghana National Park (Bharatpur) **306**
  Kumarakom Bird Sanctuary (Kerala) 520
  Kumbhalgarh Wildlife Sanctuary (Kumbhalgarh) 325
  Little Rann of Kutch Sanctuary (Bhuj) **353**
  Marine National Park (Jamnagar) 351
  Melghat Tiger Reserve (Amravati) 392
  Mount Harriet National Park (Andamanen) **505**
  Mudumalai Wildlife Sanctuary (Nilgiris) **492**
  Nagarhole Wildlife Sanctuary (Karnataka) 566
  Nal Sarovar Sanctuary (Gandhinagar) **342**
  Namdapha National Park (Assam & Nordostindien) **279**
  Nameri Sanctuary (Assam & Nordostindien) 274
  Nandan Kanan (Bhubaneswar) 259
  Nilgiri Biosphere Reserve (Nilgiris) 533
  Orang Wildlife Sanctuary (Assam & Nordostindien) 274
  Palamau National Park **192**
  Panna National Park (Khajuraho) 204
  Periyar Tiger Reserve (Kerala) **522f**
  Ranthambhore National Park (Rajasthan) **333**, 566
  Sanjay Gandhi National Park (Mumbai) **376**
  Sariska National Park (Alwar) **308**
  Sasan Gir National Park (Gujarat) **349**
  Seog Wildlife Sanctuary (Shimla) 104
  Silent Valley National Park (Palakkad) **533**
  Simlipal National Park (Orissa) **268**
  Sundarbans Reserve (Westbengalen & Sikkim) **244f**
  Tadoba-Andhari Tiger Reserve (Nagpur) 393
  Van Vihar National Park (Bhopal) 207
  Velavadar National Park (Bhavnagar) 348
  Wandoor Marine National Park (Andamanen) **506f**
  Wynad (oder Muthanga) Sanctuary (Distrikt Wynad) 535
Natural History Museum (Thiruvananthapuram) 512
Nauchandi Mela (Meerut) 35
Naukuchiya Tal 162
Navagraha-Tempel (Guwahati) 272
Nawab von Junagarh und seine Hunde **350**
Neermahal Water Palace (Assam & Nordostindien) 281
Nehru, Jawaharlal 57, 72, 179
Nehru Memorial Museum and Library (Delhi) **72**
Nehru Museum (Itanagar) 279
Nehru Planetarium (Delhi) 72
Neil Island 508
Netarhat **192**
New Market (Kolkata) 234
New Seminary Museum (Pilar) 410
New Wave Cinema **33**
Nikobaren 503
Nilambagh Palace Hotel (Bhavnagar) 348
Nilgiri Biosphere Reserve (Nilgiris) 533
Nilgiri Hills **492**
Nilgiri-Tahrs 19
Nilhat House (Kolkata) **230**
Nili Masjid (Delhi) 84
Nilkanteshwar-Tempel (Sanchi) 209
Nirmal Hridaya (Kolkata) **237**
Nisargadhama 428
Nishat and Shalimar Gardens (Srinagar) 137
Nizam's Museum (Hyderabad) 540
Nizams von Hyderabad **540**, 549
Nizamuddin Auliya 64, 76, 89
Nizamuddin Complex (Delhi) **76**
Nordöstliche Bundesstaaten *siehe* Assam & Nordostindien
Norgay, Tenzing 252, **253**
North Andaman **509**
North Marina (Chennai) 464
North und South Blocks (Delhi) 66
Nyingmapa, tibetisch-buddhistische Sekte 127

O

Odisha *siehe* Orissa
Odissi 28
Öffnungszeiten 626
Old Goa **404–409**
  Basilica de Bom Jesus **406f**
  Spaziergang durch **404f**
Old Moti Bagh Palace (Patiala) 94
Old Opium Warehouse (Patna) 183
Oliv-Bastardschildkröte **267**
Omkareshwar **216**
Ooty (oder Udhagamandalam) 492, 619
Orang Wildlife Sanctuary (Assam & Nordostindien) 274
Orchha 140, 199, **200f**
  Grundriss 201
  Hotels 576
  Restaurants 605
Orissa 42, 44, **256–269**
  Erlebniskarte 222f
  Hotels 579
  Restaurants 607f
  Straßenkarte 14f, **257**
Orissa State Museum (Bhubaneswar) 259
Ortszeit 627
Osho International Commune (Pune) 383
Osian-Tempel (bei Jodhpur) 320
Ostghats 16, 18, 257, 552
Ostindien **220–283**
  Erlebniskarte 222f
  Hotels 577–580
  Restaurants 605–609
  Unterwegs in 223
Our Lady of Lourdes (Tiruchirapalli) 490
Our Lady of the Angels (Puducherry) 478
Our Lady of the Rosary (Goa) 404, 409

P

Pachmarhi **217**
Padmanabhapuram-Palast **516f**
Padmasambhava 127f, 135, 255
Padum (Ladakh)
  Hotels 572
Pahalgam **137**
Pahari-Miniaturmalerei **111**
Paigah-Paläste (Secunderabad) 544
Pakistan 56, 63, 97, 352
Palace on Wheels 643
Pala-Dynastie 44, 273
Palai **521**
Palakkad **533**
Palamau National Park **192**
Palampet **549**
Palani **493**
Paläste
  Aga Khan (Pune) 383
  Amba Vilas (Mysore) **426f**
  Amir Mahal (Chennai) 466
  Bengaluru (Bengaluru) 421
  Bhonsle (Nagpur) 392
  City Palace (Alwar) 307
  City Palace (Kota) 331

City Palace (Udaipur) 326, **328f**
City Palace Museum (Jaipur) **294f**
Darbargadh (Bhuj) 352
Daria Daulat Bagh (Srirangapattana) 425
Dom Raja's Palace (Varanasi) 175
Falaknuma (Hyderabad) **541**
Fateh Prakash (Chittorgarh) 331
Fateh Prakash Palace Hotel (Udaipur) 329
Gagan Mahal (Penukonda) 560
Garh (Bundi) 332
Hawa Mahal (Jaipur) **293**
Hill Palace (Thripunithura) 525
Hindola (Mandu) 213
Jagmandir (Kota) 331
Jag Mandir (Udaipur) 326
Jag Niwas (oder Lake Palace), Udaipur 326
Jaganmohan (Mysore) 426
Jahangir Mahal (Orchha) **200f**
Jahaz Mahal (Mandu) **214f**
Jai Vilas (Gwalior) 196
Jal Mahal (Rajasthan) 301
Kaliadeh (Ujjain) 212
Kanakakunnu (Thiruvananthapuram) 512
Koshak Mahal (Chanderi) 199
Lalitha Mahal (Mysore) 427
Lallgarh (Bikaner) 315
Laxmi Vilas (Vadodara) 22, 344f
Leh (Leh) 124
Man Mandir (Gwalior) **196f**
Marble (Kolkata) **238**
Mattancherry (Kochi) **524**
Mihtar Mahal (Bijapur) 444
Moti Doongri (Jaipur) **298**
Neermahal Water (Assam & Nordostindien) 281
Nilambagh Palace Hotel (Bhavnagar) 348
Old and New Palaces (Kolhapur) 381
Old Moti Bagh Palace (Patiala) 94
Padmanabhapuram **516f**
Paigah (Secunderabad) 544
Qaiser Bagh (Lucknow) **168**
Rai Praveen Mahal (Orchha) 200
Raj Mahal (Jaipur) **298**
Raja Mahal (Chandragiri) 558
Raja Mahal (Orchha) 200
Rajagarh (Khajuraho) 204
Ramalinga Vilas (Ramanathapuram) 499
Rambagh (Jaipur) **298**
Rana Kumbha's Palace (Chittorgarh) 330
Rani Mahal (Chandragiri) 558
Royal Palace (Thanjavur) 486
Sariska (Sariska National Park) 308
Shambhu Niwas (Udaipur) 329
Shaniwar Wada (Pune) 383
Shaukat Mahal (Bhopal) 206
Shey (Ladakh) **127**
Stok (Ladakh) **127**
Sukh Niwas Mahal (Bundi) 332
Thirumalai Nayakar (Madurai) 494
Tipu Sultan's Palace (Bengaluru) 422
Ujjayanta (Agartala) 281

Umaid Bhavan (Jodhpur) **317**
Vijay Vilas (Mandvi) 353
Wankaner (Rajkot) 351
Water Palace Deeg (Rajasthan) **305**
Palitana **348**
Pallikere Beach (Kasaragod) 537
Palolem **417**
Strand (Goa) 401
Panaji **396f**
Altstadt: Detailkarte **398f**
Hotels 588
Restaurants 616
Panchalingeshvara-Tempel (Barkur) 432
Panchanandishvara-Tempel (Tiruvaiyaru) 484
Panchgani 382
Pandharpur **393**
Panditen *siehe* Punditen
Pandua 249
Panhala Fort (Kolhapur) 381
Panipat 91, **92**
Panna National Park (Khajuraho) 204
Paradesi-Synagoge (Kochi) 524
Parasnath **192**
Park Street Cemetery (Kolkata) **236**
Parks und Gärten
 Alipore Zoological Gardens (Kolkata) 236
 Botanical Gardens (Kolkata) **239**
 Bryant Park (Kodaikanal) 493
 Buddha Jayanti Park (Delhi) 83
 Bund Gardens (Pune) 383
 Central Park (Delhi) 69
 Chashmashahi Garden (Srinagar) 137
 Empress Botanical Gardens (Pune) 383
 Hanging Gardens (Mumbai) 374
 Khusrau Bagh (Allahabad) 178
 Lalbagh (Bengaluru) **422**
 Lodi Gardens (Delhi) **73**
 Malampuzha Gardens (Palakkad) 533
 Nishat und Shalimar Gardens (Srinagar) 137
 Rock Garden (Chandigarh) 93
 Saheliyon ki Bari (Udaipur) **326**
 Sikandar Bagh (Lucknow) 168
 Sisodia Rani ka Bagh (Jaipur) **300**
 Theosophical Society Gardens (Adyar) 467
 Ward Lake und Lady Hydari Park (Assam & Nordostindien) **280**
Parsen 35, **363**, 374
Parsvanath-Jain-Tempel (Penukonda) 560
Parthasarathi-Tempel (Triplicane) 466
Parthasarathy-Tempel (Aranmula) 518
Parvati-Tempel (Baijnath) 163
Parvati Valley **117**
Patan **343**
Patiala **94**
Patna **182f**
 Hotels 575
 Restaurants 604
 Zentrumskarte 183
Patola-Webtechnik **343**
Pattadakal 43, **440f**

Patthar-Moschee (Srinagar) 136
Patwon ki Haveli (Jaisalmer) 321
Paunar 393
Pawapuri, Stätte von Mahaviras Tod (Rajgir) 188
Pax Britannica **54f**
Pazhassirajah Museum (Kozhikode) 534
Pelling **255**
Pemayangtse-Kloster (Pelling) 255
Penukonda **560**
Periyar Tiger Reserve (Kerala) **522f**
Pernem **402f**
Phalodi **315**
Phiyang-Kloster (Leh) 125
Phugtal-Kloster (Ladakh) 135
Pietra dura 149
Pilar **410**
Pochampalli **548**
Ponda **410f**
Ponmudi 515
Pooram-Fest, Kerala **532**
Porbandar **350**
Port Blair 503, **504f**
 Hotels 592
 Restaurants 619
Post 636f
Prajnaparamita, buddhistische Göttin **130**
Pratapgarh 382
Prince of Wales Museum (Mumbai) 22, 365, **366f**
Prithvi Theatre (Mumbai) 376
Profanarchitektur **22f**
Project Tiger **245**
Puducherry 52, 471, **478–481**
 Hotels 592
 Restaurants 619
Punditen **160**
Pune 379, **383**
 Hotels 587
 Restaurants 614f
Purana Qila (Delhi) **73**
Purani Haveli (Hyderabad) 540
Puri 44, 257, **264**
 Hotels 579
 Restaurants 608
Pushkar **310f**
 Hotels 582
 Restaurants 610
Puttaparthi **559**

Q

Qaiser-Bagh-Palast (Lucknow) 168
Qalandar Shahs Urs 93
Qila Mubarak Fort (Patiala) 94
Qila-i-Kuhna-Moschee (Delhi) 73
Querim Beach (Goa) 401, 403
Qutb-Komplex (Delhi) **88**
Qutb-Shahi-Grabmäler (Golconda) 547
Qutb-Shahi-Moschee (Pandua) 249

R

Rabindra Bharati Museum (Kolkata) 238
Rachol **412**
Radio 636
Raghunath-Tempel (Kullu) 116

Rai Praveen Mahal (Orchha) 200
Raigad 382
Raisen Fort (Madhya Pradesh & Chhattisgarh) 209
Raisina Hill (Delhi) **68**
Raj-Mahal-Palast (Jaipur) 298
Raja Dinkar Kelkar Museum (Pune) 383
Raja Mahal (Chandragiri) 558
Raja Mahal (Orchha) 200
Raja Ravi Varma 426, 461, 512, 534
 Radha und Madhava 345
Rajagarh-Palast (Khajuraho) 204
Rajahmundry 552
Rajaraja Museum and Art Gallery (Thanjavur) 487
Rajasthan 35, 38, 44, **288–333**
 Erlebniskarte 286f
 Hotels 580–583
 Restaurants 609f
 Straßenkarte 14f, **289**
Rajghat (Delhi) 81
Rajgir **188**
 Hotels 575
 Restaurants 604
Rajkot **351**
Rajmahal Palace Hotel (Mandi) 110
Rajpath (Delhi) 66, **68**, 69
Rajputana Museum (Ajmer) 312
Ram-Raja-Tempel (Orchha) 200
Ramakrishna Paramhansa **242**
Ramalinga Vilas (Ramanathapuram) 499
Ramanathapuram **499**
Ramanathaswamy-Tempel (Rameshvaram) 499
Ramappa-Tempel (Palampet) 549
Ramatirtham **551**
Ramayana **27**, 36
Rambagh Palace (Jaipur) 298
Rameshvaram **499**
Rameshwar-Tempel (Nasik) 386
Ramgarh (Jaipur) 301
Ramlila **173**
Rampur (Himachal Pradesh) **106**
Rampur (Uttar Pradesh & Uttarakhand) **166**
Ramtek 392
Rana Kumbhas Palast (Chittorgarh) 330
Ranakpur 289, **324f**
Ranchi **193**
 Hotels 575
 Restaurants 604
Rang Mahal (Delhi) 80
Ranganatha-Tempel (Srirangam) 491
Rangat 509
Rangdum **134**
Rani Durgavati Museum (Jabalpur) 217
Rani Lakshmibai von Jhansi **167**, 198
Rani Mahal (Chandragiri) 558
Rani Rupmatis Moschee (Ahmedabad) 336
Rani Sipris Moschee (Ahmedabad) 336
Rani-ki-Baori (Bundi) 332
Ranikhet **163**
Ranipuram 537

Rann of Kutch 18
Ranthambhore National Park (Rajasthan) 286, 289, **333**
Rao Madho Singh Museum (Kota) 331
Rashtrapati Bhavan (Delhi) 66, **68**
Ratnagiri **266f**
Ratnagiri Archaeological Museum (Ratnagiri) 267
Rauchen 629
Rechtsbeistand 631
Red Fort (Delhi) 79, **80f**
Reis Magos (Goa) **400**
Reiseinformationen **638–649**
Reiseleiter 626
Reisen
 Auto 644f
 Behinderte Reisende 626
 Botschaften und Konsulate 625
 Buchung 624
 Bus 646f
 Einreise 624
 Fähren und Schiffe 638, 647
 Feiertage und Öffnungszeiten 35, 626
 Flugzeug 624, 638, 640f
 Fotografieren 627
 Impfungen 625
 Information 626
 Kinder 626f
 Kleidung 624
 Maße und Gewichte 627
 Reisezeit 624
 Rucksackreisende 626
 Sondergenehmigungen 625
 Sprachen 627
 Straßen 60, 638, 644f, 649
 Versicherungen 625
 Visum und Pass 624
 Zeitzone und Kalender 34–37, 627
 Zoll 624f, 638f
 Zug 642f, 648
Reiseschecks 634f
Rekong Peo 107
Religion *siehe* Buddhismus; Christentum; Hinduismus; Islam; Jainismus
Renuka Lake (Nahan) 105
Republic Day Parade **69**
Residency (Hyderabad) 544
Residency (Lucknow) 168
Restaurants **596–621**
 Alkohol 597
 Bezahlung 597
 Coffeeshops 597
 Etikette 596
 Preise und Trinkgeld 597
 Spezialitätenrestaurants 596f
 Straßenstände 597
 Vegetarische Gerichte 597
Ri-dzong-Klöster (Ladakh) 126
Ridge (Delhi) **82f**
Ridge (Shimla) 102
Rig Veda 41
Rishikesh 143, **158**, 161
 Hotels 574
 Restaurants 603
Ritchie's Archipelago **508f**
Rock Fort (Tiruchirapalli) 490

Roerich, Nikolaj 93, **118**
Rohet
 Hotels 583
Roman Catholic Cemetery (Agra) 144
Rongali Bihu (Assam & Nordostindien) 275
Ross Island **505**
Royal Chapel of St Anthony (Goa) 404
Royal Hamam (Sirhind) 94
Royal Palace (Thanjavur) 486
Royal Rajasthan on Wheels 286, 643
Rucksackreisende 626
 siehe auch Jugendherbergen
Rudra-Mala-Komplex (Siddhpur) 343
Rumals 115
Ryali 552

S

Saas-Bahu-Tempel (Gwalior) 197
Saas-Bahu-Tempel (Rajasthan) 327
Sabarimalai **521**
Sabarmati, Fluss 336f
Sabarmati Ashram (Ahmedabad) 337
Sacred Heart Cathedral (Tuticorin) 500
Saddle Peak 509
Safa-Shahouri-Moschee (Ponda) 410
Saheliyon ki Bari (Udaipur) 326
Sahyadri-Berge **385**
Sai Baba 386
Sakralarchitektur **20f**
Sakyapa, tibetisch-buddhistische Sekte 127
Salarjung Museum (Hyderabad) 540
Salim Chishti **157**
Salim Singhs Haveli (Jaisalmer) 321
Samudrika Marine Museum (Port Blair) 504
Sanchi 20, 140, 195, **208f**
 Großer Stupa **210f**
Sangam 494
Sanganer (Jaipur) 300
Sanjay Gandhi National Park (Mumbai) **376**
Sankar-Kloster (Leh) 125
Sanskriti Museum (Delhi) 89
Santa Cruz Cathedral (Fort Kochi) 526
San-Thomé-Basilika (Chennai) 466
São Tomé (Panaji) 398f
Sarahan **106**
 Bhimakali-Tempel **108f**
 Hotels 571
Sardar Bazar (Jodhpur) 316
Sarhool, Fest (Bihar & Jharkhand) 193
Sariska **308**
 Hotels 583
Sarnath **178**, 189
Sasan Gir National Park **349**
Sasaram **184**
Sat Burnzam Gor (Goa) 413
Satyagraha 56
Schlangenschreine **518**
Schmuck **299**, 545
Schwartz Church (Thanjavur) 486
Sé Cathedral (Goa) 404, 408
Secretariat (Panaji) 396
Secunderabad 544
Seog Wildlife Sanctuary (Shimla) 104

Sepoy-Aufstand *siehe* Aufstand, Indischer (1857)
Serindian Collection **70**
Shah Jahan, Mogul 51
Shah-Bazar-Moschee (Gulbarga) 446
Shah-Hamadan-Moschee (Srinagar) 136
Shahid Bhagat Singh Marg (Mumbai) **372**
Shahjahanabad (Delhi) 78, 85
Shambhu-Niwas-Palast (Udaipur) 329
Shaniwar-Wada-Palast (Pune) 383
Shankar Fort (Jhansi) 167
Shantiniketan **248**
　Hotels 578
Shaukat Mahal (Bhopal) 206
Shekhawati 22, 289, **308f**
　Bemalte *havelis* **308**
　Hotels 583
Sher Shah Suri 49, 73
　Mausoleum (Sasaram) **184**
Shey (Ladakh) **127**
Shillong 271, **280**
　Hotels 580
　Restaurants 609
Shilpgram (bei Udaipur) 326
Shimla 60, **102f**
　Hotels 571f
　Restaurants 601
　Zentrumskarte 103
Shirdi 386
Shiv Niwas Palace Hotel (Udaipur) 326
Shiva-Tempel (Binsar) 162
Shivadol-Tempel (Sibsagar) 278
Shivaji 52
Shivalik Hills 101, 105, 160
Shivpuri **199**
Shivratri 34, 35, 209
Shore-Tempel (Mamallapuram) 45, **472**
Shri Chitra Art Gallery (Thiruvananthapuram) 512
Shri-Krishna-Tempel (Guruvayur) 532
Shri-Mahalakshmi-Tempel (Kolhapur) 381
Shri Ram Centre (Delhi) 69
Shri-Venkatesvara-Tempel (Tirupati) **557**
Shrirampur 243
Shyama-Raya-Tempel (Bishnupur) **246f**
Sibsagar **278**
Sicherheit und Gesundheit **630–633**
Siddhnath-Tempel (Omkareshwar) 216
Siddhpur 343
Siddi Saiyads Moschee (Ahmedabad) 336
Sikandar Bagh (Lucknow) 168
Sikandra **152**
Sikh-Religion 49, **95**, 96
　Feste 34–37
　Golden Temple (Amritsar) 21, 57, 96, **98f**
　Verhalten an religiösen Stätten 628f
Sikkim **254f**
　siehe auch Westbengalen & Sikkim
Silent Valley National Park (Palakkad) **533**

Siliguri **250**
　Hotels 578
　Restaurants 607
Simla *siehe* Shimla
Simlipal National Park (Orissa) **268f**
Sinquerim Beach (Goa) 401
　Hotels 588
Sirhind 91, **94f**
Sisganj Gurdwara (Delhi) 78
Sisodia Rani ka Bagh (Jaipur) 300
Sitabaldi Fort (Nagpur) 392
Sitanavasal **491**
Sivaganga Fort (Thanjavur) 486
Somnath **349**
Somnathpur **424**
Sona-Moschee (Gaur) 249
Sonepur **184**
South Marina (Chennai) 464f
Spanische Moschee (Secunderabad) 544
Spaziergänge
　Badi Chaupar: Detailkarte (Jaipur) **292f**
　BBD Bagh: Detailkarte (Kolkata) **228f**
　Chandni Chowk: Detailkarte (Delhi) **78f**
　Charminar: Detailkarte (Hyderabad) **542f**
　Fort Kochi: Detailkarte (Kochi) **526f**
　Hafen (Chennai) **464f**
　Kala Ghoda: Detailkarte (Mumbai) **364f**
　Old Goa **404f**
　Panaji, Altstadt: Detailkarte (Goa) **398f**
　Puducherry: Detailkarte **478f**
　Pushkar: Detailkarte **310f**
　Vijay Chowk: Detailkarte (Delhi) **66f**
　Wandern in den Sahyadri-Bergen **385**
Spiti 58f, **119**, **120f**
　Das heilige Tal **120f**
Spituk-Kloster (Leh) 125
Sporttauchen 505, **528f**
Sprachen 539, 627
　Bengali 627
　Englisch 627
　Hindi 143, 627
　Malayalam 627
　Marathi 627
　Tamil 627
　Telugu 627
　Urdu 539
Sravana Belgola **429**
Sri Kalahasti **558f**
Sri-Omkar-Mandhata-Tempel (Omkareshwar) 216
Srikakulam (Distrikt) **551**
Srinagar **136f**
　Hotels 572
Sringeri **433**
Srirangam **491**
Srirangapattana **424f**
Srisailam und Krishna-Schlucht **556**
St Andrew's Church (Darjeeling) 253

St Andrew's Church (Secundarabad) 544
St Andrew's Kirk (Chennai) **458f**
　Brunnensystem **459**
St Andrew's Kirk (Kolkata) 229
St Augustine's Church (Goa) 409
St Cajetan Church (Goa) 408
St Columba's Kirk (Darjeeling) 253
St Francis of Assisi Church (Goa) 409
St Francis Church (Kochi) 525, 527
St James's Church (Delhi) 82
St Jerome's Church (Goa) 402
St John in the Wilderness Church (Nainital) 162
St John's Church (Kolkata) 228, **230**
St John's College (Agra) 144
St Mark's Cathedral (Bengaluru) 421
St Mary's Church (Chennai) 456
St Sebastian's Chapel (Panaji) 398f
St Thomas Cathedral (Mumbai) 368
St Thomas Church (Diu) 349
St Thomas Church (Palai) 521
Stadtpläne *siehe* Karten und Stadtpläne
Stakna-Kloster (Ladakh) 126
State Archaeological Museum (Bhopal) 206
State Archaeological Museum (Hyderabad) 544
State Museum (Bharatpur) 305
State Museum (Guwahati) 272
State Museum (Kohima) 283
State Museum (Panaji) 397
State Museum (Shimla) 102
Sthanumalaya-Tempel (Suchindram) 501
Stok **127**
Strände
　Anjuna (Goa) 400, 587
　Arambol (Goa) 401
　Baga (Goa) 400f, 587, 615f
　Bogmalo (Goa) 401, 417
　Colva (Goa) 401, 417
　Corbyn's Cove (Andamanen) 505
　Gopalpur-on-Sea (Orissa) 265
　Juhu (Mumbai) 376
　Kanniyakumari (Tamil Nadu) 501
　Kappil (Kasaragod) 537
　Kovalam (Kerala) 514
　Lakkadiven 528f
　Malpe (Udipi) 431
　Mandvi (Gujarat) 353
　Marina (Chennai) **464f**
　Mundapaha (Andamanen) 508
　Muzhapilangad (Kannur) 536
　Nagoa (Diu) 349
　Pallikere (Kasaragod) 537
　Palolem (Goa) 401
　Puri (Orissa) 264
　Querim (Goa) 401, 403
　Sinquerim (Goa) 401, 588
　Strände um Gokarna (Karnataka) **432**
　Strände und Strandleben in Goa **401**
　Vainguinin (Goa) 401, 589
　Varca (Goa) 417, 589
　Varkala (Kerala) 514

TEXTREGISTER

Strom, elektrischer 627
Stupa 20
Subrahmanyam-Tempel (Palani) 493
Suchindram **501**
Südindien **448–561**
   Erlebniskarte 450f
   Hotels 590–595
   Restaurants 617–621
   Unterwegs in 451
Südöstliches Ladakh **129**
Südwestindien **354–447**
   Erlebniskarte 356f
   Hotels 584–590
   Restaurants 612–617
   Unterwegs in 356
Sujanpur-Tira (Kangra Valley) 111
Sukh Niwas Mahal (Bundi) 332
Sulthan's Battery (Distrikt Wynad) 535
Sun Temple, Konarak **262f**
Sunderbans (Westbengalen & Sungra-Maheshwar-Tempel, Kinnaur) 107, **244f**
Sunehri-Bagh-Moschee (Delhi) 67
Sunehri Masjid (Delhi) 78
Surajkund **92**, 93
Surat **346f**
Suru Valley **133**, 137
Survey of India (Dehra Dun) 160
Surya 24, 262
Surya-Tempel (Jhalawar) 331
Swiss 639
Synagogen
   Kenneseth-Eliyahoo-Synagoge (Mumbai) 365
   Paradesi-Synagoge (Kochi) 524

T

Tabo-Kloster (Spiti) **121**
Tadoba-Andhari Tiger Reserve (Nagpur) 393
Tageszeitungen 637
Tagore, Debendranath 248
Tagore, Rabindranath 56, **248**
   Gemälde 69
Taj Mahal 21, 51, **148f**
   Charbagh 149
   Grabkammer 148
   Grundriss 149
   Kuppel 148
   Pietra dura 149
Taj Mahal Hotel (Mumbai) 362
Taj-ul-Masjid (Bhopal) 206
Talakad **424**
Talakaveri 428
Tambdi Surla **411**
Tamil, Sprache 627
   Sangam 494
Tamil Nadu 38, **470–501**
   Erlebniskarte 451f
   Hotels 591f
   Restaurants 618f
   Straßenkarte 16f, **471**
Tangra (Kolkata) **238**
Tansen 196
   Grabmal 196
   Musikfestival 209
Tanz **28f**, 128, 168, 268, 468, 482

Taptapani **265**
Taragarh Fort (Bundi) 332
Taragram 198
Tashiding-Kloster **255**
Tawang-Kloster (Assam & Nordostindien) **275**
Taxis 648
Teen Murti Memorial (Delhi) 72
Telefonieren 636
Telefonnummern, nützliche 637
Teli ka Mandir (Gwalior) 197
Telugu 539, 627
Tempel, Hindu- **20f**
   Ahilyeshwar (Maheshwar) 216
   Amaralingeswara Swamy (Amravati) 554
   Anantha Padmanabhaswamy (Thiruvananthapuram) 512
   Ananthapura (Kasaragod) 537
   Arunachaleshvara (Tiruvannamalai) 477
   Badami-Tempelkomplex (Badami) **439**
   Baidyanath Dham (Deoghar) 185
   Bhagavati (Pernem) 402
   Bhimakali (Sarahan) **108f**
   Bhojeshwar (Bhojpur) 208
   Bijli Mahadev (Kullu) 116
   Brahma (Pushkar) 310
   Brahmapurishvara (Pullamangai) 484
   Brajeshwari Devi (Kangra Valley) 111
   Brihadishvara (Gangaikondacholapuram) 482
   Brihadishvara (Thanjavur) 20, **488f**
   Chamundeshvari (Mysore) 427
   Chaturbhuj (Orchha) 200
   Chaurasi (Bharmour) 115
   Chausath Yogini (Orissa) 261
   Chennakeshava (Belur) 430
   Chintaman Ganesh (Ujjain) 212
   Chitai (Almora) 162
   Dakshineshwar (Westbengalen & Sikkim) 242
   Durga (Aihole) **443**
   Durgiana (Amritsar) 97
   Dwarkadhish (Dwarka) 351
   Ekambareshvara (Kanchipuram) 76
   Gavi Gangadhareshvara (Bengaluru) 422
   Govind Dev (Jaipur) 290
   Govindaji (Imphal) 282
   Grishneshvara (Ellora) 390
   Hadimba (Manali) 118
   Hanamkonda (Warangal) 548
   Hanuman Garhi (Ayodhya) 171
   Hatakesvara (Srisailam) 556
   Hoysaleshvara (Halebid) 430
   Jagannath (Puri) 264
   Jagannath (Ranchi) 193
   Jagannathi Devi (Kullu) 116
   Jagdish Mandir (Udaipur) 326
   Jakhu Hill (Shimla) 103
   Jalakanteshvara (Vellore) 476
   Janardhana Swamy (Varkala) 514
   Jatashankar Cave (Pachmarhi) 217
   Jwalamukhi (Kangra Valley) 111

Kailasanatha (Ellora) 45, **388f**
Kala Rama (Nasik) 386
Kalahastishvara (Sri Kalahasti) 558
Kalighat (Kolkata) 237
Kalill (Kaladi) 530
Kamakhya (Guwahati) 272
Kamakshi (Kanchipuram) 45, 476
Kanaka Durga (Vijayawada) 553
Kanch Mandir (Indore) 212
Kandariya Mahadev (Khajuraho) 20, **202f**
Kannappa (Sri Kalahasti) 559
Keshava (Somnathpur) 424
Khetapai Narayan (Bhatkal) 432
Kodandarama (Hampi) 436
Koodal Alagar (Madurai) 494
Krishna (Hampi) 434
Krishna (Mahabaleshwar) 382
Krishna (Udipi) 431
Kumbakonam-Tempelkomplex (Kumbakonam) 483
Lakshmi Narayan (Chamba) 115
Lakshmi Narayan (Orchha) 200
Lakshmi Narayan Mandir (Delhi) 72
Madan Kamdev (Assam & Nordostindien) 273
Madhur (Kasaragod) 537
Mahabaleshvara (Gokarna) 432
Mahadeva (Tambdi Surla) 411
Mahakaleshwar (Ujjain) 212
Mahalaxmi (Mumbai) 375
Maladevi (Gyaraspur) 209
Mallikarjunaswami Swamy (Srisailam) 556
Manjunath (Mangalore) 431
Minakshi Sundareshvara (Madurai) **496f**
Mukhalingam 551
Muktidham (Nasik) 386
Narayana (Melkote) 429
Nataraja (Chidambaram) 482
Navabrahma (Alampur) 556
Navagraha (Guwahati) 272
Nilkanteshwar (Udayapur) 209
Osian-Tempel (bei Jodhpur) 320
Panch Pandava Rathas (Mamallapuram) **474f**
Panchalingeshvara (Barkur) 432
Panchanandishvara (Tiruvaiyaru) 484
Parthasarathi (Triplicane) 466
Parthasarathy (Aranmula) 518
Parvati (Baijnath) 163
Pattadakal-Tempelkomplex (Pattadakal) **440f**
Ponda-Tempelkomplex (Ponda) 410
Raghunath (Kullu) 116
Ram Raja (Orchha) 200
Ramanathaswamy (Rameshvaram) 499
Ramappa (Palampet) 549
Rameshwar (Nasik) 386
Ranganatha (Srirangam) 491
Rudra-Mala-Komplex (Siddhpur) 343
Saas-Bahu-Tempel (Gwalior) 197
Saas-Bahu-Tempel (Rajasthan) 327

TEXTREGISTER

Shiva (Binsar) 162
Shivadol (Sibsagar) 278
Shore (Mamallapuram) 45, 472
Shri Mahalakshmi (Kolhapur) 381
Shri Venkateshvara (Tirupati) 557
Shyama Raya (Bishnupur) **246f**
Siddhnath (Omkareshwar) 216
Simhachalam (Visakhapatnam) 550
Somnath (Somnath) 349
Sri Kurmanadha (Srikurman) 551
Sri Omkar Mandhata (Omkareshwar) 216
Sthanumalaya (Suchindram) 501
Subrahmanyam (Palani) 493
Sun Temple (Konarak) **262f**
Sun Temple (Modhera) 44, **344f**
Surya (Jhalawar) 331
Teli ka Mandir (Gwalior) 197
Terrakotta-Tempel (Bishnupur) 246
Thiruvamundur (Chengannur) 518
Trikuteshvara (Gadag) 438
Udyotchandeshwar (Almora) 162
Umananda (Guwahati) 272
Vaidyeshvara (Talakad) 424
Varadaraja (Kanchipuram) 476
Vashishtha (Assam & Nordostindien) 273
Vedagirisvara (Thirukkazhukunran) 473
Venkataramana (Gingee) 477
Vidyashankara (Sringeri) 433
Virabhadra (Lepakshi) 560
Virupaksha (Hampi) 436
Vishnupad (Gaya) 188
Vishwanath (Varanasi) 175
Vitthala (Hampi) **436f**
Tempel, Jain-
Digambar Jain (Delhi) 78
Dilwara (Mount Abu) 324
Girnar (Junagarh) 350
Gommateshvara (Sravana Belgola) 429
Hatheesing (Ahmedabad) 337
Jain-Tempel (Jaisalmer) 322
Jain-Tempel (Palitana) 348
Jain-Tempel (Parasnath) 192
Jain-Tempel (Pattadakal) 441
Jain-Tempelkomplex (Sravana Belgola) 429
Osian (Jodhpur) 320
Tempel, Sikh-
Golden Temple (Amritsar) 21, 57, **98f**
Tenzing Gyatso siehe Dalai-Lama
Terekhol Fort (Goa) **403**
Hotels 589
Terekhol Fort Heritage Hotel (Goa) 403
Terrakotta-Tempel (Bishnupur) 246
Tezpur **274**
Restaurants 609
Thak-thok-Kloster (Ladakh) 127
Thalaserry **536**
Thanjavur **486f**
Hotels 592
Restaurants 619
Zentrumskarte 487

Thar, Wüste (Rajasthan) 18, 289
Kamele **313**
Theater 69, 173, 374, 376
National Centre for Performing Arts (Mumbai) 374
National School of Drama (Delhi) 69
Prithvi Theatre (Mumbai) 376
Volkstheater 173
Theosophical Society **467**
Theppakulam (Madurai) 494
Theyyam, Tanzritual in Kerala **536**
Thikse-Kloster (Ladakh) 127
Thirthala 533
Thirumalai-Nayakar-Palast (Madurai) 494
Thiruparankundram 495
Thiruvaiyaru 37
Thiruvamundur-Tempel (Chengannur) 518
Thiruvananthapuram **512–515**
Hotels 594
Restaurants 621
Zentrumskarte 513
Thomas, hl. 466, 521
in Indien **469**
Thongsa-Kloster (Kalimpong) 253
Thripunithura Museum (Thripunithura) 525
Thrissur **532**
Thusharagiri 534
Tibet 101
Little Tibet, tibetische Exilregierung **113**
Tibetanisches Totenbuch 252
Tiere **18f**
siehe auch Nationalparks und Tierschutzgebiete; Tiger
Tierschutzgebiete siehe Nationalparks und Tierschutzgebiete
Tiger 19, **245**
Bandhavgarh National Park **205**
Bengaltiger **245**
Corbett National Park **164f**
Hazaribagh Wildlife Sanctuary 192
Kanha National Park 218f
Melghat Tiger Reserve 392
Periyar Tiger Reserve **522f**
Project Tiger 218, **245**, 333
Ranthambhore National Park 333
Sariska National Park 308
Tadoba-Andhari Tiger Reserve 393
Tiger's Cave (Mamallapuram) 473
Tipu Sultan 53, **425**
Mysore 426
Palast (Bengaluru) 422
Srirangapattana 424
Sulthan's Battery 535
Tiruchendur **500**
Tiruchirapalli **490f**
Hotels 592
Tirunelveli **500**
Tirupati 539, **557**
Restaurants 621
Sri-Venkateshvara-Tempel 557
Tirur 533
Tiruvaiyaru **484**
Tiruvalluvar 501

Tiruvannamalai **477**
Toiletten, öffentliche 631
Tonk 332
Towers of Silence (Mumbai) 374
Town Hall (Mumbai) **368**
Toy Trains **250**, 384
Blue Mountain 643
Darjeeling **250**, 643
Kalka–Shimla Railways 60, 643
Matheran 384
Trachten in Indien **30f**
Treppenbrunnen in Gujarat **340f**
Tribal Museum (Pune) 383
Trikuteshvara-Tempel (Gadag) 438
Triplicane (Chennai) **466**
Tripura 323
Agartala **281**
Tughluqabad (Delhi) 76, 85, **89**
Tungabhadra, Fluss 434
Tuticorin **500**

U

U-Bahn 648f
Udaipur 286, **326–329**
Hotels 583
Restaurants 610
Zentrumskarte 327
Udayagiri- und Khandagiri-Höhlen (Bhubaneswar) 260
Udayagiri-Höhlen (Sanchi) 209
Udayapur 209
Udipi **431**
Udyotchandeshwar-Tempel (Almora) 162
Ujjain **212**
Hotels 577
Restaurants 605
Ujjayanta-Palast (Assam & Nordostindien) 281
Umaid-Bhavan-Palast (Jodhpur) 317
Umananda-Tempel (Guwahati) 272
Unabhängigkeit, indische 56
Undavalli 553
UNESCO-Weltkulturerbe
Agra Fort (Agra) 144, 146f
Ajanta-Höhlen (Maharashtra) 43, 356, **391**
Brihadishvara-Tempel (Thanjavur) 20, 486, **488f**
Champaner (Gujarat) 346
Darjeeling Himalayan Railway (Westbengalen & Sikkim) **250**, 643
Elephanta Island (Mumbai) 362, **377**
Ellora-Höhlen (Maharashtra) 45, 356, **388–390**
Fatehpur Sikri (Uttar Pradesh & Uttarakhand) 144, **154–156**
Großer Stupa (Sanchi) **210f**
Hampi (Karnataka) 356, **434–437**
Humayuns Grabmal (Delhi) 73, **77**
Kaziranga National Park (Assam & Nordostindien) **276f**, 566
Keoladeo Ghana National Park (Bharatpur) **306**
Khajuraho (Madhya Pradesh & Chhattisgarh) 20, 44, **202–204**
Mahabodhi-Tempel (Bihar & Jharkhand) **191**

UNESCO-Weltkulturerbe *(Fortsetz.)*
　Mamallapuram (Tamil Nadu) **472–475**
　Old Goa **404–409**
　Pattadakal-Tempelkomplex (Karnataka) 43, **440f**
　Qutb-Komplex (Delhi) 86, **88**
　Sun Temple (Konarak) **262f**
　Taj Mahal (Agra) 21, 51, **148f**
　Victoria Terminus (Mumbai) **370f**
United Progressive Alliance (UPA) 57
Unterhaltung **28f**
Upanishaden 41, 45
Urdu 539
Uttar Pradesh & Uttarakhand **142–179**
　Erlebniskarte 140f
　Hotels 573–575
　Restaurants 602–604
　Straßenkarte 14f, **143**
Uttarakhand 167
　siehe Uttar Pradesh & Uttarakhand
Uttarkashi 161

V

Vadakkunnathan-Tempel (Thrissur) 532
Vadodara **344**
　Hotels 584
　Restaurants 611
Vadodara Museum and Picture Gallery (Vadodara) 345
Vagator **402**
Vaidyeshvara-Tempel (Talakad) 424
Vaikom 520
Vainguinim Beach (Goa) 401
　Hotels 589
Vaishali **185**
Vaishno Devi (Jammu) 123, 136
Valley of Flowers (Uttar Pradesh & Uttarakhand) 161
Van Vihar National Park (Bhopal) 207
Varadaraja-Tempel (Kanchipuram) 476
Varanasi 140, 143, **172–177**
　Hotels 574f
　Restaurants 604
Varca Beach (Goa) 417
　Hotels 589
Varkala 514
　Hotels 594
　Restaurants 621
Vashishtha-Tempel (Assam & Nordostindien) 273
Vedagirisvara-Tempel (Thirukkazhukunran) 473
Velavadar National Park (Bhavnagar) 348
Vellore **476**
Venkatappa Art Gallery (Bengaluru) 421
Venkataramana-Tempel (Gingee) 477
Venkateshvara 557
Venkateshvara Museum of Temple Arts (Tirupati) 557
Veranstaltungskalender **34–37**
Versicherung 625
Viceregal Lodge (Shimla) 103
Vichitra Museum (Shantiniketan) 248
Victoria I., Königin 53, 232, 370, 420
Victoria Memorial (Kolkata) **232f**
Victoria Museum (Vijayawada) 553
Victoria Terminus (Mumbai) **370f**
Vidhama Soudha 420
Vidyashankara-Tempel (Sringeri) 433
Vijay Chowk: Detailkarte (Delhi) **66f**
Vijay-Vilas-Palast (Mandvi) 353
Vijayawada **553**
　Hotels 595
　Restaurants 621
Viper Island (Andamanen) 505
Virabhadra-Tempel (Lepakshi) 560
Virupaksha-Tempel (Hampi) 434, 436
Visa (Kreditkarte) 634f
Visakhapatnam **550f**
　Hotels 595
　Restaurants 621
Vishnu-Anhänger 476
Vishnupad-Tempel (Gaya) 188
Vishwanath-Tempel (Varanasi) 175
Visum 624f
Vitthala-Tempel (Hampi) **436f**
Vivekananda, Swami 242, 362, 465, 501
Vogelbeobachtung 520, 522, 535
　Bandhavgarh National Park **205**
　Bharatpur Bird Sanctuary *siehe* Keoladeo Ghana National Park 306
　Chidiya Tapu 508
　Chilika Lake 265
　Keoladeo Ghana National Park **306**
　Mount Harriet National Park 505
　Nal Sarovar Sanctuary 342
　Periyar Tiger Reserve **522f**

W

Wächtergottheiten **493**
Wagah 97
Wallajah-Moschee (Triplicane) 466
Wandern
　in den Sahyadri-Bergen **385**
Wandoor Marine National Park (Andamanen) **506f**
Wankaner-Palast (Gujarat) 351
　Hotels 584
Warangal **548**
　Hotels 595
　Restaurants 621
Ward Lake und Lady Hydari Park (Shillong) 280
Wardha **393**
Watson Museum (Rajkot) 351
Weißer Tiger **205**
Wellington Fountain (Mumbai) 363
Westbengalen & Sikkim **240–255**
　Erlebniskarte 222f
　Hotels 578f
　Restaurants 606f
　Straßenkarte 14f, **241**
Westghats 16, 18
Westindien **284–353**
　Erlebniskarte 286f
　Hotels 580–584
　Restaurants 609–611
　Unterwegs in 286
Wild Grass Resort (Kaziranga) 277
Wildflower Hall (Shimla) 104
Willingdon Island 525
Windamere Hotel (Darjeeling) 253
Wüste Thar (Rajasthan) 18, 289
Wynad (Distrikt) **534f**
Wynad (oder Muthanga) Wildlife Sanctuary (Distrikt Wynad) 535
　Hotels 594

X

Xaver, Franz, hl. **406**, 409

Y

Yamuna, Fluss
　Sangam 178
　Yamunotri (Quelle) 161
Yercaud **492**
YMCA 567, 626
Yoga **158**
　Bihar School of Yoga 185
Yoga-Choeling-Kloster (Darjeeling) 253
Youth Hostels Association of India 626
Yuksam **255**

Z

Zangdopelri-Fo-Brang-Kloster (Kalimpong) 253
Zangpo, Rinchen 107, 121, 131f
Zanskar **134f**
　Phugtal-Kloster (Ladakh) 135
Zarathustra-Anhänger 16, 363
Zardozi 147
Zeitschriften 637
Zeitzone 627
Zentralindien **138–219**
　Erlebniskarte 140f
　Hotels 573–577
　Restaurants 602–605
　Unterwegs in 141
Ziro **279**
Zitadelle (Bijapur) 444
Zoll 624f, 638f
Zoo & Botanical Gardens (Guwahati) 273
Züge **642f**
　Buchung 624
　Konkan Railway 642
　Metro und Vorstadtzüge 648f
　National Rail Museum (Delhi) 83
Zugreisen
　Bahnhöfe 643
　Fahrkarten 642
　Fahrpläne 642
　Gepäckträger 643
　Pässe 643
　Preise 642
　Reservierung 642
　Streckennetz 642
　Vorstadtzüge 648
　siehe auch Züge

Danksagung und Bildnachweis

Dorling Kindersley bedankt sich bei allen, die bei der Herstellung dieses Buches mitgewirkt haben.

Hauptautoren
Roshen Dalal hat an der Jawaharlal Nehru University, Delhi, in altindischer Geschichte promoviert und ist Autor des Buches *A History of India for Children*.

Partho Datta unterrichtet indische Geschichte an einem College der Delhi University.

Divya Gandhi, Umweltschützer und Geograf, ist an der University of Michigan tätig.

Premola Ghose hat vor allem die Bundesstaaten Madhya Pradesh und Maharashtra intensiv bereist. Sie ist Programme Officer im India International Centre, Delhi.

Ashok Koshy arbeitete als Beamter viele Jahre in Gujarat und Kerala.

Abha Narain Lambah arbeitet beim Denkmalschutz und ist Leiter der Mumbai Collaborative, einer Vorreiterfirma auf dem Gebiet der Stadtgestaltung und des Denkmalschutzes in Mumbai.

Annabel Lopez ist Architektin und Architekturhistorikerin sowie Co-Autorin des Buches *Houses of Goa*.

Sumita Mehta arbeitet als Journalistin und Reiseschriftstellerin in Delhi und war an Denkmalschutzprojekten in Rajasthan beteiligt.

Rudrangshu Mukherji arbeitet als Kolumnist, Journalist und Autor in Kolkata.

Meenu Nageshwaran führt das Reisebüro Incent Tours in Delhi.

Rushad R. Nanavatty ist passionierter Bergsteiger und war viel im nördlichen, zentralen und östlichen Indien unterwegs.

Ira Pande ist Redakteurin von *IIC Quaterly* in Delhi.

Usha Raman arbeitet freiberuflich als Autorin und Redakteurin in Hyderabad.

Janet Rizvi hat in Cambridge promoviert. Ihr Hauptaugenmerk liegt auf Ladakh; über diese Region hat sie zwei Bücher geschrieben: *Ladakh, Crossroads of High Asia* und *Trans-Himalayan Caravans: Merchant Princes and Peasant Traders in Ladakh*.

Ranee Sahaney ist ein bekannter Reisejournalist und schreibt regelmäßig für *outlooktraveller.com*.

Deepak Sanan hat mehrere Jahre als Beamter in Himachal Pradesh gearbeitet und viel über die Region geschrieben.

Darsana Selvakumar hat ihren Abschluss in altindischer Geschichte und Archäologie gemacht.

Sankarshan Thakur arbeitet als Journalist und ist Autor eines Buches über Bihar.

Shikha Trivedi ist eine Autorität auf dem Gebiet des traditionellen Kunsthandwerks. Zurzeit arbeitet sie beim führenden TV-Nachrichtensender Indiens.

Lakshmi Vishwanathan ist Bharat-Natyam-Tänzerin in Chennai. Sie sitzt auch im Gremium der Music Academy Chennai, einer der führenden Kulturinstitutionen Südindiens.

Beratung
George Michell hat sich als Architektur- und Kulturhistoriker auf Indien spezialisiert. Zu seinen vielen Publikationen gehören Bücher über Hindu-Tempel, Königspaläste, das Reich der Vijayanagar und die Kunst und Architektur des Dekkan.

Weitere Autoren
John Abraham, Anvar Alikhan, Usha Balakrishnan, Manini Chatterjee, Anuradha Chaturvedi, Rta Kapur Chishti, Anna Dallapiccola, Dharmendar Kanwar, Ranjana Sengupta.

Ergänzende Illustrationen
Naveed Ahmed Vali, Ampersand.

Ergänzende Fotografien
Akhil Bakshi, Benu Joshi, Aditya Patankar, Ram Rahman.

Korrektur und Textregister
Anita Roy, Ranjana Saklani.

Überprüfung der Fakten und Daten
Ranee Sahaney.

Editorial, DTP und ergänzende Kartografie (DK London)
Emma Anacootee, Brigitte Arora, Jo Cowen, Fay Franklin, Emily Hatchwell, Juliet Kenny, Jason Little, Maite Lantaron, Carly Madden, Sonal Modha, Casper Morris, Catherine Palmi, Dave Pugh, Mani Ramaswamy, Marisa Renzullo, Sands Publishing Solutions, Vivien Stone, Julie Thompson, Janis Utton, Dora Whitaker.

Publishing Manager
Anna Streiffert.

Art Director
Gillian Allan.

Publisher
Douglas Amrine.

Besondere Unterstützung
Arundhti Bhanot; Mahesh Buch; Tarun Chhabria; Manosh De; Sharada Dwivedi; Asit Gopal; Sandhya Iyer; G. M. Kakpori; Vijayan Kannampilly; Kurt Kessler Dias; Sumita Khatwani; Aparajita

Kumar; Meenal Kshirsagar; Ritu Kumar; Anna Madhavan; Aditi Mehta; Milan Moudgill; Sunil Philip; Nihar Rao; Anita Roy; K. J. Ravinder; Samit Roychoudhury; Shweta Sachdeva; Saba Shaikh; Lalit Sharma; Parvati Sharma; Tara Sharma; Yuthika Sharma; Luiyo Shimray; Dr. A. Jaya Thilak; Maharao Brijraj Singh of Kotah; Maharaja Gaj Singh II. of Jodhpur; Vijay Singh.
American Institute of Indian Studies.
Archaeological Survey of India, New Delhi.
Architecture Autonomous, Goa: Gerard da Cunha und Amit Modi.
Architectural Conservation Cell of the Associated Cement Companies Ltd.
Aurobindo Ashram.
Central Cottage Industries.
Department of Culture, Government of India: Kasturi Gupta Menon, Joint Secretary.
Department of Tourism, New Delhi: Rekha Khosla, Director; Ashwini Lohani, Director.
Indian Institute of Public Administration.
Indian Museum, Kolkata: Dr. S. K. Chakravarty, Director; Chanda Mukherjee.
Indian National Trust for Art and Cultural Heritage: Martand Singh.
Maharana Mewar Historical Publications Trust, Mewar: Shriji Arvind Singhji, Vorsitzender und Managing Trustee.
Mehrangarh Museum Trust, Jodhpur: Trustees.
Mahendra Singh, CEO.
Sangath: BV Doshi.
Tibet House, New Delhi.
Tibetan Institute of Performing Arts, Dharamsala.
Wildlife Trust of India: Vivek Menon.
World Wide Fund: Krishna Kumar.

Besondere Unterstützung/Fotografie

Archaeological Survey of India, New Delhi: Komal Anand, Director General;
Dr. K. M. Poonacha, Director (Denkmäler);
Dr. R. C. Aggarwal, Director (Museen);
Mr. Bakshi, Assistant Director (Denkmäler).
Crafts Museum, New Delhi: Dr. Jyotindra Jain.
Government Museum, Chennai: R. Kannan.
Khuda Baksh Oriental Library, Patna: H. R. Chigani.
Mathura Museum, Mathura: Jitendra Kumar.
Maharaja Fatehsingh Museum Trust, Baroda.
National Museum, New Delhi: R. D. Chowdhourie; U. Dass; J. C. Grover; Dr. Daljeet Kaur.
Prince of Wales Museum of Western India, Mumbai: Dr. Kalpana Desai, Director.
Rampur Raza Library, Rampur: W. H. Siddiqi.
Sarabhai Foundation, Calico Museum of Textiles, Ahmedabad: D. S. Mehta, Secretary; A. Sen Gupta.
Sanskriti Museum, New Delhi: O. P. Jain.
State Museum, Patna: Naseena Akhtar.

Dorling Kindersley

Dorling Kindersley dankt den regionalen und örtlichen Fremdenverkehrsbüros in ganz Indien für ihre wertvolle Hilfe. Besonderer Dank gilt Ravi Babu; Chandana Khan, Secretary, Tourism & Culture Department, Hyderabad; Victoria Memorial, Kolkata: C. R. Panda; Indian Museum, Kolkata: Shyamalkanti Chakravarti; The Asiatic Society, Kolkata: Ms Sarkar; Kunjo Tashi; Rajiv Mehrotra; Tenzin Geyche Tethong, Sekretär Seiner Heiligkeit, des Dalai-Lama, Dharamsala; Chief PRO, Central Railways, Mumbai: Mukul Marwah; Quila House, Patna: B. M. Jalan; Secretary, Department of Cultural Affairs, Thiruvananthapuram: Prof. H. V. Pradhan; INTACH (Pune); R. K. Saini.

Genehmigung zum Fotografieren

Dorling Kindersley dankt allen Angestellten in Tempeln, Forts, Palästen, Museen, Restaurants, Läden und Sehenswürdigkeiten für ihre Hilfsbereitschaft und Mitarbeit. Für die Genehmigung zum Fotografieren gilt besonderer Dank: Brindavan, New Delhi; Crafts Museum, New Delhi; Urmila Dongre und Vivek Narang.

Bildnachweis

o = oben; ol = oben links; olm = oben links Mitte; om = oben Mitte; or = oben rechts; mlo = Mitte links oben; mo = Mitte oben; mro = Mitte rechts oben; ml = Mitte links; m = Mitte; mr = Mitte rechts; mlu = Mitte links unten; mu = Mitte unten; mru = Mitte rechts unten; ul = unten links; u = unten; um = unten Mitte; uml = unten Mitte links; ur = unten rechts; uro = unten rechts oben; a = Ausschnitt.

Der Verlag bedankt sich bei folgenden Personen, Bildagenturen und Firmen für die freundliche Abdruckgenehmigung ihrer Fotografien:

Air India: 638mo, 641 ul.
Alamy Arco Images: 10ol; Dinodia Images 9ur, 10m; Blaine Harrington III 11o; Indiapicutre 12ol; Wolfgang Kaehler 10ur; Dave Thompson 8om.
Aditya Arya: 182mlo, 185ml, 193mr, 199ol, 199mu, 199ur, 205mro, 208ul, 208ur, 212or, 216um, 217ol, 282ml, 373ur, 375or, 643ur.

Pallava Bagla: 17ur, 19or, 24–25m, 28or, 165um, 189ml, 313m, 523ur.
Manu Bahuguna: 34u, 69ur, 79m, 334, 361um, 370or, 428um, 445ur, 452, 455mr, 466ol, 468ol, 502, 504ul, 505or, 508ol, 528mlo.
Akhil Bakshi: 28u, 28ur, 29ul, 160um, 187ur.
M. Balan: 18mru, 30ur, 306mro, 423ul, 463ul, 510, 512ul, 513ol, 514mlo, 514or, 515ul, 516or, 516mlo, 517ol, 519mlo, 522or, 522mlu, 523ol, 523mru, 528ur, 529ol, 529mlo, 529ur, 530mru, 531ol, 531ml, 533ul, 534mru, 535ur, 537o, 537mro, 566ul, 597ul.
Kakoli Barkakoti: 272ml, 273ur, 279ol.
Benoy Behl: 42o, 47or, 124ol, 124ml, 124ur, 125ul, 125 mro, 126or, 126mlo, 126mlo, 126ur, 127ol, 127ml, 127ur, 128ul, 130or, 130ol, 130mlo, 130m, 130ul, 131mro, 131mr, 131ur, 132ml, 132ul, 133ml, 133um, 135mr, 135ul, 388or, 388mlo, 389mro, 389mru, 390or, 391ol, 391ur, 461ur, 462mru.
Subhash Bhargava: 23mlu, 56ul, 153mre, 296ml, 296mlu, 302um, 305mru, 305mlo, 313ml, 313mu, 313u, 314or, 314ml, 314um, 315ul, 315mlo, 316ol, 317ur, 321mr, 326or, 329mlu, 330ol, 330u, 331om, 332ol, 333mlo.
Namas Bhojani: 358.
Big Screen Entertainment Pvt. Ltd.: 33or, 33mro.

BILDNACHWEIS

Bihar School of Yoga Ganga Darshan, Munger: 185or.
Dean K. Brown: 72u.

R. S. Chundawat: 18ur, 19ml, 19uro, 124ur, 128ol, 129mr, 160o, 164mlo, 164ml, 166ul, 219mr, 251ul, 269mr, 349ur, 423mru.
Corbis Atlantide Phototravel: 8ml; Arvind Gang 13ur; Lindsay Hebberd 11mu; Jon Hicks 12ur; Bob Krist 9ol; Sergio Pitamitz 13or; Steve Raymer 636 mu; Robert Harding World Imagery/Tony Waltham 8ur.
Costumes & Textiles of Royal India, Ritu Kumar: 30ml.
Crafts Museum: 74or, 74mlo, 74mlu, 75ol, 75om, 75mru.
GillesCrampes: 113ml.

Tanmoy Das: 266ul.
Prosenjit Dasgupta: 265ol.
Deen Dayal Trust: 545ml.
Dharma Productions: 33ol.
Ashok Dilwali: 104o, 104m, 105ol, 105ur, 106ur, 108mlo, 109mro, 110ol, 110m, 110u, 111ol, 111mr, 112or, 113mro, 114mr, 115mr, 115ur, 116mr, 116m, 117ul, 118mr, 118ul, 119or, 119mr, 119u, 120mro, 121ur, 140mlo, 146o, 154ol, 156ol, 161or, 163or, 223ul, 255u, 504ol, 504mlu, 505mo, 506mlu, 507ul, 509ol, 509m, 509um.
Thomas Dix: 194, 202or, 202ml, 203ur, 288, 309mr, 324ol, 340or, 340mro, 340ml, 341mro, 341mlu, 341ur, 344or, 344ol, 344mlu, 344mru, 345mro, 345mru, 348or, 378, 388ol, 388mlo, 388ur, 389mru, 390ul.
DK Picture Library: Andy Crawford 27or, 27ul;
DK Classic Cookbook: 596om; Gables 21ml; Ellen Howdon (Glasgow Museum, Glasgow) 382mlu; Linda Whitwam 528ol.
Urmila Dongre: 3 (Einklinker), 24ol, 24m, 25ol, 25um, 45o, 487mr.
D. N. Dube: 50mlo, 148mlo, 149mr, 154or, 155ol, 156or, 156mlo.

Fotomedia Picture Library: 55or, 59 (Einklinker), 129ol, 168ur, 240, 242um, 248ur, 355 (Einklinker); Jyoti M. Banerjee 165ol, 280mru; François Gautier 649ol; Sanjiv Mishra 37u; Sundeep Nayak 306mlo; Christine Pemberton 22ml, 140ul, 167or, 258or, 260mr, 359u, 360ml, 370mr, 385mro, 596ul; Otto Pfister 120ul, 306ml; Sanjay Saxena 159mlo, 293ul; Mathew Titus 55ol; Henry Wilson 173ur.

R.K. Gaur: 61u, 222mlo, 274ur, 279ur.
Getty Images AFP/Emmanuel Dunand: 352 ur; AFP/Prakesh Singh 648ur; AFP/STRDEL/Stringer 32om; National Geographic/James L. Stanfield 534u; The India Today Group/Mail Today 772ul.
Premula Ghose: 189mru.
Ashim Ghosh: 48ul, 157u.
Joanna van Gruisen: 18mlu, 18ul, 18ulo, 19or, 34o, 117mr, 126mlu, 129ul, 129ur, 165mr, 192mro, 218ur, 244mr, 267o, 267mru, 267um, 274ml, 276ol, 322ol, 423mro, 522ol, 522ul, 523mro.

India Today Magazine: 363ul.
Israni, Prakash: 18or, 36m, 93u, 157mlu, 261m, 382mr, 384ml, 384u.

Ravi Kaimal: 114ol.
Prem Kapoor: 42m, 56ur, 57ur, 118or, 518ol, 521mru.
Kanika Kapoor: 30–31m.
Sudhir Kasliwal: 298ol, 299om, 299mlu, 299ml, 299um.
Dinesh Khanna: 30ul, 31ul, 97u, 172ml, 172m, 172mro, 172ur, 173mlo, 173mru, 173ul, 176ml, 177mo, 177ul, 313mo, 316or, 347mr, 394, 416ul, 543ol, 545ul.
B. N. Khazanchi: 34m, 36u, 37m, 275mro.
Ashish Khokar: 28mlo.
Rupinder Khullar: 30o, 95u, 96u, 189mu, 193mu, 256, 264ur, 266ur, 269ol, 269mru, 374o, 375ur.
Bobby Kohli: 53o, 53um, 54–55m.
Krishna Kumar: 506or, 506mlo, 506mro, 506mru, 506.

Karoki Lewis: 174mro, 177ol, 177mlo.

Mehrangarh Fort, Jodhpur: 318ul, 319ur.
Dalip Mehta: 313ul.
V. Muthuraman: 2–3, 6–7, 22u, 24ml, 25mr, 25ur, 36o, 38u, 45mlu, 47ol, 47ul, 47ur, 54ur, 174mlu, 174mri, 175ol, 175or, 176ul, 177or, 178o, 188ol, 188ur, 189um, 190mr, 190ur, 203mr, 204ur, 225u, 227or, 229mru, 232ur, 233ol, 239mu, 272or, 281ur, 424ur, 425ol, 425ur, 426ur, 427ol, 427mro, 448–449, 450or, 450ml, 456ol, 456ml, 461ol, 462mlu, 462ur, 465ur, 465mu, 465ul, 467ur, 470, 472or, 476ol, 476or, 476ul, 477or, 477mu, 477ul, 478or, 479ol, 479mro, 479mru, 480m, 481ul, 481ur, 482ur, 482ml, 483mo, 483ur, 484ol, 484mru, 484ul, 485om, 485ur, 485ul, 486or, 486m, 486ur, 487mlo, 488mr, 489ol, 489m, 490ol, 490mr, 491or, 491m, 491ul, 492ol, 492ur, 493ol, 493ul, 493ur, 494ol, 494ml, 494ur, 495ol, 496ml, 496ul, 497ol, 497mr, 497ur, 498om, 498mlo, 498mlu, 498mro, 498mru, 498ul, 498ur, 499or, 499um, 500or, 500ul, 501ol, 501ur, 514um, 519om, 519mlu, 524ol, 533or, 534u, 535o, 536or, 536mr, 536ul, 537ur, 628or.

Aman Nath: 45ur, 50ur.
Ashok Nath: 275ol, 278u.
National Museum, New Delhi: 24um, 26mlu, 40, 41o, 41ul, 41um, 43mo, 43mru, 43um, 48um, 49ol, 50ol, 50m, 50mlu, 51m, 51mru, 53ul, 70ol, 70or, 70m, 70mlu, 70ul, 70ur, 71o, 215um, 234om, 545ur; J.C. Arora 52ul; R.C. Dutta Gupta 29ol, 42u, 44u, 52o; P. Roy 299mru, 299mru.
National School of Drama, New Delhi: 26mru.
Nehru Memorial Library, Teen Murti, New Delhi: 57o.

Amit Pasricha: 18mr, 31ur, 38o, 39o, 44m, 55ul, 60ml, 90, 128mr, 220–221, 280ul, 280ur, 282ol, 282u, 285 (Einklinker), 350um, 351mlo, 351ul, 403ul, 479ur.
Avinash Pasricha: 29ml, 29mr, 29um, 29ur, 94o, 422mo, 453u, 485ml, 485m, 485mr, 485mru, 485mro, 485um.
Aditya Patankar: 28ol, 196ol, 196o, 196mo, 196um, 197ol, 197mo, 197mlo, 197um, 309ol, 309um, 331ur.
Picture India: Mehta Hemant 31mr.
K. Prabhakar: 543or, 543mr, 543ul, 545om, 546ol, 547mlo, 549ol, 549mr.

Prince of Wales Museum of Western India, Mumbai: 366or, 366ol, 366ml, 366mlu, 367mr, 367ur.
Press Information Bureau: 56o.

Ram Rahman: 66ul.
V. K. Rajamani: 25or, 46ol, 46or, 46mlu, 46mu, 46–47m, 457ul, 460mr, 461ml.
E. Hanumantha Rao: 19ul, 244ol, 333mro, 519mro.
Reshi Maryam: 35o, 136ol, 136mr, 137ol, 137mr, 328ol.
Reuters Sherwin Crasto: 32ul; Kieran Doherty 32mlu; Lucas Jackson 33ul.
Janet Rizvi: 133or, 133mr.
Roli Books: 27ml, 31ol, 202ol, 202mlu, 322ul.

Kamal Sahai: 43ul.
Sanjeev Saith: 60u, 92u, 95o, 108ml, 136ur, 161ul, 162or, 162ul, 162mr, 163ol, 169mr, 177mr, 184mr, 192or, 192ul, 244ml, 337m.
Deepak Sanan: 107ol, 107m, 275um, 278mlu, 279ml.
Sanctuary Features & Photo Library: 508mr.
Hemen Sanghvi: 23or, 23ml, 23mr, 23mru, 23ul, 272ur, 273or, 280ol, 281ol, 281mru, 283ol, 283ml, 283ur.
R. Sankaran: 505um.
Shalini Saran: 35u, 48m, 50ul, 51ol, 51ul, 52ur, 54mlu, 71mro, 71mu, 85u, 89o, 144ol, 146ul, 147ur, 157ol, 158ur, 166or, 166mr, 171ur, 177mm, 189om, 189mro, 206or, 208mr, 210or, 210mlo, 210mlu, 211ol, 211mru, 211ul, 214m, 214mlu, 310ol, 353ol, 562 (Einklinker), 623 (Einklinker).
Sarabhai Foundation, Calico Museum of Textiles, Ahmedabad: 338or, 338ol, 338mlo, 338mlu, 339ol, 339mro, 339mru.
T. S. Satyan: 19ur, 26ol, 27mr, 29or, 425ul, 426or, 426mlo, 482ol, 628mlu.
Pankaj Sekhsaria: 306um.
Pepita Seth: 184ur, 531ur.
Ajay und Mugdha Sethi: 93o, 173ol, 175ur, 176ur, 239ul, 247ur, 517mro, 626mlo, 635ulo.
Toby Sinclair: 7 (Einklinker), 18ml, 18uro, 19ol, 19mlu, 19mru, 19u, 20ol, 25ul, 31or, 105ul, 114ur, 127or, 137ul, 139 (Einklinker), 141ur, 161m, 164or, 164ur, 165mro, 179ur, 203om, 204or, 204um, 205ol, 205mlo, 205mlu, 205mru, 205ur, 218mlo, 218mlu, 218ul, 219ol, 221 (Einklinker), 222ur, 244ul, 245ol, 245mr, 245ul, 247or, 248ol, 254ol, 254m, 259m, 261ol, 269ul, 270, 273ul, 274ol, 276or, 276ur, 277ol, 277mru, 315mr, 317ol, 320ur, 329mro, 332ul, 333ol, 333mru, 333ur, 342ol, 349ul, 353mro, 353ur, 377ol, 423om, 449 (Einklinker), 472ul, 507mr, 517mu, 519mr, 522mlo, 525mro, 526mlo, 527mro, 528ul, 529ul, 550mr, 550ur, 565ol, 567or, 622–623, 626ul, 647ol.

Dhruv Singh: 324u.
Hashmat Singh: 58–59, 100, 107ur, 108ol, 113mlu, 113ul, 115ol, 116ur, 117mru, 120or, 120mlo, 120ur, 121ol, 121ml, 121ul, 127mr, 134or, 135or, 250o, 252ol, 253or, 253mo, 253um, 254ur, 255or, 313om, 317mru, 325um, 566or.
N. P. Singh: 292ul.
Thakur Dalip Singh: 18ol, 19umo, 160m, 163ml, 251m, 277mro, 392um, 423mlo, 423mlu.
Stock Transparency Services: 376ul, 380ol, 380m, 392ol, 393ol.

Amar Talwar: 57ul, 106ol, 108ul, 117ol, 156ur, 193ol, 352ol.
The Statesman/R. De: 37o.

UTV Motion Pictures: 33ur.

V & A Museum, London (mit freundlicher Genehmigung des Board of Trustees): 50or, 53u.
Ritu Varuni: 281ml, 281ul, 281um.
Verma Bimla: 23ol, 26or, 27mru, 94m, 113m, 113ur, 185um, 189m, 251or, 258ol, 260ol, 261ur, 264ml, 268or, 326mu.

B. P. S. Walia: 93ml, 93mr, 95m, 96o, 96m, 97o, 97m, 98ol, 98or, 98ml, 98mr, 98u, 99o, 99m, 99u, 111ul, 113o, 113mlo, 113mr, 113mru, 171ul, 209mr, 210ol, 210um, 211mro, 213or, 213ml, 214ol, 214or, 214ml, 215ol, 215mro, 219mro, 258ul, 260mu, 262mlu, 284–285, 349ol, 374ur.
Wedding Affair Magazine: 31ml.
Rom Whitaker: 507ol.
World Wildlife Fund: 276mlu, 277um, 508ur.

Yash Raj Films: 32or, 32–33m.

Freundliche Abdruckgenehmigung für Kunstwerke erteilten die folgenden Copyright-Inhaber: © National Gallery of Modern Art, New Delhi 55ur; Mundrika Devi, Madhubani, Bihar 27ol; Roerich Gesellschaft Deutschland e. V. 118ur.

Umschlag:
Vorderseite: AWL Images: Mark Hannaford.
Rückseite: Alamy Images: Tim Gainey mlo; AWL Images: Michele Falzone ol; Dorling Kindersley: Gary Ombler mlu; Rough Guides/Tim Draper ul.
Buchrücken: AWL IMAGES: Mark Hannaford o.

Alle anderen Bilder © Dorling Kindersley. Weitere Informationen unter:
www.dkimages.com

Dorling Kindersley   Vis-à-Vis

Vis-à-Vis-Reiseführer

Ägypten Alaska Amsterdam Apulien Argentinien Australien Bali & Lombok Baltikum Barcelona & Katalonien Beijing & Shanghai Belgien & Luxemburg Berlin Bologna & Emilia-Romagna Brasilien Bretagne Brüssel Budapest Bulgarien Chicago China Costa Rica Dänemark Danzig & Ostpommern Delhi, Agra & Jaipur Deutschland Dresden Dublin Florenz & Toskana Florida Frankreich Genua & Ligurien Griechenland Griechische Inseln Großbritannien Hamburg Hawaii Indien Irland Istanbul Italien Japan Jerusalem Kalifornien Kanada Kanarische Inseln Karibik Kenia Korsika Krakau Kroatien Kuba Las Vegas Lissabon Loire-Tal London Madrid Mailand Malaysia & Singapur Mallorca, Menorca & Ibiza Marokko Mexiko Moskau München & Südbayern Neapel Neuengland Neuseeland New Orleans New York Niederlande Nordspanien Norwegen Österreich Paris Peru Polen Portugal Prag Provence & Côte d'Azur Rom San Francisco St. Petersburg Sardinien Schottland Schweden Schweiz Sevilla & Andalusien Sizilien Spanien Stockholm Südafrika Südtirol & Trentino Südwestfrankreich Thailand Tokyo Tschechien & Slowakei Türkei Ungarn USA USA Nordwesten & Vancouver USA Südwesten & Las Vegas Venedig & Veneto Vietnam & Angkor Washington, DC Wien

DORLING KINDERSLEY
www.traveldk.com

Eisenbahnkarte Indien

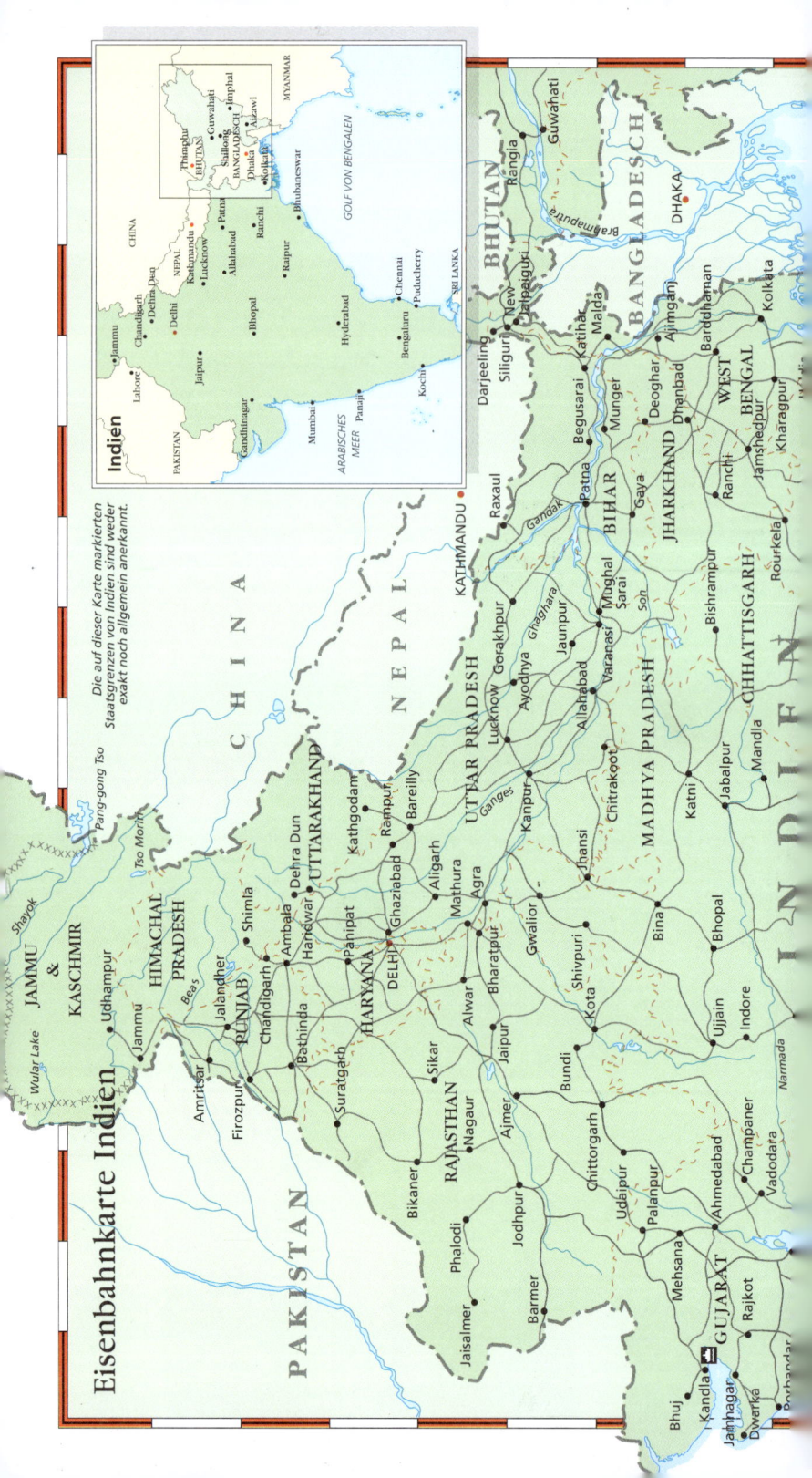